DRIETALIGE REGSWOORDEBOEK

LATYN—AFRIKAANS—ENGELS

TRILINGUAL LEGAL DICTIONARY

LATIN—AFRIKAANS—ENGLISH

DRIETALIGE

REGSWOORDEBOEK

ENGELS—AFRIKAANS
LATYN—AFRIKAANS—ENGELS
AFRIKAANS—ENGELS

TRILINGUAL

LEGAL DICTIONARY

ENGLISH—AFRIKAANS
LATIN—AFRIKAANS—ENGLISH
AFRIKAANS—ENGLISH

V. G. HIEMSTRA

B.A., LL.B., S.C. (Stellenbosch en/and Kaapstad/Cape Town) LL.D. (h.c.) (Potchefstroom)
Eertydse Regter van die Hooggeregshof van Suid-Afrika
Former Judge of the Supreme Court of South Africa

en/and

H. L. GONIN

M.A. (Oxon.), LL.B. (Pret.), Litt. D. (Leiden), D.Litt. (h.c.) (Pret.)
Eertydse Professor in Latyn, Universiteit van Pretoria
Former Professor of Latin, University of Pretoria

JUTA EN KIE, BPK

Eerste Uitwawe 1981
Tweede Uitgawe 1986
Tweede Druk 1990
Derde Uitgawe 1992
Tweede Druk 1999
Derde Druk 2000
Vierde Druk 2001
Vyfde Druk 2003
Sesde Druk 2005
Sewende Druk 2006

Posbus 24299, Lansdowne 7779

ISBN-13: 978-0-7021-2781-6
ISBN-10: 0-7021-2781-7

GEDRUK EN GEBIND DEUR PAARL PRINT,
OOSTERLANDSTRAAT, PAARL, SUID-AFRIKA

VOORWOORD TOT DIE TWEEDE UITGAWE

'n Regswoordeboek moet aan twee grondliggende vereistes voldoen — juridiese akkuraatheid en taalkundige suiwerheid. Hy dek so 'n wye juridiese veld en kom te staan voor soveel vraagstukke van taal, dat dit twee buitengewoon hoë bergpieke is om te bestyg. Volslae perfeksie is waarskynlik nie bereikbaar nie, veral omdat meningsverskil geredelik ontstaan, maar ons hoop dat ons vir praktiese doeleindes 'n bruikbare produk gelewer het.

Daar is ander vereistes wat op die tweede trap van belangrikheid staan, nl. volledigheid, leksikografiese styl, algemene versorgdheid en oordeelkundigheid by die besluit oor wat as 'n regswoord beskou moet word en wat aan algemene woordeboeke oorgelaat moet word. Om te veel op te neem maak die woordeboek nie slegter nie: *quod abundat non vitiat* (vel *superflua non nocent*), maar om weg te laat wat daar moes gewees het, is 'n fout. Ons kan net die uitnodiging aan Suid-Afrikaanse juriste herhaal wat in die voorwoord by hierdie boek se voorganger (*Engels–Afrikaanse Regswoordeboek* 1963) gestaan het, nl. om terme in te stuur wat ontbreek.

Hierdie taak het oor tien jaar gestrek. Die twee outeurs kon slegs sporadies daaraan werk, in kort en onderbroke werktye tussen amptelike pligte. Dat leksikografiese styl daaronder gely het, is nie onverwags nie. Dit blyk dat metodes nie oral konsekwent deurgevoer is nie, maar die inhoud ly nie daaronder nie.

Hierdie woordeboek verskyn in die vorm Afrikaans–Engels sowel as Engels–Afrikaans. Dit het dadelik die vraag laat opkom waar die Latyn dan geplaas moet word. 'n Afdeling Latyn–A/E in die middel was die antwoord. Vir hierdie afdeling is professor Gonin uitsluitend verantwoordelik, onderworpe aan finale proeflesing deur albei medewerkers. Dele I en III is deur die skrywers gesamentlik opgestel.

Die woordeboek moet help om taalafwykinge teen te gaan. En tog is hier terme opgeneem wat vroeër nie as goeie Afrikaans aanvaar is nie. In hierdie boek se voorganger het ons *waardasie* nog afgekeur, maar hy staan nou saam met *waardering* en *waardebepaling* waar *valuation* van vaste eiendom of roerende goed bedoel word. Hy is opgeneem vanweë 'n behoefte wat daaraan gevoel is, soos blyk uit die wye gebruik daarvan. Trouens, as die Akademie se *Afrikaanse Woordelys* die woord *waardasie* opneem, soos wel gebeur het, moet alle beswaar wegval.

Advokate werk nie vir 'n "tip" nie en daarom is *fooi* nog altyd vermy, maar E. P. du Plessis sê in sy *Kennis-gids tot Moderne Afrikaans* dat *fooi, vee* (diere) en die Engelse *fee* dieselfde oorsprong het uit die dae toe vee as betaalmiddel gebruik is. "Dit is miskien dus nie so 'n doodsonde om van 'n dokter, ens. se fooi te praat pleks van die vae geld(e) nie," sê hy. Vir "tip" is die woord in elk geval *fooitjie*. Derhalwe is *fooi* naas *geld(e)* opgeneem.

Daar is lank weerstand gebied teen " 'n tjek stop". Die *Ekonomiewoordeboek* wil hom *stopsit* en die *Tweetalige Woordeboek* van Bosman, Van der Merwe en Hiemstra *keer* hom. Ons het in die vorige uitgawe dit ook gedoen, maar tjeks word buitekant woordeboeke nog altyd gestop en ons het geoordeel dat die volksmond moet triomfeer. Die woord *stop* is weliswaar 'n anglisisme, maar dan ook net in die transitiewe betekenis van "laat stilstaan". In die betekenis van *stilhou* is *stop* geen anglisisme nie.

Die *Ekonomiewoordeboek* staan rotsvas by *débet* en *kredit* as boekhouterme, maar Du Plessis sê: "Miskien sou dit vir almal genadiger wees as hulle maar finaal padgee uit Afrikaans, waar hulle nog nooit tuis gelyk het nie." Ons stem saam en het aan *debiet* en *krediet* voorkeur gegee.

In uitsprake kom daar menigmaal voor "ek is *tevrede* dat" vir "I am *satisfied* that". Van "*oortuig* dat" word weggeskram omdat dit beteken "convinced" en nie "satisfied" nie. In wetgewing word "oortuig" konsekwent gebruik vir "satisfied" en ons sien daar geen praktiese beswaar teen nie. Die graad van oortuiging wat 'n hof in die betrokke geval gaan hê, sal in Afrikaanse en Engelse verband dieselfde wees. Dit is eenvoudig 'n graad van sekerheid wat voldoende is om daarop te handel. Daar kan ook gesê word "dit blyk aan die hof". *Tevrede* beteken *vergenoeg* of *voldaan* en ons wil nie medepligtig wees by aftakeling van die woord se ware betekenis nie.

Tersaaklik vir "relevant" het 'n groot aanhang opgebou omdat *ter sake* nie attributief gebruik kan word nie. Jy kan nie praat van 'n "ter sake feit" nie. Maar grammatikaal kan daar nie 'n vorming soos "tersaaklik" bestaan nie, en die woorde *betrokke* of *desbetreffend* kan gewoonlik die nodige doen. Bowendien word *relevant* en *relevansie* in die *Tweetalige Woordeboek* sowel as die *HAT* erken. Ons het *tersaaklik* derhalwe nie opgeneem nie.

'n Getuie kan *gelei* word; daar is geen beswaar teen nie. Die probleme kom by *getuienis lei*. Daar word maklik gesê *aanvoer* en *aanbied* is albei voldoende, maar dié woorde dek nie die proses waarin die advokaat die getuienis uit die getuies trek of aan hulle ontlok nie. Dit het betrekking op sy eie getuies, en nie op dié wat deur hom gekruisvra word nie. *Getuienis lei* is 'n term waaraan daar behoefte is en hy is derhalwe opgeneem. Met *leidende* vraag is daar niks verkeerd nie. Dit is geen anglisisme nie.

In die meer as agtien jaar dat die voorganger van hierdie woordeboek al in gebruik is, het terme wat vir die eerste maal daarin voorgekom het, al menig maal hul verskyning in wette en in regskundige artikels gemaak. Daaruit kan afgelei word dat die woordeboek wel 'n nuttige funksie vervul het en ons gee die nuwe, drietalige uitgawe in die lig in die verwagting dat hy in sy uitgebreide vorm nog groter diens sal lewer.

Die Afrikaanse regsliteratuur het sedert die verskyning van die vorige uitgawe sterk aangegroei. Die nuwe handboeke was 'n onskatbare bron van terminologie en 'n ewe onskatbare middel tot presisering van terminologie. Nogtans kan hierdie woordeboek nog steeds nie op die groots moontlike volledigheid aanspraak maak nie. Om so iets te bewerkstellig binne 'n tydperk wat nie so lank is dat die werk sy praktiese waarde verloor nie, sou 'n voltydse personeel van twee of drie juriste alle Afrikaanse en Suid-Afrikaans–Engelse regsliteratuur moet ekserpeer, sowel as die wette en ordonnansies, en ook ander woordeboeke.

Ons is dank verskuldig aan die kritici wat op tekortkominge in die vorige uitgawe gewys het. Daar is gebruik gemaak van

die *Ekonomiewoordeboek* (onder redaksie van W. F. J. Steenkamp),
die *Tweetalige Woordeboek* van Bosman, Van der Merwe en Hiemstra,
die *Dictionary of Legal Words and Phrases* van C. J. Claassen,
die *Kriminologie-woordeboek* van Louw, Van Heerden en Smith,
die Nederlands–Engelse *Woordenboek* van Jansonius, en
die *Concise Oxford English Dictionary*.

Die vernaamste hulp kom nietemin van die skrywende Afrikaanse juriste, onder wie professor J. C. de Wet spesiaal vermeld moet word uit 'n aansienlike skaar. Die aantekeninge wat wyle dr. L. W. Hiemstra deur die jare in 'n vorige uitgawe van hierdie woordeboek gemaak het, was een van die waardevolste aanvullingsbronne. Die wetsvertalers en die Taaldiensburo mag ook nie onvermeld bly nie. Die *WAT* en die *Woordelys* van die Suid-Afrikaanse Akademie was deurgaans beslissend wat spelling betref.

Hoewel dit nie 'n verklarende woordeboek is nie, het ons dit hier en daar nodig geag om 'n aantekening te skryf ten einde verskille in betekenis te laat uitkom, soos tussen *opsie* en *voorkoopsreg*, of om 'n sisteem van terme te laat sien, soos in die deelnemingsleer by misdade. 'n Groot aantal woorde in albei tale het vanselfsprekend meer as een betekenis. Waar die betekenisse skerp uiteenloop is die onderskeiding gemaak met syfers, (1) en (2), maar origens skei 'n kommapunt ligtere betekenisnuanses. Die meeste gebruikers van die woordeboek is in staat om 'n keuse te doen. Daar is geen beswaar teen alternatiewe vertalings wat albei ewe goed is nie, maar daar is na gestreef om nie 'n woord by te voeg wat slegs by benadering 'n vertaling is nie, terwyl een of twee eksakte terme voldoende is.

V. G. HIEMSTRA
H. L. GONIN

Pretoria — Mei 1986

PREFACE TO THE SECOND EDITION

A legal dictionary should comply with two basic requirements — legal precision and purity of language. It covers such an extensive field and has to deal with such numerous linguistic problems that these constitute as it were very lofty twin peaks that have to be ascended. Absolute perfection is presumably unattainable, especially since divergences of opinion are bound to arise; but we hope that we have produced a work that will prove useful in practice.

There are other requirements of a secondary nature, viz. completeness, lexicographical style, general polish and ability on the part of the authors to judge what may be regarded as a legal concept and what should be left to general dictionaries. Bearing in mind the maxims *quod abundat non vitiat* (vel *superflua non nocent*) we were of opinion that unnecessary words would not prejudice a specialized dictionary, whereas the omission of what should have been included would be a fault. We can but repeat the invitation extended to South African lawyers in the previous edition to submit to us such concepts as have been omitted.

The present work was compiled over a period of ten years. The authors could devote themselves to the task only sporadically, in brief, intermittent moments, fitted in between official duties. It was but to be expected that lexicographical style would fall a victim to these circumstances. It appears that methods have not always been consistently applied, but that defect does not seriously impair the contents.

The dictionary now appears for the second time in the form English–Afrikaans and Afrikaans–English. The question immediately arose as to where the Latin was to be placed, to which the answer was, between sections I and III. Professor Gonin was exclusively responsible for section II (Latin–A/E), subject to its being proof-read by both co-authors. The other two sections were a joint effort.

Certain Afrikaans forms which were eschewed in the predecessor to this dictionary (*Engels–Afrikaanse Regswoordeboek* 1963) have now been accepted. Only readers with a sound knowledge of Afrikaans will be interested in these; such readers may therefore be referred to the Afrikaans text of this preface. In the sequence there given they are: *fooi* as alternative to *geld(e)* for barristers' *fees*; 'n tjek *stop* (to *stop* a cheque) has been adopted, and so have *debiet* and *krediet* (as accountancy terms); ek is *tevrede dat* (for I am *satisfied that*) is rejected in favour of ek is *oortuig dat*; in lieu of *tersaaklik* (for E. relevant) *betrokke, desbetreffend* or Afr. *relevant* is suggested; both getuienis *lei* and 'n *leidende* vraag (respectively '*lead* evidence' and 'a *leading* question') have gained acceptance.

During the twenty-three years that have elapsed since the appearance of the 1963 *Regswoordeboek* numerous terms first suggested there have appeared in laws and legal articles; it may therefore be inferred that the work has indeed fulfilled a useful function; we are publishing this edition in the expectation that, in its extended form, it may be of even greater assistance.

Afrikaans legal literature has considerably increased since the first appearance of the previous edition. New textbooks proved a never-failing source of Afrikaans terminology and an invaluable means of exactly defining the latter. Even so this dictionary cannot lay claim to exhaustiveness. To achieve such a result within a period not so protracted that the publication would lose its practical utility would require a full-time staff of two or three jurists to excerpt all Afrikaans and South African English legal literature, as well as laws, ordinances and other dictionaries.

We are indebted to critics who have drawn our attention to shortcomings in the 1963 *Regswoordeboek*. We have consulted

the *Dictionary of Economics (Ekonomiewoordeboek)* edited by W. F. J. Steenkamp,
the *Tweetalige Woordeboek* (Afrikaans–English and English–Afrikaans) by Bosman, Van der Merwe and Hiemstra,
the *Dictionary of Legal Words and Phrases* by C. J. Claassen,
the (Afrikaans) *Dictionary of Criminology* by Louw, Van Heerden and Smith,
the Dutch–English *Woordenboek* by Jansonius, and
the *Concise Oxford English Dictionary*.

In the main we consulted Afrikaans legal authors of whom Professor J. C. de Wet should be specially mentioned. The annotations made by the late Dr L. W. Hiemstra in a previous edition of this dictionary proved invaluable. Acknowledgement is likewise due to legal draftsmen (or translators) and to the Language Services Bureau. In matters of Afrikaans spelling the authority of the *Woordeboek van die Afrikaanse Taal* and the spelling list *(Woordelys)* of the 'Suid-Afrikaanse Akademie' was implicitly adhered to.

Although the present work is not a dictionary of definitions we did on occasion decide that the insertion of an explanatory note was called for to distinguish between concepts such as *opsie* and *voorkoopsreg*, or to elucidate a system of terms such as *participation in crime*. Numerous words in either language have more than one meaning. In the event of a clear-cut difference of meaning we have distinguished by means of figures (1) and (2), but for the rest a semicolon indicates less obvious distinctions. Most readers will be able to make a choice. There can be no objection to offering alternative translations where synonyms are available, but an attempt was made to eschew the addition of merely approximate translations where one or two exact terms would suffice.

V. G. HIEMSTRA
H. L. GONIN

Pretoria — May 1986

VOORWOORD TOT DIE DERDE UITGAWE

Hierdie derde uitgawe van die Drietalige Regswoordeboek bevat meer woorde as sy voorgangers, veral woorde uit die kommersiële lewe. Hy probeer egter nie meeding met woordeboeke wat hulle uitsluitend op die ekonomie toespits nie. Hy volg 'n nuwe styl, soos ook die Tweetalige Woordeboek van Bosman, Van der Merwe en Hiemstra gedoen het, om by die hoofwoord in 'n lemma ook al die afleidinge te plaas, in vet druk om hulle maklik vindbaar te maak. Daar verskyn dan net die agtervoegsels van die hoofwoord alfabeties. Wanneer so 'n afgeleide woord ter illustrasie in 'n frase geplaas word by wyse van 'n streep (—), dan moet vir die streep nie die hoofwoord gelees word nie, maar wel die onmiddellik voorafgaande vetgedrukte afleiding. Die stelsel spaar soveel ruimte dat die boek minder bladsye beslaan, maar hy bevat nogtans meer woorde.

Daar is weer toegegee aan anglisismes waar daar werklik nie 'n suiwer woord te vinde is nie, soos bv "die hof is tevrede dat" vir "the court is satisfied that". In die vorige uitgawe het ons nog teen wil en dank "oortuig" gebruik, maar dit is te sterk, en ons verkies akkuraatheid bo ander oorweginge. Ons het egter teruggedeins van "'n klag lê" hoewel dit wyd in gebruik is, omdat "'n klag indien" korrek genoeg is. Die gebruik van "klag" of "klagte" vir die aanklag in sy geformuleerde vorm soos hy op die dagvaarding verskyn, is nog steeds baie algemeen. Die woord "klag" of "klagte" beteken *complaint* en moet tot dié betekenis beperk word. Die woorde "vrypag" en "huurpag" vir *freehold* en *leasehold* is foutief, want "pag" beteken *huur*. Dit moet "eiendomsreg" en "huurbesit" wees. Die pagter se status as huurder bly dan ongeskonde.

Vir "entitlement" het ons in die verlede "geregtigdheid" gebruik, wat klaarblyklik baie onbevredigend is. Daarvoor het ons die nuutskepping "beregtiging" ingevoer. Die woord het tot dusver nie bestaan nie, maar "beregting" wel, in 'n heel ander betekenis. Die woord "gelykberegtiging" kry deur die nuutskepping ook meer legitimiteit.

V. G. HIEMSTRA
H. L. GONIN

Pretoria — Maart 1992

PREFACE TO THE THIRD EDITION

This third edition of the Trilingual Legal Dictionary contains more words than its predecessors, especially words from the commercial sphere. However, it does not attempt to compete with dictionaries that specialize in commercial terminology. It follows a new style, as the Tweetalige Woordeboek of Bosman, Van der Merwe and Hiemstra and others have done, namely to group derivations under the leading word instead of treating them as separate entries. There appear after the main word, in bold print and alphabetically, the suffixes to the main word with the translations. This style saves so much space that the book consists of fewer pages than the previous editions, but it nevertheless contains more words.

Concessions have again been made to anglicisms for the sake of clarity of meaning. For instance the expression "the court is satisfied that" is for the first time translated by the impure phrase "die hof is tevrede dat". Previously it was rendered by "die hof is oortuig dat", but this is too strong and really means "convinced that". We decided to prefer accuracy to other considerations. We still flinch, however, from the widely used "'n klag lê" for "lay a complaint" because "'n klag indien" is acceptable enough. The word "klag" or "klagte" means "complaint" and should not be used for "charge". The word for "charge" is "aanklag". The words "vrypag" and "huurpag" for freehold and leasehold respectively are wrong because "pag" is lease. The correct rendering is "eiendomsreg" and "huurbesit".

For "entitlement" we in the past used "geregtigdheid", but this is obviously unsatisfactory. We coined the word "beregtiging" for entitlement. It cannot be found in Afrikaans or Dutch dictionaries. "Beregting" is there, of course, but it has quite a different meaning, namely adjudication.

V. G. HIEMSTRA
H. L. GONIN

Pretoria — March 1992

INHOUDSOPGAWE
TABLE OF CONTENTS

AFKORTINGE—ABBREVIATIONS

a	adjektief, adjective
bw	bywoord
intrans.	intransitief, intransitive
n	noun
s	substantief
trans.	transitief, transitive
v	verb
w	werkwoord

DEEL I

ENGELS—AFRIKAANS

PART I

ENGLISH—AFRIKAANS

A

abandon *afstand doen van, prysgee, laat vaar, opgee, abandonneer, aan sy lot oorlaat;* — an appeal/argument/judgment/point *'n appèl/argument/vonnis/punt laat vaar/abandonneer;* — a child *'n kind verlaat;* — a claim *'n eis laat vaar, opgee;* —a vessel/goods *'n vaartuig/vrag abandonneer/prysgee;* **—ment** *afstanddoening; prysgawe, abandonnement; verlating;* doctrine of — *leerstuk van abandonnement.*

abate *verminder, verlig, verwyder, inkort;* — debts *skulde verminder;* — a legacy *'n legaat verminder;* — a nuisance *'n hinder verwyder/ beëindig;* — a price *'n prys verlaag, afslag/ korting gee;* **—ment** *vermindering, verlaging, korting, verligting, verwydering, inkorting;* — amongst creditors/legatees *(onderlinge) vermindering onder skuldeisers/legatarisse;* — of a nuisance *verwydering/beëindiging van 'n hinder;* plea in — *afdoende/peremptoriese pleit.*

abdicate *afstand doen van;* — an office/a right/a throne *afstand doen van 'n amp/'n reg/'n troon, abdikeer.*

abduct *ontvoer, abdukeer, skaak;* **—ion** *ontvoering, abduksie, skaking.* Wederregtelike verwydering van 'n minderjarige persoon uit die sorg van diegene onder wie se toesig hy of sy gestaan het, met die doel om iemand in staat te stel om met hom of haar te trou of geslagsgemeenskap met hom of haar te hê. Stem ooreen met oortreding van a 13 van die Ontugwet 23 van 1957. Waar lis of geweld gebruik is, is **skaking** meer aangewese; **—or** *ontvoerder, abduktor, skaker.* Sien **kidnapping**.

aberration *afdwaling.*

abet *aanmoedig, hulp verleen* (by 'n misdaad, altyd in die frase **aid and abet**); **—tor** *hulpverlener.*

abeyance *stilstand, opskorting, afwagting;* in (a state of) — *opgeskort, buite werking, onuitgemaak;* fall into — *in onbruik raak;* keep in — *opskort, agterweë hou, swewend hou* (veral ten opsigte van erfregte); leave in — *laat oorstaan, hangende laat;* — file *waglêer, lêer vir onafgehandelde sake.*

abide *vashou aan, jou onderwerp aan, afwag;* — by the judgment of the court *in die uitspraak van die hof berus;* costs to — the result of the action *koste staan oor tot die geding beslis is, die kostebevel moet die uitslag van die geding afwag;* — by a rule *'n reël gehoorsaam, jou neerlê by 'n reël, vashou aan 'n reël;* — by the terms of an agreement *'n ooreenkoms nakom/eerbiedig.*

ability *vermoë;* — tax *vermoënsbelasting.*

abjure *afsweer, verloën, versaak.*

abolish *afskaf, ophef;* **abolition** *afskaffing, opheffing, uitskakeling.*

aboriginal race or tribe *inboorlingras of —stam.*

abort (tr) *aborteer, iemand die vrug afdryf;* (intr) *ontydig beval, 'n miskraam kry, misluk, op niks uitloop, verkwyn;* **—ifacient** *vrugafdrywingsmiddel;* **—ion** *aborsie, vrugafdrywing, ontydige bevalling, misgeboorte, miskraam;* procure — *vrugafdrywing bewerk/bewerkstellig;* **—ionist** *aborteur, vrugafdrywer;* **—ive** *vrugafdrywend, onvoldrae, onvoltooid, abortief, vrugteloos, gebrekkig.*

about *ongeveer, omtrent;* on or — *op of ongeveer.*

above *bo, bokant;* —the law *bo die reg, vry van regsdwang,* legibus solutus; — par *bo pari;* — parity *bo pariteit;* — the line profits *wins na rente en voor belasting;* **—mentioned** *bogenoemde.*

abreast: keep — of *byhou by, gelyke tred hou met.*

abridge *verkort, inkort, beperk;* **—d** marriage certificate *verkorte huweliksertifikaat;* **abridgment** *verkorting, inkorting, beperking; verkorte weergawe, uittreksel, kort begrip.*

abrogate *afskaf, herroep, intrek, ophef, abrogeer;* the rule has been **—d** by disuse *die reël het deur onbruik verval/is deur onbruik afgeskaf / herroep / ingetrek / opgehef / geabrogeer;* **abrogation** by disuse *afskaffing/herroeping/ intrekking/opheffing/verval/abrogasie deur onbruik.*

abscond *vlug, skuilgaan;* **—ing** witness/ debtor/accused *voortvlugtige getuie/skuldenaar/beskuldigde;* **—ence** *voortvlugtigheid;* **—er** *voortvlugtige;* **—ment** *ontvlugting.*

absent (v) — oneself *wegbly, afwesig wees, sig verwyder, nie opdaag nie, jouself absenteer;* **—ee** *wegblyer, tuisblyer;* — landlord *elders wonende verhuurder, verhuurder/eienaar in absentia.*

absent *afwesig;* **absence** *afwesigheid;* in the — of provisions to the contrary *by afwesigheid/ontstentenis van andersluidende be-*

palinge, tensy anders bepaal, behoudens andersluidende bepalinge; in the — of proof to the contrary *behoudens teenbewys;* try an accused in his — *'n beskuldigde in sy afwesigheid verhoor*; — without leave *afwesigheid sonder verlof, ongemagtigde afwesigheid.*

absolute *absoluut, volkome, volstrek, onbeperk, totaal, onvoorwaardelik, volslae;* the — *die absolute;* — acceptance *absolute akseptasie* (wissel); — discretion/right/title *onbeperkte/absolute diskresie/reg/titel;* — liability *aanspreeklikheid buite skuld, skuldlose/absolute aanspreeklikheid;* — majority *volstrekte meerderheid;* — prohibition *volstrekte/totale/absolute verbod;* — ruler *absolute heerser;* make the rule — *die bevel nisi bekragtig/finaal maak;* **—ly** *volstrek, onbeperk, totaal, heeltemal, geheel en al, absoluut;* hold property — *onbeperkte eiendomsreg hê.*

absolution *absolusie;* — from the instance *absolusie van die instansie; (afwysing van die eis* is dubbelsinnig omdat dit ook uitspraak vir die verweerder kan beteken); grant — *absolusie toestaan.*

abstain *jou onthou van, wegbly van, jou onttrek aan;* — from voting *buite stemming bly;* **—er** *afskaffer, onthouer;* total — *geheelonthouer;* **abstention** *onthouding;* **abstinence** *onthouding, matigheid.*

abstemious *matig, onthoudend.*

abstract (a) *abstrak, diepsinnig, afgetrokke;* — number *onbenoemde getal.*

abstract (n) *uittreksel, samevatting, opsomming, kopnoot*; in the — *op sigself genome/beskou,* in abstracto.

abstract (v) *onttrek, ontvreem, wegneem; abstraheer, uittreksel maak van, saamvat, opsom, verkort weergee, ekserpeer;* **—er** *opsommer;* **—ion** *abstraksie, afgetrokke denkbeeld; ontvreemding, onttrekking.*

abstruse *diepsinnig, duister, verborge.*

abundant *oorvloedig, volop;* **—ly** clear *glashelder;* **abundance** *veelheid.*

abuse (n) *misbruik, mishandeling; belediging, skeldtaal;* child — *kindermisbruik, kindermolestering, kindermishandeling;* term of — *skelwoord, uitskelwoord;* — of alcohol *drankmisbruik;* — of authority/power *gesagsmisbruik, magsmisbruik;* — of process *misbruik van (geregtelike) proses, prosesmisbruik;* common, meaningless — *gewone belediging, sinlose skeldtaal.*

abuse (v) *misbruik maak van, misbruik, mishandel; uitskel, beledig;* **abusive** *beledigend.*

abut *grens aan, raak aan;* **—tal** *aangrensing, belending;* **—ting** *aangrensend, belendend;* **—ment** *grens, stut, brughoof;* servitude of — *serwituut van opdamming.*

accede *toetree, instem, inwillig, aanvaar;* — to terms *bepalinge/voorwaardes aanvaar;* — to a request *instem met/toestem tot/voldoen aan/gehoor gee aan 'n versoek, tot 'n versoek inwillig;* — to an office *tot 'n amp toetree, 'n amp aanvaar;* — to the throne *die troon bestyg;* — to a treaty *tot 'n verdrag toetree;* the building **—s** to the land *die gebou word nagetrek aan die grond; die eienaar verkry die gebou deur natrekking;* the part **—s** to the whole *die deel gaan op in die geheel, word ingesluit by die geheel.*

accelerate *versnel, verhaas, vervroeg, bespoedig;* **acceleration** clause *vervroegingsbeding;* — of depreciation *versnelling van waardevermindering;* — of payment *vervroeging van betaling.*

accept (buite die wisselreg) *aanvaar, aanneem;* — an offer/service/terms/delivery/notice/a donation *'n aanbod/betekening/voorwaardes/lewering/kennisgewing/'n skenking aanvaar/aanneem;* **—able** *aanvaarbaar, aanneemlik;* (in die wisselreg) *akseptee;* — a bill *'n wissel aksepteer;* **—ance** (buite die wisselreg) *aanvaarding, aanname;* (in die wisselreg) *akseptasie;* — agreement *aksepooreenkoms;* — bank (merchant bank) *aksepbank;* — in blank *blanko akseptasie;* — commission *aksepkommissie;* — credit *aksepkrediet;* — dealer *aksephandelaar;* — for honour *akseptasie ter ere;* — ledger *aksepgrootboek;* — supra protest *akseptasie supra protes.* Ander vorme van akseptasie onder die betrokke trefwoorde; **—or** *akseptant.*

access (tot 'n plek/kinders/eggenote) *toegang;* — to documents *insae tot dokumente;* evidence of non— *getuienis van geen toegang;* — to premises *toegang tot 'n perseel;* reasonable — *redelike toegang;* **—ible** *toeganklik;* **—ion** *natrekking,* accessio. Eiendomsverkryging deur aansluiting van 'n minder waardevolle saak by 'n reeds besitte meer waardevolle saak.

accessory (a) *aksessoor, onselfstandig, sekondêr;* — obligation *aksessore verbintenis.* Wat strek tot versekering van die hoofverbintenis; — offence *aksessore misdaad.* Sien **participation in crime**.

accessory (n) (1) *iets bykomstigs;* (2) *medepligtige*; — after the fact *begunstiger;* — before the fact *aanstigter tot 'n misdaad;* — to *medepligtige by.*

accident *ongeluk, ongeval; toeval;* by — *toevallig, per ongeluk;* — insurance *ongevalleversekering, ongeluksversekering;* —

prone *geneig tot ongelukke;* — rate *ongeluksyfer;* **—al** *toevallig, bykomstig; sonder skuld;* — costs *toevallige koste;* — death *dood per ongeluk;* **—ally** *toevallig, by toeval, per abuis, per ongeluk;* — killed *verongeluk.*

acclaim *toejuig.*

accommodate *akkommodeer, bystaan, aanpas by; rym met, versoen met; voeg na, skik na; bystand verleen, van diens wees, guns bewys; onderbring, huisves, plek gee, herberg;* — with *voorsien van, help met;* **accommodating** *inskiklik, tegemoetkomend, gemaklik;* an — conscience *'n ruim gewete;* **accommodation** *akkommodasie, aanpassing, skikking, akkoord; herberg, huisvesting;* — acceptance *akkommodasie-aksep;* — bill *akkommodasiewissel* (sien **bill**); — endorsement *akkommodasie-endossement;* — paper *akkommodasiepapier;* — party *akkommodasieparty;* — works *akkommodasiewerke.*

accompany *vergesel, begelei; gepaard gaan met, in verband staan met, saamgaan met;* **—ing** documents *bygaande stukke, bylaes;* — letter *begeleidende brief/skrywe;* — facts *omringende feite.*

accomplice *medepligtige, mededader, aandadige, handlanger.* Sien **participation in crime.**

accomplish *presteer, volbring.*

accord (n) *akkoord, skikking, ooreenkoms;* of one's own — *uit eie beweging, op eie houtjie;* — and satisfaction *ooreenkoms en voldoening;* **—ance** *ooreenstemming;* in — with *ooreenkomstig, in ooreenstemming met, kragtens;* **—ing** *ooreenstemmend; na gelang van;* — to this authority *volgens hierdie gesag, aldus hierdie gesag;* — to law *regtens, soos deur die reg bepaal/vereis, ooreenkomstig die reg;* — to profits *na gelang van die winste;* **—ly** *gevolglik, bygevolg, dus, aldus, dienooreenkomstig;* appeal — dismissed *appèl gevolglik/dienooreenkomstig afgewys.*

accord (v) *ooreenstem; toestaan, laat toekom, vergun;* — with *strook met;* be in **—ance** with *strook met, klop met.*

account (n) *rekening, rekeningstaat; rekenskap; verklaring, berig, verslag, relaas;* as per — *volgens rekening;* — books *rekeningboeke;* bring into — *in rekening bring, in aanmerking neem;* buy on — *op rekening/krediet/skuld koop;* call/hold to — *tot verantwoording roep, rekenskap eis van;* in — with *in rekening met;* leave out of — *buite rekening/beskouing laat;* on — *op rekening, in afbetaling, in mindering van 'n skuld;* on his own — *vir eie rekening;* on — of *weens, vanweë;* — payee only *rekeningnemer alleen, alleen aan nemer;* — reconciliation *rekeningrekonsiliasie;* — rendered *gelewerde rekening;* — sales *verkoopstaat;* — of settlement *afrekeningstaat;* — stated *ooreengekome rekening;* take into — *rekening hou met, in aanmerking neem;* turn to — *voordeel trek uit, iets te baat neem;* **accounts** collectable *rekeninge invorderbaar;* — payable *rekeninge betaalbaar;* — receivable *rekeninge ontvangbaar.*

VARIOUS ACCOUNTS: adjustment — *aanpassingsrekening, regstellingsrekening;* appropriation — *aanwendingsrekening, winsverdelingsrekening;* capital — *kapitaalrekening;* cash — *kasrekening;* clearance — *verrekeningstaat, klaringsrekening* (doeane); contribution — *kontribusierekening;* control — *kontrolerekening;* cost — *kosterekening;* current — *lopende rekening;* detailed — *gespesifiseerderekening;* drawings — *trekkingsrekening;* expense — *onkosterekening;* income and expenditure — *inkomste- en uitgawerekening;* liquidation and distribution — *likwidasie- en distribusierekening;* open — *ope rekening;* profit and loss — *wins- en verliesrekening;* receipts and payments — *ontvangste- en betalingsrekening;* sales — *verkoopsrekening;* savings — *spaarrekening;* suspense — *afwagrekening, opskortingsrekening;* trading — *handelsrekening, omsetrekening;* trust — *trustrekening;* working — *eksploitasierekening.*

accountable: (2) *rekenskappligtig.*

account (v) *rekenskap gee van, verantwoording doen van, verantwoord;* duty to — *verantwoordingsplig, plig om verantwoording te doen;* — for *in rekening bring; rekenskap gee van, verantwoording doen vir, verantwoord;* this **—s** for the fact that *dit verklaar/verduidelik die feit dat;* **—ability** *rekenpligtigheid; verantwoordingsplig; aanspreeklikheid, verantwoordelikheid, toerekenbaarheid, toerekeningsvatbaarheid;* **—able** *rekenpligtig; verantwoordingspligtig, aanspreeklik; verantwoordelik, toerekenbaar, toerekeningsvatbaar.* Sommige maak die onderskeid dat die daad *toerekenbaar* is en die dader *toerekeningsvatbaar;* taalkundig is die onderskeiding nie gebiedend nie en kan albei woorde op die dader toegepas word, maar *toerekenbaar* alleen op die daad. Sien **criminal capacity, imputability**; be — to *verantwoording verskuldig wees aan, verantwoordingspligtig wees teenoor;* **—ancy** *rekeningkunde;* **-ant** *rekenmeester;* **—ing** *reken-*

ingkunde; — control *rekeningkundige kontrole;* — convention *rekeningkundige gebruik;* — fees *rekenmeestersgelde;* — firm *rekenmeestersfirma;* — method *rekeningkundige metode;* generally accepted — practice *algemeen aanvaarde rekeningkundige praktyk;* — profit *rekeningkundige wins;* — report *rekeningkundige verslag;* — valuation *rekeningkundige waardasie;* — variance *rekeningkundige afwyking.*

accounting officer *rekenpligtige amptenaar.*

accredit *akkrediteer; krediet verskaf, in aansien bring, magtig, geloof skenk aan;* letters of —**ation** *(diplomatieke) geloofsbriewe.*

accretion *aanslibbing,* alluvio. Toename van grond deur aanspoeling of ander verskuiwing. De Groot en Van Leeuwen noem dit *aanwas,* maar dié woord is by ons gebruikliker in die erfreg vir **accrual**.

accrual *aanwas, aangroeiing, oploping, toevalling; ontstaan;* right of — (erfreg) *reg van aanwas,* ius accrescendi; — of a capital nature *toevalling in die aard van kapitaal/van kapitale aard;* capital — *kapitaalaanwas, aangroeiing van kapitaal;* — of interest *oploping van rente;* — of income *toevalling van inkomste;* — of a remedy *totstandkoming/ontstaan van 'n regsmiddel/remedie.*

accrue *aangroei by, aanwas, oploop; toeval aan; tot stand kom, ontstaan;* —**d** depreciation *opgelope waardevermindering;* —**d** income *toegevalle inkomste;* —**d** interest *opgelope rente;* interest —**s** to capital *rente was aan by die kapitaal, word gekapitaliseer;* A's share —**s** to B (erfreg) *A se aandeel was aan by B s'n;* the remedy has —**d** *die regsmiddel/remedie het tot stand gekom/ontstaan;* —**d** right *toegevalle reg;* **accruing** right *aankomende reg.*

accumulate *ophoop, oploop, akkumuleer;* **accumulation** *ophoping, oploping, akkumulasie;* **accumulative** *ophopend, oplopend, akkumulatief.*

accuse *beskuldig;* — someone of something *iemand iets ten laste lê, iemand beskuldig van iets;* —**d** person *beskuldigde, aangeklaagde;* **accusation** *beskuldiging, aantyging.* Wanneer die formele tenlastelegging van 'n misdaad bedoel word is **charge** *aanklag* gebruiklik; **accusatorial system** *akkusatoriese stelsel.* Waarin die verdagte nie ondervra word nie tensy hy hom vir ondervraging beskikbaar stel, teenoor **inquisitorial** *inkwisitories;* **accusatory** *beskuldigend, verwytend, akkusatories;* **accusal** *beskuldiging.*

achieve *bereik, verwesenlik.*

acknowledge *erken, toegee; bedank vir; beantwoord;* —**ment** *erkenning; bewys van erkentlikheid, dankbetuiging; berig van ontvangs; beantwoording;* — of debt *erkenning van skuld;* — of guilt *erkenning van skuld, skulderkenning.* Sien **admission** en **confession**.

acquest *aanwins;* partnership of —**s** *vennootskap van aanwinste.*

acquiesce (in) *berus in,* (stilswyend) *toestem tot/instem met, jou skik in, jou neerlê by;* —**nce** *berusting,* (stilswyende) *aanvaarding/toestemming/instemming.*

acquire *verkry, verwerf, aanleer; aanskaf; oploop;* —**d** characteristics *verworwe eienskappe;* —**d** reflex *aangeleerde refleks;* —**ment** *verwerwing, besit;* **acquisition** *verkryging, aanwins;* for — of gain *met winsoogmerk, vir die maak van wins;* mode of — *wyse van verkryging;* — of ownership *verkryging van eiendom, eiendomsverkryging.*

acquisitive *hebsugtig, begerend;* — prescription *verkrygende/akwisitiewe/positiewe verjaring.*

acquit *vryspreek, onskuldig bevind, ontslaan; betaal; nakom; onthef;* — an accused *'n beskuldigde vryspreek/onskuldig bevind/ontslaan;* — a debt *'n skuld betaal;* — a debtor *'n skuldenaar kwytskeld/onthef/bevry/vrystel;* — an obligation *'n verpligting nakom/vervul, voldoen aan 'n verpligting, jou kwyt van 'n verpligting;* —**tal** *vryspraak, ontslag, onskuldigbevinding; kwytskelding, bevryding, vrystelling; voldoening, vervulling;* —**tance** *skuldbetaling; kwytskelding; kwitansie.*

act (n) *daad, handeling, gedraging* (oorkoepelend vir handeling en versuim); — of insolvency *daad van insolvensie, insolvensiehandeling;* — or omission *doen of late, handeling of versuim;* — of God *natuurkrag,* vis divina, actus Dei. Word dikwels gelyk gestel met *oormag, vis major,* wat ruimer is en natuurkragte sowel as onweerstaanbare kragte deur die mens ontketen, soos vyandelike leërs, insluit; — of Parliament *wet van die Parlement, wet;* — of state *owerheidsdaad, staatshandeling.* In die staatsreg, optrede deur die uitvoerende gesag teen 'n ander staat of sy onderdane; — of superscription (testamente) *akte van superskripsie.*

act (v) *handel, handelend optree, te werk gaan, jou gedra; waarneem, ageer;* — for someone *namens iemand optree, waarneem/ageer vir iemand;* —**ing** *waarnemend, agerend.*

action *aksie, siviele/privaatregtelike proses, siv-*

iele verhoor, saak, geding; my — is based on contract *ek ageer uit kontrak, my saak berus op/ontstaan uit kontrak;* bring an — against someone *aksie instel teen iemand;* — for damages *aksie vir/om skadevergoeding;* **—able** *gedingsvatbaar, aksionabel, afdwingbaar, eisskeppend;* — claim *afdwingbare eis;* — misrepresentation/negligence/non-disclosure *aksionabele wanvoorstelling/nalatigheid/verswyging;* — obligation *afdwingbare verbintenis;* **—ability** *gedingsvatbaarheid, aksionabiliteit, afdwingbaarheid.*

actual *werklik, wesenlik, feitlik;* — intention (1) *oogmerk,* dolus directus; (2) *opset by sekerheidsbewussyn/noodwendigheidsbewussyn,* dolus indirectus; — malice *kwaadwillige opset, werklike/uitdruklike kwaadwilligheid* (sien **malice**); **—ly** *werklik, daadwerklik, inderdaad;* debts — due *opeisbare skulde.*

actuary *aktuaris;* **actuarial** *aktuarieel.*

actuate *beweeg, in beweging/werking bring, aanspoor, aandryf, aansit;* **—d** by malice *beweeg/besiel/aangespoor/aangedryf deur kwaadwilligheid; handelende met kwaadwillige opset, uit kwaadwilligheid.*

acumen *skerpsinnigheid, vernuf.*

adage *regspreuk, adagium.*

adamant: be — that *volhou dat.*

add *byvoeg, toevoeg, bytel;* **—ition** *byvoeging, toevoeging;* in — to and not in substitution for *bykomend en nie vervangend nie;* — of parties *byvoeging van partye.*

addendum *toevoeging, addendum.*

addict (n) *verslaafde.*

addict (v) *verslaaf;* **—ed** to *verslaaf aan;* — oneself to *jou verslaaf aan, jou oorgee aan;* **—ion** *verslawing, verslaafdheid, addiksie.*

address (n) *beredenering, betoog, pleidooi; redevoering, toespraak.*

address (v) *toespreek, betoog lewer;* — oneself to *jou rig tot;* — a problem *'n probleem aanpak.*

adduce *aanvoer, aanhaal, bybring;* — evidence *getuienis aanbied/bring/voorlê.*

adeem (a legacy) *'n legaat adimeer/stilswyend herroep;* **ademption** *stilswyende herroeping, adempsie.*

adequate *toereikend, voldoende, afdoende, genoegsaam, adekwaat;* **adequacy** *toereikendheid, voldoendheid, afdoendheid, genoegsaamheid, adekwaatheid.*

adhere *vaskleef aan, getrou bly aan;* — to a statement *bly by 'n verklaring;* read over and **—d** to *oorgelees en bevestig;* **—nce** *vasklewing, aanklewing, gehegtheid, ondersteuning;* **—nt (n)** *aanhanger, volgeling;* **(a)** *aanklewend; ondersteunend, bevestigend.*

adiate *adieer, voordele onder 'n testament aanvaar;* **adiation** *adiasie, aanvaarding van voordele.*

adjacent *aangrensend, belendend, aanliggend, nabyliggend; naburig, naby;* **adjacency** *aangrensing, belending; naburigheid, nabyheid.*

adjective (a) *byvoeglik, adjektief;* **—/adjectival** law *formele/adjektiewe reg* (omvat bewysreg **(law of evidence)** en prosesreg **(law of procedure)**.

adjoin *grens aan;* **—ing** *aangrensend, belendend.*

adjourn *verdaag; verskuif, verander van vergaderplek; uiteengaan;* — until tomorrow *verdaag tot môre;* **—ment** *verdaging; verskuiwing.*

adjudicate *bereg, beslis, uitspraak doen oor, beoordeel, 'n oordeel vel;* — on a claim *beslis oor 'n aanspraakl/vordering;* **adjudicator** *beregter, beslisser, beoordelaar; skeidsregter.*

adjust *aanpas, reël, verreken, bereken; instel, verstel, regstel; verander, wysig;* — average *awery bereken;* — differences *geskille bylê/beslis;* — rights of contributories *regte van kontribuante onderling reël/aanpas;* **—ment** *aanpassing, reëling, verrekening, skikking, aansuiwering; instelling, verstelling; wysiging, verandering;* — account *regstellingsrekening, aanpassingsrekening.*

administer *administreer, bestuur, beheer, beredder; toepas, toedien;* — a deceased estate *'n bestorwe boedel beredder;* — a joint estate *'n gesamentlike boedel beheer;* — a trust/fund *'n trust/fonds administreer/bestuur;* — drugs *verdowingsmiddels toedien;* — justice *regspreek, deelneem aan die regsbedeling;* — an oath *'n eed oplê/afneem;* — a law *'n wet toepas/administreer;* **administration** *bestuur, beheer, administrasie, bewind, bewindvoering; regering, landsbestuur; bestuurskunde; oplegging; toediening; toepassing;* — of justice *regspleging, regsbedeling, regspraak, regswese;* — order *administrasiebevel;* letters of — *eksekuteursbrief* (vroeër briewe van administrasie genoem); **administrative** *administratief, besturend;* — act/decision *administratiewe handeling/beslissing;* — law *administratiefreg, bestuursreg;* — organ of the state *administratiewe orgaan van die staat, bestuursorgaan;* — order *administratiewe voorskrif/bevel/order;* purely — powers *suiwer administratiewe magte/bevoegdhede;* — usage *administratiewe gebruik/usansie;* **administrator** *administrateur, beredderaar* (boedel), *bestuurder, bewindheb-*

ber, beheerder (gesamentlike boedel); **administratrix** *administratrise, bestuurderes.*

admiralty *admiraliteit;* — court *admiraliteitshof;* — law *admiraliteitsreg, maritieme reg.*

admit *toelaat, toegang verleen, aanneem, deurlaat, opneem; erken, toegee;* — evidence *getuienis toelaat;* — facts *feite erken/toegee;* — of a construction *vir 'n uitleg vatbaar wees;* — a practitioner *'n praktisyn toelaat;* **admissible** *toelaatbaar, ontvanklik;* **admissibility** (of evidence) *toelaatbaarheid van getuienis/bewys*; **admission** *toelating, deurlating, aanneming, opneming; erkenning, toegewing;* — of guilt *erkenning van skuld, skulderkenning* (nie *skuldbekentenis* nie; sien **confession**); pay — of guilt *skulderkenning betaal;* — dispensing with proof *erkenning wat bewys onnodig maak;* — which can be proved in evidence *erkenning wat bewys mag word;* — fee *toegangsgeld, toegang;* **admittedly** *weliswaar, volgens erkenning, soos erken/toegegee word.*

admixture *toevoegsel.*

admonish *vermaan, waarsku, teregwys, herinner aan;* — a witness to speak the truth *'n getuie vermaan om die waarheid te praat;* **admonition** *vermaning, teregwysing;* **admonitory** *vermanend.*

adolescent (a) *adolessent, opgroeiend;* **(n)** *adolessent, jongeling, jong meisie, jeugdige;* **adolescence** *adolessensie.*

adopt (a child) *'n kind aanneem, adopteer;* — an Act/treaty *toetree tot 'n wet/verdrag, 'n wet/verdrag adopteer, die bepalinge daarvan aanvaar;* — an argument/point *'n argument/punt aanvaar, jou vereenselwig met 'n argument/punt;* — a line of reasoning *'n redenering volg/toepas;* **—ion** *aanneming, adopsie;* — order *aannemingsbevel;* **—ive** child *aangenome kind;* — parent *pleegouer, aannemende ouer;* — treaty *toetreebare/adoptiewe verdrag.*

adroit *behendig, diplomaties.*

adult *volwassene.*

adulterate *vervals, verdun, adultereer* (meer bepaald lewensmiddele); **adulteration** *vervalsing, verdunning, adulterasie.*

adultery *owerspel, egbreuk;* **adulterer** *owerspeler, egbreker;* **adulteress** *owerspeelster, egbreekster;* **adulterine child** *owerspelige kind, kind uit owerspel verwek,* adulterinus; **adulterous** *owerspelig.*

advance (n) *vervroeging;* payable in — *vooruitbetaalbaar.*

advance (v) *vervroeg; bevorder; voorskiet; vordering maak;* — money *geld voorskiet/uitleen;* money lent and **—d** *geld geleen en voorgeskiet;* — an argument *'n argument aanvoer;* — a date *'n datum vervroeg;* — credit *krediet verleen/toestaan;* **—ment** *bevordering, promosie, vooruitgang;* — clause *vervroegingsbeding/klousule.*

advantage *voordeel;* take — of his own wrong *voordeel trek/baat soek uit sy eie onregmatige daad;* — to creditors *voordeel vir krediteure/skuldeisers;* take — of *uitoorlê, voordeel trek uit;* **—ous** *voordelig.*

adversary *teenstander, opponent, vyand.*

adversative *adversatief;* — system *adversatiewe stelsel.* Waar die funksies van die regter, aanklaer en advokaat vir die verdediging streng afsonderlik gehou word.

adverse *ongunstig, nadelig; strydig, teengesteld;* have an — effect on *'n nadelige uitwerking hê op;* — claim *strydige aanspraak;* — inference *ongunstige afleiding;* — interest *strydige belang;* — judgment/order *ongunstige uitspraak/bevel;* — possession *strydige besit* (by verjaring); —user *strydige gebruik;* —/hostile witness *vyandige/ongunstig gesinde getuie;* estate acquired **—ly** to the trustee *boedel/bates buite aanspraak van die kurator verkry;* **adversity** *teenspoed.*

advertise *reklame maak, adverteer;* **—ment** *reklame, advertensie;* comparative — *vergelykende reklame;* **advertising** sign *reklameteken.*

advice *raad, advies; kennisgewing;* letter of — *adviesbrief, kennisgewing;* legal — *regsadvies;* — on evidence *bewysleiding, advies oor getuienis/bewyslewering.*

advise *adviseer, aanraai, raad gee; in kennis stel;* — against *afraai;* ill-advised conduct *onberade optrede;* if so **—d** *desverkiesend;* **—dly** *na sorgvuldige oorleg, na rype beraad, opsetlik;* **—r** *raadgewer, raadsman, adviseur;* legal — *regsgeleerde raadsman, regsadviseur;* **advisable** *raadsaam;* **advisory** *adviserend, raadgewend;* — opinion *adviserende opinie.*

advocate (n) *advokaat, pleitbesorger; voorstander, (be)pleiter, verdediger, voorvegter;* profession of **—s** *advokatuur;* pupil — *advokaatspupil;* **advocacy** *advokatuur, advokaatskap; bepleiting, aanbeveling, voorspraak.*

advocate (v) *voorstaan, bepleit, aanbeveel, verdedig.*

aedilitian *van die aediles curules;* — actions *aedilisiese aksies.* Die vorm *aedilies* kom ook voor, maar dit is 'n sametrekking. In Engels is die spelling *aedilician* ook gebruiklik. Die aedilisiese aksies is die *actio redhibitoria* en die *actio quanti minoris.* Sien Latynse afdeling.

aegis *beskerming.*
aeronautical law *lugvaartreg.*
affairs *sake, aangeleenthede;* statement of — *vermoëstaat.*
affect (1) *voorgee, voorwend, veins;* (2) *aanraak,. beïnvloed, werk op;* — adversely *benadeel.*
affidavit *beëdigde verklaring.* Die woord *eedsverklaring* word ook gebruik maar kan taalkundig nie verantwoord word nie; answering/opposing — *antwoordende verklaring;* evidence on — *getuienis by beëdigde verklaring;* founding — *openingsverklaring;* replying — *repliserende verklaring;* supporting — *ondersteunende verklaring;* verifying — *bevestigende verklaring;* discovery — *blootleggingsverklaring.*
affiliate *aanneem* (as lid); *erken* (as kind); *aansluit, affilieer;* — a child to someone *iemand aanwys as vader van 'n kind, vaderskap toeskryf aan iemand* (ten opsigte van 'n buite-egtelike kind); — with *affilieer by.*
affinity *aanverwantskap, affiniteit;* related by — *aanverwant, aangetroud, aangehuud.*
affirm *bevestig, bekragtig, plegtig verklaar* (in plaas van 'n eed te neem); **—ation** *bevestiging, bekragtiging, plegtige verklaring, affirmasie;* **—ative** *bevestigend;* answer in the — *bevestigend antwoord;* the answer is in the — *die antwoord is ja;* — servitude *positiewe serwituut;* establish **—ly** *oortuigend bewys, positief vasstel.*
affirmative action *regstelling van agterstande, regstellende optrede, omgekeerde diskriminasie.* Uitvoerende of administratiewe handelinge vir die regstelling van 'n agterstand waarin persone of groepe om historiese redes verkeer, soos volksgroepe wat in die verlede benadeel is op grond van kleur.
affix *aanheg, byvoeg;* — blame to someone *iemand die skuld gee.*
affluent (a) *ryk, welgesteld, vermoënd;* **affluence** *weelde, rykdom, oorvloed.*
affluent (n) *sytak, takrivier.*
afford (1) *gee, verskaf;* (2) *bekostig, bybring.*
affray *vegparty, relletjie, bakleiery.*
affreightment *bevragting;* contract of — *bevragtingsooreenkoms.*
affront *belediging, affront.*
afoot *aan die gang.*
afore—mentioned, —named, —said, —written *bedoelde, bogenoemde, voormelde, bogemelde* (almal voor die substantief), *mnr X voornoemd* (na die substantief).
aforethought *voorbedag, vooraf beraam;* with malice — *met voorbedagte rade, met voorbedagtheid* (Engelse reg).
after-care *nasorg.*
aftermath *nadraai, nasleep.*
against *teen, in afwagting van, met die oog op;* as — *teenoor, in teenstelling met;* cash — transfer *kontant teen transport;* documents — acceptance *dokumente teen akseptasie;* — the law *wederregtelik, onwettig, teen die wet.*
age *ouderdom, leeftyd;* come of — *meerderjarig/mondig word;* **—d** *bejaardes;* under age *minderjarig, onmondig;* under the age *onder die leeftyd.* Waar 'n ouderdom vasgestel is vir die intrede van sekere regsgevolge.
agency (1) *verteenwoordiging, agentskap, agentuur;* sole — *alleenagentskap;* (2) (die bevoegdheid om as verteenwoordiger te handel) *volmag;* (3) *tussenkoms, toedoen, bemiddeling;* (4) ('n mag) release of a dangerous — *vrystelling van 'n gevaarlike natuurkrag;* an invisible — *'n onsigbare mag.*
agenda *agenda, sakelys.*
agent *agent, verteenwoordiger, gevolmagtigde, lashebber;* estate — *eiendomsagent, makelaar in vasgoed;* insurance — *assuransieagent;* law — *wetsagent;* — of necessity *saakwaarnemer,* negotiorum gestor; innocent — (strafreg) *skuldlose tussenpersoon;* (algemeen) *tussenganger, tussenpersoon.*
aggravate *verswaar, vererger;* **—d** assault *aanranding in verswarende omstandighede, swaar/ernstige aanranding;* **—d** damages *verswaarde skadevergoeding;* **aggravating** circumstances *verswarende omstandighede.*
aggregate *totaal.*
aggression *aanval, aanranding, aggressie;* **aggressive** *aanvallend, uitlokkend, aggressief.*
aggrieve *krenk, benadeel, verongelyk, veronreg;* person **—d** *die gekrenkte/benadeelde/verongelykte/veronregte; beswaarmaker.*
agist *weiding/veld verhuur;* **agistment** *veldverhuring;* **agistor** *veldverhuurder.*
agnate *agnaat* (verwant in die manlike linie); **agnatic** *agnaties;* **agnation** *agnasie.*
agony *smart, pyn, agonie;* — of the moment *beklemming van die oomblik.*
agree *ooreenkom, saamstem, ooreenstem, instem, dit eens wees, akkoord gaan; erken, toegee; klop* (syfers of boekposte); the statements of fact — *die verskillende weergawes van die feite stem ooreen;* — to *toestem tot, goedkeur;* **—able** *inskiklik;* be — to *aanvaar, toestem tot, ooreenkom, kontrakteer;* **—d** interest *ooreengekome rentekoers;* terms — upon *bepalinge waaromtrent daar ooreengekom is, ooreengekome bepalinge;* **—ment** *instemming, ooreenstemming;*

toestemming, goedkeuring; ooreenkoms, kontrak, akkoord; by — *volgens ooreenkoms;* gentlemen's — *ere-verstandhouding, vriendskaplike ooreenkoms.*

aid *help, bystaan;* — and abet *hulp verleen, bystaan en help* (hoofsaaklik by 'n misdaad); **—er** and abettor *hulpverlener.* Sien **participation in crime**.

air law *lugvaartreg.*

alacrity *gretigheid.*

alarming *ontstellend, verontrustend;* the sentence is **—ly** inappropriate *die vonnis is ontstellend onvanpas.*

alarmist *alarmisties, onruswekkend.*

alcohol *alkohol;* **—ic** liquor *sterk/bedwelmende drank;* — hallucinosis/psychosis *alkoholiese hallusinose/psigose;* **alcoholometer/alcometer** *alkometer.*

aleatory *aleatories, wisselvallig, onseker, afhanklik van gebeurlikhede;* — contract *kansooreenkoms, aleatoriese kontrak.*

alert *waarskuwing, alarmsein;* be on the — for *op jou hoede wees vir.*

alias *alias, skuilnaam.*

alien *vreemdeling;* enemy — *vyandelike vreemdeling; onderdaan van 'n vyandelike staat;* undesirable — *ongewenste vreemdeling;* **—able** *vervreembaar, verkoopbaar;* **—age** *vreemdelingskap;* declaration of — *verklaring van vreemdelingskap;* **—ate** *vervreem, aliëneer, 'n saaklike reg oordra;* **—ation** of affections *vervreemding van toegeneëntheid;* — in fraud of creditors *vervreemding in fraudem creditorum;* mental — *verstandsverbystering, kranksinnigheid;* restraint of — *verbod op vervreemding, vervreemdingsverbod;* **—ee** *nuwe eienaar, oordragontvanger.*

alimony *onderhoud, alimentasie;* pay — *onderhou, onderhoud betaal, alimenteer;* **alimentary** trust *onderhoudstrust, alimentêre trust.*

all fours: case on — with another *saak ten volle in ooreenstemming met 'n ander, heeltemal ooreenstemmende saak.*

all risks policy *alrisiko-polis, versekering teen alle risiko's.*

allegation *bewering, aantyging, aanklag;* **allegedly** *na bewering, kastig.*

allegiance *trou, trouverhouding;* acquired — *verkreë trou;* local — *plaaslike trou;* natural — *natuurlike trou;* owe — *trou verskuldig wees, in 'n trouverhouding staan;* swear — *trou sweer, eed van trou aflê.*

alleviate *verlig, versag;* **alleviating** circumstances *verligtende/versagtende omstandighede.*

alliance *verbond, alliansie;* unholy — *goddelose verbond, onheilige alliansie.*

allocate *toewys, toeken.*

allodial *allodiaal, vry van leenheerskap,* teenoor *feodaal;* — property *allodiale goed, eiendomsgoed, goed in onbeperkte eiendom gehou.*

allonge *allonge, verlengstuk* (by wissels).

allot *toewys, toeken;* — shares *aandele toewys/toeken;* **—ment** *toewysing;* letter of — *toewysingsbrief;* **—tee** *toekenneling, persoon aan wie toegeken is.*

allow *toelaat, toestaan, veroorloof; toegee, erken;* — an appeal/exception/objection *'n appèl/eksepsie/objeksie handhaaf;* the appeal is allowed *die appèl slaag/word gehandhaaf;* — costs to a party *koste aan 'n party toeken;* — for *rekening hou met, in aanmerking neem;* — the law to take its course *aan die gereg sy loop laat, die gereg sy gang laat gaan.*

allowance *verlof, vergunning; aandeel, porsie, toelaag; byvoordeel; afslag, korting, rabat, toegewing;* one-third — *eenderde-toelaag.*

allude (to) *sinspeel op.*

alluvial *alluviaal, spoel-; aangeslib, aangeslik, aangespoel;* — coast *aanslibbingskus, aanslikkingskus;* — soil *aangeslibte/aangeslikte grond, spoelgrond.*

ally *bondgenoot.*

alteration *verandering, verstelling;* effect **—s** *veranderinge aanbring.*

altercation *woordetwis.*

alternate *alternatief;* — member *sekundus;* **—ly** *beurtelings, om die beurt, afwisselend.*

alternative *alternatief;* in the — *in die alternatief, as/by wyse van alternatief, of anders;* — charge/claim *alternatiewe aanklag/eis;* — relief *alternatiewe regshulp;* — suitable accommodation *alternatiewe/ander geskikte huisvesting.*

amalgamate *saamsmelt, verenig, amalgameer;* **—tion** and reconstruction of a company *amalgamasie en rekonstruksie van 'n maatskappy.*

amazed *verbaas, verstom.*

ambiguous *dubbelsinnig;* **ambiguity** *dubbelsinnigheid;* latent — *verborge/latente dubbelsinnigheid;* patent — *sigbare/klaarblyklike dubbelsinnigheid.*

ambit *omvang, trefwydte, reikwydte, perke, grense;* within the — of the section *binne die trefwydte van die artikel.*

ambivalence *tweeslagtigheid, ambivalensie.*

amenable *vatbaar/ontvanklik vir, verantwoordelik teenoor, onderhewig/onderworpe aan;* — to bribes *omkoopbaar, vatbaar vir omkopery;* — to justice *beregbaar, vatbaar vir die regsproses; blootgestel aan die regsproses;*

— to reason *vatbaar vir oortuiging;* — to the law *onderworpe aan die reg.*

amend *wysig, verander, regstel, amendeer;* — and vary *regstel en wysig;* **—ed** by *gewysig by;* **—ing** Act *wysigingswet, wet tot wysiging van, wysigende wet;* **—ment** *wysiging, verandering, regstelling, amendement;* — by interpretation *woordwysigende uitleg;* — to an Act/pleading *wysiging van 'n wet/pleitstuk.*

amende honorable *herstel van goeie naam* (deur terugtrekking van kwetsende woorde); — profitable *vergoeding van skade deur laster gely.*

amenity *aantreklikheid, geriewe;* loss of **amenities** of life *verlies van lewensgenietinge.*

amicable *in der minne;* — settlement *skikking in der minne.*

amnesia *amnesie.*

amnesty *amnestie.*

amortise *delg, afbetaal, aflos, amortiseer;* **amortization** *delging, aflossing, amortisasie;* — fund *delgingsfonds;* — payments *delgingspaaiemente, aflossingspaaiemente.*

amputate *afsit, amputeer.*

analogy *analogie;* interpretation by — *analogiese uitleg;* on the — of *na analogie van;* **analogical** *analogies;* **analogous** to *analoog met.*

analysis: in the final — *per slot van sake, op die keper beskou.*

anathema *vervloeking, banvloek, anatema.*

ancestor *voorouer, assendent.*

ancient *oud;* — documents/writings *heel oue dokumente/geskrifte* (bewysreg).

ancillary *ondergeskik aan, bykomstig tot, aanvullend by, hulp-;* powers reasonably — or incidental thereto *redelik aanvullende of daarmee gepaard gaande magte;* — relief *aanvullende regshulp.*

anguish *angs.*

animus *bedoeling, oogmerk, wil, opset; gees, dryfveer; teensin, vooroordeel, vyandiggesindheid, wrok.* Sien **animus** in Latyn.

annex *aanheg;* **—ure** *aanhangsel, bylae.*

announce *aankondig, bekend maak;* **—ment** *aankondiging, bekendmaking.*

annoy *terg, treiter, kwaad maak.*

annuity *jaargeld, annuïteit;* deferred — *uitgestelde jaargeld;* life — *lyfrente, lewenslange jaargeld;* **annuitant** *jaargeldtrekker, lyfrentenier.*

anonymous *anoniem, naamloos;* — partnership *naamlose vennootskap.*

another *'n ander, iemand anders, nog een;* S v A and Another *S v A en 'n ander.*

answer *antwoord; verdediging, verweer;* — for *instaan vir, borg staan vir;* — to a charge *op 'n aanklag pleit;* **—able** *verantwoordelik, aanspreeklik;* **—ing** affidavit *antwoordende verklaring.*

antecedent *voorafgaande;* — or surrounding circumstances *voorafgaande of omringende omstandighede;* **—s** *verlede, geskiedenis, antesedente.* Omstandighede, feite, of handelinge uit iemand se vroeëre lewe, veral dié na aanleiding waarvan sy latere gedragslyn beoordeel kan word.

antedate *terugdateer, antedateer;* **—d** cheque *teruggedateerde tjek.*

antenuptial *voorhuweliks;* — contract *voorhuwelikse kontrak, huweliksvoorwaardeskontrak.*

anti- *teen;* **—trust** law *wet tot onderdrukking van monopolieë.*

anticipate *vooruitloop op; vooruit oorweeg; vooruitsien, verwag, antisipeer; vervroeg, verhaas;* with leave to — *met verlof om te vervroeg;* — a bill *'n wissel voor die vervaldag betaal;* — a defence *'n verweer vooruitloop;* in **anticipation** *by voorbaat, in afwagting;* **anticipatory** *vooruitlopend;* — repudiation *vooruitlopende repudiasie, repudiasie* in anticipando.

antidote *teenmiddel, teengif.*

antithesis *teenstelling, antitese.*

anxious *kommervol.*

any *enige, 'n;* entry on — premises by night with — dangerous weapon *betreding van 'n perseel in die nag met 'n gevaarlike wapen;* — person who *iemand wat, iedereen wat;* — person may *iedereen/enigeen mag;* if — *as daar is, eventuele.*

apace *snel, vinnig.*

apathy *onverskilligheid, ongevoeligheid, apatie.*

aphrodisiac *geslagsprikkel.*

apologize *verskoning vra, jou verontskuldig;* **apology** *verontskuldiging, apologie;* make — *verskoning aanbied, apologie maak.*

apoplexy *beroerte.*

apostate *afvallige.*

appalling *skrikwekkend.*

appeal (n) *appèl, hoër beroep;* — court/court of — *hof van appèl;* an — lies *daar is 'n appèl, die saak is appellabel/vatbaar vir appèl;* note an — *appèl aanteken;* subject to — *onder appèl;* uphold/allow an — *'n appèl handhaaf;* take a matter on — *'n saak op appèl neem;* the — succeeds *die appèl slaag.*

appeal (v) *appelleer, in hoër beroep gaan* (in algemene sin), *'n beroep doen op;* — against a judgment *teen 'n uitspraak appelleer;* — from a lower to higher court *van 'n laer hof na 'n hoër hof appelleer;* leave to — *verlof tot*

appèl, verlof om te appelleer; — to someone *'n beroep op iemand doen;* —**ability** *vatbaarheid vir appèl, appellabiliteit;* —**able** *vatbaar vir appèl, appellabel.*
appear *verskyn, optree* (*kompareer* omvat alle verskynings maar is gebruiklik alleen vir opwagting voor 'n notaris); it —**s** to the court *die hof is van mening dat, dit kom voor asof;* it would — that *dit blyk dat;* —**ance** *verskyning, optrede, komparisie;* —**er** (voor 'n notaris) *komparant.*
appease *kalmeer, bevredig;* —**ment** *paaiery, bedaring.*
appellation *naam, benaming, benoemingsnaam.*
append *aanheg, byvoeg;* —**ix** *aanhangsel.*
appliances *hulpmiddels.*
applicable *toepaslik, doelmatig, aanwendbaar;* **applicability** *toepaslikheid, doelmatigheid, aanwendbaaarheid.*
apply *toepas op, aanwend; aanvra, aansoek doen om, sollisiteer om, jou rig tot;* this case **applies** *hierdie beslissing is toepaslik;* — the law to the facts *die reg op die feite toepas;* — one's mind *jou oordeel laat geld, jou aandag toewy;* — to court for relief *'n hofbevel/bevel van die hof aanvra, aansoek doen om 'n hofbevel.*
appoint *aanstel, benoem; bepaal, vasstel, aanwys;* — an heir *'n erfgenaam benoem/instel;* — to a post *in 'n amp/betrekking/pos aanstel;* — to a committee *in 'n komitee aanstel;* — a time/place *'n tyd/plek bepaal;* the —**ed** time and place *die vasgestelde/bestemde/bepaalde/gesette tyd en plek;* —**ee** *aangestelde, benoemde.*
apportion *toewys, toedeel, verdeel;* —**ment** of damages. In Wet 34 van 1956 *verdeling van skade* genoem; *toewysing/toedeling* sou beter gewees het.
apposite *gepas, geskik, gevoeglik.*
appraise *waardeer, takseer, waarde bepaal/skat;* —**ment/appraisal** *waardasie, taksasie, skatting, waardebepaling;* sworn —**r** *beëdigde waardeerder/taksateur.*
appreciate *appresieer, in waarde styg/toeneem;* **appreciation** *waardevermeerdering, waardestyging, appresiasie;* capital — *kapitaalaanwas, toename in kapitaalwaarde, appresiasie.*
apprehend *in hegtenis neem, gevange neem, arresteer;* **apprehensive** *bedug.*
apprentice (v) *in die leer plaas, inboek, as vakleerling inskryf;* **(n)** *vakleerling;* —**ship** *vakleerlingskap.*
apprise (of) *inlig aangaande.*
approach (n) *benadering.*
approach (v) *benader.*
approbate *goedkeur;* you cannot — and reprobate *jy kan nie tegelyk aanneem en verwerp nie.*
appropriate (1) *toe-eien; toewys aan, bestem vir, afsonder, aanwys, bewillig, beskikbaar stel;* — money for own use *geld toe-eien;* — money in the budget *gelde in die begroting bewillig;* — payments *betalinge toewys;* (2) *geskik, gepas, passend, paslik.*
approximately *by benadering, ongeveer, omtrent.*
apt *gepas, geskik, paslik.*
aptitude *aanleg.*
aqueduct *waterleiding.*
arable (land) *ploegbare grond, saailand, landbougrond.*
arbitrage *arbitrage.* Waar aandele of ander handelspapier gelyktydig verhandel word in verskillende lande ten einde voordeel te trek uit wisselkoersverskille.
arbitrary *willekeurig, eiemagtig, arbitrêr;* — exercise of powers *magsuitoefening sonder rede of beginsel, arbitrêre optrede.*
arbitrate *arbitreer, as skeidsregter optree;* **arbitrator** *arbiter, skeidsregter;* **arbitral** *arbitraal;* court of **arbitration** — *arbitrasiehof.* Beslissing van 'n geskil buite die hof deur 'n onpartydige beoordelaar.
ardent *vurig.*
arduous *moeisaam.*
area *streek, gebied, area;* — of jurisdiction *regsgebied, gebied van jurisdiksie.*
arguable *argumenteerbaar, verdedigbaar;* **argument** *argument, stelling, bewysgrond; beredenering, argumentasie, betoog;* this is a matter for — *dit is 'n punt vir betoog, dit kan in betoog geopper word, dit kan behandel word wanneer u die hof toespreek;* line/train of — *rigting van betoog, betoogtrant;* — on exception *betoog op eksepsie;* —**ative** *stryerig, redeneersiek, teensprekerig;* — matter *redeneringe, betogende gedeeltes;* — power *betoogkrag.*
argue ('n saak) *beredeneer, bepleit; argumenteer, die hof toespreek, betoog lewer;* — away *wegredeneer;* — a point *'n punt opper/aanvoer/beredeneer.*
arid *dor, droog.*
arise *ontstaan, voortspruit, voortvloei;* that point does not — *die punt is nie ter sake nie;* **arising** from that *na aanleiding daarvan;* — out of and in the course of his employment *ontstaande/voortvloeiende uit en in die loop van sy diensverband, wat ontstaan uit die nakoming van sy dienspligte;* cause of action

— wholly within the district *skuldoorsaak wat geheel binne die distrik ontstaan het.*

arraign *op verhoor stel, voorbring, in staat van beskuldiging stel;* — for *aankla van;* **—ment** *opverhoorstelling, voorbrenging;* — is complete when the accused has pleaded *opverhoorstelling is voltooi wanneer die beskuldigde gepleit het, die beskuldigde is op verhoor gestel wanneer hy gepleit het.*

arrange *'n reëling/skikking aangaan.*

arrear *agterstallig;* pay in — *agterna betaal;* **—s** *agterstallige gelde.*

arrest (v) *in hegtenis neem, gevange neem, arresteer, aanhou;* **(n)** *arres, arrestasie, aanhouding.* In onnoukeurige taal word **arres** *arrest* en **aanhouding** *detention* dikwels gebruik asof hulle sinoniem is, maar streng gesproke is *arres* net vryheidsontneming met die doel om aan te kla terwyl **aanhouding** beteken vryheidsontneming bloot vir ondervraging of vir aanhouding sonder verhoor; — goods *beslag lê op goed(ere), goed(ere) in beslag neem;* **—ed** person *arrestant, gearresteerde persoon;* — of judgment *opskorting van uitspraak;* **—ee** *arrestant, gearresteerde persoon.*

arrogance *hooghartigheid;* **arrogation** *aanmatiging, toe-eiening.*

arsenal *arsenaal, wapenopslagplek, magasyn.*

arson *brandstigting;* **—ist** *brandstigter.*

art: term of — *vakterm.*

artefact *kunsproduk.*

article *artikel, voorwerp;* to serve **—s** *as ingeskrewe klerk/leerklerk dien;* he is **—d** to *hy is ingeskryf by;* **—d** clerk *ingeskrewe klerk/leerklerk;* **—s** of clerkship *leerkontrak;* **—s** of apprenticeship *vakleerlingkontrak;* **—s** of association *statute van 'n maatskappy;* cession of **—s** *sessie van leerkontrak.*

articulate *duidelik stel/uitspreek.*

artificer *ambagsman, vakman.*

artificial (person) *regspersoon, juridiese persoon.*

artisan *ambagsman, vakman.*

as *as, soos; na gelang; aangesien;* — against *teenoor, in teenstelling met;* — for/regards/to *wat betref;* — and for damages *as skadevergoeding;* — and when *wanneer, sodra;* — it stands *voetstoots, sonder waarborg, soos dit staan;* — of right *van regsweë.*

as: — long — *mits.*

ascendant *voorouer, assendent;* **ascending** line *opgaande/stygende linie.*

ascent *assendensie, bloedverwantskap in die opgaande/stygende linie.*

ascertain *vasstel, jou vergewis van;* — judicially *geregtelik vasstel;* **—ment** theory *vernemingsteorie* (by totstandkoming van kontrakte).

aside (set) *tersyde stel;* leave — *tersyde laat.* Sien **set**.

aspersion *belastering, beswaddering; laster, skindertaal;* cast **—s** on *beswadder, belaster.*

aspiration *ambisie, strewe, begeerte, aspirasie.*

assassin *(sluip)moordenaar.*

assault *aanrand, aanval, te lyf gaan;* aggravated — *swaar/ernstige aanranding, aanranding in verswarende omstandighede;* brutal — *wrede/wreedaardige aanranding;* common — *gewone aanranding;* indecent — *onsedelike aanranding;* — with intent to commit rape/murder *aanranding met die opset om te verkrag/vermoor.* Dieselfde as **attempted rape/murder** *poging tot verkragting/moord;* — with intent to do grievous bodily harm *aanranding met die opset om ernstig te beseer.*

assay *keur, toets.*

assembly *byeenkoms, vergadering; sameskoling,samekoms, menigte;* legislative — *wetgewende vergadering;* right of — *reg om te vergader, reg tot vergadering;* riotous — *oproerige vergadering/byeenkoms/samekoms/sameskoling;* unlawful — *onwettige vergadering/byeenkoms/samekoms/sameskoling.*

assembly: freedom of — *vryheid van vergadering.*

assent (n) *toestemming, inwilliging, instemming, goedkeuring;* royal — *koninklike goedkeuring.*

assent (v) *toestem/inwillig tot, instem met, aanvaar;* — to a proposal *'n voorstel aanvaar;* — to the truth of a statement *die waarheid van 'n verklaring toegee/aanvaar;* — to an Act of Parliament *'n wet goedkeur* (deur die Staatspresident).

assert *beweer, verklaar, aanvoer; laat geld, handhaaf, staan op;* — oneself *jou laat geld, jou man staan;* — one's rights *jou regte laat geld, staan op jou regte;* act in the **—ion** of a right *optree in aandrang op 'n reg/tot handhawing van 'n reg/om 'n reg uit te oefen;* **—ive** *uitdruklik, stellig, aanmatigend.*

assess (damage, value) *skade/waarde bepaal/beraam/skat/takseer/aanslaan, vasstel;* **—able** income *belasbare inkomste;* **—ed** loss *vasgestelde verlies;* **—ment** *aanslag, waardering, waardebepaling, skatting, taksasie;* — rates *eiendomsbelasting; waarderingskoers;* **—or** *waardebepaler, aanslaer, assessor;* (hulp vir 'n regterlike amptenaar) *assessor;* — member *assessorlid.*

asseverate *betuig, verseker, volhou, besweer, plegtig verklaar.*

assign (n) *regverkrygende;* successors and **—s** *opvolgers en regverkrygendes.*

assign (v) *toedeel, toewys; afstaan; oordra,*

oormaak, sedeer; — a meaning to *'n betekenis heg aan;* — an estate *'n boedel afstaan;* — a debt *'n skuld assigneer.* Skuldenaar A gelas sy skuldenaar B om regstreeks aan A se skuldeiser C te betaal. Die eindresultaat is dieselfde as waar A sy eis teen B sedeer aan C. De Groot en Van Leeuwen het *aanwijzing tot betaling* gebruik; **—able** *aanwysbaar, oordraagbaar, vatbaar vir sessie;* **—ment** *toedeling, toewysing; opdrag; afstand, oordrag, sessie;* — of a debt *assignasie van skuld, aanwysing tot betaling.* Prakties kan daar sonder *assignasie* klaargekom word deur die transaksie te sien as 'n sessie, dws oordrag van 'n eis aan C in plaas van oordrag van 'n verpligting aan B. In albei gevalle is instemming van die drie partye nodig; — of an estate *(akte van) boedelafstand;* — of a lease *oordrag van 'n huurkontrak;* **—ee** *regverkrygende;* **—or** *aanwyser, assignator.*

assimilate (data) *gegewens verwerk.*

assist *bystaan, help;* — a legally incapacitated person *'n handelings-onbevoegde persoon bystaan;* **—ance** *bystand;* farmers — board *boerebystandsraad;* **—ed** as far as need be *sover nodig bygestaan.*

assize (n) *yking;* **—s** *rondgaande hof* (in Engeland).

assize (v) *yk;* — officer *ykbeampte;* — dues *ykgelde.*

associate (a) *verbonde, aangeslote, geassosieer, mede-;* — member *assessorlid;* — professor *mede-professor.*

associate (n) *deelgenoot, genoot, medewerker, medelid,* socius.

associate (v) *jou verbind, verenig, assosieer met, omgaan met;* **—d** companies *geassosieerde maatskappye.*

association *vereniging, genootskap, deelgenootskap; omgang, assosiasie;* — agreement *samewerkingsooreenkoms* (by beslote korporasie); — contract *genootskapsooreenkoms;* — of ideas *ideë-assosiasie, aaneenskakeling van gedagtes;* in — with *in oorleg met;* — not for profit/gain *onderneming sonder winsoogmerk;* voluntary — *vrywillige vereniging.*

association: freedom of — *vryheid van assosiasie.*

assortment *verskeidenheid;* a large — *'n ruim keuse.*

assuage *kalmeer, versag.*

assume *aanneem, veronderstel, aanvaar; jou aanmatig, jou toe-eien, op jou neem; toevoeg, assumeer, ko-opteer;* — responsibility *verantwoordelikheid aanvaar;* — a position *'n houding aanneem, 'n standpunt inneem;* **—d** name *valse naam, skuilnaam, alias;* **—d** trustee *toegevoegde/geassumeerde trustee;* **assumption** *aanname, veronderstelling, opvatting, vermoede; aanmatiging, toe-eiening; toevoeging, assumpsie;* — of authority *gesagsaanmatiging;* on the — that *aangenome dat, op die veronderstelling dat;* deed of — *akte van toevoeging/assumpsie;* with power of — *met mag van toevoeging/assumpsie.*

assurance (1) *versekering;* give the — that *die versekering gee dat; assuransie;* the **assured** *die versekerde;* **assuredly** *stellig, beslis, bepaald;* (2) *selfversekerdheid.* Sien **insurance**.

astound *verstom.*

astute *geslepe, slim;* the court should not be — to find *die hof moet nie oorywerig wees om te bevind dat.*

asylum *sielsieke-inrigting; asiel, toevlugsoord;* right of — *reg van asiel, asielreg.*

at large *op vrye voet;* the court of appeal is — — *die hof van appèl het vrye oordeel.* Dit gebeur wanneer die hof *a quo* sy diskresie verkeerd uitgeoefen het, met die gevolg dat die hof van appèl sy eie diskresie in die plek daarvan kan stel.

at will *na willekeur;* tenant — — *besitter ter bede, prekaris,* precario habens *(qv).*

atrocity *gruweldaad.*

ats (afkorting van 'at the suit of') *gedagvaar deur, in geding met.*

attach *vasmaak, bevestig, aanheg, aansit; toevoeg; beslag lê op, in beslag neem, seize; aanhou, in bewaring neem;* — a debt *beslag lê op skuld* (sien **garnishee**); — goods *beslag lê op goedere, goedere in beslag neem;* **—able** *vatbaar vir beslaglegging;* **—ed** goods *in beslag genome goed;* **—ing** creditor *beslaggelegende skuldeiser, beslaglegger;* penalties — to the offence *strawwe vir die oortreding voorgeskryf, voorgeskrewe straf;* **—ment** *beslaglegging, inbeslagneming; inhegtenisneming;* — ad fundandam iurisdictionem *beslaglegging vir die vestiging van jurisdiksie;* — order *beslagleggingsbevel;* — to conserve goods *bewarende/beveiligende beslaglegging, beslaglegging voor vonnis.*

attain *bereik.*

attainder *ontburgering.* Verlies van eiendom en burgerreg weens skuldigbevinding aan hoogverraad in die Engelse reg.

attempt (n) *poging;* — with impossible means *poging met ondeugdelike middele;* — on an impossible object *poging op 'n ondeugdelike objek;* **—ed** *gepoogde, poging tot.*

attend *bywoon; vergesel;* — to *behartig, besorg, aandag gee aan; te woord staan;* **—ance** *by-*

woning; opkoms; opwagting, aanwesigheid; — at court *bywoning van hof;* — at an office *opwagting by 'n kantoor;* — by an accused *aanwesigheid van beskuldigde.*

attention: draw — to *aandag vestig op.*

attentive *aandagtig.*

attest *attesteer, as getuie teken; getuig, verklaar; onder eed bevestig;* — to *onder eed getuig van;* **—ation** *attestasie, ondertekening as getuie.*

attorney *prokureur;* -general *prokureur-generaal; minister van justisie (in Engeland);* instructing — *opdraggewende prokureur;* state — *staatsprokureur;* — of record *prokureur in die saak/volgens die stukke;* power of — *volmag, prokurasie.*

attornment *attornment.* Vorm van afgeleide lewering wat geskied deurdat iemand wat 'n saak eers vir A gehou het, dit nou vir B hou en sodoende lewering deur A aan B bewerkstellig.

attract *aantrek;* — tax *belasting aantrek, belasbaar wees.*

attributable income *toeskryfbare inkomste.*

attribute *toeskryf;* — blame to *skuld/blaam werp op;* **attributable** profit *toeskryfbare wins, toedeelbare wins.*

attune (to) *instel op;* **—ment** *aanvoeling.*

auction *vendusie, veiling, openbare verkoping;* sell by — *opveil;* put up to — *laat opveil, op vendusie plaas, vendusie hou;* Dutch — *veiling by afslag;* — dues *venduregte;* — list *vendurol;* — mart *vendulokaal, veilingslokaal;* — sale *veiling by opbod;* **auctioneer** *vendu-afslaer.*

audacity *vermetelheid, brutaliteit, waaghalsigheid.*

audit (n) *oudit;* **(v)** *ouditeer;* **—or** *ouditeur.*

auspices: under the — of *onder die beskerming van.*

auspicious *heuglik.*

autarky *ekonomiese selfgenoegsaaamheid, outarkie.*

authentic *outentiek, eg, oorspronklik;* — interpretation *outentieke uitleg/interpretasie, uitleg/interpretasie deur die wetgewer self;* **—ate** *waarmerk, outentiseer, egtheid bewys van; bekragtig, legaliseer; die skrywer van 'n dokument vasstel;* **—ity** *egtheid, outentisiteit.*

author *skrywer, outeur; bewerker, veroorsaker, oorsaak, skepper;* — of his own misfortune *oorsaak van sy eie teenspoed;* **-'s** fees *outeursaandeel, outeursgelde.*

authorize *magtig, volmag gee, reg gee, vergunning verleen, outoriseer;* — and direct *magtig en verplig;* duly **—d** *behoorlik gemagtig;* **—d** capital *gemagtigde kapitaal.*

authoritative *gesaghebbend, deskundig, saakkundig; gebiedend, bevelend, uit die hoogte;* — pronouncement *gesaghebbende uitspraak/uiting.*

authority (1) *regskenbron, gesag, outoriteit, bewysplaas; 'n gesaghebbende;* the authorities *kenbronne, outoriteite, die gesag* (gemeenregtelik, ook *die ou skrywers*); binding — *bindende gesag;* persuasive — *oorredende gesag;* on the — of a law *op gesag van 'n wet;* (2) *owerheid, owerheidsliggaam, instansie;* local — *plaaslike bestuur;* statutory — *wetlike/amptelike gesag/owerheid; owerheidsliggaam by wet ingestel;* exercise — *gesag/mag uitoefen;* person in — *gesagvoerende persoon; persoon in beheer;* (3) *volmag, magtiging, verteenwoordigingsbevoegdheid, seggenskap;* within the scope of his — *binne die perke van sy gesag/volmag/mag.*

autocracy *alleenheerskappy, outokrasie.*

automatic *outomaties;* — rent interdict *outomatiese huurgelde-interdik;* — review *outomatiese hersiening.*

autonomous *selfbesturend, selfregerend, outonoom* (teenoor *heteronoom:* onderworpe aan van buite opgelegde reëls); **autonomy** *selfregering, selfbestuur, outonomie.*

autopsy *nadoodse ondersoek, lykskouing.*

autrefois acquit *vroeëre vryspraak;* — **convict** *vroeëre skuldigbevinding.*

avail (notice of) *kennisgewing van beskikbaarheid;* **—able** *bekombaar, beskikbaar, verkrygbaar;* make — *beskikbaar stel;* **—ability** *beskikbaarheid.*

aval *wisselborg, avalgewer, avalis;* sign as — *aval gee, avaleer, 'n wissel as borg mede-onderteken;* — provision *avalvoorsiening.* Bankkommissie vir die avalering van 'n wissel.

avarice *inhaligheid, vrekkigheid;* **avaricious** *inhalig, vrekkig.*

aver *beweer* (in pleitstukke); **—ment** *bewering.*

average *gemiddeld;* (in seeversekering) *awery;* — adjuster *awery-assessor;* — adjustment *aweryreëling;* — due date *gemiddelde opeisbaarheidsdatum;* free from — unless general *vry van awery tensy algemeen;* general — *algemene awery;* general — bond *algemene awery-skuldbrief;* general — deposit *algemene awery-deposito;* particular — *besondere awery, awery-partikulier.*

aversion (to/from) *afkeer van, renons in.*

avoid *vermy, ontwyk, omseil; onwettig verklaar;* — taxation *belasting vermy* (as opposed to *ontduik,* **evade**); confess and — (in pleadings) *met teenwerping erken;* **—ance** *vermy-*

ding, ontwyking, omseiling; confession and — *erkenning met teenwerping.*

avow *erken, bely;* **—ed** *erkende, openlik verklaarde;* **—edly** *volgens eie erkenning.*

await *afwag;* **—ing** trial prisoner *verhoorafwagtende gevangene;* **—ing** your reply *in afwagting van u antwoord.*

award (n) *arbitrasiebeslissing, skeidsregterlike uitspraak; toekenning.*

award (v) *toeken, toewys; beslis, uitspraak doen.*

aware *bewus;* **—ness** *bewustheid* (as distinct from *bewussyn*, **consciousness**).

awe *eerbied;* stand in — of *ontsag hê vir.*

axiomatic *aksiomaties.*

B

baby bashing *babaslanery.*

back (a) *agterstallig;* — pay *agterstallige loon;* — payment *agterskot* (on crops).

back (n) *keersy, rug, rugkant;* sign on the — *rugteken.*

back (v) *steun, onderskryf;* (wissel) *waarborg, avaleer;* **—lash** *teenreaksie.*

bad (pleitstukke of aanklag) *gebrekkig;* — bargain *onvoordelige transaksie;* — faith *kwade trou;* act in — faith *te kwader trou handel;* — debt *onverhaalbare/oninbare/slegte skuld;* — debts reserve *reserwe vir slegte skuld/onverhaalbare vorderinge;* — in law *regtens ongegrond.*

baffle *dronkslaan.*

bagsnatcher *grypdief, handsakgryper;* **bagsnatching** *grypdiewery, handsakdiewery.*

bail *borgtog;* admit to/release on — *op borg/borgtog vrylaat;* — bond *borgakte* (**recognizance** is meer gebruiklik as **bail bond**); — money *borggeld;* — a person out *iemand uitborg, borg staan vir iemand;* **—able** offence *borgbare misdaad;* **—ee** *bewaarnemer;* **—ment** *bewaargewing, depositum.* Engelsregtelike term wat ook die volgende kan omvat: **mandatum** *lasgewing*, **commodatum** *bruikleen*, **pignus** *pandgewing;* **—or** *bewaargewer.*

bailiff *balju, geregsbode* (Engelsregtelik).

balance (n) (1) *ewewig;* on a — of convenience *volgens oorwig van gerief, na gelang van wat die geriefikste is;* — of opinion *oorwig van opinie, mening van die meerderheid;* on a — of probability *volgens oorwig van waarskynlikheid;* tip the — *deurslag gee, die skaal laat oorslaan;* (2) (rekeningkunde) *saldo, balans;* — brought forward *saldo oorgedra;* — certificate *saldosertifikaat;* on — *op die keper beskou;* — of power *magsewewig;* — sheet *balansstaat;* strike a — *saldo bereken.*

balance (v) (boeke) *balanseer, laat klop/sluit; opweeg teen, in ewewig bring;* — accounts *rekeninge afsluit, saldo's opmaak;* this factor —s the other *hierdie faktor weeg op teen die ander;* **—d** judgment *ewewigtige oordeel.*

ballistics *ballistiek.*

ballot *stemming per briefie;* — box *stembus;* — paper *stembriefie.*

ban (v) *verbied, belet, in die ban doen;* **(n)** *verbod, ban, uitsluiting, uitsetting.*

banish *verban, die land uitsit;* **—ment** *verbanning.*

bank (v) *deponeer, bank;* **(n)** *bank;* — acceptance *bankakseptasie;* — account *bankrekening;* — advance *bankvoorskot;* — bill *bankwissel;* — charges *bankkoste;* commercial — *handelsbank;* — commission *bankkommissie;* — draft *bankwissel;* — guarantee *bankgaransie, bankwaarborg;* — of issue *bank van uitgifte, emissiebank, bank wat note uitgee;* — overdraft *bankoortrekking, oortrokke bankrekening;* — reference *bankiersaanbeveling;* — rate *bankkoers;* — return *bankopgawe;* — run *bankstormloop;* — statement *bankstaat;* **—er** *bankier.*

bankrupt (a) *insolvent, bankrot.* In die Insolvensiewet word *insolvent* gebruik.

bankrupt (n) *insolvente persoon, insolvent, bankroetier.*

banns *gebooie;* publish — *gebooie afkondig.*

bar (v) *belet, uitsluit;* — the defendant *verweerder onder belet plaas;* he is **—red** from pleading *hy is onder belet om te pleit.*

bar (n) (1) *balie, advokatuur;* call to the — *as advokaat toelaat, tot die balie toelaat;* statement from the — *verklaring van die balie af;* (2) *beletsel;* absolute — to marriage *absolute huweliksbeletsel;* (3) prisoner at the — *beskuldigde voor die hof* (Engelsregtelik); (4) (in siviele prosesreg) notice of — *kennisgewing van belet;* removal/upliftment of — *opheffing van belet;* plea in — *afwysende/deklinatore pleit;* **—ring** *behoudens, buiten.*

barbaric, barbarous *barbaars, onmenslik.*

bare *bloot;* — dominium *blote eiendomsreg;* — denial *blote ontkenning, ontkenning sonder om* *teenbewys aan te bied;* — majority *blote/gewone meerderheid.*

bargain (n) *ooreenkoms, akkoord, afspraak; goeie koop, kopie.*

bargain (v) *onderhandel, afding;* collective —**ing** *gesamentlike onderhandeling/bedinging;* in a good — position *in 'n gunstige posisie om af te ding, in 'n goeie/gunstige afdingingsposisie.*

bargain: take it into the — *neem dit op die koop toe.*

barratry (1) *baratterie.* Bedrog deur die kaptein van 'n skip tot nadeel van die eienaar; (2) *opstoking tot prosedeerdery, kwelsugtige gedingvoering* of *aansporing daartoe;* commit — *baratteer.*

barrister *advokaat.*

barter *ruil;* — away *verkwansel;* — trade *ruilhandel.*

base *basis, grondslag;* —**ment** *kelderverdieping.*

bastard *buite-egtelike kind;* —**ize** a child *'n kind buite-egtelik bewys;* —**y** order *affiliasiebevel, bevel tot toeskrywing van vaderskap* (Engelsregtelik).

bastion *vesting.*

battery *aanranding* (Engelsregtelik).

baulk (at) *terugdeins vir.*

bay: keep at — *van die lyf af hou, op 'n afstand hou.*

beacon *baken.*

bear (n) *beer, spekulant op daling, daalspekulant;* —**er** *toonder;* — cheque/bill *toondertjek, toonderwissel.*

bear (v) *dra, duld, verdra;* — on *betrekking hê op, in verband staan met;* — out *bevestig, staaf, ondersteun;* will the court — with me *sal die hof my 'n oomblik vergun;* — heavily on *swaar druk op;* — interest *rente dra;* — a meaning *'n betekenis besit/hê;* — witness *getuig van; bewys.*

beat *rondte* (van polisieman).

beg *vra, aanvra;* — leave *verlof vra, die vergunning vra dat;* — the question *aanneem wat bewys moet word,* petitio principii.

begin (right/duty to) *reg/plig om te begin* (berus by draer van bewyslas).

begrudge *beny, misgun.*

beholden: be — to *verplig wees teenoor, dank verskuldig wees aan.*

beleaguer *beleër, omring, beset.*

belief *geloof, oortuiging;* reasonable — or suspicion *redelike geloof of verdenking;* to the best of my knowledge and — *na my beste kennis en wete.*

believe *glo, vertrou, meen, verwag, van mening wees, aanneem, veronderstel, vermoed;* —**d** killed *vermoedelik gedood;* make — *wysmaak, laat glo.*

belligerent *oorlogvoerend;* **belligerency** *staat van oorlog.*

belong *toebehoort, behoort aan;* —**ings** *besittings, eiendom, hawe en goed.*

below *benede, onder;* the court — *die hof benede/a quo;* he appeared — *hy het in die hof benede verskyn.*

bench *regbank, die regters;* appointed to the — *as regter aangestel.*

beneficial *voordelig;* — interest (trust) *voordelige belang;* — interpretation *toeskietlike uitleg;* — owner *genottrekker, bevoordeelde;* — ownership *genot, genottrekking;* — provision *bevoordelende bepaling;* — use *gebruik, genot;* — user *genottrekker.*

beneficiary *genottrekker, bevoordeelde;* — under the will *bevoordeelde kragtens die testament;* income — *inkomstetrekker.*

beneficiate *veredel, benefisieer;* **beneficiation** *veredeling, benefisiëring.*

benefit *voorreg, voordeel, wins;* — building society *onderlinge bougenootskap;* — of cession of action *voorreg van sessie van aksie;* — of creditors *voordeel van krediteure/skuldeisers;* — of division *voorreg van skuldsplitsing;* — of inventory *voorreg van boedelbeskrywing;* contract for the — of a third party *beding ten behoewe van 'n derde;* — of the doubt *voordeel van die twyfel;* — of excussion *voorreg van uitwinning;* fringe— *byvoordeel, randvoordeel;* — fund *bystandsfonds, hulpfonds;* — society *onderlinge hulpvereniging, bystandsvereniging;* — theory of taxation *teorie van belastingvoordeel.*

benevolence *welwillendheid.*

benevolent *liefdadig, weldadig, welwillend;* — fund *bystandsfonds, hulpfonds, ondersteuningsfonds;* — interpretation *toeskietlike uitleg;* — society *onderlinge hulpvereniging.* Dieselfde as **friendly society**.

benign *goedhartig, minsaam.*

bequeath *bemaak, nalaat*; **bequest** *bemaking, erflating, nalatenskap;* — price *bemakingsprys.*

berate *skrobbeer.*

beset (with) *omring van, beleër deur.*

best *die beste;* to the — of my knowledge and belief *na die beste van my wete en kennis;* — evidence rule *beste getuienis-reël.*

bestiality *bestialiteit; beesagtigheid.*

bet (v) *wed;* —**ting** *weddery, weddenskappe*; **(n)** *weddenskap.*

betray *verraai, versaak, verklap; aandui, blyke gee van;* —**al** *verraad, troubreuk.*

betrothal *verlowing;* **betrothed** *verloofde.*

betterment tax *verbeteringsbelasting.*

beyond *anderkant, oorkant;* — reasonable doubt *bo/buite redelike twyfel.*

bi-cameral *tweekamer-, bikameraal.*

bias (v) *beïnvloed, bevooroordeel, partydig maak;* **(n)** *vooroordeel, partydigheid.*

bicker *kibbel, twis.*

bid (v) *bie, 'n bod maak;* — for *bie op;* — up *opbie;* **(n)** *bod.* Die meervoud is *botte;* — price *bodprys;* **—der** *bieder;* **—ding** *bieëry.*

bigamy *bigamy, tweewywery;* **bigamist** *bigamis;* **bigamous** *bigamies;* — marriage *bigamiese huwelik.*

bilateral *tweesydig, bilateraal;* — contract *tweesydige/bilaterale kontrak.*

bilk *bedrieg, betaling ontduik;* **—er** *bedrieër, betalingontduiker;* hotel — *hotelbedrieër, glyjakkals.*

bill (1) *rekening;* — of costs *kosterekening;* (2) *wetsontwerp;* private — *private wetsontwerp;* public — *publieke wetsontwerp;* hybrid — *tweeslagtige wetsontwerp;* (3) — of exchange *wissel;* accommodation — *akkommodasiewissel.* In Nederlands word *ruiterwissel* gebruik, maar by ons is wisselruitery *kite-flying.* By 'n *akkommodasiewissel* stel A (die *akkommodans*) vir B (die *geakkommodeerde)* in staat om fondse te bekom deur sy goeie naam aan 'n wissel te leen deur dit te aksepteer. B moet voor die vervaldag die nodige fondse aan A verskaf om die wissel te betaal. Die akkommodasiewissel kan ook *pro forma-wissel* genoem word. Word ook *voorskotwissel* genoem maar dit gee nie die betekenis suiwer weer nie aangesien A geen geld voorskiet nie; — at sight/sight — *sigwissel;* bearer — *toonderwissel;* — at 30 days *wissel op 30 dae;* — in distress *gedishonoreerde wissel;* foreign — *buitelandse wissel;* local — *plaaslike wissel;* long-term — *langtermynwissel;* — payable *wissel betaalbaar;* — protest *wisselprotes;* — receivable *wissel ontvangbaar;* short — *kort wissel;* short-term — *korttermynwissel*; sola — *solawissel;* treasury — *skatkiswissel;* **—s** in a set *'n stel wissels;* (4) Die woord kom in Engels in 'n menigte van verbindinge voor waarvan baie aan ons reg onbekend is en noukeurigheidshalwe nie vertaal moet word nie, bv **bill of attainder, bill of conformity**. Ander verbindinge veral rakende vervoer ter see, is **bill of entry** *doeaneverklaring, doeane-aangifte;* — of health *gesondheidspas;* — of lading *konnossement, skeepsvragbrief, ladingsbrief, laaibrief;* — of quantities *bestek, hoeveelheidslys;* — of sight (doeane) *verlof tot besigtiging, besigtigingsbrief;* (5) — of rights *handves van fundamentele regte; oorkonde van grondliggende regte.*

bind *bind, verbind, verplig;* — by contract *kontraktueel bind/verbind;* — over to keep the peace *iemand (onder sekerheidstelling) verbind om die vrede te bewaar;* — over a witness *'n getuie (onder sekerheidstelling) verbind om te verskyn;* **—ing** *verpligtend, bindend;* — authority *bindende gesag;* this is — on me *ek is daaraan gebonde, dit is bindend op my, ek is verplig om dit te volg/in ag te neem.*

bipartite *tweesydig;* — treaty *tweesydige verdrag.*

birth *geboorte, afkoms;* — certificate *geboortesertifikaat;* — rate *geboortesyfer.*

black list *swart lys.*

blackmail *afpersing, afdreiging.* Omgangsterm vir **extortion**.

blame (n) *skuld, blaam;* **—less** *onskuldig, blaamloos, onberispelik;* **—worthy** (persoon) *skuldig, blaamwaardig, verwytbaar;* (handeling) *laakbaar, verwytbaar;* **—worthiness** *skuld, verwytbaarheid, blaamwaardigheid;* ground for exclusion of — *skulduitsluitingsgrond.*

blame (v) *blameer, die skuld gee, beskuldig, iemand iets ten laste lê.*

blandishment *verleiding, verlokking.*

blank *blank, blanko, onbeskrewe, oningevul;* — cheque *blanko tjek;* endorsed in — *blanko geëndosseer;* endorsement/acceptance in — *blanko endossement/akseptasie.*

blanket *algemeen, (al)omvattend, allesdekkend;* — authority/ban/resolution *omvattende gesag/verbod/besluit.*

blaspheme *godslasterlik praat, vloek;* **blasphemous** *godslasterlik,* **blasphemy** *godslaster(ing), godslasterlike taal, blasfemie.*

blazon (forth) *uitbasuin.*

blemish *klad.*

blinkers *oogklappe.*

block (n) *blok;* — of shares *blok/pakket aandele.*

block (v) (credit/funds assets) *krediet/fondse/bate blokkeer, onttrek aan die vrye beskikking van die reghebbende* (teenoor *deblokkeer).*

blood *verwantskap, bloed;* whole or half — *volle of halwe bloed.*

blue chips *gehalte-aandele.*

blueprint *konsep, ontwerp, bloudruk.*

blurt: — out a secret *'n geheim uitblaker/uitlap/verklap.*

board *raad;* — of directors *direksie, raad van*

direkteure; free on — *vry aan boord;* separation of bed and — *skeiding van tafel en bed.*
body *liggaam;* — corporate *regspersoon, korporatiewe liggaam; liggaam met regspersoonlikheid;* — of a document *liggaam van 'n dokument;* governing — *beherende liggaam, bestuur, owerheid;* — politic *die volk in sy politieke hoedanigheid, die samelewing.*
bogged (down) *vasgeval.*
bogus *bedrieglik, nagemaak.*
bold: I make — to say *ek verstout my om te sê.*
bolster *steun, stut.*
bond (n) *verband, hipoteek;* bail — *borgakte;* bottomry — *bodemerybrief;* general — *algemene verband;* indemnity — *akte van skadeloosstelling;* mortgage — *verband, hipoteek;* notarial — *notariële verband, verband oor roerende goed;* surety — *borgverband;* —**ed** debt *verbandskuld;* —**ed** property *goed onder verband;* goods in — *goedere in doeanepakhuis;* —**ed** warehouse *doeanepakhuis, opslagplek vir doeanepligtige goedere, entrepôt;* —**holder** *verbandhouer.*
bond (v) *verbind, verhipotekeer, verband gee op.*
bonus *bonus, byslag;* children's — *kinderbyslag;* — share *bonusaandeel.*
book: bring to — *vastrek, afreken met.*
boom *hoogkonjunktuur;* —**ing** *florerend.*
boost *aanprys, opvysel; verhoog, versterk.*
booted foot *geskoeide/gestewelde voet.*
borrow *leen, geld opneem;* —**er** *lener, inlener, geldopnemer;* —**ing** powers *leningsmagte, leningsbevoegdheid.*
borstal *borstal, tugskool.* In Engeland 'n aanhoudingsplek vir oortreders tussen 17 en 21 jaar, vir opleiding oor 'n tydperk tussen ses maande en twee jaar.
bottle store *drankwinkel.*
bottleneck *knelpunt, bottelnek.*
bottom out *laagtepunt bereik.*
bottomry *bodemery;* —bond *bodemerybrief;* — holder *bodemeryhouer.* Verband op 'n skip vir geld geleen om aan die skip bestee te word, op die basis dat die geldskieter sy geld verloor as die skip vergaan.
boundary *grens, grenslyn.*
bounds: out of — *in verbode gebied.*
bounty *vrygewigheid;* export — *uitvoerpremie.*
boycott *boikot.*
bracket (tax, salary) *kerf.*
bracket creep *blokkruiping.* Dieselfde as **fiscal drag**.
bracket *kerf;* income — *inkomstekerf.*
brainwash *breinspoel.*
brand *handelsmerk.*
breach *breuk, verbreking;* in — of *strydig met, in stryd met;* — of contract *kontrakbreuk;* — of duty *pligsversuim;* — of faith *troubreuk;* — of the peace *verstoring, vredebreuk;* — of privilege *skending/breuk van privilegie* (veral met betrekking tot die Parlement); — of promise *breuk van troubelofte;* — of trust (versuim deur trustee van sy verpligtinge) *trustbreuk;* (in wyere sin) *misbruik van vertroue/vertrouensposisie;* — of warranty *breuk van waarborg.*
breach of confidence *vertroulikheidskending.*
break (n) *breuk, onderbreking;* — in articles *onderbreking van leertydperk;* — in service *diensonderbreking.*
break (v) *breek;* — a contract *kontrakbreuk pleeg, 'n kontrak breek;* — down *ontleed;* — into premises *inbreek by 'n gebou;* — the law *die wet oortree;* —**ing** (meer gebruiklik in verbindinge) *inbraak, huisbraak, tronkbraak, skutbraak;* — off *afbreek.*
breakdown: irretrievable — of a marriage *onherstelbare verbrokkeling van 'n huwelik.*
breakthrough *deurbraak.*
breathalyser *asemtoetser.*
bribe (n) *omkoopgeld, omkoopsom, omkoopprys.*
bribe (v) *omkoop,* —**ry** *omkopery.*
bridle-path *voetpad, ruiterpad.*
brief (n) *opdrag (brevet* is minder geskik want na gelang van die verband beteken dit akte, sertifikaat, vergunning, aanstelling in 'n amp, oktrooi); I hold no — for him *ek is nie sy pleitbesorger nie, ek handel nie in sy opdrag nie;* throw up a — *'n opdrag teruggee/afwys/laat vaar;* —**ed** to appear *opgedra om te verskyn, opdrag hê om te verskyn;* — case *aktetas.*
brief (v) *inlig; opdrag gee.*
brigand *struikrower;* —**age** *struikrowery.*
bring *bring;* — a charge *'n aanklag inbring, iemand aankla;* — a claim *'n eis instel;* — an action/suit *aksie instel, prosedeer;* — forward (in rekeningkunde) *oorbring;* (argument) *aanvoer;* (datum) *vervroeg;* — about *teweegbring, tot stand bring;* — home to someone *iemand oortuig, laat insien;* — in a verdict *'n bevinding inbring;* — to justice *laat aankla, voor die hof bring;* — to trial *op verhoor stel, voorbring, in 'n staat van beskuldiging stel, aankla;* — up to date *tot op hede bywerk, op datum bring.*
broach (a subject) *te berde bring, aanroer, ter sprake bring.*
broken home *gebroke huisgesin.*
broker *makelaar, tussenganger;* share — *aan-*

delemakelaar; ship — *skeepsmakelaar;* —'s note *makelaarsnota;* —**age** *makelaarsloon;* — charges *makelaarskoste;* **broking** *makelary, makelaarsbedryf.*

brook *duld.*

brothel *bordeel;* —**keeper** *bordeelhouer.*

brother (op die regbank) *ampsbroeder, ampsbroer.*

browbeat ('n getuie) *intimideer, oordonder, oorbluf, vrees aanja.*

bruise (n) *kneusplek.*

bruise (v) *kneus.*

brunt *hoofskok van die aanval;* bear the — *die spit afbyt.*

brutal: — assault *wreedaardige aanranding* (nie *brutaal* nie, wat *astrant* beteken); —**ize** *verdierlik;* —**ity** *bruutheid, grofheid, dierlikheid, onmenslikheid, wreed(aardig)heid.*

bucket-shop *onwettige wedplek, dobbelkantoor, gokkantoor.*

budget (n) *begroting.*

budget (v) *begroot.*

building *gebou;* — contract *boukontrak;* — contractor *bou-aannemer;* — line *boulyn, bougrens;* — owner *bouheer;* — society *bougenootskap, bouvereniging.*

bulk *massa;* buy in — *by die groot maat koop.*

bull *bul, stygspekulant, spekulant op styging* (effektebeurs).

bullion *staafgoud.*

buoyant *florerend, bloeiend.*

burden (n) *las;* — of proof *bewyslas,* onus probandi; the — to prove dat *die bewyslas dat;* the — of my argument *die kern van my betoog.*

burden (v) *belas, beswaar;* —**ed** property *beswaarde eiendom, eiendom onder verband.*

burgeon (into) *ontluik tot.*

burglar *inbreker;* —**y** *inbraak.* Die misdaadbenaming is **housebreaking** *huisbraak.*

burst *bars;* the river —**s** its banks *die rivier oorstroom sy walle.*

business *saak, onderneming, firma, besigheid; handel; bedryf, bedryfstak; sake; bedryfslewe, sakelewe; werksaamheid, beroep; aangeleentheid, transaksie;* no admittance except on — *toegang alleen aan bevoegdes, geen toegang behalwe op besigheid;* — associate *besigheidsgenoot;* — capital *ondernemingskapitaal;* — card *besigheidskaartjie;* carry on — *sake doen, handel dryf;* ordinary course of — *gewone loop van besigheid, gang van sake;* — centre *sakesentrum;* — climate *sakeklimaat;* — community *sakegemeenskap;* — cycle *konjunktuursiklus, sakesiklus;* — cycle indicator *konjunktuuraanwyser;* — day *werkdag, besigheidsdag, sakedag;* — development *besigheidsontwikkeling;* — economics *bedryfsekonomie;* — empire *sakeryk;* — hours *werktyd, kantoorure, besigheidsure;* — lead *sakemoontlikheid;* — leader *sakeleier;* —**like** *saaklik, saakkundig, prakties;* —**man** *sakeman, ondernemer;* — name *firmanaam, handelsnaam;* — premises *besigheidsperseel, sakeperseel;* — principles *sakebeginsels, kommersiële beginsels/standaarde;* — reply service *besigheidsantwoorddiens;* — school *sakeskool;* — sector *sakesektor;* — trust *besigheidstrust.*

buy *koop, inkoop; aankoop, aanskaf;* — out *uitkoop;* —**er** *koper;* bought and sold note *koopnota* (deur die makelaar aan die koper van aandele gelewer); *verkoopnota* (aan die verkoper gelewer).

by and large *oor die algemeen.*

by-election *tussenverkiesing.*

by-law *verordening, munisipale regulasie, stadskeur.* Bywet is 'n anglisisme sonder bestaansgrond.

C

cav (afkorting van curia advisari vult) *uitspraak word voorbehou.*
cif (cost, insurance, freight) *koste, assuransie, vrag; kav.*
cache *geheime/versteekte voorraad, cache.*
caeserian section *keisersnee.*
calamity *ramp.*
calculate *bereken;* **—d** to mislead *daarop bereken om te mislei;* **—d** risk *oorwoë/berekende risiko.*
calendar *kalender; lys, rol, sakerol;* — year *kalenderjaar.*
calibrate *kalibreer, yk.*
call (n) *oproep, opvordering, opvraging;* — account *daggeldrekening;* — in *intrek* (aandele); — money *daggeld* (geldmark); money on — *onmiddellik opeisbare/opvraagbare geld, daglening;* — option *koopopsie* (beurs); — rate *daggeldkoers;* — on shares *opvordering op aandele;* make a — *opvordering doen;* repayable at — *dadelik opvorderbaar/opeisbaar.*
call (v) *roep, oproep, uitroep, opvra, opvorder, opsê;* — a case *'n saak uitroep/aan die orde stel;* — an election *'n verkiesing uitskryf;* — for documents *stukke eis/aanvra;* — for further particulars *verdere/nadere besonderhede aanvra;* — for tenders *tenders vra;* — up a bond *'n verband oproep/opsê;* — up capital *kapitaal opvra/oproep;* **—ed** up capital *opgevraagde kapitaal;* not liable to be **—ed** up *onopvraagbaar;* — evidence *getuienis aanbied;* — upon the respondent to show cause *die respondent oproep om redes/gronde aan te voer;* — upon counsel to address *advokaat oproep om toe te spreek;* he was not **—ed** upon *hy is nie opgeroep nie;* — to the bar *as advokaat toelaat;* — on contributors *kontribuante oproep/aanspreek;* — upon the public ('n versoek waarvan versuim geen regsgevolge meebring nie) *'n beroep op die publiek doen;* — into question *bevraagteken;* — a witness *'n getuie oproep.*
call *roep;* — a case *'n saak roep.*
callous *gevoelloos.*
calumniate *belaster, beskinder, beswadder;* **calumniatory/calumnious** *lasterlik;* **calumny** *laster, skindertaal/-praatjies.*
cambio *wissel, kambio;* **cambial** *rakende wissels.* Die vorme *kambiale aksie, kambiaalreg, kambieer* is seldsaam en waarskynlik verouderd.
camouflage *verdoesel, vermom.*
canard *riemtelegram, valse berig.*
cancel *skrap, deurhaal, kanselleer, rojeer; afgelas, afbestel, afsê; herroep, ophef, terugtrek, tenietdoen, intrek, vernietig;* ('n inskrywing, boekpos) *skrap, deurhaal;* ('n lisensie, vergunning) *intrek, kanselleer, nietig verklaar;* ('n bestelling) *terugtrek, kanselleer;* ('n seël) *afstempel;* ('n kontrak) *opsê, ontbind, beëindig, kanselleer;* ('n bepaling, deur die hof of 'n owerheidsliggaam) *nietig verklaar;* the two — out *die twee val teen mekaar weg;* **—lation** clause *ontbindingsbeding, kansellasieklousule.*
candid *openhartig, eerlik, opreg, onbevooroordeeld, rondborstig, uitgesproke.*
candidacy *kandidatuur.*
canon *regsreël;* — of construction *reël van uitleg;* — law *kanonieke reg, Rooms-Katolieke kerkreg;* **canonist** *kerkregsgeleerde, kanonis.*
canvass ('n geskilpunt) *opper, ter sprake bring, behandel, diskuteer, aanvoer;* — votes *stemme werf.*
capability *aanleg, vermoë, bekwaamheid.*
capable *bevoeg, bekwaam, in staat; vatbaar;* — of contracting *handelingsbevoeg;* — of a defamatory meaning *vatbaar vir 'n lasterlike betekenis;* — of forming an intention *wilsvermoënd, in staat om opset te vorm, met die nodige wilsvermoë.*
capacity *bevoegdheid, bekwaamheid, vermoë; hoedanigheid;* — of close corporation *vermoënsfeer van 'n beslote korporasie;* contractual — *handelingsbevoegdheid;* lack of contractual — *handelingsonbevoegdheid;* criminal — *toerekenbaarheid, toerekeningsvatbaarheid* (sien **accountability**); legal — (bevoegdheid om draer van regte en verpligtinge te wees) *regsbevoegdheid;* mental — *verstandelike/geestelike vermoëns;* official — *amptelike hoedanigheid.*
capital (a) *hoof-, vernaamste, kapitale, kapitaal-;* — charge *aanklag van 'n halsmisdaad;* — crime *halsmisdaad, misdaad strafbaar met die dood;* of a — nature *van kapitale aard;* — punishment *doodstraf.*
capital (n) *kapitaal, hoofsom;* — account *kapitaalrekening;* — accretion *kapitaalaanwas;* — appreciation *waardevermeerdering van kapitaal, kapitaal-appresiasie, styging in kapitaalwaarde;* — assets *kapitaalbates, kapitaalgoedere, produksiegoedere;* authorized — *gemagtigde kapitaal;* business — *ondernemingskapitaal;* called up — *opgevorderde/opgevraagde kapitaal;* circulating — *vlottende/sirkulerende kapitaal;* — clause *kapitaalklousule;* fixed — *vaste kapitaal;* —

expenditure *kapitaalbesteding;* floating — *vlottende kapitaal;* fully paid-up — *volopbetaalde kapitaal;* — gain *kapitaalwins;* — goods *produksiegoedere, kapitaalgoedere;* — income *inkomste uit kapitaal;* — increment *kapitaaltoevoeging;* — investment *kapitaalbelegging;* issued — *uitgereikte kapitaal;* — maintenance *instandhouding van kapitaal;* of a — nature *van kapitale aard;* nominal — *nominale kapitaal;* operating/trading — *bedryfskapitaal;* — outlay *kapitaalbesteding;* paid-up — *opbetaalde kapitaal;* — redemption *kapitaal-aflossing;* share — *aandelekapitaal;* stated — *opgegewe kapitaal;* — sum *hoofsom, kapitaalbedrag;* trading — *bedryfskapitaal;* uncalled — *onopgevorderde/onopgevraagde kapitaal;* unpaid — *onopbetaalde kapitaal;* working — *bedryfskapitaal.*

capitalize *kapitaliseer, by die hoofsom voeg;* **capitalization** *kapitalisasie.*

capitation *hoofdelike belasting.*

capitulation *oorgawe, kapitulasie.*

caprice *bevlieging.*

capricious *willekeurig, wispelturig, onberekenbaar;* exercise discretion **—ly** *goeddunke/diskresie op 'n willekeurige wyse uitoefen.*

caption *aanhef.* Gedeelte van 'n regsdokument wat aantoon waar, wanneer en kragtens watter gesag dit opgestel of verly is.

captious *vitterig.*

captivate *bekoor, boei.*

captivity *gevangenskap.*

cardinal *hoof-, vernaamste.*

care *sorg, versigtigheid, sorgvuldigheid;* due — *behoorlike sorg;* child in need of — *sorgbehoewende kind;* **—ful** *versigtig, sorgsaam, oppassend, sorgvuldig;* — and prudent man *oppassende en oordeelkundige man, vroede huisvader;* **—less** *sorgloos, nalatig, onoplettend, onverskillig, onbedagsaam, agtelosig.*

cargo *vrag, skeepsvrag.*

carnage *bloedbad, slagting.*

carnal *vleeslik;* — intercourse/connection/knowledge *vleeslike gemeenskap, geslagsgemeenskap, geslagsomgang, byslaap;* **—ly** know *vleeslike gemeenskap hê met.*

carpet-bagger *politieke indringer.*

carry *vervoer, dra; finansieel dra, geldelik instaan vir;* — forward/over *oordra, oorbring, vorentoe dra;* — conviction *oortuig;* — interest *rente dra;* — on business *sake doen;* — out *nakom;* — out the death sentence *die doodvonnis voltrek;* — a penalty *straf meebring, strafbaar wees;* the order will — costs *die bevel word met koste gegee;* — a point *die toehoorder oortuig, 'n punt wen;* the meeting **carried** the proposal *die vergadering het die voorstel aangeneem;* **carriage** *vervoer, vraggeld;* — free *vragvry;* — forward *vrag te betaal;* — of goods *goederevervoer;* — note *vragbrief;* — of persons *personevervoer;* **carrier** *vervoerder, vervoerondernemer, transportondernemer, vragryer;* common — (Engelsregtelik en nie ooreenstemmend met die *openbare vervoerondernemer* van die R-H reg nie); private — *vervoerder by geleentheid;* public — *openbare vervoerondernemer.*

carte blanche *vry spel.*

cartel *kartel.* Vereniging van produsente tot reëling van produksie en pryse; **—ise** *kartelleer.*

case (1) *saak, geding, regsgeding, proses, hofproses;* — book *vonnisbundel;* the — for the State *die saak vir die Staat/die vervolging;* my — is that *my betoog/saak is dat, ek voer aan dat,* — law *die gewysdes, die beslissings, die reg soos deur hofuitsprake ontwikkel;* make out a — *voldoende gronde/bewyse aanvoer, 'n saak uitmaak;* no — to meet *geen saak om te beantwoord nie;* plaintiff has no — *eiser het sy saak nie gestaaf nie, eiser het geen saak nie;* that is not his — *dit is nie sy saak nie, dit is nie die saak wat hy op die pleistukke gestel het nie;* a strong — *'n sterk saak, 'n goed gegronde saak;* test — *toetssaak, saak om die regsposisie te laat bepaal*; (2) *geval;* as the — may be *na gelang van die geval;* — of need *noodadres* (wissels); — in point *pertinente geval, goeie voorbeeld;* proven — *bewese geval.*

cash *kontant, kas;* — against transfer *kontant teen transport;* — on delivery *kontant by aflewering;* — on hand *kontant voorhande;* — with order *kontant met bestelling;* **—ier** *kassier.*

cash flow *kontantvloei.*

cash shell *kontantdop.*

cassation *kassasie, tersydestelling weens onreëlmatigheid;* court of — *hof van kassasie/hersiening.* In Nederland en Frankryk.

cast *optel, opmaak, bereken, trek;* — accounts *rekeninge opmaak;* — a balance *'n saldo trek;* — figures *syfers optel;* — a vote *stem, 'n stem uitbring;* number of votes — *getal uitgebragte stemme;* **—ing** vote *beslissende stem.*

castigate *bestraf.*

casual *ongereëld, toevallig;* — condition *toevallige voorwaarde.* Waarvan die vervulling van 'n onsekere gebeurtenis afhang en nie van die partye nie; — labourer *los werker;* **—ty** *ongeval, sterfgeval.*

casuist *kasuïs, sofis, drogredenaar;* **—ry** *kasuïstiek, sofisme, sofistery, drogredenasie, spitsvondigheid, haarklowery.*

cat-burglar *klouterdief.*

catalyst *katalisator.*

catastrophic *katastrofaal, rampspoedig.*

catchment (area) *opvanggebied.*

catchword *trefwoord, lemma; bladwagter.*

category *kategorie, klas, soort;* **categorical** *absoluut, sonder voorbehoud, kategories.*

cattle-rustler *veedief.*

cause (n) (1) *oorsaak, grond, rede, beweegrede, aanleiding;* (2) *geding, saak, proses;* just/reasonable — (by kontrakte) *redelike/geoorloofde oorsaak, voldoende aanleiding;* — of action *skuldoorsaak, grond vir regsvordering;* — and effect *oorsaak en gevolg;* all **—s** arising *alle gedinge wat ontstaan;* common — *gemene saak;* — of death *doodsoorsaak;* immediate — *onmiddellike oorsaak/aanleiding;* — célèbre *gerugmakende/opspraakwekkende saak;* on good — shown *by aanvoering van gegronde redes;* proximate — *naaste oorsaak;* reasonable — to believe *redelike gronde om te glo;* sufficient — *voldoende grond/rede;* remote — *verwyderde/agterliggende oorsaak;* **causal** *oorsaaklik, kousaal;* — connection *oorsaaklike/kousale verband;* **—ity** *oorsaaklikheid, kousaliteit, verband tussen oorsaak en gevolg;* doctrine of — *oorsaaklikheidsleer, kousaliteitsleer;* **causation** *veroorsaking;* chain of — *oorsaaklike verband;* **causative** *veroorsakend, oorsaaklik, kousatief.*

cause (v) *veroorsaak, teweegbring, bewerkstellig;* — damage *skade berokken.*

caution (n) *waarskuwing, vermaning, berisping;* — and discharge *waarskuwing en ontslag;* — money *waarborgsom.* In Engelse reg 'n deposito as waarborg vir goeie gedrag; **—ary** rule *versigtigheidsreël.*

caution (v) *waarsku, vermaan, berispe;* — and discharge *waarsku en ontslaan, met 'n waarskuwing ontslaan.*

caveat *waarskuwing, voorbehoud, caveat;* enter a — *'n caveat aanteken.*

cease-fire *skietstaking.*

cede (1) *sedeer, oordra, oormaak* (regte); (2) *opgee, afgee, afstand doen van, afstaan;* **cedent** *sedent, oordraer, oormaker;* **cession** *sessie, oordrag, oormaking;* **cessionary** *sessionaris.*

ceiling *plafon, hoogtegrens.*

censure *berispe, bestraf; laak, afkeur;* motion of — *mosie van afkeuring/sensuur.*

centrifugal *middelpuntvliedend.*

ceremony *pligpleging, seremonie;* **ceremonial** *plegtig, seremonieel.*

certain *seker, gewis, vasstaande, stellig, wis en seker;* **—ty** *sekerheid;* it is a — *dit is seker, dit staan vas;* moral — *stellige sekerheid.*

certify *waarmerk, sertifiseer; verklaar, getuig;* **certifiable** *sertifiseerbaar;* **certificate** *sertifikaat, bewys, getuigskrif;* — of amended title *sertifikaat van gewysigde titel;* clearance — (sertifikaat dat belasting betaal is) *belastingbewys;* (by doeane) *uitklarings-* of *inklaringsbewys* (na gelang die goedere uitgaan of inkom); — of competence *bevoegdheidsbewys/sertifikaat;* — of consolidated title *sertifikaat van verenigde titel;* — of incorporation *sertifikaat van inkorporasie;* — of mineral rights *sertifikaat van mineraalregte;* — of registered title *sertifikaat van geregistreerde titel;* — of registered real rights *sertifikaat van geregistreerde saaklike regte;* — of remainder *sertifikaat van resterende gedeelte;* — of settlement title *sertifikaat van nedersettingstitel;* share — *aandeelsertifikaat;* — of township title *sertifikaat van dorpstitel;* **certification** *waarmerking, sertifisering;* **certified** *gewaarmerk, gesertifiseer;* — cheque *(goed)gemerkte tjek, tjek met bankwaarborg;* — copy *gewaarmerkte/gesertifiseerde kopie/afskrif;* — patient *gesertifiseerde pasiënt, kranksinnig bevonde persoon;* — teacher *gediplomeerde onderwyser.*

cestui que trust *genottrekker, bevoordeelde, cestui que trust.*

chagrin *ergernis, verdriet.*

chain (of events) *reeks gebeurtenisse.*

challenge (iemand wat as jurielid geloot is) *wraak;* ('n bewering) *betwis, teenspreek, aanveg;* ('n persoon) *uitdaag.*

chamber *kamer;* — court *kamerhof;* — practice *konsulterende praktyk, kamerpraktyk;* judge in **—s** *kamerhof.*

champertous agreement, champerty Engelsregtelike uitdrukking vir 'n akkoord dat 'n deel van die opbrengs van 'n geding aan 'n derde persoon sal gaan; sien **pactum de quota litis** in Latynse afdeling.

chance (game of) *gelukspel, kansspel, hasardspel.*

chancery *kanselary.*

changeling *omgeruilde/ondergeskuifde kind.*

chapter (organisasie van sekere professionele groepe) *kapittel.*

character *karakter;* evidence as to — *getuienis oor karakter.* Dit dek goeie naam of reputasie sowel as inbors.

characterize *kenmerk;* **characteristic** *kenmerk, kenteken.*

charge (n) (1) *aanklag* (meervoud *aanklagte*). Volgens die terminologie van die Strafproseswet 51 van 1977 word die *aanklag* in 'n hoër hof in 'n *akte van beskuldiging* **(indictment)** vervat; in 'n laer hof verskyn dit op 'n *dagvaarding* **(summons)**; by 'n summiere verhoor sonder dagvaarding in 'n laer hof, waar die verskyning van die beskuldigde deur 'n *waarskuwing* **(warning)** verkry is, word die aanklag op 'n vorm ingeskryf wat as die *klagstaat* **(charge sheet)** bekend staan. Daar is 'n sterk neiging om *klagstaat* vir al drie te gebruik. Daar kan meer as een aanklag op 'n akte van beskuldiging, dagvaarding of klagstaat voorkom, wanneer hulle *hoofde* **(counts)** genoem word. *Klag* of *klagte* **(complaint)** is onjuis in die betekenis van aanklag; lay a — (deur 'n lid van die publiek by die polisie) *'n aanklag indien, iemand verkla, 'n saak aangee.* **Charge** deur die prokureur-generaal of sy verteenwoordiger, *aankla, 'n misdryf ten laste lê;* he appears on a — of theft *hy verskyn op 'n aanklag van diefstal;* make a — *'n beskuldiging maak;* (2) — to the jury *opsomming aan die jurie deur die regter* (in onbruik); (3) — against the estate *vordering/eis teen die boedel;* costs and **—s** *koste en vorderinge* (in a. 80 van die Wet op Landdroshowe 1944, waar dit met *koste en onkoste* vertaal word); free of — *kosteloos, gratis;* a first — *'n voorkeur-eis, preferente vordering;* (4) *sorg, toesig;* in the — of the mother *onder die sorg/toesig van die moeder;* in — *in beheer/bevel van, belas met die toesig oor, verantwoordelik vir.*

charge (v) *ten laste lê, beskuldig; vra; opdra;* the offence **—d** *die ten laste gelegde misdryf;* he is **—d** with theft *hy word van diefstal aangekla/beskuldig, diefstal word hom ten laste gelê;* — fees *gelde vra;* — a price *'n prys vra;* — to an account *op 'n rekening plaas, 'n rekening debiteer met;* — back *terugskryf;* — with a task *'n taak opdra aan.*

charitable corporation/establishment/institution *liefdadigheidsinstelling* (gewoonlik in die aard van 'n *stigting*). Sien **foundation;** — trust *onpersoonlike trust, trust vir liefdadige doeleindes.*

charity *liefdadigheid.*

charter (n) (1) *charter, huur van skip of vliegtuig;* — broker *skeeps/vliegtuigbevragter;* — contract *vraghuurkontrak, bevragtingskontrak;* — service *huurdiens*; (2) *grondwet, handves.* 'n Staatstuk wat die regsgrondslag van 'n belangrike, veral internasionale, organisasie vorm. (3) *oktrooi.* Waarin staatsbevoorregting van 'n persoon, organisasie of maatskappy vervat is; royal — *koninklike oktrooi.*

charter (v) *oktrooieer, 'n oktrooi/voorreg toestaan aan;* (van skip of vliegtuig) *huur;* **—ed** accountant *geoktrooieerde rekenmeester.* Lid van 'n organisasie van rekenmeesters by oktrooi tot stand gebring; **—ed** company *geoktrooieerde maatskappy;* **—ed** secretary *geoktrooieerde sekretaris;* **—er** *bevragter, huurder.*

chattels *roerende besittings, losgoed.*

cheap *goedkoop;* hold — *geringskat.*

check (1) *aan bande lê;* (2) *kontroleer, nagaan.*

checks and balances *remme en teenwigte.*

cheque *tjek;* certified — *gemerkte tjek, tjek met bankwaarborg.*

cherish *koester, waardeer.*

chicanery *slim streke, bedrog.*

chief *hoof;* (swart) *kaptein;* paramount — *opperhoof;* — justice *hoofregter;* he said in — *in hoofondervraging het hy gesê;* **—tain** *(opper)hoof, kaptein.*

child abuse *kindermisbruik, kindermolestering.*

child *kind;* — en ventre sa mère *ongebore kind,* nasciturus; — care *kindersorg;* — in need of care *sorgbehoewende kind;* — of tender years *jong kind;* **—'s** portion *kindsdeel, kindsgedeelte;* past **—bearing** age *oor die swangerskapsleeftyd;* — welfare *kinderwelsyn;* **children's** court *kinderhof;* **—stealing** *kinderdiefstal, kinderroof.* Sien **kidnapping**.

choice *keuse, voorkeur, keur;* at the — of *ter keuse van;* domicile of — *gekose domisilium/domisilie.*

chose-in-action *vorderingsreg.*

chronicler *kroniekskrywer.*

circuit *rondgang;* — court *rondgaande hof;* — local division *plaaslike rondgang-afdeling.*

circuitous *wydlopig, omslagtig.*

circumlocution *omslagtigheid, ontwyking.*

circumscribe *omskryf, beperk, begrens;* his discretion is **—d** *hy moet sy vrye oordeel/goeddunke/diskresie binne vasgelegde perke uitoefen; sy goeddunke is ingekort.*

circumspection *omsigtigheid, behoedsaamheid.*

circumstance *omstandigheid;* **—s** beyond my control *omstandighede buite my beheer;* extenuating **—s** *versagtende omstandighede.*

circumstantial *omstandig, uitvoerig;* — evidence *omstandigheidsbewyse.* Sien **evidence**.

circumvent *ontduik, omseil.*

cite (1) *dagvaar, siteer;* **citation** *dagvaarding,*

sitasie; edictal — *ediktale sitasie*; (2) — of law reports *sitering van hofverslae.*

citizen *(staats)burger;* **—ship** *(staats)burgerskap, nasionaliteit;* rights of — *burgerskapsregte.*

citizenry *burgery.*

civil (1) *burgerlik* (teenoor *militêr*); administration *burgerlike bestuur;* — authority *burgerlike gesag;* — commotion *burgerlike onluste/oproer;* — fruits *burgerlike vrugte* (soos rente of huurgeld); — liberties *burgerlike vryhede;* — power *burgerlike gesag;* — rights *burgerregte;* — status *burgerlike status;* (2) *privaatregtelik, siviel;* — court *siviele hof, hof vir privaatregtelike sake;* — imprisonment *siviele gyseling* (afgeskaf); — jurisdiction *privaatregtelike/siviele jurisdiksie;* — law *privaatreg, burgerlike reg* (In Engeland ook Romeinse reg); — legal remedy *privaatregtelike/siviele regsmiddel;* — liability/responsibility *privaatregtelike/siviele aanspreeklikheid;* — procedure *siviele prosesreg;* — servant *staatsamptenaar;* — service *staatsdiens;* — year *kalenderjaar.*

civil law *burgerlike privaatreg.*

civilian (1) *burgerlike (persoon);* (2) *Romeinsregtelike skrywer.*

civilized *beskaafd.*

claim (n) (1) *eis, regsvordering, aanspraak*; bring a — *'n eis instel;* — for damages *eis om skadevergoeding;* have — on *aanspraak hê op;* lay — to *aanspraak maak op;* with — of right *met aanspraak op 'n reg;* (2) *bewering;* (3) *kleim, afgepende myngrond.*

claim (v) (1) *eis, opeis, vorder, aanspraak maak op*; (2) *voorgee, beweer, volhou, verklaar;* **—able** *opeisbaar, opvorderbaar;* due and — *verskuldig en opeisbaar;* **—ant** *aanspraakmaker, pretendent, eiser;* **—holder** *kleimhouer.*

clampdown *strawwe beperking.*

clandestine *heimlik, klandestien, onderduims, slinks;* — marriage *geheime huwelik.*

clarify *verduidelik, ophelder;* **clarification** *verduideliking;* — of plea *pleitverduideliking;* **clarity** *duidelikheid, helderheid.*

class action *klas-aksie.*

clause *klousule.* Word ook weergegee met *beding, bepaling, voorwaarde, stipulasie,* maar die klousule is die gedeelte van die skriftelike stuk waarin die *beding, bepaling, voorwaarde* of *stipulasie* te vinde is; acceleration — *vervroegingsbeding;* cancellation — *terugtredingsbeding, kansellasieklousule,* lex commissoria; codicillary — *kodisillêre klousule;* derogatory — *derogatore klousule, klousule derogatoir.* Bepaling in 'n testament waarin die erflater verklaar dat hy die testament nie sal wysig nie; forfeiture — *verbeuringsbeding*; modal — *lasbepaling;* reservatory/saving — *voorbehoudsklousule.*

clean *onskuldig;* come to court with — hands *hof toe kom met jou eie kant skoon/met skoon hande;* make a — breast *ronduit beken;* — record *geen vorige veroordelinge;* — transfer *onbeswaarde oordrag.*

clear (a) *duidelik;* — days *skoon/tussenliggende dae* (met uitsluiting van die eerste en die laaste dag); — right *duidelike/likwiede reg* (by interdikte); **—ly** and specifically *duidelik en spesifiek.*

clear (v) Goedere by die doeane *inklaar* of *uitklaar,* na gelang hulle ingebring of uitgevoer word; — cheques *tjeks verreken;* — debts *skulde vereffen;* — the court *die hof laat ontruim;* — the accused of a charge *die beskuldigde vryspreek/onskuldig bevind;* **—ance** *uitklaring* (verlof van haweowerheid aan skip om te vertrek); **—ance** account *verrekeningstaat, klaringsrekening* (doeane); **—ance** certificate (dat belasting betaal is) *belastingbewys;* (dat lisensie betaal is) *lisensiebewys;* **—ance** sale *opruimingsuitverkoping*; **—ing** agent *klaringsagent;* **—ing** bank *verrekeningsbank;* **—ing** house *verrekeningskantoor.*

cleaving *klowing* (by intestate erfreg).

clemency *begenadiging, genadeverlening;* executive — *begenadiging deur die owerheid;* petition for — *genadeversoek.* Sien **pardon**.

clerical error *skryffout, verskrywing.*

clerk *klerk;* — of the court *klerk van die hof;* judge's clerk *regtersklerk.*

client *kliënt* (van professionele persoon, teenoor *klant* **customer**); **clientele** *kliëntele, praktyk.*

clinch *beklink.*

close (n) *sluiting;* — of pleadings *sluiting van pleitstukke.*

close (v) *sluit;* — a case *'n saak sluit;* — a meeting *'n vergadering afsluit;* **—d** shop *geslote werkplaas* (bedryf waar net lede van die vakbond mag werk); **—d** will *beslote testament;* **—ing** date *sluitingsdatum;* **—ly** reasoned judgment *noukeurig beredeneerde uitspraak;* question — *noukeurig ondervra.*

close corporation *beslote korporasie.*

club *klub, vrywillige vereniging.*

clue *leidraad.*

co- *mede-;* **co-debtor** *medeskuldenaar;* **co-creditor** *medeskuldeiser;* **co-defendant** *medeverweerder;* **co-executor** *mede-eksekuteur;* **co-existence** *saambestaan, naasbestaan;* **co-heirs** *mede-erfgename;* **co-**

partnership *medeseggenskap;* **co-principal** (misdaad) *mededader;* **co-principal debtor** *mede-hoofskuldenaar;* **co-signatory** *mede-ondertekenaar.*

coach (a witness) *'n getuie afrig, hom sy getuienis laat instudeer.*

code *kode, wetboek;* the Code *die Codex;* civil — *burgerlike wetboek, siviele kode;* penal — *strafwetboek, kriminele kode.*

codicil *kodisil;* **—lary** clause *kodisillêre klousule.*

codify *kodifiseer;* **codification** *kodifikasie.*

coerce *dwing, dwang uitoefen op, forseer;* **coercion** *dwang;* **coercive** measure *dwangmaatreël.*

coexistence *saambestaan, naasbestaan.*

coffers (of the state) *skatkis, staatskas.*

cogent *dwingend, oortuigend;* **cogency** *oortuigingskrag, bewyskrag.*

cogitate *bepeins, oorweeg, oordink.*

cognate (1) *kognaat.* 'n Vroulike bloedverwant deur vroue aan die uitgangspersoon verwant; (2) Enige (soms naaste) bloedverwant aan moederskant, in teenstelling met *agnaat;* — line *kognate linie;* **cognation** *verwantskap.*

cognition *kennisname, bewustheid, waarneming.*

cognitive *bewussyns-, kognitief;* — and voluntative elements of intent *bewussyns- en wilselemente van opset, kognitiewe en voluntatiewe elemente van opset.*

cognizance *kennisname; jurisdiksie;* judicial — *geregtelike kennisname;* take — of *kennis neem van; jurisdiksie aanvaar oor;* **cognizable** *kenbaar, waarneembaar; beregbaar;* **cognizant of** *bekend met, bewus van; met jurisdiksie beklee oor, regsbevoeg ten opsigte van.*

cohabit *as man en vrou saamleef; kohabiteer;* **—ation** *die saamlewe as man en vrou, kohabitasie.*

coin *munt;* **—age** *munt, muntstelsel;* — offence *muntmisdryf;* **false coiner** *muntvervalser.*

coitus *byslaap, geslagsgemeenskap, vleeslike gemeenskap, coitus.*

collaborate *saamwerk, meewerk;* — with the enemy *kollaboreer met die vyand;* **collaboration** *samewerking, medewerking; kollaborasie.*

collate *inbring, kolleer;* **collation** *inbring, kollasie;* — of debts *skuldverrekening.*

collateral (a) *sydelings, bykomend, kollateraal, sy-;* — line (verwantskap) *sylinie, kollaterale linie;* — facts *sydelingse/aanvullende feite;* — issue *sydelingse geskilpunt;* — consanguinity *bloedverwantskap in die sylinie, kollaterale bloedverwantskap;* — security *sydelingse/aanvullende/kollaterale sekuriteit.*

collateral (n) *bloedverwant in die sylinie, kollateraal.*

collect (skulde) *invorder;* — a bill/cheque *'n wissel/tjek inkasseer;* **—ing** agency *invorderingsagentskap;* — banker *invorderingsbank;* **—ion fee** *invorderingsgeld;* **—ive** *gesamentlik, kollektief;* — bargaining *gesamentlike/kollektiewe onderhandeling* (veral in die vakbondwese); **—or** *versamelaar;* **—or's** piece *versamelstuk.*

collide (with) *bots teen;* **collision** *botsing.*

colloquially *in die spreektaal/omgangstaal.*

collude *saamspan, heul met, onderhands saamwerk;* **collusion** *(bedrieglike) samespanning, geheime verstandhouding, heulery, kollusie;* **collusive** dealings *onderhandse/heimlike transaksies, samespanning by beskikking oor goed voor insolvensie;* — divorce *egskeiding deur samespanning verkry, kollusiewe egskeiding.*

colour *skyn, voorwendsel;* under — of right *onder 'n skyn van reg, deur aanvoering van 'n reg;* — of office *skyn van amptelike hoedanigheid, skynbaar ampshalwe;* — bar *kleurslagboom;* lend — to *skyn van waarheid verleen/besorg aan, skynbaar ondersteun/staaf;* show one's true **—s** *kleur beken.*

combat *bestry, die hoof bied.*

comity of nations *internasionale hoflikheid, erkenning van mekaar se wette en gebruike; gesamentlike beskaafde volke, statery, volkery.*

command (n) *bevel, gebod, lasgewing, opdrag.*

command (v) *beveel, gelas;* — or procure *gelas of bewerkstellig;* — respect *agting inboesem.*

commanditarian partnership *beperkte/spesiale/kommanditêre vennootskap, vennootskap en commandite.*

commence *begin, open;* ('n wet) *in werking tree;* — proceedings *'n geding aan die gang sit;* **—ment** *aanvang, begin;* — of business *begin van besigheid;* — of an Act *inwerkingtreding van 'n wet.* Sien **initiate**.

commend *aanbeveel;* **—able** *lofwaardig.*

comment (n) *aanmerking, kritiek, kommentaar;* **—ary** *kommentaar.*

comment (v) *kommentaar lewer op, kritiseer, aanmerk.*

commerce (1) *handel, handelsverkeer;* (2) *omgang, gemeenskap;* **commercial** *handels-, tot die handel behorend, op wins gerig, kommersieel;* — instrument *handelspapier;* —

law *handelsreg;* — usage *handelsgebruik, handelsusansie.*

commission (n) (1) (van ondersoek) *kommissie;* (2) *opdrag, volmag;* (3) *pleging;* act of — *handeling, daad* (teenoor **omission,** *nalate, versuim);* — agent *kommissie-agent;* bank — *bankkommissie;* — of a crime *pleging van 'n misdaad;* evidence on — *getuienis op kommissie;* in — *in gebruik;* on — *in/volgens opdrag;* out of — *buite bedryf/werking;* — rogatoire *rogatore kommissie, versoekbrief.* Versoek aan 'n buitelandse regering om 'n persoon wat daar woonagtig is, te verplig om voor 'n kommissie te getuig; undertake a — *'n opdrag aanvaar.*

commission (v) (1) *opdrag/las/volmag gee; magtig.* (2) *in bedryf stel* (bv fabriek); —**er** *kommissaris;* — of child welfare/oaths/patents/police/prisons *kommissaris van kindersorg/ede/patente/polisie/gevangenisse.*

commit *toevertrou;* (misdryf) *begaan, pleeg, bedryf; verbind, verwys, kommitteer;* — to the care of *toevertrou aan die sorg van, plaas in die sorg van;* — for further examination *vir verdere ondervraging verwys;* — to an institution *na 'n inrigting verwys/kommitteer;* — an offence *'n misdaad pleeg/begaan;* — oneself to expenditure *uitgawes aangaan;* — oneself *jouself verbind/blootgee;* — to prison *gevange set;* — for sentence *vir vonnis verwys;* — for trial *ter strafsitting verwys, vir verhoor verwys;* —**ment** *toevertrouing; belofte, onderneming, verpligting;* — to *verbondenheid aan*; —**tal** *belofte, onderneming; verwysing, kommittering, (bevel tot) gevangesetting;* — for contempt *gevangesetting weens minagting van die hof;* — warrant *lasbrief tot gevangesetting;* —**ted** to *verbonde aan, verplig tot.*

committee *komitee;* judicial — of the Privy Council *regterlike komitee van die Privy Council;* standing — *staande/vaste komitee.*

commixture *mengsel, vermenging* (veral van vaste stowwe).

commodatary *bruiklener.*

commodity *handelsartikel* (meervoud *handelsware).*

common *gemeenskaplik, gewoon;* — assault *gewone aanranding;* — boundary *gemeenskaplike grens;* — carrier (sien **carrier**); it is — cause that *dit is gemene saak dat, die partye is dit eens dat, daar word toegegee dat;* make — cause with *gemene saak maak met, tesame te werk gaan;* by — consent *soos algemeen erken word;* — employment *gemeenskaplike diens/werkverrigting;* in — fairness *billikheidshalwe;* that is — ground *daaroor is die partye dit eens, daaroor bestaan geen verskil nie;* have much in — *veel gemeen hê;* — law (ten opsigte van die Suid-Afrikaanse reg) *gemenereg* (adjektief *gemeenregtelik*). Oorgelewerde reg, nie aan wetgewing ontleen nie, ook *gewoontereg* **customary law** genoem, in teenstelling met *wettereg* **statute law**. Ten opsigte van die Engelse reg *die Engelse reg;* at — law *ingevolge die gemenereg, gemeenregtelik;* — property *gemeengoed, gemeenskaplike goed;* — purpose *gemeenskaplike doel* (sien **participation in crime**); in — repute *volgens die algemene opvatting;* — wall *gemeenskaplike muur, skeidsmuur;* in — with *gemeenskaplik met.*

commonage (1) *meent, dorpsgrond; gemeenskaplike grondbesit; weireg;* (2) *die volk, burgery.*

commonwealth *gemenebes.*

commotion *beroering;* civil — *burgerlike onluste, opstand, oproer.*

communal *gemeenskaps-, kommunaal;* — tenure *gemeenskapsbesit, kommunale besit;* — vote *gemeenskapstemreg, kommunale stemreg.*

communicate *meedeel, oorbring, oordra, in verbinding tree, kommunikeer;* **communication** *mededeling, bekendmaking, oorbrenging, oordrag, kommunikasie;* matrimonial — *mededeling tussen egteliede, kommunikasie tussen man en vrou.* Het betrekking op privilegie uit huwelikstaat.

community *gemeenskap;* — court *gemeenskapshof;* — of interest *gemeenskaplikheid van belange;* in — of property *in gemeenskap van goed; in goederegemeenskap;* out of — of property *buite gemeenskap van goed;* — of profit and loss *gemeenskap van wins en verlies;* rural — *landelike gemeenskap;* — service *gemeenskapsdiens.*

commute ('n vonnis) *omsit, versag, verlig, kommuteer;* ('n polis, pensioen) *in kontant omsit, afkoop;* **commutable** *vervangbaar, verwisselbaar, omsetbaar;* **commutative** agreement *ruilooreenkoms, wederkerige/kommutatiewe ooreenkoms.* Waar die sake wedersyds gegee, beskou word as van presies gelyke waarde.

commuter *pendelaar.*

compact (a) *bondig.*

compact (n) *afspraak, ooreenkoms.*

company *maatskappy, korporasie;* controlled — *beheerde maatskappy;* controlling — *beherende maatskappy;* finance — *finansieringsmaatskappy;* foreign — *buitelandse maatskappy;* holding — *houermaatskappy;* — law *maatskappyereg;* limited liability — *maatskappy met beperkte aanspreeklikheid;* — limited by shares *maatskappy beperk deur aandele.* Verouderde benaming vir **company with a share capital** *maatskappy met aandelekapitaal;* parent — *moedermaatskappy;* private — *private maatskappy;* public — *publieke maatskappy;* subsidiary — *filiaalmaatskappy, filiaal;* unlimited — *onbeperkte maatskappy.*

compare *vergelyk;* **comparable** with *vergelykbaar met;* **comparative** *vergelykend, betreklik;* — culpability *onderskeie grade van skuld;* — law *regsvergelyking.*

compassion *deernis;* **—ate** *deernisvol;* — leave *deernisverlof.*

compatible (with) *verenigbaar/versoenbaar/bestaanbaar met.*

compel *dwing, afdwing, verplig;* **—lable** witness *verpligbare getuie;* **compulsion** *dwang;* **compulsory** *verpligte, gedwonge;* — labour *dwangarbeid;* — sentence *verpligte/voorgeskrewe vonnis.*

compensate *skadeloos stel, vergoed, kompenseer; opweeg teen;* **compensation** *skadeloosstelling, vergoeding, kompensasie;* — of debts *verrekening van skulde, skuldvergelyking;* — principle/theory *beginsel/teorie van skuldkompensasie.* Weiering van regshulp waar die partye albei skuld het; workmen's — *skadeloosstelling van werkliede/werksmense;* **compensatory** *skadeloosstellend, vergoedend, kompenserend;* — damages *skadevergoeding, skadeloosstelling;* — fine *vergoedende boete.*

compete *meeding, wedywer, konkurreer;* **competition** *mededinging, wedstryd, konkurrensie;* unfair/unlawful — *onregmatige mededinging;* **competitive** *mededingend, vergelykend;* — examination *vergelykende eksamen;* — price *billike/konkurrerende prys.*

competence, competency (1) *bekwaamheid, bevoegdheid, geskiktheid;* (2) *toelaatbaarheid, geldigheid, kompetensie;* within his — *binne sy bevoegdheid;* (3) *middele van bestaan, welgesteldheid.*

competent (1) *bekwaam, bedrewe, bevoeg;* (2) *geldig, geoorloof, kompetent;* — amendment *geoorloofde wysiging;* — court *bevoegde/kompetente hof, hof met jurisdiksie;* — and compellable witness *bevoegde/kompetente en verpligbare getuie;* — sentence *geoorloofde/kompetente vonnis;* it is — for him *hy is bevoeg, dit is geoorloof, dit mag, dit staan hom vry, dit is binne sy bevoegdheid;* be — to *by magte wees om.*

competitor *konkurrent.*

complain *kla, jou beklag doen;* the words **—ed** of *die gewraakte woorde;* **—ant** *klaer,* (vroulik) *klaagster;* **complaint** *klagte.* Sien **charge**; lodge a — *'n klagte indien.*

complaisant *inskiklik, voorkomend, beleef, meegaande, toegeeflik.*

complement (v) *aanvul, afrond;* **—ary** to *aanvullend by.*

complement (n) *aanvulling, toevoeging; volle getal, goedgekeurde sterkte.*

complete (a) *volledig, voltallig, vol, kompleet, totaal, volkome, volmaak, volwaardig;* a bill — and regular on the face of it *voltooide en oënskynlik reëlmatige wissel.*

complete (v) *voltooi, volbring, uitvoer, klaarmaak; aanvul, voltallig maak;* — an apprenticeship *leertyd voltooi/uitdien;* — a course *'n kursus deurloop;* — a form *'n vorm invul;* — a sentence *'n vonnis uitdien.*

complex *ingewikkeld;* **—ity** *ingewikkeldheid, gekompliseerdheid, kompleksiteit.*

compliance *inskiklikheid, toegeeflikheid, meegaandheid; nakoming, vervulling;* in — with *ingevolge, ooreenkomstig.*

complicated *ingewikkeld, verward, gekompliseer.*

complicity *medepligtigheid, aandadigheid.* Sien **participation in crime**.

comply (with) *voldoen aan;* — with conditions *aan voorwaardes voldoen, voorwaardes vervul/nakom.*

component *bestanddeel, komponent.*

composite *samegesteld;* — rent *samegestelde huurgeld.*

composition *samestelling;* (in insolvensiereg) *akkoord;* offer a — *'n akkoord aanbied.*

compound (a) *samegesteld;* — interest *samegestelde rente.*

compound (v) (1) *afkoop, skik;* (in insolvensiereg) *'n akkoord aangaan;* — an offence *'n misdryf afkoop;* (2) *vererger.*

comprehend *verstaan, begryp; omvat, insluit, inbegryp;* **comprehension** *begrip, verstand;* **comprehensive** *omvattend, alomvattend, volledig, uitgebreid;* — business tax *omvattende besigheidsbelasting;* — judgment *omvattende uitspraak;* — policy *alomvattende polis.*

compromise (n) *skikking, dading, kompromis;* — or arrangement (maatskappyewet) *skikking of reëling;* offer of — *skikkingsvoorstel.*

compromise (v) *skik, toegee, 'n vergelyk tref, tot 'n vergelyk kom, kompromis maak, ak-*

koord aangaan; kompromitteer, onder verdenking bring, in gevaar stel.

compunction *berou, gewetenskwelling.*

compute *bereken;* **—r** *komper, rekenaar;* **—r** printout *komperstaat, rekenaardrukstuk;* **computation** of time *tydsberekening.*

conceal *verheimlik, verberg, verswyg, geheim hou;* **—ment** *verheimliking, verberging, verswyging, geheimhouding;* — of birth *verberging/verheimliking van geboorte;* fraudulent — (by kontrakte) *bedrieglike verswyging;* place of — *skuilplek, wegkruipplek, skuilhoek; geheime bêreplek.*

concede *toegee, erken; toestaan, vergun;* **concessionary** *vergunninghouer, konsessionaris;* — rights *vergunningsregte, konsessieregte.*

conceivable *denkbaar, geloofbaar, begryplik;* **conceivably** *denklik, moontlik, allig; begryplikerwys.*

concentrate (on) *jou toespits op.*

concept *begrip, denkbeeld, konsepsie;* **—ion** *begrip, voorstelling, opvatting, konsepsie; bevrugting, ontvangenis;* **—ual** *begripsmatig.*

concern (n) (1) *onderneming, handelsonderneming, konsern;* going — *lopende saak;* (2) *verontrusting, besorgdheid, bekommernis, belang.*

concern (v) *betref, aangaan, van belang wees vir;* to whom it may — *aan wie dit mag aangaan, sy dit hiermee kennelik;* be **—ed** *betrokke wees by;* of and **—ing** the plaintiff *van en aangaande/betreffende die eiser.*

concert *ooreenstemming, samewerking;* act in — *gesamentlik optree;* **—ed** action *gesamentlike optrede.*

conciliation *versoening, bemiddeling, konsiliasie;* industrial — *versoening in die nywerheid, nywerheidsversoening;* — board *versoeningsraad, bemiddelingskommissie;* **conciliatory** *versoenend.*

concise *saaklik, bondig, kernagtig;* **—ness** in pleadings *saaklikheid in pleitstukke.*

conclude *afsluit, beëindig; 'n gevolgtrekking maak, besluit, tot 'n slotsom kom;* — an agreement *'n ooreenkoms aangaan/sluit;* **conclusion** *afsluiting, beëindiging; slotsom, besluit, bevinding, gevolgtrekking, oordeel, konklusie;* — of law *regsbevinding;* **conclusive** *beslissend, afdoende;* — proof *afdoende bewys;* — presumption *onweerlegbare vermoede;* it has been proved **conclusively** *dit is onweerlegbaar/afdoende bewys.*

concoct *versin, saamflans, beraam, uitdink;* **—ion** *versinsel.*

concomitant *begeleidend; begeleidende verskynsel;* — with *gepaard met.*

concourse *samestroming, toeloop, menigte; wandelhal, versamelplek.* Sien *concursus* in Latynse deel.

concrete *tasbaar, konkreet.*

concubine *bywyf, bysit, konkubine;* **concubinage** *konkubinaat, buite-egtelike saamlewing.*

concur *saamstem, instem, ooreenstem, saamval;* **—ring** judgment *instemmende uitspraak;* **—rence** *instemming, ooreenstemming, medewerking;* act in — *gemeenskaplik optree;* **—rent (n)** *meewerkende omstandigheid;* **(a)** *samevallend, gelyktydig bestaande;* — intention *gemeenskaplike bedoeling;* — creditors/claims *konkurrente skuldeisers/vorderinge;* — jurisdiction *saamlopende/konkurrente jurisdiksie;* — powers *saamvallende magte;* — sentences *saamlopende/gelyklopende vonnisse;* — wrongdoers *mededaders;* **—rently** *gelyktydig, in samewerking.*

concussion *afpersing, afdreiging.* Sien **extortion**.

condemn *laak, afkeur, veroordeel;* — to death *ter dood veroordeel;* — to imprisonment *tot tronkstraf veroordeel;* **—ed** building *onbruikbaar verklaarde gebou;* — cell *dodesel, sel vir ter dood veroordeeldes;* **—able** *laakbaar, afkeurenswaardig;* **—atory** *sterk veroordelend, skerp afkeurend.*

condescend *neerbuig, paternalisties handel.*

condict *onverskuldigde betaling terugvorder, kondikeer.* Sien **condictio** in Latynse afdeling; **condiction** *kondiksie, terugvordering van onverskuldigde betaling.*

condign punishment *welverdiende straf.*

condition (n) *voorwaarde, beding.* Wanneer dit van belang is om te onderskei tussen **conditions** *voorwaardes* waarvan die totstandkoming van 'n verbintenis afhanklik is, en **terms** *bepalinge* van 'n reeds tot stand gekome verbintenis, moet *beding* liewer nie gebruik word nie omdat dit albei kan omvat; affirmative — *positiewe/affirmatiewe voorwaarde;* casual — *toevallige voorwaarde;* concurrent — *saamlopende voorwaarde;* **—s** of establishment *voorwaardes van dorpsaanleg;* express — *uitdruklike voorwaarde;* implied — *stilswyende voorwaarde;* impossible — *onuitvoerbare voorwaarde;* mixed — *gemengde voorwaarde;* negative — *negatiewe voorwaarde;* possible — *uitvoerbare voorwaarde;* positive — *positiewe voorwaarde;* potestative — *willekeurige/potestatiewe voorwaarde;* — precedent *opskortende voorwaarde;* resolutive — *ontbindende voorwaarde;* **—s** of sale *verkoopsvoorwaardes;* — subsequent *ontbindende voorwaarde;* suspensive — *opskor-*

tende voorwaarde; **—s** of title *titelvoorwaardes;* **—al** *voorwaardelik;* — upon *op voorwaarde dat, afhanklik van;* — selling *koppelverkoop.*

condition (v) *bepaal, voorwaardes stel, beding.*

condominium *mede-eiendom, kondominium;* **condominus** *mede-eienaar.*

condone *vergewe, verskoon, vergoelik, ekskuseer, kondoneer, deur die vingers sien;* **condonation** *verskoning, kondonasie;* — of break in service *kondonasie van diensonderbreking;* (in huweliksreg) *versoening.*

conducive (to) *bevorderlik vir.*

conduct (n) *gedrag; houding; bestuur, beheer;* — money *reisgeld* (vir 'n getuie); — crime *gedragsmisdaad* (teenoor **consequence crime** *gevolgsmisdaad*); the — of proceedings *die lei van verrigtinge;* safe — *vrygeleide.*

conduct (v) *bestuur, beheer, lei, aanvoer;* — a business *'n sakeonderneming bestuur;* — a case *'n saak voer;* — correspondence *briefwisseling voer;* — an examination *ondervraging doen;* — an inquiry *ondersoek instel;* — negotiations *onderhandelinge voer;* — oneself *jou gedra;* — proceedings *verrigtinge lei.*

conduit *geleibuis.*

confederacy (1) *verbond, statebond, konfederasie;* (2) *samespanning.*

confederate *medepligtige, samesweerder, bondgenoot, trawant.*

confederation *verbond, statebond, konfederasie;* — of labour/trades *vakverbond.*

confer (1) *toeken, verleen, toestaan;* (2) *beraadslaag met;* **—ment** upon *toekenning aan.*

conference *samespreking, konferensie; konsultasie* (tussen advokaat en prokureur, met of sonder die kliënt).

confess (algemeen, nie in verband met 'n misdaad nie) *erken, bely, bieg;* (ten aansien van 'n misdaad) *beken, bekentenis doen/aflê;* **—ion** *bekentenis.* 'n Verklaring wat, indien by voorbrenging gedoen, op 'n pleit van skuldig sou neergekom het; *erkenning* dek enige toegewing van die juistheid van 'n bewering teen hom, ook in siviele gedinge, en is nie tot skuld aan 'n misdaad beperk nie; *skulderkenning* het betrekking op geringe oortredinge en kan verskyning in 'n hof uitskakel. Sien **admission**; **confession** of claim (dieselfde as **consent to judgment**) *toestemming tot vonnis;* — and avoidance *erkenning met teenwerping.*

confidence trickery *swendelary, vertroueswendel;* — trickster *bedrieër, opligter.*

confidential *vertroulik, geheim, konfidensieel.*

confine *beperk;* **—ment** *gevangenskap, opsluiting; bevalling.*

confirm *bevestig, bekragtig, goedkeur, staaf, homologeer;* — on oath *onder eed bevestig;* — a provisional order *'n voorlopige bevel bekragtig;* — a statement (eie verklaring) *bevestig;* (iemand anders se verklaring) *staaf, bevestig.*

confiscate *konfiskeer* (ten gunste van die staat).

conflict (n) *botsing, teenstrydigheid;* in — with his duty *strydig met sy plig;* in — *in stryd/teenspraak met mekaar, strydig;* — of interest *botsing/strydigheid van belange;* — of laws *strydigheid van regsbeginsels; internasionale privaatreg.*

conflict (v) *bots teen, indruis teen, in stryd wees met;* **—ing** statement *strydige/teenstrydige verklaring.*

conform *skik na, aanpas;* **conformable** to *ooreenkomstig.*

conformity: in — with *in ooreenstemming met, ooreenkomstig.*

confound *dronkslaan, verbyster.*

confront *teenoor mekaar stel, konfronteer;* **—ation** *teenoorstelling, konfrontasie.*

confusion *verwarring; samevloeiing, vermenging.* Sien **confusio** in Latynse deel; — of identity *persoonsverwarring.*

conjecture *gis, vermoed, veronderstel.*

conjoin *saamvoeg;* **—der** *samevoeging;* **—tly** *gesamentlik, tesame;* **conjunction** *verbinding, voegwoord;* **conjunctive** (betreffende 'n voegwoord, by uitleg van wette) *verbindend, samevoegend, konjunktief.* In teenstelling met **disjunctive**, *skeidend, disjunktief.*

conjugal *egtelik, huweliks-;* order for restoration of — rights *bevel tot herstel van huweliksregte.*

conjure: — someone to do *iemand plegtig smeek/besweer om iets te doen.*

connect *verbind;* a **—ed** series of acts *'n verbandhoudende reeks handelinge;* **—ion** (1) *samehang;* — between facts *samehang van feite;* (2) *byslaap;* carnal — *vleeslike gemeenskap, byslaap.*

connive (at) *oogluikend toelaat;* **connivance** *oogluikende toelating.*

connoisseur *kenner.*

connote *beteken; bybetekenis hê; inbegryp, insluit;* **connotation** *(by)betekenis; intensiewe betekenis, inhoudsbepaling, konnotasie.*

conquest *onderwerping, verowering.*

consanguinity *bloedverwantskap;* collateral — *bloedverwantskap in die sylinie.*

conscript *dienspligtige.*

consecutive *agtereenvolgend, opeenvolgend;*

sentences to run **—ly** *vonnisse loop agtereenvolgend.*

consensus *wilsooreenstemming, konsensus;* — of opinion *algemene sienswyse, eenstemmigheid.* Sien ook **consensus** in Latynse deel; **consensual** *konsensueel;* — obligation *verbintenis uit wilsooreenstemming, konsensuele verbintenis.*

consent (n) *toestemming, instemming, inwilliging, goedvinde;* (by kontrak) *wilsooreenstemming;* age of — *toestemmingsleeftyd;* by common — *met algemene instemming;* judgment by — *vonnis by toestemming;* — paper *toestemmingsakte.*

consent (v) *toestem/instem tot, toestaan, inwillig;* — to judgment *tot vonnis toestem.*

consequence *gevolg, uitwerking; belang, betekenis; invloed; gevolgtrekking, konsekwensie;* — crime *gevolgsmisdaad;* legal **—s** *regsgevolge;* natural and probable **—s** of his act *natuurlike en waarskynlike gevolge van sy daad.*

consequent *daaruitvolgend, voortvloeiend;* **—ly** *gevolglik;* **—ial** *gevolglik, voortvloeiend;* — amendment *opvolgende/daaruitvolgende wysiging;* — damage *gevolgskade, voortvloeiende skade;* — relief *daaruitvolgende regshulp.*

conserve *bewaar, behou, in stand hou;* attachment to — goods *bewarende/ beveiligende beslag.*

consider ('n uitspraak) *oorweeg, beraadslaag oor;* **—ed** judgment/opinion *oorwoë uitspraak/mening;* **—ation** (1) *oorweging, aanmerking;* after due — *na rype oorweging;* take into — *in aanmerking neem;* legal **—s** *juridiese oorweginge, regsoorweginge;* (2) *teenprestasie;* valuable — *geldwaardige teenprestasie;* failure of — *gebrek aan teenprestasie, wanprestasie;* there was no — moving from the plaintiff *daar was geen teenprestasie van die eiser se kant nie.*

consign *versend;* **—ee** *geadresseerde, ontvanger;* **—ment** *versending, afsending; vrag;* — note *vragbrief;* **—or** *afsender.*

consignation *konsignasie* (ou Romeins-Hollandse vorm van geregtelike inbetaling), *inbetaling by die hof.*

consistent *gelykluidend, volgehoue, konsekwent, homself gelyk blywend;* — with *in ooreenstemming met, verenigbaar met, bestaanbaar met;* the injuries are — with violence *die beserings is in ooreenstemming met geweld, kon deur geweld veroorsaak gewees het;* previous — statement *vroeëre gelykluidende verklaring.*

consociation *konsosiasie.*

consolidate *konsolideer, saamvat, verenig;* certificate of **—d** title *sertifikaat van verenigde titel;* **consolidation** *samevatting, vereniging;* — Act *samevattende wet, konsolidasiewet;* — of actions *konsolidasie van aksies.*

consortium (in huweliksverhouding) *konsortium;* — of banks *konsortium van banke* (gewoonlik wat saam 'n lening toestaan).

conspicuous *opvallend.*

conspire *saamsweer met, heul met, 'n komplot smee met, saamspan met;* **conspiracy** *sameswering, komplot;* — of silence *swygkomplot;* **conspirator** *samesweerder.*

constantly *voortdurend.*

consternation *ontsetting, verslaenheid, konsternasie.*

constitute *saamstel, konstitueer;* — a court *'n hof saamstel;* — themselves into a committee *hulself tot 'n komitee konstitueer;* — a gathering into a congregation *'n byeenkoms tot 'n kongregasie konstitueer;* this **—s** an offence *hierdie feite maak 'n misdaad uit;* **constituency** *kiesafdeling; kiesers; magsbasis;* **constituent** *samestellend, konstituerend;* — part *samestellende/konstituerende deel;* — assembly *grondwetgewende/grondwetskrywende vergadering, konstituerende vergadering.*

constitution *grondwet, konstitusie, grondreëls;* **—al** *grondwetlik, staatsregtelik, konstitusioneel;* — court *konstitusionele hof* (nie *grondwetlik* nie); — law *staatsreg, konstitusionele reg;* — lawyer *staatsregsgeleerde;* — state *regstaat;* **constitutive** *totstandbrengend, samestellend, konstitutief;* — documents *samestellende dokumente;* — theory *konstitutiewe teorie* (volkereg).

constrain *dwing;* **—t** *beperking, dwang, stremming.*

constructive (1) *opbouend;* (2) *afgelei, veronderstel, gefingeer, fiktief, toegeskrewe, toegedig* (in dié sin word *konstruktief* ook dikwels gebruik maar dit kan taalkundig nie verantwoord word nie); — delivery *afgeleide lewering;* — desertion *afgeleide/toegedigte verlating;* — intention *toegedigte opset, opset by moontlikheidsbewussyn,* dolus eventualis; — knowledge/notice *toegeskrewe kennis;* — total loss (insurance) *veronderstelde totale verlies;* **constructively** *by afleiding/toedigting;* he deserted her — *hy het haar by afleiding/toedigting verlaat.*

construe *uitlê, vertolk, konstrueer;* **construction** *uitleg, vertolking, konstruksie.*

consult *oorleg pleeg met, raadpleeg, konsulteer;* — with a client *met 'n kliënt konsulteer;*

—ant *raadgewer, raadsman, konsultant, adviseur;* **—ation** *konsultasie;* in — with *in oorleg met, in konsultasie met;* **—ing** practice *konsulterende/adviserende praktyk.*
consumer *verbruiker;* **—ism** *verbruikerswese;* — law *verbruikersreg.*
consummate (a) *volkome, volslae.*
consummate (v) *voltooi, volvoer, voltrek, in vervulling gaan/laat gaan;* — a marriage *'n huwelik deur byslaap vervul;* **consummation** *vervulling;* — of the offence *volvoering van die misdaad.*
contact *kontak.*
contain *in bedwang hou, bedwing, in toom hou;* **—er** *houer;* **—ment** *bedwang.*
contaminate *besmet, besoedel.*
contemplate *beoog, van plan wees, oorweeg, rekening hou met, in beskouing neem;* **—d** *voorgenome;* **contemplation** *oorweging, bespiegeling;* damage within the — of the parties *skade deur die partye voorsien, binne die bedoeling/oorweging van die partye.*
contemporaneous *tydgenootlik, gelyktydig, kontemporêr;* — recording *gelyktydige aantekening.*
contemporary (a) *van die tyd, van dieselfde tyd, eietyds, hedendaags, kontemporêr.*
contemporary (n) *tydgenoot.*
contempt *minagting;* — of court *minagting van die hof;* in — of an order of court *in minagting van 'n hofbevel;* **—ible** *veragtelik.*
contend *betoog, beweer, aanvoer;* **—ing** parties *gedingvoerende partye;* **—er** *aanspraakmaker;* **contention** *stelling, betoog, standpunt, argument, kontensie;* **contentious** *betwisbaar, aanvegbaar, omstrede, strydwekkend, kontensieus;* — matter *omstrede aangeleentheid.*
contest *betwis;* — an election *'n verkiesing veg.*
context *samehang, verband;* **—ual** *behorende tot/afhangende van die verband.*
contiguous *aangrensend, aanliggend, aanrakend, belendend; naby;* **contiguity** *aangrensing, aanraking; nabyheid.*
contingent *afhanklik, voorwaardelik, gebeurlik;* existing, future or — right *bestaande, toekomstige of voorwaardelike reg* (a 19(1)(iii) van die Wet op die Hooggeregshof 59 van 1959); — event *ongewisse gebeurtenis;* — fee *fooi wat van die uitslag afhang, voorwaardelike fooi;* **contingency** *gebeurlikheid, onsekere omstandigheid;* — account *gebeurlikheidsrekening;* — fee *voorwaardelike professionele gelde.*
continue *voortgaan, aanhou, voortduur, deurloop;* — a person (in 'n betrekking) *iemand aanhou/kontinueer;* **continuance** *duur, voortduring;* during his — in office *tydens sy ampsbekleding;* presumption of — *vermoede van deurlopendheid;* **continuation** clause *verlengingsklousule, voortsettingsbeding, kontinuasiebeding;* **continuing/continued** *voortgesette;* **continuity** *samehang, verband, deurlopendheid, kontinuïteit;* **continuous** *aanhoudend, deurlopend, voortdurend, kontinu;* — offence *deurlopende misdaad;* — servitude *voortdurende serwituut* (by die uitoefening waarvan geen menslike handeling nodig is nie); **continuously** employed *onafgebroke in diens.*
contraband *smokkelware, smokkelgoedere, kontrabande; sluikhandel, smokkelhandel.*
contract (n) *kontrak, ooreenkoms;* — labour *kontrakarbeiders;* law of — *kontraktereg;* — note *koopnota, verkoopnota;* — price *kontrakprys;* put out to — *aanbestee, op kontrak uitgee;* — work *kontrakwerk, aangenome werk;* **—ual** *kontraktueel, volgens kontrak;* — capacity *handelingsbevoegdheid;* — obligation *kontraktuele verpligting, verpligting uit ooreenkoms;* — relationship *kontraktuele verhouding.*
contract (v) *'n kontrak sluit/aangaan, kontrakteer, ooreenkom;* — debts *skulde aangaan/maak;* — for work *werk aanneem* (teenoor die *aannemer* staan die *aanbesteder);* freedom to — *kontrakteervryheid, handelingsvryheid;* — marriage *'n huwelik aangaan;* — out *uitkontrakteer, jou vrymaak van.* Het gewoonlik betrekking op wetsbepalinge wat die kontrak sal beïnvloed as hulle nie uitdruklik uitgesluit word nie; done and **—ed** *gedaan en ooreengekom;* **—ing** parties *kontrakterende partye, kontraktante;* **—or** *aannemer, kontrakteur* (meer bepaald van bouwerk); *ondernemer, leweransier;* **—or** to *leweransier vir/aan, kontraktant vir.*
contradict *teenspreek, weerspreek;* **—ion** *weerspreking, teenspraak; teenstrydigheid;* — in terms *selfweerspreking;* **—ory** *teenstrydig, ontkennend, in teenspraak met mekaar.*
contrariety (of laws) *strydigheid van regsreëls.*
contrary *teendeel, teenoorgestelde;* on the — *inteendeel;* anything to the — notwithstanding *ondanks strydige/andersluidende bepalinge;* — to good morals *strydig met/teen die goeie sedes;* — order *teenstrydige bevel, teenbevel;* proof to the — *bewys van die teendeel;* provisions to the — *teengestelde bepalinge, strydige/andersluidende voorskrifte;* unless the — intention appears *tensy anders*

bepaal; — statement *verklaring van die teendeel, teenstrydige verklaring.*

contravene *oortree, indruis teen, in stryd wees met;* **contravention** *oortreding;* in — of *in stryd met, strydig met, in afwyking van, indruisend teen* (nie *ter oortreding van* nie).

contretemps *teenslag, teenspoed.*

contribute *bydra, meewerk;* these facts — towards *hierdie feite werk mee tot;* liable to — *bydraepligtig;* — to the joint estate; *inbring by/bydra tot die gemeenskaplike boedel;* **contribution** *bydrae, kontribusie;* — account *kontribusierekening;* plan of — *kontribusieplan;* right of — (tussen medeborge of ander medeskuldenare) *regresreg, reg van kontribusie;* — towards costs *bydrae tot koste.*

contributory (a) *bydraend, meewerkend;* — cause *bydraende/meewerkende oorsaak, medeoorsaak;* — negligence *meewerkende nalatigheid; mede-oorsaaklikheid, medeskuld van die benadeelde.*

contributory (n) *bydraer,* (maatskappyereg) *kontribuant, bydraepligtige.*

contrite *berouvol, boetvaardig.*

contrivance *versinsel, bedinksel; plan, streek, lis; toestel, middel;* by the — of the accused *deur die toedoen van die beskuldigde.*

contrive *prakseer, uitdink.*

control (n) *beheer, bestuur, seggenskap, toesig, opsig; bedwang, beteueling, beheersing;* account *kontrolerekening;* — does not include prohibition *beheer sluit nie verbod in nie;* personal supervision and — *persoonlike toesig en beheer;* riot — *oproerbeheer.*

control (v) *beheer, bedwing, reël, beteuel, kontroleer;* regulate and — *beheer en reguleer;* **—led** constitution/company *beheerde grondwet/maatskapy;* **—ling** interest *beherende belang;* — measures *beheermaatreëls;* strict — *strenge beheer;* tighter — *strenger toesig.*

controvert *betwis, bestry, teenspreek; weerlê;* **—ible** *omskepbaar;* **controversial** *betwisbaar, aanvegbaar, strydwekkend, omstrede, kontroversieel, polemies;* — question *strydvraag, twispunt;* **controversy** *strydvraag, twispunt, geskil; polemiek, twisgeskryf;* without — *onteenseglik.*

contumacious *weerspannig, weerbarstig, styfhoofdig, hardkoppig;* **contumacy** *weerspannigheid, weerbarstigheid, styfhoofdigheid, hardkoppigheid.*

contumelia *contumelia;* **contumelious** *minagtend, honend, beskimpend, smadend;* **contumely** *smaad, hoon, belediging.* Sien **contumelia** in Latynse deel.

conundrum *raaisel, strikvraag.*

convene ('n vergadering) *belê, byeenroep;* **convenor** *sameroeper, byeenroeper, oproeper, konvenor;* **convention** *byeenkoms, konvensie, kongres; ooreenkoms* (veral tussen lande); claim in — *hoofeis, eis in konvensie* (teenoor *teeneis, eis in rekonvensie);* plaintiff in — *eiser in konvensie.*

convenience *gerief;* balance of — *ewewig van gerief;* on a balance of — *volgens oorwig van gerief;* — of the parties *gerief van die partye.*
conventional *gewoon, algemeen gebruiklik;* — hypothec *gewone/konvensionele verband, verband uit ooreenkoms* (teenoor 'n *geregtelike* verbandverhouding).
convert *omskep, omsit, omreken; toe-eien, aanwend;* — money to own use *geld vir eie doel/voordeel aanwend, geld verduister;* — a trial into a preparatory examination *'n verhoor tot 'n voorlopige ondersoek omskep;* **conversion** *omskepping, omsetting;* theft by —/appropriation *diefstal deur toe-eiening;* — of a private to a public company *omskepping van 'n private tot 'n publieke maatskappy;* **convertible** *verwisselbaar, inwisselbaar, omskepbaar, omkeerbaar.*

convey *vervoer, oordra, oorbring; meedeel, uitdruk;* **—ance** *vervoermiddel; oordrag/transport van vaste eiendom;* deed of — *transportakte;* charges of — *transportkoste;* **—ancer** *aktebesorger.* Voorkeur word aan die woord gegee omdat *akte* sowel transporte as verbande insluit, en *besorg* die uitmaak sowel as die verlyding dek. Ander vorme in gebruik is *aktevervaardiger, transportbesorger, transport- en verbanduitmaker;* **—ancing** *aktebesorging.*

convict (n) *veroordeelde, bandiet;* — prison *strafgevangenis;* — settlement *strafkolonie.*
convict (v) *skuldig bevind;* **—ed** person *veroordeelde;* **—ion** (1) *veroordeling, skuldigbevinding;* previous — *vorige veroordeling;* (2) *vaste oortuiging.*

copy (n) *kopie, eksemplaar; afskrif;* certified — *gesertifiseerde kopie;* clear/fair — *skoon kopie;* true — *juiste kopie;* **—right** *kopiereg, outeursreg;* dramatic — *opvoeringsreg;* — of a design *kopiereg van 'n ontwerp;* — reserved *nadruk verbode, kopiereg voorbehou.*

copy (v) *kopieer, afskrif maak van.*

copyhold. Tans afgeskafte vorm van grondbesit in die Engelse reg. Vgl. **precarium** in Latynse deel.

cordon (off) *afsper;* — sanitaire *beskermende kordon.*

corollary *afleiding, gevolgtrekking.*

coroner. Engelsregtelike uitdrukking vir

die regterlike amptenaar wat 'n geregtelike doodsondersoek waarneem, 'n funksie wat in SA deur 'n landdros vervul word; —'s inquest *amptelike lykskouing.*

corporal punishment *lyfstraf.*

corporate *korporatief, met regspersoonlikheid;* in its — capacity *handelende as regspersoon/korporasie;* — body *regspersoon, korporasie, korporatiewe liggaam;* close — *beslote korporasie;* — law *korporatiewe reg;* — member *korporatiewe lid;* **corporation** *korporasie, regspersoon, liggaam met regspersoonlikheid;* the law of business —**s** *die reg op sakekorporasies.*

corporeal thing *liggaamlike saak.*

corpus *hoofsom* (in teenstelling met die rente), *boedelbates* (sonder inagneming van die laste).

correal (dieselfde as **joint and several**) *gesamentlik en afsonderlik, korreaal, solidêr,* in solidum; — creditors *gesamentlike en afsonderlike skuldeisers, solidêre/korreale skuldeisers; skuldeisers in solidum;* — debtors *gesamentlike en afsonderlike skuldenare, solidêre/korreale skuldenare; skuldenare in solidum;* — obligation *gesamentlike en afsonderlike skuld; korreale skuld;* —**ity** *solidêre skuldverhouding, gesamentlike en afsonderlike aanspreeklikheid, korrealiteit.*

correct *verbeter, nasien, regstel, korrigeer; tugtig, teregwys, berispe;* moderate —**ion** *matige tugtiging;* house of — *verbeteringsgestig;* —**ive** *verbeterend, korrektief;* — training *korrektiewe opleiding.*

corroborate *staaf, bevestig, bekragtig, versterk;* **corroborative** evidence *stawende/bevestigende bewyse.*

corrupt (a) *korrup;* — practices *wanpraktyke, korrupte handelinge.*

corrupt (v) *bederf, korrumpeer, omkoop;* —**ible** *omkoopbaar, korrumpeerbaar;* —**ion** *korrupsie, omkopery.* Daar is 'n statutêre misdaad *korrupsie* wat nie met *omkopery* weergegee kan word nie; —**ive** *wat met omkopery ondermyn, korruptief;* —**ively** *op korrupte wyse, korruptiewelik, met korruptiewe opset.*

cost-effective *kostedoeltreffend.*

costs *koste;* attorney and client — *prokureur-en-kliënt-koste, koste tussen prokureur en kliënt;* award — against a party *koste teen 'n party toestaan;* condemn to pay — *tot die koste veroordeel;* — de bonis propriis *koste uit eie beurs;* — in the cause *koste in die geding;* —, charges and expenses: toutologiese uitdrukking vir *koste en uitgawes;* — in and about an action *al die koste van 'n aksie met inbegrip van voorbereidende werk, allesinsluitende koste;* party and party — *party-en-party-koste;* — of suit *gedingskoste, koste van die saak;* wasted — *verkwiste koste;* judgment with — *vonnis met koste.*

counsel (n) *raad, advies; advokaat, regsadviseur;* take —'s opinion *advokaatsopinie inwin;* — of perfection *onuitvoerbare raad;* —**lor** *raadgewer, regsgeleerde raadsman.*

counsel (v) *aanraai, adviseer.*

count *hoof.* Een van verskeie aanklagte op een akte van beskuldiging, dagvaarding of klagstaat. Sien **charge**.

count on *reken op.*

counter- *teen-, kontra-;* —claim *teeneis, eis in rekonvensie, kontra-vordering;* —offer *teenaanbod, kontra-aanbod;* —performance *teenprestasie, kontra-prestasie;* —feit *vals, nagemaak;*—feiter *valse munter;* —foil *teenblad;* —mand, *herroep, stop, terugtrek, afbestel, 'n teenbevel gee;* —move *teenset;* —part *teenhanger, ooreenkomstige deel, ekwivalent;* —plea *teenpleit, pleit in rekonvensie;* —productive *doelverydelend, kontra-produktief;* —question *wedervraag;* —sign *medeonderteken;* —statement *teenverklaring;* —weight *teenwig;* —vailing evidence *opwegende bewyse;* it runs — to *dit druis in teen.*

coupled with an interest *met eiebelang verbonde.*

course *loop, verloop, gang;* — of conduct *gedragslyn;* consistent — of conduct *volgehoue gedragslyn;* in due — *mettertyd;* holder in due — *reëlmatige houer;* — of justice *loop van die gereg;* in the ordinary — of justice *in die gewone gang van sake, in die gewone loop van die gereg.*

court *hof, geregshof;* — a quo *hof benede, laer hof, hof waarvandaan geappelleer word;* — of appeal *hof van appèl;* circuit — *rondgaande hof;* divisional — *afdelingshof;* — day *hofdag;* — fees *hofgelde;* go to — *hof toe gaan, prosedeer;* — of law *geregshof;* magistrate's — *landdroshof;* — proceedings *hofverrigtinge;* regional — *streekhof;* Supreme Court *Hooggeregshof* (in VSA *Federale Appèlhof);* — martial *krygsraad;* be out of — *geen saak hê nie;* — presence *hofoptrede;* be ruled out of — *summier afgewys word, in die ongelyk gestel word;* settle out of — *buite die hof skik;* — of record *notulerende hof.* Sien **record**; — room *hofsaal.*

covenant (tussen lande) *verdrag, verbond, handves;* (tussen persone) *ooreenkoms;* restrictive — *beperkende bepaling;* — of Civil and Political Rights *Handves van Burgerlike* *en Politieke Regte;* **—ee** *skuldeiser,* stipulator; **—or** *skuldenaar,* promissor.

cover (n) *dekking, dekkingsfonds, assuransie; reserwe;* forward — *vooruitdekking.*

cover (v) *dek, bedek, beslaan, omvat;* **—ed** by the section *deur die artikel gedek;* **—age** *dekking;* **—ing** bond *dekkingsverband;* — letter *begeleidende brief;* — note *sluitnota, voorlopige polis.*

covert *heimlik, geheim, bedek, kovert.*

covetous (patentreg) *hebsugtig; inhalig, begerig.*

craft *vak, ambag;* **—sman** *ambagsman, vakman.*

crafty *geslepe, listig, slu.*

crave leave *verlof vra.*

creative *skeppend.*

credence *geloof;* give — to evidence *getuienis glo/aanvaar;* lend — to something *geloofwaardigheid verleen aan.*

credentials *geloofsbriewe.*

credible *geloofwaardig;* **credibility** *geloofwaardigheid.*

credit (n) *vertroue, geloof; reputasie, goeie naam, geloofwaardigheid; krediet;* — balance *kredietsaldo, batige saldo;* — bureau *kredietburo;* — card *kredietkaart;* — control *kredietbeheer;* — extension *kredietverlening;* — facility *kredietfasiliteit;* — freeze *kredietbevriesing;* — grading/rating *kredietgradering;* — insurance *kredietversekering;* — limit *kredietperk;* — line *kredietlyn;* — note *kredietnota;* — squeeze *kredietvernouing;* —worthiness *kredietwaardigheid.*

credit (v) *krediteer; glo; toeskryf aan;* — someone with something *iets aan iemand toeskryf, iets van iemand verwag;* **—able** *verdienstelik;* **—or** *krediteur, skuldeiser;* judgment **—or** *vonnis-skuldeiser.*

credulous *liggelowig.*

crime (1) (gewoonlik, maar nie noodwendig nie, die swaarste vergrype) *misdaad;* (neutraal, en soos in die Strafproseswet gebruik) *misdryf;* (gewoonlik, maar nie noodwendig nie, vir ligte vergrype) *oortreding;* (ook, vir alle wisselinge van gevoelswaarde) *strafbare feit;* (2) (as maatskaplike verskynsel) *misdadigheid, misdade;* the — of theft *die misdaad van diefstal;* incidence of — *misdadigheid;* capital — *halsmisdaad;* prevention of — *voorkoming van misdade;* — rate *misdaadsyfer;* — return *misdaadopgawe;* — wave *vlaag van misdaad.* Sien **offence**.

crimen iniuria *strafbare injurie,* crimen iniuria, *eerskending, strafbare aantasting van persoonlikheidsregte.* Versamelnaam vir strafbare aantasting van 'n verskeidenheid van belange wat verband hou met die privaatheid en menslike waardigheid van 'n ander.

criminal (a) (wat betrekking het op die strafreg) *strafregtelik, straf-;* (wat die dader aan straf blootstel) *strafbaar, strafwaardig, misdadig, krimineel.* Die woord *strafbaar* kan sowel vir persone as handelinge gebruik word, terwyl *strafwaardig* meer bepaald op handelinge betrekking het; — appeal *strafappèl, kriminele appèl;* — capacity/accountability *toerekenbaarheid* (die daad sowel as die dader), *toerekeningsvatbaarheid* (die dader); — case *strafsaak, kriminele saak;* — conversation *owerspel* (verouderd); — intention/intent *misdadige opset;* — imputability *toerekenbaarheid* (van die daad); — iniuria *strafbare injurie;* — judge *strafregter;* — jurisdiction *strafregtelike jurisdiksie* (*strafjurisdiksie* is gepaster vir die regsbevoegdheid ten aansien van strafoplegging, **punitive jurisdiction**); — justice *strafregspleging;* — law *(materiële) strafreg;* — lawyer *praktisyn wat hom op strafsake toelê, kenner van die strafreg;* — liability *strafregtelike aanspreeklikheid;* — procedure *strafproses(reg);* law of — procedure *strafprosesreg;* — offence *misdaad, misdryf, oortreding;* — proceedings *strafsaak, strafregtelike verrigtinge;* — record *vorige veroordelinge;* — record book *register van strafsake;* — sanction *strafregtelike/kriminele sanksie;* — sessions *strafsitting;* **—ist** *kriminalis;* **—istics** *kriminalistiek;* **—ity** *misdadigheid, kriminaliteit;* **—ize** *strafbaar stel, kriminaliseer;* **—ization** *strafbaarstelling, kriminalisasie;* **—ly** *op misdadige wyse.*

criminal (n) *misdadiger;* habitual — *gewoontemisdadiger.*

criminal justice system *strafregspleging.*

criminate *beskuldig, aankla, inkrimineer;* **crimination** *tenlastelegging;* **criminative** *beskuldigend;* **criminology** *kriminologie, misdaadkunde;* **criminogenic** *misdaadskeppend, kriminogenies.*

cripple (v) *verlam, belemmer.*

criterion *maatstaf.*

cross ('n tjek) *kruis;* general or special **—ing** *algemene of spesiale kruising.*

cross-: -action *teeneis, eis in rekonvensie;* —appeal *teenappèl;* —examine *kruisvra;* —examination *kruisondervraging;* —firing *wiselruitery.* Sien **kite-flying**; —interrog-

atory *kontra-vraagpunte;* —petition *teenpetisie.*
cross-fire deposits *wisselruitery.* 'n Prosedure waarvolgens twee persone tjeks ten gunste van mekaar op verskillende banke trek en hulle deponeer in mekaar se bankrekeninge met die doel om teen die deposito's te trek voordat die tjeks gedishonoreer word omdat daar onvoldoende fondse in albei rekeninge is.
crude *grof, kru.*
cruelty *wreedheid;* — to animals *dieremishandeling.*
crux *kernprobleem, knoop.*
culpa *skuld, nalatigheid, gebrek aan sorg, onagsaamheid.* Sien **culpa** in Latynse deel; —**bility** *skuld, toerekenbaarheid*; comparative — (by toedeling van skadevergoeding) *onderskeie skuldgrade;* —**ble** (die dader) *toerekenbaar, toerekeningsvatbaar, strafbaar, skuldig;* (die daad) *toerekenbaar, strafbaar, strafwaardig;* — homicide *strafbare manslag, nalatige lewensberowing.*
culprit *skuldige.*
cum rights (effektebeurs) *met regte.*
cumulative *kumulatief, ophopend;* — dividends *kumulatiewe dividende;* — preference shares *kumulatief-preferente aandele.*
cunning *slu, skelm, uitgeslape.*
curator *kurator, beheerder;* assumed — *geassumeerde kurator;* — dative *kurator datief;* — nominate *benoemde kurator;* — ad litem *kurator vir hofverrigtinge;* — bonis *kurator vir die goedere;* —**ship** (die amp) *kuratorskap;* (die regstoestand) *kuratele;* person under — *persoon onder kuratele, curandus;*
curatrix *kuratrise.*
curb *aan bande lê, beteuel.*
cure (a defect) *'n tekortkoming regstel/aansuiwer/verhelp.*
curfew *aandklok, nagpermit.*
currency (1) *betaalmiddel;* (2) *geldigheidstermyn, geldigheidsduur;* during the — of the lease *tydens die geldigheidsduur van die huurkontrak; terwyl die huurkontrak in stand is, tydens die huur.*
current *lopend, heersend, huidig, aktueel;* — account/month *lopende rekening/maand;* — value *lopende markwaarde;* — price/rate of interest *heersende prys/rentekoers;* —**ly** *tans.*
curtail *inkort, verkort, beperk, aan bande lê, kortwiek;* —**ment** *inkorting.*
custody (goedere) *bewaring;* (kinders) *versorging;* (gevangene) *hegtenis, bewaking;* protective — *beskermende bewaring;* **custodian** *bewaarder;* — of enemy property *bewaarder van vyandseiendom;* — parent *versorgende ouer, versorger.*
custom *gebruik, gewoonte;* general — *algemene gebruik;* particular — *partikuliere gebruik;* —**ary** *gebruiklik;* — law *gewoontereg;* — union *gewoonteverbintenis;* — interpretation *gebruiklike uitleg.*
customer (winkel) *klant;* (bank) *kliënt.*
customs *doeane;* — duty *doeaneregte;* — officer *doeanebeampte;* — union *tolverbond, doeane-ooreenkoms.*
cut: — expenditure *uitgawes besnoei;* —**back** *besnoeiing.*
cuts *houe* (met 'n rottang).
cy-près *cy-près, alternatiewe aanwending* (van trust of legaat).
cynicism *sinisme.*

D

dactyloscopy *vingerafdrukkunde, daktiloskopie.*
damage (n) *beskadiging, skade;* actual — *werklik gelede skade,* damnum emergens; consequential — *gevolgskade, voortvloeiende skade;* prospective — *gederfde wins,* lucrum cessans; person suffering — *benadeelde, getroffene;* measure of — *omvang van skade, skademaat;* pre-estimate of — *vooruitberaming van skade;* — to property *saakbeskadiging.*
damage (v) (eiendom) *beskadig;* (goeie naam) *skaad;* **damaging** *nadelig, ongunstig, beswarend.*
damages *skadevergoeding, vergoeding van skade;* aggravated — *verswarende skadevergoeding;* compensatory/restitutional — *skadeloosstelling, kompenserende skadevergoeding;* consequential — *vergoeding van gevolgskade;* contemptuous — *minagtende skadevergoeding;* exemplary/vindictive/punitive — *bestraffende skadevergoeding;* liquidated — *vasgestelde/gelikwideerde skadevergoeding;* moral/sentimental — *genoegdoening, vergoeding vir gekrenkte gevoelens, sentimentele skadevergoeding, troosgeld,* solacium; nominal — *nominale skadevergoeding;* particular — *partikuliere skade-*

vergoeding; substantial — *omvangryke/hoë skadevergoeding.*

damn (with faint praise) *so prys dat jy misprys;* **—ing** *verdoemend.*

damnify *beskadig, benadeel, iemand verlies veroorsaak.*

damper: put a — on something *'n demper op iets plaas.*

dastardly *laag, verfoeilik.*

date *dagteken, dateer.*

dative *datief;* executor/tutor — *eksekuteur/voog datief, datiewe eksekuteur/voog.*

day *dag;* **—s** of grace *respytdae;* — parole *dagparool.*

dazzle *verblind (met skerp lig).*

de bene esse *waar dit gerieflik of nodig is in die belang van die regspraak;* commission — — — *kommissie vir die aanhoor van 'n getuie wat nie na die gereg toe gebring kan word nie, kommissie de bene esse.*

de cuius *erflater.* Sien **de cuius** in Latynse deel.

de-restrict *vrystel, weer oopstel, van beperkinge onthef.*

deadline *sperdatum, tydgrens.*

deadlock *dooiepunt.*

deal (n) *transaksie;* give a fair — *iemand billik behandel.*

deal (v) *handel dryf, koop en verkoop;* sell, — in or dispose of *verkoop, handel in of van die hand sit;* **—ing** in the course of trade with *as 'n besigheid handel dryf in;* — with *aandag gee aan, afhandel, behandel;* **—ings** *sake, transaksies;* have no — with someone *met iemand niks te doen hê nie.*

death *dood, sterfte;* — certificate *sterftesertifikaat;* — duties *sterfregte;* — notice *sterfkennis;* — penalty *doodstraf.*

debar *uitsluit, belet;* — from pleading *belet om te pleit.*

debate ('n rekening) *debatteer;* **—ment** of an account *debattering van 'n rekening.*

debauch *verlei, bederf, verliederlik;* **—ery** *losbandigheid.*

debenture *obligasie, skuldbrief;* — bond *obligasieverband;* — holder *obligasiehouer.*

debet *is verskuldig.*

debilitate *aftakel, verswak.*

debit (n) *debiet;* — balance *debietsaldo, nadelige saldo;* — entry *debietpos;* — order *debietorder;* — side *debietkant.*

debit (v) *debiteer.*

debt *skuld;* — due to me *inskuld;* — due by me *uitskuld;* — due to an estate *boedelvordering;* — due by an estate *boedelskuld;* public — *staatskuld;* recoverable — *verhaalbare skuld;* — collector *skuldinvorderaar;* **—or** *debiteur, skuldenaar;* judgment — *vonnisskuldenaar;* principal — *hoofskuldenaar.*

debunk *ontluister, ontmasker, aan die kaak stel.*

decease *oorly, sterf;* **—d** person *oorledene;* **—d** estate *bestorwe boedel.*

deceive *mislei, bedrieg;* **deceitful** *bedrieglik, vals.*

decent *fatsoenlik, ordentlik.*

decertify *desertifiseer, sertifisering intrek.*

decide *beslis, uitmaak, oordeel, 'n besluit neem, besluit; uitspraak gee;* — a case *'n hofsaak beslis/uitwys;* — a dispute *'n geskil beslis/uitmaak/besleg/ uitwys;* — against a party *teen 'n party uitspraak doen;* — between *tussen die partye uitspraak gee/beslis;* — for/in favour of *ten gunste van iemand uitspraak gee;* — on *daartoe besluit;* **—d** case *besliste saak, vonnis, gewysde;* **decision** *besluit, beslissing, gewysde;* come to a — *'n beslissing/slotsom bereik, tot 'n beslissing geraak;* —, ruling or order *beslissing, reëling of bevel.* Sien **rule**; render a — *'n beslissing vel;* **decisive** *deurslaggewend, beslissend.*

decimate *afmaai, uitdun.*

declare (1) (algemeen) *verklaar, bekend maak, 'n verklaring doen, aankondig; uitroep;* — a dividend *'n dividend verklaar;* — a person an habitual criminal *iemand tot gewoontemisdadiger verklaar;* — something null and void *iets nietig verklaar;* (2) (siviele prosesreg) *deklareer, deklarasie opstel, uiteensetting van eis opstel;* plaintiff **—s** in delict *eiser grond sy eis op onregmatige daad;* (3) (doeane) *aangee, verklaar;* **declarant** *deklarant, verklaarder;* **declaration** (algemeen) *verklaring, aankondiging, bekendmaking;* — against interest *verklaring teen eie belang;* — as to pedigree *verklaring omtrent afstamming;* — of rights *verklaring van regte;* — theory (verbintenisreg) *uitingsteorie;* — vote *deklarasiestem;* — of war *oorlogsverklaring;* (siviele prosesreg) *deklarasie, uiteensetting van eis.* In Nederlands is *concluderen* en *conclusie van eis* gebruiklik; by ons het *konkludeer* en *konklusie van eis* ook 'n mate van ingang gevind, maar *konklusie* is beter bekend in die sin van *slotsom* of *gevolgtrekking;* (doeane) *aangifte, deklarasie;* (volkereg) *deklarasie;* Declaration of London *Deklarasie van Londen;* **declaratory** *verklarend, deklaratories;* — Act *verklarende wet;* — order *verklarende bevel, verklaring van regte.*

decline (1) *weier, van die hand wys;* **declinatory plea** *afwysende/deklinatoriese pleit.* Sien **plea**; (2) *afname, verval.*

decoy (n) *lokmiddel.*

decoy (v) *in die val lok, verlok.*
decrease *verminder, afneem.*
decree (n) *bevel, hoforder; dekreet;* — absolute *finale bevel;* — nisi *bevel nisi;* **decretal** *pouslike dekreet.*
decree (v) *verorden, beveel, bepaal, dekreteer;* (kerklik) *verordineer.*
decrepit *afgeleef, afgetakel, vervalle.*
decriminalize *strafbaarheid afskaf, dekriminaliseer.*
dedicate *toewy, opdra.*
deduce *aflei, gevolgtrekking maak.*
deduct *aftrek;* **—ible** *aftrekbaar;* **deductibility** clause *aftrekbaarheidsklousule;* **—ive** reasoning *deduktiewe redenering, van die algemene na die besondere.*
deed (1) *daad, handeling;* (2) *dokument, akte;* — of assignment *akte van boedelafstand;* — of conveyance *transportakte;* — of foundation *stigtingsakte;* — of gift *skenkingsakte;* — of hypothecation *verbandakte;* — of lease *huurkontrak;* notarial — *notariële akte;* — of protest *protesakte;* title — *titelbewys, transportakte;* — of transfer *transportakte;* — of sale *koopakte, koopbrief, koopkontrak;* — of settlement *skikkingsakte;* — of trust *trustakte;* **—s** office/registry *akteskantoor, kantoor vir grondregistrasie.*
deem *ag, beskou as, reken as/vir;* as he may — fit *soos hy mag goeddink;* — necessary *nodig ag;* **—ed** to be in lawful occupation *geag in wettige okkupasie te wees;* **—ing** order *beskouingsbevel;* **—ing** provision *beskouingsbepaling.*
deface *onleesbaar maak, skend, uitwis, uitkrap.*
defalcate *verduister, wederregtelik toe-eien.*
defame *belaster;* person **—d** *belasterde;* **—r** *lasteraar;* **defamation** *laster; naamskending.* Sien **abuse**; criminal — *strafbare/kriminele laster.*
default (n) *verstek, nie-verskyning, afwesigheid, versuim; wanprestasie, wanbetaling;* defendant is in — of appearance *verweerder is in verstek/het nie verskyning aangeteken nie;* let a case go by — *'n saak by verstek laat gaan, onverdedig laat deurgaan;* in — of appearance *by nie-verskyning;* — case *versteksaak;* defendant is in — of plea *verweerder is in verstek met sy pleit;* party in — *versuimende party, party in verstek;* purge a — *'n gebrek aansuiwer;* wilful — *opsetlike/moedswillige verstek.*
default (v) *versuim, in gebreke bly, wanpresteer, in verstek wees, in mora wees;* **—er** *wanbetaler;* **—ing** party *party in verstek/gebreke.*
defeasible *vernietigbaar;* — interest *vernietigbare belang;* interest — on a certain contingency *belang wat by die intrede van 'n bepaalde gebeurlikheid verval.*
defeat (n) *nederlaag;* **—ism** *defaitisme.*
defeat (v) *verydel, dwarsboom, ontduik;* — the law *die regsbedeling verydel;* — an attachment *'n beslaglegging verydel;* — the ends of justice *die regsbedeling verydel, die loop van die gereg dwarsboom;* **—ing** or obstructing the course of justice *stremming van die regsbedeling, regsverydeling.*
defect (from) **(v)** *afvallig word van;* — to *oorloop na;* **—or** *afvallige, oorloper.*
defect (n) *gebrek, tekortkoming;* formal — *formele/tegniese tekortkoming, vormgebrek;* inherent — *inherente gebrek;* latent — *verborge/latente gebrek;* patent — *sigbare gebrek;* — in title *gebrek in titel;* **—ion** *afvalligheid, ontrou, oorlopery;* **—ive** *gebrekkig, onvolkome, onklaar;* — charge *gebrekkige aanklag;* fatally — *onherstelbaar gebrekkig;* mentally — *lydende aan 'n geestesgebrek, swaksinnig, geestesgebrekkig;* — service *onvoldoende betekening.*
defend *verdedig, die verdediging waarneem;* **—ant** *verweerder;* **defence** *verweer, verweersmiddel, verdediging;* the — case *saak vir die verdediging, beskuldigde se saak;* counsel for the — *advokaat vir die verdediging;* — evidence *verdedigingsgetuienis.*
defer *uitstel;* — to *eerbiedig, jou onderwerp aan, jou voeg na;* **—red** *uitgestelde;* — annuity *uitgestelde jaargeld;* — pay *agtergehoue loon;* — payments system *afbetalingstelsel;* — shares *uitgestelde aandele;* **—ence** to *eerbied vir.*
deficiency *tekort, tekortkoming;* allegation of general — *bewering van algemene tekort;* **deficient** *gebrekkig, onvolledig, ontoereikend, onvolkome;* mentally — *geestesgebrekkig.*
deficit *tekort, nadelige saldo;* — before borrowing *tekort voor lenings;* — budgeting *tekortbegroting;* — financing *tekortfinansiering;* — spending *tekortbesteding.*
define *omskryf, definieer, presiseer; bepaal;* — boundaries *grense bepaal/vasstel;* **—d** area *omskrewe gebied;* **—d** portion *bepaalde gedeelte;* **definition** *omskrywing, definisie;* — clause (van 'n wet) *woordomskrywing;* — of a crime *misdaadsomskrywing, deliksomskrywing.*
definitive *beslissend, afdoende;* final and — sentence *finale en afdoende beslissing* (uitspraak vatbaar vir appèl in teenstelling met interlokutore uitsprake).
deflower *ontmaagd, defloreer;* **defloration** *ontmaagding, deflorasie.*
deformed *wanskape, wanstaltig;* **deformity**

misvormdheid, wanskapenheid, wanstaltigheid.

defraud *bedrieg;* — of *bedrieg uit.*

defray costs *koste dek/betaal/bestry.*

defunct *vervalle, verouderd;* — company *vervalle maatskappy.*

defy *trotseer, uittart, uitdaag;* **defiance** campaign *uittartingskampanje.*

degree *graad, mate;* by —**s** *gaandeweg, algaande, langsamerhand, met verdrag, geleidelik, trapsgewyse;* forbidden or prohibited —**s** of consanguinity or affinity *verbode grade van bloed- of aanverwantskap;* principal in the first — *dader in die eerste graad.* Strafregtelike uitdrukking uit die Engelse reg; kan ook onvertaald behou word. Sien **participation in crime;** third —. Amerikaanse uitdrukking vir afdwinging van 'n bekentenis deur vreesaanjaging; to a high — *in hoë mate;* to such a — *dermate.*

dehors *buite, vreemd aan;* evidence — the document *getuienis buite die stuk om.*

del credere agent/commission *del credere agent/kommissie.* Agent wat waarborg dat diegene met wie hy namens sy prinsipaal kontrakteer, sal presteer.

delay *vertraag, talm, sloer.*

delay *vertraging;* the law's — *tydsaamheid van die gereg.*

delegate (bevoegdhede) *delegeer, aan 'n ondergeskikte oordra;* (skuld) *delegeer, oorsit, skuldenaar vervang;* ('n persoon) *afvaardig, as verteenwoordiger stuur;* —**d** authority *afgeleide gesag* (teenoor oorspronklike of regstreekse gesag), *gedelegeerde bevoegdheid;* —**d** person *gedelegeerde, afgevaardigde;* **delegation** (bevoegdhede of magte) *delegasie, oordrag;* (skulde) *oorsetting, delegasie.* Skuldenaar verskaf 'n derde, wat deur die skuldeiser in sy plek as skuldenaar aanvaar word; (persone) *afvaardiging, delegasie;* — to prosecute *aanstelling* (deur prokureur-generaal) *om te vervolg* (in die strafhof).

delete *skrap, deurhaal, rojeer, uitwis.*

deliberate (a) *opsetlik, berekend, voorbedag, met voorbedagte rade; versigtig; oorwoë.*

deliberate (v) *beraadslaag, oorweeg, oorleg pleeg, delibereer, sorgvuldig nadink;* — with *oorleg pleeg met;* **deliberation** *beraadslaging, oorleg, oorweging, beraad;* **deliberative** *beraadslagend;* — vote *beraadslagende stem;* — assembly/function *beraadslagende vergadering/funksie.*

delict *onregmatige daad, delik.* Kan ook *misdaad* beteken, maar is in dié sin minder gebruiklik; law of — *reg op onregmatige dade, deliktereg;* **delictual** liability *aanspreeklikheid uit onregmatige daad.*

delineate *skets, afbeeld, teken.*

delinquent *oortreder, misdadiger, delinkwent;* juvenile — *jeugmisdadiger, jeugdige oortreder;* **delinquency** *vergryp, oortreding; misdadigheid;* juvenile — *jeugmisdaad, jeugmisdadigheid, delinkwensie van jeugdiges.*

delisting *denotering.*

deliver (in kontraktereg) *lewer;* (in handelsverkeer) *aflewer;* — judgment *uitspraak gee/lewer;* — an ultimatum *'n ultimatum stel;* —**y** *(af)lewering, bestelling, besorging, afgifte;* advice of — *afleweringsadvies;* — charges *afleweringskoste;* constructive — *fiktiewe lewering;* — with the long hand *lewering met die lang hand.* Sien **traditio longa manu** in Latynse deel; — note *afleweringsnota;* — with the short hand *lewering met die kort hand.* Sien **traditio brevi manu** in Latynse deel; symbolical — *simboliese lewering;* take — (in kontraktereg) *lewering aanvaar;* (in handelsverkeer) *goedere in ontvangs neem.*

delude *mislei;* **delusion** *waandenkbeeld, selfbedrog;* insane — *sielsieke waandenkbeeld;* labour under the — that *in die waan verkeer dat;* **delusive/delusory** *bedrieglik, misleidend.*

demand (n) *eis, vordering, regsvordering;* — draft/bill *aanvraagwissel;* letter of — *aanmaning, aanskrywing;* send someone a letter of — *iemand aanmaan/aanskryf;* — liability *onmiddellik opeisbare verpligting;* payable on — *op aanvraag betaalbaar.*

demand (v) *eis, vorder.*

demarcate *afbaken.*

demeanour (van 'n getuie) *spreekmanier, optrede, gedrag, houding.*

demerit *tekortkoming, gebrek, fout.*

demise *dood, afsterwe.*

demit *bedank; ontslag neem;* **demission** *bedanking; ontslag, demissie.*

demolish *afbreek, sloop;* **demolition** order *slopingsbevel, bevel tot afbraak.*

demonetize *buite omloop stel, ontmunt, demonetiseer.*

demonstrable *aanwysbaar, klaarblyklik, onloënbaar.*

demonstrate (1) *aantoon, bewys, uitlê, verklaar;* (2) *betoog.*

demote *terugsit, degradeer, in rang verlaag;* **demotion** *terugsetting, degradering, verlaging in rang.*

demur, demurrer. Engelsregtelike terme vir *eksipieer, eksepsie.*

demurrage *oorlêgeld.* Bedrag aan skeepseienaar betaalbaar deur die huurder weens versuim om binne die toegelate tyd die skip te laai of af te laai.

denigrate *beswadder, slegmaak, verguis.*

denounce *aankla, aangee, beskuldig, uitmaak vir, aan die kaak stel, openlik laak, afsweer, veroordeel;* — a treaty *'n verdrag opsê.*

denude (of) *kaalstroop van.*

deny *ontken, weerspreek, loën; ontsê, weier;* — access *toegang weier;* — one's signature *jou handtekening ontken/repudieer;* justice delayed is justice denied *vertraagde regspraak is weerhouding van geregtigheid, om regspraak te vertraag is om geregtigheid te ontsê;* **denial** *ontkenning, weerspreking, verloëning; weerhouding, weiering;* — of justice *regsweiering, ontsegging van regsmiddele.*

departure: point of — *uitgangspunt, beginpunt.*

depenalize *strafbaarheid ophef, depenaliseer;* **depenalization** *strafbaarheidsopheffing, depenalisasie.*

depend *afhang van;* —on *reken op;* —**able** *betroubaar;* —**ant** *afhanklike;* —**ence** *afhanklikheid, onderhorigheid;* domicile of — *domisilie van afhanklikheid* (soos van vrou of kind); — producing *afhanklikheidsvormend;* —**ency** *afhanklike staat, besitting; onderhorigheid.*

depict *afbeeld, beskrywe.*

deplete *uitdun, ledig, uitput.*

deplore *betreur;* **deplorable** *betreurenswaardig.*

deploy *ontplooi.*

depopulation *ontvolking.*

deport *uitsit, deporteer.*

depose *getuig, verklaring aflê, deponeer;* the case as —**d** to by *die saak volgens die getuienis van;* **deponent** *verklaarder, deponent;* **deposition** *verklaring, beëdigde verklaring, deposisie.*

deposit (n) (geld) *deposito, storting;* (goedere) *bewaargewing;* — account *depositorekening;* — book *depositoboek, inlegboek;* contract of — *kontrak van bewaargewing;* — slip *deposito-strokie, inlegbewys;* money on — *geld op deposito;* — receiving institution *depositonemende instelling.*

deposit (v) (geld) *deponeer, stort;* (goedere by 'n bewaarnemer) *deponeer, in bewaring gee;* —**ary** *bewaarnemer, depositaris;* —**or** (geld) *deposant;* (goedere) *bewaargewer;* —**ory** *bewaarplek.*

depot *opslagplek, depot.*

depraved *ontaard, verdorwe.*

deprecate *opkom teen, afkeur, neerhaal; deur smeking iets probeer afweer.*

depreciate *in waarde afneem/verminder, depresieer;* **depreciation** *waardevermindering, depresiasie.*

depredation *plundering, roof.*

deprive *ontneem, ontroof;* **deprivation** of possession *besitsontneming;* — of liberty *vryheidsontneming.*

deproclaim *deproklameer.*

depth *diepte;* discussion in — *bespreking in diepte, grondige bespreking.*

depute *afvaardig, taak/gesag toevertrou aan;* **deputation** *afvaardiging, deputasie;* **deputize** for *vir iemand waarneem;* **deputy** *afgevaardigde; plaasvervanger, adjunk;* — attorney-general *adjunk-prokureur-generaal;* — messenger *adjunk-bode;* — sheriff *adjunk-balju.*

derange *verstoor, versteur, in die war bring, krenk* (van gees); mentally —**d** *geestelik versteur;* mental —**ment** *geestesverstoring.*

deregistration *deregistrasie.*

derelict (a) *verlate, opgegee, verwaarloos, vervalle; haweloos;* — areas *noodlydende gebiede;* — land *verlate grond.*

derelict (n) *weggeworpe saak* (veral 'n skip ter see geabandonneer), res derelicta; — matter *weggooigoed.*

dereliction *prysgewing, dereliksie.* Verlating van 'n saak met die bedoeling om eiendomsreg daaroor te laat vaar; in volkeregtelike sin ook die opgee van staatsgesag oor 'n gebied; — of duty *pligsversuim, pligsversaking.*

derision *bespotting.*

derive (from) *aflei van, ontleen aan, voortspruit uit, verkry van;* — your rights from an agreement *jou regte ontleen aan 'n ooreenkoms;* his rights are —**d** from *sy regte spruit voort uit;* **derivative** *afgelei;* statutory — action *wetlik afgeleide aksie.*

derogate (from) *afding aan, verswak, inkort, afneem van, afdoen aan, gedeeltelik ophef, derogeer aan;* specific provisions — from general ones *spesifieke/besondere bepalings maak inbreuk op algemene;* **derogation** (1) *krenking, geringskatting, neerhaling, kleinering; afbreuk;* agreements in — of marriage *ooreenkomste wat aan die huwelik afbreuk doen;* (2) *beperking, inkorting, afbreuk aan regskrag, aantasting, gedeeltelike opheffing, derogasie;* **derogatory** (1) *krenkend;* (2) *beperkend;* — clause *derogatore klousule, klousule derogatoir* (by testamente).

descend *afstam, afkomstig wees;* —**ant** *afstammeling nakomeling, desendent;* —**ing** line

dalende linie; **descent** *afstamming, afkoms, bloedverwantskap in die dalende linie.*
descriptive words *beskrywende woorde.*
desegregate *desegregeer, integreer.*
desert (huwelik en algemeen) *verlaat;* (militêr) *deserteer, dros;* **—er** *verlater, verlatende party; deserteur, droster;* constructive **—ion** *afgeleide verlating.* Sien **constructive**; malicious **—ion** *kwaadwillige verlating;* **—ion** of service *diensverlating.*
design *plan, oogmerk, doel, opset; ontwerp;* by accident or — *per ongeluk of opsetlik;* **—edly** *willens en wetens, opsetlik, voorbedagtelik, met voorbedagte rade.*
designate *aanwys* (vir 'n amp); **designation** of an offence *misdaadsbenaming.*
despair *wanhoop;* **desperate** *wanhopig.*
despite *ondanks;* — demand *ondanks aanmaning.*
despoil *spoliasie pleeg, besit onttrek aan;* — someone of something *iemand iets ontneem, iemand van iets spolieer, iets aan sy besit onttrek.*
despondency *vertwyfeling, wanhoop.*
destitute *haweloos, ontredderd, behoeftig;* **destitution** *uiterste armoede, ontreddering.*
desuetude *onbruik;* fall into — *in onbruik raak.*
desultory *lukraak, onsamehangend, stelselloos.*
detach *losmaak, afhaal, afsonder;* **—ed** court *afgesonderde hof* (a. 2(1)*(k)* van die Wet op Landdroshowe 1944).
detail *besonderhede;* **—ed** account *omstandige relaas; gespesifiseerde rekening.*
detain *aanhou, gevange hou, detineer; ophou, agterhou;* — in custody *in hegtenis hou;* — without trial *aanhou sonder verhoor;* **—ee** *aangehoudene, gedetineerde;* **detention** (persoon) *aanhouding, gevangehouding, detensie;* (goedere) *besit, bewaring;* place of — *aanhoudingsplek, plek van bewaring;* **detentor** *houer; natuurlike besitter.*
detect *ontdek, vind, ontwaar, agterkom; betrap;* **—ion** of crime *opsporing van misdade.*
deter *afskrik, terughou, weerhou;* **—rent** *afskrikmiddel, afskrikkende voorbeeld;* act as a — *as afskrikmiddel dien, ontmoedig.*
deteriorate *agteruitgaan, verswak, versleg.*
determinant *bepalende faktor, determinant.*
determine *vasstel, bepaal; beëindig;* ('n geskil) *beslis, besleg;* **determinable** *bepaalbaar, vasstelbaar;* fixed or — future time *bepaalde of bepaalbare toekomstige tydstip;* **determinate** *bepaal, afgebaken; afdoende;* **determination** (1) *bepaling, vasstelling;* (2) *vasbeslotenheid;* wage — *loonvasstelling.*
detinue: action of —. Engelsregtelike term vir 'n *vindikatore aksie,* vir die opeising van goed wederregtelik weerhou.
detour *ompad, omweg, verlegging.*
detract (from) *kleineer, afdoen aan, afbreuk doen aan;* does not — from the fact that *doen niks af aan die feit dat;* **—ion** *neerhaling, kleinering, bekladding;* **—or** *neerhaler, lasteraar, bekladder.*
detribalize *ontstam, losmaak van die stamverband;* **—d** blacks *ontstamde swartes.*
detriment *skade, nadeel, benadeling;* to their — *tot hul nadeel;* **—al** *nadelig, skadelik.*
devaluate, devalue *devalueer, in waarde verminder;* **devaluation** *devaluasie, waardevermindering.*
devastate *verwoes.*
develop *ontwikkel;* separate **—ment** *afsonderlike ontwikkeling;* — capital *ontwikkelingskapitaal;* — capital market *ontwikkelingskapitaalmark.*
deviate *afwyk, afdwaal;* **deviant** behaviour *afwykende gedrag;* **deviation** *afwyking, koersverandering; verlegging;* mental — *verstandsafwyking.*
device: leave to his own **—s** *hom aan sy lot oorlaat.*
devil (advokaatsuitdrukking vir 'n junior wat 'n senior help) *help; hulp;* **—'s** advocate *duiwelsadvokaat.* Persoon wat ter wille van redenasie 'n onaanvaarbare standpunt verdedig.
devise *bedink, uitdink, beraam, prakseer.* Engelsregtelike uitdrukking vir *vasgoed bemaak;* **devisee** *legataris van vasgoed;* **devisor** *bemaker van vasgoed.*
devoid (of) *ontbloot van;* — of substance *ongegrond.*
devolve (to, upon) *toeval aan, vererf op, oorgaan op;* **devolution** *oorgang* (van eiendom), *oorerwing;* — of power *afwenteling/devolusie van mag.*
diabolical *duiwels.*
diametrically (opposed to) *in lynregte teenstelling met/tot.*
dictates *voorskrifte;* the — of conscience/reason *stem van die gewete/rede.*
differ *verskil;* agree to — *dit in vrede oneens wees, ooreenkom om te verskil.*
digest (v) *verwerk;* — data *gegewens verwerk.* **Digest** *Digesta.* Deel van die Corpus Iuris, ook *Pandekte* genoem.
digest *versameling, samevatting, kort begrip;* — of cases *oorsig van beslissings.*
dignitary *hooggeplaaste.*
dignity *waardigheid.*
dilatory *vertragend;* — plea *opskortende pleit.* Sien **plea**.

dilemma *dilemma, verleentheid.*

diligent *ywerig, deeglik, sorgvuldig, oppassend, sorgsaam;* — search *sorgvuldige nasporing;* **diligence** *vlyt, ywer, noulettendheid, sorgsaamheid, oppassendheid, deeglikheid;* due — *nodige noulettendheid.*

diminish *verminder, inkort, afneem;* **—ed** responsibility *verminderde toerekeningsvatbaarheid/toerekenbaarheid.*

diminution *vermindering, afname, inkorting;* — of rights *inkorting van regte.*

diplomatic (1) *diplomatiek;* — corps *diplomatieke korps;* — immunity *diplomatieke immuniteit;* — intercourse *diplomatieke verkeer;* (2) *diplomaties, omsigtig;* — answer *diplomatiese/omsigtige/berekende antwoord.*

direct (v) *voorlig; bepaal, gelas, beveel, aansê, voorskryf;* it is **—ed** *opdrag word gegee;* **—ion** *voorligting; bepaling, voorskrif, lasgewing, bevel, aansegging, opdrag;* implied — *versweë aanwysing;* — in case of need *noodhulp, noodadres* (by wissels); **—ive** *aanwysing, riglyn, leidraad, voorskrif;* **—or** *direkteur;* **—orate** *direksie, raad van direkteure;* **—ory** *aanwysend;* — provisions *aanwysings, vormvoorskrifte, reëlende bepalings* (in teenstelling met *dwingende bepalings*).

disable *ongeskik/onbekwaam maak, buite staat stel;* **—ment** *ongeskikraking, verminking;* **disability** *onbekwaamheid, onvermoë, (liggaamlike) ongeskiktheid, gebrek, onbevoegdheid, diskwalifikasie, (wetlike) belemmering;* legal — *handelingsonbevoegdheid;* he is under a legal — *hy is handelingsonbevoeg;* matrimonial — *huweliksbeletsel;* — insurance *ongeskiktheidsversekering.*

disabling statute *onbevoegdmakende wet.*

disabuse *ontnugter, reghelp, uit die droom help;* — your mind of something *iets buite beskouing laat.*

disadvantage *skade, verlies, nadeel;* labour under a — *onder 'n nadeel gebuk gaan, gekortwiek wees;* **—ous** *nadelig, onvoordelig.*

disaffect *vervreem, ontrou/afvallig maak.*

disaffirm *ontken; omverwerp;* — a decision of a lower court *'n beslissing van 'n laer hof omverwerp.*

disagree *van mening verskil, dit oneens wees.*

disallow *weier, van die hand wys, afwys, verwerp;* — an appeal *'n appèl van die hand wys/afwys;* — costs *koste weier;* king's right of **—ance** *koning se reg tot afkeuring van 'n wet.*

disavow *loën, ontken, afkeur, verwerp.*

disbar *skrap (van die rol van regspraktisyns).*

disburse *uitbetaal, uitgee, voorskiet.*

discharge (v) ('n beskuldigde) *ontslaan;* ('n pupil uit voogdy) *ontvoog, emansipeer;* ('n verpligting, 'n kontrak) *nakom, vervul;* (bewyslas) *voldoen aan, jou kwyt van;* (skuldenaar, party tot 'n wissel) *onthef, bevry, vrystel;* (gevangene) *vrylaat, in vryheid stel;* (bevel nisi of ander hofbevel) *ophef;* (iemand uit sy betrekking) *ontslaan, afdank;* (grond van 'n verband) *onthef;* ('n wissel) *aflos, betaal.*

disciplinary *dissiplinêr;* — action *dissiplinêre optrede;* — right *tugreg.*

disclaim *ontken, teenspreek; van die hand wys, weier, afwys;* (by patente) *afstand doen van.*

disclose *openbaar, blootlê, bekend maak, onthul, laat sien;* — an offence/ cause of action/defence *'n misdryf/eisoorsaak/verweer openbaar/bevat;* — documents *dokumente blootlê;* **—d** principal *geopenbaarde prinsipaal;* doctrine of **disclosure** *leerstuk van openbaarmaking* (maatskappye); make a full — *alles blootlê, volledig openbaar.*

discontinue *staak, afbreek, ophou met, afsien van, beëindig; opsê;* **discontinuity** *onderbrokenheid, ondeurlopendheid, diskontinuïteit;* **discontinuous** servitude *onderbroke/diskontinue serwituut.*

discord: apple of — *twisappel.*

discount (n) (by koop) *korting, afslag;* (by verdiskonteerde wissels) *diskonto;* — rate *diskontokoers;* — bank *diskontobank, diskonteringsbank.*

discount (v) ('n bewering) *in twyfel trek, teenspreek, buite rekening laat, afbreuk doen aan;* (by betaling) *korting gee, afslaan;* ('n wissel) *verdiskonteer, diskonteer.*

discover (dokumente met die oog op 'n geding) *blootlê;* **—y** affidavit *blootleggingsverklaring;* — order *blootleggingsbevel.*

discredit *geloofwaardigheid aantas, in diskrediet bring; in twyfel trek;* **—able** *skandelik, tot oneer strekkend.*

discrepancy *teenstrydigheid, verskil, gebrek aan ooreenstemming, diskrepansie.*

discretion *vrye oordeel, goedvinde, goeddunke, diskresie.* Oordeel wat nie aan vaste reëls, instruksies vooraf of kontrole agterna onderworpe is nie; in his absolute — *in sy vrye oordeel alleen, om geheel en al volgens eie goeddunke te handel;* in the — of the board *na goeddunke/goedvinde van die raad;* judicial — *regterlike goeddunke/diskresie;* — is the better part of valour *versigtigheid is die moeder van die wysheid;* **—ary** *aan vrye oordeel onderworpe, diskresionêr;* — powers *magte van vrye oordeel, diskresionêre magte.*

discriminate *onderskeid maak, diskrimineer*

teen; **discriminating** *diskriminerend, onderskeidmakend; oordeelkundig, skerpsinnig;* — duties *differensiële belasting;* **discriminatory** *onderskeidmakend tot nadeel van iemand; diskriminerend.*
discursive *wydlopig, onsamehangend.*
discussion *samespreking.*
disease *siekte;* notifiable — *aanmeldbare siekte;* communicable — *aansteeklike/besmetlike siekte.*
disendow *skenkinge terugtrek.*
disfavour *ongenade, teensin, onguns.*
disfigure *skend, ontsier, mismaak.*
disfranchise *ontkieser, stemreg ontneem;* **—ment** *ontkiesering.*
disguise *vermom, verberg, verbloem, bewimpel, simuleer;* a donation **—d** as a sale *'n skenking as koop bewimpel;* **—d** transaction *gesimuleerde transaksie.*
disheartening *ontmoedigend.*
disherison *onterwing.* Dieselfde as **disinheritance**.
dishonest *oneerlik, onopreg.*
dishonour (wissel) *onteer, dishonoreer;* notice of — *kennisgewing van ontering/dishonorering;* **—able** *eerloos, oneervol, onwaardig;* — discharge *oneervolle ontslag.*
disillusion *ontgoël, ontnugter.*
disinformation *disinformasie, misleiding, leuens.*
disingenuous *onopreg, oneerlik, onopenhartig.*
disinherit *onterf;* **—ance** *onterwing.*
disintegrate *verbrokkel, uiteenval, desintegreer.*
disinterested *belangeloos, onpartydig, onbaatsugtig;* — witness *onpartydige getuie.*
disinvest *beleggings onttrek, desinvesteer;* **—ment** *desinvestering, onttrekking van beleggings.*
disjunctive (van 'n voegwoord by uitleg van wette) *skeidend, disjunktief* (in teenstelling met **conjunctive** *samevoegend, konjunktief*).
dislike *afkeer van, renons in.*
disloyal *ontrou, verraderlik, dislojaal.*
dismantle *aftakel, afbreek, sloop.*
dismay *ontsteltenis, verslaenheid.*
dismiss ('n eis/aansoek/appèl) *afwys, van die hand wys;* the case was **—ed** *die saak is afgewys;* — a servant *'n dienaar ontslaan.*
disobey *ongehoorsaam wees;* **disobedience** *ongehoorsaamheid.*
disorder *wanorde;* mental — *geestesverstoring, geestesgebrek;* **—ly** *wanordelik, bandeloos;* — conduct *wanordelike gedrag, tugtelose lewenswyse;* — person *bandelose/tugtelose persoon;* idle and — *ledig en wanordelik.*
disown *weier om te erken, verloën, verstoot, repudieer.*
disparage *geringskat.*
disparity *ongelykheid, verskil, dispariteit;* striking — in sentences *opvallende ongelykheid/dispariteit in vonnisse.*
dispel *verdryf, 'n einde maak aan.*
dispensation *bedeling, beskikking, dispensasie; vrystelling, ontheffing.*
dispense *uitmeet, toebedeel, uitdeel;* — with *sonder klaarkom, agterweë laat, afsien van;* admission dispensing with proof *erkenning wat bewys onnodig maak.*
disperse *versprei, verstrooi, uiteenjaag, uitmekaar jaag; uitmekaar gaan, uiteengaan, uiteenspat;* **dispersal** *uiteenjaging, uitmekaarjaging, verspreiding;* — sale *uitverkoping.*
displace *verplaas, verskuif, vervang, verdring;* **—d** person *ontwortelde, ontheemde.*
dispose (of) *verhandel, van die hand sit, vervreem; verwyder, wegdoen, wegmaak; afdoen, afhandel, weerlê;* **disposal** *beskikking, vervreemding, wegdoening, wegmaking, opruiming, afhandeling;* have at your — *tot jou beskikking hê;* right of — *beskikkingsbevoegdheid;* **disposition** *beskikking; geaardheid, stemming, neiging, gesindheid; aanleg;* testamentary — *bemaking, testamentêre beskikking;* — without value *beskikking sonder teenwaarde;* **—s** *reëlings, voorbereidsels.*
dispossess *besit ontneem;* **—ion** *onteiening, ontvreemding, besitsontneming, besitsonttrekking.*
disproportion *wanverhouding.*
disprove *loënstraf, weerlê, onjuis bewys;* **disproof** *weerlegging, teenbewys;* in — of *ter weerlegging van.*
dispute (n) *geskil, geskilpunt, dispuut;* beyond — *buite kyf, bo twyfel;* industrial — *nywerheidsgeskil;* it is in — *dit is in geskil, dit word betwis;* matter/point in — *geskilpunt, voorwerp in geskil.*
dispute (v) *betwis, bestry; argumenteer, redetwis;* — a claim *'n eis betwis;* **—d** *omstrede, betwiste;* **—d** documents *betwiste dokumente/geskrifte;* **disputable** *betwisbaar, aanvegbaar, disputabel;* **disputant** *redetwister;* **disputatious** *twissiek, stryerig, kibbelrig.*
disqualify *onbevoegd verklaar, uitsluit, diskwalifiseer;* **disqualification** *uitsluitingsgrond, onbevoegdheidsgrond, diskwalifikasie;* he is under a — *hy is uitgesluit/gediskwalifiseer.*
disquieting *onrusbarend.*
disregard *veronagsaam, buite beskouing laat,*

geen ag slaan op; in complete — of *met volkome veronagsaming van.*

disrepair *verval, aftakeling, verwaarlosing, slegte toestand;* the house is in — *die huis is vervalle/verwaarloos.*

disrepute *berugtheid, slegte naam, oneer, diskrediet;* bring into — *'n slegte naam gee;* fall in to — *in minagting verval, 'n slegte naam kry, berugtheid verwerf;* **disreputable** *berug, sleg bekend staande, skandelik.*

disrupt *ontwrig;* **—ion** *ontwrigting;* **—ive** *ontwrigtend.*

dissave *ontspaar.* Gebruik van kapitale lenings om verbruiksuitgawes te finansier.

disseise, disseize *iemand wederregtelik sy besit ontneem* (Engelsregtelik).

dissemble *gevoelens verheel/verberg; huigel;* **—r** *huigelaar, geveinsde.*

disseminate *versprei.*

dissent *verskil van, afwyk;* **—ient** *afwykend, in meningsverskil;* — vote *teenstem;* **—ing** judgment *afwykende uitspraak, minderheidsuitspraak.*

disservice *ondiens;* do a — toe *iemand 'n ondiens bewys.*

dissident *andersdenkende, afwyker, dissident;* **dissidence** *onenigheid, tweedrag, dissidensie.*

dissipate *verkwis, deurbring.*

dissociate (oneself from) *jouself losmaak/distansieer van.*

dissolve *ontbind;* **dissolution** *losmaking, ontbinding;* — of a marriage/partnership *ontbinding van 'n huwelik/vennootskap;* — of Parliament *ontbinding van die Parlement;* notice of — *kennisgewing van ontbinding.*

dissonance *wanklank, dissonansie.*

distaff *spil, spinrok;* — side *moederskant, vroulike kant van 'n familie.*

distance (from) *distansieer van.*

distinguish ('n regsbron) *onderskei;* **distinction** *onderskeiding, aansien;* a — without a difference *onbenullige/onbeduidende verskil.*

distort *verdraai, verwring, uit verband ruk, skeef trek;* — facts *feite verdraai;* **—ion** *verdraaiing;* — of the truth *verdraaiing van die waarheid, moedswillige wanvoorstelling.*

distrain, distraint. Beslaglegging op goed van 'n wandader om die benadeelde mee te vergoed (Engelsregtelik).

distraught *verbysterd.*

distress *nood;* — oneself at *jou bekommer oor, pieker oor;* — relief *noodleniging*

distribute *uitdeel, verdeel, uitkeer, distribueer;* **distributable** income *verdeelbare inkomste;* **distribution** account/plan *distribusierekening/plan;* **distributor** *verdeler, distribuant.*

distrust *wantrou.*

disturb *wysig, verander;* — the finding of a lower court *ingryp teen die bevinding van 'n laer hof;* — the peace *buregerug maak, die openbare orde/rus verstoor, stoornis veroorsaak;* **—ance** *stoornis, rusverstoring,relletjie, oproerigheid;* **—ingly** inappropriate *ontstellend onvanpas.*

disuse *onbruik;* fall in to — *in onbruik verval/raak;* abrogation by —*afskaffing/verval deur onbruik.*

divergent *uiteenlopend, afwykend;* **divergence** of opinion *uiteenlopende opvattinge.*

diversify *afwissel, wysig, diversifiseer.*

divest (of) *ontdoen van;* he was **—ed** of his assets *sy bates is hom ontneem, hy is van sy bates ontdoen.*

divide *verdeel;* **divisibility** of performance *deelbaarheid van prestasie;* **division** *verdeling, afdeling;* — of the joint estate *verdeling van die gemeenskaplike boedel;* — of the Supreme Court *afdeling van die Hooggeregshof;* **—al** court *afdelingshof, hof van die afdeling.*

dividend *dividend;* — stripping *dividendafskepping.*

divisive *strydwekkend, verdelend.*

divorce (n) *egskeiding, ontbinding van die huwelik.*

divorce (v) (deur hof) *egskeiding verleen, die huwelik ontbind;* (die partye) *skei;* be **—d** *egskeiding verkry;* he **—d** her *hy het van haar geskei.*

dock *beskuldigdebank;* — defence *opdrag van beskuldigde direk aan advokaat sonder tussenkoms van 'n prokureur.*

docket *dossier.*

doctrine *leerstuk.*

document *dokument, stuk;* **—ary** evidence *dokumentêre/skriftelike bewys.*

domain *gebied, landgoed, domein;* public — *staatsgrond.*

domestic *huishoudelik, binnelands;* — tribunal *huishoudelike geregsinstansie/tribunaal.*

domicile (n) *domisilie* (met betrekking tot 'n regspersoon, ook) *hoofkantoor, setel;* — of choice *domisilie van keuse, gekose domisilie;* — of necessity *domisilie uit noodsaak;* matrimonial — *huweliksdomisilie;* of origin *domisilie van oorsprong.*

domicile (v) *domisilieer;* be **—d** *gedomisilieer wees, permanent woonagtig wees.*

domiciliary (a) *domisiliêr.*

dominate *oorheers, domineer;* **dominant** *heersend, oorheersend, dominant;* — clause (in testament of kontrak) *heersende/dominante klousule;* — tenement *heersende erf,* praedium dominans; **dominating** word *deurslaggewende woord.*

dominion *vrygewes, dominium.*

dominium *eiendom, eienaarskap, dominium;* bare — *blote dominium/eienaarskap.*

donate *skenk;* **donation** *skenking, geskenk, donasie;* deed of — *skenkingsakte;* make a — *'n skenking doen;* remuneratory — *vergoedende skenking;* **—s** tax *geskenkebelasting;* **donee** *begiftigde, donataris;* **donor** *skenker, donateur.*

dormant *rustende, stil;* — partner *stille vennoot.*

double jeopardy *dubbele blootstelling.*

double-entry bookkeeping *dubbelposboekhouding.*

doubt *twyfel, bedenking;* beyond reasonable — *bo/buite redelike twyfel.*

dower Genotsreg van die weduwee op eenderde van die opbrengste uit die grond van haar oorlede man (Engelsregtelik).

down payment *deposito, kontantvoorskot.*

dowry *bruidskat.*

draconian (laws) *drakoniese/meedoënlose strafregreëls.*

draft (n) (1) *wissel;* bank — *bankwissel;* (2) *konsep, ontwerp.*

draft (v) *ontwerp, in konsepvorm opstel.*

dragnet clause *sleepnetklousule.*

draw *trek;* — a bill on someone *'n wissel op iemand trek;* — an inference *'n afleiding maak;* — pleadings *pleitstukke opstel;* — up a document *'n dokument opstel;* **—ee** *betrokkene;* **—er** *trekker;* **—ings** *trekkings, onttrekkings;* — account *trekkingsrekening.*

dropout *uitsakker.*

dropright: servitude of — *serwituut van drupreg;* stillicidium.

drubbing *loesing.*

drug *dwelmmiddel, dwelm;* — abuse *dwelmmisbruik;* — addict *dwelmverslaafde;* — pedlar *dwelmsmous.*

dual practice *dubbele praktyk* (gelyktydig as advokaat en prokureur).

dubious *twyfelagtig.*

duces tecum *bring saam;* subpoena — — *saambring-subpoena.*

due *verskuldig, opeisbaar;* become — *opeisbaar word;* — care *behoorlike sorg;* — date *vervaldatum, opeisbaarheidsdatum;* debt — and payable *opeisbare skuld* (**due and payable** is toutologies); in — course *mettertyd, te syner tyd;* payable in — course *reëlmatig betaalbaar;* payment in — course *reëlmatige betaling;* in — form *volgens voorskrifte, behoorlik;* in — form of law *met inagneming van die regsvoorskrifte;* pay a bill when — *'n wissel op die vervaldag betaal;* — performance *behoorlike vervulling/prestasie;* — process of law *behoorlike regsproses, volgens voorgeskrewe prosedure, met inagneming van die regsvorme;* — to negligence *deur nalatigheid veroorsaak, aan nalatigheid te wyte;* **dues** *gelde.*

duly *na behore, behoorlik, op die gesette tyd;* — authorized *behoorlik gemagtig;* — licensed *behoorlik gelisensieer;* on notice — given *na behoorlike kennisgewing;* — received *in goeie orde ontvang.*

dunning letter *aanmaning.*

duplicate (n) *tweevoud, duplikaat;* — original *duplikaat-oorspronklike.*

duplicate (v) *verdubbel, vermenigvuldig, dupliseer.*

duplicity *valsheid, geveinsdheid, dubbelhartigheid.*

durable *duursaam.*

duration *duur, tydsduur;* — of lease *huurtermyn.*

duress *dwang, vreesaanjaging;* —, mistake or fraud *dwang, dwaling of bedrog.*

dutiable *belasbaar, doeanepligtig.*

duty (1) *plig, verpligting;* breach of — *pligsversuim;* — of care (— to take care) *sorgsaamheidsplig, plig om sorg te beoefen, plig om die veiligheid van andere in ag te neem;* — of furnishing maintenance/support *onderhoudsplig;* — of making compensation *verpligting tot skadeloosstelling;* in — bound *pligshalwe, deur plig gebonde;* off — *van diens af;* on — *op diens;* statement in the course of — *verklaring in die loop van diens/in die uitoefening van sy ampsplig;* (2) *belasting, gelde; regte;* import — *invoerreg;* — free *vry van invoerreg, tolvry, doeanevry.* Die woord "reg" word hier van die kant van die staat gesien, wat die reg het om sulke gelde te hef.

dwell *woon;* — on a point *nadruk lê op 'n punt, uitwei oor, stilstaan by;* **—ing** *woning, woonhuis.*

dying declaration *sterwensverklaring.*

E

earn *verdien;* **—ing** capacity *verdienvermoë;* **—ings** *verdienste, inkomste.*
earnest money *handgeld, handgif, godspenning* (De Groot 3.14.27). By koop, deel van die koopprys wat betaal word by sluiting van die kontrak.
earning capacity *verdienvermoë.*
easement (Engelsregtelik) *serwituut;* affirmative/positive — *positiewe serwituut,* ius faciendi; negative — *negatiewe serwituut, serwituut van late.* Sien **servitude**.
eavesdrop *afluister, meeluister.*
ecclesiastical law *kerkreg.*
edict *edik, verordening, bevel, plakkaat;* Perpetual — *Ewige Edik* (van Keiser Karel V van 4 Okt. 1540; dit reël o a kwessies van huwelike en minderjarigheid; in SA vervang deur wette); sue by — *dagvaar by ediktale sitasie;* **—al** citation *ediktale sitasie/dagvaarding.*
edifying *opbouend, verheffend.*
efface (op dokumente) *uitwis, uitvee, onleesbaar maak.*
effect (n) *uitwerking, resultaat, gevolg, effek;* cause and — *oorsaak en gevolg;* carry into —, give — to *uitvoering gee aan, uitvoer;* legal — *regswerking;* take — *in werking tree, van krag word;* of no force and — *van nul en gener waarde, nietig;* to no — *tevergeefs, sonder uitwerking;* words to that — *woorde met die strekking/te dien effekte;* with — from *in werking met ingang van;* — of the evidence *strekking van die getuienis.*
effect (v) *tot stand bring, bewerkstellig, teweegbring, verwesenlik;* — a change *'n verandering teweegbring, 'n wysiging aanbring;* — payment *betaling laat geskied, betaal;* — service *betekening laat geskied, beteken;* **—ive** *doeltreffend, werksaam, doelmatig, effektief;* — cause *deurslaggewende oorsaak;* — date *datum van inwerkingtreding, effektiewe datum;* — interpretation *doeldienende uitleg* (in ooreenstemming met die vermoede teen kragteloosheid); **—iveness** *doeltreffendheid;* — of statutory powers *doeltreffendheid van wetlike magte;* presumption in favour of — *vermoede ten gunste van doeldienende uitleg;* **—ual** *doeltreffend, afdoende, bindend, van krag.*
effective date *effektiewe datum.*
effects *losgoed, los besittings;* household — *huisraad* (sluit klere en dokumente in).
efficacious *doelmatig, doeltreffend.*
efficient (persoon) *bekwaam, flink;* (sake) *doeltreffend, doelmatig;* — cause *deurslaggewende oorsaak.*
effluent *afloopwater.*
egalitarian *gelykmakend.*
eject *uitsit;* **—ment** *uitsetting;* — order *uitsettingsbevel;* summary — *summiere uitsetting.*
elect ('n persoon, 'n regsmiddel) *kies;* declare duly **—ed** *behoorlik verkose verklaar;* he **—ed** to claim damages *hy het gekies om skadevergoeding te eis;* **—ion** (persone) *verkiesing, eleksie;* ('n regsmiddel) *keuse, eleksie;* doctrine of — *leerstuk van eleksie;* — by heirs *keuse/eleksie deur erfgename;* — petition *eleksiepetisie* (aansoek om 'n verkose verklaarde kandidaat te ontsetel); **—ive** (1) *gekose;* an — body *'n gekose liggaam;* (2) opsioneel, fakultatief, ter keuse; **—or** *kieser;* **—oral** *kies-, kiesers-, verkiesings-;* — body *kiesliggaam, kieskollege;* **—orate** *kiesers, kieserspubliek, kieserskorps.*
element (van 'n misdaad) *wesenlike bestanddeel, element;* **—s** *grondbeginsels.*
elevate *verhef.*
elicit *uitlok, ontlok aan, aan die lig bring.*
eligible *verkiesbaar, benoembaar* (vir 'n amp); be — for *geregtig wees tot, in aanmerking kom vir;* — for re-election *herkiesbaar;* — for a pension *pensioengeregtig.*
elope (vrou) *wegloop* (van haar man of ouerhuis om 'n verbintenis aan te gaan); ('n paar) *saam wegloop om te trou.*
elucidate *ophelder.*
elude *ontwyk, ontduik, ontsnap aan;* — comprehension *die begrip te bowe gaan;* **elusive, elusory** *ontwykend, moeilik te begryp, misleidend.*
emancipate *ontvoog, vrystel van voogdy, emansipeer;* **emancipation** *ontvoogding, handligting, emansipasie.*
emasculate *kastreer, ontman.*
embargo *invoer-* of *uitvoerverbod, opskorting van handelsverkeer, embargo; belet op vreemde skeepsverkeer.*
embarrass *belemmer, benadeel, hinder, in verleentheid bring;* vague, **—ing** and bad in law *vaag, verwarrend en regtens ongegrond.*
embattled *slaggereed.*
embezzle *verduister.* Geld wat regmatig in jou besit is, wanaanwend. Sowel in Engels as in Afrikaans is die terme omgangstaal vir diefstal of toe-eiening.
embodiment *beliggaming.*
embolden *verstout.*
emergency *dringende nood, nooddwang, nood-*

toestand; sudden — *skielike/onvoorsiene noodtoestand;* — legislation *noodwetgewing.*

eminent domain. Engelsregtelik. Bevoegdheid van die staat om grond te onteien.

emolument (1) *besoldiging, vergoeding, emolumente* (loon of salaris aan 'n betrekking verbonde); (2) *bykomende verdienste* (aan dieselfde betrekking verbonde).

emotional deprivation *emosionele verstokenheid.*

emotional shock *emosionele skok.*

emotive *aandoenlik, gevoels-.*

empanel (a jury) *'n jurie saamstel.*

emphasis *klem, nadruk.*

empirical *empiries, op ervaring gegrond, proefondervindelik.*

empirical *empiries, proefondervindelik.*

employ (v) *in diens neem/hê, emplojeer;* — a method *'n metode aanwend/toepas;* **—ee** *werker, werknemer, dienaar;* **—er** *werkgewer;* **—ment** *diens, dienspligte, diensverband, werkkring, werk, indiensneming;* contract of — *dienskontrak;* — agency *werkverskaffingskantoor, arbeidsagentskap;* doctrine of common — *leerstuk van nie-aanspreeklikheid van 'n werkgewer* (vir benadeling van 'n arbeider deur 'n medearbeider); scope of — *sfeer van werkverrigting, bestek van diens;* arising out of and in the course of his — *ontstaande/voortvloeiende uit sy diensverband, wat ontstaan uit en in die loop van die vervulling van sy dienspligte;* — law *emplojeringsreg.*

empower *magtig, bevoegdheid verleen aan;* **—ing** provisions *magtigende bepalings;* **—ment** *maggewing.*

empowerment *maggewing.*

emulate *(probeer) ewenaar, na die kroon steek.*

en ventre sa mère *in die moederlyf.*

enable *in staat stel, bevoegdheid verleen;* **enabling** act *magtigende wet.*

enact *verorden, voorskryf, by wet bepaal;* be it **—ed** *daar word bepaal;* this provision was **—ed** *hierdie bepaling het wet geword/is verorden;* **—ing** section (van 'n wet) *uitvoerende artikel;* **—ment** *verordening, wetsbepaling, wetsvoorskrif.* Indien daar na 'n besondere maatreël van die Parlement, Provinsiale Raad of plaaslike bestuur verwys word, kan die desbetreffende engere woord gebruik word, nl. *wet, ordonnansie, munisipale verordening/regulasie.*

enclave *enklave, ingeslote gebied.*

enclose (1) *insluit, bevat;* **—d** letter *ingeslote/bygaande brief;* (2) *omhein, omsluit;* **—d** space *ingeslote ruimte, omheinde plek, omtuining.*

encompass *insluit, omvat.*

encounter *ontmoet, te staan kom voor, teenkom.*

encroach (upon) (grond, regte, bedrywigheidsterrein) *inbreuk maak op, indring, binnedring, die grens oorskry, oortree op;* **—ment** *inbreuk, oortreding, oorskryding; aanmatiging.*

encumber *beswaar;* — with debts/mortgage *met skulde/verband beswaar.*

endeavour *poog, probeer.*

endorse *endosseer, rugteken, aanteken, byskryf; oormaak; saamstem met, goedkeur, beaam, onderskrywe, bevestig;* — a document *op 'n dokument aanteken, 'n dokument endosseer;* — a cheque *'n tjek rugteken/endosseer;* — a driving licence *'n rybewys endosseer;* **—e** *geëndosseerde;* **—ment** *endossement, rugtekening, byskrif; oormaking; ondersteuning;* — in blank *blanko endossement;* special — *endossement op naam, spesiale endossement;* restrictive — *beperkende endossement;* **—r** *endossant.*

endow *skenk; beskenk, begiftig; bemaak;* **—ed** with *begaaf met;* **—ment** *skenking; bemaking, donasie;* — fund *skenkingsfonds;* — policy *uitkeringspolis, termynpolis.*

enforce ('n regsmiddel, 'n wet) *toepas, afdwing;* **—able** by law *regtens afdwingbaar;* — according to its tenor *afdwingbaar soos dit staan, na eie verluid afdwingbaar;* **—ment** *afdwinging;* — agency *afdwingende mag;* law — *wetstoepassing, wetsafdwinging;* — of a sentence *tenuitvoerlegging van 'n vonnis.*

enfranchise *stemreg verleen aan; vry maak;* **—ment** *vrystelling; verlening van politieke regte.*

engage ('n dienaar) *in diens neem, huur;* (algemeen) *verbind, verplig, beset;* **—d** in business *in die handel betrokke;* **—ment** *afspraak; verpligting, onderneming, verbintenis; verlowing.*

engender *teweegbring, veroorsaak.*

enigmatic *raaiselagtig.*

enjoin (1) *verbied, belet;* (2) *gelas, beveel, voorskrywe;* **injunction** *verbod, interdik.*

enjoy *genot trek, gebruik, besit;* **—ment** *genot, gebruik, besit;* undisturbed —*ongestoorde gebruik.*

enliven *verlewendig.*

enormity *gruweldaad; afskuwelikheid van 'n wandaad, aanstootlikheid van 'n vergryp.*

enquire, inquire *ondersoek instel na, navraag doen.*

enrich *verryk;* **—ment** *verryking;* unjust/

unjustified — *onregverdige verryking* (eerder as *onregmatige* aangesien onregmatigheid nie 'n vereiste is nie); liability on the ground of unjust — *verrykingsaanspreeklikheid.*

enrol (saak) *ter rolle plaas;* (persoon) *(op 'n register) inskryf;* — of record *opneem/inskryf in 'n register;* **—ment** *terrolleplasing; inskrywing; indiensneming.*

ensue *volg.*

ensure (1) *verseker dat;* (2) *beveilig, in sekerheid stel.*

entail *met fideikommis belas* (Engelsregtelik); — responsibility *verantwoordelikheid behels;* — a penalty *straf meebring.*

entanglement *verwikkeling, verstrikking.*

enter *opskryf, inskryf, aanteken;* — appearance *verskyning aanteken;* — a plea of not guilty *'n pleit van onskuldig aanteken;* — into a composition/contract *'n akkoord/kontrak aangaan;* — into negotiations *onderhandelinge aanknoop;* — into a matter *op 'n saak ingaan;* — into occupation *besit neem;* — into the principal case *op die prinsipale saak ingaan.*

enterprise *onderneming;* common — *gesamentlike onderneming.*

entertain (an application/claim) *'n aansoek/aanspraak aanhoor.*

entice *aanlok;* —, solicit or importune *aanlok, uitlok of lastig val.*

entirety: in its — *geheel en al.*

entitle *geregtig maak tot/op; aanspraak verleen/gee op;* be **—d** to *tot iets geregtig wees, aanspraak hê op;* person **—d** *reghebbende, geregtigde;* person jointly **—d** *medegeregtigde, medereghebbende;* **—ment** (bv tot aandele) *beregtiging.*

entity: legal — *regspersoon.*

entrap *in 'n lokval vang;* **—ment** *vangs in 'n lokval.*

entrench *beveilig, verskans;* **—ed** clause *verskanste bepaling.*

entrepeneur *entrepeneur, ondernemer.*

entrust *toevertrou;* person **—ed** with something *persoon aan wie iets toevertrou is.*

entry *binnekoms, ingang, toegang;* (rekeningboeke) *pos;* (ander boeke) *aantekening, inskrywing;* (geboue, plekke) *toegang, betreding;* — of appearance *aantekening van verskyning;* bill of — *inklaringsbrief;* right of — *reg van toegang;* unlawful — *onwettige betreding.*

enumerate *opnoem, tel;* exclusion by **enumeration** *uitsluiting deur vermelding.*

enviable *benydenswaardig.*

environment *omgewing;* — law *omgewingsreg.*

envoy *gesant.*

ephemeral *kortstondig, van korte duur.*

epitomise *opsom.*

equality (before the law) *gelykheid voor die reg.*

equanimity *gemoedsrus.*

equity accounting *ekwiteitsverantwoording.*

equity shares *ekwiteitsaandele.* All shares that are not preferent; **equity share capital** *ekwiteitsaandelekapitaal* (a 1 van die Maatskappyewet 1973).

equity: In die sin van die regsreëls wat in Engeland voor die Judicature Act 1873 uitsluitend in die Court of Chancery en die Court of Exchequer toegepas is, is die woord onvertaalbaar en is 'n vertaling ook nie nodig nie. In die breë sin van ooreenstemming met die norme van regmatigheid em geregtigheid word **equity** en **equitable** weergegee met *billikheid* en *billik.* Die sogenaamde **equitable jurisdiction** wat by wet aan Engelse howe toegeken is, was altyd inherent deel van ons reg en daar is geen behoefte aan onderskeidende terminologie nie; **bill subject to all equities** *wissel onderworpe aan alle verweersmiddele.*

equivalent *gelyk, gelykwaardig, ekwivalent.*

erasure (in 'n testament) *uitwissing.*

err *'n dwaling begaan, dwaal, fouteer, jou vergis, 'n onjuistheid begaan;* **—oneous** *onjuis;* — doctrine *dwaalleer;* — statement *onjuiste bewering;* **—or** *dwaling, fout, onjuistheid, vergissing, mistasting, wanopvatting;* clerical — *skryffout, verskrywing;* — of form *vormgebrek;* — of law *regsdwaling;* patent — *klaarblyklike fout/dwaling;* **—s** and omissions excepted *behoudens foute en weglatings; foute en weglatings uitgesonderd;* in — *per abuis.* Sien **mistake.**

escalate *styg, toeneem, verhewig, eskaleer;* **escalation** clause *eskalasieklousule, aanpassingsklousule.*

escape *ontsnap, ontvlug, ontkom;* — from justice *aan die gereg ontkom;* — clause *voorbehoudsbepaling;* **—e** *ontsnapte, vlugteling.*

escheat (1) *toeval* (van goed aan die staat by ontstentenis van 'n erfgenaam); (2) *verbeurd verklaar* (Engelsregtelik).

eschew *vermy.*

espouse (a cause) *party kies vir 'n saak, 'n saak voorstaan/bepleit;* **espousal** *troubelofte, ver-*

lowing (seldsaam); ook: *huwelik* (verouderd).

essence *essensie, wese;* time is of the — *tyd is wesenlik, tyd hoort tot die wese van die kontrak.*

essential (n) *vereiste, onontbeerlike bestanddeel; hoofsaak, kern, wese;* **—s** of a contract *essentialia/wesenlike bestanddele van 'n kontrak.*

establish (a claim/right/allegation/defence *'n eis/reg/bewering/verweer staaf;* — affirmatively *positief vasstel;* — a business *'n besigheid oprig;* — a precedent *'n presedent skep/tot stand bring;* — the truth *die waarheid aan die lig bring/vasstel;* — a reputation *'n reputasie vestig/skep/tot stand bring;* — oneself *jou vestig;* **—ed** by the evidence *bewys deur die getuienis;* **—ment** (1) *oprigting, totstandbrenging, skepping, vestiging;* (2) *bewys, stawing;* (3) *inrigting, onderneming;* (4) *vasgestelde personeelsterkte;* the Establishment *die gesagsorde, die Establishment.*

establish: — affirmatively *positief vasstel.*

estate *boedel, vermoë* (totaal van eiendom of besittings); administration of **—s** *boedelberedderïng;* — agent *eiendomsagent, makelaar in vasgoed;* debts due by an — *boedelskulde;* debts due to an estate *boedelvorderinge;* deceased — *bestorwe boedel;* — duty *boedelbelasting;* — fee *boedelgelde;* — holder *boedelhouer;* insolvent — *insolvente boedel;* partnership — *vennootskapsboedel;* real — *vaste eiendom, onroerende goed, vasgoed.*

esteem: hold in high — *hoog ag.*

estimate *bereken, beraam, raam, skat;* **—s** *begroting.*

estop *belet, onder estoppel plaas;* he is **—ped** from *hy is onder estoppel om te;* **—pel** *estoppel, teruggangsverbod* (beletsel om terug te gaan op wat vroeër te kenne gegee is); agency by — *agentuur deur estoppel;* assent by — *aanvaarding deur estoppel;* — by conduct *estoppel deur gedrag;* — by deed. Het betrekking op die Engelsregtelike 'contracts under seal' en is onvertaalbaar; issue — *geskilpunt-estoppel;* — by negligence *estoppel deur nalatigheid;* — by representation *estoppel deur wanvoorstelling;* — by record/judgment *gebondenheid aan 'n hofuitspraak,* res judicata; cause of action — *aksiegrond-estoppel;* — in pais. Het betrekking op die Engelsregtelike huurverhouding en is onvertaalbaar; — by recital *gebondenheid van die opsteller* (aan die feite in die dokument vermeld).

estrange *vervreem, verwyder, afkerig maak;* **—d** wife *vervreemde vrou, afkerig geworde vrou.*

estreat (bail) *borggeld verbeur; borggeld verbeurd verklaar;* **—ment** *verbeuring/verbeurdverklaring van borggeld;* — of a recognizance *tenuitvoerlegging van 'n borgakte.*

euphoria *behaaglikheid, euforie.*

evacuate *ontruim, verwyder.*

evade *ontduik;* — payment *betaling ontduik;* — a question *'n vraag ontwyk;* — justice *aan die gereg ontvlug;* — taxation *belasting ontduik* (in teenstelling met **avoid** *vermy*); **evasion** *ontduiking, ontwyking;* **evasive** *ontwykend, vol uitvlugte.*

evaluate *waarde bepaal/bereken, aanslaan, evalueer;* **evaluation** *waardebepaling, waarde-oordeel, evaluasie;* **evaluator** *waardeerder, taksateur.*

event *gebeurtenis, voorval, geval;* costs follow the — *koste volg die uitslag;* in the — of *in die geval van;* **—ual** *gebeurlik, moontlik, eventueel; uiteindelik, slot-, eind-;* **—ually** *uiteindelik, ten slotte;* **—uality** *gebeurlikheid, eventualiteit.*

evict *uitsit, afsit, uitwin, besit terugkry* (deur middel van 'n sterker regstitel), *geregtelik terugneem;* — from a house *uitsit;* — from a farm *afsit.*

evidence (1) (verklaring deur getuie) *getuienis;* adduce — *getuienis aanbied/aanvoer;* give — *getuienis aflê, gee;* present — *getuienis voorlê;* produce — *bewys lewer;* take — *getuienis aanhoor;* (2) *bewys, bewysvoering, bewyslewering, bewysmiddel, bewysmateriaal;* against the — and the weight of the — *teen die bewyse en die deurslag daarvan, teen die deurslag van die aangevoerde bewyse;* law/rules of — *bewysreg;* preponderance of — *oorwig van bewyse;* turn state — *gevrywaarde staatsgetuie word.* Beskrywende terminologie by **evidence** *getuienis:* best — *beste/primêre g.;* circumstantial — *omstandigheidsgetuienis, indirekte/onregstreekse g., aanwysinge,* indicia; the — is purely circumstantial *die g. is bloot aanwysend/onregstreeks/indirek;* conclusive — *afdoende/beslissende g.;* corroborative — *bevestigende/stawende g.;* countervailing — *teenbewyse, teensprekende/opwegende g.;* cumulative — *tesame genome/kumulatiewe g.;* direct — *regstreekse/direkte g.* (teenoorgestelde van *omstandigheidsg.*); discrediting — *ongeloofwaardigmakende/diskrediterende g.;* expert — *deskundige g.;* extra-judicial — *buitegeregtelike g.;* extrinsic/parol — *getuienis buite die stuk om, ekstrinsieke g.* (om 'n dokument te verklaar, te wysig of te weerspreek met bewysmiddele van buite die dokument); hearsay — *hoorsê-g.;* immediate/original — *oorspronklike g.* (teenoorgestelde van *hoorsê*); — in chief *hoofgetuienis, g. in hoofondervraging;* indirect — *omstandigheidsg., indirekte g.* ; intrinsic — *intrinsieke/inwendige g.* (uit 'n dokument sonder verwysing na iets daarbuite); opinion — *deskundige g., opinie-g.;* oral — *mondelinge g.;* original — *oorspronklike g.* (teenoorgestelde van *hoorsê);* parol — Sien **extrinsic**; primary—. Sien **best**; real — *saaklike g.* (van 'n voorwerp soos 'n vingerafdruk, merk of wapen verkry); rebutting — *weerleggende g., teenbewys;* secondary — *sekondêre g.;* substantive — *substantiewe g.*(rakende die geskilpunt en nie bloot bedoel om 'n getuie te diskrediteer nie.

evident *klaarblyklik;* self- — *vanselfsprekend, onmiskenbaar;* **—ial** *bewysend, bewysgewend;* — burden *bewyslas;* — material *bewysmateriaal, bewysmiddele;* — provision *bepaling oor bewyslewering;* — value *bewyskrag, bewyswaarde.*

ex dividend (effektebeurs) *sonder dividend.*

ex facie the document *soos uit die dokument self blyk.*

ex parte *as enigste belanghebbende.*

exacerbate *vererger, verskerp.*

exact (a) *noukeurig, presies, sekuur, akkuraat.*

exact (v) *vorder, eis; verg, afdwing.*

examination (van 'n getuie) *ondervraging;* — in chief *hoofondervraging;* cross- — *kruisondervraging;* re- — *herondervraging;* (2) *ondersoek;* preparatory — *voorlopige ondersoek.*

example *voorbeeld;* — is better than precept *woorde wek maar voorbeelde trek.*

excavation *opgrawing, uitgrawing.*

exceed *oorskry, oortref;* — authority *buitemagtig handel, magte oorskry;* not **—ing** *hoogstens.*

excellent *uitnemend, skitterend.*

except (a) *behalwe, uitgesonderd;* no person — *niemand behalwe.*

except (v) (teen 'n pleitstuk) *eksipieer, eksepsie aanteken/opwerp;* **—ion** (pleitstukke) *eksepsie;* (algemeen) *uitsondering; beswaar, teenwerping;* —, exemption, proviso, excuse or qualification *uitsondering, vrystelling, voorbehoud, verskoningsgrond of beperking;* **—ional** circumstances *buitengewone omstandighede;* **excipiable** *eksipiabel;* **excipient** *eksipiënt.*

exceptionally serious *geval van uitsonderlike erns.*

excerpt (n) *uittreksel, aanhaling, sitaat, passasie, ekserp.*

excerpt (v) *aanhaal uit, ontleen aan, uittreksel maak van, ekserpeer.*

excess *oormaat, oorskryding; oorskot, oordaad, onmatigheid;* be in — of *oortref, verbysteek;* — charge *byslag, toeslag;* carry to — *op die spits dryf, oordryf;* — fare *bybetaling, toeslag;* — freight *oorvrag;* in — *oormatig, tot oormaat;* in — of *te bowe gaande;* — of liabilities over assets *oorskryding van bates deur laste;* — of self-defence *oorskryding van noodweer;* — payment *oorbetaling;* — profits *oorwins;* **—ive** *buitensporig, bowematig, oormatig;* — and unconscionable *buitensporig en grof onredelik.*

exchange (n) *ruiling, omruiling, uitruiling, wisseling; wisselkoers; teenwaarde; bankkommissie;* stock — *effektebeurs, aandelebeurs;* bill of — *wissel;* first, second, third of — *prima-, secunda-, tertia-wissel;* free of — *vry van bankkommissie;* — rate *wisselkoers.*

exchange (v) *ruil, verruil, wissel, verwissel;* — for *in- of uitwissel vir, ruil vir, vervang deur;* — money *geld wissel.*

excise *aksyns;* — officer *aksynsbeampte;* **excisable** *aksynspligtig.*

exclude *uitsluit, afwys, wegwys;* **excluding** *behalwe, met uitsondering/uitsluiting van;* **exclusion** *uitsluiting;* ground for the — of culpability *skulduitsluitingsgrond;* ground for the — of liability *grond vir die uitsluiting van aanspreeklikheid, aanspreeklikheidsuitsluitingsgrond;* **exclusive** *uitsluitend, eksklusief;* — right *alleenreg;* — of costs *koste uitgesluit, behalwe die koste;* — of the first day *behalwe die eerste dag, met uitsluiting van die eerste dag;* the contract is the — memorial of the transaction *die kontrak is die enigste/uitsluitende weergawe van die transaksie.*

exclusionary rule *uitsluitingsreël.*

excruciating *pynigend, martelend, folterend.*

exculpate *van blaam onthef, verontskuldig;* **exculpatory** *verontskuldigend;* — statement *verontskuldigende verklaring.*

excuse (v) ('n persoon) *verskoon, verontskuldig;* ('n handeling) *verskoon, kondoneer, oor die hoof sien, deur die vingers sien;* defendant is **—d** from payment until the counterclaim is decided *verweerder word verskoon van betaling totdat die teeneis beslis is.*

excuse *verontskuldiging, verskoning;* ignorance of the law is no — *onkunde van die reg* *is geen verskoning nie*. Die spreuk is nie 'n volledige weergawe van die regsposisie nie.

excuss *uitwin;* benefit of **—ion** *voorreg van uitwinning.*

execute (1) ('n dokument/akte/testament) *verly;* (2) ('n vonnis/lasbrief/ hofbevel) *ten uitvoer lê, uitvoer;* leave to — *verlof om ten uitvoer te lê;* (3) ('n beleid) *uitvoer, ten uitvoer bring, uitvoering gee aan;* (4) (verkoping van goedere ter dekking van 'n vonnisskuld) *uitwin, eksekuteer, eksekusie neem;* — upon goods *goedere uitwin/in eksekusie verkoop;* — against a debtor *'n skuldenaar uitwin/eksekuteer;* (5) ('n bestelling) *uitvoer;* (6) ('n kontrak) *uitvoer, nakom, vervul;* (7) ('n misdadiger) *teregstel, die doodvonnis aan 'n misdadiger voltrek;* **executee** *geëksekuteerde;* **execution** (in dieselfde volgorde): (1) *verlyding;* (2) *tenuitvoerlegging, uitvoering;* (3) *uitvoering;* (4) *uitwinning, eksekusie;* — creditor *uitwinnende skuldeiser, eksekusieskuldeiser;* — debtor *uitgewonnene, eksekusieskuldenaar, geëksekuteerde;* levy — upon goods *goedere uitwin, in eksekusie verkoop, eksekuteer;* levy — against a person *iemand uitwin, teen iemand eksekuteer;* sale in — *geregtelike verkoping, uitwinningsverkoping, eksekusieverkoping;* sell in — *goedere uitwin/in eksekusie verkoop;* writ of — *lasbrief vir uitwinning/eksekusie;* (5) *uitvoering;* (6) *uitvoering, nakoming, vervulling;* (7) *teregstelling, voltrekking van die doodvonnis aan 'n misdadiger;* **executioner** *beul, laksman;* **executor** *eksekuteur;* —'s account *boedelrekening;* board of **—s** *boedelkamer;* — dative *eksekuteur datief;* — testamentary *eksekuteur testamentêr;* — in an estate *eksekuteur in 'n boedel;* **executorial** *voortvloeiende uit eksekusie, eksekutoriaal;* — attachment *beslaglegging vir eksekusie, geregtelike beslaglegging, uitwinningsbeslag.*

executive (a) *uitvoerend, voltrekkend, eksekutief;* — body *uitvoerende liggaam, bestuur;* — contract *kontrak deur een party uitgevoer maar nog nie deur die ander nie* (Engelsregtelik). Sien **executory**; — position *uitvoerende betrekking/posisie;* — power *uitvoerende mag.*

executive (n) (van 'n staat) *uitvoerende gesag;* (van 'n vereniging) *bestuur;* (van 'n maatskappy) *bestuurder;* chief — *hoof uitvoerende amptenaar;* — council *uitvoerende raad;* — committee *uitvoerende komitee.*

executory *uitvoerbaar, ter uitvoering gereed;* — contract *kontrak deur beide partye gedeeltelik vervul, kontrak waarkragtens daar nog gepresteer moet word* (Engelsregtelik). Sien **executive**; — donation *skenking waarkragtens daar nog gepresteer moet word;* — stipulation *voorwaardelike/afhanklike bepaling.*

executrix *eksekutrise.*

exemplary *tot voorbeeld strekkend;* —/punitive/vindictive damages *bestraffende skadevergoeding;* — punishment *afskrikkende straf.*

exempt (from) **(a)** *onthef, vrygestel van;* — from tax *belastingvry.*

exempt (from) **(v)** *vrystel van, onthef van.*

exequatur *erkenningsbesluit, amptelike erkenning, exequatur.*

exercise (rights, powers, option) *regte/magte/opsie uitoefen;* — price *uitoefeningsprys.*

exert pressure *druk uitoefen.*

exhaust (legal remedies) *regsmiddele uitput, geen regsmiddel onbeproef laat nie;* **—ive** *uitputtend, volledig, afdoende, grondig.*

exheredation *onterwing.*

exhibit (n) *bewysstuk.*

exhibit (v) *vertoon, aan die dag lê, ten toon stel.*

exigency *dringendheid, behoefte, nood, eise;* nature and — *aard en dringendheid;* the — of the writ could not be satisfied *daar kon nie aan die eise van die lasbrief voldoen word nie;* in an — *in 'n noodgeval.*

exigible *opeisbaar, opvorderbaar.*

exile *uitgewekene, banneling; ballingskap, verbanning.*

exist *bestaan;* **—ing** law *geldende/bestaande reg;* —, future or contingent right *bestaande, toekomstige of voorwaardelike reg.*

exonerate *verontskuldig, van blaam onthef.*

expatriate (n) *vrywillige banneling, iemand wat sy burgerskap opgegee het, geëkspatrieerde, uitgewekene.*

expatriate (v) (1) *uitsit, verban, ekspatrieer;* (2) *uitwyk, die land verlaat, burgerskap opgee.*

expect *verwag;* in **—ancy** *in verwagting;* **—ation** *verwagting, vooruitsig, afwagting;* — of life *verwagte lewensduur, lewensverwagting;* — of loss *verwagting van skade;* doctrine of legitimate — *leerstuk van geregverdigde verwagting.*

expedient *dienstig, gerieflik* (sonder inagneming van die regverdigheid), *gerade, raadsaam, opportuun;* **expediency** *dienstigheid, gerief, raadsaamheid, opportuniteit, doelmatigheid.*

expedite *bespoedig, bevorder, verhaas; versend;* **expedition** *bespoediging;* with — *met bekwame spoed;* — theory (in verbintenisreg) *versendingsteorie.*

expedite *bespoedig, versnel;* **expeditious** *vlot, vlug;* **expeditiously** *met bekwame spoed.*

expel *uit die land sit, uitsit;* **expulsion** *uitsetting, verdrywing.*

expend *bestee, uitgee, spandeer, verbruik;* **—able** *bedingbaar, verbruikbaar, ontbeerlik, afskryfbaar, misbaar;* **—iture** *uitgawes, onkoste, verbruik.*

expense *uitgawes, koste, onkoste;* — account *onkosterekening.*

expert (a) *deskundig, bedrewe, vaardig, vakkundig, saakkundig;* — at *bedrewe in, deskundig op die gebied van, handig met;* — evidence *deskundige getuienis;* — opinion *deskundige oordeel;* — witness *deskundige getuie;* **—ise** *deskundigheid, vakkundigheid, bedrewenheid, saakkundigheid, vakmanskap, vakkennis, geroetineerdheid.*

expert (n) *deskundige, vakkundige, saakkundige, vakman.*

expiate *boete doen vir, boet vir, goedmaak;* — guilt *boete doen vir skuld.*

expire *verstryk, afloop, eindig, verval;* **expiry** *verstryking, afloop, verloop, verval;* — of an agreement *verstryking van 'n ooreenkoms;* — date *vervaldatum, verstrykingsdatum.*

explicit *uitdruklik, uitgesproke, stellig, bepaald; openhartig, openlik, eksplisiet;* **—ly** *uitdruklik, in soveel woorde.*

exploit (1) *bewerk, benut, ontgin, winsgewend maak;* (2) *uitbuit, uitsuig.*

exploratory *ondersoekend, verkennend.*

explosive *plofstof.*

export (n) *uitvoer, eksport; uitvoerartikel;* **—s** *uitvoerware, uitvoergoedere.*

export (v) *uitvoer, eksporteer;* **—er** *uitvoerder, eksporteur.*

expose *blootstel, blootlê, openbaar, ontbloot, ontmasker, aan die kaak stel, eksponeer;* — an infant *'n kind te vondeling lê;* — for sale *te koop uitstal;* — to hate and contempt *aan haat en minagting blootstel;* **exposure** *blootstelling, blootlegging, openbaring, ontbloting, ontmaskering, aandiekaakstelling, eksponering; tevondelinglegging;* indecent — *onbetaamlike ontbloting.*

exposé *onthulling, blootstelling; uiteensetting.*

expound *uiteensit, uitlê, vertolk, verklaar, verduidelik;* **exposition** *uitleg, uiteensetting, blootlegging, verklaring, verduideliking.*

express *uitdruklik;* — condition *uitdruklike beding;* — malice *kwaadwilligheid;* **—ly** *uitdruklik, nadruklik, in soveel woorde.*

expropriate *onteien.*

expunge *skrap, uithaal, weglaat;* — from the record *uit die oorkonde skrap.*

expurgate *suiwer, ongewenste dele skrap.*

extend *uitbrei* (grense), *verleng* (tydperk), *verskuif* (datum), *verleen* (krediet); the return day is **—ed** *die keerdatum word verleng/vooruitgeskuif;* **—ed** return day *verlengde/vooruitgeskuifde keerdag;* **extension** *verlenging;* — clause (aktes) *uitstrekkingsklousule;* (assuransie) *verlengingsklousule;* — of time *tydsverlenging;* **extensive** interpretation *uitbreidende/ruim/ekstensiewe uitleg;* **extent** *omvang, mate, uitgestrektheid;* to a certain — *in 'n sekere mate;* to a great — *in groot mate, grootliks, grotendeels;* to the — of *tot die bedrag/grootte/omvang van;* to that — *in soverre, in dié mate;* remaining — *restant.*

extensive *grootskaals.*

extenuate *versag, verminder, minder ernstig maak;* **extenuating** circumstances *versagtende omstandighede, gronde vir strafversagting.*

exterritorial, extraterritorial *eksterritoriaal.*

extinct *uitgestorwe; uitgeblus; verouderd; afgeskaf;* life was — *die dood het al ingetree;* **—ion** *uitwissing;* — of a right *tenietgaan van 'n reg;* — of claims *tenietgaan van vorderingsregte;* **—ive** prescription *bevrydende verjaring, negatiewe/ekstinktiewe verjaring.*

extinguish *uitwis;* — a debt *'n skuld delg/uitwis/betaal;* — a liability *aanspreeklikheid tenietdoen/uitwis;* agreement **—ing** an obligation *verbintenisdelgende ooreenkoms.*

extort *afpers;* **—ion** *afpersing (afdreiging* en *knewelary* is taalkundig korrek maar minder gebruiklik; die Strafproseswet 51 van 1977 a. 153(3)*(c)* gebruik *afpersing);* — money *afpersgeld, dwangsom;* **—ionate** *buitensporig;* — price *buitensporige prys, woekerprys.*

extra-judicial *buite-geregtelik.*

extra-territorial capture *ekstraterritoriale gevangeneming.*

extract (n) *uittreksel, fragment, passasie.*

extract (v) *uittrek, ekstraheer;* — answers from a witness *antwoorde uit 'n getuie trek;* — a confession *'n bekentenis afpers/afdwing;* habit-forming drug **—ed** from *gewoontevormende medisyne geëkstraheer van;* **—ion** *afstamming.*

extradite *uitlewer;* **extraditable** person *uitlewerbare persoon;* — offence *uitleweringsmisdaad, misdaad wat tot uitlewering aanleiding kan gee;* **extradition** treaty *uitleweringsverdrag.*

extravagant *buitensporig, oordrewe; spandabel.*

extrinsic *wat van buite kom, ekstrinsiek;* — evidence *getuienis buite die stuk om, ekstrinsieke getuienis.*

eye-witness *ooggetuie.*

F

fas (free alongside ship) *vls* (vry langs skip).

fob (free on board) *vab* (vry aan boord). **Fob** is internasionaal gebruiklik.

for (free on rail) *vos* (vry op spoor).

fabricate *versin, uitdink;* **fabrication** *versinsel, verdigsel.*

face (van 'n dokument) *voorkant;* complete and regular on the — of it *oënskynlik voltooid en reëlmatig;* a document which on the — thereof has been issued by *'n dokument wat op die oog af uitgereik is deur;* to save — *die aansien bewaar;* — value *sigwaarde, nominale waarde;* take at — value *onkrities aanvaar, sommer aanneem.*

facile *oppervlakkig, simplisties, vlot, vloeiend.*

facilitate *bevorder, vergemaklik;* **facility** *vaardigheid, gemak; gerief, fasiliteit.*

facsimile *reproduksie, faksimilee.*

fact *feit;* allegation of — *feitebewering, feitlike bewering;* appeal on — *feitlike appèl, appèl op die feite;* as a matter of — *om die waarheid te sê, as iets doodgewoons, in werklikheid;* decide on the —s *op feitlike gronde uitmaak, op die feite beslis;* decision on questions of — *beslissing van feitlike aard;* —s of the case *die toedrag van sake, die feite van die saak;* have a basis in — *'n feitlike grondslag hê, op feite berus;* in point of — *in werklikheid;* know for a — *met sekerheid weet;* question of — *feitekwessie, feitevraag, kwessie van feitlike aard;* question of mixed law and — *gemengde regs- en feitevraag, vraag van reg en feite deureen;* in law and in — *in reg en in feite, regtens en feitlik;* raise an issue of — *'n feitlike geskil opwerp;* supported by the —**s** *deur die feite gesteun;* —**s** found proved *bewese bevonde feite, feite wat bewese bevind is;* the — remains *dit bly 'n feit dat, die feit bly staan;* —**ual** *feitlik, op feite gegrond, deur feite bewys;* — allegation *feitestelling, feitlike bewering;* — basis *feitlike basis/grondslag;* of a — nature *van feitlike aard;* the — position *die feitlike posisie, die feite;* —**ually** speaking *feitlik gesproke, uit die oogpunt van die feite.*

fact-finding *feitebepalend;* — commission *feitekommissie;* — mission *feitesending.*

faction fight *stamgeveg.*

factor (n) *faktoor, handelsagent.*

factor (v) *faktoreer;* —**age** *faktoorsloon, faktoorskommissie;* —**ing** *faktorering;* (element in 'n geskil) *faktor, beweegrede.*

facultative *ter keuse, opsioneel, nie verpligtend, fakultatief;* — obligation *fakultatiewe verbintenis.*

faculty *aanleg, vermoë, gawe, talent;* in full possession of his faculties *by sy volle positiewe, in volle besit van sy geestesvermoëns.*

fail (onderneming) *misluk, faal;* (persoon) *in gebreke bly, nalaat, versuim, mislukking maak, faal;* the appeal —**s** *die appèl word afgewys/misluk;* the argument —**s** *die redenering gaan nie op nie/word verwerp/misluk;* —**s** to disclose an offence *openbaar geen misdryf nie;* — to support someone *in gebreke bly/versuim/nalaat om iemand te onderhou;* —**ing** which *by gebreke waarvan, so nie;* —**ure** *mislukking; versuim, nalate, ingebrekeblywing;* — of a company *insolvensie/ondergang van 'n maatskappy;* in case of — of descendants/issue *in 'n geval van kinderloosheid, by gebreke van afstammelinge;* — of justice *onreg, geval waar geregtigheid nie geskied het nie.* Die woord *regskending* word in wette gebruik maar is minder goed as *onreg* omdat dit meer met **violation of a right** ooreenstem; — of a legacy *mislukking van 'n legaat;* — of performance *wanprestasie;* — to pay *wanbetaling;* — to provide *versuim om te sorg.*

fair *billik; onpartydig;* — comment *billike kommentaar;* — copy *juiste kopie;* — and reasonable wear and tear *billike en redelike slytasie;* — sample *billike monster/eksemplaar;* — trial *billike verhoor;* in all —**ness** *in alle billikheid.*

faith *vertroue, geloof; trou, opregtheid;* bad —

kwade trou; act in bad — *te kwader trou handel;* good — *goeie trou;* act in good — *te goeder trou handel;* utmost good — *hoogste mate van goeie trou,* uberrima fides; in — whereof *uit hoofde waarvan.*

fake (n) *bedrog, voorwendsel, vervalsing.*

fake (v) *bedrieglik namaak, vervals, versin;* **—d** alibi *valse alibi;* **—d** burglary *nagemaakte/gesimuleerde inbraak.*

fallacy *dwaalbegrip, denkfout, dwaling;* **fallacious** *misleidend, foutief;* — reasoning *foutiewe/ongegronde redenering.*

false imprisonment *vryheidsontneming.* Omvat **kidnapping** *menseroof.*

false *vals, onwaar, oneg, onjuis;* — arrest *wederregtelike aanhouding;* — coin *valse munt;* — imprisonment *vryheidsontneming.* Sien **kidnapping**; — oath *meineed;* — pretences *valse voorwendsels, wanvoorstellings;* **—hood** *onwaarheid, leuen;* injurious — *benadelende/skadelike onwaarheid.*

falsify *vervals, verdraai;* — fears *vrese loënstraf;* — hopes *verwagtinge teleurstel;* **falsification** *vervalsing, verdraaiing; weerlegging.*

falsity *falsiteit,* falsitas (versamelwoord vir bedrog en vervalsing).

fancy name *sonderlinge naam.*

fatal *dodelik, noodlottig; onherstelbaar;* — defect in a charge *onherstelbare gebrek in 'n aanklag;* **—ly** defective *onherstelbaar gebrekkig.*

fault (1) *gebrek, tekortkoming, fout, defek;* (2) *skuld, toedoen,* culpa; be at — *ongelyk hê, jou vergis;* be in — *skuld hê aan,* find — with *kapsie maak, fout vind met;* he cannot be **—ed** *daar kan nie met hom fout gevind word nie;* **—iness** *gebrekkigheid, verkeerdheid, onjuistheid.*

favour (n) *guns; begunstiging;* cheque in — of *tjek ten gunste van;* contract in — of a third person *beding ten behoewe van 'n derde;* in his — *ten gunste van hom, tot sy voordeel, ten behoewe van hom;* that is in his — *dit pleit vir hom, is tot sy voordeel.*

favour (v) *steun, voorkeur gee aan;* ('n persoon) *begunstig, ten gunste wees van, bevoordeel, party trek vir, voortrek.*

fealty *leenmanstrou;* oath of — *eed van trou* (Engelsregtelik).

feasibility study *doenlikheidstudie, uitvoerbaarheidstudie, lewensvatbaarheidstudie.*

feasible *uitvoerbaar, doenlik, prakties.*

federal state, federation *federale staat, federasie, bondstaat.*

fee(s) *gelde, fooi, vergoeding, honorarium;* admission — *toegangsgeld;* counsel's — *advokaatsgelde, advokaatsfooi;* court — *hofgelde;* — list *advokaatsrekening, fooilys;* —s of office *leges;* — simple *absolute eiendomsreg* (Engelsregtelik).

feedback *terugvoering.*

feelings of guilt *skuldgevoelens.*

felicitous *gelukkig, raak.*

fellow *genoot.*

felon *misdadiger;* **—y** *ernstige misdaad* (Engelse reg, wat 'n by ons onbekende onderskeid maak tussen *felonies* en *misdemeanours*).

female *vrouspersoon, vrou.*

femme covert *getroude vrou;* — sole *ongetroude vrou* (sluit weduwee en geskeide vrou in). Oud-Frans.

fence (1) *omheining, draad, heining;* (2) *heler, ontvanger van gesteelde goed.*

fetter *boei, belemmer;* — someone's discretion *iemand se diskresie aan bande lê/beperk/inkort;* **unfettered** discretion *vrye oordeel, onbeperkte diskresie.*

feudal *leenregtelik, feodaal;* — law *reg van die feodale stelsel.*

fiat *bevel, verordening, fiat; magtiging, goedkeuring, outorisasie.*

fiction *regsfiksie, onweerlegbare veronderstelling;* **—al** *fiktief, gefingeerd, denkbeeldig;* — fulfilment *fiktiewe vervulling;* **fictitious** *fiktief, gefingeerd, denkbeeldig;* — payee *fiktiewe nemer;* — person *fiktiewe persoon, regspersoon;* — purchase *skynkoop.*

fideicommissary (a) *fideikommissêr;* — substitution *fideikommissêre substitusie.*

fideicommissary (n) *verwagter, fideicommissarius.*

fidelity *getrouheid, trou;* — fund *getrouheidsfonds, waarborgfonds;* — guarantee *getrouheidswaarborg.*

fiduciary (a) *fidusiêr, rakende 'n fiduciarius;* — position *vertrouensposisie;* — relationship *vertrouensverhouding.*

fiduciary (n) *beswaarde, fiduciarius.*

figurehead *titulêre hoof, ere-hoof.*

file (n) *lêer, omslag, dossier;* (om stukke in te bind) *lias.*

file (v) (by die griffier) *indien;* (in 'n lêer plaas of in 'n lias inbind) *liasseer;* — of record *indien by die stukke;* — of record with the clerk of the court *by die klerk van die hof indien.*

final *finaal;* — act *sluitingsoorkonde* (van 'n konferensie); — and definitive sentence *einduitspraak;* — end and determination *eindbeslissing;* — order of divorce *finale egskeidingsbevel.*

finance (n) *finansies.*

finance (v) *finansier;* — charges *finansieringskoste;* — charge rate *finansieringskoers;* — lease *bruikhuur;* **financial** *geldelik, finansieel;* — year *boekjaar.*
find *bevind, konstateer;* — bail *borg verkry;* — for the defendant *die verweerder in die gelyk stel, ten gunste van die verweerder beslis;* — against the defendant *die verweerder in die ongelyk stel, die eiser gelyk gee;* — guilty of *skuldig bevind aan*; make a —**ing** *'n bevinding doen.*
finder's reward *vindersloon.*
fine (n) *boete, geldstraf.*
fine (v) *beboet, 'n boete oplê;* — for *beboet weens.*
fingerprint *vingerafdruk;* — identification *uitkenning by vingerafdruk, daktiloskopiese uitkenning.*
fire-break *voorbrand.*
firm (a) *vas;* — offer *vaste aanbod.*
firm (n) *firma;* — name *firmanaam, handelsnaam, besigheidsnaam.*
first *eerste;* — deceased, — dying *eerssterwende;* — offender *eerste oortreder;* — principles *grondbeginsels* (van die reg); — refusal *voorkoopsreg.* Sien **option**; party of the — part *eersgenoemde party.*
fisc *skatkis, staatskas, fiskus;* —**al** *fiskaal;* —**al** year *belastingjaar.*
fiscal drag *blokkruiping.*
fishing expedition (fig.) *hengeltog.* Vrae aan die teenparty, nie om besonderhede regmatig te verkry nie maar om uit te vind hoe sterk sy saak is.
fit *geskik, gepas, bekwaam;* — and proper person *geskikte en gepaste persoon;* may if he thinks — *mag/kan na goeddunke;* act as he may think — *na bevind van sake handel, na goeddunke optree.*
fittings. Sien **fixtures**.
fix *aanheg, vasmaak; vaslê, vasstel, bepaal;* — on a day *'n dag bepaal;* —**ed** *vas, onroerend, spykervas;* —**ed** assets *vaste/onroerende bates;* —**ed** capital *vaste kapitaal;* —**ed** deposit *vaste deposito;* —**ed** event *gewisse gebeurtenis;* —**ed** property *onroerende goed, vasgoed, vaste eiendom;* —**ture** *aanhegsel, aanhegting, spykervaste voorwerp;* —**tures** and fittings *aanhegtings en toebehore.*
flagrant *verregaande, flagrant;* in — disregard of *met flagrante minagting vir.*
float (a loan) *'n lening uitskrywe;* — a company *'n maatskappy stig/oprig/floteer;* **flotation** *flotasie;* **floating** (asset/debt/deposit) *vlottende bate/skuld/deposito;* — capital *vlottende/sirkulerende kapitaal.*
float *floteer, oprig, uitskryf;* — a company *'n maatskappy oprig/stig/floteer;* — a loan *'n lening uitskryf/floteer.*
flotsam *drywende werpgoed en wrakgoed.* Sien **jetsam**.
flow *stroming, vloei;* normal — *normale stroming.*
fly-by-night *onbetroubaar;* — company *swendelmaatskappy.*
foist (on) *op iemand afskuiwe, iemand iets afsmeer.*
footing *basis;* on an equal — *op gelyke voet.*
forbear *jou onthou/weerhou van;* to do or — to do *te doen of te laat;* —**ance** *onthouding, weerhouding, inskiklikheid.*
forbid *verbied, belet.*
force *geweld, dwang;* in — *geldig, van krag, in werking;* by — of law *by krag van wet, onder regsdwang;* of no — and effect *van nul en gener waarde, nietig;* legal — *regskrag;* — majeure *oormag;* —**d** labour *dwangarbeid;* **forcible** *gewelddadig, hardhandig, kragtig;* — entry *betreding met geweld.*
foreclose (a mortgage) *'n verband oproep;* **foreclosure** *oproeping, opsegging.*
forego *voorgaan;* —**ing** *voorgaande, voorafgaande, bostaande;* —**ne** conclusion *uitgemaakte saak.*
foreign *vreemd, buitelands;* — bill *buitelandse wissel;* — law *buitelandse reg;* — country *vreemde land;* —**er** *vreemdeling, nie-burger, buitelander.*
forejudge *vooruit oordeel.*
foreman (of the jury) *voorman van die jurie.*
forensic *geregtelik, forensies, juridies;* — medicine *geregtelike geneeskunde;* — psychiatry *geregtelike psigiatrie.*
foresee *voorsien, vooruitsien, bedag wees op;* —**ability** *voorsienbaarheid;* —**able** *voorsienbaar, te voorsien;* in the — future *binne afsienbare tyd;* **foresight** *deursig, vooruitsiening, voorkennis;* lack of — *gebrek aan deursig, kortsigtigheid, onbedagtheid.*
forethought *oorleg, voorbedagtheid.*
forfeit *verbeur, moet prysgee;* — benefits *voordele verbeur;* declare — *verbeurd verklaar;* —**ure** *verbeurdverklaring; verbeuring;* — clause *verbeuringsbeding;* — of a right *verbeuring van 'n reg.*
forge *vervals, namaak;* —**r** *vervalser;* —**ry** *vervalsing, valsheid in geskrifte;* — and uttering *vervalsing en uitgifte* (van die vervalste stuk).
forgo *ontbeer, afsien van.*
form *vorm;* comply with the — *die vorm*

nakom; defect of — *vormgebrek;* in due — *behoorlik, ooreenkomstig die voorskrifte;* outward — *gestalte;* **—ation** of a company *oprigting van 'n maatskappy.*

formal *formeel;* — admission *formele erkenning, erkenning wat bewys onnodig maak;* — defect *vormgebrek, formele tekortkoming;* **—ity** *formaliteit, vormlikheid.*

formidable *gedug.*

forsake *versaak.*

forswear *afsweer, verloën, onder eed laat vaar; afsien van;* — oneself *meineed pleeg, vals sweer.*

forthwith *onverwyld, onmiddellik, dadelik, subiet.*

fortuitous *toevallig;* **—ness** *toevalligheid.*

forum *hof, regbank, forum.*

forward *aanstuur, deurstuur, versend;* — contract *termynkontrak;* — cover *termyndekking;* — exchange *termynvaluta;* — exchange market *termynvalutamark;* — order *termynbestelling;* — rate of exchange *termynwisselkoers;* — yield *verwagte opbrengs;* **—ing** agency *versendingsagentskap;* **—ing** note *versendingsnota.*

foul *ongeoorloof, oneerlik, misdadig;* — play is not suspected *geen misdaad word vermoed nie; vermoedelike selfmoord.*

found *stig, vestig;* — an action *'n aksie fundeer; grond vorm vir 'n aksie;* — jurisdiction *jurisdiksie vestig;* — an opinion/judgment *'n opinie/uitspraak fundeer/grond op;* **—ing** affidavit *openingsverklaring;* — member *stigterslid;* — statement *stigtingsverklaring;* **foundation** *stigting.* 'n Vermoënskompleks (sonder lede) wat deur sy beheerders aan die regsverkeer deelneem. Ook *doelvermoë* genoem. 'n Vrywillige vereniging sonder winsoogmerk word by ons ook soms 'n *stigting* genoem; — ad pias causas *stigting vir liefdadigheidsdoeleindes;* **—er** *stigter, oprigter;* **—'s** share *stigtersaandeel.*

fours: case on all — *volkome analoë geval; identiese saak.*

fragment (v) *versnipper;* **—ation** *versnippering, fragmentasie.*

frame (1) *ontwerp, opstel, formuleer, onder woorde bring;* (2) *iemand vals aankla;* **—up** *valse aanklag, drogverhaal.*

franchise (1) *kiesreg, stemreg;* (2) *vrystelling, konsessie, verguning;* (3) *franchise.* By assuransie, gedeelte van beskadiging waarvoor daar geen vergoeding uitgekeer word nie; (4) *agentskap, verteenwoordiging; reg, voorreg;* — holder *vergunninghouer;* — dealer *alleenhandelaar, konsessiehandelaar.*

fratricide *broedermoord; broedermoordenaar.*

fraud *bedrog;* **—ulent** *bedrieglik, nagemaak, oneg, frauduleus;* **—ulently** *op bedrieglike wyse, bedrieglik.*

fraught (with) *gepaard met.*

free (a) (1) *vry, ongedwonge, onbelemmerd, vrywillig;* (2) *onbeset, vakant, vry;* (3) *gratis, kosteloos;* — agent *vrye agent, onafhanklike/ selfstandige/ volkome handelingsbevoegde persoon;* — alongside ship *vry langs skip;* carriage — *vragvry;* — of charge *kosteloos;* — competition *vrye mededinging;* — from debt *vry van/sonder skuld;* — from duty *belastingvry;* — from encumbrances *vry van beswaringe;* give someone a — hand *iemand 'n vrye hand gee, volgens eie oordeel laat handel;* — of mortgage *onbeswaard;* — on board *vry aan boord;* — pardon *algehele kwytskelding;* — residue *vrye oorskot;* — and voluntary *vrywillig en ongedwonge;* — vote *vrye stemming.*

free (v) *op vrye voet stel, vrylaat, in vryheid stel, bevry; vryspreek.*

freebooter *vrybuiter.*

freedom *vryheid, onafhanklikheid, ongebondenheid;* — from fear *vryheid van vrees;* — from want *vryheid van nood;* — of movement *bewegingsvryheid;* — of the press *persvryheid;* — of religion/worship *vryheid van godsdiens;* — of the seas *vryheid van die see;* — of speech *vryheid van spraak, die vrye woord.*

freehold *eiendom, eiendomsreg.* Die vertaling *vrypag* is foutief want *pag* beteken *huur;* — right *eiendomsreg.*

freehold: — tenure *eiendomsreg.*

freeze *bevries;* **frozen** money *bevriesde/vasliggende geld.*

freight (1) *skeepsvrag, vliegtuigvrag, lading;* (2) *vraggeld;* — charges *vraggeld, vragkoste;* — prepaid *vraggeld vooruitbetaal;* **—er** *bevragter, skeepshuurder.*

friendly society *onderlinge hulpvereniging.*

frisk ('n persoon) *deurvoel, visenteer.*

fritter away *verspil, verkwis, verbeusel.*

frivolous *beuselagtig, nietsbeduidend, nietig, spitsvondig;* — and meaningless *beuselagtig en sinloos;* — and vexatious *beuselagtig en kwelsugtig.*

frolic: on a — of his own *op sy eie sake uit, agter sy eie pret aan.*

fruition *rypheid, verwesenliking.*

fruits *vrugte, opbrengste, oeste, voortbrengsels;* civil — *burgerlike vrugte* (deur die objektiewe reg geskep, soos huurgeld en rente); — of industry *arbeidsvrugte;* natural — *natuurlkike vrugte, opbrengste, produkte.*

frustrate *verydel, fnuik, kortwiek;* **frustra-**

tion: doctrine of — *leerstuk van verydeling* (by die intrede van onmoontlikheid van prestasie).
fugitive *vlugteling, voortvlugtige;* — from justice *voortvlugtige van die reg.*
fulfil (verbintenisse, voorwaardes) *vervul, nakom, uitvoer;* — a promise *'n belofte gestand doen.*
full *vol, volledig, breedvoerig;* of — age *meerderjarig, mondig;* — and accurate explanation *volledige en juiste verduideliking;* — court *volle hof;* — details/particulars *volledige/uitvoerige besonderhede;* in — and final settlement *in volle afbetaling, ter algehele voldoening;* reasons in — *volledige redes;* — and frank disclosure *volledige en openhartige openbaring;* know — well *wel deeglik bewus wees;* —**y** *breedvoerig,* as will more — appear from *soos vollediger sal blyk uit;* — paid-up shares *volopbetaalde aandele.*
function (n) *amp, taak, werk, funksie;* —**ary** *beampte, amptenaar, ampsdraer, funksionaris.*
function (v) *funksioneer, dien as.*
fund *fonds, doelvermoë sonder regspersoonlikheid;* sinking — *delgingsfonds, amortisasiefonds;* public —**s** *staatsgeld, publieke geld;* —**ed** debt *langtermynskuld, gefundeerde skuld.*
fundamental law *fundamentele reg.* In die staatsreg 'n oorheersende wetsvoorskrif waarmee geen ander wet in stryd mag wees nie, soos bv 'n handves van fundamentele menseregte as deel van 'n grondwet; — breach *fundamentele breuk, grondliggende breuk.*
fungibles *vervangbare sake,* res fungibiles.
furnish *verskaf, verstrek;* — proof *bewys lewer;* — with *voorsien van.*
further (a) (1) *verder, bykomend, aanvullend, addisioneel;* (2) *nader, in fyner besonderhede, noukeuriger;* until — notice *tot verdere kennisgewing;* — particulars (in pleitstukke) *verdere besonderhede;* take — steps *verdere stappe doen.*
further (v) *bevorder, in die hand werk.*
furtive *diefagtig, skelmagtig, heimlik, verstole;* —**ly** *tersluiks, onderlangs.*
futile *vrugteloos, nutteloos, futiel.*
futures *termynsake, termynhandel, termyntransaksies;* — business *termynsake;* — contract *termynkontrak.* Skep 'n verbintenis om 'n bepaalde artikel van gestandaardiseerde gehalte en hoeveelheid teen 'n ooreengekome prys op 'n vasgestelde toekomstige datum te koop of te verkoop; — exchange *termynbeurs;* — market *termynmark;*— position *termynposisie;* — transaction *termyntransaksie.*

G

gain (n) *wins, voordeel, profyt, baat;* acquisition of — *maak van wins;* association not for — *vereniging sonder winsoogmerk;* ill-gotten —**s** *snode buit.*
gain (v) *wins maak, voordeel trek, baat trek; bereik, behaal;* —**ful** *voordelig, winsgewend, renderend;* —**fully** employed *teen vergoeding werksaam, in besoldigde diens.*
gainsay *weerspreek, teenspreek, loën, ontken.*
gamble (n) *dobbelspel.*
gamble (v) *dobbel;* —**r** *dobbelaar;* **gambling** *dobbelary;* — house *dobbelplek, dobbelhuis, speelhuis;* — table *dobbeltafel, speeltafel.*
game *spel;* — of chance *kansspel, gelukspel, hasardspel;* — of skill *vernufspel, kundigheidspel, bedrewenheidspel;* **gaming** *dobbelary;* — and wagering *dobbelary en weddery;* — debt *dobbelskuld.*
gangster *rampokker, rower.*
gaol *tronk, gevangenis;* — delivery *tronklys, lys van verhoorafwagtende gevangenes;* — sentence *tronkstraf, gevangenisstraf.*
garnishee (n) *beslagskuldenaar;* — order *loonbeslagorder; beslaglegging onder derdes.*
garnishee (v) *loonbeslag neem;* **garnishment** *loonbeslaglegging;* **garnisher** *loonbeslaglegger.*
gauntlet: throw down the — *iemand uitdaag;* pick up the — *uitdaging aanvaar.*
general *algemeen, gewoon;* — acceptance *algemene akseptasie;* — assembly *algemene vergadering;* — average *algemene awery;* — clause *algemene verbandsklousule;* — community of property *algemene gemeeenskap van goed;* —damages *algemene skadevergoeding;* — deficiency *algemene tekort;* — denial *algemene ontkenning;* — impression *totaalindruk, algemene indruk;* — issue, plea of *verweer van algehele ontkenning;* — knowledge *algemene kennis;* it is — knowledge *iedereen weet dit, dit is algemeen bekend;*

annual — meeting *algemene jaarvergadering;* — mortgage *algemene verband* (oor alle goed, ook toekomstige); — power of attorney *algemene prokurasie;* — relief *algemene regshulp;* — run of affairs *gewone loop van sake;* — words *algemene woorde;* **—ity** *algemeenheid;* without prejudice to the — of the foregoing *sonder om die wye omvang van die voorgaande in te kort.*

generate *veroorsaak, genereer, voortbring, in die lewe roep.*

generation *geslag, generasie;* — skipping *generasiespronge doen.*

generic *soort-, generiek;* — obligation *generieke verbintenis;* — sale *genuskoop, generieke koop, soortkoop;* — term *soortomskrywing, generieke benaming;* — things *generieke sake.*

genitalia *geslagsdele, genitalië.*

genocide *volksmoord, genocidium.*

gentleman's (gentlemen's) agreement *eerbare akkoord/verstandhouding, stilswyende ooreenkoms.*

genuine *eg, outentiek; opreg;* — desire to restore conjugal rights *opregte begeerte om huweliksregte te herstel;* — pre-estimate of damage *egte vooruitskatting van skade.*

genus *soort;* sale of a — *genuskoop, soortkoop, generieke koop.*

germane (to) *ter sake by, wat betrekking het op, in verband staande met.*

get-up *verpakking/aankleding van produk.*

gift *geskenk, skenking, donasie;* by way of — *as geskenk;* deed of — *skenkingsakte;* have in one's — *beskik oor, die reg hê om iets te skenk;* — over *verdere bemaking.* Engelsregtelike term vir fideicommissum.

gilt *prima-effek;* — edged security *prima-effek;* — futures *termynkontrak vir prima-effekte;* — market *prima-effektemark;* — trust *hoë-inkomstetrust;* — unit trust *hoë-inkomste-effektetrust.*

gist *kern, hoofsaak, essensie.*

give *gee, skenk, verleen;* — in charge ('n gevangene) *in hegtenis gee;* ('n kind) *toevertrou aan;* — out and pretend *die indruk wek en voorgee;*— up *prysgee, laat vaar, opgee.*

glib *glad, oppervlakkig, plousibel.*

gloss *kanttekening, teksverklaring, aantekening, glosse;* **—ator** *kommentator, glossator.*

glossary *verklarende woordelys, glossarium.*

go to law *hof toe gaan, 'n saak maak, 'n geding instel.*

go-between *bemiddelaar, tussenganger.*

going concern *saak in bedryf, lopende saak.*

golden handshake *goue handdruk, groot geskenk by diensverlating.*

golden rule *gulde reël.*

good *goed, geldig, regsgeldig, voldoende;* — behaviour *goeie gedrag;* — cause/ reason *deugdelike regsgronde, goeie gronde;* on — cause shown *indien goeie gronde aangevoer word, op voldoende gronde;* — defence *geldige verweer;* — faith *goeie trou;* in — faith *te goeder trou;* — for *goedvoor, bewysie van geldwaarde;* — offices *bemiddeling, tussenkoms;* — order and condition *goeie toestand;* the plea is — *die pleit is in orde;* — running order *goeie werkende toestand;* — and sufficient cause *toereikende regsgronde;* — title *onbetwisbare regstitel;* to hold — *geld, geldig wees;* the rule holds — *die reël bly geldig/van toepassing.*

goodwill *klandisiewaarde, werfkrag.*

govern *regeer, beheer, bestuur, reël;* the position is **—ed** by this section *hierdie artikel reël/bepaal die posisie;* **—ing** body *beherende liggaam;* **—ment** *regering, goewerment;* — Gazette *Staatskoerant;* — Notice *Goewermentskennisgewing.*

governmental *owerheids-, regerings-;* — authority *owerheidskompetensie; regeringsgesag.*

grace *genade, guns, grasie; beleefdheid;* act of — *besondere vergunning, genadebewys;* a day's — *'n dag uitstel;* days of — *respytdae;* refunds or remissions of — or favour *terugbetalings of kwytskeldings uit grasie of guns.*

graduate *gegradueerde;* — student *nagraadse student.*

graft *kuipery, knoeiery, omkopery.*

grandiloquent *hoogdrawend.*

grant (n) *skenking, toekenning, konsessie, vergunning;* —in-aid *bydrae, hulptoelae;* — of land *toekenning van grond;* crown — *kroongrondbrief;* deed of — *toekenningsakte.*

grant (v) *skenk, toeken, toestaan, verleen, bewillig;* **—ee** *bevoordeelde, konsessionaris, ontvanger;* **—or** *toekenner, skenker, verlener.*

grant (v) take for **—ed** *as vanselfsprekend aanneem.*

graphic (1) *aanskoulik, beeldend;* (2) *grafies, by wyse van tekening.*

gratification *voldoening; gratifikasie.*

gratuitous *ongevraag; sonder teenprestasie, gratis, kosteloos; vrywillig;* — allegation *losse/ongegronde bewering, bewering uit die lug gegryp;* — insult *ongevraagde/onuitgelokte/ongemotiveerde belediging;* — promise *toesegging, belofte sonder verwagting van teenprestasie;* — successor *opvolger sonder teenwaarde.*

gratuity *gratifikasie, toelaag; fooi.*

gravamen (1) *kernpunt/swaartepunt van 'n betoog;* (2) *grief, beswaarskrif.*

gravity *erns, belangrikheid, gewigtigheid; swaarte.*

grievous bodily harm *ernstige letsel/besering;* assault with intent to do — — — *aanranding met die opset om ernstig te beseer.*

gross *grof;* (gewig) *bruto;* — average *algemene awery;* — carelesness *growwe nalatigheid/onverskilligheid;* — error *growwe fout/dwaling;* — income *bruto inkomste;* — injustice *growwe onreg;* — irregularity *growwe/verregaande onreëlmatigheid;* — national product *bruto nasionale produk;* — negligence *growwe nalatigheid;* **—ly** *baie, erg;* — insufficient *hopeloos onvoldoende;* — unreasonable *grof onredelik.*

grosse *grosse* (notaris se afskrif van 'n notariële dokument).

ground *grond;* on the — of *op grond van, weens;* **—s** of appeal *appèlgronde;* **—less** *ongegrond;.*

group defamation *groeplaster.*

guarantee (n) (1) *waarborg, garansie;* (2) *gewaarborgde, gegarandeerde* (persoon aan wie waarborg gegee word); — insurance *herversekering, garansieversekering;* company limited by — *maatskappy deur garansie beperk;* contract of — *borgkontrak, waarborgkontrak.*

guarantee (v) *waarborg, garandeer;* **guarantor** *borg, garant, waarborggewer.*

guardian *voog.* Sien **tutor**; ancillary — *bykomende voog;* natural — *natuurlike voog;* sole — *alleenvoog;* upper — *oppervoog;* **—ship** *voogdy* (*voogdyskap* is 'n pleonasme of stapelvorm); placing under — *bevoogding;* sole — *alleenvoogdy; uitsluitende voogdy.*

guideline *riglyn.*

guile *arglistigheid, bedrog, valsheid;* **—less** *argeloos, onskuldig, eerlik, opreg.*

guilt *skuld* (by misdaad); admission of — *skulderkenning.* Sien **admission** en **confession**; consciousness of — *skuldbesef, skuldbewussyn, skuldgevoel;* proof of — *bewys van skuld*; sense of — *skuldgevoel;* **—less** *onskuldig, skuldloos;* **—lessness** *onskuld, skuldloosheid;* **—y** *skuldig;* — of a crime *skuldig aan 'n misdaad;* find — of *skuldig bevind aan;* — knowledge *wederregtelikheidsbewussyn;* plead — to (prosesregtelik) *skuldig pleit aan;* (in algemene en niejuridiese sin) *skuld beken aan;* verdict of — *bevinding/uitspraak van skuldig.*

guise *skyn, voorkoms;* under the — of *onder die skyn van.*

gull *iemand iets wysmaak;* **—ible** *liggelowig, naïef.*

H

habeas corpus *habeas corpus.* Laat die wederregtelik aangehoue gevangene vry.

habit *gewoonte;* **habit-forming drugs** *gewoontevormende verdowingsmiddels, dwelms;* **—ual** *gewoonte-, uit gewoonte;* — criminal *gewoontemisdadiger;* — physical presence *gedurige persoonlike aanwesigheid;* **—ually** *gewoonlik, gereeld, uit gewoonte.*

haggle *afding, kibbel.*

hairsplitting *haarklowery.*

half-blood *halwe bloed* half-brother/sister *halfbroer/suster.*

hamper *kortwiek, strem.*

hand (n) *hand, handskrif;* come to court with clean —s *hof toe kom met jou eie kant skoon;* given under my — *gegee onder my hand, met my handtekening daaronder;* take the law into one's own —s *eie reg gebruik, eiemagtig optree;* vote by a show of **—s** *stem deur die opsteek van hande.*

hand (v) *oorhandig;* — down a judgment *'n uitspraak inlewer.*

handcuffs *boeie.*

handwriting *handskrif;* — expert *handskrifdeskundige, grafoloog.*

hang ('n ter dood veroordeelde) *ophang;* **—man** *beul, laksman.*

haphazard *lukraak.*

harass *lastig val, kwel, treiter;* — a witness *'n getuie treiter;* **—ment** *kwelling, teistering, treitering.*

harbour *herberg;* — an offender *skuiling aan 'n oortreder verskaf.*

hard *hard, streng, hardvogtig;* be hard on someone *iemand hard/straf/streng behandel;* — and fast *onbuigsaam;* hard and — rule *vaste/bindende reël;* — case *harde geval, geval waar simpatie teen die regsreëls bots;* — cases make bad law *jammerte trek die reg skeef;* — labour *dwangarbeid;* — labour prisoner *dwangarbeider;* **—ship** *ontbering, teenspoed, swaar las, drukkende las;* it will cause — *dit sal drukkend werk, dit sal swaar op iemand druk.*

hardly *nouliks.*

harm *nadeel, skade, letsel;* physical/bodily — *liggaamlike letsel;* **—ful** *skadelik, nadelig;* **—less** *onskadelik* (nie *skadeloos* nie); hold him — *sy skade vergoed, hom skadeloos stel.*

harsh *hardvogtig, hard, genadeloos, wreed, ru, skerp, kras;* a — sentence *'n hardvogtige straf;* — and unjust results *harde en onbillike gevolge.*

havoc *verwoesting;* wreak — *verwoesting aanrig.*

hazard (n) *gevaar, risiko.*

hazard (v) *waag, riskeer;* **—ous** *gevaarlik, riskant.*

head: —s of argument *hoofde van betoog;* **—lease** *hoofhuur.* Huur van 'n groot eiendom vir onderverhuring in onderdele teen 'n wins op die totaal; **—man** *hoofman;* **—note** *kopnoot, samevatting.*

hear ('n saak) *verhoor, bereg;* (die partye) *aanhoor;* — witnesses *getuies aanhoor;* he has a right to be **—d** *hy het die reg om sy saak te stel, om gehoor te word;* the case is being **—d** *die saak dien;* he cannot be **—d** to say *dit is vir hom onhoudbaar om te sê dat, hy kan nie aanvoer dat, dit gaan nie vir hom op om te sê dat, in sy mond is die bewering ongerymd dat;* **—ing** *die aanhoor, beregting;* at the — of the application *by die aanhoor van die aansoek;* date of — *datum van beregting;* set down for — *ter rolle plaas vir verhoor;* give a fair — *onpartydig/billik aanhoor;* within the — of *binne gehoorafstand van, binne stembereik van, ten aanhore van;* **—say** *hoorsê;* — evidence *hoorsê-getuienis, getuienis uit die tweede hand.*

hector *hiet en gebied, baasspeel oor.*

hedge (1) *vrae ontwyk;* (2) *inkort, beperk;* (3) *daaldekking, voorsorg maak teen verlies op een belegging deur 'n ander te maak, randskans.*

heed *ag slaan op.*

hegemony *heerskappy, leierskap.*

heir *erfgenaam;* — apparent *regmatige opvolger* (wie se reg nie deur die geboorte van 'n nadere verwant kan verval nie); — presumptive *vermoedelike opvolger* (wie se reg sal verval as 'n nadere verwant gebore word); **—ess** *erfgename;* **—loom** *erfstuk, familiestuk.*

hereby *hierby, hiermee, mits dese.*

hereditable *(oor)erflik;* **hereditament** (1) *erfgoed, vererflike goed;* (2) *vasgoed* (Engelsregtelik); **hereditary** *erflik, oorgeërfde;* **heredity** *erflikheid, oorerwing;* theory of — *erflikheidsleer;* **heritage** *erfenis, erfdeel, erfgoed, nalatenskap.*

herein (represented by) *hierin verteenwoordig deur;* **—after** *hierna.*

hereunder *hieronder, hierna;* proceedings — *verrigtinge uit hoofde hiervan.*

hideout *skuilplek.*

high *hoog;* — court *hoër hof;* — contracting parties *hoogmogende verdragsluitende partye;* — seas *volle/oop see, eksterritoriale waters;* put it too — *dit te hoog stel;* — treason *hoogverraad,* perduellio; **—est** bidder *hoogste bieder;* **—handed** *eiemagtig, eiegeregtig;* **—way** *grootpad, openbare weg, hoofweg;* — robbery *struikrowery, openbare roof.*

hijack *kaap;* **—er** *kaper.*

hilt: prove to the — *volkome oortuigend bewys.*

hire (n) *huur;* — goes before sale *huur gaat voor koop;* ply for — *te huur ry, vervoer aanbied;* **—purchase** *huurkoop;* **hire-purchaser** *huurkoper.*

hire (v) *huur;* — out *verhuur.*

hoard *opgaar.*

hold *hou; beklee; besit; van mening wees; volhou; beslis;* — a court *'n hofsitting hou;* — firm *voet by stuk hou;* — an inquiry *'n ondersoek hou;* — a meeting *'n vergadering hou;* — an office *'n amp beklee;* — a person to his contract *iemand aan sy kontrak hou;* — yourself out as *jou uitgee vir, jou voordoen as, jou dienste aanbied as;* — liable *aanspreeklik hou;* — out an inducement *'n lokmiddel voorhou;* — over (1) *laat oorstaan, uitstel;* (2) *onregmatig in besit bly na afloop van die huurtermyn;* — responsible *aanspreeklik hou, verantwoordelik hou;* **—ing** over *onregmatige aanblywing* (deur huurder); — property *vasgoed besit;* the offer **—s** *die aanbod bly staan;* the court **—s** that *die hof beslis dat;* — something against someone *iemand iets kwalik neem, as fout toereken, iemand iets ten laste lê, iets teen iemand reken, iemand iets verkwalik;* **—er** (wissel) *houer;* — for value *houer vir waarde;* — in due course *reëlmatige houer;* — of a licence *lisensiehouer;* **held** that *beslis dat.*

holding (1) *besit;* (2) *stuk grond, hoewe;* share— *aandelebesit;* — company *houermaatskappy.*

hollow-sounding *holklinkend.*

holograph (will) *holografiese testament, testament geheel deur die erflater geskrywe.*

homicide *manslag, doodslag;* culpable — *strafbare manslag;* involuntary — *onopsetlike doodslag;* justifiable — *straffelose doodslag;* wilful — *opsetlike doodslag, moord;* **homi-**

cidal *moorddadig;* — maniac *lewensgevaarlike kranksinnige.*

homogeneous *gelyksoortig, homogeen.*

homologate (ooreenkoms/dokument) *bevestig, bekragtig, homologeer, ratifiseer; deur hofbevel sanksioneer.*

honour (a bill) *'n wissel honoreer/betaal;* **—able** *eervol;* — court *edelagbare hof;* — discharge *eervolle ontslag;* the — Mr. Justice *Sy Edele regter.*

hoodwink *bedrieg, uitoorlê, mislei, kul, iemand iets wysmaak.*

hooligan *straatboef, skollie.*

hostage *gyselaar.*

hostile (van 'n vyand in oorlog) *vyandelik;* (onvriendelik gesind) *vyandig;* — intent *vyandelike opset;* —/adverse witness *vyandige getuie, ongunstig gesinde getuie;* **hostility** *vyandigheid, vyandskap.*

hot pursuit *onmiddellike/spontane agtervolging, hakkejag.* Aanvanklik tot seereg beperk; resente ontwikkeling sluit agtervolging op land in; in — — *vinnig agterna.*

house (arrest) *huisarres;* **—hold** *huisgesin, huishouding;* — necessaries *huishoudelike benodigdhede;* **—holder** *gesinshoof;* **housing** *behuising, huisvesting; woningbou.*

human resources *menslike hulpbronne.*

human rights *menseregte.*

humanitarian *mensliewend, humanitêr, filantropies; uit deernis, uit oorweginge van deernis.*

humbly *met eerbied;* wherefore your petitioner — prays *derhalwe versoek u petisionaris met eerbied/eerbiedig.*

humility *nederigheid.*

hunger-strike *eetstaking, voedselweiering.*

hurtful *nadelig, skadelik; griewend, kwetsend.*

husband *man, eggenoot, gade;* — and wife *man en vrou, egteliede;* law of patrimonial relations between — and wife *huweliksgoederereg.*

hush up *stil hou, in die doofpot stop.*

hush-money *swyggeld.*

hybrid bill *tweeslagtige wetsontwerp.*

hypothec *hipoteek.* Sien **mortgage**; enige vorm van saaklike sekerheid, waarby pand en verband ingesluit is, maar meer bepaald verband op onroerende goed; conventional — *gewone/konvensionele hipoteek;* judicial — *geregtelike hipoteek* (voorkeur op opbrengs van goed kragtens hofbevel verkoop; tacit/legal — *stilswyende hipoteek* (van regsweë tot stand gebring, soos verhuurder se voorkeur ten aansien van huurder se goed vir agterstallige huurgeld, of 'n retensiereg); **—ary** *hipotekaris, hipoteeknemer, hipotekêre skuldeiser;* **—ate** *met verband beswaar, verhipotekeer;* **—ation** (deed of) *hipoteekakte, verbandakte;* **—ator** *hipoteekgewer, verbandgewer, hipotekêre skuldenaar.*

hypothesis *veronderstelling, hipotese;* **hypothetical** *veronderstelde, hipoteties.*

I

identify *uitken, eien, identifiseer;* — yourself with *jou vereenselwig met;* **identification** *uitkenning, identifikasie;* — parade *uitkenningsparade, identifikasieparade.*

identity (1) *identiteit;* (2) *volkome gelykheid;* — book *identiteitsboekie;* prove your — *jou identifiseer, jou identiteit bewys;* mistaken — persoonsverwarring.

idiosyncracy *individuele eienskap, hebbelikheid, idiosinkrasie.*

idiot *idioot, stompsinnige;* **idiocy** *stompsinnigheid, onnoselheid, idiootheid.*

idle *ledig, niksdoende;* —, dissolute or disorderly person *lui, losbandige of wanordelike persoon;* **—r** *leeglêer.*

if any *as daar is, eventuele;* the excess, — —, is to be refunded *'n eventuele oorskot moet terugbetaal word; as daar 'n oorskot is moet dit terugbetaal word.*

ignominy *smaad, skande, vernedering;* **ignominious** (treatment) *smadelike/beledigende behandeling;* — dismissal *oneervolle ontslag.*

ignorance *onkunde, onwetendheid, onbekendheid met;* — of the law is no plea *onkunde van die reg is geen verskoning nie;* plead — *onwetendheid as verontskuldiging aanvoer.*

ignore *ignoreer, die oë sluit vir, opsetlik verbysien, oogluikend deur die vingers sien.*

ill-advised *onverstandig, onbesonne, onwys, onbedag.*

ill-conceived *ondeurdag, onberade, onbekook.*

ill-considered *onbesonne.*

ill-judged *onbedag, onbesonne.*

ill-will *slegte/kwaaie gesindheid;* spite or — *wrok of kwaadgesindheid.*
illegal *onwettig, wederregtelik;* **—ity** *onwettigheid, wederregtelikheid.* Sien **unlawful**.
illegitimate (algemeen) *onwettig, ongeregverdig, ongeoorloof, illegitiem;* (in verband met 'n kind) *buite-egtelik;* **illegitimacy** *onwettigheid, ongeoorloofdheid; buite-egtelikheid.* Sien **unlawful** en **legitimate**.
illicit *ongeoorloof, verbode, nie toegelaat.* Ook *onwettig* en dan gewoonlik ten opsigte van onwettige drank- of diamanthandel. Sien **unlawful**.
illiquid (claim) *illikwiede vordering.*
illiterate *ongeletterd.*
illusory *denkbeeldig.*
image *beeld, voorstelling.*
imaginable *denkbaar.*
imbalance *wanbalans.*
imbecile *swaksinnige, idioot.*
imbroglio *harwar.*
immaterial *nie ter sake nie, irrelevant, wat die geskilpunt nie raak nie, onbelangrik;* — averment *oorbodige/onnodige bewering;* to me it is immaterial *vir my is dit om die ewe;* — property *immateriële goedere;* law of — property *immaterieelgoederereg* (kopiereg, patente, reg tot handelsnaam, klandisiewaarde en dergelike).
immediate *onmiddellik;* — benefit *onmiddellike bevoordeling* (by insolvensie); — parties *onmiddellike partye* (by 'n wissel); — vicinity *onmiddellike omgewing/nabyheid.*
immemorial: since time — *sedert onheuglike tye;* — custom *oeroue gebruik;* — user *onheuglike gebruik,* vetustas. ,
imminent *naderend* (veral onheil), *dreigend, voor die deur staande;* — danger *dreigende gevaar.*
immoderate *onmatig, buitensporig, onredelik.*
immoral (1) (seksuele konnotasie) *onsedelik, teen die goeie sedes, immoreel;* (by kontrak) *onbehoorlik, ongeoorloof;* **—ity** *onsedelikheid, ontug, immoraliteit; ongeoorloofdheid, onbehoorlikheid.*
immovable *onroerend;* — property *onroerende goed, vasgoed, vaste eiendom, aard- of spykervaste goed;* a movable may become — by annexure and intention *'n roerende saak kan onroerend word deur aanhegting en bedoeling.*
immune (to/from) *onvatbaar vir, immuun teen, onaantasbaar;* — from seizure *nie vir beslaglegging vatbaar nie;* — from taxation *belastingvry, onbelasbaar;* diplomatic **immunity** *diplomatieke onaantasbaarheid/immuniteit.*
impact *trefkrag;* make an — on *beïndruk.*
impair *aantas, verswak, benadeel, beskadig;* **—ment** of dignity *aantasting van waardigheid.*
impanel. Sien **empanel**.
imparity *ongelykheid.*
impart *meedeel, oordra, verleen.*
impartial *onpartydig, onbevooroordeeld.*
impeach ('n transaksie) *aanveg;* ('n amptenaar) *wraak, aankla;* (algemeen) *in twyfel trek, aanval;* — the credibility of a witness *die geloofwaardigheid van 'n getuie aanval;* **—able** transaction *vernietigbare regshandeling/transaksie* (insolvensiereg); **—ment** *aanvegting; wraking; aanval.*
impede *hinder, belemmer, belet, verhinder;* **impediment** *beletsel;* — to marriage *huweliksbeletsel.*
impel *aandryf.*
impenetrable *ondeurdringbaar.*
impenitent *onboetvaardig, sonder berou.*
imperative *gebiedend, dwingend;* — mandate *gebiedende mandaat;* — or directory *gebiedend of aanwysend.*
imperfection *tekortkoming, gebrek.*
imperil *in gevaar stel.*
impersonate *jou uitgee vir, jou voordoen as, identiteitsbedrog pleeg, personeer;* **impersonator** *identiteitsbedrieër, voordoener.*
impertinence *parmantigheid, astrantheid.*
impervious (to) *ondeurdringbaar vir, ontoeganklik.*
impignoration *verpanding (van roerende goed).*
impinge (upon) *inbreuk maak op, oortree op;* — against *bots teen.*
implement (n) *werktuig;* — of housebreaking *inbraak-/huisbraakgereedskap.*
implement (v) *vervul, uitvoer, toepas, verwesenlik, uitvoering gee aan, ten uitvoer bring;* — a promise *'n belofte nakom/vervul/gestand doen;* **implementation** clause *implementasieklousule.*
implicate *verwikkel, by iets betrek, impliseer;* to be **—d** *betrokke/aandadig wees by, verwikkel wees in, geïmpliseer wees by;* **implication** *stilswyende afleiding, implikasie;* by necessary — *by noodwendige implikasie, stilswyend inbegrepe, implisiet.*
implicit *vanselfsprekend/stilswyend inbegrepe, implisiet;* — faith *volkome vertroue;* — obedience *blinde gehoorsaamheid.*
implicit *implisiet, stilswyend inbegrepe sonder om genoem te word.*
imply *(bedektelik) te kenne gee, laat deurskemer, sinspeel op, stilswyend inbegryp, impliseer, noodwendig veronderstel;* **implied** *stilswyend inbegrepe, by implikasie, geïmpliseer;*

— agent *geïmpliseerde agent, verteenwoordiger uit stilswyende lasgewing;* — authority *stilswyende magtiging;* — contract *kontrak stilswyend aangegaan, kontrak deur gedrag;* — mandate *stilswyende lasgewing;* — powers *stilswyend inbegrepe bevoegdhede;* — term *stilswyende bepaling;* — warranty *stilswyende waarborg, waarborg deur gedrag;* **impliedly** or expressly *stilswyend of uitdruklik.*

import (1) *invoer;* — duty *invoerreg, invoerbelasting;* (2) *strekking, betekenis, draagwydte.*

importune *lastig val, voortdurend aandring, jou opdring aan;* **importunity** *lastigheid, opdringerigheid.*

impose (1) (laste/belasting/straf/vonnis) *oplê;* straf, ook *toemeet*; vonnis, ook *vel, uitspreek;* **—d** contract *voorgeskrewe kontrak*; (2) — upon someone *iemand beetneem, bedrieg, om die bos lei;* **imposition** (van straf) *oplegging, toemeting.*

impossible *onmoontlik;* **impossibility** of performance *onmoontlikheid van prestasie.*

impostor *bedrieër, opligter, swendelaar, skelm;* **imposture** *bedrieëry, opligtery, swendelary, skelmagtigheid.*

impotence (1) *impotensie;* (2) *magteloosheid, onvermoë.*

impound (vee) *skut;* ('n dokument, goedere) *beslag lê op.*

impracticable *ondoenlik, onuitvoerbaar.*

impregnate (1) *beswanger;* (2) *deurdrenk met.*

imprescriptible *nie vir verjaring vatbaar nie;* — right *onvervreembare reg.*

imprest (n) *voorskot.*

imprest (v) *voorskiet;* — account *voorskotrekening;* — fund *voorskotfonds;* — system of petty cash *stelsel van kleinkas-voorskotte.*

imprison *gevange set, opsluit;* **—ment** *gevangesetting;* civil — *siviele gyseling* (vir skuld, afgeskaf); false — *wederregtelike vryheidsontneming;* life — *lewenslange gevangenisstraf;* term of — *straftermyn, gevangenisstraf.*

improper *onbehoorlik, onbetaamlik, ongepas, onfatsoenlik, onvoldoende.*

improve *verbeter;* **—ment** lease *verbeteringshuur;* **—ments** *verbeteringe.*

improvidence *gebrek aan voorsorg, onoppassendheid.*

imprudent *onwys, onbesonne, onberade.*

impugn (bewering, handeling) *aanveg, bestry, betwis, in twyfel trek;* — someone's honour *iemand in sy eer aantas;* cannot be **—ed** *is onaanvegbaar.*

impunity *straffeloosheid;* with — *straffeloos, ongestraf.*

impute *toeskryf, ten laste lê, die skuld gee van, wyt;* — something as a fault to someone *iemand iets as fout toereken;* **—d** intention *toegedigte opset;* **imputability** *toerekenbaarheid* (van 'n handeling); **imputable** *toerekenbaar* (het net op die daad betrekking, nie op die dader nie). Sien **accountability**; **imputation** *aantyging, tenlastelegging, toerekening, verwyt.*

in kind: payment — — *betaling in goedere/in natura.*

in law *regtens gesproke, regtens, uit regsoogpunt;* parents — — *skoonouers.*

in that *deurdat.*

inadequate *ontoereikend, onvoldoende.*

inadmissible (veral getuienis) *ontoelaatbaar;* the claim is — *die vordering is nie ontvanklik nie/is ongegrond.*

inadvertence: by — *onopsetlik, per abuis;* **inadvertently** *onopsetlik, per abuis.*

inalienable *onvervreembaar.*

inapplicable *ontoepaslik, ongeskik vir.*

inappropriate *onvanpas, ongeskik.*

inaugurate *inhuldig;* **inaugural** *intree-, inwydings-.*

incapable *onbekwaam, nie in staat;* — of forming an intention *wilsonvermoënd, nie in staat om opset te vorm nie;* — of guilt *ontoerekeningsvatbaar.*

incapacitate *onbekwaam/onbevoeg maak, buite staat stel; onbevoeg verklaar, diskwalifiseer;* **incapacitation** *ongeskikwording, onbevoegwording, diskwalifikasie;* **incapacity** *onbevoegdheid, onbekwaamheid;* criminal — *ontoerekeningsvatbaarheid;* — to contract *handelingsonbevoegdheid;* culpable — *toerekenbare handelingsonbevoegdheid* (by insolvensie); natural — *natuurlike handelingsonbevoegdheid* (soos by minderjarigheid).

incarceration *gevangesetting, inkerkering, opsluiting.*

incendiary (a) *brandstigtend, brand-;* — act *brandstigtingshandeling.*

incendiary (n) *brandstigter.*

incentive *aansporing;* — wage *aansporingsloon.*

inception *aanvang, begin;* **incipient** *opkomend, beginnend;* — insanity *opkomende kranksinnigheid.*

incest *bloedskande;* **—uous** *bloedskendig;* — person *bloedskender.*

inchoate *onvolledig, onvoltooid, inchoatief.*

incidence *trefwydte; invloedsfeer, verspreiding, voorkoms, frekwensie* (bv van 'n siekte); — of the onus *trefpunt van die bewyslas;* — of taxation/of a section *trefwydte van belasting/'n wetsbepaling.*

incident *voorval, gebeurtenis, insident;* **—s** attaching to ownership *regte aan eiendom verbonde;* — to *eie aan, verbonde aan, voortvloeiend uit;* **—al** *toevallig, insidenteel; bybehorend;* — expenses *bykomende uitgawes;* — to *meegebring deur, bybehorend aan, ontstaande uit, gepaard gaande met.*

incisive *indringend.*

incite *aanstig, aanset, aanspoor, oprui, opstook;* **—ment** *aanstigting, aansporing;* **—r** *aanstigter.* Sien **participation in crime**.

inclusive *(alles)insluitend, inklusief;* income — of allowance *inkomste met toelae inbegrepe;* 1 to 10 — *1 tot en met 10.*

incoherent *onsamehangend, verward;* **incoherence** *onsamehangendheid, verwarring.*

income *inkomste;* — beneficiary *genot- of inkomstetrekker;* — bracket *inkomstekerf;* — and expenditure account *inkomste- en uitgawerekening;* — tax *inkomstebelasting.*

incommunicado *incommunicado, buite gespreksbereik.*

incomparable *onvergelyklik.*

incompatible (with) *onaanpasbaar by, onverenigbaar met;* **incompatibility** *onaanpasbaarheid, onverenigbaarheid* (van persoonlikhede); — of temperament *onaanpasbaarheid/uiteenlopendheid van geaardhede/temperament.*

incompetent *onbevoeg, onbekwaam, ongeskik, ongeoorloof, inkompetent; sonder die nodige magte;* — sentence *ongeoorloofde vonnis;* — witness *inkompetente getuie.*

inconceivable *onbegryplik, ondenkbaar.*

incongruous (with) *ongerymd, ongepas, onbestaanbaar met, onverenigbaar met.*

inconsistent (with) *teenstrydig, onlogies, inkonsekwent, onbestaanbaar met, onverenigbaar met;* — claims/defences *teenstrydige eise/verwere.*

incontestable clause (versekeringsreg) *onbetwisbaarheidsklousule.*

incontrovertible *onweerlegbaar, onbetwisbaar, onomstootlik, onaanvegbaar.*

incorporate (1) *inlyf, beliggaam, opneem in;* (2) *inkorporeer, regspersoonlikheid verleen aan, met regspersoonlikheid beklee;* **—d** in South Africa *in Suid-Afrika geïnkorporeer;* **—d** Law Society *Prokureursorde.* Die vorm 'Ingelyf', verkort tot 'Ing', word veelal gebruik, veral in name van firmas. Dit is streng gesproke onjuis maar om praktiese redes moet dit aanvaar word.

incorporation (1) *inlywing, beliggaming, opneming;* — by reference *inlywing deur verwysing;* (2) *inkorporasie, verlening van regspersoonlikheid;* certificate of — *sertifikaat van inkorporasie.*

incorporeal *onliggaamlik;* — thing *onliggaamlike saak,* res incorporalis.

incorrigible *verstok, verhard.*

increase *vermeerder, verhoog, verswaar;* — a sentence *'n vonnis verswaar;* **—d** jurisdiction *verhoogde jurisdiksie.*

incredible *ongelooflik.*

increment (1) *aanwas, toename, waardevermeerdering;* (2) *salarisverhoging, inkrement.*

incriminate *iemand 'n misdaad ten laste lê, in 'n beskuldiging betrek, inkrimineer;* — yourself *jouself inkrimineer, 'n misdaad erken;* **incriminating, incriminatory** *beswarend, inkriminerend;* — evidence *getuienis wat op skuld dui, inkriminerende getuienis/bewys.*

inculcate (in/on) *iemand iets bybring/inprent/inskerp.*

inculpate *beskuldig, inkrimineer;* **inculpatory** *beskuldigend, beswarend, inkriminerend.*

incumbent (adverb) *rustende op;* it is — on me *dit is my plig, ek behoort te.*

incumbent (n) *ampsbekleër.*

incur (debt, costs) *skulde/koste aangaan/maak;* — liability *aanspreeklikheid opdoen, aanspreeklik word;* — a penalty *jou blootstel aan straf, straf oploop;* — a fine *'n boete oploop;* **—sion** *strooptog.*

indebted *verskuldig;* be — to *onder verpligting staan teenoor, iets verskuldig wees;* **—ness** *skuld, verpligting.*

indecent *onsedelik, onwelvoeglik, onbetaamlik, onbehoorlik;* — assault *onsedelike aanranding;* —, lewd or lascivious intent *onsedelike, wulpse of wellustige/ontugtige opset;* **indecency** *onsedelikheid, onbetaamlikheid, onwelvoeglikheid;* public — *openbare onsedelikheid.*

indefatigable *onvermoeibaar.*

indefeasible rights *onaanvegbare/onskendbare/onaantasbare regte.*

indemnify (vergoed vir gelede skade) *skadeloos stel;* (waarborg teen moontlike aanspreeklikheid) *vrywaar teen/onthef van aanspreeklikheid;* **indemnity** *vrywaring;* — Act *vrywaringswet;* — bond *skadeloosstellingsakte;* contract of — *ooreenkoms van skadeloosstelling;* — policy *indemniteitspolis, skadeloosstellingspolis.*

indent *bestel;* (vakleerling) *inboek;* — agent *bestelagent;* **—ure** *inboeking.*

independent *onafhanklik, selfstandig;* — contractor *onafhanklike aannemer, vrye ondernemer, buite diensverband staande aannemer.*

indeterminable *onbepaalbaar.*
indeterminate (sentence) *onbepaalde vonnis.*
index *register, indeks.*
indicate *aandui;* **indicative** of guilt *skuld-aanduidend.*
indict (for) (in die hoër hof) *aankla van;* **—able** offence *aanklagwaardige misdryf;* **—ment** *akte van beskuldiging.* Sien **charge**.
indigenous *inheems;* — law *inheemse reg.*
indigent *behoeftig, arm, nooddruftig;* **indigence** *behoeftigheid, armoede, gebrek.*
indignity *vernedering, smaad, belediging.*
indirect *onregstreeks, indirek;* — evidence *indirekte getuienis, omstandigheidsgetuienis.*
indiscreet *onbesonne, voortvarend, onbedagsaam, indiskreet.*
indiscriminately *deur die bank, voor die voet.*
indispensable *onmisbaar, onontbeerlik.*
indisputable *onbetwisbaar, onteenseglik waar.*
indoctrinate *indoktrineer.*
indubitable *ontwyfelbaar.*
induce ('n persoon) *daartoe oorhaal om, oorreed, daartoe bring om, beweeg;* ('n handeling) *veroorsaak, teweegbring, aanleiding gee tot;* **—ment** *beweegmiddel, dryfveer, lokmiddel;* hold out an — *'n lokmiddel voorhou.*
indulgence *toegewing, vergunning.*
industrious *vlytig, ywerig.*
inebriate *dranksugtige, gewoontedronkaard;* —'s home/reformatory *dronkaardsasyl, inrigting vir dranksugtiges;* **inebriety** *dronkenskap, dranksug.*
ineffective *kragteloos;* presumption against **—ness** *vermoede teen kragteloosheid.*
ineffectual *sonder regsgevolge.*
ineligible *nie verkiesbaar nie, ongeskik.*
ineluctable *onafwendbaar, onontwykbaar, onontkombaar.*
inept *onvanpas, ongerymd, dwaas, onbekook; onhandig;* **—itude** *dwaasheid, ongerymdheid, onsinnigheid; onhandigheid.*
inequitable *onbillik, onregverdig.*
inestimable *onberekenbaar, onskatbaar.*
inevitable *onvermydelik, noodwendig;* the court would inevitably have come to the same conclusion *die hof sou noodwendig tot dieselfde slotsom gekom het.*
inexplicable *onverklaarbaar.*
inextricable *onontwarbaar.*
infamy *skandelikheid, skandaligheid, eerloosheid, berugtheid.*
infant *jong kind;* **—icide** *kindermoord; kindermoordenaar.*
infectious *aansteeklik, besmetlik.*
infer *aflei;* **—ence** *afleiding, gevolgtrekking, slotsom, konklusie;* draw an — *'n afleiding maak.*
inferior (1) *ondergeskik;* (2) *van mindere gehalte;* — court *laer hof.* Die Engelse term *inferior court* is vervang deur **lower court**.
infiltrate *insypel, infiltreer, insypel;* **infiltrator** *insypelaar.*
infirmity *gebrek;* — of title *titelgebrek.*
inflict: — damage upon *skade veroorsaak/berokken aan;* — punishment *straf toedien.*
influence *invloed;* under the — of liquor *onder die invloed van drank;* undue — *onbehoorlike beïnvloeding.*
influx *instroming;* — control *instromingsbeheer.*
informal sector *informele/onaangetekende sektor.*
informant *segsman, beriggewer, informant;* **information** *inligting, informasie;* first — of a crime *eerste aangifte van 'n misdaad.*
informed *goed ingelig.*
informer *aanbrenger, aangewer, beriggewer* (persoon wat, gewoonlik teen beloning, inligting aan die polisie gee oor misdade); common — *beroepsaangewer.* Afgeskafte Engelsregtelike benaming vir 'n private persoon wat ingevolge sekere wette 'n opgelegde boete as loon vir verskafte inligting gekry het.
infra *infra, hieronder.*
infringe *inbreuk maak op, oortree;* **infraction** *oortreding van, skending van, inbreuk op;* **—ment** *inbreuk;* — of patent/copyright *inbreuk op of aantasting/skending van patentregte/kopiereg.*
ingenuity *vernuf, vernuftigheid.*
ingenuous *ongekunsteld, openhartig.*
inherit *erf;* **—able** *(oor)erflik;* **—ance** *erfenis, erfdeel, erfporsie; vererwing.*
inhumanity *onmenslikheid;* man's — to man *die mens se onmenslikheid teenoor 'n medemens.*
iniquity *growwe onreg, snoodheid;* **iniquitous** *verderflik, skreiend.*
initial (a) *aanvangs-, begin-.*
initial (n) *voorletter, paraaf.*
initial (v) *parafeer.*
initiate *aan die gang sit, inisieer.* Die vroegste stadium van die aanvang van 'n geding, soos die uitstuur van 'n aanmaning. Die volgende stadium is die betekening van die dagvaarding of kennisgewing van mosie. Dit is die **institution** *instelling van die geding.*
injunction *verbod, interdik; bevel, opdrag.* Engelsregtelike term vir *interdik.*
injure (liggaamlik) *beseer;* (gevoelens, goeie

naam) *krenk;* (eiendom) *beskadig;* (algemeen) *benadeel, onreg aandoen, verongelyk;* **injurious** *nadelig, skadelik, krenkend;* — falsehood *(nie-lasterlike) skadelike onwaarheid.*

injury (1) *besering; krenking; beskadiging; benadeling; verongelyking;* (2) *injurie, persoonlikheidskending / -inbreuk / -krenking,* iniuria; (3) *onregmatige daad, delik;* criminal — *strafbare injurie,* crimen iniuria; law of injuries *reg op onregmatige dade.*

injustice *onreg, onregverdigheid, verongelyking.*

inmate (van 'n gevangenis of ander inrigting) *inwoner; verpleegde.*

innkeeper *hotelhouer, herbergier,* caupo.

innocent *onskuldig;* — agent *skuldlose tussenpersoon.* Sien **participation in crime**; — misrepresentation *onopsetlike wanvoorstelling;* — passage *vrye en vreedsame deurvaart;* — spouse *onskuldige party by egskeiding;* — third party *derde te goeder trou.*

innominate (contract) *onbenoemde/innominate kontrak.*

Inns of Court. Die vier Engelse regsverenigings wat die alleenreg besit om advokate toe te laat om aan die balie te praktiseer (Lincoln's Inn, Inner Temple, Middle Temple, Gray's Inn).

innuendo *insinuasie, sinspeling, toespeling, innuendo.*

inofficious *onwillig, ongeldig, kragteloos, funksieloos;* — will *liefdelose testament.*

inoperative *buite werking; ongeldig, kragteloos, nietig.*

inopportune *onvanpas, ongeleë.*

input tax *insetbelasting* (by belasting op toegevoegde waarde).

inquire *ondersoek instel na, ondersoek; navraag doen;* — into and determine *ondersoek en bepaal;* **inquiry** *ondersoek; navraag;* make inquiries *navraag doen, inligting inwin;* commission of — *kommissie van ondersoek;* court of — *hof van ondersoek.*

inquisitorial system *inkwisitore stelsel.* Waarin die verdagte teen sy wil ondervra mag word, in teenstelling met die *akkusatore stelsel.*

inroad *inbreuk;* make **—s** into *inbreuk maak op.*

insane *kranksinnig;* incipient **insanity** *opkomende kranksinnigheid.*

insider trading *binnekennis-transaksies* (maatskappyreg).

insidious *verraderlik.*

insight *insig, siening.*

insist (on) *aandring op.*

insolvency *insolvensie, bankrotskap;* act of — *insolvensiehandeling, daad van insolvensie;* fraudulent — *bedrieglike insolvensie;* **insolvent** *insolvente persoon, insolvent, faljiet, bankroetier;* — estate *insolvente boedel.*

inspect *insien, ondersoek, inspekteer;* — a document *'n dokument insien;* **—ion** *insae, ondersoek, inspeksie;* accounts lie for — *rekeninge lê ter insae;* — in loco *ondersoek/besigtiging ter plaatse.*

instalment *paaiement, termynbetaling;* — contract *afbetalingskontrak;* pay by instalments *paaiementsgewyse betaal.*

instance *voorbeeld, geval; versoek, aandrang;* absolution from the — *absolusie van die instansie;* court of first — *hof van die eerste instansie/aanleg;* at the — of *in opdrag van, op versoek van;* at the public — *van staatsweë;* at the special — and request of *op spesiale aandrang en versoek van, in opdrag van;* **instant** case *onderhawige geval.*

instantaneously *oombliklik.*

instead (of) *instede van, in plaas van.*

instigate *aanstig, aanstook, opstook, aanspoor, aanhits.* Sien **participation in crime**; at the **instigation** of *op aanstigting/aansporing van;* **instigator** *aanstigter, opstoker, aanstoker.*

institute (action) *aksie instel, teen iemand ageer.* Sien **initiate**.

instruct (kliënt aan prokureur of prokureur aan advokaat) *opdrag gee, instrueer;* **—ed** by *in opdrag van;* I am instructed that *my instruksies is dat;* **—ing** attorney *opdraggewende prokureur, prokureur in die saak;* **—ion** (1) *opdrag, instruksie;* (2) *voorligting.*

instrument (1) *werktuig, instrument;* (2) *dokument, stuk;* negotiable *—verhandelbare dokument, handelspapier;* — of debt *skuldbewys, skuldakte;* **—al:** be — in *behulpsaam wees by, bevorderlik wees aan, meewerk aan, bydra tot.*

insubordinate *weerspannig, ongehoorsaam;* **insubordination** *verset, weerspannigheid, diensweiering, ongehoorsaamheid.*

insult (v) *beledig;* **(n)** *belediging;* **—ing** *beledigend.*

insure *verseker, assureer;* ook *verassureer, maar die WAT noem dit 'geselstaal';* **insurable** *versekerbaar;* — interest *versekerbare belang;* **insurability** *versekerbaarheid;* **insurance** *versekering, assuransie;* accident — *ongevalleversekering;* — agent *assuransie-/versekeringsagent;* — clause *assuransiebeding* (verpligting om goed wat as sekuriteit gegee word, te verseker); fire — *brand-*

versekering; life — *lewensversekering;* marine — *skeepsversekering;* **insured** *versekerde, geassureerde;* **insurer** *versekeraar, assuradeur.*
insurgence, insurrection *opstand, oproer, insurgensie;* **insurgent** *opstandeling, oproerling, insurgent; opstandig, oproerig.*
insurmountable *onoorkoomlik.*
intangible *onliggaamlik, ontasbaar;* — assets *onliggaamlike/ontasbare bates.*
integrity *integriteit, onkreukbaarheid, eerbaarheid, regskapenheid.*
intemperate *onbeheers, onstuimig, oordadig.*
intend *bedoel, die opset/bedoeling hê, beoog, die oogmerk hê; van voorneme wees, van plan wees;* **—ed** *beoogde, voorgenome;* **intent** *opset, doel, bedoeling, voorneme.* Die woord *opset* slaan spesifiek op die psige van die dader terwyl *doel* (purpose) eerder *mikpunt* beteken; assault with — to do grievous bodily harm *aanranding met die opset om ernstig te beseer;* criminal — *misdadige opset,* dolus; declaration of — *verklaring van voorneme;* housebreaking with — to steal *huisbraak met die opset om te steel;* with — to defraud *met die opset om te bedrieg;* specific — *besondere/spesifieke opset;* true — and meaning *ware bedoeling en betekenis.*
intention *opset, bedoeling, oogmerk, voorneme;* actual — *oogmerk, doel,* dolus directus; constructive/legal —, — by foresight of possibility *opset by moontlikheidsbewussyn, toegedigte opset,* dolus eventualis; general — *algemene opset,* dolus indeterminatus; — by foresight of certainty *opset by sekerheidsbewussyn/noodwendigheidsbewussyn,* dolus indirectus; — of the legislature *bedoeling van die wetgewer;* — of the parties *bedoeling van die partye;* criminal — *misdadige opset,* dolus; capable (incapable) of forming an — *wilsvermoënd, (wilsonvermoënd);* **—ally** *opsetlik, moedswillig.*
interaction *wisselwerking.*
intercede *bemiddel, tussenbei(de) kom;* to — with A for B *by A voorspraak vir B doen;* **intercessor** *bemiddelaar, voorspraak.*
interchangeable *uitruilbaar, verwisselbaar.*
intercourse *omgang, verkeer;* sexual — *geslagsomgang, geslagtelike verkeer.*
interdependent *onderling afhanklik.*
interdict (n) *interdik;* automatic rent — *outomatiese huurgelde-interdik;* interim — *tussentydse interdik;* prohibitory — *verbiedende interdik;* restitutory — *bevel om te herstel, herstellende interdik.*
interdict (v) *by interdik verbied, interdikeer.*
interest (1) *rente;* bear — *rente dra;* compound — *samegestelde rente;* rate of — *rentekoers, rentevoet;* simple — *enkelvoudige rente;* (2) *belang, reg;* beneficial — *voordelige belang, belang as genottrekker;* in the — of justice *in die belang van geregtigheid, regverdigheidshalwe;* — in land *saaklike reg op grond, belang in grond;* life — *lewenslange vruggebruik, lyfrente, lewensreg;* limited — *beperkte reg;* — in the performance of a contract *positiewe interesse, vervullingsbelang;* right, title and — *reg, aanspraak en belang;* substantial and peculiar — *wesenlike en besondere belang;* vested — *gevestigde belang;* **—ed** *belanghebbend, partydig;* — person *belanghebber, belanghebbende;* — witness *partydige getuie.*
interfere *jou bemoei met, jou inmeng by, jou inlaat met, ingryp teen, tussentree; iemand molesteer;* — with an officer in the performance of his duty *'n beampte in die uitvoering van sy plig lastig val/hinder;* — with the course of justice *die regspleging strem/belemmer/probeer verydel;* — with the decision of the lower court *ingryp teen die bevinding van die laer hof;* — with a girl *'n meisie lastig val;* — with a witness *jou bemoei met 'n getuie;* **—nce** *ingryping, tussenkoms, verstoring, inmenging, aantasting, bemoeiing;* foreign — *inmenging van buite;* — with witnesses *bemoeiing met getuies.*
interim *tussentyds, interim.*
interleave *deurskiet;* **—d** copy *deurskote eksemplaar.*
interlocking directorates *aaneengeskakelde direksies.*
interlocutory *interlokutoor, tussentyds, tussen-.*
intermarry *ondertrou;* **intermarriage** *ondertrouery.*
intermediate *tussenliggend, intermediêr;* **intermediary** *tussenganger, bemiddelaar.*
interminable *eindeloos.*
intermittent *by tussenpose, afwisselend;* — stream *nie-standhoudende stroom.*
intern *interneer;* **—ee** *geïnterneerde;* **—ment** *internering.*
internal *huishoudelik, intern; binnelands.*
international *internasionaal;* — agreement *internasionale ooreenkoms/konvensie;* — intercourse *internasionale verkeer;* public — law *volkereg, internasionale publiekreg;* — treaty *internasionale staatsverdrag;* private — law *internasionale privaatreg.*
interpellate (1) *aanmaan om te betaal, in mora stel;* (2) *vraag gedurende 'n debat stel; interpelleer.*
interplay *wisselwerking.*
interplead *'n tussenpleit voer, jou as derde*

verset; **—er** proceedings *tussenpleitgeding, verset van 'n derde.*

intérpolate *interpoleer, woorde invoeg;* **interpolation** *interpolasie, ingevoegde woorde.*

interpose *tussenplaas;* **interposition** of a witness *tussenplasing van 'n getuie.*

interpret *vertolk; uitlê, interpreteer;* **—ation** *vertolking, uitleg, interpretasie;* amending — *woordwysigende uitleg;* — by analogy *analogiese uitleg;* authentic — *outentieke uitleg;* — clause *woordbepalingsartikel;* customary — *gebruiklike uitleg;* extensive — *ekstensiewe uitleg;* — in furtherance of the object *doeldienende uitleg;* implicative/implicatory — *inbegrypende uitleg;* restrictive — *beperkende uitleg;* — of statutes *wetsuitleg;* **—er** *tolk; vertolker.*

interregnum *tussenregering, interregnum.*

interrogate *ondervra;* **interrogation** *ondervraging;* **interrogatory (n)** *vraagpunte, skriftelike ondervraging;* **cross-** — *kruisvraagpunte.*

interrupt *onderbreek, in die rede val, interrumpeer;* — prescription *verjaring stuit;* **—ion** *onderbreking, stuiting, interrupsie.*

intervene (by 'n geding) *toetree;* (algemeen) *ingryp, tussenbeide tree;* leave to — *verlof om toe te tree;* **—r** *toetredende party;* **intervention** *toetrede, tussenkoms, intervensie.*

intestate *intestaat;* die — *intestaat sterf;* — estate *intestate boedel;* — heirs *intestate erfgename;* law of — succession *intestate erfreg;* — succession *intestate erfopvolging, erfopvolging by versterf;* **intestacy** *intestate toestand, intestaatheid, oorlye sonder geldige testament.*

intimate *intiem; gemeensaam;* be — with (1) *op intieme voet verkeer met;* (2) *geslagsgemeenskap hê met;* **intimacy** *intimiteit, geslagsgemeenskap.*

intimation *aanduiding, mededeling.*

intimidate *verskrik, vrees aanjaag, intimideer;* **intimidation** *vreesaanjaging, intimidasie.*

intolerant of *onverdraagsaam teenoor/jeens.*

intoxicate *bedwelm, dronk maak;* **—d** person *dronk persoon;* **intoxicant** *sterk/bedwelmende/alkoholiese drank;* **intoxicating** liquor *sterk/bedwelmende/alkoholiese drank;* **intoxication** *dronkenskap.*

intra-corporate (dispute) *huishoudelike geskil in 'n maatskappy, intra-korporatiewe geskil.*

intractable (language) *woorde wat nie by 'n vertolking inpas nie.*

intransigent *onversetlik, styfhoofdig, ontoegeeflik.*

intrepid *onverskrokke.*

intrinsic *intrinsiek;* — nature *intrinsieke geaardheid;* — evidence *intrinsieke/inwendige getuienis* (in 'n dokument sonder verwysing na iets daarbuite).

intrude *indring* (as ongewenste besoeker); **intrusion** *indringing.*

inundate *oorstroom.*

invade (rights) *inbreuk maak op regte;* **invasion** of rights *skending/aantasting van regte, inbreuk op regte.*

invalid *ongeldig;* **—ate** *ongeldig/nietig verklaar;* ('n argument) *ontsenu.*

invariable *konstant, onveranderlik;* — consequences of marriage *noodwendige regsgevolge van die huwelik.*

inveigh *uitskel, slegmaak, uitvaar teen;* **invective** *skeldtaal, smaadrede, uitskellery, slegmakery.*

inveigle *verlok, verlei, meesleep.*

invent (1) *uitvind, 'n uitvinding doen;* (2) ('n onwaarheid) *versin, verdig;* **—ive** *vindingryk, vernuftig.*

inventive step (patente) *vindingryke stap.*

inventory (n) *inventaris;* benefit of — *reg van boedelbeskrywing.*

inventory (v) *inventaris opmaak, inventariseer.*

invest (in 'n bedryf met die oog op produksie) *investeer;* (met die oog op rente) *belê;* — with powers *met magte beklee;* **—ment** *investering; belegging.*

investigate *ondersoek, naspeur;* criminal **investigation** *speurwerk.*

investiture *inhuldiging.*

inviolable *onskendbaar, onaantasbaar.*

invite *uitnooi, inwag, vra;* — tenders *tenders vra;* **invitation** *uitnodiging;* **invitee** *genooide.* Iemand wat 'n perseel betree met toestemming en tot geldelike voordeel van die eienaar of die persoon in beheer. Sien **licensee**.

invoice *faktuur.*

involuntary *onvrywillig; werktuiglik.*

involve *betrek by; ingewikkeld maak;* offence involving dishonesty *misdryf waarby oneerlikheid betrokke is, wat oneerlikheid inhou, misdryf van oneerlikheid.*

IOU *skuldbewys.*

irk *hinder, irriteer.*

irrebuttable *onweerlegbaar;* — presumption *onweerlegbare vermoede.*

irreconcilable *onversoenlik, onverenigbaar.*

irrecoverable *onverhaalbaar, onherstelbaar; oninbaar* (skuld).

irredeemable *onaflosbaar; reddeloos.*

irrefutable *onweerlegbaar, onbetwisbaar, onweerspreeklik.*

irregular *onreëlmatig.*

irrelevance, irrelevancy *ontoepaslikheid, irrelevansie.*
irremissible *bindend; onvergeeflik.*
irreparable *onherstelbaar.*
irreplaceable *onvervangbaar.*
irresistible *onweerstaanbaar, onstuitbaar;* — impulse *onweerstaanbare drang/aandrif;* — inference *onweerstaanbare/onvermydelike afleiding.*
irrespective (of) *afgesien van, ongeag;* — as to whether *onverskillig of.*
irresponsible (1) *onverantwoordelik;* (2) *ontoerekeningsvatbaar, ontoerekenbaar.*
irretrievable (breakdown of marriage) *onherstelbare verbrokkeling van die huwelik; onheelbare tweespalt.*
irreversible *onomkeerbaar, onherroeplik.*
irrevocable *onherroeplik;* — power of attorney *onherroeplike volmag/prokurasie.*
irrigable *besproeibaar.*
isolate *afsonder, afskei, isoleer.*
issue (n) (1) *uitreiking, uitgifte, emissie;* — of rights *regte-uitgifte* (van aandele); price/rate of — *uitgifteprys/-koers;* bank/house of — *emissiebank/-huis, bank/huis van uitgifte;* (2) *punt, geskilpunt;* facts in — *feite in geskil, bestrede feite;* join — *in geding tree;* bring the matter to an — *'n saak tot beslissing bring;* in the — *ten slotte, per slot van sake;* (3) *afstammelinge, nakomelinge;* die without — *sonder nakomelingskap/kinderloos sterwe;* **—r** *uitreiker, emittent.*
issue (v) (aandele/kapitaal/obligasie/banknote) *uitreik, uitgee, emitteer;* (dagvaarding/tjek/wissel) *uitreik;* (hofbevel) *uitreik, uitvaardig;* that a rule do — *dat 'n bevel nisi uitgereik word;* **—d** with *voorsien van.*
item (adverb) *insgelyks, eweneens.*
itemize *spesifiseer, afsonderlik aangee;* **item (n)** (op agenda) *punt;* (op program) *nommer, item;* (op rekening) *pos;* (in bylae van wet) *lid, item, onderdeel.*

J

jail. Sien **gaol**.
jeopardize *blootstel;* **jeopardy** *blootstelling;* doctrine of double — *leerstuk van dubbele blootstelling,* ne bis in idem.
jetsam *(oorboord gegooide) werpgoed.* Sien **flotsam**.
jettison *(uit nood) oorboord gooi.*
jib (at) *kapsie maak teen, teenstribbel.*
job *betrekking, werk; werkstuk, stuk werk, taak;* be paid by the — *per werkstuk betaal word;* — card *werkkaart.*
job-creation *werkskepping.*
join (as mede-gedingvoerder of medebeskuldigde) *voeg;* — issue (op pleitstukke) *in geding tree;* this is where I — issue *dit is waar ek verskil;* — in an undertaking *aan 'n onderneming deelneem;* any number of plaintiffs may — in an action *enige getal eisers kan tesame ageer;* **—der** *voeging;* — of issue *ingedingtreding;* — of parties *voeging van partye.*
joint *mede-, gesamentlik;* — account *gesamentlike rekening;* — and simultaneous negligence *gesamentlike en gelyktydige nalatigheid;* — creditor *medeskuldeiser;* — debtor *medeskuldenaar;* — estate *gemeenskaplike boedel;* — *heir mede-erfgenaam;* — household *gesamentlike huishouding;* — liability *gesamentlike aanspreeklikheid;* — owner *mede-eienaar;* — possession *medebesit, gesamentlike besit;* — property *gemeenskaplike/gesamenderhandse eiendom;* — stock company. Engelsregtelik, onvertaalbaar; — will *gesamentlike testament;* — wrongdoers *mededaders.*
joint; several; joint and several. Drie moontlikhede in die mede-skuldverhouding: **joint** *gesamentlik.* Waar een medeskuldenaar nie vir die skuld van 'n ander of 'n eweredige gedeelte daarvan aanspreeklik is nie, maar hy en die ander saam vir die geheel; **several** *afsonderlik, hoofdelik.* Waar elk afsonderlik vir 'n eweredige deel aanspreeklik is; **joint and several** *gesamentlik en afsonderlik, solidêr.* Waar elke medeskuldenaar vir die geheel aanspreeklik is en die skuldenaar wat betaal het, 'n regresreg vir 'n eweredige deel teen die ander het.
journal (boekhouding) *joernaal.*
judge (n) (juridies) *regter;* (algemeen) *beoordelaar;* — advocate (militêr) *regteradvokaat;* — of appeal *regter van appèl;* — president *regterpresident;* presiding — *voorsittende/presiderende regter;* puisne — *regter;* judges' rules *regtersreëls;* —'s appeal *regters-*

appèl (van een regter na drie in dieselfde afdeling).

judge (v) *beoordeel, oordeel, uitspraak doen, beslis, bevind.*

judge-made law *reg deur die howe geskep.*

judgment *uitspraak, vonnis.* Gewoonlik word *vonnis* vir straf gebruik, maar nie uitsluitend nie; dit beteken ook *uitspraak* en is van *vind* afgelei; — a quo *uitspraak benede, uitspraak waarteen geappelleer word;* — in the amount of *uitspraak vir die bedrag van;* — charges *vonniskoste;* — by consent *vonnis by toestemming;* — creditor *vonnisskuldeiser;* — debt *vonnisskuld;* — debtor *vonnisskuldenaar;* — by default *vonnis by verstek;* deliver/give/pass/pronounce — *uitspraak doen/lewer;* enter — *vonnis aanteken;* error of — *oordeelsfout;* final — *einduitspraak;* — for an amount *uitspraak vir 'n bedrag;* — for plaintiff *vonnis vir eiser;* get — *vonnis kry, die saak wen;* — on the merits *uitspraak op die meriete;* summary — *summiere vonnis.*

judicature *regspleging, regspraak, regsbedeling; regbank, regswese.*

judicial (1) (betreffende 'n regterlike amptenaar ook in die laer howe) *regterlik;* (2) (betreffende die regspleging of die gereg) *geregtelik;* — authority *regsprekende gesag;* by — action *langs geregtelike weg;* — cognizance *geregtelike kennisname;* — commission of inquiry *regterlike kommissie van ondersoek;* — committee of the Privy Council *regterlike komitee van die PC;* — discretion *regterlike diskresie/uitoefening van goeddunke* (het ook op laer howe betrekking); — knowledge/notice *regterlike kennis;* — management *geregtelike bestuur;* — mortgage *geregtelike hipoteek* (voorkeur op opbrengs van goed kragtens hofbevel verkoop); — murder *geregtelike moord.* Omgangstaal vir 'n wettige maar onregverdige doodvonnis; — officer *regterlike amptenaar* (ook in laer howe); — organ *regsprekende orgaan;* — power *regterlike mag.* In die staatsreg, in teenstelling met die uitvoerende en wetgewende mag; — powers *regterlike magte/bevoegdhede;*— proceedings *geregtelike proses;* — review *regterlike hersiening;* — sale *geregtelike verkoping, eksekusieverkoping;* — separation *geregtelike skeiding, skeiding van tafel en bed;* — system *regspleging.*

judiciary *regsprekende mag, regterlike mag, die regbank, die howe.*

judicious *oordeelkundig.*

jurat *jurat.* Memorandum onderaan 'n beëdigde verklaring wat meld waar en wanneer dit beëdig is.

juridical *juridies, regs-;* — act *regshandeling;* — person *regspersoon.*

jurisconsult *regsgeleerde raadsman, jurisconsultus.*

jurisdiction *jurisdiksie.* Die woord *regsbevoegdheid* word ook gebruik maar dit is minder geskik omdat dit die bykomende betekenis het van die vermoë om draer van regte en verpligtinge te wees. Jurisdiksie word deur die hof se regsgebied bepaal (**territorial** *territoriale jurisdiskie, gebiedsjurisdiksie*) en deur die aard van die misdaad of die privaatregtelike skuldoorsaak wat bereg moet word (**substantive** *substantiewe jurisdiksie, misdryfjurisdiksie);* punitive — *strafbevoegdheid;* appellate — *appèljurisdiksie;* civil — *siviele/privaatregtelike jurisdiksie;* concurrent — *konkurrente jurisdiksie;* court of competent — *bevoegde/kompetente hof;* criminal — *jurisdiksie in strafsake, kriminele jurisdiksie;* increased — *verhoogde jurisdiksie;* original — *jurisdiksie in eerste instansie;* **—al** *jurisdiksie-;* — facts *jurisdiksiebepalende feite;* — limits *perke van jurisdiksie.*

jurisprudence (as leervak) *algemene regsleer;* (algemeen) *regsgeleerdheid, die regswetenskap, jurisprudensie.* Die totaal van regswetenskaplike voortbrengsels; medical — *geregtelike geneeskunde,* medicina forensis.

jurist *juris, regsgeleerde;* **—ic** *regs-;* — act *regshandeling;* — capacity *regsbevoegdheid;* — fact *regsfeit;* — person *regspersoon..*

jury *jurie;* — box *juriebank;* — man *jurielid;* **juror** *jurielid.* Die jurie is in Suid-Afrika afgeskaf.

just *reg, regverdig, billik;* — cause *regverdige saak, gegronde rede;* — distribution *billike verdeling;* — and equitable *reg en billik;* essential to the — decision of the case *noodsaaklik vir die regverdige beregting van die saak;* — fear *gegronde vrees.*

justice (1) *geregtigheid, reg, regverdigheid;* (2) *die gereg, die regspleging, justisie.* Administratiewe organe van die regspleging; in accordance with — *volgens regsvoorskrifte;* administration of — *regsbedeling, regspleging;* bring to — *voor die gereg bring;* chief — *hoofregter;* course of — *loop van die gereg;* court of — *geregshof;* do — to *reg laat geskied/wedervaar aan;* escape/evade — *aan die gereg ontkom/ontsnap;* failure of — *onreg, regskending, geval waar geregtigheid nie geskied het nie;* hand over to — *aan die gereg oorhandig;* in the interests of — *in die belang* *van geregtigheid;* in — to *in billikheid teenoor;* — of the peace *vrederegter;* Mr. Justice *Regter;* natural — *natuurlike geregtigheid;* real and substantial — *werklike en wesenlike geregtigheid;* simple — between man and man *gewone regverdigheid tussen mens en medemens;* substantial — has been done *reg het in breë trekke geskied.*

justice should not only be done but should manifestly and undoubtedly be seen to be done (Lord Hewart CJ in the King v Sussex Justices, 1924 (1) KB 259) *geregtigheid moet nie alleen geskied nie, maar moet ook sigbaar en kennelik waargeneem kan word.*

justiciable *beregbaar, aan die regspraak onderworpe, vatbaar vir beregting;* — bill of rights *beregbare handves van fundamentele regte.*

justify *regverdig, verantwoord, bewaarheid, verontskuldig, verskoon;* the end justifies the means *die doel heilig die middele;* **justifiable** *geregverdig, regverdigbaar, verdedigbaar, verskoonbaar;* — homicide *geoorloofde manslag, straffelose/geregverdigde doodslag;* **justification** *regverdiging, regverdigingsgrond, wederregtelikheidsuitsluitingsgrond, grond vir die uitsluiting van wederregtelikheid;* plea of — (by laster) *pleit van waarheid plus openbare belang.*

juvenile (a) *jeugdig, jeug-;* — court *kinderhof;* — delinquency *jeugmisdaad, jeugmisdadigheid;* — delinquent *jeugmisdadiger;* — offender *jeugdige oortreder;* — reformatory *verbeteringskool.*

juvenile (n) *jeugdige.*

K

KC (King's Counsel) *senior advokaat.* In Suid-Afrika SC vir *senior consultus* in albei tale.

kangaroo court *boendoehof.*

keep *hou, aanhou;* — open *oophou;* — up *in stand hou;* in —**ing** with *in ooreenstemming met;* out of — with *strydig met;* in safe — *in veilige bewaring.*

keyword *trefwoord.*

kidnapping *skaking, menseroof, plagium.* Omvat **childstealing**, **manstealing**, **womanstealing**, gewoonlik met die doel om 'n losprys af te dwing; *vryheidsontneming* of *vryheidsberowing* **false imprisonment** is wyere terme en daar is nie noodwendig 'n seksuele aspek by soos by **abduction** *ontvoering* nie. Die grenslyne tussen die begrippe is onduidelik.

kin *(bloed)verwant;* next of — *naasbestaande;* —**ship** *(bloed)verwantskap;* —**sman** *(bloed) verwant, familielid.*

kind *soort, aard;* pay in — *in goedere/in natura betaal.*

kinderbewys *kinderbewys.* Algemene notariële verband gegee deur oorlewende eggenoot wat wil hertrou, oor die gemeenskaplike boedel van die eerste huwelik, as sekuriteit vir die kinders se gedeeltes.

king's evidence (turn) *gevrywaarde staatsgetuie word.*

kite-flying. Sien **cross-fire deposits**.

kite-flying *wisselruitery.* Bedrieglike prosedure waarin twee persone tjeks uitmaak ten gunste van mekaar maar op verskillende banke, die tjeks deponeer en dan daarteen trek voordat die banke tyd gehad het om die tjeks te dishonoreer. Ook **cross-firing** genoem.

kleptomania *steelsug, kleptomanie, drang om te steel;* —**c** *steelsugtige, kleptomaniak.*

knock down to (vendusie) *aan iemand toeslaan.*

know *ken; weet, bewus wees, kennis dra van, bekend wees met;* — all men by these presents *sy dit hiermee/mits dese kennelik;* carnally — *geslagsverkeer hê met iemand;* —**ing** it to be stolen *wetende dat dit gesteel is;* —**ingly** *wetens, willens en wetens, bewustelik, opsetlik;* —**ledge** *kennis, wete;* to the best of my — and belief *na my beste wete en oortuiging;* carnal — *vleeslike gemeenskap, geslagsverkeer;* guilty — *skuldbesef, skuldaanduidende medewete;* it is common — *dit is algemeen bekend;* judicial — *geregtelike kennis;* not to my — *nie sover ek weet nie;* own — *eie waarneming;* within his — *binne sy kennis;* without — of any defect *sonder kennis van enige gebrek;* without his — *sonder sy medewete;* — of unlawfulness *wederregtelikheidsbewussyn;* —**ledgeable** *goed ingelig, kundig;* —**n** *bekend;* — and defined channel *bekende en bepaalde bedding.*

know-how *kundigheid, bedrewenheid, vernuf.*
kustingbrief *kustingbrief.* Verband oor onroerende goed wat verkoop word en aan die verkoper sekuriteit vir die onbetaalde balans van die koopprys verskaf. Die betrokke onbetaalde balans is die **kustingpenning** *kustingpenning.*

L

laborious *moeisaam.*
labour (n) *arbeid, werk, inspanning; arbeidskragte, arbeiders, werkvolk;* compulsory/hard — *dwangarbeid;* — legislation *arbeidswetgewing;* — tenant *plakker-diensbode;* — tenant contract *plakker-dienskontrak.*
labour (v) (a point) *'n punt oorbeklemtoon, te breedvoerig behandel.*
laches *versuim om 'n reg te laat geld* (Engelsregtelik).
lacuna *weglating, leemte, lakune, hiaat,* casus omissus.
lading: bill of — *konnossement, seevragbrief, ladingsbrief, laaibrief.*
lampoon *skotskrif, skimpskrif.*
land-locked *landgebonde, deur land ingesluit.*
landlord *verhuurder;* **—'s** lien *verhuurder se retensiereg.*
landmark *landteken, baken.*
languish *wegkwyn.*
lapse (n) (borgtog/dagvaarding/legaat/polis) *verval;* (tyd) *verloop, afloop, verstryking;* — of memory *geheuefout.*
lapse (v) *verval, verstryk, afloop;* **—d** patent *verstreke patent.*
larceny *diefstal* (Engelsregtelik).
lashes *katsslae* (maar kan houe met die rottang insluit tensy anders bepaal).
last opportunity rule *reël van laaste geleentheid, laastekans-reël.*
lasting *blywend, voortdurend.*
latent *verborge, latent;* — ambiguity *verborge dubbelsinnigheid;* — defect *verborge gebrek.*
laughing-stock *voorwerp van bespotting.*
launch a petition *'n petisie van stapel stuur/lanseer.*
law adviser *regsadviseur.* Gewoonlik van die staat of 'n ander owerheidsliggaam. Die regsgeleerde raadsman van die publiek is 'n **legal adviser**.
law agent *wetsagent.*
law book *regsboek.*
law merchant *handelsreg.* Weinig gebruiklik.
law reports *hofverslae;* South African — — (SALR) *Suid-Afrikaanse Hofverslae* (SAHV). In albei tale afgekort tot SA.
law school *regsfakulteit.*
law society (1) *juridiese vereniging;* (2) *prokureursorde.*
law student *regstudent.*
law-abiding *wetsgetrou, wetsgehoorsaam, ordeliewend.*
law-court *geregshof.*
law-term (1) *regsterm;* (2) *hoftermyn.*
law. I. the law *die reg, objektiewe reg.* Die stel reëls, hetsy afkomstig van wetgewende liggame of uit oorlewering, wat die staat as bindend op sy onderdane erken en wat hy met sy gesag sal afdwing. Staan in teenstelling met **right** *subjektiewe reg,* dws die bevoegdhede of aansprake wat 'n persoon toekom en wat hy by die gereg kan opeis uit hoofde van algemeen erkende regsreëls of 'n bindende ooreenkoms. *Wet* is streng gesproke 'n verordening van die Parlement; in losser gebruik ook die maatreëls van ondergeskikte wetgewende liggame soos ordonnansies van die vroeëre provinsiale rade, of verordeninge van munisipaliteite. In niejuridiese taal word *die landswette* ook vir **the law** gebruik en *kerkwet* vir huishoudelike reglemente van kerke.
law. II. *die gereg.* Die staatsmasjinerie waarmee die reëls onder I bedoel, gehandhaaf word.
law. III. *die regswese.* Die sfeer van bedrywigheid van die beoefenaars van die reg.
law. IV. *wetsbepaling, wetlike voorskrif.* Een van die reëls of komplekse van reëls waaruit die *wettereg* saamgestel is. 'n *Wet* is streng gesproke net 'n wet van die Parlement, maar die algemene terme *wetsbepaling* en *wetlike voorskrif* kan betrekking hê op maatreëls van enige wetgewende liggaam. Die terme vir die maatreëls van onderskeie wetgewers is die volgende; Parlement: *wet;* provinsiale rade (tot hulle ontbinding, daarna die Administrateur in Uitvoerende Komitee): *ordonnansie;* stadsraad: *verordening.* Daar bestaan ook *regulasies* wat deur die Administrateur vir munisipaliteite uitgevaardig word, en *regulasies* kragtens 'n wet. Die woord *verordening* in sy wydste betekenis kan, net soos *wetsbepaling* en *wetlike voorskrif,* al dié

maatreëls saamvat wanneer dit nie die bedoeling is om spesifiek te wees nie.

SUBDIVISIONS OF THE LAW: adjective/adjectival — *formele/adjektiewe reg*. Omvat prosesreg en bewysreg, wat die middele is waarmee die *materiële reg* **substantive law** in die howe toegepas word; admiralty/maritime — *seereg;* air — *lugvaartreg;* canon — *kanonieke reg, reg van die RK kerk;* civil — (1) *privaatreg, burgerlike reg, siviele reg;* (2) *Romeinse reg;* commercial — *handelsreg;* common — *gemenereg;* comparative — *regsvergelyking*; constitutional — *staatsreg, konstitusionele reg;* — of contract *kontraktereg;* criminal — *strafreg, kriminele reg;* customary — *gewoontereg*; — of equity *billikheidsreg*. Sien **equity**; — of evidence *bewysreg;* international — *volkereg, internasionale reg;* martial — *krygswet, staatsnoodreg;* mercantile — *handelsreg;* — merchant *handelsreg;* military — *militêre reg, krygsreg;* Mosaic — *Mosaïese wet;* municipal — (1) *munisipale reg, reg van plaaslike besture,* (2) *landsreg, nasionale reg;* national — *positiewe reg, materiële reg, landsreg;* — of nations *volkereg;* natural — *die natuurreg;* — of obligations *verbintenisreg;* penal — *strafreg;* — of persons *personereg;* positive — *positiewe reg, materiële reg, landsreg;* private — *privaatreg, burgerlike reg, siviele reg*. Omvat personereg, sakereg, erfreg, internasionale privaatreg en verbintenisreg; private international — *internasionale privaatreg;* — of procedure *prosesreg;* maritime — *seereg;* public — (1) *volkereg, internasionale reg;* (2) *publiekreg*. Omvat strafreg, staatsreg, administratiefreg en volkereg; statute — *wettereg, statute;* substantive — *materiële reg, positiewe reg, substantiewe reg*; — of succession *erfreg;* — of things *sakereg;* — of war *oorlogsreg, krygsreg*.

EXPRESSIONS: according to — *regtens, volgens die reg/regsvoorskrifte/ regsbeginsels, ooreenkomstig die reg;* it is against the law *dit is wederregtelik/onwettig, regtens verbode, dit is 'n oortreding, dit is teen die wet;* it is bad — *dit is nie goeie reg nie, dit is 'n regsdwaling;* be at — *prosedeer, by 'n hofsaak betrokke wees;* by — *regtens;* he contravenes the — *hy handel wederregtelik, hy oortree die wet;* drawn up according to — *volgens regsvereistes opgestel;* equality before the — *gelykheid voor die reg;* faculty of — *regsfakulteit, fakulteit van regsgeleerdheid;* force of — *regskrag;* go to — *geregtelike stappe doen, aksie instel, hof toe gaan, 'n saak maak;* lay down the — *voorskryf;* laid down by — *regtens voorgeskryf, by wet bepaal;* a matter of — *'n regsvraag, 'n juridiese aangeleentheid;* as a matter of — *regtens gesproke;* necessity knows no — *nood breek wet;* — and order *wet en orde*. Deur langdurige en algemene gebruik beter gevestig as die meer korrekte *reg en orde;* by operation of — *van regsweë, deur regswerking, regtens;* philosopy of — *regsfilosofie;* a point of — *regspunt;* pray for judgment acording to — *vonnis ooreenkomstig die reg vra;* provided for by — *regtens voorgeskryf, by wet bepaal;* as required by — *soos deur die reg vereis;* source of — *regsbron;* to study — *in die regte studeer;* the — on the subject *die reg oor die onderwerp, die desbetreffende regsreëls;* system of — *die regstelsel, die regsorde*.

law: he is a — unto himself *hy steur hom aan niks en niemand, hy staan bo die wet*.

lawbreaker *wetsoortreder*.

lawful *wettig, regmatig, (regs)geldig, geoorloof;* (afstammeling/bevel/byeenkoms/doel/ erfgenaam/hegtenis/vrou) *wettig;* (eis/ aanspraak) *regmatig, afdwingbaar;* (verskoning/rede/regverdiging) *geldig;* (gedrag/bedrywighede) *geoorloof;* it shall be — *dit mag;* — title *regstitel;* —**ly** *regmatiglik, wettiglik*.

lawgiver, lawmaker *wetgewer*.

lawless *wetteloos, losbandig, bandeloos*.

lawsuit *hofgeding, hofsaak, regsgeding*.

lawyer *regsgeleerde, regspraktisyn, prokureur*.

lay (in verskillende uitdrukkinge): — the blame on someone *iemand die skuld gee, verwyt;* — a charge against someone *'n klagte teen iemand indien, iemand aangee/ verkla*. Die anglisisme *'n klag lê* het baie gebruiklik geword, maar word nie aanbeveel nie; — claim to *aanspraak maak op;* — down by law *by wet bepaal/voorskryf;* — down a precedent *'n presedent skep;* the court laid down that *die hof het beslis dat;* — out money *geld bestee*.

layman *leek;* **—'s** law *allemansreg*.

layman *leek;* law for the — *allemansreg*.

lead (algemeen) *lei;* — evidence *getuienis aanvoer/aanbied/lei*. In hierdie verband is *lei* 'n aanvaarde anglisisme; — a witness *'n getuie lei, die hoofondervraging van die getuie waarneem;* put a **—ing** question *'n leidende vraag stel, die getuie voorsê, die getuie die antwoord in die mond lê;* **—er** *leier, senior advokaat;* **—ing** case *sleutelvonnis, toonaangewende beslissing*.

leads and lags *voorspronge en agterstande*.

leaf (by testament) *blad.* Te onderskei van *vel* **sheet**. 'n *Vel* kan uit twee blaaie of vier bladsye bestaan.

learn *verneem;* **—ed** brother *ampsbroeder, ampgenoot;* **—ed** friend *geleerde vriend, geagte kollega;* **—ed** in the law *regsgeleerd, regskundig;* **—ing** *geskrifte, navorsing;* legal — *regsgeleerdheid.*

lease (n) *huur, bruikhuur, huurkontrak, pagooreenkoms;* — of land *grondhuur, pag;* hold on — *huur, in pag hou* (van grond); long — *langtermynhuur;* mining — *mynhuur;* periodic — *termynhuur;* — of a right to minerals *huur van mineraalregte;* short — *korttermynhuur;* **—hold** (van grond) *huurbesit, pagbesit, besit kragtens huurkontrak.* Die woord *huurpag*, wat algemeen in gebruik is, is foutief want *pag* is huur van grond, en huurpag is dus 'n onhoudbare toutologie; — land *paghoewe, pagperseel;* — tenure *pagbesit, huurbesit;* **leaseholder**, **lessee** *huurder, pagter;* **lessor** *verhuurder.*

lease (v) *verhuur, huur;* **—d** premises *gehuurde perseel.*

leaselend *bruikhuur.*

leave (n) *verlof, vergunning, toestemming;* — to appeal *verlof om te appelleer, verlof tot appèl.*

leave (v) *verlaat;* (by afsterwe) *nalaat.*

ledger *grootboek.*

leeway *agterstand;* make up — *inhaal.*

legacy *legaat.*

legal (1) (rakende die reg) *regs-, juridies;* (2) (in ooreenstemming met die regsvoorskrifte) *regmatig, wettig, geoorloof, geldig, afdwingbaar.* Betekenis (1) is die primêre. Waar betekenis (2) bedoel word, word **lawful** gewoonlik gebruik; — act *regshandeling;* — advice *regsadvies;* — adviser *regsadviseur, regsgeleerde raadsman;* — aid *regshulp;* — aid bureau *regshulpburo;* — assistance *regsbystand, regshulp;* — authority *regsgesag, gesaghebbende; regskenbron;* — capacity *regsbevoegdheid, bevoegdheid om eisende en verwerende in die hof op te tree;* — claim *regsvordering; afdwingbare eis;* — compulsion *regsdwang;* — consequences *regsgevolge;* — custom *regsgebruik, regsusansie;* — disability *handelingsonbevoegdheid, beperkte handelingsbevoegdheid;* — dispute *regsgeskil;* — duty *regsplig;* — effect *regsgevolge;* — entity *regspersoon;* — equality *gelykheid voor die reg;* — expenses *regskoste;* — fiction *regsfiksie, juridiese fiksie;* — force *regskrag;* — formality *regsformaliteit;* — ground *regsgrond, regsoorweging;* — heir *wettige erfgenaam;* — incapacity *handelingsonbevoegdheid;* — interest *regsbelang;* — knowledge *regskennis;* — literature *regsliteratuur;* — machinery *regsmasjinerie, die gereg, geregtelike prosesse;* — mortgage *stilswyende verband/hipoteek, verband deur regswerking;* — norm *regsnorm;* — notion *regsbegrip, regsfiguur;* — obligation *regsverpligting;* — opinion *regsmening, regsgeleerde opinie, regsadvies;* — order *regsorde;* — person *regspersoon;* — personality *regspersoonlikheid;* — practice *regspraktyk;* — principle *regsbeginsel;* — procedure *regsprosedure;* — proceedings *regsproses, regstappe, geding; geregtelike verrigtinge;* by — process *deur middel van geregtelike proses;* — profession *regsberoep;* — professional privilege *privilegie van die regsberoep;* — proof *geregtelike bewys;* — property (belange deur die regsorde beskerm, soos vermoënsregte, orde, vryheid en eer) *regsgoed;* — proposition *juridiese stelling;* — provision *wetsbepaling, regsvoorsiening;* — question *regsvraag, regskwessie;* — quibble *juridiese haarklowery;* — rate of interest *geregtelike rentekoers;* — redress *geregtelike verhaal;* — relationship *regsverhouding;* — remedy *regsmiddel;* — representation *regsverteenwoordiging;* — representative *regsverteenwoordiger;* — rights *regte, wettige aansprake;* — rule *regsreël, regsnorm;* — status *regstatus;* — steps *geregtelike stappe;* — studies *regstudie;* — system *regstelsel, regsorde;* — tender *wettige betaalmiddel;* — tie *regsband;* — title *regstitel;* — usage *regsgebruik, regsusansie;* — validity *regsgeldigheid.*

legalism *juridiese dogmatisme, legalisme, oordrewe inagneming van voorskrifte, wettiesheid.*

legalistic *legalisties, wetties, aan die letter gebonde.*

legality *wettigheid, legaliteit;* principle of — *legaliteitsbeginsel.*

legalize *wettig, wettig maak, legaliseer;* (dokument) *attesteer.*

legally *regtens, volgens wet, wettig, op geoorloofde wyse;* — binding *regtens bindend.*

legate *by legaat bemaak, legateer;* **—e** *legataris;* residuary — *erfgenaam van die restant.*

legation *gesantskap, legasie.*

legislate *wette maak, wetgeef;* **legislation** *wetgewing, wette;* emergency — *noodwetgewing;* **legislative** *wetgewend, rakende die wetgewing, legislatief;* — amendments *wetswysiginge;* — assembly *wetgewende vergadering;* — body *wetgewende liggaam;* — enactment *wetsbepaling;* — power *wetgewende bevoegdheid;* **legislator** *wetgewer;*

legislatorial *wetgewend;* **legislature** *wetgewer, wetgewende mag.*

legitimate (a) *legitiem.* In wyere sin het dit betrekking op die morele aanvaarbaarheid van instellings, organisasies, strukture en wette. Die aanvaarbaarheid hang af van die mate waarin die bevolking homself identifiseer met die doelstellinge en waardes van publieke beleid, in die oortuiging dat dit by sy eie waardesisteem aansluit. In die engere sin is dit *wettig, eg, geoorloof, billik, gegrond, geregverdig, regmatig;* — child *wettige/binne-egtelike kind;* — conclusion/deduction/inference *logiese/billike afleiding;* — portion *legitieme porsie* (erfreg; afgeskaf).

legitimate (v) *wettig verklaar, wettig, legitimeer;* **legitimacy** *legitimiteit;* **legitimation** *wettiging, legitimasie.*

lend *leen, uitleen, voorskiet;* — to someone *aan iemand leen;* — itself to *sigself/homself leen tot;* money lent and advanced *geld geleen en voorgeskiet;* **—er** *uitlener, geldskieter.*

lenience/leniency *genadebetoon, toegeeflikheid, toeskietlikheid.*

lèse-majesté *majesteitskennis.*

let (n) *beletsel, verhindering;* without — or hindrance *onbelemmerd, ongehinderd, ongestoord.*

let (v) *verhuur, verpag;* **—ting** *die verhuur/verhuring;* contract of — and hiring *huurkontrak.* Sien **lease**.

lethal *dodelik;* — chamber *gaskamer;* — weapon/wound *dodelike wapen/wond.*

letter: — of acceptance *aanvaardingsbrief;* **—s** of accreditation *geloofsbriewe;* **—s** of administratorship *administrateursbrief* (Boedelwet); — of advice *adviesbrief;* — of allotment *toekenningsbrief* (aandele); — of application *aansoekbrief* (om 'n betrekking), *aanvraagbrief* (om aandele); — of authority *magtigingsbrief;* **—s** of confirmation *briewe van bekragtiging, bevestigingsbrief;* — of credit *kredietbrief;* — of curatorship *brief van kuratele* (Boedelwet); — of demand *aanmaningsbrief;* — of executorship *eksekuteursbrief* (Boedelwet); — of exemption *vrystellingsbrief;* **—s** of guardianship *aanstellingsbrief as voog;* — of introduction *bekendstellingsbrief;* **—s** of marque and reprisal *kaperbrief.* In oorlog, magtiging aan private persone om vyandelike skepe te buit; — of request *versoekbrief.* Aan 'n vreemde moondheid om by 'n rogatore kommissie bystand te verleen; **—s** patent (1) *patentbrief, oktrooibrief;* (2) *koninklike Ope Brief;* — of tutorship *voogdybrief* (Boedelwet).

letter: — of the law *letter van die wet.*

level: — a charge/accusation *iemand beskuldig, 'n aantyging teen iemand maak.*

leverage *invloed, mag.*

levity *ligsinnigheid.*

levy (n) *heffing, invordering; opkommandering;* — on capital *kapitaalheffing.*

levy (v) *oplê; invorder, hef;* — blackmail *afpersing/afdreiging pleeg;* — execution *uitwin, in eksekusie verkoop;* — a fine *'n boete oplê;* — taxes *belasting oplê/hef.*

lewd *wulps, ontugtig;* indecent, — or lascivious intent *onsedelike, wulpse of wellustige opset.*

liabilities *skulde, laste, verpligtinge, passiva* (teenoor *activa* (bates)); meet — *verpligtinge nakom.*

liable *aanspreeklik; onderhewig, blootgestel aan;* **liability** *aanspreeklikheid, verpligting, las;* absolute — *aanspreeklikheid buite skuld, absolute aanspreeklikheid;* criminal — *strafregtelike aanspreeklikheid;* ground for the exclusion of — *grond vir uitsluiting van aanspreeklikheid, aanspreeklikheidsuitsluitingsgrond;* incur — *aanspreeklikheid oploop;* — to military service *diensplig.*

liaise (with) *skakel met;* **liaison** *skakeling;* — officer *skakeloffisier, skakelbeampte.*

libel (n) *laster* (Engelsregtelik, meer bepaald skriftelik); blasphemous, seditious, obscene or defamatory — *godslasterlike, opruiende, onbetaamlike of lasterlike geskrif.*

libel (v) *skriftelik belaster* (Engelsregtelik); **—lous** *lasterlik.*

liberal interpretation *toeskietlike uitleg.*

liberate *vrylaat, vrystel, in vryheid stel;* **liberation** *vrystelling, invryheidstelling.*

liberty *vryheid;* civil liberties *burgerlike vryhede;* to be at — *op vrye voet verkeer;* you are at — *dit staan jou vry om;* take liberties *sig vryhede veroorloof.*

libido *geslagsdrang, wellus, libido;* **libidinous** *wellustig, wulps, libidineus.*

licence (n) (1) *lisensie, vergunning;* brewer's — *brouerslisensie;* driver's — *rybewys;* liquor — *dranklisensie;* occasional — *geleentheidslisensie;* off-consumption — *buiteverbruik-lisensie;* manufacture under — *onder lisensie vervaardig;* special — *spesiale lisensie* (vir huwelik sonder gebooie); wholesale — *groothandelaarslisensie*; (2) *verlof, toestemming;* plea of — *pleit van toestemming;* under — of *met vergunning van;* (3) *diploma, sertifikaat;* (4) *losbandigheid, wetteloosheid, sedeloosheid.*

licence, license (v) *lisensieer, vergunning ver-*

leen, veroorloof; **—d** premises *gelisensieerde perseel, perseel met tapvergunning;* **—d** victualler *drankhandelaar;* **licensee** (1) *lisensiehouer, gelisensieerde, vergunninghouer; konsessionaris;* (2) *toegelatene.* Iemand wat 'n perseel betree met toestemming van die eienaar maar sonder dat hy vir die eienaar geldelike voordeel bring. (Engelsregtelik; teenoor **invitee** *genooide*).

licensing board *lisensieraad.*

licit *wettig, geoorloof.*

lie (n) *leuen;* give the — to *loënstraf, weerlê.*

lie (v) (1) *lieg;* (2) *lê;* an action **lies** *dit is aksionabel, die eiser het 'n saak; die teenparty is aanspreeklik;* an appeal — *daar is 'n reg van appèl, 'n appèl is ontvanklik;* as far as in me — *na die beste van my vermoë;* it — in the discretion of *dit berus by sy vrye oordeel/goeddunke, dit lê in sy diskresie;* it — with the plaintiff *dit berus by die eiser, dit is die eiser se reg/plig om;* it — open for inspection *dit lê ter insae.*

lien *retensiereg, terughoudingsreg;* builder's — *bou-aannemer se retensiereg;* landlord's — *verhuurder se retensiereg.*

lieu: in — of *in plaas van;* statement in — of prospectus *verklaring instede van prospektus* (nie in Maatskappyewet van 1973 nie).

life *lewe;* — annuitant *lyfrentenier, annuïteittrekker;* — annuity *lyfrente, lewensannuïteit;* be on trial for one's — *weens 'n halsmisdaad teregstaan;* expectation of — (— expectancy) *vermoedelike lewensduur;* for — *lewenslank;* — insurance *lewensversekering;* — interest/usufruct *lewensreg, lewenslange vruggebruik;* necessaries of — *lewensbehoeftes, lewensbenodigdhede;* — sentence *lewenslange gevangenisstraf;* station in — *sosiale status, posisie;* — style *lewenspatroon, leefwyse, lewensstyl;* view of — *lewensbeskouing, lewensuitkyk.*

lift *ophef, verwyder;* — conditions/restrictions *voorwaardes/beperkinge ophef.*

like *dergelik, soortgelyk;* — attracts — *soort soek soort;* in — manner *op dergelike wyse, net so;* usufruct or other — interest *vruggebruik of ander dergelike belang.*

limit (n) *beperking, perk, grens, limiet;* set **—s** to *paal en perk stel aan;* upper — *hoogteperk.*

limit (v) *beperk, begrens;* **—ed** interest in land *saaklike reg op die grond van 'n ander; beperkte belang in grond;* **—ed** liability company *maatskappy met beperkte aanspreeklikheid;* **—ed** partnership *beperkte vennootskap.*

limitation *beperking, inkorting;* — of actions (Engelsregtelik) *verjaring van vorderingsregte, bevrydende verjaring;* period of — *verjaringstermyn vir aksies;* statute of **—s** (Engelsregtelik) *verjaringswet;* words of — *beperkende woorde.*

limitative prescription (Engelsregtelik) *bevrydende/ekstinktiewe/negatiewe verjaring.*

lineage *afkoms, afstamming, stamboom.*

lineal *lineêr, in opgaande en afdalende linie;* — ascendants *voorgeslagte, verwante in opgaande linie, assendente;* — descendants *verwante in neerdalende linie, desendente, afstammelinge.*

liquid *likied* (ook *likwied), vlottend;* — assets *likiede bates;* — capital *likiede/vlottende kapitaal;* — document *likiede dokument;* — resources *likiede/vlottende middele.*

liquidate (1) (bates) *likwideer, te gelde maak, in geld omsit;* (2) ('n verpligting) *voldoen aan, betaal;* (3) (maatskappy) *likwideer;* **—d** claim *gelikwideerde/likiede eis;* **—d** damages *gelikwideerde skadevergoeding, vooraf vasgestelde skadevergoeding;* **liquidation** *likwidasie, tegeldemaking;* — account *likwidasierekening;* — and distribution account *likwidasie- en distribusierekening;* — of assets *likwidasie/tegeldemaking van bates;* the company is in — *die maatskappy is in likwidasie;* — order *likwidasiebevel;* to place in — *in likwidasie plaas, likwideer;* **liquidator** *likwidateur;* **liquidity** *lik(w)iditeit.*

liquor *(sterk) drank;* intoxicating — *alkoholiese drank;* spirituous — *sterk drank.*

listing *notering* (effektebeurs); **listed** company *genoteerde maatskappy.*

literacy *geletterdheid.*

litigate *geding voer, prosedeer, litigeer;* **litigant** *gedingvoerder, litigant, gedingvoerende party;* **litigation** *gedingvoering, litigasie;* **litigious** *gedingsugtig, pleitsugtig;* — work *hofwerk.*

loan (n) *lening, (bruik)leen;* — for consumption *verbruikleen,* mutuum; — for use *bruikleen,* commodatum; have on — for use *in bruikleen hê.*

loan (v) *uitleen.*

loath *ongeneë, onwillig.*

loathe *verafsku, verfoei.*

local *plaaslik;* — acceptance *plaaslike akseptasie;* — allegiance *plaaslike trou;* — authority/government *plaaslike bestuur;* — division of the Supreme Court *plaaslike afdeling van die Hooggeregshof;* — option *plaaslike keuse* (ingevolge die Drankwet).

locate *plaas, die ligging bepaal van, aanbring*

location (algemeen) *ligging;* (vir nieblankes) *lokasie.*

lock *slot;* under — and key *agter slot en*

grendel; **lockout** *uitsluiting* (van werkers deur die werkgewer om hulle te verhinder om te werk); **lockup** *opsluitplek, geleentheidsel, polisiesel.*

lodge (aktes, versoeke, besware, klagtes) *indien, inlewer;* (appèl, protes) *aanteken;* **lodgment** *indiening, inlewering.*

loggerheads: be at — with *haaks wees met, oorhoop lê met.*

logic *logika, redeneerkuns;* chop — *redekawel, redetwis;* **—al** *logies.*

loiter *rondslenter, leeglê;* **—er** *leeglêer.*

long *lank;* draw at — date *'n langtermynwissel trek;* — bill *langtermynwissel;* — lease *langtermynhuur;* — term prisoner *langtermyngevangene.*

longevity *langlewendheid.*

look *kyk;* — to someone for payment *iemand vir betaling aanspreeklik hou.*

look-out: keep a proper — *behoorlik uitkyk.*

loophole *uitvlug, agterdeur, skuiwergat* (in 'n wet).

loot (n) *buit.*

loot (v) *plunder;* **—ing** *plundering.*

Lordship your —, his — *U Edele, Sy Edele.*

lose *verloor;* the amendment was lost *die amendement is verwerp/afgestem;* lost profits *gederfde wins.*

loss *verlies, derwing;* — of civil rights *verlies/verbeuring van burgerlike regte;* community of profit and — *gemeenskap van wins en verlies;* constructive — *fiktiewe/veronderstelde verlies;* — of support *onderhoudsderwing, verlies van onderhoud;* partial — *gedeeltelike verlies;* total — *totale/algehele verlies;* — of office *verlies van amp.*

lot *perseel, erf, stuk grond, hoewe; bouterrein.*

lottery *lotery.*

low-brow *filister, filistyn.*

lucid (interval) *helder oomblik,* lucidum intervallum; **—ity** (van betoog) *helderheid.*

lucre *wins, voordeel, geld;* filthy — *vuil gewin;* **lucrative** *winsgewend, voordelig.*

lump (sum) *globale bedrag, ronde som, som ineens.*

lunatic *kranksinnige;* — asylum *kranksinnigegestig;* **lunacy** *kranksinnigheid, waansin.*

lurch: leave in the — *in die steek laat.*

lying-in (expenses) *kraamkoste.*

lynch *buitegeregtelik teregstel;* — law *onwettig toegeëiende regsgesag.*

M

macabre *grieselig, makaber.*

machination *intrige, sameswering, konkelary, masjinasie.*

machinery *masjinerie;* — of government *staatsbestel, staatsbestuur, landsbestuur;* — of the law *geregtelike apparaat, regspleging;* set the — of the law in motion *die geregtelike proses aan die gang sit.*

magisterial *landdros-;* (waar dit nie bepaald op die SA amp betrekking het nie) *magistraats-.*

magistracy (Romeinse staatsreg) *openbare amp, staatsamp;* (S.A. regspleging) *landdros-amp, die landdroste gesamentlik;* during his — *in sy dienstyd as landdros.*

magistrate (Romeinse staatsreg) *amptenaar, owerheidspersoon, magistraat;* (SA regspleging) *landdros;* (buite SA) *magistraat;* additional — *addisionele landdros;* assistant — *assistent-landdros;* chief — *hooflanddros;* controlling — *beheerlanddros;* resident — *resident-landdros.*

maim *vermink, skend.*

mainstay *steunpilaar, staatmaker.*

maintain (1) *betoog, volhou;* (2) (persone) *onderhou;* (goedere) *in stand hou;* — and support *onderhou;* **—able** *ontvanklik;* the claim is not — after a year *die eis is na 'n jaar onontvanklik, verval na 'n jaar.*

maintenance (1) (persone) *onderhoud, lewensonderhoud;* (goedere of geboue) *instandhouding;* — order *onderhoudsbevel;* full — lease *volinstandhoudingsbruikhuur;* (2) *gedingsbevordering.* Engelsregtelike begrip vir bemoeienis deur 'n derde om 'n geding aan die gang te hou. As misdaad afgeskaf.

majestic *majestueus, verhewe.*

major (a) *vernaamste, hoof-;* — issue *belangrike/eersterangse/vername geskilpunt;* — offence *ernstige misdaad;* — part *vernaamste deel.*

major (n) *meerderjarige, mondige;* **—ity** (1) *meerderheid;* absolute — *volstrekte meerderheid;* (2) *meerderjarigheid, mondigheid.*

make *doen, maak;* — a complaint *kla, 'n klag indien.* Die anglisisme *'n klag lê* is wyd in gebruik; — a confession *'n bekentenis aflê/doen;* — a contract *'n kontrak sluit/aangaan;* — good damage *skade vergoed;* — an offer *'n aanbod doen/maak;* — an order of court *'n* *hofbevel gee;* — out a case *gronde aanvoer, 'n saak uitmaak;* — over *oordra, oormaak;* — payment *betaal;* — a payment *'n paaiement betaal;* — a point *'n punt maak/beredeneer;* — a promissory note *'n promesse maak;* — up a story *'n verskoning versin;* made and entered into by and between *aangegaan tussen.*

make-up: mental — *geestesgesteldheid.*

maker (promesse) *promittent.* Die woord *maker* word ook gebruik maar kom nie in die Wisselwet voor nie.

maladaptation *wanaanpassing.*

maladjustment *wanaanpassing.*

maladministration *wanbestuur, wanadministrasie.*

male *manspersoon.*

malefactor *boosdoener, booswig, misdadiger.*

malevolence *vyandigheid, kwaadwilligheid, boosaardigheid.*

malfeasance *uitvoering van 'n onwettige handeling* (Engelsregtelik).

malice *kwaadwilligheid.* In die Engelse lasterreg kom **actual**, **express**, **legal** en **personal malice** voor, ongeveer in die sin van animus iniuriandi, *oogmerk om te krenk.* Hulle moet by voorkeur onvertaald gelaat word ten einde hulle van die Romeins-Hollandse lasterreg te onderskei; with — aforethought *met voorbedagte rade;* general — *onbepaalde opset,* dolus indeterminatus; transferred — *opset by afswenking van die slag,* aberratio ictus.

malicious (1) *kwaadwillig;* (2) *opsetlik, moedswillig;* — arrest *kwaadwillige arres;* — desertion *kwaadwillige verlating;* — injury to property *opsetlike/ kwaadwillige saakbeskadiging;* — prosecution *kwaadwillige vervolging.*

malign *belaster, kwaad spreek van;* **—ant** *kwaadwillig, boosaardig.*

malnutrition *ondervoeding, wanvoeding.*

malperformance *wanprestasie.*

malpractice *wanpraktyk.*

maltreat *mishandel.*

malversation *misbruik van 'n vertrouensamp* (Engelsregtelik).

manacles *handboeie.*

manage *bestuur, beheer, hanteer;* **—able** *hanteerbaar;* **—ment** *bestuur;* — consultant *bestuurskonsultant;* judicial — *geregtelike bestuur;* **—rial** *bestuurs-.*

management approach *bestuursbenadering.*

mandament *bevel, mandament;* — van spolie *mandament van spolie, spoliasiebevel;* — poenaal *mandament poenaal, interdik.*

mandamus *bevelskrif, mandamus, hofbevel tot verrigting van 'n handeling.*

mandate *lasgewing, mandaat, volmag, magtiging;* the agent exceeded his — *die agent het buite sy magtiging/mandaat gehandel, het sy mandaat oorskry;* **—d** territory *mandaatgebied.*

mandator *lasgewer, mandant;* **mandatary** *gevolmagtigde, lashebber, mandataris;* **mandatory** *gebiedend, verpligtend;* — order *hofbevel om 'n handeling te verrig.* Dieselfde as *mandamus;* — sanctions *gebiedende sanksies;* — sentence *verpligte vonnis.*

manhandle *afknou, mishandel, toetakel.*

maniac *waansinnige.*

manic *manies;* — depression *maniese depressie.*

manifest (a) *klaarblyklik, onmiskenbaar.*

manifest (v) *blyke gee, openbaar, aan die dag lê.*

manifesto *manifes.*

manipulate *bedrieglik hanteer, bewerk, manipuleer.*

manpower *arbeidskragte.*

manslaughter *manslag, doodslag* (Engelsregtelik).

manstealing *menseroof.* Sien **kidnapping**.

manual (a) *met die hand, hand-;* — labour *handearbeid.*

manual (n) *handboek.*

manumission *emansipasie, handligting, manumissie.*

manumit *vrystel van slawerny;* **manumission** *vrystelling van slawerny.*

maraud *plunder, roof;* **—er** *plunderaar, rower, stroper.*

margin *grens;* — of profit *winsmarge, winsgrens;* **—al** *rand-, kant-, marginaal;* — notes *kanttitels* (by wette); *kanttekeninge, glosse.*

marginally *effe, marginaal.*

marine *see-, skeeps-, vloot-, marine-;* — insurance *seeversekering;* — peril *seegevaar.*

marital *huweliks-, maritaal;*— power *maritale mag, beheersreg van die man;* — privileges *huweliksvoorregte;* — rights *maritale regte;* — state *huwelikstaat.*

maritime *maritiem;* — insurance *seeversekering, maritieme assuransie;* — law *seereg, maritieme reg, admiraliteitsreg.*

market (n) *mark;* black — *sluikhandel, swartmark;* fair — value *billike markwaarde;* open —, — overt *ope mark;* — price *markprys.*

market (v) *bemark.*

marque and reprisal *kaperbriewe.* In oorlog, magtiging aan private persone om vyandelike skepe te buit.

marry *trou, in die huwelik tree;* (transitief) *in die huwelik bevestig, in die eg verbind;* **marriage** *huwelik, egverbintenis;* civil — *burgerlike/nie-kerklike huwelik;* enter into — *in die huwelik tree;* — gift *huweliksgeskenk,* donatio propter nuptias; — officer *huweliksbevestiger;* promise of — *troubelofte, huweliksbelofte;* — by proxy *huwelik met die handskoen/met volmag;* — register *huweliksregister;* — settlement *huweliksbemaking, huweliksbevoordeling;* **—able** *hubaar.*

marshal facts *feite orden/rangskik.*

martial law *krygswet, staatsnoodreg.*

masquerade (as) *hom voordoen as, vermom wees.*

mass (boedels) *saamsmelt;* **—ed** estate *saamgesmelte boedel;* **—ing** *samesmelting.*

massacre *slagting, bloedbad.*

master and servant *werkgewer en dienaar (heer en diensbode* word afgekeur); contract of — — — *dienskontrak;* law of — — — *reg insake werkgewer en dienaar.*

Master of the Supreme Court *Meester van die Hooggeregshof.* Die woord *Weesheer* is nie wyd genoeg nie.

master-key *loper.*

material (a) *wesenlik, essensieel, ter sake dienende, belangrik;* — difference *wesenlike onderskeid;* — fact *belangrike/relevante/wesenlike feit;* at all — times *te alle wesenlike tye, by alle betrokke geleenthede;* — misrepresentation *wesenlike wanvoorstelling;* — to the issue *wesenlik by die geskil, relevant;* — well-being *liggaamlike welstand.*

material (n) *materiaal, stof;* raw **—s** *grondstowwe;* **—ity** *wesenlikheid, belangrikheid.*

materialise *bewaarheid word.*

maternal portion *moedersdeel.*

matricide *moedermoord(enaar).*

matrimony *huwelikstaat, egtelike staat;* **matrimonial** *egtelik, huweliks-;* — agent *huweliksmakelaar;* — alliance *egverbintenis, huweliksverbintenis;* — cause *huweliksaak, geding rakende die huwelik;* — communications *mededelings tussen egteliede;* — property *huweliksgoedere.*

matter *aangeleentheid, geval, saak;* in the — of *in die saak van;* — at issue *saak in geskil;* new — *nuwe beweringe/materiaal;* objectionable — in affidavits *ongewenste/aanstootlike beweringe in beëdigde verklarings.*

mature (v) *(wissel) verval, word opeisbaar, word betaalbaar;* **maturity** *vervaltyd, opeisbaarwording;* at — *op die vervaldag.*

maxim *regspreuk, adagium, stelreël.*

maximum security *maksimum veiligheid.*

may (in permissiewe sin in wetsbepalinge) *kan;* the court — *die hof kan;* — reasonably be true *kan redelikerwys waar wees;* on allegations that — reasonably be true *op redelik bestaanbare gronde;* as near as — be *so na as moontlik.*

mayhem *verminking.*

maze *doolhof.*

meagre *karig, skamel, skraal, skraps.*

mean (v) *beteken; bedoel; van plan wees;* **—ing** *betekenis; bedoeling, oogmerk, sin;* within the — of the section *binne die betekenis van die artikel;* **—ingful** *betekenisvol, sinvol, veelseggend;* **—ingless** *betekenisloos, sinloos.*

means *middele;* beyond his — *buite sy vermoë;* — test *middeletoets.*

measure (1) *maatreël;* (2) *maatstaf, maat, hoeveelheid, omvang;* — of damage *omvang/quantum van skade, skademaat;* — of punishment *strafmaat;* beyond— *mateloos.*

meddle (with) *jou bemoei met;* **—some** *bemoeisiek.*

mediate (a) *middellik.*

mediate (v) *bemiddel;* **—ly** *middellik;* principal who acts — *middellike dader;* — injured persoon *middellik beseerde persoon, persoon beseer deur 'n skuldlose tussenganger;* **mediation** *bemiddeling, tussenkoms;* **mediator** *bemiddelaar.*

medical *geneeskundig, medies;* — jurisprudence *geregtelike geneeskunde,* medicina forensis; **medicate** *geneeskundig behandel;* **medico-legal** *geregtelik-geneeskundig.*

meet *ontmoet, tegemoetkom; voldoen;* — both parties *albei partye tegemoetkom;* — a bill *'n wissel betaal;* a case to — *'n saak om te beantwoord;* — expenses *onkoste dek;* — liabilities *verpligtinge nakom;* — objections *besware ondervang/weerlê;* — requirements *aan die vereistes voldoen;* this —s the case *dit is voldoende, dit los die saak op.*

meeting *byeenkoms, vergadering;* annual general — *algemene jaarvergadering;* extraordinary general — *buitengewone algemene vergadering;* — of minds *wilsooreenstemming, konsensus.*

member *lid;* **—ship** *lidmaatskap.*

memorandum *memorandum;* — of association (maatskappy) *akte van oprigting.*

memorial: the deed of sale is the exclusive

— of the transaction *die koopakte is die uitsluitlike weergawe van die transaksie.*

memory *geheue;* in living — *sedert menseheugenis.*

mendacious *leuenagtig, vals;* **mendacity** *leuenagtigheid, onwaarheid, valsheid.*

menial *bediende;* — work *gemene werk, huiswerk;* — servants *huisbediendes.*

mental *geestelik, geestes-, verstandelik;* — age *verstandelike leeftyd;* — anguish *geesteswroeging;* — confusion *geestesverwarring;* — deficiency *swaksinnigheid;* — derangement/disorder *geestesverstoring, geestesgebrek;* — faculties *geestesvermoëns;* — disease *geestesongesteldheid;* — disruption *geestesverstoring;* — home/institution *inrigting vir sielsiekes;* — patient *sielsieke pasiënt;* — reservation *innerlike voorbehoud,* reservatio mentalis; — and moral sciences *geesteswetenskappe;* —**ly** *geestelik, in die gees, verstandelik;* — affected *verstandelik aangetas;* — deficient *geestelik gebrekkig, swaksinnig;* — infirm *verstandelik swak.*

mercantile *handels-, koopvaardy-;* — law *handelsreg;* — marine *handelsvloot, koopvaardyvloot;* — usage *handelsgebruik, handelsusansie.*

mercenary (a) *omkoopbaar, baatsugtig, inhalig.*

mercenary (n) *huursoldaat.*

merchant *(groot)handelaar, winkelier;* — bank *aksepbank;* — marine *handelsvloot, koopvaardyvloot;* — shipping *handelskeepvaart, koopvaardy;* law — *handelsreg;* —**man** *handelskip, koopvaarder.*

mercy *genade;* at the — of *in die mag van, oorgelewer aan;* — killing *genadedood, eutanasie;* prerogative of — *prerogatief van genadeverlening.*

merge *opgaan in, (laat) saamsmelt;* —**r** (skulde) *skuldvermenging,* (maatskappye) *samesmelting.*

merit *meriete, verdienste;* —**s** of the case *meriete van die saak, werklike geskilpunt;* the appeal has no — *die appèl is ongegrond/sonder meriete.*

messenger (of the court) *geregsbode;* deputy— *adjunk-bode;* —'s fees *bodeloon.*

mete out (punishment) *straf toemeet/oplê.*

migrant, migratory (labour) *trekarbeid.*

military *militêr, krygs-, oorlogs-;* — court *krygshof, militêre hof;* — duty *diensplig;* — government *militêre bestuur/regering;* — intelligence *militêre inligtingsdiens;* — law *militêre reg, krygsreg;* — man *militêre man* (nie *militaris* nie); — service *militêre diens, krygsdiens, oorlogsdiens;* — will *soldatetestament.*

militate (against) *strydig wees met, teenwerk.*

mind *bewussyn, denkvermoë, denkwyse, gedagte(gang), gees, gemoed, gesindheid, mening, oordeel, oordeelsvermoë, opinie, psige, sinne, verstand;* apply one's — *jou oordeel uitoefen/laat geld;* a balanced — *'n ewewigtige oordeel;* bear/keep in — *in gedagte hou, dink aan;* being of sound — and memory *by gesonde verstand en geheue, in volle besit van sy geestesvermoëns;* body and — *liggaam en gees;* bring/call to — *jou herinner, voor die gees roep;* it came into my — *dit het by my opgekom;* clear — *heldere gees;* —**s** eye — *geestesoog;* have in — *in gedagte hê;* independent —*onafhanklike gees;* know one's own — *weet wat jy wil;* lose one's — *in die gees gekrenk word, verstandelik aangetas word;* have no — to *nie van plan wees om;* of one — *eens, eensgesind;* get it off your — *skuif dit van jou gemoed af;* it is on my — *dit druk op my, dit hou my gedagtes in beslag;* have an open — *nog geen oordeel gevorm hê nie, onbevooroordeeld wees, toeganklik vir argumente wees;* out of his — *van sy verstand af;* presence of — *teenwoordigheid van gees;* give someone a piece of one's — *iemand ronduit die waarheid vertel;* be in one's right — *by jou volle verstand/positiewe wees;* speak one's — *reguit praat, sonder ingetoënheid praat;* state of — (1) *gemoedstoestand;* (2) (in die bewysreg) *gedagtegang, gedagterigting;* strength of — *sterkte van gees, geeskrag;* time out of — *onheuglike tye;* to my — *na my mening, in my opinie;* in two —**s** *hinkend op twee gedagtes, in dubio, in twyfel.*

mineral rights *mineraalregte;* certificate of — — *sertifikaat van mineraalregte;* lease of — — *huur van mineraalregte.*

mining *myn(bou);* — lease *mynhuur, mynpag;* — operations *nynwerksaamhede;* — rights *mynregte;* — title *myntitel.*

minor (a) *bykomstig, gering;* — damage *geringe skade;* — defect *geringe/onbeduidende gebrek.*

minor (n) *minderjarige, onmondige;* —**'s** portion *erfdeel van 'n minderjarige;* —**ity** (1) *minderjarigheid;* (2) *minderheid;* — judgment *minderheidsuitspraak;* — rights *minderheidsregte.*

minute (maatskappy) *minuut;* — of reduction *minuut van vermindering van kapitaal;* (ander vergaderinge) *notule;* keep —**s** *notule hou, notuleer.*

misadventure *ongeluk, teenslag, teenspoed.*

misapply (funds) *fondse wanbestee.*

misapprehend *misverstaan, verkeerd begryp.*

misappropriate *wederregtelik toe-eien;* — funds *geld wanbestee.*
misbehave *jou sleg gedra, wangedra, misdra;* **misbehaviour** *wangedrag.*
miscarriage of justice *onreg.* Sien **failure of justice**.
miscegenation *rassevermenging, verbastering.*
mischance *ongeluk;* by — *per ongeluk.*
mischief *euwel, kwaad, misstand, skade;* — aimed at (by wetsuitleg) *euwel waarteen die wetsbepaling gemik is, misstand waarteen daar opgetree word;* **mischievous** *skadelik, verderflik.*
misconceive *verkeerd opvat;* — your remedy *die verkeerde regsmiddel aanwend, ten opsigte van jou remedie fouteer;* the application was **—d** *die aansoek berus op verkeerde regsgronde;* **misconception** *dwaalbegrip, dwaling, wanopvatting.*
misconduct *wangedrag;* serious and wilful — *ernstige en opsetlike/moedswillige wangedrag.*
misconstrue *misvat, verkeerd uitlê;* **misconstruction** *misvatting, verkeerde uitleg.*
misdeed *wandaad.*
misdemeanour *misdryf, oortreding, vergryp.* Engelsregtelik, waar 'n onderskeid tussen **misdemeanours** en **felonies** gemaak word.
misdescription *wanbeskrywing, onjuiste beskrywing.*
misdirect *verkeerd voorlig;* — the jury *die jurie verkeerd voorlig;* the court **—ed** itself *die hof het 'n mistasting begaan, het gefouteer.* Die uitdrukking 'homself wanvoorgelig' word afgekeur omdat voorlig nie 'n refleksiewe werkwoord is nie; **—ion** *wanvoorligting; wanopvatting, dwaling, mistasting;* — on fact *misvatting van feite.*
miser *vrek, suinigaard;* **—liness** *vrekkigheid, suinigheid.*
misfeasance *magsmisbruik, onbehoorlike uitvoering van 'n wettige handeling* (Engelsregtelik).
misgiving *bedenking, besorgdheid, bekommernis.*
misgovernment *wanbestuur.*
misguided *dwaas, onberade, onbesonne, onverstandig.*
mishap *ongeluk.*
misinformation *misleiding, valse berig.*
misinterpret *verkeerd uitlê, misvat, misdui.*
misjoin *wanvoeg;* **—der** *wanvoeging.*
misjudge *'n vergissing begaan, verkeerd beoordeel.*
mislead *mislei, op 'n dwaalspoor bring.*
mismanage *wanbestuur, wanbeheer.*
misnomer *wanbenaming;* which by a — is called *wat verkeerdelik genoem word.*
misprision of treason *handeling verwant aan verraad, versuim om verraad aan te meld.* Engelsregtelik.
misrepresentation *wanvoorstelling;* actionable — *aksionabele wanvoorstelling;* fraudulent — *bedrieglike/opsetlike wanvoorstelling;* innocent — *onskuldige wanvoorstelling;* **material** — *wesenlike/oorsaaklike wanvoorstelling;* negligent — *nalatige wanvoorstelling, wanbewering.*
mistake (n) *dwaling, fout;* by — *per abuis, by vergissing;* — of fact *dwaling ten aansien van die feite, feitedwaling;* — in the motive *dwaling in die beweegrede;* — of law *regsdwaling;* — as to the nature of the agreement *dwaling ten aansien van die aard van die ooreenkoms;* — as to the person of the contracting party *dwaling ten aansien van die persoon;* — as to the subject-matter *dwaling ten aansien van die prestasie;* **mistaken** belief *wanopvatting, wanbegrip;* — identity *foutiewe uitkenning/identifikasie;* — notion *dwaalbegrip.*
mistake (v) *misverstaan;* — for *iemand vir 'n ander aansien.*
mistrial *nietige verhoor, wanverhoor.*
mistrust (n) *bedenking, suspisie, agterdog.*
mistrust (v) *wantrou.*
mitigate *temper, versag;* — damage *skade temper;* — punishment *straf versag/verlig;* **mitigating** circumstances *versagtende omstandighede;* **mitigation** *versagting;* plea in — *pleidooi ter strafversagting.*
mixed fact and law *vraag waarin feite en reg deureengestrengel is; gemengde reg en feite.*
mobility *beweeglikheid.*
mobster *rampokker.*
mockery *bespotting.*
mode *wyse;* — of payment *wyse van betaling;* — of service *wyse van betekening.*
moderate *matig;* — correction *matige tugtiging;* **—ly** *matig.*
modify *verander, versag, wysig, kwalifiseer, matig, temper.*
module *eenheid, standaard, module.*
modus *lasbepaling;* —/modal clause to a bequest/contract *lasbepaling by 'n bemaking/kontrak.*
moiety *halwe aandeel.*
molest *lastig val, molesteer.*
momentum *dryfkrag, momentum.*
monarchy *monargie;* **monarchical** *monargaal.*
monetary *monetêre, geld-.*

money *geld; betaalmiddel, munt, vermoë;* conscience — *gewetensgeld.*
moneylender *geldskieter, gelduitlener.*
monogamous *monogaam;* **monogamy** *monogamie.*
monopolize *alles in beslag neem, monopoliseer;* **monopolist** *alleenhandelaar, monopolis;* **monopoly** *alleenhandel, monopolie.*
moot (a) *omstrede;* a — point *betwisbare/netelige punt; ope/omstrede vraag;* — court *skynhof.*
moot (v) *ter sprake bring, te berde bring, opwerp.*
mora *versuim;* he is in — *hy is in gebreke/in mora;* interest a tempore morae *rente vanaf die dag van versuim;* place in — *in gebreke stel, interpelleer;* placing in — *ingebrekestelling, interpellasie.*
morale *moreel, selfvertroue.*
morals *sedes;* contrary to good — *strydig met die goeie sedes;* corrupt the — *sedes bederf.*
moratorium *moratorium, stilstand van betalinge.*
morganatic (marriage) *morganatiese huwelik, huwelik met die linkerhand.* Huwelik van man uit hoër stand met vrou van laer stand; sy behou haar status en die kinders het geen aanspraak op die goed of titel van die vader nie. Engelsregtelik.
mortality *sterftesyfer, mortaliteit;* (among animals) *vrekte.*
mortgage (n) *verband, hipoteek;* conventional — *gewone/konvensionele verband;* equitable — Engelsregtelike uitdrukking vir die blote *deponering van die titelbewys* by die bank of ander geldskieter, by wyse van sekuriteit; general — *algemene verband* (op al die eiendom van die verbandgewer, huidige sowel as toekomstige); judicial — *geregtelike verband* (voorkeur op opbrengs van goed ingevolge hofbevel verkoop); legal/tacit — *stilswyende verband* (van regsweë tot stand gebring, soos verhuurder se voorkeur ten aansien van huurder se goed vir agterstallige huurgeld); special — *spesiale verband;* — bond *verband, verbandakte* (*akte van skepekennis* is verouderd); first and second — *eerste en tweede verband;* — creditor *verbandskuldeiser, verbandkrediteur;* — debtor *verbandskuldenaar, verbanddebiteur;* **mortgagee** *verbandhouer, verbandnemer, verbandkrediteur;* **mortgagor** *verbandgewer, verbandskuldenaar, verbanddebiteur.*
mortgage (v) *verbind, met verband beswaar, (ver)hipotekeer.*
mortmain *goedere in die dooie hand.* Engelsregtelik, vir onvervreembare eiendom, soos dié in besit van 'n klooster.
most favoured nation treatment *meesbegunstiging.*
motion *mosie;* application by way of — *aansoek by wyse van mosie;* — court *kamerhof, mosiehof;* notice of — *kennisgewing van mosie;* the court of its own — *die hof uit eie beweging,* mero motu; upon the — of *op aansoek van.*
motive *aanleiding, beweegrede, dryfveer, motief;* ulterior — *bybedoeling, onbehoorlike beweegrede;* **motivate** *beweeg, aandryf, oorhaal, motiveer.*
movable *roerende saak;* **—s** *roerende goed.*
move *aansoek doen; voorstel;* — the court *by die hof aansoek doen.*
movement: freedom of — *vryheid van beweging.*
much: so — so *dermate.*
muddle *harwar, warboel.*
mugging *straatroof, straatrowery.*
mulct *beboet;* — in damages *gelas om skade te vergoed;* — of *beroof van.*
multifarious *uiteenlopend, veelsoortig.*
multilateral *meersydig, multilateraal.*
multilingual *veeltalig.*
multinational *veelvolkig, wêreldwyd;* — concern *wêreldwye onderneming.*
multiplicity *veelheid.*
multipurpose *veeldoelig.*
multiracial *veelrassig.*
municipality *munisipaliteit, plaaslike bestuur, stadsbestuur;* **municipal** *munisipaal, betreffende die stadsbestuur;* — law (1) *binnelandse reg, landsreg;* (2) *munisipale reg* (rakende die munisipaliteit).
munificence *milddadigheid.*
murder (n) *moord, opsetlike doodslag.*
murder (v) *vermoor, opsetlik doodmaak;* **—er** *moordenaar;* **—ous** *moorddadig.*
mutilate (boeke, dokumente) *beskadig, skend;* ('n persoon) *vermink.*
mutineer *muiter, oproerling, opstandeling.*
mutual *onderling, wederkerig, wedersyds, mutueel;* by — agreement *deur onderlinge ooreenkoms;* — consent *wedersydse toestemming;* — insurance company *onderlinge versekeringsmaatskappy;* — interest *wedersydse belang;* — mistake *gemeenskaplike dwaling;* — obligations *wedersydse verpligtinge;* — will *mutuele testament;* **—ity** of debt *wederkerigheid van skuld.*
myrmidon *handlanger, trawant.*

N

naked assertion *blote/ongestaafde bewering.*

name (n) *naam;* creditor proceeds in the — of the trustee *skuldeiser tree namens die kurator op;* registered in the — of *geregisteer in die naam van;* put one's — to *onderteken, jou naam verbind aan;* **—less** *naamloos, anoniem;* — child *buite-egtelike kind;* an informant who shall be — *'n segsman/informant wat ongenoem moet bly.*

name (v) *noem;* — someone as defendant *iemand as verweerder siteer/noem.*

namesake *naamgenoot.*

namptissement *namptissement, provisionele vonnis, handvulling.*

narcotic *narkotikum, slaapmiddel, verdowingsmiddel;* **—s** bureau *narkotikaburo.*

narrative *verhaal, relaas;* record in — form *oorkonde in verhalende vorm.*

narrow *eng, nou, smal;* — the gap *die gaping vernou;* — interpretation *enge vertolking;* in the — sense *in engere sin.*

national (a) *nasionaal, staats-;* — debt *staatskuld;* — defence *landsverdediging;* — frontier *landsgrens;* — interest *landsbelang, nasionale belang, staatsbelang;* — law *landsreg, nasionale reg;* — waters *nasionale waters.*

national (n) *burger, onderdaan, landsburger, staatsburger;* South African — *Suid-Afrikaanse burger;* **—ity** *nasionaliteit, staatsburgerskap;* **nationalize** *nasionaliseer, tot staatseiendom maak.*

national security *staatsveiligheid.*

native *inboorling; swarte, swartman, swartvrou;* — chief *kaptein;* — headman *hoofman;* — law *inheemse reg.*

natural *natuurlik;* — born citizen *burger deur geboorte;* — child *buite-egtelike/natuurlike kind, speelkind, liefdeskind;* — death *natuurlike dood;* — father *natuurlike/biologiese vader;* — guardian *natuurlike voog;* — justice *natuurlike geregtigheid/billikheid/regverdigheid;* — law *natuurreg;* — life *natuurlike lewe;* — obligation *natuurlike/onafdwingbare verbintenis,* obligatio naturalis; — person *natuurlike persoon* (teenoor *regspersoon*); presumed to intend the — and probable consequences of his act *vermoed die natuurlike en waarskynlike gevolge van sy handeling te bedoel;* **—ization** *naturalisasie;* **—ize** *naturaliseer.*

nature *aard, karakter;* accrual of a capital — *kapitaalaanwas, aanwas van kapitale aard, aanwas in die aard van kapitaal, kapitaalaangroeiing;* the — of the agreement governs the resultant legal relationship *die aard van die ooreenkoms bepaal die daaruitvolgende regsverhouding;* assault of an aggravated — *aanranding van verswarende aard, verswarende aanranding;* capital — of the crime *eienskap van 'n halsmisdaad te wees;* — and exigency *aard en dringendheid;* law of — *natuurreg;* a law of — *'n natuurwet.*

naval *see-, vloot-;* — base *vlootbasis;* — power *seemag.*

navigate *bevaar, navigeer;* **navigable** *bevaarbaar, navigeerbaar;* **navigation** *skeepvaart, seevaart.*

necessaries *benodigdhede;* household — *huishoudelike benodigdhede;* — of life *lewensbehoeftes, lewensonderhoud.*

necessary *nodig, noodsaaklik, noodwendig, onvermydelik;* by — implication *by noodwendige implikasie;* — powers *nodige bevoegdhede;* reasonably — *redelik noodsaaklik.*

necessity *noodsaak; benodigdheid;* act of — *handeling in nood, uit noodsaak, uit noodtoestand; noodhandeling;* agent of — *saakwaarnemer,* negotiorum gestor; — knows no law *nood breek wet, nood hef onregmatigheid op;* of — *noodsaaklikerwys, noodwendig, onvermydelik;* road of — *noodweg,* via necessitatis.

necklace murder *halssnoermoord.*

need *behoefte, nood;* referee in case of — *noodadres* (by verhandelbare dokumente); **—y** circumstances *behoeftige omstandighede.*

nefarious *misdadig, skandelik, gruwelik.*

negative (a) *negatief, ontkennend;* — averment *ontkennende/teensprekende/negatiewe bewering;* — evidence *teensprekende/ontkennende/negatiewe getuienis;* — pregnant *pregnante negatief* (in pleitstukke 'n ontkenning wat 'n erkenning impliseer); — servitude *negatiewe serwituut, serwituut van late;* — vote *teenstem.*

negative (v) *teenspreek, uitsluit, weerlê;* evidence to — consent *getuienis om toestemming te weerlê;* privilege **—s** malice *privilegie weerlê kwaadwilligheid.*

neglect (n) *verwaarlosing; versuim;* — of children *verwaarlosing van kinders;* wilful — of duty *opsetlike/moedswillige pligsversuim.*

neglect (v) (a person, a thing) *iemand/iets verwaarloos;* ('n handeling) *nalaat, versuim om te doen.*

negligence *nalatigheid, skuld in engere sin,* culpa; contributory — *meewerkende nalatigheid, eie skuld van die benadeelde, medeoorsaaklikheid;* criminal — *strafbare nalatig-*

heid; **negligent** *nalatig;* be — of *versuim, verwaarloos;* — misrepresentation *nalatige wanvoorstelling;* — misstatement *nalatige verdraaiing;* **negligently** and recklessly *op nalatige en roekelose wyse.*

negligible *onbeduidend.*

negotiate (1) *verhandel;* (2) *onderhandel;* — a bill *'n wissel verhandel;* — about terms *oor terme onderhandel;* — a transaction *'n transaksie deursit;* **negotiable** *verhandelbaar;* — instrument *verhandelbare stuk/dokument, handelspapier, waardepapier;* not — *onverhandelbaar, nie verhandelbaar nie, onbedingbaar;* **negotiation** *verhandeling; onderhandeling;* **negotiator** *verhandelaar; onderhandelaar.*

nepotism *nepotisme, voortrekkery van familielede, baantjies vir boeties.*

neutral *neutraal, onpartydig.*

newly-born infant *pasgebore kind.*

next-of-kin *naasbestaandes.*

nice *fyn, subtiel, raak;* — distinction *fyn onderskeiding;* — observer *noulettende waarnemer;* — point *fyn/netelige punt;* **—ty** *fyn onderskeiding, spitsvondigheid.*

no-claim bonus *geeneis-bonus.*

no-fault compensation *skuldlose skadeloosstelling.* Vergoeding verkrygbaar uit 'n fonds, sonder bewys van skuld en sonder optrede teen die aanspreeklike persoon.

noisome and offensive trade *aanstootlike en hinderlike bedryf.*

nomenclature *benaming, nomenklatuur.*

nominal (1) *nominaal, bloot in naam;* (2) *onbeduidend;* — amount *nominale/nietige bedrag;* — capital *nominale kapitaal;* — damages *nominale skadevergoeding;* — partner *vennoot in naam, nominale vennoot;* — price/rent *nominale/onbeduidende/minimale prys/huur;* — value *nominale waarde.*

nominate (a) *benoem;* curator — *benoemde kurator.*

nominate (v) *benoem, nomineer;* **nomination** *benoeming, nominasie.*

non-acceptance *nie-akseptasie* (van 'n wissel).

non-access *geen toegang;* evidence of — *getuienis van geen toegang* (met betrekking tot swangerskap).

non-agression treaty *nie-aanvalsverdrag.*

non-aligned *onverbonde.*

non-appearance *nie-verskyning;* struck off the roll for — *weens nie-verskyning van die rol geskrap.*

non-attendance *afwesigheid, nie-verskyning.*

non-belligerent *nie-oorlogvoerend, neutraal.*

non-business day *nie-sakedag.*

non-committal *onbeslis, ontwykend, nieverbindend, nie-kompromitterend, opsetlik vaag.*

non-compliance *nie-nakoming.*

non-contributory pension scheme *niebydraepligtige pensioenskema.*

non-cooperation *lydelike verset, niesamewerking.*

non-direction *versuim om voor te lig, geen voorligting.*

non-disclosure *verswyging;* fraudulent — *bedrieglike verswyging/verheimliking;* material — *wesenlike verswyging;* negligent — *nalatige verswyging;* (by blootlegging van stukke) *nie-blootlegging, versuim om bloot te lê.*

non-feasance *nalating van 'n by wet voorgeskrewe handeling* (Engelsregtelik).

non-fulfilment *wanprestasie, nie-vervulling, nie-nakoming.*

non-joinder *nie-voeging.*

non-maintenance *ingebrekeblywing met onderhoud, versuim om te onderhou.*

non-negotiable *onverhandelbaar, nieverhandelbaar.*

non-observance *nie-nakoming, nieuitvoering, versuim.*

non-pathological inaccountability *niepatologiese onaanspreeklikheid.*

non-payment *wanbetaling.*

non-performance *wanprestasie, nienakoming, nie-uitvoering.*

non-resident shareholder *nie-inwonende aandeelhouer.*

non-return (affidavit of) *versuimverklaring, verklaring van versuim om huweliksregte te herstel.*

non-suit *absolusie van die instansie teen eiser toestaan;* he was **—ed** *absolusie is teen hom toegestaan* (Engelsregtelik).

non-support *ingebrekeblywing met onderhoud, versuim om te onderhou.*

non-user *nie-gebruik, nie-uitoefening van 'n reg.*

non-violent *vreedsaam.*

nonage (1) *minderjarigheid, onmondigheid;* (2) *onrypheid.*

norm *rigsnoer, vaste standaard;* **—ative** *normatief, van krag ten opsigte van iedereen.*

notable *aansienlik, merkbaar, opmerklik.*

notary *notaris;* — public *notaris* (die byvoeging van *public* is verouderd; **notarial** *notarieel;* — bond *notariële verband* (oor roerende goed).

note (n) *aantekening, opmerking; brief, nota;* advice — *adviesbrief;* allotment — *toekenningsbrief;* bank — *banknoot;* bought —

koopnota; broker's — *makelaarsnota;* consignment — *vragbrief;* cover — *dekkingsbrief;* credit — *kredietnota;* debit — *debietnota;* delivery — *afleweringsnota;* despatch —*versendingsnota;* goods received — *bewys vir ontvange goedere;* promissory — *promesse* (in omgangstaal *bewys);* rejection — *afkeuringsnota;* sales/sold — *verkoopnota.*

note (v) (1) *aanteken, noteer;* (2) *oplet, opmerk;* — a bill *'n wissel noteer* (weens wanbetaling); — an appeal *appèl aanteken;* — judgment *vonnis noteer.*

noter-up *byhouer.*

notice *bekendmaking, kennisgewing;* (beëindiging van regte) *opsegging;* — of appeal *kennisgewing van appèl;* application on — *aansoek met kennisgewing;* — of assessment *kennisgewing van aanslag;* — of dishonour *kennisgewing van ontering/dishonorering;* until further — *tot verdere kennisgewing;* — is hereby given *kennis geskied hiermee;* — of intent to defend *kennisgewing van voorneme om te verdedig;* judicial — *geregtelike kennisname;* — to produce *kennisgewing om bloot te lê;* — of protest *kennisgewing van protes;* — of set-down *kennisgewing van terrolleplasing;* — of termination *opsegging;* he is under — *hy het kennis gekry, hy is onder kennis, sy kontrak is opgesê.*

notify ('n persoon) *kennis gee, in kennis stel, verwittig;* ('n feit) *aanmeld;* **notifiable disease** *verpligte aanmeldbare siekte;* **notification** *kennisgewing, verwittiging; aanmelding.*

noting-slip *noteerrelaas.*

notion *begrip, denkbeeld,* **—ally** *begripsmatig;* exclude something — *iets begripsmatig uitsluit, iets wegdink.*

notorious (1) *algemeen bekend;* (2) *berug.*

notwithstanding *nieteenstaande, desondanks;* provisions to the contrary — *ondanks strydige bepalinge, strydige bepalinge ten spyt.*

novate (a debt) *'n skuld vernuwe;* **novation** *skuldvernuwing, novasie.*

novel (patentreg) *nuut, onbekend.*

noxious *skadelik;* — weeds *skadelike onkruid.*

nubile *hubaar.*

nude *bloot, kragteloos;* — prohibition *blote verbod* (sonder sanksie).

nugatory *kragteloos, waardeloos, nietig; beuselagtig.*

nuisance *ergernis, genotsbelemmering; hinder, oorlas;* commit a — *'n hinder veroorsaak;* — or annoyance *hinder of ergernis;* public — *openbare hinder.*

nullify *nietig maak/verklaar, vernietig; verydel;* **null** *nietig, ongeldig;* — and void *van nul en gener waarde, nietig;* **nullification** *nietigverklaring, vernietiging, verydeling;* **nullity** *nietigheid, nulliteit;* decree of — of marriage *nietigverklaring van 'n huwelik;* — suit *aksie om nietigverklaring van 'n huwelik.*

nuncupative (will) *mondelinge/nunkupatiewe testament.*

O

oath *eed;* administer an — to someone *iemand 'n eed oplê, iemand insweer, iemand onder eed stel;* break one's — *jou eed breek;* make — *'n eed sweer/aflê;* I make — and say *ek verklaar onder eed;* put someone on his — *iemand laat sweer;* release someone from his — *iemand van sy eed ontslaan;* swear an — *'n eed sweer;* take an — *'n eed aflê/sweer;* false — *meineed, valse eed;* — of allegiance *eed van trou/getrouheid;* — of office *ampseed;* — of secrecy *eed van geheimhouding;* be on/under — *by ede verbind wees;* refusal to take the — *eedsweiering;* **—breaker** *eedbreker;* **—breaking** *eedbreuk.*

obdurate *halsstarrig, koppig.*

obey *gehoorsaam.*

object (n) (1) *beoogde doel, mikpunt, oogmerk;* (2) *objek, voorwerp;* **—s** clause *doelstellingsklousule;* interpretation in furtherance of an — *doeldienende uitleg;* **—s** of a company *doelstellings van 'n maatskappy.*

object (to) **(v)** *beswaar maak, objekteer teen;* **—ion** *beswaar, objeksie;* allow an — *'n beswaar handhaaf;* disallow an — *'n beswaar afwys, van die hand wys;* grounds of — *gronde vir beswaar;* lodge — *beswaar aanteken;* overrule an — *'n beswaar verwerp/afwys;* make/raise/offer an — *'n beswaar opper/inbring;* sustain an — *'n beswaar handhaaf/gegrond bevind;* **—ionable** *aanstootlik, onderhewig aan beswaar, ongewens;* — matter in a petition *aanstootlike beweringe in 'n petisie;* **—or** *beswaarmaker;* conscientious — *gewetensbeswaarde.*

objective (a) *objektief;* — fact *objektiewe feit;* capable of — proof *objektief bewysbaar, vatbaar vir bewys deur middel van voorwerpe alleen.*

objective (n) *doelstelling, oogmerk.*

obligate *regtens verbind, verplig;* **obligation** (1) *verbintenis;*(2) *verpligting wat uit 'n verbintenis voortvloei;* accessory — *bykomstige/aksessore verbintenis;* contractual — *verbintenis uit kontrak, kontraktuele verbintenis,* obligatio ex contractu; delictual — *verpligting uit onregmatige daad,* obligatio ex delicto; divisible and indivisible **—s** *deelbare en ondeelbare verbintenisse;* law of **—s** *verbintenisreg;* under an — to *regtens verplig/gebonde om te;* **—s** under the contract *verpligtinge ingevolge die kontrak;* without — *sonder verpligting, vryblywend;* **obligatory** (1)*verbintenisskeppend;* (2) *verpligtend, bindend;* — pact *verbintenisskeppende ooreenkoms;* — right *reg uit 'n verbintenis.*

oblige (1) *verplig;* (2) *tevrede stel;* **—e** *skuldeiser* (persoon aan wie iemand hom kontraktueel verbind); **obligor** *skuldenaar* (persoon wat hom jeens 'n ander verbind).

oblique *skeef, skuins;* — dealings *knoeiery, slinkse handelinge;* — reference *sydelingse verwysing;* **obliquity** *afkeurenswaardigheid, laakbaarheid, verkeerdheid.*

obliterate *onleesbaar maak, uitvee, uitwis.*

obloquy *laster, smaad;* cast — upon *iemand belaster.*

obnoxious *aanstootlik, haatlik.*

obscene *liederlik, obseen, vuil;* — language *vuil/onkiese taal.*

obscure (a) *duister, obskuur, onduidelik.*

obscure (v) *verduister, vertroebel;* — the issue *die geskilpunt vertroebel.*

observe *opmerk, waarneem, in ag neem, nakom, nalewe;* **observance** *inagneming;* Sunday — *inagneming van die Sondag, Sondagsheiliging;* — of duty *nakoming van plig;* in the — of his duty *pligmatig, in die loop van sy pligte;* **observant** *oplettend, opmerksaam;* **observation** *aanmerking, opmerking, waarneming.*

obsession *dwanggedagte, obsessie.*

obsolete *in onbruik, uitgedien, verouderd, sonder regskrag;* **obsolescence** *neiging om in onbruik te raak, veroudering;* **obsolescent** *geleidelik verdwynend.*

obstacle *beletsel, hindernis.*

obstinacy *halsstarrigheid, koppigheid.*

obstreperous *rumoerig, lawaaierig; weerspannig, weerbarstig.*

obstruct *belemmer, in die weg staan, dwarsboom, obstruksie voer teen, verydel;* — the course of justice *die loop van die gereg belemmer/strem;* — the police *die polisie dwarsboom/hinder in die uitvoering van hul plig, obstruksie teen die polisie voer;* — a thoroughfare *'n deurgang versper;* **—ive** *belemmerend, hinderlik, obstruksievoerend, obstruktief.*

obtain (1) *behaal, verkry;* (2) *gebruiklik wees, geld, van toepassing wees;* this system of law —s there *hierdie regstelsel geld daar;* **—able** *verkrygbaar, bekombaar.*

obviate *uitskakel, voorkom, verhoed.*

obviously *klaarblyklik, dit spring in die oog.*

occasional *by geleentheid;* — criminal *geleentheidsmisdadiger.*

occupy (grond, 'n perseel) *beset, bewoon, in besit neem, okkupeer;* ('n amp) *beklee, beset;* **occupancy** *besetting, bewoning, inbesitneming, okkupasie;* **occupant** *bewoner, besetter, okkupant,* (van 'n amp) *bekleër,* (van 'n voertuig) *insittende;* **occupation** (van grond, 'n perseel) *bewoning, besetting, inbesitneming, okkupasie;* (werk) *ambag, beroep, nering;* be in — of a house *'n huis bewoon, okkupeer;* **occupational** *beroeps-;* — accident/disease/injury *beroepsongeluk, beroepsiekte, beroepsbesering;* **occupied territory** *besette gebied;* **occupier** (van grond, 'n perseel) *bewoner, besetter, okkupant;* (van 'n amp) *bekleër.*

occur *voorkom, hom voordoen;* **—rence** *voorval, gebeurtenis.*

odium *haat, smaad, veragting, vyandskap, odium.*

of *aan, van;* accuse — *aankla/beskuldig van;* find guilty — *skuldig bevind aan;* — age *meerderjarig, mondig.*

off-consumption (van sterk drank) *buiteverbruik;* — licence *buiteverbruiklisensie.*

off-sales *buiteverbruik, verkope vir buiteverbruik.*

offence *misdaad, misdryf, oortreding, vergryp;* (algemeen) *strafbare feit*; make something an — *iets strafbaar stel.* Sien **crime**.

offend (1) *aanstoot gee*; (2) *oortree;* — against the law *die wet oortree, 'n oortreding/misdryf begaan;* **—er** *oortreder;* first — *eerste oortreder;* fugitive — *voortvlugtige misdadiger;* old — *ou oortreder;* principal — *dader;* **offensive** *aanstootlik, hinderlik; beledigend;* — trade *hinderlike bedryf.*

offer (n) *aanbod* (mv. *aanbiedinge), bod, offerte* (maar nie *offer* nie, wat 'n ontoelaatbare anglisisme is); — of compromise *skikkingsaanbod;* — of marriage *huweliksaanbod;* make me an — *gee my 'n bod;* the property is on — *die eiendom is te koop, word te koop aangebied;* **—ee** *aanbodontvanger;* **—or** *aanbieder.*

offer (v) *aanbied, bied;* — resistance *weerstand bied;* — a reward *'n beloning aanbied;* — for sale *te koop aanbied;* — violence *met geweld dreig.*

office *amp, betrekking, pos;* (2) *kantoor, buro;* enter upon an — *'n amp aanvaar;* good —s *vriendskaplike tussenkoms;* hold — *'n amp beklee;* leave — *'n amp neerlê;* oath of — *ampseed;* — of profit *winsbetrekking;* —-seeker *aspirant, kandidaat vir 'n pos;* —-bearer/holder *ampsdraer, funksionaris.*

officer (1) *offisier;* — of the court *amptenaar van die hof* (praktisyn, in teenstelling met *court official, hofbeampte*); peace — *vredesbeampte;* police — *polisiebeampte;* (2) *amptenaar, beampte.* Daar bestaan geen vaste onderskeiding tussen die twee terme nie, net so min as tussen **officer** en **official.** Daar is egter 'n neiging om (i) *amptenaar* te reserveer vir die hoëre range en *beampte* vir die laere; en (ii) *beampte* geredeliker te gebruik waar die funksie of die hoedanigheid van die posbekleër nader omskryf word, bv. *mediese/uitvoerende beampte.*

official (a) *amps-, amptelik, offisieel;* — capacity *amptelike hoedanigheid;* — duty *ampsplig;* — oath *ampseed;* — secret *ampsgeheim, amptelike geheim;* **—dom** *die amptenary;* **—ese** *amptenaretaal, kanselarytaal.*

official (n) *amptenaar, beampte.* Sien **officer.**

officiate (as) *optree as.*

officious *gedienstig, bemoeisiek.*

offset *goedmaak, opweeg teen, vergoed, kompenseer.*

offspring *afstammelinge, nakomelinge, nakomelingskap.*

oligarch *lid van 'n klein heerserskring, oligarg;* **—y** *bewind van 'n klein groepie, oligargie.*

ombudsman *ombudsman.*

omen *voorteken;* **ominous** *dreigend, onheilspellend.*

omit *weglaat, uitlaat; nalaat, versuim;* — to perform a duty *nalaat om 'n plig te vervul;* **omission** (1) *uitlating, weglating;* (2) *late, nalate, versuim, nie-doen;* acts and **—s** *handelinge en versuime;* an act or — *'n doen of 'n late;* crime of — *misdaad van versuim, nalatingsmisdaad.*

omnibus *allesomvattend;* — act *versamelwet;* — resolution *omvattende besluit.*

onerous *beswarend, drukkend, knellend;* most — debt *knellendste/drukkendste skuld;* — provisions *drukkende bepalings;* — successor in title *opvolger vir 'n teenprestasie, opvolger* titulo oneroso (soos by koop, in teenstelling met *titulo lucrativo* of *ex causa lucrativa* dws sonder teenpretasie soos by 'n geskenk).

onslaught *aanslag.*

onus of proof *bewyslas, onus;* the — to prove that *die bewyslas dat.*

open (a) *oop, ope;* — account *oop rekening;* in — court *in die ope hof;* — endorsement *ope endossement;* — letter *ope brief;* — mandate *onbeperkte magtiging;* — market *ope mark;* with an — mind *met 'n oop gemoed, onbevange, onbevooroordeeld, vatbaar vir oortuiging;* — policy *oop polis* (waar die bedrag betaal te word nie vooraf bepaal is nie, maar bewys moet word); — question *onuitgemaakte saak;* — shop *ope bedryf* (waar die werkers nie almal vakbondlede hoef te wees nie); — to conviction *vatbaar vir oortuiging;* — to criticism *aanvegbaar, vatbaar vir kritiek;* — to doubt *aan twyfel onderhewig, twyfelagtig;* — verdict *onbesliste uitspraak.*

open (v) *oopmaak, open;* — an account *'n rekening open;* — a case *'n saak open/inlei;* — a file on *'n dossier/lêer open/aanlê.*

operate (1) *opereer* (op 'n rekening); (2) *funksioneer, van krag wees, werksaam wees;* the order will — as an interim interdict *die bevel geld as 'n tussentydse interdik;* — to *die uitwerking hê dat;* **operating** *bedryfs-;* — agreement *bedryfsooreenkoms;* — capital *bedryfskapitaal;* — costs *bedryfskoste, werkkoste;* — expenses *bedryfskoste;* — results *bedryfsresultate;* **operation** *bedrywigheid, operasie; geldigheid, regskrag, werking;* — of business *besigheidsbedrywigheid;* — of a sentence *werking van 'n vonnis;* come into — *in werking tree;* cost of — *bedryfskoste;* put a sentence into — *'n vonnis in werking stel;* the lease is determined by — of law *die huurkontrak word deur regswerking/van regsweë beëindig;* **operational** *operatief, in werking;* **operative** *in werking, operatief, van krag, van toepassing;* become — *in werking tree, van krag word;* — part of a clause *grondliggende gedeelte van 'n klousule;* — word (by uitleg) *grondliggende/bepalende woord;* **operator** *bediener, operateur.*

opinion *mening, oordeel, opinie, opvatting, sienswyse;* counsel's — *advokaatsopinie, regskundige advies, regsmening;* take counsel's — *regsadvies inwin;* in the — of the court *in die oordeel van die hof;* — evidence *deskundige getuienis, opiniegetuienis;* expert — *deskundige oordeel;* it is a matter of — *dit is geen uitgemaakte saak nie, dis 'n kwessie van opinie.*

oppose *bestry, teenstaan, weerstaan, opponeer;*

—d application *bestrede aansoek;* **opponent** *teenparty, teenstander, opponent.*

opposite *teenoorgesteld;* — party *teenparty, wederparty.*

oppress *onderdruk;* **—ion** (maatskappyreg) *onderdrukking;* **—ive** *knellend, onderdrukkend;* — agreement *knellende/drukkende ooreenkoms;* — conduct *onderdrukkende optrede;* **—or** *dwingeland, onderdrukker.*

opprobrium *oneer, skande, smaad, skuld, blaam.*

oppugn *bestry, betwis, weerspreek, ontken, weerlê.*

option *opsie, keuse.* Daar moet onderskei word tussen *opsie* **(pactum de contrahendo)**, *voorkoopsreg* en *terugkoopsreg.* Wanneer A aan B 'n opsie gee teen 'n sekere prys, is A verplig om aan B te verkoop indien B binne die gestelde tyd teen die ooreengekome prys wil koop. Wanneer A aan B 'n *voorkoopsreg* **(pre-emptive right, right of pre-emption, first refusal)** verleen het, is A nie verplig om te verkoop nie, maar indien hy wil verkoop, moet hy aan B voorkeur gee, en indien hy van C 'n aanneemlike aanbod kry, moet hy die saak eers aan B aanbied teen die prys wat hy van C kan kry. Wanneer A reeds aan B verkoop het en 'n **terugkoopsreg** voorbehou het, het hy voorkeur om terug te koop binne 'n gestelde tyd of by die plaasvind van 'n gebeurtenis waarop ooreengekom is. Hy besit dan die **ius retractus (right of retraction, right of recall)** of **ius retroemendo (right of repurchase)** en die ooreenkoms is 'n **pactum de retrovendendo (agreement of resale)**. Die **ius retractus** is 'n voorkoopsreg ten gunste van die vorige eienaar; call — *koopopsie;* — of a fine *keuse van 'n boete;* local — *plaaslike keuse;* put — *verkoopopsie;* traded — *verhandelbare opsie.*

optional *opsioneel, ter keuse, fakultatief;* — stipulations *bedinge na keuse.*

opulence *rykdom, weelde;* **opulent** *ryk, vermoënd, welgesteld.*

oral *mondeling;* — evidence *mondelinge getuienis.*

ordeal *beproewing, swaar toets.*

order (n) (1) *orde;* — and discipline *orde en tug;* established — of things *die gevestigde orde;* keep — *die orde bewaar/handhaaf;* law and — *wet en orde, reg en orde;* peace, — and good government *vrede, orde en goeie regering;* preserve — *die orde bewaar/handhaaf;* public — *die openbare orde/rus;* — of society, the social order *die maatskaplike orde.* (2) (hof) *bevel, order;* banning — *inperkingsbevel;* — as to costs *kostebevel, bevel insake koste;* — of court *hofbevel, order van die hof;* decision, ruling or — *beslissing, reëling of bevel;* final — *finale bevel;* issue an — *'n bevel uitreik/uitvaardig;* make an — 'n bevel/order gee. (3) (buite-geregtelik) *bevel, instruksie, lasgewing, opdrag, order;* any — lawfully given *enige wettige bevel;* by — of *op las van;* ship sails with sealed —s *skip seil met verseëlde orders;* stand under —s *onder bevel staan;* until further —s *tot verdere opdrag;* on the — of the manager *in opdrag van die bestuurder.* (4) (wissels) *order/opdrag;* bills and cheques payable to — *wissels en tjeks aan order betaalbaar;* pay to X or — *betaal aan X of order* (aan X of aan hom wat deur X by endossement aangedui word); a bill is an unconditional — in writing *'n wissel is 'n onvoorwaardelike skriftelike opdrag;* bills of lading to — *konnossemente aan order;* postal — *posorder.* (5) — of preference *rangorde/volgorde van voorkeur.* (6) (vergaderinge) *orde;* call to — *tot orde roep;* — paper *agenda, ordelys;* motion of — *ordemosie, ordevoorstel;* out of — *buite die orde;* point of — *punt van orde;* rule out of — *buite die orde reël;* standing **—s** *reglement van orde.* (7) (handel) *bestelling;* cash with — *kontant met bestelling;* — form *bestelvorm;* sell to — *op bestelling verkoop;* a standing — is valid until cancelled *'n deurlopende bestelling bly geldig tot opsegging.* (8) (toestand) *orde;* in good — and condition *in goeie toestand;* put in — *in orde bring;* out of — *buite werking, ondiensbaar, nie in orde nie;* the conviction is in — *die skuldigbevinding is in orde.*

order (v) (deur die hof) *beveel, gebied, gelas, order, voorskryf;* (in die handel) *bestel;* — an inquiry *'n ondersoek gelas;* — a meeting *'n vergadering gelas, gelas dat 'n vergadering byeengeroep word;* **well-ordered** *goed geordende.*

order-in-council *bevel-in-rade.*

orderly (a) *ordelik.*

orderly (n) *ordonnans.*

ordinance *ordonnansie;* draft — *konsepordonnansie.*

ordinary *gewoon;* — care *gewone sorg/sorgsaamheid;* — course of business *gewone loop/gang van sake;* — general meeting *gewone algemene vergadering;* — jurisdiction *gewone jurisdiksie;* — meaning *gewone betekenis;* — shares *gewone aandele;* — wear and tear excepted *gewone slytasie uitgesluit;*

ordinarily *gewoonlik, in die reël, normaalweg;* — resident at *gewoonlik woonagtig te.*
organization *organisasie;* affected — *aangetaste organisasie.*
origin *afstamming, herkoms, oorsprong;* domicile of — *domisilie van oorsprong;* office of — *kantoor van afsending/oorsprong;* **—al** *aanvanklik, oorspronklik;* — capital *oorspronklike kapitaal, stamkapitaal;* — powers of legislation *oorspronklike wetgewende bevoegdheid* (teenoor *afgeleide);* **—ate** (trans.) *in die lewe roep, voortbring;* (intrans.) *ontstaan, voortkom uit;* **—ator** *aanlegger, bewerker, skepper.*
orphan *wees, weeskind;* — chamber *weeskamer;* — master *weesheer.* Sien **Master**; **—age** *weeshuis;* **—ed** *ouerloos.*
ostensible *oënskynlik, sogenaamd, voorgewend.*
ostentatious *opsigtelik, spoggerig, pronkerig.*
ostracism *ostrasisme, verstoting uit die gemeenskap.*
other (than) *ander, behalwe;* in cases — than these *in ander gevalle as hierdie;* no person — than *niemand behalwe;* S v A and **—s** *S v A en andere;* a defence — than a bare denial *'n ander verweer as 'n blote ontkenning;* a court — than a circuit court *'n ander hof as 'n rondgaande hof, 'n hof wat nie 'n rondgaande hof is nie.*
otherwise *anders, op 'n ander manier, andersins; owerigens;* the desirability or — of *die wenslikheid of andersins van;* or — deal with *of anders handel met;* or — misbehaves himself *of hom andersins wangedra;* the merits or — *die meriete of die teengestelde, die meriete of demeriete, die meriete of andersins;* unless the court — directs *tensy die hof anders bepaal.*
oust *uitsit, uitsluit, verdring;* — jurisdiction *jurisdiksie uitsluit;* **—er** *verdringing, besitsontneming.*
out of court *buite die hof;* if that is so I am — — — *as dit so is het ek geen saak nie;* settled — — — *buite die hof geskik, in der minne geskik.*
out of wedlock *buite-egtelik.*
outbid *oorbie.*
outcast *verstoteling.*
outcome *afloop, resultaat, uitslag.*
outcrop *dagsoom.*
outdated *verouderd.*
outgoing *aftredend, uittredend* (bestuur, komitee); **—s** *onkoste, uitgawes.*
outlaw *voëlvryverklaarde; regtelose, buite die reg gestelde;* **—ry** *regteloosmaking.* Weens ongehoorsaamheid aan 'n hofbevel (Engelsregtelik, in 1938 afgeskaf).
outlay *besteding, uitgawes.*
outmoded *verouderd.*
output tax *uitsetbelasting* (by belasting op toegevoegde waarde).
outrage *gewelddaad, wandaad, growwe onreg;* a sense of shock or — *gevoel van skok en ontsteltenis* (in verband met 'n hof van appèl se bevoegdheid om teen 'n vonnis van die laer hof in te gryp); **—ous** *skandalig, verregaande.*
outskirts *buitewyke.*
outspan *uitspanning.*
outstanding (skulde, tjeks) *uitstaande;* — feature *besondere kenmerk.*
outstrip *oortref.*
over and above *benewens, bo en behalwe, buitendien.*
over-indulgence *oordaad.*
over-population *oorbevolking.*
overall (majority) *volstrekte meerderheid.*
overcharge *oorvra, te veel vra, te veel in rekening bring;* they **—d** me *hulle het my te veel laat betaal;* guilty of overcharging *skuldig aan oorvraging.*
overclaim *oorvordering, te hoog eis.* Sien **plus petitio** in Latynse deel.
overcome *oorkom, te bowe kom.*
overdraw *oortrek (het oortrek);* **—n** account *oortrokke rekening;* **overdraft** *(bank) oortrekking, oortrokke rekening.*
overdue *agterstallig;* — account *agterstallige rekening;* — bill *vervalle/opeisbare wissel;* payment is — *betaling is agterstallig.*
overhaul *opknap.*
overhead (costs) *algemene koste, bokoste.*
overlap (n) *oorvleueling;* (grond by foutiewe opmeting) *oorlêstuk.*
overlap (v) *gedeeltelik bedek, oorhang, oorvleuel.*
overlook (1) *oor die hoof sien, nie raaksien nie, miskyk;* (2) *deur die vingers sien, kondoneer, verskoon.*
overreach *kul, fop, uitoorlê;* — oneself *jou doel verbyskiet, jouself benadeel.*
override ('n beslissing) *neutraliseer, omverwerp, tenietdoen;* — one's mandate *jou bevoegdheid oorskry;* the Act **—s** the decision *die wet neutraliseer die beslissing;* **overriding** *die meerdere, oorheersend;* — factor *oorheersende faktor;* — jurisdiction *meerdere jurisdiksie;* — principle *deurslaggewende beginsel, grondbeginsel.*
overrule ('n beswaar) *afwys, van die hand wys, verwerp;* ('n vroeëre beslissing) *ver-*

werp; an **—d** decision *'n verworpe beslissing;* you are **—d** *u beswaar word afgewys;* he was **—d** *hy is oorstem, hy was in die minderheid.*

oversight *vergissing, fout, onoplettendheid, abuis, versuim.*

overspend *spandabel wees, te veel spandeer.*

overstate *oordryf, te hoog aangee;* — one's case *jou saak te hoog stel;* **—ment** *oordrywing.*

oversubscribe (a loan) *'n lening oorvolteken.*

overt *openlik, waarneembaar;* — act *waarneembare handeling.* Dit word inteenstelling met **nuda cogitatio** *blote voorneme* gebruik en kan ook bloot met *handeling* vertaal word; market — *openbare mark.*

overtax *oorbelas.*

overtime *oortyd;* work — *oortyd werk.*

overtrading *oorbesetting* (van die handel).

owe *skuld, verskuldig wees;* — a duty *'n verpligting hê;* — a duty of care *sorg verskuldig wees, verplig wees om die veiligheid van andere in ag te neem;* **owing** *verskuldig;* — to *ten gevolge van, vanweë, weens.*

own (a) *eie;* — cause *eie saak;* — fault *eie skuld;* benefit by your — wrong *uit jou eie onregmatige daad voordeel trek;* on one's — *op eie verantwoording, op eie houtjie, op jou eie;* he practises on his own *hy praktiseer op sy eie;* through no fault of his — *buite eie skuld, sonder sy eie toedoen;* **—able** thing *saak vir eiendom(sreg) vatbaar.*

own (v) *eienaar wees van, in eiendom hê, eien* (anglisisme). Die woord *besit* word vir *own* gebruik maar dit beteken **possess**; the thing **—ed** *die voorwerp van eiendom.*

owner *eienaar;* at —'s risk *op eienaarsrisiko, op risiko van die eienaar;* **—ship** *eienaarskap, eiendom, eiendomsreg;* acts of — *uitoefening van eiendomsregte, handelinge van eienaarskap;* exercise — *eiendomsregte uitoefen;* — of land *eiendom van grond;* — or occupation *eiendom of okkupasie;* state — *staatseiendomsreg;* transfer of — *eiendomsoordrag.*

P

pp (afkorting van **per procurationem**) *met magtiging van, namens, pp.*

pack (a jury) *'n jurie partydig saamstel.*

pact *ooreenkoms, verdrag.*

padded cell *beklede sel, isolasiekamer.*

padding *bladvulling, omhaal van woorde.*

paginate *pagineer, van bladsynommers voorsien.*

paid-up *opbetaal;* — policy/shares *opbetaalde polis/aandele.*

pain *moeite, pyn;* on — of *op straffe van;* — and suffering *pyn en lyding;* take/be at great **—s** to *jou baie moeite getroos om, baie moete doen om;* **—staking** *vlytig, ywerig.*

palmprint *palmafdruk.*

palpable *tasbaar.*

Pandects *Pandekte* (van Justinianus) *versameling van wette.*

panhandle *pypsteel* (fatsoen van grond).

paper: deliver a — *'n referaat lewer.*

par *pari;* at — *teen die nominale waarde, teen pari;* on a — with *op gelyke voet met.*

paradox *paradoks;* **—ical** *paradoksaal.*

paragon *model, toonbeeld.*

paragraph (n) *paragraaf.*

paragraph (v) *paragrafeer, in paragrawe verdeel.*

paramount *oorheersend, vernaamste;* — chief *opperhoof;* of — importance *van oorheersende belang.*

paranoia *paranoia, vervolgingswaansin.*

parastatal *semi-staats-.*

parate executie *parate eksekusie.* Verkoop van 'n pand sonder tussenkoms van die gereg.

pardon (n) *begenadiging, genadeverlening;* free — *algehele kwytskelding.* Die grense van die betekenis is onseker. Uit die Strafproseswet 1977 (a 327) kan afgelei word dat *begenadig* betrekking het op strafversagting met behoud van die skuldigbevinding terwyl *algehele kwytskelding* die skuldigbevinding ook uitwis; **—able** *verskoonbaar.*

pardon (v) *begenadig, genade verleen, grasie verleen; vryspreek, vergewe, verskoon.*

parent *ouer;* — company *moedermaatskappy;* — organization *moederorganisasie;* **—age** *afkoms;* **—al** authority *ouerlike gesag;* — powers *ouerlike magte;* **—hood** *ouerskap.*

pariah *uitworpeling.*

parity *gelykheid;* by — of reasoning *by analoë redenasie, dienooreenkomstig geredeneer.*

parlance *uitdrukkingswyse, manier van praat;* in common — *in gewone taal;* in legal — *in die regstaal.*

parol (evidence) *ekstrinsieke getuienis, getuienis buite die stuk om, getuienis van elders;* —

evidence rule *integrasiereël, reël dat 'n dokument uit homself verklaar moet word.*

parole *parool;* release on — *paroleer, iemand op parool vrylaat;* **—e** *geparoleerde.*

parricide (1) (die misdaad) *moord op 'n vader, moeder of ander naasbestaande, vadermoord, moedermoord,* parricidium; (2) (die persoon) *vader-/ouermoordenaar.*

part (n) *deel, gedeelte;* — and parcel of *onafskeidelik van, integrerende deel van;* — heard *gedeeltelik verhoor, onafgehandel;* of the one/first — and of the other/second — *aan die een kant en aan die ander kant, ter eenre en ter andere syde, die eerste party en die tweede party;* —owner *mede-eienaar;* — payment *afbetaling, gedeeltelike betaling, paaiement;* — performance *gedeeltelike prestasie, nakoming;* —time *deeltyds;* **—iality** *partydigheid.*

partiarian (lease) *deelsaaierskontrak.*

participate *deelneem aan;* — in crime *deelneem aan 'n misdaad;* — in the profits *in die winste deel, deel hê aan die winste;* **participating** *deelhebbend;* — bond *deelnemingsverband;* — shares *winsdelende aandele;* **participation** *deelneming, partisipasie;* — bond *deelnemingsverband;* — in deliberation *inspraak;* share — scheme *aandelepartisipasieskema, mede-aandeelhoudingskema;* **participative** *deelnemend, partisiperend;* — management *partisiperende maatskappybestuur.*

participation in crime *deelneming aan 'n misdaad.* Die betrokkenes by 'n misdaad kan in vier kategorieë ingedeel word: (1) hy wat andere tot die misdaad aanspoor: **inciter, instigator** *aanstigter, aanhitser;* **accessory before the fact** is Engelsregtelik en is ook *aanstigter* of *aanhitser;* (2) die werklike pleger: **actual perpetrator, principal offender** *dader;* **principal in the first degree** is Engelsregtelik en is ook *dader;* (3) hy wat die dader bystaan: **aider and abettor** *hulpverlener;* **co-principal** *mededader;* **accomplice** *medepligtige, aandadige;* die term **principal in the second degree** is Engelsregtelik en omvat ook diegene wat die dader bystaan; (4) hy wat die dader agterna help om die misdaad te verheimlik, maar wat nooit daaraan deelgeneem het nie: **accessory after the fact** *begunstiger.* Hy is geen deelnemer of medepligtige nie want voor sy toetrede was die hooffeit al gepleeg. Die vertaling *medepligtige na die daad* moet derhalwe afgekeur word. Ander terme in die deelnemingsleer is **socius criminis, particeps criminis** *deelnemer, medepligtige;* **common purpose** *gemeenskaplike doel;* **conspiracy** *sameswering;* **complicity** *medepligtigheid, aandadigheid;* **innocent agent** *skuldlose tussenpersoon;* **principal who acts mediately** *middellike dader;* **procure the commission of an offence** *pleging van 'n misdaad bewerkstellig.* Die **accomplice** *medepligtige* omvat die volgende: *aanstigter, hulpverlener* en *mededader* maar nie die *begunstiger* nie; **degrees of participation** *grade van deelneming.*

particular (a) *bepaalde, besondere;* — average *partikuliere awery.*

particular (n) *besonderheid;* further **—s** *verdere besonderhede;* further and better **—s** *verdere en vollediger besonderhede;* **—s** of claim *besonderhede van eis;* **—ity** *noukeurigheid, uitvoerigheid;* **—ize** *in besonderhede tree, noukeurig aangee, spesifiseer;* **—ly** *insonderheid, veral.*

partisan (a) *eensydig, partydig.*

partisan (n) *ondersteuner, trawant, partisaan.*

partition (n) (1) *skeiding, verdeling;* (2) *afdeling, afskorting, vakkie;* — suit *verdelingsaksie* (ten opsigte van mede-eiendom); — transfer *verdelingstransport.*

partition (v) *verdeel;* — off *afskei.*

partner *vennoot, firmant;* active — *aktiewe vennoot;* anonymous — *naamlose vennoot;* commanditarian —, — en commandite *kommanditêre vennoot;* dormant/sleeping — *stille vennoot;* limited — *beperkte vennoot;* managing — *besturende vennoot;* special — *spesiale/partikuliere vennoot;* — in crime *medepligtige;* **—ship** *vennootskap;* — at will *vennootskap vir onbepaalde tyd, wedersyds opsegbare vennootskap;* extraordinary — *buitengewone vennootskap,* verdeel in (1) limited — *beperkte v.;* (2) anonymous — *naamlose v.;* (3) commanditarian — *kommanditêre v.*

party *party;* — to an agreement *party tot 'n ooreenkoms;* contracting — *kontraktant, kontrakterende party;* — and — costs *party-en-partykoste, koste tussen party en party;* be a — to *deel hê aan;* become a — to *toetree tot;* — of the first (second) part *eerste (tweede) party;* interested — *betrokke party, belanghebbende;* opposite — *teenparty;* — respondent *responderende party;* — to a crime *medepligtige;* — to a suit *party tot 'n geding;* — wall *gemeenskaplike muur.*

pass (v) (1) (transitief) *aanneem, passeer;* — a bill *'n wetsontwerp aanneem;* — a bond *'n verband passeer;* — judgment *uitspraak gee, 'n oordeel vel;* — off *vals voordoen;* — off false coin *valse munt in omloop bring;* — a resolution *'n voorstel aanneem;* — sentence *vonnis oplê/vel;* — a test *'n toets slaag/deurkom;* — transfer *transport gee/passeer;* — on a question of law *'n regsvraag beslis* (Amerikaans). (2) (intransitief) the action does not — to the heirs *die aksie is nie vererflik nie, gaan nie oor op die erfgename nie;* the risk **—es** *die risiko gaan oor;* **—ing** *oorgang,* — of property *oorgang van eiendom.*

passive *lydelik, passief;* — debt *rentelose skuld;* — disobedience/resistance *lydelike ongehoorsaamheid/verset;* **passivity** *berusting, lydelikheid, nalating.*

past *afgelope, oud-, voormalige, gewese, vroeëre;* — conduct *vroeëre gedrag;* — recollection recorded *aantekening van 'n vroeëre herinnering.*

patent (a) *kennelik, klaarblyklik, sigbaar;* — ambiguity *klaarblyklike/kennelike dubbelsinnigheid;* — defect *sigbare/opvallende/ooglopende gebrek;* — error *klaarblyklike/onmiskenbare fout;* letters — (1) *patentbrief;* (2) *Ope Brief* (koninklike bekendmaking).

patent (n) *patent;* — agent *patentbesorger, patentagent;* — of addition *bykomstige patent;* apply for a — *'n patent aanvra;* grant a — *'n patent verleen;* — office *patentekantoor;* — pending *patent hangende/onder oorweging.*

patent (v) *patenteer, 'n patent uitneem op;* **—ee** *patenthouer.*

paternal *vaderlik, aan vaderskant;* — powers *bevoegdhede van die vader, vaderlike magte;* **—istic** *neerbuigend, paternalisties.*

paternity *vaderskap;* acknowledgment of — *erkenning van vaderskap.*

patient *pasiënt,* State President's — *Staatspresidentspasiënt.*

patriarchy *patriargaat.*

patricide. Sien **parricide**.

patrilineal *in die manlike linie/lyn.*

patrimonial (1) *oorgeërfde, wat tot die vaderlike erfgoed behoort;* (2) *wat die vermoë raak, vermoëns-, patrimonieel;* — loss *vermoënskade.*

patrimony *erfgoed; stoflike vermoë.*

pauper *behoeftige;* — suit *armmansgeding, geding in forma pauperis.*

pawn (n) *pand* (vir kleiner roerende goed, gewoonlik in 'n lommerd of pandjieswinkel, in teenstelling met **pledge** *pand* vir groter roerende goed; accept in — *in pand neem;* give in — *verpand;* take out of — *pand uitlos;* —broker *lommerdhouer;* **—ee** *pandnemer;* **—er** *pandgewer;* —shop *lommerd.*

pawn (v) *verpand.*

pay *betaal;* — into court *geregtelik inbetaal;* — off (werknemers) *afbetaal;* — on account *afbetaal, in mindering betaal;* — out *uitbetaal;* the one **—ing** the other to be absolved *betaling deur een die ander vry te stel;* **—able** *betaalbaar, opeisbaar, opvorderbaar;* bills — *betaalbare wissels;* **—ee** *nemer (van 'n wissel);* account — only *alleen aan nemer;* **—ment** *betaling, voldoening, vereffening, delging; paaiement;* default of — *wanbetaling;* in — of *ter vereffening/betaling van;* — in kind *betaling in goed/in natura;* — into court *geregtelike inbetaling;* on — of *teen betaling van;* terms of — *betaalwyse, terme van betaling;* **—roll** *betaalstaat.*

peace *vrede, rus, die openbare orde;* breach of the — *rusverstoring, vredebreuk;* justice of the — *vrederegter;* keep the peace *die vrede bewaar;* — of mind *gemoedsrus;* leave in — *met rus laat, in vrede laat;* — officer *vredesbeampte;* —, order and good government *vrede, orde en goeie regering;* **—able** *vreedsaam;* — and quiet possession *vreedsame en ongestoorde besit;* **—ful** *vreedsaam;* in — possession *in ongestoorde besit.*

peculate *(geld) verduister, steel.*

peculiar *besonder, eienaardig;* — to *eie aan, kenmerkend van;* substantial and — interest *wesenlike en besondere belang;* **—ly** *in die besonder, besonderlik;* facts — within his own knowledge *feite besonderlik binne sy eie kennis/aan hom bekend.*

pecuniary *geldelik, vermoëns-;* — claim *geldvordering;* — consideration *geldelike teenprestasie;* — difficulties *geldnood;* — loss *geldelike verlies.*

peddle *smous met;* **pedlar** *marskramer.*

pederast *pederas, homoseksueel.*

pedigree *afkoms, afstamming;* declaration as to — *verklaring omtrent afstamming.*

pedophile *pedofiel.* Afwykeling by wie kinders die voorkeur as seksobjekte kry.

peep *afloer.*

peeping Tom *afloerder.*

peg ('n kleim) *afpen;* (posisie) *vaspen;* **—ging** act *vaspenwet.*

penal *bestraffend, straf-, rakende straf;* — act *strafbare daad;* — action *strafsaak;* — clause *strafbepaling;* — code *strafwetboek;* — colony *strafkolonie;* — element *strafelement, bestraffende element;* — forfeiture *verbeuring as straf;* — interest *boeterente, strafrente;* — law *strafreg;* — provisions *strafbepalings;* — regulation *strafverordening, strafregulasie;* —

retribution *strafvergelding;* — servitude *gevangenisstraf met dwangarbeid;* — statute *strafinstellende wet;* — sum *boetebedrag, strafsom* (afgesproke bedrag by wanprestasie).

penalize *strafbaar stel; bestraf, penaliseer.*

penalty *boete, dwangsom, straf;* carry a — *'n strafbedreiging bevat;* — clause *boetebeding, strafbeding;* compensatory — *vergoedende boete;* death — *doodstraf;* under — of *op straffe van;* — interest *boeterente.*

penchant (for) *neiging tot.*

pending *hangende, in afwagting van;* — the fulfilment of the condition *hangende die vervulling van die voorwaarde;* — a reply *in afwagting van 'n antwoord;* — the trial *hangende die verhoor;* — the State President's pleasure *na die goeddunke van die Staatspresident.*

penetrating *indringend.*

penology *penologie.*

pension (n) *pensioen.*

pension (v) *pensioeneer;* **—er** *pensioentrekker, gepensioeneerde.*

pensionary *pensionaris* (bekleër van 'n amp).

peppercorn consideration *nominale teenprestasie.* Engelsregtelik.

perempt (your right of appeal) *jou reg van appèl verbeur/perempteer* (as gevolg van optrede in stryd met die voorneme om te appelleer).

peremptory *afdoende, gebiedend, beslissend, volstrek, wat geen teenspraak duld nie, peremptoor;* — provision *gebiedende bepaling;* — plea *afdoende/peremptore pleit.* Sien **plea**.

perennial *langdurig, meerjarig, voortdurend;* — stream *standhoudende stroom.*

perform (obligations) *verpligtinge nakom/uitvoer/vervul, presteer;* **—ance** *nakoming, uitvoering, voldoening, vervulling, prestasie;* part — *gedeeltelike prestasie;* specific — *spesifieke nakoming, reële eksekusie;* substantial — *wesenlike vervulling;* substituted — *vervangende prestasie;* **—ing** right *opvoerreg.*

performance-competition *prestasie-mededinging.*

perfunctory *oppervlakkig, vlugtig.*

peri-urban *omstedelik.*

peril *gevaar, risiko;* added — *bykomende gevaar;* do so at your — *doen dit op eie risiko/verantwoording;* **—ous** *gevaarlik;* **—s** of the sea *gevare van die see.*

period *tydperk;* — of grace *respytdae;* — of possible conception *tydperk van moontlike ontvangenis;* — of warranty *waarborgtyd;* **—ic** court *periodieke hof;* **—ical** imprisonment *periodieke gevangenisstraf.*

perish *tenietgaan* (die voorwerp van 'n verbintenis).

perjure (oneself) *meineed pleeg, 'n valse eed aflê;* **—r** *meinedige, eedbreker;* **perjury** *meineed, eedbreuk;* common law — *gemeenregtelike meineed;* statutory — *statutêre meineed;* subornation of — *uitlokking tot meineed.*

permanent *blywend, permanent, vas;* — abode *vaste verblyfplek;* — employment *vaste indiensneming* (vir onbepaalde tyd, met kennisgewing wedersyds); — total incapacity *blywende totale ongeskiktheid.*

permit (n) *permit, verlofbrief, pas, vergunning.*

permit (v) *toelaat, vergun, veroorloof, permitteer;* **permissible** *geoorloof, toelaatbaar, verskoonbaar;* **permission** *toestemming, vergunning, verlof, permissie;* **permissive** *toeskietlik, veroorlowend, permissief, tolerant;* — provision *permissiewe/toelatende bepaling* (teenoor *gebiedende*). Die terme **directory** *aanwysend en* **imperative** *gebiedend* is meer gebruiklik; **—ted** area *gebied met vergunning, beboubare gebied;* **—ted** degrees of consanguinity *toegelate grade van bloedverwantskap.*

pernicious *verderflik, skadelik, nadelig, noodlottig, pernisieus.*

perpetrate (a crime) *'n misdaad pleeg/begaan;* **perpetration** *pleging;* actual **perpetrator** *dader.* Sien **participation in crime**.

perpetuate *bestendig, laat voortbestaan;* **perpetual** *ewigdurend;* decree of — silence *bevel van permanente stilswye;* — quitrent *ewigdurende erfpag.* Sien **quitrent**; in **perpetuity** *in die oneindige, onbepaald;* rule against perpetuities *verbod op ewigdurende regte, op ewigdurende gebondenheid van goedere.*

perquisite *randvoordeel, byvoordeel, byverdienste, toegif.*

perquisites *byvoordele.*

persecute *lastig val, kwaadwillig vervolg;* **persecution** *vervolging;* **persecutor** *vervolging.*

persevere *volhard, aanhou.*

persist (in) *volhou met;* **—ent** *volgehoue, volhardende.*

person *persoon;* — aggrieved *verongelykte/gegriefde persoon;* artificial/fictitious/juristic/legal — *regspersoon;* crimes against the — *misdade teen die persoon;* — in command *bevelvoerende/gesagdraende persoon, bevelvoerder, gesagvoerder;* — in custody *aange-*

houdene, arrestant, gearresteerde; in — *persoonlik;* law of **—s** *personereg;* natural — *natuurlike persoon;* **—al** *persoonlik;* — action *persoonlike aksie;* — liability *persoonlike aanspreeklikheid;* — right *persoonlike reg, vorderingsreg;* — security *persoonlike sekuriteit* (in teenstelling met vaste eiendom); — servitude *persoonlike serwituut;* — union *personele unie.* Volkeregtelike verhouding van onafhanklike state met dieselfde persoon as staatshoof; **—ality** *persoonlikheid;* juristic/legal — *regspersoonlikheid;* rights of — *persoonlikheidsregte;* **—alty** *roerende goed.* Engelsregtelik.

personate *jou voordoen as, personeer;* **personation** *identiteitsbedrog, personasie.*

personnel *personeel.*

persuade *oortuig, oorreed, oorhaal, ompraat;* I am **—d** that *ek is daarvan oortuig dat;* **persuasion** *oorredingskrag, oorreding, oortuiging;* **persuasive** *oorredend, oortuigend;* — authority *oorredende gesag.*

pertain (to) *behoort tot, betrekking hê op;* **pertinence** *gepastheid, saaklikheid;* **pertinent** *ter sake, pertinent.*

perturb *ontstel, verontrus.*

peruse *insae neem van, sorgvuldig deurlees;* — and consider *deurlees en oorweeg;* **perusal** *sorgvuldige deurlesing.*

pervert (n) *afgedwaalde, afvallige, verdorwene, afwykende, ontaarde, geperverteerde;* sexual — *persoon met onnatuurlike geslagsdrange.*

pervert (v) *verdraai, verderf, verlei, op die dwaalspoor bring, afvallig maak, perverteer;* **perversion** *verdraaiing, verstoring, omkering, verleiding; afvalligheid, verwording, verdorwenheid, perversie;* **perversity** *verkeerdheid, dwarsheid, hardnekkigheid; verdorwenheid, slegtheid, perversiteit.*

petition (n) *petisie, versoekskrif;* claim by way of — *by wyse van petisie eis.*

petition (v) *by wyse van petisie aansoek doen, petisioneer;* — the court *'n petisie tot die hof rig, die hof by wyse van petisie nader;* **—er** *petisionaris;* wherefore your — humbly prays *weshalwe u petisionaris eerbiedig versoek;* **—ing** creditor *petisionerende skuldeiser.*

pettifogger *kibbelaar, vitter, onbenulligheidsventer, bogprater.*

petty *gering, klein, kleingeestig, kleinlik, nietig;* — case *klein sakie, krakeelsakie;* — cash *kleinkas;* — offence *geringe oortreding;* — theft *klein/geringe diefstal.*

phase out *geleidelik uitskakel.*

phoney *nagemaak, oneg, vals, geveins.*

physical integrity *fisiese integriteit.*

pick (a lock) *'n slot oopsteek;* — a pocket *uit iemand se sak steel;* **—lock** *slotoopsteker;* **—pocket** *sakkeroller, goudief.*

picket (n) *wagpos.*

picket (v) (by stakings) *wagposte plaas.*

piecemeal *stuksgewyse.*

pilfer *by die klein maat steel, ontfutsel;* **—age**, **—ing** *stelery van kleinighede.*

pillage *plunder.*

pique *ergernis, wrok;* **—d** *vererg.*

pirate *kaper, seerower, vrybuiter; letterdief;* — taxi *kapertaxi;* **piracy** *kapery, seeroof, seerowery, vrybuitery; inbreuk op outeursreg, letterdiewery; plagiaat;* **pirated** edition *ongeoorloofde nadruk, roofdruk.*

pittance *karige loon, afskeperige vergoedinkie.*

pivotal: — role *deurslaggewende rol.*

placaat *plakkaat.*

place (v) *plaas;* — an order *'n bestelling plaas;* — restrictions upon *beperkings plaas/oplê;* **placing** of shares *plasing van aandele.*

plagiarize *iemand naskryf, plagiaat pleeg;* **plagiarism** *letterdiefstal, naskrywery, plagiaat;* **plagiarist** *letterdief, naskrywer, plagiaatpleger.*

plagium *menseroof.* Sien **kidnapping**.

plain *duidelik, klaarblyklik;* the — meaning of the words *die voor die hand liggende betekenis van die woorde;* **—ly** *openhartig, openlik, rondborstig, ronduit;* — wrong *klaarblyklik verkeerd.*

plaintiff *eiser* (vroulik: *eiseres*).

plan *plan, plantekening, skets;* — of contribution *kontribusierekening;* — of distribution *distribusierekening.*

plant: — an illicit article on someone *'n onwettige voorwerp aan iemand onderskuif, op iemand plant* (anglisisme).

plausible *aanneemlik, glad van tong, plousibel.*

plea. I. In die siviele prosesreg is *pleit* die gebruiklikste hoewel *verweerskrif* ook gangbaarheid het. In sy primêre betekenis is *pleit* 'n geding ('hy het die pleit gewen') of 'n argument, en 'n *pleiter* is 'n pleitbesorger of 'n woordvoerder. Moontlik onder Engelse invloed is *pleit* egter ingeburger vir **plea**. Alle moontlike antwoorde op 'n deklarasie of uiteensetting van eis val onder een van drie hoofde: (a) *verwere* (defences) in die gewone pleit of verweerskrif vervat; (b) *eksepsies* (exceptions); (c) *spesiale pleite* (special pleas) wat (i) *opskortend* (dilatory) of (ii) *afwysend* of *deklinatoor* (plea in bar, declinatory plea), of (iii) *afdoende* of *peremptoor* (plea in abatement, peremptory plea) kan wees. Die drie spesiale pleite word soms saamgevat in die uitdrukking **pleas in abatement** of **peremptory pleas**; — of general issue *pleit van algemene ontkenning;* costs to date of — *koste tot datum van pleit;* — over *pleit op die meriete, pleit ondanks eksepsie;* — bargaining *pleitonderhandeling.*

plea. II. In die strafprosesreg *pleit* die beskuldigde op die aanklag en wat hy gesê het is sy *pleit;* — of guilty/not guilty *pleit van skuldig/onskuldig.* Taalkundig is *skuld beken* en *skuld ontken* ook in orde maar die terme is ongeskik waar die klem op die aard van die pleit val; before — *voor die pleit;* take the **—s** *die pleite neem;* explanation of — *pleitverduideliking* (prosedure ingevolge a. 115 van die Strafproseswet).

plea. III. Buite die prosesreg is **plea** 'n *pleitrede* of *pleidooi.*

plead (1) In die prosesreg, siviel sowel as strafregtelik, *pleit;* they — payment *hulle pleit betaling, hulle voer betaling aan;* — over *op meriete pleit ondanks eksepsie;* — to a charge *op 'n aanklag pleit;* — to a declaration *op 'n deklarasie pleit;* — guilty/not guilty *skuldig/onskuldig pleit;* I — inexperience *onervarenheid is my verontskuldiging;* (2) (in nie-juridiese betekenis) *'n pleidooi lewer, 'n pleitrede voer.*

pleader (1) (opsteller van pleitstukke) *pleiter;* (2) (persoon wat 'n pleidooi of pleitrede lewer) *pleiter, pleitbesorger, woordvoerder.*

pleadings *pleitstukke, prosesstukke;* — are closed *die pleitstukke is gesluit.* Die opeenvolging van pleitstukke is soos volg (prakties gaan dit nooit verder as replikasie nie):
particulars of claim *besonderhede van eis*
plea, *pleit*
replication, *replikasie*
rejoinder, *dupliek*
surrejoinder, *tripliek*
rebutter, *tweede dupliek*
surrebutter, *tweede tripliek*

please *behaag;* as Your Lordship **—s** *soos dit die hof behaag;* may it — the court *mag dit die hof behaag;* **pleasure** *behae;* pending the State President's pleasure *na die Staatspresident se goeddunke.*

plebiscite *volkstemming, referendum, plebissiet.*

pledge (n) *pand, pandgewing*; give in — *in pand gee;* release from — *van pandreg vrystel;* take the — *afskaffer word.* Sien **pawn**.

pledge (v) *in pand gee, verpand;* — oneself *jou plegtig verbind tot;* — someone's credit *skuld namens iemand aangaan;* **—d** property *verpande goed;* **—e** *pandhouer, pandnemer;* **pledgor** *pandgewer.*

plenary *geheel, onbeperk; voltallig;* — meeting *voltallige vergadering;* — powers *absolute volmag;* — session *voltallige sitting.*

plene administravit *klaar beredder.*

plenipotentiary (a) *gevolmagtig, met absolute mag beklee;* minister — *gevolmagtigde minister.*

plenipotentiary (n) *gevolmagtigde.*

plethora *oorvloed, veelheid.*

plot (n) (1) *samewering, komplot;* (2) *klein plasie, kleinhoewe;* (3) *bouperseel, erf.*

plummet *neerstort, vinnig daal.*

plunder *besteel, plunder, beroof;* **—er** *plunderaar, rower.*

pluralistic *pluralisties, meervoudig.*

plurality *meerderheid, meervoudigheid;* — of creditors *meerdere skuldeisers, meerderheid van skuldeisers.*

poach *stroop, wild steel;* **—er** *stroper, wilddief;* **—ing** *wilddiewery.*

point (n) *punt;* a case in — *'n geval ter sake, 'n goeie voorbeeld, 'n pertinente/analoë/dergelike geval;* — at issue *geskilpunt;* at the — of death *sterwende, op sterwe;* carry a — *jou sin kry;* in — of time *wat die tydstip betref;* make a — *'n punt tuisbring/beredeneer, ontwikkel;* — of law *regspunt;* reserve a — of law *'n regsvraag voorbehou;* — of view *sienswyse, gesigspunt;* miss the — *die saak nie snap nie/miskyk;* raise a — *'n punt opper;* take a — *'n punt aanvoer/opper;* short and to the — *kort en saaklik;* come to the — *ter sake kom;* in — of fact *in der waarheid, in werklikheid; op stuk van sake;* you have a — there *daar is jy reg;* be on the — of *op die punt staan om*; at this — in time *op hierdie tydstip;* **—less** *sinloos, betekenisloos.*

point (v) *aandui, aanwys;* — out ('n plek, 'n verdagte op 'n uitkenningsparade) *aanwys.* In hierdie betekenis is *uitwys* 'n anglisisme; — out that *daarop wys dat.*

poison (n) *gif;* **(v)** *gif ingee, vergiftig.*

polemic *pennestryd, twisgeskryf;* **—s** *polemiek.*

police (n) *polisie;* — cell *polisiesel;* — dog *polisiehond, speurhond;* — force *polisiemag;* —man *polisiebeampte, konstabel;* — officer *polisie-offisier;* — post *polisiepos;* — raid *polisieklopjag;* — state *polisiestaat;* — station *polisiestasie/kantoor;* — trap *polisiestrik/-lokval/-lokvink;* — woman *polisievrou, vroulike polisiebeampte.*

police (v) *polisieer, onder polisiebewaking stel.*

policy (1) (insurance) *assuransiepolis, versekeringspolis;* all-risks — *alrisiko-polis;* annuity — *lyfrentepolis;* comprehensive — *allesomvattende polis;* covering — *dekkingspolis;* death duty — *sterfregtepolis;* debenture — *obligasiepolis;* endowment — *uitkeringspolis;* fire — *brandpolis;* floating — *vlottende/oop polis;* —holder *polishouer;* instalment — *paaiementspolis;* joint life —*gesamentlike lewenspolis;* — loan *polislening;* marine — *marinepolis;* open — *oop/vlottende polis;* paid-up — *opbetaalde polis;* sinking — *delgings-/amortisasiepolis;* time — *tydpolis;* whole-life — *hele-lewenspolis.* (2) *beleid;* public — *openbare belang/beleid, staatsgedragslyn, regsgevoel van die gemeenskap.*

politic *geslepe, taktvol, verstandig;* body — *samelewing, staatsbestel, die staat;* **—al** *politiek, staatkundig;* — offence *politieke misdaad;* the — order *die staatsbestel, staatkundige bestel.*

polity *staatsvorm, staatsreëling, staatsbestel.*

poll tax *kopbelasting.*

pollution *besoedeling.*

polygamist *beoefenaar van veelwywery, poligamis, veelwywer;* **polygamy** *poligamie, veelwywery.*

pontificate *hiet en gebied, voorskryf.*

pool *bymekaargooi, saamvoeg.*

pornography *pornografie, veelwywery.*

port *hawe;* — authority *hawebestuur;* — toll/dues/duties *hawegelde.*

porterage *draagloon, kruiersloon.*

portfolio (1) *portefeulje* (lys aandele, beleggings ens); minister's — *minister se portefeulje.*

portion *deel, erfdeel, porsie;* child's — *kindsdeel;* legitimate — *legitieme porsie;* minor's — *minderjarige se deel;* survivor's — *deel van die langslewende.*

portrayal *uitbeelding, voorstelling.*

poser *raaisel, strikvraag, kwelvraag.*

posit *vooropstel, poneer, postuleer.*

positive *aboluut seker, bepaald, beslis, positief, stellig;* — malperformance *positiewe wanprestasie;* — law *landsreg, positiewe reg.*

possess *besit;* **—ion** *besit;* actual — *daadwerklike besit;* adverse — *strydige besit;* constructive — *fiktiewe/veronderstelde besit;* doctrine of recent — *leerstuk van onlangse besit;* indirect — *indirekte/onregstreekse besit;* lawful — *regmatige besit;* restore — *besit herstel;* take — of *beslag lê op, besit neem van;* undisturbed — *ongestoorde besit;* — is nine points of the law *salig is die besitter* (nie-juridies); **—ive** *besitlik, inhalig;* **—or** *besitter;* bona fide — *besitter te goeder trou;* mala fide — *besitter te kwader trou;* **—ory** *besits-, possessories;* — action *besitsaksie;* — interdict *besitsinterdik;* — remedy *besitsremedie, possessoriese regsmiddel;* — rights *besitsregte;* — title *besitstitel.*

possible verdict *geoorloofde uitspraak.*

possibly *allig, dalk, miskien, moontlik.*

post (v) (rekeningboeke) *oorboek, pos;* — an entry *'n pos inskryf;* keep a register duly **—ed** *'n register behoorlik byhou;* **—ed** on *ingelig oor;* proof of **—ing** *bewys van terposbesorging;* **—date** *vooruit dateer;* **—dated** cheque *vooruitgedateerde tjek.*

posthumous *postuum;* — child *postume kind;* — works *postuum uitgegewe werke.*

post-mortem *lykskouing, nadoodse ondersoek;* judicial — *geregtelike doodsondersoek.*

post-nuptial *nahuweliks;* — contract *nahuwelikse kontrak;* — debts *nahuwelikse skulde;* — execution and registration *nahuwelikse verlyding en registrasie.*

postpone *uitstel.* Sien **adjourn**; **—d** sentence *uitgestelde vonnis;* **—ment** *uitstel.*

postulate (n) *veronderstelling, uitgangspunt, stelling waarvandaan daar uitgegaan word, postulaat.*

postulate (v) *veronderstel, sonder bewys as vasstaande aanneem, postuleer.*

postwrit (bill) *eksekusierekening, uitwinningsrekening.*

potable water *drinkbare water, drinkwater.*

potential (a) *moontlik, potensieel;* — loss/prejudice *moontlike/potensiële verlies/nadeel.*

potential (n) *vermoë om, potensiaal.*

potestative (condition) *willekeurige/potestatiewe voorwaarde.*

pound *skut.*

power *bevoegdheid, mag, magtiging, volmag;* abuse of — *magsmisbruik;* — of attorney *prokurasie* (insonderheid aan 'n prokureur om 'n geding voort te sit), *volmag* (algemeen), *volmagsoorkonde* (die dokument waarin die magtiging vervat is); balance of — *magsewewig;* — base *magsbasis;* — coupled with a duty *bevoegdheid gepaard met 'n verpligting;* division of — *magsverdeling;* full **—s** *volmag;* general/irrevocable/special — of attorney *algemene/onherroeplike/ spesiale prokurasie* of *volmag;* legislative — *wetgewende magte;* — politics *magspolitiek;* by virtue of the **—s** entrusted to me *kragtens die bevoegdheid aan my toegeken/verleen;* — of veto *vetoreg, reg van veto;* **power-sharing** *magsdeling.*

practicable *doenlik, uitvoerbaar.*

practice (1) *praktyk;* attorney's — *prokureurspraktyk;* commercial — *kommersiële praktyk, handelspraktyk, praktyk van die handel;* corrupt/sharp — *wanpraktyk;* (2) *prosesreg;*

civil — *siviele proses;* criminal — *strafproses, strafvordering;* a rule of — (nie in die hofreglement nie maar deur die praktyk in ag geneem) *'n reël van die praktyk.*

practise *in die praktyk staan, praktiseer;* — a profession *'n beroep uitoefen;* **practitioner** *praktisyn;* general — *algemene praktisyn;* legal — *regspraktisyn.*

praedial *saaklik, met betrekking tot grond;* — servitude *erfdiensbaarheid, saaklike serwituut.*

praelegate *prelegateer;* **praelegacy** *prelegaat;* **praelegatee** *prelegataris.*

pray *aanvra, versoek;* wherefore your petitioner humbly **—s** *weshalwe u petisionaris eerbiedig vra;* **—er** *bede, regsvordering;* — for relief *bede om regshulp.*

pre-empt *deur middel van voorkoop verkry;* **—ion** *voorkoop;* right of —, pre-emptive right *reg van voorkoop, voorkoopsreg.* Sien **option**; **pre-emptive** strike *voorkomende aanslag*; act **pre-emptively** *tydig ingryp.*

pre-incorporation (contract) *kontrak voor inkorporasie.*

pre-trial *voorverhoor;* — conference *voorverhoorkonferensie;* — procedure *proses vooraf* (meervoud *prosesse vooraf);* — minute *voorverhoor-minuut.*

preamble *aanhef, konsiderans, voorrede.* In Nederlands word ook *overweging* gebruik na aanleiding van die passasie 'Alzo wij in overweging hebben genomen' aan die hoof van wette.

precarious *ter bede, met verlof;* — possession *besit ter bede, besit met verlof;* — rights *willekeurig opsegbare regte.*

precatory *versoekend;* — words *versoekende woorde* (wat bloot 'n begeerte uitdruk en nie gebiedend is nie).

precaution *voorsorg, voorsorgsmaatreël.*

precede *voorafgaan;* **—nce** *voorkeur, prioriteit, voorrang;* give — to *voorkeur gee aan;* have/take — over *voorkeur hê bo, voorrang geniet bo;* in order of — *in volgorde van voorkeur;* **—nt** *presedent;* condition — *opskortende voorwaarde;* lay down a — *'n presedent skep;* legal — *geregtelike presedent;* it is without — *dit is ongeëwenaard, dit is sonder weerga/presedent.*

precept *grondreël, voorskrif;* according to the **—s** of natural justice *volgens die grondreëls van natuurlike geregtigheid.*

precincts (1) *omliggende grond, onmiddellike omgewing;* — of the court *omgewing/nabyheid van die hof;* (2) *grense.*

precipitate (a) *oorhaastig, gejaag, onbesonne, halsoorkop.*

precipitate (v) *aan die gang sit, die stoot gee, verhaas, versnel.*

precise *noukeurig, presies;* **precision** *noukeurigheid, presiesheid, eksaktheid.*

preclude *belet, uitsluit, verhinder, voorkom.*

preconceive *mening vooraf vorm;* **—ed** idea/notion *vooroordeel, vooropgesette mening;* **preconception** *vooroordeel, vooropgesette mening.*

precondition *voorvereiste.*

predate *vooruitdateer.*

predecease (n) *vooroorlye.*

predecease (v) *vooroorly, eerste te sterwe kom;* **—d** *eerssterwende, vooroorledene.*

predecessor *voorganger;* — in title *regsvoorganger, voorganger in titel.*

predicament *haglike toestand, penarie.*

predilection *partydigheid, vooringenomenheid.*

predominate *oorheers, oorweeg, die deurslag gee;* **predominant** *oorheersend, oorwegend, deurslaggewend.*

prefer *verkies, voorkeur gee aan, prefereer;* — one creditor above another *aan een skuldeiser bo ander die voorkeur gee;* — a charge *'n aanklag inbring;* **—able** *verkieslik;* **—ence** *voorkeur, preferensie;* order of — *rangorde van voorkeur;* — share *voorkeuraandeel, preferente aandeel;* undue — *onbehoorlike voorkeur;* voidable — *vernietigbare voorkeur;* **—ent** claim/security/share *preferente of voorkeur- eis/sekuriteit/aandeel;* **—ential** dieselfde as **preferent**; **—red** creditor *bevoorkeurde/preferente skuldeiser;* **—ment** *bevordering, verhoging.*

pregnant *swanger,* (diere) *dragtig;* — remark *inhoudryke opmerking;* — statement *veelseggende verklaring;* negative — *dubbelsinnige ontkenning, pregnante negatief.*

prejudge *vooruit beoordeel.*

prejudice (n) (1) *benadeling, nadeel, skade;* substantial — *wesenlike benadeling;* without — *sonder inkorting van regte, met voorbehoud van regte;* without — to our interests *behoudens ons belange;* without — to *behoudens, onverminderd, sonder om af te doen aan;* without — to my position *sonder aantasting van my posisie;* to the — of *ten nadele van;* (2) *vooroordeel, partydigheid, vooringenomenheid, vooropgesette mening.*

prejudice (v) *benadeel, skade aandoen;* calculated to — *bereken om te benadeel, wat* *waarskynlik sal benadeel;* be **—d** in a right *in 'n reg verkort wees;* **—d** *bevooroordeeld;* **—d** against *vooringenome/bevooroordeeld teen;* **—d** in favour of *partydig vir, vooringenome ten gunste van;* this **—s** my claim *dit benadeel my eis, doen afbreuk aan my eis;* **prejudicial** *benadelend, beswarend, nadelig;* — to the accused *tot nadeel van die beskuldigde.*

prelegacy. Sien **praelegacy**.

preliminary *voorafgaande, preliminêr;* — examination *vooronderso ek;* — point *voorafgaande/preliminêre punt, punt in limine.*

premature *voortydig, ontydig, te vroeg;* — birth *voortydige geboorte;* — decision *voorbarige besluit.*

premeditate *vooraf beraam/bedink;* **—d** crime *voorbedagte misdaad, misdaad met voorbedagte rade gepleeg;* **premeditation** *misdadige oorleg, voorbedagtheid;* with — *met voorbedagte rade, opsetlik.*

premise *uitgangspunt, vooropstelling, premis;* by these **—s** *derhalwe, gevolglik, op grond hiervan, uit hoofde hiervan, op grond van die voorgaande.*

premises *gebou, huis en erf, perseel;* business — *besigheidsperseel, sakeperseel;* licensed — *gelisensieerde perseel;* will be sold on the — *sal op die plek/ter plaatse verkoop word.*

premium (1) *premie;* shares at a — *aandele teen 'n premie;* this article is at a — *hierdie artikel is hoog op prys, sterk in aanvraag;* put a — on something *'n premie op iets plaas;* sell at a — *teen 'n wins verkoop;* (2) *versekeringspremie, assuransiepremie.*

prenatal *voorgeboortelik;* — injury *voorgeboortelike letsel.*

prepare *voorberei;* — a copy *'n afskrif/kopie maak;* — a document *'n dokument opstel/voorberei;* **preparation** *voorbereiding;* mere acts of — *blote voorbereidingshandelinge;* **preparatory** *voorbereidend, voorbereidings-, voorlopig;* — examination *voorlopige ondersoek.*

prepay *vooruitbetaal.*

prepense *moedswillig, opsetlik, voorbedag;* of malice — *met bose opset, met voorbedagte rade.* Engelsregtelik.

preponderance *oorwig;* — of evidence *oorwegende bewyskrag, oorwig van die getuienis;* — of probabilities *oorwig van waarskynlikhede;* **preponderant(ly)** *oorwegend.*

preposterous *absurd, belaglik, onsinnig.*

prerequisite *voorvereiste.*

prerogative *voorreg, prerogatief;* exercise a — *'n prerogatief uitoefen;* — of mercy *prerogatief van genadeverlening;* royal — *koninklike prerogatief.*

presage *voorspel, voorbode wees van.*

prescribe (1) *bepaal, verorden, voorskryf;* **—d** by statute *by wet bepaal;* the section **—s** a penalty *die artikel skryf 'n straf voor;* (2) (verkryging of verlies van regte deur tydsverloop) *verjaar;* the debt is **—d** *die skuld het verjaar;* **prescribable** *vatbaar vir verjaring;* **prescriptive** *deur verjaring verwerf;* — right *reg deur verjaring verkry/verwerf.*

prescription (1) *bepaling, verordening, voorskrif;* (2) *verjaring, preskripsie;* acquisitive — *verkrygende/akwisitiewe/positiewe verjaring;* extinctive/ limitative —*bevrydende/ekstinktiewe/negatiewe verjaring;* interrupt — *verjaring stuit;* period of — *verjaringstermyn;* suspend — *verjaring opksort (skors* is meer gebruiklik maar daar word aan die hand gegee dat *opskort* die betekenis beter weergee).

present *aanbied, presenteer;* — a bill *'n wissel aanbied/presenteer;* — a case/argument/ view *'n saak/argument/sienswyse stel/ voordra;* — an indictment *'n akte van beskuldiging voorlê;* **—ation** *aanbieding, presentasie;* — for acceptance *aanbieding vir akseptasie.*

presently *aanstons, netnou, straks, weldra.*

presents: by these — *hierby, hiermee, mits dese;* know all men by these — *sy dit hiermee kennelik;* to all to whom these — may come *aan almal wat hiervan kennis mag neem.*

preserve *behou, bewaar.*

preside *voorsit, presideer;* **presiding** judge *voorsittende/presiderende regter.*

press *aandring op, volhou met;* — the charge *op 'n skuldigbevinding aandring;* — a question *met 'n vraag volhard, op 'n antwoord aandring;* — for payment *druk vir betaling, op betaling aandring;* hard —ed *in die noute;* **—ure** *aandrang, druk;* bring — to bear, exert — upon *druk uitoefen op.*

prestigious *toonaangewend.*

presumably *vermoedelik, waarskynlik.*

presume *vermoed, veronderstel, presumeer;* **—d** dead *vermoed dood te wees;* **—d** to know the law *geag die reg te ken;* **presumption** *vermoede, presumpsie;* — of correctness/ regularity *vermoede van juistheid/reëlmatigheid* (van amptelike stukke); — of death *vermoede van dood;* — of fact *afleiding uit feite, feitlike vermoede,* praesumptio facti/ hominis; irrebuttable — *onweerlegbare vermoede,* praesumptio iuris et de iure; — of law *regsvermoede, weerlegbare vermoede;* **presumptive** *vermoedelike;* **presumptuous** *aanmatigend.*

presuppose *aanneem, veronderstel.*

pretend *huigel, die skyn wek, voorgee, voorwend;* **pretence** *aanmatiging, pretensie, skyn, voorwendsel;* by false **—s** *onder valse voorwendsels;* **pretentious** *aanmatigend, pretensieus.*

pretext *voorwendsel;* under the — of *onder die skyn van, onder voorwendsel van.*

prevalent *algemeen, heersend, wat dikwels voorkom;* **prevalence** *algemeenheid, algemene voorkoms, veelvuldigheid, hoë voorkomssyfer.*

prevaricate *verraad teenoor die kliënt pleeg; slinkse uitvlugte soek;* **prevarication** *beroepsontrou, prevarikasie, samespanning met die teenparty teen die kliënt, verraad van die praktisyn teenoor sy kliënt; soekery van slinkse uitvlugte.*

prevent *verhinder, voorkom;* **—ive** *verhinderend, voorkomend, preventief;* — arrest/custody/detention *preventiewe arres/hegtenis/aanhouding;* — justice *voorkomende/preventiewe geregtelike optrede;* — medicine *voorkomende/ preventiewe geneeskunde;* take — measures *voorkomende maatreëls tref.*

previous *voorafgaande, vroeëre, vorige;* — consistent statement *vroeëre gelykluidende verklaring;* — conviction *vorige veroordeling;* — holder *vorige houer;* — offender *voorheen veroordeelde;* without — notice *sonder voorafgaande kennisgewing;* record of — convictions *lys van vorige veroordelinge, vonnislys, strafblad.*

price/earnings *prys/verdienste;* — — multiple *prysverdienste-veelvoud;* — — ratio *prysverdienste-verhouding.*

price *prys;* — control *prysbeheer;* cut —s *pryse besnoei/verlaag;* — fixing (tussen klein- en groothandelaar) *prysbinding;* — of issue (aandele) *uitgifteprys, emissieprys;* — **incentive** *prysaansporing.*

prima facie *behoudens/onderworpe aan teenbewys, op die oog, na die uiterlike;* — — case *prima facie-saak, 'n behoudens teenspraak bewese saak;* — — evidence *prima facie-getuienis, weerlegbare getuienis.*

primary *hoof-, primêr;* — cause *aanleidende oorsaak;* —, secondary and tertiary use of water *primêre* (huishoudelik), *sekondêre* (landboukundig) *en tersiêre* (industrieel) *gebruik van water;* **primarily** *hoofsaaklik.*

prime (a witness) *'n getuie afrig, hom sy getuienis laat instudeer, hom voorsê.*

primogeniture *eersgeboortereg, reg van die eersgeborene.*

principal (1) (teenoor agent) *prinsipaal, lasgewer, opdraggewer;* undisclosed — *onvermelde/versweë prinsipaal.* (2) *hoofsom, kapitaal, kapitaalbedrag.* (3) In die strafregtelike deelnemingsleer, *dader;* — who acts mediately *middellike dader;* — **in the first and second degree** is Engelsregtelik en word nie vertaal nie. Sien **participation in crime**; **principally** *hoofsaaklik, oorwegend, vernaamlik.*

principle *beginsel, grondreël, grondtrekke, prinsiep, stelreël;* for reasons of — *op beginselgronde, om prinsipiële redes;* man of — *beginselvaste man;* general **—s** of law *algemene regsbeginsels;* **—s** of natural justice *grondreëls van natuurlike geregtigheid.*

prior *voorafgaande;* **—ity** *voorrang, voorkeur;* creditor by — *preferente skuldeiser;* rank in — to *voorrang hê bo.*

prison *gevangenis;* commit to — *ter gevangesetting verwys, gevange set;* — farm *gevangenisplaas;* **—er** *gevangene, prisonier;* — at the bar *gevangene voor die hof;* awaiting trial — *verhoorafwagtende gevangene;* **—'s** friend *prisoniersvriend.*

pristine *voormalige.*

private *privaat;* — Act *private wet;* by — agreement *by private/onderhandse ooreenkoms;* — company *private maatskappy;* — defence *noodweer, selfverdediging;* — eye *private speurder;* — international law *internasionale privaatreg;* — law *privaatreg;* — means *eie middele;* — ownership *private besit;* sale by — treaty *verkoop uit die hand;* — stream *private stroom;* — wrong *oortreding van die privaatreg.*

privateer *kaper, vrybuiter.*

privilege (algemeen) *voorreg;* (by laster) *bevoorregting, privilegie;* absolute — *onbeperkte bevoorregting;* qualified — *beperkte bevoorregting;* — against self-incrimination *voorreg teen selfbeskuldiging;* **—d** occasion *bevoorregte/ geprivilegieerde geleentheid;* **—d** communication *bevoorregte mededeling;* **—d** will/document *bevoorregte testament/stuk;* abuse a **—d** occasion *'n bevoorregte geleentheid misbruik.*

privily *heimlik, in die geheim.*

privity *medewete, verbondenheid;* there is — of contract between them *hulle is onmiddellike partye;* — of interests *gemeenskaplikheid/verbondenheid van belange;* with the — of *met die medewete van.*

privy (a) *geheim, afgesonder, heimlik, verborge;* be — to *betrokke wees by, aandadig* *wees aan;* — to a contract *as onmiddellike party by 'n kontrak betrokke wees;* — to a secret *ingewy.*

privy (n) *betrokkene* (by 'n kontrak).

Privy Council. In die omgang met *Geheime Raad* vertaal, maar juridies onvertaald gelaat. Gewoonlik word daarmee die **Judicial Committee of the Privy Council** bedoel.

prize: — court *pryshof.* Beslis oor die reg op buitgemaakte goed in oorlogstyd; — law *prysreg;* make a — of a ship *'n skip prysmaak.*

probable *waarskynlik;* reasonable and — consequences *redelike en waarskynlike gevolge;* **probability** *waarskynlikheid;* balance of — *ewewig van waarskynlikheid;* preponderance of — *oorwig van waarskynlikheid.*

probate *regterlike verifikasie van 'n testament.* Engelsregtelik.

probation *proef* (van gedrag); — officer *proefbeampte;* release on — *op proef vrylaat;* —**ary** period *proeftyd.*

probative *bewys-, bewyslewerend;* — force *bewyskrag, waarde as bewysmiddel.*

probe *noulettend ondersoek.*

probity *eerlikheid, integriteit, opregtheid, regskapenheid.*

procedure (hof) *prosedure;* civil — *siviele prosesreg;* criminal — *strafprosesreg, strafvordering;* law of — *prosesreg, prosessuele voorskrifte;* rules of — *prosesreëls,* (op vergaderinge) *reëls van prosedure;* **procedural** *rakende prosedure;* — matters *kwessies van prosedure, proseduresake, prosessuele aangeleenthede;* — justice *geregtigheid in prosedure* (teenoor **substantive justice** *met geregtigheid as einddoel*).

proceed (algemeen) *voortgaan;* — against *geregtelike stappe doen teen, aksie instel teen, prosedeer teen;* — by way of motion *by wyse van mosie optree;* the case is —**ing** *die saak duur voort;* the matter —**s** to trial *die saak gaan op verhoor;* —**ings** *verrigtinge;* institute — against *geregtelike stappe doen teen;* —**s** *opbrengs.*

process (1) *geregtelike proses;* abuse of the — of the court *misbruik van geregtelike proses;* by due — of law *op geregtelike wyse, volgens regsvoorskrifte;* — in aid *geregtelike bystand by eksekusie* (afgeskaf); (2) *prosesstukke;* accept — *prosesstukke aanneem;* serve — upon *prosesstukke beteken aan.*

proclaim *afkondig, proklameer, uitvaardig, uitroep;* — an area *'n gebied proklameer;* —**ed** area *geproklameerde gebied;* — an emergency *'n noodtoestand verklaar;* — martial law *krygswet afkondig;* — a republic *'n republiek uitroep;* **proclamation** *afkondiging, proklamasie.*

procrastinate *sloer, talm.*

procuration *magtiging, prokurasie, volmag;* — signature *handtekening by volmag.*

procure *bewerkstellig, verkry, verskaf; tot ontug oorhaal;* — abortion *vrugafdrywing bewerkstellig;* — the commission of a crime *iemand tot die pleging van 'n misdaad oorhaal, pleging van 'n misdaad bewerkstellig;* —**r** *koppelaar;* —**ss** *koppelaarster.*

prodigal *deurbringer, kwisgoed, verkwister;* —**ity** *kwistigheid, verkwisting.*

produce *aanvoer, bring, voorlê;* — an alibi *'n alibi aanvoer;* — documents *stukke blootlê/voorlê;* — evidence *getuienis aanbied/aanvoer;* notice to — *kennisgewing om bloot te lê;* — proof *bewys lewer;* — witnesses *getuies bring.*

profane *oneerbiedig, profaan;* — language *godslasterlike taal, vloektaal;* **profanation** *heiligskennis, ontheiliging;* **profanity** *godslasterlikheid, vloektaal.*

profess *voorgee; bely;* — the Jewish faith *die Joodse geloof bely;* —**edly** *sogenaamd, by voorwendsel.*

profession *beroep, professie;* —**al** *beroeps-, professioneel;* — hazard *beroepsgevaar/-risiko;* — man *professionele man, man in 'n vrye beroep;* — services *professionele dienste;* — training *beroepsopleiding.*

proffer *aanbied.*

proficient *bedrewe, bekwaam, vaardig, vakkundig.*

profit *gewin, wins, profyt;* — and loss account *wins- en verliesrekening;* association not for — *maatskappy/onderneming sonder winsoogmerk;* community of — and loss *gemeenskap van wins en verlies;* excess —**s** tax *oorwinsbelasting;* — history *winsgeskiedenis;* office of — *winsbetrekking;* undistributed —**s** *onuitgekeerde winste;* yield a — wins afwerp; —**able** *winsgewend, renderend;* —**eer** *oorwinsmaker, woekeraar;* —**making** scheme *onderneming met winsoogmerk, skema vir wins;* —**sharing** *winsdeling.*

profligate *losbol, verkwister;* **profligacy** *spandabelheid, losbandigheid, ontugtigheid, verkwisting.*

profound *diepsinnig.*

progress *vooruitgang;* report — *voortgang rapporteer;* —**ive** *vooruitstrewend, progressief.*

prohibit *belet, verbied;* — or restrict *verbied of beperk;* —**ed** degrees of consanguinity *ver-*

bode grade van bloedverwantskap; **—ed** immigrant *verbode immigrant;* **—ion** *drankverbod; verbod, verbodsbepaling;* — against alienation *verbod teen vervreemding, vervreemdingsverbod;* — of assembly *verbod om te vergader;* impose a — *'n verbod instel;* — of trading *handelsverbod, verbod op handel;* **—ive** *verbiedend, prohibitief;* — price *onbetaalbare/prohibitiewe prys;* — terms *onaanneemlike terme.*

project (n) *ontwerp, plan, onderneming, projek.*

project (v) *beraam;* **—ion** *raming, vooruitskatting.*

prolix *breedsprakig, omslagtig, woordryk.*

prolong *verleng, uitrek;* — a bill *'n wissel verleng/prolongeer.*

promiscuous *promisku, deurmekaar;* **promiscuity** *vrye geslagtelike verkeer, promiskuïteit.*

promise (v) *beloof, toesê;* **promissor** *belower, promessegewer, promittent;* **promissee** *ontvanger van 'n belofte;* **promissory** *waarborgskeppend, promissories;* — note *promesse, skuldbewys;* — warrant (assuransie) *promissoriese waarborg.*

promote *bevorder, verhoging gee, promoveer; in die hand werk;* — a company *'n maatskappy oprig;* — the ends of justice *die loop van die gereg bevorder;* — an undertaking *'n onderneming vooruithelp, promosie gee;* **promotion** *bevordering, promosie;* **promoter** of a company *oprigter/promotor van 'n maatskappy;* **—'s** shares *oprigtersaandele.*

prompt *aanleiding gee tot.*

promulgate *afkondig, uitvaardig, promulgeer.*

pronounce *uitspreek;* — sentence *vonnis oplê/uitspreek;* **—ment** *uiting, uitspraak;* make a — *'n verklaring doen.*

proof *bewys;* — aliunde *bewys van elders;* — beyond reasonable doubt *bewys bo redelike twyfel;* burden of — *bewyslas;* capable of quick and ready — *vatbaar vir snelle en maklike bewys;* conclusive — *afdoende bewys, bewys wat ten volle aan die bewyslas voldoen;* documentary — *dokumentêre/skriftelike bewys;* prima facie — *prima facie-bewys;* in — of which *ter stawing/ten bewyse waarvan;* method of — *bewysmetode, bewysmiddel;* — of claims *bewys van vorderinge/eise;* put him to the — thereof *hom tot die bewys daarvan daag;* — to the contrary *teenbewys.*

propensity *geneigdheid, neiging.*

proper *behoorlik, geoorloof, gevoeglik, gepas;* as the court may think — *soos die hof mag goedvind;* fit and — person *geskikte en gepaste persoon;* — inquiry *behoorlike ondersoek;* in a — case *in 'n gepaste geval;* injury — *eigenlike injurie;* keep — books *behoorlik boekhou;* — procedure *die juiste prosedure;* — record of his transactions *behoorlike oorkonde/aantekeninge van sy transaksies;* — sentence *gepaste vonnis;* **—ly** *behoorlik, soos dit hoort; tereg, met reg.*

property *eiendom, goed, goedere; eiendomsreg;* — and effects *goedere, roerende goed;* fixed/immovable/landed/real *onroerende goed, vasgoed, vaste eiendom;* law of — of spouses *huweliksgoedereреg;* movable — *roerende goed;* — owner *grondeienaar;* law of — *sakereg;* personal — *roerende goed/eiendom.*

proportion *verhouding;* **—al** *eweredig;* — representation *eweredige/proporsionele verteenwoordiging;* **—ate** (to) *eweredig met.*

propose *aan die hand gee/doen, voorstel; van plan wees;* **proposal** *voorstel,* (assuransie) *aansoek;* — form *aansoekvorm;* make a — *'n voorstel maak.*

proposition *proposisie, voorstel;* business — *besigheidsproposisie;* paying — *lonende/winsgewende onderneming.*

propound *opper, voorlê, voorstel, aanbied, poneer.*

proprietary (deel van die naam van 'n private maatskappy) *eiendoms;* — article *gepatenteerde/patente artikel, merkartikel;* — company *private/partikuliere maatskappy* (Engelsregtelik); — medicine *patente medisyne;* — name *handelsnaam;* — right *vermoënsreg;* **proprietor** *eienaar.*

prorogue (Parliament) *die Parlement prorogeer;* **prorogation** *afsluiting/ prorogasie van 'n sitting.*

proscribe *in die ban doen, verbied, verban;* **proscription** *verbanning, verbieding.*

prosecute *aankla, vervolg;* — an appeal *'n appèl voortsit/opvolg;* **prosecuting** counsel *aanklaer, advokaat vir die staat;* **prosecution** *prosekusie, vervolging;* dismiss an action for want of — *'n geding weens nievoortsetting afwys;* institute a — *'n vervolging instel;* the — contends *die vervolging beweer;* — for *vervolging weens;* **prosecutor** *aanklaer;* private — *private aanklaer;* public — *publieke aanklaer, staatsaanklaer.*

prospective *aanstaande, voornemende, voorgenome;* — buyer *voornemende koper;* — loss or profit *verwagte verlies of wins;* — obligation *voorgenome verbintenis.*

prospectus *prospektus;* statement in lieu of — *verklaring in plaas van prospektus* (afgeskaf).

prosperity *voorspoed.*
prostitute (n) *prostituut, hoer.*
prostitute (v) *aan ontug prysgee, prostitueer;* **prostitution** *prostitusie.*
protagonist *pleitbesorger, kampvegter, voorvegter.*
protect *beskerm, beskut, beveilig;* **—ive** custody *beskermende bewaring;* **protectorate** *beskermgebied, protektoraat.*
protest (n) (wissels) *protes;* acceptance supra — *akseptasie supra protes;* costs of — *proteskoste;* deed of — *protesakte;* notice of — *kennisgewing van protes;* — for non-acceptance *protes weens nie-akseptasie;* — for non-payment *protes weens wanbetaling;* pay under — *onder protes betaal;* the — of a bill must be notarial *die protes van 'n wissel moet notarieel geskied.*
protest (v) *protesteer;* — a bill for non-payment or non-acceptance *'n wissel weens wanbetaling of nie-akseptasie protesteer.*
protestation *betuiging, verklaring, protestasie.*
protocol (notarieel) *protokol;* (orde van voorrang) *protokol, voorranglys;* **protocolize** *op die protokol plaas.*
protract *verleng;* **—ed** *langdurig, slepend.*
prove *bewys;* — to be *blyk;* — claims *vorderinge/eise bewys;* — a document *(die outentisiteit van) 'n dokument bewys* (voordat dit as bewysstuk ingedien mag word); **—d** creditors *bewese skuldeisers;* unless the contrary be **—d** *behoudens teenbewys, tensy die teendeel bewys word;* not **—n** *nòg skuldig nòg onskuldig bewys;* vgl. Latyn non liquet. Engelsregtelik; the document **—s** itself *die dokument bewys homself, sy egtheid blyk uit homself.*
provenance *bron, herkoms, oorsprong.*
provide *verskaf, voorsien; bepaal, voorskryf;* in the manner **—d** by law *op die wetlik voorgeskrewe wyse, soos by wet bepaal;* **—d** that *mits, met dien verstande dat;* save as otherwise **—d** *behoudens andersluidende bepalinge;* **—nce** *voorsorg, sorgsaamheid, voorsiening;* **—nt** *sorgsaam, versigtig;* — fund *voorsorgfonds.*
province *provinsie; bevoegdheid, gebied, sfeer.*
provision *voorsiening; bepaling, (wetlike) voorskrif;* make — for *voorsiening maak vir;* **—s** of the Act *bepalings van die wet;* **—al** *provisioneel, voorlopig;* — remedy *voorlopige/buitengewone remedie;* — sentence *namptissement, voorlopige vonnis, handvulling;* — trustee/liquidator *voorlopige kurator/likwidateur.*
proviso *voorbehoud, voorbehoudsbepaling;* with the — that *met dien verstande dat, mits, onder voorbehoud dat.*
provoke *uittart, aanleiding gee, uitlok, provokeer;* — a breach of the peace *'n vredebreuk uitlok;* **provocation** *uitlokking, uittarting, aanleiding, provokasie;* act under — *weens uittarting/onder provokasie handel;* plead — *uittarting/provokasie pleit;* without the least — *sonder enige aanleiding hoegenaamd;* **provocative** *uittartend, uitlokkend, provokatief.*
proximate *naaste;* — cause *onmiddellike/naaste oorsaak;* **proximity** *nabyheid;* — of blood *nabye bloedverwantskap.*
proxy (1) *volmag;* marriage by — *huwelik by volmag, huwelik met die handskoen;* vote by — *by volmag stem;* (2) *gevolmagtigde (persoon);* appoint a — *'n gevolmagtigde aanstel.*
prudence *omsigtigheid, sorgsaamheid, oordeelkundigheid.*
pry *loer, tuur;* — into another's affairs *in iemand anders se sake snuffel.*
pseudonym *skuilnaam.*
psychopath *psigopaat, sielsieke.*
psychosis *psigose.*
puberty *geslagsrypheid, puberteit;* age of — *puberteitsleeftyd.*
public (a) (1) *algemeen, openbaar, openlik, publiek;* (2) *lands-, staats-, volks-;* — accounts *staatsrekeninge;* — administration *bestuurskunde, publieke administrasie;* — affairs *openbare aangeleenthede, staatsake;* — auction *openbare/publieke veiling;* — authority *openbare gesag;* — benefit *openbare belang, publieke welsyn;* — body *openbare liggaam;* at the — charge/expense *op staatskoste;* — company *publieke maatskappy;* — debt *landskuld;* — duty *openbare plig;* — funds *publieke fondse, staatsgeld;* — health *openbare gesondheid, volksgesondheid;* — indecency *openbare onsedelikheid;* — interest *openbare belang;* — international law *volkereg;* — knowledge *algemene kennis;* — law *publiekreg* (omvat staatsreg, strafreg, administratiefreg en volkereg); — liability insurance *versekering teen aanspreeklikheid teenoor die publiek;* — nuisance *openbare hinder/oorlas;* — officer (of a company) *openbare amptenaar;* — official *staatsamptenaar;* — opinion *openbare mening;* — order *openbare orde;* — peace *openbare rus;* — place *openbare plek;* — policy *openbare belang/beleid, staatsgedragslyn, regsoortuiging van die gemeenskap;* — property *staatseiendom, staats- of stadsbesit;* — prosecutor *staatsaanklaer;* — purposes *openbare doeleindes;* — purse *skatkis;* — registers *openbare registers/oorkondes;* — relations of-

ficer *openbare skakelbeampte;* — revenues *staatsinkomste;* — road *openbare pad;* — sale *openbare verkoping;* — servant *staatsamptenaar;* — service *staatsdiens; diens aan die publiek;* — stream *openbare stroom;* — trader *openbare koopman/koopvrou;* — utilities *openbare nutsdienste* (soos elektrisiteits- en watervoorsiening); — violence *openbare geweld;* — weal *openbare welsyn;* — wrong *misdryf teen die samelewing.*

public (n) *publiek;* in — *in die openbaar, ten aanskoue en ten aanhore van die publiek.*

public defender *openbare verdediger.*

publican *kroegbaas.*

publicity *publisiteit, openbaarheid.*

publish *openbaar maak, publiseer; uitgee;* **publication** *openbaarmaking, publikasie;* — of banns *afkondiging van gebooie.*

pudenda *geslagsdele, skaamdele.*

puffing *aanprysing, ophemeling, opvyseling;* mere — is no warranty *blote opvyseling is geen garansie nie.*

puisne (judge) *provinsiale regter wat nie 'n regter-president is nie.* Onvertaalbaar.

punctilious *nougeset, puntenerig.*

pundit *gesaghebbende.*

punish *straf, straf toemeet/oplê;* **—able** *strafbaar;* not — *straffeloos;* **—ment** *straf, strafmaat;* capital — *doodstraf;* corporal — *lyfstraf;* deserving of — *strafwaardig;* make the — fit the crime *die straf by die misdaad aanpas;* imposition of — *strafoplegging, straftoemeting.*

punitive *straf-, bestraffend;* — damages *bestraffende skadevergoeding;* — expedition *straftog;* — jurisdiction *strafbevoegdheid;* — justice *bestraffende regspraak;* — measure *strafmaatreël.*

pupil *leerling;* — advocate *advokaatspupil.*

puppet *handlanger, strooipop.*

purchase (n) *koop;* — consideration *prys, teenprestasie;* contract of — and sale *koopkontrak;* — price *koopsom, koopprys, koopskat;* — tax *koopbelasting;* **—r** *koper.*

purchase (v) *koop;* purchasing power *koopkrag.*

purge (a default) *'n versuim aansuiwer/goedmaak.*

purloin *ontfutsel, steel.*

purport (n) *bedoeling, betekenis, draagwydte, strekking.*

purport (v) *die strekking hê, heet te wees, te kenne gee, voorgee te wees;* a document **—ing** to be his will *'n dokument wat voorgee sy testament te wees;* a **—ed** sale *'n beweerde/voorgewende verkoping, 'n transaksie wat geheet het 'n verkoping te wees.*

purpose *doel, mikpunt, oogmerk.* Sien **intent**; common — *gemeenskaplike doel;* for **—s** of *met die oog op, vir die doel van;* of set —, on — *met voorbedagte rade, opsetlik, willens en wetens;* it serves no — *dit het geen nut nie, dit is waardeloos;* for the **—s** of the Act *vir die doel van die wet;* **purposive** interpretation *doeldienende uitleg;* **purposeful** *doelgerig, vasberade;* **purposely** *moedswillig, opsetlik.*

pursue *agtervolg;* — a course of conduct *'n gedragslyn volg;* in **pursuance** of *ingevolge, kragtens, na aanleiding van, ooreenkomstig;* **pursuant to** *ingevolge, ooreenkomstig;* **pursuit** *agtervolging;* doctrine of quick — *leerstuk van onmiddellike agtervolging* (ten einde die verhuurder se stilswyende hipoteek af te dwing); hot — *spontane/onmiddellike agtervolging, hakkejag.*

purveyor *leweransier, verskaffer.*

purview *bereik, gebied, gesigskring, omvang, sfeer, trefwydte;* within the — of the Act *binne die trefwydte van die wet.*

pusillanimous *kleinmoedig.*

put *plaas, stel;* — beyond a doubt *buite twyfel plaas;* — him to the proof thereof *hom tot bewys daarvan daag;* I — it to you *ek stel dit aan u;* that was never — *dit is nooit gestel nie;* — in a claim *'n eis indien;* — in a document (in die loop van 'n verhoor) *'n dokument ingee/indien;* — into circulation *in omloop bring;* — out a contract *'n kontrak uitbestee;* — the charge to him *stel die aanklag aan hom;* — forward an argument *'n argument aanvoer;* — a motion *'n voorstel tot stemming bring;* — up for sale *te koop aanbied;* — up a defence *'n verweer opwerp;* a — up job *'n doorgestoke kaart;* — off a false document *'n valse dokument in omloop bring* (dieselfde as **uttering**).

putative *beweerde, vermeende, veronderstelde, putatiewe;* — crime *putatiewe misdaad, waandelik;* — marriage *vermeende/putatiewe huwelik;* — child *vermeende/putatiewe kind* (uit so 'n huwelik gebore); — father *vermeende/putatiewe vader;* price actually paid and the — price *prys werklik betaal en die veronderstelde prys.*

pyromania *brandstigtingsmanie, piromanie.*

Q

QC (Queen's Counsel). In Suid-Afrika vervang deur *SC Senior Consultus* in albei tale.
quadruplicate *viervoud.*
qualify (1) *bevoeg wees, in aanmerking kom, kwalifiseer;* (2) *bevoegdheid verwerf, jou bekwaam vir;* (3) *beperk, nader omskryf, temper, voorbehoude stel, wysig;* (4) *bepaal;* adjectives — nouns *adjektiewe bepaal substantiewe;* **—ing** fees *voorbereidingsgelde;* — share *bevoegdheidgewende/kwalifiserende aandeel;* **qualification** (1) *(bewys van) bevoegdheid, kwalifikasie;* electoral — *kiesvereiste;* (2) *beperking, voorbehoud;* his statement needs — *sy verklaring moet gekwalifiseer word;* **qualified** (1) *bevoeg, gekwalifiseer;* — as voter *bevoeg om te stem, stemgeregtig;* (2) *beperk;* — acceptance *beperkte/gekwalifiseerde akseptasie;* — endorsement *beperkte/gekwalifiseerde endossement;* — privilege *beperkte/gekwalifiseerde bevoorregting;* — statement *verklaring met voorbehoude.*
quality *eienskap, gehalte, hoedanigheid, kwaliteit;* **qualitative** *kwalitatief.*
qualm *bedenking, gewetensbeswaar.*
quantity *hoeveelheid, kwantiteit;* **quantify** *hoeveelheid bepaal, kwantifiseer.*
quarantine *afsondering, kwarantyn.*
quarrel *twis, rusie, struweling;* pick a — *rusie soek.*
quarters: at close — *van naderby.*
quash *nietig verklaar* (veral aktes van beskuldiging en skuldigbevindinge).
quasi *kwasie-;* —-contract *kwasie-kontrak;* —-delict *kwasie-delik;* —-judicial body *kwasie-geregtelike liggaam;* —-judicial capacity *kwasie-regterlike hoedanigheid.*
queen's evidence: turn — — *gevrywaarde staatsgetuie word.*
querulous *klaagsiek, klaerig.*
query (n) *navraag, vraag, vraagpunt.*
query (v) *betwyfel, in twyfel trek, bevraagteken.*
question (n) *vraag;* leading — *leidende vraag, uitlokvraag;* — of fact *feitekwessie, feitevraag, feitlike vraag;* — of law *regskwessie, regsvraag;* person in — *betrokke persoon;* **—able** *bedenklik, twyfelagtig, verdag.*
question (v) (1) *ondervra;* (2) *in twyfel trek;* right not to be **—ed** *reg om nie ondervra te word nie;* — document *betwiste dokument;* **—ing** *ondervraging.*
questionnaire *vraelys, questionnaire.*
quibble *haarklowery, spitsvondigheid;* legal — *juristery.*
quick pursuit *onmiddellike agtervolging* (om die verhuurder se stilswyende hipoteek te kan afdwing).
quiescent *rustig.*
quiet enjoyment *ongestoorde gebruik,* commodus usus.
quirk *kwinkslag, raak gesegde.*
quitrent *erfpag;* perpetual — *ewigdurende erfpag,* emphyteusis. Het betrekking op die stelsel van grondbesit in die Kaapkolonie waarvolgens grond van die staat gehuur is en *rekognisie* (erkenning van die staat se reg) betaal moes word.
quote *aanhaal, siteer, kwoteer;* (pryse) *noteer;* — authority *gesag aanhaal;* **quotation** *aanhaling, sitaat, kwotasie; prysopgawe, tender.*

R

R Afkorting van *Rex* of *Regina.*
RD (refer to drawer) *VT (verwys na trekker).*
rabble-rouser *opruier, onrusstoker.*
race *ras;* — conscious *rasbewus;* — relations *rassebetrekkinge;* **racial** *rasse-;* — feeling *rassegevoel;* **racist** (1) *rassisties;* (2) *rassis.*
raid (v) *klopjag uitvoer.*
rail (against) *uitvaar teen.*
raise (1) *aanhangig maak, aanvoer, opper, opwerp;* — an argument *'n argument opper/aanvoer;* — a doubt *twyfel verwek;* — objections *besware opper/opwerp;* (2) *hef, opneem, byeenbring;* — a loan *'n lening opneem;* — money *geld byeenbring;* — taxes *belastings hef;* (3) — a force *'n mag op die been bring;* — a siege *'n beleg ophef.*
raising fee *heffingsfooi, leningskommissie, opnemingskommissie.*
rampage *amok, luidrugtigheid.*
rampant: be — *hoogty vier.*
rancour *wrewel, vyandskap, rankune.*
range *omvang, draagwydte, trefwydte;* — of vision *gesigsveld.*
rank (v) *in rangorde staan;* claims/creditors

— equally *eise/krediteure staan gelyk in rangorde, geniet gelyke voorkeur;* — in priority *voorkeur geniet, preferent wees;* — pari passu *gelyke voorkeur geniet, pari passu staan;* **—ing** of claims *rangorde van eise.*

ransack *plunder.*

ransom (n) *losgeld, losprys;* hold someone to — *'n losprys afdreig vir.*

ransom (v) *losprys betaal, vrykoop.*

rape (n) *verkragting.*

rape (v) *verkrag.*

rash *onbesonne;* **rashness** *onbesonnenheid.*

rate (n) *koers, voet;* crime — *misdaadsyfer;* — of discount *diskontokoers;* — of exchange *wisselkoers;* — of interest *rentekoers, rentevoet;* — of mortality — *sterftesyfer;* — of return *opbrengskoers, rendementskoers;* **—s** *(munisipale) belasting.*

rate (v) *takseer, waardeer; belas;* **rateability** *belasbaarheid, belastingpligtigheid;* **rateable** *belasbaar, belastingpligtig;* — value *belasbare waarde;* **ratepayer** *belastingbetaler.*

ratify *bekragtig, goedkeur, ratifiseer;* **ratification** *bekragtiging, goedkeuring, ratifikasie.*

ratio *verhouding; rede, grond, ratio;* — decidendi *grond vir 'n beslissing;* **—nal** *billik, op rede gegrond, redelik, verstandig.*

rationale *beweegrede, grondrede.*

ravage *plunder, verniel, verwoes.*

ravish *verkrag.*

raw materials *grondstowwe.*

reactionary *teenwerkend, terugwerkend.*

read *lees;* — law *in die regte studeer;* the section **—s** *die artikel lui;* — with *saamlees met;* contravention of section 1 — with section 2 *oortreding van artikel 1, saamgelees met artikel 2;* **—ing** (1) (van 'n wetsontwerp) *lesing;* (2) *uitleg, vertolking.*

readily *geredelik.*

readjust *aanpas, herreël.*

reaffirm *herbevestig;* **—ation** *herbevestiging.*

real (1) *saaklik;* — action *saaklike aksie,* actio in rem; — right *saaklike reg;* — security *saaklike sekuriteit/onderpand;* — servitude *erfdiensbaarheid, saaklike serwituut;* (2) *werklik;* — and substantial justice *werklike en wesenlike geregtigheid;* — money *klinkende munt;* (3) — estate *onroerende goed, vaste eiendom, grond.*

realize (1) *te gelde maak, likwideer, realiseer;* (2) *oplewer;* the sale **—d** so much *die verkoping het soveel opgelewer;* (3) *besef;* (4) *verwesenlik;* **realization** *tegeldemaking, likwidasie, realisasie;* — account *realisasierekening;* — charges *realisasiekoste.*

realtor *eiendomsagent, eiendomsmakelaar* (Amerikaans).

realty *onroerende goed* (Engelsregtelik).

reapportion *hertoedeel.*

reappraisal *heroorweging, herwaardering.*

rear surety *agterborg.*

reason (n) (1) *oordeel, oordeelsvermoë, rede, verstand;* listen to — *na rede luister;* there is much — in the argument *daar is goeie grond in die redenering;* see — *tot besinning kom;* within — *binne redelike perke;* (2) *grond, oorsaak, rede;* by — of *uit hoofde van, vanweë, weens;* for **—s** of state *in die belang van die staat;* **—s** for judgment *redes vir uitspraak;* lawful — *wettige rede;* with good — *tereg;* for any good and sufficient — *om 'n voldoende rede;* **—able** *redelik;* — access *redelike toegang;* at all — times *te alle redelike tye;* — cause *redelike oorsaak;* — prospect of success *redelike vooruitsig op sukses;* — excuse/expectation *redelike verskoning/verwagting;* fair and — *billik en redelik;* — man *redelike man, vroede huisvader,* diligens paterfamilias; — and probable grounds *redelike en aanneemlike gronde;* show — cause *redelike gronde aanvoer;* take — care *redelike sorg uitoefen;* — and probable consequences *redelike en waarskynlike gevolge;* a man is presumed to intend the — and probable consequences of his act *iemand word geag die redelike en waarskynlike gevolge van sy handeling te beoog;* **—ably** *redelik, redelikerwys;* — necessary *redelik nodig;* could not — expect *kon nie redelikerwys verwag;* could — be true *kan redelikerwys waar wees.*

reason (v) *redeneer;* — away *wegredeneer;* — from *uitgaan van;* **—ing** *motivering, redeneerwyse, redenering.*

reassess *herwaardeer.*

reassume *herneem, terugneem, weer in besit neem; weer aanvaar, hervat.*

rebate *afslag, korting, rabat;* give a — *korting gee.*

rebel (n) *opstandige, opstandeling, rebel.*

rebel (v) *in opstand kom, rebelleer;* **—lion** *opstand, rebellie.*

rebuff *afjak.*

rebuild *heropbou, herbou, weer opbou;* **—ing** clause *herbouingsklousule, herbouklousule* (laat die brandversekeraar die keuse om die skade te vergoed of te herbou); **—ing** scheme *herbouingskema, herbouskema.*

rebuke *berispe, skrobbeer, bestraf, teregwys, voor stok kry.*

rebut *weerlê;* **—table** presumption *weerlegbare vermoede;* **—tal** *weerlegging;* evidence in — *teenbewys, weerleggende getuienis;* onus

of — *weerleggingslas;* **—ting** evidence *teenbewys, weerleggende getuienis.*
recalcitrant *weerspannig, weerbarstig;* — witness *weerspannige/onwillige getuie.*
recall (v) *terugroep, weer laat kom;* — a witness *'n getuie terugroep* (nie *herroep* nie); (2) *herinner, onthou, weer voor die gees roep;* (3) (magtiging/lisensie) *herroep, intrek;* (4) (donasie) *terugneem;* right of — *terugkoopsreg.* Sien **option**.
recant *'n bewering terugtrek, 'n dwaling erken.*
recapitulate *opsom, resumeer, saamvat.*
recast ('n betoog) *omvorm, omgiet.*
recede (from an opinion) *afsien van 'n standpunt, dit heroorweeg/laat vaar.*
receipt (n) *kwitansie, voldaan;* on — of *by ontvangs van;* **—s** and payments account *ontvangste- en betalingsrekening.*
receipt (v) *kwiteer, voldaan teken;* **—ed** statement *gekwiteerde staat.*
receive (1) *ontvang;* — delivery *lewering ontvang;* — stolen goods *gesteelde goed heel/ontvang;* for value **—d** *vir waarde genote/ontvang;* (2) *resipieer;* Roman law as **—d** in Western Europe *die Romeinse reg soos in Wes-Europa geresipieer;* **receivable** *aanneemlik, ontvangbaar;* bills — *betaalbare wissels;* **receiver** (1) *bewindvoerder, likwidateur* (deur die hof aangewys om hangende 'n geding omstrede bates te beheer of om gemeenskaplike bates te verdeel, desnoods deur hulle te gelde te maak); (2) — of revenue *ontvanger van inkomste; belastinggaarder;* (3) — of stolen property *heler, ontvanger van gesteelde goed;* **receiving** stolen property *heling, ontvangs van gesteelde goed;* **reception** *ontvangs;* — order *opnemingsbevel;* — of the Roman law *resepsie van die Romeinse reg.*
recent *onlangs, van kort gelede, resent;* when a — fabrication is alleged, a previous consistent statement may be proved *wanneer 'n onlangse versinsel beweer word mag 'n vroeëre gelykluidende verklaring bewys word;* — possession *onlangse besit.*
recess *reses;* court — *hofreses.*
recession *slapte.*
recidivist *residivis, terugvaller in misdaad;* **recidivism** *residivisme, terugvalling in misdaad.*
reciprocate *terugdoen, 'n wederdiens bewys;* **reciprocal** *wedersyds, wederkerig;* — will *wederkerige testament;* **reciprocity** *wederkerigheid, wisselwerking, resiprositeit;* — of obligations *wederkerigheid van verpligtinge.*
recite *vermeld, opnoem, saamvat;* **recital** (1) *relaas, verklaring;* (2) *aanhef* (in 'n akte of kontrak, die inleiding wat die redes en die grondslag van die verlyding vermeld, in teenstelling met die **operative part** *bindende gedeelte).*
reckless *roekeloos, onverskillig;* in — disregard of *met onverskillige veronagsaming van;* — driving *onverskillige/roekelose motorbesturing.*
reclaim (1) (grond) *drooglê, herwin;* **—ed** land *drooggelegde gebied, herwonne grond;* (2) *terugeis, terugvorder;* right of **reclamation** *terugvorderingsreg.*
recognizance *borgakte* (in Engels ook **bail bond** maar minder gebruiklik); declare a — forfeit *borggeld verbeurd verklaar;* discharge a — *borgakte ophef;* enter into a — *borgakte aangaan, sekerheid stel dat jy sal verskyn;* estreat a forfeited — *verbeurde borgakte ten uitvoer lê;* forfeit a — *borggeld verbeur;* put under — *onder borgakte verbind;* release on own — *op eie verantwoordelikheid vrylaat;* — to come up for judgment *borgakte om vir vonnis te verskyn;* — to keep the peace *borgakte om die vrede te bewaar.*
recognize (1) *herken, eien;* (2) *erken;* a rule **—d** by practice *'n reël deur die praktyk erken;* **recognition** (1) *herkenning;* (2) *erkenning, erkentlikheid;* —/ascertainment theory *vernemingsteorie;* — of a state *erkenning van 'n staat.*
recoil (from) *terugdeins vir.*
recollect *onthou, jou herinner, voor die gees roep;* **—ion** *herinnering;* past — recorded *aantekening van 'n vroeëre herinnering;* present — revived *verfrissing/vernuwing van 'n behoue herinnering.*
recommend *aanbeveel;* **—ation** to mercy *aanbeveling van genade.*
recommit (na 'n inrigting) *herkommitteer, herverwys.*
recompense *skadeloos stel, vergoed.*
reconcile *versoen, rekonsilieer;* — himself with the consequences *hom met die gevolge versoen*; the parties have become **—d** *die partye het versoen geraak;* **reconciliation** statement *rekonsiliasiestaat.*
recondite *duister, geheimsinnig, verborge.*
reconduct ('n ongewenste vreemdeling) *teruglei (na die grens), uitlei.*
reconnaissance *verkenning.*
reconsider *heroorweeg, terugkom op* (gewoonlik met 'n verandering tot gevolg).
reconstitute *omvorm, opnuut saamstel, herstig.*
reconstruct *rekonstrueer, herbou;* **—ion** of a company *rekonstruering van 'n maatskappy.*
reconvention *rekonvensie;* claim in — *teen-*

eis, eis in rekonvensie; plaintiff in — *teeneiser, eiser in rekonvensie;* plea in — *teenpleit, pleit in rekonvensie.*

record (n) (1) *oorkonde* (sluit in prosesstukke, notule van afgelegde getuienis, tussentydse hofreëlings en gewoonlik ook die uitspraak); attorney of — *prokureur in die saak;* (2) *aantekening;* — of previous convictions *lys van vorige veroordelinge, strafblad, vonnislys;* have a bad — *baie vorige veroordelinge hê, baie op jou kerfstok hê;* he has a criminal — *hy het al misdade gepleeg, is al veroordeel;* civil — book *siviele sakeboek;* clean — *geen vorige veroordelinge;* **records** (formele dokumente soos in akteskantoor en dergelike) *oorkondes, argief;* (algemeen) *aantekeninge, boeke, stukke.*

record (v) *aanteken, boekstaaf, notuleer, opteken, te boek stel;* (op 'n klankband) *opneem;* — one's vote *jou stem uitbring;* **—er** *notulehouer;* — and transcriber *opnemer en oorskrywer/transkriptor.*

recoup (oneself) *jouself skadeloos stel, jou verlies goedmaak.*

recourse *regres, verhaal;* right of — *regresreg, verhaalsreg;* the endorser has a right of — against the drawer *die endossant het 'n regresreg teen die trekker;* without — *sonder regres, sans recours;* (algemeen) have — to *toevlug neem tot.*

recover *terugvind; verhaal;* — damages from *skadevergoeding verhaal van;* — debts *skulde invorder;* — lost goods *verlore goedere terugvind;* **—able** from *verhaalbaar van.*

recriminate *mekaar oor en weer/wedersyds beskuldig, rekrimineer.*

recruit *werf.*

rectify *regstel, herstel, korrigeer;* (kontrak of akte) *rektifiseer;* **rectification** *regstelling, rektifikasie.*

recuse (yourself) *jou aan die saak onttrek, jou rekuseer.*

red-handed: to catch — *op heterdaad betrap.*

redeem *aflos, delg;* — a pledge/debentures *'n pand/obligasies aflos;* **—able** *aflosbaar;* **redemption** *aflossing, delging;* — fund aflossingsfonds, delgingsfonds, amortisasiefonds.

redhibitory *rakende teruggawe van die koopsaak;* — action *redhibitore aksie,* actio redhibitoria; — defect *gebrek wat teruggawe van die koopsaak regverdig, redhibitore gebrek.*

redistribution (of wealth) *herverdeling van rykdom.*

redoubtable *gedug, gevrees.*

redound *bydra, strek tot;* this —s to his advantage *dit strek tot sy voordeel.*

redraft *omwerk, heropstel.*

redress *herstel, vergoeding, verhaal;* legal — *geregtelike verhaal;* — of wrong *herstel van onreg.*

reduce *afbring, verminder, verlaag;* **reduction** of capital *vermindering van kapitaal;* — of sentence *vermindering van vonnis/straf.*

redundant *oorbodig, oortollig;* presumption against **redundance** *vermoede teen oortolligheid.*

re-examination *herondervraging.*

refer *verwys, noem, refereer;* — to drawer *verwys na trekker;* — to trial *vir verhoor verwys;* **—ee** *skeidsregter* (deur die partye of deur die hof aangewys); **—ence** *bewysplaas* (vir 'n aanhaling); *getuigskrif; verwysing;* work of —*naslaanboek;* — library *naslaanbiblioteek;* — in case of need (wisselreg) *noodadres;* terms of — of a commission *kommissie se opdrag;* with — to *met betrekking tot, met verwysing na, ten aansien van;* without — to *sonder om te let op.*

reference: frame of — *verwysingsraamwerk.*

referendum *volkstemming, referendum, volksbesluit, plebissiet.*

reform (school) *verbeteringskool, tugskool;* **—atory** *verbeteringsgestig;* inebriate — *dronkaardsasiel;* juvenile — *verbeteringsgestig vir jeugdiges.*

refractory (witness) *weerspanige/onwillige getuie.*

refresh *opfris, verfris;* — one's memory *jou geheue verfris;* **—er** course *opfrissingskursus;* — fee *bykomstige fooi.*

refuge *toevlug, skuiling, skuilplek, toevlugsoord;* seek — with *toevlug neem tot;* take — behind *skuil agter;* **refugee** *uitgewekene, vlugteling.*

refund *terugbetaling, skadeloosstelling.*

refuse *afwys, van die hand wys, weier;* **refusal** *weiering;* first — *voorkoopsreg.* Sien **option.**

refute *weerlê, ontsenu, onwaar bewys;* **refutable** *weerlegbaar;* **refutation** *weerlegging.*

regalia *attribute van die kroon, regalia.*

regardless (of the consequences) *ongeag die gevolge.*

region *streek;* **—al** court *streekhof.*

register (n) *register.*

register (v) *(laat) inskryf, registreer;* **—ed** office *geregistreerde kantoor;* by — post *per aangetekende pos.*

registrar *registrateur;* — of births and deaths *registrateur van geboortes en sterfgevalle;* — of companies/deeds/patents *registrateur van* *maatskappye/aktes/patente;* — of the Supreme Court *griffier van die Hooggeregshof;* **registration** *inskrywing, registrasie;* **registry** *registrasiekantoor;* deeds — *akteskantoor.*

regression *agteruitgang.*

regular *gereeld, reëlmatig;* complete and — on the face of it *voltooid en oënskynlik reëlmatig;* — business *gereelde sake/besigheid;* — conveyance *gereelde vervoermiddel;* presumption of **regularity** *vermoede van reëlmatigheid.* Sien **omnia praesumuntur rite esse acta** in Latynse deel.

regulate *reël, reguleer, verorden, voorskryf;* — restrict and control *reguleer, beperk en beheer;* — by statute *by wet reguleer;* **regulation** *reëling, voorskrif; regulasie;* provide by — *by regulasie voorskryf.*

rehabilitate *rehabiliteer;* **rehabilitation** *rehabilitasie.*

rehear *herbeoordeel;* **—ing** *herbeoordeling.* Hoewel die woord letterlik *"weer hoor"* beteken, slaan dit in die prosesreg op die funksie van 'n hof van appèl, wat nie die getuienis weer hoor nie, maar uitsluitend op die oorkonde oordeel. Die woord *herbeoordeel* onderskei dit van *herverhoor* **(retrial)** wat werklik 'n herhaling van die saak is.

reimburse *skadeloos stel, terugbetaal, uitgawes vergoed.*

reinstate (in 'n amp, op die hofrol) *herstel, op die rol terugplaas.*

reinsurance *herversekering.*

reinvest *herbelê, opnuut belê;* — an insolvent with his estate *boedel op die insolvent laat teruggaan;* he was **—ed** with his estate *sy boedel is aan hom teruggegee, daar was teruggang van sy boedel.*

reipersecutory *saakopvolgend, reipersekutoor.*

reissue (n) *heruitgifte* (sertifikate); *heruitgawe* ('n boek).

reissue (v) *heruitgee, opnuut uitgee; weer uitreik, heruitreik.*

reject *afkeur, afwys, verwerp;* — an appeal *'n appèl van die hand wys, afwys;* — a request *'n versoek weier.*

relate (1) *'n relaas gee van, vertel;* (2) — to/with *betrekking hê op, in verband bring/staan met, verband hou met;* **relation** (1) *(bloed) verwant, familielid;* **—s** by marriage *aangetroude familielede, skoonfamilie;* (2) *verband, betrekking, verhouding;* bear no — to *geen betrekking hê op, geen verband hou met;* in — to *betreffende, in verband met, insake, rakende;* **—s** between persons *verhouding tussen persone;* (3) **—s** *geslagsgemeenskap, geslagsverkeer, omgang;* **relationship** *verband, verhouding;* causal — *oorsaaklike/kousale verband;* contractual — *kontraktuele verhouding;* marriage — *egtelike verhouding, huweliksverhouding.*

relative (a) *betreklik, relatief;* — to *met betrekking tot.*

relative (n) *bloedverwant, familielid.*

relax (a rule) *'n reël verslap.*

release (n) (1) *vrylating, vrystelling;* — from debt *kwytskelding;* prisons — board *vrylatingsraad;* — of liquidator *vrystelling van likwidateur;* (2) *publikasie, verklaring.*

release (v) *bevry, vrylaat, vrystel;* — from custody *uit hegtenis vrylaat/vrystel/ontslaan;* — from debt *iemand skuld vryskeld.*

relentless *genadeloos, meedoënloos, verbete.*

relevance, relevancy *betrekking, relevansie, toepaslikheid.* Die woord *tersaaklikheid* is 'n neologisme wat taalkundig nie verantwoord kan word nie, maar tog wyd in gebruik is; the answer has no — to the question *die antwoord het geen betrekking op die vraag nie, het niks met die vraag te doen nie.*

relevant (attributief) *ter sake;* (predikatief) *desbetreffend, relevant,* ad rem; — to the issue *ter sake by die geskilpunt;* the — facts *die desbetreffende feite.*

reliable *betroubaar, gesaghebbend;* from a — source *uit betroubare bron;* on — authority *op betroubare gesag, uit gesaghebbende bron.*

relief (1) *bystand, regshulp, regsmiddel, onderstand, steun, verligting;* alternative — *alternatiewe regshulp;* apply to the court for — *regshulp by die hof aanvra, die hof se tussenkoms aanvra;* the only — open to him *sy enigste regsmiddel.*

relieve *verlig, versag; uitred, uithelp.*

relinquish *afstand doen van, afsien van, laat vaar, opgee, prysgee.*

relocate *verplaas; 'n huurkontrak vernuwe;* **relocation** *vernuwing van huur;* tacit — *stilswyende vernuwing van huur.*

rely (on) *jou verlaat op, reken op, staat maak op, steun op.*

remain (1) *agterbly, oorbly;* — in office *in 'n amp aanbly;* **remainder** (1) *oorblyfsel;* (grond) *restant, resterende gedeelte;* (2) Engelsregtelike begrip wat ooreenkoms vertoon met *fideicommissum;* **—derman** *fideicomissarius;* — beneficiary *kapitaaltrekker by afloop van 'n trust;* **—ing** extent (grond) *restant, resterende gedeelte.*

remand (n) *verdaging;* bring an accused up on — *'n beskuldigde se verhoor hervat;* he is under — *sy saak is verdaag.*

remand (v) *verdaag;* — an accused on bail *'n*

beskuldigde op borg vrystel; — an accused in custody *'n beskuldigde hangende die hervatting van sy verhoor in hegtenis hou.* Daar is nie 'n akkurate ekwivalent vir **remand** van die beskuldigde nie, waarskynlik omdat *uitstel* en *verdaag* ten opsigte van sy verhoor die begrip dek.

remarriage *hertroue;* — certificate *hertrousertifikaat.*

remedy (n) *regsmiddel, verhaal.*

remedy (v) *aansuiwer, goedmaak, remedieer;* — a breach *'n breuk herstel;* — a defect *'n gebrek aansuiwer;* **remedial** *heilsaam, helend, verhelpend;* — justice *goedmakende geregtigheid;* — statute *goedmakende wet;* **remediless** *sonder verhaal, sonder regsmiddel.*

remember *jou iets herinner, onthou, voor die gees roep;* be it **—ed** *nademaal dit blyk dat.*

reminder *aanmaning.*

remiss *agtelosig, nalatig;* be — in one's duty *jou plig versuim, te kort skiet in die uitvoering van jou pligte;* **—ion** *afslag, kwytskelding, vermindering, remissie;* — of fees *kwytskelding/vermindering van gelde;* — of sentence *vermindering/afslag van vonnis;* — of rent *afslag van huurgeld;* **—ness** *agtelosigheid, laksheid, nalatigheid, versuim.*

remit *terugverwys; verminder; deurstuur, stuur;* — a case to the magistrate *'n saak na die landdros terugverwys;* — a sentence *'n vonnis verminder/verlig/versag;* — money *geld stuur;* **—tal** *terugverwysing;* try a case on — *'n terugverwysde saak verhoor, 'n saak by terugverwysing verhoor;* **—tance** *geldsending, remise;* **—ter** *afsender* (van geld), *remittent.*

remnant *uitvalgrond.*

remonstrate *beswaar maak, protesteer, teenwerp;* — with someone *iemand teregwys/berispe.*

remorse *berou, selfverwyt, wroeging;* **—ful** *berouvol.*

remote *verwyderd;* — cause/damage/parties *verwyderde oorsaak/skade/partye;* — vesting *verwyderde erfopvolging;* **—ness** of damage *verwyderdheid van skade.*

remove *verwyder;* ('n saak van een hof na 'n ander) *verplaas;* (iemand uit 'n pos) *afsit, ontslaan;* **removal** *verwydering, verplasing; afsetting, ontslag;* — of bar *opheffing van belet.*

remunerate *besoldig, vergoed;* **remunerative** *lonend, rendabel, renderend, winsgewend;* **remuneratory** donation *vergoedende skenking.*

render *lewer, instuur;* — an account *'n rekening lewer;* account **—ed** *gelewerde rekening;* — a report *verslag uitbring, rekenskap gee van;* — a return *'n relaas lewer, rekenskap gee van;* — service *diens lewer;* — void *nietig maak.*

renege *verloën, verwerp;* — on a promise *jou woord breek, 'n belofte versaak.*

renew *hernuwe, hernieu, vernuwe, laat herlewe, verleng;* — a bill *'n wissel hernuwe/verleng/prolongeer;* — a lease *'n huurkontrak vernuwe;* — a passport *'n paspoort verleng.*

renounce *afstand doen van, afsweer, afsien van, afwys, laat vaar, opgee, versaak, verwerp;* **renunciation** *afstand van.*

renounceable *afwysbaar;* — letters of allotment *afwysbare toekenningsbriewe.*

rent (1) *verhuur;* (2) *huur;* **—al** *huurgeld, huur, huurprys, huursom;* automatic — interdict *outomatiese huurgelde-interdik;* lessor's hypothec for — *huurgeld-hipoteek, verhuurder se voorkeur vir agterstallige huurgeld;* **—al** value *huurwaarde.*

renvoi *renvoi, terugverwysing.*

reoccupy *herbeset, weer in besit neem, reokkupeer;* **reoccupation** *herbesetting, reokkupasie.*

reopen *heropen, weer oopmaak; weer oopgaan.*

reorganize *reorganiseer;* **reorganization** *reorganisasie.*

repair (n): in a bad state of — *in 'n slegte toestand, vervalle;* in a good state of — *goed onderhou, in 'n goeie toestand;* beyond — *onherstelbaar;* execute **—s** *herstelwerk doen, reparasies uitvoer;* **reparation** *reparasie, herstelwerk; skadeloosstelling, vergoeding;* make — *weer goedmaak.*

repair (v) *herstel, regmaak, opknap;* — a loss *'n verlies vergoed.*

repatriate (n) *gerepatrieerde.*

repatriate (v) *repatrieer, terugvoer.*

repay *terugbetaal;* — a debt *'n skuld betaal/aflos.*

repeal *herroep;* a **—ed** section *'n herroepe artikel.*

replace *vervang;* **—ment** *vervanging;* — value *vervangingswaarde.*

replevin *opheffing van beslag; lossing van in beslag genome goed; bevelskrif tot opheffing van beslag* (Engelsregtelik).

replicate *repliseer;* **replication** *replikasie* (eiser se antwoord op verweerder se pleit).

reply (n) *antwoord, repliek;* counsel's right of — *advokaat se reg van repliek.*

reply (v) *antwoord, repliek lewer;* **—ing** affidavit *repliserende verklaring* (in antwoord op respondent se antwoordende verklaring).

report (n) *verslag, rapport;* he made a — to

me *hy het aan my 'n mededeling gedoen, hy het 'n rapport aan my gemaak;* law — *hofverslag.*

report (v) *verslag doen, rapporteer; jou aanmeld.*

reportedly *volgens bewering/gerug, glo.*

repossess *terugneem, besit herneem, weer in besit neem;* **—ed** *teruggeneem;* **—ed** goods *teruggenome goed;* **—ion** *besitsherneming, terugneming, terugname.*

reprehensible *laakbaar;* — conduct *laakbare/afkeurenswaardige gedrag.*

represent (1) *verteenwoordig, namens iemand verskyn;* not **—ed** *in persoon, onverteenwoordig, sonder regsverteenwoordiger;* (meer bepaald in strafsake) *onverdedig;* (2) (erfreg) *representeer;* children — parents under the will *kinders representeer die ouers ingevolge die testament;* he falsely represented *hy het vals voorgegee;* **—ation** (1) *verteenwoordiging;* (2) *plaasvervulling, representasie;* succeed by — *by plaasvervulling opvolg;* (3) *voorstelling;* false — *wanvoorstelling;* (4) make **—s** *vertoë rig;* **—ative (n)** *verteenwoordiger;* **(a)** *verteenwoordigend.*

repress *onderdruk;* **—ive** *onderdrukkend;* — measures *dwangmaatreëls.*

reprieve *begenadig.*

reprimand *berispe, teregwys, skrobbeer.*

reprisal (volkereg) *weerwraakmaatreël, represaille;* letters of — *kaperbriewe* (sien **letters of marque and reprisal**); make — against *weerwraakmaatreëls neem teen.*

reproach *verwyt;* be a — to *tot skande/oneer strek;* heap **—es** on someone *iemand verwyte toeslinger.*

reprobate (n) *verstote mens, verworpeling.*

reprobate (v) *verdoem, verwerp;* you cannot approbate and — at the same time *jy kan nie tegelyk goedkeur en verwerp nie.*

reprove *skrobbeer, teregwys, berispe.*

repudiate *repudieer, verwerp, geldigheid ontken van;* — a debt *aanspreeklikheid ontken, 'n skuld repudieer;* — a contract *'n kontrak repudieer;* — responsibility *verantwoordelikheid ontken;* **repudiation** *repudiasie, ontkenning, verwerping.*

repugnant *afstootlik, onverenigbaar, onversoenbaar, teenstrydig;* the law is — to the constitution *die wet druis in teen die grondwet, is onversoenbaar met die grondwet;* **repugnance, repugnancy** *onverenigbaarheid, onversoenbaarheid, teenstrydigheid.*

repurchase *terugkoop;* right of — *terugkoopsreg.* Sien **option.**

repute *aansien, reputasie; algemene aanvaarding;* by — *volgens algemene bekendheid, volgens gerug;* boundaries by — *algemeen aanvaarde grense;* in high — *in hoë aansien;* prove marriage by — *'n huwelik met algemene aanvaarding bewys;* **reputation** *aansien, reputasie;* evidence of — *getuienis oor reputasie;* **reputed** *vermeende;* — owner *vermeende eienaar;* — wife *vermeende/putatiewe vrou;* — quart/pint *beweerde kwart/pint* ('n beweerde pint is een-twaalfde van 'n gelling terwyl 'n imperiale of standaardpint een-agtste van 'n gelling is); **—dly** *na bewering.*

request (v) *versoek;* **—ing** party *aanvraer* (by uitlewering); **—ed** party *versoekontvanger.*

require *vereis, verplig;* as **—d** by law *volgens regsvereistes, soos deur die reg vereis;* he is **—d** to deliver *hy is verplig om te lewer;* this **—s** to be done *dit is 'n verpligting;* **—ment** *vereiste.*

requisite *vereiste.*

requisition (n) *aanvraag, rekwisisie.*

requisition (v) *aanvra, rekwireer.*

rescheduling *herskedulering.*

rescind ('n besluit/hofbevel/wet) *herroep;* ('n kontrak) *ontbind;* notice of **rescission** *kennisgewing van herroeping.*

rescript *beslissing, edik, reskrip.*

resentment *gegriefdheid, wrewel, wrok.*

reserve (n) (1) *reserwe;* (2) (grond) *reservaat;* — fund *reserwefonds;* — liability of a company *reserwe-aanspreeklikheid van 'n maatskappy;* sale without — *verkoping sonder reserwe;* — price *reserweprys;* — share capital *reserwe-aandelekapitaal.*

reserve (v) *voorbehou, reserveer;* ('n regspunt vir beslissing deur die appèlhof) *voorbehou;* (uitspraak) *voorbehou;* **reservation** *voorbehoud, reservasie;* mental — *innerlike voorbehoud,* reservatio mentalis; — of a point of law *voorbehoud van 'n regsvraag;* — of ownership *eindomsvoorbehoud;* **reservatory** clause *voorbehoudsklousule, klousule reservatoir.*

resettle *hervestig.*

reside *woon, verblyf hou;* **—nce** *verblyfplek, woonplek;* **—ncy** *residensie;* **—nt (n)** *inwoner;* **(a)** *woonagtig;* ordinarily — at *gewoonlik woonagtig te;* **—ntial** *wonings-, woon-;* — area *woongebied.*

residual *oorblywend, resterend, residueel;* — claimant *eiser van die oorskot;* — power *resterende gesag.*

residue *oorskot;* free — *vrye oorskot* (by insolvensie); **residuary** *van die oorskot;* — legatee *erfgenaam.* As 'legataris van die oorskot' is hy erfgenaam; — provision in an Act *residuêre bepaling in 'n wet.*

resign *bedank, uittree;* **—ation** (1) *bedanking;* (2) *berusting, gelatenheid;* **—edly** *met gelatenheid.*

resile (from a contract) *uit 'n kontrak terugtree.*

resist *weerstand bied;* — a police officer *jou teen 'n polisieman verset;* — arrest *jou teen arres verset, weerstand teen inhegtenisneming bied.*

resolutive (condition) *ontbindende voorwaarde.*

resolve *besluit, 'n besluit neem;* — differences *geskille bylê;* the question **—d** itself into two parts *die vraag het in twee dele uiteengeval;* — a problem *'n probleem oplos;* **resolution** *besluit;* adopt/pass a — *'n besluit neem;* draft — *ontwerpvoorstel;* special — (Maatskappyewet) *spesiale besluit.*

resort *redmiddel, uitweg;* in the last — *as laaste toevlug, in laaste instansie, op stuk van sake, uiteindelik, as 'n noodmiddel;* — to force *tot geweld oorgaan.*

resource *hulpmiddel, vindingrykheid.*

respect (1) *agting, eerbied, ontsag, respek;* with — *met eerbied;* (2) *opsig;* in this — *in hierdie opsig;* with — to *met betrekking tot;* **—ability** *aansien;* **—ively** *onderskeidelik, respektiewelik.*

respite *respyt, uitstel;* — days *respytdae.*

respondent *respondent;* the — company *die respondent-maatskappy, die responderende maatskappy.*

respondentia (bond) *bodemerybrief op 'n lading.*

response *antwoord;* make no — *geen antwoord gee nie;* in — to a summons *ingevolge 'n dagvaarding.*

responsibility *verantwoordelikheid, aanspreeklikheid;* criminal — *strafregtelike aanspreeklikheid/verantwoordelikheid, toerekeningsvatbaarheid;* diminished — *verminderde toerekeningsvatbaarheid;* release a person on his own — *iemand op eie verantwoordelikheid vrylaat.*

responsible *verantwoordelik, aanspreeklik;* criminally — *strafregtelik aanspreeklik, toerekeningsvatbaar;* hold someone — *iemand verantwoordelik hou;* person — *dader, verantwoordelike persoon.*

rest *rus;* there the matter **—ed** *daarby het die saak gebly;* — a case *'n saak sluit* (Amerikaans).

restatement (of the law) *herformulering van die reg.*

restituendo (bond) *sekuriteitsakte* (by provisionele vonnis).

restitution (van liggaamlike sake) *teruggawe;* (van onliggaamlike sake) *herstel;* (albei) *restitusie;* — of conjugal rights *herstel van huweliksregte;* — order *herstelbevel;* — of property *teruggawe van goed;* make — *vergoed,restitusie doen;* security for — *sekuriteit vir teruggawe,* cautio de restituendo; **—ary** duty *plig om terug te gee, teruggaweplig;* **—al** damages *herstellende skadevergoeding, skadeloosstelling.*

restore (liggaaamlike sake) *teruggee;* (onliggaamlike sake) *herstel;* **restoration** *teruggawe, herstel;* — of a patent *herstel van 'n patent.*

restrain *aan bande lê, belet, verhinder, weerhou;* an interdict —ing A from *interdik wat A belet om;* **restraint** *beperking, inkorting; bedwang, selfbeheersing;* contract in — of trade *kontrak tot inkorting van handelsvryheid;* exercise — *selfbeheersing uitoefen;* — of marriage *huweliksbeletsel;* — of alienation *verbod/beperking op vervreemding;* speak with — *besadig praat;* under — *in aanhouding, onder ingekorte bewegingsvryheid.*

restrict *beperk;* **—ion** *beperking;* **—ive** *beperkend;* — covenant *beperkende ooreenkoms;* — endorsement *beperkende endossement;* — interpretation *beperkende/restriktiewe uitleg;* — trade practice *beperkende handelsgebruik.*

restructure *hersaamstel, herstruktureer.*

result (n) *resultaat, slotsom, uitslag;* in the — it is held *die slotsom is.*

result (v) *tot gevolg hê;* — from *voortvloei/voortspruit uit;* — in *uitloop op;* **—ant** from *voortvloeiend/voortspruitend uit.*

resume *hervat; herneem, terugneem;* **resumption** *hervatting; herneming, terugname;* — of citizenship *herneming van burgerskap.*

resurgence *herlewing, herrysing.*

retail *in die kleinhandel verkoop, kleinhandel dryf.*

retain *behou;* — counsel *advokaat opdrag gee/retineer;* **—er** *deurlopende opdrag;* **—ing** fee *retensiefooi;* — wall *steunmuur;* **retention** *retensie, terughouding;* right of — *reg van terughouding, retensiereg;* with — of ownership *met behoud van eiendomsreg.*

retaliate *vergeld, weerwraak neem;* **retaliation** *'n oog vir 'n oog en 'n tand vir 'n tand, weerwraak,* ius talionis; **retaliatory** *wraaknemend, vergeldings-.*

retard *vertraag.*

reticent *swygsaam.*

retire (intr) *aftree, uittree;* **(trans)** *afbetaal, afdank;* — a bill *'n wissel vroeg betaal;*

—**ment** *aftrede, uittrede, uitdienstreding; afbetaling;* — annuity *aftree-annuïteit.*
retort *terugkap, skerp antwoord;* —**ion** *laster uit weerwraak, retorsie.*
retract *terugtrek;* —**tion** *terugtrekking;* right of — *terugkoopsreg,* ius retractus. Sien **option.**
retreat (n) *terugtog, terugwyking; skuilplek, tehuis, inrigting;* — for inebriates *inrigting vir dranksugtiges.*
retreat (v) *terugval, terugwyk, retireer.*
retrench *jou werkmag inkrimp/inkort, werkers afdank;* —**ment** *afdanking.* Beëindiging van diens sonder oneer en gewoonlik met sekere voordele.
retribution *vergelding.*
retroactive *terugwerkend.*
retrocede *terugsedeer.*
retrograde *agterwaarts, terugwerkend, teruggaande;* — amnesia *terugwerkende amnesie.*
retrograde *terugwerkend;* — amnesia *terugwerkende amnesie.*
retrogress *agteruitgaan;* **retrogression** *agteruitgang, teruggang, kreeftegang.*
retrospect *terugblik;* in — *van agterna besien;* —**ive** *terugwerkend, met terugwerkende krag, retrospektief;* with — effect *met terugwerkende krag.*
retry *herverhoor, opnuut verhoor;* **retrial** *herverhoor, verhoor de novo.* Sien **rehearing.**
return (n) (1) *opgawe, verslag, relaas;* income tax — *inkomstebelastingopgawe;* nulla bona — *nulla bona-relaas, relaas van geen goed;* render a — *'n opgawe gee, relaas/verslag doen;* — of service *relaas van betekening;* (2) *terugkeer;* affidavit of non- — *versuimverklaring, verklaring van nie-terugkeer;* — day *keerdag, keerdatum;* (3) *terugbesorging, teruggawe, terugsending;* in — *as teenprestasie, in ruil;* (4) *opbrengs, rendement, wins;* — on capital *opbrengs op kapitaal, rendement.*
return (v) (1) *opgee, relaas doen, verslag doen;* — this summons with whatever you have done thereupon *doen relaas van wat u in verband met hierdie dagvaarding gedoen het;* — a verdict *'n uitspraak gee;* (2) *terugkeer;* (3) *terugbesorg, teruggee;* (4) *oplewer, rendeer;* — a profit *wins oplewer/afwerp;* —**able** on *met keerdag op.*
returning (officer) *stembeampte.*
revalorise *herwaardeer, revaloriseer;* **revalorisation** *herwaardering, koersverhoging, waardeverhoging, revalorisasie.*
revalue *herwaardeer, opwaardeer, hertakseer, optakseer.*
reveal *aan die lig bring, bekend maak, openbaar;* **revelation** *openbaring.*
revenue *inkomste;* — officer *belastingamptenaar;* receiver of — *ontvanger van inkomste, belastinggaarder;* — stamp *inkomsteseël.*
reverse (n) *teenoorgestelde, omgekeerde;* (van 'n dokument) *agterkant, keersy.*
reverse (v) (uitspraak van laer hof) *omverwerp, ingryp teen, ter syde stel; omdraai, omkeer.*
reversing entry *omswaaipos.*
revert *terugval aan, toeval aan;* the estate will — to you *die boedel sal aan jou toeval;* — to a former status *na 'n vorige status terugkeer;* **reversion** (1) *terugvalling, reversie* (van 'n saak of eiendom aan die skenker of sy erfgename); (2) *die terugvallende saak/eiendom;* have an estate in — *reg tot 'n boedel hê na die huidige reghebbende, 'n boedel in reversie hê;* right of — *terugvallingsreg, reg van reversie;* **reversionary** *terugvallend, reversionêr;* — interest *terugvallinsgbelang, reversionêre belang;* — owner *afwagtende eienaar.*
review (n) *hersiening;* — as of course *outomatiese hersiening;* — at the instance of the accused *hersiening op aansoek van die beskuldigde;* court of — *hof van hersiening.*
review (v) *hersien, in hersiening neem;* — judge *regter van hersiening* (nie *hersienende* regter nie); —**able** *aan hersiening onderworpe, hersienbaar, vir hersiening vatbaar.*
revile *beskimp, verguis, uitskel.*
revindicate *terugvorder, revindiseer.*
revise *hersien;* **revision** court *hersieningshof.* Daar is in verband met die hof geen aanwysbare verskil tussen **revise** en **review** nie.
revive *hernuwe, hernieu, laat herleef;* — a judgment *'n vonnis hernuwe/hernieu;* **revival** *hernuwing;* — of superannuated judgment *hernuwing van 'n verjaarde vonnis.*
revoke ('n vergunning soos 'n lisensie) *intrek;* (aanbod, toestemming) *terugtrek;* (volmag) *herroep, terugtrek;* **revocation** of a gift *herroeping van 'n skenking.*
revolt (n) *opstand, oproer, rebellie.*
revolt (v) *in opstand kom (teen gesag), opstaan, rebelleer;* —**ing** *weersinwekkend, afskuwelik, afstootlik.*
revolution *omwenteling, opstand, revolusie;* —**ise** *omwenteling teweegbring, ommekeer veroorsaak.*
revolutionary (a) *opstandig, revolusionêr.*
revolutionary (n) *opstandeling, oproermaker, revolusionêr.*
revolving (credit) *wentelkrediet.*
revulsion *hewige afkeer van, renons in.*
reward *beloning;* —**ing** *lonend.*
rider *bygevoegde klousule, toevoeging, spesiale*

aanbeveling by; the court added a — *die hof het 'n spesiale aanbeveling bygevoeg.*

ridicule (v) *bespot, uitlag;* patently **ridiculous** *volkome belaglik.*

ridicule *spot, bespotting;* expose to hate, — or contempt *aan haat, spot of minagting blootstel;* hold up to — *belaglik maak.*

rig (an election) *'n verkiesing beknoei.*

right *reg, aanspraak, subjektiewe reg;* as of — *uit hoofde van vasstaande regte, as 'n saak van reg;* assert one's — *jou reg laat geld, opkom vir jou regte;* be in the — *gelyk hê;* — to begin *reg om te begin, reg om eerste getuienis aan te bied;* by — of *kragtens, uit hoofde van;* clear — *duidelike reg;* do someone — *aan iemand reg laat wedervaar;* — of occupation *besitsreg, okkupasiereg;* in — of his office *uit hoofde van sy amp;* in his own — *selfstandig, uit eie reg, op sy eie gesag/verantwoording;* preferential — *voorkeurreg;* put a person in the — *iemand gelyk gee, in die gelyk stel;* — to a thing *aanspraak op 'n saak, reg tot 'n saak;* — and wrong *goed en kwaad;* by —**s** *na regte, uit regverdigheidsoogpunt;* the —**s** of the case *die ware toedrag;* in excess of one's —**s** *buite jou regte, onregmatig;* put to —**s** *in orde bring;* within his —**s** *binne sy regte.*

DIFFERENT RIGHTS. — of admission *reg van toegang;* — of appeal *reg van appèl;* — of assembly *reg om te vergader;* — of association and meeting *reg van vereniging en vergadering;* — of entry *reg van betreding, betredingsreg;* — of inheritance *reg om te erf;* — of possession *besitsreg;* — of retraction *terugkoopsreg.* Sien **option**; — of search *deursoekingsreg, visenteringsreg;* personal — *persoonlike reg, vorderingsreg,* ius in personam; real — *saaklike reg,* ius in rem; — of way *reg van weg;* (in padverkeer) *reg van voorrit.*

righteous *regverdig;* —**ness** *regverdigheid, regskapenheid.*

rightful *regmatig;* — owner *regmatige eienaar, eienaar uit regsoogpunt.*

rightly *tereg.*

rigid *onbuigsaam, ontoegeeflik, rigied;* — discipline *strenge tug.*

rigour *onbuigsaamheid, ontoegeeflikheid, strafheid, strengheid;* the utmost — of the law *die uiterste strengheid van die wet.*

ringleader *belhamel, voorbok, voorperd.*

riot *oproer, rel, opstootjie;* —**er** *oproermaker;* —**ous** *oproerig, wanordelik;* — assembly *oproerige byeenkoms;* —**ously** *op oproerige wyse, wanordelik.*

riparian *oewer-;* — land/owner/rights *oewergrond/-eienaar/-regte;* water to which the land is riparian *water waarvan dit oewergrond is, water waaraan die grond lê.*

rise *ontspring, opgaan, opstaan, spruit;* — from *ontstaan/spruit uit;* give — to *aanleiding gee tot;* **rising** *verdaging;* to be held in custody until the — of the court *in hegtenis te bly tot die verdaging van die hof.*

risk *gevaar, risiko;* be at — *in gevaar wees;* at a moderate — *teen 'n matige risiko;* voluntary assumption of — *vrywillige aanvaarding van risiko;* — assumed in the course of duty *risiko wat in die loop van diens aanvaar word;* buyer to bear the — *koper dra die risiko;* at owner's — *op eienaarsrisiko;* the — passes *die risiko gaan oor;* put at — *in gevaar stel;* run a — *gevaar/risiko loop;* take a — *dit waag, risiko aanvaar.*

river *rivier;* —-basin *rivierbekken, toevloeigebied;* —-bed,—-channel *rivierbedding.*

road *pad, weg;* access — *toegangspad;* — of necessity *noodweg,* via necessitatis; neighbour's — *buurweg,* via vicinalis (aan verskillende bure gemeen); rules of the — *verkeersreëls;* —**hog** *padbuffel;* —**worthy** *padwaardig.* Sien **padvaardig** en **padwaardig** in A–E.

rob *(be)roof, (be)steel, plunder;* —**ber** *rower;* —**bery** (benaming van misdaad) *roof;* (verskynsel) *rowery;* —**beries** *roofgevalle, gevalle van roof* (nie *rowe* nie).

rod: make a rod for one's own back *'n lat vir jou eie rug sny.*

roll over (a debt) *'n skuld omrol.*

roll *rol;* place on the — *op die rol plaas, ter rolle plaas;* strike off the — *van die rol skrap.*

root *wese, wortel;* — cause *grondoorsaak;* it goes to the — of the contract *dit raak die wese van die kontrak* (die kontrakbreuk is so verreikend dat die onskuldige party mag terugtree).

rough *by benadering; grof, ru;* — draft *ruwe konsep;* — estimate *globale raming, ruwe skatting;* — guess *skatting by benadering, ruwe skatting;* — justice *ruwe regspraak;* —**ly** speaking *by benadering, min of meer, naasteby.*

row *struweling.*

royal *koninklik;* — game *absoluut beskermde wild;* — prerogative *koninklike prerogatief;* —**ty**, —**ties** (in verskillende verband) *outeursaandeel, outeursgelde; mynreggelde; patenthouersaandeel;* (algemeen) *tantièmes.*

rule (n) *reël;* a — of the law *regsreël.* Sien **rule of law**; legal — *regsreël;* as a — *gewoonlik, in die reël;* —**s** board *reglementsraad;* —**s** of court *hofreëls, hofreglement;* —**s** of evidence *bewysreëls;* — nisi *bevel nisi;* — of practice *reël van die praktyk;* — of thumb *praktiese reël;* —**s** and regulations *reëls en regulasies;* standing —**s** and orders *reglement van orde.*

rule (v) (1) *beheer, regeer;* (2) *reël* (anglisisme wat aanvaar word omdat dit nodig is om te onderskei tussen **ruling** en **decision**; waar die onderskeid nie van belang is nie, kan *beslis* gebruik word); — out *uitsluit;* **ruling** *reëling;* —, decision or order *reëling, beslissing of bevel;* —**s** of law appealed against *regsbeslissings waarteen geappelleer word.*

rule of law *oppergesag van die reg.* 'n Uitdrukking in die staatsreg wat betrekking het op die waarborg wat die reg behoort te gee teen willekeurige magsuitoefening en ten gunste van persoonlike vryheid en menswaardigheid, gelyke behandeling van almal deur die reg en vrye toegang tot onpartydige howe wat uitsluitend volgens die reg oordeel. Dit impliseer dat die reg oor almal heers, ook oor die wetgewer self, wat alleen ooreenkomstig die reg mag optree. Dit stem ooreen met die Duitse *regstaatbeginsel* of *regstaatbegrip.*

rumination *oorpeinsing.*

rumour *gerug;* — has it *die gerug wil dat, volgens gerug;* there is a — *'n gerug is in omloop, doen die ronde.*

run ('n besigheid) *bestuur;* (rente) *loop;* the bill —**s** for 30 days *die wissel loop 30 dae;* — into debt *skuld maak/oploop;* — for office *kandidaat wees;* sentences — concurrently *die vonnisse loop saam, is samelopend;* he who —s may read *dis glashelder/sonneklaar;* the writ —**s** throughout the country *die lasbrief is oor die hele land geldig;* wherever his writ may — *oral waar hy gesag uitoefen;* courses are — *kursusse word aangebied;* —**ning** *lopend;* — account *lopende rekening;* — contract *lopende kontrak;* — costs *bedryfskoste;* — debts *lopende skulde;* —down case *ongeluksaak;* — expenses *lopende uitgawes;* in good — order *in werkende orde.*

rural *landelik;* — tenement *landelike erf.*

ruthless *genadeloos, meedoënloos.*

S

sabotage (v) *saboteer;* **(n)** *sabotasie..*

sacrilege *heiligskennis;* **sacrilegious** *heiligskendend.*

sacrosanct *heilig, onaantasbaar, onskendbaar.*

safe *veilig;* — conduct *vrygeleide;* — custody *veilige bewaring;* — deposit (1) *veilige bewaring;* (2) *bewaarkluis, brandkluis;* —**guard** *behoed, beskerm, beveilig;* —**ty** *veiligheid;* —belt *veiligheidsgordel;* place of — *veiligheidsplek*; —valve *veiligheidsklep.*

sage *wyse, wysgeer.*

said *bedoelde, genoemde, voormelde.*

salary *salaris.*

sale (1) (as regsfiguur) *koop, die koopkontrak;* (2) (as transaksie) *verkoop, verkoping* (die twee vorme is heeltemal verwisselbaar); (van 'n hele voorraad) *uitverkoping;* — by auction *veiling, verkoop by openbare veiling;* — by aversion *verkoop by die grootmaat,* per aversionem; contract of purchase and — *koopkontrak,* emptio venditio; conditions of — *verkoopsvoorwaardes;* deed of — *koopakte, koopbrief* (veral van grond); for — *te koop;* — by description *verkoop volgens beskrywing;* judicial — *verkoop in eksekusie, uitwinningsverkoping;* liquidation — *likwidasieverkoping, sluitingsuitverkoping;* — by private treaty *onderhandse verkoping, verkoop uit die hand;* — or return *beding van terugtrede,* pactum displicentiae; — out of hand *verkoping uit die hand, private verkoping;* — by sample *verkoop op monster;* — by tender *verkoop op inskrywing/tender;* — without reserve *verkoping sonder reserweprys, sonder voorbehoud;* —**able** *verkoopbaar;* —**sman** *verkoopsagent, verkoopsklerk;* —**swoman** *verkoopster.*

salient *treffend, opvallend, uitstaande, uitspringend;* — point *hoofpunt.*

salt *sout.* Plasing van 'n mineraal om die skyn te verwek dat die grond mineraalhoudend is.

salutary *heilsaam, weldadig;* — sentence *heilsame vonnis.*

salvage (n) *berging;* claim — *bergingsloon eis;* — company *bergingsmaatskappy;* — operations *bergingswerksaamhede;* — ship *bergingskip.*

salvage (v) (gestrande goed) *berg.*

salvation *heil;* work out one's own — *jou eie heil uitwerk.*

sanctimonious *skynheilig.*

sanction (n) (1) *bekragtiging, sanksie;* (2) *dwangmiddel, strafbepaling, sanksie;* enactment without a — *regsvoorskrif sonder dwangmiddel/sanksie;* with the — of the court *met die goedkeuring van die hof;* international —**s** *internasionale sanksies.*

sanction (v) *goedkeur, bekragtig, sanksioneer;* — an agreement of compromise *'n akkoord bekragtig/sanksioneer.*

sanctity *onskendbaarheid;* — of contracts *bindendheid van kontrakte;* — of human life *onskendbaarheid van die menslike lewe.*

sanctuary *toevlugsoord;* right of — *asielreg.*

sane *by sy volle verstand, gesond van gees;* **sanity** *geestesgesondheid.*

sans (Fr) *sonder;* — protet (wisselreg) *sonder protes;* — recours *sonder regres/verhaal.*

satisfy *bevredig, tevrede stel;* — a claim/judgment *aan 'n eis/vonnis voldoen;* — oneself of *jou vergewis van;* the court is **satisfied** that *die hof is tevrede dat.* Anglisistiese erkenning van *tevrede* omdat *oortuig* te sterk is en die bedoeling nie korrek weergee nie; you can rest — that *jy kan seker wees dat;* **satisfaction** *bevrediging, genoeë, genoegdoening, tevredenheid, voldoening;* in — of *ter voldoening aan;* make — *genoegdoening gee;* to the — of the court *tot bevrediging van die hof;* **satisfactory** *genoegsaam, voldoende;* — proof *genoegsame/bevredigende bewys.*

save (prep) *behoudens, behalwe;* — as may be otherwise provided *behoudens andersluidende bepalinge;* — as provided by *behoudens die bepalings van, behalwe soos bepaal in;* — for admissions therein contained *behoudens erkennings daarin vervat;* — so far as *behalwe vir sover as.*

save (v) *spaar, vrywaar;* — him harmless *hom vrywaar;* — appearances *die skyn bewaar/red;* **saving** *voorbehoud;* — clause *voorbehoudsklousule;* — provisions *uitsonderingsbepalinge, voorbehoudsbepalinge;* **savings** account *spaarrekening;* — bank *spaarbank.*

scab *stakingbreker.*

scale *skaal;* costs on the higher or lower — *koste op die hoër of laer skaal;* hold the —**s** even *onpartydig oordeel;* — of fees *tarief van gelde;* — of wages *loonskaal;* sliding — *wisselskaal;* turn the —**s** *die deurslag gee;* — down *(na verhouding) verlaag/verminder, op 'n laer skaal plaas.*

scandalous matter (in beëdigde verklarings) *aanstootlike bewerings.*

schedule *inventaris; lys, skedule;* — of an Act *bylae van 'n wet;* insolvency — *vermoëstaat.*

scheme *skema;* — of profit making *skema met winsoogmerk;* rebuilding — *herbouingskema.*

scintilla *sprankie, vonkie, sweem, greintjie;* not a — of evidence *geen greintjie getuienis.*

scope *bestek, gesigskring, terrein, trefwydte;* within the — of his authority *binne die bestek van sy magte/bevoegdhede;* — of employment *bestek van diens, sfeer van werkverrigting;* — of a law *trefwydte/toepassingsgebied van 'n wet.*

scorch: —**ed** earth *verskroeide aarde.*

scorn *minag, verag, versmaai.*

scot-free: get off — *skotvry daarvan afkom, tol-los uitkom.*

scoundrel *skurk;* unmitigated/thorough-paced — *deurtrapte skurk.*

scrap *afvalmateriaal, skroot;* sell for — *vir aftakeling verkoop;* —yard *skrootwerf/sloopwerf.*

screen (an application) *'n aansoek voorhang;* —**ing** certificate *voorhangsertifikaat.*

scrip *skrip, voorlopige aandelebewys.*

scruple *gewetensbeswaar, gemoedsbeswaar, skrupule;* **scrupulously** fair *met nougesette billikheid.*

scrutinize *noukeurig ondersoek;* **scrutineer** *nasiener, stemopnemer;* **scrutiny** *noukeurige ondersoek.*

seal (n) *seël;* — of office *ampseël;* under private — *onder private seël;* wafer — *ouelseël.*

seal (v) *seël, verseël, van 'n seël voorsien;* —**ed** will *geslote testament* (sinoniem met **closed will**).

search (n) *huissoeking, visentering; nasoek, nasporing;* diligent — by a messenger *deeglike nasporing deur 'n geregsbode;* — fees *soekgeld;* — of registry *nasoeking van 'n register;* — warrant *visenteringslasbrief.*

search (v) *deursoek, visenteer; nagaan, nasoek;* —**ing** inquiry *deurtastende/diepgaande ondersoek.*

seat (parlementêr) *setel;* — of government *regeringsetel, hoofstad;* — of magistracy *landdrossetel;* — of war *oorlogstoneel.*

secede *afskei;* **secession** *afskeiding, sesessie.*

second (a) *tweede;* — of exchange *sekundawissel;* —hand goods *tweedehandse goed;* —hand dealer *handelaar in tweedehandse goed.*

second (n) *sekondant.*

second (v) ('n voorstel) *sekondeer;* (tydelik na 'n ander departement oorplaas) *sekondeer;* —**ary** *bykomstig, sekondêr;* — use of water *sekondêre/landboukundige gebruik van water.*

secret *geheim;* official — *ampsgeheim;* top — *uiters geheim;* — profit *geheime wins;* — reserve *geheime reserwe;* — treaty *geheime verdrag;* —**ive** *geheimhoudend, geheimsinnig.*

section *gedeelte, seksie;* section of an Act *artikel van 'n wet;* —**al** title *deeltitel.*

secure (a) *veilig, beveilig, geborge;* — foundation *hegte fondament.*

secure (v) *verkry, beveilig; sekerheid/sekuriteit*

stel vir, sekureer; — a debt *sekerheid/sekuriteit vir 'n skuld stel, 'n skuld sekureer.*

securitisation *sekuritisasie.*

security (1) *veiligheid, sekuriteit;* (2) *sekerheid(stelling), sekuriteit, dekking, onderpand;* — bond *akte van sekerheidstelling/onderpand;* collateral — *aanvullende/kollaterale sekuriteit;* — for costs *sekuriteit vir koste;* furnish — *sekuriteit verskaf, onderpand gee;* personal — *persoonlike sekuriteit, borgstelling;* real — *saaklike onderpand/sekuriteit;* — of tenure (grond, amp) *sekerheid van behoud, onaantasbaarheid van titel; ampsekerheid, ampsgeborgenheid;* social — *bestaansbeveiliging, bestaansekerheid;* — de restituendo *sekuriteit vir teruggawe* (by namptissement).

security: marketable securities *verhandelbare sekuriteite.*

sediment *droesem, afsaksel, neerslag.*

sedition *opruiing, sedisie.* Die Romeins-Hollandse woord is *oproer,* maar *oproer* het oorgegaan tot die betekenis van wanordelikhede sonder die element van teen die staat gerig te wees; **seditious** *opruiend, sedisieus;* — language *opruiende taal;* — libel *majesteitskennis,* crimen laesae venerationis.

seduce *verlei, defloreer, ontmaagd;* **seduction** *verleiding, seduksie, deflorasie, ontmaagding;* **seductive** *verleidelik.*

seemingly *skynbaar.*

seepage *syferwater.*

seize *beslag lê op, in beslag neem;* —**d** with jurisdiction *(deur juridiksie) aan 'n bepaalde saak gebonde;* **seizure** *beslaglegging, inbeslagneming.*

self-accusation *selfbeskuldiging.*

self-defence *noodweer* (omvat ook die verdediging van derdes), *selfverdediging* (net van eie persoon); exceed the bounds of — *die perke van noodweer oorskry.*

self-determination *selfbeskikking.*

self-evident *klaarblyklik, vanselfsprekend, voor die hand liggend.*

self-fulfilling prophecy *selfvervullende profesie.*

self-governing *selfbesturend, selfregerend, outonoom;* **self-government** *selfbestuur, selfregering, outonomie.*

self-help *eiemagtige optrede.*

self-incrimination *selfbeskuldiging, selfinkriminasie.*

self-righteous *eiegeregtig.*

self-serving (statement) *selfstawende verklaring.*

self-sufficient *selfgenoegsaam;* **self-sufficiency** *(ekonomiese) selfgenoegsaamheid, outarkie.*

sell *van die hand sit, verkoop;* —, barter, give or otherwise dispose of *verkoop, verruil, weggee of andersins van die hand sit;* —, deal in or dispose of *verkoop, handel in of van die hand sit;* — or offer for sale *verkoop of te koop aanbied;* —**er** *verkoper;* —**ing** *verkoops-;* — commission *verkoopskommissie;* — price *verkoopsprys.*

semblance *skyn, sweem, voorkome.*

semble (Fr) *dit skyn, dit kom voor asof.*

sense (1) *begrip, gevoel, besef, sin;* in no — *in geen opsig;* in the same — *in dieselfde sin;* labour under a — of wrong *veronreg/verongelyk voel, onder 'n gevoel van onreg gebuk gaan;* — of duty *pligsbesef;* — of guilt *skuldgevoel;* — of honour *eergevoel;* — of justice *regsbewussyn, regsgevoel;* — of right and wrong *besef van reg en verkeerd;* — of shock *gevoel van skok* (oor swaarte van straf); — of shock, outrage and concern *gevoel von skok, verontwaardiging en ontsteltenis;* (2) —**s** *geestesvermoëns, sinne;* in his sound and sober —s *in die volle besit van sy geestesvermoëns, by sy volle positiewe, met heldere begrip;* the five —**s** *die vyf sintuie.*

sentence (n) *straf, vonnis;* death — *doodvonnis;* enforcement of a — *tenuitvoerlegging van 'n vonnis;* final and definitive — *einduitspraak;* increase of — *strafverswaring;* operation of a — *werking van 'n vonnis;* provisional — *provisionele vonnis, namptissement.*

sentence (v) *straf, vonnis oplê, vonnis;* — for a crime *weens 'n misdaad vonnis oplê;* — to imprisonment *gevangenisstraf oplê, tot gevangenisstraf veroordeel.*

sententious *bondig, kernagtig, pittig; orakelagtig, in spreekwoordestyl, skynwys.*

sentimental *gevoels-, sentimenteel;* — damages *genoegdoening, vergoeding van gevoelskade/gekrenkte eer,* solacium; — value *sentimentele waarde, affektiewe waarde.*

separate (a) *afsonderlik, apart;* — development *afsonderlike ontwikkeling;* — trials *afsonderlike verhore.*

separate (v tr) *skei, uitmekaar maak;* **(intr)** *skei, uitmekaar gaan;* extrajudicially —**d** *buitegeregtelik geskei* (kragtens onderlinge notariële ooreenkoms); **separation** *skeiding;* — of bed and board *skeiding van tafel en bed, geregtelike skeiding,* separatio a mensa et toro; — of goods *boedelskeiding;* — order *skeidingsbevel.*

sequester *insethouer, sekwester, skeidsman.* Sien **stakeholder** in E–A.

sequestrate (deur die hof) *sekwestreer, insol-*

vent verklaar; (deur die skuldeiser) *insolvent laat verklaar;* **sequestrating** creditor *sekwestrerende skuldeiser;* **sequestration** *sekwestrasie;* compulsory — *verpligte sekwestrasie.*

serious *ernstig;* — and wilful misconduct *ernstige en opsetlike wangedrag;* — bodily harm *ernstige liggaamlike leed;* assault with intent to do — bodily harm *aanranding met die opset om ernstig te beseer.*

servant *dienaar, werknemer;* common law — *gemeenregtelike dienaar;* public — *staatsamptenaar;* statutory — *wetteregtelike/statutêre dienaar;* master and — *werkgewer en dienaar (heer en diensbode* word afgekeur).

serve (1) *dien;* — apprenticeship *vakleerlingskap (uit)dien, as vakleerling dien;* — articles *as ingeskrewe klerk dien, leertyd dien;* — on a committee *in 'n komitee dien;* — a purpose *'n doel bevorder, sy nut hê;* — a sentence *'n vonnis uitdien;* (2) — on (prosesstukke) *beteken aan;* — notice on *kennis gee, kennisgewing aan iemand beteken;* short service *kort betekening;* substituted service *vervangende betekening;* **service** *diens;* compulsory military — *diensplig;* national **—man** *dienspligtige;* **—s** rendered *gelewerde dienste.*

service a loan *'n lening byhou.*

service mark *diensmerk.*

serviceable *diensbaar, geskik, dienlik.*

servient (tenement) *dienende erf,* praedium serviens (wat regte aan die *heersende erf,* praedium dominans, verskuldig is).

servitude (1) *serwituut, diensbaarheid;* — of abutment *serwituut van opdamming;* affirmative — *positiewe serwituut,* ius faciendi; — of aqueduct *serwituut van waterleiding;* continuous — *ononderbroke serwituut;* discontinuous — *onderbroke serwituut;* divisible — *deelbare serwituut;* — of drawing water *serwituut van waterhaling;* — of grazing *serwituut van weiding;* negative — *serwituut van late,* ius prohibendi; permanent — *permanente serwituut;* personal — *persoonlike serwituut;* praedial/real — *erfdiensbaarheid, saaklike serwituut;* — of prospectus *serwituut van uitsig;* rural/rustic — *landelike serwituut, velddiensbaarheid;* — of sewer/drain *geutreg, serwituut van geut;* temporary — *tydelike serwituut;* — of trekpath *serwituut van trekpad;* urban — *huisdiensbaarheid, stedelike serwituut;* (2) penal — *dwangarbeid.*

session *sitting, sessie;* joint — *gesamentlike sitting;* criminal **—s** *strafsitting;* parliament is in — *die parlement is in sitting.*

set (n) *stel;* bills in a set *'n stel wissels.*

set (v) *plaas, sit, stel;* — aside (a judgment/sentence/proceedings) *'n beslissing/vonnis/verrigtinge ter syde stel;* — down a case *'n saak ter rolle plaas;* — forth *uiteensit;* — free *vrylaat vrystel;* — off debts *skulde in vergelyking bring, verreken;* — out in full *volledig uiteensit;* — up a business *'n besigheid oprig;* — up a counterclaim/defence *'n teeneis/verweer opwerp.*

set-back *teenslag.*

set-down *plasing, terrolleplasing;* notice of — *kennisgewing van plasing.*

set-off *skuldvergelyking, skuldverrekening,* compensatio. Sien **imputatio** in Latynse afdeling.

set-up *bedeling, stelsel, opset.*

settle *afdoen, betaal, reël, skik, uitmaak;* — an account *afreken, 'n rekening betaal;* — affidavits *beëdigde verklarings afdoen;* — a case out of court *'n saak buite die hof skik;* — conditions of sale *verkoopsvoorwaardes vasstel;* — a debt *'n skuld betaal/vereffen;* — a donation upon *skenking doen aan iemand;* — money upon *geld aan iemand bemaak;* — pleadings *pleitstukke afdoen;* — with one's creditors *'n reëling met jou skuldeisers aangaan;* **—d** *gevestig, vas;* **—d** and hopeless expectation of death *vaste en stellige doodsverwagting;* **—d** conviction *vaste oortuiging;* **—d** law *vasgelegde/onbetwiste reg;* **—ment** *afdoening, afrekening, vereffening, betaling, skikking, oormaking, akkoord, dading, reëling, vergelyk; bemaking, skenking;* an amicable — *'n skikking in der minne;* deed of — *akte van skikking, skikkingsooreenkoms;* in full and final — *in volle vereffening/afdoening/kwyting;* marriage — *huweliksbevoordeling, huwelikskenking.*

settlement: account of — *afrekeningstaat.*

settlor (of a trust) *trustoprigter.*

sever *afskei, skei; verbreek;* **—able** *skeidbaar;* **—ability** *skeidbaarheid;* grammatical and notional — *grammatikale en begripsmatige skeidbaarheid;* **—ance** *afskeiding, afsnyding;* — value *afsnydingsverlies.* Verlies vanweë afsnyding van 'n deel van 'n eiendom waardeur die restant onbruikbaar of minder bruikbaar word.

several *verskeie, verskillende;* — creditors/debtors *afsonderlike skuldeisers/skuldenare.* Sien **joint**; each — part *elke afsonderlike deel;* joint and — liability *gesamentlike en afsonderlike aanspreeklikheid, solidêre aanspreeklikheid, aanspreeklikheid in solidum.*

Sien **joint**, **several**; — liability *afsonderlike/hoofdelike aanspreeklikheid;* on — occasions *by verskeie/verskillende geleenthede;* their — names *hul onderskeie name;* **—ly** liable *afsonderlik/hoofdelik aanspreeklik;* jointly and — *gesamentlik en afsonderlik, solidêr,* in solidum.

severe *ernstig; straf, streng, swaar;* — injuries *ernstige beserings/letsels;* a — reprimand *'n strenge berisping/teregwysing;* a — sentence *'n swaar straf.*

sex *geslag, seks;* have — with *geslagsgemeenskap hê met, seks hê met;* **—ual** *geslags-, geslagtelik, seksueel;* — intercourse/relations/connection *geslagtelike/vleeslike/seksuele gemeenskap/omgang/verkeer;* — offence *geslagsmisdaad, seksuele misdaad;* — pervert *seksueel afwykende;* — urge *geslagsdrang, libido;* **—uality** *geslagslewe, geslagtelikheid, seksualiteit.*

shackle *boei.*

shake *aantas;* — a witness's credibility *'n getuie se geloofwaardigheid aantas, onder verdenking bring, aftakel.*

shall (in wetlike voorskrifte) *moet;* — be binding *is bindend;* no person — *niemand mag;* — be entitled *is geregtig;* it — be lawful *dit is geoorloof;* — be read with *word saamgelees met;* — mean and include *beteken en omvat;* — not *mag nie;* — not be entitled *is nie geregtig.*

sham *nagemaak, vals, geveins.*

share (n) (1) (maatskappye) *aandeel;* — capital *aandelekapitaal;* — certificate *aandeelsertifikaat;* cumulative preference — *kumulatief-preferente aandeel;* founder's — *oprigtersaandeel, stigtersaandeel;* fully paid-up — *volopbetaalde aandeel;* —holder *aandeelhouer;* —holding *aandelebesit;* — incentive scheme *aandele-aansporingskema;* — market *aandelemark, aandelebeurs;* — option plan *aandele-opsieskema;* ordinary — *gewone aandeel;* participating preference — *winsdelend-preferente aandeel;* preference/preferred — *preferente aandeel, voorkeuraandeel;* pre-preference — *prepreferente aandeel;* simple preference — *gewone preferente aandeel;* — register *register van aandeelhouers;* vendor's — *verkopersaandeel;* — warrant *aandelebewys.* (2) (algemeen) *aandeel;* contribute one's due — to the costs *behoorlik jou aandeel tot die koste bydra;* — in joint property *deelhebberskap in mede-eiendom;* take an active — *'n werksame aandeel neem in.*

share (v) *deel, onder mekaar verdeel;* — and — alike *in gelyke dele, gelykop;* — in the profits *in die wins deel.*

share-cropper *deelsaaier,* colonus partiarius.

shareblock company *aandeleblokmaatskappy.*

shareholders' equity *aandeelhouersbelang.*

sharp practice *bedrog, knoeiery, slinkse streke, wanpraktyke.*

sharper *bedrieër, swendelaar* (met kaarte).

sheep-lease *skaapkudde-huur.*

sheet (by testament) *vel* (te onderskei van *blad* (leaf); 'n *vel* kan uit twee blaaie of vier bladsye bestaan.

shelve *op die lange baan skuif, in die doofpot stop.*

sheriff *balju;* deputy — *onderbalju.*

shift (n) *ploeg/span werksmense; (werk)skof;* —s and evasions *draaiery en uitvlugte.*

shift (v) *verlê, verskuif;* — the blame onto someone *die skuld op iemand afskuif;* — the onus *die bewyslas verskuif.*

shirk (one's duty) *jou plig versuim.*

shock: sense of — *gevoel van skok* (oor swaarte van straf).

shop *winkel;* closed — *geslote werkplaas.* Waar net lede van die vakbond mag werk; **—lifter** *winkeldief;* **—lifting** *winkeldiewery.*

shopbreaking *winkelbraak.*

short *kort;* — bill *kortsigwissel, kort wissel;* — cut *kort paadjie (na 'n slotsom);* — delivery, measure *tekort;* — lease *korttermynhuur;* — service *kort betekening;* — term *kort termyn;* **shortfall** *tekort.*

show *aantoon, bewys;* — cause why *gronde aanvoer waarom;* humbly sheweth *gee met verskuldigde eerbied te kenne, verklaar met eerbied;* on good cause **—n** *by die aanvoering van oortuigende gronde;* vote by — of hands *stem deur opsteek van hande;* **—ing** *bewys, verklaring;* on your own — *volgens jou eie verklaring/uitleg/stelling.*

shrewd *listig, skelm; skerpsinnig, slim, uitgeslape.*

shrug (off) *veronagsaam.*

shun *vermy.*

sibling *broer of suster.*

side *kant, sy;* **—bar** *prokureursberoep, sybalie;* — issue *bysaak, iets bykomstigs;* **—note** (by wette) *kanttitel;* (algemeen) *kantaantekening.*

sight *sig;* — bill *sigwissel;* have — of a document *insae in 'n dokument hê;* ninety days after — *negentig dae na sig;* payable at — *op sig betaalbaar;* shoot on — *op staande voet skiet.*

sign *onderteken;* — as witness *as getuie*

onderteken, attesteer; — away your rights *jou regte wegteken;* **—atory** *ondertekenaar;* **—ature** *handtekening.*

signify *aandui, beteken, te kenne gee, uitdruk;* **significance** *betekenis, gewig, waarde;* **significant** *betekenisvol, beduidend, veelseggend, opmerklik;* **signification** *aanduiding;* ordinary — of words *gewone betekenis van woorde.*

silence (n) *stilswye;* — gives consent *stilswye is toestemming, wie swyg stem toe;* pass over in — *onvermeld laat, stilswyend verbygaan.*

silence (v) *iemand die mond snoer, stilmaak, die swye oplê.*

silent *stil;* — partner *stille vennoot;* the Act is — on *die wet swyg oor.*

silk *senior advokaat, sy* (afkorting SC vir *senior consultus);* — gown *sytoga;* take — *senior word, sy neem.*

similar *dergelik, soortgelyk;* — but unconnected facts *gelyksoortige maar onverbonde feite.*

similarly *eweso, desgelyks, op dieselfde manier.*

simple *eenvoudig, enkelvoudig;* — average *partikuliere awery;* — interest *enkelvoudige rente;* — justice between man and man; *gewone geregtigheid tussen mens en medemens;* — majority *gewone meerderheid.*

simulate *simuleer, voorgee, voorwend;* — a sale *'n koop simuleer;* **—d** act *skynhandeling, voorgewende/gesimuleerde handeling;* **—d** donation *skynskenking, verkapte skenking;* **simulation** *voorwendsel, simulasie.*

sinecure *erebaantjie, sinekuur.*

singular *eienaardig, enig, enkelvoudig;* — thing *enkelvoudige saak,* res singularis.

sink *laat sink, kelder;* — a debt *'n skuld delg/betaal;* — one's own interests *eiebelang op die agtergrond skuif;* **—ing** fund *delgingsfonds, amortisasiefonds.*

site *ligging; bouterrein;* — value *liggingswaarde, terreinwaarde.*

skill *vernuf;* game of — *kundigheidspel, vernufspel.*

skulduggery *knoeiery.*

slander (n) *(mondelinge) laster.*

slander (v) *laster;* **—er** *kwaadprater, lasteraar;* **—ous** *lasterlik.*

slate *hekel, inklim, afmaak, afbrekend kritiseer, uitskel.*

slavish copying *slaafse navolging.*

sleeping (partner) *stille vennoot.*

slow *traag;* the court will be — to *die hof sal ongeneë wees om.*

slump *resessie, prysdaling, ineenstorting.*

smallholding *kleinhoewe.*

smash and grab *breek en gryp;* — — — raid *gryp-inbraak.*

smuggle *smokkel;* **—r** *smokkelaar;* **smuggling** *smokkelhandel.*

social engineering *maatskaplike manipulasie.*

society (1) *genootskap, vereniging;* building — *bougenootskap, bouvereniging;* friendly — *onderlinge hulpvereniging;* (2) *die gemeenskap, die samelewing;* a burden on — *'n las op die gemeenskap.*

sodality *broederskap, genootskap.*

sodomy *sodomie;* **sodomite** *homoseksueel; sodomiet.*

sole *alleen-, enigste;* — agent *alleenagent;* — and universal heir *enigste en universele erfgenaam;* — bill *solawissel;* — guardianship *alleenvoogdy, uitsluitende voogdy;* — right *alleenreg.*

solecism *growwe taalfout, solesisme; onmanierlikheid.*

solemn *plegtig;* — affirmation/declaration *plegtige bevestiging* (in plaas van eed); take a — oath *'n plegtige eed aflê;* **—ities** *formaliteite, plegtighede;* **—ize** a marriage *'n huwelik voltrek.*

solicit *dringend vra, versoek;* (tot ontug) *aanlok;* entice, — or importune *aanlok, uitlok of lastig val;* — orders *bestellings neem;* **—ant** *aansoeker;* **—ation** *aansoek, versoek;* **—ing** *uitlokking tot onsedelikheid/ontug.*

solicitor *prokureur;* — -general *sollisiteur-generaal.*

solid *deeglik, stewig;* — argument *gegronde argument.*

solidarity *eensgesindheid, samehorigheid, solidariteit.*

solitary (confinement) *alleenopsluiting, selstraf;* — confinement and spare diet *alleenopsluiting en ryswater.*

solvent *solvent, in staat om verpligtinge na te kom;* **solvency** *kredietwaardigheid, solvensie.*

song: for a mere — *vir 'n appel en 'n ei.*

sophism, sophistry *drogrede, spitsvondigheid, sofisme, sofistery.*

sororicide *sustermoord.*

sound *goed gegrond;* of — mind *by sy volle verstand;* in his — and sober senses *in die volle besit van sy geestesvermoëns, by sy volle positiewe;* claim **—ing** in money *geldelike eis.*

source *bron;* **—s** of the law *regsbronne.* Word soms onderskei in *kenbronne* (wette, aangetekende gewoontereg, die gemenereg soos deur die skrywers behandel) en *oorsprongbronne* (die grond waarop die hele regsorde berus, die regsbewussyn van die mens); —-book *bronnewerk.*

sovereign *oppermagtig, soewerein;* **—ty** *opperheerskappy, soewereiniteit.* Die leer van *regsoewereiniteit, oppergesag van die reg,* **rule of law** word teenoor die *staatsoewereiniteit* gestel. Laasgenoemde ken volledige soewereiniteit aan die staatsgesag toe, met die gevolg dat die staat bo die reg staan.

spade: call a — a — *geen blad voor die mond neem nie.*

spare (diet) *ryswater, skraal rantsoen;* **sparingly** *karig, suinig;* this power must be — exercised *hierdie bevoegdheid moet suinig toegepas word.*

speak *praat;* — one's mind *reguit praat;* in a manner of **—ing** *by wyse van spreke;* — out against/for *teen/vir iets opkom;* — to a brief *volgens opdrag praat;* legally **—ing** *uit 'n regstandpunt beskou.*

special *besonder, spesiaal;* — agent *spesiale agent;* — case (ook **stated case** genoem) *casusposisie.* Waar die partye dit eens is oor die feite en net die regsposisie beslis wil hê; — conditions *spesiale/besondere voorwaardes;* — criminal court *spesiale strafhof;* — damage *spesiale skade* (moet uitdruklik vermeld word omdat dit nie vanselfsprekend voortvloei nie); — endorsement *endossement op naam;* — entry (strafproses) *spesiale aantekening;* — justice of the peace *spesiale vrederegter;* — licence *spesiale lisensie* (om sonder afkondiging van gebooie te trou); — mortgage *spesiale verband;* — plea *spesiale pleit.* Sien **plea**; — pleading *drogredenasie, sofistery, spitsvondigheid;* — power of attorney *spesiale prokurasie;* — resolution *spesiale besluit* (kragtens die Maatskappyewet).

specie *munt, spesie;* pay in — *in munt/spesie betaal.*

species *'n besondere saak/voorwerp, individuele saak, spesies;* sale of a — *spesiesverkoping, verkoping van 'n bepaalde saak* (in teenstelling met *genusverkoping/soortverkoping*).

specific *bepaalde, besondere, spesifieke;* — intent *besondere opset;* — performance *spesifieke nakoming, reële eksekusie, vervulling in forma specifica.*

specify *in besonderhede aangee, spesifiseer;* **specified** area *aangewysde gebied;* **specification** *noukeurige opgawe, spesifikasie;* patent — *patentbeskrywing, patentspesifikasie;* building — *bestek, bouspesifikasie.*

specimen *eksemplaar, voorbeeld.*

specious (argument) *drogredenasie, sofistiese argument.*

speculate *bespiegelend oordink, gis;* (in die handel) *spekuleer;* **speculative** *bespiegelend, spekulatief;* **speculator** *spekulant.*

spend *uitgee, spandeer;* —ing power *koopkrag;* **—thrift** *deurbringer, kwisgoed, verkwister.*

spirits, spirituous liquor *spiritualieë, sterk drank.*

split *onderverdeel, splits;* **—ting** of charges/claims *verdubbeling/duplisering van aanklagte/eise.*

spokesman *pleitbesorger, woordvoerder.*

spoliate *besit ontneem/onttrek, spolieer;* **spoliation** *besitsonttrekking, spoliasie;* — order *mandament van spolie, spoliasiebevel;* writ of — *lasbrief van spoliasie;* **spoliator** *onregmatige besitsonttrekker, spoliator.*

sponsor (v) *borg;* **(n)** *borg* (gewoonlik ten opsigte van reklame).

sporadically *sporadies, plek-plek.*

spot (fine) *boete op die plek, kitsboete;* — summons *kitsdagvaarding.*

spouse *eggenoot* (manlik), *eggenote* (vroulik), *gade* (albei geslagte).

spring *ontspring, spring;* — a question on someone *iemand met 'n vraag verras, skielik met 'n vraag op iemand afkom;* **—board** *wegspringplek, afspringplek.*

spurious *nagemaak, oneg, vals;* — child *buite-egtelike kind, natuurlike kind, liefdeskind, speelkind,* spuriosus; — coin *valse munt;* — edition *onwettige nadruk.*

spy (on) *afloer, bespioeneer.*

squander *verspil, deurbring, verkwis.*

squatter *plakker.*

staff *personeel;* general — *generale staf* (militêr).

stagger *sprei;* **—ed** holidays/office hours *gespreide vakansies/kantoorure.*

stake *afbaken;* — a claim *'n kleim afpen.*

stakeholder *insethouer, sekwester* (ook *skeidsman,* maar dit staan bloot aan verwarring met **arbiter**). Gewoonlik by weddenskappe, maar ook houer van 'n gedeelte van 'n koopprys wanneer dit nog onseker is of die voornemende koper sal koop. In Romeinse reg **sequester** genoem en die regsfiguur **sequestratio**.

stale *verjaar, verouderd;* — cheque *verouderde tjek.*

stamp (n) *seël, stempel;* — duty *seëlregte;* duty — *belastingseël, inkomsteseël;* postage — *posseël;* revenue — *inkomsteseël;* **—ing** *stempel-;* — machine *stempelmasjien;* — office *stempelkantoor.*

stamp (v) *frankeer, seël, van seël voorsien.*

stand (n) *erf, standplaas; standpunt;* witness — *getuiebank;* I take my — on the wording of the Act *my betoog berus op die bewoording van die wet;* take a — against *standpunt inneem teen.*

stand (v) *staan, bly staan, gehandhaaf bly, van krag bly;* the agreement **—s** *die ooreenkoms is nog van krag, bly staan;* the law as it **—s** *die huidige regsposisie, die reg soos hy staan;* the petition **—s** as summons *die petisie staan as dagvaarding;* the case **—s** down *die saak staan oor;* buy as it **—s** *voetstoots koop, koop soos dit staan;* — by *oogluikend toelaat, gereed wees;* — corrected *'n vergissing/fout erken;* — by one's undertaking *jou onderneming gestand doen;* it **—s** to reason *dit spreek vanself;* — on one's rights *op jou regte aandring/staan;* — one's trial *jou verhoor ondergaan, teregstaan;* fail to — one's trial *jou verhoor ontduik;* the witness **—s** down *die getuie gaan af, verlaat die getuiebank;* — in the way of *teenstaan.*

standard (contract) *standaardkontrak.*

standing (a) *blywend, staande, voortdurend;* — committee *staande/vaste komitee;* — offer *standhoudende aanbod;* — orders *reglement van orde.*

standing (n) *aansien, status;* barrister of several years' — *advokaat van verskeie jare status;* member of good — *presterende lid, lid wat sy verpligtinge gereeld nakom.*

staple food *stapelvoedsel, hoofvoedsel.*

state (n) (1) *die staat;* affairs of — *staatsake;* head of — *staatshoof;* for reasons of — *om staatsredes, in belang van die staat;* — secret *ampsgeheim, staatsgeheim;* — subsidy *staatstoelae, staatsubsidie;* (2) — of mind (in bewysreg) *gedagtegang, gedagterigting;* (sielkundig) *geestestoestand, gemoedstoestand;* (3) in a — of defence *in 'n staat van verdediging;* proclaim a — of emergency *'n noodtoestand afkondig;* — of siege *staat van beleg.*

state (v) *aangee, opgee, konstateer; meedeel, melding maak van; uiteensit, verklaar, stel;* applications, stating age *aansoeke met opgaaf van ouderdom;* **—d** case *casusposisie;* at **—d** intervals *op gesette tye, met vaste tussenpose;* — your case *jou saak stel.*

state security *staatsveiligheid.*

stateless *staatloos;* **—ness** *staatloosheid.*

statement *verklaring, uiteensetting, staat, lys, opgaaf;* make a — *'n verklaring doen;* — of account *rekeningstaat, opgaaf van rekeninge;* — of affairs (maatskappy) *vermoëstaat;* (algemeen) *toestand van sake, staat van sake;* — of claim *uiteensetting van eis;* — of defence *uiteensetting van verweer;* financial — *finansiële staat;* — of profit and loss *winsen verliesrekening;* — on oath *beëdigde verklaring.*

status *status;* legal — *wetlike status;* — quo *bestaande posisie.* Sien **status** in Latynse afdeling.

statute *statuut, wet, wetsbepaling, verordening;* — law *wettereg, landswette;* — of limitations *verjaringswet* (in Engeland); — of Westminster *Statuut van Westminster;* place on the — book *op die wetboek plaas;* **statutory** *statutêr, wetlik* (in teenstelling met *gemeenregtelik*); — contract/defence/duty/lease/ meeting/offence/tenant *statutêre kontrak / verweer / plig / huur / vergadering / misdryf/huurder.*

stay *opskort, stuit, teenhou;* — proceedings *verrigtinge opskort;* — the execution of a sentence *tenuitvoerlegging van 'n vonnis opskort.*

steal *steel, diefstal pleeg, ontvreem;* **stolen** goods *gesteelde goed.*

steering (committee) *reëlingskomitee.*

stifle *smoor;* — cross-examination *kruisondervraging onderdruk.*

stipulate *beding, bepaal, stipuleer, voorskryf;* **—d** fine *voorgeskrewe boete;* he **—d** for immediate payment *hy het onmiddellike betaling beding;* **stipulation** in favour of a third party *beding ten behoewe van 'n derde;* **stipulator** *bedinger;* interpret a contract contra stipulatorem *'n kontrak ten nadele van die bedinger uitlê.* Sien **verba contra** in Latynse afdeling.

stirps *staak;* per stirpes *staaksgewyse.*

stock (1) *effekte.* Word as sinoniem met **shares** *aandele* gebruik maar het streng gesproke net betrekking op gelde geleen aan die staat, wanneer dit **government stock** *staatseffekte* word en verhandelbaar is; —broker *makelaar (in effekte en aandele);* —jobber *makelaar in effekte;* —market *aandelemark, effektebeurs;* (2) *voorraad;* in — *in voorraad;* — in trade *bedryfsvoorraad;* take — *inventaris opmaak;* **—piling** *ophoping van voorrade;* (3) *veestapel;* — theft *veediefstal.*

stocking *bevoorrading.*

stop *stop, stuit, tot stilstand bring;* — a cheque *'n tjek stop;* to — counsel during argument *advokaat meedeel dat verdere betoog onnodig is;* —order *aftrekorder;* — payment *betaling stop;* **—page** *aanhouding, stopsetting;* — in transitu *aanhouding van goed onderweg* (weens onvermoë van koper om te betaal).

storebreaking *winkelbraak, inbraak.*
story *weergawe van die saak, relaas; storie* (in neerhalende sin met implikasie dat dit nie geglo word nie).
stowage *bêregeld; bêreplek; laai van vaartuig.*
straitened circumstances *armsalige/behoeftige omstandighede.*
straits: financial — *geldelike verknorsing.*
stranger *vreemdeling;* — to a bill *derde by 'n wissel.*
stray *verdwaal;* — animal *verdwaalde dier;* — bullet *verdwaalde koeël.* Sien **aberratio ictus** in Latynse afdeling.
street law *allemansreg, straatreg, reg vir die leek.*
stretch *rek;* — a point *oordryf;* — a point for someone *iemand tegemoet kom;* — the truth *die waarheid aandik.*
strict *streng;* — interpretation *strenge uitleg/vertolking;* **—ly** speaking *streng genome;* **—ure** *afkeuring, berisping, ongunstige kritiek.*
strike (n) *staking;* —breaker *stakingbreker.*
strike (v) *slaan;* — off the roll *van die rol skrap;* motion to — out *mosie van deurhaling;* — price *opsieprys.*
stringent *streng;* — rules *strenge reëls* (wat presies nagekom moet word).
strings: with — attached *onderworpe aan voorwaardes.*
strokes *houe, lyfstraf.*
study *studeer;* — law *in die regte studeer;* studied insult *berekende belediging.*
stuffgownsman *junior advokaat.*
stultify *verydel, neutraliseer, kragteloos maak.*
sub-agent *subagent.*
sub-divide *onderverdeel;* **sub-division** of share capital *onderverdeling van aandelekapitaal.*
sub-let *onderverhuur;* **sub-lease** *onderhuur;* **sub-lessee** *onderhuurder;* **sub-lessor** *onderverhuurder.*
sub-rule *subreël.*
sub-section *subartikel.*
sub-subsidiary (company) *subfiliaal.*
sub-tenant *onderhuurder;* **sub-tenancy** *onderhuur.*
subconscious: the — mind *die onderbewuste/onderbewussyn.*
subcontract (v) *subkontrakteer;* **—or** *subkontrakteur, onderaannemer;* **(n)** *subkontrak.*
subject (n) *onderwerp; onderdaan;* — matter of a dispute *onderwerp van 'n geskil.*
subject (to) *afhanklik van, behoudens, onderhewig/onderworpe aan; vatbaar vir;* — to appeal *appellabel, vatbaar vir appèl;* — to his approval *behoudens sy goedkeuring, onderworpe aan sy goedkeuring;* — to confirmation *behoudens bevestiging, onderworpe aan bevestiging;* **—ive** *subjektief.*
subjugate *onderwerp.*
submit (1) *onderwerp aan, duld, aanvaar;* (2) *aanvoer, betoog, voorlê, die submissie maak;* I — that *ek beweer/betoog dat, ek doen aan die hand dat, ek gee in oorweging, my stelling is dat;* (3) — documents *dokumente voorlê.* In verskillende wette, o a die Wet op Registrasie van Aktes, word *oorlê* gebruik in navolging van die Nederlandse *overleggen,* maar dit is ongewoon.
subordinate *ondergeskik;* — clause *bysin, subklousule;* — legislation *ondergeskikte wetgewing;* — legislature *ondergeskikte wetgewende liggaam.*
suborn *omkoop, omhaal, aanspoor;* — to perjury *oorhaal/beïnvloed tot meineed;* **—ation** of perjury *aansetting tot meineed, bewerkstelliging van valse getuienis.*
subpoena (n) *getuiedagvaarding, subpoena;* — duces tecum *subpoena duces tecum, getuiedagvaarding met bevel om bepaalde stukke saam te bring, saambring-subpoena.*
subpoena (v) *as getuie dagvaar, subpoena.*
subrogate (assuransie) *in die plek stel, subrogeer, vervang;* **subrogation** *indieplekstelling, subrogasie, vervanging.*
subscribe ('n lening, aandele) *inskryf vir, inteken op;* — to a doctrine *'n leerstuk aanhang/onderskryf/ondersteun, jou daarmee vereenselwig;* **—d** capital *ingeskrewe kapitaal;* **subscribing** member *betalende lid;* — witness *ondergetekende getuie;* **subscription** *bydrae, inskrywing; onderskrywing, ondersteuning; ondertekening; voltekening* (van lening); *subskripsie* (van aandele); — fee *intekengeld;* — shares (bougenootskappe) *subskripsie-aandele.*
subsequent *daaropvolgend, later;* condition — *ontbindende voorwaarde;* — conduct *daaropvolgende gedrag;* second or — conviction *tweede of daaropvolgende skuldigbevinding;* — purchaser with knowledge *latere koper met kennis.*
subservient *gedienstig, onderdanig.*
subside *afneem, bedaar.*
subsidiary *bykomstig, ondergeskik;* — cause of action *ondergeskikte skuldoorsaak;* — company *filiaalmaatskappy;* — stream *systroom.*
substance *hoofinhoud; hoofsaak; kern, pit, substansie, wese;* man of — *welgestelde/vermoënde man;* — of the matter *kern/wese van die saak* (ontdaan van byverskynsels); a point of — *'n punt wat gewig dra, 'n punt van*

belang; **substantial** *aansienlik, beduidend, belangrik, substansieel, wesenlik;* — amount *aansienlike som;* — damages *beduidende/substansiële skadevergoeding;* do real and — justice *werklike en wesenlike geregtigheid laat geskied;* **substantially** *in hoofsaak;* comply — *in hoofsaak voldoen aan, wesenlik nakom.*

substantiate *bewys, staaf.*

substantive *essensieel, wesenlik, substantief;* — law *materiële/substantiewe reg* (teenoor *formele of reëlende reg); a* — motion *'n substantiewe mosie;* — justice *substantiewe geregtigheid, met geregtigheid as einddoel* (teenoor **procedural justice** *geregtigheid in prosedure*).

substitute (n) *plaasvervanger, surrogaat, vervangingsmiddel.*

substitute (v) (1) *in die plek stel van, substitueer;* — an heir *'n erfgenaam in die plek stel/substitueer.* (2) *in die plek kom van, as plaasvervanger optree vir;* —**d** service *vervangende betekening;* —**d** performance *surrogaat van prestasie, vervangende vervulling;* **substitution** *indieplekstelling, vervanging;* (veral erfreg) *plaasvervulling, substitusie;* direct — *regstreekse/direkte substitusie,* substitutio vulgaris; fideicommissary — *fideikommissêre substitusie;* **substitutive** *vervangend, substitutief.*

subsume *onder 'n reël of klas bring, subsumeer.*

subterfuge *skuifmeule.*

subtle *spitsvondig, slim, subtiel, fyn.*

subvention *toelae, subsidie, onderstand, finansiële ondersteuning.*

subversion *subversie.*

subvert *ondergrawe, ondermyn, omverwerp;* **subversion** *ondergrawing, ondermyning, omverwerping, subversie;* **subversive** *ondergrawend, ondermynend, omverwerpend, subversief;* — of discipline *tugondermynend.*

summit *spits, top;* — meeting *leiersberaad, spitsberaad, topberaad.*

supply side *aanbodkant.* 'n Denkrigting in die ekonomie waarin die omvang van die geldvoorraad 'n belangrike rol speel.

surcharge *toeslag, bobelasting.*

surrogate *plaasvervanger, surrogaat.*

surveillance *toesig.*

survey (v) *opmeet, ondersoek;* **(n)** *oorsig, ondersoek, opname, opmeting.*

susceptible (to) *gevoelig vir, vatbaar, ontvanklik.*

suspense: — account *opskortingsrekening.*

succeed (in regte) *opvolg;* **succession** *erfopvolging, opeenvolging, suksessie;* by — *by suksessie, volgens erfreg;* — clause (in voorhuwelikse kontrak) *erfopvolgingsklousule, suksessieklousule;* — duty *opvolgingsbelasting, suksessiebelasting;* — in office *opvolging in die amp;* right of — *opvolgingsreg;* singular — *erfopvolging onder besondere titel, partikuliere erfopvolging,* successio singularis; universal — *erfopvolging onder algemene titel, universele erfopvolging,* successio universalis; **successor** *opvolger;* —s and assigns *opvolgers in regte;* — in title *opvolger in titel, regsopvolger* (teenoor **auctor** *regsvoorganger*).

succinct *bondig, pittig;* —**ly** *op bondige wyse.*

succumb *swig voor.*

sudden (emergency) *skielike noodtoestand.*

sue *aanspreek, aksie/eis instel teen, dagvaar;* — for damages *dagvaar vir skadevergoeding, skadevergoeding eis van;* — for breach of contract *weens kontrakbreuk dagvaar/aanspreek;* — out process *prosesstukke uitneem;* capable of suing and being sued *bevoeg om eisend en verwerend op te tree, selfstandig regsbevoeg.*

suffer *duld, ly, toelaat;* —, allow or permit *duld, toelaat of vergun;* — damage *skade ly;* — injustice *onreg verduur;* — punishment *straf ondergaan;* —**ance** *stilswyende toelating/toestemming;* on — *met vergunning, ter bede,* precario; — road *vergunningsweg;* tenant at — *aanblyer* (huurder wie se termyn verstryk het maar wat sonder toestemming aanbly); — wharf *vergunningskaai.*

sufficient *genoeg, toereikend, voldoende;* — cause *voldoende gronde;* — proof *voldoende bewys;* — in law *regsgeldig;* **sufficiency** (of evidence) *genoegsaamheid/toereikendheid van bewys.*

suffrage *stemreg;* woman — *vrouestemreg.*

suggest *aan die hand doen/gee, aanraai, in oorweging gee, opper, voorstel, beweer, suggereer;* this solution —**s** itself *hierdie oplossing doen hom voor;* —**ion** *bewering, gedagte, idee, ingewing, raad, plan, voorstel, suggestie;* —**ive** *wat 'n wenk/raad/plan gee, veelbetekenend, suggestief;* it is — of *dit laat dink aan, sinspeel op;* — question *vraag wat die antwoord in die mond lê, leidende vraag.*

suicide (1) *selfmoord;* commit — *selfmoord pleeg;* — pact *selfmoordooreenkoms;* (2) *selfmoordenaar.*

suit *hofsaak, regsgeding.* Sien **case**; at the — of *as verweerder teen;* bring a — *aksie instel, geding aanhangig maak;* with costs of — *met gedingskoste, met die koste.*

summarize *opsom, saamvat;* **summary** *opsomming, kort begrip, samevatting, resumé.*

summary *summier;* — arrest *summiere arres, arres sonder lasbrief;* — execution *parate* *eksekusie;* — judgment *summiere vonnis;* — jurisdiction *summiere jurisdiksie, jurisdiksie sonder voorlopige ondersoek;* — proceedings *summiere verrigtinge;* — trial *summiere verhoor, sonder voorlopige ondersoek;* **summarily** *summier, op staande voet;* deal with — *summier beslis, sonder voorlopige ondersoek verhoor;* (nie-juridies) *korte mette maak met.*

summing up *opsomming, voorligting.*

summon *oproep, byeenroep, laat roep, ontbied, inroep;* — Parliament *die Parlement byeenroep;* — up courage *moed bymekaar skraap.*

summons (n) *dagvaarding;* civil — *siviele dagvaarding;* criminal — *kriminele dagvaarding;* review — *hersieningsdagvaarding.*

summons (v) *dagvaar, daag, siteer, voor die hof bring.* Sien **daag** in A–E.

sumptuary (laws) *praalwette.*

sundry *verskillende, diverse, allerhande;* **sundries** *allerlei, diverse items.*

superannuate (1) (ten opsigte van 'n hofbevel) *verjaar, verouder;* (2) *pensioeneer.*

supererogation *oorskryding van plig, verrigting van meer as wat die plig vereis;* works of — *oorbodige werke;* **supererogatory** *bo die pligmatige vereiste, oorbodig, oordadig.*

superficial *oppervlakkig.*

superfluous *onnodig, oorbodig, oortollig;* — averment *oorbodige bewering.*

superintend *beheer, toesig hou oor;* **—ence** *oppertoesig, toesig;* **—ent** *superintendent, direkteur.*

superior *hoër, superieur;* — court *hoër hof;* — knowledge *meerdere kennis.*

superscribe *van 'n opskrif voorsien;* **superscription** *opskrif, superskripsie;* act of — on a notarial will *akte van superskripsie op 'n notariële testament.*

supersede *tenietdoen, vervang.*

supertax, surtax *superbelasting.*

supervene *daarop volg, tussentree, later intree;* **supervening** impossibility of performance *tussentredende onmoontlikheid van prestasie.*

supplicant, suppliant *smekeling.*

supposititious (child) *ondergeskuifde kind* (heimlik in die plek van die egte geplaas).

suppress *onderdruk, verswyg;* — a book *'n boek verbied;* **—ed** facts *versweë feite;* **—ion** *onderdrukking, verswyging.*

supra *supra, hierbo;* acceptance — protest *akseptasie supra protes.*

supra-national *bo-staatlik, supra-nasionaal.*

supreme *hoogste;* — court *hooggeregshof;* pay the — penalty *doodstraf ondergaan, tereggestel word.*

surcharge (n) *toeslag.*

surcharge (v) *toeslag laat betaal.*

surety *borg;* — bond *borgakte;* — and co-principal debtor *borg en medehoofskuldenaar;* co- — *medeborg;* rear — *agterborg,* fidejussor; **—ship** *borgstelling.*

surmise *gis, raai, vermoed.*

surplus *oorskot, teveel, surplus;* **—age** *oorbodige woorde;* — and duplicity in pleadings *oorbodigheid en verdubbeling in pleitstukke.*

surprise (n) *verrassing;* — attack *verrassingsaanval;* take by — *oorrompel, oorval, verras.*

surprise (v) *verras, oorrompel;* — in the act *op heterdaad betrap.*

surrender (n) *oorgawe;* — of estate *boedeloorgawe;* — value *afkoopwaarde* (polis); — of share certificates *inlewering van aandeelsertifikate.*

surrender (v) *prysgee, afgee, afstaan, afstand doen van, oorgee, teruggee;* — your estate *boedel oorgee;* — a policy *'n polis afkoop.*

surreptitious *onderduims, slinks.*

surrogate (ten opsigte van 'n eksekuteur) *surrogeer;* **surrogation** *surrogasie.*

surround *omsingel, omgewe;* **—ing** circumstances *omringende omstandighede, vergesellende feite.*

surveillance *bewaking;* under — *onder bewaking/toesig.*

survive *oorleef;* **surviving** spouse *langslewende;* **survivor** *langslewende.*

suspect (a) *agterdogwekkend, verdag.*

suspect (n) *verdagte.*

suspect (v) *agterdog koester teen, suspisie hê op, verdink, wantrou; vermoed;* — the authenticity of *twyfel aan die egtheid van;* **suspicion** (1) *agterdog, argwaan, verdenking, suspisie; vermoede;* be under — *onder verdenking staan;* on — of murder *onder verdenking van moord;* (2) *beduidenis, sweem, skyn;* **suspicious** (1) *agterdogwekkend, verdag;* (2) *agterdogtig, wantrouend, wantrouig;* be — *wantrou.*

suspend (persoon uit sy pos) *skors;* (soos 'n wet, vonnis, hofbevel, lisensie, vergunning, betaling, dienste) *opskort;* — prescription *verjaring opskort* (word verkies bo die meer gebruiklike *skors*); **—ed** sentence *opgeskorte vonnis;* **suspense** *onsekerheid;* — account *opskortingsrekening, afwagrekening;* **suspensive** condition *opskortende voorwaarde.*

sustain *bewys; ondersteun, staaf, volhou;* — an assertion *'n bewering staaf;* — a conviction and sentence *'n skuldigbevinding en vonnis bevestig;* — damage *skade ly;* — injuries *beserings opdoen;* — an objection *'n beswaar*

handhaaf, 'n beswaarmaker gelyk gee; **—ed** growth *volgehoue groei.*
suzerain *suserein, opperleenheer.*
swear *'n eed aflê, onder eed verklaar, sweer;* — a witness *'n getuie insweer, beëdig, die eed oplê;* — to a statement *'n verklaring beëdig, 'n verklaring onder eed bevestig;* **sworn** *beëdig, ingesweer;* the witness, sworn, states *die getuie verklaar onder eed;* — appraiser *beëdigde waardeerder;* — evidence *beëdigde getuienis;* — translator *beëdigde vertaler.*
swift justice *summiere beregting.*
swindle (n) *bedrog, bedrogspul, skelmstreek, swendelary;* **—r** *bedrieër, swendelaar, opligter, skelm.*
swindle (v) *bedrieg, fop, kul, swendel.*
syllogize *sillogiseer, deur middel van 'n sillogisme redeneer;* **syllogism** *sillogisme* (redenasie met twee alternatiewe vooropstellings en 'n gevolgtrekking daaruit).
symbolical delivery *simboliese lewering.*
syndicate *sindikaat.*
synopsis *kort begrip, samevatting.*
synthesis *samestelling, sintese.*
system *samestel, sisteem, stelsel;* legal — *regstelsel, regsorde;* **—atize** *sistematiseer.*

T

table (n) *tabel;* **tabular** *tabellaries/tabularies;* **tabulate** *tabelleer/tabuleer, tabellaries indeel/rangskik.*
table (v) *ter tafel lê.*
tacit *stilswyend;* — agreement *stilswyende ooreenkoms;* — approval *stilswyende goedkeuring;* — consent *stilswyende toestemming;* — hypothec *stilswyende hipoteek* (soos bv 'n retensiereg); — relocation *stilswyende huurvernuwing.*
take *neem;* — action *aksie instel, prosedeer;* — instructions *instruksies neem* (prokureur van kliënt); — the law into your own hands *eie reg gebruik, eie rigting volg, partikuliere wraak neem, die wet in eie hande neem;* — legal advice *regsadvies inwin;* — a matter on appeal/review *'n saak op appèl/hersiening neem;* — the oath *die eed aflê;* — a point *'n punt stel/aanvoer, 'n punt neem;* the point is well **—n** *dit is 'n goeie punt/oortuigende argument;* — a statement *'n verklaring neem/afneem;* — steps *stappe doen, handelend optree;* — transfer *transport neem;* — possession *besit neem;* — under a will *by testament erf/bevoordeel word;* — up a bill *'n wissel aksepteer;* — up a loan *'n lening aangaan;* — up a matter *'n saak opvolg, 'n saak aanhangig maak.*
take-over *oorname;* — offer *oorname-aanbod;* — panel (effektebeurs) *oorname-paneel;* — scheme *oorname-skema;* — statement *oornameverklaring.*
taking (by diefstal) *onttrekking, toe-eiening,* contrectatio; **—s** *ontvangste.*
tales *tales, dergelikes uit die omstanders* (aanvulling van 'n jurie uit omstanders). Afgelei van **tales de circumstantibus**.
tally (with) *klop, ooreenstem met.*
tamper (with a witness) *knoei/peuter met 'n getuie, jou bemoei met 'n getuie, 'n getuie probeer beïnvloed;* — with a will *'n testament vervals, peuter aan 'n testament.*
tangible *tasbaar;* — assets *liggaamlike/tasbare bates.*
tantamount *gelykwaardig;* be — to *neerkom op, gelykstaan aan.*
tariff *skaal van gelde, tarief.*
tax (n) *belasting;* — assessment *belastingaanslag;* — collector *belastinggaarder;* —payer *belastingbetaler;* — return *belastingopgawe.*
tax (v) (1) *belas, belasting oplê;* (2) *takseer* (kosterekening); — off *aftakseer;* **—ed** costs *getakseerde koste;* **—ed** and allowed at *getakseer en toegestaan op;* **—ing** fee *takseergeld;* **—ing** officer, master *takseermeester;* **—ability** (1) *belasbaarheid;* (2) *takseerbaarheid;* **—ation** (1) *die oplê van belasting;* (2) *taksasie.*
technicality *formele besonderheid, tegniese punt, tegnikaliteit;* mere — *blote vormlikheid.*
teleological (interpretation) *doeldienende/teleologiese uitleg, uitleg op 'n as wenslik beskoude doel gerig.*
temporize *tot 'n geleë tyd uitstel, tydelik inskiklik wees sonder om jou te verbind.*
tenable *houdbaar, verdedigbaar.*
tenant *huurder,* (meer bepaald ten opsigte van grond) *pagter;* — at will *besitter ter bede, prekaris.* Sien **precarium** in Latynse afdeling; **tenancy** *huur;* — at will, on sufferance *besit ter bede,* precarium; **—able** repair *bewoonbare toestand.*
tend *die strekking hê, geneig wees tot, gerig wees op, neig;* the document **—s** to prove that *die*

dokument strek tot bewys dat; the question **—s** to incriminate *die vraag het 'n inkriminerende strekking.*

tender (n) (1) *aanbod, inskrywing, tender;* put work up for tender *werk aanbestee, tenders vra vir werk;* a plea of — *pleit van aanbod van betaling;* to plead — *aanbod van betaling pleit;* sale by — *verkoop by inskrywing/tender;* — in full settlement *aanbod in volle afdoening;* (2) *betaalmiddel;* legal — *wettige betaalmiddel.*

tender (v) (1) *aanbied;* — a plea of guilty *'n pleit van skuldig aanbied;* — one's resignation *jou bedanking aanbied;* (2) *tender;* — for a contract *inskryf op/tender vir 'n kontrak;* the issue of invitations to — for work *aanbesteding van werk, uitgee van werk op tender.*

tenement *huurperseel, erf;* — house *kasernewoning;* rural — *landelike erf;* urban — *stedelike erf.*

tenet *beginsel, leerstelling, leerstuk;* married according to the **—s** of an Indian religion *volgens die leerstellinge van 'n Indiese godsdiens getroud.*

tenor *strekking;* bills of the same — *gelykluidende wissels*; pay a bill according to its — *'n wissel betaal soos dit staan;* enforceable according to its — *afdwingbaar soos dit staan;* — of a contract *strekking van 'n kontrak.*

tenuous *fyn, skraal, yl.*

tenure *besit;* land — *grondbesit;* — of lease *huurtermyn;* — of office *ampsbekleding, ampstermyn;* security of — *sekerheid van behoud, sekerheid van titel, ampsekerheid, ampsgeborgenheid.*

tergiversation *gebruikmaking van uitvlugte* (om die reëlmatige gang van die regspleging te vertraag), *rondspringery, uitvlugsoekery.*

term (1) (by kontrak) *beding, bepaling, voorwaarde;* (by 'n testament of ander eensydige stuk) *bepaling;* in **—s** of *kragtens, luidens, ooreenkomstig, soos bedoel/bepaal deur, ingevolge, uit kragte van, uit hoofde van, volgens;* in **—s** of which *ingevolge waarvan;* make **—s** *ooreenkom;* make one's own **—s** with *jou eie voorwaardes stel;* the Act lays down in **—s** *die wet bepaal uitdruklik;* **—s** of reference of a commission *opdrag van 'n kommissie;* (2) *termyn, tyd;* in the short — *op kort termyn;* in the long — *op die lange duur;* — of court *hoftermyn, sittingstermyn;* — of imprisonment *(termyn van) gevangenisstraf;* — of office *ampstermyn, ampstyd;* put the respondent on **—s** *die respondent onder termyn plaas;* (3) *term, uitdrukking, woord;* — of art *vakkundige term, vakterm;* in general **—s** *in algemene terme/bewoording, in breë trekke;* legal — *regsterm.*

terminate (trans.) *beëindig, termineer;* — a contract *'n kontrak opsê/beëindig;* **(intrans.)** *afloop, eindig;* the contract **—s** *die kontrak loop af.*

terminology *terminologie;* legal — *regstaal;* technical — *vaktaal.*

territorial *gebieds-, territoriaal;* — jurisdiction *gebiedsjurisdiksie, territoriale juridiksie;* — limits *grense, perke, gebiedsgrense;* — waters *gebiedswaters, territoriale waters;* **—ity** principle *territorialiteitsbeginsel* (in internasionale privaatreg).

terror *terreur;* **—ism** *terrorisme;* **—ist** *terroris.*

tertiary *tersiêr;* (use of water) *tersiêre gebruik van water* (vir industriële doeleindes).

test (n) *kriterium, maatstaf, toets;* acid — *vuurproef;* — case *toetssaak, saak om die regsposisie te laat bepaal.*

test (v) *toets, aan die waarheid toets;* **—ing** right *toetsingsreg.*

testament *testament, uiterste wil/wilsbeskikking;* military — *militêre testament, soldatetestament;* **—ary** *testamentêr, volgens testament;* — capacity *testeerbevoegdheid;* — disposition *testamentêre beskikking;* — executor/guardian *testamentêre eksekuteur/voog.*

testate *testaat, met nalating van 'n geldige testament;* **testation** *testasie;* freedom of — *testeervryheid;* **testator** *erflater, testateur;* **testarix** *erflaatster, testatrise.*

testify *getuig, getuienis aflê;* this testifies to *dit getuig van, dit bewys.*

testimonial *getuigskrif.*

testimony *getuienis.*

thief *dief;* **thieve** *steel, diefstal pleeg;* **thievery** *stelery, diewery;* **thievings** *gesteelde goed;* **thievish** *diefagtig;* **theft** *diefstal;* — by false pretences *diefstal deur valse voorwendsels* (in onbruik omdat dit dieselfde as bedrog is).

thing *saak, ding;* corporeal — *liggaamlike saak;* incorporeal — *onliggaamlike saak;* law of **—s** *sakereg;* singular — *enkelvoudige saak.*

think *dink, vermoed;* he is thought to be dead *hy word vermoed dood te wees, hy is vermoedelik dood.*

third degree. Onvertaalbaar. Metode om getuienis deur middel van foltering af te pers (Amerikaans).

third of exchange *tertia-wissel.*

third party *derde, derde party;* — — insurance *derdepartyversekering;* — — policy *der-*

departypolis; — — risk *derdeparty-risiko, aanspreeklikheid teenoor derdes;* contract for the benefit of a — — *beding ten behoewe van 'n derde.*

third party effect of fundamental rights *beskerming van derdes by fundamentele regte.* Gewoonlik in Duits uitgedruk: Drittwirkung der Grundrechte.

thoroughfare *deurgang;* right of — *reg van deurgang/oorpad.*

through *deur;* claim/hold — another *deur iemand anders eis/hou.*

thrust *dryfkrag, stootkrag.*

ticket of leave *paroolvergunning.*

tie *koopverpligting;* (algemeen) *regsband;* —**s** of blood *bloedverwantskap;* marriage/matrimonial/nuptial —**s** *huweliksband;* —**d** house *gebonde dranksaak, dranksaak onder koopverpligting.*

time *tyd, tydstip;* — bargain *tydtransaksie.* Verkoop van iets wat die verkoper nog nie het nie; —consuming *tydrowend;* manager for the — being *die dan diensdoende bestuurder* (hede en toekoms), *die bestuurder indertyd* (verlede); — clause *tydbepalingsklousule;* do — (plat) *vonnis uitdien;* from — immemorial *sedert onheuglike tye;* — is of the essence *tyd is wesenlik;* — limit *tydsbeperking;* out of — *laat;* — policy *tydpolis;* — rate *uurloon;* — runs against the plaintiff *verjaring loop teen die eiser.*

timeously *betyds, vroegtydig.*

timeshare *tyddeel, beurtbly.*

tissue of lies *aaneenskakeling van leuens.*

tithe *tiende* (belasting); pay —**s** *tiendes betaal.*

title (1) *titel, regsaanspraak;* — deed *transportakte, titelbewys, grondbrief;* legal — *regstitel;* lucrative — *winsgewende titel;* mining — *myntitel;* onerous — *beswarende titel;* succession in singular or universal — *opvolging in besondere of algemene titel;* successor in — *opvolger in titel, regsopvolger;* — under which attachment is made *titel uit krag waarvan beslag gelê word;* (2) *opskrif, titel;* short — of an Act *kort titel van 'n wet.*

titular *in naam, titulêr.*

togt labourer *los arbeider, togarbeider.* Afgelei van tocht, 'n reis of tog waarvoor werkers tydelik in diens geneem is. Vir die eerste maal in SA wetgewing gebruik in a. 12(c) van Wet 21 van 1923, waar die uitdrukking **togt or casual labourer** voorkom.

token *simbool, teken;* by the same — *op dieselfde wyse, by analogie, om dieselfde rede;* — money *tekengeld, tekenmunt;* — payment *simboliese betaling.*

tolerance *verdraagsaamheid.*

tolerate *duld, gedoog, gedra.*

tools (of trade) *ambaggereedskap.*

tort *onregmatige daad, delik;* law of —**s** *deliktereg;* —**ious** *onregmatig;* —**feasor** *pleger van 'n onregmatige daad* (Engelsregtelik); joint — *mededader.*

tortuous *kronkelend.*

torture *martel, folter.*

total *totaal, volkome, volslae, algeheel;* — disablement *totale ongeskiktheid, totale gestremdheid;* — loss (seeversekering) *totale/algehele verlies;* actual — loss *werklike totale/algehele verlies;* constructive — loss *veronderstelde/fiktiewe totale verlies;* — war *totale oorlog;* —**itarian** *totalitêr;* —**ity** *die geheel.*

tout (v) *kliënte lok/werf;* **(n)** *kliëntelokker, kliëntewerwer.*

township *dorp, dorpsaanleg, stadswyk; swart woonbuurt;* — company *dorpsaanlegmaatskappy, erwemaatskappy;* —**s** board *dorperaad;* — conditions *dorpsaanlegvoorwaardes;* — owner *dorpseienaar.*

track record *vorige prestasies.*

tractable *inskiklik, meegaande, gedwee.*

trade (n) (1) *ambag, beroep, vak;* — secret *vakgeheim;* — union *vakbond, vakvereniging;* (2) *mense in 'n bepaalde vak;* (3) *bedryf, handel;* — allowance *afslag, korting (aan herverkopers), rabat;* — credit *handelskrediet;* — discount *afslag, korting (aan herverkopers);* — dispute *bedryfsgeskil, arbeidsgeskil;* — mark *handelsmerk;*— name *handelsnaam, firmanaam;* — recession *handelsresessie, handelslapte;* in restraint of — *tot inkorting van handelsvryheid;* — usage *handelsgebruik, handelsusansie;* — value *handelswaarde.*

trade (v) *handel dryf, sake doen;* —in *inruil;* —**r** *handelaar;* public — *openbare koopman/koopvrou.*

trade secret *handelsgeheim.*

trade unionism *vakbondwese.*

trade-off *afruiling.*

trading *handel, handeldryf; handelend, handeldrywend;* — as *handeldrywende as, wat sake doen as, in die handel onder die naam van;* — account *handelsrekening, omsetrekening;* — asset *handelsbate;* — association *handelsvereniging;* — capital *bedryfskapitaal;* — company *handelsmaatskappy;* — concern *handelsonderneming;* — inventory *handelsvoorraad;* no — *handel verbode;* — post *handelspos;* — profit *handelswins;* — store *winkel, handelshuis;* — vessel *handelskip, koopvaardyskip, koopvaarder.*

traduce *belaster, beklad, beswadder.*

traffic *verkeer;* — law/regulations *verkeersreëls.*

traffick in *handel drywe in.*

trait *karaktertrek, eienskap.*

transact *tot stand bring, verrig;* — business *sake doen;* **—ion** (1) *uitvoering, verrigting, transaksie;* business — *besigheidstransaksie;* the three offences form one — *die drie misdade vorm een transaksie;* (2) gedraging.

transcribe *oorskryf, transkribeer;* **—r** *oorskrywer, transkriptor;* recorder and — *opnemer en oorskrywer/transkriptor;* **transcript, transcription** *transkripsie.*

transfer (n) *oorboeking, oorbrenging, oordrag, oormaking, oorplasing;* (vaste eiendom) *transport;* — costs *transportkoste;* deed of — *transportakte, titelbewys;* — duty *hereregte, oordragbelasting, veertigste penning* (weinig gebruiklik); telegraphic — *telegrafiese oordrag* (van geld); — of title *eiendomsoordrag;* **—able** *oordraagbaar;* not — *nie oordraagbaar nie;* **—ee** *transportnemer, oordragontvanger;* **—or** *transportgewer, oordraer.*

transfer (v) *oorboek, oorbring, oordra, oormaak, oorplaas;* (meer bepaald vaste eiendom) *transporteer, transport gee;* **—red** malice *opset by afswenking van die slag, oorgedraagde opset,* aberratio ictus.

transform *omskep, omvorm, laat verander;* **—ation** *gedaanteverwisseling, metaformose, omskepping.*

transgress *oortree;* **—ion** *oortreding,* **—or** *oortreder.*

transit *deurgang;* in — *in transito, onderweg;* **—ion** to *oorgang tot;* **—ional** *oorgangs-;* **—ory** *oorgangs-, tydelik, verbygaande;* — clause *oorgangsklousule.*

transmit *deurstuur, stuur;* — a court order or warrant by telegraph *'n hofbevel of lasbrief telegrafies deurstuur;* **transmissible** *oordraagbaar, vererflik;* a personal action is not — after death *'n persoonlike aksie vererf nie;* **transmission** *oordrag, oorsending;* — of action to heirs *oordrag van aksie aan erfgename;* — clause *oordragklousule.*

transparent *deursigtig.*

transpire *plaasvind, gebeur, rugbaar word;* it **—d** that *dit het geblyk dat.*

trap (n) *lokval, valstrik;* (persoon) *lokvink.*

trap (v) *in 'n lokval lei, in 'n val lok.*

trauma *trauma.*

traverse (in pleitstukke) *betwis, ontken, teenspreek;* as if specifically **—d** *asof afsonderlik teengespreek.*

travesty *bespotting, karikatuur;* — of justice *bespotting van geregtigheid, growwe onreg, regsverdraaiing.*

treason *verraad.* Die benaming van die misdaad is *hoogverraad* **high treason.**

treasure *skat;* hidden — *verborge skat;* — trove *gevonde skat;* **—r** *tesourier, penningmeester.*

treasury *skatkis, tesourie, departement van finansies;* — bill *skatkiswissel.*

treat *behandel;* — with *onderhandel met;* — of a subject *oor 'n onderwerp handel.*

treaty *ooreenkoms, verdrag, traktaat;* — of extradition *uitleweringsverdrag;* — of partition *verdelingsverdrag;* sale by private — *verkoop uit die hand, onderhandse verkoping.*

trenchant *indringend, kragtig, skerp, snydend.*

trend *neiging, strekking, stroming;* — of thought *gedagtegang, gedagterigting.*

trepidation *ontsteltenis.*

trespass *oortree, indring, op verbode terrein kom;* — upon *wederregtelik betree, misbruik maak van;* **—ers** will be prosecuted *oortreders sal vervolg word; toegang/deurgang verbode.*

trial (1) (algemeen) *eksperiment, proefneming;* by — and error *proefondervindelik, volgens die lukraak metode;* (2) (hof) *beregting, verhoor;* — action *verhoorsaak, saak waarin mondelinge getuienis afgelê word;* — court *verhoorhof;* come up for — *teregstaan, vir verhoor verskyn;* commit for — *ter strafsitting verwys, vir verhoor verwys;* — judge *verhoorregter;* be on — *teregstaan, verhoor word, vir verhoor verskyn, voorkom;* put on — *op verhoor stel, voorbring;* stand one's — *jou verhoor ondergaan, teregstaan, vir jou verhoor opdaag;* not stand one's — *jou verhoor ontduik.*

tribe *stam;* **tribal** *stam-;* — authority *stamowerheid;* — feud *stamvete, stamtwis.*

tribunal *tribunaal, geregsinstansie, regsprekende liggaam;* domestic —*huishoudelike tribunaal/geregsinstansie.*

tribune (1) *spreekgestoelte, verhoog;* (2) *volksverteenwoordiger, volkstribuun, tribuun.*

tributary *takrivier, systroom, spruit.*

tribute *skatting, heffing, syns, tribuut; skatpligtigheid;* under — *skatpligtig;* lay under — *'n skatting oplê aan.*

tricameral *driekamer-, trikameraal.*

trifle (n) *beuselagtigheid, nietigheid.*

trifle (v) *ligsinnig handel;* — with the truth *onverskillig met die waarheid te werk gaan.*

trip *dwelmtoer.*

tripartite *drieledig, driesydig;* — agreement *driesydige ooreenkoms.*

trite *afgesaag, alledaags;* — law *algemeen aanvaarde reg, oorbekende reg.*

triumvirate *driemanskap, triumviraat.*

true *waar;* — copy *juiste kopie, ware afskrif;* — verdict *juiste bevinding;* **truth** *waarheid;* — and public benefit *waarheid en openbare belang.*

truism *gemeenplaas.*

trust (n) (1) *trust.* Tweërlei betekenis: (i) 'n afgesonderde vermoënsdeel waaraan 'n bepaalde bestemming gegee is; (ii) 'n verpligting rustende op die trustee, wat reghebbende op die trustgoed is, nie vir homself nie maar as verteenwoordiger van die genottrekker; (2) *bewaring;* (3) *vertrouensverhouding;* breach of — *skending van vertroue, troubreuk;* — account *trustrekening, rekening van toevertroude geld;* cestui que — *genottrekker onder 'n trust;* charitable — *liefdadigheidstrust, onpersoonlike trust;* committed to my — *aan my bewaring/sorg toevertrou;* — company *trustmaatskappy;* constructive — *kwasie-trust;* — deed *trustakte;* executed — *volledig opgerigte trust;* executory — *onvolledig opgerigte trust;* — funds *trustfondse, trustgeld, toevertroude geld;* hold in — *in trust hou, in vertroude bewaring hou;* imperative — *gebiedende trust;* investment — *beleggingstrust;* — office *trustamp;* office of — *vertrouensamp;* position of — *vertrouensposisie;* — property *trusteiendom, trustgoed;* resulting — *tuisvallende trust;* — settlor *trustoprigter;* special — *besondere/spesiale trust;* supply goods on — *goedere op krediet lewer.*

trust (v) *vertrou, reken op, staatmaak op, krediet gee.*

trustee *trustee; vertroude bewaarder, vertrouensman* (wyd en nie-juridies, omvat bv ook **confidential agent**); *boedelbeheerder, kurator;* — of an insolvent estate *kurator van 'n insolvente boedel;* — for a company not yet formed *kurator vir 'n nog onopgerigte maatskappy;* **—ship** *trusteeskap;* — Committee of the United Nations *Voogdykomitee van die Verenigde Volke.*

try ('n saak) *bereg/verhoor;* ('n beskuldigde) *verhoor;* — for *strewe na, ding om;* be **tried** for murder *weens moord teregstaan, op 'n aanklag van moord verskyn;* **trier** of fact *beoordelaar van feite.*

turn *draai;* nothing **—s** on it *daar hang niks van af nie, daar vloei niks uit voort nie;* — down *weier, afwys.*

turnabout *regsomkeer* (in beleid).

turncoat *manteldraaier.*

turnover tax *omsetbelasting.*

tutelage (1) *voogdy* (nie voogdy*skap* nie, wat 'n stapelvorm of pleonasme is); (2) *toestand van onmondigheid.*

tutor *voog;* — dative *benoemde voog, voog datief;* — testamentary *testamentêre voog.*

typify *tipeer.*

tyrant *dwingeland, tiran;* **tyranny** *dwingelandy, tirannie.*

U

ulterior *verder liggend, bedek;* — motive *bedekte beweegrede, bybedoeling;* act from — motives *uit eiebelang handel, met bybedoelinge optree.*

ultimate *uiteindelik, uiterste; fundamenteel;* — facts *basiese/fundamentele feite, grondfeite;* — principle *grondbeginsel;* — result *einduitslag.*

ultra vires *buite die bevoegdheid van, ultra vires;* this was — — the council *dit was buite die magte van die raad, die raad het buitemagtig gehandel, sy bevoegdheid oorskry;* the regulations are — — *die regulasies is ultra vires/buitemagtig.*

umbrella *oorkoepelend.*

umpire *skeidsregter, eindbeslisser.*

unacceptable *onaanneemlik, onaanvaarbaar.*

unalterable *onveranderbaar, onwysigbaar;* — provisions *onwysigbare bepalings.*

unambiguous *ondubbelsinnig.*

unanimous *eenparig, eensgesind.*

unappealable *onapellabel, nie vir appèl vatbaar nie.*

unascertained *nie vasgestel nie;* — goods *ongeïdentifiseerde goed.*

unassignable *onoordraagbaar.*

unauthorized *ongemagtig.*

unban *ontban.*

unbiased *onbevooroordeeld.*

unborn (heir) *ongebore erfgenaam.*

unbridled *onbeheers.*

uncalled (capital) *onopgeroepe kapitaal.*

uncompromising *onversetlik.*

unconditional *onvoorwaardelik.*

unconscionable *gewetenloos, onredelik;* an — bargain *'n grof onregverdige transaksie.* 'n Transaksie so eensydig dat dit 'n vermoede van bedrog of dwang verwek.

unconstitutional *strydig met die grondwet, onkonstitusioneel.*

unconvicted *onveroordeel.*
undefended (case) *onverdedigde/onbestrede saak, versteksaak.*
undeniable *onteenseglik waar.*
under *kragtens, uit hoofde van, onder;* — age *minderjarig;* — appeal *onder appèl;* — the authority of a permit *kragtens/op grond van/uit hoofde van 'n permit;* — my hand and seal *onder my hand en seël;* pay — protest *onder protes betaal;* — the powers vested in me *kragtens die gesag/bevoegdheid aan my verleen;* — the section *ingevolge/kragtens/volgens die artikel;* he is — sentence of death *hy is onder doodvonnis, hy is ter dood veroordeel.*
undercut *onder die prys verkoop.*
underestimate *onderskat.*
underhand (1) *agterbaks, bedektelik, heimlik, onderduims, skelm, slinks;* (2) *by private ooreenkoms, nie notarieel, onderhands;* — sale *verkoop uit die hand.*
underpayment *onderbetaling, onvoldoende betaling.*
underprivileged *minder bevoorreg.*
undersigned *ondergetekende.*
understand *begryp, verstaan;* **—ing** *verstandhouding.*
understatement *onderbeklemtoning, verkleining.*
undertake (to) *jou verbind om, onderneem om.*
undervalue *te laag waardeer, onderwaardeer.*
underworld *boeweweêreld.*
underwrite *waarborg, garandeer, onderskryf, verseker, assureer;* — a cargo *'n vrag verseker;* — a loan or an issue of shares *'n lening of uitgifte van aandele onderskryf.*
undignified *onwaardig, nie waardig nie.*
undiluted *onverdun.*
undischarged (bankrupt) *ongerehabiliteerde insolvent.*
undisclosed (principal) *onvermelde/versweë/ongeopenbaarde prinsipaal.*
undistributed (profits) *onuitgekeerde winste.*
undo (a wrong) *'n onreg herstel.*
undoubted *ongetwyfeld, ontwyfelbaar.*
undue *nie verskuldig, oormatig, onbehoorlik;* — delay *oormatige vertraging;* — influence *onbehoorlike beïnvloeding;* — preference *onbehoorlike voorkeur.*
unearned (income) *inkomste uit belegging, stille inkomste;* — increment *toevallige waardevermeerdering.*
unedifying *onverkwiklik.*
unemployed *werkloos;* **unemployment** insurance *werkloosheidsversekering.*
unencumbered *onbelas, onbeswaar* (grond).
unenforceable *onafdwingbaar.*
unentailed *vervreembaar, onbeswaard* (Engelsregtelik).
unequivocal *ondubbelsinnig.*
unethical *oneties.*
unexpired *onverstreke.*
unexpurgated *ongekuis, ongesuiwer* (boek).
unfair *onbillik, onregverdig;* — competition *onregmatige mededinging;* — labour practice *onbillike arbeidspraktyk.*
unfettered *vry, ongebonde, onbelemmerd;* — discretion *onbelemmerde/vrye diskresie.*
unfit (to plead) *onbekwaam om te pleit.*
unflagging *onvermoeid.*
unfounded *ongegrond;* — and vexatious *ongegrond en kwelsugtig.*
ungovernable *onregeerbaar.*
unheeding *agteloos, ongeërg, sorgeloos.*
uni-cameral *unikameraal.*
unilateral *eensydig.*
unimpaired *ongeskonde.*
unimpeachable *onaanvegbaar.*
unimproved *onverbeter;* — land *onontwikkelde/onverbeterde grond.*
uninsurable *onversekerbaar.*
unintentional *onopsetlik.*
uninterrupted *ononderbroke.*
union *verbond, vereniging;* (staatsreg) *unie;* customary — *gewoonteverbintenis (gebruiklike verbinding* word afgekeur); customs — *tolverbond, doeane-ooreenkoms.*
unitary *unitêr;* — constitution *unitêre grondwet;* — state *unitêre staat.*
unite *verbind, verenig.*
unity *eenheid, eendrag.*
universal *universeel, algemeen;* sole and — heir *enigste en universele erfgenaam;* — franchise *algemene stemreg.*
unjust *onregverdig, onbillik;* sentence is so excessive as to be — *die vonnis is so buitensporig dat dit onregverdig is/'n onreg uitmaak;* — enrichment *onregverdige/ongeregverdigde verryking.* Sien **enrichment**; **—ly** *op onregverdige wyse, ten onregte.*
unjustifiable *onregverdigbaar, onverdedigbaar, nie te verantwoord nie.*
unjustified *ongeregverdig, onverantwoord.*
unlawful competition *onregmatige mededinging.*
unlawful *wederregtelik.* Die onderskeid in Engels tussen **unlawful**, **wrongful**, **illegal**, **illicit** en **illegitimate** is ewe vaag as in Afrikaans tussen *wederregtelik, onregmatig, onwettig* en *ongeoorloof.* Die terme is tot groot hoogte verwisselbaar maar in breë trekke kan die volgende onderskeiding gemaak word: 'n *Wederregtelike*

(**unlawful**) handeling is in stryd met 'n geskrewe of ongeskrewe regsreël. Wederregtelikheid is 'n onontbeerlike element in 'n strafbare feit en moet in die misdaadsomskrywing voorkom. 'n *Onregmatige* **(wrongful)** handeling maak inbreuk op die regte van 'n ander. Dit is 'n versuim van die dader se regsplig om in die maatskaplike verkeer die regte van 'n ander in ag te neem. Primêr gee dit aanleiding tot 'n privaatregtelike geding, hoewel 'n strafregtelike aanklag nie uitgesluit is nie. Die uitdruking **wrongfully and unlawfully** in aktes van beskuldiging is toutologies en behoort in Afrikaans net met *wederregtelik* weergegee te word. *Onwettig* (**illegal, illicit**) is grotendeels sinoniem met *wederregtelik* (**unlawful**) maar het meer bepaald betrekking op handelinge opsetlik in stryd met 'n verbod in 'n wetsbepaling. **Illegitimate** word veral by buite-egtelike geboorte gebruik en word daar met *buite-egtelik* weergegee. Dit beteken ook *ongeoorloof* in die algemeen; — assembly *onwettige sameskoling;* — detention *wederregtelike aanhouding.*

unlicensed *ongelisensieer, ongeoorloof, sonder vergunning.*

unlikelihood *onwaarskynlikheid.*

unlimited (company) *onbeperkte maatskappy.*

unmanageable *onregeerbaar.*

unmask *ontmasker.*

unmitigated *onverminder, onversag;* an — liar *'n deurtrapte leuenaar.*

unnatural *onnatuurlik, teennatuurlik;* — offence *onnatuurlike/teennatuurlike misdaad;* — vice *onnatuurlike/teennatuurlike ontug.*

unnegotiable *onverhandelbaar.*

unobjectionable *onberispelik.*

unoccupied *onbeset, onbewoon, ongeokkupeer.*

unowned *sonder eienaar.*

unpaid *onbetaal;* — capital *onopbetaalde kapitaal.*

unparalleled *weergaloos, ongeëwenaard.*

unpardonable *onvergeeflik.*

unpredictable *onvoorspelbaar.*

unpremeditated *onvoorbedag.*

unprincipled *beginselloos, gewetenloos.*

unprovoked *moedswillig, onuitgelok, sonder aanleiding;* —**ly** *goedsmoeds.*

unpunished *ongestraf.*

unqualified *onbevoeg, onbekwaam, ongeskik, ongesertifiseer; algeheel, ongekwalifiseer, volmondig.*

unquestionable *onbetwisbaar, onteenseglik, ontwyfelbaar.*

unquestioned *onbetwis, ontwyfelbaar;* it goes — *dit word nie in twyfel getrek nie.*

unquestioning *onvoorwaardelik, sonder om vrae te stel;* — obedience *blinde gehoorsaamheid.*

unrealizable (condition) *onvervulbare/onmoontlike voorwaarde.*

unreasonable *onbillik, onredelik; onverstandig.*

unreasoned *onberedeneer.*

unreasoning *onnadenkend.*

unrefuted *onbestrede, onweerlê;* — proposition *onweerlegde stelling.*

unremitting *onophoudelike, volgehoue, voortdurende;* — care *volgehoue aandag/sorg.*

unremunerative *onlonend, onrendabel, onvoordelig, nie winsgewend nie.*

unrepentant *onboetvaardig, verstok.*

unreported *ongerapporteer, onvermeld;* — case *ongerapporteerde saak.*

unrepresented *onverteenwoordig, sonder regsbystand.*

unreservedly *sonder voorbehoud.*

unrest *onrus.*

unrestricted *onbeperk.*

unroadworthy *onpadwaardig.*

unscathed *ongedeerd, behoue.*

unscrupulous *beginselloos, gewetenloos.*

unsolicited *ongevraag.*

unsound *ongegrond, onsuiwer;* of — mind *geestelik versteur, kranksinnig, met gekrenkte geestesvermoëns, swaksinnig.*

unsworn *onbeëdig.*

untenable *onhoudbaar, onverdedigbaar, verwerplik.*

untrammelled *onbelemmerd.*

untransferable *onoordraagbaar.*

unviolated *ongeskonde.*

unwarranted *ongeregverdig, onverantwoord.*

unyielding *onwrikbaar, onversetlik.*

uphold *bekragtig, bevestig, handhaaf;* — the judgment of the court a quo *die uitspraak van die hof benede handhaaf/bevestig;* the appeal is upheld *die appèl slaag, word gehandhaaf;* —**er** of law and order *handhawer van reg en orde.*

uplift (1) *afhaal;* — a document *'n dokument afhaal;* — a payment into court *geregtelike inbetaling afhaal;* (2) *ophef, verhef.*

upset *omverwerp, ongeldig verklaar;* — a judgment *'n beslissing omverwerp/ter syde stel.*

upshot *afloop, gevolg, uiteinde.*

upsurge *styging, opwelling, oplewing.*

upswing *opswaai, toename.*

urban *stads-, stedelik;* — area *stadsgebied;* — servitude *huisdiensbaarheid, stedelike serwituut;* — tenement *stedelike erf;* —**ization** *verstedeliking.*

urbanity *hoflikheid.*

urge *aanvoer, met klem betoog, pleit;* — upon

the court *by die hof aandring op, nadruk lê op;* **—ncy** *dringendheid;* **—nt** *dringend;* — application *dringende aansoek.*

usage *gebruik, gewoonte, usansie;* (met betrekking tot handelspapier) *wisselgebruik;* bills are negotiable by — *wissels is volgens usansie verhandelbaar;* trade — *handelsgebruik, handelsusansie;* social — *omgangsnorme;* rough — *ruwe behandeling.*

use *gebruik;* beneficial — *genot;* right of — and enjoyment *gebruik- en genotsreg;* undisturbed — *ongestoorde gebruik;* uninterrupted — *ononderbroke gebruik;* **—r** *gebruik, genot; gebruiker, genottrekker;* beneficial — *genottrekker;* immemorial — *langdurige gebruik, gebruik sedert onheuglike tye;* **usuary** *gebruiker,* usuarius.

usher (in) *inbring, inlei.*

usufruct *vruggebruik;* life — *lewenslange vruggebruik, lewensreg;* **—uary** *vruggebruiker.*

usurer *woekeraar;* **usurious** *woeker-;* — interest *woekerrente;* — profit *woekerwins.*

usurp *jou iets aanmatig, usurpeer;* **—ation** *besitsaanmatiging;* **—er** *usurpator, aanmatiger, indringer, oorweldiger.*

utility *nut;* — company *nutsmaatskappy, utiliteitsmaatskappy;* public — *nutsdiens.*

utilize *aanwend, benut.*

utter (a) *volkome, volslae;* — emergency *uiterste noodgeval.*

utter (v) (1) (vervalste dokument) *in omloop bring, uitgee;* forgery and **—ing** *vervalsing en die in omloop bring van die vervalste stuk;* (2) *uiter, uitspreek;* — a defamatory statement *'n lasterlike bewering maak;* **—ance** *uitlating.*

V

vacant *leeg, leegstaande, onbebou, onbewoon;* (pos) *vakant;* fall — *oopval;* — possession *ongestoorde besit,* vacua possessio.

vacate *ontruim;* **vacancy** *vakature, vakante betrekking; onbesette plek.*

vacillate *teenstrydig praat.*

vagary *gier, gril, nuk.*

vagrant *landloper, rondloper;* **vagrancy** *landlopery, rondlopery.*

vague *vaag;* —, embarrassing and bad in law *vaag, verwarrend en regtens ongegrond.*

vain *nutteloos, tevergeefs.*

valid *geldig;* — in law *regsgeldig, van krag;* — argument *goed gegronde betoog, steekhoudende argument;* **—ate** *geldig maak/verklaar, legaliseer, wettig;* **—ity** *geldigheid, regskrag;* — of a claim *deugdelikheid/geldigheid van 'n eis;* period of — *geldigheidsduur.*

valour *dapperheid;* discretion is the better part of — *versigtigheid is die moeder van die wysheid.*

valuable *waardevol;* — consideration *geldwaardige teenprestasie;* — security *geldwaardige sekuriteit.*

valuables *waardevolle goed.*

valuate *waardeer, aanslaan, skat, takseer, waarde bepaal van;* **valuation** *waardering, waardasie, waardebepaling, skatting, taksasie;* — court *waarderingshof, waardasiehof;* set too high a — on *te hoog aanslaan;* **valuator**, **valuer** *waardeerder;* **value** *waarde;* — added tax *belasting op toegevoegde waarde;* to the — of *ter waarde van;* for — received *vir waarde ontvang;* disposition without — *vervreemding sonder teenwaarde;* face — *gesigswaarde.*

variables *veranderlikes.*

variance *afwyking, teenspraak, teenstrydigheid, verskil, variasie;* there is a fatal — between the particulars of the charge and the evidence *daar is 'n onherstelbare verskil tussen die besonderhede van die aanklag en die getuienis;* at — with *strydig met, nie in ooreenstemming met.*

vary *verander, wysig;* **variation** of court order *wysiging/verandering van 'n hofbevel.*

vassal (leenreg) *dienaar, leenman, onderhorige, vasal;* **—age** *leenmanskap, onderhorigheid.*

vault *brandkluis.*

vehement *heftig.*

vein: in the same — *in dieselfde trant.*

venal *omkoopbaar;* **—ity** *omkoopbaarheid.*

vend *verkoop;* **—ee** *koper;* **—ing** machine *muntoutomaat;* **—or** *verkoper;* **—or's** lien *verkoper se retensiereg;* **—or's** shares *verkopersaandele.*

vendetta *vete, bloedvete, bloedwraak.*

venial *vergeeflik, verskoonbaar.*

venom *venyn;* **—ous** *venynig.*

ventilate *lug, bespreek, ter sprake bring.*

venture *onderneming;* — capital *waagkapitaal, risiko-kapitaal.*

venue *plek van beregting;* change the — *sit-*

tingsplek van die hof verander; fix the — *die plek van beregting bepaal.*

veracious *waarheidliewend, waar;* **veracity** *waarheid, geloofwaardigheid.*

verbal *mondeling;* — communication *mondelinge mededeling;* — contract *mondelinge kontrak;* — evidence *mondelinge getuienis.*

verbatim *woord vir woord, woordeliks.*

verbiage *omhaal van woorde;* surplus — *oorbodige woorde, oordrewe woordrykheid.*

verbis (of **verbis tantum**) *net met woorde.* Sien **coniunctio** in Latynse afdeling.

verdict *bevinding, uitspraak;* bring in/deliver/give/return a — *uitspraak gee/lewer;* general — *algemene uitspraak;* open — *onbesliste bevinding;* special — *spesiale uitspraak.*

verge *padsoom, berm;* on the — *op die rand van, vlakby.*

verify (1) *bewys, bevestig; ondersoek, toets, verifieer, kontroleer, nagaan;* (2) *bewaarheid, waar maak, staaf;* —**ing** affidavit *bevestigende beëdigde verklaring;* **verification** *bewys, bevestiging; ondersoek, toets, kontrolering, verifikasie; vervulling, gestanddoening, waarmaking, stawing;* in — of *ter stawing van.*

verily *waarlik;* your petitioner — believes *u petisionaris is daarvan oortuig dat.*

verisimilitude *waarskynlikheid, skynwaarheid.*

vernacular *landstaal, volkstaal.*

versed (in) *bedrewe/ervare in, vertroud met.*

version *weergawe.*

versus *teen.*

vest (1) **(intr.)** *berus by, oorgaan op, setel in* (*vestig* kan nie hier gebruik word nie); the estate —**s** in the heirs *die boedel/goed het op die erfgename oorgegaan;* the power —**s** in the court *die hof het die bevoegdheid, die mag berus by die hof;* the property —**s** in the trustee *die eiendom berus by die kurator, het op die kurator oorgegaan;* (2) **(trans.)** *beklee met;* — a person with authority *iemand met gesag/bevoegdheid beklee;* the authority —**ed** in me *die gesag aan my verleen;* —**ed** interests/rights *gevestigde belange/regte;* —**ing** (erfreg) *oorgang* (*vestiging* kan nie in hierdie verband gebruik word nie).

veto *veto.*

vex *treiter, pla, kwel, irriteer;* —**ed** question *omstrede/lastige vraag;* **vexatious** *kwelsugtig.*

viable *lewensvatbaar;* **viability** *lewensvatbaarheid;* — study *lewensvatbaarheidstudie.*

vicarious *middellik, plaasvervangend;* — liability *middellike aanspreeklikheid, aanspreeklikheid vir die handelinge van 'n ander.*

vice *gebrek;* redhibitory — *redhibitoriese gebrek* (wat teruggawe van die gekoopte saak regverdig); through inward — *deur inherente boosheid/boosaardigheid;* **vicious** *boosaardig, verdorwe;* — circle *bose kringloop.*

vice versa *omgekeerd.*

vicinity *buurt, omgewing.*

victimize *viktimiseer, tot slagoffer maak;* **victim** *dupe, slagoffer;* fall — to *ten prooi val;* —**ization** *viktimisasie, wraakneming.*

videlicet (afk. viz) *dit is, naamlik, te wete.*

vigilance *waaksaamheid.*

vigilant *waaksaam, wakker;* **vigilance** committee *waaksaamheidskomitee;* **vigilante** *hulpkonstabel; nagwag; lid van 'n waaksaamheidskomitee.*

vilify *belaster, beswadder;* **vilification** *smaad, belastering, beswaddering.*

villain *skurk, skobbejak, skelm;* — of the piece *skuldige.*

vindicate (1) *verdedig, vindiseer, handhaaf, van blaam suiwer, bewys;* — a claim *'n reg/aanspraak bewys;* — a person's innocence *iemand se onskuld oortuigend vasstel;* — a person from an accusation *iemand van 'n beskuldiging suiwer;* — a point of view *'n standpunt regverdig;* (2) (eiendom in die hande van 'n derde) *opvolg, terugvorder, vindiseer;* (regte) *laat geld, vindiseer;* **vindication** *saakopvolging, eiendomsvordering, vindikasie;* **vindicator** (of law and order) *handhawer van reg en orde;* **vindicatory** action *saakopvolgingsaksie, vindikatore aksie,* rei vindicatio.

vindictive *wraakgierig, haatdraend;* — damages *bestraffende skadevergoeding.*

violate (reëls, die wet) *oortree, skend;* ('n eed) *breek;* ('n vrou) *verkrag;* **violation** of privacy *inbreuk op privaatheid.*

violent *fel, gewelddadig, heftig, hewig; wanordelik;* — death *gewelddadige dood;* lay — hands on a person *iemand aanrand, die hand aan iemand slaan;* **violence** *geweld, gewelddadigheid;* do — to the wording *die bewoording verwring;* physical — *liggaamlike geweld;* perpetrator of — *geweldenaar;* public — *publieke geweld;* use — to a person *iemand geweld aandoen.*

virgin *maagd,* virgo intacta; —**ity** *maagdelikheid.*

virtual *eintlik, feitlik, virtueel;* he is the — leader of the group *hy is feitlik die leier van die groep.*

virtue *deug, krag;* by — of *kragtens, uit hoofde*

van, vanweë; in — whereof *uit kragte waarvan, waarkragtens;* by — of his office *uit hoofde van sy amp.*

visible *sigbaar;* **visibility** (1) *sigbaarheid* (toestand van gesien te kan word); (2) *sig, uitsig;* — was good *die omgewing was helder sigbaar, die sig was goed;* high/low — *goeie/swak sig, goeie/swak sigtoestande; helder/belemmerde uitsig;* **visibly** *sienderoë, waarneembaar.*

vision *gesig, visie;* stop within the range of your — *binne jou gesigsveld stilhou.*

visit *besoek;* — and search *betree en visenteer;* — with *bestraf met;* —**ing** magistrate *besoekende landdros;* —**ation** *inspeksie, ondersoek; beproewing, besoeking.*

vital *beslissend, deurslaggewend, kardinaal, lewensbelangrik, vitaal;* of — importance *van lewensbelang, van die allergrootste belang;* — interests *lewensbelange;* — error *noodlottige fout;* — fact *beslissende/deurslaggewende feit;* — parts *edele dele;* — question *lewensvraag, uiters belangrike vraag;* — statistics *bevolkingstatistiek, hoofsaaklike syfers.*

vitiate ('n kontrak) *ongeldig maak, die regskrag vernietig van;* (die waarheid) *geweld aandoen, vervals;* ('n betoog) *ontsenu, die bewyskrag ontneem.*

vituperate *heftig uitskel.*

viva voce *mondeling.*

viz. Sien **videlicet**.

vocation *beroep, professie, ambag, werk; roeping, geroepenheid.*

vocational training *vakopleiding.*

vociferous *lawaaierig, luidkeels, rumoerig.*

voetstoots *voetstoots* (sonder waarborge of voorstellinge van die gehalte).

void (a) *nietig, ongeldig;* — ab initio, ab origine *van die aanvang af nietig;* — for want of free consent *nietig weens gebrek aan vrye wilsooreenstemming;* null and — *nietig, ongeldig, van nul en gener waarde;* — for uncertainty *onafdwingbaar weens vaagheid, nietig weens onduidelikheid;* render — *nietig maak;* —**able** *vernietigbaar;* — preference *vernietigbare voorkeur.*

void (v) *nietig maak, sy geldigheid ontneem.*

volition *wil, wilsbesluit;* of his own — *vrywillig, uit sy eie vrye wil, uit eie beweging.*

voluminous *lywig, omvangryk.*

voluntary *vrywillig;* — assignment *vrywillige boedelafstand;* — association *vrywillige vereniging;* — assumption of risk *vrywillige aanvaarding van risiko;* — confession *vrywillige bekentenis;* free and — statement *vrywillige en ongedwonge verklaring;* — surrender *vrywillige boedeloorgawe;* — winding-up *vrywillige likwidasie.*

voluntative *wils-, voluntatief;* cognitive and — elements of intent *bewussyns- en wilselemente van opset, kognitiewe en voluntatiewe elemente van opset.*

volunteer (n) *vrywilliger.*

volunteer (v) *vrywillig aanbied.*

vote (n) *stem, stemreg,* casting — *beslissende stem;* — of censure *sensuurmosie;* — of condolence *mosie van roubeklag;* — of confidence *mosie van vertroue;* — of no confidence *mosie van wantroue;* budget — *begrotingspos;* deliberative — *beraadslagende stem.*

vote (v) *stem, jou stem uitbring;* —**r** *kieser, stemgeregtigde;* —**'s roll** *kieserslys;* **voting** trust *stemakkoord.*

vouch (for) *die egtheid waarborg, instaan vir;* —**er** *bewysstuk, teenblad;* warrant — *skatkisorder.*

vow (n) *gelofte, plegtige onderneming.*

vow (v) *gelofte aflê/doen.*

vulgar (1) *plat, platvloers, ongepoets, grof, plebejies, vulgêr;* — abuse *skeldtaal;* (2) *gewoon;* (erfreg) — substitution *regstreekse/direkte substitusie, gewone ondererfstelling,* substitutio vulgaris.

vulnerable *kwesbaar.*

W

wage *loon;* — agreement *loonooreenkoms;* — determination *loonvasstelling;* — dispute *loongeskil;* —earner *arbeider, loontrekker;* — rate *loonkoers, loonpeil.*

wager *wed, weddenskap aangaan;* **—er** *wedder;* **—ing** agreement *weddenskapsooreenkoms.*

waive *afstand doen van, afsien van, laat vaar, prysgee;* — payment *betaling kwytskeld;* — a right *afstand doen van 'n reg;* **—r** *(verklaring van) afstand, afstanddoening, kwytskelding.*

wake *volgstroom.*

want *gebrek, gemis;* for — of particularity *weens gebrek aan besonderhede.*

wanton *moedswillig, roekeloos;* **—ly** and unreasonably *op moedswillige en onredelike wyse.*

ward (n) *bevoogde, pupil, voogdykind;* — of the court *beskermeling van die hof;* (deel van stadsgebied) *wyk;* **—en** *voog, bewaarder; opsiener;* **—ship** *pupilstaat, voogdystaat.*

ward (v): — off *afweer.*

warder *bewaarder, tronkbewaarder.*

warn *kennis gee, aansê, waarsku;* — to appear in court *aansê om in die hof te verskyn;* release on **—ing** *op waarskuwing vrylaat.*

warrant (n) (1) *waarborg, garansie;* (2) *magtiging, volmag;* (3) *motivering, grond, regverdigingsgrond;* you have no — to say that *jy het geen grond vir die bewering nie;* (4) *bevelskrif;* State President's — *Staatspresident se bevelskrif;* (5) *lasbrief;* — of arrest; *lasbrief vir arres;* — for the recovery of a fine *lasbrief vir die invordering van 'n boete;* death — *lasbrief vir teregstelling;* execute a — *'n lasbrief uitvoer/ten uitvoer lê;* dividend — *dividendbewys;* railway — *spoorwegorder;* share — *aandelebewys;* — voucher *skatkisorder;* — officer *adjudant-offisier.*

warrant (v) (1) *waarborg, instaan vir, garandeer;* **—ed** without defects *gewaarborg sonder gebreke;* (2) *magtig, magtiging verleen, volmag gee;* (3) *regverdig, gronde gee vir;* **—able** *geoorloof, regverdigbaar, verdedigbaar;* **—ee** *gevolmagtigde, ontvanger van 'n waarborg;* **—or** *waarborggewer.*

warranty *waarborg, garansie;* — of authority *waarborg van volmag;* — against eviction *waarborg teen uitwinning;* — against latent defects *waarborg teen verborge gebreke;* express — *uitdruklike waarborg.*

waste *verspil, verkwis; laat verval, verwaarloos;* **—d** costs *verkwiste koste;* **wasting** asset *verdwynende bate;* **wastrel** *deurbringer, kwisgoed, verkwister.*

watch *bewaak, waak oor;* — over the interests of someone *oor iemand se belange waak;* **—ing** brief *waaksaamheidsopdrag.*

watchful *waaksaam;* — eye *wakende oog.*

way *pad, weg;* — of necessity *noodweg;* neighbourhood — *buurweg;* right of — *reg van weg, oorpad, reg van deurgang,* servitus viae; (in die padverkeer) *reg van voorrit, ryreg, vrye baan.*

wear and tear *slytasie;* fair — — — excepted *behoudens redelike slytasie, redelike slytasie uitgesluit.*

wedlock *huwelikstaat;* born in — *egtelik gebore;* born out of wedlock *buite-egtelik gebore.*

weight *gewig, massa;* — of authority *oorwig van gesag;* carry great — *groot gewig dra, van groot betekenis wees;* that carries no — with me *dit weeg nie by my nie;* weight of the evidence *oorwig van die getuienis;* against the evidence and the — of the evidence *teen die getuienis en die oorwig daarvan;* give due — to *behoorlik in aanmerking neem, ten volle laat geld;* **—s** and measures *gewigte en mate;* **—y** *belangrik, gewigtig, invloedryk.*

welfare *welsyn, welvaart, voorspoed;* — officer *welsynsbeampte;* — service *welsynsdiens;* — state *welsynstaat.*

well-being *welsyn, welstand.*

well-connected *van goeie familie.*

well-spoken *welbespraak.*

wharfage *kaaigelde.*

whereabouts *verblyfplek, plek waar hy hom bevind.*

whereas *aangesien, nademaal.*

wherefore *derhalwe;* — plaintiff claims *derhalwe vorder eiser, weshalwe eiser vorder.*

whim *bevlieging.*

whip *lyftstraf toedien;* **—ping** *lyfstraf.*

white paper *witskrif.*

white *wit, blank;* — lie *wit leuentjie;* — paper *witskrif;* — collar worker *kantoorwerker;* — collar criminal *misdadiger uit hoër stand.*

whole *heel, vol;* — or half blood *volle of halwe bloed;* **wholly** *geheel en al, volkome;* — owned by *geheel en al die eiendom van;* — owned subsidiary *volfiliaal;* — within the district *heeltemal binne die distrik.*

wicked *boos, boosaardig, sleg;* false, — and malicious statement *valse, bose en kwaadwillige bewering.*

wide (reading) *belesenheid;* man of — — *belese man.*

widow *weduwee;* **—hood** *wedustaat.*

wife *eggenote, gade, vrou, huisvrou;* take to — *tot vrou neem, trou met.*

wilful *met opset, met voorbedagte rade, opsetlik;*

cruelty of an aggravated and — nature *verregaande en opsetlike wreedheid;* in — default *opsetlik in verstek;* — misconduct *opsetlike wangedrag;* —**ness** *opsetlikheid, moedswilligheid.*

will (n) *testament, uiterste wilsbeskikking;* closed — *beslote testament;* holograph — *eiehandig geskrewe testament, holografiese testament;* joint — *gesamentlike testament;* make one's — *testeer, jou testament maak;* mutual — *mutuele/wedersydse testament;* nuncupative — *mondelinge/nunkupatiewe testament;* privileged — *bevoorregte testament;* sealed — *beslote testament;* soldier's — *soldatetestament;* take under a — *by testament erf, by testament bevoordeel word;* tenancy at — *besit ter bede.*

will (v) *bemaak, nalaat;* — money to someone *geld aan iemand nalaat/bemaak;* —**ing** and able *gewillig en in staat;* —**ing** and able buyer *koper gewillig en in staat.*

wind up (a company) *'n maatskappy likwideer;* winding-up order *likwidasiebevel.*

windfall *meevaller.*

wiseacre *beterweter, betweter.*

wit: to — *te wete.*

witch-hunt *heksejag, ketterjag.*

witchcraft *toordery, toorkuns; towenary, towerkuns.*

withdraw (1) **(tr.)** *herroep, intrek, terugtrek;* — a case/charge/complaint/power of attorney/promise/statement *'n saak/aanklag/klagte/volmag/belofte/verklaring terugtrek;* — a licence *'n lisensie/vergunning intrek;* — money from the bank *geld uit die bank trek/opvra;* (2) **(intr.)** *jou onttrek, terugtrek, terugstaan, uittree;* — from a case *jou aan 'n saak onttrek;* — from a contract *uit 'n kontrak terugtree;* —**al** *terugtrekking, intrekking, herroeping, terugtrede;* —**al** from *onttrekking aan.*

withholding tax *terughoubelasting.*

without *sonder;* — issue *sonder kinders, sonder nakomelingskap;* — obligation *sonder verpligting, vryblywend;* — prejudice *met voorbehoud van regte, sonder inkorting van regte;* — recourse *sonder verhaal, sans recours;* — reserve *sonder reserweprys, sonder voorbehoud.*

witness (n) *getuie;* bear — to *as bewys dien van, getuig van;* — box *getuiebank;* call a — *'n getuie oproep;* call to — *tot getuie roep;* eye — *ooggetuie;* — fees *getuiegeld;* — stand *getuiebank;* state — *staatsgetuie;* in — whereof *ten bewyse waarvan, ter oorkonde waarvan.*

witness (v) *getuie wees, getuig;* — a document *'n dokument attesteer, as getuie teken;* — a signature *'n handtekening attesteer, as getuie bevestig;* —**eth** *getuig hiermee.*

woeful *beroerd, jammerlik.*

womanstealing *skaking, vroueroof.* Sien **kidnapping**.

word *woord;* his — is his bond *sy woord is sy eer;* a — is enough to the wise *'n goeie begryper het 'n halwe woord nodig;* suit the action to the — *die daad by die woord voeg.*

work *werk;* —**able** *uitvoerbaar, bruikbaar;* —**ing** account *eksploitasierekening, bedryfsrekening;* — hypothesis *werk-hipotese;* — knowledge *praktiese kennis;* —**man** *ambagsman, arbeider, werksman;* —**men's** compensation *skadeloosstelling van werkliede/werksmense;* —**place** *werkplek;* —**force** *arbeidsmag.*

worship: your — *u edelagbare.*

writ *lasbrief;* — of attachment *lasbrief tot beslaglegging;* — of execution *lasbrief tot eksekusie/tenuitvoerlegging;* his — does not run there *hy het geen gesag daar nie, hy word nie daar erken nie.*

write *skryf;* — down capital *kapitaal verminder;* — off *afskryf;* in **writing** under his hand *skriftelik onder sy hand.*

write-off *totale wrak.*

wrong *tekort doen, onbillik behandel, onreg aandoen, verongelyk, veronreg;* be in the — *ongelyk hê, skuld daaraan hê;* put a person in the — *iemand in die ongelyk stel, iemand die skuld gee;* the King can do no wrong *die Kroon kan nie onregmatig handel nie;* take advantage of your own — *uit jou eie fout voordeel trek;* —**doer** *dader, pleger van 'n onregmatige daad;* joint — *mededader;* —**ly** *onregverdig, ten onregte, verkeerdelik.*

wrongful *onregmatig, wederregtelik;* — arrest *wederregtelike inhegtenisneming;* — dismissal *onregmatige ontslag;* —**ly** and unlawfully *wederregtelik.* Sien **unlawful**.

X

xenophobia *vreemdelingehaat.*

Y

yardstick *maatstaf.*
yearning *hunkering.*
yield (n) *opbrengs.*
yield (v) (1) *oplewer;* — to a request *'n versoek toestaan, daartoe inwillig;* — to temptation *voor versoeking swig;* (2) *meegee.*
young person *jeugdige.*
youth (1) *jong seun;* (2) *die jeug;* (3) *jeugdigheid;* on account of his — *vanweë sy jeugdigheid;* — movement *jeugbeweging.*

Z

zealous witness *oorywerige getuie.*
zone (n) *sone, gebied, gordel, streek;* industrial — *nywerheidsgebied;* — of silence *stiltesone.*
zone (v) *soneer, indeel;* **zonal** *sonaal, gordelvormig, rakende 'n streekindeling;* — conditions *sonebepalings, streekvoorskrifte;* **zoning** *sonering, sone-indeling.*

DEEL II

LATYN—AFRIKAANS—ENGELS

PART II

LATIN—AFRIKAANS—ENGLISH

ADAGIA PROVERBIA LOCUTIONES
CITATIONES

SPREUKE SPREEKWOORDE FRASES
AANHALINGS

MAXIMS PROVERBS PHRASES
QUOTATIONS

INLEIDENDE OPMERKINGE

Hierdie tweede deel van die Woordeboek is uit Latynse woorde, frases, spreuke, spreekwoorde en gesegdes (met vertalings in Afrikaans en Engels) saamgestel; hierby is die keuse in hoofsaak uit die regsliteratuur geneem — veral uit die Corpus Iuris Civilis — maar dis nie uitsluitend uit regskrywers en hul geskrifte geput nie. Daar is besluit om by geleentheid ook skrywers buite hierdie kring te betrek: waar 'n skrywer soos Cicero in sy pro Milone 'n sterk beroep op die reg van noodweer doen — kyk by die lemma *adversus periculum* — het ons darem nog altyd met 'n advokaat te doen wat in die hof met 'n verweer teen 'n moordaanklag besig is. Bowendien is daar van buite hierdie kring talle ander spreekwoorde of gesegdes — dus van 'n nie-juridiese aard — wat vandag baie maklik in die hof aangewend kan word; hulle is nie oorspronklik in die hof gebruik nie, maar die lewenswysheid wat uit hulle spreek maak hulle vandag nog by 'n hofgeding geredelik siteerbaar, soos bv. Juvenalis se *quis custodiet ipsos custodes?* in 'n geval van troubreuk deur iemand in 'n vertrouensposisie.

Dit sal verder vir die meeste regsgeleerdes verrassend wees om te verneem dat nòg *audi alteram partem* nòg die frase *mens rea* van 'n juris stam; hulle is albei skeppinge van die kerkvader Augustinus uit Noord-Afrika, wat darem as jong seun vir advokaat gestudeer het; en die gedagte van *audi alteram partem* is 'n paar eeue vroeër reeds deur Seneca effe minder bondig geformuleer.

Die herkoms van baie sitate word in regswoordeboeke verswyg; maar dis nie altyd duidelik of dit is omdat hulle inderdaad *anoniem* is nie. Om vas te stel of so 'n sitaat uit een van die Romeinse regsbronne stam, moet 'n mens eintlik van so 'n bron se konkordansie gebruik maak waar so iets beskikbaar is; so 'n lys verskyn onder Afdeling C in die boekelys hieronder. Dit sal daaruit blyk dat die konkordansie van die Digesta nog aan gapende lakunes mank gaan terwyl dié van die Novellae se Deel I (A–D) eers in 1983 verskyn het. Van die klassieke skrywers (wat maar selde bygehaal word) is daar wel volledige konkordansies van o.a. Cicero, Vergilius, Tacitus e.a.

Waar daar by 'n spreuk of spreekwoord geen bewysplaas staan nie, is dié inskrywing *waarskynlik anoniem;* dit geld egter nie vir los woorde of frases nie. 'n Vraagteken in hakies na 'n outeursnaam, bv. (Sen. (?) dui daarop dat die regswoordeboek waarin dit verskyn nie die bewysplaas bied nie en dat dit ook nie in die betrokke konkordansie aangegee word nie.

INTRODUCTORY REMARKS

This second part of the Dictionary consists of Latin words, phrases, maxims, proverbs and expressions (with Afrikaans and English translations); these have for the most part been drawn from legal literature — especially from the Corpus Iuris Civilis — but not exclusively so. It was resolved to cite from other than legal sources too if occasion offered: when, for example, an author such as Cicero in his pro Milone very explicitly states the right of self-defence of his client when waylaid by murderers — as appears from the entry below under *adversus periculum* — we still find ourselves *in court* where the Roman advocate is conducting the defence of Milo against a charge of manslaughter. But there are numerous other proverbs and maxims of a non-legal nature which even today may be very appositely quoted in court by judge or counsel, not for having originally been employed there, but because the experience of life characterizing them renders them eminently quotable in our times (e.g. Juvenal's *quis custodiet ipsos custodes?* in the case of a breach of faith by someone in a position of trust).

Most lawyers will furthermore be surprised to learn that neither *audi alteram partem* nor the phrase *mens rea* is derived from a book on jurisprudence; both were formulated by St. Augustine, the church father from North Africa (though he admittedly as a youth studied for the bar and it is true that the principle of *audi alteram partem* had been expressed by Seneca less succinctly a few centuries before).

On the provenance of many of our quotations legal dictionaries and other works leave us in the dark, but it is rarely stated whether these tags are indeed *anonymous.* To determine whether such a maxim can be traced to one of the sources of Roman law recourse would have to be had to the available concordances of these works; they are listed as works of reference under Section C of the bibliography below, where it may be seen that the concordance of our principal Roman source, the Digest, is marred by considerable lacunae, and that a similar work on the Novels part I (A–D) appeared recently (1983). Of the classical (non-legal) authors, from whom we have but rarely quoted, there often are complete concordances available, e.g. of Cicero, Vergil, Tacitus and others.

Where the provenance of a proverb, maxim or aphorism is not given it may be taken for granted that these are *probably anonymous;* this, however, does not apply to single words or to phrases. A question mark in brackets after an author's name, e.g. (Sen. (?)) indicates that the legal dictionary in which it appears does not offer a specific reference nor does the relevant concordance offer a solution.

A. COMPENDIA — AFKORTINGE — ABBREVIATIONS

I AUCTORUM NOMINA

I. *Iurisprudentes quorum fragmenta in Digestis leguntur.*
Regskrywers van wie daar uittreksels in die Digesta opgeneem is.
Legal authors of whom excerpts appear in the Digest.

Cels(us)
Gai(us) se Institute (4 boeke) // The Institutes of Gaius (4 books).
Hermog(enianus).
Javol(enus)
Julian(us)
Mod(estinus)
Papin(ianus)
Paul(us)
Pomp(onius)
Ter(entius) Clem(ens)
Ulp(ianus)

2. *Auctores classici*

Apul(eius)
Cic(ero)
Claud(ianus)
Dion(ysius) Cato
Hieron(ymus) // Eng. Jerome
Hor(atius) // Eng. Horace
Juv(enalis) // Eng. Juvenal
Liv(ius) // Eng. Livy
Luc(anus) // Eng. Lucan.
Ov(idius) // Eng. Ovid
Mart(ialis), // Eng. Martial
Phaedr(us)
Petron(ius Arbiter)
Plaut(us)
Plin(ius) die J. // Eng. Pliny the Younger
Plin(ius) die O. // Eng. Pliny the Elder
Publ(ilius) Syr(us)
Q(uintus) Curt(ius)
Quintil(ianus) // Eng. Quintilian
Sall(ustius) // Eng. Sallust
Suet(onius)
Tac(itus)
Ter(entius) // Eng. Terence

II ALIA

ad f. (ad fin.) = ad finem aan die einde (slot) // at the end
ad init(ium) aan die begin // at the beginning
adagium spreuk; gesegde; spreekwoord // maxim; proverb
alci. (= alicui) datief ekv. van aliquis "vir/aan iemand" // dative sing. of aliquis "for/to someone".
alcs. (= alicuius) gen. ekv. van aliquis "van iemand (besitlik)" // gen. sing. of aliquis "of someone (possessive)".
alqm (= aliquem) "iemand" (akk.) // "someone" (acc.)

an. (= anno) 294 = 294 n.C. (datum van 'n konstitusie in die Codex // 294 A.D. (date of a constitution in the Codex)
anon(ymi) vel anon(ymi) auct(oris) van 'n onbekende skrywer // author unknown
ant. antoniem // antonym
ap(ud) in die werke van // in the writings of: e.g. ap Cic(eronem) by Cicero // in Cicero
at vide maar kyk // but see
Cod. Codex Iustinianus
Cod. Theod. Codex Theodosianus
cf. (= confer) vgl. (vergelyk) // compare
cf. ná die Latynse lemma en deur 'n bewysplaas gevolg beteken dat die presiese bewysplaas nie opgespoor kon word nie, maar dit gee 'n analoë teks aan.
cf. following the Latin entry and followed by a reference indicates that the exact reference could not be traced but refers to a synonymous maxim.
Dig. 50.17.70 = Digesta 50.17.70 // Digest 50.17.70
e.g. (exempli gratia) bv. // for example
f. vroulik // feminine
fl. = floruit = sy bloeityd was . . . // his period of activity was. . . .
gen. genitief // genitive
Gr. (= Graece) Grieks // Greek
ib. vel ibid. (= ibidem) op dieselfde plek; in dieselfde passasie // in the same passage (of the author)
incerti auct(oris) van 'n onbekende skrywer // author unknown
infra (hier)onder; later in hierdie werk // below
i.q. (= idem qui; idem quod) dieselfde as; sinoniem met // the same as; synonymous with
I.R. (= Ius Romanum) suiwer Romeinsregtelike begrip // a purely Roman law concept
Inst. 2.3.1. Institute van Justinianus 2.3.1. // Justinian's Institutes 2.3.1
locos citt. (locos ibi citatos) (raadpleeg) die bewysplase aldaar aangehaal // (consult) the passages there quoted
l.c. (= loco citato) ter aangehaalde plaatse = t.a.p. // in the passage referred to
lett. letterlik
lit. literally
locutio-onis f. uitdrukking; frase // expression; phrase
m. manlik // masculine
o.g.v. op grond van
n. (= neutrum) onsydig // neuter gender
onvert. onvertaald
pl. (= pluralis) mv. // pl(ural)
pr. (= prooemium) die begindeel van 'n uittreksel in die Digesta of Codex, bv. Dig. 13.6.18 pr. // the introductory (unnumbered) portion of an extract in the Digest or Code.
q.v. (quod, quae etc. vide) sien aldaar // which see
scil(icet) = scire licet = d.w.s. // namely, to wit; viz. (= videlicet)
sing(ularis) ekv. // sing(ular)
sive (= vel) of; alternatiewelik // or; alternatively
sub fin(em) naby die einde // near the end
supra hierbo (vroeër in hierdie werk) // above
s.v. (sub voce vel vocibus), e.g. vide s.v. *coactus tamen* bv. kyk by die woorde (lemma) *coactus tamen* // e.g. see under the entry (words) *coactus tamen*

trl. translation
untr. untranslated
v.d. Keessel p. 1612 = *MS* p. [1612] van die Praelectiones, in vet druk en in hakies in die Latynse teks en in die Afrikaanse vertaling op die teenoorgestelde bl; in hierdie geval in vol. v op bl. 408 // = *MS* p. [1612] of the Praelectiones in bold type and in square brackets in the Latin text and in the Afrikaans translation on the page facing it; this specific reference is to vol. v p. 408.
vel (= vox eiusdem significationis) of (d.w.s. 'n sinoniem van) // or (i.e. a word of the same meaning, a synonym)
vide infra s.v. *impossibilium nulla* sien hieronder by die woorde (lemma) *impossibilium nulla* // see below under the entry *impossibilium nulla*
vide supra s.v. etc. sien hierbo by die woorde . . . // see above at the words. . . .
vox vocis f. 'n woord // a word
(1), (2), (3) of (4) meestal na 'n ww. op -o beteken 1e, 2de, 3de of 4de vervoeging bv. absumo (3) het die infinitief op -ĕre; approbare (1) beteken 1e vervoeg.
(1), (2), (3) or (4) after a verbal form usually ending in -o indicates the conjugation of the verb, e.g. absumo (3) has absumere as its infinitive; approbare (1) means 1st conjugation.
WAT = W(oordeboek van die) A(frikaanse) T(aal).
1946^2 = 2de uitgawe (1946) // 2nd edition (1946).

B. TEXTUS — TEKSTE — TEXTS

I CORPUS IURIS CIVILIS (TEKSTE EN VERTALINGS) // (TEXTS AND TRANSLATIONS)

I. *Tekste sonder vertalings — Texts without translations*

(*a*) *Institutiones*
Corpus Iuris Civilis ed. Th. Mommsen et P. Krueger (Weidmann, Berlin 1928^{15}) vol I.
(*b*) *Digesta* ed. Th. Mommsen et P. Krueger ibid. vol. I.
(*c*) *Codex Iustinianus* ed. P. Krueger
= *Corpus Iuris Civilis* (Weidmann, Berlin 1929^{10}) vol. II
(*d*) *Novellae* ed. R. Schoell et G. Kroll
= *Corpus Iuris Civilis* (Weidmann, Berlin 1928^5) vol. III.
(*e*) *Corpus Juris Civilis* ed. Gothofredus (= Godefroy, J.) 2 vol. 1663 (Lugd. Batav.)

2. *Tekste met vertalings — Texts with translations*

(*a*) *Institutiones*
(i) Engels // English
Abdy J. T. & Walker B. Cambr. Un. Pr. (na 1874 // after 1874)
Sandars T. C. Longmans Green 1888^8
Moyle J. B. Oxford 1913^5
(vertaling in aparte band // translation in separate volume 1928^5)
Thomas J. A. C. Juta 1975
(ii) Nederlands // Dutch
Oltmans A. C. *De Instituten van Justinianus* (Tj. Willink 1946^2).
(iii) Frans // French
Hulot H. *Les Instituts de Justinien* (3 vol. Paris 1806)

(b) *Digesta*
Frans // French
Hulot, H. *Les Pandectes de Justinien* 35 vol. (Metz et Paris 1803–5)
(c) *Codex*
Frans // French
Tissot P-A. *Le Code de Justinien* 18 vol. (Metz 1807–10)
(d) *Novellae*
Frans // French
M. Berenger *Les Novelles de Justinien* 10 vol. (Metz 1807–1811)

3. *Vertalings van die Corpus Iuris Civilis as geheel (sonder Latynse teks) // Translations of the entire C.I.C. (without Latin text).*
(a) Engels // English
Scott S. P. *The Civil Law* 17 vols. in 8 (Cincinnati 1932)
(Die eerste band bevat ook voor-Justiniaanse tekste soos die XII Tafels; die Regulae van Ulpianus e.a.) // (The first volume includes some ante-Justinian texts, e.g. the XII Tables; the Regulae of Ulpian etc.)
(b) Duits // German
Otto C. E., Schilling B. & Sintenis C. F. F. *Das Corpus Iuris Civilis* ins Deutsche uebersetzt vol. I (1839); vol. 2–7 (1831–1833) Leipzig.

II ANDER TEKSTE // OTHER TEXTS
GAIUS; ULPIANUS; PAULUS)

I. *Latynse tekste sonder aantekeninge of vertaling — Latin texts without annotations or translations*

(a) Gai Institutionum libri quattuor — Die Institute van Gaius (4 boeke) — The Institutes of Gaius (4 books) ed. Krueger et Studemund (1923;[7] Berlin)
(b) Liber singularis: Ulpiani regulae ed. P. Krueger (1878; Berlin)
(c) Pauli Sententiarum libri quinque ed. P. Krueger (1878; Berlin).
Bostaande drie Latynse tekste van Krueger is saamgebind as Collectio Librorum Iuris Anteiustiniani (Weidmann, Berlyn 1923) // The above three Latin texts published by Krueger have appeared in a single volume as Collectio Librorum Iuris Anteiustiniani (Weidmann, Berlin 1923).
(d) Bonifatius VIII (papa) Regulae iuris 88, in Corpus Iuris Canonici (ed. A. L. Richter 1922 apud Tauchnitz Lipsiae; ed. A. Friedberg ibid. 1955) vol. II col. 1122–4.

2. *Latynse tekste met vertalings (en/of aantekeninge) // Latin texts with translations (and/or annotations)*

(a) Gai Institutionum libri quattuor:
ed. Poste E. (Eng.) Oxford 1904[4] (ed. E. A. Whittock)
Zulueta F. de (Eng.) 2 vol. Oxford 1946; 1952
Abdy J. T. & Walker B. (Eng.) C.U.P. 1874
Oltmans (Nederlands // Dutch) Tj. Willink 1958
Reinach, Julien (Fr.) Collection Budé (Paris 1950).
(b) Ulpiani regulae
ed. Daubanton A.G. in Le Trésor de l'ancienne Jurisprudence romaine, tome I (Metz 1811)
Abdy J. T. & Walker B. (uti supra)
(c) Pauli Sententiarum libri V
ed. Daubanton A. G. (supra) tome II (Metz 1811)
(d) Publilius Syrus: die Sprüche des P.S., Lateinisch–Deutsch, Heimeran-Verlag ed. Beckby, München 1969.

3. *Vertalings (sonder Latynse teks) // Translations (without Latin text).*
Vide Scott S. P. supra B I 3 a): vol. I:
(i) Gai *Institutiones* pp. 81–219
(ii) Ulpiani, *Regulae* pp. 223–255
(iii) Julii Pauli, *Sententiae* pp. 259–332.

C. LEKSIKA, KONKORDANSIES EN WOORDEBOEKE
(geraadpleeg om die herkoms van sitate vas te stel)

LEXICONS, CONCORDANCES AND DICTIONARIES
(consulted to determine the provenance of quotations)

1. Institute(s):
Ambrosino R. *Vocabularium Institutionum* (Milano 1942)
2. Codex Iustinianus:
Mayr R. *Vocabularium Codicis Iustiniani* 2 vol. (ed. 1923; Praag, reprografies // Prague, reprographic)
3. Vol. IV/2 qua-quousque (1987) col. 1365—1869.
Vocabularium Iurisprudentiae Romanae (voces e Digestis, Gaio, Pauli sententiis desumptae):
Vol. I A—C (Reimer, Berlin 1903)
II D—G (de Gruyter, Berlin 1933)
III 3 habeo — heres — ipse (1910)
4 ipse — ita (1910–1933)
5 ita — kaput (1978)
IV/2 nam — per (1914–1933)
V R—Z (de Gruyter, Berlin 1939)
4. Anna Maria Bartoletti Colombo: Lessico delle Novellae di Giustiniano
Vol. I A–D (Roma 1983).
5. Gai Institutiones:
Zanzucchi Vocabolario delle Istituzioni di Gaio (Torino, 1961)
6. Latynse Regswoordeboeke // Latin Law Dictionaries
(i) Bell's *S.A. Legal Dictionary (Milne et alii)* ed. 3; 1951[3]
(ii) Black H. C. *Black's Law Dictionary* (St. Paul Minnesota 1951[4])
(iii) Broom H. *Legal Maxims* 1939[10] ed. Kersley
(iv) Claassen C. J. *Dictionary of Legal Words and Phrases* 4 vol. (Butterworth; 1976–7)
(v) Fons, Victor *Aphorismes de droit* 1846[2] (Paris et Toulouse).
(vi) Heumann H.-Seckel E. *Handlexikon zu den Quellen des röm. Rechts* 1958[10] (Graz, Akademische u. Verlagsanstalt)
(vii) Van Lennep R. *De Romeinse Rechtsspreuken,* Leuven-Brussel (geen datum).
(viii) Fockema Andreae *Rechtsgeleerd Handwoordenboek* 1969[3] (van Gokkel W. en Algra N. E.).
(ix) Ankum J. A. en Hartkamp A. S. *Romeinsrechtelijk Handwoordenboek* (Tj. Willink 1973).
(x) Sisson J. J. L. *S.A. Judicial Dictionary* (1960)
(xi) Trayner J. *Latin Maxims and Phrases* (Edinb. 1894[4])
(xii) Spruit J. E. *Coniectanea Neerlandica Iuris Romani* (1974)
(xiii) Anoniem Handboekje van Latijnsche Spreekwoorden en Citaten (uitgewer W. J. Thieme, Zutphen; ?1920)

(xiv) Gokkel H. R. W. en Van der Wal N. *Juridisch Latijn* (Tjeenk Willink, Groningen 1971)
(xv) Fumagalli G. *L'Ape Latina* (Hoepli, Milano, 1955[2])
(xvi) Jones H. P. *Dictionary of Foreign Phrases and Classical Quotations,* (J. Grant, Edinburgh, 1929).
(xvii) C. Meissner *Latin Phrase-Book,* trl. H. W. Auden, London MacMillan (1956), sect. XII–XVI.
(xviii) Benham W. G. *Cassell's Book of Quotations,* London (1907) pp. 483–712.
(xix) *Tydskrif van die S.A. Reg* 1990—4.

OPERIS PARS SECUNDA

ADAGIA PROVERBIA LOCUTIONES CITATIONES

A

a bove maiore discit arare minor (Ned.) *zo de ouden zongen, zo piepen de jongen // as the old cock crows, the young cock learns.*

a contrario (vide infra s.v. **argumentum**) *by wyse van teenstelling // by way of contrast; in the opposite sense.*

a facto ad ius non datur consequentia *die feitlike skep geen reg nie* (lett. van die feit geen afleiding na die reg nie) // *from the factual no conclusion lies to a right.*

a fortiori *des te meer; des te sterker // all the more; with stronger reason; more conclusively.*

a limine *van die begin af // from the start.*

a mensa et toro (sic), **(separatio)** — — *(skeiding) van tafel en bed; geregtelike skeiding // (separation) from bed and board; judicial separation.*

a momento ad momentum *van oomblik tot oomblik // from moment to moment.*

a natura ipsius rei *uit die aard van die saak as sodanig* (het betrekking op die leerstelling dat dit wat uit die aard van 'n saak daarby tuishoort of daarmee saamgaan of daarby gebruiklik is, ook daarby inbegrepe word) // *from the nature of the thing as such* (refers to the tenet that whatever from its very nature belongs to, goes or is customary with a thing, is regarded as being included with it).

a pedibus usque ad caput (Hieronymus; Augustinus) vide infra s.v. *ab unguibus*).

a posse ad esse *van die moontlikheid tot die werklikheid // from potentiality to realisation.*

a posteriori *van agterna besien (gesien); induktief geredeneer, uit ondervinding en nie op grond van aksiomas nie // (reasoning) from effects to causes; empirical, inductive reasoning.*

a priori *deduktief; (redenering) van oorsake na gevolge, of van stellings (aanvaarde aksiomas) en nie uit ondervinding nie // deductive(ly); (reasoning) from causes to effects, or from assumed axioms, and not from experience.*

a quo *waarvandaan; van waar // whence; from which.*

a re publica deficere *die staatsbelang verraai // to betray the interests of the state.*

a tempore morae *vanaf die tydstip wanneer die skuldenaar in gebreke is; vanaf die tydstip van wanbetaling // from the moment the debtor is in default.*

a verbis legis non recedendum est (cf. infra s.v. **verbis legis**) *van die uitdruklike woorde van die wet moet daar nie afgewyk word nie // the express words of the statute should not be departed from.*

a vinculo matrimonii *(los) van die huweliksband // from the bond of wedlock (*or *matrimony).*

ab abusu ad usum non valet consequentia (vide infra s.v. **abusus non tollit**) *van misbruik na gebruik is geen geldige gevolgtrekking moontlik nie; die misbruik van 'n saak is geen argument teen die (juiste) gebruik daarvan nie // abuse (misuse) of a thing does not invalidate its (correct) use.*

ab actu ad posse valet illatio *van 'n gebeure is daar 'n geldige afleiding na die moontlikheid* (van 'n herhaling) // *from what has happened once we may infer what may happen.*

ab honesto virum bonum nihil deterret (Sen.) *van die eerbare (weg) skrik niks 'n goeie man af nie // nothing deters a good man from (the path of) honour.*

ab imo pectore *van ganser harte; volkome opreg // in all sincerity.*

ab initio (Gai. 2.123; Inst. 2.8.1) *van meet af aan, van die begin af, uit die staanspoor // from the beginning/the start.*

ab integro = de integro (infra).

ab interitu alqm. vindicare *iem. van ondergang red // to rescue s.o. from destruction.*

ab intestato *van iemand wat sonder geldige testament te sterwe kom // of a person dying without a valid will; intestate.*

ab irae impetu *in 'n opwelling van woede; in 'n woedebui, -vlaag // in a fit of rage.*

ab ovo (Hor. sat. 1.3.6: lett. 'van die eier af', die eerste gereg van die Romeinse maaltyd) *van die begin af; van meet af aan; uit die staanspoor* // (lit. 'from the egg', the first dish at a Roman meal) *from the beginning.*

ab unguibus ad verticem *van kop tot tone // from top to toe.*

ab uno disce omnes (Verg. Aen. 2.65–6) *leer (hulle) almal van een (voorbeeld) ken // from a single (instance) learn (the character of them) all.*

abdicare *opgee, afstand doen van // give up, disown, reject;* **filium** — *sy seun verstoot, verwerp, onterf // renounce, disinherit one's son;* **se magistratu** — *abdikeer* (absol.); *van 'n amp afstand doen // abdicate an office.*

aberratio ictus (cf. THRHR XL (1977) p. 210; et infra s.v. **error in obiecto**) *afdwaling, misslag (afwyking, wegswenking) van die slag; verdwaalde trefhou* (waardeur die dader iets of iemand anders tref as wat hy bedoel het; *nie 'afskramming' nie* want die beoogde doel word nie skrams getref nie) // *misdirection of the blow; ill-aimed (or inadvertent) blow, mishit* (hitting the wrong mark, not the person or object aimed at; the meaning is *not 'a glancing blow'*).

aboleo (2) -evi -itum *uitwis, tenietdoen, verdelg // destroy, efface, abolish;* — **legem** *'n wet ophef, afskaf // repeal, abrogate a law.*

abolitio -onis f. *uitwissing; delging; afskaffing, opheffing // destruction, abolition; repeal, abrogation.*

abrogare (legem) *('n wet) afskaf, ophef, herroep // abrogate, repeal, annul (a law):* **derogatur legi, cum pars detrahitur; abrogatur cum prorsus tollitur** (Modestinus: Dig. 50.16.102) *daar word aan 'n wet gederogeer (gewysig) wanneer 'n gedeelte daarvan weggeneem word; dit word geabrogeer (afgeskaf) wanneer dit in sy geheel opgehef word // a law is derogated when part of it is struck out; it is abrogated when it is entirely repealed.*

abrogatio -onis f, *afskaffing, opheffing* (van wette/verdrae) // *abolition, abrogation* (of laws/treaties).

absente adversario (Gai. 4.29) *in die afwesigheid van die teenparty/by verstek // by default.*

absente reo *in die afwesigheid van die beskuldigde // in the absence of the accused.*

absens heres non erit (anon.) *uit die oog uit die hart // out of sight out of mind* (lit. the absent will not be heir).

absentem laedit cum ebrio qui litigat (Publ. Syr. A. 12) *wie met 'n dronke stry, veronreg 'n afwesige // he who quarrels with a drunkard is doing an injustice to an absent person.*

absentia eius, qui rei publicae causa abest, neque ei neque alii damnosa esse debet (Ulp.: Dig. 50.17.140) *die afwesigheid van iemand wat in die belang van die staat afwesig is behoort nòg hom nòg 'n ander te benadeel // the absence of someone who is absent in the interest of the state should prejudice neither him nor another.*

absentia, in — *in (sy) afwesigheid; by verstek // in (one's) absence; by default.*

absit invidia verbo *moenie die woord verkwalik nie // pardon the word!*

absit omen! *voorspooksels daargelaat! dit sy verre!* (afwending van 'n ongunstige voorteken) // *may the omen be averted! may no portent of evil accompany my words!*

absolutio -onis f. *vryspraak; vryspreking; onskuldigverklaring // acquittal.* — **ab actione** *afwysing van die eis* (finaal; op saaklike grond) // *dismissal of suit* (final, on material grounds). — **ab instantia** (v.d. Keessel MS. p. 1346 vol. IV p. 486) *absolusie van die instansie; voorlopige afwysing van die eis* (weens onvoldoende bewysvoering) // *absolution from the instance; provisional dismissal of suit* (because of insufficient proof).

absolvo (3) -solvi -solutum (anton. **condemnare**) *losmaak, bevry; vryspreek; voltooi // free, absolve; complete.*

abstinere se ab hereditate (Gai. 2.158 = Inst. 2.19.2 ad f.) *van die nalatenskap afsien // abstain from the succession.*

absumo (3) -sumpsi -sumptum *verbruik; (geld) uitgee, bestee // consume; spend (money).*

abundans cautela non nocet (cf. Cod. 6.23.17) *oordrewe versigtigheid skaad nie // excessive caution does no harm.*

abundare bonis/divitiis/facultatibus *skatryk wees // be very wealthy.*

abusivē (cf. infra s.v. **per abusionem**) adv. *nie behoorlik nie // not properly.*

abusus -sus m. (a) (cf. Ulp.; Dig. 7.8.12.1: **scilicet non usque ad abusum**) *misbruik; verkeerde aanwending // abuse; misuse; perversion* (of a thing). (b) (cf. Ulp.; Dig. 7.5.5.1 et 2: **res quae in abusu consistunt**) *verbruik, vertering // consumption, use of fungibles.*

abusus non tollit usum (incerti auctoris; cf. supra s.v. **ab abusu ad usum**) *misbruik skakel die (regte) aanwending nie uit nie // misuse (of a thing) does not stultify (preclude, rule out) its (proper) use.*

abusus optimi pessimus (anon.) *die misbruik van die beste is die slegste* (die beste voorwerp of instelling ontaard die ergste a.g.v. misbruik) // *abuse (misuse) of the best is the worst* (the best thing or institution is harmed most by misuse).

accedere ad negotium (Gai. 4.84) *tot die regshandeling toetree // come into the case.*

acceptilatio -onis f. (Inst. 3.29.1) *kwytskelding van 'n skuld* (formeel mondeling deur die skuldeiser verleen) // a formal (oral) *release or discharge of a debt* (by the creditor).

accessio -onis f. (Inst. 2.1.26) *natrekking; bysaak; aanwas // accession; increase; addition; accessory (thing);* — **possessionis** (by verjaring) *byvoeging van besitstermyne van voorgangers in titel* // (in the case of (prescription) *addition of periods of possession by predecessors in title.*

accessio cedit (rei) principali (Ulp.: Dig. 34.2.19.13 f.; cf. infra s.v. **accessorium naturam; fructus pendentes; res accessoria**) *die bysaak volg die hoofsaak // the accessory follows the principal thing.*

accessorium -ii n. *die bykomstige; aanhangsel; // accessory element.*

accessorium naturam sequi congruit principalis (Bonif. VIII reg. xlii) *dis gepas dat die bysaak die aard van die hoofsaak volg // it is suitable that the accessory should follow the nature of the principal thing.*

accidentalia n.pl. **(negotii)** *bykomstige bestanddele* (van 'n kontrak), *toevallighede // non-essential (contingent* or *incidental) elements* or *components* (of a contract).

accidit aliquando, ut qui dominus sit alienandae rei potestatem non habeat, et qui dominus non sit alienare possit (Gai. 2.62; Inst. 2.8 pr.) *soms gebeur dit dat hy wat eienaar is nie die bevoegdheid het om 'n saak te vervreem nie en dat hy wat nie eienaar is nie (dit) wel kan vervreem // it sometimes happens that he who is owner has not the power of alienating a thing, and that he who is not owner can alienate.*

accipere: iudicium (Gai. 4.102 = Inst. 4.11.1) *as verweerder optree // defend the action;* satis — (Gai. 3.123, 125) *sekerheidstelling aanvaar // secure oneself.*

accipere quam facere iniuriam praestat (Cic. Tusc. 5.19.56; cf. infra s.v. **miserius est**) *dis beter om onreg te ly as om dit te pleeg // it is preferable to suffer injustice rather than to commit it.*

accrescendi ius *reg van aanwas // right of accretion.*

accusare nemo se debet *niemand hoef homself te beskuldig nie // no one is obliged* (or *bound*) *to accuse himself.*

accusatio suspecti tutoris (cf. Inst. 1.26; Dig. 26.10) *aanklag van 'n verdagte voog te wees // accusation of being a suspected tutor (guardian).*

acerrima proximorum odia sunt (Tac. hist. 4.70) *die haatgevoelens van 'n mens se naaste bloedverwante is die felste // the hatred of one's nearest kin is most grievous to endure.*

Achates: fidus — (Verg. Aen. 1.120) *troue boesemvriend // bosom friend.*

ac-quiro (3) -quisivi -quisitum (Inst. 2.19.4 ad f.) *verkry, verwerf // acquire, obtain, procure.*

acquisitio -onis f. (Inst. 2.7 pr.) (eiendoms) *verkryging // acquisition* (of ownership).

(1) **acta iure gestionis** et (2) **acta iure imperii** distinguenda sunt ac secernenda (SALR 1975 (4) 403) (1) *'handelstransaksies van regspersone in staatsbesit'* val te onderskei van (2) *'handelinge in die uitoefening van soewereine magte uitgevoer'* // (1) *'commercial transactions by State-owned corporations'* are to be distinguished from (2) *'acts done in the exercise of sovereign powers'.*

acta simulata . . . veritatis substantiam mutare non possunt (Cod 4.22.2; an. 294) *gehuigelde handelinge kan die wese van die waarheid nie aantas nie // fictitious* (or *simulated*) *acts cannot alter the truth.*

actio -onis f. *aksie; eis; hofsaak; regsgeding; (regs)vordering // action; claim; lawsuit.*

I. SOORTE AKSIES — DIFFERENT CLASSES OF ACTION. **actio directa** (sive **legitima**) *direkte* of *regstreekse aksie* (volgens die woorde en strekking van 'n wet of van die erkende reg) // *direct action* (flowing from the words and tenor of a statute or of manifest and established law).

— **in rem** *saaklike aksie // real action.*

— **perpetua** *voortdurende, altyddurende aksie* (nie deur 'n verjaringstermyn beperk nie) // *perpetual action* (not limited by any period of prescription).

— **personalis** *persoonlike aksie // personal action.* — **temporalis** *tydelike (tydgebonde) aksie* (deur 'n verjaringstermyn beperk) // *temporal action* (limited by a period of prescription); — **utilis** (**actioni directae opponitur**; 'derived in this sense' ait Austin, *Lectures on Jurisprudence. lect. 35 vol. II p. 621 (1879), 'from* **uti** the adverb not **uti** the verb'; quod vix est credendum). Austin beweer dat **utilis** hier nie van die ww. **uti** 'om te gebruik' afgelei is nie maar van **uti = ut** 'soos'; dis etimologies heeltemal onaanneemlik: b.nwe. op **-ilis** word altyd van werkwoordstamme afgelei, bv. **facilis, mobilis, probabilis,** nooit van 'n bywoord nie // Austin would derive **utilis** here not from the verb **uti** 'use', 'apply' but from the adverb **uti = ut** 'as', an entirely unacceptable etymology: adjectives ending in **-ilis** are invariably derived from verbal stems e.g. **facilis, mobilis, probabilis,** never from adverbs. Die **actio utilis** (in teenstelling met die **actio directa**) is uit billikheidsgronde deur die praetor ingestel waar die **ius civile** geen aksie voorsien het nie; dit was dikwels analoog met 'n aksie uit die **ius civile:** *billikheidsaksie; aangepaste, analoë* of *gewysigde aksie* // (the **actio utilis**, as distinguished from the **actio directa**, was from motives of equity introduced by the praetor when the **ius civile** had not provided for an action; yet it was often analogous to an existing action of the **ius civile**:) *equitable action; a modified, adapted, adjusted* or *analogous action.*

II. Besondere aksies — specific actions. Daar word gewoonlik met hulle Latynse name na die volgende aksies verwys. Ons bied beskrywinge (of omskrywinge) eerder as vertalinge van hulle name. Hulle kom in die S.A. hofverslae voor (vgl. Bell's *S.A. Legal Dictionary* en Claassen, *Dict. of Legal Words and Phrases*) s.v. // The following actions are usually referred to by their Latin names. We offer descriptions (or definitions) rather than translations of them. They figure in S.A. law reports (see Bell's *S.A. Legal Dictionary* or Claassen's *Dict. of Legal Words and Phrases*) s.v. — **ad exhibendum** aksie vir die vertoning van sake (eiendom) // action for the production of property. — **aestimatoria** (i.q. — **quanti minoris**) aksie vir die vermindering van die koopprys // action for the reduction of the purchase price. — **aquae pluviae arcendae** aksie om die belemmering van die natuurlike vloei van reënwater deur 'n buurman stop te sit // action for the removal of obstructions erected by a neighbour to impede the natural flow of rain-water. — **auctoritatis** aksie i.v.m. die breuk van waarborg by koop // action following a breach of warranty in connection with a sale. — **calumniae** aksie om skadevergoeding vir kwaadwillige vervolging // action for damages for malicious prosecution. — **commodati** *aksie uit bruikleen // action upon loan for use.* — — **directa** aksie van die uitlener // action of the lender. — — **contraria** aksie van die bruikleennemer // action of the borrower. — **communi dividundo** *verdelingsaksie* tussen mede-eienaars // *action for* the *division* of joint property. — **conducti** *huuraksie* van die huurder teen die verhuurder (vir nakoming van die kontrak) // *action of hiring,* instituted by the lessee against the lessor (to enforce performance of the contract). — **de constituta pecunia** aksie om die beloofde betaling van 'n geldsom af te dwing // action to enforce the payment of money by a person who has undertaken to discharge the liability. — **de effusis vel deiectis** aksie vir vergoeding van skade veroorsaak deur die uitgiet van vloeistowwe of die uitgooi van vaste voorwerpe uit 'n huis aan die straat; die eienaar moet die dubbele van die skade vergoed // action for damages resulting from liquids poured out or solid objects flung from a house abutting a road; the owner of the house is liable for double damages. — **de in rem verso** 'n aksie wat uit die billikheidsreg spruit en teen verryking gemik is // action founded on equity forbidding enrichment at the cost of one's neighbour. — **de pastu** weidingsaksie (uit die XII Tafels) vir skade veroorsaak deurdat my buurman se beeste my weiding verteer het // action (from the XII Tables) for damages resulting from the consumption of my pasture by my neighbour's cattle. — **de pauperie** (vide infra s.v. **pauperies**). — **de recepto** aksie teen 'n herbergier (hotelhouer) vir die terugbesorging van diere en goedere aan sy sorg toevertrou // action against an innkeeper for the return of animals and property left with him for safe-keeping. — **de tigno (in)iuncto** indien die eienaar op sy eie grond met die materiaal van 'n ander bou, is hy teenoor die eienaar van die materiaal aanspreeklik // a person building on his own ground with the materials of another, is liable to the latter. — **depositi** *aksie uit 'n ooreenkoms van bewaargewing // action upon deposit (bailment).*

— **doli** *aksie weens bedrog // action upon* (resulting from) *fraud.* — **ex empto (vel empti)** *koopaksie,* deur die koper teen die verkoper ingestel om nakoming van die koopkontrak of skadevergoeding // *action upon the purchaser,* brought by the purchaser against the seller to enforce performance of the contract of sale or to claim damages. — **ex stipulatu** *aksie uit stipulasie,* by ontbinding van die huwelik deur die vrou ingestel om die bruidskat terug te vorder // *action arising from a stipulation,* brought by the wife for the return of the dowry upon dissolution of the marriage. — **exercitoria** (Inst. 4.7.1) aksie uit die redery (waarmee die skeepsreder aangespreek word op 'n kontrak van die kaptein wat hy in bevel van die skip geplaas het) // action by which the shipowner is sued on a contract concluded by the captain whom he has put in command of the vessel. — **familiae erciscundae** *aksie vir verdeling van 'n erfenis // action for the division of an inheritance.* — **finium regundorum** *aksie vir grensbepaling // action for the declaration of boundaries.* — **furti** *diefstalsaksie // action for theft.* — **hypothecaria** aksie uit verband, verbandsaksie (waardeur die verbandnemer of -houer sy regte afdwing) // action on mortgage (by which the mortgagee enforces his rights). — **iniuriarum** *aksie weens persoonlikheidskrenking // action resulting from derogation of personality.* — **institoria** indien die eienaar A vir B as sy sakebestuurder **(institor)** aangestel het, word A gebind deur kontrakte wat B i.v.m. die onderneming aangaan; A word met hierdie aksie aangespreek // an action given against the owner A who had appointed B as **institor** (manager) to manage his business or shop, in order to enforce liabilities incurred by B as manager of the business.

actio legis Aquiliae = *Aquiliese aksie // Aquilian action;* — **locati** *aksie van die verhuurder* teen die huurder om die huurkontrak af te dwing // *action brought by the lessor* against the lessee to enforce the contract of hire. — **mandati** *aksie uit lasgewing // action on mandate.* — **negatoria** aksie waarmee die eienaar 'ontken' dat sy erf aan 'n beweerde serwituut onderhewig is en 'n verklaring in dier voege eis // action by which the owner of property claims a declaration 'denying' that such property is subject to an alleged servitude. — **negotiorum gestorum** *aksie uit hoofde van saakwaarneming* ('n kwasi-kontrak); dit word deur die saakwaarnemer ingestel // *action resulting from the (unauthorized) management of the affairs of another* (a quasi-contract) and brought by the **negotiorum gestor** ('meddler'). — **Pauliana (per quam quae in fraudem creditorum alienata sunt revocantur):** Dig. 22.1.38.4; cf. etiam tit. Dig 42.8 *'deur middel waarvan eiendom wat ter benadeling van die skuldeisers vervreem is, teruggevorder word' // 'by means of which property which has been disposed of for the purpose of defrauding the creditors, is recovered'.* **actio rei persecutoria** (cf. infra III Adagia s.v. **'actionis' verbo**) *aksie vir die verhaal van eiser se eiendom // action for the recovery of plaintiff's property.* — **pigneraticia** (i) **directa** *pandaksie* ten gunste van die pandgewer wat sy skuld gedelg het en sy pand terugvorder // *action upon pledge,* lies in favour of the debtor (pledgor) who has discharged his debt and is claiming redelivery of the property pledged. — — (ii) **contraria** *pandaksie* ten gunste van die skuldeiser vir skadevergoeding teen die skuldenaar // *action upon pledge,* lies in favour of the creditor (pledgee) against the debtor (pledgor) for indemnity. — **praescriptis verbis (in factum)** aksie uit hoofde van 'n onbenoemde (innominate) kontrak // action resulting from an innominate contract. — **pro socio** *aksie uit vennootskap* (van die een vennoot teen die ander) // *action upon partnership* (of one partner against the other). — **Publiciana (in rem)** (Sohm, *Institutes of Rom. Law* p. 328) 'n saaklike aksie vir die terugvordering van 'n saak waarvan die usucapiens die besit verloor het voordat hy pretoriese eiendomsreg d.m.v. verjaring verkry het; die aksie berus op 'n fiksie van die praetor dat die *usucapio* reeds tot stand gekom het // a real action lying in favour of an unsucapiens even before his *usucapio* was complete; it was granted by the praetor on a fiction that the plaintiff's period of *usucapio* was already complete when he lost possession of the thing; he thus obtained praetorian ownership through prescription. — **quanti minoris** i.q. — **aestimatoria** supra, q.v. — **quod iussu** waarmee die skuldeiser van die vader betaling van 'n bedrag eis uit hoofde van 'n kontrak deur 'n (minderjarige) seun met magtiging van die vader gesluit // an action given to the creditor who has contracted with the (minor) son on the authority of the father. — **redhibitoria** aksie vir tenietdoening van 'n koop: *redhibitoriese aksie* // an action to cancel a sale; for the rescission of a sale (purchase); *redhibitory action.* **actio rei persecutoria** (cf. infra s.v. **actionis verbo**) *aksie vir die verhaal van eiendom // action for the recovery of the plaintiff's property.* — **tributoria** aksie waarmee 'n skuldeiser teen die **peculium** van 'n slaaf (of **filius**) optree waar dié met die medewete van die **dominus** (of **paterfamilias**) met sy **peculium** handel gedryf het // action lying in favour of creditors against the **peculium** of a slave (or **filius**) who, to the knowledge of his **dominus** (or **paterfamilias**), has traded with his **peculium**. — **tutelae** (i) **directa** *aksie uit voogdy,* kom die pupil (bevoogde) toe om van die voog rekenskap te eis // *action from guardianship,* in favour of the ward, to obtain an account of the guardian's administration. — — (ii) **contraria** *aksie uit voogdy*, kom die voog toe om van die pupil vergoeding vir uitgawes te eis // action *arising from guardianship,* in favour of the guardian, to claim indemnity for expenses from the ward. Albei hierdie aksies word na beëindiging van die voogdy beskikbaar. // Both of these actions are available upon termination of the guardianship. — **venditi** (vel — **ex vendito**) aksie waarmee die verkoper die koopsom eis // action by which the vendor (seller) is entitled to claim the purchase-price.

actio libera in causa die leerstuk dat die dader wat hom opsetlik in 'n toestand van ontoerekenbaarheid plaas om in daardie toestand 'n misdaad te pleeg, as ten volle aanspreeklik geld. // the doctrine that the perperator of a deed, who of set purpose renders himself criminally irresponsible in order to commit a crime while in that state, is deemed to be fully responsible.

III. ADAGIA

actio nihil aliud est, quam ius persequendi iudicio quod sibi debetur (Inst. 4.6 pr.; cf. Dig. 44.7.51) *'n aksie is niks anders nie as die bevoegdheid om d.m.v. hofprosedure 'n eis af te dwing vir dit wat aan jou verskuldig is // an action is nothing but the right to enforce a claim in court for what is owing to one.*

actio personalis moritur cum persona (adagium iam, ut videtur, a. 1479 citatum (Broom)) *'n persoonlike aksie gaan met die persoon tot niet // a personal action dies with the person.*

actiones transeunt ad heredes et in heredes (at cf. Inst. 4.12.1; Dig. 44.7.26) *aksies gaan na die erfgename oor, vir hul voordeel sowel as hul nadeel // actions pass to the heirs, in their favour as well as to their prejudice.*

'actionis' verbo etiam persecutio continetur (Paulus: Dig. 50.16.34) *by die begrip 'aksie' word ook die agtervolging of verhaal van eiendom inbegryp // the term 'action' also includes the recovery of property.*

activa (n. pl.) *bates, besittinge // assets, possessions.*

actor est qui desiderat aut exhiberi aut restitui (Gai. 4.157 = Inst. 4.15.7) *eiser is (die party) wat daarop aandring dat (iets) uitgelewer of dat iemand in die besit herstel moet word // he who demands restitution or production is plaintiff.*

actor sequitur forum rei (Cod. 3.13.2 (an. 293); 3.19.3 (an. 385)) *die eiser moet sy aksie in die hof van die verweerder instel // the plaintiff follows* (i.e. must institute proceedings in) *the court of the defendant* (the court of the defendant's domicile).

actore non probante reus absolvitur (cf. Cod. 2.1.4 (an. 212)) *as die eiser die bewys skuldig bly, word die verweerder vrygespreek // if the plaintiff fails in his proof, the defendant is absolved.*

actori incumbit probatio (vel **onus probandi**) (cf. infra s.v. (i) **ei incumbit** (ii) **factum negantis**) *die bewyslas rus op die eiser // the onus of proof is on the plaintiff.*

actum ne agas (Ter. Phormio 419; cf infra s.v. **bis de eadem**) *moenie 'n verhoorde saak (weer) verhoor nie; die saak is afgehandel; die kalf is verdronke; die koeël is deur die kerk // do not try a suit already decided; do not debate a closed question; do not fight battles over again.*

actus -us m. (i) *handeling* (ii) *dryfreg* (serwituut) // (i) *act* (ii) *servitude: right to drive cattle or a carriage* across a servient tenement. — **contrarius** *teenoorgestelde (regs-) handeling // the contrary act;* — **legitimus** *regshandeling // legal act.*

actus curiae nemini nocet *'n handeling van die hof benadeel niemand nie // an act of the court prejudices no one;* i.q. **actus legis nemini est damnosus** *die werking/gelding van die reg skaad niemand // the operation of the law prejudices nobody;* (cf. actus Dei nemini facit iniuriam).

actus me invito factus non est meus *'n handeling teen my sin* (deur my) *verrig is nie my handeling nie // an act performed* (by me) *against my will is not my act.*

actus non facit reum nisi mens sit rea (vide infra s.v. **mens rea**) *die handeling is geen misdaad nie tensy die dader van die wederregtelikheid bewus was // the act does not render the perpetrator culpable (criminally responsible) unless he was conscious of its illegality.*

actus reus *die handelingselement in 'n misdaad*

(teenoor die geesteselement) // *element of action in a crime* (as distinct from the mental component).

acu tetigisti (Plaut. Rud. 1306) *jy het die spyker op die kop geslaan // you have hit the nail on the head.*

ad absurdum (vide infra s.v. **reductio**).

ad amussim *noukeurig; presies; nommer pas // precisely; exactly.*

ad arbitrium iudicis *onderworpe aan die goeddunke van die hof; in die diskresie* (of *vrye oordeel*) *van die hof // subject to the discretion of the court.*

ad confirmandam iurisdictionem *(beslaglegging) vir die bekragtiging van die jurisdiksie van 'n andersins bevoegde hof // (attachment) for the confirmation of the jurisdiction of an otherwise competent court.*

ad damnum adderetur iniuria (Cic. pro Tull. 17.41) (sodoende) *sou daar nog 'n belediging by die skade kom // that would be adding insult to injury.*

ad ea potius debet aptari ius, quae èt frequenter èt facile, quam quae perraro eveniunt (Celsus: Dig. 1.3.5; cf. infra s.v. (i) **ex his quae forte** (ii) **quod enim semel;** et locos ibi citatos) *die reg behoort eerder op dié gebeurlikhede ingestel te word wat hulle dikwels en geredelik voordoen as op dié wat uiters selde voorkom // the law ought to be adapted to events which frequently and readily occur, rather than to such as but rarely happen.*

ad exemplum trahi (Dig. 1.4.1.2; Inst. 2.10.10) *as presedente aangewend word // to be employed as precedent(s).*

ad factum praestandum (bevel) *tot verrigting van 'n handeling //* (order) *to perform an act.*

ad fundandam iurisdictionem *(beslaglegging) vir die vestiging van jurisdiksie by 'n hof wat anders geen jurisdiksie sou hê nie // (attachment) to found jurisdiction in a court which would otherwise not have jurisdiction.*

ad hoc *vir hierdie doel; vir 'n bepaalde geleentheid // for a specific occasion; for the present purpose.*

ad hominem *wat op die persoon betrekking het; rakende die persoon // relating to the person;* **argumentum — —** *'n argument teen die persoon gerig* (in teenstelling met **ad rem** ter sake) *// an argument directed against the person* (as distinct from **ad rem** *relevant, to the point*).

ad idem *eensgesind; eenstemmig; van eenderse sienswyse // of one mind; unanimous;* (to be) *agreed* (as to).

ad impossibile nemo tenetur vide infra s.v. (i) **impossibilium nulla;** (ii) **nemo potest ad;** (iii) **nemo tenetur ad**.

ad infinitum *tot in die oneindige // without limit; for ever; indefinitely.*

ad interim *voorlopig // provisional(ly).*

ad iura renuntiata non datur regressus (cf. infra s.v. **remittentibus actiones**) *geen verhaalsreg word verleen t.a.v. regte waarvan daar (eenmaal) afstand gedoen is nie // no recourse is granted to rights (once) renounced (given up).*

ad Kalendas Graecas (Sueton. Aug. 87) *nooit* (Kalendae was 'n suiwer **Romeinse** term); *as die perde horings kry // never* (Kalendae was a purely **Roman** term).

ad libitum *na believe // at pleasure.*

ad litem *vir, met die oog op die geding // for the purposes of the (pending) suit.*

ad litteram *letterlik // literally.*

ad mandatum *soos gelas; soos beveel // as commissioned.*

ad medium filum fluminis *tot die middel van die rivier(stroom) // as far as the central line* (or *middle*) *of the stream.*

ad nauseam *tot walgens toe // to a disgusting extent.*

ad oculos *aanskoulik* (demonstreer) *// clearly; realistically.*

ad ostentationem *vir die vertoon // for display.*

ad paenitentiam properat, cito qui iudicat (Publ. Syr. A. 32) *oorhaastige oordeel lei spoedig tot berou // hurried judgment soon leads to remorse.*

ad pecuniam solvendam (bevel) *tot betaling van geld //* (order) *for the payment of money.*

ad pias causas (i.q. **ad pios usus**) *met liefdadige doel* (het gewoonlik betrekking op 'n stigting) *// for charitable purposes* (1946 AD 311); *for the sake of charity* (usually found in connection with a foundation).

ad praesens ova cras pullis sunt meliora (anon.) *liewer eiers vandag as henne môre // eggs today rather than chickens tomorrow* (i.e. bird in hand).

ad pristinum statum i.q. [restitutio] **in integrum** q.v.

ad quem *tot wanneer; waartoe // to which; till which;* **dies ad quem** *datum tot wanneer 'n toestand bestaan* (in teenstelling met **a quo**) *// date until which a situation obtains* as against **a quo**).

ad rem *ter sake; op die meriete* (in teenstelling met **ad hominem** of **ad personam**) *// to* *the point; on the merits* (as against **ad hominem** or **ad personam**).

ad unguem (Hor. serm. 1.5.32) *haarfyn, presies* (bw.) // *to a nicety, perfectly, to a T.*

ad unum omnes *almal* tot die heel laaste een) // *everyone.*

ad usum proprium *vir persoonlike (eie) gebruik // for personal (private) use.*

ad usum publicum *tot nut van die algemeen; tot die algemene nut // for the benefit of the community.*

ad valorem *na gelang van die* (geskatte) *waarde* (van die goed) // *in proportion to the* (estimated) *value* (of the goods).

ad valvas curiae *aan die deur van die hofgehou* (vorm van vervangende betekening van prosesstukke) // *on the door of the court building* (a substituted service of process).

ad verbum *woordelik; woord vir woord* (vertaal) // *verbally* (translated).

ad vitam aut culpam *lewenslank of tot hy hom misdra (wangedra) // for life or until he misconducts himself.*

adagium (pl. **-ia**) *regspreuk(e) // legal maxim(s).*

addenda *toevoegsels // additions, supplements.*

addictio in diem (vide infra s.v. **in diem addictio**).

adhibenda est in iocando moderatio (Cic.) de orat. 2.59) *by grappe moet daar perke wees // a limit should be observed in joking.*

adhuc sub iudice lis est (Hor. Ars Poet. 78) *die saak (geding) is nog hangende (nie uitgemaak nie); in regterlike oorweging // the matter is still undecided (under consideration).*

adiectus solutionis gratia (vel **causa**) *'n derde aan wie die skuldenaar mag betaal // third party to whom the debtor may make payment.*

aditio -onis f. *adiëring, aanvaarding* (van erfenis) // *acceptance* (of inheritance).

adiudicatio -onis f. *toewysing, toesegging, toekenning // award, adjudication.*

adminiculum -i n. *hulpmiddel, steun // support.*

adiutor -oris m. *helper.*

administratio iustitiae *regsbedeling // dispensation of justice, judicial administration.*

adoptio . . . naturam imitatur, et pro monstro est, ut maior sit filius quam pater (Inst. 1.11.4) *aanneming (adopsie) boots die natuur na en dis gedrogtelik dat die seun ouer as die vader sou wees // adoption imitates nature and it is monstrous that a son should be older than his father.*

adpromissor *bykomende skuldenaar; borg // additional debtor; guarantor, surety.*

adrogatio -onis f. (I.R.) *'n vorm van aanneming of adopsie* (van 'n persoon **sui iuris**) // *form of adoption* (of a person **sui iuris**).

adscendentes (vide infra s.v. **ascendentes**).

adstipulator -oris m. *medeskuldeiser // joint creditor.*

adulter -eri m.; adultera -ae f. *egbreker; egbreekster // adulterer; adulteress.*

adulterini *owerspelige kinders; kinders uit owerspel gebore // adulterine offspring; bastards.*

adulterium -ii n. *owerspel; egbreuk // adultery:* **inter 'stuprum' et 'adulterium' hoc interesse quidam putant, quod adulterium in nuptam, stuprum in viduam committitur** (Modest.: Dig. 50.16.101 pr.) *sommige (juriste) meen dat die verskil tussen 'stuprum' en 'adulterium' daarin lê dat 'adulterium' teen 'n getroude vrou gepleeg word en 'stuprum' teen 'n onverbonde vrou* (weduwee of ongetroude) // *some (jurists) are of opinion that 'stuprum' and 'adulterium' differ in this that 'adulterium' is committed against a married and 'stuprum' against an unattached woman* (widow or unmarried).

adversarius -ii m. *teenparty // adversary // opponent.*

adversus fiscum usucapio non procedit (Modest.: Dig. 41.3.18) *teen die skatkis loop verjaring nie // against the treasury prescription does not run.*

adversus infitiantem lis crescit in duplum (cf. Cic. de off. 3.16.65: infra s.v. **quae (vitia) qui**) *die gedaagde wat ontken (dat hy aanspreeklik is) word tot die dubbele (skadevergoeding) veroordeel // the defendant who denies (liability) is mulcted in double the amount (of damages).*

adversus periculum naturalis ratio permittit se defendere (Gaius: Dig. 9.2.4 pr.; cf. infra s.v. (i) **eum qui;** (ii) **si quemcumque;** (iii) **vim vi defendere;** (iv) **vim vi repellere;** et (v) Cic. pro Milone parr. 7–10) *die natuurlike rede veroorloof dat die mens hom teen gevaar verweer (veroorloof noodweer) // natural reason allows man to defend himself against danger (countenances self-defence).*

aedificium solo cedit (vide infra s.v. (i) **solo cedere solent** (ii) **superficies;** Gaius 2.73) (iii) infra s.v. **quicquid inaedificatur**.

aedilicius -a -um *van die aediles, aedilisies* (nie **aedilies** nie) // of the aediles, aedilician (not **aedilian**).

aegrescit medendo (Verg. Aen. 12.45) *die geneesmiddel is erger as die kwaal* (lett. hy word siek van die genesing) // *the remedy is worse than the disease.*

aequaliter *in gelyke dele* (verdeel) // (divide) *into equal parts.*

aequipollens (vide infra s.v. **per —**).

aequitas -tatis f. *billikheid // equity;* **ius respicit aequitatem** *die reg neem die billikheid in ag // the law pays regard to equity.*

aequitas est quae paribus in causis paria iura desiderat *die billikheid verlang in gelyke gevalle gelyke reg // equity demands equal justice in equal causes.*

aequam servare mentem (Hor. C. 2.3.1) *sy kalmte bewaar // keep his composure.*

aequo animo *met gelatenheid // with equanimity.*

aequo et bono, ex — (Inst. 3.9.2; Gaius: Dig. 14.5.1) *na billikheid* (bv. by die vasstelling van skade waarvoor daar geen noukeurige gegewens bestaan nie // *fairly; in accordance with fairness* (e.g. in determining the amount of damages for which no precise data are available).

aequo iure vivere cum aliquo *op gelyke voet met iem. lewe // to live with s.o. on an equal footing.*

aequum est enim, ut cuius participavit lucrum, participet et damnum (Ulp.: Dig. 17.2.55) *want dis billik dat iemand ook in die skade moet deel van dit waarvan hy in die wins gedeel het // for it is but just that he who has shared in the profit (of anything) should also share in its loss.*

aequum est neminem cum alterius detrimento fieri locupletiorem (Pomp.: Dig. 12.6.14; cf. infra s.v. (i) **bono et aequo;** (ii) **locupletari;** (iii) **natura aequum;** (iv) **nemo debet locupletari**) *dis billik dat niemand ten koste van 'n ander verryk word nie // it is equitable that no one should be enriched at the cost of another.*

'aes alienum' est quod nos aliis debemus; 'aes suum' est quod alii nobis debent (Ulp.: Dig. 50.16.213.1) *'aes alienum' (skuld) is wat ons aan ander verskuldig is; 'aes suum' (eie geld) is wat ander aan ons skuld // 'aes alienum' means what we owe to others, 'aes suum' is what others owe to us* (aes alienum'; **incidere in — —** *skuld maak, oploop // get into debt;* **exire ex aere alieno** *skuld afskud // get out of debt.*

aestimatio -onis f. *skatting, geskatte waarde; oordeel; agting // estimate, appraisement, evaluation; judgment; esteem.*

aestimatorius contractus (cf. Ulp.: Dig. 19.3) 'n onbenoemde (innominate) kontrak waarvolgens die een party 'n saak teen 'n bepaalde prys vir die ander sal verkoop; alles wat hy meer kan kry as wins mag behou, en die saak mag teruglewer as hy die prys nie kan kry nie (**rem aestimatam vendendam dare** *''n saak waarvan die waarde bepaal is lewer om verkoop te word'*) // 'an innominate contract . . . whereby a thing on which a valuation has been placed is delivered to another to be sold, on terms that he shall restore either the price or the thing itself intact' (Voet's Comm. 19.3.1); any surplus he obtains to be his profit.

aetatis perfectae esse *meerderjarig wees // to be of (full) age.*

affectio maritalis (Inst. 3.1.2 a) *trouplanne // matrimonial intention.*

affectionis pretium (cf. **non affectiones aestimandae** Ulp.: Dig. 9.2.33 pr.) (subjektiewe) *sentimentele waarde* // (subjective) *sentimental value.*

affectus punitur licet non sequatur effectus (i.v.m. die pogingsleer:) *die begeerte (bedoeling) word gestraf selfs as die* (beoogde) *gevolg nie intree nie // the intention (purpose) is punished even if the result has not been achieved* (in connection with the doctrine of criminal attempt).

affinitas -tatis f. *aanverwantskap* (deur die huwelik) // *affinity; relationship by marriage.*

affirmanti non neganti incumbit probatio (cf . s.v. supra (i) **actori incumbit;** infra (ii) **ei incumbit;** (iii) **semper necessitas**) *hy wat beweer moet bewys, nie hy wat ontken nie // the burden of proof lies upon him who affirms, not upon one who denies.*

affirmatio -onis f. *bevestiging // affirmation.*

afflictis longae, celeres gaudentibu horae (sunt) (cf. Publ. Syr. O.5: **o vita**) *vir die beproefdes is die ure lank, vir die gelukkiges vinnig // for the afflicted the hours are long, for the happy swift.*

ager agri m. *grond // land.*

ager limitatus *afgebakende grond* (deur die staat aan individue geskenk, sorgvuldig afgemeet en d.m.v. kunsmatige tekens soos bakens begrens) // *delimited land* (granted by the state to private individuals, carefully surveyed and demarcated by artificial limits e.g. beacons).

ager publicus *staatsgrond // public land.*

agere is videtur qui exceptione utitur, nam reus in exceptione actor est (Ulp.: Dig. 44.1.1) *hy wat hom van 'n eksepsie bedien word as 'n eiser beskou, want t.a.v. sy eksepsie is 'n verweerder 'n eiser // he who avails himself of an exception is considered a* *plaintiff; for in respect of his exception a defendant is a plaintiff.*

agitur causă eius *dit gaan om sy belang; sy belang staan op die spel // his interest is at stake.*

agnatus -i m. *agnaat; manlike bloedverwant; iemand deur die manlike lyn aan die uitgangspersoon verwant // male relation; a male related to someone through males.*

agrimensor -oris m *landmeter // surveyor.*

alci. aqua et igni interdicere *iem. voëlvry verklaar // outlaw/proscribe a person.*

Alcinoo poma dare *uile na Athene* (of *water na die see*) *dra // carry coals to Newcastle.*

alea iacta est (Suet. Caes. 32 adf.) *die teerling is geworpe; die koeël is deur die kerk // the die is cast.*

alia est auctoritas praesentium testium, alia testimoniorum quae recitari solent (rescriptum Hadriani: Dig. 22.5.3.4; cf. infra s.v. **rescripsit . . . (divus Hadrianus)**) *die geloofwaardigheid van getuies wat (in die hof) verskyn verskil hemelsbreed van geskrewe getuienis wat voorgelees word // the weight to be attached to oral evidence of witnesses appearing (in court) is entirely different from that which is read out.*

alia sane causa est si . . . (Inst. 2.1.24) *dit is natuurlik 'n ander geval indien . . . // it is of course a different matter if . . .*

alias (lett. 'by 'n ander geleentheid') *onder 'n ander naam;* (s.nw.) *'n ander naam; valse naam* (mv. aliasse) *// an assumed name; pseudonym* (pl. aliases).

alibi *elders; êrens anders* (bewys van afwesigheid van die toneel toe die betrokke misdaad gepleeg is) *// elsewhere; somewhere else* (proof that the accused was elsewhere when the crime was committed).

aliena nobis, nostra plus aliis placent (Publ. Syr. A. 28) *die besittinge van ander is meer na ons sin (as ons eie), en ons s'n meer na hul sin (as hul eie) // we prefer the possessions of others (and conversely) they prefer ours.*

aliena vitia in oculis habemus, a tergo nostra sunt (Sen. de ira 2.28.8) *die gebreke van ander mense sien ons raak, ons eie lê agter ons // the faults of others we notice, our own remain unseen.*

alienae potestatis esse *om onmondig (minderjarig) te wees // to be a minor, to be under age, not of age.*

alienatio -onis f. (vide infra s.v. **in fraudem creditorum**) *vervreemding; eiendomsoordrag // alienation; transfer of ownership.*

alieni appetens sui profusus (Sall. Cat. 5.4) *begerig na andermansgoed, kwistig met sy eie // covetous of the possessions of others, prodigal of his own.*

alieni iuris *handelingsonbevoeg; met beperkte handelingsbevoegdheid* (teenoor **sui iuris**) *// without (or with limited) contractual capacity* (as against **sui iuris**).

alimenta (n. pl.) *onderhoud; lewensmiddele // keep; subsistence.*

aliquando etiam suae rei quisque furtum committit (G. 3.200 = Inst. 4.1.10) *soms pleeg iemand diefstal selfs van sy eie saak // sometimes a person may steal his own property.*

aliquis non (= nemo) debet esse iudex in propria causa (vide infra s.v. **generali lege**).

aliter (i) *anders; andersins* (ii) *op 'n ander manier //* (i) *else; otherwise* (ii) *in a different way.*

aliud est celare aliud tacere (Cic. de off. 3.52) *dis een ding om te verberg (te verheimlik; weg te steek) en 'n ander om stil te bly (te swyg) // it is one thing to conceal something, and another to keep silent (hold one's peace).*

aliud pro alio invito creditori solvi non potest (Paul.: Dig. 12.1.2.1; cf. Cod. 8.42(43).16) *een saak kan nie in plaas van 'n ander aan 'n skuldeiser teen sy sin in betaling gebied word nie // payment cannot be made to a creditor by giving him one thing in exchange for another without his consent.*

alium silere quod voles, primum sile (Sen. Hippol. 876) *verswyg allereers wat jy wil hê 'n ander moet verswyg // keep the secret you want another to keep.*

aliunde *van elders; uit 'n ander bron // from another place* (or *source*).

allegans contraria non est audiendus *wie teenstrydighede beweer moenie aangehoor word nie // he is not to be heeded who makes contradictory allegations.*

allegans suam turpitudinem non est audiendus (anon.) *aan iemand wat sy eie verwerplikheid beweer (aanvoer) kan daar geen geloof geskenk word nie // no one should be heard to allege his own baseness.*

alluvio -onis f. vide infra s.v. **avulsio** et **est autem alluvio.**

alqm. in pristinum statum restituere *iemand in sy vroeëre stand herstel // restore a man to his former position.*

altera pars *die ander party* (in die geding) *// the other party* (in the suit).

alteri stipulari nemo potest (Inst. 3.19.19; Dig. 45.1.38.17) *niemand kan ten behoewe van (ten voordele van) 'n ander beding* *(stipuleer) nie // no one can stipulate on behalf of another* (or *for another*).

alternis vicibus *om die beurt; oor en weer // alternately.*

alterum non laedere (Dig. 1.1.10.1; cf. infra s.v. **iuris praecepta**).

altissima quaeque flumina minimo sono labuntur (Q. Curtius) *die diepste riviere vloei die stilste // the deepest rivers flow the least noisily.*

alumna -ae f.; alumnus -i m. *pleegdogter; pleegseun // foster-daughter; foster-son.*

alvei mutatio -onis f. *verandering van rivierbedding: // change of a river channel* (or *course*).

amantium irae amoris integratio est (Ter. Andr. 555) *die rusies van verliefdes is die hernuwing van hul liefde // the quarrelling of lovers is the renewal of their love.*

ambigua autem intentio ita accipienda est, ut res salva actori sit (Paul: Dig. 50.17.172.1) *'n dubbelsinnige eis moet so opgeneem (begryp) word dat dit die eiser begunstig // a claim which is ambiguous has to be construed in such a way as to be favourable to the plaintiff.*

ambiguitas -tatis f. *dubbelsinnigheid // ambiguity.* (i) — **latens** *verborge, heimlike dubbelsinnigheid // hidden, concealed ambiguity.* (ii) — **patens** *klaarblyklike dubbelsinnigheid // obvious, clear ambiguity.*

ambiguitas contra stipulatorem est (Celsus: Dig. 34.5.26(27); cf. infra s.v. **verba contra**) *dubbelsinnigheid word ten nadele van die bedinger (stipuleerder) uitgelê // ambiguity should be construed against the stipulator.*

amicitia semper prodest, amor aliquando èt nocet (Sen. ep. 35.1) *die vriendskap is altyd voordelig, die liefde is soms ook skadelik // friendship always profits, love (sometimes) also does harm.*

amicum perdere est damnorum maximum *om 'n vriend te verloor is die allergrootste skade // the loss of a friend is the greatest loss of all.*

amicus certus in re incerta cernitur (Ennius ap. Cic. de amic. 17.64) *in die nood leer 'n mens jou vriende ken // when fortune is fickle a faithful friend is found* (Falconer's imitative alliteration in Loeb ed. of Cic.).

amicus curiae *vriend van die hof // friend of the court.*

amicus Plato, amicus Socrates, sed magis amica veritas (anon.) *Plato het ek lief en Sokrates, maar meer nog die waarheid // Plato is dear to me, and Socrates, but more so the truth.*

anatocismus -i m. *samegestelde rente // compound interest.*

animadversione capitali puniri (Inst. 4.18.9) *tereggestel word // be executed.*

animadvertere in alqm. *iemand straf // punish s.o.*

animus -i m. *bedoeling, oogmerk, opset, voorneme, wil; dryfveer; gees; gesindheid; kwaadgesindheid, teensin, vooroordeel, vyandigheid, wrok // design, desire, intention, object, purpose, will; incentive, motive; attitude; antagonism, antipathy, aversion, evil intent, hostility, ill-will, malice, prejudice, rancour.*

animus acquirendi et transferendi *bedoeling om te verkry en oor te dra // intention of acquiring and transferring;* — **contrahendi** *bedoeling om te kontrakteer // intention of contracting;* — **damni dandi** *bedoeling om skade toe te bring // intention of causing (or occasioning) damage;* — **defamandi;** *bedoeling om te belaster // intention of defaming;* — **derelinquendi** *bedoeling om prys te gee, te laat vaar, te abandonneer // intention (object) of abandoning;* — **deserendi** (kwaadwillige) *opset (bedoeling) om te verlaat // intention of desertion;* — **domini** *bedoeling om eienaar te wees // intention of being owner;* — **donandi** bedoeling om te skenk // intention of making (conferring) a gift; — **furandi** (i.q. — **furti faciendi**) *bedoeling om te steel; dieftige opset // intention of stealing, of committing theft;* — **iniuriandi** *bedoeling om te benadeel; wil om te krenk // intention of wronging, harming, injuring; offending someone;* — **lucrandi** *winsbejag // intention of making gain (profit);* — **manendi** *bedoeling om daar te bly, om jou daar te vestig // intention of remaining there, of establishing a permanent residence there;* — **negotii alieni gerendi** *bedoeling om as saakwaarnemer op te tree // the intention of taking a hand in the affairs of another without any mandate to do so;* — **nocendi** *bedoeling om te benadeel // intention of causing harm (damage);* — **novandi** *bedoeling om skuld te vernuwe // intention of renewing a debt, of effecting a novation;* — **possidendi** *bedoeling om te besit // intention of possessing;* — **recipiendi** *bedoeling om te ontvang // intention of receiving;* — **restituendi** *voorneme (bedoeling) van teruggawe // intention of restoring, returning something;* — **revertendi** *bedoeling om terug te keer // intention of returning;* — **revocandi** *voorneme om te herroep // intention of revoking;* — **sibi**

habendi *bedoeling om iets vir jouself te (be)hou // intention of holding something for oneself;* — **testandi** *bedoeling om te testeer, om 'n testament te maak // intention of making a will;* — **vendendi et emendi** *opset om 'n koopkontrak te sluit // intention of concluding a contract of sale;* — **vicino nocendi** *voorneme om jou buurman te benadeel // intention of harming one's neighbour.*

annus -i m. *jaar // year;* — **continuus** *voltallige, ononderbroke jaar // uninterrupted year;* — **elapsus** *afgelope jaar // past year;* **hic** — *die lopende jaar // the current year;* — **inceptus pro completo habetur** (cf. infra s.v. dies (coeptus)); — **luctus** *treurjaar* (wat die weduwee moes wag voordat sy kon hertrou) // *year of mourning* (compulsory period a widow had to wait before remarrying); — **utilis** (cf. Ulp.: Dig. 38.15.2 pr.) *'n geregtelik aanwendbare jaar* (wanneer verjaring loop) // *a year available in court* (during which prescription runs).

ante litem motam *voor aanvang van die geding* (voor dagvaarding of betekening van die eerste prosesstuk) // *before suit (was) brought* (before summons or other opening process).

ante omnia *by voorkeur, allereers // first of all.*

antenatus *voorgeborene, iemand voor 'n bepaalde tydstip gebore // someone born before* (a certain time).

antichresis (Gr.) gen. antichreseos f. *pandgenot, vrugtrekking* (uit pand), *antichrese* (ooreenkoms waarkragtens die pandhouer die vrugte of gebruik van die pand in plaas van rente op die geleende som mag neem) // *enjoyment of the fruits accruing from the pledge* (agreement by which the creditor is to have the use or fruits of the pledge in lieu of interest on the loan).

apex est autem senectutis auctoritas (Cic. de Senect. 17.60) *die Kroon van die ouderdom is gesag // the crown of old age is authority.*

ápices iuris non sunt iura (cf. infra s.v. **bonae fidei**) *die spitsvondighede van die reg is nie die reg nie // the niceties of the law are not the law.*

apiscimur possessionem corpore et animo, neque per se animo aut per se corpore (Paul.: Dig. 41.2.3.1) *ons verkry besit met liggaam en gees (of: fisies en verstandelik) nòg met die gees alleen, nòg met die liggaam alleen // we acquire possession by means of both body and mind, neither by the mind alone nor by the body alone.*

ápocha -ae f. *kwitansie // receipt.*

appetitus rationi oboediant (Cic. off. 1.29.102) *laat die begeertes/die drange die rede gehoorsaam // let desires obey reason.*

appellationis fatalia (n.pl.) *termyne van appèl // period for lodging appeals.*

appetens: alieni — sui profusus (Sall. Cat. 5.4) *gierig na andermans goed, kwistig met sy eie // covetous of another's property, lavish with his own.*

approbare (1) *bewys, erken; goedkeur, instem tot // approve; prove.*

apud horrea *by die skure // at the granaries.*

aqua profunda est quieta *stille waters diepe grond // still waters run deep* (cf. supra *altissima quaeque*).

aquagium -ii n. *kanaal* (Dig. 8.3.15), *waterleiding* (Dig. 43.20.3) // *canal* (Dig. 8.3.15), *aqueduct* (Dig. 43.20.3).

aquila non captat muscas (Des. Erasmus) *'n arend verwerdig hom nie om vlieë te vang nie // an eagle does not deign to catch flies.*

arbiter -tri m. *beslegter, regter, skeidsman // judge, referee;* — **elegantiae** (Tac. an. 16.18) *kenner en vraagbaak t.a.v. smaak // authority on matters of elegance or taste.*

arbitris remotis *onder vier oë // in the absence of witnesses.*

arbitrium -ii n. *beslissing van 'n arbiter; diskresie; vrye beskikking, vrye oordeel // award* (in arbitration); *decision; discretion, discretionary power;* — **boni viri** *beslissing (oordeel) van 'n goeie man // decision (judgment) of a good man;* — **iudicis** *beslissing van die regter // ruling of the judge;* — **liberum** (Inst. 1.12.7) *vrye keuse // free will.*

arbores sero (3) sevi satum (Cic. de sen. 7.24) *bome aanplant // to plant trees.*

arcanum imperii (Tac. hist. 1.4) *staatsgeheim // state secret.*

argumentum -i n. *argument, redenering // reasoning, argument;* — **a contrario (e contrario)** *gevolgtrekking bereik d.m.v. teenstelling // conclusion arrived at by way of contrast;* — **e silentio (a silentio)** *argument wat op die stilswye van die wet of ooreenkoms steun // en argument based on the silence of a statute or agreement;* — **ex analogia** *analogiese redenering; redenering ontleen aan die gelyksoortigheid van die gevalle // analogous reasoning; reasoning by analogy; reasoning from the similarity of the cases;* — **ex iure** *argument aan die reg ontleen // a point of law; legal argument;* — **ad hominem** *argument op die persoon gerig // argument directed at the person;* — **ad misericordiam** *beroep op* *jammerte gerig // plea to excite pity;* — **ad verecundiam** *beroep op die gewete // appeal to conscience.*

argumentum ab inconvenienti plurimum valet in lege (at tantum in obscuris) *'n argument op ongerief gebaseer, het groot bewyskrag in die reg* (dog slegs in die geval van dubbelsinnigheid) // *an argument drawn from inconvenience is of much force in law* (but only in the event of ambiguity).

arma in armatos sumere iura sinunt (vide infra s.v. 'noodweer' (p. 435) et supra (p. 114) 'self-defence') *die reg veroorloof (ons) om teen gewapende (aanvallers) die wapen te gryp // the laws entitle (us) to take up arms against armed (attack).*

arrectis auribus *aandagtig, met gespitste ore // attentively.*

arrha -ae f. *handgeld // earnest(-money);* — **confirmatoria** *bevestigende handgeld* (by 'n voltooide koop) // *confirmatory earnest (-money)* at the conclusion of a sale; — **pacto imperfecto data** *handgeld by voorbereidende onderhandelinge // earnest (-money) at preliminary negotiations;* — **paenitentialis** i.q. rougeld // **earnest-money**; — **sponsalicia** *verlowingspand // pledge of engagement (to marry).*

ars est celare artem (anon.) *om die kuns te verberg is (ware) kuns // (true) art it is to conceal art.*

ars longa vita brevis (Goethe; Faust) *die kuns is lank, die lewe kort // art is long, life is brief.*

artifex (pl. **artifices**) *ambagsman // artisan.*

ascendentes -ium (vide **descendentes** infra) *verwante in stygende lyn; voorouers // ancestors; kindred in ascending line.*

ascendere ad honores *om tot die hoogste ereampte te vorder // to rise to the honours of office.*

asperius nihil est humili quum surgit in altum (Claudianus, in Eutrop. I.181) *'als niet komt tot iet, kent iet zichzelven niet' // none more arrogant than an upstart.*

assignatio -onis f. *aanwysing tot betaling // warrant* (or *order*) *for payment.*

assignatus utitur iure auctoris *die persoon wat oordrag van 'n verbintenis ontvang het geniet dieselfde regsposisie as sy voorganger in regte* (die oordraggewer) // *the grantee or assignee* (the person to whom the grant is made) *'is clothed with the right of his predecessor in title'* (Broom).

auctor -oris m. (Dig. 50.17.175.1) *garant* (teen uitwinning); *regsvoorganger; voorganger in regte // predecessor in title; warrantor;* **auctor in rem suam** (Inst. 1.21.3); *iemand wat in sy eie belange optree bv. voog // one who acts for his own behalf e.g. tutor;* **auctor opus laudat** (Ov. Ex Ponto 3.9.9) *jakkals prys sy eie stert; die maker prys sy (eie) maaksel // the inventor praises his (own) handiwork/blows his own trumpet.*

auctoritas -tatis f. (i) *gesag* (ii) *toestemming* // (i) *authority* (ii) *consent;* — **legis** *die gesag van die reg/authority of the law;* — **necessaria** *dwingende gesag // coercive authority;* — **probabilis** *oortuigingsgesag // persuasive authority;* — **tutoris** (Inst. 3.19.3) *toestemming van die voog // consent of the guardian.*

audentes fortuna iuvat (Verg. Aen. 10.284) *wie waag, die win // fortune favours the brave.*

audi alteram partem (Augustinus, de duab. animabus (14).22; Corp. Script. Eccles. Latin. xxv (vi) pars 1 p. 78 vv. 21/22; etiam apud Migne Patrol. Latin. 42.110 cap. xiv. 22; cf. infra s.v. **qui aliquid statuit,** qui versus Senecani Augustino fortasse pro exemplo (fuere) *hoor die ander kant aan* (miskien deur Seneca, Medea 199–200 geïnspireer) // *hear the other side* (perhaps inspired by Seneca, Medea 199–200); cuius adagii invenitur variatio anonymi: **audiatur et altera pars:** *laat die ander kant ook gehoor word* (lui die wisselvorm by 'n anonieme skrywer) // this has been varied by an anonymous writer: *let the other side be heard also.*

aura popularis (Cic. Har. Resp. 20 fin; Liv. 3.33.7; Hor. C.3.2.20) *wispelturige guns van die volk // fickle popular favour.*

aurea mediocritas Hor. carm. 2.10.5) *die gulde middeweg // the golden mean.*

auribus teneo lupum (Ter. Phormio 506; Suet. Tib. 25) *ek het 'n wolf aan die ore beet; ek sit erg in die knyp; ek bevind my in 'n dilemma // I am riding a tiger* (or *I am between the devil and the deep blue sea*); *I have caught a Tartar.*

aut amat aut odit mulier, nil est tertium (Publ. Syr. A.6) *die vrou het of lief of sy haat; daar is geen middeweg nie // a woman either loves or hates; there is no mean.*

authentica si qua mulier (= Cod. 4.29.22; an. 530) tans afgeskafte Romeinse bepaling dat 'n vrou nie gebonde is aan borgstelling wat sy ten behoewe van haar man aangegaan het nie // a Roman legal provision, no longer in force, that a woman is not bound by surety undertaken on behalf of her husband.

aversionem, per — (vide infra s.v. **per aversionem**).

avulsio -onis f. (lett. 'afskeuring') *sigbare*

aanslibbing wanneer 'n rivier met 'n skielike verspoeling grond van A by dié van B voeg; dit staan teenoor **alluvio -onis f.** *(geleidelike, onsigbare aanslibbing)* // (lit. 'a tearing off') *visible accretion of soil* when a river, by means of a sudden washaway, adds soil of A to that of B; as against **alluvio -onis f.** *(gradual, invisible accretion).*

B

belli nervi pecunia infinita (Cic. Phil. 5.2.5) *onbeperkte fondse is die spiere van oorlog // endless money forms the sinews of war.*

bellum intestinum/domesticum *burgeroorlog/civil war.*

beneficia in commune collata omnes accipiunt et nemini gratificantur *almal aanvaar weldade aan die gemeenskap bewys maar hulle dank niemand // everyone accepts favours bestowed on the community but they thank nobody.*

beneficio principis *deur die guns van die owerheid // by favour of the authorities.*

beneficium -ii n. *guns; voordeel; voorreg // benefit; favour;* — **abstinendi** *voorreg om (van 'n nalatenskap) afstand te doen // benefit of abstaining from the succession;* — **aetatis** (vide infra s.v. **venia aetatis**) *emansipasie; handligting // declaration of majority; emancipation; manumission;* — **cedendarum actionum** *voorreg van sessie van aksies // benefit of cession of actions;* — **cessionis bonorum** *voorreg van boedelafstand // benefit of assignment;* — **competentiae** *voorreg van vermoënsperke* (vir behoud van leeftog); vrywaring van algehele uitwinning of uitskudding (om vir die skuldenaar die noodsaaklikste lewensbehoeftes by eksekusie te verseker) // *benefit of competency* (to ensure subsistence, a sufficiency of livelihood, for the debtor after execution); — **de duobus vel pluribus reis debendi** *voorreg van saamdaging en skuldsplitsing // benefit of simultaneous citation and division of debt:* — **deliberationis** *voorreg van beraad* (verouderd, maar verwant aan *voorreg van boedelbeskrywing* (— **inventarii** q.v. infra)) // *benefit of deliberation* (obsolete but related to the *benefit of inventory* (— **inventarii** q.v. infra)): — **divisionis** *voorreg van skuldsplitsing // benefit of division of debt;* — **excussionis** (i.q. — **ordinis seu excussionis**) *voorreg van (eerste) uitwinning // benefit of prior excussion;* — **inventarii** (vide — **deliberationis** supra) *voorreg van boedelbeskrywing // benefit of inventory;* — **iuris** (pl. **beneficia iuris**) *voorreg(te) deur die reg verleen // benefit(s) conferred by the law;* — **ordinis** (vide — **excussionis** supra); — **restitutionis in integrum** *voorreg van herstel in die vorige toestand // benefit of restitutio in integrum.*

beneficium accipere, libertatem est vendere (Publ. Syr. B5) *om 'n guns te aanvaar is om jou vryheid prys te gee // acceptance of a favour is a sacrifice of one's freedom.*

benigna interpretatio (Inst. 3.19.10; cf. infra s.v. (i) **in ambiguis rebus** (ii) **nulla iuris ratio**) *welwillende uitleg* (van testamente) // *favourable/sympathetic construction* (of wills).

benignius leges interpretandae sunt quo voluntas earum conservetur (Celsus: Dig. 1.3.18; cf. infra s.v. **in ambiguis rebus**) *wette moet enigsins welwillend uitgelê word ten einde hulle oogmerk te eerbiedig // laws should be interpreted liberally in order that their intention may be preserved.*

bis dat qui cito dat (Bacon; i.q. Publ. Syrus I.6: **bis dat qui dat celeriter**) *wie gou gee, gee dubbel // he giveth thrice who gives in a trice.*

bis de eadem re ne sit actio (cf. supra s.v. **actum ne agas**) *oor dieselfde saak geen tweede geding nie* (uitvloeisel van die reël (infra) **res iudicata pro veritate accipitur** // *no second hearing of the same dispute* (corollary of the rule (below) **res iudicata pro veritate accipitur**.

bis vincit qui se vincit in victoria (Publ. Syr. B. 21) *dubbele oorwinnaar is hy wat in die oorwinning homself oorwin // twice conqueror is he who in victory conquers himself.*

I. bona (n.pl.) *goed // property:* **'bonorum' appellatio, sicut hereditatis, universitatem quandam ac ius successionis et non singulas res demonstrat** (Africanus: Dig. 50.16.208) *die benaming 'goed', soos dié van 'n erfenis, dui op 'n sekere geheel (van goedere) en 'n reg van erfopvolging, maar nie op losstaande sake nie // as the term 'property'* *so does 'estate' signify something taken collectively, including the right of succession to an inheritance, but does not indicate individual articles;* — **adespota** *goed sonder eienaar // property without an owner;* — **adventicia (adventitia)** *toevallige goed* (deur kinders van ander persone as hulle ouers verkry) // *adventitious property* (coming from a stranger or by collateral succession); — **errantia** *dwalende goed* (eienaar ongeïdentifiseer) // *property of which the owner is unknown;* — **materna** *goed van moederskant // property from the maternal side;* — **mobilia et immobilia** *roerende en onroerende goed; los- en vasgoed // movables and immovables;* — **profecticia** (**bonis adventiciis** opponuntur) (in teenstelling met **bona adventicia:**) *goed wat direk of indirek van die ouers na die kinders kom* // (as distinguished from **bona adventicia:**) *profectitious property* (derived directly or indirectly from the parents); — **publica** *openbare goedere; publieke eiendom // public property;* — **vacantia** (Ulp.: Dig. 5.3.20.7; Inst. 2.6.9) *onopgeëiste goed; goed sonder aanspraakmaker; nalatenskap sonder 'n erfgenaam // unclaimed property; property without a claimant; bequest without an heir.*

bona non dicuntur, nisi deducto aere alieno *eers na aftrekking van die skuld kan daar van iemand se goed* (*of eiendom*) *sprake wees // the property of anyone is understood to be what remains after payment of (all) debts.*

II. bona (adiectivum: bona fide *te goeder trou // in good faith;* — — **possessor** *besitter te goeder trou; bona fide besitter // bona fide possessor.*

bona fides (fidei) *goeie trou (en opregtheid) // good faith (and honest intention).*

bona fides non patitur ut bis idem exigatur (Gaius: Dig. 50.17.57; cf. Dig. 44.2.3; infra s.v. **nemo debet bis vexari** *die goeie trou duld nie dat dieselfde eis twee keer gestel word nie // good faith does not permit the same debt to be collected twice.*

bona fides praesumitur (cf. Cod. 4.10.4) *daar bestaan 'n vermoede van goeie trou // there is a presumption in favour of good faith.*

bona opinio hominum tutior pecuniā est (Publ. Syr. B. 19) *'n goeie reputasie is kosbaarder as rykdom // a good reputation is better than riches.*

bonae fidei non congruit de apicibus iuris disputare (Ulp.: Dig. 17.1.29.4; vide supra s.v. **apices**) *dit strook nie met die goeie trou om oor die spitsvondighede van die reg te redekawel (debatteer) nie // it is not consistent with good faith to bandy legal quibbles (to chop logic on legal niceties).*

bonarum rerum consuetudo pessima est (Publ. Syr. B. 2) *om aan die geluk gewoond wees/verknog wees is die grootste euwel // being accustomed to good fortune is the greatest evil.*

boni mores (morum) *die goeie sedes // good morals.*

boni pastoris est tondere pecus non deglubere (Suet. Tib. 32 ad f.; Cass. Dio 57.10.5) *dit is kenmerkend van 'n goeie herder om die skape te skeer (en hulle) nie af te slag nie // it is the mark of a good shepherd to shear not flay his sheep* (teregwysing van Keiser Tiberius tot 'n goewerneur wat buitensporig hoë belastings laat invorder het // the emperor Tiberius' rebuke of a governor for exacting excessive taxes from provincials).

bonis nocet qui malis pepercerit (Publ. Syr. (?)) *wie slegte mense begenadig benadeel die goeies // he who pardons the wicked wrongs the virtuous.*

bonitas non est pessimis esse meliorem (Sen. ep. mor. 79.11) *om beter as die slegstes te wees is geen onderskeiding nie // to be better than the worst, is not goodness.*

bono et aequo non convenit aut lucrari aliquem cum damno alterius aut damnum sentire per alterius lucrum (Pomp.: Dig. 23.3.6.2; cf. supra s.v. **aequum est neminem** et loc. ibi citt.) *dit strook nie met reg en billikheid dat iemand tot skade van 'n ander verryk word, of dat hy deur die verryking van 'n ander skade ly nie // it is not consistent with justice and fairness that one party should be enriched to the detriment (prejudice) of another, or that he should suffer loss through the enrichment of another.*

bonorum cessio (-onis f.) *boedelafstand // assignment* (of an estate).

bonorum communio (-onis f.) *gemeenskap van goed // community of property.*

bonum est fugienda aspicere in alieno malo (Publ. Syr. B4.) *dis begeerlik om in die beproewing van 'n ander te aanskou wat vermy moet word // it is desirable to see in the misfortune of another what should be avoided.*

bonum et aequum *reg en billikheid // justice and fairness.*

bonus iudex damnat improbanda, non odit (Sen. de ira 1.16.7) *die regverdige regter bestraf die laakbare dade, hy haat nie die dader nie // an upright judge condemns reprehensible actions but does not hate the criminal.*

bonus iudex varie ex personis causisque

constituet (Celsus: Dig. 6.1.38 init.) *die goeie regter sal uiteenlopend beslis in ooreenstemming met die persone en die omstandighede // a good judge will decide in different ways in accordance with the legal conditions of the parties and the circumstances of the case.*

bovi clitellas imponere (Cic. ad Att. 5.15.3) *taak vir 'n ongeskikte persoon oplê* (lett. 'n donkiesaal op 'n os sit) // *impose a duty on one not fit to discharge it* (lit. place an ass' packsaddle on an ox).

brevis esse laboro, obscurus fio (Hor. Ars Poet. 25) *ek strewe na bondigheid en word duister // I endeavour to be brief, and fall into obscurity.*

brutum fulmen (Plinius nat. hist. 2.113: **bruta fulmina** pl.); (lett. *'n dom bliksem*) *'n wilde bliksemslag; 'n ydele dreigement* (soos 'n onafdwingbare wet of hofbevel) // (lit. *stupid lightning*) *ineffectual thunderclaps striking blindly; a vain, idle threat* (e.g. an inoperative law or an unenforceable order of court); used figuratively of *any loud but idle menace.*

C

c.a.v. (curia advisari vult; vide infra s.v. **curia)** *uitspraak word voorbehou // judgment reserved.*

c.q. (casu quo) *in welke geval // in which case.*

cacoethes scribendi (Juv. 7.52) *ongeneeslike drang om te skrywe // incurable itch for writing.*

cadit quaestio *die vraag verval // the question falls away; there is no further room for argument.*

caducus -a -um *wat aan die skatkis verval // of property devolving to the state;* **bona caduca** (Gai. 2.150) *goed wat geldig bemaak is maar wat die bevoordeelde* (bv. o.g.v. kinderloosheid of van sy ongehude staat) kragtens die leges Iulia et Papia Poppaea *onbevoeg is om te neem;* dit verval net soos **bona vacantia** aan die **aerarium** of **fiscus** // **bona caduca** *property left under a valid will, but which,* under the leges Iulia et Papia Poppaea, *the proposed heir* (e.g. in view of his childlessness or unmarried state) *is incapable of inheriting;* like **bona vacantia** it passes to the **aerarium** or **fiscus**.

caeci sunt oculi, cum animus alias res agit (Publ. Syr. C. 30) *die oë is blind as die gees afgetrokke is // the eyes are blind when the mind is preoccupied.*

caecus non iudicat de colore (anon.) *oor kleur kan 'n blinde nie oordeel nie // a blind man is no judge of colour.*

caelibatus -us (4) m. (Gai. 2.144) *ongehude staat* (van 'n man) // *unmarried state* (of men).

calamitas virtutis occasio est (Sen. de prov. 4.6) *rampspoed is* (of *bied*) *die geleentheid vir deug // misfortune is virtue's opportunity.*

calumnia -ae f. (Gai. 4.176 & 178) *laster; valse aanklag // false charge; wanton, malicious accusation.*

calumniator -toris m. *valse aanklaer; lasteraar // malicious layer of a false charge.*

canes timidi vehementius latrant (Q. Curtius 4.13.10–11) *papbroek-honde blaf die hardste // cowardly curs bark the loudest.*

capitalis -e: poena — (Gai. 3.18) = animadversio — (ibid. 4.189) *doodstraf // capital punishment;* **inimicitia capitalis** (Inst. 1.25.11) *doodsvyandskap, wrewelige wrok // mortal enmity.*

capitis deminutio -onis f. *vermindering* (of *inkorting*) *van burgerlike regsbevoegheid; verlies* (of *beperking*) *van status of regspersoonlikheid // curtailment of legal status* (or *capacity*).

captatio benevolentiae *vryery na guns; strewe na welwillendheid // currying favour, ingratiating oneself* (with the audience); — **hereditatis** *erfenisjagtery // legacy hunting.*

captivos redimere (Cic. Off. 2.18) *krygsgevangenes vrykoop/loskoop // to ransom prisoners.*

caput capitis n. *die dader // perpetrator;* **omnis noxalis actio caput sequitur** (Gai. 4.77 = Inst. 4.8.5; cf. infra s.v. noxa) *elke noksale aksie volg die dader // every noxal action follows the perpetrator.*

casu, in — *in die onderhawige geval // in the case in question;* — **quo** *in welke geval // in which case.*

casum sentit dominus (i.q. **res perit domino**) *toevallig ontstane skade tref die eienaar; hy moet self toevallige skade dra // fortuitous damage is borne by the owner.*

casus -us m. *geleentheid; geval; toeval; ongeluk // occasion; case; chance; accident;* — **belli** *oorlogsgrond; aanleiding tot 'n oorlogsverklar-*

ing // reason for (declaring) *war; act justifying declaration of war;* — **fatalis** *noodlottige, onverwagte geval // act of God;* — **fortuitus** *ongeluk; toeval // accidental occurrence; chance;* — **improvisus** *onvoorsiene ongeval // unforeseen occurrence;* — **maiores** (Inst. 3.14.2 med.; sing.: Dig. 44.7.1.4) *buitengewone en onvoorsienbare omstandighede // misfortunes (misadventures) which could not have been avoided;* — **necessitatis** *noodgeval // emergency; case of necessity;* — **non dabilis** *onmoontlike voorbeeld // impossible example;* — **omissus** *weglating* (gebeurlikheid waarvoor die wet nie voorsien nie) // *omission* (contingency not provided for by the statute).

casus a nemine (vel **nullo**) **praestatur** (cf. Dig. 13.6.18 pr.; 16.3.1.35) *vir toeval staan niemand in nie (is niemand aanspreeklik nie) // no one is answerable for chance* (liable for an accidental occurrence).

caupo -onis m. *herbergier // innkeeper.*

causa -ae f. (cf. infra s.v. **non sic causa**) *oorsaak; oorweging; aanleiding; beweegrede; dryfveer // cause; consideration; inducement; motive; ground for doing something;* **causam dicere/orare** (Cic. Brut. 12.47) *pleit in 'n saak // to address the court;* — **causans** *bepalende, deurslaggewende oorsaak // decisive, determining cause;* — **cognita** *na bevinding van sake // facts having been ascertained.* — **data causa non secuta** (vide infra s.v. **condictio**); — **debendi** *skuldoorsaak // cause of debt;* — **efficiens** *regstreekse, onmiddellike oorsaak // immediate, direct cause;* — **habilis** (Voet 41.1.35) *geskikte oorsaak; erkende kontrakvorm // a suitable cause; recognized form of contract;* **iusta (justa)** — *redelike (geoorloofde) oorsaak; regverdigbare grond (rede); regverdiging* (vir 'n reël) // *lawful (just) cause; justification* (for a rule); **in eadem — manere** (Inst. 2.14.1) *in dieselfde toestand bly // remain in the same condition;* — **nova emergens** (vel **interveniens**) *tussentredende oorsaak // new cause intervening;* — **obligandi** *verbintenisskeppende feit // fact creating an obligation;* — **perpetua** *voortdurende oorsaak* of *nut* (van 'n erfdiensbaarheid // *perpetual, continuous benefit* or *use* (of a servitude); — **petendi** *eisoorsaak // ground for a claim;* — **proxima** *naaste/onmiddellike oorsaak // immediate, proximate cause;* — **remota** *agterliggende, verwyderde oorsaak // remote, mediate cause;* — **traditionis** *grond vir lewering // ground for delivery;* — **sufficiens** *voldoende grond; toereikende rede // sufficient cause; adequate consideration;* — **turpis** *skandelike, onbehoorlike, onsedelike, snode oorsaak // base, immoral, illegal cause or consideration.*

causa criminalis non praeiudicat civili (cf. Cod. 3.8.4; 9.31.1) *die strafverhoor prejudisieer nie die siviele nie // the criminal case (cause) does not prejudice the civil.*

causae continentia (Cod. 3.1.10 cf. SALR 1962 (4) 332 et sq.) *die ondeelbaarheid* of *samehang van 'n geding* of *saak;* (konkreet) *'n enkel-saamhorige* (of *ondeelbare*) *saak // indivisibility of a case; a case which should be tried by a single judge.*

causae piae (i.q. **casus pii**) *liefdadigheidsdoeleindes // charitable purposes.*

causam optimam habere (Cic. Lig. 4.10) *'n sterk saak hê // have a good case.*

causam suscipere *'n saak onderneem // to undertake a case.*

cautio -onis f. *sekuriteit, sekerheid, waarborg; skulderkenning // security; acknowledgement of debt;* — **de damno infecto** *sekuriteit (waarborg) teen gevreesde skade // security for apprehended, anticipated, speculative damage;* — **de restituendo** *sekuriteit (sekerheid) vir terugbetaling // security for repayment;* — **iudicatum solvi** *sekuriteit (sekerheid) vir gedingskoste // security for costs in the cause;* — **usufructuaria** *sekerheidstelling (waarborg) t.a.v. vruggebruik // security for property held in usufruct.*

caveat *waarskuwing* ('laat hy op sy hoede wees') // *caution; reservation;* — **emptor** *laat die koper op sy hoede wees; koper, pas op! // let the purchaser be on his guard; buyer, beware (take care)!*

cavendum est ne maior poena quam culpa sit (Cic. de off. 1.89) *pas op dat die straf nie uit verhouding tot die oortreding is nie // see that the punishment shall not be out of proportion to the offence.*

cavillatio -onis f. (cf. Ulp.: Dig. 50.16.177) *spitsvondigheid, sofistery // casuistry; quibbling; sophistry; making the worse cause appear the better.*

cedant arma togae (Cic. de off. 1.22.77; in Pis. 30.73) *laat die militêre mag voor die burgerlike gesag wyk // let the military power yield to the civil authority.*

'cedere diem' significat incipere deberi pecuniam (Ulp.: Dig. 50.16.216 pr.) *'dies cedit' beteken dat die geld nou reeds verskuldig word // 'dies cedit' means that the money is now owing.*

cedere foro *insolvent gaan (of raak); gesekwestreer word // become insolvent.*

cedo (3) cessi cessum *afstand doen van //*

cede, relinquish (dat. & abl. separ.) creditoribus suis (dat.) bonis (abl.) cessit (Inst. 4.6.40) *hy het aan sy skuldeisers afstand van sy vermoë gedoen // he has surrendered his property to his creditors.*

censura -ae f. morum *toesig oor die sedes // control of morals.*

centesimae usurae *1 % rente per maand = 12 % p.j.* (Cic. ad At. 5.2.11) *// 1 % interest p.m.=12 % per annum.*

cerebrina aequitas -tatis f. *suiwer teoretiese, vergesogte regverdigheid // speculative, fanciful, imaginative, purely theoretical concept of justice.*

certa amittimus dum incerta petimus (Plaut. Pseud. 685) *ons verbeur die sekere terwyl ons die onsekere nastreef // we lose what is certain while we pursue uncertainties.*

certa pecunia -ae f. *bepaalde som geld // specific sum of money.*

certe ignoratio futurorum malorum utilius est quam scientia (Cic. Div. 2.23) *sekerlik is onbekendheid met toekomstige rampe voordeliger as kennis daarvan // ignorance of evils to come is surely more useful than knowledge thereof.*

certiorari (writ of) *verlof tot hersiening* (in Engeland, waar appèl nie gemagtig is nie, soos vanaf 'n statutêre tribunaal; in Amerika ook *verlof tot appèl*, veral na die Federale Hooggeregshof // in England *leave to go on review*, as from a statutory tribunal from which appeals are excluded; in America also *leave to appeal*, especially to the Federal Supreme Court.

certissimum enim est ex alterius contractu neminem obligari (Cod. 4.12.3; an. 293) *want dit is gewis (volkome seker) dat niemand uit hoofde van die kontrak van 'n ander verbind word nie // for it is indubitable that nobody is bound by the contract of another.*

certum est quod certum reddi potest (cf. Dig. 12.1.6; 45.1.74) *iets wat tot sekerheid herlei kan word is vanself seker // that is certain which can be rendered certain* (or: *can be determined*).

certus -a -um (1) *bepaald, spesifiek // certain, specified;* (2) *ontwyfelbaar, seker // certain = indubitable.*

cervesia (cervisia) -ae f. (Ulp.: Dig. 33.6.9 pr.) *bier // beer.*

cessante causa, cessat effectus *indien die oorsaak verval, verval* (ook) *die gevolg // the cause ceasing, the effect ceases.*

cessante ratione legis cessat et ipsa lex (cf. Dernburg, Pandekten 1894 Bd. I p. 67 par. 30) *indien die regverdiging vir die wet wegval, val die wet self ook weg // if the justification (reason) for a law falls away, the law itself falls away too.* (Cf v. d. Keess. Prael. ad Grot. 1.2.23 MS p. 69 vol. i pp. 86–7.)

cessio -onis f. *oordrag, afstand* (van 'n reg) // *cession* (of a right); **— bonorum = — fori** *insolvensie // insolvency.*

ceteris paribus *alle ander dinge gelyk synde // all other things being equal.*

chirographum -i n. *'n eiehandige* (of *met die eie hand geskrewe*) *skuldbekentenis // obligation (IOU) under one's own hand.*

cibi condimentum esse famem (dicit Socrates ap. Cic. de fin. 2.28.90) *honger is die bese kok*, sê Sokrates // *hunger is the best sauce*, says Socrates.

cito maturum, cito putridum *vroeg ryp vroeg rot // soon ripe, soon rotten.*

citra causae cognitionem *sonder ondersoek na die rede // without investigating the cause.*

civilis obligatio (vide infra s.v. **naturalis obligatio**) *afdwingbare verbintenis // enforceable obligation.*

civilis ratio naturalia iura corrumpere non potest (Gaius: Dig. 4.5.8) *geen beginsel van die burgerlike reg kan die bepalinge van die natuurreg omverwerp nie // no rule of the civil law can destroy natural rights.*

civiliter modo (Dig. 8.1.9) elliptiese uitdrukking vir **dum modo civiliter servitutem exerceat:** *mits hy maar die serwituut op omsigtige wyse (met inagneming van die regte van die ander party) uitoefen //* ellipsis for **dum modo civiliter servitutem exerceat:** *provided that he exercise the servitude with due regard to the other party.*

civitas -tatis f. *burgerskap // citizenship.*

clam *heimlik // stealthily.*

claudicans negotium *hinkende regshandeling (eensydige kontrak) // one-sided* (lit. *limping*) *contract.*

clausula derogatoria (cf. v. d. Keess. Prael. ad Gr. 2.24.8 MS. p. 661 i.e. vol. ii pp. 448–50) (by testamente) *derogatoriese klousule; klousule derogatoir* (waardeur die erflater onderneem om die testament nie te wysig nie) // (in wills) *derogatory clause* (by which the testator pledges his word not to vary his will).

claves horrei emptori tradere (Inst. 2.1.45) *sleutels van die pakhuis aan die koper oorhandig // give the keys of the warehouse to the buyer.*

clavium traditio lewering deur die sleutels aan die koper te oorhandig. Dit is geen simboliese lewering nie, maar oorhandiging van besit en beheer. As die leweransier 'n duplikaat-sleutel hou, is die lewering gebrekkig // delivery by handing the keys to the purchaser. This is no symbolic delivery but the handing over of possession and control. If the party delivering retains a duplicate of the keys delivery is deficient.

clementiores lege iudices esse non oportet (Gothofred. ad Dig. 40.9.12.1; cf. infra s.v. (i) **iudex non debet** (ii) **perquam durum**) *dit pas regters nie om toegewender as die reg te wees nie // it does not befit judges to be more compassionate than the law.*

coactus tamen volui (cf. infra s.v. **voluntas coacta**) *hoewel onder dwang het ek dit tog gewil // although under duress, I yet willed it.*

codicillus -i m. (Inst. 2.25.2) *toevoegsel by 'n testament // codicil.*

cogitationis poenam nemo patitur (Ulp.: Dig. 48.19.18; cf. infra s.v. (i) **liberae sunt** (ii) **sola cogitatio**) *niemand word om 'n blote voorneme (*of *bespiegeling) gestraf nie // nobody is punished for (a mere) intention (*or *speculation).*

cogitato mus pusillus quam sit sapiens/ bestia/aetatem qui non cubili uni umquam committit suam (Plaut. Truc. 868–9) *let op watter oorlamse diertjie die muisie is, wat nooit sy lewe aan 'n enkele skuilgat toevertrou nie // consider the wee mousie and what a canny beastie he is. He doesn't ever entrust his welfare to a single cubbyhole* (Loeb V pp. 316/7).

cogito, ergo sum (Descartes) *ek dink, dus bestaan ek // I think, therefore I exist.*

cognatio -onis f. *bloedverwantskap // blood relationship.*

cognatus -i m. *bloedverwant // relation by blood.*

cognitio -onis f. *geregtelike ondersoek // judicial inquiry; trial.*

cognoscitur a sociis reël van wetsuitleg; die betekenis van 'n woord word bepaal deur ander woorde daarmee saam gebesig // rule of interpretation: meaning of a word is determined by others used with it.

coitus -us m. *byslaap; geslagsgemeenskap; vleeslike gemeenskap // copulation; sexual intercourse.*

collateralis successio -onis f. *opvolging in die sylyn // collateral succession.*

collatio -onis f. bonorum *inbring, kollasie // collation; bringing into hotchpot.*

collega -ae m. *ampsgenoot; kollega // colleague.*

collegium -i n. *regspersoon // corporate body.*

colloquium -ii n. *agtergrond; inleidende verklaring* (by pleitstukke *in 'n lasteraksie*, om die fondament te lê vir 'n innuendo by woorde wat as sodanig nie lasterlik is nie) *// background; introductory statement* (in a pleading *in a libel suit* to prepare the ground for an innuendo in words which as such would not be defamatory).

collusio -onis f. *bedrieglike samespanning; geheime verstandhouding; heulery, geheul met // deceptive understanding; collusion.*

colonus partiarius *deelsaaier; deelpagter; deelboer // share-cropper.*

color (-oris m.) iuris (Inst. 2.18 pr.) *plousibele aanspraak op 'n reg // plausible claim of a right.*

comes facundus in via pro vehiculo est (Publ. Syr. C. 17) *'n gesellige maat op reis is soos 'n voertuig // a chatty companion on a journey resembles a vehicle* (for he eases the stress of travel).

comitas inter gentes (vel **comitas gentium**) *internasionale hoflikheid // comity of nations; courtesy between nations.*

comitate, ex mera — *uit suiwere welwillendheid // from mere goodwill.*

commendatarius -ii m. *iemand aan wie iets toevertrou word // one to whom something is entrusted.*

commendatio -onis f. (by koopkontrak) *blote opvyseling, ophemeling, aanprysing //* (in a contract of sale) *puffing; crying up;* — **in specie** *uitdruklike waarborg // express warranty;* **simplex — non obligat** *blote opvyseling verbind* (die verkoper) *nie // mere puffing does not bind* (the seller).

commendatoria verba non obligant *(blote) opvyseling verbind (die verkoper) nie // mere puffing creates no obligation.*

commercium, intra —; extra — *in (*of *buite) die handelsverkeer // within (*or *without) the province of commercial dealings.*

com-mitto (3) -misi -missum *toevertrou;* (delikte) *begaan; laat verval* (of *in werking laat tree*) *// entrust a thing to;* (offences) *commit; fulfil the conditions of;* **stipulatio committitur** *die stipulasie tree in werking // the stipulation has been complied with.*

commixtio -onis f. *vermenging* (insonderheid *van nie-vloeibare stowwe*, teenoor **confusio** (q.v.), vermenging van vloeistowwe) *// commixture, mixing, mixture* (particularly of *non-fluids*, as distinct from **confusio** (q.v.) used of fluids).

commoda cuiusque rei eum sequi, quem

sequentur incommoda (vide infra s.v. **secundum naturam est**).

commodatarius -ii m. *bruiklener // lender (for use).*

commodatum -i n. *bruikleen // loan for use;* **gratuitum debet esse —** (Inst. 3.14.2 ad f.) *bruikleen moet gratis wees // loan for use must be gratuitous.*

commodius est possidere potius quam petere (Inst. 4.15.4 (med)) *dit is geriefliker om te besit eerder as om te vorder // it is more advantageous to possess than to claim/be plaintiff; possession is nine points of the law.*

commodum -i n. *voordeel // advantage.*

commodum eius esse debet cuius periculum est (Inst. 3.23.3 f.; cf. supra s.v. **aequum est enim;** infra **secundum naturam**) *hy wat die risiko dra behoort ook die voordeel te geniet // the advantage should accrue to the party bearing the risk.*

commodum ex iniuria sua nemo habere debet (cf. infra s.v. (i) **hoc natura aequum** (ii) **locupletari** (iii) **nemini fraus** (iv) **nemo debet locupletari** (v) **nemo ex suo delicto** (vi) **nullus commodum**) *niemand mag uit sy eie onreg voordeel trek nie // no one ought to derive advantage from his own wrong.*

commodus usus -us m. *ongestoorde gebruik // undisturbed use, quiet enjoyment* (3 EDC 417).

commorientes -tium c. (cf. Dig 34.5.22–23) *gelyksterwendes* (a.g.v. dieselfde ramp) // *parties dying simultaneously* (in consequence of the same calamity).

commune periculum concordiam parit (anon.) *gemeenskaplike gevaar bring eendrag // a common danger produces unity.*

communio pro partibus indivisis *mede-eiendom in onverdeelde aandele // joint ownership in undivided shares.*

communis error -oris m. *gemeenskaplike fout (dwaling) // common error.*

communis error facit ius (Paulus Dig. 33.10–3.5 ad cf.) *'n heersende wanopvatting word geldende reg // common error makes law; a prevailing misconception passes into valid (accepted law); passes current as law.*

communis opinio -onis f. *heersende mening* (veral onder regsgeleerdes); *gangbare opvatting // prevailing opinion, current view* (in legal circles); *general professional opinion.*

compensatio -onis f. *skuldvergelyking // set-off;* **— lucri cum damno** *verrekening (vereffening) van wins en skade // set-off of profit and loss.*

compensatio est debiti et crediti inter se contributio (Modest.: Dig. 16.2.1; cf. infra s.v. **ideo compensatio**) *skuldvergelyking is 'n vereffening van 'n skuld en 'n vordering (eis) // set-off is a contribution made between a debt and a credit.*

competens -tentis *bevoegd // competent;* **per competentes magistratus** (Inst. 3.10.3) *deur bemiddeling van bevoegde magistrate // by means of competent magistrates.*

competentiae beneficium (vide s.v. **beneficium**).

competit actio *die aksie is ontvanklik // the action lies.*

completa videtur condicio quandocumque impleta sit (Cod. 6.25.8(7)) *wanneer die voorwaarde ook al nagekom is, word dit beskou asof daar behoorlik aan voldoen is // whenever the condition has been complied with it is considered to have been duly fulfilled.*

componere lites *geskille skik // settle disputes.*

compos mentis (i.q. **compos sui**) *by sy volle verstand // in one's right mind.*

computatio -onis f. *berekening // calculation; reckoning;* **— civilis** *burgerlike (tyds)-berekening* (die laaste dag word by sy aanvang as voltooid beskou // *civil reckoning of time* (the last day being reckoned as complete at its commencement); **— naturalis** *natuurlike (tyds)berekening* (van oomblik tot oomblik) // *natural reckoning* (as from moment to moment).

conceptio -onis f. (1) *formulering // formulation* (2) *ontvangenis (bevrugting) // conception (pregnancy).*

conceptus pro iam nato habetur (i.q. adagium proximum) *'n kind ontvang geld as reeds gebore // a child conceived is regarded as already born.*

conceptus quodammodo in rerum natura esse existimatur (Celsus: Dig. 38.16.7; cf. infra s.v. (i) **infans conceptus** (ii) **nasciturus**) *'n kind ontvang word in 'n sekere sin as reeds bestaande beskou // a child who has been conceived is, to a certain extent, considered as being in existence.*

concessio -onis f. *toestemming, vergunning // leave, permission.*

concilium -ii n. *vergadering // assembly, gathering, meeting.*

conclusio -onis f. *gevolgtrekking // conclusion* (in reasoning).

concordiá parvae res crescunt, discordiá maximae dilabuntur (Sall. Jug. 10.6) *deur eendrag groei geringe mag en deur tweedrag val die grootste uiteen // by concord weak* *power grows, by discord the greatest falls asunder.*

concubitus -us m. *byslaap // copulation; sexual intercourse;* — **non facit nuptias** (Dig. 50.17.30) *die byslaap bring nie die huwelik tot stand nie // copulation does not bring about marriage.*

concursus -us m. creditorum (let. ' 'n sameloop van skuldeisers') *gelyktydige vordering van verskeie skuldeisers; gelyktydigheid van vordering deur verskeie skuldeisers //* (lit. 'a rush (concourse) of creditors') *simultaneous claim by several creditors; simultaneity of creditors' claims.*

concussio *afpersing; afdreiging // extortion.*

condicio -onis f. (1) *voorwaarde // condition;* — **casualis** *toevalige voorwaarde* (waarvan die vervulling van suiwer toeval afhanklik is) *// a condition the fulfilment of which depends upon pure accident (chance);* — **facti** (vide infra — **iuris**) *eintlike voorwaarde* (deur die partye beding) *// factual condition* (stipulated for by the parties); — **impossibilis** *onmoontlike, onvervulbare voorwaarde // impossible, unrealizable condition;* — **iuris** (vide supra — **facti**) *oneintlike voorwaarde* (wat veronderstel word, daar dit van regsweë deel van die regshandeling uitmaak) *// an unreal, unexpressed condition* (presumed in law to be part of the legal act); — **perplexa** *innerlik teenstrydige, ongerymde voorwaarde // self-contradictory, inconsistent, preposterous, anomalous condition* — **potestativa** *potestatiewe, willekeurige voorwaarde* (wat deur die belanghebbende vervul word) *// arbitrary* or *potestative condition;* — **resolutiva** *ontbindende voorwaarde // resolutive condition* (or: *condition subsequent*); — **sine qua non** *onmisbare, noodsaaklike voorwaarde // indispensable, essential condition;* — **suspensiva** *opskortende voorwaarde // suspensive condition;* (2) **(cum verbis):** — **deficit** *die voorwaarde gaan nie in vervulling nie // the condition is not being fulfilled;* — **exsistit** (vel **impletur**) *die voorwaarde gaan in vervulling // the condition is being fulfilled;* — **pendet** *die voorwaarde is swewend* (dis nog onseker of dit in vervulling sal gaan) *// the condition is pending* (it is as yet uncertain whether it will be fulfilled).

condictio -onis f. *kondiksie* (aksie waarmee dit teruggevorder word wat sonder oorsaak, of uit foutiewe, onwettige of onsedelike oorsaak van die eiser verkry is) // *condiction* (an action for reclaiming something which has been obtained from the plaintiff without lawful cause or from a mistaken or immoral motive); — **causa data causa non secuta** *kondiksie* (of *terugvordering*) *weens versuim van teenprestasie // condiction resulting from the failure of the other party to meet his obligation* (reclaiming property given for a consideration not realized); — **ex lege** *terugvordering van 'n by wet verbode verryking // suit for the repayment of enrichment forbidden by law;* — **furtiva** *terugvordering van gesteelde goed // suit for the recovery of stolen property;* — **indebiti** *terugvordering van onverskuldigde betaling // suit for return of a sum not owing but paid;* — **ob iniustam causam** *kondiksie t.a.v. betaling uit onwettige oorsaak gedoen // condiction (suit) for repayment of a sum of money paid for an illegal consideration;* — **ob turpem causam** *terugvordering van betaling uit onsedelike oorsaak gedoen // suit for repayment of a sum of money paid for an immoral (base) consideration;* — **sine causa** *terugvordering (kondiksie) van betaling sonder oorsaak gedoen // suit for repayment of a sum of money paid without (valid) consideration.* Die **condictio sine causa** in wyere sin omvat ook die **condictio causa data causa non secuta,** die **condictio ob turpem vel iniustam causam** en die **condictio indebiti**. // The **condictio sine causa** in a wider sense comprises the **condictio causa data causa non secuta,** the **condictio ob turpem vel iniustam causam** and the **condictio indebiti**.

condominium *mede-eiendom; kondominium // joint ownership.*

condominus -i m. *mede-eienaar // joint owner.*

conductio -onis f. *huur // rent; a hiring.*

conductor -oris m. *huurder, pagter // lessee.*

confessi debitores pro iudicatis habentur (Paulus sent. 5. 4A. 2; cf infra s.v. **in iure confessi**).

confessio est regina probationum *'n bekentenis* (van die beskuldigde) *is die beste bewys // a confession* (by the accused) *is the best proof.*

confessus pro iudicato est, qui (quia?) **quodammodo sua sententia damnatur** (Paul.: Dig. 42.2.1; cf. infra s.v. **in iure confessi**) *wie skuld beken word as gevonnis beskou daar hy as 't ware uit sy eie mond veroordeel word // he who confesses in court is considered to have had judgment pronounced against him, for he himself has in a manner of speaking been condemned by his own sentence.*

conflictus -us m. legum *botsing van regstelsels // conflict of laws.*

confusio -onis f. (1) *skuldvermenging; ver-*

menging van regte (van hoedanighede, soos dié van skuldeiser en skuldenaar; of van eienaar van heersende sowel as dienende erf) // *merger of debts; merger of rights* (where juristic qualities are combined, or merged, in the same person, e.g. those of debtor and creditor, or those of the owner of the dominant and of the servient tenement); (2) *samevloeiing* (van vloeistowwe, 'n wyse van eiendomsverkryging; in teenstelling met **commixtio** *vermenging van nie-vloeibare stowwe*) // *intermixture* (used of fluids; a method of acquiring ownership; as distinct from **commixtio** *mixing of non-fluids*); — **sanguinis** *afkomsverwarring; onsekerheid oor vaderskap* (of *identiteit van die vader*) // *uncertainty as to paternity* (or *father's identity*).

congeries -ei f. *hoop, klomp, menigte // heap, mass, pile.*

coniunctio (scil. in iure successionis) **triplici modo intellegitur: aut enim re per se coniunctio contingit, aut re et verbis, aut verbis tantum** (exempla nonnulla sequuntur; Paul.: Dig. 50.16.142; cf. Gai. 2.207; vide infra ad p. 210 col. 2 s.v. **ius accrescendi inter coheredes observandum**) *voeging (van erfgename) word op drie maniere verstaan: dit geskied òf d.m.v. die (erf)goed as sodanig, òf deur die goed en die woorde, òf deur die woorde alleen // a joinder (of heirs) can be effected in three ways: either by means of the property itself, or by means of the property and the words, or by the words alone.*

coniuratio -onis f. *sameswering // conspiracy.*

conscientia morderi (Cic. Tusc. 4.20.45) *gewetenswroegings hê/deur sy gewete gekwel word // to have a guilty conscience.*

consensus -us m. (ad idem) *wilsooreenstemming; konsensus // a meeting of minds; agreement (to the same thing); unanimity;* — **facit nuptias** (cf. infra s.v. **nuptias non**) *die huwelik kom deur wilsooreenstemming tot stand // agreement brings about a marriage;* — **tollit errorem** *wilsooreenstemming hef dwaling op // consensus removes (brings an end to) error.*

consentaneum enim est visum verbis factam obligationem posse aliis verbis dissolvi (Gai. 3.170, i.e. contrario actu; cf. infra s.v. **prout quidque**) *dit is as voor die hand liggend beskou dat 'n verbintenis d.m.v. (formele) woorde aangegaan weer d.m.v. woorde ontbind kan word // it has been judged consistent that an obligation created by means of (formal) words should in turn be extinguished by words.*

considerans *konsiderans* (aanloop van 'n wet) // *preamble* (of a law).

consignatio -onis f. *inbetaling by die hof // payment into court.*

consilii non fraudulenti nulla obligatio (Ulp.: Dig. 50.17.47; cf. Dig. 17.1.2.6; Bonif. VIII reg. lxii; et infra s.v. **nemo ex consilio**) *'n raadgewer is nie* (vir die gevolge van sy raad) *aanspreeklik nie tensy hy bedrieglik handel // a counsellor is held responsible only if he tenders fraudulent advice; no obligation is incurred by offering advice that is not fraudulent.*

consortium omnis vitae (Modest. Dig. 23.2.1) vide infra s.v. **nuptiae sunt**.

conspectus -us m. *aanblik, gesigsveld // a look; sight, view;* **in alcs. conspectu** *in iemand se gesigsveld, voor sy oë // in full view of.*

constante matrimonio (Cod. 5.26.1) *staande die huwelik // during the subsistence of the marriage.*

constat autem ius nostrum aut ex scripto aut ex non scripto (Inst. 1.2.3) *ons reg is òf geskrewe òf ongeskrewe // our (system) consists either of written or unwritten law.*

constitutio -onis f. *keiserlike wet* (of *verordening*) // *constitution (an imperial law).*

constitutio principis est quod imperator . . . constituit (Gai. 1.5) *'n keiserlike wet* (of *verordening*) *is een wat die keiser bepaal het // an imperial law is what the emperor has ordained.*

constitutiones tempore posteriores potiores prioribus (cf. infra s.v. (i) **ea quae postea** (ii) **eius est tollere** (iii) **lex posterior derogat** (iv) **posteriora derogant** (v) **posteriores leges** (vi) **prius pactum**) *latere konstitusies (keiserlike wette) geniet voorkeur bo vroeëres // constitutions passed later in time apply* (or *obtain*) *with greater authority than earlier measures.*

constitutum possessorium *lewering* (**traditio**) *deur die vorming van die bedoeling om voortaan namens die oordragontvanger te besit* ('n 16de eeuse frase) // *transfer of possession* (**traditio**) where A *with the intention of transferring* his *ownership* in a thing to B declares that he will henceforth hold the thing for B (a 16th century phrase).

consuetudine autem ius esse putatur quod voluntate omnium sine lege vetustas comprobarit (Cic. de inv. 2.22.67) *as gewoontereg geld dít waaraan langdurige tydsverloop, met die instemming* *van iedereen en sonder die aanname van 'n wet, sy goedkeuring geheg het // that is regarded as customary law which, without the sanction of any law and with the common consent of all, has been approved by immemorial usage.*

consuetudinis magna vis est (Cic. Tusc, 2.17) *die mag van die gewoonte is groot // the influence of custom is great.*

consuetudinis ususque longaevi non vilis auctoritas est (Cod. 8.52 (53).2; an. 319) *die gesag van langdurige gewoonte en gebruik is nie te versmaai nie . . . // the authority of long established usage and custom should not be treated with contempt.*

consuetudo est optima legum interpres (vide infra s.v. **optima est**).

consuetudo ius est moribus constitutum (Julianus: Dig. 1.3.32.1; cf. Dig. 1.3.33) *gewoontereg is reg wat deur gebruike gevorm is // customary law is law created by usage.*

consuetudo pro lege servatur (cf. infra s.v. **diuturna consuetudo**) *gebruik (gewoonte) geld as wet // custom passes (is heeded, is observed) as law.*

consulere: graviter — in alqm. (Liv. 8.13) *iem. streng behandel // to deal severely with s.o.*

consummatio matrimonii *vervulling/voltrekking van die huwelik // consummation of a marriage.*

contemporanea expositio *tydgenootlike uiteensetting* (vertolking aan 'n wet gegee deur regters wat geleef het toe dit gemaak is of kort daarna) // *contemporaneous exposition* (i.e. the construction put upon a statute by judges who lived when it was passed, or shortly after).

contextu uno (vide infra s.v. **uno contextu**).

contra bonos mores (Gai. 3.157; Inst. 3.26.7; cf. Dig. 28.7.15.1) *teen(strydig met) die goeie sedes // immoral; against good morals; in breach of the moral law.*

contra factum non datur argumentum *teen 'n feit val daar nie te redeneer nie // it is vain to argue against* (or *fly in the face of*) *facts.*

contra fiscum in die geval van dubbelsinnigheid word die wet *teen die belastinggaarder* uitgelê // in case of ambiguity the law is interpreted *against the receiver of revenue.*

contra iuris civilis regulas pacta conventa rata non habentur, veluti . . . (Gaius: Dig. 2.14.28 pr.; cf. infra s.v. **pacta quae**) *ooreenkomste strydig met die burgerlike reg gesluit word nie geldig geag nie // agreements entered into against the rules of the civil law are not considered valid.*

contra ius fasque *strydig met* (alle) *menslike en goddelike reg // against* (all) *human and divine law.*

contra legem facit, qui id facit, quod lex prohibet, in fraudem legis vero, qui salvis verbis legis sententiam eius circumvenit (Paul.: Dig. 1.3.29) *wie doen wat 'n wet verbied, handel strydig met die wet, maar wie met inagneming van die woorde die strekking daarvan omseil, ontduik die wet // to do what the law forbids is to violate the law, but to evade its tenor while observing its words is to act in fraud of it.*

contra naturam suam *teen* (of *strydig*) *met sy eie aard // contrary to its own nature.*

contra negantem principia non est disputandum *moenie met 'n party wat jou beginsels (uitgangspunt) ontken redetwis nie // it is of no avail to argue with a party who denies your premises.*

contra non valentem agere non currit praescriptio v. Zurck Codex 1764[4] p. 887 par. xiii; vide SALR 1972 (2) 479 E–G) *verjaring loop nie teen iemand wat nie kan optree nie // prescription does not run against a party who cannot take action.*

contra petitorem iudicari solet (Inst. 4.15.4 f.) *daar word in die reël teen die eiser beslis // judgment usually goes against the plaintiff.*

contra potentes nemo est munitus satis (Phaedr. fab. 2.6.1) *teen die magtiges is niemand opgewasse/voldoende bewapen/nie // against the mighty no one is fully armed.*

contra proferentem (vide infra s.v. **verba fortius**).

contra proprium factum venire nequit (i.q. 'estoppel'; cf infra s.v. **sancimus nemini licere** et v. d. Keessel MS. p. 853 init. vol. iii p. 282) *(niemand) kan teen sy eie handeling ingaan nie // (no one) may speak against his own act.*

contra scriptum testimonium non scriptum non profertur (Cod. 4.20.1; textus Graecus) *teen 'n geskrewe bewys kan 'n ongeskrewe bewys nie gestel word nie // against proof in writing unwritten proof may not be adduced.*

contra stipulatorem (cf. infra s.v. **verba contra stipulatorem**).

contractus enim legem ex conventione accipiunt (Ulp.: Dig. 16.3.1.6; cf. Dig. 50.17.23 med.) *uit hoofde van die ooreenkoms word die verbintenisse uit kontrakte bepaal //*

the terms of contracts are determined in accordance with the agreement (arrived at).

contradictio -onis f. (i) **explicita** *klaarblyklike teenstrydigheid; duidelike teenspraak // obvious contradiction; clear discrepancy;* (ii) — **implicita** *bedekte, stilswyende teenstrydigheid // implicit contradiction; tacit discrepancy.*

contrario sensu *in die teenoorgestelde sin // in the opposite (contrary) sense.*

contrarius actus -us m. (cf. infra s.v. **prout quidque,** et locos ibi citt.) *teenoorgestelde handeling // contrary act.*

contrarius consensus -us m. (cf. Dig. 18.5.3) *ooreenkoms om die geslote ooreenkoms te ontbind // agreement to dissolve the agreement concluded.*

contraxisse unusquisque in eo loco intelligitur in quo ut solveret se obligavit (Julian.: Dig. 44.7.21) *van elkeen word dit aanvaar dat hy die kontrak op dié plek gesluit het waar hy hom verbind het om te betaal // everyone is deemed to have concluded a contract in the place where he has bound himself to pay.*

contrectatio -onis f. *aanraking, hantering; onttrekkingshandeling* (by diefstal); *toe-eiening; verwydering // handling; illegal appropriation; removal;* — **fraudulosa** (v. infra s.v. **furtum est**) *bedrieglike* (of *dieftige*) *toe-eiening; verwydering // fraudulent appropriation; removal.*

contumacia -ae f. *hardnekkige ongehoorsaamheid; halsstarrige verset; weerspanningheid; minagting van hofbevele // contumacy, inflexible disobedience; obstinate resistance; obstinate contempt of court; stubborn refusal to obey orders of court.*

contumax -acis (adj.) (Dig. 42.1.53.1) (iemand) *wat behoorlik gedagvaar is maar weier om in die hof te verskyn //* (a person) *who after being duly summoned to appear in court refuses to do so.*

contumelia -ae f. *belediging, minagting; contumelia // affront, contempt, contumely, insult.*

conubium -ii n. (Gai. Inst. 1.76) *huwelik; bevoegdheid om huwelik te sluit // marriage; competence to conclude a marriage.*

conveniens: forum non — *'n minder geskikte hof // a less suitable court.*

con-venio (4) -veni -ventum (1) (intr.) *eens wees, ooreenkom // agree;* (2) (tr.) (in regte) *aanspreek, dagvaar //* (in law) *cite, sue, summons.*

conventio -onis f. (1) *ooreenkoms, wilsooreenstemming // agreement;* (2) *dagvaarding, eis // claim, summons.*

conventis privatorum non potest publico iuri derogari cf. infra (i) **ius publicum privatorum** (ii) **privatorum conventio.**

conventus agere (Caes. B.G. 1.54) *rondgaande howe byeenroep // convene the assizes.*

convicium -ii n. *geskimp met lawaai gepaard; luide spot // insult; loud altercation; vociferous abuse.*

copula -ae f. carnalis *geslagsgemeenskap // sexual intercourse.*

coram (prep.) *voor, ten oorstaan van // before* (= in the presence of); — **iudice rei sitae** *voor die hof van die plek waar die goed geleë is // before the court of the place where the property is situated;* — **lege loci** *voor die hof van die plek* (waar die onroerende goed geleë is) *// before the court of the place* (where the property is situated); **coram non iudice** *voor 'n onbevoegde regter // before an incompetent judge/an irregular tribunal;* — **populo** *voor die volk (volksvergadering) // before the (assembled) people.*

corpus = species; venditio corporis *verkoop van 'n spesifieke saak // sale of a specific thing.*

corpus delicti *alles wat die misdaad uitmaak;* (nie-juridies: die voorwerp waaraan die misdaad gepleeg is; voorwerp van die misdaad) *// all that goes to make a breach of law; all that constitutes the crime committed* (in popular speech: the tangible object of the crime, e.g. the corpse).

correi credendi *medeskuldeisers // joint creditors.*

correi debendi *medeskuldenaars // co-debtors.*

corruptissima republica plurimae leges (erant; Tac. an. 3.27 ad f.) *toe die staat die mees verdorwe was, was die wette die talrykste // when the state was most corrupt, the laws were most numerous.*

corvo quoque rarior albo (Juv. 7.202) *selfs seldsamer as 'n wit kraai // even rarer than a white crow.*

crambe repetita f. (Juv. 7.154) *afgesaagde (vervelige) herhaling* (lett. opgewarmde kool) *// outworn platitudes; hackneyed (trite) sayings* (lit. rehashed cabbage).

credat Judaeus Apella, non ego (Hor. Sat. 1.5.100) *laat die liggelowige Jood Apella dit maar glo; ek is nie onder 'n kalkoen uitgebroei nie // tell that to the horse marines.*

creditor qui permittit rem venire, pignus dimittit (Gaius: Dig. 50.17.158) *die skuldeiser wat toelaat dat die* (verpande) *saak verkoop word* (van veneo), *laat die pand uit sy hand gaan (verloor die retensiereg) // a* *creditor who permits property which has been pledged, to be sold* (from veneo), *loses his lien;* **creditorem dolo et calliditate circumvenire** (Ulp.: Dig. 50.14.2) *die skuldeiser met bedrog en lis beetneem // deceive the creditor with craft and fraud.*

'creditorum' appellatione non hi tantum accipiuntur, qui pecuniam crediderunt, sed omnes, quibus ex qualibet causa debetur (Gaius: Dig. 50.16.11; cf. 50.16.10) *onder 'skuldeisers' word daar nie slegs diegene verstaan wat geld uitgeleen het nie, maar almal aan wie daar, uit watter skuldoorsaak ook al, iets verskuldig word // by the term 'creditors' not only those are understood who have loaned money, but all to whom anything is due for any reason whatsoever.*

credula res amor est (Ovid. Her. 6.21) *die liefde is liggelowig // love is a credulous thing (sees no faults).*

crimen criminis n. (i) *misdaad* (ii) *aanklag; beskuldiging; strafregtelike vervolging //* (i) *crime* (ii) *charge; criminal prosecution; accusation;* — **ambitus** *omkopery* (by verkiesings) // *corruption* (at elections); — **expositionis infantis** *misdaad van tevondelinglegging // crime of exposing a child;* — **falsi** *bedrog; vervalsing // fraud; deceit;* — **furti** *diefstal // theft;* — **incendii** *brandstigting // arson;* — **laesae maiestatis,** — **laesae venerationis,** — **maiestatis imminutae** *misdade teen die staatsgesag // crimes directed against the authority of the state;* — **raptus** *menseroof; vroueroof // abduction; rape.*

crimina culposa *delikte waarvoor geen opset nie, maar slegs nalatigheid 'n vereiste is // delicts for which no intent but only negligence is a requirement.*

crimina dolosa *misdrywe waarvoor opset 'n vereiste is // crimes for which intent is a requirement.*

crimina morte extinguuntur *misdade word uitgewis deur die dood* (van die misdadiger) *// crimes are extinguished by the death* (of the criminal).

crimine ab uno disce omnis (Verg. Aen. 2.65.66) *leer die hele nasie ken van een (nl. Sinon) se misdaad // get to know the whole tribe from* (the deceit of) *one man (Sinon).*

cui bono? (Cassius Longinus ap. Cic. Rosc. Amer. 84; pro Mil. 12.32; Phil. 2.14.35; Cf. infra s.v. **cui prodest**) *tot wie se voordeel* (was die misdaad)? Cassius se leidraad om die misdadiger op te spoor. // *who stood to gain* (by the crime)? *to whose advantage was it?* Cassius' test, serving as pointer to the author of the crime.

cui iurisdictio data est, ea quoque concessa esse videntur, sine quibus iurisdictio explicari non potuit (Ulp.: Dig. 2.1.2; cf. infra s.v. (i) **cuicumque aliquis** (ii) **quando lex aliquid**) *aan dié persoon aan wie die regspraak opgedra is blyk ook daardie bevoegdhede toegesê te wees waarsonder die regspraak nie uitgevoer sou kan word nie // to the party to whom the jurisdiction has been entrusted, those powers too are seen to be conceded without which the jurisdiction could not be carried out.*

cui licet quod maius est non debet quod minus est non licere i.q. infra s.v. **in eo quod.**

cui malo? *tot wie se nadeel? // to whose prejudice (disadvantage)?*

cui prodest scelus, is fecit (Sen. Medea 500–1; cf. **cui bono** *hy het die misdaad gepleeg tot wie se voordeel dit is // the person benefited by the crime is the guilty party.*

cuia res est cuium periculum (Cic. Verr. 1.54.142) *hy wie se saak dit is (en) wie se risiko // the party who is owner (and) who is at risk.*

cuicumque aliquis quid concedit, concedere videtur et id sine quo res ipsa esse non potuit (cf. supra s.v. **cui iurisdictio;** infra s.v. **quando lex aliquid**) *aan wie ook al iemand iets toestaan, blyk dit dat hy ook dit toestaan waarsonder die hoofsaak nie sou kon bestaan nie // to whomsoever a party concedes something, he is also seen to concede that without which the principal thing could not exist.*

cuilibet in arte sua perito est credendum *wie ook sal in sy ambag (kuns) bedrewe is, sy woord moet aanvaar word // any person skilled in his trade should be taken at his word.*

cuilibet licet iuri pro se introducto renuntiare (cf. infra s.v. (i) **invito beneficium** (ii) **quilibet iuri** (iii) **regula est iuris**) *dit staan enigeen vry om afstand te doen van 'n reg wat vir sy voordeel geskep is // anyone is at liberty to waive a right introduced for his benefit.*

cuius est dare eius est disponere *wie bevoeg is om iets te gee, is bevoeg om daaroor te beskik // whoever is entitled to give something may also* (decide how to) *dispose of it.*

cuius est dominium eius est periculum (i.q. supra s.v. **cuia res**) *hy by wie die eiendomsreg is dra die risiko // the risk lies upon the owner (of the thing).*

cuius est instituere eius est abrogare (cf.

Dig. 50.16.102) *wie bevoeg is om 'n maatreël in te stel kan dit ook afskaf // whoever is empowered to introduce a measure may also abolish it.*

cuius est periculum eius etiam debet esse commodum (cf. Inst. 3.23.3 ad f. et infra s.v. (i) **qui sentit onus;** (ii) **secundum naturam**) *wie die risiko dra moet ook die voordeel pluk // he who bears the risk should reap the advantage also.*

cuius est solum eius est caelum (cf. Dig. 43.24.22.4) *die eienaar van die grond is die eienaar van die lugruimte daarbo // the owner of the soil is the owner of the sky above it.*

cuiusque rei potissima pars est principium (Gaius: Dig. 1.2.1) *van elke ding is die begin die belangrikste deel // the most important part of anything is the beginning.*

cuiusvis hominis est errare, nullius nisi insipientis in errore perseverare (Cic. Phil. 12.2.5) *enige mens mag dwaal, maar slegs 'n dwaas volhard in sy dwaling // everyman may err, but no man who is not a fool may persevere in his error.*

culpa -ae f. (in engere sin) *skuld; gebrek aan sorg; nalatigheid;* (in wyere sin, wanneer dit ook **dolus** (opset) omvat) *skuld* (nie geldskuld nie) // (in the narrower sense) *remissness; neglect; negligence; lack of care;* (in the wide sense, comprising **dolus** (evil intent, wilfulness, malice)) *fault, blame;* — **carere** = **abesse a** — *sonder blaam wees // be blameless;* — **compensatio** (lett. '*skuldvergelyking weens nalatigheid*, t.w. van albei kante') beginsel waarvolgens regshulp geweier word waar albei die partye skuld het (d.w.s. waar meewerkende of bydraende nalatigheid bestaan) // (lit. '*set-off resulting from negligence* (on the part of both parties))'; principle whereby legal aid is denied if both parties are to blame (i.e. where contributory negligence is established); — **concurrens** *meewerkende skuld; medeskuld van die benadeelde // contributory negligence* (of the plaintiff); — **in abstracto** *abstrakte* of *objektiewe* skuld (gebrek aan dié sorg wat 'n redelike man in ag sou geneem het) // *abstract* or *objective fault (negligence)*, i.e. lack of that care a reasonable man would have observed; — **in committendo** *skuld wat in 'n handeling bestaan // fault consisting in the commission of an act;* — **in concreto** *konkrete* of *subjektiewe skuld:* gebrek aan dié sorg wat die persoon gewoond was om in sy eie sake in te neem // *concrete* or *subjective fault (negligence):* lack of that care which the party usually applied to his own affairs; — **in contrahendo** *nalatigheid by kontraksluiting // negligence in contracting;* — **in custodiendo** *skuld by die toesighou oor 'n saak // fault in surveillance* (when guarding a thing); — **in eligendo** *skuld by die keuse* (van 'n dienaar) // *fault (negligence) in the selection* (of a servant); — **in omittendo** *skuld wat in versuim (nie-doen) bestaan // fault (negligence) of omission;* — **lata** (cf. infra s.v. **lata culpa**) *swaar (growwe) skuld // gross carelessness (negligence);* — **levis** *ligte (geringe) skuld // slight carelessness (negligence);* — **levissima** *ligste (geringste) skuld // slightest carelessness (negligence);* **mea** — **est** *dis my skuld // it is my fault.*

Adagia

(1) **culpa caret qui scit sed prohibere non potest** (Paul.: Dig. 50.17.50) *hy is vry van skuld wat* (van die gevaar) *bewus is maar dit nie kan verhoed nie // he is free from blame who is powerless to avoid the danger apparent to him.*

(2) **culpa est immiscere se rei ad se non pertinenti** (Pomp.: Dig. 50.17.36; cf. infra s.v. **non est sine culpa**) *dit is nalatigheid om jou in te laat (te bemoei) met 'n aangeleentheid wat jou nie raak nie // it constitutes negligence to interfere in a matter that does not concern one.*

(3) **culpa lata dolo aequiparatur (vel proxima est)** (cf. infra s.v. **lata culpa plane**) *growwe nalatigheid is gelyk* (of *lê die naaste*) *aan opset // gross negligence is the equivalent of* (or *comes very close to*) *wilfulness.*

(3)*(a)* **culpa tenet auctores suos** *nalatigheid maak diegene aanspreeklik wat dit pleeg // remissness binds its own authors.*

(4) . . . **culpam esse** (Mucius dixit) **quod cum a diligente provideri poterit** (sic), **non esset provisum** (Paul.: Dig. 9.2.3.1) (Mucius het gesê) *daar is nalatigheid wanneer daar nie sodanige voorsorg getref is nie as wat 'n sorgsame man sou kon getref het //* (according to Mucius) *there is negligence when such precautions have not been taken as a diligent man would have been able to take.*

(5) **culpam alci. attribuere** i.q. **alqd. alci. vitio vertere** (Verr. 5.50) *iemand blameer/die skuld gee/verkwalik // impute a fault to s.o.*

(6) **culpam committere** *'n laakbare daad pleeg // to commit a reprehensible act.*

culpae auctor -oris m. *die nalatige persoon // the negligent party.*

culpae incapax *nie weens nalatigheid toerekeningsvatbaar nie // incapable of negligence.*

culpae reus (Dig. 48.3.14 pr.) *skuldig aan nalatigheid // guilty of negligence.*

cum damno alicuius locupletior fieri (cf. supra s.v. **aequum est;** infra: **iure naturae**) *ten koste van iemand anders verryk word // to be enriched at the cost of someone (else).*

cum de lucro duorum quaeratur, melior est causa possidentis (cf. infra s.v. **quum de lucro**) *wanneer die ondersoek oor die wins van twee persone gaan, is die posisie van die besitter die sterkste // when the gain of two parties is being inquired into the position of the possessor is the stronger.*

cum duo inter se pugnantia reperiuntur in testamento, ultimum ratum est *wanneer daar twee teenstrydige bepalings in 'n testament aangetref word, is die mees resente die geldige // when two clauses which are mutually incompatible occur in a will, the last in order of time prevails.*

cum grano salis (cf. Plin. H.N. 23.8.77 § 149) *met 'n greintjie/korrel sout // with a pinch of salt.*

cum in testamento ambigue aut etiam perperam scriptum est, benigne interpretari (interpretandum Mom.) **et secundum id quod credibile est cogitatum, credendum est** (Marcellus: Dig. 34.5.24) *wanneer daar iets in 'n testament in dubbelsinnige taal of selfs foutief geskryf staan, moet dit toeskietlik vertolk word* en *moet die waarskynlike bedoeling* (van die erflater) *as die juiste aanvaar word // when any disposition is found in a will which is ambiguous or even incorrect, it should be favourably interpreted and the probable intention* (of the testator) *should be regarded as his real intention.*

cum in verbis nulla ambiguitas est non debet admitti voluntatis quaestio (Paul.: Dig. 32.25.1; at vide infra s.v. **in conventionibus;** etiam Dig. 34.5.24(25)) *wanneer daar in die gebesigde woorde geen dubbelsinnigheid bestaan nie, val daar nie op die bedoeling* (van die erflater) *in te gaan nie // where there is no ambiguity in the words* (of the will), *no question as to the intention* (of the testator) *should be raised.*

cum lex in praeteritum quid indulget, in futurum vetat (Ulp.: Dig. 1.3.22) *wanneer 'n wet 'n gebeure in die verlede deur die vingers sien, belet hy dit vir die toekoms // when a law pardons anything which is past, it forbids it for the future.*

cum obscura sint utriusque iura contra petitorem iudicari solet (Inst. 4.15.4 ad f.; vide infra s.v. **facilius reis**) *wanneer die regte van albei (partye) twyfelagtig is word daar gewoonlik teen die eiser beslis // when the rights of both (parties) are obscure, judgment usually goes against the plaintiff.*

cum par delictum est duorum, melior habetur possessoris causa (Ulp.: Dig. 50.17.154; cf. infra. s.v. **melior est**) *wanneer die onregmatige daad van die twee partye ewe afskuwelik is, staan die saak van die besitter die sterkste // when the delict of the two parties is equally heinous, the cause of the possessor is regarded as the stronger.*

cum principalis causa non consistit, ne ea quidem quae sequuntur locum habent (Paul.: Dig. 50.17.129.1 et 178) *wanneer die prinsipale saak* (of *hoof-saak*) *nie meer bestaan nie, verdwyn die bykomstige elemente ook // when the principal thing ceases to exist, its accessories also disappear.*

cum quaeritur in stipulatione quid acti sit, ambiguitas contra stipulatorem est (Celsus.: Dig. 34.5.26(27); cf. supra s.v. **ambiguitas,** et infra s.v. **verba contra**) *wanneer daar gevra word wat die bedoeling* (van die partye) *by 'n stipulasie was, word die dubbelsinnigheid teen die stipulator vertolk // when the question is raised as to what* (the parties) *intended in a stipulation, the ambiguity should be construed against the stipulator.*

cum quis possit alienare, poterit et consentire alienationi (Ulp.: Dig. 50.17.165) *wie goed kan vervreem, kan ook tot die vervreemding daarvan instem // he who can alienate property, can also consent to its alienation.*

cum servo nulla actio est (Gaius: Dig. 50.17.107) *teen 'n slaaf kan daar geen aksie ingestel word nie // no action at law can be brought against a slave.*

cum uxoribus et liberis *met vrou en kind // with wife and child.*

cumulum gaudii alci. afferre (Cic. Fam. 16.21.1) *die kroon van sy vreugde span // add the crown to his delight.*

cupido dominandi cunctis affectibus flagrantior est (Tacitus ann. 15.53) *die drang na heerskappy is onstuimiger as alle ander hartstogte // the lust for power inflames the heart more than any other passion.*

cura et diligentia -ae f. *sorg en omsigtigheid // care and circumspection.*

curandus -i m. *onder kuratele gestelde persoon; curandus // person under curatorship.*

curator -oris m. ad litem *kurator vir hof-*

verrigtinge // curator ad litem; curator for the conduct of a suit.

curator bonis *kurator van goedere // curator bonis; curator of property.*

curatrix -icis f. *kuratriks // curatrix.*

curia -ae f. *die hof, die regbank // the court, the bench;* **— advisari vult** *uitspraak word voorbehou; die hof wil beraadslaag* (lett. 'wil geadviseer word' van die laat-Lat. **advisare** raadgee) *// the court wishes to consider its verdict, reserves judgment* (lit. 'wishes to be advised' from the late Lat. **advisare** to advise); **— novit ius** *die hof ken die reg* (regsreëls hoef nie aangevoer te word nie) *// the court knows the law* (it is redundant to adduce rules of law).

curiosa felicitas (Petron. 118.5) *treffende uitdrukkingswyse // a nice happiness of phrase.*

currente calamo *met die lopende pen; terwyl die pen skryf (uit die vuis) // as the pen runs on.*

cursum tenere *koers hou // hold one's course.*

cursus curiae est lex curiae *die praktyk van die hof is die wet van die hof // the practice of the court is the law of the court.*

custodia -ae f. (Gai. 3.206–7) *veilige bewaring // cus tody, safe-keeping;* **—am praestare** *aanspreeklik wees vir veilige bewaring // be answerable for safe-keeping.*

custos -ōdis m. *bewaker // custodian* (vide infra s.v. **quis custodiet?**

D

da locum melioribus (Ter. Phormio 522) *staan terug vir jou meerderes // make room for your superiors.*

da mihi facta, do tibi ius (anon.) *gee my die feite, (dan) gee ek u die regsposisie // give the facts, (and I shall) give you the legal position.*

damnare: capitis — alqm. *iem. ter dood veroordeel // to condemn s.o. to death = morte multare alqm.* (Cic. in Cat. 1.11.28).

damnatio memoriae *brandmerk/verdoeming van die nagedagtenis* (van die oorlede keiser) *// condemnation of the memory* (of the late ruler).

damnosa hereditas (cf. infra s.v. **hereditas**) *skadelike nalatenskap; nadelige erfenis* (met meer laste as bates) *// unprofitable inheritance* (that brings more liability than profit).

damnum -i n. *skade; nadeel // damage; prejudice; loss;* **— absque** (vel **sine**) **iniuria** *skade sonder onregmatige daad // damage without an unlawful act, without legal injury;* **— commune** *gewone skade,* soos deur iedereen in dergelike omstandighede gely sou gewees het (in teenstelling met **— singulare** *partikuliere skade,* wat net deur die besondere benadeelde in sy besondere posisie gely kon geword het) *// ordinary damage,* as might have been suffered by anyone in similar circumstances (as opposed to **— singulare** *special damage,* which could have been suffered only by the injured party in his particular situation); **— culposum** *skade deur nalatigheid veroorsaak // damage resulting from negligence;* **— emergens** *gelede skade // loss arising; damage actually suffered;* **— fatale** *onvermydelike skade* (deur ongeluk, oormag of onafwendbare rampspoed veroorsaak) *// unavoidable loss* (damage due to inevitable accident or to an act of God); **— infectum** (Dig. 39.2.2) *gevreesde* (of *dreigende*) *skade // anticipated, apprehended, speculative damage;* **— iniuria datum** *onregmatige saakbeskadiging/vermoënsbenadeling // unlawful damage; damage* (resulting) *from delict; damage wrongfully caused;* **— irreparabile** *onherstelbare skade // irreparable damage;* **— necessarium** *onafwendbare, onvermydelike skade // inevitable, unavoidable damage;* **— praestare** (vel **sarcire**) *skade vergoed // make good loss; indemnify;* **— sentit dominus** *skade tref* (of *val op*) *die eienaar // damage is suffered by the owner;* **— singulare** (vide supra s.v. **— commune**).

danti operam rei illicitae imputantur omnia quae sequuntur praeter voluntatem suam (cf. Bartolus ad Dig. 48.5.38.1; et infra s.v. **versari in re illicita**) *vir die persoon wat hom met 'n ongeoorloofde bedrywigheid besig hou word alle gevolge,* (ook dié) *teen sy wil, ten laste gelê // if a person busies himself with an unlawful activity, all the consequences,* (even those) *against his will, are held against him.*

da veniam corvis, vexat columbas (Juv. 2.63) *die vitter spreek die roofvoëls vry, en knou die duiwe af // our criticaster absolves the ravens, (but) bullies the (innocent) pigeons.*

datio in solutionem *vervangende betaling*

(vereffening van skuld deur, met instemming van die skuldeiser, iets anders te gee as wat verskuldig is) // *payment,* with the creditor's approval, *by way of substitution* (settlement of a debt by offering in payment something in lieu of what is due).

datio ob causam quae non sequitur; datio ob turpem causam; datio sine causa (vide omnes supra s.v. **condictio**).

de asini umbra disceptare *oor nietighede* (lett. oor 'n donkie se skaduwee) *redetwis // dispute about trifles* (lit. about the shadow of an ass).

de auditu *van hoorsê // from hearsay.*

de bene esse *met voorlopige goedkeuring* (aan hersiening onderhewig) *// subject to review.*

de bonis propriis *uit eie beurs // from personal funds.*

de cuius (scil. **successione agitur:** Inst. 3.2.6) *die erflater* (lett. 'hy oor wie se erfopvolging dit gaan') // *the testator* (lit. 'the party whose succession is in question').

de die in diem *van dag tot dag* (metode van tydsberekening) // *from day to day* (method of reckoning days).

de facto (vide infra **de iure**) *feitelik; na die feitelike toestand gereken // in fact, in deed, as a matter of fact* (not of law).

de fide et officio iudicis non recipitur quaestio (anon.) *die onkreukbaarheid van 'n regter is bo verdenking // the integrity of a judge may not be called in question.*

de gustibus non est disputandum (anon.) *oor smaak val daar nie te twis nie // tastes differ.*

de industria *opsetlik // purposely; intentionally.*

de integro *opnuut // afresh, anew; as it was before.*

de iure *regtens; na die reg geoordeel // of right, by right and just title; in law.*

de iure suo decedere *afsien van sy reg // waive one's right.*

de lege ferenda *aangaande die wenslike reg* (lett. 'aangaande die reël wat by wet gemaak behoort te word' teenoor **de lege lata** *aangaande die geldende* (of *reeds gemaakte*) *reg) // concerning the law as* (ideally) *it should be* (lit. 'concerning the rule as it should be established by law', contrasted with **de lege lata** *concerning the law already passed*).

de lunatico inquirendo *geregtelike ondersoek na die geestestoestand van die party // judicial inquiry into the state of mind of the party.*

de minimis non curat lex (vel **praetor**): adagium incerti auctoris, neque a Romanis fictum: cf. tamen Dig. 4.1.4; etiam Cic. de nat. deor. 3.35.86 **minora di neglegunt;** et Ov. Trist. 2.216 **non vacat exiguis rebus adesse Iovi** ('Jupiter het nie tyd om aan beuselagtighede te bestee nie' // 'Jupiter has no leisure to attend to trivial things'. — Cf. J. M. T. Labuschagne sub hac inscript. Acta Juridica 1973 291 sqq.) *die reg bemoei hom nie met, steur hom nie aan beuselagtighede, slaan geen ag op nietighede nie // the law does not regard (concern itself with) trifles.*

de momento in momentum (vide supra s.v. **computatio** *van oomblik tot oomblik // from moment to moment.*

de novo (i.q. **denuo**) *opnuut; van nuuts af // afresh; anew.*

de quota litis (vide infra s.v. **pactum de quota litis**).

de restituendo *i.v.m. die teruggawe van // concerning the return of.*

de similibus idem est iudicium *oor analoë gevalle is die oordeel analoog // concerning similar matters the finding is similar.*

debet *is verskuldig // owes.*

debet illud solum probari quod probatum prosit probatori (anon.) *slegs dit moet bewys word wat, as dit bewys is, dié party bevoordeel wat die bewys lewer // only that should be proved which, when proved, benefits the party who has offered proof.*

debitor -toris m. *skuldenaar // debtor;* **'debitor' intellegitur is, a quo invito exigi pecunia potest** (Modest.: Dig. 50.16.108) *onder 'skuldenaar' word daar iemand verstaan van wie daar teen sy sin geld ingevorder (opgeëis) kan word // a 'debtor' is understood to be one from whom money may be claimed against his will;* — **delegatus** *vervangende skuldenaar // debtor by delegation;* — **in solidum** *medeskuldenaar vir die geheel* (met solidêre, of gesamentlike en afsonderlike aanspreeklikheid) // *co-debtor* (with joint and several liability); — **principalis** *hoofskuldenaar // principal debtor.*

debitor speciei liberatur interitu rei (cf. infra s.v. **species perit**) *die skuldenaar van 'n individuele* (onvervangbare) *saak word deur die tenietgaan daarvan* (van sy aanspreeklikheid) *bevry // the debtor of a specific* (irreplaceable) *thing is freed from liability by its destruction.*

debitor sui ipsius nemo esse potest *niemand kan sy eie skuldenaar wees nie // no one can be his own debtor.*

debitore liberato, per consequentias ipse

(= **fideiussor**) **quoque dimittitur** (Papin.: Dig 4.3.19) *wanneer die skuldenaar onthef word, word* (die borg) *self dienten-gevolge ook van aanspreeklikheid bevry // the debtor having been discharged* (the surety) *himself in consequence is discharged.*

debitoris mei debitor non est meus debitor *die skuldenaar van my skuldenaar is nie my skuldenaar nie // my debtor's debtor is not my debtor.*

debitum -i n. *skuld // debt;* **— certum** *sekere, bepaalde, spesifieke skuld // certain, specific debt;* **exigibile** *invorderbare skuld // recoverable debt;* **— in diem** *'n bedrag verskuldig maar nog nie betaalbaar nie // an amount owing but not yet due;* **— incertum** *onbepaalde skuld // indefinite debt;* **— liquidum** *bewese, onbetwisbare, likiede skuld // indisputable, liquid debt.*

decipi non censetur qui se decipi scit (cf. infra s.v. (i) **nemo enim videtur fraudare** (ii) **nulla iniuria** (iii) **nullam potest** (iv) **volenti non fit**) *wie bewus is dat hy bedrieg word, word nie geag bedrieg te word nie // one who is conscious of being deceived is not considered to be deceived.*

decipimur specie recti (Hor. Ars Poet. 25) *ons word deur die skyn van reg mislei // the appearance of right leads us astray.*

defectus -us m. (i) *gebrek aan;* (ii) *nie-vervulling of nie-nakoming van //* (i) *lack, want of;* (ii) *non-compliance with, non-fulfilment of;* **— condicionis** *die nie in vervulling gaan van 'n voorwaarde // non-compliance with a condition; a condition not satisfied;* **— sanguinis** (v.d. Keessel, MS p. 1487 vol. 5 p. 220) *gebrek aan bloed* (= aan nakomelinge of afstammelinge) *// lack of descendants* (or *issue*).

defero -ferre -tuli -latum nomen alcs. *iemand van 'n misdaad aankla,* lett. 'iemand se naam (as klaer of nuusdraer, **delator**) by die praetor aangee' *// impeach, indict* or *accuse someone* before the praetor (as plaintiff or informer, **delator**) lit. 'to hand in the name of X'.

de-ficio (3) -feci -fectum alqm. *in die steek laat;* (abs.) *verval, ontbreek; nie intree nie // leave in the lurch, desert;* (abs.) *cease, fail; not supervene;* (pass.) **facultatibus defici** *insolvent raak, verarm // become insolvent* (or *impoverished*).

defraudare (1) *bedrieg, benadeel // deceive, defraud, impose upon; wrong (v.).*

delatio -onis f. (cf. supra **defero**) *aanklag // charge, accusation.*

delator -oris m. *klagbrenger, nuusdraer // accuser, informer.*

delectari aliqua re *jou in iets verlustig // to take pleasure in s.t.*

delectus -us m. personae *aanwysing van 'n onvervangbare persoon* (wat dus self die onderneming moet uitvoer) *// choice of an irreplaceable person* (bound to specific performance of the undertaking).

delegare est vice sua alium reum dare creditori . . . (Ulp.: Dig. 46.2.11 pr.; cf. supra s.v. **debitor delegatus**) *om te delegeer is om aan 'n skuldeiser 'n vervangende skuldenaar in jou plek te gee // to delegate is to give another debtor to a creditor . . . instead of oneself.*

delegata potestas non potest delegari (i.q. adagium sequens:).

delegatus delegare non potest *iemand met afgeleide bevoegdheid kan dit nie verder oordra nie; 'n gedelegeerde kan nie delegeer nie // a party holding derivative authority cannot delegate it to a third party; a delegate cannot delegate.*

deliberando saepe perit occasio (Publ. Syr. D. 18) *deur beraadslaging gaan die geleentheid dikwels verlore // the chance is often forfeited by deliberation.*

deliberandum est quidquid statuendum est semel (Publ. Syr. D. 10) *wat (slegs) een maal beslis kan word moet deeglik oorweeg word // what can be decided (only) once should long be pondered over.*

deliberato animo *met voorbedagte rade // of set purpose.*

delictum -i n. *misdaad; misdryf; onregmatige daad // crime; delict.*

delinquere (3) -liqui -lictum *'n onregmatige daad pleeg // commit a delict.*

delphinum natare doces (cf. **aquilam volare doces**) *die eier wil wyser wees as die hen // teach your grandmother to suck eggs.*

deminutio -onis f. iuris *inkorting* (of *aantasting*) *van 'n reg // invasion of* (or *encroachment on*) *a right.*

depositum -i n. *bewaargewing // deposit, bailment.*

derelictio -onis f. (Inst. 2.1.47) *prysgewing/verlating // abandonment, dereliction.*

derelinquo (3) -liqi -lictum *abandonneer, afsien* (of *afstand doen*) *van iets; iets prysgee // abandon, forgo; give up; relinquish, renounce; waive.*

derogatur generi per speciem (vide Dig. 50.16.102) *besondere bepalinge maak inbreuk op algemene; die algemene word deur die besondere gewysig // specific provisions derogate from general.*

descendentes -ium *afstammelinge, verwante in dalende lyn // descendants, kindred in descending line.*

destitui effectu *om sy werking kwyt te raak // to lose its effect.*

desuetudo -dinis f. *onbruik // disuse, desuetude.*

detentio -onis f. *houerskap, detensie // detention of a thing;* **nuda —** *blote houerskap // bare (mere) detention.*

detentor -oris m. *houer, natuurlike besitter // holder.*

detrimentum -i n. *skade, nadeel, benadeling // damage, loss, prejudice.*

deus ex machina (lett. *die god uit die werktuig* om 'n oplossing te bring vir 'n hopelose dilemma in 'n drama deur Euripïdes aangewend) *// divine intervention to solve a hopeless dilemma* (trick favoured by Euripides).

dicis causa vel **gratia** (Gai. 2.103; 252) *om aan die vorm te voldoen; ter wille van die vorm; vir die skyn // for form's sake; for the sake of appearances.*

dicta et promissa (n. pl.) *uitdruklike waarborge // express warranties.*

dicto audientem esse alci. *iem. se bevele gehoorsaam // to obey a person's orders.*

dictum -i n. *opmerking, uiting, uitlating; spreuk // observation, pronouncement, remark, saying, utterance;* **obiter —** *terloopse uiting* (oor 'n regspunt wat nie vir die bereiking van 'n slotsom noodsaaklik was nie, en dus nie bindend is nie) *// incidental remark; judge's expression of opinion* (on a point not essential to his decision in the case, and hence without binding authority).

dictum sapienti satest (Ter. Phorm. 541; cf. infra s.v. **verbum sapienti**).

dictum unius dictum nullius (cf. infra s.v. **testis unus**).

didicere flere feminae in mendacium (Publ. Syr. D8) *die vroue het geleer om met trane te bedrieg // women have learned to deceive by means of tears.*

dies diei m. *dag; termyn // day; term;* **— a quo** *begindag // day from which; day of commencement;* **— ad quem** *einddag // day of conclusion;* **— cedit** (cf. supra s.v. **cedere diem**) *ontstaansdag van skuld // day on which debt arises;* **— fasti et nefasti** (anon.) *gelukkige en ongelukkige/verbode dae // lucky and unlucky days;* **— incertus an** *'n dag onseker of dit sal aanbreek // a day of which it is uncertain whether it will arrive* (or *come*); **— incertus quando** *'n dag onseker wanneer dit sal aanbreek // a day of which it is uncertain when it will arrive* (or *come*); **— indutiae** *tyd vir die aantekening van verskyning // time for entering appearance;* **— iuridicus** *hofdag // court day* (lawful day for the transaction of court business); **— non iuridicus** *geen hofdag // day on which legal* (or *court*) *business cannot be done;* **— venit** (cf. supra s.v. **cedere diem**) *dag van opeisbaarheid van die skuld // day on which the debt becomes claimable (falls due).*

ADAGIA AD 'DIEM' PERTINENTIA

dies coeptus pro completo habetur *'n dag wat reeds aangebreek het geld as voltooi // a day which has begun is regarded as completed.*

dies interpellat pro homine (Voet. 22.1.26, èt in argumento èt in textu; aliis verbis dictum: Cod. 8.38.12) *(die aanbreek van) die dag of termyn, nie die mens nie, verskaf die aanmaning // (the coming of) the day agreed, not (a notice by) man serves as a reminder to pay.*

difficile est longum subito deponere amorem (Cat. 76.13) *ou liefde roes nie // it is difficult suddenly to discard a long-cherished love.*

difficile est satiram non scribere (Juv. 1.30) *dit is moeilik om nie satire te skrywe nie // it is difficult not to write satire.*

difficillimum est iustum dolorem temperare (Papinianus Dig. 48.5.8) *dit is uiters moeilik om 'n geregverdigde grief te temper // it is most difficult to restrain a justified grievance.*

difficultas praestandi *moeilikheid van prestasie // difficulty of performance.*

dignitas -tatis f. *waardigheid* (objek waarteen persoonlikheidskrenking gerig kan wees) *// dignity* (object of the right to inviolability of one's personality).

diligens paterfamilias, diligentis patrisfamilias m. *oppassende, sorgsame man; sorgvuldige huisvader of gesinshoof; redelike man // reasonable man; prudent, diligent, careful, circumspect head of a family.*

diligenter fines mandati custodiendi sunt (Paul.: Dig. 17.1.5 pr.; cf. infra s.v. **is qui exsequitur**) *die grense van die lasgewing moet noulettend (stip) in ag geneem word // the* *limits of the mandate must be diligently observed.*

diligentia -ae f. *sorg(saamheid), noulettendheid // care, caution, circumspection, prudence;* **— exactissima** (vide infra s.v. **exactissima**) *die uiterste (mees nougesette) sorg(saamheid) // most scrupulous (most exact) diligence; most conscientious care;* **— levissima** *geringste sorg // at least, slightest care;* **— ordinaria** *gewone sorg // ordinary care;* **— patris familias** *noulettendheid van 'n sorgsame man // reasonable diligence; due care of the head of a family.*

di-mitto (3) -misi -missum uxorem *jou vrou skei // divorce one's wife.*

dirimo (3) diremi diremptum *uitmekaar haal // separate;* **— matrimonium** *skei, huwelik ontbind // dissolve a marriage; divorce (v).*

discipulus est prioris posterior dies (Publ. Syr. D.1) *vandag is die leerling van gister // yesterday is the teacher of today.*

disiecta membra (Ov. Met. 3.724) *verstrooide ledemate // scattered limbs.*

dispositio -onis f. *beskikking, reëling // arrangement; disposal, disposition.*

dissensus -us m. *gebrek aan wilsooreenstemming // lack of agreement.*

dissimulare (1) *die waarheid verheimlik (verberg* of *verswyg) // disguise, conceal the truth; dissemble.*

dissimulatione tollitur iniuria *deur veronagsaming word 'n onreg opgehef/verval dit // a wrong is removed by being connived at/disregarded/ignored.*

dissolvitur lex, cum fit iudex misericors (Publ. Syr. D. 26) *wanneer die regter barmhartig word, gaan die reg tot niet // the law is undone when the judge becomes merciful.*

dis-solvo (3) -solvi -solutum *ontbind (tr.) // dissolve.*

distractio bonorum (Dig. 4.4.49) *te gelde making van 'n insolvente boedel // realization of an insolvent estate.*

diuturna consuetudo pro iure et lege in his quae non ex scripto descendunt observari solet (Ulp.: Dig. 1.3.33) *lank gevestigde gebruike word gewoonlik as reg en wet nagekom waar geen reëls skriftelik oorgelewer is nie // it is usual for long established custom to be observed as the legal rule in those matters which have not come down in writing.*

diversa causa est voluntatis expressae et eius quae inest (Venuleius: Dig. 45.1.138.1) *daar is 'n verskil tussen 'n uitdruklike wilsuiting (voorneme) en 'n stilswyende // there is a difference between an intention expressed and one implied.*

divi fratres *die vergoddelikte broers,* titel van die keisers M. Aurelius (161–180) en Lucius Verus (161–169) // *the deified brothers,* title of the emperors Marcus Aurelius (161–180) and Lucius Verus (161–169).

divide et impera (incerti auctoris) *verdeel en heers // divide and rule.*

divido (3) divisi divisum *verdeel // divide* **hereditas non in capita sed in stirpes dividi (debet;** Gai. 3.8 = Inst. 3.1.16 med.) *die erfenis moet nie by hoofde nie maar by stake verdeel word // the inheritance should be divided not by individuals but by stocks.*

divinitus accidit (Cic. Part. 23 fin.) *dit was 'n wonderwerk // it happened miraculously.*

divortium -ii n. *egskeiding // divorce:* **'divortium' inter virum et uxorem fieri dicitur, 'repudium' vero sponsae remitti videtur** (Modest.: Dig. 50.16.101.1 et 191) *van 'egskeiding' word daar gesê dat dit tussen man en vrou (eggenote) plaasvind, maar dit blyk dat 'n 'afsêbrief' aan 'n verloofde meisie afgelewer word // a 'divorce' is said to take place between husband and wife, but it would seem that a 'notice of repudiation'* (jilting) *is delivered to a betrothed girl.*

do (1) dedi datum (Inst. 4.6.14 med.; def.) *gee // give;* **iudicem, tutorem dare** *'n regter, 'n voog benoem // appoint a judge, a guardian;* **iudicium vel actionem dare** *aksie verleen // grant an action.*

doli capax *toerekenbaar; in besit van die oordeel des onderskeids // answerable, accountable, responsible.*

doli incapax *ontoerekenbaar // not answerable; unaccountable; irresponsible.*

dolis et fallaciis (Sall. Cat. 11.2) *d.m.v. bedrog en leuens // by fraud en lies.*

dolo (abl.) *bedrieglik (bw.); opsetlik, doleus // fraudulently; deceitfully; intentionally* (s.v. **dolo (abl.); — circumventus** (vid. supra s.v. **creditorem dolo**) *deur bedrog beetgeneem // overreached by fraud.*

dolose (Dig. 4.4.3.1 ad f.) *bedrieglik (bw.) // deceitfully/fraudulently.*

dolus -i m I (in die verbintenisreg) *bedrog //* (in the law of obligations) *deceit, fraud;* **— bonus** (Dig. 4.3.1.3) *slimmigheid; skranderheid; oorlamsheid* (in teenstelling met **— malus** *lis, arglistigheid, sluheid*) // *astuteness, cleverness, smartness* (as distinct from **— malus** *guile, cunning, malice, fraud, deceit; intent; wilful wrongdoing;* **— dans causam contractui** *bedrog wat tot die kontrak(sluiting) gelei het, wat dit teweegge-*

bring het // fraud which induced the contract, which gave rise to the contract; — **ex proposito** *opsetlike bedrog // deliberate fraud, deceit;* — **incidens** *onwesenlike (onbeduidende) bedrog* (wat die wese van die kontrak nie raak nie) // *negligible (trivial, trifling) deceit, fraud* (which does not go to the root of the contract).

ADAGIA AD DOLUM PERTINENTIA

(1) **dolo facit qui petit quod redditurus est** (Paul.: Dig. 44.4.8 pr.; cf. adagium simillimum apud Bonif. VIII reg. lix) *hy handel bedrieglik wat iets opeis wat hy (tog) sal moet teruggee // he acts fraudulently who claims something which he will have to return.*

(2) **dolo malo ait praetor pactum se non servaturum** (Ulp.: Dig. 2.14.7.9; cf. infra s.v. **ex dolo malo**) *'n ooreenkoms deur bedrog teweeggebring sal hy nie handhaaf* (nie as regsgeldig beskou) *nie sê die praetor // the praetor declares that he will not countenance an agreement induced by fraud; he will not allow an agreement induced by fraud to stand.*

(2)*(a)* **dolo malo des(i)isse possidere** (cf. infra s.v. **is qui dolo desiit**) *(dat hy) bedrieglik opgehou het om te besit // (that he) had fraudulently ceased possession.*

(3) **dolum auctoris bonae fidei emptoris non nocere certi iuris est** (Cod. 4.48.3; an. 223; cf. Ulp.: Dig. 44.4.4.27 et 31) *dis onomstootlike reg dat die bedrog van die verkoper die goeie trou van die koper nie aantas (skaad) nie // it is trite law that the fraud of the seller does not prejudice the good faith of the buyer.*

(4) **dolus cum dolo compensatur** (vel **compensandus est**) (cf. Dig. 2.10.3.3; 18.1.57.3; v. d. Keess. MS. pp. 149; 1351; 1682) *bedrog word deur bedrog opgehef; bedrog wis bedrog uit // fraud is set off by (*or *against) fraud; the fraud of A is cancelled by that of B.*

(4)*(a)* **dolus dedit causam contractui** *bedrog het tot die kontrak(sluiting) gelei // fraud gave rise to the contract.*

(5) **dolus est cum aliud agitur, aliud simulatur** (Paul. sent. 1.8.1) *bedrog is daar wanneer een ding gedoen en 'n ander voorgegee word // fraud there is when one thing is done and another is pretended.*

(6) **dolus latet/versatur in generalibus** *bedrog skuil in algemeenhede // fraud lurks in generalities.*

(7) **dolus malus:** (a) **dolum malum Servius quidem ita definit machinationem quandam alterius decipiendi causa, cum aliud simulatur et aliud agitur;** at (b) Labeo sic definit **dolum malum: esse omnem calliditatem fallaciam machinationem ad circumveniendum fallendum decipiendum alterum adhibitam. Labeonis definitio vera est** (Ulp.: Dig. 4.3.1.2) (a) *Servius omskryf bedrog weliswaar as 'n set wat daarop gerig is om* 'n ander te bedot terwyl een ding voorgegee en 'n ander gedoen word; maar (b) *Labeo definieer bedrog as iedere sluheid, listigheid of konkelary aangewend om 'n ander aan die neus te lei, te flous en te bedrieg. Die definisie van Labeo is die juiste. // Servius indeed defines 'fraud' as every device (devised) for the purpose of deceiving another party while one thing is professed and another is done* but (b) *Labeo describes 'fraud' as being 'a design, scheme or artifice employed for the purpose of tricking, duping or cheating another'* (or, synonymously, *'of outwitting, taking in or hoodwinking another'). The definition of Labeo is the correct one.*

(7)*(a)* **dolus praesumitur contra versantem in illicito** (vide infra s.v. **versari**) *daar is 'n vermoede van bedrog teen wie hom met wederregtelikheid besig hou // there is a presumption of fraud against a party engaged in illicit activities.*

(8) **dolus semper praestatur** (cf. Dig. 2.14.27.3; et infra s.v. **in commodato**) *vir bedrog word daar altyd ingestaan, is 'n mens altyd aanspreeklik // for fraud (deceit) liability always obtains; fraud (deceit) is always (tacitly) vouched for.*

(9) **dolus suo auctori debet nocere** *opset (bedrog) moet sy beoefenaar benadeel // malice (fraud) should prejudice its author.*

dolus II (in die strafreg) *opset, bedoeling, voorneme //* (in criminal law) *intention, design:* — **directus** *oogmerk // actual intention; design;* — **eventualis** *opset by moontlikheidsbewussyn; voorwaardelike opset // legal intention; intention imputed because of an awareness of possibility* (since the result though not intended, is foreseen as a possibility); *constructive intention;* — **generalis** (i.q. — **indeterminatus**) *opset nie op 'n bepaalde slagoffer (persoon) gerig nie; onbepaalde opset // indeterminate intention* (not directed to a specific person as victim); — **impetus** (i.q. — **repentinus**) *opset eers op die oomblik van die misdaad aanwesig // intention not present beforehand, but only at the moment of the commission of the crime;* — **indeterminatus** (i.q. — **generalis**) *onbepaalde opset // general intention;* — **indirectus** *opset by sekerheidsbewussyn // intention imputed because of an awareness of certainty* (since the result, though not intended, is foreseen as a certainty); — **praemeditatus** *vooraf beraamde opset; voorbedagte rade // premeditated intention; malice aforethought;* — **repentinus** (i.q. — impetus) *spontane opset* (wat alleen op die oomblik van die daad bestaan) // *spontaneous intention* (not present until the moment of the crime); — **subsequens** (i.q. — **superveniens**) *opset wat eers na die pleeg van die daad aanwesig is // intention subsequent to the commission of the deed.*

domicilium citandi et executandi *plek van dagvaarding en eksekusie // domicile of summons and execution.*

domina emax (Ov. Ars Am. 1.421) *'n kooplustige/spandabele vrou // spendthrift lady.*

dominis in servos vitae necisque potestas est (Gai. 1.52) *die base het oor hul slawe die mag van lewe en dood // masters have the power of life and death over their slaves.*

dominium -ii n. *eiendomsreg // ownership; right of property;* — **eminens** *onteieningsreg van die staat // right of the state to expropriate;* — **plenum** *volle eiendomsreg // full ownership;* — **minus plenum** *onvolledige eiendomsreg // incomplete ownership;* — **utile** *pretoriese eiendomsreg* (berus op billikheid) // *praetorian ownership* (founded on equity).

dominium rerum a naturali possessione coepit (cf. Inst. 2.1.12) *die eiendomsreg oor sake het sy oorsprong in natuurlike inbesitname gehad // the right of ownership over things had its origin in the natural appropriation (of ownerless property).*

dominus -i m. *eienaar; baas // owner;* — **litis** *beskikker oor die geding/gedingvoerder // master of the suit.*

dominus habetur qui possidet donec contrarium probetur *as eienaar word die besitter beskou totdat die teendeel bewys word // the possessor is regarded as the owner till the opposite is proved.*

domitae (ant. **ferae**) **naturae** *(diere) getem of van nature mak // animals tamed or by nature tame.*

donandi animus *bedoeling om te skenk // motive of liberality; intention of conferring a benefit.*

donari videtur quod nullo iure cogente conceditur (Papin.: Dig. 50.17.82) *wat sonder regsdwang afgestaan (vergun) word geld as geskenk // whatever is granted without legal compulsion is considered to be a gift.*

donatarius -ii m. *begiftigde; donataris; ontvanger van geskenk // donee.*

donatio -onis f. *skenking; donasie // gift;* — **absoluta** (vel **pura**) *onvoorwaardelike skenking // unconditional gift;* — **ad pias causas** *skenking met liefdadige doel // gift for charitable purposes, for the sake of charity;* — **illicita** *ongeoorloofde skenking // forbidden, unlawful gift;* — **inter virum et uxorem** *skenking tussen eggenote // gift between spouses;* — **inter vivos** *skenking onder lewendes // gift between the living;* — **mortis causa** *skenking met die oog op (ter sake van) die dood // a gift in contemplation of death* (to take effect in the event of the donor's death); — **propter nuptias** *huwelikskenking; skenking met die oog op 'n huwelik // gift with a view to (the conclusion of) a marriage;* — **pura** (vel **absoluta**) *onvoorwaardelike skenking // unconditional gift;* — **reciproca** *wedersydse skenking // mutual, reciprocal gift;* — **remunerativa** (vel **remuneratoria**) *belonende skenking // gift in remuneration;* — **sub modo** *skenking met 'n lasbepaling // gift subject to a charge* (or *mode*).

donatio non praesumitur *skenking (donasie) word nie* (sommer) *vermoed nie; daar bestaan geen vermoede van 'n skenking nie // a gift is not presumed.*

donec tua custodia coercetur . . . (Inst. 2.1.12) *solank dit onder u beheer gehou word* (bly die wilde dier u eiendom) // *so long as it is under your control* (the wild animal remains your property).

donum -i n. *geskenk // gift;* — **matutinum** *môregawe // morning-gift* (Duits/German Morgengabe).

dos dotis f. *bruidskat, douarie // dowry; wife's marriage portion;* — **adventicia** *bruidskat deur iemand anders as 'n assendent van die bruid aan vaderskant geskenk // dowry provided by a person other than an ascendant of the bride on the father's side;* — **profecticia** *bruidskat deur die vader of 'n ander assendent van die bruid geskenk // dowry provided by the father or another ascendant of the bride;* — **recepticia** *bruidskat deur 'n derde party geskenk en kragtens stipulasie by ontbinding van die huwelik terugvorderbaar // dowry provided* *by a third party and in virtue of a stipulation reclaimable on dissolution of the marriage.*

dotata mulier virum regit (cf. Plaut. Most. 703; et Ter. Phorm. 703) *die vrou met 'n ryk bruidskat speel baas oor die man // a wife with a dowry holds the whip hand.*

dotem numeratio, non scriptura dotalis instrumenti facit (Cod. 5.15.1 (an. 204)) *nie die geskrewe kontrak nie maar die oorbetaling bring die bruidskat tot stand // not the written contract but the payment of the amount constitutes the dowry.*

duabus ancoris niti = duplici spe uti *twee slae om die arm hê* (lett. op twee ankers gestut wees) // *have two strings to one's bow* (lit. ride at two anchors).

dubii iuris *van twyfelagtige regsgeldigheid // of doubtful law; a moot point.*

duces tecum (lett. 'jy sal met jou saambring') *bevelskrif of dagvaarding om te verskyn* en 'n bewysstuk bv. 'n dokument saam te bring // (lit. 'you shall bring with you') *writ or subpoena to appear* and bring along an exhibit e.g. a document.

dulce est desipere in loco (Hor. C. 4.12.28) *dis heerlik om ter geleë tyd uitgelate te wees // it is sweet to indulge in trifling at the proper time.*

dulce et decorum est pro patria mori (Hor. carm. 3.2.13) *dis heerlik en roemryk om vir jou land te sterwe // it is sweet and glorious to die for one's country.*

dum bene se gesserit *so lank hy hom goed gedra // as long as he behaves well; during good behaviour.*

dum sola *terwyl (sy) ongetroud (is) // as long as (she remains) unmarried; while single.*

dum vivimus, vivamus (anon.) *laat ons die lewe geniet solank as ons lewe // let us enjoy life while we live.*

duo non possunt esse domini eiusdem rei in solidum (cf. infra s.v. **plures eandem**) *twee persone kan nie van dieselfde saak eienaars vir die geheel wees nie // two persons cannot have the full property of the same thing* (at the same time).

duplum, in — *vir die dubbele bedrag // for double the amount.*

dura lex sed ita scripta (cf. infra s.v. (i) **ita lex** (ii) **perquam**) *die wet is hard (streng) maar dit staan nou eenmaal so geskrywe // the law is severe (hard) but thus it has been recorded.*

durior causă est petitoris (Pomp.: Dig. 50.17.33; cf. infra s.v. (i) **ei incumbit probatio** et locos ibi citt. (ii) **reo negante**) *die saak van die eiser is moeiliker te staaf* (as die verweerder s'n) // *the case of the plaintiff is more difficult to establish* (than that of defendant).

durum hoc est sed ita lex scripta est (Ulp.: Dig. 40.12.1; cf. supra s.v. **dura lex**) *dit is ongevoelig/streng, maar so staan die wet* (nou eenmaal) *opgeteken // it is merciless but thus the law has been recorded.*

durum: sed levius fit patientia quicquid corrigere est nefas (Hor. C. I. 24) *dit is swaar: maar deur die geduld word alles verlig wat ons nie mag regstel nie // it is hard, but that which it is not lawful for us to amend, is made lighter by endurance.*

E

e fontibus haurire *uit die oerbron put // to draw from the fountain-head.*

e vestigio (i.q. **statim**) *dadelik, op staande voet // forthwith.*

ea quae dari impossibilia sunt vel quae in rerum natura non sunt, pro non adiectis habentur (Ulp.: Dig. 50.17.135) *dié goed wat nie vir lewering vatbaar is nie of wat nie bestaan nie word beskou as nie* (tot die kontrak) *toegevoeg nie // property which does not admit of delivery or which is non-existent is regarded as not having been included* (in the contract).

ea quae longa consuetudine comprobata sunt ac per annos plurimos observata, velut tacita civium conventio, non minus quam ea quae scripta sunt iura servantur (Hermog.: Dig. 1.3.35) *daardie reëls wat deur langdurige gebruik goedgekeur en jare lank nagekom is word net so streng as die opgetekende regsbeginsels, as 't ware soos 'n stilswyende ooreenkoms van die burgers, in ag geneem // those rules which have been approved by long established custom and have been observed for many years, as a tacit agreement of the citizens as it were, are no less to be obeyed than laws which have been committed to writing.*

ea quae postea geruntur, prioribus derogant (Marcianus: Dig. 29.7.6.2) *latere handelinge doen afbreuk aan vroeëres // subsequent dispositions supersede those which precede them.*

ea quae raro accidunt non temere in agendis negotiis computanur (Julian.: Dig. 50.17.64) *gebeurlikhede wat hulle selde voordoen moenie by die aangaan van regshandelinge sommer bygereken* (as vanselfsprekend aanvaar) *word nie // eventualities of rare* *occurrence should not lightly be assumed to be included when performing legal acts (*or*: in the transaction of business).*

ea quae sunt in patrimonio nostro *dit wat deel van ons vermoë is // that which is part of our assets/estate.*

ea quae sunt moris et consuetudinis, in bonae fidei iudiciis debent venire (Ulp.: Dig. 21.1.31.20; cf. infra s.v. **in contractibus**) *sake rakende gewoonte en gebruik behoort altyd by verhore* (uit kontrakte) *te goeder trou in aanmerking te kom // for matters of custom and usage should always be taken account of in* bona fide *actions.*

eadem causa (vel **res**) *dieselfde saak* (as gedingsvoorwerp) // *the same cause or matter* (as a subject for litigation).

eadem duobus nupta esse non potest (Inst. 1.10.6 et 7) *dieselfde vrou kan nie (terselfdertyd) met twee mans getroud wees nie // a woman cannot be married to two men at the same time.*

ebriosus -i m. *dranksugtige, -verslaafde* (wat hom gedurig aan die drank oorgee); *alkoholis // toper* (who continually over-indulges); *alcoholic.*

ebrius -ii m. *dronke; dronk persoon* (geleentheidsdrinker) // *drunken person* (who over-indulges occasionally).

effectus -us m. *regsgevolg; regskrag // legal effect; validity.*

efficaciter *met sukses* (of *welslae*), *suksesvol (bw.) // successfully.*

efficax obligatio *afdwingbare verbintenis // enforceable obligation.*

efficio (3) effeci effectum *bewerk, maak, verrig; tot stand bring // accomplish, bring about, effect; perform.*

effugere non potes necessitates, potes vincere (Sen. ep. mor. 37.3) *aan haglike noodtoestande kan jy nie ontkom nie* (maar) *jy kan hulle te bowe kom // dire exigencies you cannot avoid (but) you can overcome.*

ei aquâ et igni interdicitur (Caes. B.G. 6.44) *hy word voëlvry verklaar // he is outlawed.*

ei incumbit probatio qui dicit, non qui negat (Paul.: Dig. 22.3.2; cf. Dig. 22.3.21 et Cod. 4.19.23; 4.30.10; vide supra s.v. (i) **affirmanti non neganti;** infra s.v. (ii) **factum negantis** (iii) **semper necessitas (probandi)**) *die bewyslas rus op hom wat beweer, nie* (op hom) *wat ontken nie // the onus of proof rests on the party making the assertion not* (on the party) *denying it.*

ei qui affirmat non qui negat incumbit probatio (sinoniem met vorige sitaat) // (synonymous with preceding quotation).

eius est actionem denegare qui possit et dare (Ulp.: Dig. 50.17.102.1; cf. infra s.v. **eius est nolle**) *wie die bevoegdheid het om 'n aksie toe te staan mag dit ook weier // he who has the right to grant an action may also refuse it.*

eius est interpretari leges cuius est condere (cf. Cod. 1.14.12.3 ad f.; vide infra s.v. **lex posterior derogat** et locos ibi citt.) *wie die bevoegdheid het om te verorden is bevoeg om* (self sy wette) *te vertolk // he who may enact is also qualified to interpret* (what he has enacted).

eius est nolle qui potest velle (Ulp.: Dig. 50.17.3) *wie kan wil, kan ook weier // he who may will may also refuse (decline).*

eius est tollere legem cuius est condere (cf. supra s.v. (i) **eius est interpretari,** et infra s.v. (ii) **lex posterior** (iii) **posteriora derogant** (iv) **posteriores leges** (v) **prius pactum**) *wie bevoeg is om 'n wet in te stel is ook bevoeg om dit op te hef (te herroep) // he who is qualified to introduce a law may also repeal (abolish) it.*

eius nulla culpa est cui parere necesse est (Paul.: Dig. 50.17.169) *vir dié party wat noodgedwonge moet gehoorsaam, kan geen skuld ten laste gelê word nie // no blame is to be imputed to a party who is compelled to obey (who obeys perforce).*

eius, qui iustum patrem non habet, prima origo a matre numerari debet (Neratius: Dig. 50.1.9) *die afstamming van iemand wat geen wettige vader het nie, moet van moederskant gereken word // he who has no legitimate father should trace his origin from his mother.*

eius, quod non ei debetur qui convenitur sed alii, compensatio fieri non potest (Cod. 4.31.9) *daar kan geen skuldvergelyking van 'n bedrag geskied wat aan 'n ander as die verweerder verskuldig word nie // set-off cannot take place, except with reference to what is due to the defendant.*

eiusdem generis (cf. infra **noscitur a sociis**) *van dieselfde aard/soort // of the same kind/sort.*

elogium -ii n. *onterwingsklousule* (in 'n testament) // *clause* (in a will) *disinheriting someone.*

emancipare (1) *ontvoog; uit die patria potestas ontslaan // emancipate* (a son from the patria potestas).

emancipatio -onis f. *ontvoogding; ontslag uit*

die patria potestas // emancipation; release from the patria potestas.

emancipatus -i m. *ontvoogde; geëmansipeerde // emancipated person; one set free from guardianship.*

emendare vitium matrimonii (Gai. 1.87) *gebreke van die huwelik verhelp // make good the flaw in the marriage.*

emergere *jou opwerk* (uit armoede) // *emerge from obscurity;* cf. infra s.v. **haud facile emergunt**.

eminens dominium (vel **imperium**) *soewereine gesag; onteieningsbevoegdheid van die staat // eminent domain; sovereign power; right of the state to expropriate private property, to dispossess citizens.*

emphyteusis -eos f. *erfpag* (Rom. reg); **ewigdurende erfpag** (modern) // *perpetual lease; lease in perpetuity* (Rom. law); *perpetual quitrent* (modern term).

emptio -onis f. *koop // purchase;* — **generis** *soortkoop, genuskoop // purchase of a genus; generic purchase;* — **rei speratae** *koop van 'n toekomstige* (of *verhoopte*) *saak* (bv. die ongebore kind van 'n swanger slavin; indien die koopsaak nie tot stand kom nie, bv. a.g.v. 'n miskraam, is die koop nietig) // *purchase of an expectation, of a thing not yet existing* (e.g. the child of a pregnant slave woman; should the object of the sale not come into existence, e.g. through a miscarrige, there is no sale); — **spei** *'n suiwer kanskoop* (bv. van môre se visvangs; ook by geen vangs is die koopsom verskuldig) // *purchase of a pure chance* (e.g. tomorrow's catch; even in the event of no fish being caught the price is due); — **venditio** *koopkontrak // contract of sale.*

empto, actio ex — (vide supra s.v. **actio**).

emptoris causa eadem esse debet circa petendum ac defendendum quae fuit auctoris (Ulp.: Dig. 50.17.156.3) *die regsposisie van die koper t.a.v. die instel of verdediging van 'n aksie moet dieselfde wees as dié van sy regsvoorganger* (die verkoper) *was // the purchaser should have the same rights as regards the bringing or defending of an action as the vendor had.*

enormis -e *buitensporig; uitsonderlik; onreëlmatig // immoderate; irregular; unusual;* **laesio -onis f.** — (vide infra s.v. **laesio**) *ernstige benadeling; verkorting oor die helfte // immoderate prejudice* (as regards purchase price).

eo nomine (1) *onder daardie naam* (2) *terwille, op grond daarvan; weens; omrede, betreffende daardie saak //* (1) *under (by) that name* (2) *in that regard; by virtue of that; because of that.*

eodem modo vinculum obligationum solvitur quo quaeri adsolet (Papin.: Dig. 41.2.46) *die band van verbintenisse word op dieselfde wyse ontbind as dit in die reël vasgeknoop word // the bond of obligations is loosened in the same way as it is usually tied.*

Epicureus (n.) -i *Epikureër // Epicurean* (n.); *epicure.*

epicureus-a-um (a.) *epikureïes // Epicurean (a.)*

Epicurus -i m. *Epikurus(wysgeer) // Epicurus (philosopher).*

epistola non erubescit (Cic. Fam. 5.12.1) *'n brief bloos nie* (om 'n onbeskaamde versoek oor te dra nie) // *a letter does not blush* (to convey a barefaced request).

erogare pecuniam *geld spandeer/uitgee // spend money.*

errantis nulla voluntas est (cf. infra s.v. **nulla voluntas**).

errare humanum est, turpe in errore perseverare *om te dwaal is menslik, maar dis skandelik om in die dwaling te volhard // to err is human, to persist in error is disgraceful.*

error -ris m. *dwaling, fout, vergissing // error, mistake, oversight* — **calculi** (Dig. 49.8.1.1; Cod. 2.5) *rekenfout // error in calculation;* — **facti** *feitedwaling // error of fact; error in fact;* — **in corpore** *dwaling t.o.v. die saak* (se identiteit) // *error as regards* (the identity of) *the thing;* — **in obiecto** (vide infra); — **in persona** *dwaling aangaande die persoon // error as regards the person;* — **in qualitate** *dwaling aangaande die gehalte // error as regards the quality;* — **in substantia** (vel **in materia**) *dwaling t.a.v. 'n wesenlike (essensiële) eienskap van die koopsaak; grondfout // error concerning a vital (material; essential) quality of the thing sold; fundamental error;* — **iuris** *regsdwaling // error of law; error in law;* **iustus** (**probabilis** vel **tolerabilis**) — *verskoonbare, redelike dwaling (fout) // reasonable, pardonable error (mistake).*

error in obiecto (1) (privaatregtelik) *dwaling t.o.v. die prestasie //* (1) (in private law) *error concerning the performance owed (or due).* (2) (strafregtelik) *dwaling t.o.v. die eienskap of identiteit van die voorwerp van die aanval* (te onderskei van **aberratio ictus** q.v.) // (2) (in criminal law) *mistake as to the quality or identity of the object of the attack* (to be distinguished from **aberratio ictus,** q.v. supra).

ADAGIA AD ERROREM PERTINENTIA

(1) **error communis facit ius** (vide supra s.v. **communis error;** cf. Paul.: Dig. 33.10.3.5) *gemeenskaplike wanopvatting word geldende reg // common error makes (or becomes) law.*

(2) **error facti . . . nemini nocet** (Cod. 1.18.7; cf. 6.50.9) *'n feitedwaling skaad niemand nie // an error of fact prejudices no one.*

(3) **error iuris nocet, facti non nocet** (cf. Dig. 22.6.8; vide infra s.v. **ignorantia**) *'n regsdwaling benadeel, 'n feitedwaling nie // an error of law causes prejudice, an error of fact does not.*

(4) **error ius facit** (Paul.: Dig. 33.10.3.5) *die dwaling laat 'n (subjektiewe) reg ontstaan // the error founds (establishes) a right.*

erumpens (aqua) in suo (cf. Dig. 39.3.21) *(water) wat op eie grond uitborrel // (water) bubbling up on one's own land.*

essentialia n. negotii *die wesenlike bestanddele van 'n regshandeling // essential elements of a legal act.*

est autem alluvio incrementum latens (Inst. 2.1.20) *aanspoeling is nl. 'n onmerkbare aanwas // alluvion is a gradual, invisible accretion.*

est boni iudicis parvis ex rebus coniecturam facere uniuscuiusque èt cupiditatis èt continentiae (anon.) *dit is die taak van 'n goeie regter om in elke geval 'n gissing te maak van sowel hebsug as matigheid // it is the duty of a good judge to draw conclusions from trifles concerning both avarice and restraint in each case.*

est etiam aliud genus acquisitionis: donatio (Inst. 2.7 pr.) *daar is nog 'n ander wyse van eiendomsverkryging: skenking // gift is yet another mode of acquisition.*

est proprium stultitiae, aliorum vitia cernere oblivisci suorum (Cic. Tusc. 3.73 fin.) *dis kenmerkend van die dwaasheid) om die gebreke van ander raak te sien maar sy eie te vergeet // it is typical of the fool to spot the faults of others and forget his own.*

et commodum eius esse debet, cuius periculum est (Inst. 3.23.3 f.; cf. supra s.v. **commodum eius**).

ét mulieri, quae luxuriose vivit, interdici potest (Paul.: Dig. 27.10.15 pr.) *ook vir 'n vrou wat buitensporig weelderig leef kan die beheer oor haar goed ontsê word // to a woman, too, who lives extravagantly the management of her own property may be forbidden.*

etiam capillus unus habet umbram suam (Publ. Syr. E.13) *selfs 'n enkele haartjie werp sy eie skaduwee // the smallest hair casts a shadow* (Bacon).

etiam in pace belli tamen iura servantur (Q. Curt. Alex Magn. 7.8.28) *selfs na die vredesluiting geld die reëls van die oorlog nog // even in peace the laws of war still obtain.*

etiam iure civili domestici testimonii fides improbatur (Cod. 4.20.2; an. 255) *ook deur die privaatreg word die betroubaarheid van getuienis deur huisgenote gelewer nie aanvaar nie // in the civil law, too, the reliability of testimony tendered by a household is impugned.*

etiam peccanti recte praestatur fides (Publ. Syr. E 2) *selfs teenoor 'n oortreder (moet) 'n mens regtens jou woord gestand doen // even towards an offender we (should) keep our plighted word.*

eum qui cum armis venit, possumus repellere . . . (Ulp.: Dig. 43.16.3.9; cf. supra s.v. (i) **adversus periculum,** infra (ii) **illatam vim** (iii) **insidiatori et latroni** (iv) **quod necessitas** (v) **si quemcumque** (vi) **vim vi defendere** (vii) **vim vi repellere**) *ons mag met wapens afweer wie gewapend* (op ons) *afstorm . . . // we may repel by armed force whoever comes armed.*

evictio -onis f. *uitwinning // eviction.*

evocati -orum m. *vrywilligers // volunteers.*

ex abundanti cautela (cf. Dig. 3.5.5.3; 33.7.12.46) *vir die wis en die onwis; uit oormaat van voorsorg; van oorversigtigheid // out of (from) abundant caution; to make assurance double sure.*

ex abusu non arguitur in usum vide supra s.v. **ab abusu**.

. . . ex accessorio eius de quo verba loquuntur (*as die hoof-saak verbied* of *vergun is*), *is ook die aksessore sake verbied* (of *vergun*) *// if the principal thing is forbidden* (or *permitted*) *the accessory thing, too, is forbidden* (or *permitted*).

ex aequo et bono (Gaius: Dig. 14.5.1; cf. supra s.v. **aequo et bono**) *uit billikheidsoorweginge; volgens reg en billikheid // in fairness and justice; according to what is just and good.*

ex analogia *by wyse van analogie // by way of analogy.*

ex animo *van harte // sincerely.*

ex antecedentibus et consequentibus fit optima interpretatio *uit wat voorafgaan en wat volg word die beste vertolking* (van 'n statuut) *geput // a passage* (in a statute) *is best interpreted by reference to what precedes and what follows it.*

ex arbitrio iudicis (Inst. 4.6.31) *volgens die*

vrye oordeel (of *diskresie*) *van die regter // in accordance with the discretion of the judge.*

ex asse heres institutus (Gai. 2.259) *as universele erfgenaam/as erfgenaam vir die geheel ingestel // appointed as sole heir.*

ex capite fraudis/doli *a.g.v. bedrog // fraudulently, on the ground of fraud.*

ex cathedra *met gesag* (werklik of gewaand) *// with authority* (real or supposed).

ex causa lucrativa (= **ex titulo lucrativo**) *sonder teenprestasie; onder winsgewende titel // gratuitously; without consideration.*

ex causa mandati *a.g.v. lasgewing // by reason of mandate.*

ex causa superveniente non praevisa tempore contractus (SALR 155 (4) 397 H) *a.g.v. die plotselinge intreding van 'n oorsaak wat ten tyde van die kontraksluiting nie voorsien was nie // as the result of a cause supervening and not foreseen at the time of the conclusion of the contract.*

ex concesso (vel **ex concessis**) *uit wat toegegee word; volgens die premisse reeds toegegee // from what is granted (conceded); from the premises granted.*

ex confesso (Sen. ep. 76.12) *uit eie bekentenis; onteenseglik // confessedly; indubitably.*

ex contemptu vel contumacia (verset) *uit minagting of halsstarrigheid //* (insubordination) *from contempt or stubborn resistance (contumacy).*

ex continenti (vel **in continenti**) *onmiddellik; subiet* (teenoor 'ex intervallo') *// immediately; without any delay* (as against 'ex intervallo').

ex contractu *ontstaande uit kontrak // arising from* (or *out of*) *contract.*

ex decreto iudicis *ingevolge 'n hofbevel // pursuant to an order of court.*

ex defectu sanguinis *by gebrek aan nakomelinge (bloed; afstamming) // for lack of descendants; for want of issue; from failure of blood.*

ex delicto *ontstaande uit onregmatige daad // arising from delict* (or *tort*).

ex desuetudine amittuntur privilegia (cf. Gai. inst. 1.111) *deur onbruik gaan voorregte te niet // privileges are lost through non-user.*

ex dolo malo non oritur actio (cf. Dig. 4.3.15 pr. et 1; 27.3.1.14; supra s.v. **dolo malo ait**) *'n regsvordering kan nie op bedrog berus nie // out of fraud no action arises; no claim can be founded on fraud.*

ex ea liberos tollere (Inst. 3.1.2a med.) *kinders by haar hê // have children by her.*

ex eis quae plurimum accidunt praesumptiones iuris petuntur (cf. infra s.v. **ex his quae;** et v. d. Keess. MS. p. 1613 ad f. vol. v. p. 412) *regsvermoedens word uit dié omstandighede geput wat hulle die meeste voordoen // presumptions of law are derived from the commonest occurrences.*

ex empto (e.g. **actio —**) *uit hoofde van 'n koop* (bv. *die koopaksie*) *// arising from a purchase or sale.*

ex eventu (iets) *na die gebeure* (voorspel) *//* (be wise) *after the event.*

ex facie *blykens* (die dokument) *// evidently* (as would appear from the document).

ex facto oritur ius *reg ontstaan uit die feitlike // law has a basis in fact.*

ex figura verborum *na die bewoording te oordeel // judging by its wording.*

ex foedere *volgens ooreenkoms (verdrag) // as agreed.*

ex granis fit acervus *uit graankorrels word 'n hoop gevorm // from grains of wheat a heap is formed.*

ex his quae forte uno aliquo casu accidere possunt, iura non constituuntur, nam ad ea potius debet aptari ius, quae et frequenter et facile, quam quae perraro eveniunt (Celsus: Dig. 1.3.4 et 5; cf. infra s.v. (i) **iura constitui** (ii) **iura non in singulas** (iii) **quod (enim) semel** (iv) **quod raro** (v) **sciant (iudices)**) *wette word nie uit hoofde van eenmalige gebeurlikhede gemaak nie, want die reg behoort hom eerder by dié gebeure aan te pas wat dikwels en maklik voorkom as by dié wat hulle selde voordoen // laws are not made as a result of eventualities which can but rarely befall, for the law ought to be adapted to events which frequently and readily occur, rather than to such as rarely happen.*

ex hypothesi *volgens die veronderstelling // in accordance with the hypothesis; upon the supposition.*

ex industria (Liv. 1.56.8) *opsetlik // intentionally.*

ex iniuria non oritur ius *uit onreg ontstaan geen (subjektiewe) reg nie // no right can originate in (an act of) injustice.*

ex integro *opnuut // anew; afresh.*

ex intervallo vide supra **ex continenti.**

ex invidia alcs. auram popularem petere (Liv. 22.26) *om uit iem. se ongewildheid vir jouself aansien te verkry // to use someone's unpopularity as a means of attaining esteem.*

ex lege *van regsweë; deur regswerking // by force (operation) of law; as a matter of law; according to law.*

ex lucrativa causa (vide infra s.v. **ex titulo**).

ex maleficio non oritur contractus *geen*

kontrak spruit uit misdaad // no contract arises from crime.

ex mandato *volgens opdrag // as instructed.*

ex mera gratia *bloot deur vergunning; van suiwer goedgunstigheid // as a mere favour; out of indulgence (grace); from sheer benevolence (goodwill).*

ex mero motu (= ex proprio motu) *spontaan, uit eie beweging // spontaneously; of (his) own free will; voluntarily; of (his) own accord.*

ex mora *op grond van versuim; vanaf die tydstip van versuim // by reason of default; from the moment of default.*

ex more *soos gebruiklik // according to custom.*

ex necessitate legis *noodwendig volgens die reg; kragtens die dwang van die reg // by necessity of law; by the compulsion of legal principle.*

ex necessitate rei *noodwendig (onvermydelik) uit die aard van die saak // of necessity by the nature of the case.*

ex nihilo nihil fit *uit niks ontstaan daar niks // from nothing nothing comes into being.*

ex non scripto ius venit, quod usus comprobavit; nam diuturni mores consensu utentium comprobati legem imitantur. (Inst. 1.2.9) *die ongeskrewe reg is dié wat deur die gebruik bevestig is, want gebruike lank nagekom deur die eenstemmigheid van diegene wat hulle daarvan bedien is so goed as wet // the unwritten law is that which has been confirmed by usage, for customs long observed and approved by the consent of those who employ them are the equivalent of law.*

ex nudo pacto inter cives Romanos actio non nascitur (Paul. sent. 2.14.1; cf. Cod. 2.3.10 et infra s.v. **nuda pactio**) *uit 'n blote ooreenkoms ontstaan daar tussen Romeinse burgers geen vorderingsreg nie // from a mere (simple, informal) agreement no cause of action arises between Roman citizens.*

ex officio *uit hoofde van sy amp // by virtue of his office.*

ex pacto *volgens ooreenkoms // as agreed; by agreement.*

ex pacto et conventu *volgens ooreenkoms en afspraak // by compact and agreement.*

ex parte (alcs.) *as enigste belanghebbende; eensydig // as the sole interested party; by (or from) one party only.*

ex parvis saepe magnarum rerum momenta pendent *belangrike gevolge is dikwels die resultaat van nietige oorsake // important results often stem from trivial causes.*

ex pede Herculem (animo finge) (H. P. Jones p. 40) *(stel jou) Hercules (se grootte voor) van sy voet(vorm) // (imagine the size of) Hercules from his foot* (i.e. judge the whole from a part).

ex post facto *uit wat daarna gebeur het; van agterna besien // in the light of subsequent events; acting (judging) retrospectively; arising from a subsequent event; by hindsight.*

ex proposito *opsetlik // by design, of set purpose.*

ex proprio motu *uit eie beweging* (deur die regter) // *of his own accord* (by the judge).

ex se natus (Tiberius imp. ap. Tac. ann. 11.21) *man wat hom self opgewerk het // self-made man.*

ex tempore (Cic. de orat. 50) *uit die vuis // off-hand.*

ex titulo lucrativo (= ex causa lucrativa) *sonder teenprestasie; onder winsgewende titel // without consideration; gratuitously; without any quid pro quo.*

ex titulo oneroso *vir 'n teenprestasie; onder beswarende titel // (arising) from a counterbalancing consideration.*

ex turpi causa non oritur actio (cf. infra s.v. (i) **pacta quae contra** (ii) **pacta quae turpem**) *uit 'n skandelike oorsaak ontstaan daar geen regsvordering nie // from a base consideration no action arises.*

ex ungue leonem (anonymi, e versu Alcaei, poetae Graeci, fr. 113 desumptum) vel **ex pede Herculem (pingere)** *van die klou alleen* (kan 'n mens) *die leeu* (uitbeeld), of: *van sy voet alleen* (die hele) *Hercules;* parafrase: 'n enkele haal (van 'n skilder) laat 'n mens die meester herken // *from the claw* (one can draw, estimate the size of) *the lion;* or: *from his foot* the size of *Hercules:* paraphrase: a single stroke (of the painter) reveals the artist.

ex usu *uit gewoonte ontstaan // sprung from custom.*

ex visceribus actus (cf. infra s.v. **incivile est;** etiam Steyn *Uitleg van Wette* 1974[4] p. 142) lett. *uit die ingewande van die wet,* d.w.s. 'n bepaling in 'n wet moenie op sigself staande uitgelê word nie, maar *in sy samehang met die hele maatreël* // lit. *from the bowels of the statute,* i.e. a clause of a statute should not be construed on its own, but *in the context of the entire Act.*

exactio -onis f. *eis, opvordering in regte // claim (n.).*

exactissima diligentia -ae f. (Dig. 17.2.72; 44.7.1.4) *die uiterste nougesetheid; noulettendste sorgsaamheid // the strictest (most exact) diligence.*

exceptio -onis f. *eksepsie* (verweermiddel) // *exception* (plea in defence).

Besondere eksepsies (in alfabetiese orde): Specific exceptions (in alphabetical order):

— **declinatoria** *verweer van onbevoegdheid* (van die regter) // *exception on grounds of* (the judge's) *incompetence.*

— **dilatoria** *verweer van uitstel* (verhinder tydelik die instelling van die eis) // *dilatory exception* (deferring start of proceedings).

— **doli (generalis)** *(algemene) verweer van bedrog // (general) exception of fraud;* — **doli praesentis** verweer dat die eiser *bedrog* pleeg *deur* die *instelling van die aksie* // exception pleading that the *institution* of the action *constitutes fraud;* — **doli praeteriti** *verweer van bedrog* deur die eiser *voor instelling* van die aksie gepleeg // *exception of fraud* committed by plaintiff *before instituting action.*

— **errore calculi** *eksepsie van foutiewe berekening // exception of faulty calculation (miscalculation).*

— **ex iure tertii** *verweer o.g.v. die regte van 'n derde // exception based on the rights of a third party.*

— **fori (incompetentis)** *verweer (eksepsie) van onbevoegde hof // exception of the court's incompetence* (or *lack of jurisdiction*).

— **litis finitae** (cf. infra s.v. **lis finita**).

— **litis pendentis** *verweer (eksepsie) van litispendensie // exception of suit pending.*

— **non adimpleti contractus** *verweer van nie nagekome (nie vervulde) kontrak; verweer dat die eiser ook in gebreke is* (en dus synersyds geen nakoming kan vorder nie) // *exception of unfulfilled contract; exception on the ground that the plaintiff, too, is in default* (and therefore cannot demand performance).

— **non numeratae** (vel **non solutae**) **pecuniae** *verweer (eksepsie) van nie oorbetaalde lening; verweer van wanbetaling // exception of non-payment of a loan; plea of default of payment.*

— **non rite adimpleti contractus** *verweer van nie behoorlik nagekome kontrak // exception of contract not properly performed (fulfilled).*

— **pacti conventi** (Inst. 4.13.3) *verweer van ooreenkoms om nie te dagvaar nie; eksepsie met 'n beroep op 'n kwytskeldingsooreenkoms // exception of compact: plea that plaintiff has agreed not to sue; exception of remission of debt.*

— **peremptoria** (opp. — **dilatoria**) *peremptoriese verweer* (skakel die instelling van die vordering finaal uit) // *peremptory exception* (puts the claim out of court for good).

— **plurium concumbentium** (die gebruiklike skryfwyse con**ub**entium is fout; daar bestaan geen ww. concu**b**ere (3) nie // the common orthography conc**ub**entium is incorrect; there is no vb. conc**ub**ere (3)) *verweer van meerdere byslapers* (ontkenning van vaderskap op grond daarvan dat die moeder in die ontvangenistydperk met meerdere persone gemeenskap gehad het) // *exception of several bedfellows* (denial of paternity on the ground that the mother, during the period of conception, had intercourse with several persons).

— **plurium litis consortium** *verweer op grond daarvan dat nog ander partye by die geding betrek moet word // exception on the ground that others should be made parties to the suit.*

— **quod metus causa** *verweer van vreesaanjaging (intimidasie), van (nood)dwang // exception of intimidation* (or *duress*).

— **rei iudicatae** (Dig. 44.2.3) *verweer van gewysde saak // exception (plea) of matter adjudged.*

— **vitiosae possessionis** (in besitsaksie) *verweer dat eiser se aanspraak op besit gebrekkig is* // (in suit for possession) *plea that plaintiff's claim to possession is defective.*

exceptio alci. competit *'n eksepsie kom iemand toe // someone has a right to raise an exception.*

exceptio firmat vim legis in casibus non exceptis indien die wet vir uitsonderinge voorsiening maak, moet daaruit afgelei word *dat gevalle wat nie uitgesonder is nie aan die toepassing van die wet onderhewig bly* // if a law provides for exceptions it has to be assumed that *in cases not excepted the full force of the law obtains.*

exceptio probat regulam *die uitsondering staaf die reël* (want juis die **uitsonderlikheid** van die geval spring in die oog) // *the exception proves the rule* (the case is obviously **exceptional** and hence does not disprove the rule).

exceptionem dat praetor *die praetor verleen 'n eksepsie // the praetor grants an exception.*

exceptionem obicere (vel **opponere**) *'n eksepsie opwerp* (of *teenwerp*) // *raise an exception.*

exceptis excipiendis *met die noodsaaklike voorbehoude* (of *uitsonderinge*) // *with the necessary exceptions (reservations* or *provisos).*

excessus -us m. mandati *oorskryding van die perke van die lasgewing // overstepping* (or *exceeding limits of*) *mandate.*

exempli gratia (abbr. **e.g.**) *byvoorbeeld (bv.) // for example; for instance.*

exemplo plus quam ratione vivimus (anon.) *ons lewe meer na voorbeeld as na rede // we live more by example than by reason.*

exercitor -oris m. (def.; Inst. 4.7.2); *reder* (wat as eienaar of huurder die skip eksploiteer) // *owner* or *charterer of a vessel.*

exheredare (1) *onterf // disinherit.*

exheredatio -onis f. *onterwing // disinheritance, disherison.*

exiguum est ad legem bonum esse (cf. Sen. de ira 2.2.8.2) *dit sê weinig om wetties 'goed' te wees // it is a slight thing to be 'good' according to law.*

eximo (3) exemi exemptum *uitneem, wegneem uit; bevry; onthef // take away, remove; deliver from, free; exempt from;* **obligatione exemptus** *van sy verbintenis onthef // exempted* (or *freed*) *from his obligation.*

existens condicio *vervulling* (of *nakoming*) *van die voorwaarde // fulfilment of the condition.*

existimatio -onis f. circumcolentium (Ulp.: Dig. 43.12.1.1) *die mening van die bewoners in die omgewing // the opinion of the people who live in the neighbourhood.*

existit condicio *die voorwaarde word vervul (nagekom) // the condition is being fulfilled.*

exitus acta probat (Ov. Her. 2.85) *die uitslag staaf die handeling // the result proves the action.*

expedit rei publicae ne quis re sua male utatur (Inst. 1.8.2 ad f.) *dit is in belang van die staat dat niemand sy eiendom misbruik nie // it is in the interest of the state that no one should abuse his property.*

expensae -arum f. *koste, uitgawes // costs, expenses;* **— necessariae** *noodsaaklike koste // necessary expenses;* **— utiles** nuttige koste // useful expenses; **— voluptuariae** (vide infra s.v. **voluptuariae**) *koste vir verfraaiing // expenses for the sake of embellishment.*

experto crede (Verg. Aen. 11.283) *glo iemand wat van ondervinding praat // believe someone who has been through the mill.*

expressa nocent, non expressa non nocent (Mod.: Dig. 35.1.52; 50.17.195) *uitdruklike woorde (kan) benadeel, dié wat onuitgedruk is benadeel nie // things (terms) expressed are (possibly) prejudicial; things not expressed are not.*

expressio eorum quae tacite insunt nihil operatur *die uitdruklike vermelding van 'n bepaling wat stilswyend in die ooreenkoms ingesluit is het geen uitwerking nie // the expression of a clause which is implied by the law has no effect on the agreement.*

expressio unius est exclusio alterius (vide infra s.v. **inclusio unius**) *vermelding van die een is uitsluiting van die ander // expression of one thing is the exclusion of the other.*

expressis verbis (i.q. **totidem verbis**) *in uitdruklike bewoording; uitdruklik // in unmistakable terms; expressly; explicitly.*

expressum facit cessare tacitum *die uitdruklike sluit die stilswyende uit // that which is expressed excludes (supersedes) what is implied.*

expromissio -onis f. *oorname by wyse van* **stipulatio** *van die bestaande verbintenis van 'n ander* ('n vorm van **novatio** of skuldvernuwing) // a species of *novation whereby the obligation of an existing debtor is taken over by another by means of a* **stipulatio**.

expropriatio -onis f. *onteiening // expropriation.*

extra territorium ius dicenti impune non paretur (Paul.: Dig. 2.1.20) ('n regter) *wat buite sy regsgebied reg spreek (kan) straffeloos veronagsaam word // a judge who administers justice beyond his jurisdiction may be disobeyed with impunity.*

extremis, in — *op sterwe; op sy uiterste // at death's door; beyond hope of recovery.*

F

faber est quisque fortunae suae (Appius ap. Sall. ep. ad Caes. de rep. ord. 1) *elkeen is die bewerker van sy eie lot // each man is the architect (author) of his own fortune.*

faciamus experimentum in corpore vili (A. Tessier 1585) *laat ons 'n proef uitvoer op 'n waardelose liggaam // let us make an experiment on a worthless body.*

facere de necessitate virtutem (vide infra s.v. **facis de**).

facile est inventis addere *dis maklik om by te voeg by wat reeds ontwerp is // it is easy to add to what has been devised.*

facile perit amicitia coacta *gedwonge vriendskap gaan maklik te niet // forced friendship is brittle.*

facile princeps (Cic. pro Clu. 5.11) *los voor // a clear first; an easy winner.*

facilis descensus Averno (Verg. Aen. 6.126) *dis maklik om na die onderwêreld af te daal // the descent to the nether world is easy.*

facilitas -tatis f. (van karakter) *inskiklikheid, bereidwilligheid, geneigdheid; ligsinnigheid // complaisance, readiness, inclination; frivolity.*

facilitas nimia partem stultitiae sapit (Publ. Syr. F: 15) *oordrewe inskiklikheid het 'n geur van dwaasheid // excessive complaisance has a touch of folly.*

facilius reis praetor succurrit quam actoribus (Gai. 4.57 sub f.; vide supra s.v. **cum obscura**) *die praetor kom verweerders geredeliker as eisers tegemoet // the praetor more readily offers relief to defendants than to plaintiffs.*

facio (3) feci factum *doen, maak // do, make;* **alci. dotem** — *aan iemand 'n bruidskat verskaf // provide a dowry for;* **alqm. indemnem** — *skadeloos stel // indemnify;* **damnum** — *nadeel (skade) ly // incur loss (damage);* — **furtum** *diefstal pleeg // commit theft;* **homicidium** — *doodslag pleeg, moord begaan // commit murder* (or *homicide*); **impensas** — *koste maak* (of *aangaan*) *// incur costs* (or *expenses*); **ius** — *reg skep // make law;* **lucrum** — *wins opstryk; voordeel behaal // make profit;* **magni, parvi** — *hoog, gering skat // have a high, low opinion of.*

facis de necessitate virtutem (Hieron. in libros Rufini 3.2) *u maak van die noodsaak 'n deug // you make a virtue of necessity.*

facito aliquid operis ut semper te diabolus inveniat occupatum (Hieron. ep. 125 11; Migne P.L. 22 p. 1078) *pak die een of ander taak aan sodat die duiwel jou altyd besig kan aantref* (ledigheid is die duiwel se oorkussing) *// find some work for your hands to do so that the devil may never find you idle* (Satan finds some mischief still for idle hands to do).

facta probanda *feite wat bewys moet word* (om die skuldoorsaak te staaf) *// facts to be proved* (to establish the cause of action).

facta probantia *feite wat die* **facta probanda** *bewys // facts proving the* **facta probanda**.

facti ignorantia ita demum cuique non nocet, si non ei summa neglegentia obiciatur (Paul.: Dig. 22.6.9.2; cf. infra s.v. **neglegentia** passim) *onbekendheid met 'n feit benadeel niemand nie, (maar) net so lank as growwe nalatigheid hom nie verwyt kan word nie // ignorance of a fact does not prejudice anyone unless gross negligence can be laid at his door.*

factum a iudice quod ad officium eius non pertinet, ratum non est (Paul.: Dig. 50.17.170; cf. supra s.v. **extra**) *'n handeling van 'n regter wat nie op sy ampsplig betrekking het nie, is nietig // an act of a judge not pertaining to his official duty is null and void (invalid).*

factum cuique suum non adversario nocere debet (Paul.: Dig. 50.17.155 pr.) *vir elkeen behoort sy eie daad persoonlik te benadeel en nie vir sy teenstander nie // a party's own act should prejudice himself, not his adversary.*

factum debitoris perpetuat obligationem (cf. infra mora perpetuat) *'n bewuste handeling van die skuldenaar bevestig die verbintenis // a conscious act on the part of the debtor perpetuates the obligation.*

factum infectum fieri nequit *gedane sake het geen keer nie // a thing done cannot be undone.*

factum negantis nulla probatio (Cod. 4.19.23; cf. supra s.v. (i) **affirmanti non (neganti);** infra s.v. (ii) **ei incumbit;** (iii) **semper necessitas**) *op hom wat 'n feit ontken rus daar geen bewyslas nie // no proof is incumbent on him who denies a fact.*

factum -i n. probandum *die feit wat bewys moet word // the fact to be proved.*

factum -i n. probans *die feit wat bewys lewer // probative fact.*

facultas -tatis f. *bekwaamheid, vermoë, moontlikheid; bevoegdheid;* (mv.) *vermoë, eiendom, middele;* facultatibus labi *insolvent raak // ability, capacity, faculty; possibility; power;* (pl.) *means, assets, property;* facultatibus labi *become insolvent.*

fallo (3) fefelli falsum *bedrieg // deceive;* **fidem fallere** *troubreuk pleeg // break faith.*

falsa causa non nocet *'n onjuiste motief skaad nie // a mistaken motive causes no prejudice.*

falsa demonstratio non nocet legato vel **non perimit** (Inst. 2.20.30) vel **non vitiat legatum** (Dig. 30.75.1; 34.2.10; 35.1.40.4) *'n foutiewe beskrywing* (aanduiding van die nagelate saak) *skaad die bemaking nie* (of: *maak dit nie nietig nie*) *// a false description does not harm* (or: *invalidate*) *a legacy.*

falsitas -tatis f. (Cod. 5.17.8.2; vide infra s.v. **nihil est aliud**) *falsiteit* (versamelnaam vir bedrog en vervalsing, maar dikwels verkeerdelik gebruik as sinoniem vir bedrog) *// falsity* (collective term for fraud and forgery, but often misapplied as synonym for fraud).

falsum -i n. *vervalsing // forgery* (ita definitur a Paulo (Dig. 48.10.23): **quid sit falsum quaeritur: et videtur id esse, si quis alienum chirographum imitetur aut libellum vel rationes intercidat vel describat, non qui alias in computatione vel in ratione mentitur** *die vraag word gestel wat vervalsing is; dit skyn hom voor te doen wanneer iemand die handskrif van 'n ander namaak of 'n dokument of rekeninge skend (verniel) of afskryf, maar nie waar daar andersins by 'n berekening of in 'n rekening van die waarheid afgewyk word nie // the question is raised, what is forgery; it is regarded as occurring when someone counterfeits the handwriting of another or mutilates or copies a document or accounts ('books'), but not where otherwise in a calculation or an account the truth is deviated from.*

falsus in uno falsus in omnibus *in een opsig vals, deurgaans vals // false in one thing, false in everything.*

fama crescit eundo (cf. Verg. Aen. 4.174–5) *die gerug groei onderweg aan // rumour grows as it goes.*

famosus libellus *lasterlike geskrif // libellous writing.*

fas est et ab hoste doceri (Ov. Met. IV. 428) *'n mens mag (ook) van 'n vyand leer // it is permissible to learn (even) from an enemy.*

fatale, damnum — (vide supra s.v. **damnum**) *rampspoedige, onvermydelike skade // unavoidable damage.*

fatales, casus — *gebeurlikhede buite beheer van die mens;* ekv. *ramp // eventualities, emergencies, beyond the control of man;* sing. *disaster.*

fatalia n. appellationis (vel **dies fatales**) *termyne vir appèl // time limits for lodging an appeal.*

fatetur facinus is qui iudicium fugit (Publ. Syr. F. 9) *wie die verhoor ontduik erken sy skuld // he who shuns judgment acknowledges his guilt.*

favendum est libertati (Paul.: Dig. 50.17.179) *daar moet ten gunste van vrylating beslis word // (the court) should lean in favour of freedom.*

favete linguis (passim) *bewaar die swye* (tydens 'n plegtigheid) *// maintain (a holy) silence.*

favor favoris m. *toeskietlikheid, toegeeflikheid // lenience;* **(pl.) favores** *toeskietlike bepalinge // lenient laws (rules).*

favor libertatis praevalet (Paul.: Dig. 31.14 pr.) *die begunstiging van die vryheid gee die deurslag // the favour of freedom is decisive.*

favor testamenti *welwillende, toeskietlike uitleg van 'n testament // favourable construction (interpretation) of a will.*

favorabiliores rei potius quam actores habentur (Gaius: Dig. 50.17.125; cf. 50.17.128 pr., et Bonif. VIII reg. xi) *verweerders word meer as eisers begunstig // defendants are regarded with more favour than plaintiffs.*

(i) **favores ampliandi,** (ii) **odia restringenda** (cf. infra s.v. **odia** vel **odiosa sunt;** Bonif. VIII reg. xv) (i) *toeskietlike bepalings moet ruim toegepas word,* (ii) *streng wette moet restriktief (beperkend) uitgelê word //* (i) *lenient measures should be extended,* (ii) *severe laws must be interpreted in a restrictive sense.*

felicitas habet multos amicos (anon.) *voorspoed het/lok baie vriende // prosperity has/atttracts many friends.*

feminae . . . ex indulgentia principis ad solacium liberorum amissorum adoptare possunt (Inst. 1.10.11; 3.3.1) *deur die goedgunstigheid van die keiser kan vrouens adopteer as vertroosting vir die kinders wat hulle ontval het // by the grace of the emperor women can adopt as a consolation for children who have died.*

feminis lugere honestum est, viris meminisse (Tac. Germ. 27.7) *dit pas vroue om te treur, manne om te onthou // it becomes women to mourn, men to remember.*

fenori alci. pecuniam dare *geld aan iem. uitleen // to lend money at interest.*

ferae naturae (animalia) *ongetem* (van diere wat van nature wild is) *// untamed* (of animals wild by nature).

fere in omnibus poenalibus iudiciis èt aetati èt imprudentiae succurritur (Paul.: Dig. 50.17.108) *in nagenoeg alle strafsake word daar met die jare (jeugdigheid) en die onervarenheid rekening gehou // in inflicting penalties, the age and the inexperience of the guilty party should always be taken into account.*

fere libenter homines id quod volunt credunt (Caes. B. G. 3.18) *mense glo geredelik wat hulle wil // men willingly believe what they wish.*

fere quibuscumque modis obligamur, isdem in contrarium actis liberamur, cum quibus modis acquirimus, isdem in contrarium actis amittimus (Paul.: Dig. 50.17.153; cf. supra s.v. (i) **contrarius actus**; infra s.v. (ii) **nihil tam naturale** (iii) **omnia quae** (iv) **prout quidque** (v) **quomodo quid**) *in die reël word ons deur dieselfde handelinge waarmee ons verbind word (ook weer) bevry indien hulle omgekeer word; (want) op dié maniere wat ons (iets) verkry raak ons dit weer kwyt as hulle omgekeer word // as a rule we are released from contracts by reversing the same acts by which we render ourselves liable; (for) as we acquire (property) by certain methods we lose it by reversing the same acts.*

fere totus mundus exercet histrionem (Petron, frg. 10) *byna die hele wêreld speel toneel // all the world's a stage* (Shakespeare, As you like it).

feriunt summos fulmina montes *bliksemstrale tref die bergtoppe // lightning strikes the mountain peaks.*

fero ferre tuli latum *dra // bear, carry;* — **legem** *'n wetsvoorstel doen, 'n wet voorstel // propose a law.*

'ferri' proprie dicimus, quae quis suo corpore baiulat: 'portari' ea, quae quis iumento secum ducit (Gaius: Dig. 50.16.235) *streng genome sê ons dat dié dinge 'gedra word'* (**ferri**) *wat iemand met sy liggaam tors, (maar) dat dié 'vervoer word'* (**portari**) *wat iemand met 'n lasdier saam met hom neem // strictly speaking we say that those things 'are borne'* (**ferri**) *which a person moves (from one place to another) (but) that those 'are carried'* (**portari**) *which one takes with oneself by means of a beast of burden.*

ferrum ferro acuitur (H. P. Jones p. 40) *hard teen hard // diamond cut diamond.*

fertilior seges est alienis semper in agris (Ov. A.A. 1.349) *die graan staan altyd geiler in ander mense se lande,* of: *anderkant die draad* (liefdessake) // (in affairs of the heart) *the crop is always more fertile in the cornfields of other people.*

fervet opus (Verg. Aen. 1.436) *daar heers koorsagtige haas met die werk // all is busy toil.*

festina lenta (Augustus imp. apud. Suet. vit. 25.4; Graece) *haas jou langsaam; stadig oor die klippe; te veel spoed is selde goed // hurry slowly.*

fiat experimentum in corpore vili *laat die proefneming op 'n voorwerp (persoon) van geringe waarde geskied* (neem 'n goedkoop proefkonyn vir jou eksperiment) *// try your skill in gilt first and then in gold.*

fiat iustitia, ruat caelum (vel: **pereat mundus;** incerti auctoris) *laat geregtigheid geskied al val die hemel ook* (of: *al vergaan die wêreld ook*) *// let justice be done, though the heavens should fall* (or: *though the world should end*).

fideicommissarius -ii m. *begunstigde met 'n fideikommis (met 'n erfstelling oor die hand) // beneficiary under a fideicommissum.*

fideicommissum -i n. *fideikommis; erfstelling oor die hand // fideicommissum; bequest in trust* (pl. **-a** untr.); — **residui** *fideikommis van die oorskot // fideicommissum of the residue (remainder).* (Die twintigtal Latynse benaminge van besonder **fideicommissa** word agterweë gelaat omdat die vertaling daarvan weinig sin sou hê en veelal omskrywings sal moet wees.) (There are a score of **fideicommissa** with distinctive Latin names which have been omitted, since the translation of these would serve no useful purpose and would be nothing but paraphrases.)

fideicommittens *oprigter* (of *insteller*) *van 'n fideikommis // creator of a fideicommissum.*

fideiubere *borg word vir 'n ander; jouself as borg stel; borgstaan // stand surety; become surety for another; go bail for another;* — **in cautione iudicio sisti** *vir (sy) aanwesigheid in die hof borgstaan // go bail for (his) appearance in court;* — **iudicatum solvi** *borgstaan dat die vonnisskuld betaal sal word // go bail for payment of the amount awarded by the court.*

fideiussio -onis f. *borgtog // surety-(ship); bail.*

fideiussor -ris m. *borg // surety* (person); — **fideiussoris** *agterborg; borg vir 'n borg // rear surety; surety for a surety;* — **indemnitatis** *borg vir skadeloosstelling; vrywarende borg // indemnifying surety;* **fideiussor omnibus obligationibus adici potest** (Gai. 3.119a; Inst. 3.20.1) *'n borg kan tot alle verbintenisse* *toegevoeg word // a surety can become accessory to any kind of obligation.*

fides fidei f. (cf s.v. **bona fides; mala fides** (i.e. **dolus**); **uberrima fides**) *opregtheid, eerlikheid // faith; sincerity; honesty;* **fidem emptoris sequi** (Inst. 2.1.41) *krediet aan koper verleen // grant credit to purchaser.*

fides bona contraria est fraudi et dolo (Paul.: Dig. 17.2.3.3) *goeie trou is die teenoorgestelde van bedrog en lis // good faith is opposed to fraud and deceit.*

fides Punica (Sall. Jug. 10.8.3; lett. Kartaagse trou) *troueloosheid, verraad // bad faith, perfidy, treachery.*

fides servanda est *belofte maak skuld // we must keep our plighted word.*

fiducia sui (Liv. 25.37) *selfvertroue // self-confidence.*

fidus Achates (Verg. Aen. passim) *die troue Achates* ('n ware Jonatan) // *the faithful Achates* (a bosom friend).

filius nullius (vid. **nullius filius** infra) *buite-egtelike kind // bastard.*

filum -i n. fluminis *'draad' van die rivier* (denkbeeldige lyn in die middel van die stroom) // *'thread' of the river* (imaginary line drawn down the centre of the stream).

finis coronat opus (anon.) *die einde bekroon die werk // the conclusion/end crowns the work.*

finitur usus fructus morte fructuarii (Inst. 2.4.3) *deur die dood van die vruggebruiker word die vruggebruik beëindig // the usufruct comes to an end with the death of the fructuary.*

fiscus -i m. *skatkis // treasury.*

fiscus ex suis contractibus usuras non dat, sed ipse accipit. (Paul.: Dig. 22.1.17.5) *die skatkis betaal geen rente uit hoofde van kontrakte deur hom aangegaan nie, maar vorder dit wel in // the treasury pays no interest on account of any contract concluded by it, but does collect the interest due.*

fiscus non solet satisdare (Ulp.: Dig. 36.3.1.18) *die skatkis bied in die reël geen sekerheidstelling nie // the treasury as a rule provides no security (bail).*

fiscus semper solvendo censetur *die skatkis word steeds as solvent beskou // the treasury is always presumed to be solvent.*

fit fastidium copia (Liv. 3.1; cf. Cic. de or. 3.100) *vir oorvloed raak 'n mens teë // from abundance springs satiety.*

fiunt de his scripturae, ut quod actum est per eas facilius probari possit; èt sine his autem valet quod actum est, si habeat probationem (Gaius: Dig. 22.4.4) *oor hierdie punte word daar stukke op skrif gestel ten einde dat wat ooreengekom is des te geredeliker bewys kan word; maar ook daarsonder sal die ooreenkoms geldig wees indien daar bewys voorhande is // written instruments are drawn up about these matters in order that the agreement may the more easily be established by proof; but even without them it will be valid if the evidence is forthcoming.*

flagitium -ii n. *misdryf, skanddaad // shameful* (or *disgraceful*) *act.*

flagrante delicto (cf. Cod. 9.13.1.1: adhuc flagrante **crimine** (comprehensi) *op heterdaad* (betrap) // (caught) *red-handed; in the very act.*

foedus foederis n. *verdrag // treaty.*

fons et origo *bron, oerbron // source and origin.*

forma bonum fragile est (Ov. A.A. 2.113) *skoonheid is 'n brose bate // beauty is a brittle asset.*

formosa facies muta commendatio est (Publ. Syr. F. 4) *'n mooi gesig is 'n stomme aanbeveling // a pretty face is a dumb commendation.*

foro cedere *insolvent raak // become insolvent.*

forsan et haec olim meminisse iuvabit (Verg. Aen. 1.203) cf. infra s.v. (a) **haec olim;** (b) **quae fuit durum.** *Miskien sal die swaar kry nog eendag 'n heerlike herinnering wees // Perchance even this distress will some day be a joy to recall* (Loeb trl.)

fortes fortuna iuvat (Ter. Phormio 203) *die geluk staan die dapperes by // fortune favours the brave.*

fortiter in re suaviter in modo *tree ferm op in die saak (maar) sagmoedig in die uitvoering // be resolute in action (but) gentle in manner.*

fortuitos casus nullum humanum consilium providere potest (Ulp.: Dig. 50.8.2.7) *teen toevallige gebeurlikhede kan geen menslike oorleg voorsiening maak nie // no human prudence can provide against chance contingencies.*

fortuna favet fatuis (anon.) *die geluk begunstig dwase // fortune favours fools.*

fortuna multis dat nimium, satis nulli (Mart. 12.10.2) *die geluk gee vir baie in oormaat, vir niemand genoeg nie // fortune gives too much to many, enough to none.*

fortuna vitrea est; tum cum splendet, frangitur (Publ. Syr. F. 24) *die geluk is soos glas, tegelyk skitterend en broos // fortune resembles glass: it is both brilliant and brittle.*

fortunae naufragium -ii n. (Apul. metam. 6.5) *ons ondergang; die skipbreuk van ons lot // the shipwreck of our fortunes.*

forum -i n. *hof; regbank // court (of justice); judicial tribunal; bench;* **— actus** *hof van die handeling* (d.w.s. van die gebied waar die betrokke daad geskied het) *// forum of the act;* **— competens** *bevoegde hof // competent court;* **— contractus** *hof van die kontrak* (van die gebied waar die kontrak gesluit is) *// forum (court) of the contract* (court of the place where the contract was entered into); **— conventionale** *die hof waaroor die partye as die bevoegde een ooreengekom het // the court agreed upon by the parties as competent;* **— delicti commissi** *regbank van die plek waar die oortreding begaan is // court of the place where the crime was committed;* **— domicilii** *hof van die domisilie // court* or *forum of domicile;* **— originis** *hof van die domisilie van oorsprong // court of the place of domicile of origin;* **— rei sitae** *hof van die plek waar die saak geleë is // forum (court) of the place where the thing in question is situated.*

frangenti fidem fides frangatur eidem (anonymi hexametrum; cf. Dig. 2.4.10 pr.; Walther H. Carmina Medii Aevi Posterioris Latina (Göttingen, 1964) II.2.182 no 9915; Accius ap. Cic. de off. 3.28.102; et infra s.v. **non servanti fidem**) *laat trou ook teenoor die troubreker gebreek word // with him who breaks faith let faith be broken too.*

frangitur ira gravis cum sit reponsio suavis (Spreuke 15.1) *'n sagte antwoord keer die grimmigheid af // furious anger is broken by a gentle reply* (Prov. 15.1).

frater consanguineus *halfbroer van vaderskant // half-brother on the father's side;* **— uterinus** *halfbroer van moederskant // half-brother on the mother's side.*

fraudator -toris m. (**tributi**) *belastingontduiker // tax dodger.*

fraudis interpretatio semper in iure civili non eventu dumtaxat sed ex consilio quoque desideratur (Papin.: Dig. 50.17.79) *as bewysvoering (stawing) van bedrog word daar in die privaatreg nie altyd slegs (bewys van) die afloop van die gebeure vereis nie, maar ook van die opset om dit teweeg te bring // in the civil law the requirement for proving that fraud existed is not always met by the outcome alone but also by the intention of bringing the event about.*

fraus fraudis f. *bedrog // fraud;* **— creditorum** *benadeling van skuldeisers // prejudice of creditors;* **— dans locum contractui** *bedrog wat die kontrak teweegbring, wat tot die kontrak aanleiding gee // fraud occasioning the contract, inducing a party to conclude the contract* (by means of concealment or misrepresentation); **in fraudem creditorum** (Inst. 1.6 pr.) *ter benadeling van sy skuldeisers; om sy skuldeisers te benadeel // with the intention of prejudicing* (or *wronging*) *his creditors;* **in fraudem legis** (Inst. 1.8.2 ad f.) *ter ontduiking van 'n wet // in order to evade a law;* **pia —** (ex Ovid. metam. 9.711) *vrome bedrog // pious fraud.*

fraus est celare fraudem *dis bedrog om bedrog te verdoesel // it is fraud to conceal fraud.*

fraus inter proximos facile praesumitur (at vide infra s.v. **fraus numquam**) *bedrog tussen naasbestaandes word geredelik vermoed // fraud is readily presumed between relations.*

fraus legi fit, ubi quod fieri noluit, fieri autem non vetuit, id fit . . . (Ulp.: Dig. 1.3.30) *regsontduiking vind plaas wanneer dit geskied wat die reg nie van plan was om toe te laat nie maar versuim het om te verbied // fraud is committed against the law when something is done which the law did not wish to be done but omitted to prohibit.*

fraus numquam praesumitur (cf. infra s.v. **in dubio instrumento**) *bedrog word nooit vermoed nie* (dit moet bewys word) *// fraud is never presumed* (has to be proved).

fraus omnia corrumpit *bedrog verydel (bederf) alles // fraud corrupts everything.*

frivola -orum n.pl. (1) pejoratief: **iam frivola transfert** (Juv. 3.198) *hy verwyder sy armsalige ou meubeltjies* (tydens die brand) *// he removes his wretched furniture* (from his house on fire); (2) neutraal: **Romanorum omnia regum frivola** (Juv. 5.58.9) *'al die besittinge van die Konings van Rome' // all the possessions* (lit. 'goods and chattels') *of the Kings of Rome.*

fronti nulla fides (sit) (Juv. 2.8) *die skyn bedrieg // appearances are deceptive.*

fructus -us m. (et **fructus -uum**) **m.** *vrugte, opbrengste, oeste; voortbrengsels // produce, harvest, yield, fruits; increase of a thing;* **— civiles** *burgerlike vrugte* (deur die objektiewe reg geskep bv. rente, huurgeld ens.) *// civil fruits* (introduced by objective law e.g. interest, rent etc.); **— industriales** *arbeidsvrugte // profits (return) of industry;* **— naturales** *natuurlike vrugte, opbrengste, produkte // natural fruits, increase, yield, return;* **— pendentes** *hangende, oningesamelde, onafgeskeie vrugte // fruits not yet gathered or picked* (still hanging on the branches); **— percepti** *ingesamelde, toegeëiende, geplukte vrugte // gathered, appropriated fruit;* **— separati** *afgeskeie, geplukte vrugte // gathered, severed (picked) fruit;* **— stantes** i.q. **— pendentes** (supra).

fructus hominis in operis consistit (Gaius: Dig. 7.7.4) *die opbrengste van 'n slaaf bestaan in sy dienste (arbeid) // the produce of a slave consists in his services.*

fructus non intelliguntur nisi deductis impensis (Paul.: Dig. 5.3.36.5; vide supra s.v. **bona non dicuntur**) *van vrugte kan daar alleen na aftrekking van die produksiekoste sprake wees // fruits are understood to be what remains after deduction of the costs of production.*

fructus pendentes pars fundi videntur (Gaius: Dig. 6.1.44) *oningesamelde (hangende) vrugte word as deel van die grond beskou // ungathered fruits are regarded as part of the land.*

fructus pendentes pro immobilibus habentur (scil. cum pars fundi videantur (Dig. 6.1.44 modo cit.)) *oningesamelde vrugte geld as onroerende goed* (vgl. vorige lemma) // *ungathered fruits are regarded as immovables* (cf. previous entry).

frustra laborat qui omnibus placere studet (anon.) *tevergeefs swoeg hy wat gretig is om almal te bevredig // he labours in vain who tries to please everybody.*

fugam facere (Sall. Iug. 53) (1) *op die vlug jaag // put to flight;* (2) *op die vlug slaan // take to flight; flee.*

fugo (1) *op loop ja, verwilder // chase away, stampede.*

functus officio *nie meer diensdoende nie; nie meer in funksie nie // no longer in office (officiating); having discharged his office.*

fundamentum autem iustitiae est fides, id est dictorum conventorumque constantia et veritas (Cic. off. 1.7.23) *die grondslag van die geregtigheid is die goeie trou, d.w.s. 'n opregte en volgehoue nakoming van beloftes en ooreenkomste // the foundation of justice is good faith, that is truth and fidelity to promises and agreements.*

fundus a te ex mea pecunia emptus non est meus (cf. infra s.v. **res empta ex**) *die grond met my geld deur jou gekoop is nie my grond nie // the land brought by you from my money is not mine.*

fungibilia -ium n. (vide infra s.v. **res fungibiles;** Ortolan Eng. ed. 1871 p. 627 par. 141: 'a barbarism') *vervangbare sake // fungibles.*

fur furis m. *dief // thief;* **— manifestus** *'n dief op heterdaad betrap // a thief caught in the act (red-handed).*

fur semper moram facere videtur (Ulp.: Dig. 13.1.8.2) *'n dief word as voortdurend in verstek beskou // a thief is considered to be always in default.*

furandi animus *die opset om te steel; dieftige opset // intention of stealing.*

furiosi vel eius cui bonis interdictum sit, nulla voluntas est (Pomp.: Dig. 57.17.40) *'n waansinnige of iemand aan wie die beheer oor sy goed ontneem is, besit geen wil nie // an insane person or one who has been forbidden to manage his property, has no will.*

furiosus -i m. *waansinnige // insane person.*

furiosus absentis loco est (Paul.: Dig. 50.17.124.1; at vide adagium proximum: **furiosus non**) *'n waansinnige is asof hy nie aanwesig is nie* (is in die posisie van 'n afwesige; maar kyk volgende aanhaling) // *an insane person is regarded* (occupies the same position) *as one absent* (but cf. next maxim).

furiosus non est habendus absentis loco, quia in eo animus deest, ut ratum habere non possit (Paul.: Dig. 3.3.2.1) *'n waansinnige moet nie, omdat hy weens sy geestesgebrek 'n handeling nie kan bekragtig nie, as 'n afwesige beskou word nie // an insane person is not to be regarded as absent because of his mental inability to ratify an act.*

furiosus nullum negotium contrahere potest, pupillus omnia tutore auctore agere potest (Paul.: Dig. 50.17.5; Inst. 3.19.8; cf. Gai. inst. 3.106) *'n waansinnige kan geen regshandeling aangaan nie (maar) 'n pupil (persoon onder voogdy) kan met die toestemming van sy voog alles doen // an insane person can perform no legal act (but) a ward can, with the authorization of his guardian, do anything.*

furor -oris m. *kranksinnigheid, waansin // insanity, madness, mental disorder.*

furor arma ministrat (Vers. Aen. 1.150) *woede verskaf die wapens // rage furnishes/provides the weapons.*

furor fit laesa saepius patientia (Publ. Syr. F. 13) *geduld, alte lang ooreis, slaan oor in woede (word woede) // patience too often strained changes into fury.*

furtim *heimlik (bw.) // secretly, by stealth.*

furtum -i n. *diefstal // theft;* **— possessionis** *diefstal van besit // theft of possession;* **— usus** (Dig. 47.2.1.3) *gebruiksaanmatiging // theft of the use* (of a thing).

furtum est contrectatio rei fraudulosa lucri faciendi gratia vel ipsius rei vel etiam usus eius possessionisve, quod lege naturali prohibitum est admittere (Paul.: Dig. 47.2.1.3) *diefstal is die bedrieglike hantering (wegneming) van 'n saak met die oog op verryking; dit geld òf die saak self òf* *sy gebruik òf besit; dis deur die natuurreg verbied om so-iets te doen // theft is the fraudulent handling of a thing with the intention of enriching oneself by it, either of the thing itself or of its use or possession; its commission is prohibited by natural law.*

furtum ex affectu consistit (Gai. 3.208 = Inst. 4.1.18; cf. 4.1.6) *diefstal vind a.g.v. bedoeling/opset, plaas // theft results from intention* (to steal).

furtum sine affectu furandi non committitur (Gai. 2.50 ad f.; Inst. 2.6.5; 4.1.7) *sonder bedoeling om te steel word daar geen diefstal gepleeg nie // theft is not committed without the intention to steal.*

furtum sine dolo malo non committitur (Gai. 3.197 ad f.) *sonder boosaardige opset word daar geen diefstal gepleeg nie // without unlawful intention no theft is committed.*

G

gallum in suo sterquilinio plurimum posse (intellexit) (Sen. Ludus 7.3.) (hy het begryp) *dat 'n haan op sy eie mishoop* (of *werf*) *koning kraai* (of *die kordaatste is*) // (he realized) *that every cock fights best* (or *lords it*) *on his own dung-hill.*

gener generi m. *skoonseun // son-in-law.*

generali lege decernimus neminem sibi esse iudicem vel ius sibi dicere debere; in re enim propria iniquum admodum est alicui licentiam tribuere sententiae (an. 376, Valens Gratianus Valentinianus Auggg.: Cod. 3.5.1; cf. infra s.v. (i) **iniquum est** (ii) **in propria causa** (iii) **nemo debet esse** (iv) **nemo ius sibi** (v) **nemo potest esse** (vi) **nemo sibi esse** (vii) **qui iurisdictioni;** etiam: (viii) **promiscua generalitate decernimus neminem sibi esse iudicem debere** Cod. Theod. 2.2.1 (AD 376)) *ons bepaal met 'n algemene maatreël dat niemand sy eie regter behoort te wees of vir homself reg moet spreek nie; want dis uiters onregverdig om aan iemand in 'n saak wat homself raak die vryheid van 'n vonnis te verleen // we decree by a general law that no one shall act as judge in his own cause or adjudicate for himself; for it would be most unjust to give anyone the right to pronounce judgment in an affair which is his own.*

generalia specialibus non derogant (cf. Dig. 48.19.41; 50.17.80) *algemene voorskrifte doen niks af aan besondere bepalinge nie // general words (rules) do not derogate from special.*

generaliter cum de fraude disputatur, non quid (non?) **habeat actor sed quid per adversarium habere non potuerit, considerandum est** (Papin.: Dig. 50.17.78) *oor die geheel geneem moet daar, waar dit oor 'n kwessie van bedrog gaan, oorweeg word, nie wat die eiser voorhande het nie, maar wat hy deur die toedoen van sy teenparty nie kon verkry nie // generally speaking, when a dispute concerning fraud arises, not what the plaintiff has on hand but what he might have had if it had not been for his adversary, should be considered.*

generaliter lex generalis accipi debet (cf. infra s.v. **ubi lex non distinguit**) *indien 'n wet in algemene bewoording opgestel is moet dit ook in sy algemeenheid toegepas word* (geen uitsonderinge waar hulle nie uitdruklik voorsien is nie) // *a law couched in general terms should be generally applied* (without admitting exceptions not expressly provided for).

generi per speciem derogatur (Bonifat. VIII reg. xxxiv) *aan die algemene word daar deur die besondere afgeding // a general rule is derogated from by a special (law).*

genus interire non censetur (i.q. **genus non perit**; cf. infra s.v. **species perit ei**) *die soort word nie geag tot niet te gaan nie // the kind is not considered (deemed) to perish.*

gestio -onis f. (cf. infra s.v.**negotiorum**) *verrigting van 'n regshandeling // performance of a juristic act.*

gloria virtutem tamquam umbra sequitur (Cic. Tusc. 1.45.109) *roem volg die deug soos 'n skaduwee // like a shadow glory follows virtue.*

glossa -ae f. *'n glos; kanttekening; verklaring van 'n duister woord* (tussen die reëls van 'n HS of in die sylyn) // *gloss, word* or *note inserted* between the lines of a MS or in the margin *as an explanatory equivalent of a* foreign or *difficult word* in the text.

gradatim *stap vir stap, trapsgewyse // by degrees, gradually.*

gratia -ae f. *guns; begunstiging; partydigheid; (mv.) dank // favour; partisanship; (pl.) thanks;* **gratiâ (abl.) + gen.** *ter wille van,* *weens, om // for the sake of, on behalf of; by reason of.*

gratis *kosteloos, verniet // free of charge;* — **dictum** *irrelevant // said to no purpose.*

gratutium debet esse commodatum (Inst. 3.14.2) *bruikleen moet gratis wees // loan for use must be gratuitous.*

gravamen -minis n. *kernpunt* (of *swaartepunt*) *van 'n bewering // material point of a submission* (or *assertion*).

gravantia n. pl. *verswarende omstandighede // aggravating circumstances.*

graviora quadam sunt remedia periculis (anon.) *sommige middele is erger as die kwaal // certain remedies are worse than the disease.*

grex venalium (Suet. Rhet. 1) *'n kudde huurlinge // a venal pack.*

gutta cavat lapidem (Ovid. ex Ponto 4.10.5) *(aanhoudende) gedrup hol 'n steen uit* ('aanhou wen') *// constant dripping wears out the stone.*

H

habeas corpus (Eng. Reg.; Habeas Corpus Act 1679) *'n regterlike bevel om 'n aangehoude persoon na die hof te bring om vas te stel of sy aanhouding wettig was // a writ requiring a person to be brought before a judge or into court to investigte lawfulness of his restraint.* (In die R.H.R. omskryf as **interdictum de homine libero exhibendo**.)

habes quod est accusatori maxime optandum, confitentem reum (Cic. pro Lig. 2) *u het 'n beskuldigde wat skuldig pleit, die allerbegeerlikste (guns) vir 'n aanklaer // you have an accused who pleads guilty — the most desirable (situation) for an accuser.*

habet suum venenum blanda oratio (Publ. Syr. H. 12) *soetsappige taal is giftig // sweet words are poisonous.*

habeto tibi res tuas *vat jou goed* (oud-Romeinse egskeidingsformulier) *// take (have) your effects to yourself* (old Roman form of divorcing a wife).

habiles termini (vide infra s.v. **termini**).

habilis -e *geskik, passend // fit, suitable;* **res** — *saak vir verjaring vatbaar // thing susceptible of prescription.*

habitatio -onis f. (Dig. 7.8) *reg van vrye bewoning* (van die huis van 'n ander) *// the right of free residence* (in the house of another).

haec olim meminisse iuvabit (Verg. Aen. 1.203) *eendag sal dit nog heerlik wees om ons aan hierdie gebeure te herinner // it will be a joy some day to recall these events.*

hastae ius (Tac. ann. 13.28) *die reg om in die openbaar te verkoop // right to conduct an auction.*

haud facile emergunt quorum virtutibus obstat res angusta domi (Juv. 3.164–5) *diegene vind dit moeilik om hulle op te werk/bo uit te kom wie se armoedige omstandighede tuis hul goeie eienskappe in die weg staan // those people do not easily emerge* (from obscurity) *whose abilities are cramped by narrow means at home.*

heredem eiusdem potestatis iurisque esse, cuius fuit defunctus constat (Ulp.: Dig. 50.17.59) *dit staan vas dat die erfgenaam oor dieselfde mag en reg beskik as die oorledene beskik het // it is trite law (undisputed) that the same power and right vest in the heir as did in the deceased.*

heredes *erfgename // heirs;* — **proximi** *naaste erfgename // nearest (next) heirs;* — **remotiores** *meer verwyderde erfgename // more remote heirs;* **heredis institutio** *erfstelling // appointment of an heir.*

heredis fletus sub persona risus est (Publ. Syr. H. 19) *die trane van 'n erfgenaam is vermomde vreugde // the weeping of an heir is mere mummery (secret delight).*

hereditaria, bona — *erfgoed // heritage, patrimonial estate.*

hereditas -tatis f. (cf. infra s.v. **hereditas nihil**) *erfenis, nalatenskap, boedel // inheritance, estate* (of the deceased); — **damnosa** (cf. Dig. 17.1.32; 50.16.119) *skadelike erfenis* (met meer laste as bates) *// unprofitable estate, burdensome inheritance* (with more liabilities than assets); — **directa** *direkte* (onvoorwaardelike) *erfenis* (in teenstelling met 'n fideikommissêre nalatenskap) *// direct inheritance* (left unconditionally and absolutely; as distinct from a fideicommissary inheritance); — **fideicommissaria** *erfstelling oor die hand; nalatenskap onderhewig aan 'n fideikommis; fideikommissêre erfenis // estate left subject to a fideicommissum; fideicommissary inheritance;* — **iacens** *'n nog hangende erfenis* (voor adiasie of weiering deur die aangewese erfgenaam) // *vacant inheritance* (before adiation or refusal by the heir); — **legitima** *erfenis kragtens regswerking; erfenis by versterf; intestate erfenis // inheritance devolving by operation of law; intestate succession;* — **testamentaria** *erfenis uit hoofde van 'n testament; testamentêre erfenis // testamentary inheritance (succession).*

hereditas nihil aliud est, quam successio in universum ius quod defunctus habuerit (Julian.: Dig. 50.17.62; cf. Dig. 50.16.24) *'n erfenis is niks anders nie as die opvolging in die algehele reg wat die oorledene besit het // inheritance is nothing but the succession to every right which the deceased enjoyed.*

hereditas numquam ascendit *erfgoed klim nooit;* Ned. *'het Goed klimt niet geern'* (H. van der Vorm, Versterfrecht (1774) bl. 34) // *property never ascends* (genealogically, to find an heir).

hereditatem adire (Gai. Inst. 3.22) *'n erfenis aanvaar/adieer // accept an inheritance.*

hereditatis petitio -onis f. *aksie om (opvordering van) 'n erfenis // action claiming an inheritance.*

heres heredis m. *erfgenaam; universele erfopvolger* (by die dood van die erflater) // *heir, universal successor* (at death); — **ex asse** (Inst. 2.23.9) *erfgenaam van die hele nalatenskap; universele erfgenaam // sole heir; heir to the entire estate;* — **extraneus** (Inst. 2.19.7) *vreemde, nie-verwante/erfgenaam // outsider/instituted heir;* — **institutus** *testamentêre erfgenaam // testamentary heir;* — **necessarius** (Inst. 2.14.1) *verpligte erfgenaam // obligatory heir.*

heres est eadem persona cum defuncto; (i.q.) **hereditas personam defuncti sustinet** (cf. Ulp.: Dig. 41.1.34) *die erfgenaam is dieselfde persoon as* (of: *tree in die plek van*) *die oorledene, vervang hom, speel sy rol // an heir is the same person with (as) the deceased (or) steps into his shoes, plays the part of the deceased.*

heres legitimus est quem nuptiae demonstrant *die wettige erfgenaam is hy wat deur die huwelik* (van die ouers) *aangewys word // he is lawful heir whom the marriage* (of his parents) *points out.*

heres succedit in universum ius quod defunctus habuit i.q. supra s.v. **heredem eiusdem.**

heu, quam difficilis gloriae custodia est (Publ. Syr. H. 1) *ag hoe swaar is dit tog om jou roem te handhaaf // alas, how hard it is to maintain one's renown!*

hi qui in universum ius succedunt, heredis loco habentur (Paul.: Dig. 50.17.128.1) *diegene wat in al die regte van iemand opvolg word as sy erfgename beskou // those who succeed to all the rights (of the deceased) take the place of (are regarded as) his heirs.*

hic et nunc *hier en nou // here and now.*

hinc illae lacrimae (Ter. Andr. 99) *van daar daardie trane // this accounts for those tears.*

hoc genus: et — — omne (Hor. sat. 1.2.2) *en die hele ou spul (klomp) // and the whole crowd.*

hoc habet (Aen. 12.296) *dis 'n doodskoot // he has caught it, has had it.*

hoc ipso quo tacuerunt consensisse videntur (Ulp.: Dig. 19.2.13.11) *uit hulle blote swye blyk dit dat hulle toegestem het // by the mere fact of having kept silent, they are seen to have consented.*

hoc natura aequum est neminem cum alterius detrimento fieri locupletiorem (Pomp.: Dig. 12.6.14; cf. supra s.v. **commodum ex** et locos ibi citt.) *dis 'n billikheidsreël van die natuurreg dat niemand tot skade* (of: *ten koste*) *van 'n ander verryk mag word nie // it is a rule of natural equity that no one should be enriched to the prejudice of another.*

hoc titulo (abbrev. **h.t.**) *onder hierdie titel* (gewoonlik by verwysing na 'n Digestatitel) // *under this title* (usually referring to a Digest title).

hoc volo, sic iubeo; sit pro ratione voluntas (verba uxoris imperiosae et arrogantis ap. Iuvenalem 6.223) *dit wil ek, so beveel ek; laat 'sommer' my rede wees; laat my wil as my regverdiging geld* (woorde van 'n arrogante vrou) // *this I want, so do I command; my will shall serve as my justification* (words of an arrogant wife).

homicidium -ii n. *doodslag; manslag // manslaughter, homicide;* — **casuale** *toevallige, onopsetlike doodslag // fortuitous, unintentional killing;* — **culposum** *doodslag uit nalatigheid (onagsaamheid) // negligent killing;* — **dolosum** *opsetlike doodslag; moord // intentional homicide (killing); murder;* — **necessarium** *doodslag uit noodweer; onvermydelike doodslag // unavoidable homicide; homicide in self-defence.*

homines dum docent discunt (Sen. ep. 7.8) *mense leer terwyl hulle* (ander) *onderrig // men learn while teaching* (others).

hominem improbum non accusari tutius est quam absolvi (Liv. 34.4.19) *vir 'n skurk is dit veiliger om nie aangekla te word nie* *as om vrygespeek te word // it is safer for a criminal to go unaccused rather than to be acquitted.*

homo hominis c. (1) *mens; menslike wese* (2) *slaaf // (1) human being (2) slave;* **homo homini lupus** (Pl. Asin. 495) *die mens is 'n wolf jeens sy medemens // man's inhumanity to man* (makes countless thousands mourn; Burns).

'homo' communis est generis: hic homo et **haec** homo (cf. Gai. Dig. 50.16.152) *die woord 'homo' is gemeenslagtig // 'homo' is of common gender.*

homo novus parvenu; opkomeling // upstart; new man.

homo proponit sed deus disponit (Thom. a Kemp, 1.19.2) *die mens wik maar God beskik // man proposes, God disposes.*

homo sum; humani nihil a me alienum puto (Ter. heaut. 77) *ek is 'n mens; niks mensliks beskou ek as aan my vreemd nie // I am a human being (a man); nothing human do I regard as indifferent to me.*

honesta mors turpi vita potior est (Tac. Agr. 33.25) *'n eerbare dood is verkieslik bo 'n skandelike lewe // an honourable death is preferable to a disgraceful life.*

honesta quaedam scelera successus facit (Sen. Phaedr. 598) *sukses maak sekere misdade eerbaar // success renders certain crimes honourable* (= Publ. S. H. 5).

honeste vivere (Inst. 1.1.3; cf. infra s.v. **iuris praecepta**) *om eerbaar (fatsoenlik of ordentlik) te lewe // to live honourably, virtuously.*

honestiores -rum m.pl. *die aansienliker mense; vooraanstaandes // notables; people of standing.*

honestus rumor alterum est patrimonium (Publ. Syr. H. 15) *'n goeie naam is 'n tweede erfenis // a good reputation is a second legacy.*

honoris causa *ere (graad) // honours (degree).*

horreum -ei n. *pakhuis* (veral *graanskuur*) // *barn; magazine; storehouse* (esp. *granary*).

humanitus (adv.) *ooreenkomstig ons sterflike natuur // in keeping with man's mortal nature;* **si quid — ei contigerit** *as hy te sterwe sou kom // if he should die.*

I

iactus -us m. (cf. lex Rhodia de iactu, Dig. 14.2) *seewerping* (of *seeworp*); *die oorboord gooi* van 'n deel van die vrag om die skip tydens 'n storm te help red; dis uit die reg van die eiland Rhodos oorgeneem; by die toepassing van die wet het die reëls van die moderne awery-grosse gegeld // *a jettison; a casting* or *throwing overboard* (of part of the cargo in order to save the ship during a storm at sea): the measure was adopted from the law of the island of Rhodes; in applying it the rules of modern general average were observed.

ibi dos esse debet, ubi onera matrimonii sunt (Paul.: Dig. 23.3.56.1) *die bruidskat moet daar wees waar die laste van die huwelik is // the dowry should be where the burden of union is.*

ibidem (abbrev. **ibid.** vel **ib.**) *op dieselfde* (aangehaalde) *plek // in the same passage* (quoted).

ictus (abbrev.; vide infra s.v. **iurisconsultus**).

id certum est quod certum reddi potest (cf. supra s.v. **certum**).

id quod in diem crastinum differtur, in oblivionem abit *van uitstel kom afstel // procrastination is the thief of time.*

id quod in solo nostro ab aliquo aedificatum est . . . iure naturali nostrum fit (Gai. 2.73) *dit wat deur iemand op ons grond gebou is . . . word kragtens die natuurreg ons eiendom // what has been built by someone on our land . . . becomes our property by natural law.*

id quod interest *totale skade* (omvat **damnum emergens** *gelede skade* en **lucrum cessans** *gederfde wins*) // *total damage* (including **damnum emergens** 'damage actually suffered' and **lucrum cessans** 'ceasing gain').

id quod nostrum est sine facto nostro ad alium transferri non potest (Pomp.: Dig. 50.17.11) *wat ons s'n is kan sonder ons toedoen nie na 'n ander oorgedra word nie // that which is ours cannot without our act be transferred to another.*

id quod nullius (est) occupantis fit (Pomp.: Dig. 41.1.30.4) *wat niemandsgoed is word die eiendom van die inbesitnemer // what belongs to no one becomes the property of the first person taking possession of it.*

id quod prius fuit voluntatis postea fit necessitatis *wat aanvanklik vrywillig was word later noodsaak // that which was at first a voluntary act becomes at last a matter of necessity.*

id quod superfluum est tantummodo (scil. obligationem dotis dandae) **infirmat** (Ter. Clem.: Dig. 23.3.61 pr.; cf. infra s.v. **utilius est dicere**) *slegs dit wat oortollig is maak* (die verbintenis) *ongeldig // only that which is in excess of what is permissible invalidates* (the obligation).

idem de re publica sentire (anon.) *om dieselfde politieke standpunte te huldig // to have the same political opinions.*

idem velle atque idem nolle ea demum firma amicitia est (Sall. Cat. 20) *dieselfde begeertes en dieselfde afkere, dit lei tot 'n stewige vriendskap // similar likes and dislikes are* (the basis of) *lasting friendship.*

ideo compensatio necessaria est, quia interest nostra potius non solvere quam solutum repetere (Pomp.: Dig. 16.2.3) *skuldvergelyking is noodsaaklik om dié rede dat dit in ons belang is om liewer nie te betaal nie as om te betaal en weer terug te vorder // set-off is necessary for the reason that it is more to our interest not to pay than to bring an action to recover what has been paid.*

idonei testes (vide infra s.v. **testes**).

ignis aurum probat, miseria fortes viros (Sen. de prov. V. 10) *vuur toets goud, ellende weer dapper manne // as fire provides the ordeal for gold, so does misfortune for brave men.*

ignis fatuus *dwaallig // will-o'-the-wisp.*

ignis quo clarior fulsit, citius extinguitur (Sen. de consol. 23.4) *hoe helderder die vuur geskitter het, des te gouer brand dit uit // the brighter the flame has flared up the sooner it goes out.*

ignominia -ae f. *skande; eerloosheid; vernedering // disgrace; dishonour.*

ignorantia -ae f. *onwetendheid, onbekendheid met, onkunde van // ignorance;* — **facti** *onbekendheid met die feite // ignorance of fact;* — **iuris** *onkunde van (onbekendheid met) die reg // ignorance of the law;* — **legis** i.q. — **iuris;** — **supina** *ongeërgde, agtelose, onverskillige onwetendheid // heedless ignorance;* — **supina aut affectata** (Voet 12.6.7; 22.6.7) *ongeërgde of moedswillige onkunde // slack or studied ignorance* (Gane).

Adagia ad ignorantiam pertinentia

(1) **ignorantia emptori prodest quae non in supinum hominem cadit** (Paul.: Dig. 18.1.15.1) *onkunde wat nie by 'n onverskillige mens tuishoort nie strek tot voordeel van die koper // ignorance not in keeping with a heedless (negligent) man is to the advantage of the purchaser.*

(2) **ignorantia enim excusatur, non iuris sed facti** (Ulp.: Dig. 3.2.11.4; cf. Bonif. VIII reg. xiii) *want onwetendheid nie van die reg nie, maar van die feite word verskoon // ignorance not of law but of fact is excusable.*

(3) **ignorantia iuris non** (vel **haud**) **excusat** (cf. adag. proximum) *onkunde van (onbekendheid met) die reg is geen verweer nie // ignorance of the law excuses no one.*

(4) **ignorantia legis neminem excusat** i.q. **ignorantia iuris haud excusat.**

(4)(*a*) **ignorantia testantis inutilem institutionem non facit** (Inst. 2.14.12) *onbekendheid van die erflater* (met die begunstigdes) *maak die erfstelling nie kragteloos nie // the testator's lack of acquaintance* (with the heirs) *does not render their institution invalid.*

(5) **ignorantia vel facti vel iuris est** (Paul.: Dig. 22.6.1.1) *daar is onkunde òf van feite òf van die reg // there is ignorance of fact or of law.*

(6) **nec supina ignorantia ferenda est factum ignorantis ut nec scrupulosa inquisitio exigenda** (Ulp.: Dig. 22.6.6) *nòg agtelose (ongeërgde) onkunde moet verduur word by iemand onbewus van die feite, nòg ook moet daar op nougesette ondersoek (by hom) aangedring word // neither is heedless ignorance to be endured in a party ignorant of the facts, nor yet should meticulous inquiry be demanded of him.*

(7) **recte Labeo definit scientiam neque curiosissimi neque neglegentissimi hominis accipiendam** (Paul.: Dig. 22.6.9.2) *met reg stel Labeo dit dat kennis verstaan moet word as nòg dié van die sorgsaamste man nòg ook dié van die nalatigste // Labeo rightly declares that knowledge should be understood as neither that of the most diligent (painstaking) man nor yet of the most careless (negligent).*

(8) **regula est iuris quidem ignorantiam cuique nocere, facti vero ignorantiam non nocere** (Paul.: Dig. 22.6.9 pr.) *dis 'n reël dat onkunde van die reg weliswaar die onwetende benadeel, maar nie onkunde rakende die feite nie // it is a rule*

that ignorance of the law does indeed prejudice everyone, but not ignorance of fact.

(9) **si quidem factum ignoravit, recipi ignorantia eius potest, si vero ius, aliud dici debet** (Ulp.: Dig. 17.1.29.1) *indien hy van 'n feit onbewus was, kan sy onwetendheid gedoog word, maar indien van die reg, moet die teendeel gesê word // if he was ignorant of a fact, his ignorance may be excused, but the contrary holds if he was ignorant of the law.*

(10) **si quis nesciat se cognatum esse, interdum in iure interdum in facto errat** (Paul.: Dig. 22.6.1.2) *indien iemand onbewus is dat hy 'n bloedverwant* (van die erflater) *is begaan hy soms 'n regsdwaling en soms 'n dwaling in feite // if someone is unaware that he is a relation by blood* (of the deceased) *he errs in law sometimes, and sometimes in fact.*

ignorare leges est lata culpa (cf. Cod. 1.18.12) *onvertroudheid met die reg is growwe nalatigheid // to be ignorant of the law is gross neglect.*

ignoscas aliis multa; nihil tibi (Ausonius) *vergewe veel vir ander mense, niks vir jouself nie // pardon much to others, nothing to yourself.*

ilico et immediate (anon.) *nou en onmiddellik // forthwith and at once.*

illata et invecta (n. pl.) *goed* (deur die huurder vir sy gebruik) *in die huis ingebring // things brought into the house* (by the tenant for his use).

. . . illatam vim propulsare licet (Cod. 8.4.1 (an. 290); cf. supra s.v. **eum qui cum armis** et locos ibi citt.) *dis geoorloof om geweld wat ons aangedoen word af te slaan // we may repel force that has been directed against us.*

illegitimus -i m. *onwettige kind // illegitimate child.*

illicitum collegium -ii n. *onwettige (verbode) genootskap // illegal corporation.*

illud nulla pactione effici potest, ne dolus praestetur (Paul.: Dig. 2.14.27.3; cf. supra s.v. (i) **dolus semper praestatur;** infra (ii) **in commodato**) *deur geen ooreenkoms kan daar bepaal word dat aanspreeklikheid vir bedrog nie sal geld nie // it cannot by any agreement be provided that liability for bad faith shall be excluded.*

illud observare debet iudex, ne aliter iudicet, quam legibus aut constitutionibus aut moribus proditum est (Inst. 4.17 pr.) *die regter moet toesien dat hy nie anders reg spreek as wat deur die wette, konstitusies en reëls van die gewoontereg oorgelewer is nie // the judge must take care that he does not judge otherwise than in accordance with what has been determined by the laws, constitutions and customs.*

illud receptum est ut leges non solum suffragio legis latoris sed etiam tacito consensu omnium per desuetudinem abrogentur (Julian.: Dig. 1.3.32.1 f.) *die beginsel is erken dat wette nie slegs deur die wil van die wetgewer herroep word nie maar ook met die stilswyende toestemming van almal d.m.v. onbruik // it has been adopted as a rule that laws shall be abrogated not only by the will of the legislator, but also through disuse by the silent consent of all.*

illustrandi causa (vel **gratia**) *ter verduideliking // by way of illustration.*

imago animi vultus est (Cic. de orat. 3) *die gesigsuitdrukking is 'n beeld van die siel // the facial expression is an image of the soul.*

immobilia situm sequuntur *onroerende goed volg hulle ligging* (d.w.s. val onder die regsreëls van die plek waar hulle geleë is) *// immovables follow their site* (i.e. are governed by the law of the place where they are situated).

immunis *vry van* **munera** (belastings, pligte en staatsampte) *// exempt from* **munera** (i.e. taxes, duties and public office).

immunitas -tatis f. *vrystelling* (soos by **immunis**) *// exemption, immunity* from taxes etc. (see **immunis**).

impedimentum (pl. **-ta**) *belemmering, beletsel, verhindering // bar, impediment, hindrance;* **impedimenta facti** *belemmering van 'n feitlike aard // impediments of fact;* — **iuris** *beletsel van regsweë // bar in law, legal bar (impediment).*

impensae necessariae (Dig. 50.16.79 pr.) *noodsaaklike uitgawes* (onontbeerlik vir die behoud van die saak) *// necessary expenses* (indispensable for the preservation of the thing).

impensae utiles *nuttige uitgawes* (wat, hoewel nie vir die behoud van die saak noodsaaklik nie, tog die markwaarde van die eiendom verhoog) *// useful expenses* (which although not necessary to preserve the property yet improve its market value).

impensae voluptuariae (cf. Dig. 50.16.79.2) *uitgawes wat slegs die genot verhoog* (bv. d.m.v. spuitfonteine) *// expenses to heighten the enjoyment* (e.g. by means of playing fountains).

imperans -antis m. *vors; heerser // ruler; sovereign;* — **summus** *owerheid // ruler; sovereign.*

imperatorem stantem mori oportet (Vesp. imp., apud Suet. vita c. 24) *'n keiser moet op sy voete sterf // an emperor should die on his feet.*

imperfecta lex est quae vetat aliquid fieri, et si factum sit, nec rescindit nec poenam iniungit ei, qui contra legem fecit (Ulp. reg 1.1) *'n 'onafdwingbare wet' is een wat verbied dat iets gedoen word maar wat, indien dit wel gedoen word, dit nie nietig verklaar nie en ook aan die verbreker van die wet geen straf oplê nie // a law is 'imperfect' which forbids something to be done, but if it has been done neither declares it invalid nor provides any penalty for him who has acted against the law.*

imperitia culpae adnumeratur (Gaius: Dig. 50.17.132; Inst. 4.3.7; cf. infra s.v. **spondet**) *onbedrewenheid word as nalatigheid gereken* (dis die plig van die ambagsman om sy vak met bedrewenheid te beoefen) *// want of skill is reckoned as a fault* (an artisan is required to ply his trade with skill).

imperium in imperio (anon.) *'n staat binne die staat // a state within the state.*

impossibilis condicio habetur, cui natura impedimento est quo minus existat (Inst. 3.19.11) *'n voorwaarde geld as onmoontlik wanneer die natuur die verwesenliking daarvan verhinder // a condition is considered impossible where nature rules out its fulfilment.*

impossibilis condicio pro non scripto habetur (Inst. 2.14.10) *'n onmoontlike voorwaarde geld as nie geskryf nie // an impossible condition is considered as not written.*

impossibilium nulla obligatio est (Celsus: Dig. 50.17.185; cf. (i) infra s.v. **nemo tenetur** (ii) Bonif. VIII reg. vi) *daar bestaan geen verpligting om die onmoontlike te presteer nie // there is no obligation to do impossible things (to perform the impossible).*

impotens sui *sonder selfbeheersing // lacking self-control, passionate.*

impotentia -ae f. coeundi *impotensie; onvermoë om geslagsverkeer te beoefen // sexual impotence.*

improbus est (captator vel heredipeta) **qui sollicitus est de vivi hereditate** (Ulp. ex Juliano: Dig. 28.6.2.2) *veragtelik is* (die erfenisjagter) *wat na die nalatenskap vry waarvan die erflater nog lewe // he is a despicable* (legacy-hunter) *who solicits an estate during the lifetime of its owner.*

imprudens peccat quem peccati paenitet (Publ. Syr. I. 41) *a.g.v. sy berou word die fout* (van 'n vriend) *as blote onbedagsaamheid beskou // remorse at a blunder causes it to pass as a* (mere) *indiscretion.*

impubes (gen. **impuberis**) *iemand benede die puberteitsleeftyd* (seun onder 14 jaar, meisie onder 12) *// a minor under the age of puberty* (boy under 14, girl under 12).

impugnare (1) e.g. **iudicium** *aanveg; bestry; heftig opkom teen // impugn; oppose strongly.*

impune (adv.) *straffeloos // with impunity.*

impunita non debent esse admissa (= scelera/ maleficia); Papin.: Dig. 46.3.95.1 ad fin.; cf. Dig. 5.1.18.1 maleficia); et 9.2.51.2 (maleficia) *misdade behoort nie ongestraf te bly nie // crimes should not go unpunished.*

imputatio -onis f. (i) *verrekening* (verskil van **compensatio**) *(skuldvergelyking)* daarin dat dit nie 'n verrekening van skuld teen skuld is nie, maar van skuld teen winste uit 'n gesamentlike onderneming) *// adjustment* (which differs from **compensatio** *(set-off)* in that it is not a setting-off of one debt against another, but of a debt against the profits of a joint enterprise); (2) *toewysing* (of *appropriasie*) *van betalinge // appropriation of payments.*

in absentia *by verstek; in sy afwesigheid // by default; in his absence.*

in abstracto (contra: **in concreto**) *in die algemeen* (los van die besondere geval) *// in general* (apart from the particular).

in aequali iure *waar die regsposisie* (van albei) *ewe sterk is // on an equality in point of right; in equal right.*

in aes alienum incidere *skulde aangaan // to get into debt.*

in alienam voluntatem conferre legatum (testator) non potest (die erflater) *mag dit nie aan 'n derde opdra om legate toe te sê* (legatarisse aan te wys) *nie //* (the testator) *may not direct the selection of legatees to a third party.*

in alternativis (obligationibus) debitoris est electio, et sufficit alterum adimpleri (Bonif. VIII reg. lxx) *by alternatiewe* (verbintenisse) *berus die keuse by die skuldenaar en is dit voldoende dat een van die twee vervul word // in the case of the alternative* (obligations) *the choice lies with the debtor and it suffices that either of the two should be discharged.*

in ambigua voce legis ea potius accipienda est significatio quae vitio caret

(Celsus: Dig. 1.3.19; cf. supra s.v. **benignius leges**) *in die geval van 'n dubbelsinnige uitdrukking in 'n wet moet daardie betekenis aanvaar word wat vry van teenstrydigheid is // in the event of an ambiguous expression in a law that meaning should be put upon it which is free from incongruity.*

in ambiguis orationibus maxime sententia spectanda eius est qui eas protulisset (Marcianus: Dig. 50.17.96) *by dubbelsinnige uitdrukkinge moet daar veral op die bedoeling van die persoon gelet word wat hulle gebesig het // in ambiguous expressions the intention of the person using them should chiefly be regarded.*

in ambiguis rebus humaniorem sententiam sequi oportet (Ulp.: Dig. 34.5.10(11).1; cf. Dig. 1.3.25; 34.5.24) *in gevalle van dubbelsinnigheid moet die menslike standpunt ingeneem word // where matters are doubtful we should adopt the more equitable (humane) opinion.*

in ambiguitatibus quae ex legibus proficiscuntur consuetudinem aut rerum perpetuo similiter iudicatarum auctoritatem vim legis optinere debere (imperator Severus rescripsit; Callistratus: Dig. 1.3.38) *in die geval van dubbelsinnighede wat uit* (die bewoording van) *wette voortvloei behoort die gebruik of die gesag van voortdurend ooreenstemmende gewysdes die gesag van wetgewing te besit* (lui 'n reskrip van keiser (Septimius) Severus) // (the emperor (Septimius) Severus stated in a rescript) *that in questions of doubt arising from statutory enactments, custom, or the authority of decisions which have always been decided in the same manner, should obtain the force of law.*

in amore forma plus valet quam auctoritas (Publ. Syr. I. 39) *in die liefde is skoonheid sterker as aansien // in love looks outweigh esteem.*

in angustiis amici apparent (Petron. 61, Bücheler) *tydens teenspoed kom die vriende aan die lig // in adversity friends come to light.*

in antiquis omnia praesumuntur rite ac sollemniter acta (cf. infra s.v. **omnia praesumuntur rite**).

in arbitrium iudicis *aan die vrye oordeel van die regter* (oorgelaat) // (left) *for the judge to decide; to the discretion of the judge.*

in articulo mortis (i.q. **in extremis**) *by die dood; die dood naby; op die rand van die graf // at death's door; at the point of death.*

in bonae fidei contractibus ex mora usurae debentur (Marcianus: Dig. 22.1.32.2) *in die geval van bona fidei kontrakte kan rente weens versuim gevorder word // in the case of bonae fidei contracts interest is owed as a result of default.*

in camera *agter geslote deure; in camera // in private, in chambers* (the public being excluded).

in casu *in hierdie geval; in die onderhawige geval // in the present case; in the case in question.*

in claris non est locus coniecturis *by die ondubbelsinnige is daar vir vermoedens geen ruimte nie // things that are clear do not admit of conjecture.*

in commodato haec pactio 'ne dolus praestetur' rata non est (Paul.: Dig. 13.6.17 pr.; cf. supra s.v. (i) **dolus semper praestatur** (ii) **illud nulla**) *by bruikleen is die beding 'dat daar vir bedrog nie ingestaan word nie' ongeldig // in the contract of loan for use a stipulation not to be liable for fraud is null and void (not valid).*

in continenti *onmiddellik; subiet // immediately, without delay, forthwith.*

in contractibus plena, in testamentis plenior est interpretatio adhibenda *in die geval van kontrakte moet 'n ruim, in die geval van testamente 'n nog ruimer, vertolking toegepas word // in the case of contracts a liberal interpretation should be applied, in the case of wills a still more liberal one.*

in contractibus tacite insunt quae sunt moris et consuetudinis (cf. Dig. 21.1.31.20; supra s.v. **ea quae sunt**) *by kontrakte word dié ooreenkomste (bedinge) stilswyend begryp wat gebruiklik en gewoon is // in contracts those conditions which are usual and customary are tacitly understood.*

in contrahenda venditione ambiguum pactum contra venditorem interpretandum est (Paul.: Dig. 50.17.172) *'n dubbelsinnige ooreenkoms by die sluiting van 'n koopkontrak moet teen die verkoper vertolk word // in a contract of sale an ambiguous agreement is to be construed against the seller.*

in contrahendo quod agitur pro cauto habendum est (Pomp.: Dig. 12.1.3; cf. infra s.v. **plus valet quod agitur**) *by kontraksluiting moet die bedoeling van die partye met 'n uitdruklike ooreenkoms gelykgestel word // in concluding a contract the intention of the parties should be regarded as the equivalent of an express agreement.*

in conventionibus contrahentium voluntatem potius quam verba spectari placuit (Papin.: Dig. 50.16.219; scilicet si verba sunt ambigua; vide enim supra s.v.

cum in verbis (Dig. 32.25.1); et cf. s.v. **plus valet quod agitur**) *t.a.v. ooreenkomste is daar besluit dat daar eerder op die wil (bedoeling) van die partye tot die kontrak gelet moet word as op hul woorde // it has been established that in agreements the intention of the contracting parties rather than the words* (of the contract) *should be considered.*

in diem addictio *verkoop onder opskortende voorwaarde* dat geen gunstiger aanbod binne 'n vasgestelde tyd gemaak word nie // *sale under a suspensive condition* that no more favourable offer be made within a given time.

in dubio contra fiscum (cf. Dig. 49.14.10) *waar* ('n belastingvoorskrif) *onduidelik is, word dit ten ongunste van die skatkis vertolk // when* (a fiscal regulation) *is obscure, it is construed against the treasury.*

in dubio contra stipulatorem (vide s.v. **verba contra stipulatorem**).

in dubio instrumento standum est, nec actus simulatus praesumitur *in geval van twyfel moet daar aan die geskrewe stuk gehou word, en daar is geen vermoede dat die handeling geveins is nie // in case of uncertainty the written document should be adhered to, nor is the act presumed to be fraudulent (simulated).*

in dubio pro reo (vel **pro debitore**) (anonymi; cf. infra s.v. (i) **in stipulationibus cum** (ii) **semper in obscuris**) *in geval van twyfel* (is die beslissing) *ten gunste van die beskuldigde // in case of doubt* (the verdict goes) *in favour of the accused.*

in eadem re utilitas et turpitudo esse non potest (Cic. de off. 3.8.35) *dis onmoontlik dat die dienstige en die skandelike in dieselfde aangeleentheid aanwesig kan wees // the elements of expediency and immorality cannot be present in the same affair.*

in emendo et vendendo naturaliter concessum est quod pluris sit minoris emere, quod minoris sit pluris vendere et ita invicem se circumscribere (Paul.: Dig. 19.2.22.3) *in 'n koopkontrak is dit natuurlik geoorloof om 'n waardevoller artikel teen 'n laer prys te koop, en een wat minder werd is teen 'n hoër prys te verkoop, en aldus kan die partye mekaar om die tuin lei // in a transaction of purchase and sale it is naturally permissible for the parties to buy or sell an article at a lower or higher price than its real value and thus to hoodwink/overreach each other.*

in emptis et venditis potius id quod actum quam id quod dictum sit sequendum est (Pomp.: Dig. 18.1.6.1 ad fin.; cf. Cod. 4.22 (titul.) et infra s.v. **plus valet quod agitur**) *by koop- en verkoopooreenkomste moet daar eerder op die bedoeling* (van die partye) *as op die woorde gelet word // in contracts of purchase and sale regard should be had to the retention* (of the parties) *rather than to the language employed.*

in eo quod plus sit semper inest èt minus (Gaius: Dig. 50.17.110 pr.; cf. Dig. 50.17.21 et Bonif. VIII reg. xxxv) *in die meerdere is ook die mindere altyd inbegryp // in the greater the less also is always included.*

in esse *bestaande, werklike* teenoor **in fieri** *in wording*, en **in posse** *potensieel* (nie werklik bestaande nie) // *in being, actually existing,* as against **in fieri** *coming into being, coming about, and* **in posse** *potential* (not actually existing).

in extenso *uitvoerig, volledig, breedvoerig // at full length, in all its detail, from beginning to end.*

in extremis (i.q. **in articulo mortis**) *op sterwe, op die uiterste, by die dood // at death's door, at the point of death, in the last extremity.*

in facie curiae *in (voor) die hof // in (the face of) the court.*

in favorem innocentiae (in geval van twyfel) *voorkeur aan onskuld // there is a presumption* (in case of doubt) *that preference be given to innocence.*

in favorem vitae, libertatis et innocentiae omnia praesumuntur (cf. Dig. 29.2.71 pr. ad f.; 31.14. pr.; 40.4.17.2) *alle vermoedens ten gunste van die lewe, die vryheid en die onskuld word aanvaar // in favour of life, liberty and innocence every presumption is accepted (made).*

in fidem recipere alqm. (Caes. B.G. 2.15.1) *iem. in jou beskerming neem // to take s.o. under one's protection.*

in fieri (vide supra **in esse**).

in fine *aan die einde* (van 'n boek ens.) // *at the end* (of a book etc.).

in flagranti delicto (vide supra s.v. **flagrante**).

in forma pauperis *as behoeftige* (van hofkoste vrygestel) // *in the character of a pauper* (may sue without liability for costs).

in forma specifica *by wyse van spesifieke nakoming; reële eksekusie // by way of specific performance.*

in foro *in die hof; in 'n hof // in a (the) court; before a tribunal.*

in fraudem creditorum (Gai. 1.37) *tot benadeling van die skuldeisers // to the prejudice of (his) creditors.*

in fraudem facit qui salvis verbis legis, sententiam eius circumvenit (cf. (i) supra s.v. **contra legem;** Cod. 1.14.5; (ii) infra **in legem committere**) *hy handel met bedrog wat met inagneming van die woorde van die wet, die strekking daarvan omseil // he commits fraud who while observing the words of the law stultifies its spirit.*

in fraudem legis *ter ontduiking van die reg* (of: *van 'n wet*) *// in fraud of the* (or: *a*) *law; to evade the* (or: *a*) *law.*

in futurum *vir die toekoms // with a view to the future.*

in genere (goedere) *van 'n* (bepaalde) *soort* (wat gelewer of teruggegee moet word) // (things e.g. produce) *of a* (fixed) *kind* (which have to be delivered or returned).

in gratiam cum aliquo redire *versoen raak met iem. // to be reconciled with s.o.*

in his quae contra rationem iuris constituta sunt, non possumus sequi regulam iuris (Julian.: Dig. 1.3.15; cf. infra s.v. **quod vero contra**) *in die geval van daardie bepalinge wat strydig met die regsbeginsels gemaak is, kan ons nie die regsreël toepas nie // in the case of those terms which have been introduced in conflict with the principles of our law we are precluded from applying this legal rule.*

in homine libero aestimatio fieri non potest *t.a.v. 'n vry persoon kan daar geen waardebepaling van die liggaam geskied nie // it is impossible to determine the value of the body of a free person.*

in honorem matrimonii turpis actio adversus uxorem negatur (Gaius. Dig. 25.2.2) *om die eer van die huwelik te beskerm word 'n aksie waaruit eerloosheid vloei nie teen die vrou toegestaan nie // in order to protect the honour attaching to marriage an action against the wife implying infamy is refused.*

in imperio esse *'n hoë amp beklee // to hold a high office* (e.g. consulatu, dictatura, praetura).

in infinitum *onbepaald // without limit.*

in integrum *na sy vorige* (of: *oorspronklike*) *toestand // to its former* (or *original*) *state.*

in invidiam *om gevoel te wek teen // to excite prejudice* (or *odium*) *against; invidiously.*

in iudicio (I.R.) *tydens die verhoor; voor die regter // before a judge; in the course of the trial.*

in iudicio tam locati quam conducti dolum et custodiam, non etiam casum, cui resisti non potest, venire constat (Cod. 4.65.28; an. 294) *dis 'n bekende feit dat bedrog en ook* (die verpligting van) *veilige bewaring, maar nie 'n onvermydelike ongeluk nie, in ag geneem word by 'n verhoor* (wat voortvloei) *uit 'n huurooreenkoms // it is common knowledge that at a trial of either letting or hiring, fraud and* (the duty of) *safe-keeping are taken into account, but not irresistible accident.*

in iure cessio -onis f. *geregtelike oordrag; transport // transfer* (of property).

in iure civili receptum est, quotiens per eum, cuius interest condicionem non impleri, fiat quo minus impleatur, perinde haberi ac si impleta condicio fuisset (Ulp.: Dig. 50.17.161; cf. 35.1.24 et infra s.v. **in omnibus causis**) *so dikwels as dit gebeur dat die vervulling van 'n voorwaarde deur de toedoen van iemand verhinder word in wie se belang dit is dat dit nie vervul moet word nie, is dit 'n erkende reël van die Romeinse privaatreg dat dit beskou word asof die voorwaarde wel vervul is // it was a rule adopted by the civil law that whenever a party who has an interest in non-fulfilment prevents a condition from being complied with it is considered the same as if it had been fulfilled* (or: *it is deemed to have been fulfilled*).

in iure confessi pro iudicatis habentur (Ulp.: Dig. 42.1.56; cf. supra s.v. (i) **confessi debitores** (ii) **confessus pro**) *in die geval van diegene wat 'n bekentenis in die hof gedoen het, word dit beskou asof uitspraak reeds gelewer is // in the case of such as have made a confession in court it is considered that judgment has been passed.*

in iure erranti non procedit usucapio (Pomp.: Dig. 41.3.32.1) *(verkrygende) verjaring kom nie tot stand waar 'n regsdwaling bestaan nie // prescription (usucapion) does not run where an error of law exists.*

in iure non remota causa sed proxima spectatur *in die reg word daar nie op die verwyderde oorsaak gelet nie maar op die onmiddellike // in law not the remote but the proximate (immediate) cause is looked at (regarded).*

in ius vocare (syn. **convenire**) *daag; dagvaar // summons; call to court.*

in ius vocatio -onis f. *dagvaarding // summons* (to appear).

in legem committere eum, qui verba legis amplexus contra legis nititur voluntatem (non dubium est) (Cod. 1.14.5; an. 439; cf. supra s.v. (i) **contra legem** (ii) **in fraudem facit**) *dit ly geen twyfel nie dat hy wat die woorde van die wet omarm maar die gees daarvan weerstrewe 'n* *misdaad daarteen pleeg // there is no doubt that the man who embraces the words of the law but conflicts with its spirit is guilty of a crime against the law.*

in limine (litis) (lett. op die drumpel) *vooraf; in die aanvangstadium* (van die verhoor) // *initially; at the very outset* (of the hearing).

in loco parentis *in die plek van die ouer* (bv. 'n voog) // (e.g. a guardian) *in the place (in lieu, instead) of a parent.*

in longum tempus *vir 'n lang termyn* (huurkontrakte vir langer as tien jaar) // *for a long term* (leases of more than ten years).

in maiorem cautelam *vir groter sekerheid // for greater security.*

in malam partem *in 'n slegte sin; met 'n haatlike bybetekenis // in a bad sense* (so as to have *an invidious connotation (colour)*).

in maleficiis ratihabitio mandato comparatur (Ulp.: Dig. 50.17.152.2; cf. infra s.v. (i) **ratihabitio mandato** (ii) **rectius enim**) *by misdaad is bekragtiging net so goed as 'n* (voorafgaande) *opdrag // in the case of crimes the ratification of the deed is the equivalent of an order* (to commit it).

in maleficiis voluntas spectatur, non exitus (recriptum Hadriani: Dig. 48.8.14; at vide 49.14.3.2) *by misdade word daar op die bedoeling (opset) gelet, nie op die afloop (uitslag) nie // in the case of evil deeds regard is (to be) had to the intention and not to the result.*

in maxima fortuna minima licentia est (Sall. Cat. 51.13) *in die hoogste magsposisie (verantwoordelikheid) het 'n mens die minste vryheid van optrede // the higher your station in life the less your freedom* (noblesse oblige).

in medias res (festinat) (Hor. Ars Poet. 148) *(hy val) met die deur in die huis // (he plunges) straight into the heart of matters* (no beating about the bush).

in medio tutissimus ibis (Ov. 2.137) *die middeweg is die veiligste* (lett. jy sal so daarlangs gaan) // *safety lies in a middle course.*

in mora *in gebreke, in versuim // in default.*

in natura (betaal) *in natuurlike produkte* // (pay) *in kind.*

in nocte consilium *slaap daaroor; in die nag kom beraad // take counsel of your pillow.*

in nuce *in 'n neutedop; kort saamgevat // in a nutshell; in short.*

in nullius bonis (= res nullius) *niemandsgoed; niemand se eiendom // the property of no one.*

in obscuris inspici solet, quod verisimilius est, aut quod plerumque fieri solet (Paul.: Dig. 50.17.114) *in duistere gevalle is dit gebruiklik om te let op wat die waarskynlikste is of wat meestal gebeur // in ambiguous cases we usually regard what is most probable or what most commonly happens.*

in omni arte . . . optimum quidque rarissimum (Cic. de fin. 2.25.81) *in iedere kuns . . . is die volmaakte die seldsaamste // in every art . . . the greatest excellence is most rarely found.*

in omni parte error in iure non eodem loco quo facti ignorantia haberi debebit, cum ius finitum èt possit esse èt debeat, facti interpretatio plerumque etiam prudentissimos fallat (Neratius: Dig. 22.6.2) *'n regsdwaling moenie in iedere geval op gelyke voet met onwetendheid rakende feite gestel word nie, daar die reg tog presies omskrywe kan en behoort te wees terwyl die vertolking van die feit menige keer selfs die allerverstandigstes mislei // error in law should not, in every instance, be regarded as the equivalent of ignorance of the fact, since the law can and should be definitely settled, whereas the interpretation of the fact very frequently misleads even the wisest men.*

in omnibus causis pro facto accipitur id in quo per alium morae sit quo minus fiat (Pomp.: Dig. 50.17.39; cf. supra s.v. **in iure civili**) *in alle gevalle word 'n daad as verrig beskou waar daar deur 'n derde belemmering veroorsaak is as gevolg waarvan dit nie kon geskied nie // in every instance an act is considered to have been performed where a third party has caused a hindrance preventing its performance.*

in omnibus negotiis contrahendis . . . si error aliquis intervenit, ut aliud sentiat puta qui emit aut qui conducit, aliud qui cum his contrahit, nihil valet quod acti sit (Pomp.: Dig. 44.7.57) *in die geval van alle ooreenkomste wat daar gesluit word . . . indien enige vergissing (dwaling) hom voorgedoen het sodat bv. die koper of die huurder die saak anders begryp as die party met wie hy kontrakteer, is die regshandeling nietig // in the conclusion of all agreements . . ., if any mistake arises resulting in a misunderstanding so that the purchaser or lessee differs in opinion from the party with whom he is concluding the contract, the transaction is void.*

in omnibus obligationibus in quibus dies non ponitur, praesenti die debentur (Pomp.: Dig. 50.17.14; cf. infra s.v. (i) **quod pure relictum** (ii) **quotiens in**

obligationibus) *in die geval van alle verbintenisse waar daar geen dag vermeld word nie, kom die skuld onmiddellik tot stand // in all obligations where no date is set, the debt is due on the present day (accrues immediately).*

in omnibus quidem, maxime tamen in iure, aequitas spectanda est (Paul.: Dig. 50.17.90; cf. infra s.v. **placuit in**) *in alle sake, maar veral in die reg, moet die billikheid in ag geneem word // in all matters, but particularly in law, equity is to be regarded (consulted, considered).*

in omnibus testatoris voluntatem, quae legitima est, dominari censemus (Cod. 6.37.23 2a; an. 530) *ons is van mening dat die wil van die erflater, indien dit met die reg strook, in alle sake as oorwegend geld // we are of opinion that the testator's will, if consistent with the law, is decisive in all cases.*

in pace et in otio (Inst. 2.10.1) *in rustige vredenstyd // in times of peace and tranquillity.*

in pari causa melior est condicio possidentis (vide èt adagium proximum èt Dig. 21.1.10 èt Cod 4.7.2) *by gelyke aansprake is die besitter in die sterkste posisie // in an equal cause (in the case of claims equally strong) the position of the party in possession is the stronger (prevails).*

in pari causa possessor potior haberi debet (Paul.: Dig. 50.17.128 pr.; cf. adagium modo adductum et Bonif. VIII reg. lxv) *by gelyke aansprake behoort die besitter as die sterkste beskou te word // in an equal cause (in the case of equal claims) the party in possession should be preferred.*

in pari causa turpitudinis cessat repetitio (cf. infra s.v. **nemo auditur**) *by gelyke aanspraak in 'n skandelike saak verval die vorderingsreg // where in a disgraceful case the claims are equally strong, the court will not entertain them.*

in pari delicto potior est condicio defendentis (cf. supra s.v. **cum par** (Dig. 50.17.154; cf. Dig. 12.7.5 pr.)) *waar albei die partye ewe onregmatig gehandel het, is die verweerder in die sterkste posisie // in a case of equal wrong (delict) by both parties the defendant is in the stronger position.*

in pari materia *in 'n gelyksoortige geval; oor 'n analoë geval // in an analogous case; concerning a similar subject.*

in patiendo *deur dit te duld, toe te laat; in gelatenheid // in suffering (permitting, allowing) something.*

in perpetuum *ewigdurend // in perpetuity; for all time.*

in perpetuum sublata obligatio non restitui potest (Paul.: Dig. 46.3.98.8; cf. infra s.v. **obligatio semel**) *'n verbintenis wat* (uit hoofde van 'n) *permanente* (grond) *opgehef is kan nie herstel word (herleef) nie // an obligation which has been extinguished in perpetuity cannot be revived.*

in personam actio est, qua agimus cum aliquo, qui nobis vel ex contractu vel ex delicto obligatus est (Gai. inst. 4.2) *'n persoonlike aksie is een waarmee ons teen iemand optree wat òf uit kontrak òf uit onregmatige daad teenoor ons aanspreeklik is // an action* **in personam** *is one in which we proceed against someone who is under contractual or delictual obligation to us.*

in pios usus *vir vrome (godsdienstige) doeleindes // for pious uses; for religious purposes.*

in poenalibus causis benignius interpretandum est (Paul.: Dig. 50.17.155.2; cf. Bonif. VIII reg. xlix) *strafbepalings moet toeskietlik* (of: *toegeeflik*) *vertolk word // in penal cases the more favourable interpretation should be adopted.*

in poenis statutariis non inspicitur animus sed factum *t.a.v. statutêre strawwe word daar nie op die bedoeling gelet nie maar op die afloop // in the case of statutory penalties regard is had not to the intention but to the result.*

in poenis strictissima verborum significatio accipienda est (Holl. Cons. 3(2). 336 p. 685) *in die geval van strafbepalinge moet die allerstrengste woordomskrywing aanvaar word // in the case of penal laws the strictest interpretation of their terms should be accepted.*

in posse (vide supra s.v. **in esse**).

in potestate nostra sunt liberi nostri quos ex iustis nuptiis procreavimus (Gaius: Dig. 1.6.3) *in ons mag (onder ons beheer) is ons kinders wat ons uit 'n geldige huwelik verwek het // in our power are our children whom we have begotten in lawful wedlock.*

in praeteritum (met 'n terugblik) *na die verlede //* (looking) *towards the past.*

in promptu (impromptu) *oorgehaal; gereed // in readiness; at hand.*

in propria causa nemo iudex (cf. supra s.v. (i) **generali lege;** infra (ii) **iniquum est** (iii) **nemo debet esse** (iv) **nemo iudex** (v) **nemo ius sibi** (vi) **nemo potest esse** (vii) **qui iurisdictioni;** (viii) Cod. Theod. 2.2.1. ad (i) supra cit.) *niemand kan in sy eie saak regter wees nie // no one can be judge in his own cause.*

in propria persona *in eie persoon // in person/in his own (proper) person.*

in quantum lucratus est *vir sover hy baat getrek het* (by kontrakte van minderjariges sonder bystand van die voog gesluit) // *in so far as he has been benefited, has profited* (concerning contracts of minors concluded without the authorization of their guardians).

in quibus viri boni arbitrio opus erat (Voet. 4.8.2) *waarby daar behoefte aan die diskresie van 'n goeie man was // in which there was need of the discretion of a good man.*

in re communi nemo dominorum iure facere quicquam invito altero potest (Papin.: Dig. 10.3.28; cf. Bonif. VIII reg. lvi) *t.a.v. die gemeenskaplike eiendom kan geen mede-eienaar teen die sin van die ander enige regshandeling geldig verrig nie // with reference to the joint property no joint owner can perform any valid act without the consent of the other.*

in re dubia benigniorem interpretationem sequi non minus iustius est quam tutius (Marcellus: Dig. 50.17.192.1; cf. supra s.v. **benignius**) *in 'n geval van onsekerheid is dit eweseer regverdiger as veiliger om die toeskietliker vertolking te volg // in a case of ambiguity it is just as much the juster as the safer course to adopt the more benevolent interpretation.*

in re dubia melius est verbis edicti servire (Ulp.: Dig. 14.1.1.20; cf. infra s.v. **verbis legis**) *in 'n geval van twyfel is dit raadsamer om jou aan die woorde van die wet te hou // in case of doubt it is advisable to adhere to the text of the law.*

in re pari potiorem causam prohibentis esse constat (Papin.: Dig. 10.3.28; cf. Bonif. VIII reg. lvi: **in re communi**) *waar die partye ewe sterk is, is die verweerder se posisie stellig gunstiger // when the parties are equally strong the chances undoubtedly favour the defendant.*

in re X *in die saak van X // in the suit of X.*

in rem *saaklik // real.*

in rem suam *betreffende 'n mens se eie belange; in jou eie sake // concerning (in) one's own affairs;* **procurator — — —** (vide infra s.v. **procurator**).

in rerum natura esse *om te bestaan; nie fiktief te wees nie // to exist; not to be fictitious.*

in rixa *tydens 'n relletjie, vegparty, bakleiery, twis, hooglopende rusie // during a quarrel, a brawl.*

in saecula saeculorum *tot/in alle ewigheid // for ever and ever.*

in securitatem debiti *ter versekering van 'n skuld // for the security of a debt; to secure a debt.*

in servum nihil domino non licere (affirmat Gaius: Dig. 1.6.1.1 (de vitae necisque potestate); at contra Dig. 1.6.1.2 = Gai. Inst. 1.53 (de constitutione Antoniniana)) Gaius beweer *dat die baas 'n onbegrensde beskikking oor die lewe en dood van sy slaaf besit;* daarteenoor staan die inperking van dié mag deur Antoninus Pius (Inst. 1.8.2) // Gaius declares *that the master possesses unrestricted power of life and death over his slave;* opposed to this is the limitation placed upon this power by Antoninus Pius (Inst. 1.8.2).

in silvam ligna ferre (anon.) *uile na Athene dra // carry coals to Newcastle.*

in situ *in sy oorspronklike ligging // in its original position.*

in solidum *vir die geheel; vir die volle skuld; solidêre* (= *gesamentlike en afsonderlike*) aanspreeklikheid // *joint and several* (liability).

in solutum datio *inbetalinggewing // tendering in payment.*

in spe *toekomstig; in hoop (verwagting) // in expectation.*

in specie (1) *spesifiek* (2) *in soortgelyke vorm //* (1) *specific; specifically* (2) *in the same or like form.*

in statu quo (ante) *in sy vorige toestand // in its previous condition.*

in stipulationibus cum quaeritur, quid actum sit, verba contra stipulatorem interpretanda sunt (Ulp.: Dig. 45.1.38.18; cf. infra s.v. **secundum promissorem**) *wanneer daar by bedinge (ooreenkomste, stipulasies) na die bedoeling gevra word, moet die woorde teen die stipulator uitgelê word // when the intention is inquired into in the case of stipulations, the words are to be construed against the stipulator.*

in stipulationibus id tempus spectatur quo contrahimus (Paul.: Dig. 50.17.144.1) *by stipulasies (bedinge) word daar op die tyd van sluiting gelet // in stipulations the time when we contract (should be) regarded.*

in stirpes vide infra **per stirpes** et s.v. **stirps**.

in subsidium *ter ondersteuning (aanvulling) // in support, in aid of.*

in summa *kortom; alles bymekaar geneem // in short.*

in suspenso *hangende, onbeslis // pending.*

in suspicionem alci. venire *deur iem. verdink word // be suspected by s.o.*

in tali conflictu legum magis est ut ius nostrum quam ius alienum servemus *by so 'n botsing van regstelsels geld die reël dat ons eerder ons eie reg as dié van 'n ander staat handhaaf // in the event of such a conflict of laws we prefer to observe our own system rather than that of another community.*

in tantum *in soverre // to that extent.*

in testamentis plenius voluntates testantium interpretamur (Paul.: Dig. 50.17.12; cf. supra s.v. (i) **in contractibus;** infra (ii) **largius**) *in die geval van testamente skenk ons 'n ruim vertolking aan die bedoeling van die erflaters // in the interpretation of wills we construe the intention of testators liberally.*

in testamento nemo sibi legem dicere potest a qua recedere non possit (cf. supra s.v. (i) **ambulatoria voluntas** (ii) **clausula derogatoria**) *niemand kan vir homself in 'n testament 'n voorwaarde stel waarvan hy nie kan terugtree nie* (bevestiging van die beginsel van testeervryheid) *// nobody can in a will set a condition for himself from which he cannot resile* (confirms the principle of freedom in making one's will).

in toto *gans en al; in sy geheel // wholly, completely.*

in toto èt pars continetur (Gaius.: Dig. 50.17.113; cf. (i) Bonif. VIII reg. xxxv et lxxx; (ii) supra s.v. **in eo quod plus**) *ook die deel is by die geheel ingesluit // in the whole the part also is contained.*

in toto iure generi per speciem derogatur, et illud potissimum habetur quod ad speciem directum est (Papin.: Dig. 50.17.80; cf. Dig. 48.19.41; supra s.v. (i) **generalia specialibus** (ii) **generi per** (iii) Bonif. VIII reg. xxxiv) *dis 'n algemene regsbeginsel dat daar aan die algemene deur die besondere afgeding word, en dit wat op die besondere gerig is, word as deurslaggewend beskou // it is a very general principle of law that a general law is derogated from by a special measure; and whatever has reference to it* (the special) *is considered to be decisive.*

in transitu *onderweg // in transit; on the way; en route.*

in utero (voor geboorte) *in die moederlyf // unborn child; in the womb;* Fr. en ventre sa mère.

in Venere semper certat dolor et gaudium (Publ. Syr. I.38) *in die liefde stry die smart en die vreugde altyd // in love pain and joy are ever at war.*

in Venere semper dulcis est dementia (Publ. Syr. I.46) *in die liefde skuil daar altyd 'n soete waansin // in love there is ever a sweet madness.*

in vino veritas (Erasmus, Adagiorum Chiliades; cf. **vulgoque veritas iam attributa vino est** (Plin. n.h. 14.28)) *in die wyn (skuil) die waarheid;* Plinius: *en allerweë is die waarheid reeds aan die wyn toegeskryf // the truth (dwells) in wine;* Pliny: *and veracity has universally been ascribed to wine.*

inaestimabilis -e *nie op geld waardeerbaar nie // what cannot be valued in terms of money.*

inanis verborum torrens (Quint. 10.7.23) *'n sinlose woordevloed // a meaningless spate of words.*

incerta pro nullis habentur (cf. Inst. 2.20.25) *die onbepaalde geld as nie-bestaande* (of *nietig*) *// what lacks definition is regarded as non-existent* (or: *as null and void*).

incestae nuptiae (Gai. 1.59) *bloedskendige huwelik // incestuous marriage.*

incestuosus -i m. *bloedskendige (kind) // incestuous (offspring).*

incidentalia -ium n. (vide supra s.v. **accidentalia**.)

incidere in legem *om in die werkingsfeer van die wet te val // fall within the scope of the law.*

incitas, ad — redactus *tot die bedelstaf gebring; in die uiterste nooddruf // reduced to destitution, to utter want.*

incivile est nisi tota lege perspecta una aliqua particula eius proposita iudicare vel respondere (Celsus: Dig. 1.3.24) *dit is strydig met die reg* (of *onbillik*) *om sonder om die wet as geheel te deurskou, 'n oordeel te vel of 'n regsmening te gee nadat jy* (slegs) *die een of ander onderdeel daarvan onder oë geneem het // it is inconsistent with justice* (or *unfair, improper*) *not to weigh and consider an entire law but to arrive at a verdict or to offer legal opinion after* (merely) *scanning some small part of it.*

inclusio unius est exclusio alterius (Gothofr. ad Dig. 5.1.12 pr., quam legem vide) *besondere vermelding van die een is uitsluiting van die ander // specific inclusion of one is (= implies) the exclusion of the other.*

incola -ae c. *inwoner* (in teenstelling met **peregrinus,** *vreemdeling*) *// inhabitant, dweller, resident* (as against **peregrinus,** *alien*).

incommodum -i n. *nadeel, skade; teenslag // loss, detriment; injury.*

incuria -ae f. (vide infra s.v. **per incuriam**) *nalatigheid, ongeërgdheid; sorgeloosheid // carelessness, negligence, want of care.*

inde datae leges ne firmior omnia posset (anon.) *wette is ingestel om te verhoed dat die sterkeres altyd hul sin kry // for this reason laws were passed that the stronger might not always have their way.*

indebitum est non tantum, quod omnino non debetur, sed èt quod alii debetur si alii solvatur, aut si id quod alius debebat alius quasi ipse debeat solvat (Paul.: Dig. 12.6.65.9) *onder 'n onverskuldigde bedrag word nie alleen dit verstaan wat hoegenaamd nie verskuldig is nie, maar ook dit wat aan een persoon verskuldig is en aan 'n ander betaal word, of in die geval waar geld wat aan een persoon verskuldig was deur 'n ander betaal word asof hyself die skuldenaar was // unowed money is not merely that amount which is not owing at all, but also money owing to one person and paid to another, or in the event of an amount owed by one party being paid by another as if he himself were the debtor.*

indebitum solutum sciens non repetit (Cod. 4.9.5 pr.; an. 294) *wie willens en wetens 'n onverskuldigde bedrag betaal kan dit nie regtens terugvorder nie // anyone who knowingly pays an amount not due is not entitled to recover it.*

indemnis -e *skadeloos; wat nie skade ly nie // unhurt, uninjured; indemnified;* **indemnem praestare** vel **facere alqm.** *iemand skadeloos stel // indemnify someone.*

indicta causa (Cic. Leg. 1.15.42 et passim) *sonder vorm van proses // without a hearing.*

indignitas -tatis f. *onwaardigheid* (om te erf) // *indignity* (disqualifying an heir named).

indignor quandoque bonus dormitat Homerus (Hor. Ars Poet. 359) *ek vererg my as die goeie Homerus by geleentheid insluimer // I take offence if the good Homer dozes off on occasion.*

indutiae -arum f. *respytdae, uitsteldae // days of grace.*

inefficax vel **naturalis obligatio** (cf. v. d. Kees. ad Gr. 3.1.26 init.) *onafdwingbare verbintenis // unenforceable obligation.*

inelegantia iuris (Gai. 1.84–5) *ongerymdheid in die reg // anomaly of the law/rule.*

infans conceptus pro iam nato habetur quoties de commodis eius agitur (cf. (i) supra s.v. **conceptus;** (ii) infra s.v. **qui in utero**) *'n kind wat ontvang is word as reeds gebore beskou so dikwels as dit om sy belange gaan // a child conceived is considered already born whenever his interests are at stake.*

infinita aestimatio est libertatis et necessitudinis (Paul.: Dig. 50.17.176.1) *die waarde van vryheid en bloedverwantskap (familieskap) is onskatbaar // the value of freedom and relationship is boundless (inestimable).*

infirmare (1) *nietig* (of *kragteloos*) *maak // render void.*

ingens poena *swaar boete* (weens nienakoming van 'n kontrak) // *heavy penalty* (for breach of contract).

ingenuus -a -um *vrygebore* (teenoor **libertinus** van 'n *vrygelatene*) // *freeborn* (as against **libertinus -a -um** *of a freedman; of the condition of a freedman).*

ingratus unus omnibus miseris nocet (Publ. Syr. I.14) *'n enkele ondankbare skaad alle armes // a single (act of) ingratitude harms all the needy.*

inhonestus -a -um *onfatsoenlik; in stryd met die goeie sedes // disgraceful, dishonourable; immoral.*

inhumanum verbum est ultio (Sen. ira 2.32.2) *wraak is 'n onmenslike woord // revenge is an inhuman word.*

inimicitia -ae f. *vete, vyandigheid // enmity, feud; animosity;* — **capitalis** *aartsvyandskap, dodelike vete // deadly feud, vendetta.*

inimico testi credi non oportet (Cic.) *'n kwaadwillige getuie moenie geglo word nie // a malevolent/hostile witness is not credible.*

inimicus oculus esse vicini solet (Publ. Syr.) *die oog van die buurman is meestal vyandig // a neighbour's eye is mostly malevolent.*

iniquum est aliquem suae rei iudicem fieri (Ulp.: Dig. 5.1.17; cf. supra s.v. (i) **generali lege;** (ii) **in propria causa;** infra (iii) **nemo debet esse** (iv) **nemo iudex** (v) **nemo ius sibi** (vi) **nemo potest esse simul** (vii) **nemo sibi esse** (viii) **qui iurisdictioni**) *dis onregverdig dat iemand regter in sy eie saak moet wees // it is unjust for anyone to be judge in his own cause.*

iniquum est usuras ab eo exigi qui fructus non percepit (Paul.: Dig. 22.1.16.1) *dis onbillik dat rente van hom gevorder word wat geen vrugte geoes het nie // it is unfair that interest should be claimed from him who has gathered no fruit.*

inire magistratum *in funksie tree // to enter into office.*

iniuria -ae f. *belediging; injurie; persoonlikheidskending* (*-inbreuk* of *-krenking*) // *injury to personal dignity;* — **criminalis** *strafbare injurie;* crimen injuria // *criminal injury;*

— **litteris** (sive **verbis**) *skriftelike* (of *mondelinge) laster // written* (or *oral*) *defamation;* — **sine** (vel **absque**) **damno** *injurie sonder skade // injury without damage.*

ADAGIA AD INIURIAM PERTINENTIA

(1) **iniuria est omne quod non iure fit** (Ulp.: Dig. 47.10.1 pr.) *injurie is alles wat* **non iure** *(onregmatig) geskied // injury is everything that is done* **non iure** *(unlawfully).*

(2) **iniuria iniuriam non excusat** *die een onreg regverdig (verskoon) nie die ander nie // one injury does not justify another.*

(3) **iniuriam potest facere nemo nisi qui scit se iniuriam facere** (Ulp.: Dig. 47.10.3.2) *niemand kan onbewus 'n onreg pleeg nie // nobody can commit an injustice unconsciously.*

(4) **iniuriae addis contumeliam** (Phaedr. fab. 5.3.5) *u voeg smaad by die onreg // you add insult to injury.*

iniuriarum remedium est oblivio (Sen. ep. 94.28) *die geneesmiddel vir onregte is die vergetelheid // the remedy for injustices is oblivion.*

iniurias persequi (Cic. Verr. 2.3.9) *om 'n belediging te wreek // to avenge an insult.*

inofficiosum testamentum *liefdelose testament // inofficious will.*

inopi beneficium bis dat, qui dat celeriter (Publ. Syr. I.6; cf. supra **bis dat**) *hy wat spoedig aan 'n behoeftige gee, bewys 'n dubbele weldaad aan hom // he who gives quickly to a poor man confers a double benefit on him.*

inquilinus -i m. *huurder* (van 'n huis) // *tenant* (of a house).

insanus omnis furere credit ceteros (anon.) *elke kranksinnige beskou alle ander mense as rasend/gek // every madman thinks everybody else is mad.*

inscientia -ae f. *onbekendheid met; onwetendheid // unfamiliarity with; ignorance.*

insidiatori et latroni quae potest inferri iniusta nex? (Cic. pro Mil. 10; vide supra s.v. **eum qui cum armis,** et locos ibi citt.) *watter onregverdige doodslag kan 'n bekruiper en struikrower toegedien word? // can death dealt to a waylayer and a bandit (an assassin) ever be unjust?*

insignia insignium n.pl. *onderskeidingstekens // badges of rank/honour.*

institor -toris m. *agent, makelaar; sakebestuurder // agent, broker; business manager.*

instrumentum noviter repertum *bewysstuk so pas aan die lig gekom* (leerstuk dat 'n afgehandelde saak heropen kan word vanweë die ontdekking van relevante, maar voorheen onbekende dokumente) // *document recently come to light* (doctrine that a case already closed may be reopened on the ground that relevant but as yet unknown documents have come to light).

integra res est *die saak is nog nie beklink nie // the matter has not been clinched.*

intelligenti pauca i.q. infra s.v. **verbum sapienti sat.**

intendit *intendit* (uiteensetting van eis in buiteland beteken) // *intendit* (declaration with claim served outside the country).

intendo (3) intendi intentum (vel **-sum**) *beweer, eis; inspan // assert; declare; claim; strain;* — **actionem** *aksie instel // institute an action.*

intentio -onis f. *regsvordering; bewering; dié deel van die formula wat die eis bevat // declaration; part of the formula containing the claim.*

inter absentes *onder afwesiges // between parties not present.*

inter alia *onder andere // among other things.*

inter alios *tussen andere; tussen partye buite die geding // between others* (who are strangers to the matter in question).

inter arma silent leges (Cic. pro Mil. 4.10) *te midde van wapengeweld swyg die wette (of die reg) // amid armed violence the laws are silent.*

inter coniuges *tussen die eggenote // between husband and wife.*

inter fratrem sororemque nuptiae prohibitae sunt (Inst. 1.10.2) *tussen broer en suster is 'n huwelik verbied // marriage between brother and sister is prohibited.*

inter malleum et incudem *tussen hamer en aambeeld // between the devil and the deep (blue) sea.*

inter nos *so onder ons // between ourselves.*

inter partes *tussen die partye, onderhands // between parties.*

inter praesentes (partes) *tussen aanwesiges // between parties present.*

inter virum et uxorem *tussen man en vrou; tussen eggenote // between husband and wife; between spouses.*

inter vivos *onder lewendes // between the living; from one living person to another.*

intercedere (alci.) *borgstaan vir // be surety for.*

intercessio -onis f. *tussenkoms; oorname van 'n verpligting // take-over of an obligation.*

inter-cido (3) -cidi (e.g. **res; obligatio; actio**) *tenietgaan; verval // perish; be terminated; lose its validity.*

interdicere est denuntiare et prohibere (Inst. 4.15.1 adf.; def.) *interdikeer is aansê en verbied // to interdict is to ban and prohibit.*

inter-dico (3) -dixi -dictum alci. alqa. re *iemand iets ontsê* (of *ontneem*) *// deprive someone of; take away from;* **alci. bonis —** *iemand die beheer oor sy goed* (weens kranksinnigheid of as kwisgoed) *ontneem // deprive someone of the control of his property* (as being insane or prodigal); **— alci. aqua et igni —** *verban // exile (v.).*

inter-eo -ire -ii -itum *ophou om te bestaan; tenietgaan; omkom // perish; lose its validity.*

interdum stultus bene loquitur (anon.) *(selfs) 'n dwaas praat soms verstandig // (even) a fool sometimes talks sense.*

interest: plurimum — utrum ex delicto aliquis an ex contractu debitor sit (Inst. 4.16.2; Gai. 4.182) *dit is van die allergrootste belang of iemand iets uit delik of uit kontrak verskuldig is // there is the greatest difference between liability arising from delict and that from contract.*

interest reipublicae ne maleficia remaneant impunita (cf. supra s.v. (i) **impunita non;** infra (ii) **non impunita;** etiam Dig. 5.1.18.1; 9.2.51.2 sub fin.) *dis in die staatsbelang dat misdade nie ongestraf bly nie // it is in the interest of the state that crimes should not go unpunished.*

interest reipublicae ut quilibet re sua bene utatur *dis in die staatsbelang dat elkeen sy eiendom goed aanwend // it is in the interest of the state that everyone should use his property well.*

interest reipublicae ut sit finis litium (cf. Dig. 41.10.5; et infra **ne dominia**) *dit is in die staatsbelang dat daar 'n einde aan gedingvoering kom // it is in the interest of the state that litigation be finalized.*

interim *intussen // meanwhile.*

intér-imo (3) -emi -emptum *vernietig; ophef // destroy; put an end to.*

interpellare *aanmaan, in gebreke stel // dun; place in default.*

interpellatio -onis f. *aanmaning; ingebrekestelling; plasing in mora // reminder to pay; demand (of payment); dunning letter; placing in default.*

interponere fidem suam *borgstaan // become surety.*

interpretatio chartarum benigne facienda est ut res magis valeat quam pereat (cf. infra s.v. (i) **quotiens in actionibus** (ii) **quotiens in obligationibus** (iii) **verba sunt ita**) *die vertolking van die aktes moet op welwillende wyse geskied sodat die bedoeling daarvan eerder van krag mag bly as dat dit verydel word // the deeds should be construed in a benevolent spirit so that its purpose may be realized rather than come to naught.*

interpretatio contra fiscum adhibenda *die vertolking behoort ten ongunste van die skatkis te geskied // the interpretation should go against the treasury.*

interpretatio dura fieri non debet *die vertolking moenie drukkend* (of *onbuigsaam*) *wees nie // the interpretation should not be rigid* (or: *cause hardship*).

interpretatio extensiva *ruime (ekstensiewe) vertolking // liberal (wide) interpretation.*

interpretatio quae parit absurdum non est admittenda (1982 SALR (1), p. 76) *'n vertolking wat tot die absurde lei is ontoelaatbaar // an interpretation leading to absurd (consequences) is inadmissible.*

interpretatione legum poenae molliendae sunt potius quam asperandae (Hermog.: Dig. 48.19.42) *deur vertolking van die wette moet strawwe eerder versag as verskerp word // by the interpretation of the laws penalties should be mitigated rather than rendered more severe.*

interruptio -onis f. *onderbreking // interruption; stuiting (van verjaring) // interruption (of prescription).*

intervallum -i n. *tussentyd // interval;* **ex intervallo** *na verloop van tyd* (teenoor **ex continenti** *onmiddellik*) *// after a lapse of time* (as against **ex continenti** *immediately, forthwith*).

interventu novae personae nova nascitur obligatio (Gai. 3.176 = Inst. 3.29.3) *deur die optrede van 'n nuwe persoon (skuldenaar) ontstaan daar 'n nuwe verbintenis // with the intervention of a new person (debtor) a new obligation is created.*

intestabilis (Inst. 2.10.6 ad f.) *onbekwaam om te getuig // incapable of testifying.*

intestatus decedit qui aut omnino testamentum non fecit, aut non iure fecit (Inst. 3.1 pr.) *sonder testament sterf hy wat glad nie 'n testament gemaak het nie, of 'n nietige gemaak het // a person dies intestate who did not make a will at all or did not make it in accordance with law.*

intra vires (cf. infra s.v. **ultra vires**) *binnemagtig; binne die bevoegheid (van) // within the powers* (or *competence*) *of.*

intuitu mortis *met die oog op* (of *vooruitsig van) die dood // in the contemplation of death.*

inutilis est stipulatio, si ab eo stipuler qui iuri meo subiectus est; item si is a me stipuletur (Gai. 3.104) *die stipulasie is nietig indien ek van iemand stipuleer wat aan my mag onderwerp is; insgelyks indien hy van my stipuleer // the stipulation is void if I stipulate from someone who is subject to my power; and likewise if he stipulates from me.*

invecta et illata (n. pl.) (Dig. 2.14.4 pr.) *dinge* (op huurperseel deur die huurder) *ingebring en ingedra // things carried in and brought in* (by tenant).

inveterata consuetudo pro lege non immerito custoditur (Julian.: Dig. 1.3.32.1) *ingewortelde gebruik word tereg as reg gehandhaaf // deep-rooted custom is rightly observed as law.*

invia virtuti nulla est via (Ov. M. 14.113) *vir die deug is geen weg onbegaanbaar nie // no way is impassable to virtue.*

invidia gloriae comes (est) (Nepos, Chabr. 3) *afguns is die metgesel van roem // envy follows closely on the heels of distinction.*

invisa numquam imperia retinentur diu (Sen. Phoen. 660) *'n ongewilde bewind word nooit lank gehandhaaf nie // unpopular governments are never abiding.*

invito beneficium non datur (Paul.: Dig. 50.17.69; vide supra s.v. (i) **cuilibet licet;** infra (ii) **is potest repudiare** (iii) **non potest liberalitas** (iv) **quilibet iuri** (v) **regula est iuris antiqui** (vi) **unicuique licet**) *'n voorreg word aan niemand opgedring nie // a benefit is thrust (forced) on no one; no one can be compelled to accept a benefit.*

invito domino *teen die sin van die eienaar // against the owner's will.*

invitus agere vel accusare nemo cogitur (Cod. 3.7; Dioclet. an. 282; cf. adagium sequens) *niemand word gedwing om teen sy sin 'n eis in te stel of 'n aanklag in te bring nie // no one shall be forced against his will to bring a suit or to prefer a charge.*

invitus nemo rem cogitur defendere (Ulp.: Dig. 50.17.156 pr.) *niemand (kan) teen sy sin verplig word om 'n saak te verdedig nie // no one (can) be compelled to defend a case against his will.*

iocalia n. *kleinode (juwele)* (wat buite die gemeenskap van goed val) *// jewels, ornaments* (not included in the community of property).

ipse dixit (a) (Graece **autos epha**) *hy* (die meester Pythagoras) *self het so gesê;* m.a.w. dis gesaghebbend // *he* (the master Pythagoras) *himself said so;* hence: it is authoritative; alt. (b) *dis 'n blote bewering;* dit berus slegs op die spreker se gesag // *it is a bare assertion* on the speaker's part (lacking authority); e.g. **take his — — for it** *aanvaar sy dogmatiese bewering.*

ipse mecum agere non possum (Gai. 4.78 ad f.) *ek kan nie 'n aksie teen myself instel nie // I cannot bring an action against myself.*

ipse suam sentiat iacturam (scil. **calliditatis vel fraudis auctor;** Cod. 6.37.25.1) *laat hy (die pleger van bedrog of lis) self die skade dra wat hy aangerig het // (the perpetrator of fraud or guile) should personally bear the loss he has caused.*

ipse tutor in rem suam auctor esse non potest (Inst. 1.21.3) *die voog self kan in eie saak geen bystand verleen nie // a tutor cannot give his endorsement in a matter affecting himself.*

ipsissima verba *die presiese woorde // the identical (the very) words.*

ipsissimis verbis *met dié presiese woorde // in the identical terms (selfsame words).*

ipso facto *deur die blote feit; vanself(sprekend) // by the mere fact; by the very fact.*

ipso iure *van regsweë; deur regswerking; vanself; uit hoofde van ontwyfelbare reg // by the law as such; by (the mere) operation of law; by unquestioned right.*

ipso iure compensatur (cf. Cod. 4.31.4 et 14; at vide Ulp. Dig. 16.2.7.1) *skuldvergelyking geskied deur regswerking* (sonder 'n verklaring deur die skuldenaar) // *setoff comes about by the mere operation of law* (without a declaration on the part of the debtor).

ipso iure quae inter virum et uxorem donationis causa geruntur nullius momenti sunt (Ulp.: Dig. 24.1.3.10 f.) *deur regswerking is enige transaksie tussen man en vrou wat op 'n skenking gerig is nietig // by operation of law any transaction between husband and wife with a view to effecting a donation is of no force and effect (void).*

ira furor brevis est (Hor. epist. 1.2.62; cf. infra s.v. **quicquid in calore**) *gramskap (woede) is kortstondige kranksinnigheid // anger is passing (transient) insanity.*

ira motus *deur woede aangevuur // excited (moved) by anger.*

irae indulgere (Liv. 23.3) *jou woede botvier // give vent to one's anger.*

irritam facere donationem perfectam nemini licet (cf. Inst. 2.7.2) *niemand mag 'n geldige skenking nietig (ongedaan) maak nie* ('eers gegewe, dan genome, erger dan 'n dief gestole') *// no one may make a valid gift void (revoke it).*

irritus -a -um *nietig; ongeldig // (null and) void; invalid.*

is damnum dat qui iubet dare: eius vero nulla culpa est, cui parere necesse sit (Paul.: Dig. 50.17.169 pr.) *dié persoon rig skade aan wat opdrag gee dat dit aangerig moet word, maar dié een wat verplig word om te gehoorsaam, word nie verkwalik nie // he commits a wrong who orders it, but no blame is imputed (attaches) to a party who is compelled to obey.*

is fecit cui prodest (Sen. Med. 500) vide supra s.v. **cui prodest**.

is natura debet, quem iure gentium dare oportet, cuius fidem secuti sumus (Paul.: Dig. 50.17.84.1) *dié een op wie se woord ons ons verlaat het, is kragtens die natuurreg verskuldig wat hy kragtens die volkereg verskuldig is // he in whose honesty we have confided owes by the law of nature that which he owes by the law of nations.*

is pater est quem iustae nuptiae demonstrant (vide infra s.v. **pater est**) *vader is hy wat deur 'n geldige huwelik aangewys word // the father is he whom a valid marriage points out.*

is potest repudiare qui et adquirere potest (Paul.: Dig. 29.2.18; cf. supra s.v. **invito beneficium** et locos ibi citt.) *iedereen wat eiendom kan verkry, kan dit ook van die hand wys // anyone who can acquire property can also reject it.*

is qui dolo desiit possidere pro possessore habetur (vide infra s.v. **qui dolo**).

is qui exsequitur mandatum non debet excedere fines mandati (Inst. 3.26.8; cf. supra s.v. **diligenter fines**) *wie aan lasgewing uitvoering gee behoort nie die grense daarvan te oorskry nie // he who executes a mandate ought not to exceed its terms.*

is (qui) scit plurimum, est rumor (Sen. epmor. 43.1) *losse gerugte is alwetend // there is nothing busier than an idle rumour* (H. Prochnow)

is qui solvendi animo dat magis distrahere voluit negotium quam contrahere (Inst. 3.14.1 ad f.) *hy wat (iets) gee met die bedoeling om te voldoen wou eerder sy verpligting te niet doen as om (een) aan te gaan // a person who gives (something) with a view to settlement, wishes to discharge rather than to create an obligation.*

is qui utendum accepit . . . propter maiorem vim maioresve casus non tenetur (Inst. 3.14.2 med.) *hy wat iets in bruikleen ontvang het . . . is nie vir oormag of buitengewone omstandighede aanspreeklik nie // a person who receives a thing for use . . . is not liable for force majeure or major hazards.*

ita lex scripta est (Ulp.: Dig. 40.9.12.1; vide (i) supra s.v. **dura lex** (ii) infra s.v. **quod quidem**) *so is die wet* (nou eenmaal) *opgeteken; so lui die wet* (nou eenmaal) *// thus the law has been recorded.*

ita utere tuo ut alienum non laedas (vide infra s.v. **sic utere**).

iucunda memoria est praeteritorum malorum (Cic. Fat. 2.105) *die herinnering aan vergange teenspoed is soet // the memory of past misfortunes is sweet.*

iudex a quo *die regter teen wie se uitspraak daar geappelleer word // the judge against whose finding an appeal is noted.*

iudex ad quem *die regter na wie se hof daar in hoër beroep gegaan word // the judge to whom an appeal is taken.*

iudex damnatur cum nocens absolvitur (Publ. Syr. I. 28) die *regter word veroordeel wanneer 'n skuldige vrygespreek word // the judge stands condemned when a guilty party is acquitted.*

iudex datus *'n regter* (deur die praetor) *aangewys om 'n saak te bereg // judge assigned* (or *appointed*, by the praetor) *to try a case* (or *cause*).

iudex est lex loquens *die regter is die stem van die reg* (*of die sprekende reg*) *// the judge is articulate justice.*

iudex loci *plaaslik bevoegde regter // the competent local judge.*

iudex non debet lege clementior esse (cf. supra s.v. **clementiores lege**) *'n regter behoort nie genadiger (barmhartiger) as die reg te wees nie // a judge should not be more merciful (lenient) than the law.*

iudex non potest iniuriam sibi datam punire (cf. supra s.v. (i) **generali lege** (ii) **in propria causa** (iii) **iniquum est;** infra (iv) **nemo debet esse** (v) **nemo ius sibi** (vi) **nemo potest esse** (vii) **nemo sibi esse** (viii) **qui iurisdictioni;** etiam (ix) infra: **promiscua generalitate decernimus neminem sibi esse iudicem debere** (Cod. Theod. 2.2.1 (AD 376) *'n regter mag nie 'n onreg wat hom persoonlik aangedoen is bestraf nie // a judge cannot (may not) punish a wrong done to himself.*

iudex non solum quid possit, sed etiam quid deceat ponderare debet. (Cic. Rab. Post 12) *'n regter moet oorweeg nie alleen wat hy kan/mag doen nie, maar ook wat* *behoorlik is // it is the duty of a judge to consider not merely what he can/may do, but also what is proper.*

iudex posteaquam semel sententiam dixit, postea iudex esse desinit; et hoc iure utimur, ut iudex, qui semel vel pluris vel minoris condemnavit, amplius corrigere sententiam non possit . . . (Ulp.: Dig. 42.1.55; cf. infra s.v. **semel enim bene seu**) *nadat 'n regter eenmaal uitspraak gelewer het, hou hy op om* (in daardie saak) *regter te wees; by ons geld die reël dat die regter wat eenmaal vir 'n mindere of meerdere bedrag* (as ons eis) *uitspraak gegee het, dit nie kan wysig nie . . .* (herverhoor deur dieselfde regter is nie toelaatbaar nie) *// after a judge has once delivered his finding, he ceases to be a judge* (in that case); *the practice obtains with us that a judge who has once delivered a judgment for a larger or smaller amount* (than we claimed) *cannot amend it . . .* (that is to say that a retrial by the same judge is not permissible).

iudex prout religio suggerit sententiam proferre debet (Ulp.: Dig. 5.1.79.1) *die regter behoort sy vonnis uit te spreek soos sy gewete (die eerbied vir sy ampseed) hom influister // the judge should pass judgment as the reverence for his oath* (or: *as his conscience*) *prompts him.*

iudex qui litem suam fecit (cf. infra s.v. **litem suam facere**).

iudicata res pro veritate accipitur (Ulp.: Dig. 1.5.25 = 50.17.207; vide infra s.v. **res iudicata pro**).

iudices reicere (Cic. Verr. 3.11.28) *jurielede wraak // challenge jurymen.*

iudicialia, negotia — *handelinge in die hof // proceedings in court.*

iudicis est iudicare secundum allegata et probata *die regter moet volgens die feite wat aangevoer en bewys is sy uitspraak gee // the judge has to find in accordance with the facts alleged (adduced) and proved.*

iudicis est ius dicere non dare *dit is die regter se funksie om die reg te vertolk (te spreek), nie om dit te skep nie // it is the province of a judge to expound (interpret) the law not to make it.*

iudicis est semper in causis verum sequi (Cic. off. 2.14.51) *dit is die taak van die regter om altyd by verhore die waarheid vas te stel // it is the business of a judge in trials always to find out the truth.*

iudicium -ii n. *oordeel, vonnis // finding of court, judgment.*

iudicium a non suo iudice datum nullius est momenti *'n uitspraak van 'n regter wat nie jurisdiksie het nie is nietig (van geen betekenis nie) // a judgment delivered by a judge who does not have jurisdiction is void.*

iudicium semper pro veritate accipitur *'n uitspraak geld altyd as juis // a judgment is always accepted as true.*

iunctim *gesamentlik // jointly.*

iura iurum n. pl. *regte // rights;* **— in re** *saaklike regte // real rights;* **— quaesita** *verkreë regte // acquired rights.*

iura constitui oportet . . . in his quae plerumque accidunt, non quae praeter exspectationem (Pomp.: in Dig. 1.3.3; 1.3.6; 1.3.10 et supra s.v. **ex his quae;** infra s.v. **quod semel**) *wette (regsreëls) behoort gemaak te word . . . in die geval van gebeurlikhede wat hulle gewoonlik, nie van dié wat hulle strydig met die verwagtinge voordoen nie // laws should be made with a view to common, not exceptional, contingencies.*

iura non in singulas personas, sed generaliter constituuntur (Ulp.: Dig. 1.3.8; cf. (i) supra s.v. **ex his quae;** infra (ii) **quod (enim) semel** (iii) **quod raro** (iv) **sciant (iudices)**) *wette (regsreëls) word nie met die oog op individue gemaak nie maar met algemene doelstellings // laws are not made with an eye to individuals, but for general purposes.*

iura novit curia (cf. Cod. 8.52.1 'quae sit longa consuetudo') *die regbank ken die reg* (die partye hoef regsreëls nie te stel nie) *// the court knows the law* (the parties need not bring the rules to its notice).

iura sanguinis nullo iure civili dirimi possunt (Pomp.: Dig. 50.17.8) *die aansprake van die bloed kan deur geen privaatreg vernietig word nie // the rights of blood cannot be annulled by any private (civil) law.*

iuramentum -in (Dig. 22.3.25) *eed // oath.*

iurare in verba magistri (Hor. ep. 1.1.14) *trou sweer aan (die leerstellings van) sy leermeester; (blindelings) by sy leermeester sweer // swear adhesion to the tenets* (or *commands*) *of one's master.*

iure belli *kragtens die oorlogsreg // by the right (law) of war.*

iure civili receptum est, quotiens per eum, cuius interest condicionem (non) impleri, fit quominus impleatur, perinde habeatur ac si impleta condicio fuisset (Julian.: Dig. 35.1.24; cf. supra s.v. **in iure civili**) *dis 'n erkende reël in die privaatreg dat so dikwels die nakoming van 'n voorwaarde teengewerk word deur iemand in* *wie se belang dit is dat dit nie nagekom moet word nie, dit beskou word asof dit wel vervul is // it has been established by the civil law that a condition is invariably regarded as having been fulfilled where the party who is interested in not having this done thwarts its realization.*

iure, ex mero — naturali *uit natuurlike billikheid alreeds // from (considerations of) mere natural justice.*

iure humano *naar menslike reg // in accordance with human law.*

iure naturae aequum est neminem cum alterius detrimento et iniuria fieri locupletiorem (Pomp.: Dig. 50.17.206; vide supra s.v. **aequum est;** cf. Bonif. VIII reg. xlviii) *dit is kragtens die natuurreg billik dat niemand deur die skade (verlies) van en onreg aan 'n ander verryk moet word nie // by the law of nature it is not just that anyone should be enriched in consequence of the detriment or injury of another.*

iure repraesentationis *kragtens die reg van plaasvervulling* (in die erfreg) // *by right of representation* (in the law of succession).

iure suo uti nemo cogitur *niemand is verplig om sy reg te laat geld* (of: *te gebruik*) *nie // no one is compelled to avail himself of his right.*

iuris consultus (= **iurisconsultus;** abbrev. **ictus**) *regsgeleerde; deskundige in die regswetenskap // jurist; jurisconsult; legal expert.*

iuris executio non habet iniuriam (Ulp.: Dig. 47.10.13.1 cf. infra s.v. **nullus videtur**) *die tenuitvoerlegging (opeising) van 'n reg hou geen onreg in nie // the carrying out of the law inflicts no wrong.*

iuris ignorantia nocet, facti non nocet (cf. Paul.: Dig. 22.6. pr.) *onbekendheid met die reg benadeel, onbekendheid met die feite nie // ignorance of the law is prejudicial, ignorance of the facts is not.*

iuris ignorantia non prodest adquirere volentibus, suum vero petentibus non nocet (Papin.: Dig. 22.6.7) *onvertroudheid met die reg baat nie diegene wat verkryging nastreef nie, maar dit benadeel nie dié wat hul reg opeis nie // ignorance of the law does not profit those who desire to acquire something, but it does not prejudice those who demand their rights.*

iuris praecepta sunt haec: honeste vivere, alterum non laedere, suum cuique tribuere (Ulp.: Dig. 1.1.10.1) *die voorskrifte van die reg is die volgende: om deugsaam te lewe, 'n ander nie te benadeel nie en aan iedereen te gee (vir iedereen te gun) wat hom toekom // these are the precepts of the law: to live honourably, to hurt nobody, to render to each one his due.*

iuris sui esse (vide infra s.v. **sui iuris**) *om selfstandig in regte* (of *handelingsbevoegd*) *te wees // to possess contractual capacity.*

iurisprudens -ntis m. *juris; regsgeleerde; regskenner // lawyer; jurist; jurisconsult.*

iurisprudentia -ae f. *regswetenskap // jurisprudence.*

ius iuris n. (1) *'n (subjektiewe) reg, aanspraak; 'n bevoegdheid* (2) *die (objektiewe) reg; 'n regstelsel* // (1) *(subjective) right, claim; power (qualification)* (2) *the (objective, positive) law; a legal system.*

I. Locutiones

ius abalienandi *vervreemdingsreg // right to alienate, to transfer ownership of;* **— abstinendi** (I.R.) *reg van die erfgenaam om van die erfenis af te sien, om dit van die hand te wys // right of renunciation of an inheritance by the heir;* **— abutendi** *reg om te misbruik* (reg van die eienaar om sy eie saak na willekeur te verniel) // *the right to abuse* (one's own property at will); **— accrescendi** *reg van aanwas // right of accrual or accretion* (vide infra s.v. **ius accrescendi inter coheredes observandum,** ad init. col. 2 p. 210; **— ad artem redigere** *die reg in 'n stelsel omskep/sistematiseer // to systematize the law* **— ad rem** (cf. v. d. Keess. MS p. 851 ad f., i.e. vol. iii p. 280) afkorting van **ius in personam ad rem acquirendam** 'n reg uit verbintenis (sien hieronder) // abbreviated form of **ius in personam ad rem acquirendam** (see below), *a personal right arising from an obligation,* by virtue of which a thing is claimed from someone; **— aequum** *billikheid(sreg) // equity; equitable law;* **— alluvionis** *reg op aangeslibde grond // right to alluvial land;* **— angariae** (vide s.v. **angarie** et **angary**); — antichreticum (vide supra s.v. **antichresis**); **— avocandi** *bevoegdheid van die staat om sy burgers* (bv. vir diensplig) *uit die vreemde op te roep // competence of the state to call up its citizens from abroad* (e.g. for military service); **— civile** (1) *privaatreg, burgerlike reg* (2) *die Romeinse reg* // (1) *civil law, private law* (2) *Roman law;* **— cogens** *dwingende reg // peremptory, imperative provision;* **— commercii** *handelsreg // law merchant, commercial law;* **— commune** *gemene reg // common law;* **— constituendum** *die reg soos dit behoort te wees; wenslike, ideale reg // the law as it should be;* desirable, ideal law; **— constitutum** *bestaande reg // established* *law;* — **consuetudinarium** *gewoontereg // customary law;* — **controversum** *betwiste regspunt // controversial point of law; moot point;* — **criminale** *strafreg // criminal law;* — **deliberandi** *reg van oorweging // right to take counsel, right of deliberation;* — **dicere** *regspreek // administer/justice* (of the praetor); — **disponendi** *vervreemdingsreg // right of disposal* (or *alienation);* — **distrahendi** (**pignoris**) *reg van vervreemding, verkoop (van 'n pand,* by wanbetaling) *// right to sell goods pledged* (in case of default, non-payment of debt); — **divinum** *goddelike reg // divine law;* — **est ars boni et aequi** *reg is die wetenskap van die goeie en die billike // law is the science of what is good and just;* — **ex non scripto** *onopgetekende gewoontereg // unrecorded customary law;* — **fruendi** *genotsreg // right of enjoyment;* — **generale** *algemeen geldende regsreël // legal rule of general application; general legal rule;* — **gentium** (I.R.; Gai. inst. 1.1)*; volkereg* (Romeinsregtelik) *// law of nations* (concept of Roman law): — **gladii** (Ulpianus: Dig. 1.18.6.8) *swaardreg, reg oor lewe en dood; bevoegdheid om die doodstraf op te lê // power of life and death;* — **honorarium** i.q. **praetorium** (Papin.: Dig. 1.1.7.1) *pretoriese reg* (deur die praetore d.m.v. hulle edikte ingevoer om die oud-Romeinse **ius civile** aan te vul *// praetorian law* introduced by the praetors by means of their edicts to supplement the old Roman **ius civile**); — **in personam** *persoonlike reg // personal right;* — **in personam ad rem acquirendam** *persoonlike reg om 'n saak op te eis,* ook wel bekend as — **in personam ad rem dandam vel faciendam** (d.w.s. 'n persoonlike eis dat iets gelewer of gedoen moet word) *// a personal right arising from an obligation in virtue of which something is claimed* from someone; also known as — **in personam ad rem dandam vel faciendam** (i.e. a personal claim to have something delivered or done); — **in re** *reg op 'n saak; saaklike reg* waardeur 'die saak self aan ons verbind is en op grond waarvan ons 'n saaklike aksie kan instel **(in rem agere**)' *// right to a thing; real right,* 'in virtue of which the thing as such is bound to us and by which we are enabled to avail ourselves of a real action (**in rem agere**)'; — **in re** (beteken ook) *die sakereg* (also means) *the law of things;* — **in re aliena** *reg op die saak van 'n ander // right to the thing of another;* — **incorporale** *onliggaamlike reg // an incorporeal right;* — **mariti** *maritale mag // marital power;* — **militare** *krygsreg // military law;* — **naturale** *natuurreg // law of nature;* — **necis** vide s.v. — **vitae necisque;** — **non scriptum** *ongeskrewe reg, gewoontereg // unwritten law, customary law;* **optimo iure** *met volle reg // rightly;* — **paenitendi** *reg van berou of terugtrede // right of withdrawal;* — **pascendi (pecoris)** *weidingsreg // right of pasturing cattle;* — **pignoris** *pandreg // right of pledge;* — **poenale** *strafreg // penal (criminal) law;* — **postliminii** *hernemingsreg* (in die volkereg, herneming van goed deur die vyand gebuit) *// right of recovery* (in international law, recovery of property seized by the enemy); — **primae noctis** *reg van die eerste nag* (in die leenreg) *// right of the first night* (in feudal law); — **possessionis** *besitsreg // right of possession;* — **publicum** (Inst. 1.1.4) *publiekreg // public law;* — **puniendi** (1) *reg (bevoegdheid) om te straf* (2) *strafprosesreg //* (1) *right of inflicting punishment* (2) *law of criminal procedure;* — **redimendi** *reg van terugkoop // right of retraction* or *redemption;* — **repraesentationis** vide supra s.v. **iure repraesentationis;** — **rerum** *sakereg* (minder gewone) omvattende term wat sowel **ius in re** as **ius in personam** (**ad rem acquirendam**) insluit; q.v. *// law of things,* (uncommon) comprehensive term for both **ius in re** and **ius in personam (ad rem acquirendam)** q.v.; — **rententionis** *retensiereg; terughoudingsreg // (right) of lien;* — **retractus** *voorkoopsreg, naastingsreg // right of retraction, pre-emptive right;* — **sanguinis** beginsel dat *nasionaliteit deur geboorte afgelei* word *van die ouer,* in teenstelling met — **sŏli** (die territorialiteitsbeginsel) waarvolgens dit *van die plek van geboorte afgelei* word // the principle by which *nationality is derived from the parent,* as distinguished from — **sŏli** by which the *place of birth is decisive;* — **singulare** (1) *uitsonderlike bepaling* (2) *plaaslike reg //* (1) *exceptional provision* (2) *local law;* — **soli** vide supra s.v. — **sanguinis;** — **statutarium** *wettereg // statutory law;* — **successionis** *reg van opvolging* (in 'n erfenis) *// right of succession* (as heir); — **suum adipisci** (Liv. 1.32.10) *regverdigheid verkry // obtain justice;* **suum tenere** *sy reg handhaaf // maintain one's right* — **talionis** (vide infra s.v. **talio**); — **tertii** *reg van 'n derde(party) // right of a third party;* — **tutelae** *reg van voogdy // right of guardianship, right to act as guardian;* — **utendi** *gebruiksreg, reg om te gebruik // right of user,* *to use* (property); — **vicinitatis** *buurmansreg // neighbour's right;* — **vindicandi** *opeisingsreg, vindikasiereg // right to claim (a thing) as one's own; right of asserting one's right to a thing;* — **vitae necisque** (I.R.) *halsreg, reg oor lewe en dood // right of life and death;* — **vocandi** *reg op hoër beroep // the right to (lodge an) appeal.*

ius accrescendi inter coheredes observandum (vide supra s.v. **coniunctio**): Wanneer twee of meer erfgename in die Romeinse reg in 'n testament aangewys word en een van hulle kan weens sy dood of om 'n ander rede nie sy deel neem (adieer) nie, gaan dit na sy mede-erfgenaam of -erfgename. Medelegatarisse kan op een van drie wyses gevoeg word:

(1) **re,** as die erflater 'n bepaalde saak aan A laat, en elders in die testament weer aan B;

(2) **re et verbis,** waar hy sê 'dat hy sy grond aan A en B bemaak'.

(3) **verbis tantum,** waar die voeging slegs deur die woorde geskied deurdat hy die saak **in gelyke dele** aan A en B laat.

Slegs in gevalle (1) en (2) vind 'n **ius accrescendi** plaas. Vgl. Claassen s.v. **jus accrescendi** Dl. 2 bl. 301–2.

In Roman law, if one of several instituted heirs died during the testator's lifetime or for some other reason failed to qualify as heir, his share went to his co-heirs in virtue of the **ius accrescendi**. Co-legatees may be joined in one of three different ways:

(1) **re,** where the testator leaves a certain thing to A and in another part of the will proceeds to leave it to B.

(2) **re et verbis,** where he states: 'I leave my farm to A and B'.

(3) **verbis tantum,** where the joinder is effected merely by words as when the same thing is left to A and B **in equal shares**.

The **ius accrescendi** is applied in cases (1) and (2) only. Cf. Claassen s.v. **jus accrescendi** vol. 2 pp. 301–2.

II Adagia ad ius pertinentia

(1) **ius civile vigilantibus scriptum est** (Scáevola: Dig. 42.8.24; vide infra s.v. **vigilantibus**) *die reg is in belang van die waaksames opgeteken // the law has been recorded in the interest of the vigilant.*

(2). **ius constitui oportet in his quae plurimum accidunt, non quae ex inopinato** (Pomp.: Dig. 1.3.3) *regsbepalinge behoort gemaak te word t.a.v. die gebeurtenisse wat die meeste voorval, nie van dié wat verrassenderwyse voorkom nie // laws ought to be made with a view to those cases which happen most frequently and not to those which occur by way of surprise.*

(2)*(a)* **ius est in armis** (Sen. Her. Fr. 253) *mag is reg // might is right* (cf. infra **opprimit leges timor**).

(3) **ius èt furi dicitur** (Seneca de ben. 4.28.5) *selfs 'n dief het aanspraak op 'n verhoor; ook oor 'n dief word daar reg gespreek // even to a thief justice is vouchsafed (is meted out).*

(3)*(a)* **ius ex iniuria non oritur** *'n reg ontstaan nie uit 'n onreg nie // no right arises from a wrongful act.*

(3)*(b)* **ius non patitur idem bis solvi** *die reg laat nie toe dat dieselfde (skuld) twee maal betaal word nie // the law does not suffer the same (debt) to be paid twice.*

(4) **ius nostrum non patitur eundem in paganis èt testato èt intestato decessisse . . .** (Pompon.: Dig. 50.17.7) *ons reg laat dit nie toe dat onder die nie-militêre dieselfde persoon tegelyk testaat en intestaat te sterwe kom nie // our law does not suffer anyone who is in civil life to die both testate and intestate.*

(4)*(a)* **ius persequendi in iudicio quod sibi debetur** (Inst. 4.6 pr.; cf. supra s.v. **actio nihil aliud**).

(4)*(b)* **ius piscandi omnibus commune est** (Inst. 2.1.2) *die visreg is aan alle mense gemeen // fishing-right is common to all.*

(5) **ius publicum privatorum pactis mutari non potest** (Papin.: Dig. 2.14.38; cf. Ulp.: Dig. 50.8.2.8 et infra s.v. **privatorum conventio**) *die publiekreg kan nie deur die ooreenkomste van privaatpersone gewysig word nie // public law cannot be changed by agreements between private citizens.*

(6) **ius singulare est quod contra tenorem rationis propter aliquam utilitatem auctoritate constituentium introductum est** (Paul.: Dig. 1.3.16) *uitsonderingsreg is dié wat strydig met die strekking van die rede met die oog op die een of ander voordeel deur die gesag van die wetgewers ingevoer is // special law is that which, contrary to the dictates of reason, has been introduced by the authority of the legislators in contemplation of some particular advantage.*

(7) **ius summum saepe summa est malitia** (Ter. heaut. 796; vide infra s.v. **summum ius**) *die uiterste reg is dikwels die uiterste skelmagtigheid (sluheid, bedrieëry) // strictest law worst mischief* (Loeb translation).

iurisiurandi contempta religio solum Deum vindicem habet *God alleen is die bestraffer van veragting van 'n eed se heiligheid/van eedbreuk // God alone punishes the perjurer's contempt for the sanctity of an oath.*

iusiurandum maiorem habet auctoritatem quam res iudicata (Paul.: Dig. 12.2.2) *'n eed dra groter gewig as 'n hofuitspraak // the taking of an oath has greater weight than a court judgment.*

iusiurandum vicem rei iudicatae obtinet (Ulp.: Dig. 44.5.1 pr.) *'n eed dra ewe veel gewig as 'n uitspraak van die hof // the taking of an oath has the same effect as a judgment of a court.*

iusta causa -ae f. *redelike oorsaak (geoorloofde oorsaak)* wat nodig is vir die bestaanbaarheid van die ooreenkoms, en om dit van 'n skynooreenkoms te onderskei) // *just cause, lawful ground* (requirement for the validity of the agreement and by which it may be distinguished from a fictitious transaction).

iustae causae repulsae (Voet 4.9.4) *goeie gronde vir weiering* (om reisigers te huisves) // *just reasons for turning* (travellers) *away* (1939 EDL 35).

iustitia enim una virtus omnium est domina et regina virtutum (Cic. de Off. 3.6.28) *want die regverdigheid is die enkele heerseres en koningin van al die deugde // for justice is the sovereign mistress and queen of all the virtues* (Loeb translation).

iustitia est constans et perpetua voluntas ius suum cuique tribuendi (Ulp.: Dig. 1.1.10 pr.) *regverdigheid is die vaste en voortdurende wil om aan elkeen sy reg te laat toekom // justice is the constant and perpetual desire to grant each his due.*

iustitia, in qua virtutis splendor est maximus (ibid. 1.7.20) *regverdigheid waarin die glanspunt van die deug pryk // justice in which is the crowning glory of the virtues* (Loeb).

iustitiae soror fides (est) *eerlikheid is die suster van regverdigheid // honesty is the sister of justice.*

iustitia suum cuique distribuit (cf. Ulp. Dig. 1.1.10 pr.) *geregtigheid ken aan elkeen sy deel toe // justice grants to each his due.*

iustum matrimonium -ii n. *wettige huwelik // lawful marriage.*

iustus error -oris m. *verskoonbare, redelike dwaling // reasonable, pardonable error.*

iustus titulus -i m. *voldoende titel // just title.*

L

laborare de pecunia *finansiële probleme hê // be in financial straits.*

lacuna -ae f. (i.q. **casus omissus,** q.v. supra) *weglating; leemte, hiaat, lakune // omission; gap, blank, lacuna.*

laesa maiestas -tatis f. (vide supra s.v. **crimen**).

laesae maiestatis crimen (Amm. 16.8.4) *hoogverraad (misdaad) // high treason (crime).*

laesio -onis f. corporis *aantasting, krenking van die lyf; liggaamlike letsel // injury inflicted on the body.*

laesio enormis (vel **laesio ultra dimidium**) *verkorting oor die helfte // enormous loss* (occurs when a thing is sold for less than half its value or bought for more than double).

laetus sum laudari a laudato viro (Cic. Tusc. 4.67) *dit verheug my om geloof te word deur 'n man wat (self) geloof is // I am overjoyed to be praised by a man who has (himself) been praised.*

lapsus -us m. *vergissing; glips // slip, blunder;* — **calami** *skryffout // slip of the pen;* — **linguae** *verspreking // slip of the tongue;* — **memoriae** *geheuefout // slip of memory.*

largius voluntates testamentorum interpretandae sunt (cf. supra s.v. (i) **in contractibus** (ii) **in testamentis plenius**) *aan die wilsbeskikkinge in testamente* (uitgedruk) *moet daar 'n ruimer vertolking gegee word // testators' wills should be liberally interpreted.*

lasciva est nobis pagina, vita proba est (Mart. Epig. 1.5.8) *my gedigte is losbandig/stout, (maar) my lewe is regskape // my poetry is naughty (but) my life is right.*

lata culpa (vide supra s.v. **culpa lata**): **lata culpa est nimia neglegentia, id est non intellegere quod omnes intellegunt** (Ulp.: Dig. 50.16.213.2; cf. Paul.: Dig.

50.16.223 pr.) *swaar (growwe) skuld is oormatige nalatigheid, d.w.s. om nie te begryp nie wat almal begryp // gross negligence is excessive carelessness, that is not to grasp what every one else grasps.*

lata culpa plane dolo comparabitur (Ulp.: Dig. 11.6.1.1) *growwe nalatigheid sal klaarblyklik met opset (bedrog) gelykgestel word // gross negligence may obviously be equated with fraud (malice).*

late (vel **stricte**) **accipi** *om in 'n ruim* (of *eng*) *sin opgeneem (verstaan) te word // to be construed in a wide* (or *narrow*) *sense.*

latens (n. pl. **latentia**) (vide infra s.v. **vitium**).

latet anguis in herba (Verg. ecl. 3.93) *daar skuil 'n slang in die gras // a snake is lurking in the grass.*

latio -onis f. legis *wetsontwerp // a bill; proposal of law.*

lato sensu *in 'n wyere sin // in a (more) comprehensive sense.*

latro -onis m. *rower // robber; brigand, bandit.*

laudari a laudato viro (Naevius ap. Cic. fam. 15.6.1; cf. Fam. 5.12.7) *om geloof te word deur 'n man wat self lof ontvang het // to be praised by a man who has himself been praised.*

laudator temporis acti (Hor. Ars Poet. 173) *lofsanger van die goeie oue tyd; aanpryser van vergange se dae // eulogizer of times gone by.*

laus alit artes (vroeë digter by Sen. ep. mor. 102. lb) *lof laat die kunste gedy // praise inspires the arts.*

legare *bemaak; vermaak // bequeath.*

legatarius -ii m *legataris // legatee.*

legatum -i n. *bemaking; legaat // legacy;* **legatum est donatio quaedam a defuncto relicta** (Inst. 2.20.1) *'n legaat is 'n skenking deur die oorledene nagelaat // a legacy is a gift left/bequeathed by the deceased.*

leges breves sunto cf. infra s.v. **lex** IV ADAGIA (2).

legis vigor -oris m. *krag van wet // force of law.*

legitima persona standi in iudicio *bevoegdheid as gedingvoerder // standing in court; right of appearance in court.*

legitima portio -onis f. (vide infra s.v. **portio**) *legitieme porsie // legitimate* (or *birthright*) *portion.*

legitimate ('n kind) *wettig // legitimatize* (a child).

legitimatio per rescriptum principis *wettiging (van natuurlike kinders) deur reskrip van die keiser // legitimation (of natural offspring) by imperial rescript.*

legitimatio per subsequens matrimonium *wettiging* (van 'n voorkind) *deur opvolgende huwelik* (van die ouers) *// legitimation* (of child born before marriage) *by subsequent marriage* (of the parents).

legitimi heredes (I.R. *agnate verwante van die erflater; 'wettige erfgename'* (kragtens 'n wet van die XII Tafels) *// agnate heirs; 'legitimate heirs'* (who inherit in virtue of a law of the XII Tables).

legitimus -a -um *wetlik; in ooreenstemming met die wet* (of *die reg*) *// legal; legitimate;* **actus —** *regshandeling // jural act; legal, juridical* or *juristic) act, transaction;* **— iudex** *bevoegde regter // competent judge.*

leonina societas (I.R.) (vide infra s.v. **societas**).

levis dumtaxat castigatio concessa est docenti (Ulp.: Dig. 9.2.5.3) *slegs 'n ligte tugtiging word die onderwyser toegelaat // only moderate correction (light punishment) is allowed a teacher.*

levius fit patientia quidquid corrigere est nefas (Hor. carm. 1.24.19–20) *deur die geduld word alles verlig wat nie verhelp mag word nie // whatever may not be remedied/cured is alleviated by patience.*

lex legis f. (1) *regsreël // any rule of law;* (2) *verordening // a law;* (3) *voorwaarde // condition;* (4) *die objektiewe reg // objective, positive law.*

(1) in die wydste sin: *enige geskrewe of ongeskrewe regsreël* (sonder inagneming van sy bron) // in its most comprehensive sense: *any rule of written or unwritten law* (without regard to its provenance);

(2) *wet* (deur die wetgewer aangeneem), *verordening, regsreël; regsvoorskrif; keiserlike 'constitutio' // a law* (passed by the legislature); *legal precept* or *rule; regulation; imperial 'constitution';* **legem abrogare** (Cic. ad Att. 3.23.2) *'n ou wet met 'n nuwe vervang // replace an old law by a new;* **— antiquare** *'n wetsontwerp verwerp // reject a bill;* **— iubere** 'n wet bekragtig (deur die volk) *// ratify a law;* **— perferre** (Liv. 33.46) *'n wet laat aanneem // carry a law;* **— tollere** (Cic. Leg. 2.12.31) *'n wet afskaf // abolish a law.*

I Locutiones ad 'legem (2)' pertinentes

lex agraria *wet i.s. grondtoekenning* (van staatsgrond aan burgers) *// agrarian law* (granting public land to citizens); **lex Aquilia** (de damno iniuria dato; Dig. 9.2

'Ad legem Aquiliam') *Aquiliese wet* (oor vergoeding vir saakbeskadiging) // *Aquilian law* (providing for compensation for damage to property); — **fugitiva** *verkeerd geplaaste wetsartikel // misplaced section (article) of a law;* — **generalis** *algemene regsreël* of *wet* (in teenstelling met — **specialis** wat 'n uitsondering op die algemene reël is) // *a general legal rule* (as distinct from — **specialis** which constitutes an exception to the general rule); — **imperfecta** (cf. supra s.v. **imperfecta lex**) *regsvoorskrif sonder sanksie; onafdwingbare wet // legal rule lacking a sanction; unenforceable rule;* — **minus quam perfecta** *'n wet wat die handeling bestraf maar dit nie nietig verklaar nie // a law penalizing the forbidden act without declaring it null and void;* — **perfecta** *'n wet wat die verbode handeling sowel bestraf as nietig verklaar // a law both penalizing the forbidden act and delaring it null and void;* — **posterior** *'n latere wet // a subsequent law (Act);* — **specialis** *besondere regsreël (wet) // special legal rule (law; regulation);* **legis auctoritas** *gesag van die wet of reg // authority of the law;* **legis lator -latoris m.** (vel **legislator;** i.e. **qui legem tulit)** *wetgewer; wetsvoorsteller // legislator; proposer of a law;* **legis vigor -oris m.** (cf. infra s.v. **quod principi**) *krag van wet // force of law;*

(3) *voorwaarde, beding // condition, stipulation.*

II Locutiones ad 'legem (3)' pertinentes

lex commissoria *ontbindende voorwaarde* (by koop of huur, t.w. dat wanprestasie by verstryking van 'n vasgestelde tyd die ander party die reg gee om terug te tree // *resolutive condition* (in a contract of sale or of letting and hiring to the effect that in the event of default at the expiry of an agreed term the other party shall be entitled to cancel (or resile from) the contract; — **locationis conductionis** *huurvoorwaarde // condition of tenancy;*

(4) i.q. **ius** (I.R.) *die objektiewe* of *positiewe reg; regstelsel // objective* or *positive law; system of law.*

III Locutiones ad 'legem (4)' pertinentes

lex barbara vide infra; – **causae** *reg waarvolgens die geding beslis word // the system of law governing the case (suit);* — **civilis** *objektiewe (positiewe) reg // positive (objective) law;* — **contractus** vide infra; — **loci contractus** (eiusdem significationis) *die reg wat volgens ooreenkoms t.a.v. die kontrak sal geld // the law by which it is agreed that the contract shall be governed;* — **delicti commissi** *reg van die plek waar die onregmatige daad of misdaad begaan is // law of the place where the delict or crime has been committed;* — **domicilii** *reg van die domisilie // the law of the domicile;* — **fori** *reg van die hof van die plek waar die geding ingestel word // the law of the forum (or court)* i.e. the positive law of the state where the suit is brought or the remedy is sought; — **fori executionis** (vide infra — **loci executionis**); — **loci** (i.q. — **loci contractus;** q.v. infra); — **loci actus** *reg van die plek van die regshandeling // law of the place where the (juridical) act was done;* — **loci celebrationis** *reg van die plek van die huweliksluiting // law of the place where the marriage was concluded;* — **loci contractus** *reg van die plek waar die kontrak gesluit is;* ook wel: *die reg wat volgens ooreenkoms t.a.v. die kontrak sal geld;* dié twee mag identies wees) // *the law of the place where the contract was concluded (made);* alternatively; the law *by which it was agreed that the contract should be governed* (these two may be identical); — **loci executionis** (sive **solutionis**) *reg van die plek van uitvoering (prestasie) // the law of the place of performance (or payment);* — **loci rei sitae** *reg van die plek waar die (onroerende) goed geleë is // the law of the place where the thing is situated;* — **loci solutionis** (vide supra — — **executionis);** — **mercatoria** *handelsreg // law merchant; mercantile law;* — **naturae** (Cic. Tusc. 1.13.30) *natuurwet; -reg // law of nature;* — **non scripta** *ongeskrewe reg; gewoontereg // unwritten law; law of custom, customary law;* — **patriae** *positiewe reg; landsreg // positive law; national law; municipal law;* — **scripta** *geskrewe reg, wettereg* (wat sy geldigheid op 'n wetgewende maatreël terugvoer) // *written law, statute law* (deriving its force from an express legislative enactment); — **situs** *reg van die plek waar die eiendom geleë is // law of the place where the property is situated;* — **talionis** *reg van weerwraak* (geld in die moderne volkereg; vgl. 'oog om oog en tand om tand') // *law of retalation* (obtains in modern international law; cf. Mosaic law 'an eye for an eye, a tooth for a tooth').

lex barbara: *die reg van die barbare:* versamelwoord vir die opgetekende reg van die verskillende Germaanse stamme wat hulle binne die Romeinse ryk kom vestig het (hieronder vermeld) // *the barbarian law,* *the law of the barbarians:* a collective term for the written law of the various Germanic peoples who settled within the Roman empire (as listed below):

lex Burgundionum *reg van die Boergondiërs* (± 500 n.C.) // *law of the Burgundians* (± 500 A.D.);

lex Francorum *reg van die Franke* (vroeg 6de eeu) // *law of the Franks* (early 6th century);

lex Frisionum *reg van die Friese* (± 750 n.C.) // *law of the Frisians* (± 750 A.D.);

lex Gothica *reg van die Gote* (466 n.C.) // *law of the Goths* (466 A.D.);

lex Longobardorum *reg van die Langobarde* (5de–8ste eeue) // *law of the Lombards* (5th–8th centuries);

lex Salica *reg van die Saliese Franke* (opgeteken ongeveer 420 n.C.) // *body of law of the Salian Franks* (recorded about 420 A.D.);

lex Visigothorum (vel **Wisigothorum**) *reg van die Wesgote* (opgeteken 466 n.C.) // *law of the Visigoths* (recorded 466 A.D.)

IV ADAGIA AD 'LEGEM (2) VEL (4) PERTINENTIA

(1) **lege non distinguente** *daar die wet geen onderskeid maak nie // since the law does not distinguish;*

(1)*(a)* **legem brevem esse oportet quo facilius ab imperitis teneatur (Sen. ep. mor. 94.38)** *'n wet moet bondig wees om geredeliker deur onkundiges onthou te word // a law should be brief to be more easily remembered by the ignorant.*

legem oblivisci solita est iracundia (Publ. Syr. L. 14) *die woede slaan gewoonlik 'n wet in die wind // rage is apt to ignore the law.*

(1)*(b)* **leges a victoribus dicuntur accipiuntur a victis** (Curtius) *wette word deur die oorwinnaars bepaal (en) deur die oorwonnenes gehoorsaam // laws are laid down by the conquerors, (and) are obeyed by the conquered.*

(1)*(c)* **leges barbarorum** *versamelnaam van die middeleeuse reg van Europa // collective term for the medieval law of Europe.*

(1)*(d)* **leges bonae malis ex moribus procreantur** (Macr. Sat. 3.17) *goeie wette het hul ontstaan uit slegte gebruike // good laws originate from evil customs.*

(2) **leges breves sunto. ut facilius teneantur** (cf. supra s.v. **legem brevem**) *laat die wette bondig wees sodat hulle makliker onthou kan word // laws should be brief in order to be remembered more easily;*

(3) **leges et constitutiones futuris certum est dare formam negotiis, non ad facta praeterita revocari** (Cod. 1.14.7; an. 440) *dit staan vas dat wette en konstitusies* (keiserlike verordeninge) *die gestalte van toekomstige aangeleenthede (regshandelinge) bepaal en nie op die gebeure van die verlede betrekking het nie* (of: *en nie terugwerkend is nie*) // *it admits of no doubt that laws and* (imperial) *constitutions mould (shape) legal acts of the future and are not made to apply to acts of the past* (or more freely: *it is a rule that legislation is prospective not retrospective);*

(3)*(a)* **leges neminem in paupertate vivere neque in anxietate mori permittunt** (Nov.) *die wette laat nie toe dat iemand in armoede leef of in kommer sterf nie // the laws do not suffer anyone to live in want or to die in anguish.*

(3)*(b)* **leges mori serviunt** (Plaut. Trin. 4.3.36) *die wette dien die gebruik // laws obey custom.*

(3)*(c)* **leges omnium salutem singulorum saluti anteponunt** (Cic. Fin. 3.19.64) *die wette stel die heil van die volk bo die heil van individue // the laws set the welfare of the nation before that of individuals.*

(4) **leges posteriores priores contrarias abrogant** (vide locos infra citatos s.v. **posteriora derogant**) *latere wette herroep vroeëre teenstrydiges // later laws repeal (abrogate) earlier conflicting measures;*

(4)*(a)* **legis constructio non facit iniuriam** *die vertolking van die wet (mag) nie onreg meebring nie // the law shall not be interpreted so as to cause wrong.*

(4)*(b)* **legis vicem habere** (Gai. 1.7) *krag van wet hê // have the force of a law.*

(5) **legis virtus haec est imperare, vetare, permittere, punire** (Modest.: Dig. 1.3.7) *dis die taak van die wet om te beveel, te verbied, toe te laat en te straf // the office (function) of the law is to command, to forbid, to permit and to punish;*

(5)*(a)* **legum omnes servi sumus ut liberi esse possimus** (Cic. Cluent. 146) *ons is almal slawe van die wette om vry te kan wees // we are all slaves of the laws in order to be free;*

(6) **lex citius tolerare vult privatum damnum quam publicum malum** (cf. infra s.v. **salus publica**) *die reg is eerder bereid om private verlies (skade) te verduur as 'n openbare ramp // the law is more easily inclined to allow loss (damage) to private persons than a public disaster;*

(7) **lex est generale iussum populi aut plebis rogante magistratu** (Gellius N. At. 10.20.2) *'n wet is 'n algemene bevel van die volk of die plebs op voorstel van 'n magistraat uitgevaardig // a law is a general command enacted by the people or the plebs on the proposal of a magistrate;*
(8) **lex est quod populus iubet atque constituit** (Gai. 1.3) *'n wet is wat die volk beveel en bepaal // a law is what the people commands and enacts;*
(9) **lex est ratio summa, insita in natura, quae iubet ea quae facienda sunt prohibetque contraria** (Cic. de leg. 1.6.18) *reg is die opperste rede, in die natuur ingebore, wat dít beveel wat gedoen moet word en die teenoorgestelde verbied // law is the highest reason, implanted in nature, which commands what ought to be done and forbids the opposite;*
(10) **lex interpellat pro homine** *die reg i.p.v. die mens* (d.w.s. die skuldeiser) *stel* (die skuldenaar) *in gebreke; versuim kom sonder ingebrekestelling tot stand // default comes about automatically (by operation of law) and not by the intervention of the creditor;*
(11) **lex neminem cogit ad vana seu inutilia (peragenda)** *die reg verplig niemand tot vergeefse (ydele) of nuttelose handelinge nie // the law compels no one to vain or useless actions;*
(12) **lex neminem cogit ostendere quod nescire praesumitur** *die reg verplig niemand om te openbaar wat hy nie geag word te weet nie // the law compels no one to disclose what he is presumed not to know;*
(13) **lex non cogit ad impossibilia** (vide supra s.v. **impossibilium nulla,** et Dig. 35.1.6.1 ad f.) *die reg verplig nie tot die onmoontlike nie // the law does not compel the performance of impossibilities;*
(14) **lex non curat de minimis** (vide supra s.v. **de minimis** et infra s.v. **minima non**);
(15) **lex non favet delicatorum votis** (vide infra s.v. **pretium affectionis,** et Dig. 9.2.33 pr.) *die reg bègunstig nie die wense van die kieskeuriges nie // the law does not favour the fads* (or *wishes*) *of the dainty/ fastidious.*
(16) **lex posterior derogat priori** (cf. (i) Dig. 9.2.1 et supra (ii) s.v. **constitutiones tempore** (iii) **ea quae postea** (iv) **eius est tollere** (v) **leges posteriores priores;** infra (vi) s.v. **lex specialis derogat** (vii) **posteriora derogant** (viii) **posteriores leges** (ix) **prius pactum**) *'n latere wetsbepaling (wet) hef 'n vroeëre op // a later statute (law) abrogates (repeals, takes away the effect of) a prior one.*
(17) **lex posterior generalis non derogat legi priori speciali** *'n latere algemene wet herroep nie 'n vroeëre besondere nie // a later general statute does not repeal a prior special enactment.*
(17)*(a)* **lex rata est** *die wet is geldig // the law is valid* (opp. **irrita**).
(18) **lex iubeat, non disputet** (Sen. ep. 94.38) *'n wet moet beveel, nie redeneer nie // a law should command, not discuss.*
(18)*(a)* **lex semper dabit remedium** *die reg sal altyd 'n hulpmiddel* (of *remedie*) *bied // the law will always offer/afford a remedy;*
(18)*(b)* **lex semper intendit quod convenit rationi** *die verklaring van 'n wet strook altyd met die rede // the intendment of a law is always in accordance with reason.*
(18)*(c)* **lex sit velut emissa divinitus vox** (Sen. ep. 94.38) *'n wet moet soos stem uit die hemel wees // a law should be a voice, as it were, sent down from heaven.*
(19) **lex specialis derogat legi generali** *'n besondere wet hef 'n algemene maatreël op // a special law abrogates a general enactment.*
(20) **lex succurrit ignoranti** (vel **minoribus**) *die reg kom 'n onwetende (of minderjariges) te hulp // the law comes to the aid of the ignorant (or: of minors).*
(20)*(a)* **lex videt iratum, iratus legem non videt** (Publ. Syr. L. 13) *die reg sien die woedende man raak; die woedende man sien nie die reg nie // the law sees the wrathful man; the wrathful man does not see the law.*
(21) **leges vigilantibus non dormientibus subveniunt** (vide infra s.v. **vigilantibus**).
(22) **legibus non exemplis iudicandum** (vide infra s.v. **non exemplis sed**).
(23) **legibus solutus** (Dig. 1.3.31; vide infra s.v. **princeps**) (die keiser is) *bo die wette gestel //* (the emperor is) *set above the laws; not bound by the laws.*

libellus famosus *lasterlike geskrif // defamatory publication; libel.*

libellus supplex (gen. **supplicis**) *versoekskrif* (veral, tot die keiser gerig) // *petition* (especially, one addressed to the emperor).

libenter homines id quod volunt credunt (Caes. B. G.3.18) *mense glo geredelik wat hulle begeer // men willingly believe what they wish.*

libera matrimonia esse antiquitus placuit; ideoque pacta ne liceret divertere non valere . . . constat Cod. 8.38 (39).2 (an. 223) *van oudsher het die vryheid van die huwelik vasgestaan; gevolglik is ooreenkomste dat dit nie geoorloof sal wees om te skei nie . . . klaarblyklik nietig // the freedom of marriage has been established since very early times; hence agreements that it shall not be lawful for the parties to divorce . . . are clearly not valid.*

libera te metu mortis (Sen. ep. 80.5) *bevry jou van die doodsvrees // free thyself from the fear of death.*

liberae sunt enim nostrae cogitationes (Cic. pro. Mil. 29.79; cf. supra s.v. **cogitationis poenam,** et infra s.v. **sola cogitatio**) *ons gedagtes is immers vry // for our thoughts are free.*

liberare (1) bevry; onthef van; vrymaak van // set free; release from; **debitorem —** *hom sy skuld vryskeld // release him from his debt;* **pignus —** *'n pand inlos* (deur die skuld te delg) *// take out a pawn, or redeem a pledge* (by settling the debt).

liberat me is qui quod debeo promittit, etiamsi nolim (Ulp.: Dig. 48.2.8.5 ad f.) *hy wat belowe* (om te betaal) *wat ek verskuldig is maak my van my verbintenis vry, al is dit ook teen my sin // he who promises what I owe releases me from liability even if I do not want it.*

liberorum hominum alii ingenui sunt, alii libertini (Gai. inst. 1.10) *van die vryes is sommige vrygebore die ander vrygelate // of the free some are free-born, the others freedmen.*

libertas ad tempus dari non potest (Paul: Dig. 40.4.33) *vryheid kan nie vir 'n beperkte termyn verleen word nie // freedom cannot be granted for a certain time.*

libertas est potestas faciendi id quod iure licet (cf. Florentinus: Dig. 1.5.4 pr.) *die vryheid is die bevoegdheid om* (alles) *te doen wat regtens geoorloof is // freedom is the right* (or *comptence*) *to do (all) that is lawfully permissible.*

libertas inaestimabilis res est (Paul.: Dig. 50.17.106; Inst. 1.6.7 med. (*die vryheid is onskatbaar, 'n onskatbare besitting // freedom* (or *liberty*) *is a possession of incalculable value.*

libertas omnibus rebus favorabilior est (Gaius: Dig. 50.17.122) *die vryheid is meer geliefd dan wat ook al // liberty* (or *freedom*) *is dearer* (or *more prized*) *than all.*

libertinus -i m. *vrygelatene* (sonder verwysing na patronus) *// freedman* (without reference to his former master and only to his status in society).

libertus -i m. (+ gen. van sy vrylater/patronus) bv. **— Caesaris** *vrygelatene van die keiser // freedman of* (+ name of his manumitter in the gen.) e.g. **— Caesaris** *freedman of the emperor.*

liberum corpus aestimationem non recipit (Gaius: Dig. 9.1.3; cf. 9.3.7 et 14.2.2.2 ad f.) *van 'n vry persoon kan daar geen waarde bepaal word nie // no appraisement can be made of a free person.*

libripens -pendis m. *hy wat weeg; die skaalhouer // weigher; balance-holder.*

licentia -ae f. *vryheid* (of *mag*) *om iets te doen; bevoegdheid, verlof, vergunning; willekeur, losbandigheid // freedom (liberty* or *leave) to do as one pleases; competence; assumed liberty, dissoluteness; arbitrary behaviour.*

"licet enim" inquiunt (principes Severus et Antoninus) "legibus soluti sumus attamen legibus vivimus" (Inst. 2.17.8) *"want hoewel ons van die wette vrygestel is" sê (die keisers Septimius Severus en Caracalla) "lewe ons tog die wette na" // "for although we are not bound by the laws, none the less, we live by the laws", say (the emperors Septimius Severus and Caracalla).*

licita, collegia (n. pl.) — *geoorloofde verenigínge // lawful associations.*

limae labor (Hor. Ars Poet. 291) *die vylwerk* (noodsaaklik vir afwerking van 'n letterkundige stuk) *// the labour of the file* (literary trimming).

limitata causa limitatum producit effectum *'n beperkte oorsaak verwek 'n beperkte gevolg* (alleen wat die partye beoog het mag as die gevolg beskou word) *// a limited cause produces a limited effect* (only the object envisaged by the parties is regarded as the result.)

linea directa *direkte afstamming // lineal descent; direct line of descent;* — — **semper praefertur transversali** (anon.) *direkte afstammeling word altyd* (in die erfreg) *bo die sylyn verkies)* (in the law of succession) *the direct line is always preferred to the collateral.*

lingua victoris victi in ore servorum/est lingua servilis (Praes. M.T. Steyn) 'de taal van de overwinnaar in de mond van de overwonnene is de taal van slaven'/*the language of the victor in the mouth/on the lips/of the vanquished is the language of bondage.*

linguam compescere virtus/non minima est (anon.) *dit is geen geringe deug om jou tong te bedwing nie // speech is silver, silence is golden.*

lis litis f. *geskil; geding, hofsaak // dispute, controvery; action at law, suit;* **— alibi pen-**

dens *elders hangende saak // suit pending elsewhere;* — **finita** *gewysde saak; afgelope geding; beëindigde geding // concluded action;* — **mota** *dienende saak // action at law (suit) moved* (or *begun*); — **pendens** (vide supra — **alibi pendens**); — **terminata** i.q. — **finita** (supra).

lis aequa lance trutinabitur (Cod. 4.1.12.2c (an. 529) *die saak sal onpartydig in die skaal van die geregtigheid geweeg word // the matter shall be impartially weigheid in the scales of justice.*

lis litem generat *een twis lei tot 'n ander // one quarrel breeds another.*

lis minimis verbis interdum maxima crescit (Dion. Cato 2.11) *uit die geringste woordjies ontstaan soms die felste twis // 'from lightest words sometimes the direst quarrel springs'.*

lis sub iudice *'n onbesliste geding // a case not yet decided.*

lite contestata usurae currunt (Paul.: Dig. 22.1.35) *na litis contestatio loop rente // after litis contestatio interest runs.*

lite pendente (Cod. 8.36.2 = **pendente controversia** (Cod. 10.1.7 pr.)) *hangende die geding // pending the suit.*

litem alci. intendere (Cic. de or. 1.10) *iem. dagvaar // go the law with / sue a person.*

litem suam facere (Ulp.: Dig. 5.1.15.1; Inst. 4.5 pr. et 2) *'om die saak sy eie te maak'* (van 'n regter wat die een party voortrek): *kant kies, partydig wees, hom met die een kant vereenselwig // 'to make the suit his own'* (of a judge favouring one of the parties): *be biased, partial, prejudiced, take sides, be a partisan judge.*

literae humaniores *die klassieke tale // Greek and Latin classics.*

literatim *letter vir letter; letterlik // to the letter.*

lites componere (Verg. Ecl. 3. 108) *sake skik // settle suits.*

litis contestatio *ingedingtreding; formulering van die geding; sluiting van pleitstukke; litiskontestasie // joining issue* (in a suit); *close of pleadings.*

litis dominium (cf. supra s.v. **dominus litis**) *beskikking oor die geding // control (direction) of the suit.*

litis pendentis exceptio *eksepsie van litispendensie* (geding elders hangende) // *exception of litispendence* (case pending elsewhere).

litium ut finis sit (vide supra s.v. **interest reipublicae**).

litterae Bellerophontis (Plaut. Bacchides 800–810) *verraderlike brief* (wat die dood van die draer gebied) // *treacherous letter (directing the execution of the bearer).*

litus est quousque maximus fluctus a mari pervenit (Celsus: Dig. 50.16.96) *die strand strek so ver as die hoogste golf uit die see gespoel het // the shore extends as far as the highest wave from the sea has reached.*

locatio -onis f. *verhuur // letting for hire;* — **conductio** *huur en verhuur; huurkontrak // contract of letting and hiring;* — **conductio operarum** *huur van dienste // a hiring of services:* — **conductio operis** *aanneming van werk; kontrak van aannemer en aanbesteder // a letting and hiring of work (professional services).*

locatio conductio fortior est emptione (v.d. Keess. MS p. 1297 vol. iv p. 412) Ndl.: *'huur gaat voor koop'* (onvert.) // Ndl. untrans. as above, or: *lease has precedence over sale, goes before, overrides sale.*

locator (1) *aanbesteder;* (2) *verhuurder* // (1) *lessor, the party who lets;* (2) *party who calls for tenders.*

loco citato (abbr. **l.c.**) *op die aangehaalde plek; t.a.p. // in the passage quoted.*

loco parentis/tutoris *vir/in die plek van die ouer/voog // in the place of a parent/tutor, guardian.*

locum tenens *plaasvervanger // deputy, substitute.*

locupletari non debet aliquis cum alterius iniuria vel iactura (Bonif. VIII reg. xlviii; vide supra s.v. **aequum est neminem**).

locus -i m. *plek // place;* — **classicus** *sleutelgesag // authoritative* or *leading case;* — **conclamatus** *omstrede passasie // much disputed passage; a crux;* — **contractus regit actum,** quae verba iam apud Bartolum leguntur ad Cod. 1.1. no. 14; cf. supra s.v. **lex loci contractus** *die reg van die plek van kontraksluiting beheers die handeling // the law of the place of contract governs the act;* — **criminis** *plek van die misdaad* (waar dit gepleeg is) // *place of the crime* (where it was committed); — **delicti** *plek van die onregmatige daad* (waar dit geskied het) // *place of the delict* (where it occurred); — **in quo** *die plek waar // the place where;* — **paenitentiae** *geleentheid vir berou* (of *terugtrede*); *terugtredingsreg // right to change one's mind, to withdraw from an uncompleted transaction;* — **regit actum** *die plek beheers die handeling // the place governs the act;* — **rei sitae** *die plek waar die* (onroerende) *goed geleë is // the place where* *the (real) thing is situated;* — **solutionis** *plek waar die skuldenaar moet presteer // place where the debtor must carry out his obligation;* — **standi in iudicio** *bevoegdheid as gedingvoerder* (met voldoende belang in die geding om as party erken te word) // *a right of appearance* (in court as a party); *standing in court;* **in loco parentis** *in die posisie van 'n ouer // in the position of a parent.*

longa est vita si plena/est (Sen. ep. 93.2) *die lewe is lank/as dit vol is // life is long if it is full.*

longa possessio ius parit *langdurige besit skep reg // lengthy (long, prolonged, continuous) possession begets right.*

longe commodius est ipsum possidere . . . quam alio possidente petere (Gaius: Dig. 6.1.24; Inst. 4.15.4 med.) *dis veel geriefliker om ('n saak) self te besit . . . as om terwyl 'n ander in besit daarvan is dit van hom terug te vorder // it is more convenient to be in possession oneself . . . than to bring suit* (to obtain the property) *while another is in possession.*

longi temporis consuetudo vicem servitutis obtinet (cf. Cod. 3.34.1) *langdurige gebruik geld in die plek van 'n serwituut // prolonged usage is as good as* (takes the place of) *a servitude.*

longissimus dies cito conditur (Plin. die J.) *die langste dag eindig gou // the longest day quickly comes to an end.*

longum iter est per praecepta, breve et efficax per exempla (Sen. ep. 6.5) *die reis langs die weg van voorskrifte is lank, dié langs voorbeelde kort en prakties // the journey is long by the route of precept, short and effectual along the path of examples.*

luce clarius *glashelder* (bw.) // *more clearly than daylight; crystal-clear.*

lucidum intervallum (pl. **-a -a**) *helder oomblik, tydelike helderheid van gees* (by kranksinnigheid) // *lucid interval; temporary sanity* (of a disturbed mind).

lucrandi animo (Inst. 2.1.16) i.q. **lucri causa** (infra).

lucrativa causa *winsgewende, voordelige oorsaak // lucrative consideration.*

lucri bonus est odor ex re / qualibet (Juv. 14.204/5; cf. Suet. Vesp. 23.3) *gewin het 'n heerlike geur uit watter bron ook al // 'gain smells sweet from whatever source it springs'* (Gifford).

lucri causa (= **lucri faciendi causa/gratia**) *vir gewin; vir geldelike voordeel // for profit; for the sake of gain (lucre).*

lucrum cessans *gederfde wins; verbeurde wins // ceasing gain; gain lost (forfeited, forgone).*

lucrum facere ex pupilli tutela (tutor) non debet (Tryphoninus: Dig. 26.7.58 pr. ad fin.) *die voog mag hom nie uit sy voogdy oor die pupil verryk nie // the guardian may not enrich himself out of the guardianship of his ward.*

luctus -us m. *rou // mourning;* **annus** — *treurjaar, die roujaar* (voor 'n weduwee kon hertrou) // *the year of mourning* (which had to elapse before a widow could remarry).

lucus a non lucendo (Quint. 1.6.34) voorbeeld van 'n etimologie wat uit die lug gegryp is // example of an etymological fabrication.

lumen (pl. **lumina**) *vensters* (Rom. reg) // *windows* (Rom. law).

lupo ovem commisisti (Ter. eun. 832; cf. infra s.v. **o praeclarum**) *jy het van wolf skaapwagter gemaak // you set the wolf to keep the sheep.*

lupum auribus teneo vide supra s.v. **auribus teneo**.

lupus est homo homini (Plaut. asin. 495) *die mens is sy medemens se vyand // 'mans's inhumanity to man makes countless thousands mourn'* (Burns).

lupus in fabula (Cic. ad Att. 13.33.4) *praat van die duiwel* (en jy sien sy stert!) // *talk of the devil!*

lustrum -i n, (i.q. quinquennium) *tydperk van vyfjaar // period of five years.*

lusus naturae *natuurfrats // freak of nature.*

lusus quoque noxius in culpa est (Paul.: Dig. 9.2.10) *'n skadelike (gevaarlike) spel val ook onder skuld // a hurtful game too falls under fault.*

luxuria -ae f. (1) *weelde* (2) *weligheid* (3) *moedswilligheid* (Dig. 47.9.11) // (1) *luxury* (2) *luxuriance* (3) *wantonness* (Dig. 47.9.11).

M

m.m. (i.e. **mutatis mutandis**) *met die nodige veranderinge // with the necessary changes* (in points of detail).

machinatio -onis f. (Labeo: Dig 4.3.1) *knoeiery // contrivance* (7 SC 165).

magis mutus quam piscis *minder spraaksaam as 'n vis // silent as the grave.*

magis res quam verba intuenda sunt (Paul.: Dig. 23.3.41.1) *daar moet meer op die feite as op die woorde gelet word // the facts more than the words should be looked at.*

magis vident oculi quam oculus *meerdere oë sien beter as een // several eyes are more observant than one.*

magister litis (i.q. **dominus litis** q.v. supra).

magister navis *skeepskaptein // master (captain) of a vessel.*

magistratus est lex loquens; lex autem est mutus magistratus (Cic. de leg. 3.1.2) *'n magistraat is 'n wet wat praat, 'n wet egter 'n magistraat wat stom is // the magistrate is a speaking law and the law a silent magistrate.*

magna civitas, magna solitudo (anon.) *groot stad, groot eensaamheid // great city, great solitude/loneliness.*

magna neglegentia culpa est; magna culpa dolus est (Paul.: Dig. 50.16.226) *growwe versuim is nalatigheid; growwe nalatigheid is opset // gross negligence is fault; gross fault is fraud.*

magna res est vocis et silentii tempora nosse (anon.) *dit is 'n prestasie om die tyd te ken om te praat en dié om te swyg // it is important to know when to speak and when to be silent.*

magna servitus est magna fortuna (ad Polyb. Sen. de cons. 6.5) *'n groot fortuin is 'n groot/erge slawerny // a great fortune is hard slavery.*

magnae auctoritatis hoc ius habetur, quod in tantum probatum est, ut non fuerit necesse scripto id comprehendere (Paul.: Dig. 1.3.36) *dié soort regsreël staan in hoë aansien wat in so 'n mate goedkeuring verwerf het dat dit nie nodig is om dit op skrif te stel nie // a legal rule of this kind has great authority in that it has been so strongly approved of that there is no need to commit it to writing.*

magnam tamen neglegentiam placuit in doli crimine cadere (Gaius: Dig. 44.7.1.5) *die standpunt van die regsgeleerdes is egter dat growwe nalatigheid onder die vergryp van bedrog val // it is trite law however that gross negligence falls within the charge of fraud.*

magno conatu magnas nugas agere *veel lawaai en weinig wol // laboriously busy oneself with trifles/much ado about nothing.*

magnum vectigal . . . est parsimonia (Cic. Parad. Stoic. 6.3.49; cf. infra s.v. **non intellegunt**) *spaarsaamheid is 'n groot bron van inkomste/'n goudmyn // frugality/thrift is a great source of income.*

maior dignitas est in sexu virili (Ulp.: Dig. 1.9.1.1) *die manlike geslag geniet groter waardigheid* (as die vrou) *// the male sex has greater dignity* (than woman).

maior e longinquo reverentia (Tac. ann. 1.47; cf. Sen. ep. 22.2) *afstand verleen bekoring // distance lends enchantment to the view.*

maiori minus inest i.q. (i) supra **in eo quod** (ii) infra **omne maius**.

maioris cautelae ergo *met die oog op groter voorsorg // for greater precaution.*

mala fides fidei f. *kwaaie trou // bad faith;* **mala fide** te kwader trou // in bad faith; **malae fidei possessor** besitter te kwader trou // possessor in bad faith.

mala fides nocet *kwaaie trou benadeel* (die bedrieër) *// bad faith causes prejudice* (to the deceiver).

mala fides superveniens non nocet *later ingetrede kwaaie trou benadeel nie // subsequent (supervening) bad faith causes no prejudice.*

mala gallina, malum ovum (anon.) *slegte hen slegte eier // bad hen, bad egg.*

mala grammatica non vitiat chartam *gebrekkige taal bederwe (verydel) nie 'n dokument nie // bad grammar does not vitiate (mar) a document; 'neither false English nor bad Latin will destroy a deed'* (Blacktone).

mala (n) in se *uiteraard afkeurenswaardige, vanself laakbare (dade); eties verkeerde handelinge; vergrype teen die gewete // wrongs in themselves; acts morally wrong; offences against conscience.*

mala mens mentis f. *bose opset // malice, evil intention.*

mala quia prohibita (contra *mala in se* supra) *verkeerde handelinge (alleen) omdat hulle by wet verbied is; laakbaar vanweë wetlike verbod* (teenoor **mala in se**, *sedelik verkeerde dinge) // actions (things) wrong or bad (merely) because prohibited* (as against **mala in se**, *actions morally wrong).*

mala ultro adsunt *teenslae kom vanself // misfortunes come unsought.*

male facere qui vult nunquam non causam invenit (Publ. Syr. M. 28) *vir wie kwaad wil doen ontbreek 'n voorwendsel nooit*

// a person with evil intent is never short of a pretext.

male enim nostro iure uti non debemus (Gai. inst. 1.53 ad fin.; cf. infra s.v. **sic utere tuo**) *want ons moet ons reg nie misbruik nie // for we ought not to abuse our lawful right* (Zulueta.)

male irato ferrum committitur ((Sen.) de ira I 19.8) *dit is dwaas om 'n wapen aan 'n woedende te gee // to a man in anger a sword should not be given.*

male parta male dilabuntur (Cic. Phil. 2.27.65) i.q. **male partum male disperit** (Plaut. Poenul. 844) *skandelike winste vergaan skandelik* (ongeveer = 'erfgeld is swerfgeld') *// easy come easy go.*

male secum agit aeger, medicum qui heredem facit (Publ. Syr. M. 24) *die pasiënt wat sy geneesheer as erfgenaam instel handel strydig met sy eie belange // the patient who appoints his doctor as heir does not serve his own interests.*

maledicus a malefico non distat nisi occasione (Quintil. 12.9.9) *'n kwaadspreker kort net die geleentheid om 'n kwaaddoener te word // an evil-speaker lacks only an opportunity to become an evil-doer.*

maleficia n. pl. *vergrype, wandade // wrongful deeds; misdeeds.*

maleficium iteratum gravius est *die herhaling van 'n vergryp is erger* (as die eerste oortreding) *// the repetition of a misdeed is more heinous* (than the first transgression).

mali exempli esse *as slegte voorbeeld dien; 'n slegte voorbeeld stel // set a bad example.*

malitia crescente èt poena crescere debet *na mate die bose opset toeneem (sterker word) moet ook die straf swaarder wees // if the malice increases the punishment, too, must be heavier; let the punishment fit the crime.*

malitia supplet aetatem *bose opset vul* (jeugdige) *jare aan* (sodat 'n jong kind wel aanspreeklik word) *// evil disposition supplies age* (want of years, thus rendering a child liable for crime).

malitiis hominum non est indulgendum (Celsus: Dig. 6.1.38 ad fin.) *kwaadwillige sette (regsmisbruik, skelmagtigheid) moet nie deur die vingers gesien word nie; (daaraan) moet nie toegegee word nie // wicked (malicious) designs should not be winked at (countenanced); abuse of justice should be thwarted.*

malo animo *met bose opset // with evil intent; with malice.*

malo in consilio feminae vincunt viros (Publ. Syr. M. 16) *in onverstand klop vrouens die mans // in unreason women surpass men.*

malum est consilium quod mutari non potest (Publ. Syr. M. 54) *dit is 'n slegte besluit wat nie gewysig kan word nie //it is a bad resolution which is unalterable.*

malum in se (vide supra s.v. **mala in se**).

malum non praesumitur *boosheid (verdorwenheid) word nie vermoed nie // wickedness is not presumed.*

malum prohibitum (vide supra s.v. **mala prohibita**).

malus animus in secreto peius cogitat (Publ. Syr. M. 61) *in die geheim bedink 'n bose gees iets ergers // an evil mind in secret contrives something more evil.*

mandatarius -ii m. *lashebber, mandataris // mandatary* (n).

mandati actio tunc competit cum coepit interesse eius qui mandavit . . . (Ulp.: Dig. 17.1.8.6) *'n aksie uit lasgewing ontstaan eers dan wanneer die belang van die lasgewer tot stand kom // the action on mandate will then lie when the interest of the person who gave it begins to exist.*

mandator *lasgewer // mandator.*

mandatum morte dissolvitur *lasgewing word deur die dood* (van een van die partye) *ontbind // a mandate is terminated by the death* (of either party).

mandatum nisi gratuitum nullum est (Paul.: Dig. 17.1.14) *tensy lasgewing gratis is, is dit onbestaanbaar // unless a mandate is gratuitous it is not a mandate (it is void).*

mandatum re integra domini morte finitur (Cod. 4.35.15; an. 294; (cf. Inst. 3.26.10; Dig. 17.1.26 pr.; 17.1.27.3)) *indien daar nog niks gedoen is nie, word die lasgewing deur die dood van die lasgewer opgehef // if nothing has been done the mandate is terminated by the death of the mandator.*

mandatum, si dum integra res sit revocatum fuerit, evanescit (Inst. 3.26.9) *wanneer 'n* (geldige) *lasgewing herroep is terwyl daar nog geen aanvang met die saak gemaak is nie, word dit beëindig // where a mandate* (properly contracted) *is revoked before execution has started, it is of no effect.*

manes manium m. (Cic. Leg. 2.9.22) *skimme van die afgestorwenes // shades of the dead/ghosts.*

manibus pedibusque (anon.) *met alle mag // with might and main.*

manifesta probatione non egent (vel **indigent**) *die klaarblyklike hoef nie bewys te word nie; feite van algemene bekendheid behoef geen bewys nie // things manifest require no* *proof; the obvious calls for no demonstration.*

manifesto in scelere alqm. deprehendere *iem. op heter daad betrap // catch s.o. in the act.*

manu armata *met wapengeweld; gewapenderhand // with armed force.*

manu militari (Dig. 6.1.68) *deur owerheidsdwang // forcibly; with compulsion by armed force.*

manu propria *eiehandig // with his own hand.*

manus manum lavat (Petronius sat. 45.13) *die een hand was die ander // one hand washes the other; one good turn deserves another.*

marcet sine adversario virtus (Sen. de prov. 2.4) *by gebrek aan 'n teenstander (uitdager) verwelk die mannemoed // without a challenger valour droops.*

mare maris n. *die see // the sea;* **— clausum** *die geslote see // the closed sea;* **— liberum** *die vrye (ope) see // the open sea.*

maria montesque polliceri coepit (Sall. Cat. 23.3; i.q. Ter. Phormio 68; **montes auri polliceri** *hy het onuitvoerbare beloftes begin maak* (lett. berge van goud . . .) *// he began making unrealisable promises.*

Marte suo v. infra **suo Marte**.

mater artium necessitas est *noodsaak is die moeder van die kunste // necessity is the mother of the arts.*

mater non habet nothos (cf. v.d. Keessel MS p. 326; vol I p. 430: een wijf maakt geen bastaard; Geen v Fitzgerald 1914 AD 99; 1911 EDL 432) *'n moeder maak geen baster* (onegte kind) *nie // a mother makes/ procreates no bastard.*

mater semper certa est; pater est quem nuptiae demonstrant (Paul.: Dig. 2.4.5) *wie die moeder is staan altyd vas, (maar) vader is hy wat deur die huwelik aangewys word // the identity of the mother is always certain (but) the father is he whom the marriage indicates as such.*

materiem superabat opus (Ov. Met. 2.5) *die afwerking was sterker as die materie // the workmanship surpassed the matter.*

materna maternis vide infra **paterna paternis.**

matrimonium -ii n. *huwelik; egtelike staat; eg // marriage, matrimonial state;* **— claudicans** *hinkende huwelik* (in een staat wel geldig, in die ander nie) *// limping marriage* (valid in one state not in another); **— consummatum** *huwelik* (deur byslaap) *voltooi // marriage consummated* (by intercourse) **— ratum** *formeel gesluite huwelik // marriage formally concluded;* **— subsequens** (vide supra s.v. **legitimatio**) *latere, opvolgende huwelik // subsequent marriage.*

matrimonium inter invitos non contrahitur (Celsus: Dig. 23.3.22) *geen huwelik word tussen onwillige partye gesluit nie // no marriage (can be) concluded between unwilling parties.*

maxima debetur puero reverentia (Juv. 14.47) *die grootste eerbied is aan 'n kind verskuldig // the greatest respect is owed to a child.*

maxima est . . . vis vetustatis et consuetudinis (Cic. de am. 19.68) *magtig is die invloed van 'n vriendskap van lange duur // the force of a long established friendship is very great.*

maxima illecebra est peccandi impunitatis spes (Cic. pro Mil. 16.43) *die sterkste aansporing/lokmiddel tot oortreding is die hoop op straffeloosheid // the strongest inducement to transgression is the expectation of impunity.*

maximum remedium irae mora est (Sen. de ira 2.29.1) *tydsverloop laat gewis die woede oorwaai // 'the best remedy for anger is delay'.*

me iudice *volgens my mening, na my oordeel // in my opinion.*

mea culpa *(deur) my skuld (toedoen) // my fault.*

media sententia *onsydige standpunt // middle view/opinion.*

medicina forensis *geregtelike geneeskunde // forensic medicine.*

medicorum nutrix est intemperantia (scil. aegrotorum; Publ. Syr?) *oordaad* (van pasiënte) *voed die dokters // over-in-dulgence* (of patients) *battens their doctors.*

medicus curat, natura sanat (anon.) *die dokter behandel (jou), die natuur genees // the doctor nurses (you), nature heals.*

medio tutissimus ibis (Ov. metam. 2.137) *die middeweg is die veiligste // the middle course is the safest.*

mediocritatem illam tenere, quae est inter nimium et parum (Cic. Off. 1.25.89) *om die middelmaat te volg wat tussen te veel en te min lê // to observe the mean which lies between excess and deficiency.*

medium se gerere *neutraal wees // be neutral.*

melior condicio nostra per servos fieri potest, deterior fieri non potest (Gaius: Dig. 50.17.133) *ons toestand* (omstandighede) *kan deur die toedoen van ons slawe verbeter maar nie versleg nie // our condition can be improved by* (the instrumentality of) *our slaves but cannot be weakened by them.*

melior est causa possidentis (Ulp.: Dig. 50.17.126.2; cf. supra s.v. **cum par;** infra s.v. **quum de lucro;** etiam Dig. 6.2.9.4; 43.33.1.1) *die posisie van die besitter is verkiesliker* (as dié van die eiser) // *the position (cause) of the possessor is preferable* (to that of the plaintiff).

melior est condicio defendentis (cf. Dig. 20.1.10) *die posisie van die verweerder is die sterkste* (van die twee) // *the position of the defendant* (party in possession) *is the stronger.*

melior tutiorque est certa pax quam sperata victoria (Liv. 30.30.19) *'n stellige vrede is beter en veiliger as die hoop op 'n oorwinning // an assured peace is better and safer than the hope of victory.*

melioris condicionis emptor ne sit quam fuit venditor (Pomp.: Dig. 16.1.32.) *die koper moenie in 'n beter posisie wees as die verkoper was nie // the buyer should not be in a better position than the seller was.*

melius est accipere quam facere iniuriam (cf. s.v. supra (i) **accipere quam;** infra (ii) **miserius est**) *dis beter om onreg te ly as om dit te begaan (pleeg) // it is better to suffer wrong than to commit it.*

melius est petere fontem quam sectari rivulos *dis beter om die bron (oorsprong) op te spoor as om die spruitjies te volg // it is better to go to the fountain-head than to follow the rills (rivulets).*

melius omnibus quam singulis creditur (Plin.) *dis raadsamer om in die hele mensdom te glo as in individue // it is better to trust the generality of men than individuals.*

memento mori (incerti auctoris) *onthou dat jy moet sterwe // remember death.*

memorabilia (mv.) *gedenkwaardighede // things to be remembered.*

memoria beneficiorum fragilis est, iniuriarum tenax (Ps. Sen. mor. 128) *die mensdom se herinnering aan weldade* (ontvang) *is swak, dié aan onregte* (gely) *is taai // 'mankind has a very bad memory for services rendered, a most tenacious one for injuries (received)'* (Harbottle).

memoria eius damnata est (Inst. 3.1.5) *sy nagedagtenis is gebrandmerk // his memory was condemned.*

mendacem memorem esse oprtet (Quint. 4.2.91) *'n leuenaar moet 'n goeie geheue hê // a liar must have a good memory.*

mens constitutionis (Dig. 49.15.12.8) *die gees (of strekking) van 'n keiserlike wet // the import (purport, spirit* or *tenor) of an (imperial) constitution.*

mens et animus et consilium et sententia civitatis posita est in legibus . . . (Cic. pro Clu. 53.146) *in sy wette is die gees, die verstand, die oordeel en die oortuiging van die staat geleë // within its laws are reposed the heart and the mind, the judgment and the conviction of the state.*

mens rea ('ream linguam non facit nisi **mens rea**': Augustin. serm. 180 c. iv ap. Migne Patrol. Lat. 38 (1841) col. 973; vide Pollock & Maitland 1898^2 vol. ii p. 476 n. 5) *laakbare gesindheid; verwytbare geestesgesteldheid; misdadige opset; skuld* (in wyere sin) // *guilty mind; wrongful intent; criminal purpose or intention.*

mensa et toro *van tafel en bed* (geskei) // (divorced) *from bed and board.*

mensuraque iuris vis erat (Luc. 1.175–6; cf. supra **ius est in armis** (Sen. Herc. Fur. 253)) *die maatstaf van reg was geweld* (d.w.s mag is reg // *the measure of right was force* (i.e. might is right).

mente captus *geestelik gekrenk; kranksinnig, swaksinnig //* (habitually) *insane.*

mentem peccare non corpus; et unde consilium afuerit, culpam abesse (Liv. 1.58.9) *dat die hart sondig, nie die liggaam nie; en waar die opset ontbreek, ontbreek die blaam/skuld* (stelling van Lucretia) // *the heart sins, not the body; and where intent is lacking, there is no blame* (Lucretia's apology; cf. Publ. Syr. P. 32 **perenne coniugium animus, non corpus facit**).

meo periculo *op my risiko // at my risk.*

mercatrix -tricis f. publica *openbare koopvrou // public trader* (woman).

merces mercédis f. *loon; vergoeding vir dienste // wages, pay;* **hac mercede placet** *hierdie voorwaardes is na my sin // I am satisfied with these conditions.*

mero motu (vide supra s.v. **ex mero motu**).

merx mercis f. (pl. **merces**) *koopwaar, handelsartikel; voorwerp van koop* (roerend) // *article of trade, commodity;* (movable) *merchandise:* **mercis appellatio ad res mobiles tantum pertinet** (Ulp.: Dig.50.16.66) *die benaming* **merx** *het alleen op roerende goed betrekking // the word 'merchandise'* (**merx**) *applies only to movables.*

metui (vb.) **demens credebat honorem** (Sil. Ital.) *die dwaas het geglo dat dit 'n eer was om gevrees te word // fond man, he believed it was an honour to inspire fear.*

metum accipiendum Labeo dicit non quemlibet timorem, sed maioris malitatis (Ulp.: Dig. 4.2.5; cf. loc. seq. et infra s.v. **vani timoris**) *Labeo sê dat vrees* (**metus**) *nie as sommer enige skrikgevoel ver-*

staan moet word nie, maar van angs vir 'n gedugte kwaad // Labeo says that the term 'fear' (**metus**) *must not be understood to mean any apprehension whatever, but the dread of some extraordinary evil.*

metum autem non vani hominis, sed qui merito et in homine constantissimo cadat, ad hoc edictum pertinere dicemus (Gaius: Dig. 4.2.6) *ons sal egter beweer dat nie die vrees van 'n skrikkerige (grillige; onbetroubare) persoon nie, maar daardie vrees wat met goeie rede en ook by 'n onwrikbare man voorkom, by hierdie edik ter sprake kom // we shall hold that not the apprehension of an unreliable (nervous) person, but that well-founded dread which is found with the most steadfast of men is referred to in this edict.*

metus -us m. incussus *vreesaanjaging // intimidation.*

meum est . . . cuius vindicandi ius habeo (Celsus.: Dig. 6.1.49) *myne is dit wat ek die reg het om op te eis // what I have the right to claim is mine.*

minima circumstantia variat causam *die geringste omstandigheid kleur 'n saak (onderskei dit van 'n ander) // each case must be determined according to its own circumstances* (1939 EDL 298).

minima non curat praetor (cf. Dig. 4.1.4 et Cic. de nat. deor. 3.35.86; vide supra s.v. **de minimis** et s.v. **lex non curat**) *die regter steur hom nie aan nietighede (beuselagtighede) nie // the judge does not heed trifles.*

minime sunt mutanda quae interpretationem certam semper habuerunt (Paul.: Dig. 1.3.23) *aangeleenthede wat nog steeds 'n onbetwiste vertolking ontvang het, moet allermins gewysig word // matters which have always had an unquestioned interpretation should in no wise be changed.*

minitari alci. mortem *iem. met die dood dreig // to threaten s.o. with death.*

minus est actionem habere quam rem (Pomp.: Dig. 50.17.204) *dis minder bevredigend om 'n aksie te hê as om die regsobjek te besit // it is less satisfying to have a right of action than to have the property which is the subject of it.*

minus solvit qui tardius solvit (Ulp.: Dig. 50.16.12.1) *wie te laat betaal, betaal te min/minder // he who pays too late pays too little/less.*

minutiae f. pl. *fynere puntjies; nietighede // insignificant matters; details; trifles.*

mirabile dictu *merkwaardig (wonderlik) om te sê // wonderful to relate.*

miserabilis persona *hulpbehoewende, nooddruftige persoon* (geniet besondere beskerming) // *destitute, needy, indigent, infirm person* (is given special protection).

miseris succurrere disco (Verg. Aen. 1. 630, Didonis verba) *ek leer om die behoeftiges te help // I learn to succour the distressed.*

miserius est nocere quam laedi (Sen. ep. 95.52; cf. supra s.v. **accipere quam)** *dis ellendiger om* (ander) *te benadeel as om* (self) *benadeel te word // it is more wretched to harm* (others) *than to suffer harm.*

mitior sensus -us m. *minder strenge betekenis // more favourable acceptation.*

mitto (3) misi missum alqm. in possessionem (vel **in bona**) *iemand in besit van 'n saak* (of *'n vermoë*) *stel // place someone in possessioon of a thing* (or *an estate*); *hand over to.*

mobilia -ium n. pl. (i.q. *res mobiles* vel **res moventes** (Liv. 5.25.6)) *roerende goed; losgoed // movables; movable things.*

mobilia non habent sequelam (anon.) *roerende goed het geen gevolg nie* (kan nie in die hande van derdes opgevolg word nie) // *movables cannot be followed up* (cannot be vindicated from third parties).

mobilia non habent situm *roerende goed is aan geen vaste plek gebonde nie // movables have no locality.*

mobilia ossibus inhaerent (anon.) *roerende sake volg diè persoon* (lett. kleef aan die beendere) // *movables follow the person* (lit. cling to the skeleton).

mobilia personam sequuntur (i.q. **mobilia ossibus inhaerent)** *roerende goed volg die persoon // movables follow the person.*

moderamen -minis n. (1) *beheer; bestuur (s. nw.);* ook wel (2) *matiging* // (1) *control; direction; management;* less commonly (2) *a means of moderating* (or *mitigating*).

moderatio -onis f. (1) *beheersing, juiste middeweg, magtiging;* selde (2) *regering* // (1) *moderation;* rarely (2) *guidance; government.* Hierdie twee s.nwe. word soos volg met *inculpatae tutelae* gebruik: (1) **moderatio** by die Romeinse juriste (Dig. 48.20.7 pr.; cf. Cod. 8.4.1 infra s.v. *recte possidenti;* (2) **moderamen** by Voet en Van den Heever (SALR 1954 (3) 832 FG) // These two nouns are thus employed with *inculpatae tutelae:* (1) **moderatio** by the Roman jurists; (2) **moderamen** by Voet and Van den Heever: *(met) die beheersing van 'n regmatige beskerming van eiendom // with the self-control which goes with the lawful protection of property.*

modus -i m. (1) *wyse; manier (van doen)* (2) *maat* (3) *lasbepaling //* (1) *way, method* (2) *measure* (3) *mode;* — **acquirendi dominii** *wyse van eiendomsverkryging // way of acquiring the right of property;* — **operandi** *prosedure, wyse van handeling // manner of operation;* — **procedendi** *wyse van gedingvoering //* (manner of) *procedure at law; procedure in court;* — **vivendi** *wyse van saamlewe; verstandhouding (reëling) met die oog op vredige naasbestaan // compromise with a view to peaceful coexistence* (or *to promote harmony*).

montes auri polliceri (Ter. Phorm 68) *buitensporige beloftes maak // make extravagant promises.*

mora morae f. *versuim //* (culpable) *delay, default;* — **accipiendi** (i.q. — **creditoris**) *versuim van die skuldeiser // default of the creditor;* — **debitoris** *versuim van die skuldenaar // default of the debtor;* — **ex persona** *versuim na aanmaning* (of *met ingebrekestelling* = **interpellatio**) *// default after notice given* (= **interpellatio** by the creditor); — **ex re** *versuim om 'n in die kontrak vasgestelde dag vir prestasie in ag te neem (versuim deur verloop van die gestelde termyn) // default resulting from the expiry of the term set in the contract (default through mere lapse of the term agreed upon);* — **solvendi** (i.q. — **debitoris** supra).

mora (scilicet **debitoris**) **perpetuat obligationem** (cf. v. d. Keess. MS p. 1677 ad Gr. 3.47.3; vol. v p. 512) *versuim* (van die skuldenaar) *laat die verbintenis voortduur // default on the part of the debtor perpetuates the obligation.*

moratorium -ii n. *stilstand (uitstel) van betalinge; moratorium // suspension of legal remedies against debtors.*

more solito *op die gebruiklike wyse // as usual.*

more suo *op sy eie manier // after his own manner.*

more/usu receptum est *dit is die aanvaarde gebruik // it is traditional usuage.*

mores maiorum *sedes (gebruike) van die voorouers // customs of the ancestors.*

mores sunt tacitus consensus populi longa consuetudine inveteratus (Ulp. reg. 1.4) *gewoontereg is die stilswyende instemming van die volk deur langdurige gebruik ingeburger // custom is the tacit consent of the people established by practice long continued.*

morte donantis donatio confirmatur *'n skenking word deur die dood van die skenker bevestig // a donation is confirmed by the death of the donor.*

morte multare alqm. (Cic. Cat. 1.11.28) *die doodstraf oplê // impose the death-penalty.*

morte unius socii solvitur societas (Inst. 3.25.5 ad f.) *deur die dood van een vennoot word die vennootskap ontbind // by the death of one partner a partnership is dissolved.*

mortis causa (vide s.v. **donatio** supra) *met die oog op die dood; ter sake van die dood // in contemplation of death.*

mortuo leoni èt lepores insultant (prov. mediaev). *selfs die hase beledig'n dooie leeu/ moenie 'n weerlose man te lyf gaan nie // even hares insult a dead lion/do not kick a man when he is down.*

motu proprio *uit eie beweging // on his own.*

multa cadunt inter calicem supremaque labra *van die hand na die mond val die pap op die grond // there is many a slip 'twixt the cup and the lip.*

multa sed non multum (at vide infra s.v. **multum legendum**) *talryk maar sonder veel gewig // numerous but carrying little weight.*

multae hominibus ad malitiam viae sunt (novellae Justin.) *vir die mensdom bestaan daar baie weë na die slegtigheid (verdorwenheid) // for men there are many roads leading to wickedness (roguery).*

multos timere debet quem multi timent (Publ. Syr. M. 30, cf. Cic. Off. 2.25; et cf. infra **necesse est**).

multum in parvo (anon.) *veel in 'n neutedop // a great deal in a small compass/in a nutshell.*

multum legendum esse non multa (aiunt) (Plin. ep. 7.9.15) *ons moet volgens bewering baie lees maar nie baie boeke nie* (d.w.s. dikwels wat goed is herlees) *// we should, it is said, read much; we should not read many books* (i.e. we should often re-read what is good).

multum lucratur qui a lite discedit *hy baat veel wat hom van 'n geding losmaak* (skik ten alle koste!) *// he profits much who accepts settlement of a dispute.*

mundus vult decipi (Seb. Franck 1542) *die wêreld wil graag bedrieg word // the world loves to be deceived.*

munera publica *openbare ampte/verpligtinge // public offices.*

mus non uni fidit antro (Plaut, Truc. 868) *die muis vertrou nie op een skuilgat nie // a mouse does not place his trust in a single hole.*

mutatis mutandis *met die nodige veranderinge // with the necessary changes* (in points of detail).

mutato nomine de te fabula narratur (Hor. Sat. 1.1.69–70; cf. prophetae Nathanis verba, 2 Sam. 12.7) *vervang die naam en die verhaal is op u toepaslik // change the name and the tale applies to you.*

mutua petitio -onis f. *teeneis // counterclaim.*

mutus, surdus, furiosus, prodigus testamentum facere non possunt, varias ob causas (vide Ulp. reg. 20.13) *om 'n verskeidenheid redes kan 'n stomme, 'n dowe, 'n kranksinnige en 'n deurbringer (verkwister) geen testament maak nie:* kyk by Ulpianus reg. 20.13 // *for a variety of reasons persons who are dumb or deaf, a lunatic or spendthrift (a prodigal) cannot make a will:* see Ulpian reg. 20.13.

mutuum -i n. *verbruikleen; leen van vervangbare sake* (**res fungibiles)** // *loan for consumption; loan of fungibles;* **actio ex mutuo** *aksie uit verbruikleen // action from a loan for consumption.*

mutuus dissensus -us m. *afspraak om 'n ooreenkoms te ontbind // arrangement to cancel an agreement.*

N

N.L. (= non liquet, q.v. infra).

N.O. (= nomine officii) *ampshalwe; in amptelike hoedanigheid // by virtue of one's office; ex officio; in his official capacity.*

nasciturus -i m. *verwekte maar nog ongebore kind // child conceived but not yet born.*

nasciturus pro iam nato habetur (cf. supra s.v. (i) **conceptus** (bis) (ii) **infans conceptus** et infra s.v. (iii) **qui in utero** (bis) (iv) **quod dicimus**) *'n ongebore kind word as reeds gebore beskou // an unborn child is regarded as already born.*

natura aequum est neminem cum alterius detrimento fieri locupletiorem (Pomp.: Dig. 12.6.14 et supra s.v. **aequum est neminem**) *dis van nature billik dat niemand tot skade van 'n ander verryk moet word nie // it is by nature equitable that no one should be enriched at the cost of another.*

natura rerum conditum est ut plura sint negotia quam vocabula (Ulp.: Dig. 19.5.4) *uit die aard van sake is dit so bepaal dat daar meer regshandelinge bestaan as benaminge daarvoor // in the nature of things it has been so ordered that there are more business transactions than terms (/names)* (to describe them).

naturali iure omnium communia sunt ista: aër, aqua profluens et mare, et per hoc litora maris (Marcianus: Dig. 1.8.2.1 = Inst. 2.1.1) *volgens die natuurreg is die volgende die gemeenskaplike eiendom van almal: die lug, stromende water en die see, en d.m.v. laasgenoemde, die kuste van die see // by the law of nature the following are the common property of all people: the air, running water and the sea, and by means of the latter, the coasts of the sea.*

naturalia (n. pl.) contractus *die natuurlike elemente van 'n kontrak // the natural elements* (or *components*) *of a contract.*

naturalia non sunt turpia (incerti auctoris) *wat natuurlik is, is nie skandelik nie // what is natural is not disgraceful.*

naturalis -e *natuurlik // natural;* **filius —** *onegte, onwettige, natuurlike kind; speelkind; spuriosus // natural, illegitimate child; bastard;* **fructus naturales** *natuurlike vrugte // natural fruit(s);* **— obligatio** *natuurlike* (of: *onafdwingbare) verbintenis // natural* (or: *unenforceable) obligation.*

naturalis simul et civilis ratio suasit alienam condicionem meliorem quidem etiam ignorantis et inviti nos facere posse, deteriorem non posse (Gaius: Dig. 3.5.38 (39)) *die natuurlike rede sowel as ons regsbeginsels het bepaal dat ons die regsposisie van selfs 'n onwetende en onwillige weliswaar kan verbeter maar nie slegter kan maak nie // both natural reason and the civil law have established the principle that we may indeed improve the condition, even of a man who is unaware or unwilling, but that we cannot make it worse.*

naufragium in portu facere (Quint. Decl. 12.23) *in die hawe skipbreuk ly* (= met sukses in sig) // *suffer shipwreck in port* (on the verge of success).

navita de ventis, de bobus narrat arator (Prop. 2.1.43) *die matroos het dit oor winde, die ploeër oor osse // the sailor talks of winds the ploughman of oxen.*

ne bis in idem (anonymi; cf. Gai Inst. 4.108, et Ter. Phor. 419: **actum, aiunt, ne agas**) *geen dubbele blootstelling; geen tweede verhoor van dieselfde geskil nie // no double jeopardy for an accused person.*

ne continentia causae dividatur (cf. Cod. 3.1.10) *om te verhoed dat die eenheid (samehang) van die saak verbreek word // lest the unity of the action (case) be divided (destroyed).*

ne dominia rerum sint incerta neve lites sint perpetuae (cf. supra s.v. **interest reipublicae (ut sit)** *sodat eiendomsregte nie onseker en gedinge nie eindeloos moet wees nie // so that the ownership of things should not be uncertain nor suits unending.*

ne exeat familia *sodat dit nie uit* (die besit van) *die familie mag gaan nie* (verbod by erflating) *// so that it may not leave the family* (prohibition attached to a testamentary bequest of property).

ne luminibus officiatur (Inst. 2.3.4) (serwituut) *van onbelemmerde (vrye) lig //* (servitude of) *unobstructed lights.*

ne plus ultra *dis die hoogtepunt/volmaak! // the last word/perfection!*

ne quid nimis = ne nimius = Gr. **meden agan** *in niks te veel nie; doen niks in oormaat nie // do nothing in excess.*

ne sutor supra crepidam (iudicet: Plin. n.h. 35.85) *laat die skoenmaker hom by sy lees hou // let the cobbler stick to his last.*

nec enim potest animal iniuriam fecisse dici quod sensu caret (Inst. 4.9. pr. ad f.) *daar kan immers nie gesê word dat 'n dier wederregtelik gehandel het nie, daar dit redeloos is // for an animal, lacking reason, cannot be said to have acted wrongfully.*

nec haec in foedera veni (Verg. Aen. 4.338–9) *tot hierdie voorwaardes het ek nie ingestem nie // nor did I agree to these terms.*

nec ignorans nec invitus quisque (sic, pro **quisquam) donat** (Cod. 8.53.10; cf. infra s.v. **nemo in dubio**) *niemand maak 'n geskenk onwetend of teen sy sin nie // no one makes a gift in ignorance or against his will.*

nec lubricum linguae ad poenam facile trahendum est (Modest.: Dig. 48.4.7.3) *'n verspreking moenie ligtelik as strafwaardig vertolk word nie // nor ought a slip of the tongue inconsiderately to be held as deserving of punishment.*

nec me movet (Dig. 17.1.53) *dit kan my nie skeel nie // I care not.*

nec paciscendo nec legem dicendo nec stipulando quisquam alteri cavere potest (Scáevola: Dig. 50.17.73.4) *niemand kan 'n ander* (tot nadeel van 'n derde) *bevoordeel nie, hetsy deur ooreenkoms, hetsy deur 'n voorwaarde te stel, hetsy deur 'n stipulasie aan te gaan // no one can benefit another* (to the detriment of a third party) *either by an agreement, by prescribing a condition, or by entering into a stipulation.*

nec quod actoris est id ei dari oportet (Inst. 4.6.14 init.) *wat die eiser s'n is hoef nie aan hom gegee te word nie // what belongs to the plaintiff need not be made over to him.*

nec res quae iam actoris est magis eius fieri potest (Gai. 4.4 = Inst. 4.6.14; vide infra (i) **quod meum est** (ii) **quod proprium est**) *'n saak wat reeds die eiendom van die eiser is kan dit nie nog 'n meerdere mate word nie // something already belonging to the plaintiff cannot more effectively become his.*

nec res quae nostra iam est, nostra amplius fieri potest (Gai. 4.4; Inst. 2.20.10; cf. infra **quod proprium;** et **quod alicuius est)** *'n saak wat reeds ons eiendom is kan nie in nog 'n hoëre mate ons eiendom gemaak word nie // a thing which is already our property cannot be made more so.*

nec umquam satis fida potentia ubi nimia est (Tac. hist. 2.92; vide infra s.v. **nihil rerum**) *oordrewe mag kan nooit volkome vertroue inboesem nie // excessive power can never inspire complete trust.*

nec vi nec clam nec precario *nie met geweld, heimlik of ter bede nie; geweldloos, openlik en sonder willekeurig opsegbare verlof // neither by violence, nor covertly (clandestinely), nor by sufferance revocable at will.*

necessariae impensae *noodsaaklike uitgawes // necessary expenses.*

necesse est ut multos timeat quem multi timent (Laberius frg. 3; fabulae incert.) *onvermydelik moet dié man vele vrees wat deur vele gevrees word // he needs must fear many whom many fear.*

necessitas -tatis f. *noodsaak, onvermydelikheid //* (inevitable) *necessity;* **— non habet legem** *nood breek wet // necessity knows no law;* **— quod cogit, defendit** *die noodsaak regverdig ook* (is die verskoning vir) *dit waartoe dit dwing // necessity justifies what it compels:* **necessitate coactus** *noodgedwonge // under unavoidable compulsion.*

necessitas probandi incumbit illi qui agit (vide infra s.v. **semper necessitas**).

necessitati quodlibet telum utile est (Publ. Syr. N. 28) *nood breek wet* (lett. vir noodsaak is enige wapen handig) *// necessity knows no law.*

nefas *goddelose daad; vergryp teen die goddelike reg; sonde // wicked* (or *impious*) *act; transgression of divine law.*

nefasti dies *verbode dae* (geen hofsittings of volksvergaderinge) *// unlucky days* (no court sessions or meetings of the people).

neganti incumbit probatio (cf. Cod. 4.30.10; 8.42.25; contrarium adagii sequentis) *die bewyslas rus op die party wat ontken* (weerspreek die eersvolgende spreuk) // *the onus of proof is on the party denying* (contradicts the maxim following).

negativa non sunt probanda (cf. Cod. 4.19.23 et supra s.v. **affirmanti**) *ontkennings behoef geen bewys nie // denials require no proof.*

neglegentia -ae f. *agteloosheid, nalatigheid, gebrek aan sorg // negligence; failure to exercise reasonable care; inattention; lack of forethought.*

negotiorum gestio -onis f. *saakwaarneming; vriendelike, welwillende bemoeiing // gratuitous intervention: spontaneous agency* (without a mandate).

negotiorum gestor -oris m. *saakwaarnemer* (sonder lasgewing) // *spontaneous agent* (without any mandate).

negotium -ii n. *regshandeling // act in the law; juridical (jural) act;* **— claudicans** *hinkende handeling // limping act.*

nemine contradicente (abbr. **nem. con.;** i.q. **nemine dissentiente** *sonder teenstem; eenstemming; unaniem; eenparig // unanimously; no one voting in the negative.*

nemini debet esse fides sua periculosa (cf. Dig. 36.1.1.2) *niemand behoort gevaar te loop vanweë die vertroue in hom gestel nie // no one ought to be in jeopardy as a result of the trust reposed in him.*

nemini fraus sua patrocinari debet (cf. supra s.v. **commodum ex iniuria,** et locos ibi citt.) *vir niemand mag sy eie bedrog begunstig nie; niemand mag uit sy eie bedrog baat trek nie // no one should benefit by his own fraud (deceit).*

nemini res sua servit (vide infra s.v. **nulli enim**) *die eienaar kan geen erfdiensbaarheid (serwituut) oor sy eie saak hê nie // no one can have a servitude over his own thing (property).*

nemo alieno nomine lege agere potest (Ulp.: Dig. 50.17.123) *niemand kan namens 'n ander 'n aksie instel nie // no one can sue on behalf of another.*

nemo auctor esse potest in rem suam (cf. infra s.v. **nemo** (vel **non**) **in rem suam**.

nemo auditur perire volens (cf. Gothofr. ad Dig. 49.1.6 de appell.) *daar word na niemand geluister wat sy eie ondergang begeer nie // no one is heeded who is bent on self-destruction.*

nemo auditur propriam turpitudinem allegans (cf. (i) supra s.v. **in pari causa turpitudinis** (ii) Cod. 7.8.5, ubi Gothofredus hoc adagium citat (p. 1591): 'Nota non audiri quem (quam) allegantem turpitudinem suam') *daar word na niemand geluister wat sy eie skandelikheid aanvoer nie // no one is heeded who adduces (advances) his own baseness (infamy).*

nemo censetur legem ignorare *niemand word geag met die (straf)reg onvertroud te wees nie // no one is considered to be ignorant of the* (criminal) *law.*

nemo cogi potest praecise ad factum, sed in id tantum quod interest (vide infra s.v. **nemo praecise cogi**) *niemand kan tot spesifieke nakoming* (van sy verbintenis) *verplig word nie, maar slegs tot die* (vergoeding van die) *belang // no one can be constrained to specific performance* (of his obligation) *but only to the* (indemnification of the) *interest.*

nemo commodando rem facit eius cui commodat (Ulp.: Dig. 13.6.9) *niemand maak deur bruikleen die persoon aan wie hy die saak in leen gee eienaar daarvan nie // no one by giving a thing in loan for use makes the recipient its owner.*

nemo contra factum suum venire potest (vide infra s.v. (i) **sancimus nemini** (ii) **venire contra**) *niemand kan teen sy eie handeling ingaan nie // no man can go against his own act, contradict his own action.*

nemo damnandus nisi auditus vel vocatus *niemand mag veroordeel word voordat hy verhoor of gedaag is nie // no one may be convicted unless he has been tried or summoned before the court.*

nemo damnum facit, nisi qui id fecit quod facere ius non habet (Paul.: Dig. 50.17.151; cf. infra s.v. **nullus videtur dolo**) *niemand rig skade aan nie behalwe hy wat gedoen het wat hy geen reg het om te doen nie // no one causes damage but he who has done what he has no right to do.*

nemo damnum sentire debet per alterius lucrum (cf. infra **nemo debet locupletari**) *niemand behoort skade te ly deur die bevoordeling van 'n ander nie // no one ought to be prejudiced through benefiting another.*

nemo dat quod non habet *niemand (kan) gee wat hy nie het nie // no one can give what he does not possess.*

nemo debet bis vexari pro una et eadem causa (cf. Ulp. Dig. 44.2.3 et supra s.v. **bona fides non**) *niemand behoort 'n tweede keer met dieselfde beskuldiging gekwel te word nie; niemand mag 'n tweede keer weens die-*

selfde strafbare feit vervolg word nie // no one ought to be harassed a second time for the same cause (crime).

nemo debet esse iudex in propria causa (cf. Dig. 5.1.17; Cod. 3.5; supra s.v. **in propria causa** et locos ibi citt.; infra s.v. **nemo sibi esse iudex**) *niemand behoort regter in sy eie saak te wees nie // no man ought to be judge in his own cause.*

nemo debet in communione invitus teneri (cf. infra s.v. **nemo invitus**) *niemand behoort teen sy sin in 'n vennootskap gehou te word nie // no one should be retained as a partner* (or: *in partnership) against his will.*

nemo debet locupletari ex aliena iactura, vel **locupletior fieri cum alterius detrimento**, sive **ex alterius incommodo**: vide supra s.v. (i) **aequum est** (ii) **bono et aequo**; (iii) **locupletari non** (iv) **nemo damnum**.

nemo donare praesumitur (1941 WLD 228) i.q. **donatio non praesumitur**.

nemo enim potest personam diu ferre (Sen. de clem. 1.6) *want niemand kan op die duur 'n masker dra nie // no one can wear a mask for long.*

nemo enim videtur fraudare eos qui sciunt et consentiunt (Ulp.: Dig. 50.17.145 = Dig. 42.8.6.9; cf. (i) supra s.v. **decipi non**; infra s.v. (ii) **nulla iniuria** (iii) **nullam potest** (iv) **scienti et consentienti** (v) **volenti non** *want niemand word geag diegene te bedrieg wat van die toedrag bewus is en toestem nie // for no one is considered to defraud those who know and consent.*

nemo errans rem suam amittit (Ulp.: Dig. 41.1.35) *niemand raak in dwaling* (die eiendomsreg oor) *sy goed kwyt nie // no one loses his property* (ownership) *by mistake.*

nemo esse iudex in sua causa potest (Publ. Syr.; vide supra **generali lege decernimus**.)

nemo est heres viventis *niemand is die erfgenaam van iemand wat nog lewe nie // no one is the heir of a person still alive.*

nemo est tam senex qui se annum non putet vivere (Cic. Sen. 7.24) *niemand is so oud day hy nie kans sien om nog 'n jaar te lewe nie // no man is too old to think he cannot live another year.*

nemo (vel **nullus**) **ex consilio dummodo fraudulentum non fuerit obligatur** (Bonif. VIII reg. lxii; cf. supra s.v. **consilii non**; etiam adagium proximum) *niemand word uit hoofde van 'n stuk advies aanspreeklik gehou nie mits dit nie bedrieglik was nie // no one incurs an obligation resulting from advice offered, provided it was not fraudulent.*

nemo ex consilio obligatur, etiamsi non expediat ei cui dabatur, quia liberum est cuique apud se explorare, an expediat sibi consilium (Gaius: Dig. 17.1.2.6; cf supra s.v. (i) **consilii non** infra (ii) **nullus ex consilio**) *niemand word uit hoofde van 'n stuk advies aanspreeklik gehou nie, selfs nie indien dit die party vir wie dit aangebied is nie bevoordeel nie, omdat dit elkeen vrystaan om vir homself uit te maak of die raad tot sy voordeel strek // no one incurs an obligation resulting from advice given, even though it does not prove advantageous to the recipient, because everyone is free to decide for himself whether the advice is to his advantage.*

nemo ex suo delicto meliorem suam condicionem facere potest (Ulp.: Dig. 50.17.134.1) *niemand kan uit sy eie onregmatige daad voordeel trek nie // no one can improve his condition by his own misdeed (delict); no one can take advantage of his own wrong.*

nemo facile donare praesumitur *van niemand word daar sommer ligweg vermoed dat hy 'n skenking doen nie // no one is lightly presumed to make a gift.*

nemo in alium plus transferre potest quam ipse habet (vide infra s.v. **nemo plus iuris**).

nemo in dubio praesumitur donare velle aut suum iactare (cf. infra s.v. **non ignorans**) *in geval van onsekerheid word daar van niemand vermoed dat hy sy goed wil skenk of wil verkwis nie // in case of uncertainty no one is presumed to wish to make a gift or to squander his substance (throw away his property).*

nemo (vel **non**) **in rem suam auctor esse potest** (Ulp.: Dig. 36.1.1.13; cf. supra s.v. **in propria causa** cum locis ibi citt.; Dig. 26.8.1 pr.; 26.8.7.2) *niemand kan in sy eie saak magtiging verleen nie* (of: *in 'n aangeleentheid wat homself raak arbiter wees nie) // no one can authorize a transaction which is in his own interest* (or: *act as arbiter in such an affair*).

nemo invitus compellitur ad communionem (Ulp.: Dig. 12.6.26.4; cf. supra s.v. **nemo debet in communione**) *niemand kan teen sy sin in mede-eienaarskap gedwing word nie // no one can be forced into joint ownership against his will.*

nemo iudex (vel: **testis**) **idoneus in propria causa est** (cf. supra s.v. **in propria causa** et locos ibi citatos) *niemand is geskik* *om in sy eie saak as regter* (of: *as getuie*) *op te tree nie // no one is fit to be the judge* (or: *witness*) *in his own cause.*

nemo iuri alieno renuntiare possit (vel **potest**) *niemand kan van die reg van 'n ander afstand doen nie* (of: *niemand sou . . . kan . . .*) *// no one can* (or: *could*) *renounce the right of another.*

nemo ius sibi dicere potest (cf. supra s.v. **nemo iudex** et locos ibi citt.) *niemand kan in eie saak reg spreek nie // no one can judge in his own cause.*

nemo liberalis nisi liberatus (sc. **obligationibus**) *eers jou skulde betaal, daarna vrygewigheid beoefen! // settle your debts before bestowing gifts.*

nemo mori potest pro parte testatus pro parte intestatus (I.R.; vide infra s.v. **nemo pro parte**).

nemo moriturus praesumitur mentiri *van niemand word daar vermoed dat hy op sy sterfbed 'n leuenaar is nie // no one is presumed to tell lies on his death-bed (at death's door).*

nemo mortalium omnibus horis sapit (Plin. sen.) *geen sterfling is ten alle tye verstandig nie // no mortal is wise at all times.*

nemo patriam in qua natus est exuere (potest) *niemand kan sy geboorteland afsweer nie // no one can abjure his native country.*

nemo penitus (Inst. 2.23.12) *niemand hoegenaamd nie // no one at all.*

nemo plus commodi heredi suo relinquit quam ipse habuit (Paul.: Dig. 50.17.120; cf. adagium proximum) *niemand laat meer voordeel aan sy erfgenaam as hy self besit het nie // no one leaves more profit to his heir than he himself enjoyed.*

nemo plus iuris ad alium transferre potest quam ipse haberet (Ulp.: Dig. 50.17.54; cf. (i) adagium modo adductum (ii) **nemo potest in alium** (iii) Cod. 8.53.14 (iv) Bonif. VIII reg. lxxix) *niemand kan meer regte aan 'n ander oordra as hy self het nie // no one can transfer more rights to another than he himself has.*

nemo potest ad impossibile obligari (Bonif. VIII reg vi; cf. supra s.v. (i) **ad impossibile** (ii) **impossibilium**; infra (iii) **nemo tenetur**) *niemand kan tot die onmoontlike verbind word nie // no one can be bound to perform the impossible.*

nemo potest dare quod ipse non habet (cf. supra s.v. (i) **nemo dat** (ii) **nemo plus iuris**) *niemand kan gee wat hyself nie het nie // no one can give what he does not himself have.*

nemo potest esse felix sine virtute (Cic.) *niemand kan sonder deug gelukkig wees nie // no one can be happy without virtue.*

nemo potest esse simul actor et iudex (cf. supra s.v. (i) **generali lege** (ii) **in propria causa** (iii) **iniquum est** (iv) **nemo debet esse** (v) **nemo iudex** (vi) **nemo ius sibi**; infra (vii) **promiscua generalitate** (viii) **qui iurisdictioni**) *niemand mag tegelyk party tot 'n geding en regter wees nie // no one can be at once suitor and judge.*

nemo potest exuere patriam *niemand kan van sy vaderland (burgerskap) afstand doen nie // no man can renounce his own country* (divest himself of his citizenship).

nemo potest facere per alium quod per se non potest *niemand kan deur middel van 'n ander verrig wat hyself nie kan nie // no one can do by another that which he cannot do himself.*

nemo potest gladii potestatem sibi datam, vel cuius alterius coercitionis, ad alium transferre (Ulp.: Dig. 1.16.6 pr. = 50.17.70) *niemand kan die mag van die swaard of van enige ander dwangmiddel wat aan hom toevertrou is aan iemand anders oordra nie // no one may transfer to another the power of the sword or any other coercive authority entrusted to him.*

nemo potest in alium transferre plus quam ipse habet (vide supra s.v. **nemo plus iuris**) *niemand kan meer (regte) oordra as hy self besit nie // no one can transfer more than he himself has.*

nemo potest in testamento suo cavere ne leges in suo testamento locum habeant (Pomp.: Dig. 30.55) *niemand kan in sy testament bepaal dat die wette daarop nie van toepassing sal wees nie // no one can in his will lay down that the laws shall not apply in his will.*

nemo potest mutare consilium in alterius iniuriam (Papin.: Dig. 50.17.75; cf. Bonif. VIII reg. xxxiii) *niemand kan tot nadeel van 'n ander van plan verander nie // no one can change his mind to the detriment (injury) of another.*

nemo potest nudo vestimenta detrahere *niemand kan 'n naakte ontklee nie* (jy kan nie bloed uit 'n klip pers nie) *// no one can strip a naked man of his garment.*

nemo potest sibi debere *niemand kan sy eie skuldenaar wees nie // no one can owe to himself (be his own debtor).*

nemo praecise cogi potest ad factum praestandum (Wessels Law of Contract 1951[2] par. 3092; no Lat. reference; cf.

supra s.v. **nemo cogi potest**) *niemand kan tot spesifieke nakoming* (van sy onderneming) *verplig word nie // 'no one can be compelled to carry out just what he had undertaken to do'.*

nemo praestat casus fortuitos (cf. supra s.v. **fortuitos casus**).

nemo praesumitur gratuito malus *van niemand word daar vermoed dat hy sommer sonder rede sleg is nie // no one is presumed to be bad gratuitously* (for no particular reason).

nemo pro parte testatus pro parte intestatus decedere potest (Dig. 50.17.7; cf. infra s.v. **neque enim idem**) *niemand kan gedeeltelik testaat en gedeeltelik intestaat sterf nie // none can die testate in part and intestate in part.*

nemo punitur pro alieno delicto *niemand word vir die oortreding van 'n ander gestraf nie // no one is punished for the transgression (misdeed) of another.*

nemo qui condemnare potest, absolvere non potest (Ulp.: Dig. 50.17.37) *niemand wat bevoeg is (die mag het) om te veroordeel is onbevoeg om vry te spreek nie // none who has the power to condemn lacks the power to absolve.*

nemo regere potest, nisi qui et regi (Sen. de ira 2.15.4) *niemand kan heerskappy uitoefen wat dit nie ook kan verduur nie // no one can rule who cannot also submit to authority.*

nemo repente fuit turpissimus (Juv. sat. 2.83) *niemand was nog uit die staanspoor volkome verdorwe nie // infamy is never born full-grown* (Jeyes); *none (has) become at once completely vile* (Gifford).

nemo sibi esse iudex vel suis ius dicere debet (Cod. 3.5.1; cf. Dig. 2.1.10 et supra s.v. **in propria causa**) *niemand behoort vir homself regter te wees of vir sy eie mense (verwante) reg te spreek nie // no one ought to be his own judge or to administer justice where his next of kin are involved.*

nemo sibi ipse causam possessionis mutare potest (cf. Dig. 41.2.3.19; 41.2.19.1) *niemand kan vir homself die oorsaak van sy besit verander* (d.w.s. wettig) *nie // no one can change* (i.e. validate) *for himself the cause of his possession.*

nemo societatem contrahendo rei suae dominus esse desinit (Julianus ap. Ulp.: Dig. 19.5.13.1) *deur 'n vennootskap te sluit hou niemand op om die eienaar van sy eie saak te wees nie // no one by concluding a partnership ceases to be owner of his property.*

nemo solus satis sapit (Plaut. mil. glor. 885) *geen enkeling het die wysheid in pag nie; steek die koppe by mekaar // two heads, as they say, are better than one.*

nemo tenetur ad impossibilia (cf. (i) supra s.v. **impossibilium** (ii) Bonif. VIII reg. vi) *niemand word tot die onmoontlike verplig nie // no one is bound to an impossibility.*

nemo tenetur edere contra se *van niemand word daar verwag om teen homself te getuig nie // no one is under a duty to testify against himself.*

nemo tenetur iurare in suam turpitudinem *niemand is verplig om sy eie misdadigheid (verdorwenheid) met 'n eed te bevestig nie // no one can be forced to testify on oath to his own criminality (baseness).*

nemo tenetur prodere se ipsum *niemand is verplig om homself te inkrimineer (verraai) nie // no one is bound to incriminate (betray) himself.*

nemo tenetur se ipsum accusare *niemand is verplig om homself te beskuldig nie // no one is bound to accuse (incriminate) himself.*

nemo videtur fraudare eos qui sciunt et consentiunt (Ulp.: Dig. 50.17.145; cf. (i) supra s.v. **nemo enim videtur** (ii) infra s.v. **volenti non** (iii) Bonif. VIII reg. xxvii) *dit blyk dat niemand diegene bedrieg wat van die toedrag bewus is en daartoe toestem nie // no one is considered to defraud those who are aware of the facts and give their consent* (to his acts).

neque enim idem ex parte testatus et ex parte intestatus decedere potest (Inst. 2.14.5) *want dieselfde persoon kan nie vir 'n deel met en vir 'n deel sonder testament sterf nie // for the same person cannot die partly testate and partly intestate.*

neque enim quisquam est tam malus ut videri velit (Quintil. 3.8.44) *want niemand is so sleg dat hy daarvoor aangesien wil word nie // for no man is so wicked as to wish to seem so.*

. . . **neque inaudita causa quemquam damnari aequitatis ratio patitur** (Marcianus: Dig. 48.17.1 pr.; cf. supra s.v. **audi alteram partem**) (die veroordeling van afwesige beskuldigdes word verbied want) *billikheidsoorwegings duld ook nie dat iemand veroordeel word sonder dat sy saak aangehoor is nie //* (accused should not be condemned in their absence, for) *the rule of equity does not suffer any one to be convicted without being heard.*

neque lac lacti magis est simile (Plaut. Amph. 601; cf. infra s.v. **ovum ovo**) *hulle* *is so eenders as twee druppels water* (lett. melk) // *they are as like as two peas.*

neque semper arcum tendit Apollo (Hor. Carm. II. 10.19) *Apollo span nie altyd sy boog nie; ontspanning is soms nodig // nor does Apollo always bend his bow (due relaxation is necessary).*

nequid nimis (Graece 'meden agan') *niks in oormaat nie; matigheid in alles // excess in nothing; moderation in everything.*

nervus probandi *hoofbewysgrond* (lett. senuwee van die bewysvoering) // *main argument; hub of the proof.*

nescire quaedam magna pars sapientiae est (Grotius) *om sekere dinge nie te weet nie is 'n groot deel van die wysheid // ignorance of certain things is a great part of wisdom.*

nescis quid vesper serus vehat (Gell. 13.11.1; Verg. G. 1.461; cf. Liv. 45.8) *jy weet nie wat die laataand vir jou bring nie // you do not know what late evening has in store for you.*

nescit vox missa reverti (Hor. A.P. 390) *die gesproke woord kan nie herroep word nie // a word spoken cannot be recalled.*

nihil aliud est 'actio' quam ius, quod sibi debeatur, iudicio persequendi (Cels.: Dig. 44.7.51) *' 'n aksie' is niks anders nie as die reg om d.m.v. 'n regsprosedure te verkry wat ons toekom // 'an action' is nothing but the right to claim by judicial proceeding what is our due.*

nihil consensui tam contrarium est . . . quam vis et metus (Ulp.: Dig. 50.17.116 pr.) *niks is met wilsooreenstemming so strydig (onversoenbaar) nie . . . as geweld en vreesaanjaging // nothing is so repugnant to (incompatible with) consent . . . as force and fear (intimidation).*

nihil dat qui non habet i.q. supra s.v. **nemo dat quod.**

nihil dolo creditor facit qui suum recipit (Paul.: Dig. 50.17.129 pr.) *'n skuldeiser wat ontvang wat hom toekom pleeg geen bedrog nie // a creditor who receives what is his due is not guilty of fraud.*

nihil est aliud 'falsitas' nisi veritatis imitatio (cf. novell. 73 Justin. praef. init.) *'falsiteit' is niks anders nie as veinsery van die waarheid // 'falsity' is nothing but an imitation (a mimicry) of the truth.*

nihil est aliud 'hereditas' quam successio in universum ius quod defunctus habuit (Gaius: Dig. 50.16.24) *' 'n erfenis' is niks anders nie as die opvolging in al die reg wat die oorledene besit het // the term 'inheritance' means nothing else but the right to succeed to everything which the deceased possessed.*

nihil est annis velocius (Ov. Met. 20.520) *niks is sneller as die jare nie // nothing is fleeter than the years.*

nihil est difficilius quam bene imperare (imp. Dioclet. apud Vopiscum; flor. AD 305) *niks is moeiliker as om goed te regeer nie // nothing is more difficult than to be a good ruler.*

nihil est incertius vulgo, nihil obscurius voluntate hominum . . . (Cic. pro Mur, 17.36) *niks is onsekerder (onvoorspelbaarder) as die grille van die gepeupel (menigte) nie, niks moeiliker om te peil as die wil van die mense nie . . . // nothing is more uncertain (unpredictable) than the vulgar crowd, nothing more difficult to gauge than the temper of the people. . . .*

nihil est tam volucre quam maledictum (Cic. Planc. 23, 57) *niks is so gevleueld as lastertaal nie // nothing is so fleet as calumny.*

nihil facit error nominis cum de corpore constat *wanneer daar oor* (die identiteit van) *die persoon sekerheid bestaan, is dwaling t.a.v. die naam van geen belang nie // an error as to the name is of no consequence when there is certainty as to the person.*

nihil in hominum genere rarius perfecto oratore inveniri potest (Cic. de or. 1.28.128) *onder die mensdom kan daar geen seldsamer vrug as die volmaakte redenaar gevind word nie // the rarest product to be found among humankind is a consummate orator.*

nihil perfectum est dum aliquid restat agendum *niks is volmaak terwyl daar nog iets te doen is nie // nothing is perfect while something remains to be done.*

nihil perpetuum, pauca diuturna sunt (Sen. ad Polyb. 1.1.7) *niks is ewigdurend nie en weinig is van lange duur // nothing is everlasting, few things are of long duration.*

nihil peti potest ante id tempus, quo per rerum naturam persolvi possit (Cels.: Dig. 50.17.186) *niks kan gevorder word voordat dit volgens die natuurlike verloop betaal kan word nie // nothing can be claimed before the time when in the natural course of events it can be paid.*

nihil rerum mortalium tam instabile ac fluxum est quam fama potentiae non sua vi nixae (Tac. ann. 13.19; vide supra s.v. **nec umquam**) *daar is in die bestaan van die mens niks so wankelrig en onbestendig nie as die reputasie van gesag wat op geen inherente mag gestut is nie // of all things human* *nothing is so unstable and fleeting as a reputation for power which is not based on its own strength.*

nihil simul inventum est et perfectum (cf. Quintil. 10.3.4) *niks is uit die staanspoor volmaak nie* (lett. niks is uitgedink en somaar terselfdertyd vervolmaak nie) // *nothing was invented and perfected at the same moment; Rome was not built in a day.*

nihil suum habere potest (Inst. 2.9.3) *hy kan niks as sy eiendom hê nie // he can own nothing himself.*

nihil tam naturale est quam eo genere quidque dissolvere quo colligatum est; ideo verborum obligatio verbis tollitur: nudi consensus obligatio contrario consensu dissolvitur (Ulp.: Dig. 50.17.35; cf. 18.5.3; etiam supra s.v. **fere quibuscumque** et locos ibi citt.) *niks is so voor die hand liggend nie as om iedere verbintenis op dieselfde manier te ontbind as waarop dit ontstaan het; daarom word 'n verbintenis uit woorde met woorde ongedaan gemaak (opgehef), en een op blote ooreenkoms gegrond word d.m.v. 'n ooreenkoms tot die teendeel ontbind // nothing is so natural as that every obligation should be dissolved in the same manner as it came about; therefore a verbal obligation is dissolved by words, and one based upon mere consent (agreement) of the parties is annulled by an agreement to the contrary by both.*

nil admirari (Hor. epist. 1.6.1; i.q. Stoicorum **ataraxia**) *wysgerige onverstoorbaarheid; immuniteit teen verbasing; Stoïsynse kalmte // philosophic equanimity; imperturbability; immunity from surprise; Stoic calm.*

nil agit exemplum litem quod lite resolvit (hexametrum Hor. Serm. 2.3.104.) *'n voorbeeld bereik niks wat die een twispunt (geding) beslis* (deur dit) *met 'n ander* (te vervang) *nie // an example achieves nothing which settles one question by* (= at the cost of raising) *another.*

nil lacrima citius arescit (Cic. Her. 2.31.50) *niks droog gouer op as 'n traan nie // nothing dries quicker than a tear.*

nil mortalibus arduum est (Hor. carm. 1.3.37) *niks is vir sterflinge te moeilik nie // nothing is too difficult for mortals.*

nil spernat auris, nec tamen credat statim (Phaedr. Fab. 3.10.51) *die oor moet niks verwerp nie maar tog ook nie iets dadelik aanvaar nie // the ear should scorn no (report) nor yet immediately believe it.*

nimia subtilitas (Gai. inst. 4.30) *oordrewe spitsvondigheid // excessive subtlety.*

nitimur in vetitum semper cupimusque negata (Ov. Am. 3.4.17) *ons streef voortdurend na die verbodene en begeer wat vir ons ontsê is // we always strive after what is forbidden and desire the things denied us.*

nobile officium (cf. SALR 1973 (2) 707 F) *edele plig* (van die hof as oppervoog) // *noble duty* or *function* (of the court as upper guardian).

noctuas Athenas afferre (cf. Aristoph. Aves 301) *uile na Athene bring // carry coals to Newcastle.*

nodum in scirpo quaeris (Ter. Andr. 941) *jy soek 'n probleem wat nie bestaan nie* (lett. 'n knoop in 'n biesroei) // *you are looking for a non-existent problem* (lit. for a knot in a bulrush).

nolens volens (anonymi) *teen wil en dank; teen heug en meug; goedskiks of kwaadskiks // whether willing or not; consenting or not; willy-nilly.*

nolle (cf. supra s.v. **eius est nolle**) *nie wil nie; weier // refuse to.*

nolle adire hereditatem non videtur qui non potest adire *dit word nie beskou dat hy onwillig is om 'n erfenis te adieer (aanvaar) wat nie daartoe bevoeg is nie // he who is not entitled to adiate an inheritance is not regarded as refusing to do so.*

nolle prosequi *weiering om te vervolg // refusal to prosecute.*

nomen alcs. deferre (Cic. in Verr. 2.38.94) *om iem. aan te kla // to accuse a person.*

nomine alicuius *namens iemand // on behalf of someone.*

nomine culpae tenetur *hy is aan nalatigheid skuldig // he is guilty of negligence.*

nomine officii *ampshalwe; in amptelike hoedanigheid // in his official capacity; by virtue of his office.*

nomine suo *in eie naam; persoonlik // in his own name; personally.*

non alienat qui dumtaxat omittit possessionem (Ulp.: Dig. 50.17.119) *wie slegs sy besit laat vaar vervreem nie* (die saak) *nie // he who merely relinquishes possession does not transfer ownership.*

non aliter a significatione verborum recedi oportet, quam cum manifestum est aliud sensisse testatorem (Marcellus: Dig. 32.69 pr.; cf. supra s.v. **in testamentis**) *slegs dán mag daar van die woordbetekenis afgewyk word as die erflater klaarblyklik* (met die betrokke woorde) *iets anders bedoel het // the ordinary meaning of words in a will may not be departed from unless it is evident that the intention of the testator was otherwise.*

non aliter quam tutore auctore (Inst. 1.21 pr; 1) *slegs met die bystand van die voog // only with the authority/consent of the guardian.*

non bis in idem (cf. Cod. 9.2.9 et 11; vide supra s.v. **ne bis**).

non coitus matrimonium facit sed maritalis affectio (Ulp.: Dig. 24.1.32.13; cf. infra s.v. **nuptias non**) *nie geslagsgemeenskap nie maar die egtelike liefde skep die huwelik // not sexual intercourse but marital affection constitutes marriage.*

non compos mentis *nie by sy volle verstand nie // not of sound mind; insane.*

non consentiunt qui errant . . . (Julian.: Dig. 2.1.15; infra s.v. **non videntur qui**) *by diegene wat in dwaling verkeer is daar geen wilsooreenstemming nie // those who are in error do not agree.*

non constat *dit staan nie vas nie; dit blyk nie // it is not certain (evident).*

non creditur referenti nisi constet de relato (no. 117 apud V. Fons, qui huius adagii originem ad Nov. 119.3 reducit; cf. infra s.v. **referens finem**) *aan ('n oorkonde/dokument) wat na 'n ander verwys, word daar geen geloof geheg nie tensy (die egtheid van) die een waarna daar verwys is vas staan* (dis no. 117 by V. Fons wat dit na Nov. 119.3 terugvoer) *// no credence is accorded (to a document) referring to another unless (the authenticity of) the one referred to has been established* (no. 117 in V. Fons who traces its origin back to Nov. 119.3).

non debeo melioris condicionis esse quam auctor meus a quo ius in me transit (Paul.: Dig. 50.17.175.1; cf. supra s.v. **nemo plus iuris**) *ek behoort nie in 'n gunstiger posisie as my regsvoorganger te wees nie van wie die reg na my oorgaan // I ought not to be in a more favourable position than the person from whom I derive my rights.*

non deberet alii nocere quod inter alios actum esset (Paul.: Dig. 12.2.10) *dit wat tussen ander verrig is behoort 'n derde nie te benadeel nie // no one ought to be injured (prejudiced) by that which has taken place between other parties.*

non debet actori licere quod reo non permittitur (Ulp.: Dig. 50.17.41) *wat die verweerder nie vergun word nie behoort ook nie aan die eiser toegestaan te word nie // a plaintiff ought not to be allowed what is not permitted to a defendant.*

non debet alteri per alterum iniqua condicio inferri (Papin.: Dig. 50.17.74) *'n drukkende* (onbillike) *toestand behoort nie deur die toedoen van die een vir die ander ten laste te kom nie // a burdensome situation should not be imposed upon one person by another.*

non debet cui plus licet, quod minus est non licere (Ulp.: Dig. 50.17.21) *aan hom vir wie die meerdere vrystaan mag die mindere nie ontsê word nie // he who is permitted to do more, shall not be debarred from doing the less.*

non decipiuntur qui non ignorant (cf. infra s.v. **volenti non** et locos ibi citt.) *diegene wat nie onwetend is nie word nie gekul (beetgeneem) nie // those who are not in ignorance are not deceived.*

non dicitur factum in fraudem quod, cessante fraude, aeque fieri potuisset *daardie handeling word nie as bedrieglik beskou nie wat sonder die aanwesigheid van die bedrog ewe goed sou kon plaasgevind het // that which could have come about even in the absence of the fraud, is not considered to have been done fraudulently.*

non donat qui necessariis oneribus succurrit (Ulp.: Dig. 24.1.21 pr. ad f.) *wie onvermydelike laste help verlig maak geen skenking nie // he who meets necessary expenses makes no donation.*

non dubium est in legem committere eum, qui verba legis amplexus contra legis nititur voluntatem (Cod. 1.14.5 pr.; an. 439; quod vide supra s.v. **in legem committere**).

non efficit affectus nisi sequatur effectus *die bedoeling is van geen betekenis nie tensy die gevolg intree // the intention amounts to nothing unless the effect follows.*

non ego ventosae plebis suffragia venor (Hor. ep. 1.19.37) *ek jag nie (vry nie na) die stemme van die wispelturige gepeupel nie // I do not chase the votes of the fickle commons.*

non esse et non apparere in iure pari passu ambulant *wat nie (geskrywe) is nie, geld in die reg as nie-bestaande // what is not (expressly stated) is in law regarded as non-existent.*

non est disputandum contra principia negantem *met iemand wat jou premisse verwerp (ontken) val daar nie te redeneer nie // there is no arguing with a party who rejects your premises (first principles).*

non est princeps supra leges, sed leges supra principem (Plin. Pan. 65.1) *die keiser staan nie bo die wette nie, maar die wette bo die keiser // the emperor is not above the laws, but the laws are above the emperor.*

non est sine culpa qui rei, quae ad eum non pertinet, se immiscet (Bonif. VIII reg. xix; vide supra s.v. **culpa est immiscere**).

non ex regula ius sumatur, sed ex iure quod est regula fiat (Paul.: Dig. 50.17.1) *laat die reg nie uit 'n reël geput word nie, maar laat die reël sy ontstaan aan die bestaande reg ontleen // the law should not be taken from a rule, but the rule should stem from existing (positive) law.*

non exemplis sed legibus est iudicandum (Cod. 7.45.13; an. 529; at contra: Severi rescriptum supra s.v. **in ambiguitatibus** adductum) *die bevinding (oordeel) van die hof moet nie op die voorbeelde* (van vroeëre gewysdes) *berus nie maar op die landswette* — 'n verwerping van die beginsel **stare decisis** deur keiser Severus in sy reskrip (Dig. 1.3.38) gestel // the *findings of the courts should not rest upon the examples* (of earlier decisions) *but upon the laws* — a rejection of the principle of **stare decisis** set out in the rescript of the emperor Severus (Dig. 1.3.38).

non expedit *dit is nie raadsaam (voordelig) nie // it is not expedient (politic).*

non exsistentis nulla sunt iura (at vide supra s.v. (i) **infans conceptus** (ii) **nasciturus pro iam**) *'n persoon wat nie bestaan nie het geen regte nie // a non-existent person has no rights.*

non faciunt meliorem equum aurei freni (Sen. ep. 41.6) *al dra 'n aap 'n goue ring, hy is en bly 'n lelike ding* (lett. 'n vergulde toom maak geen beter perd nie) // *'a gilded bit does not make a bad horse a good one', does not improve the nag.*

non fatetur qui errat *'n bekentenis wat op dwaling berus is nietig // a confession founded on error is meaningless.*

non impunita maleficia esse oportet (Dig. 9.2.51.2 med.; cf. supra s.v. **impunita non**) *misdrywe (vergrype) moenie ongestraf bly nie // crimes should not go unpunished.*

non intellegunt homines quam magnum vectigal sit parsimonia (Cic. Parad. Stoic. 6.3.49; cf. supra s.v. **magnum vectigal**) *die mensdom besef nie wat 'n goudmyn die spaarsaamheid is nie // mankind does not realize what a gold-mine frugality/thrift is.*

non ius ex regula, sed regula ex iure (cf. supra s.v. **non ex regula**).

non leve beneficium praestat, qui breviter negat (P. Syr. N. 60) *kort weiering is 'n groot weldaad // a brief refusal is a great favour.*

non libet i.q. **non placet** *dit geval my nie // it is not to my liking.*

non licet in bello bis peccare (anon.) *in die oorlog is dit nie toelaatbaar om twee keer te fouteer nie // in war it is not permissible to err twice.*

non licet sui commodi causa nocere alteri (Cic. de off. 3.5.23) *dis ontoelaatbaar om terwille van eiebelang 'n ander te benadeel // no one may from self-interest prejudice another.*

non licet venire contra suum . . . factum (Gothofr. ad Cod. 7.8.5 (p. 1591); cf. infra s.v. **venire contra,** et locos ibi citt.) *teen jou eie handelinge mag 'n mens nie ingaan nie // it is not permissible to act in conflict with one's own previous act.*

non liquet (abbr. **N.L.;** Cic. Clu. 28.76; Quintil. 9.3.97: **non liquet mihi**) *dis nie duidelik nie; dit blyk nie; die bewysvoering is ontoereikend // it is not clear, apparent, established by the evidence, 'not proven'* (in Scotch law).

non multa sed multum (cf. supra s.v. **multum legendum**) *nie hoeveelheid nie maar gehalte; kwaliteit eerder as kwantiteit; min maar goed // not quantity but quality* (is required).

non obligat lex nisi promulgata *tensy dit uitgevaardig is verplig 'n wet nie // a law is not obligatory (binding) unless it be promulgated.*

non obstante *nieteenstaande // notwithstanding.*

non officit conatus nisi sequatur effectus (cf. supra s.v. **non efficit affectus**) *die poging hinder nie tensy die gevolg intree // attempt does no harm unless the effect follows.*

non olet vide infra s.v. **pecunia non olet**.

non omne quod licet honestum est (Paul.: Dig. 50.17.144 pr.; cf. ep. 1 ad Cor. 10.23; **omnia mihi licent, sed non omnia expediunt** (textus Vulgatus)) *nie alles wat geoorloof (toelaatbaar) is, is eerbaar* (of *betaamlik*) *nie // not everything permissible is (also) honourable.*

non omnia possumus omnes (Verg. ecl. 8.63) *ons is nie almal tot alles in staat nie // we are not all capable of everything.*

non omnibus aegris eadem auxilia conveniunt (Celsus) *die selfde geneesmiddele akkordeer nie met alle siekes nie // the same remedies do not agree with all patients.*

non omnium, quae a maioribus constituta sunt, ratio reddi potest (Julian.: Dig. 1.3.20) *daar kan nie vir iedere bepaling van ons voorouers 'n verklaring* (verantwoording) *gebied word nie // the principle of every law established by our ancestors cannot be stated.*

non oportet ius civile calumniari neque verba captari, sed qua mente quid diceretur animadverti convenit (Paul.: Dig. 10.4.19) *die reg moet hom nie tot verdraaiing leen nie en die woorde moenie verkeerd vertolk word nie, maar daar behoort vasgestel te word met watter bedoeling elke stelling gemaak is // the law should not be used to effect misrepresentation, nor should words be twisted, but it is proper to consider with what intention each statement was made.*

non ovum ovo similius est (van der Keessel MS. p. 603 sub f.) *dis vinkel en koljander // they are as like as two peas.*

non placet *dis nie na (my) sin nie // I do not like it.*

non possessori incumbit necessitas probandi possessiones ad se pertinere *dis nie nodig vir die besitter om te bewys dat sy besittinge hom toekom nie // no necessity is laid upon a possessor of proving that his possessions belong to him.*

non possumus (lett. 'ons kan nie') *weiering weens onmoontlikheid //* (lit. 'we cannot') *refusal by reason of impossibility.*

non potest dolo carere qui imperio magistratus non paruit (Javolenus: Dig. 50.17.199) *wie 'n bevel van die owerheid nie wou gehoorsaam nie is nie van skuld (aanspreeklikheid) vry te pleit nie // he cannot be considered free from guilt (malice) who has refused to obey the order of a person in authority.*

non potest improbus videri, qui ignorat quantum solvere debeat (Venuleius: Dig. 50.17.99; cf. infra s.v. **qui ignorat**) *wie nie weet hoeveel hy moet betaal nie, kan nie as oneerlik beskou word* (as hy nie betaal nie) *// he who does not know how much he ought to pay cannot be regarded as dishonest* (if he does not settle his debt).

non potest liberalitas nolenti acquiri (Ulp.: Dig. 39.5.19.2; cf. supra s.v. **invito beneficium** et locos ibi citt.) *aan 'n onwillige kan milddadigheid nie verskaf (bewys) word nie // generosity cannot be bestowed upon an unwilling recipient.*

non progredi est regredi (anon.) *stilstand is agteruitgang // stagnation is retrogression.*

non quieta movere (i.q. **stare decisis** q.v. infra).

non quod dictum est sed quod factum est inspicitur *nie op wat gesê is nie maar op wat gedoen is word daar gelet // not what was said but what was done is regarded.*

non sanae mentis (i.q. **non compos mentis** q.v.) *nie by sy volle verstand nie; van sy sinne berowe // of unsound mind; disturbed in mind; not of sound mind.*

non sequitur *iets wat nie uit die voorgaande* (die premisse) *volg nie; dit volg nie* (logies nie) *// it does not follow* (logically).

non servanti fidem, non est fides servanda (cf. supra s.v. **frangenti fidem**) *teenoor iemand wat sy woord nie hou (sy belofte nie nakom) nie hoef daar geen woord gehou (belofte nagekom) te word nie // promises need not be kept towards one who does not keep them.*

non sic 'causa' intellegi debet, ut quod cuique antecedat, id ei causa sit, sed quod cuique efficienter antecedat (Cic. Fat. 15.43; vide infra s.v. **post hoc**) *die begrip 'oorsaak' moenie so gestel word as sou dit wat aan elke ding voorafgaan die oorsaak daarvan wees nie, maar wel dit wat* bewerkend *daaraan voorafgaan // 'cause' should not be understood to mean that whatever precedes each thing is its cause, but indeed that which* efficiently *precedes each thing.*

non solent quae abundant vitiare scripturas (Ulp.: Dig. 50.17.94; cf. infra **utile per**) *in die reël maak oortollighede dokumente nie ongeldig nie // redundancies do not as a rule render documents null and void.*

non stultis solet succurri sed errantibus (Paul.: Dig. 22.6.9.5 ad f.; cf. infra s.v. **vigilantibus** (bis)) *regshulp (-bystand) word nie aan dwase verleen nie maar aan diegene wat in (eerlike) dwaling verkeer // relief is granted not to fools but to those who are (honestly) mistaken.*

non sufficit litem instituere, si non in ea perseveras (Papin. Dig. 5.2.15.1) *dit is nie genoeg om 'n aksie in te stel as jy nie daarmee volhou nie // it does not suffice to institute an action if you do not persevere with it.*

non sui iuris (vide infra s.v. **sui iuris**).

non sum uno angulo natus (Sen. ep. mor. 28.4; cf. **patria mea**) *ek is nie in een uithoek gebore nie // I was not born in a remote corner.*

non sunt neganda clara propter quaedam obscura *die duidelike dele* (van 'n dokument) *moenie op grond van sekere onduidelikhede geïgnoreer word nie // the clear parts* (of a document) *should not be brushed aside because of certain parts lacking in clarity.*

non tam bene cum rebus humanis agitur ut meliora pluribus placeant . . . (Sen. de vita beata 2.1) *dis met die sake van die mensdom nie so goed gesteld dat die wysste* *beraad by die meerderheid byval vind nie . . . // human affairs are not so happily ordered that the wisest counsels prevail* (or: *find the most supporters*).

non usus *nie-gebruik; nie-uitoefening* (van serwituut of vruggebruik) // *non-user* (of servitude or usufruct).

non ut diu vivamus curandum est, sed ut satis (Sen. ep. mor. 93.2) *ons moet strewe om nie lank nie maar lank genoeg te lewe // we should strive to live not long but long enough.*

non ut edam vivo sed ut vivam edo (Quint. 9.3.85 N.) *ek leef nie om te eet nie maar eet om te lewe // I do not live to eat but eat to live.*

. . . non, ut intellegere possit (iudex) sed, ne omnino possit non intellegere, (est) curandum (Quintil 8.2.24) *ons moet sorg dra, nie dat (die regter ons) kan verstaan nie, maar dat dit vir hom heeltemal onmoontlik is om (ons) nie te verstaan nie* (dis die strewe van die redenaar) // *we should strive, not so much that (the judge) can understand (us), but rather that it will be quite impossible for him not to understand (us)* (such is the purpose of the orator).

non videbitur reddita res quae deterior facta redditur (Ulp.: Dig. 13.6.3.1; cf. etiam Dig. 12.1.3; et infra s.v. **proprie dicitur**) *'n saak wat in 'n swakker (beskadigde) toestand terugbesorg word sal nie as terugbesorg geld nie // a thing returned in worse shape (damaged condition) shall not be considered as being returned.*

non videntur data quae eo tempore quo dentur accipientis non fiunt (Paul.: Dig. 50.17.167 pr.) *dië dinge geld nie as gelewer nie wat ten tyde van die lewering nie die eiendom van die ontvanger word nie // those things are not considered to have been delivered which at the time of delivery do not become the property of the recipient.*

non videntur qui errant consentire (Ulp.: Dig. 50.17.116.2; vide supra s.v. **non consentiunt**) *van hulle wat dwaal word dit nie geag dat hulle toestem nie // those who are mistaken are not considered to grant consent.*

non videtur quisquam id capere quod ei necesse est alii restituere (Gaius: Dig. 50.17.51) *niemand word geag dit te verkry wat hy weer verplig is om aan 'n ander terug te gee nie // no one is considered to acquire something which he is obliged to return to another.*

non videtur vim facere, qui iure suo utitur et ordinaria actione experitur (Paul.: Dig. 50.17.155.1) *niemand word geag gewelddadig op te tree nie wat hom van sy eie reg bedien en 'n gewone aksie instel // that party who avails himself of his own right and brings an ordinary action at law is not considered to employ violence.*

normaliter *volgens die reël // according to the rule.*

noscitur a sociis die betekenis van 'n woord word bepaal deur dié van woorde wat hom vergesel (lett. *'aan sy maats word hy geken'*) // the meaning of a word *is inferred (known) from that of its companions* (the accompanying words).

nothus vide s.v. **mater non.**

nova causa (vel **novus actus**) **interveniens** *'n later bykomende of intredende oorsaak // a new cause intervening.*

nova constitutio futuris formam imponere debet non praeteritis (cf. supra s.v. **leges et constitutiones** (Cod. 1.14.7)) *'n nuwe wet behoort vir die toekoms voorsiening te maak, nie vir die verlede nie // a new law ought to make provision for the future not for the past* (i.e. laws ought to be prospective, not retrospective).

novas res moliri (Cic. in Verr. 2.125) *revolusie stook // to plot a revolution.*

novatio -onis f. *skuldvernuwing // novation;* **— non praesumitur** *skuldvernuwing word nie (sommer) vermoed nie // novation is not presumed.*

novella -ae f. *nuwe wet; novella* (aanvullende 'konstitusie', ná die Codex tot die Corpus Iuris toegevoeg) // *novel* (suplementary 'constitution' added to the Corpus Iuris after the Codex (or Code)).

novissima voluntas servatur (Paul.: Dig. 34.4.6.2) *die laaste wilsuiting geld; uitvoering word aan die laaste wilsuiting gegee // the last will is the one to be carried into effect.*

novitas -tatis f. *nuutheid; iets nuuts // novelty; a new thing.*

noviter repertum instrumentum (vide supra s.v. **instrumenta**).

novus actus interveniens (vide supra s.v. **nova causa**).

noxa caput sequitur (Paul.: Dig. 2.9.2 pr.; 13.6.21.1) *die skade volg die dader* (die eienaar is aanpreeklik vir skade aangerig deur sy slaaf of dier) // *the damage follows the animal* (or *slave*), (the owner is liable to make good the damage suffered).

noxae deditio (vide infra s.v. **pauperies**) *uitlewering van die dier vir skade deur hom aangerig // surrender of the animal for damage caused by it.*

nubilis adj. f. (vide **viripotens**) *hubaar // marriageable;* — *virgo* (Liv. 29.23).

nuda pactio obligtionem non parit sed parit exceptionem (Ulp.: Dig. 2.14.7.4) *'n blote ooreenkoms skep geen verbintenis nie, maar wel 'n grond vir verweer* (eksepsie) // *a naked (mere) agreement begets no obligation, but it does beget an exception.*

nudus -a -um *bloot, blote // mere, naked;* **nuda cogitatio** *blote voorneme // mere intention;* — **detentio** *blote houerskap // mere detention;* — **habitatio** *blote* (reg van gratis) *verblyf // mere* (right of free) *residence;* — **patientia** *blote dulding // mere forebearance/sufferance;* — **possessio** *blote besit // mere possession;* — **proprietas** *blote eiendomsreg // mere ownership;* **nudum pactum** *vormlose ooreenkoms* sonder redelike oorsaak (**iusta causa**); *blote belofte // mere or naked pact* without consideration (**iusta causa**); *naked promise; bare agreement; voluntary promise* (based on mere goodwill); — **praeceptum** *aanwysende* (nie-gebiedende) *voorskrif; wet sonder sanksie // legal (non-imperative) rule; rule lacking any sanction.*

nugax -acis m. *grapmaker // frivolous person.*

nulla bona (relaas van) *geen goed* (vir beslaglegging) // (return of) *no goods* (upon which to execute).

nulla emptio sine pretio esse potest; sed et certum pretium esse debet (Inst. 3.23.1) *sonder koopsom is geen verkoop moontlik nie; maar die koopsom moet ook bepaald (vasomskrewe) wees // there can be no sale without a price; but the price, too, must be specific.*

nulla est venditio quotiens in materia erratur (cf. Ulp.: Dig. 18.1.9.2) *'n verkoop is nietig so dikwels as daar 'n wesenlike dwaling is // a sale is void as often as a fundamental error occurs.*

nulla iniuria est quae in volentem fiat (Ulp.: Dig. 47.10.1.5 ad f.: Cf. supra s.v. (i) **decipi non** (ii) **nemo enim videtur;** infra (iii) **nullam potest** (iv) **scienti et** (v) **volenti non fit**) *geen onreg (kan) teen een wat toestem gepleeg word nie // no injury is committed against a party who consents.*

nulla intellegitur mora ibi fieri ubi nulla petitio est (Scáevola: Dig. 50.17.88) *waar daar geen vordering (eis) is nie word daar geag geen versuim te wees nie // no delay is considered to have taken place where there has been no demand.*

nulla iuris ratio aut aequitatis benignitas patitur, ut quae salubriter pro utilitate hominum introducuntur, ea nos duriore interpretatione contra ipsorum commodum producamus ad severitatem. (Modest.: Dig 1.3.25; cf. supra s.v. **benigna interpretatio**) *geen regsbeginsel of toeskietlike en billike uitleg regverdig dit dat ons daardie maatreëls wat vir die welsyn van die mensdom ingevoer word, d.m.v. 'n te strenge vertolking juis teen die belang van die mense drukkend maak nie // no principle of law or indulgent interpretation suggested by equity would have us interpret too rigorously those rules which have been introduced for the benefit of mankind, so as to act against men's interest and cause hardship.*

nulla lex satis commoda omnibus est (Liv. 34.3.5) *geen wet is na almal se sin nie // no law fully satisfies the interests of all.*

nulla poena sine lege (cf. Ulp.: Dig. 50.16.131) *geen straf sonder wet // no punishment without a law.*

nulla poena sine praevia lege poenali *geen straf* (kan opgelê word) *sonder 'n voorafgaande strafbepaling nie // no punishment* (may be inflicted) *without a penal enactment preceding* (the crime).

nulla possessio nulla vis auri et argenti pluris quam honestas aestimanda est (Cic.) *geen besit, geen massa goud en silwer moet hoër as eerbaarheid geskat word nie // no possession, no pile of gold and silver should be rated more highly than integrity.*

nulla potentia supra leges esse debet (Cic. domo 17.43) *geen oormag behoort bo die wette te wees nie // no power should eclipse the laws.*

nulla promissio potest consistere quae ex voluntate promittentis statum capit (Javol.: Dig. 45.1.108.1; cf. (i) **condicio potestativa** (ii) SALR 1955 (3) 619 CD) *geen belofte wat van die willekeur van die belower afhanklik is, is afdwingbaar nie // a promise is unenforceable which is 'dependent on a condition which in fact reserves an unlimited option to the promisor'* (Pollock).

nulla tam bona est fortuna, de qua nil possis queri (Publ. Syr. N. 8) *geen geluk is te groot vir kritiek nie // no good fortune is beyond criticism.*

nulla voluntas errantis est (Pomp.: Dig. 39.3.20; cf. Dig. 2.1.15; 50.17.116.2; Cod. 1.18.9) *daar is geen sprake van wilsuiting by iemand wat in dwaling verkeer nie // there is no expression of will by someone in error.*

nullam potest videri iniuriam accipere qui semel voluit (Paul.: Dig. 39.3.9.1; cf. supra s.v. **nulla iniuria** et locos ibi citt.) *wie eenmaal daartoe ingestem het, kan nie kla dat hy onreg gely het nie // he who has* *once agreed to it cannot be considered to have suffered any injustice.*

nulli ad aliena respicienti sua placent (Sen. de ira 3.31.1) *niemand wat na andermansgoed kyk is met sy eie tervrede nie // no one regarding the possessions of another is satisfied with his own.*

nulli alii sunt homines qui talem in liberos habeant potentiam qualem nos habemus (G. 1.55 = Inst. 1.9.2) *daar is geen ander mense wat so 'n mag oor hul kinders besit as ons nie // there are no other men who have such power over their children as we have.*

nulli enim res sua servit (Paul.: Dig. 8.2.26) *want niemand kan oor sy eie saak 'n serwituut hê nie // for no one can have a servitude over his own property.*

nulli est homini perpetuum bonum (Plaut. Curc. 189) *vir geen mens bly die seën vir ewig by nie // no blessing lasts for ever.*

nullius boni sine socio iucunda possessio est (Sen. ep. 6.4) *sonder deelgenoot is die besit van geen seën genotvol nie // 'there is no pleasure in the possession of any blessing unless we share it with another'.*

nullius filius (i.q. **naturalis filius**, q.v. supra) *speelkind; onwettige* (of *onegte*) *kind; spuriosus // bastard; natural (illegitimate) child.*

nullius in bonis (Inst. 2.1.10; deel van) *niemand se eiendom* (of goed) *// belonging to no one; nobody's property.*

nullo iure cogente (Papin.: Dig. 50.17.82) *nie uit hoofde van enige dwingende reg nie // without the compulsion of any law.*

nullum crimen patitur is qui non prohibet cum prohibere potest (Paul.: Dig. 50.17.109) *hy wat* ('n vergryp) *nie verhinder nie wanneer hy daartoe in staat is, is aan geen vervolging onderhewig nie // he who fails to prevent* (a crime) *when in a positioin to do so is not liable to any prosecution.*

nullum crimen sine lege (vel **praeter legem**) (cf. (i) infra s.v. **poena non** (ii) De Wet Strafreg[3] p. 44) *geen beskuldiging sonder 'n wet* (wat 'n straf bepaal) *nie // without a law* (prescribing the punishment) *no charge is possible.*

nullum infortunium solum (accidit) *teenslae kom nie een vir een nie // no misfortune comes alone.*

nullum magnum ingenium sine mixtura dementiae fuit (Sen. de tranquil. anim. 17.10 ad fin.) *daar was geen groot gees sonder 'n toevoegsel van waansin nie // there was no master-mind without an admixture of insanity.*

nullum scelus rationem habet (Liv. 28.28) *geen misdaad is ooit regverdigbaar nie // no crime can be defended on rational grounds.*

nullus commodum capere potest de iniuria sua (cf. supra s.v. (i) **aequum est** (ii) **commodum ex iniuria** (iii) **ex alterius incommodo** (iv) **locupletior fieri** (v) **nemo debet** (bis) *niemand mag uit sy eie onreg (vergryp) voordeel trek nie // no one may derive advantage from his own wrong.*

nullus est errantis consensus (Cod. 1.18.9) *by 'n party wat in dwaling verkeer is daar geen wilsooreenstemming nie // in the case of a party in error there* (can be) *no agreement.*

nullus est liber tam malus ut non aliqua parte prosit (Plin. Ep. 2.5) *geen boek is so sleg dat dit nie enigsins voordelig (kan) wees nie // no book is so bad as not to be of some use.*

nullus ex consilio, dummodo fraudulentum non fuerit, obligatur (Bonif. VIII reg. lxii; cf. supra s.v. (i) **consilii non fraudulenti** (ii) **nemo ex consilio.**

nullus idoneus testis in re sua intellegitur (Pomp.: Dig. 22.5.10) *niemand word as geskikte getuie in sy eise saak beskou nie // no one is held to be a competent witness in his own case.*

nullus videtur dolo facere qui suo iure utitur (Gaius: Dig. 50.17.55; cf. supra s.v. (i) **nemo damnum** (ii) **non videtur vim**; infra (iii) **qui suo**) *niemand wat hom van sy reg bedien, word geag bedrieglik te handel nie // no one availing himself of his own right is considered to commit a fraud.*

numerantur enim sententiae, non ponderantur (Plin. ep. 2.12.5; cf. infra s.v. **ponderantur**) *stemme* (koppe) *word getel nie geweeg nie // votes* (heads) *are counted not weighed.*

numerata pecunia -ae f. (Dig. 46.3.32) *oorbetaalde geld; uitgetelde geld // money paid over; money that has passed.*

numerus -i m. clausus *beperkte getal // restricted number.*

nummi adulterini *valse munt // counterfeit coin.*

nummi condici possunt (Inst. 2. 8.2) *die muntstukke kan d.m.v. 'n condictio teruggevorder word // the coins may be reclaimed by a condiction.*

numquam aliud natura aliud sapientia dicit (Juv. 14.321) *die natuur en die wysheid praat nooit uit twee monde nie (trek nooit dwars nie) // nature and wisdom are never at cross purposes (never contradict each other).*

numquam crescit ex post facto praeteriti delicti aestimatio (Paul.: Dig.

50.17.138.1) *die erns van 'n afgelope vergryp word nooit deur 'n latere daad (of gebeurtenis) verswaar nie // the heinousness of a past offence is never increased by a later act (or event).*

numquam est fidelis cum potente societas (Phaedr. fab. 1.1) *'n vennootskap met die magtiges is nooit betroubaar nie* (want hulle knou die swakkeres af) // *an alliance with the strong is never safe* (for they bully the weak).

numquam nuda traditio transfert dominium, sed ita, si venditio aut aliqua iusta causa praecesserit, propter quam traditio sequeretur (Paul.: Dig. 41.1.31 pr.) *blote lewering dra nooit die eiendomsreg oor nie, dog slegs dán wanneer 'n koop of die een of ander redelike (geoorloofde) oorsaak voorafgegaan het op grond waarvan die lewering sou kon volg // mere delivery never transfers a right of property, but it does so only when a sale or some lawful (just) cause has preceded justifying a subsequent delivery.*

numquam periclum sine periclo vincitur (Publ. Syr. N. 7) *gevaar word nooit sonder gevaar oorwin nie // danger is never overcome without danger.*

numquam praescribitur in falso *bedrog of vervalsing verjaar nooit* (Skotse regsreël) // there is never a prescription in case of falsehood (or: *forgery*; rule of Scotch law).

numquam scelus scelere vincendum est (Ps. Sen. mor. 139) *die een misdaad mag nooit met 'n ander getroef word nie (kwaad mag nie met kwaad vergeld word nie) // it is wrong to cap one crime with another (evil may not be returned for evil).*

nunc pro tunc *nou vir destyds* (met terugwerkende geldigheid // *now for then* (with retrospective validity).

nunquam est fidelis cum potente societas (Phaedr. Fab. 1.5.1) *'n ooreenkoms met 'n magtige (vennoot) is nooit betroubaar nie // an agreement with a mighty (partner) is never safe.*

nunquam est ille miser cui facile est mori (Sen. Herc. Oet. 111) *hy is nooit ellendig nie vir wie die dood geen verskrikking is nie // that man is never miserable for whom death holds no terror.*

nunquam . . . sapiens irascitur (Cic. Tusc. 3.19) *die wysgeer vererg hom nooit // a philosopher never grows angry.*

nuntius -ii m. *boodskapper // messenger.*

nuptiae sunt coniunctio maris et feminae et consortium omnis vitae, divini et humani iuris communicatio (Modest.: Dig. 23.2.1; cf. Inst. 1.9.1) *die huwelik is die vereniging (verbintenis) van man en vrou en 'n gemeenskap vir lewenslank, 'n deelgenootskap in goddelike en menslike reg // marriage is a union of man and woman, a lifelong association, a participation in divine and human law.*

nuptias non concubitus sed consensus facit (Ulp.: Dig. 35.1.15; 50.17.30) *nie die byslaap nie maar die wilsooreenstemming bring die huwelik tot stand // not cohabitation but the agreement makes the marriage.*

nusquam est qui ubique est (Sen. ep. 2.2) *wie orals is, is nêrens; ongedurigheid verydel homself // the man who is everywhere is never anywhere; ubiquity foils itself, is its own worst enemy.*

nusquam facilius culpa quam in turba latet (Publ. Syr. N. 59 cf. infra **quid quid multis**) *nêrens skuil die skuld geredeliker nie as tussen 'n menigte (aandadiges) // nowhere does guilt hide more readily than among a host (of criminals).*

nymphomania *onversadigbare geslagsdrif* (by vroue) // *insatiable sexual craving* (in women).

O

o praeclarum custodem ovium, ut aiunt, lupum! (Cic. Phil. 3.11.27; cf. supra s.v. **lupo ovem**) *o watter voortreflike beskermer van die skape is die wolf tog, soos die spreekwoord lui! // what an excellent protector of sheep is the wolf, as the saying goes!*

o vita misero longa, felici brevis (Publ. Syr. O. 3) *o lewe lank vir die ongelukkige, kort vir die voorspoedige mens // tedious is life for the miserable, brief for happy men.*

ob favorem mercatorum *ten gunste van die handelaars; ter bevordering van die handel // in favour of the merchants* (trade).

ob maiorem cautelam (vide supra s.v. **maioris cautelae**) *vir die wis en die onwis / / for greater security/to make assurance double sure.*

ob turpem causam (Dig. 12.5) *vanweë 'n onbehoorlike (skandelike) oorsaak // for an immoral consideration.*

obaeratus -i m. *insolvent // insolvent person.*

obicere (vel **opponere**) **exceptionem alci.** *eksepsie opwerp teen // raise an exception against someone.*

obiter dictum *terloopse opmerking* (was nie vir die beslissing van die geskilpunt nodig nie; dit bind latere regters dus nie) // *remark in passing* (unnecessary for the decision of the case; hence not binding in subsequent court cases).

obiurgari in calamitate gravius est quam calamitas (Publ. Syr. O. 4) *in teenspoed is 'n (bykomende) verwyt nog erger as die teenspoed // in (suffering) misfortune a rebuke is more unbearable than the misfortune as such.*

obligatio -onis f. *verbintenis // obligation;* — **alternativa** (cf. supra s.v. **in alternativis**) *alternatiewe verbintenis* (ter keuse van die skuldenaar) // *alternative obligation* (at the option of the debtor); — **civilis** *afdwingbare verbintenis* (afdwingbaar in regte) // *obligation enforceable by action;* — **ex contractu** *verbintenis uit kontrak* (ooreenkoms) // *obligation arising from contract;* — **ex delicto** *verbintenis uit onregmatige daad // obligation founded on delict;* — **facultativa** *fakultatiewe verbintenis* (waar die skuldenaar *anders as ooreengekom kan presteer // facultative obligation* (which the debtor may satisfy by means of a performance other than that due); — **naturalis** *natuurlike verbintenis* (nie in regte afdwingbaar nie) // *natural obligation* (not enforceable by action).

obligatio est filia contractuum *verbintenisse spruit uit kontrakte // obligations issue from contracts, result from contracts.*

obligatio est iuris vinculum, quo necessitate adstringimur alicuius solvendae rei secundum nostrae civitatis iura (Inst. 3.13 pr.) *'n verbintenis is 'n regsband waardeur ons met dwang verplig word om ooreenkomstig die regsvoorskrifte van ons staat iets te presteer // an obligation is a bond* or *tie of law by which we are so constrained that we must of necessity render something in accordance with the laws of our state.*

obligatio semel extincta non reviviscit (cf. supra s.v. **in perpetuum sublata**) *'n verbintenis wat eenmaal tenietgegaan het herleef nooit // an obligation once extinguished never revives.*

obligationum substantia . . . in eo consistit . . . ut alium nobis obstringat ad dandum aliquid, vel faciendum vel praestandum (Paul.: Dig. 44.7.3 pr.) *die aard van verbintenisse bestaan daarin . . . dat dit 'n ander teenoor ons tot 'n gee, 'n doen of 'n prestasie verbind // the nature of obligations . . . consists . . . in that they impose a duty upon another to give, to do or to be responsible for something on our behalf.*

obscuritatem (Labeo scripsit) pacti nocere potius debere venditori . . . qui potuit apertius dicere (Paul.: Dig. 18.1.21; cf infra s.v. (i) **verba contra** (ii) **verba fortius accipiuntur**) *die dubbelsinnigheid van 'n ooreenkoms (het Labeo geskryf) moet eerder tot nadeel van die verkoper strek . . . wat hom duideliker kon uitgedruk het // the ambiguity of an agreement (Labeo wrote) should rather prejudice the vendor . . . who could have expressed himself more clearly.*

obscurum per obscurius i.q. **ignotum per ignotius** (om) *duisterheid met erger duisterheid* (te verklaar) of: *die onbekende met die nog minder bekende* // (explaining) *one obscure thing by another yet obscurer,* or: *an unknown by another even more unknown.*

obsequium amicos veritas odium parit (Ter. Andr. 68) *inskiklikheid besorg jou vriende, uitgesprokenheid haat // complaisance gains friends, outspokenness resentment.*

obstringitur ne in suum factum veniat, anglice 'estoppel' (vide supra s.v. **nemo contra factum suum** et loc. citt.)) *hy word verhinder om teen sy eie handeling in te gaan // he is prevented from going against his own act.*

obtentu (+ **gen.**) *onder voorwendsel van; met die oog op // under the pretence, pretext* or *colour of.*

ob-tingere (3) **-tigi** (i.q. **obvenire**) *ten deel val; iemand toeval // fall to one's lot; befall, occur.*

occasio facit furem *die geleentheid* (of *versoeking*) *maak die dief // opportunity makes the thief.*

occasio legis *aanleiding tot 'n wet // reason for proposing a law.*

occasionem amittere/praetermittere *'n geleentheid verwaarloos // to waste an opportunity.*

oc-cido (3) -cidi -cisum *doodslaan // kill, slay.*

occupantis fiunt derelicta (Inst. 2.1.12–14; cf. Ulp.: Dig. 41.7.1) *weggooi-goed (geabandonneerde goed) word die eiendom van die inbesitnemer* (of: *van wie dit vir hom toe-eien // things abandoned become the property of the* (first) *occupant* (i.e. the first person appropriating them).

occupantis melior solet esse condicio quam ceterorum (Paul.: Dig. 15.1.52 pr.; cf. 42.1.19) *die posisie van die okkupeerder is in die reël sterker as dié van enige ander persoon // the position of the occupier is usually stronger than that of any others; possession is nine points of the law.*

occupare (i) *niemandsgoed vir jou toe-eien; vat* (ii) *betrek; (gaan) bewoon //* (i) *appropriate, seize for oneself* (ownerless property) (ii) *occupy.*

occupatio -onis f. *toe-eiening; inbesitname van niemandsgoed // appropriation of ownerless property.*

oculi sunt in amore duces (Prop. 2.15.12) *in die liefde is die oë ons gidse // in love our eyes are our guides.*

oculis magis habenda fides quam auribus (cf. infra s.v. **qui audiunt**) *die oë verdien vertroue eerder as die ore // rather trust eyesight than hearsay.*

oculus domini saginat equum *die oog van die baas maak die perd vet // the eye of the master fattens the steed.*

oderint dum metuant (Acc. ap. Cic. Off. 1.29.97; Suet. Tib. 59 et. Calig. 30) *laat hulle (my) haat so lank as hulle my maar vrees // let them hate me provided they fear (me).*

oderunt peccare boni virtutis amore (Hor. ep. 1.16.52) *dis uit liefde vir die deug dat goeie mense 'n afkeer van oortredinge het // for love of virtue good men refuse to transgress.*

odia qui nimium timet regnare nescit (Sen. Oed. 703–4 *wie alte seer haatgevoelens vrees kan nie regeer nie // he who fears hatred too much cannot rule.*

odia restringi, et favores convenit ampliari (Bonif. VIII reg. xv) *streng wette moet beperkend* (of *restriktief*) *uitgelê word en begunstigende bepalinge in 'n ruimer sin // strict rules should be construed restrictively and those conferring favours in a more liberal way.*

odiosa sunt restringenda (cf. supra s.v. **favorabiliores**) *streng wette moet beperkend* (of *restriktief*) *uitgelê word // strict laws are to be construed restrictively.*

odium -ii n. (i) *haat* (ii) *haatlikheid; ongewildheid //* (i) *hatred* (ii) *unpopularity.*

offerre (3) obtuli oblatum *aanbied; oorhandig // offer; hand over, deliver;* **se —** (+ **dat.**) *jou inlaat met, bemoei met // concern oneself with;* **se liti obtulit** *hy het hom met die geding bemoei // he concerned himself with the trial.*

officium -ii n. *(diens)plig; amp; taak // duty;* **contra — pietatis** *liefdeloos // undutifully; unobligingly.*

oleum addere camino (Hor. sat. 2.3.321) *olie op die vlamme gooi* (die saak vererger) *// pour oil upon the fire* (aggravate the evil).

omissio -onis f. *versuim, nalating; nie-doen // omission;* commissio per —nem *'n vergryp d.m.v. versuim (nie-doen) begaan // an offence consisting in failure to act.*

omittendo: culpa quae in — consistit *nalatigheid wat in versuim (nie-doen) bestaan // neglect consisting in omission.*

omne ignotum pro magnifico est (Tac. Agr. 30.4) *al wat onbekend is word geïdealiseer, geld as iets groots // everything that is unknown passes for (is supposed to be) magnificent.*

omne ius aut consensus fecit aut necessitas constituit aut firmavit consuetudo (Modest.: Dig. 1.3.40) *alle reg is òf deur wilsooreenstemming ingestel, òf deur noodsaak tot stand gebring òf deur gewoonte bevestig // all law has been either made by consent, or established by necessity or confirmed by custom.*

omne maius continet in se minus (cf. supra s.v. (i) **in eo quod** (ii) **maiori minus**) *die meerdere sluit altyd die mindere in // the greater always includes the lesser.*

omne malum nascens facile opprimitur (Cic. Phil. 5.11.31) *iedere euwel kan by geboorte maklik gesmoor word // every evil is easily crushed at birth.*

omne quod inaedificatur solo cedit (Gaius.: Dig. 41.1.7.10; Inst. 2.1.29 & 30) *alles wat op die grond gebou word behoort tot die grond // everything which is built upon the soil belongs to the soil.*

omnes ad unum *almal tot die (laaste) een // all to a man.*

omnes exceptiones quae reo competunt, fideiussori quoque etiam reo invito competunt (Marcianus: Dig. 44.1.19; cf. Dig. 2.14.27.1) *alle eksepsies wat die verweerder toekom, kom die borg ook toe, selfs teen die sin van die verweerder // all exceptions which are due to the defendant are due to the surety also, even against the will of the defendant.*

omnes fructus rerum natura hominum gratia comparavit (Inst. 2.1.37) *die natuur het terwille van die mens alle vrugte verskaf // nature has provided all fruits for the benefit of men.*

omnes homines aut liberi sunt aut servi (Gai. 1.9) *alle mense is òf vryes òf slawe // all men are either free or slaves.*

omnes servitutes praediorum perpetuas causas habere debent (Paul.: Dig. 8.2.28) *alle landelike serwitute moet voortdurende oorsake hê // all servitudes attaching to real property must be based on perpetual causes.*

omni autem in re consensio omnium gentium lex naturae putanda est (Cic. Tusc. disp 1.13.30) *die eenstemmige oordeel van alle nasies oor enige onderwerp moet as 'n natuurwet beskou word // the unanimous agreement of all the nations upon any subject may pass for a law of nature.*

omni iure *met alle reg // with every right.*

omni vitio carere *om sonder gebreke te wees // to be free from faults.*

omnia mors aequat (Claudinaus de raptu Pros. 2.302) *die dood nivelleer alles // death makes all things equal.*

omnia orta óccidunt, et aucta senescunt (Sall. Jug. 2) *alles wat opkom gaan onder, en wat groei begin kwyn // everything that rises sets, and everything that grows grows old.*

omnia praesumuntur contra spoliatorem *alle vermoedens geld teen die besitsonttrekker* (of: *spoliator*) *// all things are presumed against the despoiler.*

omnia praesumuntur rite esse acta donec probetur in contrarium (i.q. supra s.v. **in antiquis omnia**) *alle* (amptelike) *handelinge word geag reëlmatig (korrek) te wees totdat die teendeel bewys word* (bekend as 'die vermoede van reëlmatigheid') // *all* (official) *acts are presumed to have been lawfully done* (or: *duly performed*) *until proof to the contrary be adduced* (known as 'the presumption of regularity').

omnia quae iure contrahuntur contrario iure pereunt (Gaius: Dig. 50.17.100; cf. supra s.v. **fere quibuscumque** et locos ibi citt.) *alle ooreenkomste wat kragtens een wet aangegaan word, gaan kragtens 'n teenoorgestelde wet tot niet // any obligations contracted under one law are annulled by a contrary law.*

omnia turbare ac miscere (cf. Cic. Q. fr. 3.9.3) *algehele chaos teweegbring // to cause universal disorder.*

omnibus iura poscentibus faciles aditus pandite (imp. Constantinus) *stel maklike toegange oop vir almal wat op hulle regte aandring // throw open ready approaches to all who claim their rights.*

omnibus iuris error in damnis amittendae rei suae non nocet (Papin.: Dig. 22.6.8) *wanneer dit om die verlies van sy eiendom* (of *saak*) *gaan, veroorsaak 'n regsdwaling vir niemand skade nie // a mistake in law does not prejudice any person when it concerns the loss of his property.*

omnis ars naturae imitatio est (Sen. ep. mor. 65.3) *alle kuns is 'n nabootsing van die natuur // all art is but imitation of nature.*

omnis consensus tollit errorem *alle wilsooreenstemming hef dwaling op // all consensus removes* (puts an end to) *error.*

omnis definitio in lege periculosa est (Javol.: Dig. 50.17.202) *in die reg is alle omskrywing gevaarlik // all definition in law is hazardous.*

omnis exceptio est ipsa quoque regula *iedere uitsondering is self ook 'n reël // every exception itself also constitutes a rule.*

omnis interpretatio vel declarat, vel extendit, vel restringit *iedere vertolking verklaar of brei uit of beperk // every interpretation either declares, extends or limits.*

omnis ratihabitio retrotrahitur et mandato priori aequiparatur (1913 AD 401; cf. (i) Cod. 8.42 (43).12 (ii) Bonif. VIII reg. x (iii) infra s.v. **ratihabitio mandato**) *iedere bekragtiging het 'n terugwerkende gevolg en staan aan 'n voorafgaande opdrag (lasgewing) gelyk // every ratification has a retrospective effect and is the equivalent of a prior mandate.*

omnis regula suas patitur exceptiones *iedere reël is aan sy eie uitsonderinge onderhewig // every rule is liable to its own exceptions.*

omnium consensu *met aller instemming // with the concurrence (consent) of all.*

onerosus -a -um (vide infra s.v. **titulus**) *beswarend, nadelig // onerous.*

onus oneris n. *las // burden;* — **probandi** i.q. — **probationis** (Dig. 22.3.25.3) *bewyslas, onus // burden of proof;* — **reale** *saaklike las; beperking op eiendomsreg // real burden; restriction on right of property.*

ope consilio (v. d. Keess. MS p. 550 vol. iii p. 280) *met raad en daad // by word and deed; by aid and counsel.*

operae pretium est (Plin. ep. 8.6.2) *dit is die moeite werd // it is worthwhile.*

opibus maxime florere (anon.) *skatryk wees // to be very rich.*

opinio -onis f. communis (vide supra s.v. **communis**).

op-ponere (3) -posui -positum exceptionem (i.q. **obicere exceptionem** supra).

oppositorum opposita est ratio (v. d. Keess. MS p. 909 par. 7 vol. iii p. 366) *die posisie van teenoorgesteldes is* (ook) *teenoorgesteld // the position of opposites is* (likewise) *opposite.*

opprobrium -ii n. *smaad, hoon, bespotting // ignominy; infamy.*

opprimit leges timor (Sen. Herc. Fur. 253; vide supra s.v. **ius est in armis**) *vrees onderdruk die wette // fear suppresses the laws.*

optima est legum interpres consuetudo (Paul.: Dig. 1.3.37 et 38) *die gewoonte is die allerbeste vertolker van regsreëls // custom is the best interpreter of the law.*

optime positum est beneficium cuius meminit qui accipit (Publ. Syr. O. 9; cf. infra **qui beneficium dedit**) *'n goeie belegging is 'n guns wat deur die ontvanger onthou word // a sound investiment is a favour remembered by its recipient.*

optimo iure *volkome tereg // quite rightly.*

optimus interpres rerum usus *die gebruik is beste vertolker van dinge // use* (or *usage*) *is the best interpreter of things.*

oram legere (Liv. 21.51) *dig by die kus vaar // to hug the shore.*

orare causam *'n saak bepleit, in die hof uiteensit // plead, argue a case.*

oratio pro domo (sua) *pleidooi vir sy eie belange // plea in one's own interest.*

ordinis beneficium (vide supra s.v. **beneficium**).

ore favete omnes (Verg. Aen. 5.71) *bewaar almal die swye // be silent all.*

osculum -i n. *soen* (s. nw.) *a kiss,* **oscula iacere** (Tac. hist. 1.36 ad f.) *soene gooi // blow kisses.*

otium cum dignitate (Cic. de orat. 1.1.1) *vrye tyd met waardigheid gepaard //* (enjoy) *a dignified repose.*

otium sine litteris mors est/et vivi hominis sepultura (Sen. ep. 82.3) *rus sonder studie is (soos) die dood en die begrafnis van 'n lewende // leisure without study is like death and the funeral of a living person.*

ovem lupo committere (cf. supra **o praeclarum**) *van wolf skaapwagter maak // set the fox to keep the geese.*

ovum ovo similius non est (cf. supra. s.v. **neque lac lacti)** *so eenders as twee druppels water* (letterlik *eiers*) *// as like as two peas.*

P

p.p. (= **per procurationem**) *namens; met die magtiging van; p.p. (per prokurasie) // by proxy; with the authorization of.*

pace tanti nominis (vel **viri**) *met die verskuldigde eerbied vir so 'n groot naam* (of *man*) *// with due respect for so great a name* (or *man*).

pace tua *met u vergunning // by your leave; saving your presence.*

pace Zoesii *met die verskuldigde eerbied aan Zoesius* (verskil ek hier met hom) *// with all due respect to Zoesius* (I beg to differ here).

paciscor (3) pactus sum *'n ooreenkoms* (pactum) *sluit // make a bargain, contract* or *agreement.*

pacta adiecta *toegevoegde bedinge; bykomende ooreenkomste* (by kontrakte) *// pacts or terms added* (to contracts).

pacta claudicantia *hinkende kontrakte // limping contracts.*

pacta conventa . . . omnimodo observanda sunt (Cod. 2.3.29.1) (geldige) *ooreenkomste behoort allesins nagekom te word //* (valid) *agreements are in all respects to be observed.*

pacta dotalia *huweliksvoorwaardes // antenuptial contract* (A.N.C.).

pacta privata iuri publico derogare non possunt *private ooreenkomste kan niks aan die openbare reg* (landsreg) *afdoen nie // private compacts cannot derogate from positive* (or: municipal) *law.*

pacta quae contra leges constitutionesque vel contra bonos mores fi-

unt, nullam vim habere indubitati iuris est (Cod. 2.3.6; cf. supra s.v. **contra iuris civilis**) *dis 'n beginsel* van *ontwyfelbare reg dat ooreenkomste wat strydig met die wette of keiserlike bepalinge of met die goeie sedes gesluit word geen regsgeldigheid besit nie // it is a principle of self-evident* (indubitable) *law that compacts made in contravention of the laws or imperial constitutions or against good morals are of no force and effect.*

pacta quae turpem causam continent, non sunt observanda (Paul.: Dig. 2.14.27.4; cf. Inst. 3.20.24) *ooreenkomste wat 'n skandelike oorsaak inhou, hoef nie nagekom te word nie // agreements founded upon an immoral consideration are not to be observed.*

pacta servanda sunt (cf. supra s.v. **pacta conventa;** etiam Cod. 2.3.7; 4.54.8) *ooreenkomste moet nagekom word; "belofte maak skuld" // agreements are to be observed.*

pacti conventionisque fides servanda est (Cod. 2.3.7; et cf. 4.54.1; 4.65.19) *die erewoord by 'n ooreenkoms en toesegging moet nagekom word // a contract and agreement should be religiously kept.*

pactis privatorum iuri publico non derogatur (vide supra s.v. **pacta privata**).

pactum est duorum consensus atque conventio (Ulp.: Dig. 50.12.3 pr.; cf. Dig. 2.14.1.2) *'n ooreenkoms is die wilsooreenstemming en afspraak van twee partye // an agreement constitutes the unanimity and compact of two people.*

pactum -i n. *ooreenkoms; beding // agreement, pact, convention, compact;* — **adiectum** *bybeding; bykomende ooreenkoms; toegevoegde beding // additional agreement;* — **antenuptiale** *huweliksvoorwaardes // antenuptial contract;* — **antichreseos** (vel **antichreticum**) *ooreenkoms van pandgenot* (dat die pandhouer die pand mag gebruik) *// agreement granting right of user to holder of pledge;* — **commissorium** (i.q. **lex commissoria** supra; q.v.); — **de compromittendo** *arbitrasiebeding // agreement to submit any eventual disputes to arbitration;* — **de contrahendo** *ooreenkoms om te kontrakteer // agreement to conclude a contract;* — **de emendo** *ooreenkoms om te koop // agreement to buy;* — **de evictione non praestanda** *vrywaring van die verkoper teen skade deur uitwinning van die koper // indemnity of the seller from damage* (loss) *occasioned by the eviction of the buyer;* — **de hereditate tertii** *ooreenkoms oor 'n nalatenskap van 'n derde wat nog nie oopgeval het nie // agreement concerning the estate of a third party that has not yet devolved;* — **de non cedendo** *ooreenkoms om nie te sedeer nie* (om die vordering nie oor te dra nie) *// agreement not to cede* (the claim); — **de non compensando** *ooreenkoms dat daar geen skuldvergelyking sal plaasvind nie // agreement that there shall be no set-off;* — **de non petendo** *ooreenkoms om nie op te eis nie; afstand van vorderingsreg // agreement not to sue* (that the creditor will not enforce his claim); — **de quota litis** *ooreenkoms oor 'n aandeel in die opbrengs van 'n geding vir iemand wat nie die eiser in die saak is nie // agreement that part of the proceeds of a successful claim in a suit shall be paid to a person other than the plaintiff; champerty;* — **de retroemendo** *beding om terug te koop // agreement to buy back;* — **de retrovendendo** *beding van terugkoop* of *-verkoop // compact, agreement of repurchase* or *resale;* — **de vendendo** *opsie om te koop // option to buy;* — **displicentiae** *beding van terugtrede // cancellation clause* (or *agreement*); — **donationis** *ooreenkoms om te skenk // agreement to donate* (make a gift); — **in favorem tertii** *beding ten behoewe van 'n derde // agreement (compact) on behalf of a third party;* — **in rem conceptum** *saaklike ooreenkoms // real agreement;* — **nudum** *blote (vormlose, onafdwingbare) ooreenkoms // bare pact; naked agreement* (hence not enforceable); — **reservati dominii** *ooreenkoms van voorbehoud van eiendom* (deur die verkoper) *// agreement that the right of property be reserved* (by the seller); — **successorium** *opvolgingsbeding; ooreenkoms oor erfopvolging // agreement concerning the devolution of an estate; succession pact;* — **tacitum** *stilswyende ooreenkoms // tacit agreement;* — **vestitum** *met aksie beklede ooreenkoms // actionable pact; pact enforceable by an action.*

paenitentia -ae f. *berou; heroorweging; terugtreding // repentance; reconsideration; cancellation;* **locus paenitentiae** (Inst. 3.23 pr. sub f.) *reg van terugtrede // right of withdrawal.*

palam est vetustius esse naturale ius (quam ius civile) (Inst. 2.1.11) *dit is duidelik dat die natuurreg ouer is* (as die burgerlike reg) *// obviously natural law is older* (than civil).

par condicio creditorum *gelyke regstoestand van alle skuldeisers // the equal legal position of all the creditors.*

par est hosti (cf. Liv. 28.44) *hy is teen die vyand opgewasse // he is a match for the enemy.*

parapherna (n. pl.; Dig. 23.3.9.3; Cod. 5.14.8) *die vermoë van die getroude vrou* (buite haar bruidskat) // *property of the married woman* (other than her dowry).

paratae lacrimae insidias, non luctum, indicant (Publ. Syr. P 39) *geveinsde trane dui op bedrog, nie op hartseer nie // affected tears reveal deceit not sorrow.*

pares autem, vetere proverbio, cum paribus facillime congregantur (Cic. de sen. 3.7; cf. infra s.v. **similis simili**) *soos die oú spreekwoord lui: soort soek soort // as the old saying has it: birds of a feather flock together; like readily consorts with like.*

pari passu (1) *gelyktydig en in gelyke mate* (2) *op gelyke voet, sonder voortrekkery* (veral by die eise van konkurrente skuldeisers by insolvensie) // (1) *simultaneously and in equal measure* (2) *equably; without preference or favouritism* (particularly in the case of concurrent creditors of an insolvent estate).

paria delicta mutua pensatione dissolvuntur (Papin.: Dig. 24.3.39) *onregte van gelyke erns wis mekaar oor een weer uit* (vgl. skuldvergelyking) // *delicts of a like degree of gravity cancel each other* (cf. set-off).

paria sunt scire et scire debere (Brunnemann ad Dig. 18.1.5) *dit kom op dieselfde neer of 'n mens weet of behoort te weet // it amounts to the same thing whether one knows or ought to know.*

paribus sententiis reus absolvitur *by 'n staking van stemme word die beskuldigde vrygespreek // where the court is equally divided the accused is acquitted.*

paritas -tatis f. creditorum *gelykheid van skuldeisers // parity of creditors.*

parium iudicium *die oordeel van* (sy) *gelykes; jurieverhoor // judgment of* (his) *peers; trial by jury.*

paroemia -ae f. *regspreuk; adagium // legal maxim; rule of conduct.*

parricida -ae c. *moordenaar van naasbestaandes* (bloedverwante) // *murderer of blood-relations.*

parricidium -ii n. *moord op bloedverwante // murder of blood-relations.*

pars benefici est, quod petitur si belle neges (Publ. Syr. P. 20) *dis reeds deel van 'n skenking as jy die versoek vriendelik weier // it is part of a gift if you politely decline* (to grant) *a favour.*

pars viscerum matris (i.e. **nasciturus**) *deel van die moederlyf* ('n nog ongebore kind) // *part of the entrails of the mother* (an unborn child).

parsimonia est scientia vitandi sumptus supervacuos (Sen. de ben. 2.34.4) *spaarsaamheid is die kuns om oortollige uitgawes te vermy // frugality is the skill to eschew superfluous expenses.*

parte inaudita (cf. supra s.v. **audi alteram**) *terwyl* (die een) *party onverhoord is* (by 'n **ex parte** verhoor) // *one party being unheard* (**ex parte** action being taken).

parte non comparente *daar die party nie verskyn nie* (d.w.s. by verstek is) // *the party not having appeared* (i.e. defaulting or being in default).

particeps criminis *deelnemer aan 'n misdryf; mededader // participant in a crime; accomplice.*

parturiunt montes, nascetur ridiculus mus (Horat. Ars Poetica 139) *die berge is swanger* (maar) *'n belaglike muisie sal die lig sien // the mountains are in labour* (but) *a ridiculous mouse will be born.*

partus antequam edatur mulieris portio est vel viscerum (Ulp.: Dig. 25.4.1.1) *voordat die kind gebore word is dit deel van die vrou of die moederlyf // before the child's birth it is part of the woman or of her flesh.*

partus nondum editus homo non recte fuisse dicitur (Papin.: Dig. 35.2.9.1) *van die ongebore kind van 'n slavin kan daar nie met juistheid gesê word dat dit 'n slaaf was nie* // (a slavewoman's) *child that has not yet been delivered cannot properly be said to have been a slave.*

partus perfectus (Dig. 1.5.12) *voldrae kind // child (born) at full term.*

partus sequitur ventrem *die kleintjie* (van diere of slavinne) *volg die moeder* (en word eiendom van haar eienaar) // *the offspring follows the mother* (slave or animal, and becomes the property of her owner).

parum est ius nosse, si personae, quarum causa statutum est ignorentur (Inst. 1.2.12) *dit is onvoldoende om die reg te ken as 'n mens die persone nie ken ten behoewe van wie dit ingestel is nie // it is pointless to know the law if those for whom it was established are unknown.*

parva leves capiunt animos (Ov. A. A. 1. 159) *nietighede boei ligsinnige geeste // trifles captivate flippant spirits.*

parva saepe scintilla contempta magnum excitavit incendium (Q. Curtius 6.3.11, 31) *'n nietige (en) veragte vonkie* *het al dikwels 'n brand in ligtelaaie laat ontvlam // an insignificant (and) disdained spark has frequently set alight a conflagration.*

passim *versprei, op verskeie plekke in die boek // in various passages in the book.*

pater est quem nuptiae demonstrant (Paul.: Dig. 2.4.5) *vader is hy wat deur die huwelik aangewys word // father is he whom the marriage points out.*

pater patriae *vader van die vaderland* (eretitel in 2 v.C. aan Augustus geskenk en na hom deur die meeste keisers gedra) // *father of his country* (title of honour conferred upon Augustus in 2 B.C. and on most emperors after him).

patere quam ipse tulisti legem (anon.) *verduur die wet wat jy self gemaak het // suffer the law you have passed yourself.*

paterfamilias patrisfamilias m. *huisvader; gesinshoof // father (head) of the family;* **bonus (diligens) —** *oppassende, goeie* (of *vroede*) *huisvader; sorgsame, redelike man // reasonable man, prudent, careful, diligent, circumspect head of a family.*

paterna paternis, materna maternis (v. d. Keess. MS p. 1320; vol. iv p. 446) *'vadersgoed na vaderskant en moedersgoed na moederskant':* (waar iemand kinderloos sterf) vererf die erfdeel wat hy van sy vader se kant (by dié se afsterwe) geërf het, na die verwante van sy vader se kant; en omgekeerd in die geval van die moedersgoed waar die moeder voor die erflater oorlede is // *'paternal property devolves on the paternal side, maternal on the maternal side'* (in the event of someone dying and leaving no children) the estate which devolved on him from his father's side (when the latter died) will now devolve on the relations on his father's side, and vice versa regarding an inheritance devolving from his mother's side, where she has predeceased the **de cuius** (devisor)).

patientia animi occultas divitias habet (Publ. Syr. P. 7) *geduld is 'n verborge skat van die siel // patience is a hidden treasure of the soul.*

patria carere *in ballingskap verkeer // be in exile.*

patria mea totus hic mundus est (Sen. ep. 28.4) *hierdie hele aarde is my vaderland // this whole earth is my native land.*

patria potestas -tatis f. *vaderlike (ouerlike) mag // paternal power, parental authority.*

patrimonium -ii n. *vermoë* (lett. vaderlike erfgoed) // *estate* (of the deceased); *property; patrimony.*

patruus -i m. *oom* (aan vaderskant) // *uncle* (a father's brother).

paucis verbis *kortweg // in brief.*

paucorum dominatio/potentia *oligargie // oligarchy.*

pauperies -iei f. *skade deur iemand se huisdier* **contra naturam** *'n ander aangedoen // damage or injury caused* **contra naturam** *to someone by the domestic animal of another.*

pax potior bello (anon.) *vrede is verkieslik bo oorlog // peace is preferable to war.*

pax vel iniusta utilior est quam iustissimum bellum (Cic.) *selfs 'n strawwe vrede is aanneemliker as die regverdigste oorlog // peace even on hard terms is preferable to the justest war.*

peccatum est patriam prodere (Cic. de fin. 3.9.32) *dis sondig om jou vaderland te verraai // it is sinful to betray one's country.*

peccatum extenuat qui celeriter corrigit (Publ. Syr. P. 40) *wie 'n vergryp haastig herstel versag dit // he who quickly amends an error mitigates it.*

pécora (n. pl.; Marcianus: Dig. 32.65.4) *vee; beeste; viervoeters wat in kuddes wei // cattle; beasts; quadrupeds that feed/graze in flocks.*

peculatus -us m. *verduistering van staatsgeld // embezzlment of public money.*

peculium -ii n. *die privaateiendom wat 'n slaaf, vrou of seun toegelaat is om te vergader // the private property a slave, wife or son were allowed to collect for themselves;* — castrense *die* peculium *wat 'n seun in die oorlog of in sy verband met die kamp vergader het // the* peculium *a son was allowed to gather in war or in his connection with the camp;* — profecticium (cf. Inst. 2.9.1) *wat van die vader se eiendom kom // property derived from the father;* — adventicium *eiendom uit enige ander bron // property derived from any other source.*

pecunia -ae f. (aanvanklik *vee*; later) *geld* // (originally *cattle;* subsequently) *money;* — **non numerata** *onbetaalde geld // money not paid;* — **numerata** *oorbetaalde* (uitgetelde) *geld; klinkende munt // money* (due and) *paid.*

pecuniae belli nervi (Tac. hist. 2.84.3) *geld (is) die lewensbloed van die oorlog // money the sinews of war.*

pecunia iacet otiosa *die geld lê renteloos* (Cf. Plin. ep. 10.62.1) // *the money lies idle.*

pecunia praesens *kontant geld // cash.*

pecunia non olet (Vespasianus imp.; cf. Suet. vita Vesp. c. 23.3) *geld ruik nie sleg nie // money does not smell.*

pedetemptim (lett. voetjie vir voetjie (Cic. ad fam. 9.14.7)) *geleidelik* // (lit. step by step)/*gradually*.

peior est bello timor ipse belli (Sen. Thyes. 572) *erger as oorlog is die blote vrees vir oorlog // the very fear of war is more harmful than the reality of it.*

penates -ium m. (Ovid. Met. 3.539 et passim) *Rom. huisgode // household gods of the Rom. family.*

pendente *hangende // hanging;* — **condicione** *hangende die voorwaarde // pending the condition;* — **lite** *hangende die geding // pending the suit.*

penetralia (n. pl.) **mentis** (Tac. orat. 12) *skuilhoeke van die hart // inmost recesses of the heart.*

penitus nihil (Inst. 2.23.7) *totaal niks // nothing at all.*

per abusionem (i.q. minus proprie; Dig. 46.1.16.4) *nie in die letterlike, strenge sin nie // not in the strict, literal sense.*

per aequipollens *gelykwaardige vervulling* (in teenstelling met spesifieke nakoming) // *equivalent* (as contrasted with specific) *performance.*

per aes et libram *(met koper en 'n skaal* (o.a. by die verkoop van **res máncipi**) *// with copper and scales* (e.g. in the sale of **res máncipi**).

per ambages *onregstreeks // in a round-about way.*

per analogiam *na analogie; dienooreenkomstig // by way of analogy.*

per annum *per jaar // per year.*

per aspera ad astra (anon.) *deur moeilikhede tot roem // through trials to glory.*

per aversionem *by die hoop; by die grootmaat; massa-* (daar die koper sy rug keer en nie noukeurig ondersoek nie) // (buying) *in bulk* (the buyer turning away without carefully examining the goods); **emptio** — *koop by die hoop; koop van 'n massa // purchase in bulk.*

per capita *per hoof // per head.*

per consequens *gevolglik; dientengevolge // consequently.*

per diem *per dag // per day.*

per errorem et incuriam (Cod. 8.4.5) *deur dwaling en deur vergissing* (of: *van onoplettendheid, ongeërgdheid*) // *in error and through inadvertence* (or: *an oversight*).

per incuriam *by vergissing; per abuis; van ongeërgdheid // through inadvertence; through an oversight.*

per infortunium *per ongeluk // by misadventure (mischance).*

per omnia (Dig. 40.5.42) *in elke opsig // in every respect.*

per rerum naturam factum negantis probatio nulla (est) (Cod. 4.19.23; cf. supra s.v. (i) **actore non probante**; (ii) **actori incumbit**) *dis uit die aard van sake so dat die ontkenning van 'n feit geen bewys is nie // in accordance with the nature of things the (mere) denial of a fact constitutes no proof.*

per rescriptum principis *by keiserlike reskrip // by an ordinance/rescript of the prince.*

per se *op sigself; sonder meer // by himself (itself); on its own.*

per sortem *deur loting // by drawing lots.*

per stirpes (in die erfreg) *staaksgewys; by plaasvervulling // by stocks; by representation* (in the law of succession).

per subsequens matrimonium *deur daaropvolgende huwelik(sluiting) // by subsequent marriage.*

per vim legis *kragtens 'n wet // by force of a law.*

perduellio -onis f. (Inst. 3.1.5) *hoogverraad // high treason.*

pereant qui ante nos nostra dixerunt (Donatus) *verwens mag hulle weers wat ons gedagtes voor ons uitgedruk het! // plague take those who have said our smart sayings before we uttered them* (H. P. Jones p. 92).

peregrinus -i m. *vreemdeling; gedingvoerder van buite die regsgebied // foreigner; litigant not residing within the jurisdiction of the court.*

perfecta emptione periculum ad emptorem respiciet (Paul.: Dig. 18.6.8 pr.) *na voltooiing van die koop sal die risiko die koper tref // upon completion of the sale the risk shall lie with the purchaser (the purchaser shall bear the risk).*

pericula timidus etiam quae non sunt videt (Publ. Syr. P. 3) *'n bangbroek sien selfs denkbeeldige gevare // a coward spots even imaginary dangers.*

periculis (abl.) **perfungi** *risiko's te bowe kom // te surmount dangers.*

periculum -i n. *risiko // peril; hazard; risk;* — **praestare** *risiko dra // bear the risk.*

periculum rei venditae nondum traditae est emptoris (cf. Dig. 18.6.7 pr.) *die risiko van die verkoopte maar nog nie gelewerde saak berus by die koper // the risk of a thing sold but not yet delivered is the purchaser's.*

periculum rei venditae statim ad emptorem pertinet (Inst. 3.23.3) *die risiko van die verkoopte saak behoort onmiddellik by die koper // the risk of property sold is immediately borne by the purchaser.*

perire (pereo) perii peritum *te gronde* (of *verlore) gaan;* (regte) *te niet gaan // perish; be lost* (e.g. rights).

peritia -ae f. *bedrewenheid; kundigheid // practical knowledge; skill; experience.*

peritus -i m. iuris *regsgeleerde; juris // lawyer; jurist.*

periurium -ii n. *meineed // perjury;* **periuria ridet amantum/Iuppiter** (Tibull. 3.6.49/50) *Jupiter skater oor die leuens van verliefdes // Jupiter chuckles at lovers' lies.*

permutatio -onis f. (Dig. 19.4) *ruil (handel) // barter; exchange.*

perperam (adv.) *ten onregte; vergeefs; by vergissing // wrongly, incorrectly, falsely; by mistake.*

perpetuatio -onis f. obligationis *voortduring van 'n verbintenis // perpetuation of an obligation.*

perpetuo vincit qui utitur clementia (Publ. Syr. P. 51) *wie sagsinnigheid beoefen is steeds die oorwinnaar // he who relies on forbearace/moderation is always victorious.*

perquam durum est, sed ita lex scripta est (Ulp. Dig. 40.9.12.1) *dis besonder haglik* (of *drukkend*), *maar so staan die wet* (nou eenmaal) *opgeteken // it is extremely* (or *exceedingly*) *hard, but thus the law has been recorded.*

persona -ae f. *persoon // person;* — **ficta** *gefingeerde persoon; regspersoon // artificial (legal* or *juristic) person;* — **grata** *gewenste persoon // desirable person;* — **non grata** *ongewenste persoon // undesirable person;* — **standi in iudicio** *bevoegdheid om selfstandig in regte op te tree // capacity to sue* (or *to be party in an action*).

persuadeo (2) **-suasi -suasum** (ut. ne) *iemand ompraat om // prevail upon/persuade someone to.*

pes: tum — cum pede collatus est (Liv. 28.2) *toe het hulle handgemeen geraak // then a hand-to-hand struggle ensued.*

pessima respublica, plurimae leges (vide supra s.v. **corruptissima repub.**) *die slegste regering het die meeste wette // the worst government has most laws.*

pessimum inimicorum genus, laudantes (Tac. Agr. 41) *die verderflikste vryande van die mens, vleiers // 'man's worst enemies, flatterers'; sycophants.*

petitio -onis f. *eis; regsvordering // claim* (before the court); — **principii** *aanname van wat bewys moet word // begging the question* (assumption that the proof has been established of what has yet to be proved).

petitori possessionis, non ei qui possidet, onus probandi incumbit (cf. supra s.v. (i) **actori incumbit**; infra s.v. (ii) **potior . . . possidentis**; (iii) Cod. 4.19.20) *nie op die besitter nie maar op die aanspraakmaker op besit (= eiser) rus die bewyslas // the onus of proof rests upon the claimant of possession (= plaintiff) not upon the possessor.*

pia fraus fraudis f. *vroom bedrog* (beoog die bevoordeling van hom wat mislei word) // *pious fraud* or *deceit; subterfuge considered morally justifiable* (as intended to benefit the person deceived).

pignoris causa est indivisa (cf. Papin.: Dig. 21.2.65) *'n pand is na sy aard ondeelbaar // the nature of a pledge is indivisible.*

pignus pignoris n. (1) *pand; pandobjek* (2) *pandkontrak //* (1) *pledge* (delivered to creditor) (2) *contract of pledge;* — **in re sua** *pandreg op sy eie saak // right of pledge in his own thing;* — **iudiciale** vel **praetorium** *geregtelike pand // judicial (praetorian) pledge;* — **legale** *stilswyende hipoteek; verband kragtens regswerking // legal mortgage; hypothec arising by operation of law; tacit hypothec;* — **praetorium** (vide — **iudiciale** supra).

pius -a -um *fatsoenlik; genadig; liefhebbend; pligsgetrou; vroom; lojaal; patrioties // affectionate; benevolent; conscientious; dutiful; kind; loyal; patriotic; pious.*

placuit in omnibus rebus praecipuam esse iustitiae aequitatisque quam stricti iuris rationem (Cod. 3.1.8; an. 314; cf. supra s.v. **in omnibus quidem**) *daar is bepaal* (of: *dis die heersende leer*) *dat in alle dinge die beginsels van reg en billikheid eerder as die strenge regsreëls nakoming verdien // it has been decided that in all things the principles of justice and equity should prevail rather than the strict rules of law.*

plagiarius -ii m. (Dig. 48.15; Mart. 1.53) *mensdief; skaker // manstealer; kidnapper.*

plagium -ii n. *menseroof; skaking // manstealing; kidnapping.*

pleno iure *met volle regskrag // with full legal force.*

pleno titulo *met volle titel (regsgrond) // with full legal title.*

plures eandem rem in solidum possidere non possunt (i.q. supra s.v. **duo non possunt**).

plurimum interest v. supra s.v. **interest: plurimum.**

pluris est oculatus testis unus quam auriti decem (Pl. Truc. 488) *een ooggetuie is meer werd as tien hoorsêgetuies // one eye-*

witness carries more weight than ten by hearsay.

plus actum quam scriptum valet (cf. Dig. 18.1.6.1, et infra s.v. **plus valet quod agitur**) *wat gedoen is tel meer as wat geskryf is // what was done has more significance than what was written.*

plus cautionis in re est quam in persona (Pomp.: Dig. 50.17.25) *saaklike is sterker as persoonlike sekerheid // real is better than personal security.*

plus est in opinione quam in veritate (Ulp.: Dig. 29.2.15; at vide adagium proximum); (hier) *dra die mening meer gewig as die werklikheid* // (in this instance) *more weight is attached to opinion than to the truth.*

plus est statim aliquid dare, minus est post tempus dare (Inst. 3.20.5 ad f.) *dit is "meer" om dadelik te gee (en) dit is "minder" om (eers) na 'n (sekere) tyd te gee // it is "more" to give something at once, "less" to give after some lapse of time.*

plus in re est quam in existimatione (Julian.: Dig. 40.2.4.1) *daar steek meer in die feit as in die opvatting van die gees // there is more in the fact itself than in opinion.*

plus petitio -onis f. (sic. apud Gai. 4.53a; cf. etiam plur. **'de plus petitionibus'** (Cod. 3.10 in titulo)) *oorvordering; 'n te hoë eis; vordering van meer as wat verskuldig is* // (there is an) *overclaim; excessive claim; claim for more than is due.*

plus potest negare asinus quam probare philosophus *'n esel kan meer ontken as 'n wysgeer kan bewys // an ass can deny more than a philosopher can prove.*

plus sonat quam valet (Sen. ep. 40.5) *meer lawaai as wol // it has more sound than value.*

plus valet quod agitur quam quod simulate concipitur (cf. (i) supra s.v. **in conventionibus;** (ii) Cod. 4.22.2; 4.29.17; (iii) v. d. Keess. MS p. 1225 vol. iv p. 310) *die werklik beoogde doel weeg swaarder (is van meer betekenis) as die gehuigelde formulering* (of *inkleding) // the real intention carries more weight than a fraudulent formulation* (or *pretence*).

plus valet quod in veritate est quam quod in opinione (Inst. 1.20.11; cf. supra s.v. **plus in re est**) *daar steek meer krag in die waarheid as in blote mening // truth (fact) is of more avail than opinion.*

poena -ae f. (1) *straf* (2) *boete; boetebeding; dwangsom* // (1) *punishment* (2) *penalty* or *penalty clause;* **afficere alqm.** (Cic. de off. 2.5.18) *iem. straf // punish s.o.*

poena ex delicto defuncti heres teneri non debet (Pomp.: Dig. 50.17.38) *die erfgenaam moet nie aan die straf vir die onregmatige daad van die oorledene onderhewig wees nie // the heir should not be held liable for the penalty in consequence of the delict (injury) committed by the deceased.*

poena non irrogatur, nisi quae quaque lege vel alio iure specialiter huic delicto imposita est (Ulp.: Dig. 50.16.131.1) *'n straf word opgelê alleen indien dit deur 'n wet of ander regsreël uitdruklik vir daardie oortreding voorgeskryf is // a penalty is not imposed unless it is expressly laid down for that crime by a law or by some other legal measure.*

poena suos tenere debet auctores (anon.) *straf moet die aanspreeklikes tref // punishment ought to bind the guilty.*

poenam moratur improbus, non praeterit (Publ. Syr. P. 29) *die misdadiger kry uitstel van straf, ontkom nie daaraan nie // the criminal has stay of punishment, but does not evade it.*

poenitentia -ae f. (vide supra s.v. **paenitentia**).

pollicitatio -onis f. (Dig. 50.12.3; pr.: **offerentis solius promissum**) *toesegging; eensydige belofte; nog onaanvaarde aanbod* (wat gevolglik nog teruggetrek kan word) // *offer; unilateral promise, not yet accepted* (hence revocable).

ponderantur testes, non numerantur *getuies word geweeg, nie getel nie // witnesses are weighed, not counted.*

pons est in flumine *daar is 'n brug oor die de rivier // there is a bridge over the river.*

populariter agere (Cic. de off. 2.21.73) *soos 'n demagoog handel // to play the demagogue.*

portio -onis f. legitima *legitieme porsie* (minimum erfdeel waarop die erfgenaam geregtig is) // *legitimate* (or *birthright*) *portion* (minimum to which heir is entitled).

portorium -ii n. *doeane (geld); tol // customs duties; toll charge.*

positum -i n. *stelling; veronderstelling // presupposition; premise;* **hoc posito** *met* (of: *uitgaande van*) *hierdie veronderstelling // proceeding from this assumption* (proposition); **quo posito** *met dié uitgangspunt // using this as a starting point.*

possessio -onis f. *besit // possession;* **— civilis** *wettige besit* (waarmee die verkryging van eiendomsreg beoog word) // *legal possession* (with the intention of being or becoming owner); **— naturalis** (vel **nuda**) *blote (feitlike of natuurlike) besit; houerskap*

// *mere* (or: *natural*) *possession; detention;* **vacua** — *rustige en ongestoorde besit // peaceful* (or *quiet*) *and undisturbed possession; vacant and unburdened possession.*

possessio facti est et animi (Ulp.: Dig. 47.4.1.15) *besit is 'n kwessie van die feitlike en die bedoeling // possession is a matter of fact and intention.*

possessor malae fidei ulla tempore non praescribit (anon.) *die besitter te kwader trou kan hom te gener tyd op verjaring beroep nie // the possessor in bad faith can never urge prescription.*

post calamitatem memoria alia est calamitas (Publ. Syr. P. 48) *na 'n teenslag is die herinnering (daaraan) nog 'n teenslag // after a disaster a reminder (of it) is a further disaster.*

post hoc ergo propter hoc (at non sequitur; cf. supra s.v. **non sic causa**) *hierna, dus as gevolg hiervan* (onlogiese gevolgtrekking) // *after this; therefore in consequence of this* (logical fallacy).

post litem motam *na aanvang van die geding // after the suit has commenced.*

post natus (1) *nageborene* (2) *na 'n sekere tydperk* (of *tydstip*) *gebore* // (1) *born after another person* (2) *born subsequently.*

post perfectam venditionem omne commodum et incommodum, quod rei venditae contingit, ad emptorem pertinet (Cod. 4.48.1; an. 223; cf. supra s.v. **periculum est emptoris**) *na voltooiing van die koop tref alle voor- en nadele wat op die koopsaak betrekking het die koper // after a sale has been perfected, every advantage and disadvantage touching the property sold concerns the purchaser.*

post prolem suscitatam *na die geboorte van kinders // after issue born.*

postea improbata est asperitas poenae (Gai. 3.189) *later is die strengheid van die straf afgekeur // later generations disapproved of the severity of this punishment.*

postea noli rogare, quod impetrare nolueris (Sen. ep. mor. 95.1) *moenie hierna versoek wat jy sal wens jy het nie verkry nie // hereafter do not ask for what you will wish you had not got.*

posteri -orum m. *nakomelinge, desendente // descendants.*

posterior voluntas potior haberi debet (Gaius: Dig. 35.1.90) *die laaste wil* (van die erflater) *moet as deurslaggewend geld // the final desire* (of the deceased) *should be accepted as decisive.*

posteriora derogant prioribus (cf. supra s.v. (i) **constitutiones tempore** (ii) **ea quae postea** (iii) **eius est interpretari** (iv) **eius est tollere** (v) **lex posterior derogat;** et infra s.v. (vi) **posteriores leges** (vii) **prius pactum**) *latere bepalings ding* (of *doen*) *of aan vroeëres, neem af van vroeëres, kort hulle in // later dispositions derogate from earlier ones.*

posteriore testamento quod iure perfectum est superius rumpitur (Gaius Inst. 2.144) *deur 'n latere testament wat geldig verly is word 'n vroeëre nietig // an earlier will is rendered void by a later duly executed.*

posteriores cogitationes (ut aiunt) sapientiores solent esse (Cic. Phil. 12.2.5) *latere (nuwe) insigte (lui die spreuk) is gewoonlik verstandiger // second thoughts, they say, are generally wiser.*

posteriores leges plus valent quam quae ante fuerunt (e Modestini textu Graeco sumptum: Dig. 1.4.4; cf. supra **posteriora derogant**) *latere wette besit groter geldigheid as dié wat voor hulle was // later laws are of greater validity than their predecessors.*

postliminium fingit eum qui captus est in civitate semper fuisse (Inst. 1.12.5) *postliminium is 'n fiksie dat hy wat* (deur die vyand) *gevange geneem is nooit die land uit was nie // postliminy feigns that he who has been captured* (by the enemy) *has never left the state.*

postnatus -i m. *'n nageborene; gebore na 'n bepaalde tydstip // puisne; born after a given time.*

postumus -i m. *nageborene;* (1) *na die dood van die vader gebore* (2) *na die verlyding van die vader se testament gebore* (Dig. 28.3.3.1) // (1) *posthumous; child born after the father's death* (2) *child born after the execution of his father's will* (Dig. 28.3.3.1).

potest dum res integra est conventione nostra infecta fieri emptio (Pomp. Dig. 18.5.2) *terwyl die saak nog onafgehandel is, kan die koop volgens ons ooreenkoms gekanselleer word // while the transaction is incomplete, the sale can be annulled in terms of our agreement.*

potestas -tatis f. *gesag; mag; bevoegdheid // power; authority;* — **maritalis** *maritale mag // marital power;* **patria** — *vaderlike mag // father's power over his children;* — **suprema** *oppergesag // supreme power (authority);* **alienae potestatis esse** *onmondig wees // to be not of age; a minor;* **suae potestatis esse** *mondig, meerderjarig wees // be of age.*

potestatem habet in alqm. vitae necisque (Caes. B.G. 1.16.5) *hy het die reg van lewe en dood oor iemand // he has power over life and death.*

potior est condicio defendentis *die verweerder is in 'n sterker posisie* (as die eiser) // *the position of the defendant is stronger* (than that of the plaintiff).

potior est condicio possidentis (cf. Dig. 50.17.154 et supra s.v. **petitori**) *die besitter is in die gunstigste posisie* (van die twee gedingvoerders) // *better is the condition of the possessor.*

potius ignoratio iuris litigiosa est quam scientia (Cic. de leg. 1.6.18) *onkunde aangaande die reg eerder as kennis daarvan lei tot pleitsug // the litigious spirit more often bespeaks ignorance than knowledge of the law.*

potius valeat (actus) quam pereat vide infra s.v. **quotiens in actionibus**.

praedium -ii n. (Javol.: Dig. 50.16.115) *erf; stuk grond // piece of landed property; estate; land; tenement;* — **dominans** *heersende erf* (ten gunste waarvan die serwituut gevestig is) // *dominant tenement* or *land* (in whose favour a servitude has been established); — **rusticum** *landelike erf // rustic* or *rural estate (land);* — **serviens** *dienende erf* (met serwituut belas) // *servient tenement* or *estate* (charged with the servitude); — **urbanum** *stedelike erf* (stuk grond naby Rome, nie vir landboudoeleindes bedoel nie) // *urban tenement* or *estate* (near Rome, not intended for agricultural purposes).

praeficere alqm. exercitui *om iem. in bevel van die leër te plaas // to give s.o. the command.*

praelegatum -i n. *prelegaat // prelegacy.*

praemissis praemittendis *na die nodige woorde vooraf // after the necessary introductory remarks.*

praemonitus praemunitus *voorkennis maak voorsorg // forewarned is forearmed.*

praerogativa -ae f. *voorreg; voorkeur // preference; privilege; prerogative.*

praescriptio -onis f. *verjaring // prescription.*

praescriptio temporis iuri publico non debet obsistere (Dig. 18.1.76.1) *verjaring behoort nie strydig met die publiekreg te wees nie // prescription should not conflict with public law.*

prae-sto -stare -stiti -stitum (-statum) (1) *betoon* (2) *presteer* (3) *instaan vir* // (1) *manifest* (2) *perform* (3) *be liable for;* **damnum praestare** (a) (Dig. 4.2.23.3) *skade veroorsaak // cause damage;* (b) *skade vergoed // indemnify;* **alqm. indemnem** — iemand vergoed // indemnify someone; **culpam** — *instaan* (of *aanspreeklik wees*) *vir nalatigheid // be liable for negligence;* **periculum** — *risiko dra // bear the risk.*

praesumitur pro legitimatione *daar bestaan 'n vermoede t.g.v. wettigheid // legitimacy is presumed.*

praesumitur scientia in his quae publice fiunt (cf. infra s.v. **quae publice**) *vertroudheid met* (of: *kennis van*) *openbare gebeure word veronderstel // knowledge is presumed of what is done in public.*

praesumptio -onis f. *vermoede; veronderstelling // presumption;* — **facti** (vel **hominis** vel **iudicis**) *afleiding van feite gemaak // presumption of fact* (based on circumstantial evidence); — **iuris** (vel **iuris tantum**) *regsvermoede; weerlegbare vermoede* (veronderstelling wat waar geag word totdat dit weerlê word) // *presumption of law, legal or rebuttable presumption* (the truth of which is presumed until disproved by evidence); — **iuris ac de iure** ('barbarous Latin which never belonged to Roman Law' Ortolan ed. 1871 p. 644) *onweerlegbare regsvermoede* ('n regsreël wat nie deur teenbewys weerlê mag word nie) // *irrebuttable (conclusive* or *absolute) presumption of law* (an assumption or inference which the law will not suffer to be disproved).

praesumptio cedit veritati *'n vermoede wyk vir die waarheid // a presumption yields to the truth.*

praesumptio opponitur probationi *vermoede is die teenoorgestelde van bewys // presumption is set against proof.*

praesumptio (scil. oritur) ex eo quod plerumque fit *'n vermoede (vermoedens) ontstaan uit die algemeen gebeurlike // presumptions arise from what generally happens.*

praeteritio -onis f. *stilswyende onterwing; weglating (verswyging) van 'n efgenaam* (in 'n testament) // *passing over (omission) of an heir* (in a will).

praetor aut iubet aliquid fieri aut fieri prohibet (Gai. 4.139 ad f.) *die praetor beveel of verbied dat iets gedoen moet word // the praetor either commands or forbids that something be done.*

praetor heredem facere non potest (Gai. 3.32) *die praetor kan niemand tot erfgenaam maak nie // the praetor cannot make a successor/an heir.*

praetorium -ii n. (1) *militêre hoofkwatier; generaalstent;* (2) *ampswoning van goewerneur in provinsie;* (3) *swierige (privaat) huis;* (4)

die keiserlike lyfwag (vgl. **praefectus praetorio**) // (1) *military headquarters; commander's tent;* (2) *official residence of governor in province;* (3) *luxurious (private) dwelling;* (4) *the imperial guard* (cf. **praefectus praetorio**).

praevaricatio *samespanning; heulery met die teenparty; valse aanklag/verweer // collusion, prevarication; sham accusation/defence.*

precarium -ii n. (1) (voorwerp, veral grond, wat gratis vir gebruik aan iemand geleen is, en wat te eniger tyd teruggevorder kan word); *'n saak wat ter bede besit word; 'n saak in willekeurig herroeplike leen* // (1) (a thing, especially land, the use of which has been granted gratuitously but is revocable at will); *a thing held in precarious possession;* (2) (die regsverhouding deur die willekeurige leen onder (1) geskep) *besit (leen) ter bede; willekeurig herroeplike leen (besit)* // (2) (the legal relationship created by the possession (loan) under (1); *precarious possession; loan on sufferance* or *tenure revocable at will;* **precario** *ter bede; met* (willekeurig herroeplike) *verlof // on sufferance; by precarious right* (revocable at owner's will); **precario habens** (vel **tenens**) *besitter ter bede, prekaris // possessor on sufferance, precarious possessor* (whose tenure is liable to be terminated at will by the owner).

precarium est simile commodato: nam et qui commodat rem, sic commodat, ut non faciat rem accipientis, sed ut ei uti re commodata permittat (Ulp.: Dig. 43.26.1.3; distat a donatione: Dig. 43.26.1.2; cf. infra s.v. **qui donat sic dat**) *willekeurig herroeplike besit is aan bruikleen soortgelyk, want ook hy wat iets in bruikleen gee, gee dit so dat hy die ontvanger nie eienaar daarvan maak nie, maar hom slegs toelaat om die geleende saak te gebruik* (dit verskil van skenking; kyk by **qui donat** hieronder) // *precarious tenure resembles loan for use, for he who grants a loan for use likewise does so in such a way as not to render the article loaned the property of the recipient, but only permits him to make use of it* (it differs from gift; see **qui donat, sic dat** below).

pretia rerum non ex affectu nec utilitate singulorum sed communiter funguntur (Paul.: Dig. 35.2.63 pr.; cf. 9.2.33 pr.) *die waarde van sake word nie volgens persoonlike gevoelens of voordeel nie, maar normaalweg bereken* (d.w.s. teen die prys wat hulle op 'n veiling sou haal) // *the value of property should be determined not in accordance with sentiment or personal advantage but at the normal price* (i.e. what it would fetch at a sale).

pretium -ii n. (1) *prys; koopsom* (2) *waarde* // (1) *price; cost* (2) *value;* — **affectionis** (cf. Paul. Dig. 9.2.33 pr.) *gevoelsprys; gevoelswaarde; sentimentele* (of *affektiewe*) *waarde* (suiwer subjektiewe waardebepaling van 'n beskadigde of vernietigde saak, in teenstelling met die intrinsieke, objektiewe waarde) // *the price of regard; sentimental* (or *affective*) *value* (an imaginary and purely subjective value placed upon a thing damaged or destroyed, as against its intrinsic or objective value); — **in numerata pecunia consistere debet** (Gai. 3.141 = Inst. 3.23.2) *die koopsom moet in klinkende munt wees // the price must sound in money;* — **iustum** *billike, regverdige prys // fair, reasonable price;* — **succedit in locum rei** *die prys van die saak kom in die plek van die verlore* (of *verkoopte*) *saak // the price stands in the place of the thing lost* (or *sold*); — **verum** *ware prys* (of *waarde*) // *the genuine price* (or *value*).

prima est eloquentiae virtus perspicuitas (Quintil. 2.3.8) *die hoofverdienste van die welsprekendheid is duidelikheid // clearness is the prime virtue of eloquence.*

prima facie *op die oog af; op die eerste gesig; volgens die uiterlike // at first sight; on the face of it; at first blush.*

primo obtutu (Cic. de or. 3.5.17; Sen. de ira 3.4) *by/met die eerste oogopslag // at first sight/at the first glance/blush.*

primogenitura -ae f. *eersgeboortereg* (by erfreg) // *primogeniture* (in the law of succession).

primus inter pares *die eerste onder (sy) gelykes // first among (his) peers.*

princeps legibus solutus est (Ulp.: Dig. 1.3.31) *die keiser (heerser; staat) is nie aan die reg gebonde nie // the emperor (prince; ruler; state) is not bound by the law (laws).*

principatum obtinere/tenere *die leiersposisie beklee // to occupy the leading position.*

principis est virtus maxima nosse suos (Mart. epigr. 8.15.8) *dis die hoofverdienste van 'n heerser om sy (ware) vriende te ken // it is the prime virtue of a prince to know his (real) friends.*

principium -ii n. (1) *begin // beginning;* (2) *die eerste en ongenommerde paragraaf* van 'n fragment (Digesta) of konstitusie (Codex) // *the initial (unnumbered) paragraph* of a fragment (Digest) or constitution (Codex).

prior tempore potior iure (cf. Bonif. VIII reg. liv; et infra s.v. **sicut prior es tempore**) *wie die eerste in tydsorde kom, geniet die voorkeur in regte // he who is first in time is preferred in right.*

prius pactum per posterius elidetur (Paul.: Dig. 2.14.27.2; cf. supra s.v. **ea quae postea** (ii) **eius est tollere** (iii) **lex posterior** (iv) **posteriora derogant** (v) **posteriores leges**) *die vroeëre ooreenkoms sal deur die latere opgehef (vervang) word // a former agreement shall be annulled by a later one.*

privatis pactionibus non dubium est non laedi ius ceterorum (Scaévola: Dig. 2.15.3 pr.) *dit ly geen twyfel nie dat die regte van ander nie deur private ooreenkomste geskaad kan word nie // there is no doubt that the rights of others (third parties) cannot be prejudiced by private agreements.*

privatorum consensus iudicem non facit eum, qui nulli praeest iudicio, nec quod is statuit rei iudicatae continet auctoritatem (Cod. 3.13.3; an. 293) *die wilsooreenstemming van privaatpersone maak geen regter van iemand wat nie oor 'n hof aangestel is nie, en sy uitspraak het ook nie die gesag van 'n gewysde saak nie // the agreement of private persons does not make a judge of one without the right to preside over a court; nor will his decisions have the authority of a court finding.*

privatorum conventio iuri publico non derogat (Ulp.: Dig. 50.17.45.1; vide supra s.v. **ius publicum**) *'n ooreenkoms tussen private individue doen niks af, derogeer niks aan, maak geen inbreuk op die openbare reg nie // the agreement of private individuals does not derogate from the public law (law of the community).*

privatum commodum publico cedit *die belang van die eenling wyk voor die voordeel van die gemeenskap // the interest of the individual should yield to the public good.*

privatum incommodum bono publico pensatur *die openbare welsyn weeg op teen private nadeel/skade // private disadvantage is compensated/counterbalanced by the public good.*

privatus -i m. *private persoon, gewone burger* (sonder amp) // *private person; common citizen* (holding no office).

privigna -ae f. *stiefdogter // stepdaughter.*

privignus -i m. *stiefseun // stepson.*

privilegia non sunt trahenda in exemplum (cf. Ulp.: Dig. 1.4.1.2) *voorregte moenie as presedente aangevoer word nie // privileges should not be adduced as precedents.*

privilegium -ii n. (Cic. Leg. 3.19.44) *voorreg // privilege.*

privilegium de non evocando vel **privilegium fori** (cf. v. d. Keess. MS p. 100; vol. i p. 132) *die voorreg om nie buite sy woonplek (domisilie) gedagvaar te word nie // the privilege of not being sued at a court other than in the defendant's place of domicile.*

pro *vir; ter beskerming van; as vergoeding vir; in die plek van // for; on behalf of; in requital for; in lieu of; on account of; in respect of;* — **amico** *vriendskapshalwe; vir 'n vriend* (het betrekking op regswerk sonder vergoeding gedoen) // *for friendship' sake; for a friend* (referring to gratuitous services in court); — **bono publico** *vir die nut van die algemeen* (van die gemeenskap) // *for the public weal;* — **confesso** *asof gewonne gegee // as if conceded;* — **Deo** lett. *om Godswil* (het betrekking op die verdediging op staatskoste van 'n beskuldigde wat weens 'n halsmisdaad teregstaan en sy verdediging nie self kan bekostig nie) // lit. *for God's sake* (referring to the defence at state expense of an accused appearing on a capital charge and lacking the means of briefing counsel; — **domo sua** *in eie belang // from self-interest;* — **forma** (= **dicis gratia; dicis causa**) *vormonthalwe; vir die vorm; terwille van die vorm // as matter of form; for form's sake;* — **hac vice** *slegs vir hierdie geval // for this particular occasion (only);* — **indiviso** *as onverdeeld* (bv. van grondbesit) // *as undivided, in common* (of land so held); — **maiore cautela** *vir die wis en die onwis; terwille van groter sekerheid // to make assurance double sure; by way of additional security; for greater caution;* — **non scripto haberi** (Inst. 2.14.10) (word) *as ongeskrewe* (beskou) // (regarded) *as never written; as though it had not been written;* — **parte** *deels, gedeeltelik* (teenoor **in solidum**) // *in part; partly* (as against **in solidum**); — **partibus indivisis** *in onverdeelde aandele // in undivided shares;* **pro possessore habetur qui dolo desiit possidere** (cf. infra s.v. **qui dolo**) *hy geld as die (ware) besitter wat met bedrog opgehou het om te besit // he is deemed to be the (true) possessor who has fraudulently ceased to possess;* — **rata (parte)** *na verhouding, na eweredigheid // proportionately, in proportion;* — **re nata** *vir 'n eventuele geval; na gelang van die (of hierdie) besondere gebeurlikheid // for the occasion as it may arise; for this contingency; for the affair immediately in hand;*

— **semisse** *vir die helfte* (rakende die aanspreeklikheid van die eggenote elk vir die helfte van die huishoudelike benodigdhede) // *for half* (referring to the liability of the spouses, each for half of the domestic necessaries); — **sua quisque facultate** *ieder na sy vermoë // each as best he may;* — **tanto** *in dié mate; proporsioneel // in so far; proportionately; for as much as may be;* — **tempore** *voorlopig; tydelik // for the time being; temporarily; provisionally;* — **veritate accipitur** *dit word vir die waarheid aanvaar // it is received as the truth;* **pro virili parte** *elk vir sy deel // for one's own share.*

probabilis *aanneemlik; redelik; geloofwaardig // acceptable; reasonable; plausible;* — **causa litigandi** *aanneemlike grond vir aksie // reasonable cause of action;* — **ignorantia** (Gai. 3.160 med.) *verskoonbare onwetendheid // pardonable, excusable ignorance.*

probabilis error usucapioni non obstat; . . . in alieni facti ignorantia tolerabilis error est (Neratius: Dig. 41.10.5.1) *redelike dwaling staan verjaring nie in die weg nie; . . . gebrek aan vertroudheid met die optrede van 'n ander is 'n verskoonbare dwaling // a pardonable error does not interfere with a right to usucapion (prescription); . . . ignorance of the act of another is an excusable mistake.*

probandi necessitas incumbit illi qui agit *die bewyslas rus op die party wat dagvaar* (die eiser; m.a.w. die party wat bewerings maak moet hulle staaf) // *the necessity of providing proof lies with him who sues* (the plaintiff; i.e. the burden of proof is upon the party advancing the allegations).

probandum *dit wat bewys moet word // what must be proved;* **facta probanda** *feite wat bewys moet word // facts to be proved.*

probatio -onis f. *bewys // proof;* **probationis causa** *vir bewysdoeleindes // for purposes of proof.*

probatio incumbit neganti (vide supra s.v. **neganti**).

probatio mutatae voluntatis ab heredibus exigenda est (Ulp.: Dig. 32.11.12) *die bewys van 'n verandering van gesindheid* (by die erflater) *moet van die erfgename geëis word // proof of a change of will* (in the testator) *has to be furnished by the heirs.*

probatio vincit praesumptionem *bewys vermag meer (is sterker) as vermoede // proof prevails over (is stronger than) presumption.*

probitas laudatur et alget (Juv. 1.74) *regskapenheid word geloof en bibber* (tog) *van die koue // honesty is praised and* (even so) *freezes.*

probo bona fama maxima est hereditas (Publ. Syr. P. 49) *vir 'n regskape man is 'n hoë aansien die rykste/erfenis // for an upright man a good reputation is the noblest heritage.*

procurator -toris m. *agent* (met opdrag om iets vir sy prinsipaal te verrig) // *agent* (charged to carry out something for his principal); — **ad causas** *prokureur aangewys om 'n gedingvoerder by te staan // attorney employed to assist a litigant in the conduct of his lawsuit;* — **ad negotia** *prokureur wat sy kliënt in ander besigheidstransaksies bystaan // attorney assisting his client in transacting other business;* — **in rem suam** (1) *houer van 'n onberroeplike volmag asof dit in sy eie saak is.* Romeinse regsfiguur wat tot die moderne 'sessie' ontwikkel het; (2) in die moderne reg het dit betrekking op 'n *onherroeplike volmag* wat alleen in 'n transaksie kan bestaan waarin die verteenwoordiger se eie vermoë betrokke is // (1) *holder of an irrevocable power of attorney as if in his own cause.* Roman legal notion which developed into the modern 'cession'; (2) in modern law it applies to *an irrevocable power of attorney* occurring exclusively in transactions involving the property of the representative.

pródigus -i m. (Inst. 2.12.2) *deurbringer, verkwister, kwisgoed // prodigal, spendthrift, waster, wastrel.*

proferens (vide infra s.v. **verba fortius**).

professo, ex — *doelbewus; uitdruklik, spesifiek; in die besonder // openly, avowedly; intentionally; professedly.*

proles prolis f. *kroos; nakomelingskap, nageslag; afstammelinge // issue, offspring, progeny.*

proles sequitur sortem paternam *die kinders volg die status (lot) van die vader // the offspring follows the status of the father.*

promiscua generalitate decernimus neminem sibi esse iudicem debere (Cod. Theod. 2.2.1; an. 376; cf. supra s.v. **in propria causa** et locos ibi citt.) *met 'n algemene bepaling verorden ons dat niemand regter in eie saak mag wees nie // we lay down as a general rule that no one should be judge in his own cause.*

promissio boni viri est obligatio (anon.) *die belofte van 'n goeie man is sy eer/*(so goed as) *'n verbintenis // a good man's promise is* (the equivalent of) *an obligation* (i.e. *is his bond*).

propositi tenax (Hor. carm. 3.3.1) *vasberade, onwrikbaar in sy voorneme // firm/tenacious of purpose.*

propositus i.q. *de cuius* (supra p. 175).

proprie dicitur res non reddita quae deterior redditur (cf. Ulp.: Dig. 13.6.3.1; supra s.v. **non videbitur reddita**) *streng genome word daar gesê dat 'n saak wat in 'n swakker (beskadigde) toestand terugbesorg word nie terugbesorg is nie // strictly speaking a thing returned in worse shape (damaged) is said not to have been returned.*

proprium humani ingenii est odisse quem laeseris (Tac. Agr. 42) *dis kenmerkend van die mens se aard om diegene te haat vir wie hy veronreg het // it is typical of human nature to hate those whom you have wronged (injured).*

proprius -a -um *eie // own;* **in propria persona** *in eie persoon // in person; personally;* **propria auctoritate** *op eie gesag // on (his) own authority;* **propria manu** *eiehandig // with (his) own hands;* **proprio iure** *uit eie reg // by one's own right;* **proprio Marte** (vel **motu**) *op eie houtjie // on his own; off his own bat;* **proprio nomine** *vir/namens homself // in one's own name;* **proprio vigore** *kragtens sy eie betekenis // by its own intrinsic meaning.*

prorogare alci. imperium *iem. se bevel verleng // to prolong his command.*

prosperum ac felix scelus/virtus vocatur (Sen. Herc. Fur. 251) *die misdaad wat voorspoed en geluk gebring het word deug genoem // the crime conducive to prosperity and fortune is styled virtue.*

prout quidque contractum est ita et solvi debet (Pomp.: Dig. 46.3.80; cf. supra s.v. **fere quibuscumque**) *net soos elke verbintenis gesluit is, so behoort dit ook ontbind te word // each obligation should be discharged in the same way it was contracted.*

providus rei suae *oppassend met sy goed // careful of his property.*

provisione legis *deur 'n wetsbepaling // by provision of a law.*

provocatio -onis f. *appèl, hoër beroep // appeal (n.).*

proxime accessit *die naaswenner // runner-up.*

proximus sum egomet mihi (Ter. Andr. 636) *ek beoog my eie belang // I have an eye to the main chance (charity begins at home).*

prudens futuri *bedag op die toekoms // mindful of the future.*

prudentia -ae f. *versigtigheid, verstandigheid; (regs)kennis // care; sound sense; legal knowledge; jurisprudence;* **— civilis** *staatsmanskuns // political wisdom.*

pubertas -tatis f. *volwassenheid // manhood.*

publicanus -i m. *belastinggaarder;* (Byb.) *tollenaar // publican; tax-farmer.*

publicare (1) (a) *bekend maak* (b) (**bona**) *onteien; verbeurd verklaar //* (a) *publish, make known* (b) (**bona**) *confiscate; impound.*

publice (adv.) (1) *openlik; in die openbaar;* (2) *van staatsweë //* (1) *in public; openly, publicly;* (2) *by the government; on the authority of the government.*

publicum bonum privato est praeferendum (cf. supra s.v. (i) **lex citius** (ii) **privatum**) *die openbare voordeel* (nut van die algemeen) *moet hoër as die private (belang) gestel word // the public weal should be set above private* (interests).

publicum ius privatorum pactis mutari non potest (cf. supra s.v. (i) **conventis privatorum** (ii) **ius publicum** (iii) **privatorum conventio**) *regsreëls van die owerheid kan nie deur die ooreenkomste van private persone gewysig word nie //* (the rules of) *public law cannot be altered by the agreements of private individuals.*

pueritia -ae f. *kindertyd, -jare* (7—14 jaar) *// childhood* (7 to 14 years).

pugna: diu anceps stetit pugna (cf. Caes. B.G.7.76) *die geveg was lank/onbeslis // the issue remained uncertain for a long time.*

Punica fides vide supra **fides Punica** (Sall. Jug. 108.3).

pupillaris (apud v. d. Keesselium passim) *van 'n pupil, van iemand onder voogdy;* of*: van iemand onder die puberteitsleeftyd // of a ward; of minors under guardianship (tutelage)* or*: of someone under the age of puberty;* **pupillare collegium** *weeskamer // orphan-chamber;* **pupillares leges** *weeskeure // bye-laws of the orphan-chamber;* **pupillares magistratus** *weesmeesters // orphan-masters;* **pupillaria statuta** *weeskeure // bye-laws of the orphan-chamber;* **pupillaris aetas** *minderjarigheid; leeftyd van pupille* (seuns tot 14 jaar, meisies tot 12) *// minority, age of children under guardianship* (boys till 14, girls till 12 years).

pupillum, qui proximus pubertati sit, capacem esse et furandi et iniuriae faciendae (scil. **constat;** Gaius: Dig. 50.17.111) (dit staan vas) *dat 'n minderjarige onder voogdy wat baie na aan die puberteit is, in staat is om sowel diefstal as 'n onreg te pleeg //* (it is common knowlege) *that a minor who is near the age of puberty is capable of theft and of the commission of injury.*

pupillus -i m. (vide supra s.v. **furiosus nullum**) *minderjarige; pupil, persoon onder* *voogdy; voogdykind; beskermling // minor; ward; child under the protection of a guardian (tutor).*

pupillus nec velle nec nolle in ea aetate nisi adposita tutoris auctoritate creditur (Celsus: Dig. 50.17.189) *die oortuiging bestaan dat 'n minderjarige op daardie leeftyd nòg kan toestem nòg kan weier, tensy die bystand (toestemming) van sy voog daarby kom // on account of his age a minor is not considered to give his consent or to refuse it unless the authority (consent) of his guardian has been granted.*

pupillus pati posse non intellegitur (Paul.: Dig. 50.17.110.2) *dit word nie so beskou dat 'n minderjarige* (met sy instemming skade) *kan ly nie // a pupil (minor) is not supposed to be able to suffer* (i.e. to assent to his own prejudice).

pure (bw.) *onvoorwaardelik // unconditionally.*

purgatio morae *aansuiwering van versuim // purging of default.*

puta (vel **ut puta**) (**adv.**) *byvoorbeeld (bv.) // for example (e.g.).*

putare (1) (bome) *snoei // prune* (trees); (2) *bereken, meen, reken dat // calculate; think; be of opinion.*

putativus -a -um *putatief; vermeen(de); veronderstel(de); vermoedelik(e) // putative; supposed; reputed; commonly so regarded* or *esteemed.*

Q

q.q. (**qualitate qua**) *in die aangegewe* (of: *bedoelde*) *hoedanigheid; ampshalwe // in the capacity indicated; ex officio.*

qua *as; in die hoedanigheid van // as; in the capacity of.*

quae ab initio inutilis fuit institutio, ex post facto convalescere non potest (Rufinus: Dig. 50.17.210) *'n instelling* (van 'n erfgenaam) *wat van die begin af nietig was, kan nie uit hoofde van 'n latere gebeure geldig word nie // an institution* (of an heir) *void from the beginning cannot acquire validity from a subsequent event.*

quae ab initio non valent, ex post facto convalescere non possunt *(regshandelinge) wat van die begin af nietig is, kan nie uit hoofde van 'n latere gebeure geldig word nie // (legal acts) void from the beginning cannot, in virtue of a subsequent event, acquire validity.*

quae abundant non solent vitiare scripturas (Ulp.: Dig. 50.17.94) *oortollighede bederf in die reël nie die inhoud van dokumente nie // as a rule superfluous* (or *redundant*) *matter does not vitiate a document.*

quae accessionum locum obtinent extinguuntur cum principales res peremptae fuerint (cf. (i) supra s.v. **cum principalis causa** (ii) infra s.v. **res accessoria**) *die dinge wat die rol van bykomstighede vervul word uitgewis wanneer die hoof-saak te niet gaan // those things which hold the place of accessories are extinguished when the principal has been destroyed.*

quae communi legi derogant stricte interpretantur *(bepalinge) wat aan die gemene reg afding (wysig), word streng vertolk // (statutes) which derogate from the common law are strictly interpreted.*

quae contra ius fiunt debent utique pro infectis haberi (Bonif. VIII reg. lxiv; cf. Cod. 1.14.5.1) *handelinge strydig met die reg moet stellig as nietig beskou word // actions in conflict with the law should most assuredly be considered null and void.*

quae dubitationis tollendae causa contractibus inseruntur ius commune non laedunt (Papin.: Dig. 50.17.81) *wat ook al ten einde twyfel uit te skakel by kontrakte ingevoeg word, doen aan die gemene reg geen afbreuk nie // whatever is inserted in contracts to remove ambiguity does not prejudice the common law.*

quae fortuitis casibus accidunt, cum praevideri non potuerant, in quibus etiam adgressura latronum est, nullo bonae fidei iudicio praestantur (Cod. 4.24.6; an. 225) *vir dié dinge wat toevallig gebeur en onvoorsienbaar was (waaronder ook rowerinvalle tel), word daar geen voorsiening gemaak in bonae fidei-gedinge nie // whatever happens accidentally and could not have been foreseen, including an attack by robbers, is not provided for in a bona fide action.*

quae fuerant vitia mores sunt (Sen. ep. 39. 6 ad f.) *wat eertyds misbruik was het* (intussen) *gebruik geword // what had before been faults have* (now) *become common practice.*

quae fuit durum pati meminisse dulce est (Sen. Herc. Fur. 656–7; 1.24.19; vide supra s.v. **forsan**) — *moelike ondervindinge is nou 'n aangename herinnering // hard experiences have become a pleasant memory.*

quae in testamento ita sunt scripta ut intelligi non possint, perinde sunt ac si scripta non essent (Q. M. Scaévola: Dig. 50.17.73.3) *alles waarvan die formulering in 'n testament onverstaanbaar is geld asof dit glad nie geskryf is nie // clauses in a will so formulated as to be unintelligible are regarded as if they were never written.*

quae inter alios acta sunt nemini nocere debent sed prodesse possunt *regshandelinge tussen derdes mag niemand benadeel nie, maar hulle kan wel bevoordeel // legal acts performed between third parties should prejudice no man but may benefit.*

quae invito te acta sunt tibi non praeiudicant (Ulp.: Dig. 3.3.27 pr.) *handelinge wat sonder jou toestemming verrig is benadeel jou nie // acts performed without your consent do not prejudice you.*

quae legi communi derogant non sunt trahenda in exemplum *bepalinge wat aan die gemene reg wysig* (of: *afdoen*) *moenie tot presedente verhef word nie // measures derogating from the common law should not be extended to serve as precedents.*

quae longa consuetudine comprobata sunt ac per plurimos annos observata . . . non minus quam . . . scripta iura servantur (Hermogen.: Dig. 1.3.35) *goedgekeurde gebruiksreëls wat gedurende baie jare nagekom is, . . . geld in dieselfde mate . . . as geskrewe regsbepalings // those rules which have been approved by long established custom and have been observed for many years . . . are no less to be observed . . . than laws which have been committed to writing.*

quae nocent docent *deur skade en skande word 'n mens wys // experience makes fools wise; a burnt child dreads the fire.*

(res) quae pondere, numero mensurave constant (Dig. 12.1.2.1) i.e. **res fungibiles,** q.v. *vervangbare sake; sake wat geweeg, getel of gemeet kan word // fungibles; things which may be weighed, numbered or measured.*

quae postea geruntur prioribus derogant (Marcianus: Dig. 29.7.6.2; cf. supra s.v. **posteriores leges**) *later verrigte handelinge wysig vroeëres // acts subsequently performed derogate from earlier acts.*

quae propter necessitatem recepta sunt, non debent in argumentum trahi (Paul.: Dig. 50.17.162) *(handelinge) wat weens onvermydelikheid* (of *nooddwang*) *erken is, moet nie as bewysgrond aangevoer word nie // (measures) recognized on the ground of necessity should not be urged as proof.*

quae publice fiunt nulli licet ignorare (cf. supra s.v. (i) **praesumitur** (ii) infra s.v. **quid enim si**) *elkeen word geag kennis van openbare gebeurtenisse te dra // everyone is presumed to have cognizance of public events.*

quae rerum natura prohibentur, nulla lege confirmata sunt (Cels.: Dig. 50.17.188.1) *dinge wat van nature verbied word, kan deur geen wet regskrag verkry nie // whatever is prohibited by the nature of things cannot be validated by any law.*

. . . quae sine culpa accidunt . . . a nullo praestantur (Ulp.: Dig. 50.17.23 ad f.) *niemand is aanspreeklik vir ongelukke wat sonder nalatigheid gebeur nie // in the case of accidents that happen without being due to negligence . . . no one is held liable.*

. . . quae (vitia) qui infitiatus esset, (ex duodecim tabulis) dupli poenam subiret (Cic. de off. 3.16.65; cf. supra **adversus infitiantem lis**) *(daar is) volgens die Twaalf Tafels (bepaal) dat die verkoper vir die dubbele skadevergoeding aanspreeklik was t.a.v. dié gebreke waarvan hy die bestaan uitdruklik ontken het // (it was laid down) in the laws of the Twelve Tables that for any flaws* (or *defects*) *which the vendor had expressly denied he should be liable to a penalty of double damages.*

quaedam etsi honeste accipiantur, inhoneste tamen petuntur (Dig. 50.13.1.5) *hoewel sekere (bydraes) met eerbaarheid ontvang (kan) word, (kan) hulle nie met eer gevorder word nie* [bv. advokaatsgelde] // *although certain rewards (when tendered) may honourably be accepted, yet to demand them would be dishonourable* [e.g. barrister's fees].

quaere (imperat.) (lett. doen navraag!) *ondersoek* // (lit. examine! enquire!) *query; doubtful; problematical.*

quaeritur *dis die vraag (of) // the question is (whether).*

quaestio -onis f. (1) *ondersoek, openbare regsondersoek* (2) *(jurie)verhoor, kriminele ondersoek;* (3) *die hof wat sulke sake behandel, veral* **—nes perpetuae**, *howe vir jurieverhore van bepaalde misdade* (2de eeu v.C. — 1st eeu n.C.); (4) *foltering* (veral van slawe) by sulke verhore // (1) *investigation, inquiry, examination* (2) *criminal inquiry by a jury court* (3) *the court, the judges hearing such a* *trial, especially the* **—nes perpetuae** *standing (permanent) tribunals for the trial of specific crimes* (2nd cent. B.C.–1st cent. A.D.); (4) *torture* (particularly of slaves) during such trials.

quaestio facti *feitlike vraag* (of *kwessie*) // *question of fact.*

quaestio iuris *regskwessie, regsvraag // question of law.*

quaestor -oris m. *(Rom.) magistraat (beampte)* belas met strafregspraak en die invordering van staatsgeld: *quaestor // (Rom.) magistrate* who tried criminal cases and collected public revenues: *quaestor.*

qualis dominus talis est servus (Petronius sat. 58.4) *soos sy baas is, so is ook Klaas // like master like man.*

qualis pater talis filius *die appel val nie ver van die boom nie // like father like son; chip of the old block.*

qualis artifex pereo! (Suet. Neronis vita 49.1) *watter kunstenaar sterf daar in my! // what an artist dies in me!*

qualis quisque sit scies . . . si quemadmodum laudetur aspexeris (Sen. ep. 52.12 sub f.) *jy sal elkeen se karakter waarneem . . . as jy oplet hoe hy lof ontvang // you will observe the character of every man if you notice how he accepts praise.*

qualis rex talis grex (incerti auctoris) *soos die koning is so is sy mense* (let. kudde) // *like sovereign like people.*

qualitate qua (vide supra s.v. **q.q.**).

quam difficile est crimen non prodere vultu (Ov. Met. 2.447) *hoe moeilik is dit om nie die misdaad met jou gesig te verraai nie // how difficult it is not to betray the crime by your expression.*

quam multum interest quid a quo fiat! (Plin. ep. 6.24) *hoe belangrik is dit deur wie 'n ding gedoen word! // how great the difference by whom the deed is done!*

quam saepe forte temere eveniunt, quae non audeas optare! (Ter. Phorm. 757–8) *hoe dikwels gebeur daar nie somaar vanself wat 'n mens nie sou waag om te wens nie // how often unhoped for events occur spontaneously!*

quamdiu se bene gesserit *solank as hy hom goed gedra // as long as he shall behave himself; during good behaviour.*

quando aliquid mandatur, mandatur et omne per quod pervenitur ad illud *wanneer daar iets gemagtig word, word ook alle middele gemagtig waarmee dit bereik word // when something is authorized* (or *ordered*) *every concomitant is likewise authorized which will enable performance of that order.*

quando lex aliquid alicui concedit, conceditur et id sine quo res ipsa esse non potest (cf. supra s.v. (i) **cui iurisdictio** (ii) **cuicumque aliquis**) *wanneer die reg aan iemand iets toestaan, word hom ook alles gegun waarsonder dit nie kan bestaan nie // when the law grants something to someone, that too is granted without which the main purpose cannot be achieved.*

quandoque bonus dormitat Homerus (Hor. Ars Poet. 359; cf. supra s.v. **indignor quandoque**) *as die goeie Homerus soms indommel // if even good Homer sometimes dozes off.*

quanti minoris, actio —— (vide supra s.v. **actio aestimatoria**).

quantum *bedrag; omvang // amount; size; volume;* **— meruit** *bedrag van verryking // amount of enrichment;* **— valebat** *soveel as dit werd was // (the amount of) its value.*

quem di diligunt adulescens moritur (Plaut. ex Menandr. (?) *hy sterf jonk vir wie die gode liefhet // whom the gods love dies young.*

quem paenitet peccasse paene est innocens (Sen. Agam. 243) *wie oor sy oortreding berou het is byna onskuldig // he who repents of his deed is almost innocent.*

quemadmodum nulla possessio adquiri nisi animo et corpore potest, ita nulla amittitur, nisi in qua utrumque in contrarium actum est (Paul.: Dig. 41.2.8; cf. Dig. 50.17.153) *net soos geen besit anders as deur gees en liggaam* (d.w.s. met wil en detensie) *verkry kan word nie, net so kan dit geensins verlore gaan nie behalwe waar die teenoorgestelde handeling t.a.v. beide* (gees en liggaam) *geskied // just as no possession can be obtained except by intention and corporeal detention, so none can be lost except by a contrary act of both* (mind and body).

queréla -ae f. inofficiosi testamenti (Dig. tit. 5.2) *klag oor 'n liefdelose testament* (waardeur die erfgenaam nie sy legitieme porsie ontvang het nie) // (action for setting aside a will because an heir has not received his legitimate portion) *plaint of inofficious testament.*

qui aliquid statuit, parte inaudita altera, aequum licet statuerit, haud aequus fuit. Seneca, Medea 199—200. (Perperam citatum: 1955 S.A. (3) 68; cf. supra s.v. **audi alteram partem**) *die regter wat 'n beslissing gevel het sonder om die ander party aan te hoor was nie billik nie ook al het hy billik beslis* (foutiewe aanhaling en bewysplaas by 1955 S.A. (3) 68) // *(the judge) who has come to a finding without hearing the other party has not been just, even though his finding may have been just* (inaccurate text and reference in 1955 S.A. (3) 68).

qui approbat non reprobat (cf. infra s.v. **quod approbo,** et Dig. 3.5.8(9) Scaév.) *jy kan nie tegelyk aanneem en afwys nie; jy kan nie warm en koud uit een mond blaas nie // he who approves cannot at the same time reject; you cannot approbate and reprobate* (the same instrument).

qui audiunt audita dicunt, qui vident plane sciunt (Plaut. Truc. 490; cf. supra s.v. **oculis**) *wie hoor lewer hoorsê-getuienis, wie sien dra klaarblyklik kennis // hearers tell of what they hear, observers really know.*

qui beneficium dedit taceat, narret qui accepit (Sen. de ben. 1.1.13) *laat die skenker van die weldaad daaroor swyg, maar laat die ontvanger dit vermeld // let him who grants the favour be silent, but let the recipient make it known.*

qui bis idem promittit, ipso iure amplius quam semel non tenetur (Pomp.: Dig. 45.1.18) *wie twee maal dieselfde belofte doen, word van regsweë nie meer as een maal tot nakoming verbind nie // anyone who promises the same thing twice is not legally bound to keep his promise twice.*

qui causa est causae etiam est causa causati ('regula dialectica' ap. v. d. Keesselium MS p. 1612 i.e. vol. v p. 408) *die oorsaak van die oorsaak is ook die oorsaak van die gevolg* (as A aanleiding tot x gee en x weer tot y, is A vir y aanspreeklik) // *the cause of the cause is also the cause of the effect* (e.g. if A causes x and x causes y, A is liable for y).

qui concedit aliquid concedit omne id sine quo concessio est irrita (cf. supra s.v. **quando aliquid;** etiam s.v. **quando lex**) *hy wat iets toestaan, staan ook alles toe waarsonder die toekenning vrugteloos (sinloos) is // he who grants anything grants everything without which the grant is vain (ineffectual).*

qui consulto dat quod non debebat praesumitur donare *wie doelbewus betaal wat hy nie verskuldig was nie word vermoed 'n skenking te doen // one who deliberately gives (to another) what he did not owe, is presumed to offer it as a gift.*

qui culpae ignoscit uni, suadet pluribus (Publ. Syr. Q. 35) *wie een misstap verskoon, moedig meerdere aan // he who pardons one offence, encourages the commission of many.*

qui dedit beneficium taceat, narret qui accepit (vide supra s.v. **qui beneficium**).

qui delegat solvit (cf. Dig 16.1.8.3; 46.1.18) *wie deur delegasie 'n nuwe skuldenaar aanwys* (word geag te) *betaal // the party assigning a new debtor by delegation is deemed (considered) to pay.*

qui desiderat pacem, praeparet bellum (Vegetius de re militari III prol.; cf. Sen. de vita beata 26.2) *laat wie na vrede verlang hom vir die oorlog voorberei // whoever desires peace let him prepare for war.*

qui docet, discit *hy wat ander leer, onderrig homself // he who teaches others, learns himself.*

qui dolo desiit possidere pro possidente damnatur (Paul.: Dig. 50.17.131; cf. etiam 150 et 157.1) *wie bedrieglik opgehou het om te besit, teen hom word daar as die besitter uitspraak gegee // anyone who has fraudulently relinquished possession has judgment given against him as the possessor.*

qui donat sic donat, ne recipiat, at qui precario concedit, sic dat quasi tunc recepturus, cum sibi libuerit precarium solvere (Ulp.: Dig. 43.26.1.2) *hy wat 'n geskenk maak, skenk sonder die opset om dit terug te ontvang, maar wie iets in willekeurig herroeplike besit gee, gee dit met die bedoeling om dit terug te ontvang wanneer hy ook al lus het om dit op te vra // he who makes a donation does so without the intention of receiving the property again; but he who grants anything in precarious tenure does so with the expectation of resuming possession when he chooses to reclaim it.*

qui facit per alium facit per se (cf.) (i) infra s.v. **qui mandat ipse** (ii) Bonif. VIII reg. lxxii) *wie deur 'n ander handel* (word geag) *self te handel // he who acts through another* (is considered) *to act himself* (i.e. is responsible for his agent).

qui facit quod facere non debet, non videtur facere id quod facere iussus est (Paul.: Dig. 50.17.121) *wie doen wat hy nie behoort te doen nie, word nie geag dit te doen wat hy beveel is om te doen nie // he who does what he ought not to do, is considered not to do what he was commanded to do.*

qui grate beneficium accipit primum eius pensionem solvit (Sen. de benef. 2.2 ad f.) *wie 'n weldaad met dank aanvaar, het* (reeds) *die eerste paaiement van sy skuld vereffen // he who receives a benefit with gratitude, has repaid the first instalment of his debt.*

qui habet commoda, ferre debet onera (cf. Paul. Dig. 23.3.56.1) *wie die voordele geniet moet die laste dra // the party enjoying the advantages should shoulder the burdens.*

qui haeret in littera haeret in cortice *wie aan die letter kleef, kleef aan die omhulsel* (lett. aan die bas, d.w.s. dring nie tot die wese deur nie) // *he who considers merely the letter* (of an instrument) *goes but skin-deep* (into its meaning).

qui ignorat quantum etc. vide: **non potest improbus videri, qui ignorat quantum solvere debeat** (Venuleius: Dig. 50.17.99) *wie nie weet hoeveel hy moet betaal nie, kan nie as oneerlik beskou word* (as hy nie betaal) *nie // he who does not know how much he ought to pay cannot be regarded as dishonest* (if he does not settle his debt).

qui in utero est, perinde ac si in rebus humanis esset, custoditur, quotiens de commodis ipsius partus quaeritur, quamquam alii antequam nascatur nequaquam prosit (Paul.: Dig. 1.5.7); cf. supra s.v. (i) **nasciturus;** (ii) infra **quod dicimus**) *'n kind wat in die moederlyf is, word so dikwels as dit om die belange van die ongeborene gaan, presies so versorg asof hy reeds 'n menslike bestaan voer, hoewel hy voor die geboorte vir niemand anders van voordeel kan wees nie // a child in its mother's womb is cared for just as if it were in existence whenever the advantage of the foetus itself is concerned though it can in no way benefit anyone else before it is born.*

qui in utero sunt, in toto paene iure civili intelleguntur in rerum natura esse (Julianus: Dig. 1.5.26; cf. supra s.v. **nasciturus pro**) *in byna iedere bepaling van die privaatreg geld nog ongebore kinders as reeds bestaande // unborn infants are by almost every provision of the law understood to be already in existence.*

qui iure suo utitur nemini facit iniuriam (vel **neminem laedit**) (cf. Dig. 50.17.151; et supra s.v. **non videtur vim;** infra s.v. **qui suo iure**) *wie sy eie reg benut, benadeel (veronreg) niemand nie // he who uses his legal rights prejudices (harms) no one.*

qui iurisdictioni praeest, neque sibi ius dicere debet neque uxori vel liberis suis neque libertis vel ceteris, quos secum habet (Ulp.: Dig. 2.1.10; cf. supra s.v. (i) **generali lege** (ii) **in propria causa** (iii) **iniquum est** (iv) **nemo debet esse** (v) **nemo iudex** (vi) **nemo ius sibi** (vii) **nemo potest esse** (viii) **promiscua generalitate**) *hy wat by verhore voorsit, behoort nie in sy eie geding of in dié van sy vrou uitspraak te lewer nie, of in dié van sy kinders of sy vrygelatenes of van enige ander persone wat hy by hom het nie // he who presides over a court of justice should not pronounce judgment in his own cause or that of his wife or children or of his freedmen or of any other persons he has with him.*

qui iussu iudicis aliquid facit, non videtur dolo malo facere qui parere necesse habet (Paul.: Dig. 50.17.167.1; cf. Bonif. VIII reg. xxiv) *wie op bevel van die regter iets doen, word nie geag met bose opset te handel nie, omdat hy noodgedwonge gehoorsaam* (let. hy wat noodgedwonge gehoorsaam) // *a party who does something by order of a judge is not considered to act maliciously because he is obliged to obey* (lit. who is obliged . . .).

qui latronem occidit non tenetur (Inst. 4.3.2; cf. supra s.v. **insidiatori et latroni**) *wie 'n rower ombring word nie aanspreeklik gehou nie // one who kills a robber is not liable.*

qui mandat ipse fecisse videtur (cf. Dig. 3.5.20(21).3) *wie opdrag gee* (om iets te doen) *word geag self die handeling te verrig het // he who commands* (a thing to be done) *is held to have done it himself.*

qui mandat solvi ipse videtur solvere (Paul.: Dig. 46.3.56; cf. infra s.v. **quod iussu**) *wie opdrag gee dat daar betaal word, blyk self te betaal // he who authorizes that payment be made is considered to pay himself.*

qui mortui nascuntur neque nati neque procreati videntur quia numquam liberi appellari potuerant (Paul.: Dig. 50.16.129) *kinders wat dood gebore word, word nie as gebore of verwek beskou nie omdat hulle nooit 'kinders' genoem kon word nie // still-born infants are not regarded as having been either born or begotten, because they have never been able to be called 'children'.*

qui neglegenti amico rem custodiendam tradit suae facilitati id imputare debet (Inst. 3.14.3; 3.25.9 ad f.) *wie 'n saak vir bewaring aan 'n onverskillige vriend oorhandig moet dit (die verlies) aan sy eie ongeërgdheid wyt // a person who entrusts his property for safekeeping to a negligent friend must regard (the loss) as due to his own easy-going nature.*

qui nescit dissimulare, nescit regnare (Louis XI) *wie nie weet (hoe) om te huigel nie, weet nie hoe om te heers nie // he who does not know how to dissemble cannot rule.*

qui nimium probat nihil probat *hy wat te veel bewys, bewys niks // he who proves too much proves nothing.*

qui non habet in aere luat in corpore *wie nie kan betaal nie moet met lyfstraf boet // he who cannot pay the fine must endure corporal punishment.*

qui non improbat approbat *wie nie afkeur nie keur goed // he who does not disapprove* (or: *blame*) *approves.*

qui non negat fatetur *wie nie ontken nie, erken* (pleitreël) // *he who does not deny admits* (rule of pleading).

qui non prohibet cum potest, iubet (vide adagium proximum).

qui non prohibet quod prohibere potest, assentiri videtur (cf. Sen. Troad. 300) *hy wat nie belet wat hy kan belet nie word geag toe te stem // he who does not forbid what he can forbid, is presumed to give his assent.*

qui occasionem praestat, damnum fecisse videtur (Paul.: Dig. 9.2.30.3 ad f.) *wie die geleentheid* (vir die aanrigting van skade) *skep, word geag die skade aan te gerig het // a person who brings about a state of things from which damage arises is considered to have done the damage* (Grueber).

qui peccat ebrius luat sobrius *wie hom vergryp wanneer hy besope is, moet boet wanneer hy sober is // he who commits an offence when intoxicated shall be punished when sober.*

qui per alium facit, per seipsum facere videtur (cf. Bonif. VIII reg. lxxii) *wie d.m.v.* (of: *met die tussenkoms van*) *'n ander handel, word geag deur eie toedoen te handel // he who does a thing by an agent is considered as doing it himself.*

qui perduellionis reus est, hostili animo adversus rem publicam vel principem animatus . . . (Ulp.: Dig. 48.4.11) *hy wat skuldig aan hoogverraad is* (d.w.s. *wat*) *met 'n vyandige opset teen die staat of die keiser besiel is . . . // he who is guilty of high treason* (i.e. *who is*) *animated by hostile intent against the state or the emperor. . . .*

qui potest invitis alienare, multo magis et ignorantibus et absentibus potest (Ulp.: Dig. 50.17.26) *wie bevoegd is om sonder die toestemming van ander (eiendom) te vervreem, is nog veel meer daartoe bevoegd sonder hulle medewete en in hul afwesigheid // a party entitled to dispose (of property) without the consent of others is all the more so entitled if they are not aware or not present.*

qui prior est tempore potior est iure (cf. Dig. 20.4.11 pr.) *wie die eerste in tydsorde is, geniet voorkeur in regte // priority in time gives priority in law.*

qui sciens solvit indebitum, donandi consilio id videtur fecisse *wie doelbewus 'n onverskuldigde bedrag betaal het, word geag dit te gedoen het met die opset (bedoeling) om 'n geskenk te gee // one who knowingly pays what is not due is presumed to have done so with the intention of making a gift.*

qui se ipsum laudat, cito derisorem invenit (Publ. Syr. Q. 45) *eie lof vind al gou 'n bespotter // self-praise soon evokes derision.*

qui sentit commodum èt debet sentire incommodum (vel **onus;** cf. Dig. 50.17.10) et (e contra infra s.v. **secundum naturam**) *hy wat die voordeel geniet, moet ook die nadeel* (of *die las*) *verduur // he who derives the advantage ought also to suffer the disadvantage* (or *burden*).

qui sentit onus, sentire debet commodum, et e contra (Bonif. VIII reg. lv; cf supra s.v. **cuius est periculum;** infra: **secundum naturam**) *wie die las verduur behoort ook die voordeel te geniet, en omgekeerd // the party suffering the disadvantage should derive the advantage (too) and vice versa.*

qui stultis videri eruditi volunt, stulti eruditis videntur (Quintil. 10.7.21) *diegene wat voor dwase 'n vertoon van geleerdheid wil maak, is dwase in die oë van die geleerdes // those who would cut a figure of learning before fools, are considered fools by the learned.*

qui suo iure utitur nemini facit iniuriam (cf. supra s.v. (i) **non videtur vim** (ii) **nullus videtur**) *wie hom van sy eie reg bedien, veronreg niemand nie // he who avails himself of* (or: *who exercises*) *his own right does no one an injustice.*

qui tacet consentire videtur (i.q. Bonif. VIII reg. xliii; cf. Ulp.: Dig. 19.2.13.11 sub fin.) scil. **ubi loqui debuit ac potuit** *wie swyg word geag toe te stem* (natuurlik *as hy moes en kon gepraat het*) // *silence gives consent* (that is, *if the party should have and could have spoken*).

qui tacet non utique fatetur, sed tamen verum est non negare (Paul.: Dig. 50.17.142; i.q. Bonif. VIII reg. xliv) *wie swyg, erken stellig niks, maar dit bly tog 'n feit dat hy nie ontken nie // he who remains silent does indeed not confess, yet it is true that he does not deny.*

qui tardius solvit, minus solvit *wie te laat betaal, betaal te min // he who pays too tardily, pays less (than he ought).*

qui timet amicum vim non novit nominis (Publ. Syr. Q 40) *wie sy vriend vrees ken nie die betekenis van die woord "vriend" nie // one who fears his friend does not know what friendship is.*

qui timide rogat docet negare (Sen. Phaedr. 593) *wie beskroomd versoek, lê 'n weiering in die mond // a request expressed with diffidence invites refusal.*

qui ulcisci dubitat improbos plures facit (Publ. Syr. Q. 28) *wie aarsel om te straf, laat die skurketal aanwas // failure to punish villains increases their numbers.*

qui vult decipi decipiatur (vide infra s.v. **vigilantibus**) *laat bedrieg word wie bedrieg wil word // let him be deceived who wishes to be.*

qui vult finem vult media (1922 A.D. 403 ad f.) *wie die einddoel wil, wil* (ook) *die middele // he who desires the end desires the means* (also).

qui vult restitui restituat (v. d. Keess. MS p. 1679 ad. f., vol. v p. 514; cf. infra s.v. **spoliatus**) *wie herstel verlang moet dit ook verleen // he who claims restitution must also grant it.*

quicquid acquiritur servo acquiritur domino *wat ook al vir (deur) die slaaf verkry word, word vir sy baas (eienaar) verkry // whatever is acquired for (by) the slave is acquired for the master (owner).*

quicquid demonstrandae rei additur satis demonstratae, frustra est (Ulp.: Dig. 33.4.1.8; cf. supra s.v. **actum ne agas**) *wat ook al bygevoeg word by iets wat aangedui moes word* (maar) *wat reeds voldoende aangedui is, is oortollig* (teks soos deur Schulting geëmendeer) *// whatever is added to anything which had to be demonstrated* (but) *which has been sufficiently demonstrated, is surplusage* (text as amended by Schulting).

quicquid in calore iracundiae vel fit vel dicitur, non prius ratum est, quam si perseverantia apparuit iudicium animi fuisse (Paul.: Dig. 50.17.48; cf. 24.2.3) *wat ook al in die hitte van die woede (drif) gedoen of gesê word, word nie as geldig beskou nie tensy dit eers deur die party se volgehoue gesindheid geblyk het dat dit die* (oorwoë) *oordeel van sy gees was // whatever is done or said in the heat of anger is not considered of any effect unless it has become clear from the perseverance of the party that it had been the* (considered) *conviction of his mind.*

quicquid (vel *omne quod*) **inaedificatur solo cedit** (Inst. 2.1.29; i.q. infra s.v. **quod solo**) *wat ook al op die grond gebou word hoort by* (word deel van) *die grond // whatever is built on the soil is an accessory to the soil.*

quicumque sub condicione obligatus curaverit, ne condicio existeret, nihilo minus obligatur (Paul.: Dig. 45.1.85.7) *wie ook al onder 'n voorwaarde verbind is en verhinder dat daardie voorwaarde verwesenlik word, bly nietemin verbind // if anyone who is liable subject to a certain condition prevents that condition from being fulfilled he remains liable nevertheless.*

quicumque turpi fraude semel innotuit, etiamsi verum dicit, fidem amittit (Phaedr. Fab. 1.10.1) *wie ook al eenmaal deur snode bedrog berug geraak het, boet sy geloofwaardigheid in selfs as hy die waarheid praat // whoever has once become notorious for base deceit, even when he speaks the truth, forfeits his credibility.*

quid enim interest inter suasorem facti et probatorem? (Cic. Phil. 2.12.29) *watter verskil is daar immers tussen die aanhitser tot die misdaad en die goedkeurder daarvan? // what difference is there between him who prompts the crime and him who approves it?*

quid enim si omnes in civitate sciant, quod ille solus ignorat? (Paul.: Dig. 22.6.9.2; cf. supra s.v. (i) **praesumitur** (ii) **quae publice**) *want wat indien iedereen in die stad dit weet waarvan alleen hy onwetend is? // for what if every one in the town knew what he alone does not?*

quid pro quo *teenprestasie; iets vir iets // mutual consideration* (lit. something for something).

quidam *'n sekere persoon* (wie se naam ek nie wil noem nie) *// a certain person* (who shall be nameless).

quidquid multis (dat.) **peccatur inultum est** (Luc. 5.260); cf. supra **nusquam facilius;** etiam lemma **"corporation // regspersoon"** (Lord Thurlow, p. 32 supra), et infra **societas delinquere** *die oortreding van die menigte bly straffeloos // the crime that is committed by many passes unpunished.*

quieta non movere *laat slapende honde met rus // let sleeping dogs lie.*

quilibet est rei suae arbiter *enigeen is beskikker oor sy eie saak // everyone is the judge of his own affair.*

quilibet fortunae sua faber (vide supra s.v. **faber est quisque**).

quilibet iuri pro se introducto renuntiare potest (vide adagium proximum): sien die volgende lemma // see the next entry.

quilibet potest renuntiare iuri pro se introducto (cf. supra s.v. (i) **cuilibet licet** (ii) **invito beneficium;** infra s.v. (iii) **regula est iuris antiqui**) *iedereen kan afstand doen van 'n reg wat vir sy voordeel geskep is // anyone may waive (forgo, relinquish) a right introduced for his own benefit.*

quinquennium -i n. (i.q. **lustrum;** Cic. Leg. 3.3.7) *'n tydperk van vyf jaar // a period of five years.*

quis custodiet ipsos custodes? (Juv. sat. 6.347) *wie sal die bewakers self bewaak? // 'who shall keep the keepers?'* (Gifford).

quis tulerit Gracchos de seditione querentes? (Juv. sat. 2.24) *wie sou die Gracchi-broers* (oproerstokers) *verduur as hulle hul oor oproer bekla? // 'who would endure a Gracchus declaiming against agitators?'* (Jeyes).

quisque renuntiare potest iuri pro se introducto (vide supra s.v. **invito beneficium non datur** et locos ibi citt.) *iedereen mag 'n reg van die hand wys wat vir sy voordeel geskep is // anyone may decline a right created on his behalf.*

quivis praesumitur bonus donec probetur contrarium *iedereen word onskuldig geag totdat die teendeel bewys word // everyone is presumed innocent until the contrary is proved.*

quo modo quid constituitur eodem modo dissolvitur (cf. supra s.v. (i) **fere quibuscumque** (ii) **nihil tam naturale**) *op dieselfde wyse as iets ingestel word, word dit* (ook) *ontbind // in the same manner as anything is constituted it is* (also) *dissolved.*

quo res magis valeat quam pereat (Dig. 34.5.12(13); cf. infra s.v. **quotiens in actionibus**).

quod a quoquo poenae nomine exactum est id eidem restituere nemo cogitur (Gaius: Dig. 50.17.46) *wat van enigeen by wyse van boete gevorder is word niemand verplig om aan dié persoon terug te gee nie // that which has been exacted from anyone as a penalty no one is obliged to restore to such a person.*

quod ab initio non valet in tractu temporis non convalescit (cf. infra s.v. **quod initio vitiosum**) *wat van die begin af (van meet af aan) ongeldig is, word nie as gevolg van tydsverloop geldig nie // that which is void from the beginning does not gain validity by the effluxion of time.*

quod abundat non vitiat (cf. (i) supra s.v. **non solent;** (ii) infra s.v. **superflua;** (iii) Dig. 33.8.6.1) *die oortollige maak nie nietig (ongeldig) nie // redundancy does not invalidate.*

quod ad ius naturale attinet omnes homines aequales sunt (Ulp.: Dig. 50.17.32) *t.a.v. die natuurreg is alle mense gelyk // natural law regards all men as equal.*

quod alias non fuit licitum, necessitas licitum facit (cf. infra s.v. (i) **quod necessitas** (ii) **quod non licitum** (iii) **si quemcumque alium** (iv) **vim vi defendere** (v) **vim vi repellere**); etiam (vi) Cic. pro Milone 3.7–4.10) *wat andersins nie geoorloof (wettig) is nie, dit veroorloof die noodsaak* (of: *noodweer*) *// what otherwise was not lawful, necessity makes lawful.*

quod alicui debetur alius sine voluntate eius non potest exigere (Gaius: Dig. 3.5.38(39)) *wat aan iemand verskuldig is, kan 'n ander nie regtens sonder die instemming van e.g. opeis nie // where money is owing to anyone another cannot without the consent of the former legally claim payment of it.*

quod alicuius est, id ei dari non potest (Gai. 3.99) *wat aan iemand behoort kan nie aan hom oorgedra word nie // what belongs to a man cannot be given to him.*

quod ante nullius est, id naturali ratione occupanti conceditur (Inst. 2.1.12) *wat vantevore niemandsgoed is, word volgens die natuurlike rede die eiendom van die inbesitnemer // what previously belonged to no one is by natural reason accorded to the first occupant.*

quod approbo non reprobo (cf. supra s.v. **qui approbat;** et infra s.v. **simul sorbere**) *wat ek goedkeur verwerp ek* (nie terselfdertyd) *nie; ek kan nie warm en koud uit een mond blaas nie // I do not* (i.e. cannot) *approve and reject* (at the same time).

quod cibus est aliis, aliis est venenum (anon.) *die een se dood, is die ander se brood // one man's meat is another man's poison.*

quod cito acquiritur cito perit *so gewonne so geronne // easy come easy go.*

quod constat curiae, operae testium non indiget *wat vir die hof duidelik is, vereis nie die steun van getuies nie // what is clear to the court does not need the aid of witnesses.*

quod contra legem fit pro infecto habetur *wat strydig met die reg geskied, word as nie gedaan beskou // what is done contrary to law is regarded as not done.*

quod contra rationem iuris receptum est, non est producendum ad consequentias (Paul.: Dig. 1.3.14 = 50.17.141 pr.; cf. infra s.v. (i) **quod non ratione** (ii) Bonif. VIII reg. xxviii) *wat strydig met die beginsels van die reg aanvaar is, moet nie tot sy (logiese) konsekwensies gevoer word nie (tot presedent verhef, na analoë gevalle oorgedra word nie) // where anything has been accepted contrary to the principles of law, it must not be applied to its full extent (is not to be drawn into a precedent).*

quod cuique pro eo praestatur, invito non tribuitur (Ulp.: Dig. 50.17.156.4; cf. supra s.v. **invito beneficium** et locos ibi citt.) *wat aan iemand vir sy voordeel toegestaan word (kan), nie teen sy sin aan hom opgedring word nie // what is granted to anyone for his own benefit (cannot) be forced upon him against his will.*

quod dicimus eum, qui nasci speratur, pro superstite esse, tunc verum est, cum de ipsius iure quaeritur: aliis enim non prodest nisi natus (Paul.: Dig. 50.16.231; cf. supra s.v. **qui in utero est**) *ons stelling dat 'n kind wat nog verwag word as reeds bestaande beskou word, gaan slegs dán op wanneer dit om sy eie regte gaan, want hy kan ander slegs na sy geboorte bevoordeel // when we say that a child who is expected to be born, is considered as already in existence, this is true only where his rights are in question; for only after his birth can he benefit others.*

quod divini iuris est, id nullius in bonis est (Gaius: Dig. 1.8.1 pr = Inst. 2.1.7) *wat aan die goddelike reg onderhewig is, is niemand se eiendom nie // what is subject to divine law is no man's property.*

quod enim semel aut bis existit praetereunt legislatores (cf. supra s.v. (i) **ad ea potius** (ii) **ex his quae** (iii) **iura non in singulas;** infra s.v. (iv) **quod raro** (v) **quod semel** (vi) **sciant (iudices)**) *wetgewers steur hulle nie aan dit wat maar een of twee keer gebeur nie (aan uitsonderlike gebeurlikhede nie) // that which never happens but once or twice (exceptional contingencies) legislators pass by (ignore).*

quod ex lege datum est lucrum, privatus auferre modis omnibus auferre non valebit (Nov.) *wat kragtens reg as wins toegeken is, sal 'n private persoon op generlei wyse kan afneem nie // a private person will in no way be able to take away profit legally awarded.*

quod factum est infectum manere impossibile est (Nov.) *gedane sake het geen keer nie // what is done cannot be undone.*

quod gratis asseritur, gratis negatur (anon.) *wat gratis beweer word, word gratis ontken // what is affirmed gratis, may be denied gratis.*

quod initio vitiosum est, non potest tractu temporis convalescere (Paul.: Dig. 50.17.29; cf. 50.17.210 et supra s.v. **quae ab;** etiam Bonif. VIII reg. xviii: **non firmatur tractu temporis, quod de iure ab initio non subsistit**) *wat van meet af aan nietig is, kan nie deur tydsverloop geldig word nie // that which is void from the beginning cannot become valid by the effluxion of time.*

quod ipsis qui contraxerunt obstat, èt successoribus eorum obstabit (Ulp.: Dig. 50.17.143) *wat vir die kontraksluiters self 'n beletsel is, sal dit ook vir hul opvolgers in regte wees // that which bars those who have made a contract will bar their successors also.*

quod iussu alterius solvitur, pro eo est quasi ipsi solutum esset (Paul.: Dig. 50.17.180; i.q. supra s.v. **qui mandat solvi**) *wat in opdrag van 'n ander betaal is, is so goed as aan hom self betaal // what has been paid at the command (charge) of another is the same as if it had been paid to that party himself.*

quod legislator voluit dixit, quod noluit tacuit *wat die wetgewer wou hê, het hy gesê; wat hy nie wou hê nie, het hy verswyg // what the legislator wanted he expressed; what he did not want he kept silent about.*

quod licet Iovi non licet bovi (incerti auctoris) *wat Jupiter mag (doen), mag 'n bees nog nie // what Jupiter may do an ox may not.*

quod metus causa (cf. Dig. tit. 4.2) *op grond van vrees* (aksie of eksepsie, gegrond op beweerde dwang deur middel van vreesaanjaging) // *on the ground of fear or intimidation* (action or exception based on constraint induced by intimidation).

quod meum est amplius meum fieri non potest (Pothier; cf. supra s.v. (i) **nec quod actoris;** (ii) **nec res quae iam;** infra s.v. (iii) **quod proprium**) *wat (reeds) myne is kan nie nog meer myne word nie // what is mine cannot become mine in a higher degree.*

quod meum est sine me auferri non potest *wat myne is kan sonder my* (medewerking my) *nie ontneem word nie // that which is mine cannot be taken without me* (i.e. without my assent).

quod natura dat, nemo tollere potest *wat die natuur skenk kan niemand wegneem nie // what nature bestows no one can take away.*

quod naturalis ratio inter omnes homines constituit, . . . vocatur ius gentium (Gaius: Dig. 1.1.9) *wat die natuurlike rede onder alle mense bepaal het, . . . staan as die volkereg bekend // that which natural reason has established among all men, . . . is called 'the law of nations'.*

quod necessitas cogit defendit (cf. 1915 AD 209; supra s.v. (i) **eum qui cum** (ii) **quod alias non fuit licitum,** et locos ibi citt.) *dit waartoe die noodsaak dwing, word (juis) daardeur verskoon; nood breek wet // what necessity compels, it excuses; necessity knows no law.*

quod non apparet non est *wat nie verskyn nie (word geag) nie te bestaan nie* (in die bewysreg) // *what does not appear does not exist* (in the law of evidence).

quod non est in actis non est in mundo *wat in die stukke nie staan nie, bestaan nie // what is not part of the papers is (regarded as) non-existent.*

quod non licitum est in lege, necessitas facit licitum (vide supra s.v. **quod alias non** q.v.) *nood breek wet; wat regtens nie geoorloof is nie, dit veroorloof die noodsaak* (of: *noodweer*) // *what is not permissible in law, necessity makes lawful; necessity knows no law.*

quod non opus est, asse carum est (Cato ap. Sen. epist. 94.27) *wat jy nie nodig het nie is duur teen 'n duit // what you do not need, is dear even at a farthing.*

quod non ratione introductum, sed errore primum deinde consuetudine optentum est, in aliis similibus non optinet (Cels.: Dig. 1.3.39; cf. supra s.v. **quod contra rationem**) *dit wat sonder redelike grond ingestel is, maar aanvanklik by wyse van dwaling ingestel en vervolgens deur gebruik gevestig is, geld nie in ander analoë gevalle nie // that which has in the first place been introduced not in virtue of any rule but through error and subsequently established by custom, shall not prevail in any analogous cases.*

quod non vetat lex hoc vetat fieri pudor (Sen. Troad. 334) *wat geen wet verbied nie verbied die gewete (soms) dat dit geskied // what no law forbids one's moral sense (sometimes) rejects.*

quod nullius esse potest, id ut alicuius fieret, nulla obligatio valet efficere (Paul.: Dig. 50.17.182) *geen ooreenkoms* (lett. verbintenis) *vermag om iets wat geen eiendom kan wees nie die eiendom van iemand te laat word nie // no agreement can avail to make that the property of anyone which cannot be acquired as property.*

quod nullius est, id ratione naturali occupanti conceditur (Inst. 2.1.12; Gaius: Dig. 41.1.3 pr.; cf. adagium proximum) *dit wat aan niemand behoort nie, val kragtens die natuurlike rede die inbesitnemer toe // that which belongs to no one is by natural law granted to him who takes possession of it.*

quod nullius est, primo occupanti cedit (i.q. adagium praecedens) *niemands goed word die eiendom van die eerste inbesitnemer* (sinoniem met vorige spreuk // *that which belongs to no one becomes the property of whomsoever first appropriates it* (synonymous with previous maxim).

quod nullum est nullum producit effectum (cf. Cod. 1.14.5.1: **pro infectis habeantur**) *wat nietig is, bring geen gevolg tot stand nie // what is void (not valid) produces no effect.*

quod pendet non est pro eo quasi sit (Paul.: Dig. 50.17.169.1) *dit wat hangende (onbeslis) is, geld nie as bestaande nie // anything which is yet in suspense is not considered to exist.*

quod principi placuit, legis habet vigorem (Ulp.: Dig. 1.4.1 pr. = Inst. 1.2.6) *die wil van die keiser het die krag van wet // the will of the emperor has the force of law.*

quod proprium est ipsius, amplius eius fieri non potest (Inst. 2.20.10; cf. supra s.v. (i) **nec res quae;** (ii) **quod meum est amplius**.

quod pure debetur praesenti die debetur (cf. supra s.v. (i) **in omnibus obligationibus;** infra s.v. (ii) **quod pure relictum** (iii) **quod sine die debetur** (iv) **quotiens (autem) in obligationibus**) *wat onvoorwaardelik verskuldig is, is onmiddellik verskuldig // that which is due unconditionally, is due now.*

quod pure relictum est statim debetur (Ulp.: Dig. 34.4.9) *wat onvoorwaardelik bemaak is, sal onmiddellik verskuldig wees // what has been unconditionally bequeathed, shall be due immediately.*

quod quidem perquam durum est, sed ita lex scripta est (Ulp.: Dig. 40.9.12.1) *dit is nou wel erg drukkend maar so is die wet* (nou eenmaal) *opgeteken // this is indeed excessively harsh, but such is the recorded law.*

quod quis ex culpa sua damnum sentit, non intellegitur damnum sentire (Pomp.: Dig. 50.17.203; cf. supra s.v. (i) **decipi non** (ii) **nemo enim (videtur)** (iii) **nulla iniuria** (iv) **nullam iniuriam;** infra s.v. (v) **volenti non fit;** et (vi) Bonif. VIII reg. lxxxvi: **damnum quod quis sua culpa sentit, sibi debet non alii(s) imputare**) *die skade wat iemand deur sy eie toedoen (skuld) ly, geld nie as skade nie // the damage which a party experiences from his own fault is not considered as his damage.*

quod quis sciens indebitum dedit hac mente, ut postea repeteret, repetere non potest (Pomp.: Dig. 12.6.50) *dit wat iemand gegee het terwyl hy weet dat dit nie verskuldig is nie* (maar) *met die bedoeling om dit later terug te vorder, kan hy nie terugvorder* *nie // that which someone has given, knowing it not to be due* (but) *with the intention of recovering it later, he cannot recover.*

quod quis si velit habere non possit, id repudiare non potest (Paul.: Dig. 50.17.174.1) *dit wat iemand, indien hy sou wil, nie kan verkry nie, kan hy nie verwerp nie* (van die hand wys nie) *// anything which a person cannot have, even if he wishes it, he cannot reject.*

quod quis suo nomine solvit, non debitoris, debitorem non liberat (Ulp.: Dig. 5.3.31 pr.) *wat iemand namens homself, nie namens die skuldenaar nie, betaal, bevry die skuldenaar nie // that which anyone pays on his own behalf, not for the debtor, does not free the debtor* (of his liability).

. . . quod quisque ob tutelam corporis sui fecit, iure fecisse existimatur (Florentinus: Dig. 1.1.3; cf. supra s.v. **adversus eum** et locos ibi citt.) *alles wat 'n mens ter beskerming van sy liggaam gedoen het, word as 'n regmatige handeling beskou // whatever a person has done for the protection of his body he is considered to have done lawfully.*

quod raro fit non observant legislatores (novella Just.; cf. supra s.v. (i) **ea quae raro** (ii) **ex his quae** (iii) **iura non in;** infra s.v. (iv) **quod semel** (v) **sciant (iudices)**) *die wetgewers neem seldsame gebeurlikhede nie in ag nie // that which rarely occurs (rare contingencies) legislators do not heed.*

quod ratio nequiit saepe sanavit mora (Sen. Agam. 130) (die smarte) *wat die verstand nie kon heel nie het die verloop van tyd al dikwels genees //* (sorrows) *which reason could not cure the passing of time has often healed.*

quod semel aut bis existit praetereunt legislatores (paraphrasis est Dig. 1.3.3–6, ubi vide textum Theophrasti Graecum sic a Mommseno Latine versum: **nam quod semel vel bis factum est, praetereunt legum latores**) *die wetgewers steur hulle nie aan wat (slegs) een of twee keer gebeur nie // legislators pass over (ignore) what happens (only) once or twice.*

quod senior loquitur, omnes consilium putant (Publ. Syr. Q. 54) *wat 'n ou man sê beskou iedereen as wysheid // what an old man says is regarded as wisdom by everybody.*

quod sine die debetur statim debetur (i.q. supra s.v. **quod pure** et infra s.v. **statim debetur**) *wat sonder termyn verskuldig is, is onmiddellik verskuldig // that which is due without a time limit (deadline) is due immediately.*

quod solo inaedificatur solo cedit (Inst. 2.1.29) *wat op die grond gebou word, hoort by (word deel van) die grond // whatever is built on the soil is an accessory of the soil.*

quod tacitum esse velis nemini dixeris (anon.) *dit wat jy as geheim bewaar wil sien moet jy vir niemand sê nie // what you wish to be kept quiet you should tell to no one.*

quod tua nihil refert, ne cures *bekommer jou nie oor wat jou niks aangaan nie // do not concern yourself about what is none of your business.*

quod universitatis est non est singulorum (cf. Dig. 1.8.6.1 = Inst. 2.1.6; infra s.v. **universitatis sunt**) *die eiendom van 'n regspersoon* (of: *van die gemeenskap*) *behoort nie aan die afsonderlike individue nie // the property of a corporation* (or: *of the community*) *does not belong to the individuals severally.*

quod venditor ut commendet dicit, sic (est) habendum quasi neque dictum neque promissum est (Ulp.: Dig. 4.3.37) *wat die verkoper vertel om (sy ware) op te vysel, moet beskou word asof dit nie gesê of belowe is nie // when a vendor says something by way of puffing his merchandise, it should be considered that he has neither said nor promised anything.*

quod vero contra rationem receptum est etc. (Dig. 50.17.141 pr.) vide supra s.v. **quod contra rationem**.

quod vide (abbr. **q.v.**) *slaan dit na // which see.*

quod vix contingit, plus voluptatis parit (Publ. Syr. Q 21) *wat moeisaam tot stand kom, verskaf groter vreugde // what is brought about/wrought laboriously provides greater pleasure.*

quondam (bw.; b.nw.) *vroeër(e)* // **a. adv.** *former(ly).*

quorum *kworum* (die minimum aantal lede nodig om geldige besluite op 'n vergadering te neem) // *a quorum* (the minimum number of members competent to transact business at a meeting).

quot homines tot sententiae (Ter. Phormio 454) *soveel hoofde, soveel sinne // so many men, so many minds.*

quot servi tot hostes *soveel slawe, soveel vyande // so many servants, so many foes.*

quota litis *eweredige deel* (in die opbrengs van 'n geding) // *proportionate share* (in the proceeds of a suit).

quota pars *eweredige deel // share; proportion.*

quotiens concurrunt plures actiones eiusdem rei nomine una quis experiri debet (Ulp.: Dig. 50.17.43.1) *so dikwels as meerdere aksies gelyktydig t.a.v. dieselfde saak ontvanklik word (saamval), moet 'n mens (die eiser) met een van hulle optree // as often as several actions lie simultaneously with regard to the same thing* (the plaintiff) *should go to law* (institute action) *with one of these.*

quotiens dubia interpretatio libertatis est, secundum libertatem respondendum erit (Pomp.: Dig. 50.17.20) *so dikwels as daar onsekerheid i.v.m. die toekenning van vryheid is, moet die uitspraak ten gunste van vryheid wees // whenever the meaning of a grant of freedom is doubtful, a decision must be rendered in favour of freedom.*

quotiens idem sermo duas sententias exprimit, ea potissimum excipiatur quae rei gerendae aptior est (Julian.: Dig. 50.17.67) *so dikwels as dieselfde woorde twee betekenisse uitdruk, moet dié een aanvaar word wat die* (beoogde) *doel die beste in die hand werk // whenever the same words express two meanings, that is to be taken which is the better fitted for carrying out the* (proposed) *end.*

quotiens in actionibus aut in exceptionibus ambigua oratio est, commodissimum est id accipi quo res magis valeat quam pereat (Julian.: Dig. 34.5.12(13); cf. adagium simillimum: Dig. 45.1.80) *so dikwels as daar by eise (aksies) of eksepsies dubbelsinnige woorde voorkom, is dit die gerieflikste dat daardie vertolking aanvaar word waardeur die saak in geding eerder behoue sal word as teniet sal gaan // whenever there is any ambiguous formulation in an action or exception, it is most convenient that it should be construed in such a way that the property in dispute should be preserved rather than lost.*

quotiens in obligationibus dies non ponitur, praesenti die pecunia debetur . . . (Ulp.: Dig. 45.1.41.1; cf. supra s.v. (i) **in omnibus obligationibus** (ii) **quod pure relictum**) *so dikwels as daar by verbintenisse geen termyn gestel word nie, word die geld op die huidige dag verskuldig . . . // as often as a day is not stated in obligations, the money is regarded as immediately due . . .*

quotiens in stipulationibus ambigua oratio est, commodissimum est id accipi, quo res, qua de agitur, in tuto sit (Ulp.: Dig. 45.1.80) *so dikwels as die bewoording by stipulasies dubbelsinnig is, is dit die gerieflikste dat dié betekenis aanvaar word wat die behoud van die saak in geskil verseker // as often as the language (used) in stipulations is ambiguous it is most convenient to adopt the meaning which ensures the preservation of the property in question.*

quotiens in verbis nulla est ambiguitas (Dig. 32.25.1; vide supra s.v. **cum in verbis**).

quotiens nihil sine captione investigari potest, eligendum est quod minimum habet iniquitatis (Javol.: Dig. 50.17.200) *so dikwels as daar* (by 'n verhoor) *geen uitsluitsel sonder benadeling bereik kan word nie, moet daar* (deur die regter) *aan dié beslissing voorkeur gegee word wat tot die minste onbillikheid aanleiding gee // as often as* (in the course of a trial) *no decision without prejudice can be arrived at that course should be adopted* (by the judge) *which involves the least injustice.*

quotiens per eum cuius interest etc. cf. supra s.v. **in iure civili receptum.**

quotiens quis debitor ex pluribus causis unum debitum solvit, est in arbitrio solventis dicere, quod potius debitum voluerit solutum, et quod dixerit id erit solutum (Ulp.: Dig. 46.3.1) *so dikwels as 'n skuldenaar wat verskeie skulde aangegaan het, een skuld betaal, berus dit by hom om te verklaar watter verpligting hy verkies om na te kom, en die een wat hy aanwys sal betaal wees // as often as a debtor settles a debt after incurring several obligations, he is entitled to state which* (of these) *he prefers to discharge, and the one which he has indicated shall be considered paid.*

quum de lucro duorum quaeratur, melior est causa possidentis (Ulp.: Dig. 50.17.126.2; cf. supra s.v. (i) **melior est** (ii) **potior est condicio possidentis**) *wanneer dit 'n kwessie van die vermoënsvoordeel van twee persone is, is die saak van die besitter die sterkste // when the question is as to the gain of two persons, the title of the party in possession is the better one.*

quum in testamento ambigue aut etiam perperam scriptum est, benigne interpretandum (Mom.) et secundum id quod credibile est cogitatum (esse scil.) **credendum est** (Marcellus: Dig. 34.5.24) *wanneer daar in 'n testament 'n dubbelsinnige of selfs 'n foutiewe uitdrukking voorkom, moet dit welwillend uitgelê word en daar moet veronderstel word dat dit ooreenkomstig wat aanneemlik is* (deur die erflater) *bedink is // when in a will an ambiguous or even an erroneous expression occurs, it should be interpreted favourably* (construed liberally) *and it should be presumed to have been conceived* (by the testator) *in accordance with what is credible (probable, plausible).*

quum quid prohibetur, prohibentur omnia quae sequuntur ex illo (Bonif. VIII reg. xxxix) *wanneer iets verbied word, word alles verbied wat* (logies) *daaruit volg // when anything is prohibited, everything that* (logically) *follows from it is prohibited* (also).

quum quid una via prohibetur alicui, ad id alia non debet admitti (Bonif. VIII reg. lxxxiv) *wanneer die bereiking van 'n doel langs een weg vir iemand belet word, behoort hy nie toegelaat te word om dit langs 'n ander te bereik nie // when attaining a goal in one way is forbidden to a party, he should not be allowed to reach it in another.*

R

r.r. i.q. **reservatis reservandis** *met die nodige voorbehoude; onder voorbehoud van wat voorbehou moet word // with the necessary reservations* (or *provisos*).

rapienda occasio est, quae praebet benignius responsum (Paul.: Dig. 50.17.168) *die geleentheid wat hom tot 'n toeskietliker uitspraak leen moet aangegryp word // that course should be pursued which affords the prospect of a more indulgent finding.*

raptus -us m. *skaking; ontvoering;* (gewelddadige) *vroueroof // abduction; rape.*

rara avis (Hor. sat. 2.2.26) *'n seldsame voël; 'n uitsonderlike verskynsel // a rare bird; a rare phenomenon;* **— — in terris, nigroque simillima cycno** (Juv. 6.165) *'n seldsame voël op aarde, kompleet soos 'n* **gitswart** *swaan* (aan die Romeine onbekend) *// a bird but rarely seen on earth, just like a* **black** *swan* (unknown to the Romans).

ratam rem habere (Ulp.: Dig. 46.8.12.1; cf. infra **ratihabitio**) *'n saak bekragtig // to ratify a matter.*

ratihabitio -onis f. *goedkeuring; bekragtiging* van (1) 'n eie regshandeling waaraan daar 'n gebrek kleef; (2) die handeling van 'n ander bv. van 'n lashebber wat buite sy opdrag gehandel het of van 'n saakwaarnemer, sonder magtiging verrig // *approval; ratification* of (1) one's own invalid act (labouring under a defect); (2) the act of another, e.g. of an agent (or mandatary) who has exceeded his mandate, or of a negotiorum gestor (agent of necessity).

ratihabitio constituet tuum negotium quod ab initio tuum non erat, sed tua contemplatione gestum (Ulp.: Dig. 3.5.5.11 ad f.; cf. infra s.v. **rectius enim**) *bekragtiging sal tot jou handeling maak dit wat nie van die begin af jou handeling was nie, maar met die oog op jou verrig is // ratification will make your act one which was not from the beginning yours but was done in contemplation of your interests.*

ratihabitio mandato aequiparatur (vel **comparatur**) (Ulp.: Dig. 46.3.12.4; cf. Dig. 3.5.5.11; 43.16.1.14; 50.17.60 et 152.2; Cod. 8.42(43).12; Bonif. VIII reg. x; et infra s.v. **si quis ratum habuerit**) *bekragtiging is die gelyke van 'n opdrag (magtiging) // ratification is the equivalent of* (an express) *mandate.*

ratio -onis f. *rede; grond; aanleiding tot; oorweging // reason; ground; cause; motive; occasion* (leading to . . .); **— decidendi** *grond vir 'n beslissing; oorweging wat ten grondslag aan 'n beslissing lê; deurslaggewende oorweging by 'n beslissing // ground for decision; decisive* (underlying) *ground for the court's ruling;* **— iuris** *algemene regsbeginsels // general principles of law;* **— legis** *die strekking van 'n wet; aanleidende oorsaak van 'n wet // reason for the passing of a law;* **nulla pretiosa —** (Gai. 1.190) *geen oortuigende grond // no valid reason.*

ratio magis speciosa videtur quam vera (Gai. 1.190) *die grond/rede skyn plousibel eerder as juis // the reason appears plausible/specious rather than true.*

ratio non permittit ut alterius arbor esse intellegatur quam cuius in fundum radices egisset (Inst. 2.1.31 ad f.) *die rede laat nie toe dat 'n boom beskou word as* (die eiendom) *van 'n ander as van die een in wie se grond dit wortel geskiet het nie // reason does allow a tree to be treated as the property of anyone but the person in whose land it has driven its roots.*

ratio (sc. naturalis et civilis) **suasit alienam condicionem meliorem quidem etiam ignorantis et inviti nos facere posse, deteriorem non posse** (Gaius: Dig. 3.5.38(39)) *sowel die natuurlike rede as die reg het bepaal dat ons weliswaar die posisie van 'n ander, selfs as hy onwetend of onwillig is, kan verbeter maar nie slegter kan maak nie // both* *natural reason and the law have established the rule that we may, even without his knowledge or against his will, improve the condition of another, but that we cannot make it worse.*

re (1) *in verband met; in die saak van // in the matter of;* (2) (in iure successionis) vide supra s.v. (i) **coniunctio** (ii) **ius accrescendi inter coheredes observandum** (ad init. col. 2 p. 210).

re adhuc integra *wanneer daar nog geen uitvoering aan die saak gegee is nie // while as yet no effect has been given to the matter.*

re et verbis (in iure successionis) vide supra s.v. (i) **coniunctio** (ii) **ius accrescendi inter coheredes observandum** (supra ad init. col. 2 p. 215).

re infecta *onverrigter sake // without accomplishing its object.*

rebus inest quidam velut orbis (Tib. imperator apud Tac. ann. 3.55 sub f.) *daar is 'n soort kringloop* (van ontwikkeling) *in die natuur // there is a kind of cyclical course* (of development) *in nature.*

rebus iudicatis standum est (Cod. 7.52.1; an. 213; cf. infra s.v. **stare decisis**) *gewysdes (gegewe beslissings) moet nagevolg word // decided cases should be adhered to.*

rebus sic stantibus *solank (mits) sake onveranderd bly* (van belang veral in die volkereg) *// as long as circumstances remain unchanged* (applicable particularly in international law).

recedere ab emptione (Inst. 3.23 pr.) *uit die koop terugtree // resile/withdraw from the sale.*

receptum est ne inter virum et uxorem donationes valeant (Ulp.: Dig. 24.1.1) *dis die erkende reg dat skenkinge tussen man en vrou nietig is // it is accepted law that gifts between husband and wife are void.*

receptum est ut leges tacito consensu omnium per desuetudinem abrogentur (Julian.: Dig. 1.3.32.2; cf. supra s.v. **eius est tollere**) *dis die erkende reg dat wette deur die stilswyende instemming van almal d.m.v. onbruik herroep kan word // the rule has been adopted that laws shall be abrogated through disuse by the silent consent of all.*

receptum nautarum, cauponum, stabulariorum (Dig. 4.9) *die aanspreeklikheid van skippers, herbergiers en stalhouers // liability of sailors, innkeepers and proprietors of stables.*

recte possidenti ad defendendam possessionem, quam sine vitio tenebat, inculpatae tutelae moderatione illatam vim propulsare licet (Cod. 8.4.1; an. 290) *dit staan die wettige besitter vry om vir die beskerming van die besit wat hy sonder gebrekkige titel hou, enige geweldpleging af te weer, maar met die beheersing* (kenmerkend) *van 'n regmatige verdediging // the lawful possessor has the right to ward off any violence for the protection of the possession which he holds under a title which is not defective* (but must do so) *with the self-control which goes with the lawful protection of property.*

rectius enim dicitur in maleficio ratihabitionem mandato comparari (Ulp.: Dig. 43.16.1.14; cf. Dig. 50.17.152.2 et supra s.v. **in maleficiis**) *want daar word met meer reg beweer dat by misdaad bekragtiging die ekwivalent van 'n opdrag is // for it is said with greater truth that in crime ratification is the equivalent of an order* (to commit it).

rectus in curia *party met 'n eerlike saak // upright in court: litigant with an honest cause.*

recusare (1) *verwerp, weier // decline, refuse, reject.*

redemptio -onis f. (1) *terugkoop* (2) *afkoop; loskoop //* (1) *buying back* (2) *redemption.*

red-hibeo (2) -hibui -hibitum *teruggee* (weens verborge gebreke) *// return article* (because of latent defects).

redeo: ad se redire *sy selfbeheersing herwin // to regain one's self-possession.*

reditus -us m. *opbrengs; profyt; wins // income, return, profit, revenue.*

reductio ad absurdum onvert.; (weerlegging van 'n stelling deur te bewys dat dit tot onsinnige gevolgtrekkinge lei) // untransl.; (confutation of a proposition by proving that it would lead to absurd conclusions).

referens finem et effectum accipit a relato, nam relatum intellegitur esse in referente (cf. supra s.v. **non creditur**) die dokument *wat verwys, bereik sy doel en uitwerking uit dié een waarna daar verwys is (want dit waarna daar verwys is, word geag aanwesig te wees in die een wat verwys) //* the document *referring to another attains its goal and effect from that referred to (for that to which reference is made is regarded as being present in the one referring to it).*

regalia *attribute van die kroon //* untr.

regnare non vult, esse qui invisus timet (Sen. Phoen. 654) *wie ongewildheid vrees, wil nie regeer nie // he who dreads unpopularity has no wish to rule.*

regressus -us m. *regres; verhaal* (van koper op verkoper, veral by uitwinning) *// recourse;* **ius regressus** *verhaalsreg; regresreg // right of recourse* (esp. in case of eviction, against seller).

regula -ae f. *reël // rule.*

regula Catoniana (vide supra s.v. **quod initio;** et Bonif. VIII reg. xviii citata s.v. **quod initio**) *blote tydsverloop kan nie 'n ongeldigheid genees nie // mere effluxion of time cannot validate what is void.*

regula est iuris antiqui omnes licentiam habere his quae pro se introducta sunt renuntiare (Cod. 1.3.50 pr.; 2.3.29.1; cf. supra s.v. (i) **cuilibet licet** (ii) **invito beneficium** (iii) **quilibet iuri**) *dit is 'n reël van die oú reg dat dit almal vrystaan om van die voordele wat om hulle ontwil ingevoer is afstand te doen // it is a rule of very old law that all may renounce the benefits introduced on their behalf.*

regula est iuris quidem ignorantiam cuique nocere, facti vero ignorantiam non nocere (Paul.: Dig. 22.6.9 pr.; cf. Cod. 1.18.2, et infra s.v. **sciant ignorantiam**) *dis 'n reël dat onbekendheid met die reg wel iedereen benadeel dog onbekendheid met die feite nie // it is a rule that everyone is prejudiced by his ignorance of the law but not by his ignorance of fact.*

regula est quae rem quae est breviter enarrat; non ex regula ius sumatur, sed ex iure quod est regula fiat; per regulam igitur brevis rerum narratio traditur, . . . (Paul.: Dig. 50.17.1) *'n reël is 'n bondige samevatting van die onderhawige geval; laat die reg nie uit 'n reël geput word nie, maar laat die reël sy ontstaan aan die bestaande reg ontleen; daarom word 'n bondige uiteensetting van die aangeleenthede deur middel van die reël gegee . . . // a rule is a concise statement of the case in hand; the law should not be taken from a rule, but the rule should stem from existing (positive) law; hence a short statement of the points in issue is made by the rule . . .*

regula ex iure, non ius ex regula sumitur (anon.) *die reël spruit uit die reg, nie die reg uit 'n reël nie // the practice is derived from the law, not vice versa.*

regula pro lege si deficit lex *waar 'n* (uitdruklike) *regsbepaling ontbreek, geld die* (algemene) *regsreël* (of *-spreuk*) *// in default of a law the maxim rules.*

rei vindicatio -onis f. (cf. infra s.v. ubi rem meam) *saakopvolging; opeising van eiendom* (of: *van die eie goed*) *in regte; vindikatoriese aksie // vindicatory action* (recovery of property by the owner from any person in possession of it).

reiectio -onis f. *wraking* (van regter) *// challenge* (of a judge).

relatum inest referenti (v. d. Keess. MS. p. 744 vol. iii p. 108; vide supra s.v. (i) **non creditur referenti;** (ii) **referens finem**) *dit waarna verwys is, is deel van dit wat verwys // that which has been referred to forms part of* (the document) *referring to it.*

religio -onis f. (in nie-religieuse sin) *eed; eerbied; gewetensbeswaar; nougesetheid // oath; respect; scruple; conscientiousness.*

relocatio -onis f. *herverhuur* (stilswyend of uitdruklik) *// renewal of a lease* (tacit or express).

rem alienam distrahere quem posse nulla dubitatio est (Ulp.: Dig. 18.1.28) *dit staan bo twyfel dat iemand die saak van 'n ander kan verkoop // there is no doubt that anyone else can sell property belonging to another.*

remedium -ii n. iuris *regsmiddel // legal remedy.*

remedium frustra est contra fulmen quaerere (Publ. Syr. R. 14) *dis vrugteloos om beskerming teen die weerlig te soek // it is in vain to seek for a remedy against the lightning.*

remissio -onis f. *kwytskelding // remission* (of taxes etc.).

remittentibus actiones suas non est regressus dandus (Ulp.: Dig. 21.1.14.9; cf. supra s.v. **ad iura renuntiata**) *aan diegene wat hul regte op aksies laat vaar het, moet geen verhaalsreg toegestaan word nie // those who have given up their rights of action shall have no rights of recourse.*

renascentia -ium n. pl. *goed wat vanself weer groei // things which grow (sprout) again spontaneously.*

renuntiatio -onis f. *afstand(doening) van 'n voorreg // reunciation, relinquishment of a privilege.*

reo negante actori incumbit probatio (cf. supra s.v. (i) **actore non probante** (ii) **actori incumbit** (iii) **affirmanti** (iv) **ei incumbit** (v) **ei qui**) *as die verweerder* (die bewering) *ontken, moet die eiser die bewys lewer* (rus die bewyslas op die eiser) *// if the defendant denies* (the allegation) *the* (onus of) *proof rests upon the plaintiff.*

repente dives nemo factus est bonus (Publ. Syr.) *geen eerbare man het nog skielik ryk geword nie // no good man ever became suddenly rich.*

repetitio est mater studiorum (anon.) *herhaling is die moeder van studie // repetition is the mother of study.*

repre-hendo (3) -prehendi -prehensum *berispe, bestraf; laak // blame, censure, rebuke.*

reprobare (1) *afkeur, verwerp // condemn, disapprove; reject.*

repudiatio -onis f. *verwerping* (van nalatenskap) // *rejection* (of an inheritance).

repudium -ii n. (cf. Dig. 50.16.191 supra s.v. **divortium**).

repudium scribere alci, i.q. **nuntium remittere alci** (Cic. de orat. 1.40) *skei* (eggenoot) // *divorce* (husband or wife).

rerum universitas -tatis f. *'n geheel; 'n versameling van sake* (soos 'n trop) teenoor individuele sake, **res singulares,** bv. individuele skape // *a whole, a collection of things* (such as a flock) as against particular things, **res singulares,** e.g. individual sheep.

res rei f. *saak* (voorwerp van regte) // *thing* (object of rights): **rei appellatione èt causae èt iura continentur** (Ulp.: Dig. 50.16.23) *onder die benaming 'saak' word ook 'gedinge' en 'regte' inbegryp // under the term 'property' are also included 'actions at law' and various 'rights'.*

I. LOCUTIONES UBI VOCABULUM 'RES' ADHIBETUR.

res accessoria *bykomende saak; bysaak // accessory thing* (concomitant of or belonging to the principal thing); — **adversae discordiam peperere** (Tac. hist. 4.37) *tweedrag het twis voortgebring // adversity brought forth discord;* — **afflictae/dubiae** *kritieke toestand // critical situation;* — **alicuius** *saak van iemand* (teenoor **res nullius** q.v.) // *thing belonging to someone* (as against **res nullius** q.v.); — **aliena** *saak van 'n ander // thing of another;* — **alienabilis** *vervreembare saak // alienable thing;* — **allodialis** *vrye erfsaak, -goed* (teenoor leengoed gestel); *allodiale goed* (deur volkome, vrye eiendomsreg gekenmerk), *vryelik vererfbare goed // allodial thing* (held under freehold tenure); **res angusta domi** (Juv. 3.165) *armoedige omstandighede tuis // narrow circumstances at home;* — **caduca** ('n saak behoorlik bemaak maar wat die aangewese erfgenaam nie bevoeg is om te neem nie) *vervalle goed* (of: *saak*) // *a fallen* or *escheated thing;* — **communes omnium** *sake aan almal gemeen; sake vir algemene gebruik // things common to all;* — **controversa** *'n bestrede saak; betwiste aangeleentheid; saak in geding; juridiese strydvraag // point in question; moot point; matter in controversy (in dispute);* — **corporalis** (Inst. 2.2) *liggaamlike saak // corporeal thing;* — **decisa** *gewysde saak // decided case;* — **derelicta** *verlate, prysgegewe saak,* of onvert. // *abandoned thing,* or untr.; — **dividua** *deelbare saak // divisible thing;* — **extra commercium** *saak buite die handel (verkeer), nie vir eiendom vatbaar nie // thing not capable of being owned, not falling within the province of trade;* — **facti** *feitlike saak; feit // factual matter; fact;* — **familiaris** (stoflike) *vermoë; boedel // private property;* — **fungibiles** ('a barbarism' Ortolan, *Hist. of Rom. Law* 1871 p. 627) *vervangbare sake // fungibles; fungible things* (determined by number, weight or measure); — **furtiva** *gesteelde saak // stolen thing;* — **gestae** onvert. (lett. 'verrigte sake'; in die bewysreg; alle feite wat die feit in geskil vergesel het, verduidelik en deel daarvan uitmaak) // untr. (lit. 'things done'; in the law of evidence; all facts concomitant with, illustrating and forming part of the matter in question); — **habilis** *saak vir eiendom vatbaar // thing susceptible of ownership, capable of being held in ownership;* — **humanae sunt flebile ludicrium** (anon.) *menslike sake is 'n klaaglike bespotting // human affairs are a lamentable laughing-stock;* — **immobilis** *onroerende saak* (mv. *vasgoed*) // *immovable thing* (pl. *immovables*); — **imperiosa est timor** (anon.) *vrees is 'n wrede baas // fear is an imperious task-master;* — **in commercio** *saak binne die handelsverkeer // thing susceptible of private ownership;* — **incorporalis** *onliggaamlike saak // incorporeal thing;* — **indecisa** *onbesliste saak // undecided suit;* — **indivisibilis** *ondeelbare saak // indivisible thing;* — **integra** *nog onaangeroerde aangeleentheid* (ten aansien waarvan 'n lasgewing gevolglik nog ingetrek kan word) // *a matter as yet intact (untouched, unbroached;* in regard to which a mandate may therefore still be cancelled); — **inter alios acta** *'n handeling tussen derdes verrig // a thing done between others* (third parties); — **intra commercium** (vide supra — **in commercio**); — **iudicata** i.q. — **decisa,** supra) *gewysde (saak), vonnis met krag van gewysde; eindvonnis // a matter adjudged; matter settled by judgment;* — **litigiosa** *voorwerp van 'n geding; saak waaroor daar geprosedeer word; saak in geskil // matter in litigation; property or right constituting the object of a suit;* — **mobilis** *roerende saak // movable thing;* — **naturalis** *natuurlike saak // natural thing;* — **nova** *nuwe geskilpunt* (nog nie voorheen uitgewys nie) // *a new matter* (not before decided); — **nullius** onvert.; *niemandsgoed; saak wat aan niemand behoort* *nie // untr.; ownerless thing; property of nobody;* — **privatae** *eiendom van een of meer individue // things the property of one or more individuals;* — **publica** *die staat; die gemenebes // the commonwealth; the state;* — **publicae** *staatsgoedere, openbare eiendom // public property;* — **quae pondere, numero, mensura consistunt** (Paul.: Dig. 12.1.2.1): (vide supra s.v. — **fungibiles**); — **quae servando servari nequeunt** (cf. infra s.v. **servando servari**) *bederfbare goed // perishables;* — **singulares** *enkelvoudige sake // singular things;* — **vi possessae** *sake wat die besitter deur geweld bemagtig het // things seized by force.*

II. Adagia ad vocabulum 'res' pertinentia

rei commodatae èt possessionem èt proprietatem retinemus; nemo enim commodando rem facit eius cui commodat (Pomp. et Ulp.: Dig. 13.6.8 et 9) *van 'n saak wat in bruikleen gegee is, behou ons sowel die besit as die eiendomsreg; want niemand maak deur 'n bruikleen die saak die eiendom van dié een aan wie hy dit in bruikleen gee nie // of a thing given in loan for use we retain both the possession and the ownership; for no one by a contract of loan for use makes the person to whom he lends a thing its owner.*

rei turpis nullum mandatum est (Ulp.: Dig. 17.1.6.3; cf. exemplum: 17.1.22.6) *lasgewing tot 'n skandelike saak is nietig // the mandate of an immoral transaction is void.*

rem acu tetigisti (Plaut. Rud. v. 1309) *hy het die spyker op die kop geslaan* (let. die saak met die naald raakgesteek) *// you have hit the nail on the head* (lit. you have put the needle on the spot).

rem habere cum aliquo (Cod. 9.11.1 pr.) *geslagsverkeer hê met // to have sexual intercourse with.*

rem tene verba sequentur (Cato senior: 'praeceptum paene divinum' (Julius Victor); cf. Hor. Ars Poet. 311) *beheers jou onderwerp* (die inhoud) *en die woorde sal* (vanself) *kom // master your subject and the words will suggest themselves.*

remissio mercedis *vermindering van huurgeld // remission of rent.*

rerum natura, esse in — *fisiese bestaan hê // to exist.*

rerum potiri (Nepos Att. 9.6) *in 'n magsposisie wees // to be in a position of power.*

res accessoria sequitur rem principalem (cf. supra s.v. **accessio cedit**; etiam Bonif. VIII reg. xlii) *die bykomstige volg die hoof-saak // the accessory thing follows the principal thing.*

res bona fide vendita propter minimam causam inempta fieri non debet (Paul.: Dig. 18.1.54) *as 'n saak te goeder trou verkoop is, behoort die koop nie om 'n ligvaardige (beuselagtige) rede ongedaan gemaak te word nie // when a thing has been sold in good faith, the purchase should not be cancelled for a trivial reason.*

res derelicta occupantis fit (cf. Dig. 41.17.1) *iets waarvan daar afstand gedoen (afgesien) is word die eiendom van die inbesitnemer // where property has been abandoned it becomes the property of the first occupant.*

res empta ex pecunia communi non est communis (cf. Cod. 4.50.8) *iets wat met die geld van 'n gemeenskap aangeskaf is, word nie gemeenskaplike eiendom nie // property bought with the money of a community is not the property of the community.*

res ex mandato meo empta non prius mea sit quam si mihi tradiderit qui emit (Dig.) *'n saak wat, op lasgewing van my, gekoop is, word nie my eiendom alvorens die persoon wat gekoop het, dit aan my gelewer het nie // that which has been bought in pursuance of my mandate does not become my property before the purchaser has delivered it to me.*

res habilis, titulus, fides, possessio, tempus (hexametrum) *'n saak vir eiendomsreg vatbaar, titel, goeie trou, besit en tydsverloop* (die vereistes vir verkrygende verjaring) *// a prescriptible thing, title, good faith, possession and effluxion of time* (the requirements for acquisitive prescription).

res in summo discrimine versatur (Caes. B.G. 6.38.2) *die situasie is uiters haglik // the position is very critical/desperate.*

res inter alios acta alteri nocere non debet (cf. Cod. 4.12.3 et supra s.v. (i) **non deberet**; infra (ii) **saepe constitutum**) *handelinge van derdes behoort 'n ander party nie te benadeel nie // things done between strangers ought not to prejudice those who are not parties thereto.*

res integra est (Inst. 3.26.9) *daar is nog geen uitsluitsel nie // it is an open question.*

res inter alios iudicatae neque emolumentum adferre his, qui iudicio non interfuerunt, neque praeiudicium solent irrogare (Cod. 7.56.2; an. 239; cf. infra s.v. **saepe constitutum**; etiam similia: Dig. 44.2.1) *gewysdes in gedinge tussen derdes besleg, besorg in die reël geen voordeel en berokken ook geen nadeel aan diegene wat nie by die geding betrokke was nie*

// matters adjudged in a cause as a rule neither profit nor prejudice those who were not parties to it.

res ipsa docet (cf. infra s.v. **res loquitur ipsa**) *dit spreek vanself; dis vanselfsprekend // the matter speaks for itself; it stands to reason.*

res iudicata ius facit inter partes *die vonnis skep reg tussen die partye // a suit adjudged is binding upon the parties.*

res iudicata pro veritate accipitur (Ulp.: Dig. 1.5.25 = 50.17.207; cf. supra s.v. **actum ne agas**) *'n gewysde geld as geloofwaardige bevinding // a judgment of the court* (a matter adjudged) *is accepted as the truth.*

res iudicatas instaurari exemplo grave est (cf. Cod. 2.4.30; 7.52.5; Dig. 48.16.4.1 et supra s.v. **actum ne agas**) *om op gewysde sake terug te gaan stel 'n gevaarlike presedent // to try afresh matters once adjudged creates a dangerous precedent.*

res loquitur ipsa, iudices, quae semper valet plurimum (Cic. pro Mil. 20.53) *die saak spreek vanself, lede van die jurie, en daar is geen sterker argument as dit nie // the case speaks for itself, gentlemen, than which there is no stronger argument (no more convincing proof).*

res magnas gerere *heldedade verrig // to perform heroic exploits.*

res non verba *praatjies vul geen gaatjies // fine words butter no parsnips.*

res nullius cedit occupanti (cf. supra s.v. **quod nullius**; etiam Dig. 41.7.1) *niemandsgoed kan deur toe-eiening verkry word // an ownerless thing becomes the property of whoever appropriates* (or: *first finds*) *it.*

res perit domino (i.q. **casum sentit dominus**) *die verlies van die saak tref die eienaar // the loss of the thing is to the prejudice of the owner.*

res perit emptori (cf. supra s.v. **periculum rei**) *die saak gaan ten nadele van die koper tot niet; die risiko berus by die koper // the loss of the thing is to the prejudice of the purchaser; the buyer bears the risk of loss.*

res quae in tempestate maris levandae navis causa eiciuntur (Inst. 2.1.48) *goed wat tydens 'n storm ter see oorboord gegooi word om die skeepsvrag te verlig // goods that are jettisoned in a storm to lighten the ship.*

res quae servando servari nequeunt (vide infra s.v. **servando servari**) *vervangbare/ bederfbare sake // fungibles/perishables.*

res sacra non recipit aestimationem (Ulp.: Dig. 1.8.9.5) *'n heilige saak laat nie sy waarde bepaal nie // anything that is sacred is insusceptible of appraisement.*

res sua nemini servit (vide supra s.v. **nulli enim**) *oor sy eie saak kan niemand 'n serwituut hê nie // no one can hold a servitude over his own property.*

res succedit in locum pretii *die saak tree in die plek van die koopprys // the thing takes the place of the purchase price.*

re-scindere (3) -scidi -scissum *nietig verklaar, ophef // annul, nullify, rescind.*

rescripsit . . . (divus Hadrianus) testibus se non testimoniis crediturum . . . 'quibus (verba sunt epistulae) **apud me locus non est (nam ipsos interrogare soleo) . . .'** (Callistratus: Dig. 22.5.3.3) *(die ontslape keiser Hadrianus) . . . het in 'n reskrip verklaar dat hy slegs aan getuies geloof sou skenk, nie aan skriftelike getuienisverklarings (deposisies) nie . . . 'wat vir my* (so lui die reskrip) *nie aanneemlik is nie (want dis my gebruik om getuies persoonlik te ondervra) . . .' // (the late emperor Hadrian) declared in a rescript that he would repose trust in witnesses only, not in written statements* (of testimony) *. . . 'which* (he states in the rescript) *I am unwilling to admit, for I am accustomed to examine the witnesses themselves . . .'.*

reservatio -onis f. *voorbehoud // reservation; proviso; qualification;* **— mentalis** *heimlike (innerlike* of *versweë) voorbehoud;* of onvert. *// mental reservation.*

reservatis reservandis *met die nodige voorbehoud(e) // with the necessary provisos (qualifications* or *reservations).*

resoluto iure dantis resolvitur ius concessum *wanneer die bevoegdheid van die skenker weggeneem word, word die vergunde reg (ook) weggeneem // when the right of the donor to grant it disappears, the right granted (too) is taken away.*

re-solvo (3) -solvi -solutum *te niet doen; tot niet maak; ontbind // dissolve; resolve* (contract etc.).

re-spicio (3) -spexi -spectum ad *toekom aan, behoort by; betref; raak // appertain* (or *be due*) *to; belong; concern;* **lucrum, damnum, periculum respicit ad me** *die wins, verlies, risiko tref* (of *raak*) *my // the profit, loss, risk is mine.*

respondeat venditor (cf. supra s.v. **caveat emptor**) *die verkoper waarborg teen verborge gebreke // the seller guarantees against latent defects.*

responsa prudentium sunt sententiae et opiniones eorum, quibus permissum est iura condere (Gai. inst. 1.7) *die antwoorde van die kundige juriste is die beslissings en menings van persone gemagtig om oor die* *reg uitspraak te gee // the answers of the jurists are the decisions and opinions of lawyers authorized to interpret* (or *lay down*) *the law*.

restitutio in integrum onvert., of: *herstel in die vorige toestand* // untr. or: *act of rescission; return to the previous legal position*.

restitutio tutelae (Dig. 22.1.1.3) *verantwoording van voogdybeheer // accounting for guardianship* (or *tutelage of minors*).

retentio -onis f. *retensiereg // right of lien*.

retentor -toris m. *besitter van 'n retensiereg // holder of a lien*.

retractus -us m. *terugtrekking // retraction*; **ius —** *verkoopsreg, naastingsreg*. Beding by verkoop wat aan die verkoper 'n voorkeurreg verleen om 'n onroerende saak terug te koop teen die prys wat die koper by 'n derde kan kry. De Groot en van Leeuwen noem dit *naastingsreg*, en die verkoper wat terugkoop is die *naaster // right of pre-emption* (of *recall* or *retraction*); *pre-emptive right*. A stipulation in favour of the seller granting him a preferent right to repurchase immovable property at a price which the buyer can procure from a third party.

reus excipiendo fit actor (i.q. **reus in excipiendo actor est:** cf. Dig. 22.3.19 pr.) *die verweerder word eiser* (d.w.s. dra die bewyslas) *as hy 'n eksepsie opwerp // the defendant, by raising an exception, becomes plaintiff* (i.e. bears the onus of proof).

rex non potest peccare (anon.) *die koning kan nie fouteer nie // the king can do no wrong*.

rex regnat sed non gubernat (Jan Zamoiski) *die koning heers maar regeer nie* (is slegs 'n skynhoof) *// the king reigns but does not govern* (is a mere figure-head).

rigore iuris (i.q. **ex iuris rigore**) *volgens die strenge vertolking van die reg // according to the strict interpretation of the law*.

risu inepto res ineptior nulla est (Cat. 39.16) *niks is dwaser as 'n dwase lag nie // nothing is so foolish as the laugh of fools*.

risus abundat in ore stultorum (anon.) *die gesig van die dwase lag gedurig // the face of fools is evermore wreathed in smiles*.

rite adv. *in die juiste vorm; op die voorgeskrewe wyse // in the prescribed* (or *proper*) *form; duly; rightly*.

ritus -us m. *vormvereiste* (van die **ius civile**); *godsdienstige gebruik // formal requirement* (of the **ius civile**); *religious practice, custom*.

rixa -ae f. *bakleiery, rusie, vegparty // brawl, fight*.

rogare (1) *versoek, vra // ask, request*; — **alqm. sententiam** *iemand sy mening* (of *sy stem*) *vra // ask someone for his opinion* (or *his vote*); **populum** (vel **legem**) — *'n wetsvoorstel in die volksvergadering indien // propose a law* (or *introduce a bill*); **populum magistratum** — (vel — **magistratum**) *iemand vir 'n amp (by die volk) voorstel // propose someone for election (by the people)*; **— officium servitus quodammodo est** (Publ. Syr. R. 15) *om 'n guns te bedel is 'n soort slawerny // begging for a favour is a kind of slavery*.

Roma aeterna (Tib. 2.5.23) *ewigdurende Rome // eternal Rome*.

rumpo (3) rupi ruptum testamentum *'n testament omverwerp, ongeldig maak // render void* (or *invalidate*) *a will*.

S

sacerdotes iustitiae i.q. **iurisconsulti** (Ulp.: Dig. 1.1.1) *die priesters van die geregtigheid* (beskrywing van die regsgeleerdes, deskundiges in die regswetenskap) *// the priests of justice* (describes jurisconsults, legal experts).

sacrilegium -ii n. (Quintil. 7.3.10) *heiligskennis // sacrilege*.

sacrosanctus -a -um *onskendbaar // inviolable, sacrosanct*.

saeculum -i n. *eeu // century*.

saepe constitutum est res inter alios iudicatas aliis non praeiudicare (Macer: Dig. 42.1.63; cf. Dig. 44.2.1) *dis al dikwels bepaal dat sake wat tussen ander uitgewys is derdes nie benadeel nie // it has often been decided that judgment in suits between others do not prejudice (the rights of) third parties*.

saepe est etiam sub palliolo sordido sapientia (Caecil. ap. Cic. Tusc. 3.23.56) *dikwels skuil die wysheid ook onder 'n slordige mantel // wisdom also is often found under a slovenly cloak*.

saepe summa ingenia in occulto latent (Plaut. Capt. 165; Cist. 213) *die grootste geeste skuil dikwels ongesien // often the greatest minds are hidden unseen*.

saepe opera alicuius pro pecunia valet (Inst. 3.25.2 sub. f. = Gai. Inst. 3.149 ad f.) *dikwels het iemand se arbeid die waarde van geld // a man's services are often as valuable as money.*

saevire supra modum in servos suos (Gai. 1.53 sub f.) *buitensporig wreed teen sy slawe optree // practise excessive severity upon his slaves.*

saevitia -ae f. *wreedheid* (teenoor 'n slaaf of eggenote) // *cruelty* (towards a wife or slave); **intolerabilis** — (Gai. Inst. 1.53) *ondraaglike strengheid // cruelty beyond endurance.*

sal Atticum (Plin. 31.7.41 § 87) *Attiese geestigheid // Attic wit.*

salus publica (vel **populi**) **suprema lex** (adagium e Leg. XII Tab. desumptum; vide Cic. de leg. 3.3.8) *die veiligheid van die volk is die hoogste reg // the welfare (salvation) of the people is the supreme law.*

salva iuris ratione *met inagneming* (of: *behoud) van die algemene regsbeginsels // due regard being had to the general principles of law.*

salva rerum substantia (Dig. 7.1.1) *met behoud van die wese van die sake // without impairment of the essential qualities of the things.*

salvo errore et omissione (abbr. S.E. et O.) *behoudens vergissings en weglatings // save errors and omissions.*

salvo officio (Cic. Off. 3.1.4) *op pligmatige wyse // without neglecting one's duty.*

salvus conductus -us m. (Fr. **sûreté du corps**) *vrygeleide // safe conduct.*

sancimus nemini licere adversus pacta sua venire et contrahentes decipere (Cod. 2.3.29 pr. (an. 531); cf. 1.3.50 pr.;) *ons bepaal dat niemand teen sy ooreenkomste in mag handel en dié wat met hom gekontrakteer het mag bedrieg nie // we decree that no one shall be permitted to violate his contract and deceive those with whom he contracted it.*

sanctio -onis f. *strafbepaling in 'n wet* (kyk volgende definisie) // *sanction to enforce a law* (cf. definition following).

sanctiones vocamus eas partes legum, quibus poenas constituimus adversus eos qui contra leges fecerint (Inst. 2.1.10 ad f.) *daardie dele van wette waarmee ons strawwe vir wetsoortreders bepaal, noem ons 'sanksies' // we describe as 'sanctions' those parts of laws where we decree penalties to be inflicted upon whoever shall act against the laws.*

sanguis sanguinis m. (cf. infra s.v. **turbatio sanguinis**) *bloed(verwantskap); afkoms, afstamming // blood (relationship); birth, descent;* **poena sanguinis** *doodstraf // death penalty.*

sanximus ut unius testimonium nemo iudicum . . . patiatur admitti. et nunc manifeste sancimus, ut unius omnino testis responsio non audiatur, etiamsi praeclarae curiae honore praefulgeat (Cod. 4.20.9; cf. infra s.v. **testis unus;** etiam **testimonium**) *ons het reeds vroeër bepaal dat geen regter die getuienis van 'n enkele getuie . . . mag aanvaar nie; nou bepaal ons klinkklaar dat die aflegging van getuienis deur 'n enkele getuie onder geen omstandighede hoegenaamd aangehoor mag word nie, selfs nie as daardie getuie deur die skitterende status van die senatorestand onderskei word nie // we have decreed that no judge shall . . . accept the testimony of only one witness; and now we plainly decree that the evidence of only one witness shall under no circumstances be heard even though he should be distinguished by the rank of a senator.*

sapiens nihil affirmat quod non probet (anon.) *die wyse maak geen stelling wat hy nie (kan) bewys nie // the wise man alleges nothing he cannot prove.*

sapienti sat (cf. infra s.v. **verbum sapienti**).

sat est disertus, pro quo loquitur veritas (Publ. Syr. S. 49) *die waarheid is 'n welsprekende pleitbesorger // veracity is an eloquent pleader.*

satis eloquentiae, sapientiae parum (Sall. Cat. 5) *voldoende welsprekendheid (maar) te weinig wysheid // sufficient eloquence (but too little wisdom).*

satis superque *genoeg en meer as genoeg // enough and to spare.*

satisdatio -onis f. *sekerheidstelling* (d.m.v. borge) // *guarantee; security* (by means of sureties).

satisfactio -onis f. *voldoening, nakoming // settlement, payment; fulfilment; compliance with; performance* (of an obligation).

scabinus (pl. **scabini**) *skepen (skepene) // sheriff.*

scelera moliri (Cic. Att. 7.11) *misdade bedink // conceive/devise crimes.*

scelere velandum est scelus (Sen. Hippol. 721) *die een misdaad moet met 'n ander verdoesel word // one crime must be concealed by another.*

sciant ignorantiam facti, non iuris prodesse; nec stultis solere succurri,

sed errantibus (Paul.: Dig. 22.6.9.5; cf. 22.6.2 et infra s.v. **vigilantibus non**) *hulle moet weet dat hulle met onwetendheid van die feite gebaat word, maar nie met onwetendheid van die reg nie; en dat bystand (hulp) nie aan dwase verleen word nie, maar aan dié wat* (t.a.v. die feite) *dwaal // they should note that ignorance of fact would benefit them, but that ignorance of law would not; and that relief is granted not to fools but to those who are misinformed* (concerning the facts).

sciant (iudices omnes) . . . hoc esse legem non solum illi causae pro qua producta est, sed omnibus similibus (Cod. 1.14.12 pr.; cf. supra s.v. (i) **ea quae raro** (ii) **ex his** (iii) **iura non in** (iv) **quod raro** (v) **quod semel**) *laat alle regters daarvan kennis dra . . . dat hierdie (uitspraak) as reëling geld nie alleen vir dié geding waarvoor dit uitgevaardig is nie, maar ook vir alle analoë gevalle // let all the judges take note . . . that this (decision) shall apply not only to the (particular) case with reference to which it has been promulgated but to all that are similar to it.*

sciens non fraudatur (cf. supra s.v. (i) **nemo (enim) videtur**; infra (ii) **scienti** (adagium proximum) (iii) **volenti non fit**) *niemand word bedrieg terwyl hy daarvan bewus is nie // no one is knowingly the victim of deceit.*

scienter *(willens en) wetens; opsetlik // of set purpose; knowingly and wilfully.*

scienti et consentienti non fit iniuria neque dolus (Bonif. VIII reg. xxvii; cf. supra s.v. **sciens** et locos ibi citt.) *teenoor niemand wat daarvan bewus is en daarin toestem, word 'n onreg of bedrog gepleeg nie // no one who is aware and consents suffers injustice or deceit.*

scilicet *naamlik; t.w.* (lett. ' 'n mens mag dit weet') // i.e.; *namely; that is to say* (lit. 'you may know it').

scintilla -ae f. *sprankie; vonkie // spark;* — **iuris** *'n greintjie (beduidenis van) reg // a tittle, particle, modicum of right.*

scire leges non est verba eorum tenere sed vim ac potestatem (Celsus: Dig. 1.3.17) *om kennis van wette te besit, is nie om met hulle woorde vertroud te wees nie maar met hulle betekenis en gesag // to be acquainted with the laws is not to know their words but their meaning and authoritative nature.*

scire ubi aliquid invenire possis, ea demum maxima pars eruditionis est *om te weet waar 'n mens inligting kan vind, dit is die kern van geleerdheid // to know where one can find information, that is the essence of education.*

scitis omnes quantam vim habeat ad coniungendas amicitias, studiorum ac naturae similitudo (Cic. Clu. 16) *dis algemeen bekend hoeveel 'n eendersheid van vorming en aard vermag om vriendskapsbande te smee // you all know how much power a similarity of studies and of disposition has to bind friendships.*

scopus -i m. (e.g. legis) *doel, doelstelling* (van 'n wet) // *purpose, object* (of a law).

scribere (=instituere) aliquem heredem *iemand as erfgenaam aanwys* (of *instel*) // *name someone as heir.*

scripta manent, verba volant *wat geskryf is, bly* (is blywend), (maar die gesproke) *woord(e) vervlieg // what is written remains* (is permanent), (but spoken) *words vanish* (into thin air).

scrupulositas -tatis f. (Inst. 2.20.36 sub f.) *angsvalligheid; punteneriheid // nicety.*

scultetus -i m. *skout // sheriff.*

secreto amicos admone, lauda palam (Publ. Syr.) *wys jou vriende in die geheim tereg, prys hulle in die openbaar // admonish your friends in secret, praise them in public.*

secta (f.) temporum meorum non patitur (acc. + inf.) (Inst. 2.20.36 ad f.) *die beginsels van my tyd laat nie toe nie dat . . . // the principles of our times do not countenance. . . .*

secundum (prep.) *volgens // according to; in accordance with;* — **aequum et bonum** volgens reg en billikheid // according to what is just and right; — **bonos mores** *volgens, in ooreenstemming met, die goeie sedes // in keeping with good usages; regularly; in orderly fashion;* — **regulam** *volgens die reël // according to rule; by rule.*

secundum naturam est commoda cuiusque rei eum sequi, quem sequentur incommoda (Paul.: Dig. 50.17.10; cf. Bonif. VIII reg. lv) *dit is natuurlik dat die voordele van iedere ding na dié party gaan na wie die nadele sal gaan // it is according to nature that the advantages of each thing should attach to the party to whom the disadvantages will.*

secundum promissorem interpretamur, quia stipulatori liberum fuit verba late concipere (Celsus: Dig. 45.1.99 pr.) *ons vertolk ('n ooreenkoms) gewoonlik ten gunste van die belower (toesegger) omdat dit die stipulator vrygestaan het om sy woorde duidelik te formuleer // we interpret an agreement in favour of the promissor because the stipulator* *was free to express himself clearly.*

secus adv. *anders; inteendeel // otherwise; to the contrary.*

sed quaere (lett. 'maar doen navraag') *ondersoek die kwessie nog verder* (daar bestaan 'n mate van onsekerheid) // (lit. 'but inquire') *examine this further* (some dubiety persists).

sed vide *maar kyk* (na die standpunt van X; verwysing na 'n verklaring of outoriteit wat met die gestelde bevinding strydig is) // *but see* (directing the reader's attention to an authority or statement conflicting with that laid down immediately before).

sedente curia *tydens die hofsitting // during the session of the court.*

semel emissum volat irrevocabile verbum (Hor. A.P. 389) *'n woord eenmaal uitgespreek vlieg onherroeplik // a word once allowed to escape cannot e recalled.*

semel enim bene seu male (iudex) officio functus est (Ulp.: Dig. 42.1.55 ad f., et cetera Ulpiani verba supra s.v. **iudex posteaquam**) *want (die regter) het sy plig, goed of sleg, eens en vir goed volbring // (the judge) has performed the duty of his office, well or ill, once and for all.*

semel malus semper praesumitur esse malus (Bonif. VIII reg. viii) *eenmaal 'n skurk word altyd 'n skurk geag // once a bad character: always presumed to be bad.*

semel mentitus semper mentitur *wie eenmaal gelieg het, lieg altyd weer // once a liar always a liar* (cf. Fr. qui a bu, boira).

semper avarus eget (Hor., ep. 1.2.56) *die gierigaard is altyd behoeftig // the covetous man is ever in want.*

semper in civitate nostra senectus venerabilis fuit (Callist. Dig. 50.6.6) *in ons stad is die ouderdom steeds geëerbiedig // in our city old age has always been held in esteem.*

semper in coniunctionibus non solum quid liceat considerandum est, sed et quid honestum sit (Modest.: Dig. 50.17.197; vide supra s.v. **non omne**) *in (huweliks)verbintenisse moet daar altyd oorweeg word nie alleen wat geoorloof is nie maar ook wat eerbaar is // in (matrimonial) unions not only what is lawful but also what is honourable should always be considered.*

semper in dubiis benigniora praeferenda sunt (Gai.: Dig. 50.17.56) *waar daar twyfel bestaan moet die toegeeflikste uitleg altyd gevolg word // in doubtful cases the kindlier interpretations (more favourable constructions) are always to be preferred.*

semper in dubiis id agendum est, ut quam tutissimo loco res sit bona fide contracta, nisi cum aperte contra leges scriptum est (Paul.: Dig. 34.5.21(22).1) *in geval van twyfel moet daar altyd daarna gestreef word dat 'n saak waarvoor daar te goeder trou gekontrakteer is in die veiligs moontlike toestand sal wees tensy* (die stuk) *klaarblyklik strydig met die regsbepalings opgestel is // in doubtful cases it should always be our purpose that a thing contracted bona fide should be in the safest possible condition, unless it is manifest that* (the document) *has been drawn up contrary to the law.*

semper in obscuris, quod minimum est sequimur (Ulp.: Dig. 50.17.9; cf. supra s.v. (i) **in dubio pro reo** (ii) **in stipulationibus** (iii) Bonif. VIII reg. xxx: **'in obscuris minimum est sequendum'**) *in die gevalle van bepalinge waar daar duisterheid heers, aanvaar ons altyd die geringste (mins drukkende) verpligting // in obscure matters we always construe (so as to arrive at) the least hardship* (or: *at the least onerous obligation*).

semper in stipulationibus, et in ceteris contractibus, id sequimur quod actum est (Ulp.: Dig. 50.17.34) *in die geval van stipulasies en van alle ander kontrakte volg ons altyd die bedoeling* (van die partye) *// in stipulations and (all) other contracts we always follow the intention* (of the parties).

semper inops quicumque cupit (Claud; i.q. supra *semper avarus*) *wie gedurig begeer is altyd armoedig // he who is covetous is always in need.*

semper moram fur facere videtur (Ulp. Dig. 13.1.8.1) *die dief word geag altyd in versuim te wees // the thief is deemed ever to be in default.*

semper necessitas probandi incumbit illi qui agit (Marcianus: Dig. 22.3.21; Inst. 2.20.4; cf. supra s.v. (i) **affirmanti non** (ii) **ei incumbit** (iii) **factum negantis**) *die bewyslas rus altyd op die eiser // the onus of proof is always on the plaintiff.*

semper qui dolo fecit quo minus haberet, pro eo habendus est ac si haberet Ulp.: Dig. 50.17.157.1; cf. supra s.v. **qui dolo desiit**) *wie hom opsetlik van sy besit ontdoen het, moet altyd geag word* (nog steeds) *te besit // anyone who has committed fraud to relinquish possession must be deemed still to retain possession.*

semper qui non prohibet aliquem pro se intervenire mandare creditur (Ulp.: Dig. 50.17.60; cf. supra s.v. **negotiorum gestio**) *wie versuim om iemand* (in sy teenwoordigheid) *te belet om namens hom tussenbei te tree, word altyd geag* (die saakwaarneming) *te magtig // he who* (in his presence) *omits to forbid the* (gratuitous) *intervention of a third party on his behalf, is always deemed to authorise such intervention.*

semper sexus masculinus etiam femininum sexum continet (Julian.: Dig. 32.62 ad f.) *die manlike geslag sluit altyd die vroulike in // the masculine sex always includes the feminine.*

semper specialia generalibus insunt (Gaius: Dig. 50.17.147) *die besondere is altyd onder die algemene ingesluit // the particular is always included in the general.*

semper timidum scelus *misdaad* (d.w.s. die skuldige) *is altyd vreesagtig (skugter) // guilt* (lit. crime) *is always fearful* (i.e. the guilty live in fear).

senatus consultum (abbr. **SC**) *senaatsbesluit // decree of the senate;* or untr.

senatus consultum Velleianum (AD 46) *Velleiaanse senaatsbesluit* (dit verklaar vroue onbevoegd om borg te staan; afgeskaf) // the *Velleian decree* (of the senate, declaring women incompetent to stand surety; abolished).

sensus non aetas invenit sapientiam (Publ. Syr. S. 7) *verstand, nie jare nie, lei tot wysheid // intelligence, not one's years, leads to wisdom.*

sententia -ae f. *mening, opvatting; strekking;* (regterlike) *vonnis // opinion, purport; tenor; judgment;* **placuit media — existimantium . . .** (Inst. 2.1.25 med.) *die tussenstandpunt is aanvaar van diegene wat reken dat . . . // the middle view prevailed of those who held that. . . .*

sententia ius facit inter partes (cf. supra s.v. **res iudicata ius**).

sententia legis *strekking van die wet* (of *regsreël*) // *tenor* (or *purport*) *of the law* (or *legal rule*).

sententiam dicere/ferre (Cic. Off. 3.16.66) *vonnis uitspreek/vel // deliver/pass sentence.*

separatio bonorum *boedelskeiding // separation of goods.*

separatio a mensa et toro *skeiding van tafel en bed; geregtelike skeiding // separation from bed and board; judicial separation.*

sequester sequestris m. *insethouer, sekwester // stakeholder, sequester.*

sequestrarium -ii n. *bewaargewing* (van 'n voorwerp in geskil) *by 'n sekwester // deposit* (of a thing in dispute) *with a stakeholder.*

sera in fundo parsimonia est (Sen. ep. mor. 1.5) *die put demp as die kalf verdrink het* (lett. by boomskraap is spaarsaamheid te laat of: *spaarsin kom te laat by die laaste hoepel*) *// lock the stable-door after the steed is stolen* (lit. it is too late to spare when you reach the dregs. LOEB trl.).

seriatim *punt vir punt; op die ry af;* onvert. *// severally, individually;* untr.

serio ac deliberato animo *met ernstige en deurdagte opset // with serious and deliberate intention.*

sermonem: in — ingredi *'n gesprek aanknoop // to begin a conversation.*

sero venientibus ossa (anon.) *die hond in die pot vind/kry* (lett. bene sonder vleis); *vir dié wat laat kom //(bare) bones for late-comers.* (Cf. **to dine with Duke Humphrey**; infra *tarde venientibus*; for ed. III vide Brewer Dict. of Phrase and Fable s.v. Humphrey.)

serum est cavendi tempus in mediis malis (Sen. Thyes. 487) *te midde van die gevare kom versigtigheid te laat // it is too late to be cautious in the very midst of dangers.*

servando servari nequeunt, res quae — (cf. Cod. 5.37.22.6) *bederfbare sake* (lett. 'sake wat deur bewaring nie bewaar kan word nie') // *perishables* (lit. 'things which cannot be preserved by being kept').

servandum quod actum est (Dig. 18.4.2.1) *die bedoeling moet geëerbiedig word // the intention must be respected; must be given effect to.*

servatur id quod actum est *gevolg word aan die bedoeling* (van die partye) *gegee // effect is given to the intention* (of the parties).

servatur ubique ius Romanum, non ratione imperii, sed rationis imperio *die Romeinse reg geld orals, nie om***rede** *die* **heerskappy** (van die Romeine) *nie, maar weens die* **heerskappy** van die **rede** *// Roman law is observed everywhere, not by* **reason** *of* (Roman) **rule,** *but by the* **rule** *of* **reason**.

servitus -tutis f. (1) *slawerny* (2) *serwituut; diensbaarheid //* (1) *slavery* (2) *servitude* (**ius in re aliena,** *an easement*).

I. Locutiones ad servitutes pertinentes

servitus actus (Inst. 2.3 pr.) *serwituut van dryfpad // servitude of driving;* **— altius non tollendi** (ib. 2.3.4) *serwituut van belet om hoër te bou; // servitude of not building higher* (than suits the other party); **— aquae ductus** (i.q. **ius aquae ducendae per fundum alienum**; ib. 2.3 pr.) *serwituut van waterleiding // servitude of leading water;*

— **aquae educendae** (Paul.: Dig. 8.3.29) *serwituut van dreinering* (na die buurman se grond) // *servitude of draining off water* (and discharging it on a neighbour's land); — **aquae hauriendae** (vel **haustus;** Inst. 2.3.1) *serwituut van waterhaling* (uit die put of fontein van 'n ander) // *servitude or right of drawing water* (from another's well or spring); — **cloacae mittendae** (Dig. 8.1.7) *serwituut van riool aanlê* (deur die grond van 'n buurman) // *servitude of having a sewer* (run through the ground of another); — **fluminis recipiendi** *serwituut van waterloop* (water wat van 'n buurman se dak stroom, nie drup nie) // *servitude of water streaming,* (not dripping) from a neighbour's roof; — **itineris** (Inst. 2.3 pr.) *serwituut van voetpad // servitude of passage;* —**lapidis caedendi** *serwituut van steenhouery* (van klippe te breek, in 'n steengroef uit te kap) // *servitude of cutting stone* (in a quarry on the servient tenement); — **luminis aperiendi** *serwituut van 'n venster wat uitsteek* (oor die buurman se erf) = *reg van venster // servitude* entitling the owner of the dominant tenement *to have a window projecting* over the servient tenement (= *right of window*); — **luminis non aperiendi** *serwituut van verbod op 'n venster* // negative servitude *depriving owner of servient tenement of the right to have a window in his wall;* — **luminum** (Dig. 8.2.4 = — **luminis immittendi**) *serwituut van ligtoevoer // servitude of lights;* — **ne luminibus officiatur** (Inst. 2.3.4) *serwituut van onbelemmerde vrye) lig // servitude of unobstructed lights* (the right not to have one's windows darkened by a neighbour's building); — **ne prospectui officiatur** (vel **offendatur;** Dig. 8.2.3 et 15; cf. infra s.v. **prospectus**) *serwituut van vrye uitsig,* dat die uitsig nie belemmer mag word nie // *servitude of an unimpaired view;* servitude not to have one's prospect obstructed, the view from the house intercepted; — **non prospiciendi** *serwituut van verbod op uitsig* // negative servitude *depriving owner of right to look on to his neighbour's property* from his own land; — **oneris ferendi** (Dig. 8.5.6.2) *serwituut van 'n muurstut, van muurbeswaring // servitude for the support of a burden* (i.e. of a house); — **operarum servorum et animalium** *serwituut van slawe- en dierearbeid // servitude of the labour of slaves and animals;* — **pecoris ad aquam appellendi** (Dig. 8.3.4) *suipreg; serwituut van suiping // right of driving one's cattle on a neighbour's land to water;* — **(pecoris) pascendi** (Inst. 2.3.2) *serwituut van weiding // servitude of pasturing;* — **personalis** *persoonlike diensbaarheid // personal servitude;* — **praedii rustici** (Inst. 2.3.3) *landelike serwituut; erfdiensbaarheid // rural servitude;* — **praedii urbani** (Inst. 2.3.1) *stedelike serwituut; huisdiensbaarheid // urban servitude;* — **praediorum rusticorum** (i.q. supra) — **praedii rustici**); — **praediorum urbanorum** (i.q. supra — **praedii urbani**); — **proiciendi** *die reg om deel van 'n gebou,* bv. 'n balkon, *oor die aangrensende erf te laat skiet* sonder daarop te stut // *right of the owner to project a portion of his building* (e.g. a balcony) *over the servient tenement* without resting on such tenement; — **prospectus** (i.q. — **ne prospectui officiatur,** q.v.); — **protegendi** (spesies van — **proiciendi**) *reg om dakrand oor die buurman se grond te laat oorsteek // the right to project the eaves of one's house* over a neighbour's land; — **stillicidii avertendi** (Inst. 2.3.1.4; Dig. 8.2.2) *serwituut van drup* (reg om die water van my dak op die buurman se dak of grond te laat drup) // *right of drip* (i.e. the right to have the water drip from one's eaves upon the neighbour's house or ground); — **stillicidii recipiendi** *serwituut van drupvang // servitude of being entitled to receive rain-water* from a neighbour's roof; — **tigni immittendi** (Inst. 2.3.1 en 4) *serwituut van inbalking // servitude of letting in a beam;* right of inserting beams in a neighbour's walls; — **viae** *reg van weg; serwituut van oorpad* (d.w.s. die reg om te stap, om te perd of in 'n voertuig oor die grond van die ander te ry) // *servitude or right of way* (i.e. the right of walking, riding or driving over another's land).

II. ADAGIA AD SERVITUTES PERTINENTIA

(1) **servitus civiliter exercenda est** (cf. (i) Dig. 8.1.9; (ii) supra s.v. **civiliter modo**) *'n serwituut moet met inagneming van die regte van die ander party* (of: *op voorkomende wyse*) *uitgeoefen word // in exercising a servitude due regard should be had to the rights of the other party.*

(2) **servitus est constitutio iuris gentium qua quis dominio alieno contra naturam subicitur** (Inst. 1.3.2) *slawerny is 'n instelling van die volkereg waardeur iemand strydig met die natuur aan die heerskappy van 'n ander onderwerp word //*

slavery is an institution of the law of nations by which a man is subjected to the dominion of another contrary to nature.

servitus in faciendo consistere nequit (cf. infra s.v. **servitutium non ea**) *'n serwituut kan nie uit 'n handeling bestaan nie // a servitude cannot consist in performing an action.*

servitus servitutis esse non potest *daar kan geen serwituut van 'n serwituut bestaan nie // there cannot be a servitude of a servitude.*

servitutibus civiliter utendum est (cf. supra s.v. **servitus civiliter**).

servitutium non ea natura est ut aliquid faciat quis . . . set ut aliquid patiatur aut non faciat (Pomp.: Dig. 8.1.15.1) *die aard van serwitute is nie sodanig dat iemand iets moet doen nie . . . maar dat hy iets moet duld of nalaat // the nature of servitudes is not such that a person should* (be constrained) *to something . . . but that he should put up with something or refrain from performing some act.*

sesquipedalia verba (Hor. A. P. 97) *ellelange woorde //words a foot and a half long.*

si bene se gesserit *mits hy hom goed gedra; by goeie gedrag // on condition of good behaviour; subject to good behaviour.*

si caecus caecum ducit, ambo in foveam cadunt (anon.) *as die een blinde 'n ander lei, beland hulle albei in die put // if one blind man lead's another, both tumble into the pit.*

si cum claudo cohabites subclaudicare disces (anon.) *as jy met 'n manke saamwoon sal jy leer om mank te loop // if you live with one who limps you (too) will learn to limp.*

si duo faciunt idem non est idem *indien twee mense dieselfde doen is dit nie (meer) dieselfde nie // if two people do the same thing it is not the same.*

si enim in praesenti leges condere soli imperatori concessum est, èt leges interpretari solum dignum imperio esse oportet (Cod. 1.14.12.3; an. 529; cf. supra s.v. **eius est interpretari**) *want indien die bevoegdheid om wette te maak vandag slegs die keiser toekom dan behoort ook die reg om die wette te vertolk slegs aan die keiserlike gesag gegun te word // if at the present time the emperor alone is competent to make laws, the power of interpreting the laws also should be reserved for the imperial authority.*

si flagitii faciendi vel facti causa concepta sit stipulatio ab initio non valet (Papin.: Dig. 45.1.123) *indien 'n stipulasie aangegaan is met die oog op 'n misdaad wat nog beoog is of reeds gepleeg was, is dit van meet af aan nietig // if a stipulation has been entered into concerning a crime which has been or is to be committed, it is void from the beginning.*

si is qui indebitum accipiebat, delegaverit solvendum, non erit furti actio, si eo absente solutum sit: ceterum si praesente, alia causa est, et furtum fecit (Ulp: Dig. 47.2.43 (44).2) *indien iemand wat 'n onverskuldigde bedrag ontvang het 'n ander vir ontvangs van betaling aangewys het, sal daar geen aksie op grond van diefstal ontvanklik wees nie as die betaling tydens sy afwesigheid plaasgevind het, maar indien in sy teenwoordigheid, is dit 'n ander saak en het hy diefstal gepleeg // where anyone has received something which was not due, and has delegated another to whom payment is to be made, an action for theft will not lie, provided payment is made during the absence of that person; but if he is present, the case is different and he has committed a theft.*

si iudicas, cognosce; si regnas, iube (Sen. Med. 194) *as u regspreek, ondersoek (die saak); as u heerser is, gee bevele // if you are the judge, investigate; if you are a ruler, command.*

si non pareat quid actum est, erit consequens ut id sequamur quod in regione in qua actum est frequentatur (Ulp.: Dig. 50.17.34) *indien dit nie blyk wat die bedoeling* (van die partye) *was nie, sal dit logies wees dat ons uitvoering gee aan die gangbare gebruik van die streek waar die regshandeling plaasgevind het // if it is not apparent what the intention* (of the parties) *was, it will stand to reason that we observe the established custom of the region where the transaction was concluded.*

si parva licet componere magnis . . . (Verg. Georg. 4.176) *indien nietige sake met grotes vergelyk mag word . . . // if we may compare small things with great. . . .*

si plures condiciones coniunctim datae sunt, omnibus parendum est quia unius loco habentur; si disiunctim sunt, cui libet (Paul.: Dig. 28.7.5; cf. 50.16.53) *waar daar* (vir 'n erfgenaam) *verskeie voorwaardes gesamentlik opgelê word, moet daar aan almal voldoen word, omdat hulle as een beskou word; maar indien hulle afsonderlik opgelê word,* (voldoen hy) *aan die een van sy keuse // where several conditions are jointly imposed* (upon an heir) *he must comply with all of them, for the reason that they are regarded as one; but if they are imposed severally* (he may comply) *with the condition of his choice.*

si quemcumque alium ferro se petentem quis occiderit, non videbitur iniuria occidisse; . . . sin autem cum posset adprehendere, maluit occidere, magis est ut iniuria fecisse videatur (Ulp.: Dig. 9.2.5 pr.; cf. supra s.v. (i) **adversus periculum** (ii) **eum qui**; (iii) **illatam vim**; infra (iv) **vim vi repellere** et locos ibi citt.) *indien iemand 'n ander doodmaak wat hom met 'n wapen aanval, word dit nie beskou asof hy hom wederregtelik gedood het nie; . . . indien hy egter die aanvaller kon gepak (aangehou) het maar verkies het om sy lewe te neem, moet ons dit eerder as 'n onregmatige daad beskou // if anyone kills another who is attacking him with a weapon, he is not held to have killed him unlawfully; . . . if however he could have seized him but preferred to kill him the better view is that he committed an unlawful act.*

si quid universitati debetur, singulis non debetur, nec quod debet universitas singuli debent (Ulp.: Dig. 3.4.7.1) *indien daar iets aan 'n regspersoon verskuldig is, word dit nie aan individuele lede verskuldig nie, en die individuele lede is nie dít verskuldig wat die regspersoon skuld nie // if anything is owing to a corporation (corporate, legal body) it is not owing to the individual members, nor do the individual members owe that which is owing to the corporation (the entire body).*

si quis praegnatem uxorem reliquit, non videtur sine liberis decessisse (Celsus: Dig. 50.17.187) *indien iemand 'n swanger vrou nagelaat het, word dit nie beskou asof hy kinderloos gesterf het nie // where anyone leaves his wife pregnant, he is not regarded as having died without issue.*

si quis ratum habuerit quod gestum est, obstringitur mandati actione (Ulp.: Dig. 50.17.60; cf. supra s.v. **in maleficiis ratihabitio**) *indien iemand bekragtig het wat gedoen is, is hy aanspreeklik met die aksie van lasgewing // if anyone has ratified a transaction he is liable to an action on mandate.*

si quis testibus usus fuerit idemque testes adversus eum in alia lite producantur, non licebit ei personas eorum excipere, nisi ostenderit inimicitias inter se et illos postea emersas fuisse, ex quibus testes repelli leges praecipiunt (Cod. 4.20.17 pr.; an. 528) *indien iemand van sekere getuies gebruik gemaak het en daardie selfde getuies word in 'n ander saak teen hom geroep, sal hy hulle nie mag wraak nie, tensy hy bewys* (kan) *lewer dat daar sedertdien tussen hom en daardie getuies 'n vete van so 'n graad (felheid) ontstaan het dat die wette die verwerping van hulle getuienis gelas // if someone has relied on the testimony of certain persons and those same witnesses are called against him in another case, he shall not be allowed to exclude (challenge) them, unless he prove that an hostility so intense* (deadly) *has since broken out between him and those witnesses that the laws command that their testimony be ruled out.*

si reddita quidem sit res commodata, sed deterior reddita, non videbitur reddita (Ulp.: Dig. 13.6.3.1; cf. supra s.v. **non videbitur**) *indien 'n saak in bruikleen ontvang weliswaar terugbesorg maar in beskadigde toestand terugbesorg is, sal dit nie as terugbesorg beskou word nie // if a thing received in loan for use is indeed returned but is returned in damaged condition, it shall not be considered as returned.*

si res legata sine facto heredis perierit legatario decedit (Inst. 2.20.16) *wanneer 'n nagelate skenking sonder toedoen van die erfgenaam te niet gegaan het is* (lett. *gaan*) *dit vir die legataris verlore // if a thing bequeathed perishes without fault on the part of the heir, it is lost to the legatee.*

si sine liberis decesserit *as hy te sterwe kom sonder kinders na te laat; indien hy kinderloos te sterwe kom // if he (should) die without issue.*

si unica et manifesta legis ratio in universum cesset, etiam legis dispositio cessare videtur *indien die enigste en klaarblyklike bestaansrede van 'n wet geheel en al verval, blyk ook die regsbepaling te verval // if the sole and manifest* raison d'être *of a statute were to fall away, its provisions too are seen to fall away.*

si vis pacem para bellum (cf. supra s.v. **qui desiderat**) *as jy vrede begeer, berei jou voor op oorlog // if you would have peace prepare for war.*

si vultis nihil timere, cogitate omnia esse timenda (Sen. Nat. Quaest. 6.2.3) *indien julle niks wil vrees nie beskou dan alle gebeure as rede vir vrees // if you would fear nothing, regard every contingency as a cause for fear.*

sibi servire gravissima est servitus (Sen. Nat. Quaest. 3 Pref. 17) *om die slaaf van jouself te wees is die ergste slawerny // to be a slave of oneself is the cruellest servitude/slavery.*

sic (lett. *aldus; so*): in of na 'n sitaat ingevoeg om aan te toon dat iets daarmee nie pluis is nie — spelfout, taalfout of onjuistheid; *raar* *maar waar // odd but correct* (lit. *thus*) inserted in or after a quotation to draw attention to some error of grammar, spelling or fact.

sic fac omnia tamquam spectet aliquis (Sen. ep. 25.5) *doen alles só asof iemand toekyk // do everything in such a way as if someone were looking on.*

sic lex sic iudex *soos die wet lui so lui die regter se uitspraak // as the law is such is the judge's finding (verdict).*

sic loquere cum deo tamquam homines audiant (Sen. ep. 10.5) *praat so met 'n god asof die mense jou aanhoor // so speak to the deity as if people were hearing you.*

sic utere tuo ut alienum non laedas (cf. supra s.v. **male enim nostro**) *gebruik jou eie (goed) so dat jy dié van 'n ander nie beskadig nie // use your own property in such a manner as not to injure that of another.*

sicut prior es tempore, ita potior iure (Cod. 8.17(18).3; an. 213; cf. (i) supra s.v. **prior tempore** (ii) Dig. 20.4.3.1; **prioris causam esse potiorem apparuit;** at vide 20.4.5) *net soos jy die eerste in tydsorde is, so geniet jy voorrang in regte // as you are first in time, so you shall have preference in law.*

sicuti medico imputari eventus (i.e. **mors**) **non debet, ita quod per imperitiam commisit, imputari ei debet** (Ulp.: Dig. 1.18.6.7; cf. supra s.v. **imperitia**) *hoewel die eventuele dood* (van die pasiënt) *die geneesheer nie toegereken behoort te word nie, behoort tog alles wat hy as gevolg van onbedrewenheid begaan het hom wel toegereken te word // though the event of death should not be imputed to a physician, yet he should be held accountable for anything caused by his want of skill.*

silent leges inter arma (Cic. pro Mil. 4.11) *die wette swyg onder die gekletter van die wapens; in die krygsrumoer* (of: waar die wapens spreek) *// amid the clash of arms the laws are silent* (the power of the law is suspended during war).

silentium non est consensus nisi lex loqui iubeat *stilswye is instemming alleenlik indien die wet* (of: *regsvoorskrif*) *die party gebied om te praat // silence gives consent only if the law bids the party speak.*

simia -ae f. (lex Pompela de parricidiis; Inst. 4.18.6) *aap // monkey.*

simia simia est etiamsi aurea gestet insignia (anon.) *al dra 'n aap 'n goue ring. . . . // a monkey is a monkey still even if he were to wear golden ornaments.*

similis simili gaudet (cf. supra s.v. **pares autem**) *soort soek soort // birds of a feather flock together.*

simplex commendatio non obligat (cf. Dig. 4.3.37) *blote opvyseling (aanprysing) verbind nie // mere puffing carries no weight, creates no obligation.*

simpliciter adv. *sonder kwalifikasie; sonder meer // without qualification.*

simul ac semel *gelyktydig // simultaneously; together and at one time.*

simul sorbere ac flare non possum (incerti auctoris; cf. supra s.v. **quod approbo**) *ek kan nie tegelyk (gelyktydig) suig en blaas nie; ek kan nie warm en koud uit een mond blaas nie* (teenstrydige doelwitte kan nie gelyktydig nagestreef word nie) *// I cannot simultaneously inhale and exhale; I cannot approbate and reprobate* (one cannot move towards two opposite goals at one and the same time).

simulare (1) *skynhandeling verrig; voorwend // simulate* (an act).

sine (prep.) *sonder // without;* **— animo revertendi** *sonder die voorneme om terug te keer // without the intention of returning;* **— causa** *sonder oorsaak // without* (good) *reason (cause);* **— die** *onbepaald; sonder* (vooraf bepaalde) *dag // without* (fixing) *a day* (for a further meeting or hearing); **— prole** *sonder nakomelingskap, afstammelinge // without issue;* **— qua non** *onmisbare vereiste; noodwendigheid // indispensable condition* (or: *prerequisite*).

sine animo furandi furtum non committitur (cf. Ulp.: Dig. 47.2.52.20 ad f.) *sonder die bedoeling om te steel, word daar geen diefstal gepleeg nie // without the intention to steal no theft is committed.*

sine fuco ac fallaciis (Cic. Att. 1.1.1.) *openhartig, rondborstig* (bw.) *// candidly, frankly.*

sine ira et studio (Tac. ann. 1.1) *sonder verbittering* (wrok) *of partydigheid; sonder oordeelsteuringe; objektief // without bitterness or partiality* (Church and Brodribb); *without indignation or partisanship* (Grant); *without rancour or favour; objectively.*

sine possessione usucapio contingere non potest (Rufinus: Dig. 41.3.25; cf. Bonif. VIII reg. iii: **sine possessione praescriptio non procedit**) *sonder besit kan verjaring nie plaasvind nie // without possession prescription cannot take place.*

sine qua non *onontbeerlike voorwaarde // an indispensable condition.*

sine summa iustitia rem publicam geri nullo modo posse verissimum est (Scipionis verba ap. Cic. de rep. 2.44.70) *dis volkome waar dat dit sonder die uiterste geregtigheid 'n onbegonne taak is om 'n staat te bestuur // it admits of no doubt that without the most inflexible justice it is impossible to direct a state.*

singuli et in solidum *hoofdelik en gesamentlik // jointly and severally.*

singuli in solidum tenentur *elkeen is vir die geheel aanspreeklik // each is bound for the whole (amount).*

sisto (3) stiti statum plaas, stel; refl.: **se sistere** *jou begewe, kom;* **in iudicio —** *voor die gereg verskyn // place* (tr.); refl. *come, go;* **in iudicio se sistere** *appear in court* (Lewis & Short, I, C & D).

sit venia verbo *met permissie (verlof) gesê // pardon the word.*

sit tibi terra levis = S.T.T.L. (grafskrif) *mag die aarde lig op jou rus // may the earth lie lightly on thee* (on tombstone).

sive tota res evincatur sive pars, habet regressum emptor in venditorem (Ulp.: Dig. 21.2.1 q.v.) *hetsy dat die hele saak hetsy dat 'n deel uitgewin word, die koper het 'n verhaalsreg (regresreg) teen die verkoper // whether the purchaser loses the entire property* (which he bought) *or only part of it, on account of a better title, he has recourse to the vendor.*

socer soceri m. *skoonvader // father-in-law.*

societas -tatis f. *vennootskap // partnership;* **— leonina** (Ulp.: Dig. 17.2.29.2) *leeuevennootskap* (waarby die een party al die wins opstryk en die ander al die skuld vir sy rekening neem) *// leonine partnership* (in which one party takes all the profit and the other assumes all the loss).

societas aut mandatum flagitiosae rei nullas vires habet (Gai.: Dig. 18.1.35.2) *'n vennootskap of lasgewing i.v.m. 'n skandelike onderneming is nietig (kragteloos) // partnership or an order (mandate) in connection with a base (dishonourable) undertaking is void.*

societas delinquere non potest (cf. supra **nusquam facilius**) *et* **corporation** *(regspersoon)) 'n vennootskap/vereniging kan geen onregmatige daad pleeg nie // an association cannot commit a delict.*

socii mei socius meus socius non est (Ulp.: Dig. 17.2.20 = 50.17.47.1) *my vennoot se vennoot is nie my vennoot nie // the partner of my partner is not my partner.*

socios inter se dolum et culpam praestare oportet (Ulp.: Dig. 17.2.52.2) *vennote moet teenoor mekaar vir bedrog en nalatigheid (skuld) instaan* (is die een teenoor die ander vir bedrog en nalatigheid aanspreeklik) *// partners are responsible to one another for negligence as well as fraud.*

socius criminis (i.q. **particeps criminis** q.v. supra) *medepligtige // accomplice.*

socius fit culpae, qui nocentem sublevat (Publ. Syr. S. 35) *wie 'n skurk bystaan is aandadig aan die misdaad // he who assists the criminal is an accessory to the deed.*

socrus -us f. *skoonmoeder // mother-in-law.*

sola cogitatio non facit furem (Paul.: Dig. 47.2.1.1; cf. supra s.v. (i) **cogitationis poenam**; etiam (ii) **liberae sunt**; at vide supra (iii) **in maleficiis voluntas** et infra s.v. (iv) **voluntas in delictis**) *die blote voorneme* (om te steel) *maak nog geen dief nie // the mere intention* (of stealing) *does not make a thief of one.*

solacium -ii n. *genoegdoening; troosgeld; skadevergoeding vir gevoelskrenking // compensation; damages allowed for injury to the feelings.*

solamen (est) miseris socios habuisse malorum (anon.) *vir die ongelukkiges is dit 'n troos om deelgenote in hul teenslae te gehad het // for the miserable there is consolation in having had those who shared their misery.*

solent pares facile congregari cum paribus (Amm. Marc.; cf. supra s.v. **pares autem**) *soort soek soort // birds of a feather flock together; like readily consorts with like.*

solito more (Inst. 3.1.14) *soos gebruiklik/ouder gewoonte // in our usual manner.*

solitudinem faciunt: vide infra **ubi solitudinem**.

sollemnia -ium n. pl. = sollemnitates f. pl. *formaliteite* (van die **ius civile**) *// (legal) formalities* (of the **ius civile**).

solo cedere solent quae inaedificantur (Inst. 2.1.33) *(alles) wat op die grond gebou word hoort daartoe (gaan daarin op) // (everything) built upon the soil belongs to it.*

solus sapiens scit amare; solus sapiens amicus est (Sen. epist. 81.12) *slegs die wyse weet hoe om lief te hê, slegs in wyse is 'n vriend // only a wise man knows how to love; only a wise man is a friend.*

solutio -onis f. indebiti *betaling van onverskuldigde geld // payment of money not owed.*

solutionis causa adiectus *persoon in die kontrak aangedui by wie die skuldenaar geregtig is om te presteer; hy kan prestasie nie opeis nie // person to whom the debtor is entitled (by* *agreement with the creditor) to pay but who cannot claim performance.*

'solutionis' verbo satisfactionem quoque omnem accipiendam placet; 'solvere' dicimus eum, qui fecit quod facere promisit (Ulp.: Dig. 50.16.176; similia continet Dig. 46.3.54) *daar is besluit dat onder die woord 'betaling' ook iedere soort voldoening begryp moet word; ons sê dat dié man 'betaal' het wat aan sy onderneming voldoen het // it has been established that every kind of satisfaction should be interpreted as understood in the term 'payment'; we say that someone who has performed his undertaking 'has paid'.*

solvendo esse (1) (van die skuldenaar gesê) *solvent wees* // (1) (used of the debtor) *be in a state of solvency, able to pay;* (2) (van die vermoë) *toereikend vir betaling* // (of the estate) *solvent; in a state to meet all its pecuniary liabilities.*

solvendo esse nemo intellegitur nisi qui solidum potest solvere (Javolenus: Dig. 50.16.114) *niemand word as solvent beskou nie tensy hy sy hele skuld kan betaal // no one is regarded as solvent unless he can pay all he owes.*

solvendo quisque pro alio, licet invito et ignorante, liberat eum (Gaius: Dig. 3.5.38(39); cf. etiam 46.3.53) *elkeen wat* ('n skuld) *ten behoewe van 'n ander betaal bevry hom van sy verpligting, selfs teen sy sin en buite sy wete // every one who pays* (a debt) *on behalf of another releases him from his obligation, even against his will and without his being aware.*

solvere pro ignorante et invito cuique licet, cum sit iure civili constitutum licere etiam ignorantis invitique meliorem condicionem facere (Gaius: Dig. 46.3.53) *dit staan enigeen vry om 'n skuld ten behoewe van 'n onwetende en (selfs) onwillige skuldenaar te delg aangesien dit deur die reg van Rome bepaal is dat dit 'n mens veroorloof word om die regstoestand van selfs 'n onwetende en onwillige te verbeter // anyone can make payment on behalf of a debtor who is unaware of the fact, and without his consent; for it has been established by the civil law that (anyone) may improve the condition of another even if he is ignorant of the fact and opposed to it.*

solvit èt qui reum delegat (Ulp.: Dig. 16.1.8.3(f); cf. supra s.v. (i) **qui debitorem suum delegat** (Dig. 46.1.18); (ii) **qui delegat**) *ook hy betaal wat 'n skuldenaar in sy plek stel // anyone who substitutes a debtor in his place makes payment.*

solvitur adhuc societas etiam morte socii (Inst. 3.25.5) *'n vennootskap word nog boonop deur die dood van 'n vennoot ontbind // moreover, a partnership is dissolved by the death of a partner.*

spatium -ii n. deliberandi *typerk vir beraad* (of *om te besin*) // *period for deliberation, consideration.*

speciei venditae periculum; cum speciem venditam per violentiam ignis absumptam dicas, si venditionem nulla condicio suspenderat, amissae rei periculum te non adstringit (Cod. 4.48.5; an. 285; cf. supra s.v. **periculum rei**) i.s. die risiko by 'n koopsaak; *aangesien u* (die verkoper) *beweer dat die besondere koopsaak deur 'n verwoestende brand vernietig is, word u, indien geen voorwaarde die koop opgeskort het nie, deur die risiko van die vernietigde saak onder geen verpligting geplaas nie* (want: **periculum est emptoris**) // concerning the risk of a specific thing sold: *whereas you* (the vendor) *declare that the property sold was destroyed by the violence of the fire, the risk of the property destroyed does not result in liability on your part, if there was no condition which suspended the sale* (for: **periculum est emptoris**).

species -iei f. *'n besondere saak* (of *voorwerp*); *individuele, onvervangbare saak; spesies // a specific thing* (or *object*); *an individual, irreplaceable thing;* **in specie** (Inst. 2.9.2) *in die onderhawige geval // in the case in question.*

species perit ei cui debetur (cf. supra s.v. **genus interire**) *'n onvervangbare saak gaan ten nadeel van die skuldeiser te niet* (hy dra die risiko) // *an irreplaceable (individual) thing perishes to the prejudice of the creditor* (who bears the risk).

specificatio -onis f. *saakvorming; gedaantegewing; skepping van 'n saak* ('n vorm van eiendomsverkryging) // *specification; creation of a thing* (i.e. fashioning materials into a new product, resulting in the acquisition of ownership by the 'fashioner').

spectatum veniunt, veniunt spectentur ut ipsae (Ov. Ars Am. 1.99) *die dames kom om te sien, hulle kom (ook) om self gesien te word // the ladies come to attend (the games) and also to be seen themselves.*

spem alere *hoop koester // to entertain a hope.*

spes protracta aegrum efficit animum (Prov. 13.12) *die uitgestelde hoop krenk die hart // hope deferred maketh the heart sick.*

spes spei f. *hoop; verwagting // hope; expectation;* **spei emptio** (vide supra s.v.

emptio); **spes successionis** *verwagting van erfopvolging // expectation of succeeding as heir.*

spolia opima (Liv. 23.46) *veldheersbuit* (deur die een aanvoerder op die ander in tweegeveg verower) // *spoils of honour* (taken in single combat by one commander from the other).

spoliator -toris m. *ontnemer* (of *berower*) *van besit; besitsontnemer // despoiler; one who unlawfully deprives another of the possession of a thing;* **in odium spoliatoris omnia praesumuntur** cf. supra s.v. **omnia praesumuntur contra** *alle vermoedens geld teen die besitsontnemer // all things are presumed against the despoiler.*

spoliatus ante omnia restituendus est (regula iuris canonici; cf. supra s.v. (i) **qui vult restitui** (ii) **recte possidenti**, et (iii) Cod. 5.16.10; 9.12.7.1) *die beroofde (gespolieerde) moet allereers in sy besit herstel word // possession must first be restored to the party despoiled.*

spondet peritiam artis, et imperitia culpae adnumeratur (cf. Dig. 19.2.9.5; 50.17.132 cf. supra s.v. **imperitia**) (die vakman) *waarborg vakkundigheid, en onbekwaamheid word* (hom) *as skuld (nalatigheid) toegereken* // (the artisan, expert) *guarantees his skill (expertise), and lack of skill is imputed (to him) as negligence (a fault).*

sponsa -ae f. *verloofde; bruid // fiancée; bride.*

sponsalia -um vel **-orum n.** *troubelofte; verlowing // betrothal; espousal; engagement to marry.*

sponte se in iudicio stiterit (vide supra s.v. **sisto**) *die verweerder het hom aan die jurisdiksie van die hof onderwerp // defendant willingly submitted to the jurisdiction of the court.*

spurius -ii m. *onegte kind, speelkind; natuurlike* (buite-egtelike) *kind // bastard; natural offspring.*

stabularius -ii m. *stalhouer // stable-keeper.*

stante matrimonio *tydens die* (voortbestaan van die) *huwelik; staande die huwelik // while the marriage continues.*

stans pede in uno (Hor. sat. 1.4.10) *doodluiters, ongeërg // coolly, indifferently.*

stante pede *op staande voet; op die daad, onmiddellik // immediately.*

stare decisis (cf. supra s.v. **rebus iudicatis**) *gewysdes* (gegewe beslissings) *navolg // abide by, adhere to, decided cases.*

stare pactis (=servare pacta) *ooreenkomste nakom; gevolg gee, jou hou aan ooreenkomste // adhere to, abide by agreements.*

statim debetur quod sine die debetur (i.q. supra s.v. (i) **quod sine die;** cf. Dig. 34.4.9; supra s.v. (ii) **quod pure debetur;** etiam (iii) **quod pure relictum est**) *wat sonder termyn verskuldig is, is onmiddellik verskuldig // that which is due without time limit* (deadline) *is due immediately.*

status -us m. *stand; status; kondisie* (posisie van 'n persoon as die draer van regte, insluitende sy vryheid, burgerreg, en bevoegdheid om regte te besit en op te tree) // *state; status; condition; rank* (position of a person in his capacity to have rights and to act, including his liberty and citizenship).

status enim rei publicae maxime iudicatis rebus continetur (Cic. pro Sulla 22.63) *die standvastigheid van die staat is in die eerste plek gemoeid met* (die bestendigheid van) *sy hofbeslissings // the stability (firmness) of the state depends, more than anything else, on* (the stability of) *its legal decisions.*

statutum generaliter loquens generaliter intelligi debet vide supra s.v. **generaliter lex** supra p. 195 col. II.

stellionatus -us m. (Dig. 47.20.3 Ulp.) *bedrog* (in die wydste sin); *stellionaat;* 'n allesomvattende misdaad wat voorsiening moes tref teen enige vorm van bedrog waarvoor daar nog geen misdaadsomskrywing voorhande was nie (**ubicumque titulus criminis deficit** soos Ulp. dit in die bewysplaas hierbo stel); dit was nie een van die **crimina falsi** nie // *fraud* (in the widest sense); *stellionate;* it was a kind of 'blanket' crime covering all species of fraud not falling under a specific legal description (**ubicumque titulus criminis deficit** according to Ulpian in the reference cited above; J. L. Strachan-Davidson, *Legal Proc. of Cicero's Time* part ii p. 162).

stet *laat dit so bly* (by proeflesing) // *let it stand* (in proofreading).

stillicidium -ii n. (cf. supra s.v. **servitus**).

stipulatio -onis f. *stipulasie; mondelinge kontrak* (met vraag en antwoord; Rom. reg) // *verbal contract* (by means of question and answer; in Roman law); **— committitur** (Dig. 34.5.16 pr.) *die stipulasie tree in werking // the stipulation takes effect, becomes operative.*

stipulator -toris m. (cf. infra s.v. **verba contra**) *bedinger // stipulator.*

stirps stirpis f. *staak* (in die erfreg) // *stock* (law of succession); **per stirpes** *staaksge-*

wyse; of onvert. // by stocks, or untr.; **successio per stirpes** *opvolging by plaasvervulling // succession by* (right of) *representation;* or untr. (**per stirpes**); **non in capita sed in stirpes hereditas dividitur** (Inst. 3.1.6 & 16 sub f.) *die nalatenskap word nie by hoofde verdeel nie maar by stake // the inheritance is divided not according to the number of individuals* (in capita) *but by lines/ stocks* (in stirpes).

strictum ius *die strenge reg; die reg in sy onbuigsaamheid* (teenoor **ius aequum** *billikheidsreg*) // *strict law, the rigour of the law* (as agaist **ius aequum** *equitable law*); **stricto iure** *volgens die strenge reg // in strict law.*

stultum est queri de adversis, ubi culpa est tua (Publ. Syr. S. 25) *dit is dwaas om jou teenspoed te bekla as dit jou eie skuld is // it is foolish to deplore your misfortune when it is your own fault.*

stultum est timere quod vitare non potes (Publ. Syr.) *dis dwaas om te vrees wat jy nie kan vermy nie // it is foolish to fear what you cannot avoid.*

stultum facit fortuna quem vult perdere (Publ. Syr. S. 29) *die geluk maak 'n dwaas van dié persoon wat dit in die verderf wil stort // fortune makes a fool of the man she wishes to ruin.*

stuprum -i n. (Inst 4.18.4; cf. supra s.v. **adulterium**) *ontug* (geslagsverkeer met 'n ongetroude vrou) // *unchastity; fornication; illicit intercourse* (with an unmarried woman); — **violentum** *verkragting // rape.*

sua sponte *uit eie beweging // of one's own accord.*

suae rei emptio non valet cf. SALJ 1966 p. 288; at vide Dig. 18.1.34.4; 18.1.61 et Cod. 4.38.4.

sub colore iuris *onder die skyn (voorwendsel) van reg // under colour of right; with a show of a rightful claim.*

sub iudice (cf. supra s.v. **adhuc**).

sub modo *onderworpe aan 'n lasbepaling // subject to a restriction* (or *mode*); **sub rosa** *heimlik // secretly.*

sublata causa tollitur effectus *as die oorsaak uitgeskakel word, verdwyn die gevolg // if the cause is eliminated the effect ceases.*

sublocatio -onis f. *onderverhuur // sublease* (n.).

subsecuta observatio (by wetsuitleg) *die wyse waarop die wet volgens gevestigde gewoonte verstaan is* // (in the interpretation of laws) *the established and customary construction put upon the law.*

subsequens matrimonium tollit peccatum praecedens *'n latere* (of: *opvolgende*) *huwelik hef 'n voorafgaande vergryp op* (soos ontug; en dit wettig voorhuwelikse kinders) // *a subsequent marriage* (of the parties) *removes a previous fault* (e.g. illicit intercourse; and it legitimates bastard children).

subsidium, in — (lett. 'tot hulp') *aanvullend; by wyse van aanvulling // complementary; supplementary.*

substituo (3) -tui -tutum *in die plek stel // substitute.*

substitutio -onis *f. ondererfstelling; substitusie* (in die erfreg) // (in the law of succession) *substitution;* — **vulgaris** *gewone ondererfstelling* (waar die oorspronklik ingestelde nie erfgenaam word nie en 'n ander ingestel word om hom te vervang) // *ordinary substitution of an heir* (appointment of an alternative heir in the event of the non-succession of the heir appointed in the first instance).

suc-cedo (3) -cessi -cessum in locum defuncti *in die plek van die erflater kom // succeed as heir.*

successio -onis f. *erfopvolging // succession* (as heir); **legitima** — *wetlike erfopvolging // legal succession;* — **mortis causa** *erfopvolging ter sake van* (of: *met die oog op*) *die dood // succession in contemplation of death;* — **singularis rei** (erf)opvolging onder besondere titel // succession under a singular title; — **per universitatem** (Inst. 3.10 pr.) *(erf)opvolging onder algemene titel // universal succession.*

successor -oris m. *erfopvolger // successor.*

suggestio falsi (cf. infra s.v. **suppressio veri**) *wanvoorstelling // false representation.*

sui generis *eiesoortig* (iets sonder gelyke); *eie in sy soort // the only one of its kind; peculiar.*

sui iuris *handelingsbevoeg* (Romeinse reg: bevoeg om 'n vermoë te hê) // *having legal or contractual capacity* (Roman law: having the right to own assets).

suis legibus utitur (Caes. BG 1.45.3) *(die staat) is outonoom // (the state) is autonomous.*

summa ratio -onis f. (Dig. 11.7.43. ad f.) *deurslaggewende rede* (of: *beslissende grond*) // *decisive, strongest consideration* (or *ground*).

summum bonum (Lucr. 2.25) *die hoogste goed // the highest good.*

summum crede nefas animam praeferre pudori (Juv. 8.83) *beskou dit as die ergste sonde om die lewe voor jou eer te stel // consider it the worst impiety to prefer life to honour.*

summum ius ab aequitate dissidens ius non est (cf. proximum adagium) *die uiterste reg is geen reg wanneer dit van die billikheid afwyk (met die billikheid strydig is) nie // law in its extreme form is no law when it is in conflict with fairness (with what is equitable).*

summum ius summa iniuria (Cic de off. 1.10.33; cf. Ter. heaut. 796 et supra s.v. **ius summum**) *die uiterste reg is die uiterste onreg // 'more law less justice'* (Loeb translation).

sumptui parcere (Cic. Fam. 16.4) *spaarsaam lewe // incur few expenses.*

suo Marte (Cic. Phil. 2.37.95) *op sy eie; man alleen // on his own; unassisted.*

suo tempore *te syner tyd // in due course.*

superficarius -ii m. (Dig. 43.18.1; I.R.) *opstaller // person entitled to build on the ground of another.*

superficies -iei f. (I.R.) (1) *(reg van) opstal* (2) *die opstal* (geboue) // (1) *long lease of the surface* (for building purposes) (2) *the building so erected.*

superficies solo cedit (Gaius 2.73; cf. supra s.v. **accessio cedit**) *die opstal word deel van die grond* (en dus die eiendom van die grondeienaar) // *buildings* (erected in terms of such a lease) *form part of the land* (and hence become the property of the landowner).

. . . superflua non nocent . . . (Cod. 6.23.17; cf. supra s.v. (i) **non solent quae;** etiam (ii) **quod abundat**) *oortolligheid bring geen benadeling mee nie // what is superfluous (otiose) causes no injury.*

superfluum non est quod ad declarationem ponitur *wat by wyse van verklaring bygevoeg word is nie oortollig nie // what is added by way of explanation is no surplusage (is not redundant, otiose).*

supplicium sumere de aliquo *die doodvonnis voltrek // to execute the death-sentence on s.o.*

suppressio -onis f. veri (cf. supra s.v. **suggestio falsi**) *verswyging van feite // concealment of truth.*

supra adv. *hierbo* (vroeër in die werk) // **above.**

supremus est quem nemo sequitur (Paul.: Dig. 50.16.92) *die laaste is hy op wie daar niemand volg nie // he is last whom no one succeeds.*

surrogata intrant in locum eorum quibus surrogantur (v. d. Keess. ad Gr. 2.12.11 MS p. 539 i.e. vol. ii p. 266) *dinge wat in die plek van ander gestel word vervang daardie ander // things substituted for others replace them.*

surrogatum rapit naturam rei surrogatae i.q. **surrogata intrant.**

sus-cipio (3) -cepi -ceptum (alg.) *onderneem;* ('n kind) *verwek of vader staan vir //* (gen.) *undertake; beget,* or *admit paternity of* (children).

suspectus de fuga (cf. infra s.v. **tamquam**).

suspicio -onis f. *agterdog, verdenking // suspicion;* **— sibi ipsa rivales parit** (Publ. Syr. S 36) *agterdog skep agterdog teen homself // suspicion creates suspicion against itself.*

suum cuique tribuere (supra s.v. **iuris praecepta;** Inst. 1.1.3; et Cic. Tusc. Disp. 5.22) *om aan iedereen te gee wat hom toekom // to give to everyone his due.*

T

tabernarius -ii m. (Dig. 14.3.5.7) *winkelier // shopkeeper.*

taciturnitas stulto homini pro sapientia est (Publ. Syr. T. 2) *vir 'n dwaas geld swygsaamheid as wysheid // a fool regards taciturnity as wisdom.*

tacitus consensus *stilswyende wilsooreenstemming* (of: *instemming*) *// tacit agreement; union of minds* (or: *assent*).

taedium vitae (Gellius 7.18.11) *lewensmoe(g)heid; teensin in die lewe // weariness of life.*

tale quale *soos dit is //* (just) *as it is.*

tales (i.e. **tales de circumstantibus**) *tales;* dergelikes uit die omstanders (by aanvulling van die jurie uit diesulkes) // *tales* i.e. similar men taken from the bystanders (to make up a deficiency of jurors).

talio -onis f. (ev. Math. 5.38) *(weder) vergelding // retaliation; requital;* **ius talionis** *reg van vergelding* (Bybels: ' 'n oog vir 'n oog, 'n tand vir 'n tand') // *right of retaliation, reprisal* or *requital* (Bibl.: 'an eye for an eye and a tooth for a tooth').

tam conditor quam interpres legis solus imperator iuste existimabitur (Cod. 1.14.12.5; an. 529) *die keiser sal tereg beskou* *word as die enigste wetgewer en vertolker van die reg // the emperor shall justly be regarded as the sole maker and interpreter of the laws.*

tamen *en tog; almiskie; desnietemin; desnieteenstaande // even so; for all that; all the same; nevertheless; notwithstanding.*

tamquam suspectus de fuga lett. *asof onder verdenking van voortvlugtigheid //* lit. *as if suspected of being a fugitive.*

tanto est accusare quam defendere, quam facere quam sanare vulnera facilius (Quint. 5.13.3) *dit is net soveel makliker om te beskuldig as om te verdedig as dit is om wonde toe te dien eerder as te heel // it is just so much easier to accuse than to defend as it is easier to inflict than to heal a wound.*

tarde, sed graviter vir sapiens irascitur (Publ. Syr. T. 4) *'n wyse vererg hom langsaam maar kwaai // a wise man's wrath is slow but furious.*

tarde venientibus ossa (cf. supra *sero venientibus*; infra s.v. **vigilantibus non dormientibus**) *wie laat kom, kry die hond in die pot // late arrivals dine with Duke Humphrey, go without dinner.*

taxatio -onis f. *raming, skatting // assessment.*

temere (adv.) *sommer, roekeloos, ligvaardig; op onbesonne wyse; sonder oorleg // heedlessly, indiscreetly, inconsiderately; fortuitously; rashly;* **temere et fortuito** *heeltemal roekeloos // quite fortuitously.*

temeritas -tatis f. *gebrek aan oorleg, roekeloosheid, vermetelheid // foolhardiness; indiscretion; rashness.*

temeritas est damnare quod nescias (Sen. ep. 91.21) *dis roekeloos(heid) om te verdoem wat jy nie ken nie // it is foolhardy (reckless) to damn what you do not know.*

tempore pestis *tydens 'n pes // at a time of pestilence; during a plague.*

tempus deliberandi *tyd vir oorleg // time for deliberation.*

tempus luctus cedit ex die mortis mariti (Ulp.: Dig. 3.2.8) *die treurjaar breek aan met die sterfdag van die eggenoot // the year of mourning is considered to begin on the day of the husband's death.*

tempus utile *die beskikbare termyn om 'n regshandeling te verrig of 'n regsmiddel in te stel // the time* (or *term*) *available for the performance of a juristic act or for the application of a legal remedy.*

tergiversatio -onis f. (Cic. Att. 10.7.1) *soeke na uitvlugte // prevarication.*

termini habiles (v. d. Keess. MS p. 520 i.e. vol. ii p. 236; MS p. 840 i.e. vol. iii p. 264) *gepaste beperkende bepalinge // suitable restrictive provisions.*

terminus a quo *beginpunt // starting point.*

terminus ad quem *eindpunt // terminal point.*

terminus technicus (abbr. **t.t.**) *tegniese term, begrip // technical term.*

territorium -ii n. *grondgebied; staatsgebied // territory.*

tertium non datur *'n derde moontlikheid bestaan daar nie; daar is net die twee alternatiewe; dis òf . . . òf; 'n deur is oop of toe* (Franse spreuk) *// there is no third possibility; it is either . . . or, and no more.*

tessera -ae f. (Liv. 28.14) (1) *dobbelsteen;* (2) (milit:) *parool; wagwoord //* (1) *a die (for gambling*; (2) (milit.) *watchword; countersign.*

testamenti factio -onis f. (1) *testamentêre beskikking* (2) *testeerbevoegdheid //* (1) *making a (last) will or testament* (2) *testamentary capacity.*

testamenti factio non privati sed publici iuris est (Papin.: Dig. 28.1.3) *testamentêre beskikking ressorteer nie onder die privaatreg nie maar onder die publiekreg // the execution of wills falls within the province not of private but of public law.*

testamenti sinceritas (Inst. 2.10.4) *egtheid van die testament // genuineness of the will.*

testamentum -i n. *uiterste wil; testament // testament; last will;* — **destitutum** *'n testament wat nietig is vanweë die weiering van die erfgename om die erfenis te aanvaar (om te adieer) // will rendered void by the refusal of the heir(s) to adiate;* — **conscribere/facere** *'n testament maak // make a will;* — **holographum** *holografiese testament* (geheel in die handskrif van die erflater opgestel) // *holograph will* (written entirely by the testator in his own hand); — **inofficiosum** (Inst. 2.18; Dig. 5.2.3) *liefdelose testament* (waarin die erflater sy naasbestaandes onverdiend verbygegaan het) // *inofficious/unduteous testament* (marred by gratuitous omission of relations); — **invalidum** i.q. **irritum,** — **nullum** *nietige (ongeldige) testament // void will;* — **nuncupativum** *mondelinge testament // will made by word of mouth;* — **parentis inter liberos** *testament van 'n ouer met 'n beskikking vir die kinders // a parent's will in favour of his* (or her) *children;* — **reciprocum** *mutuele testament // mutual will;* —**ruptum** *'n testament kragteloos (nietig) gemaak deur beskadiging,* of *deurdat 'n latere testament verly is // will rendered void by being damaged* or *by the execution of a later will;* — **resignare** *'n testament ontseël/open // to open a will;* — **scriptum** *geskrewe testament // written will*

— **sollemne** *plegtige* (behoorlik betuigde) *testament // solemn will* (duly attested).

testamentum est voluntatis nostrae iusta sententia, de eo quod quis post mortem suam fieri velit (Modest.: Dig. 28.1.1) *'n testament is die wettige wilsverklaring in verband met dit wat iemand wil hê dat daar na sy dood moet gebeur // 'a will is the legal declaration of a man's intentions which he wills to be performed after his death'.* (Blackstone).

testamentum omne morte consummatur *iedere testament tree* (eers) *a.g.v. die dood in volle werking // every will is perfected by death.*

testamentum ordinare (Inst. 2.10.10) *testament maak/verly // execute a will.*

testamentum parentis inter liberos (I.R.) *testament van die ouer* (met bemakinge) *aan sy kinders alleen* (bevoorregte testament deurdat blote ondertekening sonder getuies voldoende was, mits erflating alleen aan afstammelinge geskied het) *// a will of a parent containing bequests to none but his children* (a privileged will in that the parent's signature without any witnesses sufficed, provided bequests were left exclusively to descendants).

testamentum rumpitur (Inst. 2.17.1) = **infirmatur** (2.17.4) = **irritum fit** (2.17.5) *testament word kragteloos/nietig/ongeldig // the will is broken/void.*

testandi animus (ex parte Botha; 1943 O.P.D. 171).

testari (1) *getuig* (2) *testament verly* // (1) *testify* (2) *make a will.*

testator -oris m. (Inst. 2.14.5–6) *erflater, testateur // maker of a will; testator.*

testatrix -tricis f. *erflaatster; testatrise // female testator.*

testem quem produco reprobare non possum *die getuie wat ek* (self) *dagvaar (oproep) kan ek nie wraak nie // the witness I summon (call) myself I cannot challenge (reject).*

testes idonei (cf. Hadrianus supra s.v. **rescripsit**) *bevoegde getuies // competent witnesses.*

testimonia ponderanda sunt non numeranda *die verklaringe van getuies moet geweeg en nie getel word nie // statements by witnesses should be weighed not counted.*

testimonium -ii n. *getuienis; getuieverklaring // deposition; evidence; statement by witness;* — **de auditu** *hoorsê-getuienis // hearsay evidence.*

testimonium non oportere unius hominis admitti (affirmat Paulus: Dig. 48.18.20; cf. (i) supra s.v. **sanximus ut unius**; et (ii) infra s.v. **testis unus**) *die verklaring van 'n enkele getuie behoort* (volgens Paulus) *nie aanvaar te word nie // the evidence of only one witness should not be admitted* (Paulus).

testimonium paupertatis *erkenning van onmag // acknowledgment of impotence.*

testis incorruptus atque integer (anon.) *onkreukbare getuie // impartial witness;* **testis locuples** *geloofwaardige getuie // reliable witness, worthy of all credit.*

testis testis m. *getuie // witness; one who gives evidence in court.*

testis non iuratus nullam meretur fidem (anon.) *'n onbeëdigde getuie boesem geen vertoue in nie // an unsworn witness inspires no credence.*

testis unus testis nullus (cf. Deut. 19.15; ev. Ioh. 8.17; Cod. 4.20.4; et supra s.v. (i) **sanximus,** et infra (ii) **unius omnino testis**) *'n enkele getuie is net so goed as geen getuie nie* ('n reël wat nie meer by bewyslewering geld nie) *// a single witness is no better than none* (a rule no longer applicable in the law of evidence).

thesaurus est vetus quaedam depositio pecuniae, cuius non exstat memoria, ut iam dominum non habeat (Paul.: Dig. 41.1.31.1) *'n skat is 'n sedert lang verborge hoeveelheid geld waaraan daar geen herinnering meer is nie, sodat dit reeds sonder eienaar is // a treasure is an ancient deposit of money, the memory of which no longer remains, so that it no longer has any owner.*

tigni immittendi servitus (cf. supra s.v. **servitus I**).

tignum -i n. (Dig. 50.16.62) *hout; boumateriaal; timmerasie // timber; building material.*

timeo Danaos et dona ferentes (Verg. Aen. II. 49) *ek vrees die Grieke ook al bring hulle geskenke // I fear the Greeks even when they bring gifts.*

timidus vocat se cautum, avarus parcum (Publ. Syr.) *die lafaard noem homself versigtig, die vrek spaarsaam // the coward calls himself cautious, the covetous frugal.*

timor: qui non cadunt in constantem virum vani timores sunt aestimandi (cf. D. 4.2.6) *die vreesgevoelens wat 'n standvastige man nie tref nie moet as ongegrond beskou word // those are groundless fears which do not assail a man of firmness.*

titulus -i m. *titel // title;* **iustus —** *voldoende titel // sufficient, just title;* **titulo lucrativo** *onder winsgewende titel // under a lucrative title;* **— oneroso** *onder beswarende titel // under an onerous title* (for a valuable consideration); **uberior —** *omvattender titel // fuller title.*

titulus est iusta causa possidendi id quod nostrum est *'n titel is die redelike oorsaak om te besit wat ons s'n is // a title is the just right of possessing that which is our own.*

tolerabilia (esse) quae vetus consuetudo comprobat, imperatores . . . rescripserunt (Dig. 50.12.13.1) *die keisers . . . het in 'n reskrip bepaal dat dit wat die aloue gewoonte goedkeur aanvaarbaar (gebillik) is // the emperors have issued a rescript that what ancient custom has established obtains* (or: *is regarded as acceptable in law*).

tollo (3) sustuli sublatum (1) *bou; oplig; oprig, optrek // elevate, lift up, raise;* (2) *afbreek, ophef, te niet doen // abolish, annul, cancel, do away with;* **infantem —** *'n kind van die vloer optel* (en dus as eg erken); *(kinders) grootmaak // pick up a (raise) a child from the floor* (to acknowledge it as legitimate); *to raise (bring up) children.*

tota vita nihil aliud quam ad mortem iter est (anon.) *die hele lewe is maar net 'n reis na die dood // the whole of life is but a journey to death.*

totidem sunt hostes quot servi (Sen. ep. 47.5) *ons het netso veel vyande as slawe // so many servants, so many enemies.*

totidem verbis *met soveel woorde // in so many words.*

toties quoties *so dikwels as* (nodig mag blyk) *// as often as* (occasion shall arise).

totis viribus *met alle mag; met alle geweld // strenuously; with might and main; with all one's might.*

toto caelo *hemelsbreed; geheel en al* (verskillend) *// entirely, totally* (different).

totum ius consistit aut in acquirendo aut in conservando aut in minuendo . . . (Ulp.: Dig. 1.3.41) *alle reg bestaan òf in die verkryging òf in die beskerming òf in die vermindering van regte . . . // all law consists either in the acquisition, preservation or diminution of rights. . . .*

totus mundus exercet histrioniam (Petron. frg. 10) *die ganse wêreld is 'n speeltoneel // all the world is a stage* (Shakespeare).

traditio -onis f. *lewering; besitsverskaffing // delivery; transfer of possession;* **— brevi manu** (oppon. **constitutum possessorium** supra) *lewering met die kort hand* (moderne term; teenoorgestelde van **constitutum possessorium** // lit. *'delivery with the short hand'* (modern term; a kind of constructive delivery; opposite of **constitutum possessorium**); **— longa manu** (nomen antiquum) *lewering met die lang hand* (klassieke benaming) *// 'delivery with the long hand'* (classical term); **— servitutis** *die moontlik maak van die uitoefening van 'n serwituut, gevolg deur die* **patientia** *(dulding, toelating) daarvan // rendering possible the exercise of a servitude, succeeded by* **patientia,** *sufferance of its exercise;* **— ususfructus** *beskikbaarstelling van vruggebruik // making available the enjoyment of a usufruct.*

traditio nihil amplius transferre debet vel potest ad eum qui accipit quam est apud eum qui tradit (Ulp.: Dig. 41.1.20 pr.) *lewering is nie verplig of by magte om na die ontvanger iets meer* (enige meerdere regte) *oor te dra as wat daar by die party is wat lewer nie // delivery of property should not and cannot transfer any more right* (in such property) *to the recipient than he who delivers it possessed.*

traiecticia pecunia (Modestinus: Dig. 22.2.1) onvert. (geld op bodemery geleen en op risiko van die skuldeiser oorsee gestuur) // untr. (a bottomry loan to a skipper, repayable only in the event of a successful voyage, i.e. at the risk of the creditor).

transactio -onis f. *skikking; vergelyk; kompromis; dading* (deur die partye alleen, onderling gereël) *// settlement of a suit or matter in controversy* (by the parties themselves, without arbiters).

trans-fero -ferre -tuli -latum *oordra* (bv. eiendom) *// transfer* (e.g. property).

tres faciunt collegium (Dig. 50.16.85) *drie persone vorm 'n vereniging // three persons constitute a corporate body.*

trias politica *skeiding van die staatsfunksies* in wetgewende, uitvoerende en regterlike mag *// the division of the body politic* so as to distinguish legislative, executive and judicial powers.

tributum -i n. *(direkte) belasting // tax, tribute.*

triplici modo (facta) coniunctio (vide supra s.v. **coniunctio**).

tuas res tibi habeto (I.R.) *vat jou goed vir jouself* (skeidingsformule deur die man by die opsegging van die huweliksband gebesig) *// take your things to yourself* (words spoken by the husband when divorcing his wife).

tueri res dotales vir suo sumptu debet (Nerat. Dig. 25.15; cf. Gai. Dig. 23.3.54); *die man is verplig om op eie koste die sake uit die bruidskat te bewaar // the husband is obliged to protect at his own expense the components of the dowry.*

tunc demum pro impleto habetur condicio, cum per eum stat, qui si impleta esset, debiturus erat (Paul.: Dig. 35.1.81.1) *'n voorwaarde geld dán as nagekom wanneer die nakoming deur dié persoon verhinder is wat, indien dit wel nagekom was, aanspreeklik sou gewees het // a condition is considered to have been complied with when this has been rendered impossible by the person who would have been liable if the condition had been complied with.*

tunica propior pallio est (Plaut. Trin. 1154) *die hemp is nader as die rok; bloed is dikker as water/ charity begins at home.*

turba testium *'n menigte getuies;* ' 'n wolk van getuies (Hebr. 12.1) // *a crowd* or *number of witnesses;* 'a cloud of witnesses' (Hebr. 12.1).

turbatio -onis f. sanguinis (Dig. 3.2.11.1; cf. supra s.v. **confusio sanguinis**) *vermenging van bloed* (onsekerheid van vaderskap) // *confusion of blood* (uncertainty as to paternity).

turpe pactum (vide infra s.v. **turpis contractus**).

turpis -e *skandelik, verfoeilik; oneervol; gemeen, snood // base, disgraceful; infamous; mean; vile;* — **causa** *skandelike (onbehoorlike) oorsaak // a base cause; immoral consideration;* — **contractus** *skandelike* (oneervolle, onsedelike) *ooreenkoms // immoral* (iniquitous) *contract.*

turpitudo -dinis f. *skandelikheid; onsedelikheid; gemeenheid // baseness; infamy; vileness; turpitude.*

tuta scelera esse possunt: secura non possunt (anon.) *(die pleeg) van misdade kan veilig wees, maar nie vry van kwellings nie // (the commission of) crimes may be safe, but they are not free from worries.*

tutela -ae f. *voogdy // guardianship; tutelage;* — **legitima** (Inst. 1.15 pr.) *voogdy kragtens wetsbepaling* (nie-testamentêr) // *legal tutelage* (created not by will but by act of law); — **testamentaria** *voogdy deur testament ingestel; testamentêre voogdy // testamentary guardianship (tutelage).*

tutelae administratio *voogdybeheer // administration of guardianship.*

tutor tutoris m. *voog // guardian;* **tutore auctore** (Inst. 2.8.2 ad f.) *met die bystand (toestemming) van die voog // with the assistance (permission or assent) of the guardian.*

tutor in rem suam auctor fieri nequit (cf. Ulp.: Dig. 26.8.1) *'n voog mag nie in sake* (van die pupil) *wat sy* (die voog se) *persoonlike belang raak optree nie // a guardian cannot act in affairs of the ward which affect his own interests.*

tutor incertus dari non potest (Paul.: Dig. 26.2.20 pr.) *'n onbepaalde persoon kan nie as voog aangewys word nie // an indeterminate person cannot be appointed a guardian.*

tutor non rebus dumtaxat sed et moribus pupilli praeponitur (Paul. Dig.: 26.7.12.3) *die voog word nie slegs oor die goed nie maar ook oor die opvoeding van die pupil gestel // a guardian is appointed not merely for the property but also for the education of the ward.*

tutoris auctoritas: auctoritas autem tutoris in quibusdam causis necessaria pupillis est, in quibusdam non est necessaria ut ecce si quid (pupilli) dari sibi stipulentur, non est necessaria tutoris auctoritas: quod si aliis pupilli promittant, necessaria est: namque placuit meliorem quidem suam condicionem licere eis facere etiam sine tutoris auctoritate, deteriorem vero non aliter quam tutore auctore. unde in his causis, ex quibus mutuae obligationes nascuntur, in emptionibus venditionibus, locationibus conductionibus, mandatis, depositis, si tutoris auctoritas non interveniat, ipsi quidem qui cum his contrahunt, obligantur, at invicem pupilli non obligantur (Inst. 1.21 pr.); i.v.m. die voog se bystand: *die bystand van die voog is vir die pupille in sommige gevalle noodsaaklik, in ander gevalle nie; bv. indien die pupille d.m.v. 'n mondelinge kontrak beding dat daar iets aan hulle gegee moet word, is die bystand van die voog onnodig: maar indien die pupille aan ander persone 'n toesegging doen, is dit wel nodig: want daar is bepaal dat dit hulle wel vergun word om sonder die bystand van hulle voog hulle toestand te verbeter, maar nie om dit anders as met die bystand van die voog te verswak nie; vandaar dat indien die bystand van die voog, in die geval van ooreenkomste waaruit daar wederkerige verbintenisse ontstaan, nie verleen word nie (soos by koopkontrakte, huurkontrakte, lasgewing en bewaargewing), die persone wat met hulle kontrakteer self aanspreeklik word, maar die pupille daarenteen nie //* concerning the consent of the guardian: *in certain cases the consent of the guardians is indispensable for their wards, in others it is not; for instance if the wards have by verbal contract stipulated that something be given to them, the consent of the guardian is not necessary; but if the wards promise something to others it is necessary; for it has been decreed that they are free to improve their position even without the consent of the guardian, but not to weaken it without his consent; hence if the guardian's consent is not granted in the case of those contracts which give rise to mutual obligations (such as contracts of sale and hiring, commissions and safe-keeping) the other parties contracting with the wards are indeed themselves rendered liable, but the wards for their part are not.*

tutoris praecipuum est officium ne indefensum pupillum relinquat (Marcellus: Dig. 26.7.30) *die hoofplig van die voog is om toe te sien dat hy die pupil nie onbeskerm laat nie // the chief duty of the guardian is not to leave his ward unprotected.*

tutrix tutricis f. *voogdes // (female) guardian.*

tutus ille non est quem omnes oderunt (anon.) *veilig kan hy nie wees nie vir wie almal haat // the object of universal hatred cannot be safe.*

U

uberrima fides fidei f. *die hoogste goeie trou // the most abundant good faith; absolute and perfect candour; implicit reliance.*

ubi aliquid conceditur, conceditur èt id sine quo res ipsa esse non potest (cf. supra s.v. (i) **quando lex aliquid** (ii) **qui concedit**) *wanneer iets toegestaan word, word ook dit toegestaan waarsonder die saak self nie kan bestaan nie // when something is granted, that too is granted without which the grant is nullified.*

ubi autem et dantis et accipientis turpitudo versatur, non posse repeti dicimus, veluti si pecunia detur ut male iudicetur (Paul.: Dig. 12.5.3) *waar daar egter skandelikheid van gewer sowel as ontvanger* (by die handeling) *betrokke is beweer ons dat* (die geld) *nie teruggevorder kan word nie, bv. indien daar omkoopgeld betaal word om 'n verkeerde uitspraak te verkry // where however both the giver and the receiver are guilty of immoral conduct, we declare that a suit cannot be brought for the recovery of the bribe, as for instance when a sum has been paid in order that an unjust judgment may be arrived at.*

ubi coepta est ibi lis et finienda est (Dig.) *waar die geding begin is, daar moet dit ook beëindig word // where the suit was begun, there it should also be concluded.*

ubi emolumentum ibi onus (cf. Dig. 50.17.10; cf. infra s.v. *ubi lucrum*) — *elke reg bring 'n ooreenstemmende verpligting mee // every right has a corresponding duty as its concomitant.*

ubi est verborum ambiguitas, valet quod acti est, . . . (Paul.: Dig. 34.5.21(22) pr.; cf. supra s.v. **semper in dubiis**) *waar daar dubbelsinnigheid van uitdrukking voorkom, geld dit wat* (die partye) *bedoel het . . . // where any ambiguity of expression is found, the validity of a transaction will depend upon the intention (of the parties), . . .*

ubi innocens formidat damnat iudicem (Publ. Syr. V.10), *vrees van die onskuldige is 'n veroordeling van die regter // dread of the innocent (accused) proves the guilt of the judge.*

ubi iudicat qui accusat, vis (non lex) valet (Publ. Syr. U. 30) *waar die aanklaer regter is, geld nie reg nie maar geweld // where the accuser is judge, not justice but violence obtains.*

ubi ius ibi remedium *waar daar 'n reg is, is daar 'n regsmiddel // where there is a right there is a remedy.*

ubi ius incertum ibi ius nullum *waar die reg onseker is bestaan daar geen reg nie // uncertainty destroys law.*

ubi lex deest praetor supplet *waar die reg te kort skiet vul die praetor dit aan // where the law is wanting the praetor supplies the deficiency.*

ubi lex ibi poena *waar daar 'n wet is, is daar 'n straf // where there is a law, there is a penalty.*

ubi lex non distinguit, nec nostrum est distinguere (cf. supra s.v. **generaliter lex**) *waar die reg nie onderskei nie, lê dit ook nie op ons weg om te onderskei nie // where the law does not distinguish, neither should we.*

ubi lucrum ibi damnum (cf. supra s.v. (i) **cuius est periculum** (ii) **qui sentit onus** (iii) **secundum naturam est**) *hy wat* *die voordeel trek moet ook die skade dra // the party drawing the profit must also bear the losses.*

ubi non est accusator, ibi non est iudex (v. d. Keess. ad Grot. 3.32.7 init., MS p. 1555 vol. v p. 324) *waar daar geen aanklaer is nie, is daar* (ook) *geen regter nie // where there is no accuser there is no judge.*

ubi onus ibi emolumentum *waar die las is, daar is die voordeel // where the burden is there is the profit.*

ubi peccatum cito corrigitur, fama solet ignoscere (Publ. Syr. V. 32) *wanneer 'n vergryp spoedig reggestel word, bied 'n mens se aansien meestal 'n verskoning daarvoor // when an error is swiftly corrected one's prestige usually excuses it* (cf. supra **peccatum extenuat** (Publ. Syr. P. 40).

ubi periculum ibi et lucrum collocatur *waar die risiko is, daar word ook die wins geplaas // he at whose risk a thing is, should also receive the profits* (arising from it).

ubi pugnantia inter se in testamento iuberentur, neutrum ratum est (Celsus: Dig. 50.17.188 pr.) *waar* (twee) *onderling teenstrydige voorskrifte in 'n testament gelas (gestel) word, geld geen van beide nie // where two contradictory things are ordered in a will, neither of them will be valid.*

ubi rem meam invenio, ibi eam vindico (vide supra s.v. **meum est;** cf. Celsus: Dig. 6.1.49) *waar ek my saak aantref, daar eis ek dit op* (ek het die saakopvolgingsaksie teen enigeen by wie ek my saak aantref) // *wherever I find my property I assert my claim to it.*

ubi solitudinem faciunt, pacem appellant (Tac. Agr. 30 ad f.) *waar hulle 'n woesteny maak, noem hulle dit vrede // they create a desolation, and they call it peace* (Loeb).

ubi uxor ibi domus *die verblyfplek is waar die vrou is // the home is where the wife stays.*

ubi verba coniuncta non sunt, sufficit alterutrum esse factum (Paul.: Dig. 50.17.110.3) *waar die woorde nie verbind is nie* (disjunktief aangewend is), *is dit voldoende dat een van die twee opdragte volvoer word // where words are used disjuntively, it is sufficient that either one of the things enumerated be performed.*

ubi vinci necesse expedit cedere (Quint. 6.14.6) *waar die neerlaag onafwendbaar is, is dit voordelig om te swig // where defeat is inevitable it is expedient to yield.*

ultima ratio (i.q. **ultimum remedium**) *die laaste redmiddel (uitweg, toevlug) // the last argument (resort/means).*

ultimum supplicium esse mortem solam interpretamur (Celsus: Dig. 48.19.21) *die uiterste straf vertolk (ons) as die dood alleen // we understand the extreme penalty to mean only death.*

ultimus dies inceptus pro completo habetur (cf. Dig. 50.16.134, et 1910 AD 35) *die laaste dag word by sy aanvang as afgeloop beskou // the final day is at its inception regarded as ended.*

ultra posse nemo obligatur (i.q. supra s.v. **impossibilium nulla**).

ultra vires onvert.; *buite* (sy) *bevoegdheid; buitemagtig* // untr.; *beyond the scope of* (its) *powers.*

una salus victis nullam sperare salutem (Verg. Aen. 2.353) *die enigste redding/behoud vir die verslanes is om op geen behoud te hoop nie // the only hope for the vanquished is to hope for no deliverance.*

unicuique licet contemnere haec, quae pro se introducta sunt Julian.: Dig. 4.4.41; cf. supra s.v. **regula est iuris antiqui** et locos ibi citt.) *dit staan iedereen vry om die voordele wat om sy ontwil ingevoer is te versmaai* (van die hand te wys) // *everyone is free to turn down* (renounce) *the benefits introduced on his behalf.*

unicuique sua mora nocet (Paul.: Dig. 50.17.173.2) *vir elkeen kom sy eie versuim ten laste // to each the prejudice of his own default.*

unius dementia dementes efficit multos (anon.) *die waansin van een maak baie waansinnig* (massasielkunde werk aansteeklik) // *folly is catching/infectious.*

unius omnino testis responsio non audiatur (cf. Cod. 4.20.9 et supra s.v. **testis unus**) *laat daar hoegenaamd geen ag op die antwoord van 'n enkele getuie geslaan word nie // the answer of a single witness shall not be heard at all.*

uniuscuiusque contractus initium spectandum est et causa (Ulp.: Dig. 17.1.8 pr.) *die begin en die ontstaansrede van iedere kontrak moet altyd in ag geneem word // the origin of every contract and its cause should always be taken into consideration.*

universitas -tatis f. (Inst. 2.9.6) (1) *geheel; eenheid* (2) *regspersoon* // (1) *a whole; unit* (2) *legal person; corporation;* — **bonorum** (Dig. 43.2.1.1) *'n geheel van liggaamlike sake; goedere, vermoë; boedel // estate; goods and chattels;* — **iuris** *'n deur die reg gevormde geheel* (liggaamlik sowel as onliggaamlik, bv. 'n erfenis of 'n boedel) // *a quantity of* *things,* corporeal and incorporeal which, taken together, are *regarded as constituting a whole* (e.g. an inheritance or estate); **per universitatem bona acquirere** (Gai. 2.191) *goed onder universele/algemene titel verkry // acquire the inheritance as sole/universal heir;* — **rerum** *die geheel van regte wat 'n bepaalde persoon besit // the total of rights possessed by a particular person and regarded as constituting a whole.*

universitatis sunt, non singulorum, veluti quae in civitatibus sunt theatra et stadia et similia, et si qua alia sunt communia civitatium (Marcianus: Dig. 1.8.6.1; cf. supra s.v. **quod universitatis**) *sekere sake is die eiendom van die hele gemeenskap, en nie van individue nie, soos bv. teaters, renbane en ander dergelike sake, of enige ander sake wat die gemeenskaplike eiendom van stede is // some things belong to the entire community, and not to individuals, as for instance, theatres, race-courses and other similar things or any other things being the common property of cities.*

uno avulso non deficit alter (lett. *as die een weggeruk is, is daar geen gebrek aan 'n ander nie*) *niemand is onvervangbaar nie //* (lit. *when one has been snatched away, there is no lack of a substitute*) *nobody is irreplaceable.*

uno contextu actus testari oportet. est autem uno contextu nullum actum alienum testamento intermiscere (Ulp.: Dig. 28.1.21.3; cf. Inst. 2.10.3; etiam Cod. 6.23.28 pr.) *die verlyding van die testament moet in een stuk (in een samehang; sonder onderbreking) geskied; en dit geskied aldus in een stuk wanneer daar geen vreemde element in die dokument ingevoeg word nie // the execution of a will* (or *deed*) *should be performed as a single act and this is done where nothing foreign to the instrument is introduced.*

uno eodemque tempore (Inst. 2.10.3) *in een en dieselfde tydsbestek // at one and the same time/simultaneously.*

uno principio illicito dato plura sequuntur (Justin. Nov. 8 praed. 1 p. 65 Schoell-Kroll) *as een onwettigheid toegelaat word, volg daar meerdere // if a single illegality is admitted several others follow.*

unum quodque eodem modo dissolvitur quo colligatur (cf. (i) infra s.v. **verbis facta** et (ii) supra s.v. **eodem modo vinculum**) *iedere band word op dieselfde manier ontbind as waarop dit gebind word // anything* (i.e. *any obligation*) *is discharged in the same way as it is constituted (lit. bound).*

unus e togatorum numero *'n gewone, deursnee Romein // an ordinary Roman citizen.*

unus testis nullus testis (cf. supra s.v. **testis unus**).

unusquisque doli sui poenam sufferat (Ulp.: Dig. 27.3.15) *laat iedereen die vergelding van sy eie bedrog dra // let each suffer the requital* (retribution) *for his own deceit.*

usque ad filum aquae *tot die middel van die (rivier)stroom // up to the middle of the stream.*

usuarius -ii m. (Dig. 7.8.10 pr.; infra s.v. **usus**) *gebruiker; genieter van die gebruiksreg* (wat nie vruggebruik insluit nie) // *usuary; party having the right to use* (which does not include usufruct).

usucapio -onis f. *verkryging deur verjaring* (deur langdurige besit); *verkrygende verjaring* ('n wyse van eiendomsverkryging) // *usucapion; prescription* (a mode of acquisition of property by mere possession).

usucapio est adiectio dominii per continuationem possessionis temporis lege definiti (Modest.: Dig. 41.3.3) *verkrygende verjaring is 'n byvoeging tot die eiendomsreg d.m.v. 'n ononderbroke besit gedurende 'n tyd soos deur die reg bepaal // usucapion (prescription) is the addition of ownership by means of continuous possession for a time as prescribed by law.*

usucapio rerum . . . constituta est ut aliquis litium finis esset (Neratius: Dig. 41.10.5 pr.) *verkrygende verjaring is . . . ingestel sodat daar 'n end aan gedingvoering kon kom // acquisitive usucapion (prescription) . . . was instituted so that there might be an end to litigation.*

usucapionis requisita: res habilis titulus fides possessio tempus (hexametrum celebre medio aevo conditum; vide Inst. 2.6 pr. et supra: **res II Adagia** s.v. **res habilis**) *die vereistes vir verkrygende verjaring* (die beroemde middeleeuse heksameter) // *the requirements for acquisitive prescription* (the well-known medieval hexameter).

usufructuarius -ii m. *vruggebruiker // usufructuary.*

usura non natura pervenit sed iure percipitur (Papin.: Dig. 6.1.62 pr.) *rente het nie 'n natuurlike oorsprong nie maar word o.g.v. die objektiewe reg gevorder // interest* (on capital) *has no natural origin, but is collected by virtue of the positive law.*

usurpare (1) *aanwend, gebruik maak van, toepas* (2) *verkry, verwerf* (3) *'n reg d.m.v.*

uitoefening daarvan behou (Dig. 8.6.6.1; 8.6.16; teenoor nie-gebruik) (4) *vir jou onwettig toe-eien, usurpeer* // (1) *apply, use, make use of* (2) *acquire, obtain* (3) *retain a right by exercising it* (Dig. 8.6.6.1; 8.6.16; as against non-user) (4) *appropriate unlawfully, arrogate to oneself, usurp.*

usurpatio -onis f. (1) *gebruik* (2) *inbesitname* (3) *stuiting van verjaring van 'n reg* (d.m.v. uitoefening daarvan) (4) *aanmatiging* // (1) *use* (2) *acquisition* (3) *interruption of prescription of a right* (by user) (4) *unlawful appropriation; usurpation.*

usus -us m. (I.R.) *gebruik, gebruiksreg oor grond* (willekeurig opsegbaar) // *precarious enjoyment of land*; — **commodus** *ongestoorde gebruik* // *undisturbed enjoyment*; — **communis** (Inst. 4.8.7) *algemene gebruik* // *general custom*; — **fit ex iteratis actibus** *gebruik ontstaan uit herhaalde handelinge* // *usage arises from repeated acts*; — **fori** (vel **forensis**) *hofgebruik; regsgebruik* // *legal practice.*

usus fructus est ius alienis rebus utendi fruendi salva rerum substantia (Paul.: Dig. 7.1.1; Inst. 2.4 pr.) *vruggebruik is die reg om die sake van 'n ander te gebruik en te geniet met behoud* (sonder aantasting) *van hul wesentlike aard* // *usufruct is the right to use and enjoy the property of others while preserving intact its substance* (or essential nature).

usus magister est optimus (Cic. Rab. Post. 9) *ondervinding is die beste leermeester* // *practice makes perfect.*

ut *soos; sodat; met die doel om; wanneer* // (in the same way) *as; in order to; in order that; when*; **ut infra** *soos hieronder* // *as below*; **ut supra** *soos hoër op* // *as above.*

ut ameris, amabilis esto (Ov. Ars Am. 2.107) *om bemin te word, wees beminlik* // *in order to be loved, be lovable.*

ut finis sit litium vide supra s.v. **usucapio rerum constituta.**

ut igitur nulla possessio adquiri nisi animo et corpore potest, ita nulla amittitur, nisi in qua utrumque in contrarium actum est (Paul.: Dig. 50.17.153: vide supra s.v. **quemadmodum**).

ut res magis valeat quam pereat (vide infra s.v. **verba ita**).

ut sementem feceris, ita metes (Pinarius Rufus ap. Cic. de orat. 2.65.261; cf. Galat. 6.7) *soos jy saai so sal jy maai* // *as you have sown, so shall you reap.*

uti usus sum + abl. *gebruik; uitoefen* // *apply, employ, use*; **hoc iure utimur** *ons volg hierdie regsreël* // *we apply* (or *use*) *this legal rule.*

uti via publica nemo recte prohibetur (anon.) *niemand word regtens belet om 'n openbare pad te gebruik nie* // *no one (can) legally be stopped from using a public road.*

utile per inutile non vitiatur (cf. Dig. 45.1.1.5; et supra s.v. (i) **non solent quae** (ii) **quidquid demonstratae (demonstrandae?)** *wat geldig is word nie deur oortollighede geskaad nie* // *surplusage does not prejudice (vitiate) what is good.*

utiles impensae (vide supra s.v. **impensae**).

utilius est dicere id quod superfluum est tantummodo infirmare (scil. **obligationem**) (Terentius Clemens: Dig. 23.3.61 pr.; curator dotis dandae constitutus plus quam debuit dotis nomine promisit, i.e. plus quam in re familiari erat) *dit blyk billiker om te sê dat slegs dié bedrag wat* (die boedel) *te bowe gaan die verbintenis ongeldig maak* (die kurator vir die toesegging van die bruidskat het meer toegesê as daar in die boedel was; die toesegging geld dan net tot die bedrag wat die boedel kan dra) // *it is more equitable to declare that only the amount which is in excess* (of the estate) *invalidates the obligation* (the curator for granting a dowry offered a sum in excess of the amount in the estate; the grant is valid only to the amount the estate can bear).

utinam populus Romanus unam cervicem haberet (Suet. Calig. 30.2) *ek wou dat die Romeinse volk een nek gehad het* // *would that the Roman people had but one neck.*

utique enim hoc sequimur quod actum est *ons gee vanselfsprekend aan die bedoeling gevolg* // *we naturally comply with the intention.*

utrumque vitium est èt omnibus credere èt nulli (Sen. ep. mor. 3.4) *albei is 'n fout, sowel om almal te glo, as niemand nie* // *both are faults, to believe everyone — and nobody.*

uxor uxoris f. *eggenote; vrou* // *wife; spouse.*

uxor sequitur domicilium viri *die vrou volg die domisilie van haar man* // *a wife follows the domicile of her husband.*

uxori nubere nolo meae (Mart. 8.12) *ek wil nie die eggenote van my eggenote wees nie* (wil nie dat sy oor my baasspeel nie) // *I prefer not to be the wife of my wife* (subservient to her).

V

vacans hereditas -tatis f. *erfenis ten opsigte waarvan daar geen geregtigde is nie // an inheritance without an heir.*

vacantia bona n. pl. (Inst. 2.6.4) *goedere sonder aanspraakmaker // goods without a claimant* (or *owner*); *escheated goods* (Engelse reg).

vacua possessio -onis f. *rustige* (of *vrye*) *en ongestoorde besit // vacant* (i.e. free and unburdened) *possession.*

vae victis! (Liv. 5.48.9) *wee die oorwonnenes! // woe to the vanquished* (or *conquered*)!

vagabundus -i m. *swerwer // person of no certain domicile or fixed abode.*

valeo (2) valui valitum *geld (ww.); geldig wees; sterk wees // be healthy, strong; be valid.*

vanae voces populi non sunt audiendae! (impp. Diocletianus et Maximianus: Cod. 9.47.12; sine die et consule) *na die ydele geklets van die volk moet daar nie geluister word nie!* (ongedateerd) // *never mind the idle chatter of the common herd* (or *of the vulgar*)! (undated).

vani timoris iusta excusatio non est (Celsus: Dig. 50.17.184; cf. supra s.v. (i) **metum accipiendum** (ii) **metum autem**) *'n ligvaardige* (ongegronde) *vrees is geen geldige verskoning nie // a frivolous fear is no valid excuse.*

vanus -a -um *leeg; onbeduidend, ongegrond; sinloos, ydel // frivolous; groundless; idle; vain.*

vaticinium ex eventu *'voorspelling' na afloop van die gebeure // 'prophecy' after the event, from hindsight.*

vectigalia nervos rei publicae exercere (cf. supra s.v. (i) **magnum vectigal;** (ii) **publicanus,** et (iii) Cic. Verr. 3.83) *om belastings, die spierkrag van die staat, in te vorder // to collect taxes, the muscle of the state.*

vector -oris m. *passasier* (op skip); // *passenger* (on board).

vel iniquissimam pacem iustissimo bello anteferrem (Cic.); *ek sou selfs die onbillikste vrede bo die regverdigste oorlog verkies // I should prefer even the most unfair peace to a most just war.*

velle non creditur, qui obsequitur imperio patris vel domini (Ulp.: Dig. 50.17.4) *daar word nie aanvaar dat dit 'n wilsdaad* (of *wilshandeling*) *is wanneer iemand die bevel van sy vader of baas gehoorsaam nie // anyone obeying the command of his father or master is not considered to perform an act of will* (or *a voluntary act*).

velox consilium sequitur paenitentia (Publ. Syr. V. 35) *spyt volg op oorhaastige beraad // repentance follows hasty counsels.*

venalis -e *te koop // for sale.*

vendens eandem rem duobus falsarius est *wie dieselfde ding aan twee mense verkoop is 'n bedrieër // he is fraudulent who sells the same thing to two people.*

venditio -onis f. (vide supra s.v. **emptio**) **-corporis = — speciei** *verkoop van 'n bepaalde saak // sale of a specific thing.*

venditor -toris m. *verkoper // seller; vendor.*

venditrix -tricis f. *verkoopster // female vendor.*

venia -ae f. *guns; toestemming; vergunning; verlof // indulgence; leave, permission;* — **aetatis** *handligting; mondigheidsverklaring; ontvoogding; manumissie deur die owerheid* (verlening van handelingsbevoegdheid aan 'n minderjarige deur die owerheid) // untr.; *grant of a privilege of legal capacity,* in virtue of wh ich the recipient is entitled to act as if he were of full age (**sui iuris**); — **agendi** *vergunning om in regte op te tree* (of: *te ageer*) // *leave to sue;* — **necessitati datur** *nood leer bid // needs must when the devil drives;* — **testandi** *vergunning om 'n testament te maak* (of *te verly*) // *indulgence to execute* (or *make*) *a will;* **veniam dare alci.** *iem. vergiffenis skenk // pardon s.o.*

venire = inf. van // òf: (a) **venio (4) veni ventum** *ek kom // I come;* òf (b) **veneo venire venii (= venum + eo ire)** *ek word verkoop* (geld as passief van **vendere**) // *I am put up for sale; am sold* (serves as the passive of **vendere**).

venire contra factum proprium (vel **suum**) (Gothofr. ad Cod. 7.8.5 (p. 1591) et supra s.v. (i) **sancimus nemini licere** (ii) **adversus sua pacta**) *teen sy eie handeling ingaan; in stryd met sy vorige handeling optree // to act in conflict with one's previous act; to stultify one's own previous conduct.*

venisse ad heredem nihil intellegitur nisi deducto aere alieno (Pomp.: Dig. 50.16.165) *dit word beskou asof daar voor delging* (let. aftrekking) *van die (boedel)skuld niks in die hande van die erfgenaam gekom het nie // nothing is regarded as 'having come into the hands of the heir' unless the debts* (of the estate) *have been settled.*

venter ventris m. *buik, maag; moederskoot; ongebore kind* (of *vrug*) // *belly, stomach; womb; unborn child (foetus).*

verba accipienda ut sortiantur effectum *woorde moet so vertolk word* (of *opgeneem word*) *dat hulle regskrag kan verkry // words are to be taken* (or *construed*) *in such a way that they may have some* (legal) *effect.*

verba contra stipulatorem interpretanda sunt (Ulp.: Dig. 45.1.38.18; cf. Dig. 34.5.26; et supra s.v. **ambiguitas contra**) *woorde moet ten nadele van die stipulator uitgelê word // words should be interpreted against the stipulator.*

verba alci. dare (Cic. Att. 15.16) *iem. bedrieg/beetneem // deceive, delude s.o.*

verba fortius accipiuntur contra proferentem *woorde word strenger opgeneem teen* (ten nadele van) *die party wat hulle uiter* (oorsprong van die spreuk duister; vgl. vorige sitaat (**verba contra**)) // *words are interpreted against* (to the disadvantage of) *the party uttering them* (maxim of doubtful provenance; cf. immediately preceding quotation (**verba contra**)).

verba ipsissima *die presiese woorde // the exact (the very) words.*

verba ita sunt intellegenda ut res magis valeat quam pereat (cf. supra s.v. **quotiens in actionibus**) *die woorde moet so verstaan word dat die bedoeling* (van die dokument) *eerder van krag mag bly as dat dit verydel word // the words* (of an instrument) *are to be so construed that the subject-matter may rather be of force than come to naught.*

verba movent, exempla trahunt (anon.) *woorde wek, voorbeelde trek // example is better than precept.*

verba volant, scripta manent (gesproke) *woorde vervlieg* (maar) *wat geskrywe is, is blywend* // (spoken) *words vanish* (into thin air), *but what is written remains* (is permanent; is preserved).

verbatim adv. *woord vir woord, woordelik, letterlik // word for word; verbatim; literally.*

verberare (1) *gésel; tugtig // flog, lash, whip (v.); chastise.*

verberatio -onis f. *geseling, tugtiging // flogging, whipping, chastisement;* (corporal) *punishment.*

verbis facta obligatio potest aliis verbis dissolvi (Inst. 3.29.1; cf. infra s.v. **verborum obligatio**) *'n verbintenis d.m.v. woorde aangegaan kan deur ander woorde ontbind word // an obligation contracted verbally may be dissolved by means of other words.*

verbis legis tenaciter inhaerendum est (cf. Cod. 8.52(53).3; et supra s.v. **in re dubia melius**) *hou styf vas aan die woorde van die wet // the words of the law should be strictly adhered to.*

verbis standum ubi nulla ambiguitas *by geen dubbelsinnigheid moet ons by die woorde bly // one must abide by the words where there is no ambiguity.*

verbis tantum vide supra s.v. **coniunctio.**

verbo tenus (lett. 'tot by die woord') *woordeliks; volgens die letterlike teks* // (lit. 'as far as the word') *literally.*

verborum obligatio verbis tollitur (vide supra s.v. **nihil tam naturale**) *'n verbintenis uit woorde word met woorde ongedaan gemaak (opgehef) // a verbal obligation is dissolved by words.*

verbosa et grandis epistola (Tiberii imperatoris; Juv. 10.71) *'n lang, breedvoerige brief // a huge, wordy letter.*

verbum sapienti sat (cf. supra s.v. **dictum sapienti**) *'n goeie begrip (begryper) het 'n halwe woord nodig // a word to the wise.*

veritas odium parit (Auson. Bias 3); vide supra s.v. **obsequium amicos** (Ter. Andr. 68) *uitgesprokenheid wek haat; praat die waarheid en die mense haat jou // candour breeds hatred; truth is the mother of hatred.*

veritas rerum erroribus gestarum non vitiatur (Ulp.: Dig. 1.18.6.1) *die waarheid word nie deur dwalinge by die sakeverrigting geskaad nie // the truth is not impaired by errors committed during the performance of the acts.*

veritatis simplex oratio est (Sen. ep. 49.12) *die taal van die waarheid is eenvoudig // the language of the truth is simple.*

verna -ae c. (Inst. 2.20.30) *slaaf in sy baas se huis gebore; 'huisboorling'* (vroeg 19de eeu aan die Kaap) // *slave born in his master's house.*

versari in re illicita (locutio e iure canonico medii aevi desumpta; cf. supra s.v. **danti operam**) *jou met wederregtelike dinge* (of *bedrywighede*) *besig hou* (uitdrukking uit die middeleeuse kanonieke reg); *om by 'n ongeoorloofde aangeleentheid betrokke te wees.* Leerstuk dat iemand wat met 'n wederregtelike handeling besig is, ook ten opsigte van 'n ander gelyktydige wederregtelike handeling selfs buite skuld, aanspreeklik is // *to be engaged in* (or *busy oneself with*) *illegal activities* (a concept derived from medieval canon law).

versari in re publica/in rebus publicis *by die politiek betrokke wees // take part in politics.*

verus -a -um *eg, juis, waar // genuine, true, real;* **re vera** *in werklikheid // in reality; in truth; in point of fact.*

vetera extollimus, recentium incuriosi (Tac. an. 2.88 adf; cf. supra **laudator**) *ons verheerlik die verlede en steur ons nie aan onlangse gebeure nie // we extol the past and are indifferent to our own times* (Church and Brodribb).

vetera semper in laude, praesentia in fastidio (Tac. Dial. 18) *ons loof die verlede en skat die hede gering // old things are always in good repute, present things in disfavour.*

vetustas -tatis f. *onheuglike gebruik // immemorial use.*

vetustas vicem legis obtinet (Ulp.: Dig. 39.3.23) *onheuglike gebruik geld as* (ingeburgerde) *reg // immemorial use passes as* (valid) *law.*

vexandi adversarii gratia (Gai. 4.178) *om sy teenparty te kwel // to annoy/vex his opponent.*

vexata quaestio *strydvraag // moot point.*

vi (abl.) *gewelddadig (bw.); met geweld // by force.*

vi aut clam (Dig. 43.2.4) *met geweld of heimlik // by force or covertly.*

vi bonorum raptorum (actio) (Inst. 4.2; Dig. 47.8) *aksie vir die terugvordering van geroofde goed // action for the recovery of goods seized by means of force (robbery).*

vi clam precario *met geweld, heimlik of ter bede // by force, covertly or on sufferance.*

vi et armis *met wapengeweld // by force of arms.*

vi vim illatam defendere (anon.) *geweld met geweld afweer // to meet force by force.*

via viae f. *weg; pad // way; road;* — **necessitatis** (vel **necessaria**) *noodweg // way of necessity;* — **publica** *openbare pad* (weg) *// public road; high road;* — **vicinalis** (Dig. 43.7.3) *buurweg // neighbours' road; village path* (road existing in any particular neighbourhood).

via trita via tuta *die uitgetrapte pad is die veilige // the well-trodden road is the safe one; the beaten path is the safe path.*

viam publicam populus non utendo amittere non potest *die publiek kan nie deur nie-gebruik sy reg op 'n openbare weg verbeur nie // the public cannot by non-user forfeit its right to a public road.*

vicarius -ii m. (1) *die slaaf van 'n slaaf* (2) *plaasvervanger //* (1) *a slave's slave* (2) *deputy, substitute, proxy.*

vicarius non habet vicarium (cf. supra s.v. **delegatus delegare**) *'n plaasvervanger het geen plaasvervanger nie // a substitute* (proxy) *has no substitute* (proxy).

vice mutua *andersyds, om die beurt; wederkerig // in turn; mutually; reciprocally.*

vice versa *omgekeerd // conversely; the other way round* (or untr.).

vicissim *beurtelings // in turn, alternately.*

videant consules ne quid detrimenti res publica capiat (Cic. Catil. 1.2.4) *laat die konsuls toesien dat die staat geen skade ly nie // let the consuls take meaures for the protection of the state.*

videlicet i.e. videre licet (abbr. **viz.**) *te wete, nl., natuurlik // namely, to wit.*

video meliora proboque / deteriora sequor (Ovid. met. 7.20/21) *ek sien die betere weg en keur dit goed* (maar) *ek volg die een wat slegter is // I perceive and approve the better course* (but) *follow the worse.*

videtur rem alienare qui eam patitur usucapi (Paul.: Dig. 50.16.28 pr.) *dis duidelik dat wie toelaat dat 'n saak deur verjaring verkry word, dit vervreem // it is clear that a person allowing a thing to be acquired by prescription is alienating it.*

vidua -ae f. (vide supra s.v. **adulterium**) *onverbonde, alleenlopende vrou* (weduwee, of nog nooit getroud nie) *// a single or unattached woman* (widow, or never yet married).

vigilantibus ius scriptum est (Scaévola: Dig. 42.8.24 ad f.) *die reg is vir die waaksames opgestel* (of *geskrywe*) *//the law was recorded for* (the benefit of) *the vigilant.*

vigilantibus non dormientibus iura subveniunt (cf. supra s.v. **sciant ignorantiam;** cf. Dig. 42.8.24) *die reg help die waaksames nie die sluimerendes nie // the laws aid those who are vigilant, not those who sleep* (upon their rights).

vigor -oris m. legis *krag van wet // force of law.*

vilis -e *goedkoop; minderwaardig, sleg // cheap; common; mean; paltry; worthless.*

vim enim vi defendere omnes leges omniaque iura permittunt (Paul.: Dig. 9.2.45.4; vide adagium proximum) *alle wette en alle regstelsels veroorloof ons om geweld met geweld af te weer // every law and every system of law entitles us to ward off force by force.*

vim vi repellere licet (Ulp.: Dig. 4.2.12.1; cf. supra s.v. (i) **adversus periculum** (ii) **eum qui** (iii) **quod alias non** (iv) **quod necessitas** (v) **si quemcumque** (vi) **vim enim vi** (vii) Cod. 8.4.1 (viii) Cic. pro Milone parr. 7–11) *'n mens mag geweld met geweld afweer; noodweer is geoorloof // force may be repelled by force; self-defence is lawful.*

vinculum -i n. *band // bond;* — **iuris** *regsband (verbintenis) // bond of law (obligation);* — **matrimonii** *huweliksband // bond of matrimony.*

vindicare (1) *met 'n saaklike aksie opeis* (of *vorder), beweer dat jy eienaar is // lay claim to, assert one's ownership* (by means of a real action).

vindicatio -onis f. (vide supra s.v. **rei vindicatio**).

vino vendibili suspensā hederā non opus est (Columella) *goeie wyn behoef geen krans nie // good wine needs no bush.*

violare (1) *skend // violate.*

. . . violentia ventorum . . . quae vim habet divinam (Ulp.: Dig. 39.2.24.4) *. . . die hewigheid van die windstorms . . . wat bomenslike* (onweerstaanbare) *geweld besit . . . // . . . the violence of hurricanes possessing superhuman power . . .* (or: *which is an act of God*).

virgo virginis f. *meisie // girl; young woman;* — **intacta** *ongerepte maagd //* (chaste) *virgin.*

viri boni est nescire facere iniuriam (Publ. Syr. V. 22) *die onvermoë om onreg te pleeg is die kenteken van 'n goeie man // the inability to commit injustice is the mark of a good man.*

viribus unitis *met verenigte kragte // with united strength.*

virilis -e *manlik // male; manly;* **pars** (vel **portio**) **virilis** *eweredige deel // equal share; proportionate part;* **virilis defensio** *manmoedige verweer // spirited resistance.*

viripotens -tentis adj. f., *hubaar* (van 'n vrou) // *marriageable; nubile* (of a woman).

vis vim vi (n. defect.) (1) *dwang, geweld* (2) *hewigheid, krag, mag* (3) *gelding, werking* (4) *inhoud //* (1) *compulsion, duress, force* (2) *power, violence, strength* (3) *legal effect, force, validity* (4) *purport; tenor;* — **absoluta** *algehele* (of *absolute*) *dwang // absolute compulsion;* — **armata** *wapengeweld // armed force;* — **compulsiva** *dwang deur bedreiging; psigiese dwang; indirekte* (of *relatiewe*) *dwang // compulsive force; force exerted by means of intimidation (menaces or terror);* — **cui resisti non potest** *onweerstaanbare dwang; oormag // irresistible force; compulsion;* — **divina** *natuurmag; bomenslike geweld // divine* (or *superhuman*) *force; act of God;* — **legis** *regskrag // power of the law;* — **licita** *wettige, geoorloofde, toelaatbare dwang // lawful force* (or *compulsion*) — **maior** *oormag; force majeure // greater, superior, irresistible force; act of God;* — **probandi** *bewyskrag // conclusive force; probative value; cogency in evidence.*

vis est et tunc, quotiens quis id, quod deberi sibi putat, non per iudicem reposcit (Callistratus: Dig. 4.2.13 med.) *eie rigting (eiemagtige optrede) doen hom ook telkens dán voor wanneer iemand dit wat hy meen aan hom verskuldig is anders as d.m.v. 'n regter probeer verhaal // 'force' also occurs as often as any one attempts to recover without the aid of the court that which he considers his due.*

vis est maioris rei impetus, qui repelli non potest (Paul.: Dig. 4.2.2) *geweld is die aanslag wat van onafwendbare oormag uitgaan // force is an attack of superior power which cannot be resisted.*

vitae commoditas iucunditasque *welgesteldheid // comfort.*

vitia erunt donec homines (Tac. hist. 4.74.11) *gebreke sal daar wees solank as daar mense is // there will be faults while men (exist).*

vitiis nemo sine nascitur *niemand word sonder gebreke gebore nie // no man is born faultless.*

vitiosus -a -um *gebrekkig // defective, faulty;* —**a possessio** *gebrekkige besit // faulty possession.*

vitium -ii n. *gebrek; tekortkoming; mankement // defect; flaw; imperfection;* — **latens** (pl. **vitia latentia**) *verborge gebrek(e) // latent defect(s);* **ea res in furti vitium cecidit** (Inst. 2.6.4) *die saak is met die gebrek van diefstal belas // the thing is tainted with theft.*

vivat, crescat, floreat (universitas) (incerti auctoris) *mag (die universiteit) lewe, groei en bloei // may (the university) live, prosper and flourish.*

vivere est cogitare (Cic. Tusc. Dis. 5.38.111; quasi i.q. Cartesii **'cogito ergo sum'**) *die lewe is denke; om te lewe is om te dink* (vgl. Descartes: **'je pense, donc je suis'**) // life is thought (cf. Descartes' **'je pense donc je suis' = cogito ergo sum**).

vivere militare est (Sen. ep. 96.5) *die lewe is 'n stryd; om te lewe is om krygsdiens te doen // life is a struggle (a battle).*

vivida vis animi (Lucr. 1.72) *energieke geesteskrag // energetic spirit.*

volenti non fit iniuria (cuius adagii auctor fuisse videtur Edmond Wingate, *Maximes of Reason* (1655); cf. Dig. 47.10.1.5 et Cod. 2.4.34; et supra s.v. (i) **decipi non** (ii) **nemo enim videtur** (iii) **nulla iniuria** (iv) **nullam potest** (v) **quod quis ex culpa** (vi) **scienti et consentienti**) *jeens hom wat instem geskied daar geen onreg nie;*

toestemming tot benadeling skakel onreg uit // he who consents cannot receive an injury.

voluntas coacta voluntas (tamen) est (cf. supra s.v. **coactus tamen**) *'n wilsuiting onder dwang bly nogtans 'n wilsuiting // an expression of will (uttered) under coercion is still an expression of will.*

voluntas facit quod in testamento scriptum valeat (Pomp.: Dig. 30.12.3 ad f.) *die bedoeling* (van die erflater) *bewerkstellig dat die bewoording van die testament geldig is // it is the intention* (of the testator) *which gives effect to the wording of the will.*

voluntas habetur pro facto (cf. supra s.v. **in maleficiis voluntas**) *die wil word as die daad beskou // the intention is regarded as the accomplished fact.*

voluntas (hominis) ambulatoria est usque ad vitae supremum exitum (Ulp.: Dig. 24.1.32.3; 34.4.4) *wispelturig is die wil van die mens* (i.v.m. testamentêre beskikkinge) *tot die uiterste einde van sy lewe // the will of man is fickle (inconstant, subject to change) till the very last day of his life* (referring to testators).

voluntas in delictis, non exitus spectatur (cf. supra s.v. **in maleficiis**) *by misdade word die bedoeling in ag geneem, nie die resultaat nie // in crimes the intention* (or: *will*) *is looked to, not the outcome (result).*

voluntatem potius quam verba (contrahentium) spectari placuit (Papin.: Dig. 50.16.219) *daar is beslis dat die wil (bedoeling) eerder as die woorde* (van die kontrakterende partye) *in ag geneem moet word // it has been ruled that the will (intention) not the words* (of the contracting parties) *should be taken into account.*

voluptatis vel affectionis aestimatio non habebitur (Ulp.: Dig. 7.7.6.2; cf. supra s.v. (i) **pretia rerum** (ii) **pretium affectionis**) *'n genots- (gevoels-, sentimentele of affektiewe) waarde sal nie bereken word nie // a sentimental value* (or: *one based upon pleasurable feelings*) *will not be entertained.*

voluptariae impensae luukse verbeteringe // luxurious improvements.

vox vocis f. (1) die stem (2) uiting, woord (3) gesegde, spreuk // (1) the voice (2) word, utterance (3) saying, maxim, proverb.

vox audita perit, litera scripta manet (cf. supra s.v. **scripta manent**) *die woord wat gehoor is vergaan, die geskrewe letter is blywend // the word that is heard is lost (but) the letter that is written abides.*

vox et praeterea nihil (cf. Plut. moral. p. 233 A, dictum 15; ed. Teubn. II (1971) p. 191; ed. Loeb., Plut. moral. vol. III pp. 398—9: 'phona ty tis essi kai ouden allo '=' vox tu es et nihil praeterea') '*Toe die Spartaan die nagtegaal kaal gepluk en gesien het hoe weinig daar oor was, het hy uitgeroep:* " 'n stem is jy en niks meer nie" ' // '*When the Lacedaemonian plucked the nightingale, on seeing so little substance, he exclaimed:* "a voice thou art and nothing more" '.

vox nihili *sinlose groep letters // group of letters making no sense.*

vox populi, vox dei (incerti auctoris sententia, iam ab Alcuino repudiata, epistola 166 par. 9 ad Carolum Magnum A.D. circa 803 scripta (Migne Patrologia Lat. vol C p. 438): **'cum tumultuositas vulgi semper insaniae proxima sit'**) *die stem van die volk is die stem van God* ('n stelling reeds deur Alcuinus (735–804) verwerp in 'n brief aan Karel die Grote: *'aangesien die onstuimigheid van die gepeupel altyd aan die waansin grens' // the voice of the people is the voice of God* (a proposition long since rejected by Alcuin (735–804 AD in a letter to Charlemagne: *'since the turbulence of the populace always closely resembles lunacy'*).

vulgariter *gewoonlik; gemeenlik // commonly; usually.*

vulgo conceptus (vel. **quaesitus**) (Inst. 3.5.4) *kind van 'n onbekende vader; onegte kind // spurious child; bastard.*

vulgo concipere (Gai. 1.92) *buite die huwelik ontvang // conceive out of wedlock.*

vultus est index animi (anon.) *die gesig is 'n aanduiding/spieël van die gees/siel // the face is an indication/a mirror of the soul.*

REGISTER VIR DIE OPSPORING VAN LATYNSE REGSPREUKE

Alfabetiese Lys Afrikaanse Sleutelwoorde in Vertalings van Latynse Sitate in Deel II

(met verwysing na die *aanvangswoorde* van elke sitaat)

Die lys val in twee dele:

A. Omskrywinge of Definisies van Regsbegrippe
(wat eintlik nie spreuke is nie)

B. Verwysinge na Regspreuke of Aanhalinge

GEBRUIKSAANWYSINGE (geld vir LYS A sowel as LYS B)

Die doel van hierdie register is om dit vir die leser moontlik te maak om vas te stel of 'n sekere regspreuk, waarvan die presiese formulering nie bekend is nie, maar waarvan die algemene strekking dit wel is, onder die Latynse aanhalinge opgeneem is, en indien wel, waar dit staan. Ons begin met die *inhoud* van die spreuk in sy Afrikaanse vorm, stel vas wat die sleutelwoord(e) daarin is en slaan dit in onderstaande lys na. Op heel weinig uitsonderinge na word slegs Latynse spreuke wat as volsinne in Deel II verskyn, hier betrek, maar nie losstaande begrippe (woorde) of selfs frases nie. Die paar uitsonderinge betref onmisbare uitdrukkinge soos *litem suam facere.*

'n Voorbeeld ter verduideliking. Ons wil vasstel of die gedagte dat die skatkis immuun teen verjaring is as Latynse spreuk opgeneem is; die sleutelwoorde is 'verjaring' en 'skatkis'; by albei sal ons in ons register 'verjaring loop nie teen die skatkis nie' aantref; onmiddellik daarna staan die verwysing *adversus fiscum* in vet letters. Dit is die aanvangswoorde van die spreuk; as ons hulle in die lys Latynse aanhalinge (op bl. 154) naslaan, vind ons die hele spreuk: adversus fiscum usucapio non procedit (met die bewysplaas, Dig. 41.3.18).

In die reël word daar in 'n dergelike geval slegs die *twee* aanvangswoorde opgegee; indien daar egter twee of meer opeenvolgende aanhalinge is wat met dieselfde twee woorde begin, word daar met die oog op identifikasie ook die derde woord gegee (soos bv. by *nemo potest esse*), maar selde 'n vierde.

Sommige oorbekende spreuke verskyn in 'n verskeidenheid formuleringe; in sulke gevalle word die aanvangswoorde van almal (of van die meerderheid van hulle) opgegee; kyk bv. onder 'regter: niemand mag—in eie saak wees nie', waar daar na tien in die Engelse lys (judge) verskillende aanhalinge verwys word. In sulke gevalle is daar boonop in die Latynse *teks* van Deel II ook kruisverwysinge tussen die aanhalinge onderling gegee.

LYS A. OMSKRYWINGE OF DEFINISIES VAN REGSBEGRIPPE.

aksie (a) *actio nihil* (s v III. *Adagia* op bl 152 onder *actio*); (b) *actionis verbo* (ook daar); (c) *nihil aliud est 'actio'*.
persoonlike aksie: *in personam actio*.
antwoord: die —e van deskundige juriste: *responsa prudentium*.
bedrog *dolus malus* (Dig 4.3.1.2) = spreuk no (7) op bl 179.
bekragtiging *ratihabitio constituet*.
delegeer *delegare est*.
diefstal *furtum est contrectatio*.
eiendom (alg) *bona non dicuntur*; gemeenskaplike — van almal *naturali iure*.
erfenis (a) *hereditas nihil;* (b) *nihil est aliud 'hereditas'*.
erfenisjagter *improbus est*.
falsiteit *nihil est aliud 'falsitas'*.
geweld (natuur-) *vis est maioris*.
gewoontereg (a) *consuetudine autem ius;* (b) *consuetudo* (drie formuleringe); (c) *mores sunt* (— is die stilswyende instemming van die volk).
hoogverraad *qui perduellionis*.
huwelik *nuptiae sunt*.
kennis kyk bl 199: spreuk (7) onder *Adagia ad ignorantiam pertinentia*.
koopwaar (roerend) *mercis appellatio*.
laaste *supremus est*.
leen, willekeurig herroeplike — *precarium est*.
nalatigheid (a) *culpa est;* (b) *culpa lata;* (c) *culpam esse*.
onreg *iniuria est*.
onverskuldigde bedrag *indebitum est non*.
ooreenkoms *pactum est duorum*.
oormag (a) *violentia ventorum;* (b) *vis est maioris*.
oorsaak *non sic 'causa'*.
oortolligheid *quicquid demonstrandae*.
postliminium *postliminium*.
reël (teenoor reg) *regula est quae*.
reg (s nw) (a) *constat autem*; (b) *omne ius aut;* (c) *totum ius*.
regsdwaling (van 'feitedwaling' onderskei) *in omni parte*.
regsontduiking (a) *fraus legi fit;* (b) *in fraudem facit;* (c) *in legem committere*.
regverdigheid *iustitia est*.
sanksie *sanctiones vocamus*.
seekus *litus est*.
serwituut (a) *servitus est;* (b) Adagia (3) en (6) op bl 286–7.
skat *thesaurus est*.
skenking (van 'precarium' onderskei): *qui donat*.
skuld (culpa), swaar — *lata culpa*.
skuldeiser *'creditorum' appellatione*.
skuldvergelyking *compensatio est*.
solvent *solvendo esse . . . nemo*.
testament *testamentum est*.
titel *titulus est*.
uitsonderingsreg *ius singulare* op bl 217 no (6).
verbintenis (a) *obligatio est iuris;* (b) *obligationum substantia,* alternatiewe —se *in alternatives*.
verheimliking (van swye onderskei) *aliud est celare*.
verjaring (a) *usucapio est;* (b) *usucapionis requisita*.
vermoede *praesumptiones sunt*.
versuim sonder ingebrekestelling *lex interpellat* op bl 222 no (10).

LYS B. VERWYSINGE NA REGSPREUKE OF AANHALINGE.

niemand word vir die oortreding van 'n — gestraf nie *nemo punitur*;
die posisie van 'n — kan sonder sy wete of instemming verbeter word *ratio* (sc *naturalis*);
sake tussen — uitgewys benadeel derdes nie *saepe constitutum*;
wie deur 'n — handel, handel self (a) *qui facit per;* (b) *qui per alium.*
andermansgoed wek jaloeise *nulli ad aliena.*
antwoord (s nw): die —e van deskundige juriste *responsa prudentium.*
'n sagte — . . . *frangitur ira.*
appel: die — val nie ver van die boom nie *qualis pater.*
arbeid/dienste het geldwaarde *saepe opera.*
arbiter: niemand kan in 'n saak wat homself raak — wees nie *nemo . . . in rem suam.*
argument van ongerief *argumentum ab inconvenienti.*
armoedige omstandighede tuis (armoede is 'n swaar blok aan die been) *haud facile emergunt.*
baster: 'n moeder maak geen — nie (a) *mater non;* (b) *mater semper.*
beding (s nw): gebruiklike —e word by kontrakte stilswyend begryp *in contractibus tacita;*
'n — ten behoewe van 'n derde is onmoontlik *alteri stipulari.*
bedoeling: die — eerder as die woorde (van kontrakterendes) moet in ag geneem word *voluntatem potius;*
indien die — van die partye nie blyk nie, word daar uitvoering aan die plaaslike gebruike gegee *si non pareat;*
by kontraksluiting word die — van die partye met 'n uitdruklike ooreenkoms gelykgestel *in contrahendo;*
die — van die kontrakterendes is deurslaggewend (a) *in conventionibus;* (b) *in emptis (et venditis);* (c) *semper in stipulationibus;* (d) *servandum quod;* (e) *servatur id;* (f) *ubi est verborum;*
let op die — van die spreker by dubbelsinnige uitdrukkinge *in ambiguis orationibus;*
die — (van die erflater) maak die bewoording van die testament geldig *voluntas facit;*
by misdade word die —, nie die resultaat nie, in ag geneem (a) *in maleficiis voluntas;* (b) *voluntas in delictis;* ons gee vanselfsprekend aan die — gevolg *utique enim;* — sonder gevolg is van geen betekenis nie *non efficit affectus;*
sonder die — om te steel word daar geen diefstal gepleeg nie *sine animo furandi;*
by statutêre strawwe word daar op die afloop gelet, nie op die — nie *in poenis statutariis;*
die — word teen die stipulator uitgelê *in stipulationibus cum;*
— /opset is noodsaaklik by diefstal (a) *furtum ex affectu;* (b) *furtum sine affectu;* (c) *furtum sine dolo.*
bedrieër: wie dieselfde ding aan twee mense verkoop is 'n — *vendens eandem.*
bedrieg: laat — word wie — wil word *qui vult decipi;* wie bewus is dat hy — word geld nie as bedroë nie (d.w.s. niemand word bewustelik — nie) (a) *decipi non;* (b) *nemo enim videtur;* (c) *nemo videtur;* (d) *non decipiuntur;* (e) *sciens non;* (f) *scienti et consentienti.*
bedrog: kyk by *dolus* I (verbintenisreg) ADAGIA nos 1–6 en 8–9 bl 179;
aanspreeklikheid vir — kan nie uitgesluit word nie (a) *illud nulla pactione;* (b) *in commodato;*
— bederf alles *fraus omnia;*
in 'n geding om — moet die hof bepaal wat die eiser deur toedoen van die teenparty ingeboet het *generaliter cum de;*
growwe nalatigheid is gelyk aan — *magnam tamen neglegentiam;*
laat iedereen die vergelding vir sy eie — dra *unusquisque doli;*
— tussen naasbestaandes word geredelik vermoed *fraus inter;*
niemand mag deur sy eie — begunstig word nie *nemini fraus sua;*
— word nooit vermoed nie *fraus numquam;*
ontvangs van wat jou toekom is geen — *nihil dolo creditor;*
die pleger van — moet self die skade dra *ipse suam;*
om — te verdoesel is — *fraus est;*
vereistes van bewysvoering by — *fraudis interpretatio;*

(c) *quemadmodum nulla;*
wie hom opsetlik van sy — ontdoen het, word geag nog steeds te besit *semper qui dolo;*
wie slegs sy — laat vaar vervreem nie *non alienat;*
— wat bedrieglik prysgegee is word as voortgesit beskou *pro possessore;*
— is verkieslik bo 'n vorderingsreg *commodius est;*
— ontnemer/—onttrekker: alle vermoedens is teen hom gerig (a) *in odium spoliatoris;* (b) *omnia praesumuntur contra.*
besitter: die bewyslas rus nie op die — nie maar op die eiser *petitori;* posisie van die — is die sterkste (a) *cum de lucro duorum;* (b) *cum per delictum;* (c) *in pari causa melior;* (d) *in pari causa;* (e) *melior est causa;* (f) *potior est condicio possidentis;* (g) *quum de lucro;*
die wettige — mag noodweer toepas *recte possidenti;*
wie sy besit bedrieglik beëindig het, teen hom word daar as — uitspraak gegee (a) *qui dolo desiit;* (b) *semper qui dolo.*
besittinge van ander wek afguns *aliena nobis, nostra.*
beskroomd: 'n —e versoek lê 'n weiering in die mond *qui timide.*
beskrywing: 'n foutiewe — maak die bemaking nie nietig nie *falsa demonstratio.*
beskuldig: dis makliker om te — as om te verdedig *tanto est.*
beskuldigde: by 'n staking van stemme word die — vrygespreek *paribus sententiis.*
besluit: (a) 'n oorhaastige — *velox consilium;*
(b) 'n — wat onherroeplik is, is sleg *malum est consilium.*
besondere (s nw): die — is altyd onder die algemene ingesluit *semper specialia.*
besope: wie hom vergryp wanneer hy — is, moet boet wanneer hy sober is *qui peccat.*
bespiegeling (blote voorneme) is nie strafbaar nie *cogitationis.*
betaal: elkeen wat 'n skuld ten behoewe van 'n ander —, bevry die ander van sy verpligting *solvendo quisque;*
niemand word as solvent beskou tensy hy sy hele skuld kan — nie *solvendo esse;*
ook hy — wat 'n skuldenaar in sy plek stel *solvit èt qui.*
betaling: — ten behoewe van 'n onwillige of onwetende skuldenaar is geldig (a) *solvendo quisque;* (b) *solvere pro;*
vertraagde — is onvoldoende — (a) *minus solvit;* (b) *qui tardius;*
— beoog eerder die tenietdoen as die aangaan van 'n verpligting *is qui solvendi;*
tydige — is verkieslik bo vertraagde — *plus est statim.*
beuselagtighede (nietighede): die reg bemoei hom nie met — nie (a) *de minimis;* (b) *minima non curat.*
bevoegdheid: meerdere — sluit die mindere in *non debet cui plus.*
bevoordeelde: die — by 'n misdaad staan onder verdenking *cui prodest* (vgl *cui bono?*).
bewind: 'n ongewilde — is nooit blywend nie *invisa numquam.*
bewys (ww): te veel — is niks — (a) *qui nimium;* (b) vgl *debet illud solum.*
bewys (s nw): ongeskrewe — geld nie teen geskrewe — nie *contra scriptum;*
ontkenning van 'n feit is geen — nie *per rerum naturam;*
skriftelike — is nie onontbeerlik nie maar dit vergemaklik die stawing van egtheid *fiunt de his;*
—van verandering van gesindheid by die erflater moet van die erfgename geëis word *probatio mutatae.*
bewysgrond: handelinge weens nooddwang verrig kan nie as — dien nie *quae propter necessitatem.*
bewyslas: dit rus op die beweerder, nie op die ontkenner nie (a) *affirmanti;* (b) *ei incumbit;* (c) *factum negantis;* maar die teendeel by (d) *neganti incumbit;*
die — rus nie op die besitter nie, maar op die eiser (a) *petitori;* (b) *probandi necessitas;*
die — rus op die eiser (a) *semper necessitas;* (b) kyk onder *eiser* hieronder.
bewysvoering: vereistes van — by bedrog *fraudis interpretatio.*
billikheid: — eis gelyke reg *aequitas est quae;* — moet veral in die reg in ag geneem word (a)

in omnibus quidem; (b) *placuit in omnibus.*
blaas (ww): ek kan nie uit een mond warm en koud — nie *simul sorbere.*
blinde: die een — kan die ander nie lei nie *si caecus caecum;*
'n — is kleurblind *caecus non.*
bloed: (a) is sterker as water *tunica propior;*
(b) — is sterker as die privaatreg *iura sanguinis.*
boek: in elke — steek daar iets goeds *nullus est liber.*
boesemvriend: *fidus Achates.*
boetesom: 'n betaalde — is nie terugvorderbaar nie *quod a quoquo.*
bondigheid: ek strewe na — en word duister *brevis esse.*
boom: eiendomsreg oor 'n — in andermans grond geplant *ratio non.*
borg: alle eksepsies wat die verweerder toekom, kom die — ook toe *omnes exceptiones;*
die — kan tot enige verbintenis toetree *fideiussor omnibus.*
botsing van regstelsels: *in tali conflictu.*
bou (ww): wat op my grond deur 'n ander gebou word, word my eiendom *id quod in.*
brief: (a) 'n — bloos nie *epistola non;*
(b) 'n verraderlike — *litterae Bellerophontis.*
bron: dis beter om die — op te spoor as om die spruitjies te volg *melius est petere.*
bruidskat: die — moet wees waar die laste van die huwelik is *ibi dos esse;*
die vrou met 'n ryk — speel baas oor die man *dotata mulier;*
die — kom met oorbetaling tot stand *dotem numeratio.*
bruikleen: eienaar behou besit en eiendom *rei commodatae* (sv RES II ADAGIA);
— moet gratis wees *gratuitum debet;*
niemand maak deur — die ontvanger eienaar nie *nemo commodando.*
bruiklener: hy is nie vir oormag of buitengewone omstandighede aanspreeklik nie *is qui utendum.*
burgerskap: niemand kan van sy — afstand doen nie (a) *nemo patriam;* (b) *nemo potest exuere.*
buurman: die — se oog is afgunstig *inimicus oculus.*
bykomstige elemente verdwyn saam met die hoof-saak (a) *cum principalis causa;* (b) *quae accessionum;* (c) *res accessoria.*
bykomstigheid: wanneer die reg aan iemand iets toestaan, word ook alle bykomstighede hom gegun (a) *quando lex aliquid;* (b) *qui concedit aliquid;* bykomstighede gaan met die hoof-saak te niet *quae accessionum.*
by-saak volg hoof-saak *accessio cedit.*
daad: nie op woorde nie maar op dade word daar gelet *non quod dictum;* verhindering van 'n — deur 'n derde geld as verrigte — *in omnibus causis.*
dader: die skade volg (as straf) die — *noxa caput sequitur.*
dag: die aanbreek van die — geld as voltooide — (a) *dies coeptus;* (b) *ultimus dies;*
blote aanbreek van die — dien as aanmaning *dies interpellat;*
waar daar geen — vermeld word nie, kom die verbintenis (skuld) onmiddellik tot stand *in omnibus obligationibus.*
dames by die spele *spectatum veniunt.*
deel (s nw): ook die — is by die geheel ingesluit *in toto.*
delegasie: wie deur — 'n nuwe skuldenaar aanwys (word geag te) betaal *qui delegat solvit.*
delegeer: 'n gedelegeerde kan nie — nie *delegatus delegare.*
derde (s nw): gewysdes in gedinge tussen —s raak onbetrokkenes nie (a) *res inter alios iudicatae;* (b) *saepe constitutum;*
niemand kan 'n ander deur ooreenkoms tot nadeel van 'n — bevoordeel nie *nec paciscendo;*
regshandelinge tussen —s mag niemand benadeel nie, maar kan diesulkes wel bevoordeel (a) *quae inter alios;* (b) *res inter alios acta.*
deskundige (s nw) die woord van 'n — moet aanvaar word *cuilibet in arte.*
deug (s nw): rampspoed bied die geleentheid vir die — *calamitas . . . occasio.*

dief: 'n — geld as voortdurend by verstek *fur semper;* die geleentheid maak die — *occasio facit;* ook 'n — het aanspraak op verhoor *ius èt furi.*
diefstal: sonder die opset om te steel word daar geen — gepleeg nie *sine animo;* — van eie goed is moontlik *aliquando etiam;* kyk ook hierbo: 'bedoeling/opset'.
dienste (kyk hierbo by 'arbeid/dienste').
dier: 'n — kan nie wederregtelik handel nie *nec enim potest.*
doel: die werklik beoogde — weeg swaarder as die gehuigelde inkleding *plus valet quod.*
doen: wat gedoen is tel meer as wat geskryf is *plus actum.*
dokter: jou — moenie as erfgenaam ingestel word nie *male secum.*
dokument: in die geval van twyfel word daar aan die geskrewe — gehou *in dubio instrumento.*
domisilie: die vrou volg die — van haar man *uxor sequitur.*
dood (s nw): die een se — is die ander se brood *quod cibus est.*
doodsvrees: die gelukkige man ken geen — nie *nunquam est ille.*
drange: laat die — die rede gehoorsaam *appetitūs rationi.*
dronke: wie met 'n — stry veronreg 'n afwesige *absentem laedit.*
dubbelsinnig: 'n —e eis begunstig die eiser *ambigua autem;*
indien daar —e woorde in gedinge voorkom moet dié vertolking aanvaar word wat die behoud van die saak in geding bevorder (a) *quotiens in actionibus;* (b) *quotiens in stipulationibus;*
'n —e ooreenkoms (koopkontrak) word teen die verkoper vertolk *in contrahenda venditione;*
—e woorde in 'n testament moet welwillend uitgelê word *quum in testamento.*
dubbelsinnigheid: kyk onder: (a) *in ambigua voce;* (b) *in ambiguis orationibus;* (c) *in ambiguis rebus;* (d) *in ambiguitatibus;*
— teen die bedinger (a) *ambiguitas contra;* (b) *cum quaeritur in;* (c) *secundum promissorem;*
— by 'n koopkontrak tref die verkoper *obscuritatem;*
so dikwels as daar — voorkom moet dié betekenis aanvaar word wat die doelstelling die beste dien (a) *quotiens idem;* (b) *ubi est verborum;*
by geen — moet ons ons aan die woorde hou *verbis standum.*
duidelik: —e dele van 'n dokument moenie weens sekere onduidelikhede geïgnoreer word nie *non sunt neganda.*
dwaas (s nw): selfs 'n — praat soms verstandig *interdum stultus.*
dwaas (b nw): dis — om jou geneesheer as jou erfgenaam in te stel *male secum agit.*
dwaling: 'n feite— skaad niemand nie *error facti;*
— by huur- of koopkontrak maak die regshandeling nietig *in omnibus negotiis;*
— laat 'n reg ontstaan *error ius facit;*
— t a v die naam is van geen belang nie *nihil facit;*
niemand raak in — sy goed kwyt nie *nemo errans;*
redelike — hinder nie verjaring nie *probabilis error;*
'n regs— benadeel *error iuris nocet;*
wilsooreenstemming hef — op *omnis consensus;*
wilsooreenstemming ontbreek by hulle wat in — verkeer (a) *non consentiunt;* (b) *non videntur qui;* (c) *nullus est.*
dwing: niemand word gedwing om in die hof òf (a) 'n eis in te stel (aan te kla) nie *invitus agere,* òf (b) 'n saak te verdedig nie *invitus nemo.*
eed: 'n — dra net soveel of meer gewig as 'n hofuitspraak (a) *iusiurandum maiorem;* (b) *iusiurandum vicem.*
eedbreuk: God alleen bestraf dit *iurisiurandi contempta religio.*
eendersheid *ovum ovo;* — van opvoeding en aard lei tot vriendskap *scitis omnes.*
eendrag maak mag *concordia parvae res crescunt.*
eensaamheid: groot stad, groot — *magna civitas.*
eerbaar: nie alles wat geoorloof/toelaatbaar is, is — nie (a) *non omne quod;* (b) *semper in coniunctionibus.*

eerbare (s nw) niks skrik 'n goeie man van die — af nie *ab honesto.*
eerbaarheid/integriteit het meer waarde as goud *nulla possessio.*
eerste: wie die — kom geniet die voorkeur in regte (a) *prior tempore;* (b) *qui prior est;* (c) *sicut prior.*
eie lof: . . . *qui se ipsum.*
eiebelang is my keuse *proximus sum;* — is ontoelaatbaar as dit tot benadeling van 'n ander lei *non licet sui.*
eienaar: die verlies van die saak tref die — *res perit domino;* die — dra die risiko ivm die saak (a) *cuia res;* (b) *cuius est dominium;*
die — se goed kan nie aan hom verskuldig wees nie (a) *nec quod actoris;* (b) *nec res quae* (bis).
eiendom: geen ooreenkoms vermag om iets wat geen — kan wees die — van iemand te laat word nie *quod nullius esse potest;* dit is in die staatsbelang dat elkeen sy — goed aanwend *interest reipublicae ut quilibet;* misbruik van eiendom is strydig met die staatsbelang *expedit rei publicae.*
eiendomsreg: daarvan bestaan daar geen grade nie (a) *quod meum est amplius;* (b) *nec res quae iam;* (c) *quod proprium;*
— het uit inbesitname ontstaan *dominium rerum;* wat myne is kan sonder my medewerking my nie ontneem word nie *quod meum est sine;*
volle — is nie deelbaar nie *duo non possunt.*
eiers: liewer — vandag as henne môre *ad praesens ova.*
einddoel: wie die — wil, wil (ook) die middele (daartoe) *qui vult finem.*
eiser: bewyslas rus op die —; of: — se saak is moeiliker te staaf (as verweerder s'n) (a) *actore non;* (b) *actori incumbit;* (c) *durior causa;* (d) *petitori;* (e) *reo negante;* (f) *semper necessitas;*
— stel aksie in hof van verweerder in *actor sequitur;*
wat nie aan die verweerder vergun word nie, behoort ook nie aan die — toegestaan te word nie *non debet actori;*
— DEF *actor est;*
daar word gewoonlik teen die — beslis *contra petitorem.*
eksepsie: die — kom iemand toe *exceptio alci/competit;*
die praetor verleen 'n — *praetor exceptionem dat;*
rolle van eiser en verweerder word deur 'n — omgekeer *agere is videtur;*
—s wat die verweerder toekom, kom die borg ook toe *omnes exceptiones.*
enigeen sien kans om nog 'n jaar te lewe *nemo est tam.*
erfgenaam: die — beskik oor dieselfde mag en reg as die oorledene *heredem eiusdem;*
eers na delging van die boedelskuld het daar iets in die hande van die — gekom *venisse ad;*
geen latere gebeure kan 'n aanvanklike nietige instelling van 'n — suiwer nie *quae ab initio inutilis;*
niemand is — van 'n lewende persoon nie *nemo est heres;*
niemand laat aan sy — meer voordeel as hy self besit het nie *nemo plus commodi;*
die — vervang die oorledene (a) *heres est eadem;* (b) *hi qui in.*
erfgoed: — klim nooit *hereditas numquam ascendit.*
erflater: die wil van die — geld as oorwegend . . . *in omnibus testatoris.*
erkenning: ontduiking van verhoor is — van skuld *fatetur facinus.*
estoppel: niemand kan teen sy eie handeling ingaan nie (a) *contra proprium;* (b) *nemo contra factum;* (c) *non licet venire;* (d) *obstringitur ne;* (e) *venire contra.*
eufemismes: 'n lafaard is 'versigtig', 'n vrek 'spaarsaam' *timidus vocat se.*
euwel: iedere — kan in die kiem gesmoor word *omne malum.*
feit: teen 'n — val daar nie te redeneer nie *contra factum*;
daar moet meer op die —e as op die woorde gelet word *magis res;*
gee my die —e (dan) gee ek u die regsposisie *da mihi facta.*
feitlike (s nw): die — skep geen reg nie *a facto ad ius.*
fortuin: 'n groot — is 'n swaar slawerny *magna servitus.*

gebeure: van 'n — is daar 'n geldige afleiding na 'n (moontlike) herhaling *ab actu ad posse.*
gebeurlikhede: geen menslike oorleg kan teen toevallige — voorsiening maak nie *fortuitos casus;*
seldsame — moenie somaar as vanselfsprekend aanvaar word nie *ea quae raro;*
vir onvoorsienbare — soos rowerinvalle word daar by bonae fidei gedinge nie ingestaan nie *quae fortuitis;*
wette word nie uit hoofde van seldsame — gemaak nie (a) *ex his quae;* (b) *iura constitui;* (c) *ius constitui;* (d) *quo raro;* (e) *quod semel.*
geboorteland: niemand kan sy — afsweer nie (a) *nemo patriam;* (b) *nemo potest exuere.*
gebreke: die — van ander sien ons raak, ons eie lê agter ons (a) *aliena vitia in oculis habemus;* (b) *est proprium stultitiae.*
gebruik (ww): — jou eie goed só dat jy dié van ander nie beskadig nie *sic utere.*
gebruik (s nw): die — is die beste vertolker van dinge *optimus interpres;*
langdurige — dien as ongeskrewe reg (a) *diuturna consuetudo;* (b) *ea quae longa;* (c) *inveterata consuetudo;*
langdurige — is so goed as 'n serwituut *longi temporis;*
onheuglike — geld as ingeburgerde reg *vetustas vicem;*
sake rakende gewoonte en — (kyk onder 'gewoonte') *ea quae sunt.*
gebruiksreëls: ingeburgerde — is so goed as geskrewe regsbepalings *quae longa.*
gedagtes is vry *liberae sunt.*
geding: waar die — begin is moet dit ook beëindig word *ubi coepta est.*
gedingvoering: dit is in die staatsbelang dat daar 'n einde aan — kom *interest rei publicae ut sit finis.*
geduld wat ooreis word bars in woede uit (a) *furor fit;* (b) *levius fit.*
gee: niemand (kan) — wat hy nie het nie (a) *nemo dat;* (b) *nihil dat qui;* wie gou —, — dubbel *bis dat.*
gees: elke groot — het 'n tikkie waansin weg *nullum magnum;*
groot—te handhaaf dikwels 'n lae profiel *saepe summa.*
gehuigelde handelinge tas die waarheid nie aan nie *acta simulata.*
geld is die lewensbloed van oorlog *pecuniae belli nervi.*
geleerdheid: diegene wat voor dwase 'n vertoon van — wil maak is dwase in die oë van die geleerdes *qui stultis;*
die vuurproef vir die geleerdheid *scire ubi.*
geloof: blinde — en ongeloof is albei fout *utrumque vitium est.*
geloofwaardigheid word maklik verbeur *quicumque turpi;*
die — van dokument A wat na dokument B verwys, word aanvaar eers as die egtheid van B vasstaan *non creditur.*
geluk (s nw): die — gee vir baie 'n oormaat, vir niemand genoeg nie *fortuna multis;*
die — begunstig dwase *fortuna favet;*
die — is broos soos glas *fortuna vitrea est;*
die — maak 'n dwaas van sy beoogde slagoffer *stultum facit.*
gelykheid van die mens (in die natuurreg) *quod ad ius.*
gemeenskap: die eiendom van 'n — (soos 'n stad) is nie dié van individue nie *universitatis sunt;*
iets met die geld van 'n — gekoop, word nie gemeenskaplike eiendom nie *res empta ex.*
genade: wie — betoon oorwin steeds *perpetuo vincit.*
geneesheer: aanspreeklikheid van 'n — *sicuti medico.*
geneesmiddel: die — vir onregte gely is die vergetelheid *iniuriarum remedium;*
dieselfde —e akkordeer nie met almal nie *non omnibus;*
—e erger as die kwaal *graviora quaedam.*
gepeupel: daar hoef nie na die ydele geklets van die — geluister te word nie *vanae voces.*
geregtigheid: grondslag van die — is die goeie trou *fundamentum autem;*
laat — geskied, al val die hemel ook *fiat iustitia;*

die saak word in die skaal van die — geweeg *lis aequa lance;*
sonder — kan die staat nie bestuur word nie *sine summa;*
— skenk aan elk sy deel *iustitia suum.*
gerug: 'n los — is alwetend *is (qui) scit.*
gesag: die kroon van die ouderdom is — *apex est;*
die kinders uit 'n wettige huwelik staan onder die vaderlike — *in potestate nostra;*
die — van langdurige gebruik is aansienlik *consuetudinis ususque;*
die burgerlike — weeg swaarder as die militêre *cedant arma.*
gesig: die — is 'n spieël van die gees (a) *imago animi;* (b) *vultus est index.*
geskenk: bystand by onvermydelike laste is geen — nie (kyk by 'skenking');
doelbewuste betaling van 'n onverskuldigde bedrag dui op die doel om 'n — te gee *qui sciens;*
niemand maak 'n — onwetend of teen sy sin nie *nec ignorans;*
wie gou 'n — gee, gee dubbel *inopi beneficium;*
ek vrees die vyand selfs al bring hy—e *timeo Danaos.*
geslag (sexus): die manlike — sluit die vroulike ook in *semper sexus;*
die manlike — geniet groter aansien (as die vrou) *maior dignitas.*
getuie: 'n kwaadwillige — moenie geglo word nie *inimico testi;*
'n onbeëdigde — *testis non iuratus;*
'n enkele — is nie aanvaarbaar nie (a) *sanximus ut;* (b) *testimonium non oportere;* (c) *testis unus* (d) *unius omnino;*
geen —s is nodig waar iets vir die hof duidelik is nie *quod constat;*
niemand is 'n bevoegde — in sy eie saak nie *nullus idoneus;*
—s word geweeg, nie getel nie (a) *ponderantur (testes);* (b) *testimonia (ponderanda);*
wraking van eie —s (a) in beginsel nie moontlik nie *testem quem produco,* maar (b) in uitsonderlike gevalle wel: *si quis testibus.*
getuienis: mondelinge — teenoor skriftelike gestel *alia est auctoritas;* slegs mondelinge — is aanneemlik (nie skriftelike verklaringe nie; *rescripsit,* (. . . *divus*)).
gevaar: geen — kan sonder — afgeweer word nie *numquam periclum;* gemeenskaplike — bring eendrag *concordia parvae.*
geval: dit is natuurlik 'n ander — indien . . . *alia sane.*
geweld: — en vreesaanjaging is onversoenbaar met wilsooreenstemming *nihil consensui;*
— mag met — afgeweer word (a) *vim enim vi defendere;* (b) *vim vi repellere.*
gewoonte: die mag van die — is groot *consuetudinis magna;*
die — is die allerbeste vertolker van regsreëls *optima est;*
sake rakende — en gebruik behoort altyd in aanmerking te kom (by verhore uit bonae fidei kontrakte) *ea quae sunt.*
gewoontereg: 'n keiserlike reskrip bepaal dat wat die aloue gewoonte goedkeur goedgekeurde reg is *tolerabilia esse.*
gewysdes (navolging van): by dubbelsinnighede in wette verkry voortdurend ooreenstemmende — die gesag van wetgewing *in ambiguitatibus;*
— moet nagevolg word (*stare decisis*) (a) *rebus iudicatis;* (b) *res iudicatas instaurari;* maar daarmee strydig: *non exemplis sed.*
gierigaard: 'n — is altyd behoeftig/nimmer sat (Hor ep 1.2.52 *semper avarus eget* = *semper inops* (Claud).
glo eerder die mensdom as individue *melius omnibus.*
goedheid: ware — *bonitas non est.*
grappe: by — moet daar perke wees *adhibenda est.*
grief: 'n geregverdigde — is moeilik te temper *difficillimum.*
grond: alles op die — gebou behoort tot die — (a) *omne quod;* (b) *quicquid inaedificatur;* (c) *quod solo;* (d) *solo cedere;* (e) *superficies solo;*
— met my geld deur jou gekoop is nie my — nie *fundus a te.*

guns: om 'n — te aanvaar is om jou vryheid prys te gee *beneficium accipere;*
om om 'n — te smeek is slawerny *rogare officium.*
haat (ww): dis menslik om diegene te — vir wie jy veronreg het *proprium humani.*
haatgevoelens: wie — vrees kan nie heers nie *odia qui.*
hand: van die — na die mond *multa cadunt.*
handeling: alle (amptelike) —e word as reëlmatig beskou totdat . . . *omnia praesumuntur;*
—e tussen derdes behoort 'n ander nie te benadeel nie (a) *non deberet alii;* (b) *res inter alios;*
gehuigelde —e tas die waarheid nie aan nie *acta simulata;*
'n — van die hof benadeel niemand nie *actus curiae;*
latere —e doen afbreuk aan (of wysig) vroeëres *ea quae postea;*
aan —e deur die natuur verbied kan geen wet regskrag verleen nie *quae rerum natura;*
vir onvrywillige —e geld geen aanspreeklikheid nie (a) *qui facit quod;* (b) *qui iussu;*
—e sonder jou toestemming verrig benadeel jou nie *quae invito;*
—e strydig met die reg geld as nietig *quae contra ius;*
—e teen my sin verrig is nie my —e nie *actus me invito.*
hangende: dit wat nog — (onbeslis) is, geld as nie bestaande nie *quod pendet.*
hart: die — sondig, nie die liggaam nie *mentem peccare.*
heerser: 'n — moet in staat wees om te huigel *qui nescit dissimulare.*
herder: 'n goeie — skeer sy skape, slag hulle nie af nie *boni pastoris.*
herhaling is die moeder van studie *repetitio est mater;*
— van 'n eis is ontoelaatbaar *bona fides non.*
herinneringe: soete — *haec olim.*
herstel (ww): die beroofde (gespolieerde) moet allereers in sy besit — word *spoliatus ante.*
herstel (s nw): wie — verlang moet dit ook verleen *restitui qui vult.*
herverhoor is nie toelaatbaar nie *iudex posteaquam.*
hof: die praktyk van die — is die wet van die — *cursus curiae.*
hofbeslissings bepaal die standvastigheid van die staat *status enim rei.*
honde: bang — blaf die hardste *canes timidi.*
hoof-saak: saam met die — word ook die aksessore saak verbied (of vergun) *ex accessorio.*
hoop: die uitgestelde — krenk die hart *spes protracta.*
hoorsê (getuienis) *qui audiunt.*
huigel: om te kan heers moet jy kan — *qui nescit dissimulare.*
huur gaat voor koop *locatio conductio fortior.*
huwelik: egtelike liefde skep die — nie geslagsgemeenskap nie (a) *non coitus;* (b) *nuptias non;*
die — kom deur wilsooreenstemming tot stand *consensus facit nuptias;*
in huweliksverbintenisse moet ons vra nie slegs wat geoorloof is nie maar ook wat eerbaar is *semper in coniunctionibus;*
'n — tussen onwilliges is onmoontlik *matrimonium inter;*
'n opvolgende (latere) — hef 'n voorafgaande vergryp op *subsequens matrimonium;*
vryheid van die — *libera matrimonia;*
die — tussen broer en suster is verbied *inter fratrem:* dieselfde vrou kan nie tegelyk met twee mans getroud wees nie *eadem duobus.*
inbesitnemer: iets waarvan daar afstand gedoen is, word die eiendom van die — *res derelicta;*
niemandsgoed word die eiendom van die — (a) *id quod nullius;* (b) *occupantis fiunt;* (c) *quod nullius est* (twee sitate); (d) *res nullius;* (e) *quod ante nullius.*
individuele (onvervangbare) saak: deur die tenietgaan daarvan word die skuldenaar bevry *debitor speciei.*
insig: latere —te is meestal die beste *posteriores cogitationes.*
inskiklikheid: oordrewe — het 'n tikkie dwaasheid *facilitas nimia.*
insluiting: — van die een is uitsluiting van die ander *inclusio unius.*
insteller: die — van 'n maatreël mag dit ook afskaf *cuius est instituere.*
Jupiter: wat — mag doen, mag 'n bees nog nie *quod licet Iovi.*

keiser: 'n — moet op sy voete sterf *imperatorem stantem;*
die — is die enigste wetgewer en vertolker van die reg *tam conditor;*
die — is nie aan die reg gebonde nie *princeps legibus.*
die koper se regsposisie (as eiser of verweerder) moet dieselfde wees as dié van sy regsvoorganger *emptoris causa;*
kennis van die reg sonder vertroudheid met die betrokke persone is onvoldoende *parum est.*
kind: doodgebore kinders geld as nòg gebore nòg verwek *qui mortui;*
'n ongebore — is deel van die moederlyf (a) *partus antequam;* (b) *partus nondum;*
'n — wat ontvang is, geld as reeds gebore (a) *infans conceptus;* (b) *nasciturus pro;* (c) *qui in utero est;* (d) *qui in utero sunt;* (e) *quod dicimus eum.*
kinderloos: wie 'n swanger vrou nalaat sterf nie — nie *si quis praegnatem.*
klaarblyklik (b nw): die —e behoef geen bewys nie *manifesta probatione.*
kleintjie (van diere of slavinne): die — volg die moeder *partus sequitur.*
klip: 'n mens kan nie bloed uit 'n — pers nie *nemo potest nudo.*
koning: soos die — is, so is sy mense *qualis rex.*
konstitusie (keiserlike wet): lateres geniet voorkeur bo vroeëres *constitutiones tempore.*
kontrak: die — van 'n ander bind niemand nie *certissimum enim;*
van iedere — moet altyd die begin en die ontstaansrede in ag geneem word *uniuscuiusque;*
geen — spruit uit misdaad nie *ex maleficio.*
koop (s nw): 'n — te goeder trou gesluit moenie ligvaardig ongedaan gemaak word nie *res bona fide;*
koop- en verkoopprys mag aangepas word *in emendo.*
koopsaak: die risiko van 'n — is by die koper *speciei venditae.*
koopsom: die saak tree in die plek van die — (-prys) *res succedit;*
sonder vas omskrewe — is geen verkoop moontlik nie *nulla emptio.*
koper: die — moenie in 'n beter posisie wees as die verkoper was nie *melioris condicionis;*
lasgewing word beëindig indien dit herroep word terwyl daar nog geen begin met die saak gemaak is nie *mandatum si dum;*
lasgewing word deur die dood van een van die partye beëindig (a) *mandatum morte;* (b) *mandatum re integra.*
die saak gaan ten nadele van die — tot niet, d w s die risiko berus by die — *res perit emptori;*
na voltooiing van die koop tref alle voor- en nadele i v m die koopsaak die — *post perfectam.*
kranksinnige: elke — beskou alle ander mense as rasend *insanus omnis.*
kringloop: daar is 'n soort — in die natuur *rebus inest* (Tac).
krokodiltrane van 'n erfgenaam *heredis fletus.*
kuns: alle — is 'n nabootsing van die natuur *omnis ars* (Sen);
die — is lank, die lewe kort *ars longa;*
om die — te verberg is die ware — *ars est.*
kwaad (s nw): — mag nie met — vergeld word nie *numquam scelus.*
kwaaddoener: 'n — vind altyd 'n ekskuus *male facere qui.*
kwaadspreker word maklik kwaaddoener *maledicus a malefico.*
kwaadwilligheid moenie maklik deur die vingers gesien word nie *malitiis hominum.*
kwel: niemand behoort 'n tweede keer met dieselfde beskuldiging gekwel te word nie *nemo debet bis.*
lasgewing: 'n aksie uit — ontstaan eers saam met die belang van die lasgewer *mandati actio;*
— anders as gratis in onbestaanbaar *mandatum nisi;*
grense van — moet noulettend in ag geneem word *diligenter fines;*
— t a v 'n skandelike saak is nietig (a) *rei turpis* (s v res II ADAGIA); (b) *societas aut;*
wat in opdrag van 'n ander betaal is, is so goed as aan hom self betaal *quod iussu;*
wie bekragtig wat gedoen is, is met die aksie van — aanspreeklik *si quis ratum;*
wie opdrag gee word geag self die handeling te verrig het *qui mandat ipse;*
lastertaal: niks is so gevleueld nie *nihil est tam volucre.*

leer (ww) mense — terwyl hulle ander onderrig *homines dum.*
legaat: die erflater mag dit nie aan 'n derde opdra om legate toe te sê nie *in alienam.*
legataris: risiko van 'n — *si res legata.*
letter: wie aan die — kleef, kleef aan die omhulsel *qui haeret.*
leuenaar: 'n — moet 'n goeie geheue hê *mendacem memorem;*
eenmaal 'n —, altyd weer 'n — *semel mentitus;*
niemand word vermoed op sy sterfbed 'n — te wees nie *nemo moriturus.*
lewe (s nw): die — is lank vir die ongelukkige *o vita misero;* die — is 'n stryd *vivere est militare;*
die — is denke *vivere est cogitare;*
— en dood: die reg van die baas oor sy slaaf *in servum;*
ook 'n vrou skuldig aan 'n buitensporige — kan beheer oor haar goed ontsê word *ét mulieri.*
lewer (ww): goed wat by lewering nie die eiendom van die ontvanger word nie, geld nie as gelewer nie *non videtur data.*
lewering: blote — sonder voorafgaande redelike oorsaak dra geen eiendomsreg oor nie *numquam nuda;*
— kan nie aan die ontvanger meer regte oordra as wat die leweraar het nie *traditio nihil.*
liefde: die — is liggelowig *credula res;*
oú liefde roes nie *difficile est;*
— : die stryd tussen smart en vreugde *in Venere semper.*
liefhê: Plato het ek lief, maar meer nog die waarheid *amicus Plato.*
lof: eie —: die maker prys sy eie maaksel *auctor opus;*
— van die verlede (a) *laudator temporis acti;* (b) *vetera extollimus;*
— laat die kunste gedy *laus alit artes;*
uit die mond van iemand wat self al geloof is (a) *laetus sum;* (b) *laudari a laudato viro.*
luister (ww): — na die ander kant (a) *audi alteram partem;* (b) *neque inaudita causa;* (c) *qui aliquid statuit;*
— na alles en bly krities *nil spernat auris.*
lyfstraf: wie nie kan betaal nie, moet met — boet *qui non habet.*
maat (persoon) 'n gesellige — *comes facundus.*
mag (s nw): die — van die voorbeeld (a) *exemplo plus;* (b) *verba movent;*
die ouerlike — van die Romeine is ongeëwenaard *nulli alii;*
magte (bykomende, veronderstelde) (a) *cui iurisdictio;* (b) *cuicumque aliquis.*
mag is reg *ius est in armis.*
magistraat en 'n wet ('n teenstelling) *magistratus est.*
mank loop is aansteeklik *si cum claudo.*
masker: niemand kan op die duur 'n — dra nie *nemo enim potest.*
massasielkunde *unius dementia.*
mede-eienaarskap: niemand word teen sy sin in — gedwing nie *nemo invitus.*
mede-eiendom: die een eienaar kan nie op sy eie handel nie *in re communi.*
meerdere: die — sluit die mindere in *in eo quod.*
meerderheid: moenie die wysheid by die — soek nie *non tam bene.*
mening: die — dra meer gewig as die werklikheid (a) *plus est in opinione* (maar vgl (b) *plus in re est* en (c) *plus valet quod in*).
menslikheid moet in alle gevalle van dubbelsinnigheid in ag geneem word *in ambiguis rebus.*
middel (s nw): die — is erger as die kwaal *aegrescit medendo;*
wanneer iets gemagtig word, word ook alle —e gemagtig waarmee dit bereik word *quando aliquid mandatur.*
middeweg: die — is die veiligste *in medio tutissimus.*
mildadigheid: aan 'n onwillge kan — nie bewys word nie *non potest liberalitas.*
minderjarige: 'n — kan nie (met sy instemming) skade ly nie *pupillus pati;*
die — kan sonder bystand van sy voog nòg toestem nòg weier *pupillus nec;*

'n — vlakby die puberteit is toerekeningsvatbaar *pupillum qui.*
misbruik (s nw): — skakel gebruik nie uit nie *abusus non tollit.*
—e van vroeër geld nou as gebruik *quae fuerant vitia.*
misdaad: die — van die menigte bly ongestraf *quidquid multis;*
— word deur die gesig verraai *quam difficile est;*
een — moet 'n ander verdoesel *scelere velandum;*
geen — is ooit regverdigbaar nie *nullum scelus;*
misdade behoort nie ongestraf te bly nie (a) *impunita non;* (b) *interest reipublicae ne maleficia;* (c) *non impunita;*
'n stipulasie met die oog op — is nietig *si flagitii;*
versuim om 'n — waar moontlik te verhinder is geen — nie *nullum crimen patitur;*
— (d w s die skuldige) is altyd vreesagtig *semper timidum;*
wederregtelikheidsbewussyn is die sine qua non by — *actus non facit reum;*
'n — word nie deur 'n latere gebeure verswaar nie *numquam crescit;*
deur die dood van die oortreder word misdade uitgewis *crimina morte;*
geslaagde — geld as 'n deug *prosperum ac felix.*
misdade (a) met slegs nalatigheid as vereiste *crimina culposa;* (b) met opset as vereiste *crimina dolosa.*
misdadiger: die — vind altyd 'n voorwendsel *male facere qui.*
moeisaam: wat — bereik word bied die meeste vreugde *quod vix contingit.*
moontlikheid: van die — tot die werklikheid *a posse.*
motief (beweegrede): 'n onjuiste — skaad nie *falsa causa.*
naam (reputasie): 'n goeie — is die rykste erfenis *probo bona.*
nakoming: — kan nie voortydig geëis word nie *nihil pati;* niemand kan tot spesifieke — verplig word nie (a) *nemo cogi potest;* (b) *nemo praecise cogi.*
nalatigheid: growwe — = skuld; growwe skuld = opset *magna neglegentia;* growwe — ook = bedrog *magnam tamen neglegentiam.*
Natan se woorde 'Jy is die man!' *mutato nomine.*
natuurlik: wat — is, is nie skandelik nie *naturalia non.*
natuurreg: die — is ouer as die burgerlike reg *palam est;*
— kan dieselfde verpligting oplê as die volkereg *is natura debet.*
natuurwet: die eenstemmigheid van alle nasies oor 'n saak geld as — *omni autem in re.*
nie-gebruik: deur — verbeur die publiek nie sy reg op 'n openbare weg nie *viam publicam.*
niemand kan bloed uit 'n klip pers nie *nemo potest nudo.*
niemandsgoed val die inbesitnemer toe (a) *quod nullius est* (twee aanhalings); (b) *res nullius.*
nietig: wat — is bring geen (regs)gevolg tot stand nie *quod nullum.*
nietighede: redetwis oor — *de asini umbra;*
— boei ligsinnige geeste *parva leves.*
niks: uit — ontstaan daar — *ex nihilo;*
— is ewigdurend nie, weinig is langdurig *nihil perpetuum.*
nodig: vir wat jy nie — het nie betaal jy te duur teen 'n duit *quod non opus.*
noksale aksie volg die dader *omnis noxalis* (s v *caput*).
noodsaak is die moeder van die kunste *mater artium.*
noodtoestande is (tog) oorkoomlik *effugere non potes.*

noodweer is geoorloof (nood breek wet) (a) *adversus periculum;* (b) *insidiatori et latroni;* (bii) *qui latronem occidit* (Inst 4.3.2); (c) *quod alias non;* (d) *quod necessitas;* (e) *quod non licitum;* (f) *quod quisque ob;* (g) *recte possidenti;* (h) *vim enim vi defendere;* (i) *vim vi repellere;* doodslag by — is straffeloos slegs indien onvermydelik *si quemcumque.*
oë: meerdere — sien beter as een *magis vident.*
okkupeerder: die posisie van die — is meestal die sterkste *occupantis melior.*
omskrywing: in die reg is alle — gevaarlik *omnis definitio.*

omstandigheid: die geringste — kleur 'n saak *minima circumstantia.*
onbedrewenheid geld as nalatigheid *imperitia.*
onbekend: niemand word geag met die (straf)reg — te wees nie *nemo censetur.*
onbekendheid met: kyk hieronder by 'onkunde';
— van die erflater met die begunstigdes maak die erfstelling nie kragteloos nie *ignorantia testantis;*
— met 'n feit benadeel slegs by growwe nalatigheid (a) *facti ignorantia;* (b) *regula est iuris quidem;*
— met die reg is skadelik, dié met die feite nie *iuris ignorantia;*
— met toekomstige rampe *certe ignoratio.*
onbepaald: die —e geld as nie-bestaande *incerta pro.*
onbillikheid moet tot die minimum beperk word *quotiens nihil sine.*
ondankbare: een — benadeel alle behoeftiges *ingratus unus.*
ondergang: daar word na niemand geluister wat sy eie — begeer nie *nemo auditur perire.*
ondervinding is die beste leermeester *usus magister.*
onderwerp (s nw): beheers jou — en die woorde kom vanself *rem tene.*
onderwyser: die — leer baie terwyl hy les gee *homines dum docent.*
ondeugde: eertydse — het tot gebruik geword *quae fuerant.*
onervarenheid: met jeugdigheid en — word daar in strafsake rekening gehou *fere in omnibus.*
ongeluk: vir ongelukke wat sonder nalatigheid gebeur is niemand aanspreeklik nie *quae sine culpa.*
ongewildheid: wie — vrees wil nie regeer nie *regnare non vult.*
onkunde: (a) slaan die tiental spreuke na onder ignorantia (ADAGIA) bl 199–200;
(b) *temeritas est;*
— van feite en van die reg onderskei (a) *regula est iuris;*
(b) *sciant ignorantiam facti.*
onmoontlike bedinge (vereistes) word geïgnoreer (a) *ea quae dari;* (b) *impossibilium;* (c) *nemo potest ad impossibilia;* (d) *nemo tenetur ad.*
onreg: die een — verskoon nie die ander nie *iniuria iniuriam;*
geen — is moontlik teen wie toestem (a) *nemo enim videtur;* (b) *non decipi;* (c) *nulla iniuria est;* (d) *nullam potest;* (e) *scienti et consentienti;* (f) *volenti non fit;*
—te van gelyke erns wis mekaar oor en weer uit *paria delicta;*
— kan nie onbewus gepleeg word nie *iniuriam potest;*
niemand mag uit sy eie onreg voordeel trek nie (a) *commodum ex iniuria;* (b) *nemo ex suo;* (c) *nullum commodum;* tenuitvoerlegging van 'n reg hou geen — in nie *iniuriam potest facere.*
onroerende sake volg hul ligging *immobilia situm.*
onsekere: in ons strewe na die — verbeur ons die sekere *certa amittimus.*
onsekerheid: in 'n geval van — is dit regverdiger om die toeskietliker vertolking te volg *in re dubia benigniorem;*
die onsekerheid van ons lot *nescis quid vesper.*
onskuld: vermoede van — *quivis praesumitur.*
ontken: wie nie — nie erken *qui non negat fatetur.*
ontkenning van aanspreeklikheid verplig tot dubbele skadevergoeding *adversus infitiantem;*
—s behoef geen bewys nie *negativa non;*
— van 'n feit is nog geen bewys nie *per rerum naturam.*
ontspanning is onontbeerlik *neque semper arcum.*
ontvangenis van 'n kind word met die geboorte gelykgestel *conceptus pro.*
ontvangs: die dankbare — van 'n weldaad is reeds die eerste paaiement van terugbetaling *qui grate beneficium.*
onvermydelike: die — hoef jy nie te vrees nie *stultum est.*
onverskuldig: 'n —de bedrag wat willens en wetens betaal is kan nie teruggevorder word nie

(a) *indebitum solutum;* (b) *quod quis sciens.*
onverstaanbaarhede in 'n testament word geïgnoreer *quae in testamento.*
onvertroudheid met die reg baat nie die diegene wat na verkryging streef nie, maar . . . *iuris ignoratio;* dié onvertroudheid is growwe nalatigheid *ignorare leges.*
onwetendheid: kyk hierbo by 'onkunde'.
onwettigheid: as daar een — toegelaat word, volg daar meerdere *uno principio.*
ooggetuies se woord is verkieslik bo hoorsê: (a) *oculis magis;* (b) *pluris est oculatus.*
oor (s nw): die — moet niks verwerp of dadelik aanvaar nie *nil spernat auris.*
oorboord gegooide goed, DEF *res quae in tempestate.*
oordeel (s nw): ons (sedelike) — is soms strenger as die bepalinge van 'n wet *quod non vetat;*
'n oorhaastige — lei spoedig tot berou *ad paenitentiam.*
oordra: wat ons s'n is kan slegs met ons toedoen na 'n ander oorgedra word *id quod nostrum.*
oordragontvanger: die — (van 'n verbintenis) het dieselfde regsposisie as die oordraggewer *assignatus utitur.*
oordrewe mag is onveilig *nec umquam satis fida.*
ooreenkoms: uit 'n blote (of vormlose) — ontstaan daar geen vorderingsreg nie (a) *ex nudo;* (b) *nuda pactio;*
gebruiklike —te by kontrakte word stilswyend inbegryp *in contractibus tacite;*
—te moet nagekom word (a) *pacta conventa;* (b) *pacta servanda;* (c) *pacti conventionisque;*
private —te kan niks aan die landsreg afdoen nie (a) *pacta privata;* (b) *privatorum conventio;* (c) *publicum ius;*
—te strydig met die reg, met wette, konstitusies of . . . aangegaan, geld nie (of: is nietig) (a) *contra iuris civilis;* (b) *pacta quae contra;*
die vroeëre — word deur die latere opgehef *prius pactum;*
—te wat 'n skandelike oorsaak inhou is onafdwingbaar *pacta quae turpem.*
oorlog: erger as die — is die vrees daarvoor *peior est bello;*
reëls van — geld na vredesluiting *etiam in pace;*
selfs 'n onregverdige vrede eerder as 'n regverdige — *pax vel iniusta.*
oormag: geen — staan bo die wette nie (Cic) *nulla potentia supra.*
oorsaak: 'n beperkte — het 'n beperkte gevolg *limitata causa;*
— van besit: niemand kan dit vir homself wettig nie *nemo sibi ipse;*
die — van die oorsaak is ook die oorsaak van die gevolg *qui causa est;*
intreding van 'n onvoorsiene — *ex causa superveniente;*
in die reg word daar op die onmiddellike, nie op die verwyderde — gelet nie *in iure non;*
uit 'n skandelike — vloei daar geen regsvordering nie *ex turpi causa;*
met die — verval ook die gevolg (a) *cessante causa;* (b) *sublata causa.*
oortollig: wat by wyse van verklaring bygevoeg word, is nie — nie *superfluum non.*
oortolllighede maak dokumente nie ongeldig nie (a) *non solent;* (b) *quae abundant;* (c) *quod abundat;* (d) *superflua non;*
wat geldig is word nie deur — geskaad nie *utile per.*
oorwinning: dit is 'n dubbele — om jouself te oorwin *bis vincit.*
opdrag: wie — gee, word geag self te handel (a) *qui mandat ipse;* (b) *qui mandat solvi.*
opeis: waar ek my saak aantref daar eis ek dit op *ubi rem meam.*
openbaar (b nw): openbare gebeurtenisse moet aan elkeen bekend wees *quae publica.*
oppervlakkig: —e bestudering van 'n wet is ontoereikend vir 'n regsmening *incivile est.*
opset (kyk by 'bedoeling'): bose — vul jeugdige jare aan (en maak 'n jong kind aanspreeklik) *malitia supplet;*
growwe nalatigheid = opset; (a) *lata culpa plane;* (b) *magna neglegentia;*
na mate die bose — toeneem, moet die straf swaarder wees *malitia crescente.*
opvolger: wat vir die kontraksluiters 'n beletsel is, sal dit ook vir hul —s in regte wees *quod ipsis.*
opvyseling bring vir die verkoper geen verpligting nie *commendatoria verba;* dit verbind hom

nie (a) *commendatio simplex;* (b) *quod venditor;* (c) *simplex commendatio.*
oud en jong: Ned 'zo de ouden zongen, zo piepen de jongen' *a bove maiore.*
pad: die uitgetrapte — is die veilige — *via trita.*
pand is ondeelbaar *pignoris causa.*
persoon: 'n nie-bestaande — het geen regte nie *non existentis;*
tav 'n vrye — is daar geen waardebepaling moontlik nie (a) *in homine libero;* (b) *liberum corpus.*
plaasvervanger: 'n — het geen — nie *vicarius non.*
plan: niemand kan tot nadeel van 'n ander van — verander nie *nemo potest mutare.*
pleitsug: onkunde, nie kennis van die reg nie, lei tot — *potius ignoratio.*
plek: die — beheers die handeling *locus regit actum;*
vermoede ivm die — van kontraksluiting *contraxisse unusquisque.*
poging: sonder dat die gevolg intree hinder 'n — nie *non officit.*
pogingsleer: *affectus punitur licet . . .*
praat of swyg? besef van die regte tyd is belangrik *magna res est.*
premisse: met iemand wat jou — verwerp, val daar nie te redeneer nie *non est disputandum.*
presedente moet in die regspraak gevolg word *sciant iudices omnes;*
(maar): wat strydig met die regsbeginsels aanvaar is, moenie tot — verhef word nie (a) *quod contra rationem;* (b) *quod non ratione.*
proefneming: laat die — op 'n voorwerp (of persoon) van geringe waarde geskied *fiat experimentum.*
publiekreg: die — kan nie deur private ooreenkomste gewysig word nie *ius publicum* (sv *ius* II ADAGIA no (5)) bl 222.
put demp as die kalf verdrink het *sera in fundo.*
raadgewing aangebied maak die raadgewer nie aanspreeklik nie (a) *consilii non;* (b) *nemo (vel nullus) ex consilio.*
redding: die enigste hoop daarop is wanhoop *una salus.*
redenaar: dis die volmaakte en seldsaamste produk van die menslike gees *nihil in hominum.*
reël: iedere — is aan sy eie uitsonderinge onderhewig *omnis regula;*
die reël word uit die reg geput, nie omgekeerd nie (a) *non ex regula;* (b) *non ius ex;* (c) *regula est quae.*
reg (s nw); die — neem die billikheid in ag *ius respicit;*
die werking van die — skaad niemand *actus curiae;*
'n — ontstaan nie uit 'n onreg nie *ius ex iniuria;*
die — begunstig nie kieskeurigheid nie *lex non favet* (sv *lex* IV ADAGIA no 15) bl 222;
die begunstigde mag van sy — afstand doen *cuilibet licet*;
— en billikheid eerder as die strenge regsreëls verdien nakoming *placuit in omnibus;*
burgerlike — kan die bepalings van die natuurreg nie omverwerp nie *civilis ratio;*
die —te van derdes kan nie deur private ooreenkomste aangetas word nie *privatis pactionibus;*
die — dwing niemand tot ydele handelinge nie *lex neminem cogit* (sv *lex* IV ADAGIA no 11) bl 222;
elke — het sy ooreenstemmende verpligting *ubi emolumentum;*
die — word op gewone gebeurlikhede ingestel, nie op die seldsames nie *ad ea potius debet;*
gooi die deure oop vir dié wat hul —te opeis *omnibus iura;*
die — help die onwetende *lex succurrit* (sv *lex* IV ADAGIA no 20) bl 222;
ons moet ons — nie misbruik nie *male enim nostro;*
die — moenie woorde verkeerd vertolk nie *non oportet ius;*
niemand kan meer —te aan 'n ander oordra as hy self het nie (a) *nemo plus iuris;* (b) *nemo potest dare;* (c) *nemo potest in alium;*
niemand kan van die — van 'n ander afstand doen nie *nemo iuri alieno;*
ongeskrewe — (gewoontereg) *ex non scripto;*

'n goeie — oordeel uiteenlopend na gelang van sake *bonus iudex varie;*
die handeling van 'n — buite sy ampslig is nietig *factum a iudice;*
'n — kan na uitspraak nie daarop teruggaan nie (a) *iudex posteaquam;* (b) *semel enim bene* (m a w herverhoor deur dieselfde — is ontoelaatbaar);
'n — mag nie self 'n onreg bestraf wat hom aangedoen is nie *iudex non potest;*
'n — moet reg *spreek* nie *skep* nie *iudicis est ius dicere;*
die — moet volgens die aangevoerde feite reg spreek *iudicis est iudicare;*
niemand mag — in eie saak wees nie (a) *generali lege;* (b) *in propria causa;* (c) *iniquum est aliquem;* (d) *iudex non potest;* (e) *nemo debet esse;* (f) *nemo iudex* (vel *testis*); (g) *nemo ius sibi;* (h) *nemo potest esse (simul);* (i) *nemo sibi esse iudex;* (j) *promiscua generalitate;* (k) *qui iurisdictioni;* dit is sy plig om van nietige aanduidinge afleidinge te maak van hebsug of matigheid *est boni iudicis.*

regverdigheid: die beginsels van die —, eerder as die strenge regsreëls verdien nakoming *placuit (in omnibus);*
— is die koningin van al die deugde (a) *iustitia enim;* (b) *iustitia in qua.*

regverdiging (bestaansrede): indien die — vir die wet wegval, val die wet self ook weg *cessante ratione.*

rente: dis onbillik om — van hom te vorder wat geen oes gehad het nie *iniquum est usuras;*
— het nie 'n natuurlike oorsprong nie maar word uit hoofde van die objektiewe reg gevorder *usura non natura;*
— is weens versuim in die geval van bonae fidei kontrakte betaalbaar *bonae fidei.*

reputasie: 'n goeie — is kosbaarder as rykdom *bona opinio;* 'n — sonder grondslag is onbestendig *nihil rerum mortalium.*

rigting (eie): — doen hom voor wanneer iemand self dit probeer verhaal waarop hy aanspraak maak *vis est et.*

risiko: wie die — dra, moet ook die voordeel pluk *cuius est periculum;*
die — tref die koper na voltooiing van die koop (a) *perfecta emptione;* (b) *periculum rei venditae nondum;* (c) *periculum rei venditae statim;* (d) *speciei venditae periculum.*

riviere: die diepste — vloei die stilste *altissima quaeque.*

roem is moeilik te handhaaf *heu, quam difficilis;*
— volg die deug *gloria virtutem.*

rou (s nw): — betaam vroue, gedagtenis/herinnering mans *feminis lugere.*

rower: doodslag van 'n — is nie strafbaar nie *qui latronem.*

rus (s nw) sonder studie is soos die dood en begrafnis van 'n lewende *otium sine litteris* (Sen).

rykdom: skielike — is verdag *repente dives.*

saai (ww): soos jy — so sal jy maai *ut sementem.*

saak: 'n heilige — laat nie sy waarde bepaal nie *res sacra;*
'n onvervangbare — gaan ten nadele van die skuldeiser te niet *species perit;*
gedane sake het geen keer nie *quod factum est;*
roerende sake volg die persoon *mobilia ossibus.*

saakwaarneming: indien A nie B belet om vir hom as saakwaarnemer op te tree nie, word A geag die — te magtig *semper qui non.*

satire: dit is moeilik om nie — te skryf nie *difficile est.*

seën (s nw): sonder deelgenoot smaak geen — nie *nullius boni;*
vir geen mens bly die — vir ewig by nie *nulli est.*

seker (b nw): — is wat tot sekerheid herlei kan word *certum est;*
ons verbeur die —e terwyl ons die onsekere nastreef *certa amittimus.*

selfbeeld: *timidus vocat se.*

selfbeskuldiging: slaan na die vier spreuke wat met *nemo tenetur* begin (gevolg deur 'n infinitief *edere, iurare* ens).

selfverskoning val af te keur *ignoscas aliis.*

serwituut: alle landelike serwitute moet voortdurende oorsake hê *omnes servitutes;*

die eienaar kan geen — oor sy eie saak hê nie (a) *nemini res sua;* (b) *nulli enim res;* (c) *res sua nemini;*
'n — moet op voorkomende wyse uitgeoefen word *servitus civiliter;*
'n — van 'n — is onbestaanbaar *servitus servitutis.*

sinonieme is soms eufemisties *timidus vocat se.*

skade: alleen hy wat doen waartoe hy nie geregtig is nie rig — aan *nemo damnum facit;*
— deur eie skuld gely geld nie as — nie *quod quis ex culpa;*
niemand behoort — te ly deur die bevoordeling van 'n ander nie *nemo damnum sentire;*
deur — en skande word 'n mens wys *quae nocent docent;*
wie die geleentheid vir die aanrigting van — skep, geld as die aanrigter daarvan *qui occasionem;*
wie in die wins deel, deel in die — *aequum est enim;*
— word gewyt aan hom wat dit beveel *is damnum dat.*

skadevergoeding: dubbele — is betaalbaar tav gebreke waarvan die bestaan uitdruklik ontken is *quae (vitia) qui.*

skandelikheid: by — van gewer sowel as ontvanger kan omkoopgeld nie teruggevorder word nie *ubi autem et dantis;*
daar word nie na iemand geluister wat sy eie — aanvoer nie *nemo auditur propriam.*

skatkis: die — betaal geen rente uit sy kontrakte nie *fiscus ex suis;*
die — bied geen sekerheidstelling nie *fiscus non solet;*
die — word steeds solvent geag *fiscus semper;*
verjaring loop nie teen die — nie *adversus fiscum.*

skenker: die ontvanger moet die guns bekend maak, nie die — nie *qui beneficium.*

skenking: bystand by onvermydelike laste is geen — nie *non donat qui;*
niemand mag 'n geldige — ongedaan maak nie *irritam facere;*
— tussen man en vrou is (deur regswerking) nietig (a) *ipso iure quae;* (b) *receptum est ne;*
— word nie (somaar) vermoed nie (a) *donatio non;* (b) *nemo in dubio;*
— word vermoed by die gee van wat onverskuldig is *qui consulto;*
—s moet doelbewus gemaak word *non ignorans (nec).*

skikking is altyd raadsaam *multum lucratur.*

skoonheid: 'n mooi gesig is 'n stomme aanbeveling (a) *formosa facies;* (b) *forma bonum.*

skuld (geld-): dieselfde — is nie twee maal betaalbaar nie *ius non patitur;*
—e aan en van 'n regspersoon raak individuele lede nie *si quid universitati;*
belofte van 'n derde om my — te betaal maak my vry (ook teen my sin) *liberat me;*
wie sy — uit onwetendheid nie betaal nie, is nie aanspreeklik nie *non potest improbus.*

skuld (culpa) — skuil die sekerste tussen 'n veelheid van oortreders *nusquam facilius;*
die eie — moet die dader tref *factum cuique;*
geen — by onvermoë om gevaar af te wend nie *culpa caret;*
geen — by wie onder dwang gehoorsaam nie *eius nulla culpa;*
gevaarlike spel val onder — *lusus quoque;*
ongehoorsaamheid aan die owerheid is nie vry van — nie *non potest dolo;*
die skade wat iemand deur sy eie — ly, geld nie as skade nie *quod quis ex culpa.*

skuldbekentenis: (i) is so goed as skuldigbevinding *in iure confessi;* (ii) is veroordeling uit eie mond *confessus pro.*

skuldeiser: 'n — kan nie tot aanvaarding van 'n substituut in betaling gedwing word nie *aliud pro alio;*
'n — wat die verkoop van sy pand toelaat, is sy retensiereg kwyt *creditor qui.*

skuldenaar: 'n bewuste handeling van die — bevestig die verbintenis *factum debitoris;*
die — van my — is nie my — nie *debitoris mei;*
niemand kan sy eie — wees nie (a) *debitor sui;* (b) *nemo potest sibi debere;*
ontheffing van die — bevry die borg van aanspreeklikheid *debitore liberato;*
die — van 'n spesies (onvervangbare saak): kyk *debitor speciei;*

waar 'n — verskeie skulde aangegaan het en hy betaal, mag hy sê watter een hy betaal *quotiens quis debitor;*
wat iemand namens homself betaal, bevry nie die — nie *quod quis suo.*
skuldig pleit *habes quod est.*
skuldvergelyking: dit geskied deur regswerking *ipso iure compensatur;*
dié regsfiguur se bestaansrede: *ideo compensatio;*
— van die bedrag aan 'n ander as die verweerder verskuldig is nie moontlik nie *eius quod non.*
skurk: eenmaal 'n — altyd 'n — *semel malus.*
skyn (s nw): die — bedrieg *fronti nulla.*
slaaf: ons slawe kan ons omstandighede verbeter maar nie laat versleg nie *melior condicio;*
sy arbeid (dienste) is 'n — se opbrengste *fructus hominis;*
teen 'n — kan daar geen aksie ingestel word nie *cum servo;*
wat daar ook al deur die — verkry word, word vir sy baas verkry *quicquid acquiritur;*
om 'n — van jouself te wees is die ergste slawerny *sibi servire.*
slawerny: (a) *magna servitus;* (b) *sibi servire.*
smaad by onreg voeg *iniuriae addis contumeliam.*
smaak: daaroor val daar nie te twis nie *de gustibus.*
sonde: die ergste — is om die lewe bo jou eer te stel *summum credo nefas.*
soort: die — word nie geag tot niet te gaan nie *genus interire;*
— soek — (a) *pares autem;* (b) *solent pares.*
spaarsaamheid DEF (a) *magnum vectigal;* (b) *non intellegunt.*
spel: gevaarlike — val onder skuld *lusus quoque.*
spesifieke nakoming is onafdwingbaar *nemo praecise cogi.*
spitsvondighede is nie die reg nie *apices iuris;*
— van die reg is onbestaanbaar met die goeie trou *bonae fidei non congruit.*
spoliator: kyk 'besitsonttrekker'.
spyker: jy het die — op die kop geslaan *acu tetigisti.*
spyt volg op oorhaastige beraad *velox consilium.*
stemme: by 'n staking van — word die beskuldigde vrygespreek *paribus sententiis;*
die stem van die volk is die stem van God *vox populi.*
sterfling: geen — is ten alle tye verstandig nie *nemo mortalium.*
stille waters diepe grond *aqua profunda.*
stilstand is agteruitgang *non progredi.*
stilswye: — is instemming alleen as daar 'n verpligting is om te praat *silentium non;*
uit hul — blyk hul toestemming *hoc ipso quo.*
stipulasie: 'n — is nietig tussen twee van wie die een aan die mag van die ander onderwerp is *inutilis est stipulatio;*
'n — met die oog op 'n misdaad is nietig *si flagitii;*
by —s word daar op die tyd van sluiting gelet *in stipulationibus id tempus.*
stipulator: woorde moet ten nadele van die — uitgelê word *verba contra.*
straf: die — moet by die misdaad pas *cavendum est;*
die — vir 'n onregmatige daad gaan nie op 'n erfgenaam oor nie *poena ex delicto;*
die uiterste — is die dood alleen *ultimum supplicium.*
waar daar 'n wet is, is daar 'n — *ubi lex ibi.*
strafbepalings: in die geval van — moet die allerstrengste woordomskrywing aanvaar word *in poenis strictissima;*
— moet toeskietlik vertolk word *in poenalibus.*
straffeloosheid is die sterkste aansporing tot oortreding *maxima illecebra.*
strafverhoor prejudisieer siviele sake nie *causa criminalis.*
strewe (ww): ons — na en begeer wat ons ontsê is *nitimur in.*
sukses maak soms misdade eerbaar *honesta quaedam.*

swaardmag: die — is onoordraagbaar *nemo potest gladii.*
swig maar voor die onafwendbare *ubi vinci.*
swyg: wie —, erken stellig niks, tog ontken hy ook nie *qui tacet non;*
wie — word geag toe te stem *qui tacet consentire.*
taal: gebrekkige — verydel nie die dokument nie *mala grammatica;*
die — van die oorwinnaar *lingua victoris.*
teenoorgesteld: die posisie van —es is ook — *oppositorum.*
teenspoed: die herinnering aan vergange — is soet *iucunda memoria;*
dis dwaas om oor — te kla wat jou eie skuld is *stultum est queri.*
teenstrydig: waar daar twee —e voorskrifte in 'n testament is, geld geen van beide nie *ubi pugnantia.*
teenstrydigheid moet vermy word by die vertolking van 'n dubbelsinnige wet *in ambigua voce.*
teerling: die — is geworpe *alea iacta.*
teregwysing: wys jou vriende in die geheim tereg *secreto amicos.*
terugbesorg: 'n saak wat in 'n beskadigde toestand — word, geld nie as — nie (a) *non videbitur;* (b) *proprie dicitur;* (c) *si reddita.*
testaat: niemand kan tegelyk — en intestaat sterf nie (a) *ius nostrum* s v *ius* II ADAGIA no (4) bl 217; (b) *nemo mori potest;* (c) *nemo pro parte;*
dieselfde persoon kan nie vir 'n deel — en vir 'n deel intestaat sterf nie *neque enim idem.*
testament: die beginsel van testeervryheid *in testamento nemo;*
dubbelsinnige (of foutiewe) taal in —e word toeskietlik vertolk (a) *cum in testamento;* (b) *quum in testamento;*
iedere — tree eers a g v die dood in volle werking *testamentum omne;*
die gelding van wette kan nie in —e uitgesluit word nie *nemo potest in testamento;*
'n ruim(er) vertolking moet by —e toegepas word (a) *in contractibus plena;* (b) *in testamentis plenius;* (c) *largius voluntates;*
'n stomme, dowe, kranksinnige en deurbringer kan geen — maak nie *mutus, surdus;*
'n streng vertolking van die bewoording van —e is die reël *non aliter a;*
van twee teenstrydige bepalinge in 'n — geld die mees resente (a) *cum duo inter se;* (b) *posteriore testamento;*
die verlyding van 'n — moet in een stuk geskied *uno contextu;*
waar daar twee teenstrydige voorskrifte in 'n — gestel word, geld geen van beide *ubi pugnantia;*
waar daar in 'n — geen dubbelsinnigheid voorkom nie, word daar nie op die bedoeling van die erflater ingegaan nie *cum in verbis nulla.*
testamentêr: —e beskikking ressorteer onder die publiekreg . . . *testamenti factio.*
tiran: 'n — moet baie (onderdruktes) vrees *multos timere.*
toestand: 'n drukkende — behoort nie deur een persoon vir die ander ten laste te kom nie *non debet alteri.*
toneelspel word wyd beoefen *fere totus.*
tong: om jou — te bedwing is nie die geringste van die deugde nie *linguam compescere.*
trane: geveinsde — dui op bedrog, nie op hartseer nie *paratae lacrimae;*
— van 'n erfgenaam is vermomde vreugde *heredis fletus.*
treurjaar: die — breek aan met die sterfdag van die eggenoot *tempus luctus.*
trou (s nw): goeie — is die teenoorgestelde van bedrog en lis *fides bona;*
kwaaie — benadeel (die bedrieër) *mala fides nocet;*
later ingetrede kwaaie — benadeel nie *mala fides superveniens.*
troubreuk: — mag deur — vergeld word *frangenti fidem.*
troos: dit is 'n — vir die ongelukkiges om deelgenote in hul teenslae te gehad het *solamen est miseris.*
tugtiging: slegs ligte — vir 'n onderwyser toegelaat *levis dumtaxat.*

twee: indien — mense dieselfde doen, is dit nie meer dieselfde nie *si duo.*
twispunt: dis nutteloos om die een — met 'n ander te beslis *nil agit exemplum.*
twyfel: in geval van — is dit raadsamer om jou aan die woorde van die wet te hou *in re dubia melius;*
in geval van — is die uitspraak ten gunste van die beskuldigde *in dubio pro reo;*
in geval van — moet daarvoor gewaak word dat die voorwerp van die kontrak in die grootste veiligheid is *semper in dubiis id;*
invoegings ten einde — uit te skakel tas die gemene reg nie aan nie *quae dubitationis;*
waar daar — bestaan, moet die toegeeflikste uitleg altyd gevolg word *in dubiis benigniora.*
tydsverloop: blote — kan oorspronklike nietigheid nie suiwer nie (a) *quod ab initio;* (b) *quod initio vitiosum;* (c) *regula Catoniana;*
— het al smarte genees *quod ratio nequiit.*
uitdruklik (b nw): die —e sluit die stilswyende uit *expressum facit;*
van die —e woorde van die wet moet daar nie afgewyk word nie *a verbis;*
—e vermelding van wat stilswyend ingesluit is, het geen uitwerking nie *expressio eorum;*
—e woorde (kan) benadeel *expressa nocent;*
wat nie — (geskrywe) is nie, geld in die reg as nie-bestaande *non esse et non.*
uiterstes: beide — is fout (a) *nil spernat auris;* (b) *utrumque vitium est.*
uitgesprokenheid besorg jou haat *veritas odium parit.*
uitlê: woorde moet ten nadele van die stipuleerder uitgelê word *verba contra.*
uitsonder: gevalle nie uitgesonder nie, is aan die toepassing van die wet onderhewig *exceptio firmat.*
uitsondering: die — staaf die reël *exceptio probat;*
elke — is self ook 'n reël *omnis exceptio.*
uitspraak: 'n toeskietliker — is verkieslik *rapienda occasio;*
'n — (gewysde) geld as geloofwaardige bevinding *res iudicata pro;*
'n — skep reg tussen die partye *res iudicata ius.*
uitvaardiging van 'n wet is noodsaaklik om dit bindend te maak *non obligat.*
ure: vir die beproefdes is die — lank, vir die gelukkiges snel *afflictis longae.*
vader is hy wat deur 'n geldige huwelik aangewys word (a) *is pater est;* (b) *mater semper;* (c) *pater est.*
vaderland: niemand kan van sy — (burgerskap) afstand doen nie (a) *nemo patriam;* (b) *nemo potest exuere.*
vakkundigheid word deur die vakman gewaarborg *spondet peritiam.*
vals: in een opsig —, deurgaans — *falsus in uno.*
vandag is die leerling van gister *discipulus est.*
vanselfsprekend: dis — (a) *res ipsa docet;* (b) *res loquitur ipsa.*
veiligheid: die — van die staat is die hoogste reg *salus publica (vel populi).*
vennoot: 'n ooreenkoms met 'n magtige — is nooit betroubaar nie *nunquam est fidelis;*
my — se — is nie my — nie *socii mei;*
vennote moet onderling vir bedrog en nalatigheid instaan *socios inter se.*
vennootskap: die aangaan van 'n — beëindig nie die eiendomsreg nie *nemo societatem;*
'n — kan geen onregmatige daad pleeg nie *societas delinquere;*
'n — of lasgewing ivm 'n skandelike onderneming is nietig *societas aut;*
'n — met magtiges is verraderlik *numquam est fidelis;*
niemand kan teen sy sin in 'n — gehou word nie *nemo debet in;*
'n — word deur die dood van 'n vennoot ontbind (a) *morte unius;* (b) *solvitur adhuc.*
verbied: wanneer die bereiking van 'n doel langs een weg — word, geld dit ook enige ander weg *quum quid una;*
wanneer iets — word, word ook die gevolge daarvan — *quum quid prohibetur.*
verbintenis: 'n — kan vir 'n deel ongeldig gemaak word *utilius est;*
'n — weens 'n permanente grond opgehef herleef nie *in perpetuum;*

verbintenisse spruit uit kontrakte *obligatio est filia;*
'n — wat eenmaal te niet gegaan het, herleef nooit *obligatio semel;*
—se word op dieselfde wyse ontbind as hulle gesluit word (a) *consentaneum enim;* (b) *eodem modo vinculum;* (c) *fere quibuscumque modis;* (d) *nihil tam naturale;* (e) *prout quidque;* (f) *quemadmodum nulla;* (g) *quo modo quid;* (h) *verborum obligatio.*
verblyfplek: die — is waar die vrou is *ubi uxor.*
verdorwenheid: daar is grense van — *neque enim quisquam;*
vir die mensdom lei daar baie weë na die — *multa hominibus.*
'n vereniging/vennootskap kan geen onregmatige daad pleeg nie *societas delinquere.*
vergetelheid: die — is die geneesmiddel vir onregte gely *iniuriarum remedium.*
vergryp (s nw): herhaling van 'n — is erger as die eerste oortreding *maleficium iteratum.*
verhaalsreg: daar is geen — na afstand van regte nie (a) *ad iura renuntiata;* (b) *remittentibus actiones;*
geen — waar daar by die gewer sowel as die ontvanger skandelikheid betrokke is nie *ubi autem èt dantis;*
by sowel gehele as gedeeltelike uitwinning het die koper 'n — (teen die verkoper) *sive tota res.*
verhoor: 'n tweede — van dieselfde saak is ongewens (a) *bis de eadem;* (b) *ne bis in.*
verjaring: dit is onmoontlik vir 'n besitter te kwader trou *possessor malae;*
sonder besit kan geen — plaasvind nie *sine possessione;*
geen — is moontlik t a v bedrog (vervalsing) nie *numquam praescribitur;*
— loop nie teen iemand wat nie kan optree nie (a) *contra non valentem;* of: (b) *in iure erranti;*
— loop nie teen die skatkis nie *adversus fiscum;*
verkrygende — is ingestel sodat daar aan gedingvoering 'n perk kon kom *usucapio rerum;*
wie toelaat dat 'n saak deur — verkry word vervreem dit *videtur rem.*
verkoop (ww): dis moontlik om die saak van 'n ander te — *rem alienam.*
verkoop (s nw): 'n — is nietig so dikwels as 'n wesenlike dwaling voorkom *nulla est venditio;*
sonder 'n vasomskrewe koopsom is geen — moontlik nie *nulla emptio.*
verkoper: 'n dubbelsinnige ooreenkoms (by koop) word teen die — vertolk *in contrahenda venditione.*
verkry: iemand — nie 'n saak as hy dit weer aan 'n ander moet teruggee nie *non videtur quisquam.*
verlede: die — word ten koste van die hede geïdealiseer *vetera extollimus.*
verliefdes: die rusies van — is die hernuwing van hul liefde *amantium irae.*
verlyding: die — van 'n testament moet in een stuk geskied *uno contextu.*
vermelding van die een is uitsluiting van die ander *expressio unius.*
vermoed: boosheid word nie — nie (a) *malum non praesumitur* (b) *nemo praesumitur.*
vermoede (s nw): bewys is sterker as 'n — *probatio vincit;*
daar is 'n — van goeie trou *bona fides praesumitur;*
t g v die lewe, die vryheid en die onskuld word alle —ns aanvaar *in favorem vitae;*
—ns ontstaan uit die algemeen gebeurlike *praesumptio* (scil *oritur*);
geen ruimte vir —ns nie waar daar ondubbelsinnigheid is *in claris non;*
die —ns van reëlmatigheid *omnia praesumuntur.*
vermy uiterstes *utrumque vitium est.*
veronagsaming: onreg word deur — opgehef *dissimulatione.*
veronderstel: vertroudheid met openbare gebeure word — (a) *praesumitur scientia;* (b) *quid enim si omnes.*
veroordeel: niemand mag — word voordat hy verhoor . . . is nie *nemo damnandus.*
verpligting: in gevalle van duisterheid word die mins drukkende — altyd aanvaar *semper in obscuris.*
verryking ten koste van 'n ander is onbillik (a) *aequum est neminem;* (b) *commodum ex* (c) *hoc natura aequum;* (d) *iure naturae;* (e) *natura aequum;* (f) *nemo debet locupletari* (en die verwysinge aldaar).

versari in re illicita: kyk by *danti operam rei.*
versigtigheid kom te laat temidde van die gevare *serum est cavendi.*
verskil: hoe belangrik is die — deur wie 'n ding gedoen word! *quam multum.*
verskoning van die verlede impliseer verbod vir die toekoms *cum lex in;*
— van een misstap lok meerdere uit *qui culpae ignoscit.*
verskuldig: wat aan X — is, kan nie sonder sy toestemming deur 'n derde opgeëis word nie *quod alicui;*
wat onvoorwaardelik bemaak is, sal onmiddellik — wees *quod pure relictum;*
wat onvoorwaardelik — is, is onmiddellik — (a) *quod pure debetur;* (b) *quod sine die;* (c) *quotiens in obligationibus;* (d) *statim debetur.*
verskyn: wat nie — nie (word geag) nie te bestaan nie (bewysreg) *quod non apparet.*
versoek (ww): wie beskroomd — lê 'n weiering in die mond *qui timide rogat.*
versoeking: ons swig so maklik daarvoor *video meliora.*
verspreking: 'n — moenie sommer as strafwaardig vertolk word nie *nec lubricum.*
verstand, nie jare nie, lei tot wysheid *sensus non aetas.*
versuim (s nw): vir elkeen kom sy eie — ten laste *unicuique sua;*
growwe — (of nalatigheid) is skuld; growwe skuld is opset *magna neglegentia;*
— laat die verbintenis voortduur *mora (debitoris);*
sonder 'n eis (vordering) is daar geen — nie *nulla intellegitur (mora).*
verswyg: — allereers wat jy wil hê dat 'n ander moet — *alium silere.*
vertolk: bepalinge wat aan die gemenereg afding, word streng — *quae communi legi;*
by dubbelsinnigheid word 'n ooreenkoms tgv die toesegger — (a) *ambiguitas contra;* (b) *cum quaeritur;* (c) *secundum promissorem;*
wie kan verorden, kan sy wette ook — (a) *eius est interpretari;* (b) *si enim in praesenti;* (c) *tam conditor;*
woorde moet so — word dat hulle regskrag kan verkry *verba accipienda.*
vertolker: die gebruik is die beste — van dinge *optimus interpres;*
die gewoonte is die beste — van regsreëls *optima est;*
die keiser is die enigste wetgewer en — van die reg *tam conditor.*
vertolking: die — van aktes moet welwillend wees . . . *interpretatio chartarum;*
die — behoort ten nadele van die skatkis te wees *interpretatio contra fiscum;*
die — moenie drukkend (of oordrewe streng) wees nie (a) *interpretatio dura;* (b) *nulla iuris ratio;*
by kontrakte moet 'n ruim — toegepas word, en by testamente 'n ruimer een *in contractibus plena;*
sake wat steeds 'n onbetwiste — ontvang het moet ongewysig bly *minime sunt;*
die — van 'n statuut geskied aan die hand van wat voorafgaan en volg *ex antecedentibus;*
die — van 'n wet mag nie onreg meebring nie *legis constructio;*
waar daar twyfel bestaan, moet die toeskietlikste — gevolg word *semper in dubiis benigniora;*
deur die — van wette moet strawwe eerder versag as verskerp word *interpretatione legum.*
vertroue: niemand behoort gevaar te loop vanweë die — in hom gestel nie *nemini debet.*
vervreem: wie bevoeg is om sonder die toestemming van ander goed te —, kan dit des te meer sonder hul medewete doen *qui potest invitis;*
wie toelaat dat 'n saak deur verjaring verkry word, — dit *videtur rem.*
vervreemding: wie kan vervreem, kan tot — toestem *cum quis;*
— is deur sowel die eienaar as die nie-eienaar moontlik *accidit aliquando.*
verweerder: die posisie van die — is die sterkste (a) *melior est condicio;* (b) *potior est condicio defendentis;*
waar albei partye ewe onregmatig gehandel het, is die — in die sterkste posisie *in pari delicto;*
wat nie aan die — toegestaan word nie, behoort ook nie aan die eiser vergun te word nie *non debet actori;*

— word eiser as hy 'n eksepsie opwerp *reus excipiendo;*
—s word meer as eisers begunstig *favorabiliores rei.*
verwerp: dit wat iemand, indien hy sou wil, nie kan verkry nie, kan hy nie — nie *quod quis si;*
dit is onmoontlik om tegelyk goed te keur en te — *quod approbo.*
verwerplikheid: 'n bewering van eie — is onaanvaarbaar *allegans suam.*
verwys: as dokument A na dokument B —, word dit geag dat B deel van A is (a) *referens finem;* (b) *relatum inest referenti.*
vetoreg: waar die partye ewe sterk is, geld die wil van die een met die — *in re pari.*
volk (gepeupel): niks is onvoorspelbaarder as die grille van die — nie *nihil est incertius.*
volkereg en natuurreg kan dieselfde verpligting oplê *in natura debet.*
vonkie: 'n — kan 'n groot brand veroorsaak *parva saepe scintilla.*
vonnis: 'n — (gewysde) geld as geloofwaardige bevinding *res iudicata pro;*
'n — skep reg tussen die partye *res iudicata ius.*
voog: dis die hoofplig van die — om toe te sien dat hy die pupil nie weerloos laat nie *tutoris praecipuum;*
die — mag hom nie uit sy voogdy verryk nie *lucrum facere ex;*
die — mag nie in sake van die pupil optree wat sy eie (die voog se) belang raak nie *tutor in rem;*
'n onbepaalde persoon kan nie as — aangewys word nie *tutor incertus;*
die — word nie slegs oor die goed nie maar ook oor die opvoeding van die pupil gestel *tutor non rebus.*
voordeel: 'n — kan aan niemand opgedring word nie (a) *quod cuique;* (b) *regula est iuris antiqui;* (c) *unicuique licet;*
niemand mag uit sy eie onregmatige daad — trek nie *nemo ex suo;*
die openbare — moet hoër as die private (belang) gestel word *publicum bonum;*
— en risiko gaan hand aan hand (a) *commodum eius(esse);* (b) *qui sentit commodum;* (c) *qui sentit onus;* (d) *secundum naturam;* (e) *ubi lucrum;* (f) *ubi periculum.*
voorneme: die blote — (om te steel) maak nog geen dief nie *sola cogitatio.*
voorregte gaan deur onbruik te niet *ex desuetudine;*
— moenie as presedente aangevoer word nie *privilegia non.*
voorspoed lok (mooiweer-)vriende *felicitas habet.*
voortsetting: is nodig t.a.v. 'n geding wat ingestel is *non sufficit litem.*
voorwaarde: indien meerdere—s gesamentlik opgelê word moet hulle gelyktydig nagekom word *si plures condiciones;*
indien iemand uit eie belang die nakoming van 'n — verydel, geld daardie — as vervul (a) *in iure civili;* (b) *in omnibus causis;* (c) *iure civili receptum;* (d) *quicumque sub condicione;* (e) *tunc demum;*
wanneer geld 'n — as nagekom? (a) *completa videtur;* (b) *existit condicio.*
voorwendsel: vir wie kwaad wil doen ontbreek 'n — nooit *male facere qui.*
vorderingsreg: by gelyke aanspraak in 'n skandelike saak verval die — *in pari causa turpitudinis.*
vrede: laat wie na — verlang hom vir die oorlog voorberei (a) *qui desiderat;* (b) *si vis pacem;*
liewer sekere — as verhoopte oorwinning *melior tutiorque;*
'n strawwe — is verkieslik bo die allerregverdigste oorlog (a) *pax vel iniusta;* (b) *vel iniquissimam.*
vrees (s nw): versekering teen — *si vultis nihil timere;*
'n ligvaardige — is geen geldige verskoning nie *vani timoris.*
vriend: vertroue in 'n onverskillige — gestel is grond vir selfverwyt *qui neglegenti;*
in die nood leer 'n mens jou —e ken *amicus certus;*
om 'n vriend te verloor is die allergrootste verlies *amicum perdere;*

in teenspoed kom —e aan die lig *in angustiis;*
—e moet in die geheim berispe, in die openbaar geprys word *secreto amicos admone;*
inskiklikheid besorg jou —e *obsequium amicos.*
vriendskap: gedwonge — gaan maklik te niet *facile perit;*
vereistes vir 'n stewige — *idem velle;*
— is altyd voordelig, die liefde soms ook skadelik *amicitia semper.*
vrouetrane word bedrieglik aangewend *didicere flere.*
vrugte: nog hangende (oningesamelde) — is deel van die grond en is onroerende goed *fructus pendentes* (twee sitate);
alle — is deur die natuur vir die mens bestem *omnes fructus.*
vrygewigheid: eers jou skulde vereffen en daarna — beoefen! *nemo liberalis.*
vuur: hoe helderder des te kortstondiger is die — *ignis quo clarior.*
waaksames: die reg is in belang van die — opgeteken (a) *ius civile vigilantibus;* (b) *leges vigilantibus;* (c) *non stultis;* (d) *vigilantibus ius;* (e) *vigilantibus non dormientibus.*
waansin: 'n tikkie — is by alle groot geeste aanwesig *nullum magnum;*
die — van 'n enkeling is aansteeklik op die massa *unius dementia.*
waansinnige: elke — beskou alle ander mense as rasend *insanus omnis;*
'n — is asof hy nie aanwesig is nie *furiosus absentis loco* (weerspreek deur:) 'n — moet nie beskou word asof hy nie aanwesig is nie *furiosus non est;*
'n — (anders as iemand onder voogdy) is nie handelingsbevoeg nie *furiosus nullum.*
waarde: die — van sake word nie subjektief (of affektief) bepaal nie *pretia rerum non;*
die — van vryheid en familieskap is onskatbaar *infinita aestimatio.*
waarheid: die — word nie deur dwaling by sakeverrigting geskaad nie *veritas rerum;*
die taal van die — is eenvoudig *veritatis simplex.*
waarskynlik: in duister gevalle word daar op die —ste of gebruiklikste gelet *in obscuris.*
wanhoop is die behoud in neerlaag *una salus victis.*
wanopvatting: heersende — word geldende reg *error communis.*
wederregtelikheid lei tot 'n vermoede van bedrog *dolus praesumitur.*
weerlose: moenie 'n — man beledig nie *mortuo leoni.*
weerspreek: wie homself — kan nie geduld word nie *allegans contraria.*
weet: of 'n mens — of behoort te — kom op dieselfde neer *paria sunt.*
weiering is nie dieselfde as onbevoegdheid nie *nolle adire.*
weldaad: laat die skenker van die — daaroor swyg, maar laat die ontvanger dit vermeld *qui beneficium;*
'n — deur die ontvanger onthou is 'n goeie belegging *optime positum.*
weldade: die mensdom se herinnering aan — ontvang is swak, dié aan onregte gely is taai *memoria beneficiorum;*
— aan die gemeenskap *beneficia in commune.*
welsprekendheid: die hoofverdienste van — is duidelikheid *prima est.*
wêreld: die hele — is my vaderland *patria mea.*
werklikheid: die mening dra meer gewig as die — (a) *plus est in opinione;* (maar vgl (b) *plus in re est;* (c) *plus valet quod in.*
wet: 'n — moet soos 'n stem uit die hemel wees *lex sit velut;*
dit is ongevoelig maar so is die — nou eenmaal opgeteken *durum hoc est;*
goeie —te ontstaan uit slegte gebruike *leges bonae;*
verduur die — wat jy self gemaak het *patere quam ipse;*
'n — moet bondig wees (a) *legem brevem;* (b) *leges breves sunto;*
geen — bevredig almal nie *nulla lex;*
die —te keur armoede en kommer af *leges neminem;*
ons is almal slawe van die —te om vry te kan wees *legum omnes;*
'n algemene — hef 'n vroeëre besondere nie op nie (s v *lex* IV ADAGIA no 17);
'n — in 'n algemene bewoording gestel, moet algemeen toegepas word *generaliter lex;*

alle ooreenkomste kragtens een — aangegaan word deur 'n teenoorgestelde — tot niet gemaak *omnia quae iure;*
'n besondere — hef 'n algemene op *lex specialis* (s v *lex* IV ADAGIA no 19) bl 222;
geen straf sonder 'n — nie (a) *nulla poena sine lege;* (b) *nulla poena sine praevia;*
in sy —te is die gees, verstand, oordeel en oortuiging van die staat geleë *mens et animus;*
in geval van twyfel is dit raadsamer om jou aan die woorde van die — te hou *in re dubia melius;*
'n latere — hef 'n vroeëre op (a) *lex posterior derogat* (s v *lex* IV ADAGIA no 16) bl 222; (b) *posteriora derogant;* (c) *posteriores leges;*
latere —te herroep vroeëre teenstrydiges *leges posteriores* (s v *lex* IV ADAGIA no (4)) bl 221;
—te word deur oorwinnaars afgedwing *leges a victoribus*;
—te moet bondig wees . . . *leges breves sunto;*
—te moet welwillend uitgelê word *leges benignius;*
'n nuwe — is prospektief, nie retrospektief nie *nova constitutio futuris;*
soos die — lui so lui die regter se uitspraak *sic lex;*
—te is ook stilswyend (deur onbruik) herroepbaar (a) *illud receptum;* (b) *receptum est ut;*
die — is streng maar dit staan nou eenmaal so opgeteken (a) *dura lex;* (b) *perquam durum;* (c) *quod quidem perquam;*
die —te swyg onder wapengekletter *silent leges;*
die taak van die — is viervoudig *legis virtus* (s v *lex* IV ADAGIA no 5)) bl 221;
—te is op die toekoms gerig, nie op die verlede nie (is nie terugwerkend nie) *leges et constitutiones* (s v *lex* IV ADAGIA no 3)) bl 221;
waar daar 'n — is, is daar straf *ubi lex ibi;*
wie 'n — kan instel, kan dit herroep *eius est tollere;*
die wil van die keiser het die krag van — (a) *quod principi;* (b) *tam conditor.*
wetgewer: die keiser is die enigste — en vertolker van die reg *tam conditor;*
wat die — wou hê, het hy gesê , wat hy nie wou hê nie het hy verswyg *quod legislator;*
—s is nie op uitsonderlike gebeurlikhede ingestel nie (a) *quod enim semel;* (b) *quod raro;* (c) *quod semel aut.*
wetsbepaling: 'n latere — hef 'n vroeëre op *lex posterior derogat* (s v *lex* IV ADAGIA (no 16)) bl 222.
wetsoortreding teenoor wetsontduiking gestel *contra legem facit.*
wie ongewildheid vrees wil nie regeer nie *regnare non vult.*
wil (ww): wie kan — kan ook weier *eius est nolle.*
wil (s nw) die — (bedoeling) eerder as die woorde (van kontrakterendes) moet in ag geneem word *voluntatem potius;*
'n waansinnige . . . besit geen — nie *furiosi vel eius cui;*
wispelturig is die — van die mens (is testamentêre beskikkinge) *voluntas hominis;*
die — word as die daad beskou *voluntas habetur.*
wilshandeling: dit geld nie as 'n — wanneer iemand die bevel van sy vader of baas gehoorsaam nie *velle non creditur.*
wilsuiting (voorneme): die — onder dwang bly tog 'n — *voluntas coacta;*
geen — is moontlik by iemand wat in dwaling verkeer nie *nulla voluntas;*
die laaste — (testamentêr) geld (a) *novissima voluntas;* (b) *posterior voluntas;*
uitdruklike en stilswyende — verskil *diversa causa.*
windstorm: die hewigheid van —s besit onweerstaanbare geweld *violentia ventorum.*
wins: wettige — kan nie deur 'n privaatpersoon afgeneem word nie *quod ex lege datum est.*
woede slaan gewoonlik 'n wet in die wind *legem oblivisci solita;*
die — van die wyse is langsaam maar kwaai *tarde sed graviter.*
woedebui: wat in 'n — gesê of gedoen is bly nietig solank dit nie deur 'n volgehoue gesindheid bevestig is nie *quicquid in calore.*
woesteny: die Romeine maak 'n — en noem dit vrede *ubi solitudinem.*
wolf: van — skaapwagter maak (a) *o praeclarum;* (b) *ovem lupo.*

woord: 'n — eenmaal uitgespreek vlieg onherroeplik voort *semel emissum;*
die betekenis van 'n — word in wetsuitleg bepaal deur ander —e wat daarmee saam gebruik word *noscitur a sociis;*
die geskrewe blywender as die gesproke — *scripta manent;*
'n goeie begrip het 'n halwe — nodig *verbum sapienti;*
die —e moet so verstaan word dat die bedoeling van die dokument van krag bly eerder as dat dit verydel word *verba ita;*
—e moet so vertolk word dat hulle regskrag kan verkry *verba accipienda;*
—e moet strenger opgeneem word teen die party wat hulle uiter *verba fortius;*
—e moet ten nadele van die stipulator uitgelê word *verba contra stipulatorem;*
nie op —e nie maar op dade word daar gelet *non quod dictum;*
'n verbintenis uit —e word met —e ongedaan gemaak *verborum obligatio;*
vergesellende —e bepaal die betekenis van dié by hulle *noscitur a sociis;*
—e vervlieg maar wat geskrywe is, is blywend *verba volant;*
waar die —e nie verbind is nie, is dit voldoende dat een van die twee opdragte volvoer word *ubi verba coniuncta non;*
hou styf vas aan die —e van die wet *verba legis;*
moenie die — verkwalik nie (verskoon die —) *absit invidia verbo;*
'wraak' is 'n onmenslike — *inhumanum verbum.*
wyn: goeie — behoef geen krans nie *vino vendibili.*
wysgeer: 'n — vererg hom nooit *numquam sapiens.*
wysheid: die — moenie op sy baadjie getakseer word nie (a) *saepe est etiam;* (b) *saepe summa ingenia.*

INDEX FOR TRACING LATIN LEGAL MAXIMS

Alphabetical List of English Keywords referring to the Latin Quotations in Part II
(indicating the initial words of each quotation)

The index has two parts:

A. Explanations or Definitions of Legal Concepts
B. References to Legal Maxims or Quotations

DIRECTIONS FOR USE (for LISTS A and B)

The purpose of this index is to enable the reader to determine whether a given maxim of which not the exact wording but only the general purport is known appears in the alphabetical list of Latin legal terms in Part II, and if so where it may be found. We start off with the *content* of the maxim in its English form, determine which are the essential word concepts and look these up in the index. With very few exceptions references are given only to sentences, not to words or phrases, appearing in Part II. The rare exceptions are indispensable expressions such as *litem suam facere*.

An example by way of illustration. We wish to determine whether there is a rule that the treasury is immune from prescription in the list of Latin maxims; the keywords are 'treasury' and 'prescription'; under both headings in the index we find 'prescription does not run against the treasury', and added to it in italic print the words *adversus fiscum*, where on p. 154 in Part II we shall find the quotation 'adversus fiscum usucapio non procedit' and the reference 'Digest 41.3.18'.

As a rule only the *two* initial words of the Latin quotation are indicated; if, however, there are two or more quotations with the same two opening words a third is added for purposes of easy identification (e.g. in the case of *nemo potest esse*), but rarely more.

Some maxims appear in a variety of similar forms; in such cases the initial words of all or most of them are given as references; an extreme case is to be found under 'judge': no one shall act as — in his own case, where ten different formulations may be found. In such cases cross-references appear in the *text* of Part II from one synonymous quotation to the other.

LIST A. EXPLANATIONS OR DEFINITIONS OF LEGAL CONCEPTS.

precarious tenure (distinguished from donation) *qui donat.*
title *titulus est.*
treason, high — *qui perduellionis.*
treasure *thesaurus est.*
usufruct *usus fructus est.*
will (n) *testamentum est.*

LIST B. REFERENCES TO LEGAL MAXIMS OR QUOTATIONS

abandon: things —ed become the property of the first occupant *occupantis fiunt.*
absence in the interest of the state *absentia eius.*
absolve: none who has the power to condemn lacks the power to — *nemo qui condemnare.*
absurdity: interpretation leading to — is inadmissible *interpretatio quae.*
abuse (v) we ought not to — our right *male enim nostro.*
abuse (n): — (or misuse) of a thing does not stultify its proper use *abusus non tollit.*
acceptance of a favour is a sacrifice of freedom *beneficium accipere.*
accessories disappear with the principal thing (a) *cum principalis causa;* (b) *quae accessionum;* (c) *res accessoria;*
— extinguished when the principal (thing) has been destroyed *quae accessionum.*
accessory follows principal thing *accessio cedit;*
he who assists a criminal is an — to the crime *socius fit.*
accidents: no one is held liable when — happen not due to any negligence *quae sine.*
accuse: it is easier to — than to defend *tanto est.*
accused: where the court is equally divided the — is acquitted *paribus sententiis.*
accuser: where the — is also the judge violence obtains *ubi iudicat qui;*
where there is no — there is no judge *ubi non est.*
acquire: no one is considered to — that which he is obliged to return to another *non videtur quisquam;*
whatever is —d by the slave is —d for the master *quicquid acquiritur.*
acquisition of possession: corporal and mental, requirements for: *apiscimur.*
act (v): so — as if someone were eavesdropping *sic fac omnia.*
act (n): all official —s are presumed to have been duly performed *omnia praesumuntur rite;*
—s of court prejudice no one *actus curiae;*
—s of God (violence of hurricanes) *violentia ventorum;*
legal —s void from the beginning cannot in virtue of a subsequent event acquire validity *quae ab initio non;*
it is not regarded as a voluntary — to obey the command of one's father or master *velle non creditur;*
the — performed against my will is not my — *actus me invito;*
an — performed between other parties does not prejudice a third *non deberet alii;*
by —s performed under coercion (duress or command) no liability is incurred (a) *qui facit quod;* (b) *qui iussu iudicis;*
—s performed without your consent do not prejudice you *invito te;*
prevention of an — by a third is regarded as an — performed *in omnibus causis;*
—s subsequently performed derogate from earlier ones *quae postea.*
action: as often as several—s lie simultaneously regarding the same thing the plaintiff should sue with one of these *quotiens concurrunt;*
bringing an — is not to employ violence *non videtur vim;*
—s in conflict with the law are null and void *quae contra ius;*
an — entailing infamy is not granted against a wife *in honorem matrimonii;*

instituting — is less satisfying than (being in) possession *minus est;*
not words but —s are regarded *non quod dictum.*
—s pass to the heirs *actiones transeunt* (s v *actio* III ADAGIA; he who may grant an — may also refuse it *eius est actionem;*
I cannot bring an — against myself *ipse mecum;*
admonish your friends in secret, praise them in public *secreto amicos.*
adoption imitates nature *adoptio naturam;*
— by women: by the grace of the emperor women can adopt as a consolation for the children who have died *feminae . . . ex indulgentia.*
advantage and risk go hand in hand (a) *commodum eius;* (b) *qui sentit commodum;* (c) *qui sentit onus;* (d) *secundum naturam;* (e) *qui lucrum;* (f) *qui periculum.*
advice: see 'counsel'.
afflicted: for the — the hours are long, for the happy swift *afflictis longae.*
agency: unauthorized — *negotiorum gestio;* whoever omits to forbid the unauthorized — of a third party is deemed to have authorized it *semper qui non.*
agreement: —s in conflict with the civil law are void *contra civilis;*
an earlier — shall be annulled by a later one *prius pactum;*
—s founded upon an immoral consideration are not to be observed *pacta quae turpem;*
from an informal — no cause of action arises (a) *ex nudo;* (b) *nuda pactio;*
—s (compacts) made in contravention of laws . . . are void *pacta quae contra;*
—s are to be observed (a) *pacta conventa;* (b) *pacta servanda;* (c) *pacti conventionisque;*
private —s cannot derogate from positive (municipal) law (a) *pacta privata;* (b) *privatorum conventio;* (c) *publicum ius.*
alienate: to allow a thing to be acquired by prescription is to — it *videtur rem;*
sometimes a non-owner may and an owner may not — *accidit aliquando.*
alienation: assent to — *cum quis possit.*
allegation of one's own baseness should not be heeded *allegans suam.*
alliance: an — with the strong is never safe *numquam est fidelis.*
alternatives: there are only two — (there is no third possibility) *tertium non datur.*
ambiguity: in a case of — it is safer to adopt the more benevolent interpretation *in re dubia benigniorem;*
— in case of a sale prejudices the vendor *obscuritatem;*
— is to be construed against the stipulator (a) *ambiguitas contra;* (b) *cum quaeritur in;* (c) *secundum promissorem;*
in the event of — of expression the meaning most conducive to realizing the proposed end should be adopted (a) *quotiens idem;* (b) *ubi est verborum;*
words inserted in contracts to remove — do not prejudice the common law *quae dubitationis;*
where there is no — one must abide by the words *verbis standum.*
ambiguous: an — agreement (of sale) is construed against the vendor *in contrahenda venditione;*
— claims are construed to favour the plaintiff *ambigua autem;*
— words in a will are to be interpreted favourably *quum in testamento.*
amend: he who quickly—s an error mitigates it *peccatum extenuat.*
analogous (similar) matters *in similibus.*
anger: whatever is said in a fit of — is of no effect until the party has, by his perseverance in his attitude, confirmed his action *quicquid in calore.*
animals are incapable of wrongful action *nec enim potest.*
another (n): he who acts through — is considered to act himself; (a) *qui facit per;* (b) *qui per alium;*
no one can by means of an agreement benefit — to the detriment of a third party *nec paciscendo;*
no one can do by — what he cannot do himself *nemo potest facere;*

no one is punished for the misdeed of — *nemo punitur;*
we may, even without his knowledge or against his will, improve the condition of — but we cannot make it worse *ratio (scil. naturalis).*
appear: what does not — does not exist (law of evidence) *quod non apparet.*
appearances are deceptive *fronti nulla.*
approbate: you cannot — (or approve) and reprobate (a) *qui approbat;* (b) *quod approbo;* (c) *simul sorbere ac.*
arbiter: no one can act as — in his own affair *nemo . . . in rem suam.*
argumentum ad hominem: *mutato nomine de te.*
art: all — is but an imitation of nature *omnis ars* (Sen.);
(a) — is long, life is brief *ars longa;* (b) true — it is to conceal — *ars est celare.*
assault: armed — may be warded off by armed force *arma in armatos.*
assign (v): he who —s a new debtor is considered to pay *qui delegat solvit.*
assignee: an — (grantee) is clothed with the right of his predecessor in title *assignatus utitur.*
association: an — cannot commit a delict *societas delinquere nequit/non potest.*
attempt (n): an — does no harm unless the effect ensues *non officit.*
authority: the — of long established usage is deserving of respect *consuetudinis ususque;*
military power should yield to civil — *cedant arma.*
authorize: when something is —d every needful concomitant is presumed to be —d also *quando aliquid mandatur.*
bar (v): that which —s those who have made a contract will — their successors also *quod ipsis.*
baseness: no one is heeded who adduces his own — *nemo auditur propriam.*
bastard: a mother makes no — *mater non.*
beauty: a pretty face is but a dumb commendation *formosa facies.*
belief: both are faults: to believe everyone and nobody *utrumque vitium* (p. 302).
beginning (n): the — is the most important part of anything *cuiusque rei.*
benefit: a — can be thrust (forced) on no one (a) *invito beneficium;* (b) *is potest repudiare;* (c) *non potest liberalitas;* (d) *quod quisque;* (e) *regula est iuris antiqui;* (f) *unicuique licet.*
bequeath: what has been unconditionally —ed shall be due immediately *quod pure relictum.*
bird in hand *ad praesens ova;*
—s of a feather flock together *pares autem.*
blame: no — attaches for obeying under duress *eius nulla culpa;*
a party who is unable to ward off danger is free from — *culpa caret.*
blessing: no — lasts for ever *nulli est;*
without someone to share in it no — satisfies *nullius boni sine.*
blood (relationship): the rights of — are stronger than the law *iure sanguinis.*
book: every — serves some purpose *nullus est liber.*
brief (a): I endeavour to be —, and fall into obscurity *brevis esse.*
building erected on land of another (ownership of) *id quod in.*
calumny: nothing is as fleet as — *nihil est tam volucre.*
case: a civil — is not prejudiced by a criminal suit *causa criminalis;*
decided —s should be adhered to; should be followed *rebus iudicatis* (principle of *stare decisis*);
— which has been rejected: *non exemplis sed*;
to try afresh decided —s creates a dangerous precedent *res iudicatas instaurari.*
cause: the — ceasing, the effect ceases (a) *cessante causa;* (b) *sublata causa;*
the — of the — is also the — of the effect *qui causa est;*
in law the immediate not the remote — is regarded *in iure non;*
a limited — has a limited effect *limitata causa;*
no one can change (validate) for himself the — of his possession *nemo sibi ipse;*
unforeseen — supervening *ex causa superveniente;*
—s: important results often stem from trivial — *ex parvis saepe.*

cautious: it is too late to be — in the very midst of dangers *serum est cavendi.*
certain: that is — which can be determined *certum est.*
certainties are sacrificed while we pursue uncertainties *certa amittimus.*
chance: a — is often forfeited by deliberation *deliberando saepe.*
change (v) : no one can — his mind to the detriment of another *nemo potest mutare.*
charity begins at home (a) *proximus sum;* (b) *tunica propior.*
chatter (n): never mind the idle — of the common herd *vanae voces!*
change the name and the tale applies to you *mutato nomine de te* (cf Nathan's words (2 Sam 12.7)).
child: before its birth a — is part of a woman (a) *partus antequam;* (b) *partus nondum;*
a — conceived (a) *infans conceptus;* (b) *nasciturus pro;* (c) *qui in utero est;* (d) *qui in utero sunt;* (e) *quod dicimus eum.*
circumstance: each case is determined by its own — *minima circumstantia.*
city: great —, great loneliness *magna civitas.*
claim (n): no — can be founded on fraud *ex dolo malo;*
where in a disgraceful case the —s are equally strong, the court will not entertain them *in pari causa turpitudinis;*
wherever I find my property I assert my — to it *ubi rem meam.*
clear (a): the — parts of a document are not to be ignored because of certain parts lacking in clarity *non sunt neganda.*
cock: as the old — crows, the young — learns *a bove maiore.*
community: property bought with the money of a — is not the property of the — *res empta ex.*
the property of the — (e g a city) does not belong to the individual citizens *universitatis sunt.*
companion: a chatty — *comes facundus.*
complaisance: excessive — has a touch of folly *facilitas nimia;*
— gains friends *obsequium amicos.*
concealment: distinguished from reticence *aliud est celare.*
conception the equivalent of birth *conceptus pro.*
concord: by — weak power grows *concordia parvae.*
condition (stipulation): customary—s are tacitly understood in contracts *in contractibus tacite;*
the — is being fulfilled *existit condicio;*
fulfilment of a — *completa videtur;*
—s imposed on an heir (a) jointly; (b) severally *si plures condiciones;*
an impossible — is considered as not written *impossibilis condicio pro;*
non fulfilment: if someone from self-interest prevents a — from being fulfilled, it is presumed to have been fulfilled (a) *in iure civili;* (b) *in omnibus causis;* (c) *iure civili receptum;* (d) *quicumque sub condicione;* (d) *tum demum.*
condition (legal position): a burdensome — should not be imposed by one person upon another *non debet alteri;*
no one can improve his — by his own misdeed *nemo ex suo;*
we can improve the — of another (even if he is unaware or unwilling) but cannot make it worse *naturalis simul.*
condonation: — of the past implies prohibition for the future *cum lex in.*
confession: a — of the accused is the equivalent of having pronounced judgment against himself (a) *confessus pro;* (b) *in iure confessi;*
— is the best proof *confessio est;*
a — founded on error is meaningless *non fatetur.*
conflict of laws: in such a — the municipal law prevails *in tali conflictu.*
conjecture is inadmissible where all is clear *in claris non.*
conqueror: twice a — he who conquers himself *bis vincit.*
consideration: from a base — no action arises *ex turpi causa.*

consolation: for the miserable there is — in having had those who shared their misery *solamen (est) miseris.*
constitution (an imperial law): —s passed later apply with greater authority than earlier ones *constitutiones tempore.*
contingency (see 'eventuality'): human prudence cannot provide against chance contingencies *fortuitos casus;*
rare contingencies legislators cannot heed (a) *quod raro;* (b) *quod semel aut.*
contract: —s of another bind no one *certissimum enim;*
the origin of every — and its cause should always be taken into consideration *uniuscuiusque contractus;*
terms of —s appear from agreements made *contractus enim;*
no — arises from crime *ex maleficio.*
contradictory: where two — things are ordered in a will neither will be valid *ubi pugnantia;*
— allegations are not to be tolerated *allegans contraria.*
controversy: nothing is achieved by settling one question while raising another *nil agit.*
convict (v) no one may be —ed unless he has been tried *nemo damnandus.*
corporation (universitas): debts due to or owing by a — do not concern its individual members *si quid universitati;*
the property of a — (community) does not belong to the individuals severally *quod universitatis.*
correction (punishment): only moderate — is allowed a teacher *levis dumtaxat.*
counsel (advice): hasty — is followed by repentance *velox consilium;*
— offered does not render the counsellor liable (a) *consilii non;* (b) *nemo ex consilio* (two quotations); (c) *nullus ex consilio.*
counsel (lawyer): the —'s goal in court is to convince the judge even against his will . . . *non ut intellegere.*
country (native): no man can renounce his own — *nemo potest exuere;*
no one can abjure his own — *nemo patriam.*
court: the — knows the law *iura novit curia.*
the practice of the — is the law of the — *cursus curiae.*
covetous: the — man is ever in want (a) *semper avarus eget;* (b) *semper inops.*
credibility is easily forfeited *quicumque turpi;*
the — of document A referring to document B is not accepted till the authenticity of B has been established *non creditur.*
creditor: a — cannot be forced to accept a substitute in payment *aliud pro alio.*
crime: the — conducive to prosperity and fortune is styled virtue *prosperum ac felix;*
—s for which no intent but only negligence is a requirement *crimina culposa;*
it is no — not to prevent a — when one can *nullum crimen;*
a later event does not increase the heinousness of a — *numquam crescit;*
no — can be defended on rational grounds *nullum scelus;*
no — can be committed without consciousness of illegality *actus non facit;*
—s should not go unpunished (a) *impunita non;* (b) *interest reipublicae ne maleficia;* (c) *non impunita;*
one — must be concealed by another *scelere velandum;*
—s are extinguished by the death of the criminal *crimina morte.*
criminal (n): —s always find a way *male facere qui.*
criminal (a): doctrine of — attempt see *affectus punitur.*
crocodile tears (of an heir) a mere mummery *heredis fletus.*
crowd: nothing is more unpredictable than the — *nihil est incertius.*
crown: the — of old age is authority *apex est.*
curs: cowardly — bark the loudest *canes timidi.*
custom: — is the best interpreter of the law *optima est;*

the position of the — is the stronger (a) *melior est condicio;* (b) *potior est condicio defendentis;*
the — by raising an exception becomes plaintiff *reus excipiendo.*

definition: all — in law is hazardous *omnis definitio.*

defraud: no one is considered to — those who consent (a) *nemo enim videtur;* (b) *nemo videtur.*

delay: see 'default'.

delegate (v and n) a — cannot — *delegatus delegare.*

delicts of a like degree of gravity cancel each other *paria delicta.*

deliver: things not becoming the property of the recipient at the moment of —y are considered not to have been —ed *non videntur data.*

delivery: — cannot and need not transfer more rights than there are with the party who delivers *traditio nihil;*
mere — without preceding lawful cause does not transfer ownership *numquam nuda.*

denial of liability may lead to double damages being imposed *adversus infitiantem;*
mere — of fact constitutes no proof *per rerum;*
—s require no proof *negativa non.*

deny: he who does not — admits *qui non negat fatetur.*

descent (origin): he who has no legitimate father should trace his — from his mother *eius qui iustum.*

description: a false — does not invalidate a legacy *falsa demonstratio.*

desires: let — obey reason *appetitus rationi.*

despoil: the party—ed ought first to be restored *spoliatus ante.*

despoiler: all things are presumed against him (a) *omnia praesumuntur contra;* (b) *in odium spoliatoris.*

die (v) whom the gods love dies young *quem di diligunt.*

die (n): the — is cast *alea iacta est.*

difference: how great the — by whom the deed is done! *quam multum!*

different: it is of course a — matter if . . . *alia sane causa.*

difficult: how — it is not to betray the crime by your expression *quam difficile!*

dine with duke Humphrey *sero venientibus ossa.*

disapprove: he who does not — approves *qui non improbat.*

discretion of a good man: see *in quibus viri.*

dispose: a party entitled to — (of property) without the consent of others is all the more so entitled if they are not aware or not present *qui potest invitis.*

disposition: an evil — supplies age or want of years (rendering a child liable) *malitia supplet;*
subsequent—s supersede earlier ones (a) *ea quae postea;* (b) *posteriora derogant.*

disregard (v): wrong is removed by being—ed *dissimulatione.*

dissemble: he who does not know how to — cannot rule *qui nescit dissimulare.*

distance lends enchantment to the view *maior e longinquo.*

do: what was done has more significance than what was written *plus actum.*

doctor: when the patient dies lack of skill may be imputed to the — *sicuti medico;*
it is imprudent to appoint one's — as heir *male secum agit.*

document: in case of uncertainty the written — should be adhered to *in dubio instrumento.*

domicile: a wife follows the — of her husband *uxor sequitur.*

donation: aid with necessary expenses is no — *non donat qui;*
a — cannot be given by a party ignorant or unwilling *non ignorans;*
no one may revoke (render void) a valid — *irritam facere;*
a — is not presumed *donatio non;*
by operation of law a — between husband and wife is void *ipso iure qua.*

done: what is — cannot be undone *quod factum est.*

doubt: in case of — the verdict goes in favour of the accused *in dubio pro reo;*
in cases of — the object of a bonae fidei contract should be safeguarded as far as possible *semper in dubiis id.*

dowry: the husband is obliged to guard it *tueri res dotales;*
— how brought about *dotem numeratio;*
a wife with a — holds the whip hand *dotata mulier;*
the — should be where the burden of the union is *ibi dos esse.*
drunkard: he who quarrels with a — is doing an injustice to an absent person *absentem laedit.*
due: that which is — unconditionally is — now (a) *quod pure debetur;* (b) *quod sine die;* (c) *quotiens in obligationibus;* (d) *statim debetur;*
that which someone has given knowing it not to be — but with the intention of reclaiming it later he cannot recover *quod quis sciens.*
ear: the — should scorn no report nor yet immediately believe it *nil spernat auris.*
earth: the whole — is my native land *patria mea.*
eavesdropping: so speak to the deity as if people were — *sic loquere.*
education: acid test of — *scire ubi.*
eggs today rather than chickens tomorrow (ie bird in hand) *ad praesens.*
eloquence: clearness is the prime virtue of — *prima est.*
emancipation: the court should be in favour of — (a) *favendum est;* (b) *favor libertatis.*
emperor: an — should die on his feet *imperatorem stantem;*
the — is not bound by the laws *princeps legibus;*
the — is the sole maker and interpreter of the laws *tam conditor.*
enact: he who may — is also qualified to interpret *eius est interpretari.*
enactments (illegal): — conflicting with the principles of our law cannot be enforced by legal measures *in his quae.*
end (n): he who desires the — desires the means (also) *qui vult finem.*
enrichment at the cost of another is unfair (a) *commodum ex;* (b) *hoc natura aequum;* (c) *iura naturae;* (d) *natura aequum;* (e) *nemo debet locupletari* (and the references there given).
equality: the — of man is a rule of natural law *quod ad ius.*
equity: — demands equal justice *aequitas est quae;*
— is to be regarded particularly in law *in omnibus quidem.*
error: being unaware of relationship with the deceased can be an — of law or of fact: maxim 10 s v ignorantia (p. 200 ed *III* 1992 (ADAGIA);
common — makes (becomes) law *communis error;*
in concluding a contract of lease or sale any — renders the act null and void *in omnibus negotiis;*
consensus removes — *omnis consensus;*
an — of fact prejudices no one *error facti;*
an — of law causes prejudice *error iuris nocet;*
an — in law is not the same as ignorance of fact *in omni parte;*
an — as to the name is of no consequence *nihil facit;*
pardonable — does not interfere with prescription (usucapion) *probabilis error;*
those who are in — do not agree (or grant consent) (a) *non consentiunt;* (b) *non videntur qui;* (c) *nullus est.*
eschew extremes *utrumque vitium est.*
estoppel ('no man can go against his own act') (a) *contra proprium;* (b) *nemo contra factum;* (c) *non licet venire;* (d) *obstringitur ne;* (e) *venire contra.*
euphemisms; the coward calls himself 'cautious', the covetous 'frugal' *timidus vocat.*
eventuality (see 'contingency'): rare eventualities should not be assumed to be included in legal acts *ea quae raro;*
such eventualities are not the sources of legislation (a) *ex his quae;* (b) *iura constitui;* (c) *quod raro fit;* (d) *quod semel aut.*
evidence: the — of one's household is suspect *etiam iure civili;*
only oral — is acceptable, not written statements *rescripsit . . . divus . . .;*
— of a single witness is not admissible (a) *testimonium non oportere;* (b) *pluris est oculatus.*

evil (n): every — can be crushed at birth *omne malum;*
— may not be returned for — *numquam scelus.*
evil (a) a person with — intent is never short of a pretext *male facere qui vult.*
evil-speaker: an — easily turns into an evil-doer *maledicus a.*
example: — is better than precept *verba movent;*
we live more by — than be reason *exemplo plus.*
except (v) in cases not —ed the full force of the law obtains *exceptio firmat.*
exception: all —s which are due to the defendant are due to the surety also *omnes exceptiones;*
every — constitutes a rule *omnis exceptio;*
the praetor grants an — *exceptionem dat;*
the — proves the rule *exceptio probat;*
an — if raised reverses the parts of the plaintiff and defendant *agere is videtur;*
someone has a right to raise an — *exceptio alci competit.*
exigencies: dire — are not insurmountable *effugere non.*
experience makes fools wise *quae nocent docent.*
experiment: perform the — on an expendable object/person *fiat experimentum.*
expertise (skill): the artisan guarantees his — *spondet peritiam.*
express (v): terms —ed are (possibly) prejudicial *expressa nocent.*
express (a): — words of a statute are not to be departed from *a verbis.*
expression: the — of a clause tacitly implied has no effect *expressio eorum;*
the — of one thing is the exclusion of another *expressio unius.*
expressly: what is not — stated is in law regarded as non-existent *non esse et non.*
extolling the past (a) *vetera extollimus;* (b) *laudator temporis acti.*
extremes are to be avoided: believe neither every one nor nobody (a) *utrumque vitium;* (b) *nil spernat auris.*
eyes: several — are more observant than one *magis vident.*
face: the — is a mirror of the soul (a) *imago animi;* (b) *vultus est index.*
facts: give me the — (and) I shall give you the law *da mihi facta;*
— more than words should be looked at *magis res;*
it is vain to fly in the face of — *contra factum.*
factual: from the — no conclusion lies to a right *a facto ad ius.*
faith: bad — causes prejudice *mala fides nocet;*
breach of — may be answered with retaliation *frangenti fidem;*
good — is opposed to fraud and deceit *fides bona;*
liability for bad — cannot be excluded by agreement (a) *illud nulla pactione;* (b) *in commodato;*
subsequent bad — causes no prejudice *mala fides superveniens.*
false in one thing, — in everything *falsus in uno.*
father: like — like son *qualis pater;*
the — is he whom a valid marriage points out (a) *pater est;* (b) *mater semper certa;* (c) *pater est quem.*
fault (culpa): everyone should suffer for his own — *factum cuique;*
gross negligence is a —; gross — is fraud *magna neglegentia;*
a hurtful/dangerous game falls under — *lusus quoque;*
the —s of others we notice, our own remain unseen *aliena vitia;*
former —s have (now) become practice *quae fuerant vitia.*
favour (n): let him who grants the — be silent, but let the recipient make it known *qui beneficium;*
—s bestowed on the community *beneficia in commune.*
fear (v): if you would — nothing regard every contingency with alarm *si vultis nihil.*
fear (n): the — of war is more harmful than the reality of it *peior est bello;*
a frivolous — is no valid excuse *vani timoris.*

fire is the ordeal for gold, misfortune for the brave *ignis aurum.*
first: he who is — in time is preferred in right (a) *prior tempore;* (b) *qui prior est.*
flame: the brighter the — the sooner it goes out *ignis quo clarior.*
fool: (even) a — sometimes talks sense *interdum stultus;*
relief is granted not to —s but to those who are honestly mistaken *non stultis.*
foolish: it is — to dread the inevitable *stultum est timere.*
forbearance: he who relies on — is always victorious *perpetuo vincit.*
forbid: failure to — implies consent *qui non prohibet.*
force (v): no one can be —d in court either (a) to sue or prefer a charge *invitus agere,* or (b) to defend a case *invitus nemo.*
force (n): 'force' synonymous with 'act of God' *vis est maioris;*
— is synonymous with 'taking the law into one's own hands' *vis est et tunc;*
— and intimidation are incompatible with consent *nihil consensui;*
— may be warded off by — (a) *vim enim vi defendere;* (b) *vim vi repellere.*
fortune: a great — is hard slavery *magna servitus.*
—, often lavish, never satisfies *fortuna multis;*
— makes a fool of its victim *stultum facit;*
growing accustomed to good — is an evil *bonarum rerum.*
fountain-head: it is better to go to the — than to follow the rills *melius est petere.*
fraud: see under 'dolus I (in the law of obligations)' s.v. ADAGIA nos 1–6 and 8–9, as well as no 7 (the definition of *dolus malus* (Dig 4.3.1.2));
anyone who has committed — to relinquish possession must be deemed still to retain it *semper qui dolo;*
he commits — who, while observing the words of the law stultifies its spirit (a) *in fraudem facit;* (b) *in legem committere.*
— corrupts everything *fraus omnia;*
in a dispute concerning — the court must determine what plaintiff, but for the defendant, might have had *generaliter cum de;*
gross negligence is the equivalent of — (malice) (a) *lata culpa plane;* (b) *magna neglegentia;* (c) *magnam neglegentiam;*
it is — to conceal — *fraus est.*
— is never presumed *fraus numquam;*
no one should benefit from his own — *nemini fraus sua;*
the perpetrator of — has himself to bear the loss caused *ipse suam;*
— is readily presumed between relations *fraus inter;*
receiving one's due is not to commit — (a) *nihil dolo;* (b) *nullus videtur;*
requirements for proving — *fraudis interpretatio;*
a stipulation excluding liability for — is null and void (a) *illud nulla pactione;* (b) *in commodato;*
what could have come about even in the absence of — is not considered to have been done fraudulently *non dicitur factum.*
fraudulent: he is — who sells the same thing to two people *vendens eandem.*
freedom: — cannot be granted for a time *libertas ad tempus;*
in case of doubt the court should find for — *quotiens dubia;*
— is more prized than all *libertas omnibus;*
— is a possession of incalculable value *libertas inaestimabilis;*
— from the fear of death is a safeguard against unhappiness *nunquam est ille miser.*
friend: a faithful — is found when fortune is fickle *amicus certus;*
the loss of a — is the greatest loss of all *amicum perdere;*
in adversity—s come to light *in angustiis;*
admonish your —s in secret, praise them in public *secreto amicos;*
negligent — *qui neglegenti.*

no one leaves more profit to his — than he himself enjoyed *nemo plus commodi;*
only after settlement of the debts (of the estate) is anything regarded as having come into the hands of the — *venisse ad;*
an — is the same person as the deceased (a) *heres est eadem;* (b) *hi qui in;*
the same power and right vest in the — as did in the deceased *heredem eiusdem;*
a subsequent event cannot render valid the institution of an — void from the beginning *quae ab initio inutilis.*
home: the — is where the wife stays *ubi uxor.*
honesty is fobbed off with faint praise *probitas laudatur.*
honour: nothing deters a good man from the path of honour *ab honesto.*
honourable: not everything that is permissible is also — (a) *non omne quod;* (b) *semper in coniunctionibus.*
hope deferred *spes protracta;*
— for the vanquished *una salus victis.*
hurricanes: violence of — possesses superhuman power *violentia ventorum.*
ignorance: consult the ten maxims (adagia) under the heading 'ignorantia' ADAGIA pp 199–200.
— of the law is prejudicial, — of facts is not (a) *regula est iuris quidem;* (b) *sciant ignorantiam facti;*
— of fact prejudices only if accompanied by gross negligence *facti ignorantia;*
the folly of ignorance *temeritas est;*
— of the law does not profit those who desire to acquire something, but it does not prejudice those who demand their rights *iuris ignorantia.*
ignorant: to be — of the law is gross neglect *ignorare leges;*
no one is considered to be — of the (criminal) law *nemo censetur.*
illegal activities give rise to the presumption of fraud *dolus praesumitur.*
illegality: if a single — is admitted several others follow *uno principio.*
immoral conduct: see 'turpitude'.
immovables follow their site *immobilia situm.*
impiety: consider it the worst — to prefer life to honour *summum crede nefas.*
impunity is the greatest inducement to transgression *maxima illecebra.*
incapacity (to adiate) is no refusal to do so *nolle adire.*
inclusion of one implies exclusion of the other *inclusio unius.*
incongruity is to be avoided in interpreting an ambiguous law *in ambigua voce.*
inconvenience: argument drawn from — *argumentum ab inconvenienti.*
indefinite: what is — (lacking definition) is regarded as non-existent *incerta pro.*
individual (irreplaceable) thing: its destruction frees the debtor from liability *debitor speciei.*
inexperience: in criminal trials youth and — are taken into account *fere in omnibus.*
infant: still-born —s are regarded as neither born nor begotten *qui mortui.*
ingratitude of one man harms all the needy *ingratus unus.*
injury: no — is committed against a consenting party (a) *nemo enim videtur;* (b) *non decipi;* (c) *nulla est;* (d) *nulla iniuria;* (e) *nullam potest videri;* (f) *volenti non fit;* (g) *scienti et consentienti;*
one — does not justify another *iniuria iniiuriam.*
injustice: no one can commit an — unconsciously *iniuriam potest;*
where in deciding a case prejudice cannot be avoided, the course involving the least — should be adopted *quotiens nihil sine;*
the remedy for for —es is oblivion *iniuriarum remedium.*
innocence: presumption of — *quivis praesumitur.*
insane person:
(i) an — is regarded as one absent *furiosus absentis* (maxim contradicted by:)
(ii) an — is not to be regarded as absent *furiosus non est;*

(iii) an — (unlike a ward, a minor) has no legal capacity *furiosus nullum.*
insult added to injury *iniuriae addis.*
integrity the supreme virtue *nulla possessio.*
intelligence, not one's years, leads to wisdom *sensus, non aetas.*
intention: in the case of evil deeds regard is to be had to the — and not to the result *in maleficiis voluntas;*
in the case of statutory penalties regard is to be had not to the — but to the result *in poenis statutariis;*
in the case of stipulations, when the — is inquired into the words are construed against the stipulator *in stipulationibus cum;*
in crimes the — is looked to, not the outcome *voluntas in delictis;*
expressed and implied —s differ *diverse causa*;
the mere — (of stealing) does not make a thief of one *sola cogitatio;*
we naturally comply with the — *utique enim;*
the — is of no importance unless the effect follows *non efficit* (*affectus*);
the —, not the words of the contracting parties, should be taken into account *voluntatem potius;*
the — of the parties contracting is the equivalent of an express agreement *in contrahendo;*
if the — of the parties is not apparent the established local custom is observed *si non pareat;*
the — of the parties is vital (a) *in conventionibus;* (b) *in emptis et venditis;* (c) *semper in stipulationibus;* (d) *servandum quod;* (e) *servatur id;* (f) *ubi est verborum*; the real — carries more weight than a fraudulent pretence *plus valet quod;*
the — is regarded as the accomplished fact *voluntas habetur;*
the — of the speaker is to be regarded in ambiguous expressions *in ambiguis orationibus;*
the — of the testator gives effect to the wording of the will *voluntas facit;*
without the — to steal no theft is committed *sine animo furandi.*
interest (on capital) as a result of default is owed in the case of bonae fidei contracts *in bonae fidei;*
— has no natural origin but is an institution of the positive law *usura non natura;*
the — of the individual should yield to the public good (a) *privatum commodum;* (b) *publicum bonum;*
it is unfair that — should be claimed from him who has had no harvest *iniquum est usuras.*
interpret: the maker of laws is competent to — them (a) *eius est interpretari;* (b) *si enim in praesenti;*
statutes derogating from the common law are strictly—ed *quae communi legi.*
interpretation: in the case of contracts a liberal — is to be applied *in contractibus plena;*
the — of deeds is to be construed in a benevolent spirit *interpretatio chartarum;*
in doubtful cases the kindlier —s should always be preferred (a) *in ambiguis rebus;* (b) *semper in dubiis benigniora;*
by the — of the laws penalties should be mitigated rather than be rendered more severe *interpretatione legum;* matters that have always had an unquestioned — are not to be changed *minime sunt;*
the — should go against the treasury *interpretatio contra fiscum;*
the — should not be rigid (cause hardship) *interpretatio dura;*
the — (of statutes) should be made by reference to what precedes and follows it *ex antecedentibus* (see under 'penal' below);
— of a law may not cause wrong *legis constructio.*
interpreter: custom is the best — of the law *optima est;*
the emperor is the sole legislator and — of the laws *tam conditor;*
use (or usage) is the best — of things *optimus interpres.*
intestacy DEF *intestatus decedit.*
intoxicated: he who commits an offence when — shall be punished when sober *qui peccat.*

investment: a sound — is a favour remembered by its recipient *optime positum.*
issue (descendants): where anyone leaves a pregnant wife he is not regarded as having died without — *si quis praegnatem.*
jealousy: no one, regarding the possessions of another, is satisfied with his own *nulli ad aliena.*
jettisoned goods *res quae in tempestate.*
joint-ownership: no joint-owner can act on his own *in re communi.*
joking: a limit should be observed in — *adhibenda est.*
judge: the integrity of a — may not be questioned *de fide;* it is the duty of a — to consider what is proper *iudex non solum;*
a judicial act not pertaining to the official duty of the — is invalid *factum a iudice;*
a — administering justice beyond his jurisdiction need not be obeyed *extra territorium;*
the — is articulate justice *iudex est lex;*
as the law is such is the —'s finding *sic lex;*
a good — will decide differently in accordance with circumstances *bonus iudex varie;*
a — has to expound the law, not to make it *iudicis est ius dicere;*
a — has to find in accordance with the facts proved *iudicis est iudicare;*
judgment delivered by a — lacking jurisdiction is of no force *iudicium a non suo;*
a — may not punish wrongs done to himself *iudex non potest;*
no competent — can be appointed by private agreement *privatorum consensus;*
no one shall act as — in his own cause (a) *generali lege decernimus;* (b) *in propria causa;* (c) *iudex non potest;* (d) *nemo debet esse;* (e) *nemo iudex* (vel *testis*); (f) *nemo ius sibi;* (g) *nemo potest esse* (*simul*); (h) *nemo sibi esse iudex;* (i) *promiscua generalitate;* (j) *qui iurisdictioni;*
retrial by the same — is not permissible (a) *iudex posteaquam;* (b) *semel enim bene;*
the — shall judge in accordance with the law *illud observare;*
a — should not be more compassionate than the law *iudex non debet;*
a — should pass judgment as his conscience prompts him *iudex prout;*
the — stands condemned when a guilty party is acquitted *iudex damnatur;*
the upright — condemns actions, but does not hate the criminal *bonus iudex damnat;*
where there is no accuser there is no — *ubi non est.*
judgment: a — is always accepted as the truth (a) *iudicium semper;* (b) *res iudicata pro;*
a — (suit adjudged) is binding upon the parties *res iudicata ius;*
—s in suits between others do not prejudice third parties *saepe constitutum;*
— goes against the plaintiff when the parties are evenly matched (a) *cum obscura;* (b) *facilius reis;*
hurried — soon leads to remorse *ad paenitentiam;*
our moral — is sometimes stricter than a law *quod non vetat.*
Jupiter: what — may do an ox may not *quod licet Iovi.*
justice: grants to each his due *iustitia suum;*
the foundation of — is good faith . . . *fundamentum autem;*
— is the queen of all the virtues (a) *iustitia enim;* (b) *iustitia in qua;*
the principles of — and equity should prevail rather than the strictness of the law *placuit in omnibus;*
weigh the matter in the scales of — *lis aequa lance;*
without the most inflexible — it is impossible to direct the state *sine summa.*
justification (raison d'être): if the — of a law falls away, the law itself falls away too *cessante ratione.*
kick: do not — a man when he is down *mortuo leoni lepores insultant.*
kind (n): the — is not considered to perish *genus interire.*
know: it amounts to the same thing whether one —s or ought to — *paria sunt.*
ladies attend the games and preen themselves *spectatum veniunt.*
laughter deprecated (a) *risu inepto;* (b) *risus abundat.*

the rule should stem from existing —, not vice versa (a) *non ex regula;* (b) *non ius ex;*
the — should be adapted to ordinary, not exceptional, occurrences (a) *ad ea potius debet;* (b) *ex his quae;* (c) *iura constitui;* (d) *ius constitui* (Adag (2) s v *ius* II ADAG) p 217; (e) *quod enim semel;*
the — should not effect misrepresentation nor distort words *non oportet ius;*
strictest — worst mischief *ius summum;*
as the — is such is the judge's finding *sic lex;*
taking the — into one's own hands *vis est et tunc;*
unwritten (customary) — *ex non scripto;*
what is done contrary to — is regarded as not done *quod contra legem;*
what is subject to divine — is no man's property *quod divini;*
where the — does not distinguish neither should we *ubi lex non;*
operation of the — prejudices nobody *actus curiae/legis;*
magistrate and — contrasted *magistratus est;*
no — satisfies everybody *nulla lex;*
the —s do not suffer anyone to live in want or to die in misery *leges neminem;*
the —s are most numerous when the state is most corrupt *corruptissima;*
spontaneous obedience to the —s vouched for by the emperors Severus and Antoninus '*licet enim*';
we are all slaves of the —s in order to be free *legum omnes;*
a — should be a voice, as it were, sent down from heaven *lex sit velut;*
—s are laid down by conquerors (and) are obeyed by the conquered *leges a victoribus.*

lawsuit: where the — was begun it should also be concluded *ubi coepta est;*
it is in the interest of the state that there be an end of —s *interest rei publicae ut sit finis.*

learn: men — while teaching others *homines dum docent.*

learning: those who would want to cut a figure of — before fools, are considered fools by the learned *qui stultis.*

lease has precedence over (overrules) sale *locatio conductio fortior.*

legacy: a false description does not invalidate a — *falsa demonstratio.*

legatee: the testator may not direct the selection of —s to a third party *in alienam voluntatem;*
— bears the risk *si res legata.*

legislation is prospective not retrospective *leges et constitutiones* (Adag (3) p 221 s v *lex* IV ADAG.).

legislator: the emperor is the sole — and interpreter of the laws *tam conditor;*
—s ignore exceptional contingencies (a) *quod enim semel;* (b) *quod raro fit;* (c) *quod semel aut;*
what the — wanted he expressed *quod legislator.*

leisure without study is like death and the funeral of a living person *otium sine litteris.*

letter: he who considers only the — (of an instrument) goes but skin-deep *qui haeret;*
a treacherous — *litterae Bellerophontis;*
a — with a bare-faced request *epistola non erubescit.*

letting and hiring: in trials of these liability for fraud and (the duty of) safe-keeping is considered, but not for irresistible accident *in iudicio tam locati.*

liability: does it arise from delict or contract?
interest plurimum;

liar: once a — always a — *semel mentitus;*
a — must have a good memory *mendacem memorem.*

life: — is tedious for the miserable, brief for happy men
o vita misero;
— is a battle (struggle) *vivere militare est;*
— is thought *vivere est cogitare.*

limping is infectious *si cum claudo.*

line (in the law of succession): the direct — is always preferred to the collateral *linea directa semper praefertur.*
. . . . .listen to everything, and remain sceptical *nil spernat auris.*
litigiousness springs from ignorance rather than from knowledge of the law *potius ignoratio.*
loan: — for use must be gratuitous *gratuitum debet;*
no one giving a thing in — for use makes the recipient its owner *nemo commodando;*
the owner of a thing given in — retains possession and ownership *rei commodatae* (Adag (11) s v *lex IV* ADAG).
loneliness: great city, great — *magna civitas.*
love: in — there is ever a sweet madness *in Venere semper dulcis;*
in — pain and joy are ever at war *in Venere semper dolor;*
— is credulous *credula res;*
old — never dies *difficile est;*
the quarrelling of lovers is a renewal of their — *amantium irae.*
madman: every — regards everyone else as insane *insanus omnis.*
madness is infectious *unius dementia.*
majority (the masses): wisest counsels do not prevail with them *non tam bene.*
male: the — has greater dignity (than woman) *maior dignitas.*
malice: if the — increases the punishment must be severer *malitia crescente.*
mandate: action on — will then lie when the mandator's interest arises *mandati actio*;
if anyone has ratified a transaction he is liable to an action of — *si quis ratum;*
— of an immoral transaction is void *rei turpis* (Adag s v *res* II ADAG. p 279);
limits of a — are to be diligently observed *diligenter fines;*
a — is of no effect if revoked before execution has started *mandatum si dum;*
partnership of — in connection with a base undertaking is void *societas aut;*
a — is terminated by the death of either party (a) *mandatum morte;* (b) *mandatum re integra;*
a — is void unless gratuitous *mandatum nisi;*
the party who has given the — to act is considered to have done it himself (a) *qui mandat ipse;* (b) *qui mandat solvi;*
what has been paid at the charge of another is the same as if it had been paid to that party himself *quod iussu.*
marriage: freedom of — is an ancient institution *libera matrimonia;*
in matrimonial unions not only what is lawful but also what is honourable should be considered *semper in coniunctionibus;*
not sexual intercourse but marital affection constitutes — (a) *non coitus;* (b) *nuptias non concubitus;*
— results from agreement *consensus facit nuptias;*
a subsequent — removes a previous fault *subsequens matrimonium;*
— between brother and sister is prohibited *inter fratrem;*
the same woman cannot be married to two men at the same time *eadem duobus.*
mask: no one can wear a — for long *nemo enim potest.*
mass-psychology *unius dementia.*
maxim: in default of the law — rules *regula pro lege.*
mean (n): to observe the — *mediocritatem illam tenere.*
measure: whoever introduces a — may abolish it *cuius est instituere;*
—s derogating from the common law should not be extended to serve as precedent *quae legi;*
lenient—s should be extended *favores ampliandi.*
meat: one man's — is another man's poison *quod cibus est.*
memories sweet will come *haec olim.*
. . . . .merciless: it is — but thus the law has been recorded *durum hoc est.*
middle: the — course is safe *in medio tutissimus.*
might (n): — is right *ius est in armis.*

mind (n): every great — has a tinge of madness *nullum magnum ingenium.*
minor (n): a — cannot assent to his own prejudice *pupillus pati;*
a — very close to the age of puberty is criminally responsible *pupillum qui;*
without the consent of his guardian a — can neither give nor refuse his consent *pupillus nec.*
misconception: prevailing — passes into accepted law *communis error.*
misfortune: it is foolish to deplore your — when it is your own fault *stultum est queri.*
mistake: no one loses his property by — *nemo errans;*
— in law does not prejudice a party trying to avoid the loss of his property *omnibus iuris.*
money is the sinews of war *pecuniae belli nervi;* anyone who knowingly pays — not due cannot recover it *indebitum solutum;*
land bought by you with my — is not mine *fundus a te.*
mortal (n) no — is wise at all time *nemo mortalium.*
mother: a — makes no bastard *mater non.*
motive: a mistaken — causes no prejudice *falsa causa.*
mourn: it becomes women to —, men to remember *feminis lugere.*
mouse: a — does not place its trust in a single hole (it has 'two strings to its bow' (a) *mus non uni,* (b) *cogitato mus pusillus.*
movables follow the person *mobilia ossibus.*
multitude: crimes of the — go unpunished *quidquid multis.*
nail: you have hit the — on the head *acu tetigisti.*
naked man: you cannot strip a — — of his garment *nemo potest.*
narrow means at home an obstacle to advancement *haud facile.*
Nathan's words (2 Sam 12:7) 'Thou art the man'.
natural law is older (than civil) *palam est;*
what is — is not disgraceful *naturalia non.*
nature: the unanimous agreement of all nations upon any matter may pass for a law of — *omni autem in re;*
what — prohibits no law can validate *quae rerum natura.*
necessity is the mother of the arts *mater artium;*
— knows no law (a) *eum qui cum;* (b) *quod alias non;* (c) *quod necessitas;* (d) *quod non licitum.*
negligence: gross — is excessive carelessness (a) *lata culpa*; (b) *magna neglegentia;*
gross — is the equivalent of fraud (malice) (a) *lata culpa plane;* (b) *magnam tamen neglegentiam.*
neighbour: a —'s eye is mostly malevolent *inimicus oculus.*
niceties: the — of the law are not the law *apices iuris.*
non-user: the public cannot by — forfeit its right to a public road *viam publicam.*
nothing: from — — comes into being *ex nihilo;*
— is everlasting, few things are of long duration *nihil perpetuum.*
noxal action follows the perpetrator *omnis noxalis* (s v *caput*).
oath: an — has greater weight than a court judgment *iurisiurandum maiorem;*
an — has the same effect as a court judgment *iusiurandum vicem.*
obligation: an — created by formal words is extinguished by contrary words *consentaneum enim;*
an — once extinguished never revives (a) *in perpetuum;* (b) *obligatio semel;*
an — may be partly invalidated *utilius est;*
in obscure matters we seek to arrive at the least onerous — *semper in obscuris;*
—s are resolved in the same way as they are tied (a) *eodem modo vinculum;* (b) *fere quibuscumque modis;* (c) *nihil tam naturale;* (d) *prout quidque;* (e) *quemadmodum nulla;* (f) *quo modo quid;*
a verbal — is dissolved by words (a) *verborum obligatio;* (b) *verbis facta.*
oblivion is the panacea for injustices suffered *iniuriarum remedium.*
observance of the mean between excess and deficiency *mediocritatem ilam.*

obvious: the — requires no proof *manifesta probatione.*
occupant: the first — obtains ownership *quod ante nullius.*
occupier: the position of the — is usually stronger than that of any others *occupantis melior.*
offending animal (or slave): the damage follows the — or — *noxa caput sequitur.*
offence: he who pardons one — encourages the commission of many *qui culpae ignoscit.*
offspring: the — (of slave or animal) follows the mother *partus sequitur ventrem.*
old: no man is too — to think he cannot live another year *nemo est tam.*
one man's meat is another man's poison *quod cibus est aliis.*
opinion: more weight is attached to — than to the truth (a) *plus est in opinione;* but cf (b) *plus in re est;* and *plus valet quod in.*
opposite (n): the position of —s is likewise — *oppositorum.*
orator: the consummate —, rarest product of humankind *nihil in hominum.*
otiose: see 'redundancies'.
outspokenness arouses resentment *veritas odium parit.*
owe: where money is owing to X no one can without his consent claim payment *quod alicui.*
owner: the loss of a thing is to the prejudice of the — *res perit domino;*
risk lies upon the — (of the thing) (a) *cuia res;* (b) *cuius est dominium.*
ownerless: an — thing becomes the property of whoever appropriates it (a) *(id) quod nullius est;* (b) *occupantis fiunt;* (c) *res nullius.*
ownership: — had its origin in appropriation *dominium rerum;*
no one can be forced into joint — against his will *nemo invitus;*
what is mine cannot be taken without my assent *quod meum est sine;*
what is mine cannot become mine in a higher degree *quod meum est amplius.*
what already belongs to plaintiff cannot be made over to him (a) *nec quod actoris;* (b) *nec res quae* (bis).
pardon: (v): — the word *absit invidia verbo;*
—ing the wicked wrongs the virtuous *bonis nocet.*
part (n): in the whole the — also is contained *in toto.*
partner: the — of my — is not my — *socii mei;*
—s are responsible to one another for negligence as well as fraud *socios inter se.*
partnership: the conclusion of — does not terminate ownership *nemo societatem;* — with the mighty is never safe *nunquam est;*
a — is dissolved by the death of a partner (a) *morte unius;* (b) *solvitur adhuc;*
— of mandate in connection with a base undertaking is void *societas aut;*
no one should be retained in — against his will *nemo debet in.*
party: the — benefited by a crime is suspect *cui prodest.*
passing (n): the — of time often heals sorrow *quod ratio.*
past (n): the — (a) *ab actu ad;* (b) *vetera extollimus.*
path: the beaten — is the safe — *via trita.*
patience: a hidden treasure of the soul *patientia animi;*
whatever may not be remedied is alleviated by — *levius fit patientia;*
— overtaxed changes into fury *furor fit laesa.*
pay (v): everyone who —s a debt on behalf of another releases him from his obligation *solvendo quisque;*
no one is regarded as solvent unless he can — all he owes *solvendo esse nemo.*
payment: anyone who substitutes a debtor in his place makes — *solvit èt qui;*
— on behalf of an unwilling debtor or one unaware of it is valid (a) *solvendo quisque;* (b) *solvere pro;* late — is underpayment (a) *minus solvit;* (b) *qui tardius;*
immediate — is preferable to settlement deferred *plus est statim.*
peace: an assured — is better than the hope of victory *melior tutiorque;*
— (even the most unfair) is always preferable to war *vel iniquissimam;*
whoever desires —, let him prepare for war (a) *qui desiderat;* (b) *si vis pacem.*

penal: in the case of — laws the strictest interpretation should be adopted *in poenis strictissima;*
in — cases the more favourable interpretation should be adopted *in poenalibus.*
penalty: in the case of statutory penalties regard is had not to the intention but to the result *in poenis statutariis;*
the extreme — is death only *ultimum supplicium;*
the — imposed for a delict does not pass to the heir (of the deceased) *poena ex delicto;*
a — paid cannot be reclaimed *quod a quoquo;*
where there is a law there is a — *ubi lex ibi.*
performance may not be claimed prematurely *nihil peti;*
no one can be constrained to specific — (a) *nemo cogi potest;* (b) *nemo praecise cogi.*
perjury: God alone punishes — *iurisiurandi contempta religio.*
person: a non-existent — has no rights *non existentis;*
the value of the body of a free — cannot be determined (a) *in homine libero;* (b) *liberum corpus.*
philospher: a — never grows angry *numquam . . . sapiens.*
place: the — governs the act *locus regit actum;*
presumption concerning the place where the contract was concluded *contraxisse unus quisque.*
plaintiff: DEF *actor est;*
judgment usually goes against — *contra petitorem;*
the case of the — is more difficult to establish (than that of defendant) (a) *durior causa;* (b) *petitori;* (c) *reo negante;* (d) *semper necessitas;*
— follows court of defendant *actor sequitur;*
onus of proof is on the — (a) *actore non;* (b) *actori incumbit;*
a — ought not to be allowed what is not permitted to a defendant *non debet actori.*
plea of guilty *habes quod est.*
pledge: a — is indivisible by nature *pignoris causa.*
plighted word to be kept *fides servanda.*
possess: it is more convenient to — a thing than to have to claim it from another who is in possession (a) *longe commodius:* (b) *occupantis melior.*
possession: we prefer the —s of others (and conversely) they prefer ours *aliena nobis;*
anyone who has fraudulently relinquished — must be deemed still to retain it *semper qui dolo;*
just as — can be acquired only by intention and corporeal detention, so none can be lost except by a contrary act of both mind and body (a) *quemadmodum nulla;* (b) *ut igitur;*
— is nine points of the law (a) *occupantis melior;* (b) *commodius est;*
no one can change (validate) for himself the cause of his — *nemo sibi ipse.*
possessor: anyone who has fraudulently relinquished possession has judgment given against him as the — *qui dolo desiit;*
the position of the — is the stronger (a) *cum de lucro duorum;* (b) *cum par delictum;* (c) *in pari causa melior;* (d) *in pari causa possessor;* (e) *melior est causa;* (f) *petitori;* (g) *potior est condicio possidentis;* (h) *cum de lucro;*
he is deemed to be the true — still who has fraudulently parted with possession *pro possessore;*
the — is not held to prove the legality of his possession *non possessori.*
potentiality: from — to realisation *a posse ad esse.*
poverty an insurmountable handicap in life *haud facile emergunt.*
power: no — should eclipse the laws *nulla potentia* (Cic.);
— of an example *exemplo plus;*
accessory or implied —s (a) *cui iurisdictio;* (b) *cuicumque aliquis;*
excessive — is unsafe *nec umquam satis fida;*
greater — includes the lesser *non debet cui plus;*
in our — are our children *in potestate nostra;*

a master's — of life and death over a slave *in servum;*
the parental — of the Romans is unrivalled *nulli alii.*
practice makes perfect *usus magister.*
praise by one who has himself been praised (a) *laetus sum;* (b) *laudari a laudato viro.*
precedent (n): —s are to be followed in the courts *sciant iudices;*
a measure adopted contrary to the principles of law should not be drawn into a — (a) *quod contra rationem;* (b) *quod non ratione.*
predecessor (in title): my position ought to be no better than that of my — *non debeo melioris.*
prejudice (v): no one ought to be —d through benefiting another *nemo damnum sentire.*
prejudice (n): where no decision without — is possible the course to be adopted shall be that involving the least injustice *quotiens nihil sine.*
premiss: there is no arguing with a party who rejects your —es *non est disputandum.*
prescription: acquisitive — (usucapion) was instituted so that there might be some end to litigation *usucapio rerum;*
there is no — in case of forgery *numquam praescribitur;*
the person allowing a thing to be acquired by — is alienating it *videtur rem;*
does not run against a party (i) who cannot take action *contra non valentem;* (ii) where an error of law exists *in iure erranti;*
— does not run against the treasury *adversus fiscum;*
without possession there can be no — *sine possessione.*
presume: knowledge of public events is —d *praesumitur scientia;*
wickedness is not —d (a) *malum non praesumitur;* (b) *nemo praesumitur.*
presumption: —s arise from what generally happens *praesumptio* (scil *oritur*);
a — in favour of good faith exists *bona fides praesumitur;*
in favour of life, liberty and innocence every — is accepted *in favorem vitae;*
—s of law as a source of law *ex eis quae;*
proof prevails over — *probatio vincit;*
— of regularity *omnia praesumuntur rite.*
pretence: the man who plans mischief is never at a loss for a — *male facere qui.*
prevention after the event *sera in fundo.*
principal (a): with the — thing the acccessory thing too is forbidden (or permitted) *ex accessorio.*
principle: it is of no avail to argue with a party denying your —s *contra negantem.*
priority: — in time gives — in law (a) *prior tempore;* (b) *qui prior est;* (c) *sicut prior.*
private: a — person will in no way be able to take away profit legally awarded *quod ex lege datum est.*
privilege: —s are lost through non-user *ex desuetudine;*
— should not be adduced as precedents *privilegia non.*
profit: (see also 'advantage'): profit and loss, he who shares in the one shares in the other also (a) *aequum est enim;* (b) *ubi lucrum;* (c) *ubi periculum.*
prohibited: when anything is — all its consequences too are — *quum quid prohibetur;*
when attaining a goal in one way is —, it may not be reached in another *quum quid una.*
promise (n): a good man's — is his bond *promissio boni viri;*
—s need not be kept towards one who does not keep them *non servanti;*
a potestative — (depending on the arbitrary caprice of the promisor) is unenforceable *nulla promissio;*
he who promises the same thing twice need not keep his — twice *qui bis.*
proof: — of change of will (in the testator) has to be furnished by the heirs *probatio mutatae;*
emergency measures should not be urged as — *quae propter;*
mere denial of a fact constitutes no — *per rerum;*
onus (or burden) of — rests on party affirming it (a) *affirmanti non;* (b) *factum neganti;* (c) *neganti incumbit;*

onus of proof rests on plaintiff not on possessor (a) *petitori;* (b) *probandi necessitas;* (c) *semper necessitas;*
requirements for — of fraud *fraudis interpretatio;*
against — in writing unwritten — is of no avail *contra scriptum;*
written documents are not indispensable, but they facilitate — that the agreement was valid *fiunt de his.*
property: abandoned — becomes the — of the first occupant *res derelicta;*
two persons cannot have the full — of the same thing *duo non possunt;*
good use of one's — is in the interest of the state (a) *interest reipublicae ut quilibet;* (b) *expedit reipublicae;*
no agreement can avail to make that the — of anyone which cannot be acquired as — *quod nullius esse potest;*
no degrees of the right of — exist (a) *quod meum est amplius;* (b) *nec res quae iam;* (c) *quod proprium;*
that which belongs to no one becomes the — of the first person appropriating it *quod nullius est* (two quotations);
violence may in defence of one's — be warded off by means of violence *recte possidenti.*
prosperity attracts many friends *felicitas habet.*
prove: he who —s too much —s nothing *qui nimium.*
provisions (measures): specific — derogate from general *derogatur generi.*
public (a): everyone is presumed to have cognizance of — events (a) *quae publice;* (b) *quid enim si omnes;*
a — road may be used by all *uti via publica nemo.*
puffing: mere — creates no obligation (a) *commendatoria verba;* (b) *commendatio simplex;* (c) *quod venditor.*
punishment: let the — fit the crime *cavendum est;*
he who cannot pay the fine must endure corporal — *qui non habet;*
only light — is allowed a teacher *levis dumtaxat.*
purchase (n): the thing takes the place of the — price *res succedit;*
when a thing has been sold in good faith the — should not be cancelled for a trivial reason *res bona fide;*
the — of unnecessary wares is dear at a farthing *quod non opus.*
purchaser: after completion of the sale every advantage and disadvantage concerning the property sold concerns the — *post perfectam;*
the loss of the thing is to the prejudice of the — *res perit emptori;*
the — should not be in a better position than the seller (vendor) was *melioris condicionis;*
the — should when suing or defending have the same rights as the vendor had *emptoris causa.*
purpose: the — of life *non ut edam vivo.*
quibbling: legal — is incompatible with good faith *bonae fidei non congruit.*
rage is apt to ignore the law *legem oblivisci.*
ratification: in the case of crimes — is the equivalent of an order to commit them (a) *in maleficiis ratihabitio;* (b) *omnis ratihabitio;* (c) *ratihabitio mandato;* (d) *rectius enim.*
reason: it stands to — (a) *res ipsa docet;* (b) *res loquitur ipsa.*
recipient: the — of a right may waive same *cuilibet licet;*
— of a thing for use is not liable for force majeure *is qui utendum.*
recourse: no — to rights renounced (a) *ad iura renuntiata;* (b) *remittentibus actiones;*
whether the purchaser loses the entire property bought or only part of it on account of a better title, he has — to the vendor *sive tota res.*
redundancies do not render documents null and void (a) *non solent quae;* (b) *quae abundant;* (c) *quod abundat;* (d) *superflua non.*

refer: if document A —s to document B, document B is regarded as part of A (a) *referens finem;* (b) *relatum inest referenti.*
reject: anything which a person cannot have even if he wishes it, he cannot — *quod quis si.*
relaxation is necessary for all *neque semper arcum.*
relief: — is granted not to fools but to the misinformed *sciant ignorantiam facti.*
remedies: the same — do not agree with all patients *non omnibus;* — worse than the disease *graviora quaedam.*
remedy: where there is a right there is a — *ubi ius ibi.*
remorse at a blunder causes it to pass as a (mere) indiscretion *imprudens peccat.*
renown is hard to maintain *heu, quam difficilis!*
repentance follows hasty counsels *velox consilium;*
— for a transgression almost proves innocence *quem paenitet.*
repetition: — is the mother of study *repetitio est mater;*
— of a misdeed is more heinous than the first transgression *maleficium iteratum*
reputation: a good — is better than riches *bona opinio hominum;*
a good — is a second legacy *honestus rumor;*
an unstable — not based on inherent strength is fleeting *nihil rerum mortalium.*
request (n): a diffident — invites refusal *qui timide rogat.*
resolution: it is a bad — which is unalterable *malum est consilium.*
restitution: he who claims — must also grant it *qui vult restitui.*
restore: the party despoiled should first be —d *spoliatus ante;*
a thing —d in damaged condition is not regarded as —d (a) *non videbitur;* (b) *proprie dicitur;* (c) *si reddita.*
retry: do not — a suit already tried (a) *ne bis in;* (b) *iudex posteaquam.*
'revenge' is an inhuman word *inhumanum verbum.*
rewards: certain — may honourably be accepted, yet to demand them would be dishonourable *quaedam etsi.*
right (n): every — has a corresponding duty as its concomitant *ubi emolumentum;*
no one can renounce the — of another *nemo iuri alieno;*
no one can transfer more —s than he himself has (a) *nemo plus iuris;* (b) *nemo potest dare;* (c) *nemo potest in alium;*
readily admit those seeking to realize their —s *omnibus iura;*
—s of third parties cannot be prejudiced by private agreements *privatis practionibus;*
the use of one's legal —s harms no one (a) *non videtur vim;* (b) *nullus videtur;* (c) *qui iure suo;* (d) *qui suo iure;*
when the — of the donor to grant it disappears, the — granted, too, is taken away *resoluto iure;*
no — arises from a wrongful act *ius ex iniuria.*
rigour: excessive — in the interpretation of laws should be eschewed *nulla iuris ratio.*
risk: the bearer of — should also reap the advantage *cuius est periculum;*
upon completion of the sale the purchaser shall bear the — (a) *perfecta emptione;* (b) *periculum rei venditae nondum;* (c) *periculum rei venditae statim;* (d) *speciei venditae periculum.*
rivers: the deepest — flow the least noisily *altissima quaeque.*
robber: one who slays a — is not liable *qui latronem.*
rule (n): every — is liable to its own exceptions *omnis regula;*
a general — is derogated from by a special (law) *generi per;*
the — stems from existing law, not vice versa (a) *non est regula ius;* (b) *non ius ex regula;* (c) *regula est quae;*
strict —s should be construed restrictively and those conferring favours in a more liberal way (a) *odia restringi;* (b) *odiosa sunt;*
good — is the most difficult task *nihil est difficilius.*
ruler: if you are a —, command *si iudicas;*

the — (prince, state) is not bound by the laws *princeps legibus*.
rumour: there is nothing busier than an idle — *is (qui) scit*.
sacred: anything that is — is insusceptible of appraisement *res sacra*.
sale: a — is void as often as a material error occurs *nulla est venditio;*
without a specific price no — is possible *nulla emptio sine*.
satire: it is difficult not to write — *difficile est*.
second hearing of the dispute is ruled out *bis de eadem*.
secret (n): keep yourself the — you want another to keep *alium silere*.
security: real is better than personal — *plus cautionis*.
self-condemnation: see four maxims under *nemo tenetur*.
self-defence: — is countenanced by natural reason (a) *adversus periculum;* (b) *insidiatori et latroni;* (b) (ii) *qui latronem occidit* (Inst 4.3.2); (c) *quod alias non;* (d) *quod necessitas;* (e) *quod non licitum;* (f) *quod quisque ob;* (g) *vim enim vi defendere;* (h) *vim vi repellere;*
killing in — is lawful only if it was unavoidable *si quemcumque*.
self-destruction: no one is heard who is bent on — *nemo auditur perire*.
self-evident: it is — (a) *res ipsa docet;* (b) *res loquitur ipsa*.
self-image: *timidus vocat se*.
self-interest should not prejudice another *non licet sui*.
self-praise: the inventor praises his own handiwork *auctor opus;*
— soon evokes derision *qui se ipsum*.
sell: it is possible to sell the property of another *rem alienam*.
service (favour): mankind has a bad memory for —s rendered, a most tenacious one for injuries suffered *memoria beneficiorum;*
—s rendered have a money value *saepe opera*.
servitude: all praedial —s must be based on perpetual causes *omnes servitutes;*
in exercising a — regard should be had to the rights of the other party *servitus civiliter;*
no one can have a — over his own property (a) *nemini res sua;* (b) *nulli enim res;* (c) *res sua nemini* (all synonymous);
there can be no — of a — *servitus servitutis*.
set-off: — comes about by mere operation of law *ipso iure compensatur;*
raison d'être of — *ideo compensatio;*
— cannot take place except with reference to what is owing to the defendant *eius quod non*.
settlement: is always advisable *multum lucratur;*
what is offered in — is tendered to discharge rather than to create an obligation *is qui solvendi*.
sex: the masculine — always includes the feminine *semper sexus;*
the male — has greater status (than women) *maior dignitas*.
silence: — gives consent (a) *hoc ipso quo;* (b) *qui tacet consentire;*
but — gives consent only if there is a duty to speak *silentium non*.
silent: he who remains — does not indeed confess, yet does not deny either *qui tacet non*.
similarity: *ovum ovo*.
simulate: —d acts do not alter the truth *acta simulata*.
skill: want of — is reckoned as a fault *imperitia*.
slave: no action can be brought against a — *cum servo;*
our condition can be improved but not weakened by our —s *melior condicio;*
the produce of a — consists in his services *fructus hominis;*
to be a — of oneself is the most cruel slavery *sibi servire*.
slavery: begging for a favour is a kind of — *rogare officium*.
slip (n): there is many a — 'twixt the cup and the lip *multa cadunt;*
a — of the tongue not to be readily regarded as deserving of punishment *nec lubricum*.
soil (n): everything built upon the — belongs to the — (a) *omne quod;* (b) *quicquid inaedificatur;* (c) *quod solo;* (d) *solo cedere;* (e) *superficies solo*.

solitude: they make a — and call it peace *ubi solitudinem.*
spark: a small has caused a great conflagration *parva saepe scintilla.*
sow (v): as you have —n, so shall you reap *ut sementem.*
speak: so — to the deity as if you were being overheard *sic loquere.*
specials (n): — are always included in generals *semper specialia.*
speculation: mere — (or intention) is not punishable *cogitationis poenam.*
speech is silver, silence is golden *linguam compescere.*
stable-door: lock the — after the steed is stolen *sera in fundo.*
stage: all the world is a — *fere totus mundus.*
stagnation is retrogression *non progredi.*
statute: superficial perusal of a — is insufficient for arriving at a verdict or legal opinion *incivile est.*
stipulate: no one can — for another *alteri stipulari.*
stipulation: impossible —s are ignored (a) *ea quae dari;* (b) *impossibilium;* (c) *nemo potest ad impossibilia;*
in —s the time when we contract should be regarded *in stipulationibus id tempus;*
a — is void between two parties of whom one is subject to the power of the other *inutilis est stipulatio.*
stipulator: ambiguity is to be construed against the — (a) *ambiguitas;* (b) *cum quaeritur in;* (c) *secundum promissorem.*
stone: no one can wring blood from a — *nemo potest nudo.*
strive: we — after what is forbidden *nitimur in vetitum.*
subject (n): master your — and the words will suggest themselves *rem tene.*
substitute (v): — one thing for another *surrogata intrant.*
substitute (n): a — has no — *vicarius non.*
success renders certain crimes honourable *honesta quaedam.*
suit: a — instituted should be persevered with *non sufficit litem;*
where the — was begun it should also be concluded *ubi coepta est.*
superfluous: what is — causes no injury (a) *superflua non;* (b) *utile per.*
surety: all exceptions due to the defendant are due to the — *omnes exceptiones;*
a — can become accessory to any obligation *fideiussor omnibus.*
surplusage causes no injury (a) *non solent quae;* (b) *quae abundant;* (c) *quod abundat;* (d) *superflua;* (e) *superfluum non;* (f) *utile per.*
surprises: you do not know what — the evening has in store *nescis quid vesper.*
suspense: everything which is yet in — is not considered to exist *quod pendet.*
sword: the power of the — is not transferable *non potest gladii.*
synonyms are often employed euphemistically *timidus vocat se.*
task: to satisfy all the world and his wife is a thankless — *frustra laborat qui.*
tastes differ *de gustibus non est disputandum.*
taxation: extortionate — frowned upon (by Tiberius) *boni pastoris.*
tears: affected — reveal deceit not sorrow *paratae lacrimae;*
— of an heir are a mere mummery *heredis fletus;*
women have learnt to deceive by means of — *didicere flere.*
temptation: we easily succumb to — *video meliora.*
testacy: the same person cannot die partly testate and partly intestate *neque enim idem.*
testate: no one can die both — and intestate (a) *ius nostrum* vide sv *ius* II ADAGIA no (4); (b) *nemo mori potest;* (c) *nemo pro parte.*
testator: the —'s will is decisive in all cases *in omnibus testatoris;*
the —'s lack of acquaintance with heirs does not invalidate their institution *ignorantia testantis.*
testimony: see 'evidence'.

theft: without the intention to steal no — is committed (a) *sine animo furandi;* (b) *furtum ex affectu;* (c) *furtum sine affectu;* (d) *furtum sine dolo.*
thief: a — is considered to be always in default *fur semper;*
even a — has a right to be tried *ius èt furi;* opportunity makes the — *occasio.*
thing: an irreplaceable — perishes to the prejudice of the creditor *species perit;*
risk of a specific — sold is the purchaser's *speciei venditae periculum.*
third (person): legal acts performed between — parties should prejudice no one but may benefit (a) *quae inter alios;* (b) *res inter alios acta;*
matters adjudged in a cause do not affect — parties *res inter alios iudicatae;*
no one can by means of an agreement benefit another to the detriment of a — party *nec paciscendo.*
thought: —s are free *liberae sunt;*
second —s are generally the best *posteriores cogitationes.*
time: the effluxion of — cannot purge an original invalidity (a) *quod ab initio;* (b) *quod initio vitiosum;* (c) *regula Catoniana.*
transfer (v): only by our act can our property be —red to another *id quod nostrum.*
transgress: for love of virtue good men refuse to — *oderunt peccare.*
treasury: the — is always presumed to be solvent *fiscus semper;*
the — pays no interest *fiscus ex suis;*
the — provides no security (bail) *fiscus non solet;*
prescription does not run against the — *adversus fiscum.*
tree: ownership of a — in the land of another *ratio non.*
trifles capitivate flippant spirits *parva leves capiunt;*
the law does not regard — (a) *de minimis;* (b) *minima non curat;*
to dispute about — *de asini umbra.*
trust (v): rather — the generality of mankind than an individual *melius omnibus.*
trust (n): the — reposed in him should place no one in jeopardy *nemini debet.*
truth: the — is not impaired by errors committed during the performance of the act *veritas rerum;*
the language of — is simple *veritatis simplex;*
— is the mother of resentment *veritas odium;*
more weight is attached to opinion than to the — (a) *plus est in opinione* (but cf (b) *plus in re est*, and (c) *plus valet quod in*).
turpitude: the limits of —, see *neque enim quisquam;*
where both giver and receiver are guilty of — a suit cannot be brought for the recovery of the bribe *ubi autem èt dantis.*
tutor cannot give his consent in a matter affecting himself *ipse tutor.*
two: if — people do the same thing it is not the same *si duo.*
tyrant: a — must dread many (oppressed subjects) *multos timere debet.*
uncertainties: we lose what is certain while pursuing — *certa amittimus.*
uncertainty: the — of our lot *nescis quid vesper.*
undone: a thing done cannot be — *factum infectum.*
unenforceable: specific performance is — *nemo praecise cogi.*
unpopularity: he who dreads — has no wish to rule *regnare non vult.*
usage: matters of custom and — should always be taken account of in bonae fidei actions *ea quae sunt.*
use (v): so — your own property as not to injure that of another *sic utere.*
use (n): — (or usage) is the best interpreter of things *optimus interpres;*
immemorial — passes as valid law *vetustas vicem;*
prolonged — is as good as a servitude *longi temporis.*
usucapion: see 'prescription'.
value: the — of freedom and blood relationship is inestimable *infinita aestimatio;*

the — of property is not to be determined subjectively (on sentimental grounds) *pretia rerum.*
vendor: an ambiguous agreement (of sale) is construed against the — *in contrahenda venditione.*
versari in re illicita: vide *danti operam rei.*
veto: when the parties are equally strong the right of — is decisive *in re pari.*
victory: twice conqueror he who in — conquers himself *bis vincit qui.*
vigilant: the law has been recorded in the interest of the — (a) *ius civile vigilantibus;* (b) *leges vigilantibus;* (c) *non stultis;* (d) *vigilantibus ius;* (e) *vigilantibus non dormientibus.*
villain: once a — always a — *semel malus.*
virtue: misfortune is —'s opportunity *calamitas virtutis.*
voice: the — of the people is the — of God *vox populi.*
void: what is — (not valid) produces no (legal) effect *quod nullum est.*
voluntary: a — act becomes a matter of necessity *id quod primo.*
war: the very fear of — is more harmful than the reality of it *peior est bello;*
the rules of — obtain in peace *etiam in pace.*
waters: still — run deep *aqua profunda.*
welfare: the — of the people is the supreme law *salus publica* (vel *populi*).
whoever introduces a measure may abolish it *cuius est instituere.*
wicked designs should not be winked at *malitiis hominum.*
wickedness: many roads lead to — *multa hominibus.*
will (v): he who may —, may also decline *eius est nolle.*
will (n) (testament):
an ambiguous (faulty) expression in a — has to be favourably interpreted *cum in testamento;*
in the case of —s apply a liberal interpretation (a) *in contractibus plena;* (b) *in testamentis plenius;*
the dumb, a lunatic or spendthrift cannot make a — *mutus, surdus, furiosus* etc.
the execution of —s falls within the province of public law *testamenti factio;*
the execution of a — should be performed as a single act *uno contextu;*
every — is perfected by death *testamentum omne;*
the final desire of the deceased (as expressed in a —) is decisive *posterior voluntas;*
the last — is the one to be carried into effect *voluntas facit;*
the literal meaning of the wording (in a —) is rarely departed from *non aliter a;*
no one can in his — exclude the operation of the laws *nemo potest in testamento;*
the principle of freedom in making one's —: see *in testamento nemo;*
the testator's — is to be literally interpreted (a) *largius voluntates;* (b) *quum in testamento;*
of two incompatible clauses in a — the later in order of time is to prevail (a) *cum duo inter se;* (b) *posteriore testamento;*
unintelligible clauses in a — are regarded as if they were never written *quae in testamento;*
where no ambiguity occurs the testator's intention has not to be inquired into *cum in verbis nulla;*
where two contradictory things are ordered in a — neither will be valid *ubi pugnantia.*
will (n) (volition)
an expression of — under coercion is still an expression of — *voluntas coacta;*
the — (of testators) is fickle till the last day of their lives *voluntas (hominis);*
an insane person or one who has no — *furiosi vel eius cui;*
there is no expression of — by someone in error *nulla voluntas;*
the —, not the outcome, is looked to in crimes *voluntas in delictis;*
the — not the words (of contracting parties) should be taken into account *voluntatem potius.*
wine: good — needs no bush *vino vendibili.*
witness: credibility of oral evidence contrasted with written (a) *alia est auctoritas;* (b) *rescripsit divus;*
no one is considered a competent — in his own case *nullus idoneus;*

a single — may not be admitted (a) *sanximus ut;* (b) *testimonium non oportere;* (c) *testis unus;* (d) *unius omnino;*
—es are weighed not counted (a) *ponderantur testes;* (b) *testimonia ponderanda;*
what is clear to the court calls for no —es *quod constat;*
when a party is entitled to challenge —es called by him in a previous trial: *si quis testibus;* but in principle I cannot challenge the — I summon myself *testem quem produco;*
a malevolent — is not credible *inimico testi;*
an unsworn — *testis non iuratus.*
wolf: set the — to guard the sheep; or: the fox to keep the geese (a) *o praeclarum!* (b) *ovem lupo.*
word: the —s of the instrument are to be so construed that the subject-matter may rather be of force than come to naught *verba ita;*
a — spoken is irrevocable (a) *nescit vox;* (b) *semel emissum;*
—s are interpreted against the party uttering them *verba fortius;*
the —s of the law should be strictly adhered to *verba legis;*
the meaning of a — is determined by other —s used in conjunction with it *noscitur a sociis;*
spoken —s vanish but the written — remains *verba volant;*
a verbal obligation is dissolved by —s *verborum obligatio;*
where the —s are used disjunctively performance of either mandate suffices *ubi verba;*
a word to the wise *verbum sapienti sat;*
the written — outlasts the spoken *scripta manent.*
workmanship surpassed the matter *materiem superabat.*
wrath: a wise man's — is slow but furious *tarde sed graviter.*
wrong (n): the carrying out out of the law inflicts no — *iuris executio;*
no one should benefit by his own — *commodum ex iniuria.*
year: the — of mourning begins on the day of the husband's death *tempus luctus.*

INDEX LOCORUM

Na elke bewysplaas verskyn die aanvangswoorde van die lemma waarin dit staan, sodat dit in die alfabetiese lys van Deel II nageslaan kan word.

After each reference indicated the opening words of the entry appear, where the quotation can be traced in the alphabetical list of Part II.

DIGESTA—DIGEST

In die geval van die laaste twee titels (50.16 en 50.17) van die Digesta word telkens net die nommer van die fragment sonder boek- of titelnommer aangegee, bv. onder e.g. titel slegs '216 pr.' en nie '50.16.216 pr.' nie.

In the case of the last two titles (50.16 and 50.17) of the Digest the fragments are indicated by their number only, thus only '216 pr.' and not '50.16.216 pr.' in full.

Geen bewysplase uit die volgende boeke van die Digesta nie:

No references from the following books of the Digest:

20
31
37.

INSTITUTIONES—INSTITUTES

Boek 1/Book 1

Boek 2/Book 2

Boek 3/Book 3

Boek 4/Book 4

CODEX—CODE

GAIUS: INSTITUTIONES

DEEL III

AFRIKAANS—ENGELS

PART III

AFRIKAANS—ENGLISH

A

aalmoes *alms, hand-out;* **—enier** *almoner, distributor of alms.*

aan bande lê *check, restrict.*

aanbestee *call for tenders;* by **aanbesteding** *by tender;* die — van werk *the issue of invitations to tender for work.*

aanbeveel *recommend, commend;* **aanbeveling** *recommendation;* — van genade *recommendation to mercy;* spesiale — (with a judgment) *rider.*

aanbied *offer, proffer, present, tender;* 'n beloning — *offer a reward;* jou dienste — *offer your services;* getuienis — *adduce/tender/call evidence;* te koop — *offer for sale;* 'n pleit van skuldig — *tender a plea of guilty;* vrywillig — *volunteer;* **aangebode** getuienis *evidence given/tendered;* **aanbieder** *offeror, promissor;* **aanbieding** *tender, presentation, presentment;* — vir akseptasie/betaling *presentment for acceptance/payment;* **aanbod** *offer, tender;* die — bly staan *the offer holds good;* standhoudende — *standing offer;* — van betaling pleit *plead tender;* — in volle afdoening *tender in full settlement.*

aanbly *continue, remain, stay on;* in die amp — *remain in office;* **aanblyer** (after expiry of lease) *tenant on sufferance, tenant at will;* **—wing** *holding over.*

aanbodkant *supply side.*

aanbrenger *informer.*

aanbring *bring in, bring along, instal;* veranderinge — *effect alterations.*

aandadig *instrumental/implicated/involved in;* **—e** *accomplice;* **—heid** *complicity.* See **participation in crime**.

aandag *attention;* jou — aan 'n saak wy *apply one's mind to, devote your attention to.*

aandagtig *intent, attentive.*

aandeel (1) (companies) *share;* gewone — *ordinary share;* gewone preferente — *simple preference share;* kumulatief-preferente — *cumulative preference share;* opbetaalde — *paid-up share;* preferente — *preference/preferred share;* pre-preferente — *pre-preference share;* uitgestelde — *deferred share;* volopbetaalde — *fully paid-up share;* winsdelende — *participating share;* winsdelend-preferente — *participating preferent share;* **—bewys** *share warrant;* **—houer** *shareholder;* **—houersbelang** *shareholders' equity/interest;* **—sertifikaat** *share certificate:* **—aansporingskema** *share incentive scheme;* **—besit** *shareholding;* **—beurs/mark** *share market, stock exchange;* **—kapitaal** *share capital;* **—makelaar** *sharebroker;* **—opsieskema** *share option plan.*

aandeel (2) (general) *allotment, allowance; part, portion, quota, share;* halwe — *half share, moiety;* 'n — hê aan *have a share/part in;* sy — tot die koste bydra *contribute his share to the costs;* — neem in *participate in;* 'n werksame — neem in *take an active share in.*

aandklok *curfew.*

aandoenlik *pathetic.*

aandrang *insistence, persistence, pressure;* optree in — op 'n reg *act in the assertion of a right;* onbeleefde — *importunity;* spesiale — en versoek *special instance and request.*

aandrif *impulse;* onweerstaanbare — *irresistible impulse.*

aandring *insist on, press, pursue, urge;* — op 'n antwoord *press a question, insist on an answer;* by iemand op iets — *urge someone to;* op betaling — *press for payment;* op jou regte — *assert one's rights;* op 'n skuldigbevinding — *press a charge;* aanhoudend — by *importune.*

aandryf *incite, instigate, motivate, prompt, urge.*

aandui *denote, indicate, point out, show, signify.*

aaneensluiting *amalgamation.*

aangaan *concern;* aan wie dit mag — *to whom it may concern;* 'n ooreenkoms — *conclude an agreement, make a contract;* skulde — *contract debts;* 'n akkoord/kontrak — *enter into a composition/contract.*

aangebode *offered, tendered;* — stem *tendered vote;* **—ne** *offeree.*

aangee *denounce, lay a charge against, report, inform against;* besonderhede — *state particulars;* — by doeane *declare goods to customs;* te hoog — *overstate.*

aangehoudene *detainee, person in detention.*

aangehuud *related by affinity.*

aangeleentheid *business, matter;* juridiese — *matter of law.*

aangenome (1) *accepted, approved, taken on;* — werk *contract work;* (2) *adopted, adoptive* (child, country); — naam *alias, assumed name.*

aangesien *whereas, considering, inasmuch as, since.*

aangeslib *alluvial;* **—te** grond *alluvial soil.*

aangespoel *alluvial*; **—de** grond *alluvial soil.*
aangestelde *appointee.*
aangeteken *on record; registered* (mail).
aangewer *informer.*
aangewese *designate, elect;* — op *committed to.*
aangifte (customs) *declaration, statement;* eerste — van 'n misdaad *first information on an offence.*
aangrensend *abutting, adjacent to, adjoining, contiguous to;* **aangrensing** *abuttal, contiguity.*
aangroei *burgeon.*
aangroeiing *accrual.*
aangryp: die geleentheid — *seize the opportunity.*
aanhaal *cite, quote;* gesag — *quote authority;* — uit *quote from, excerpt from.*
aanhang *adhere to, favour, follow, support;* 'n leerstuk — *subscribe to a doctrine;* 'n saak — *espouse/support a cause.*
aanhangig *pending, under consideration;* 'n saak maak *introduce/bring up/broach a matter; institute legal proceedings.*
aanhangsel *appendix, annexure, addendum, appendage.*
aanhef *caption, preamble, recital.* Part of a legal document which indicates where, when and by virtue of which authority it is executed.
aanheg *affix, annex, append, attach to, fasten to;* **—sel/-ting** *fixture;* **—sels/-tings** en toebehore *fixtures and fittings.*
aanhits *incite, egg on, instigate.*
aanhoor (an application, a claim) *hear, entertain;* billik — *give a fair hearing;* die partye — *hear the parties;* by die — van die aansoek *at the hearing of the application.*
aanhou *detain;* **—ding** *detention*; See **arrest** in E–A; plek van — *place of detention;* — sonder verhoor *detention without trial.*
aankeer *round up.*
aankla (van) *charge with, indict for, prosecute;* **aanklaer** *prosecutor, prosecuting counsel;* private — *private prosecutor;* publieke — *public prosecutor;* **aanklag** *charge;* 'n — inbring *bring/prefer a charge;* 'n — indien *lay a charge;* op 'n — van moord verskyn *be tried for murder, appear on a murder charge;* **—waardige** misdryf *indictable offence.* See **charge.**
aankleding (van produk) *get-up.*
aanknoop: onderhandelinge — *enter into negotiations.*
aankomende reg (law of succession) *accruing right.*
aankondig *announce, declare.*
aankoop *buy, purchase.*
aanlê: 'n lêer/dossier — *open a file.*
aanleg (1) (dorpsaanleg) *township;* (2) hof van eerste — *court of first instance;* (3) *aptitude, capability;* (4) *installation, plant.*
aanlegger (1) *founder, originator;* (2) *plaintiff, applicant.*
aanleidende oorsaak *primary cause.*
aanleiding *cause, inducement, provocation;* — gee tot *give rise to, induce, provoke;* na — van *in pursuance of, arising from;* sonder die geringste — *without the slightest provocation.*
aanliggend *adjacent, contiguous, adjoining, abutting.*
aanlok *entice, attract, lure on.*
aanmaan *send a letter of demand to, dun, press for payment.*
aanmaning *exhortation, reminder, dunning letter, letter of demand.*
aanmatig: jou iets — *arrogate/appropriate/assume to oneself, usurp;* **—end** *arrogant, assertive, presumptuous, assuming, pretentious;* **—ing** *arrogance, haughtiness, presumptuousness, self-assertiveness; encroachment.*
aanmeld *report, notify (a fact);* jou — *present oneself, report to, come forward;* **—bare** siekte *notifiable disease.*
aanmerking *consideration; observation, remark;* behoorlik in — neem *give due weight to, take properly into account, allow for;* in — kom vir *be eligible for, qualify for.*
aanmoedig *encourage, urge, abet (in crime).*
aanneem *accept, contract for; adopt; assume, believe; postulate, presuppose, take for granted;* 'n aanbod/betekening/lewering/skenking/voorwaarde — *accept an offer/service/delivery/donation/condition;* 'n resolusie — *adopt/pass a resolution;* 'n kind — *adopt a child;* werk — *contract for work;* 'n weergawe/getuienis — *accept/believe a version/evidence;* sonder bewys as vasstaande — *postulate;* — wat bewys moet word *beg the question;* **—lik** *acceptable* (proposal), *credible* (story), *reasonable* (offer); **aannemende** ouer *adoptive parent;* **aannemer** *contractor;* onafhanklike — *independent contractor;* **aanneming** *adoption;* **—sbevel** *adoption order;* **aangenome** kind *adopted child.*
aanpak *deal/grapple with, address, tackle* (a problem).
aanpas *adjust, readjust;* jou — by *accommodate oneself;* regte van kontribuante onderling — *adjust rights of contributories;* **—sing** *adjustment;* **—singsklousule** *escalation/adjust-*

ment clause; **—singsrekening** *adjustment account.*

aanpor *urge, nudge.*

aanprys *boost, commend, laud, extol, eulogize, recommend, puff;* blote aanprysing *mere puffing.*

aanraai *advise, counsel, suggest.*

aanrand *assault, attack, lay violent hands on;* gewone **—ing** *common assault;* onsedelike — *indecent assault;* — met die opset om ernstig te beseer *assault with intent to do grievous bodily harm;* — met die opset om te verkrag/vermoor *assault with intent to rape/murder.* Dieselfde as **poging tot verkragting/moord** *attempted rape/murder;* sware/ernstige — *severe/serious assault;* — in verswarende omstandighede *aggravated assault;* wrede/wreedaardige — *brutal assault.*

aanroer: 'n onderwerp — *broach a subject.*

aansê *order, warn, direct.*

aansien (s) *esteem, regard, reputation, distinction, respectability, repute;* in hoë — *of high repute;* sonder — des persoons *irrespective of persons;* ten — van *in repect of, with reference to.*

aansien (w) *regard;* iemand vir 'n ander — *mistake for another;* **—lik** *considerable, notable, prominent, substantial.*

aansit *incite, instigate, stir up.*

aanskaf *buy, purchase; acquire, procure.*

aanskoulik *graphic, vivid.*

aanskryf *send a letter of demand to, dun.*

aanslaan *assess, estimate, evaluate, rate, value;* te hoog — *set too high a valuation on, overstate one's case;* **aanslaer** *assessor;* **aanslag** *assessment.*

aanslibbing, aanslikking *alluvial accretion* (of land); **—skus** *alluvial coast.*

aansluit *affiliate with, join.*

aansoek *application* (to court); *proposal* (insurance); *request, solicitation;* — doen *move, apply, make application;* dringende — *urgent application;* — met kennisgewing *application on notice;* **—er** *applicant;* **—vorm** *application form.*

aanspoor *exhort, encourage, urge on;* **aansporingsloon** *incentive wage.*

aanspraak *claim, entitlement;* 'n — hê op *have a claim on, be entitled to;* — maak op *lay claim to, claim;* met — op 'n reg *with claim of right;* — verleen op/tot *entitle to;* — op iets *a claim to something;* **—maker** *claimant, contender.*

aanspreek *speak to, adress; sue, hold liable;* kontribuante — *call on contributories;* **—lik** *liable, answerable, responsible;* — hou *hold liable;* — onder 'n kontrak *liable on a contract;* — op grond van onregmatige daad *liable in delict;* — op 'n promesse *liable on a promissory note;* hy is — *he is liable, an action lies against him;* iemand vir betaling — hou *look to someone for payment;* **—heid** *liability, responsibility;* absolute —/— buite skuld *absolute liability;* afsonderlike/hoofdelike — *several liability;* beperkte — *limited liability;* gesamentlike — *joint liability;* gesamentlike en afsonderlike — *joint and several liability;* solidêre — *joint and several liability;* middellike — *vicarious liability, liability for the actions of another;* strafregtelike — *criminal responsibility;* **—likheidsbegrensing** *limitation of liability;* **—likheidsbegrensingsmaatstaf** *criterion for limitation of liability.*

aanstaande *approaching, forthcoming, impending, prospective.*

aansteeklik *infectious.*

aanstel *appoint;* in 'n pos — *appoint to a post;* **—ling** *appointment;* — om te vervolg (deur prokureur-generaal gemaak) *delegation to prosecute.*

aansterk *convalesce, recuperate.*

aanstig *incite, instigate; stir up;* **—ter** *inciter, instigator;* **—ting** *incitement, instigation;* op — van *at the instigation of.*

aanstoker *inciter, instigator.*

aanstoot *offence;* — gee *offend, give offence;* — neem aan *take offence at.*

aanstootlik *objectionable, obnoxious, offensive, scandalous;* **—e** materiaal in 'n beëdigde verklaring *scandalous material in an affidavit;* **—heid** van 'n misdaad *enormity of an offence.*

aansuiwer ('n tekortkoming) *cure/remedy a defect, purge a default;* (skuld) *pay/settle a debt.*

aantas *affect, impair;* sy geloofwaardigheid — *shake his credibility;* die regskrag daarvan — *derogate from its legal force;* **—ting** van karakter *imputation of character;* — van kopiereg *infringement of copyright;* sonder — van my posisie *without prejudice to my position;* — van waardigheid *impairment of dignity.*

aanteken *enter, note, record, register;* appèl — *note an appeal;* op 'n dokument — *endorse on a document;* protes — *lodge a protest;* dit staan aangeteken *it is recorded, it is on record;* **—ing** van verskyning *entry of appearance;* volgens my — *according to my records.*

aantoon *demonstrate, establish, show;* die

getuienis toon aan *the evidence shows/establishes.*

aantrek *attract;* belasting — *attract tax.*

aantyging *accusation, charge, imputation;* 'n — maak teen iemand *level a charge/an accusation against someone.*

aanvaar *accede to, accept, acquiesce in, adiate* (inheritance); 'n amp — *assume office;* voorwaardes—*accede to/accept terms;* getuienis — *accept/give credence to evidence;* verantwoordelikheid — *assume responsibility;* 'n voorstel — *assent to/accept a condition;* algemeen —**de** grense *boundaries by repute;* —**baar** *acceptable;* —**ding** *acceptance, acquiescence, assent;* algemene — *repute, general acceptance;* huwelik deur algemene — bewys *prove a marriage by repute;* — van voordele onder 'n testament *adiation;* vrywillige — van risiko *voluntary assumption of risk.*

aanval *attack, assault, aggression;* die geloofwaardigheid van 'n getuie — *impeach the credibility of a witness;* —**ler** *aggressor.*

aanvang *beginning, start;* **aanvanklik** *initially.*

aanveg (a statement) *challenge, call into question, impugn;* —**baar** *contentious, controversial, open to criticism/question;* —**ting** *attempt at refutation of an argument, disputing a contention.*

aanverwantskap *affinity.*

aanvoeling *attunement, experience.*

aanvoer *contend; adduce, advance;* 'n argument — *bring forward/raise an argument;* gronde/redes — *advance reasons, show cause;* feite — *allege facts;* getuienis — *adduce evidence;* iets ter verontskuldiging — *plead/urge something in excuse;* 'n alibi — *produce an alibi;* 'n punt — *argue a point;* ek voer aan dat *my case is that, I submit that;* —**ing** van getuienis *leading of evidence;* by die —**ing** van oortuigende gronde *on good cause shown.*

aanvoor *initiate.*

aanvra *apply, call for, request;* regshulp — *apply to court for relief;* verdere besonderhede — *request further particulars.*

aanvraag *request, requisition; demand;* die artikel is sterk in — *there is strong demand for this article, it is at a premium;* op — betaalbaar *payable on demand;* —**brief** *letter of application* (e.g. for shares); —**rekening** *call account;* **aanvraer** *requesting party.*

aanvul *complement, supplement, supply, cure;* 'n gebrek/tekortkoming — *cure a defect;* —**lend** *additional, ancillary, collateral, complementary, supplementary, further;* —**lende** feite *collateral facts;* redelik — of daarmee gepaard gaande magte *powers reasonably ancillary or incidental thereto;* — regshulp *ancillary relief;* — sekuriteit *collateral security;* —**ling** *addition, complement, supplement;* ter — van *in supplementation of.*

aanvuur *stimulate.*

aanwakker *foment* (discord), *stir up* (animosity), *stimulate* (a person).

aanwas (s) *accrual;* reg van — *right of accrual;* kapitaal— *capital accrual.*

aanwas (w) *accrue;* A se aandeel was aan by B s'n *A's share accrues to B's* (law of succession); rente was aan by die kapitaal *interest accrues to capital.*

aanwend *apply, employ, use, utilize;* geld vir eie voordeel — *convert money to own use, appropriate money to own advantage;* fondse wederregtelik — *misappropriate funds;* 'n metode — *employ a method;* alternatiewe —**ing** *cy-près, alternative destination* (for a trust or legacy).

aanwendingsrekening *appropriation account.*

aanwensel *mannerism.*

aanwesig *present, in attendance;* gedurige persoonlike —**heid** *habitual personal presence;* blywende — *permanent presence.*

aanwins *acquest, acquisition.* Property acquired other than by inheritance; vennootskap van —**te** *partnership of acquests.*

aanwys *designate, indicate, point out, show; allot, assign, allocate; select;* vir 'n amp — *designate for an office;* iemand as vader van 'n kind — *affiliate a child to someone;* 'n verdagte op 'n uitkenningsparade — *point out a suspect at an identification parade;* 'n plek — *appoint/assign a place; point out a place;* —**baar** *demonstrable;* —**end** *directory;* —**ing** *appointment, designation, direction;* —**ings** *directory provisions in a law.*

aard *character, kind, nature;* — en dringendheid *nature and exigency;* die — van die ooreenkoms bepaal die daaruit voortvloeiende verbintenisse *the nature of the agreement governs the resultant legal relationships;* aanranding van 'n verswarende — *assault of an aggravated nature.*

aarsel *hesitate, pause;* iemand laat — *give pause to;* —**ing** *hesitation.*

abandonneer *abandon, renounce, assign, disclaim, relinquish, surrender, waive.*

abandonnement *abandonment, renunciation, assignment, disclaimer, relinquishment, surrender, waiver.*

abdikeer *abdicate.*
abdukeer *abduct;* **abduksie** *abduction;* **abduktor** *abductor.* See **ontvoer**.
aborteer *abort;* **aborsie** *abortion;* **aborteur** (vroulik aborteuse) *abortionist;* **abortief** *abortive.*
abrogeer *abrogate.*
absenteer (jouself) *absent oneself;* **absentisme** *absenteeism.*
absolusie *absolution;* — van die instansie toestaan *grant absolution from the instance, absolve the defendant from the instance.*
absoluut *absolute, categorical;* die **absolute** *the absolute;* — aanspreeklikheid *absolute liability, liability without fault;* — akseptasie (bills of exchange) *absolute acceptance;* — diskresie/reg/titel *absolute discretion/ right/ title*; — verbod *absolute prohibition.*
abstraheer *abstract.*
absurd *absurd, preposterous, ridiculous.*
abuis *error, mistake, oversight;* per — *in error, inadvertently, by inadvertence, by mistake;* **abusiewelik** *in error.*
accidentalia *accidentalia.* Terms forming part of a contract only when the parties have expressly or by necessary implication agreed thereto.
adagium *adage, (legal) maxim.*
adekwaat *adequate;* adekwate veroorsaking *adequate cause.*
adellik *high-born, noble.*
adieer *adiate*; **adiasie** *adiation.*
adjektiewe reg *adjective/adjectival law.* Comprising law of evidence and law of procedure. Same as **formele reg**.
adjudant-offisier *warrant officer.*
adjunk-bode *deputy-messenger of the court.*
administratief *administrative;* **administratiewe** beslissing *administrative decision;* — handeling *administrative act;* suiwer — magte *purely administrative powers;* — voorskrif *administrative direction.*
administratiefreg (of bestuursreg) *administrative law.*
administrateursbrief *letters of administratorship.*
administreer *administer;* 'n wet — *administer a law;* **administrasie** *administration;* **—bevel** *administration order;* **administrateur** *administrator.*
admiraliteitshof *admiralty court.*
adolessent *adolescent;* **adolessensie** *adolescence.*
adopteer *adopt;* 'n kind/verdrag/wet — *adopt a child/treaty/Act;* **adopsie** *adoption.*
adultereer *adulterate.*
adversatief *adversary;* **adversatiewe** stelsel *adversary system.*
adviseer *advise, counsel;* **advies** *advice, counselling;* — oor bewyslewering *advice on evidence;* **—brief** *letter of advice, advice note;* **adviseur** *adviser;* **regsadviseur** *legal/law adviser;* **adviserende** hoedanigheid/opinie/raad *advisory capacity/opinion/board/council.*
advokaat *advocate, counsel, barrister;* as — toegelaat te word *to be called to the bar, be admitted as an advocate;* senior — *senior advocate, silk;* — vir die staat *prosecuting counsel, counsel for the prosecution;* **—sgelde** *counsel's fees;* **—sopinie** *counsel's/legal opinion;* **—rekening** *fee list;* **advokatekamers** *barristers' chambers;* **advokatuur** *profession of advocates, the Bar; advocacy.*
aedilisiese *pertaining to the aediles;* — aksies *aedilitian actions.* The form *aedilies* is also used in Afrikaans but is a contraction of *aedilisiese.* In English the form *aedilician is also used. See* **aedilitian** in E-A.
afbaken *delimit, define, demarcate, stake* (a claim); **—ingskommissie** *delimitation commission;* **afgebaken** *determinate.*
afbestel *countermand, cancel* (an order).
afbetaal (1) *pay in full;* die skuld is — *the debt is paid;* (2) *pay in instalments;* hy is besig om af te betaal *he is paying on account;* (3) *pay off, retire* (an employee). See **retrench** in E-A.
afbetaling *payment, part payment;* in — *in payment on account;* in volle — *in full and final settlement;* **—stelsel** *instalment system.*
afbreek *break off, discontinue; demolish, dismantle, break down;* **afbraak** *demolition, breaking down;* bevel tot — *demolition order;* **afbreuk** *damage, derogation, injury;* — doen aan *derogate from, prejudice;* dit doen — aan my eis *this prejudices my claim.*
afdank (an employee) *retrench.*
afdeling *division, portion, section;* — van die Hooggeregshof *division of the Supreme Court;* **—shof** *divisional court.*
afding *bargain, haggle, beat down (the price); disparage, detract; derogate from;* daar is niks op af te ding nie *there is nothing to say against it;* op iemand se meriete — *disparage/detract from someone's merits;* in 'n posisie om af te ding *in a bargaining position;* besondere bepalinge ding af van algemene bepalinge *specific provisions derogate from general ones;* **—ing** *bargaining.*
afdoen *end, finish, settle;* — aan *derogate/ detract from;* **—de** *conclusive, adequate, definitive, determinate; effective, effectual, exhaustive; peremptory;* — bewys *conclusive proof;* — gronde aanvoer *make out a convincing case;* finale en — beslissing *final and defini-*

tive sentence; — pleit *plea in abatement;* **—dheid** *adequacy;* **—ing** *settlement* (of a matter or debt); in volle — *in full and final settlement;* die saak is **afgedaan** *the matter is settled/over and done with.*

afdreiging *extortion, concussion, blackmail.*

afdruk *copy.*

afdwaal *deviate, digress, stray;* **afdwaling** *aberration.*

afdwing (regte) *enforce/assert rights;* 'n bekentenis — *extract a confession;* **—baar** *enforceable;* regtens — *enforceable by law;* **—bare** eis *actionable claim;* — verbintenis *actionable/enforceable obligation;* — soos dit staan *enforceable according to its tenor;* **—ing** *enforcement.*

affilieer *affiliate;* — by *affiliate with;* geaffilieerde maatskappy *affiliated company;* **affiliasie** *affiliation.* Ascribing paternity to the putative father of an illegitimate child; **—bevel** *affiliation order.*

affineer *refine;* **affinadery** *refinery.*

affiniteit *affinity.*

affront *affront, insult.*

afgaan: die getuie mag — *the witness may stand down.*

afgee *cede, surrender.*

afgelas *call off.*

afgeleë *distant, far-flung.*

afgesant *emissary.*

afgesien (van) *irrespective of.*

afgetredene *retired person.*

afgevaardigde *delegate, representative, deputy;* kamer van —s *chamber of deputies.*

afgod *fetish, idol.*

afhaal *detach, take down; humiliate; uplift* (a document, payment into court).

afhandel *dispose of.*

afhang (van) *depend upon* (an event); daar hang niks van af nie *nothing turns on it;* **afhanklik** *dependent, contingent;* onderling — *interdependent;* — van *contingent on, subject to;* **afhanklike** eis/aanspreeklikheid/reg/skuldeiser *contingent claim/liability/right/creditor;* **afhanklike** *dependant;* **afhanklikheid** *dependence;* domisilie van — *domicile of dependence;* **—svormende** middel *dependence- producing drug.*

afhoor *overhear;* iemand — *take a statement from someone.*

afjak (v) en (n) *rebuff.*

afkeer *revulsion;* **afkerig** van *averse to/from;* — maak *estrange;* — geworde vrou *estranged wife.*

afkeur *censure, condemn, reject, disapprove of, frown upon, deprecate;* **—end** *condemnatory;* **—enswaardig** *reprehensible, condemnable;* **—enswaardigheid** *blameworthiness, obliquity;* **—ing** *censure, disapproval, condemnation, disapprobation; rejection; stricture;* mosie van — *motion of censure;* **—ingsnota** *rejection note.*

afknou *bully.*

afkoms *descent, birth, lineage, parentage, pedigree;* **—tig** wees van *descend from.*

afkondig *proclaim, promulgate, publish;* gebooie — *publish banns,* krygswet — *proclaim martial law.*

afkoop *buy out, redeem, ransom; compound;* 'n misdryf — *compound an offence;* 'n polis — *commute/surrender a policy;* **—waarde** *surrender value.*

aflaat *indulgence;* **—brief** *letter of indulgence.*

aflê *lay down;* 'n eed — *take an oath;* eed van trou — *swear allegiance;* 'n gelofte — *make a vow;* getuienis — *give evidence;* 'n verklaring — *depose, make a statement.*

aflei *infer, deduce, conclude, gather;* **afgeleide** gesag *delegated authority;* statutêr — aksie *action derived from statute;* — verlating *constructive desertion;* hy het — verlating gepleeg *he deserted her constructively;* **—ding** *corollary, deduction, inference;* by — *constructively;* — van feite *presumption of fact,* praesumptio facti; — maak van *draw an inference from;* onvermydelike/onweerstaanbare — *irresistible inference;* stilswyende — *implication, tacit inference.*

aflewer *deliver;* **—ing** *delivery;* by — *on delivery;* **—ingsbrief/nota** *delivery note;* **—ingskoste** *delivery charges.*

afloer *spy on, peep.*

afloop (s) *expiry, termination; outcome.*

afloop (w) *expire, lapse, terminate;* die kontrak loop af *the contract expires.*

aflos *redeem, amortize, pay off, discharge;* 'n lening — *repay a loan;* 'n skuldbrief/pand — *redeem a debenture/pledge;* 'n wissel — *discharge a bill;* **—singsfonds** *redemption fund,* **—singspaaiement** *amortization payment, redemption instalment;* **—singsreg** *right of redemption.*

afluister *eavesdrop.*

afname *decline, downward trend.*

afneem (1)(tr.) *take down;* 'n eed — *administer an oath;* — van *derogate from;* (2)(intr.) *abate, decrease, subside, diminish;* — in waarde *depreciate, decrease in value.*

afpen: 'n kleim — *peg/stake a claim.*

afpers *extort, levy blackmail;* 'n bekentenis — *extract a confession;* **—geld** *extortion money;* **—ing** *extortion, concussion, blackmail;* —

van getuienis deur middel van marteling *extraction of evidence by torture; third degree* (American).

afraai *advise against, dissuade.*

afreken *settle* (accounts); — met *bring to book, get even with;* **—ingstaat** *settlement account.*

afrig *coach, groom;* 'n getuie — (hom sy getuienis laat instudeer) *coach/prime a witness.*

afrond *finish, give the finishing touches to.*

afsê *cancel, call off, countermand.*

afsender *consignor;* — van geld *remitter.*

afskaf *abolish. abrogate, repeal, do away with, cut out, give up;* **—fer** *abolisher; abstainer, teetotaller; prohibitionist;* — word *take the pledge;* **—fing** *abolition, abrogation, repeal; abstinence, teetotalism.*

afskeep *neglect, skimp;* — met floue lof *fob off with faint praise.*

afskei (tr.) *detach, partition off, segregate, separate;* (intr.) *secede.*

afskepping (dividend) *dividend-stripping.*

afskrif *copy;* juiste — *fair/true copy;* gesertifiseerde — *certified copy.*

afskrik *deter, discourage, put off;* **—kende** straf *exemplary/deterrent sentence;* **—middel** *deterrent.*

afskryf (1) *write off;* kapitaal — *write off capital*; (2) *copy.*

afskuwelik *gruesome.*

afslaan *reduce a price/amount;* **afslag** *discount, rebate, reduction, trade allowance, remission (of rent/sentence).*

afslaer *auctioneer.*

afslag *discount, rebate, reduction, trade allowance;* — van vonnis *remission of sentence;* — van huur *rebate/remission of rent.*

afsluit *conclude;* rekeninge/boeke — *balance accounts/books.*

afsmeer: iets — aan *foist something on.*

afsnydingswaarde *severance value.*

afsonder *detach, isolate,separate;* geld — *appropriate money;* **—ing** *isolation;* — en ryswater *solitary confinement and spare diet.*

afsper *cordon off.*

afspreek *agree upon, arrange, settle;* vantevore afgespreek *pre-arranged;* **afspraak** *appointment, engagement, agreement, arrangement, bargain, compact.*

afspring op *pounce upon.*

afstaan *afstand doen, abandon, assign* (an estate), *cede* (territory), *disclaim* (a patent), *give up, yield, part with, renounce, relinquish, surrender, waive.*

afstam *descend;* **—meling** *descendant;* **—melinge** *offspring;* **—ming** *descent, extraction, ancestry, parentage, lineage, pedigree;* verklaring omtrent — *declaration as to pedigree.*

afstandbeheerde *remote-controlled.*

afstandmeter *tellurometer.*

afsteek by *compare unfavourably with.*

afstel *cancel.*

afstempel *stamp* (documents); *cancel* (stamps).

afsterwe (s) *death, demise.*

afsterwe (w) *die;* **afgestorwe** boedel *deceased estate.*

afsweer *renounce, abjure, disavow, forswear.*

afsydig *aloof, non-aligned.*

aftakel *dismantle, debilitate;* 'n getuie in kruisondervraging — *shake a witness in cross-examination;* **—ing** *state of disrepair;* vir **—ing** verkoop *sell as scrap.*

aftakseer *tax off.*

aftel *count down;* **—ling** *count-down.*

aftrekorder *stop-order.*

afvaardig *delegate, depute, send;* **—ing** *delegation, deputation.*

afvallig (word van) *defect from;* **—e** *apostate, defector.*

afvallig *disaffected;* **—heid** *disaffection, apostacy.*

afvalwerf *scrap-yard.*

afwag *abide, await, wait for;* die gevolge — *abide the consequences;* die kostebevel moet die uitslag van die geding — *costs to abide the result of the action;* **—rekening, afwagtingsrekening** *suspense account;* **—ting** *anticipation, expectation;* in — *anticipatory, in anticipation, pending;* in — van 'n antwoord *awaiting/pending a reply.*

afweer *fend off, ward off, stave off.*

afwentel *devolve, roll back;* **—ing** van mag *devolution of power.*

afwesig *absent, wanting;* **—heid** *absence, non-attendance, non-appearance;* by — van *in the absence of;* — van verhoor *default at trial;* iemand in sy — verhoor *try someone in his absence;* by — van andersluidende bepalinge *in the absence of provisions to the contrary.*

afwissel *diversify;* **—end** *alternately, intermittent.*

afwyk *deviate, dissent;* **—ende** uitspraak *dissenting judgment;* **—ing** *aberration, anomaly, variance;* in — van *in contravention of.*

afwyker *dissident.*

afwys *disallow, renounce, dismiss, overrule, refuse, reject*; 'n eis — *dismiss a claim;* die appèl word **afgewys** *the appeal fails/is dismissed;* sy beswaar is — *his objection was overruled;* **afwysbaar** *renounceable;* afwysbare toekenningsbriewe *renounceable letters of allotment;* **afwysende pleit** *declinatory plea.*

ag *consider, deem, esteem, hold, regard, respect; presume;* nodig — *deem necessary;* in — neem *observe, practise;* — gee/slaan op *pay attention to, give heed to;* geen — slaan op *disregard;* geag in wettige okkupasie te wees *deemed to be in lawful occupation;* geag die reg te ken *presumed to know the law;* **—ting** *esteem, regard, respect.*

ageer (1) *institute action;* ek — uit kontrak *my action is based on contract;* enige getal eisers kan tesame — *any number of plaintiffs can join in an action;* (2) *act for someone;* agerende bestuurder *acting manager.*

agenda *agenda, order-paper.*

agent *agent, representative;* **—skap** *agency;* **—skapsreg** *law of agency;* **—uur** *agency* (as a legal concept).

agnaat *agnate;* **agnatiese** linie *agnate line, male line.*

agtelosig *negligent, careless; inattentive, indifferent, remiss, unheeding.*

agter *behind;* kort — *in the wake of;* **—bly** *lag behind;* **—grond** *background, backdrop;* **—stand** *backlog, leeway;* **—uitgang** *regression.*

agterbaks *furtive, underhand.*

agterborg *rear surety, surety for a surety.*

agterdeur *loophole, back door.*

agterdog *suspicion;* — koester teen iemand *suspect someone;* **—tig** *suspicious;* **—wekkend** *suspect.*

agtereenvolgend *consecutive;* vonnisse loop — *sentences to run consecutively.*

agterhou *conceal, hold back, retain, detain, withhold;* 'n wissel — *detain a bill.*

agterkant *reverse side.*

agterkom *detect, get wind of.*

agternaloop *follow.* In the case of a woman, a form of crimen iniuria.

agterskot *back payment* (on crops).

agterstallig *in arrear;* **—e** gelde *arrears;* betaling is — *payment is overdue;* **—e** rekening *overdue account,* **—e** geld *arrears.*

agtervolg *chase, follow, pursue;* **—ing** *pursuit;* leerstuk van onmiddellike — *doctrine of quick pursuit* (of a deserting tenant); spontane — *hot pursuit* (military).

agterweë hou *keep in abeyance.*

akademikus *academic.*

akkommodeer *accommodate;* **akkommodasie** *accommodation;* **—aksep** *accommodation acceptance;* **—party** *accommodation party;* **—werke** *accommodation works;* **—wissel** *accommodation bill.*

akkoord *accord, agreement, arrangement, compromise, bargain; composition* (insolvency); *mutual concession, settlement* (of dispute); 'n — aangaan/tref *come to an agreement/engagement; strike a bargain; compromise/reach a composition with creditors;* — gaan met *be in agreement with, concur with;* 'n — aanbied *offer a composition;* eerbare — *gentlemen's agreement.*

akkrediteer *accredit;* ge— by *accredited to.*

akkusatoor *accusatory;* **akkusatore** stelsel *accusatorial system* (as against *inquisitorial).*

aksepteer (bills of exchange) *accept;* —kommissie *acceptance commission;* **akseptasie** *acceptance;* blanko — *acceptance in blank;* — supra protes *acceptance supra protest;* — ter ere *acceptance for honour;* beperkte — *qualified acceptance;* **akseptant** *acceptor;* **aksepbank** *merchant bank;* **aksepgrootboek** *acceptance ledger;* **aksephandelaar** *acceptance dealer;* **aksepkrediet** *acceptance credit.*

aksessoor *accessory;* **aksessore** misdaad *accessory offence;* **aksessore** verbintenis *accessory obligation.*

aksie (prosesreg) *action;* — instel *institute action, proceed against, bring a suit against, go to law, sue, take action;* persoonlike — *personal action;* saaklike — *real action;* — om skadevergoeding *action/claim for damages;* 'n aksie is ontvanklik *an action/claim lies;* **—grond** *cause of action;* **—estoppel** *cause of action estoppel;* **aksionabel** *actionable;* dit is — *an action lies;* **—e** bewering/wanvoorstelling *actionable statement/misrepresentation.*

aksiomaties *axiomatic, self-evident.*

aksyns *excise.*

akte *deed;* — van beskuldiging *indictment* (see **charge);** — van boedelafstand *deed of assignment;* — van dading *deed of settlement;* notariële — *notarial deed;* — van skadeloosstelling *indemnity bond;* — van skikking *deed of settlement;* — van superskripsie *act of superscription* (in wills).

aktuaris *actuary;* **aktuarieel** *actuarial.*

aktueel *current, topical;* **aktuele** sake *current affairs.*

akwisitiewe (verjaring) *acquisitive/positive prescription.*

alarmisties *alarmist.*

aleatore (ooreenkoms) *aleatory agreement.* Depending on chance.

aleatories *aleatory, depending on an uncertain contingency;* **—e** kontrak *aleatory contract'.*

algaande *by degrees, gradually.*

algemeen aanvaarde rekeningkundige praktyk *generally accepted accounting practice.*

algemeen *general, blanket; prevalent;* in/oor die — *by and large;* dit is — bekend *it is common knowledge;* **—heid** *generality;* sonder om die — van die voorgaande in te kort *without prejudice to the generality of the foregoing;* **algemene** akseptasie *general acceptance;* — awery *general average;* — gemeenskap van goed *general community of property;* — kennis *general knowledge;* — ontkenning *general denial;* — prokurasie *general power of attorney;* — regshulp *general relief;* — skadevergoeding *general damages;* — tekort *general deficiency;* — verband *general mortgage.* Over all assets, future included; — vergadering *general assembly;* — jaarvergadering *annual general meeting;* — woorde *general words.*

alias *alias.*

alibi *alibi;* plead an — *'n alibi aanvoer/pleit.*

aliëneer *alienate, sell, dispose of.*

alimentasie *alimony, maintenance;* **alimenteer** *pay alimony.*

alimenteer *maintain, support;* **alimentasie** *maintenance, alimony, support.*

alinea *paragraph.*

alkohol *alcohol, spirits;* **—is** *alcoholic;* **—isme** *alcoholism;* **—ies** *alcoholic, intoxicant, spirituous;* **—iese** drank *intoxicating liquour;* — hallusinose/psigose *alcoholic hallucinosis/psychosis;* **alkometer** *alcoholometer/alcometer.*

alledaags *trite.*

alleen *only, sole; alone;* **—agent** *sole agent;* **—handel** *monopoly;* **—heerskappy** *autocracy;* **—opsluiting** *solitary confinement;* **—reg** *exclusive/sole right, monopoly;* **—voog** *sole guardian;* **—voogdy** *sole guardianship.*

allemansreg *law for the layman, street law.*

allesdekkend *blanket;* **—e** polis *all risks policy.*

allesomvattend *all-inclusive.*

allodiaal *allodial.* Not subject to the ownership of a feudal lord; **allodiale** goed *allodial property, freehold.* Estate held in absolute ownership, as against *feudal property.*

allonge *allonge.* Extension slip to a bill of exchange.

allooi *alloy.*

alomvattend *comprehensive;* **—e** polis *all risks policy.*

altemit *perhaps;* dis nie — nie *that is definite.*

ambag *handicraft.*

ambassaderaad *counsellor to an embassy.*

ambisie *ambition, aspiration.*

amnestie *amnesty, general pardon.*

amok: — maak *go on a rampage, run amuck.*

amortiseer *amortize, redeem;* **amortisasie** *amortization;* **—fonds** *redemption/sinking fund.*

amp *function, office;* — aanvaar *take office, enter upon office;* 'n — beklee *hold office;* 'n — neerlê *retire from office;* openbare — *public office.*

ampsaanvaarding *accession to office; assumption of duty.*

ampsbediening, ampsbekleding *discharge of duties, tenure of office;* tydens sy — *during his continuance in office.*

ampsbekleër *holder of office, incumbent.*

ampsbroeder (bench) *brother.*

ampsdraer *functionary, office-holder.*

ampsduur *term/tenure of office.*

ampseed *oath of office.*

ampsekerheid *security of tenure of office.*

ampsgeheim *official secret.*

ampsgesag *authority of office.*

ampsgewaad *robes of office; official robes.*

ampsmisbruik *abuse of office/authority/power.*

ampsplig *official/professional duty;* verklaring in die uitvoering van sy — *statement in the course of duty.*

ampstermyn *term of office.*

amptelik *official; professional;* **—e** hoedanigheid *official capacity.*

amptenaar *functionary, officer, official;* — van die hof *officer of the court;* regterlike — *judicial officer.*

amptenaretaal *officialese.*

amptenary *officialdom.*

amputeer *amputate.*

analogie *analogy;* na — van *on the analogy of;* by — *by analogy;* **—s** *analogical;* **—se** uitleg *interpretation by analogy;* **analoog** met *analogous to, parallel to.*

ander *other;* in — gevalle as hierdie *in cases other than this;* 'n — hof as 'n rondgaande hof *a court other than a circuit court;* 'n — verweer as 'n blote ontkenning *a defence other than a bare denial;* of hom op 'n — wyse wangedra *or otherwise misbehaves.*

anders: of — *in the alternative, otherwise;* of — handel met *or otherwise deal with;* tensy die hof — bepaal *unless the court otherwise directs.*

andersdenkende *dissident.*

andersluidend *contrary;* **—e** bepalinge *contrary provisions.*

angarie *angary.* A belligerent's right of seizing or destroying neutral property under military necessity but subject to compensation.

angs *anguish, distress;* **—wekkend** *awesome.*

antedateer *antedate.*

anti-liggaampie *antibody.*

apatride *stateless person.*

apolities *apolitical.*

apologie *apology;* — maak *tender an apology, apologize.*

apparaat *apparatus, device;* die geregtelike — *machinery of the law.*

appel: vir 'n — en 'n ei *for a mere song.*

appliseer *apply;* **applikant** *applicant;* **applikasie** *application;* **appliserende** maatskappy *applicant company.*

appresiasie *appreciation, increase in value.*

appropriasie *appropriation.*

apteker *chemist, pharmacist;* **aptekers-** *pharmaceutical.*

aquiliese aksie *aquilian action.*

arbeid *labour, work;* **—er** *labourer, workman, worker, wage-earner;* **—sagentskap** *employment agency;* **—sbetrekkinge** *labour relations, industrial relations;* **—sgeskil** *labour/industrial/trade dispute;* **—skragte** *manpower, labour;* **—spotensiaal** *manpower, labour potential;* **—svrugte** *fruits of industry;* **—swetgewing** *labour/industrial legislation.*

argeloos *guileless.*

argument *argument, contention; debate, dispute; plea, point, reason, reasoning process;* 'n — aanvoer *bring up/broach/put forward an argument;* dit is 'n — *you have a point there;* die — staan op pote *the point is well taken;* 'n steekhoudende/oortuigende/sterk *a strong/sound argument;* **—eer** *argue;* oormatig — *argufy.*

argumentshalwe *for the sake of argument.*

argwaan *distrust, mistrust, suspicion.*

armmansgeding *pauper suit.*

armoede *poverty;* uiterste — *destitution, penury;* **armoedig** *poor, needy, penurious, poverty-stricken, shabby;* **—e** omstandighede *straitened circumstances.*

arresteer *arrest, apprehend;* **arres** *arrest;* kwaadwillige — *malicious arrest;* summiere — *summary arrest* (without warrant); **—tant** *arrested person, arrestee;* **—tasie** *arrest, apprehension.*

arrha *earnest money.*

artikel (1) *section, article;* uitvoerende — *enacting section;* (2) *article, commodity;* gepatenteerde/patente — *proprietary article;* (3) (writing) *article, composition.*

asemtoetser *breathalyser.*

asiel *asylum;* reg van — *right of asylum/sanctuary.*

assendent *ascendant, ancestor.*

assessor *assessor;* **—lid** *associate member.*

assigneer ('n skuld) *assign a debt.* Direct that it be paid to a third party; **assignasie** *assignment.* See **assign** in E-A.

assosieer (met) *associate with;* **assosiasie** *association;* **geassosieerde** maatskappye *associated companies.*

assumeer (toevoeg, koöpteer) *assume;* **geassumeerde** trustee *assumed trustee;* **assumpsie** *assumption;* met mag van — *with power of assumption.*

assureer *insure, underwrite;* 'n vrag — *underwrite a cargo;* **assuradeur** *insurer, underwriter;* **assuransie** *insurance;* **—agent** *insurance agent;* **—beding** *insurance clause;* **—polis** *insurance policy;* **—premie** *insurance premium.*

astrant *impudent, insolent, impertinent, audacious, cheeky, pert, bold.*

attent: iemand — maak op *draw someone's attention to.*

attesteer *attest, certify, testify, witness a signature on oath, verify execution of a document by signature on oath;* **attestasie** *attestation, certification.*

attribute (van die kroon) *regalia.*

aval *aval;* **—eer** *sign as aval, back a bill;* **avalgewer, avalis** *aval;* **—voorsiening** *aval provision.*

awery (by seeversekering) *average.* For loss of or damage to insured ship or cargo; algemene —/—grosse *general/gross average.* Deliberate partial sacrifice of insured vessel or cargo by the master of the ship to avoid total loss; — bereken *adjust average;* besondere/eenvoudige/partikuliere — *particular average.*

awery-assessor *average adjuster;* **—deposito** *average deposit;* **—grosse** skuldbrief *general average bond;* **—reëling** *average adjustment, apportionment of liability resulting from average.*

B

baan: op die lange — skuif *shelve, put off indefinitely;* reg van vrye — *right of way in traffic.*
baasraak *cope with.*
baasspeel *rule the roost.*
baat (s) *benefit;* te — neem *avail oneself;* — trek uit *benefit from;* **—trekking** *advantage;* **—sugtig** *covetous, grasping, greedy, mercenary, selfish.*
baat (w) *gain, profit, benefit, advantage;* dit sal jou nie — nie *you will not gain by it.*
baken *beacon, landmark.*
baklei *fight, scuffle, come to blows; quarrel;* **—ery** *affray, fight, scuffle, quarrel.*
balanseer (books, accounts) *balance.*
balie: die — *the bar;* tot die — toelaat *admit/call to the bar.*
baljaar *disport oneself, frolic, gambol.*
balju *sheriff;* **adjunk —** *deputy sheriff.*
balling *exile;* **—skap** *banishment, exile.*
ballistiek *ballistics.*
ban *banish, exile, expel, proscribe;* in die — doen *put a ban on, ban;* **—neling** *exile.*
bandiet *convict.*
bank (s) *bank;* —akseptasie *bank acceptance;* —bestuurder *bank manager;* —biljet *bank note;* —diskonto *bank rate;* —garansie/ waarborg *bank guarantee;* —instelling *banking house/institution;* —krediet *bank(ing) credit;* —kommissie *bank commission;* —koste *bank charges;* —noot *bank note;* —oortrekking *bank overdraft;* —rekening *bank(ing) account;* —staat *bank statement/return;* —voorskot *bank advance;* —waarborg *bank guarantee;* —wissel *bank draft/bill.*
bank (w) *bank.*
bank: deur die — *indiscriminately.*
bankier *banker;* —saanbeveling *bank reference;* —swissel *banker's draft/bill, bank draft/ bill.*
bankroetier *bankrupt, insolvent.*
bankrot *insolvent;* —skap *insolvency, bankruptcy.*
barakke *barracks.*
baratterie *barratry.* (1) Fraud by captain or crew of a ship to the detriment of the owner. (2) Vexatious litigation.
barbaars *barbaric, barbarous.*
basis *base;* op 'n stewige — *on a sound footing.*
bastardeer: 'n kind — *prove that a child was born out of wedlock, bastardize.*
bate *asset;* **—s** *assets;* **—s** en laste *assets and liabilities;* likiede **—s** *liquid assets;* vaste of onroerende **—s** *fixed assets;* verdwynende **—s** *wasting assets;* vlottende **—s** *floating assets.*
beaam *endorse, support.*
beampte *functionary, officer, official;* mediese/ uitvoerende/voorsittende — *medical/executive/presiding officer.* See **officer** in E–A.
beantwoord *reply to, meet* (a case).
beboet *fine, impose a fine, mulct.*
bedaard *calm, dispassionate.*
bedaring: tot — kom *settle, calm down.*
bede *prayer;* — om regshulp *prayer for relief;* ter — *on sufferance, at will,* precario.
bedek *under cover, covert, secret;* **—telik** *secretly, underhand.*
bedel *beg;* **—aar** *beggar;* **—ary** *begging.*
bedeling: staatkundige — *constitutional dispensation.*
bedenking *misgiving, mistrust, qualm, suspicion, doubt;* **bedenklik** *questionable;* **—e** toestand *critical condition.*
bederf (s) *corruption, decay, deterioration.*
bederf, bederwe (w)(tr.) *spoil, corrupt, ruin.*
bedevaart *pilgrimage.*
bedoel *mean, intend, aim at;* **—de** persoon *the person aforesaid/aforementioned***;** soos — deur *in terms of;* **—ing** *aim, contemplation, intent, intention, meaning; object, purport, purpose;* in die — van die partye *within the contemplation of the parties;* — van die wetgewer *intention of the legislature.*
bedra *amount to;* **—g** *amount, quantum, sum;* aansienlike — *substantial sum;* globale — *lump sum.*
bedreig *endanger, menace, threaten;* **—de** spesie *endangered species;* **—ing** *menace.*
bedrewe *competent, accomplished, expert, knowledgeable, proficient, adept, versed in;* **—nheid** *expertise, know-how, skill, proficiency;* **—nheidspel** *game of skill.*
bedrieg *deceive, delude, defraud, swindle, bilk, hoodwink;* — uit *defraud of;* **bedrieër** *deceiver, fraud, defrauder, swindler, sharper* (at cards); **bedrieëry** *fraud;* **—lik** *deceitful, deceptive, fraudulent, delusive, delusory; misleading;* **—like** wanvoorstelling *fraudulent misrepresentation;* **bedroë** *deceived, taken in;* hy het — uitgekom *his hopes were not fulfilled.*
bedrog *fraud, deceit, chicanery, fraudulent misrepresentation; guile, imposture, sharp practice; barratry* (marine law); — pleeg in 'n verkiesing *rig an election.*
bedryf *industry, trade; business, employment;* aanstootlike en hinderlike — *noisome and offensive trade;* buite — *out of commission;* in

— stel *set going, put into commission, start;* in — wees *be working, running, in function;* 'n — uitoefen *practise a trade;* **—sbates** *business assets;* **—sekonomie** *business economics;* **—sgeskil** *trade dispute;* **—skapitaal** *working/trading/operating capital;* **—skoste** *operating/running/costs, working expenses;* **—sleer** *business administration;* **—sleier** *works manager;* **—slewe** *business world;* **—sraad** *industrial council;* **—srekening** *operating account;* **—sresultate** *operating results;* **—swins** *trading profit, working profit.*

bedrywig *active, busy.*

bedug *apprehensive, fearful.*

beduidend *substantial, considerable, significant.*

bedwelm *daze, stun; intoxicate;* **—ende** drank *intoxicating liquor;* **—ing** *daze, stupefaction; intoxication.*

bedwing *control, restrain, check, curb, suppress, contain;* **bedwang** *control, restraint, containment;* in — hou *keep in check/under control.*

beëdig *swear in; swear to;* **—de** getuienis/vertaler/waardeerder *sworn evidence/translator/appraiser;* — verklaring *affidavit.*

beëdiging *attestation under oath.*

beëindig *cancel, conclude, terminate, discontinue, resolve;* 'n geskil — *resolve a dispute;* 'n hinder — *abate a nuisance;* 'n kontrak — *cancel/terminate a contract.*

beer *bear* (on stock exchange).

beetneem *impose upon, cheat.*

begaaf(d) *talented;* — met *endowed with.*

begaan (misdaad) *commit, perpetrate* (a crime).

begeesterd *inspired, enthusiastic.*

begelei *accompany;* **—dende** brief *covering letter;* — verskynsel *concomitant.*

begenadig *pardon, reprieve;* **—ing** *clemency, reprieve, free pardon;* — deur die owerheid *executive clemency.* See **pardon** in E–A.

begerig *desirous, keen, eager.*

begiftig: iemand — *donate something to, present a gift to, endow;* **—de** *donee, grantee.*

begin (s) *beginning, commencement, inception, start;* — van besigheid *commencement of business.*

begin (w) *begin, commence, start;* die reg/plig om te — *the right/duty to begin* (rests with the bearer of the onus); **—punt** *point of departure.*

beginsel *principle;* algemene — *general principle;* eerste **—s** *first principles, rudiments;* in — *in principle;* uit — *on principle, as a matter of principle.*

begrens *circumscribe, limit.*

begrip *idea, conception; comprehension, notion, understanding; intelligence;* met 'n helder — *in his sound and sober senses;* kort — *summary, synopsis, abstract;* **—smatig** *notionally, conceptually;* iets — uitsluit *exclude something notionally.*

begroot (v) *budget.*

begryp *understand, apprehend, grasp, comprehend;* **—lik** *comprehensible, understandable, intelligible, conceivable;* **—likerwys** *understandably;* **—likheidshalwe** *for the sake of intelligibility.*

begunstig *favour;* **—er** (in respect of a crime) *accessory after the fact.* See **participation in crime** in E—A; **—ing** (1) *offence of being an accessory after the fact;* (2) *favour.*

behaag *please;* mag dit die hof — *may it please the court;* soos dit die hof — *as your lordship pleases;* **—lik** *cosily, snugly;* **—likheid** *euphoria.*

behalwe *except, excluding, exclusive of;* niemand — *no person other than;* — vir sover as *save as far as.*

behandel *treat, deal with, manage, attend to;* iemand billik — *give a fair deal to.*

behartig *attend to, cope with, deal with; further, look after, manage.*

beheer (s) *conduct, control, management;* in — van *in charge of;* persoonlike toesig en — *personal supervision and control;* — sluit nie verbod in nie *control does not include prohibition;* **—der** van gesamentlike boedel *administrator of a joint estate;* **—landdros** *controlling magistrate;* **beherend** *controlling;* **—e** belang *controlling interest;* **—e** maatskappy *controlling company.*

beheer (w) *administer, control, conduct, govern, manage, rule, superintend;* 'n gesamentlike boedel — *administer a joint estate;* **—de** grondwet *controlled constitution.*

behels *entail.*

behendig *adroit.*

behoedsaamheid *circumspection.*

behoefte *exigency, lack, need, want;* noodsaaklike **—s** *necessaries;* **behoeftig** *destitute, indigent, needy, penurious, poor;* **behoeftige** *pauper, indigent person.*

behoewe: ten — van *on behalf of, in favour of;* beding ten — van 'n derde *stipulation in favour of a third person.*

behoorlik *(a) due, fitting, proper;* **—e** aantekeninge van sy transaksies *proper record of his transactions;* na **—e** kennisgewing *on notice duly given;* **—e** ondersoek *proper inquiry;* **—e** prestasie/nakoming/vervulling *due performance*; **—e** sorg *due care;* **—heid** *propriety.*

behoorlik (bw) *in due form, duly, properly, thoroughly;* — boekhou *keep proper books;* — gelisensieer *duly licensed;* — gemagtig *duly authorized;* — ontvang *duly received.*

behou *conserve, maintain; retain, keep, save;* **—d** *conservation, keeping, preservation, salvation; retention;* met **—d** van eiendom *with retention of ownership;***—dend** *conservative;* **—dens** *subject to, apart from, barring, except/but for, save;* — andersluidende bepalinge *unless otherwise provided/stated, in the absence of provisions to the contrary;* — die bepalings van *subject to the provisions of, save as provided by;* — ons belange *without prejudice to our interests;* — bevestiging *subject to confirmation;* — erkennings daarin vervat *save for admissions therein contained;* — foute en weglatings *errors and omissions excepted;* — my goedkeuring *subject to my approval;* — teenbewys *in the absence of proof to the contrary.*

beïnvloed *influence, affect;* tot meineed — *suborn to perjury;* onbehoorlike **—ing** *undue influence.*

bekamp *combat, dispute, oppose.*

bekeerling *proselyte;* **—e** werf *proselytize.*

beken (1)(a woman) *carnally know, have intercourse with;* (2) *acknowledge, admit, confess;* ronduit — *make a clean breast.*

bekend *known, notorious, well-known;* vir sover my — *as far as I know, to my knowledge;* — wees met *be acquainted with, cognizant of, know;* — om (vir, vanweë) *noted for;* dit is algemeen — *it is common knowledge, notorious;* — maak *announce, make known, disclose, notify, publish, reveal;* **—de** en bepaalde bedding *known and defined channel;* **—stellingsbrief** *letter of introduction.*

bekentenis *confession;* — doen/aflê *confess, make a confession;* afdwinging van 'n — deur vreesanjaging *extracting a confession by duress;* vrywillige — *voluntary confession.* See **confession** in E—A.

beklad *defame, slander, traduce.*

beklag *complaint;* jou— doen *complain.*

beklee ('n amp) *hold/occupy an office;* met magte — *invest with powers, vest a person with authority;* die hof is met die bevoegdheid — *the power vests in the court;* **beklede** sel *padded cell;* **bekleër** van 'n amp *incumbent of an office.*

beklemming *agony, strain;* — van die oomblik *agony of the moment.*

beklemtoon *stress, lay emphasis on.*

beklink: die saak — *clinch the matter.*

beknoei: 'n verkiesing — *rig an election.*

beknop *compact, concise, condensed, succinct, terse.*

bekostig *afford.*

bekragtig *confirm/make final* (sentence, rule nisi), *ratify* (treaty), *homologate* (agreement, document), *sanction* (agreement), *uphold* (decision, verdict, judgment); 'n voorlopige bevel — *confirm a provisional order;* **—iging** *confirmation, ratification.*

bekruip *stalk.*

bekwaam (w)**:** jou vir 'n beroep — *train for a profession;* **—heid** *capability.*

belang *concern, interest, importance;* — hê by *have an interest in;* — as genottrekker *beneficial interest;* gevestigde/bestaande **—e** *vested interests;* — in grond *interest in land;* in die — van geregtigheid *in the interests of justice;* teenstrydige **—e** *conflicting interests;* openbare belang *public interest, public policy;* in die — van die staat *for reasons of state;* onderlinge — *mutual interest;* voordelige — *beneficial interest;* wesenlike en besondere — *substantial and peculiar interest;* waarheid en publieke — *truth and public benefit;* **—eloos** *disinterested, unselfish;* **—hebbende/—hebber** *interested party, person concerned;* as enigste — *ex parte, as the only interested person.*

belangrik *important, substantial, considerable, material, weighty;* **—e** *feit material fact;* in **—e** mate *materially.*

belas *burden, impose a tax on, rate, tax;* **—baar** *taxable, dutiable, rateable;* **—ting** *tax, taxation, duty* (on goods); — aantrek *attract tax;* — hef *impose/raise, levy tax;* hoofdelike — *capitation tax, poll tax;* munisipale — *municipal rates;* vry van — *exempt/free from taxation;* **—aanslag** *tax assessment;* **—gaarder** *receiver of revenue, tax collector;* **—jaar** *fiscal year;* **—kerf** *tax-bracket;* **—ontduiker** *tax dodger;* **—ontduiking** *tax evasion;* **—opgawe** *tax return;* **—pligtig** *liable to tax, rateable;* **—pligtige** *taxpayer, ratepayer;* **—seël** *duty stamp;* **—vermyding** *tax avoidance;* **—voordeel:** teorie van — *benefit theory of taxation.*

belaster *defame.* In English law *slander* is used for oral and *libel* for written defamation; (general) *calumniate, cast obloquy upon, malign, traduce, vilify;* belasterde persoon *party defamed.*

belê *invest;* **belegger** *investor;* **belegging** *investment;* **—gingsprogram** *investment programme;* **—gingstrust** *investment trust.*

beledig *insult, offend, abuse, hurt the feelings of;*

—**end** *insulting, offensive, abusive;* —**ing** *affront, indignity, insult, rudeness, insolence; defamation* (rare); berekende, opsetlike — *studied insult;* growwe — *gross insult;* ongemotiveerde/ongevraagde/onuitgelokte — *gratuitous insult.*

beleefd *civil, courteous, polite.*

beleg *siege, investment of a town;* 'n staat van — afkondig *proclaim a state of siege.*

belemmer *embarrass, cripple, impede, interfere with, hamper, obstruct;* die regspleging — *interfere with the course of justice;* sonder —**ing** *without let or hindrance;* wetlike —**ing** *legal impediment.*

belese *learned, well-read;* — man *man of wide reading;* — regter *learned judge.*

belet (s) (only in civil procedure) *bar;* kennisgewing van — *notice of bar;* onder — plaas *bar;* hy is onder — om te pleit *he is barred from pleading;* opheffing van — *removal/upliftment of bar;* —**sel** *ban, bar, hindrance, impediment, obstacle, obstruction;* **huweliksbeletsel** *bar to marriage.*

belet (w) *ban, bar, forbid, inhibit, preclude, prevent, restrain;* interdik wat A — om *interdict restraining A from;* — om te pleit *barred from pleading.*

belhamel *ringleader.*

beliggaam *embody;* die voorwaarde is in die kontrak — *the condition is embodied in the agreement;* **beliggaming** *embodiment.*

belofte *promise, commitment;* 'n — doen *make a promise;* 'n — gestand doen *fulfil/keep/stand by a promise;* plegtige — om die waarheid te praat *affirmation to speak the truth.*

beloon *remunerate, reward.*

beloop *course, way;* die — van die saak *the course of events;* die saak sy — laat neem *let the matter take its course.*

bely *avow, confess; profess* (a religion).

bemaak *bequeath, leave, legate, will;* geld — aan *settle money upon, bequeath money to;* by testament — *dispose of by will;* vasgoed — *devise* (English law); **bemaker** *testator;* **bemaking** *bequest, endowment;* —**sprys** *bequest price.*

bemanning *crew.*

bemerk *notice.*

bemiddel *intercede, mediate;* —**aar** *intercessor, mediator, go-between, intermediary;* —**ing** *intercession, mediation;* deur — van *by the good offices of, by the mediation of;* —**ingskommissie** *conciliation board.*

bemoei: jou — met *meddle, interfere with, tamper with;* jou met getuies — *tamper with witnesses;* —**siek** *meddlesome.*

benadeel *aggrieve, do a injustice to, impair, injure, prejudice, wrong;* bereken om te — *calculated to prejudice;* die —**de** *person aggrieved;* wesenlike **benadeling** *substantial prejudice.*

benadering (1) *approach;* — van 'n probleem *approach to a problem;* (2) *approximation;* by — *approximately, roughly speaking;* skatting by — *rough estimate.*

benadruk *highlight, stress.*

benaming *appellation, name; term; designation, denomination.*

benard *parlous.*

benede *below;* die hof — *the court below/a quo.*

benefisieer *beneficiate.*

benewens *over and above, besides.*

benodigdhede: huishoudelike — *household necessaries.*

benoem *nominate, appoint;* —**de** *nominee;* —**de** kontrak *nominate contract;* —**de** kurator *curator nominate.*

benut *exploit, utilize.*

beny *envy, be envious of;* —**denswaardig** *enviable.*

beoog *contemplate, aim at, envisage, have in view, strive for;* —**de** *contemplated, intended.*

beoordeel *adjudicate, judge;* verkeerd — *misjudge;* vooruit — *prejudge;* **beoordelaar** van feite *trier of fact.*

bepaal *appoint, fix, lay down, determine, assign, stipulate, state;* die dag — *fix/name the day;* die —**de** tyd *the stipulated time;* —**delik** *expressly, specifically, particularly.*

bepaling (plural with—e or—s) *determination, direction, prescription, stipulation, term; provision, regulation;* behoudens die — van *save as provided by;* beperkende — *restrictive covenant;* bevoordelende — *beneficial provision;* gebiedende — *peremptory/imperative provision;* ondanks strydige —**e** *provisions to the contrary notwithstanding;* ooreengekome — *agreed term;* reëlende —**e** *directory provisions* (as distinct from *imperative);* stilswyende — *implied term;* verskanste — *entrenched clause;* voorwaardelike/afhanklike —*contingent stipulation.*

bepeins *cogitate over, ponder over.*

beperk *circumscribe, confine, curtail, limit, keep within limits, hedge, qualify; restrain, restrict;* —**te** akseptasie *qualified acceptance;* —**te** bevoorregting *qualified privilege;* —**te** endossement *qualified endorsement;* maatskappy met —**te** aanspreeklikheid *limited liability company;* —**te** vennootskap *limited partnership.*

beperkend *restrictive;* —**ende** endossement/uitleg *restrictive endorsement/interpretation.*

beperking *restriction, curb, derogation, limit, limitation, qualification, restraint, constraint;* — op vervreemding *restraint on alienation.*

bepleit *advocate, speak in favour of, argue* (a case); —**baar** *arguable;* —**er** *advocate, champion.*

beproef (1) *afflict;* (2) *try, test;* —**de** metode *approved method;* **beproewing** *affliction, visitation, ordeal.*

beraad *deliberation;* na rype — *after mature consideration;* —**slaag** *deliberate upon, consider, confer with;* —**slagend** *deliberative;* —**slagende** stem *deliberative vote;* — vergadering *deliberative assembly.*

beraam *contrive, devise, estimate, project;* vooraf —**de** misdaad *premeditated crime;* vooraf —**de** skade *pre-estimated damage;* **beraming** *estimate, projection.*

berde: te — bring *broach (a subject).*

beredder (estate) *administer an estate;* (general) *put in order, arrange;* —**aar** van 'n bestorwe boedel *administrator of a deceased estate.*

beredeneer *argue* (a case); —**baar** *arguable;* —**d** *well-reasoned.*

bereël *regulate, bring within rules;* —**ing** *regulating, bringing within rules.*

bereg *adjudicate, hear/try a case;* —**baar** *justiciable, cognizable, subject to jurisdiction, triable;* —**baarheid** *justiciability;* —**ting** *adjudication, hearing, trial;* dag van — *day of hearing;* plek van — *venue.*

beregtiging *entitlement.*

bereidwillig *willing, ready,* vry en — *freely and voluntarily.*

bereik *attain.*

bereken *calculate, compute; rate, evaluate;* — op misleiding, daarop — om te mislei *calculated to mislead;* —**de** *deliberate.*

bêrekoop *lay-by.*

berg (w) *salvage wreckage;* —**ingsloon** *payment for salvage;* —**ingsmaatskappy** *salvage company.*

berig *report, message, communication;* valse — *misinformation, canard;* —**gewer** *informer* (of crime).

berispe *caution, censure, correct, rebuke, reprimand;* —**lik** *blameworthy, reprehensible;* ligte **berisping** *reproof;* strenge — *severe reprimand;* — en ontslag *caution and discharge.*

beroep (1) hoër — *appeal;* in hoër — gaan *appeal, go on appeal;* (2) *occupation, business, profession, trade, vocation;* vrye — *profession;* **beroeps-** *occupational, professional;* —**besering** *occupational injury;* —**gevaar** *occupational hazard;* —**opleiding** *occupational training;* —**siekte** *occupational disease.*

beroering *commotion.*

berokken: skade/leed — *cause/do/inflict damage/harm to.*

beroof *rob, deprive, plunder;* — van *rob of;* **berowing** *deprivation, spoliation.*

berou *regret, remorse, repentance;* sonder — *impenitent;* —**vol** *contrite, penitent, repentant.*

berug *ill-famed, notorious;* —**theid** *disrepute, infamy, notoriety, notoriousness.*

berus (1) — by *vest in, be vested in;* (2) *acquiesce in, resign oneself to, submit to;* (3) — op *be based on, rest on;* die besluit — by hom *the decision rests with him, it is for him to decide;* dit — op 'n misverstand *it is due to a misunderstanding;* die eiendom — by die kurator *the property vests in the trustee;* sy eis — nie dàarop nie *that is not his case;* die mag — by die hof *the power vests in the court;* —**ting** *acquiescence, passivity, resignation.*

besadig *calm(ly), dispassionate(ly);* — praat *speak with restraint.*

beseer *hurt, injure;* aanranding met die opset om ernstig te — *assault with intent to do grievous bodily harm.*

besef *realization, awareness;* iemand onder die — bring *bring home to someone;* — van reg en verkeerd *sense of right and wrong.*

besiel *inspired;* met kwaadwilligheid — *actuated by malice;* wat het hom —*what possessed him.*

besigheid *business, occupation, pursuits, activities;* gewone loop van — *ordinary course of business;* —**sbeginsels,** —**standaarde** business principles; —**sdag** *business day;* —**snaam** *business name, firm name, trading name;* —**sperseel** *business premises;* —**sproposisie** *business proposition;* —**stransaksie** *business transaction.*

besigtig *inspect, look at, survey, view;* —**ing** *inspection;* — ter plaatse *inspection in loco.*

besin *reflect;* — eer jy begin *look before you leap;* jou — *have second thoughts, change one's mind;* —**ning** *reflection;* tot — kom *come to one's senses.*

besit (s) *possession, holding, occupation* (premises); *tenure;* (also, but less accurate) *ownership;* (daad)werklike — *actual possession;* fiktiewe/veronderstelde — *constructive possession;* gesamentlike — *joint possession;* — van grond *occupancy/tenure of land;* — herneem *repossess;* — herstel *restore pos-*

session; liggaamlike — *detention;* ongestoorde — *undisturbed/quiet enjoyment;* onregstreekse — *indirect possession;* strydige — *adverse possession;* vreedsame en rustige/ongestoorde — *peaceable and quiet possession;* onregmatig in — bly *hold over* (after termination of lease); onregmatige — *unlawful possession;* leerstuk van onlangse — *doctrine of recent possession;* iemand sy — ontneem *dispossess/despoil a person;* — onttrek aan iemand *despoil/dispossess a person;* private — *private ownership;* regmatige — *lawful possession;* — deur middel van 'n sterker regstitel terugkry *evict/recover property by way of a superior title;* — ter bede *precarious possession, tenancy at will;* willekeurig herroepbare — *tenancy at will/on sufferance;* —**lik** *possessive;* —**sreg** *right of possession/occupation.*

besit (w) *possess, have, hold, occupy* (premises).

besitsaanmatiging *arrogation, usurpation.*

besitsaksie *possessory action/remedy.*

besitsherneming *repossession.*

besitsontneming/onttrekking *deprivation of possession, dispossession, spoliation.* **besitsonttrekker** (onregmatige) *spoliator.*

besitter *occupant, occupier, possessor;* natuurlike — *detentor;* — te goeder trou *bona fide possessor;* — te kwader trou *mala fide possessor.*

besitting *dependency;* (estate) *assets, belongings;* roerende —**s** *chattels.*

beskaaf(d) *civilised, genteel.*

beskadig *damage, impair, injure.*

beskeie *modest.*

beskerm *protect, safeguard, shelter;* —**gebied** *protectorate;* —**end** *protective;* —**ende** bewaring *protective custody;* —**ing** *aegis, protection, safeguard;* onder — van *under the auspices of.*

beskik *arrange, dispose, determine;* — oor *have at one's disposal;* —**king** *disposal;* by — van *by order of;* laaste **wils**— *last will and testament.*

beskimp *abuse, mock, scoff at, revile, flout;* —**end** *contumelious.*

beskinder *slander.*

beskou *consider, contemplate, regard; survey;* — as *deem, regard as;* op sigself — *in the abstract;* — te wees *deemed to be;* buite —**ing** laat *leave out of account;* in —**ing** neem *contemplate;* —**ingsbevel** *deeming order.*

beskryf, beskrywe *describe, set out;* volledig — *set out in full;* **beskrywing** (of parties in pleadings) *description;* onjuiste — *misdescription.*

beskrywende woorde *descriptive words.*

beskuldig *accuse, blame, denounce, incriminate, inculpate, level an accusation against;* — van *accuse of;* mekaar oor en weer — *recriminate, indulge in mutual charges;* —**de** *accused;* — se saak *defence case;* —**debank** *dock;* —**end** *accusing, accusatory, inculpatory;* —**er** *accuser;* —**ing** *accusation; charge;* akte van — *indictment;* in 'n — betrek *incriminate;* in 'n staat van — stel *arraign, bring to trial;* valse — *false accusation;* wedersydse —e *recriminations.*

beslaan *occupy, fill, take up.*

beslag *attachment*, *seizure* (of goods); *embargo* (of ship); in — genome goed *attached goods;* — lê op goed/goed in — neem *seize/arrest/attach goods; impound* (document, passport), bewarende/beveiligende — *attachment/seizure to conserve goods, attachment before judgment;* — vir eksekusie, eksekutoriale/geregtelike — *attachment in execution;* vatbaar vir — *attachable;* — om jurisdiksie te vestig *attachment to found jurisdiction;* **beslagleggende** skuldeiser *attaching creditor;* **beslaglegging** *attachment;* **beslagskuldenaar** *garnishee.*

besleg *decide;* 'n geskil — *decide/determine/settle a dispute;* —**ting** *decision of a dispute.*

beslis (a) *decided, definite, firm, positive, resolute.*

beslis (w) *decide, hold; adjudicate upon;* 'n geskil/hofsaak — *decide a dispute/case;* die hof — dat *the court finds/decides/holds that;* — ten gunste van *decide for/in favour of;* — teen/ten nadele van *decide against a party;* —**send** *crucial, vital; decisive, definitive, peremptory;* —**sende** stem *casting vote;* —**sing** *decision, finding, ruling;* 'n — bereik, tot 'n — geraak *come to a decision;* tot — bring *bring a matter to decision;* reëling, — of bevel *ruling, decision or order.*

beslote korporasie *close corporation.*

besluit (s) *decision, conclusion, resolution;* 'n — neem *take a decision; adopt/pass a resolution;* omvattende — *omnibus resolution;* spesiale — *special resolution;* —**neming** *decision-making.*

besluit (w) *adopt a resolution, conclude, decide, resolve;* — om te *decide to.*

besmet *contaminate,* —**lik** *infectious.*

besoedel *pollute, taint;* —**ing** *pollution.*

besoldig *pay, remunerate;* in —**de** diens *gainfully employed;* —**ing** *emoluments, pay, remuneration, salary.*

besonder *particular, peculiar, singular, special,*

specific; **—e** opset *specific intent;* **—e** skade *special damage;* **—e** voorwaardes *special conditions;* wesenlike en **—e** belang *substantial and peculiar interest;* **—hede** *particulars;* verdere — *further particulars;* verdere en vollediger — *further and better particulars;* — van eis *particulars of claim;* in — tree *particularize.*

besonderlik *particularly, exceptionally, uncommonly;* feite — binne sy eie kennis *facts peculiarly within his own knowledge.*

besope *drunk, inebriate, intoxicated.*

besorg (w) *attend to.*

bespiegeling *contemplation, speculation;* **bespiegelend** *contemplative.*

bespoedig *expedite.*

bespot *scoff at, ridicule, flout;* **—ting** van geregtigheid *travesty of justice.*

bespreek *discuss;* deeglik — *thrash out.*

bestaanbaar met *compatible/consistent with.*

bestanddeel *element, ingredient;* onontbeerlike — van 'n misdaad *necessary element of an offence.*

beste *best;* na die — van my kennis en wete *to the best of my knowledge and belief;* — getuienis-reël *best evidence rule.*

besteel *steal from, plunder.*

bestek (1) *bill of quantities, specification* (building trade); (2) *scope, range, space;* — van bevoegdheid *scope of authority, jurisdiction;* — van sy diens *scope of his employment;* **—opname** *survey;* **—opmaker** *quantity surveyor.*

bestel (w) (1) (goed in handelsverkeer) *deliver; indent, order, place an order;* (2) *serve process on;* **—ling** (process) *delivery, service;* onvoldoende — *defective service;* wyse van — *mode of service.*

bestel(s) *scheme of things, set-up;* die maatskaplike — *the social order;* die staatkundige — *the constitutional order.*

bestem *destine, set apart, appropriate;* —de tyd en plek *appointed time and place.*

bestendig *consistent, constant, lasting, stable, steady.*

bestialiteit *bestiality.*

bestraf *censure, reprove, correct, reprimand, rebuke; punish, penalize;* **—fend** *penal, punitive, vindictive;* **—e** element by skadevergoeding *punitive element in damages;* **—e** geregtigheid *punitive justice;* **—e** skadevergoeding *exemplary/punitive/vindictive damages;* **—fing** *censure, reproof, correction, reprimand, rebuke; punishment, penalization.*

bestry *combat, dispute, fight against, impugn, oppose;* 'n aansoek — *oppose an application;* 'n bewering — *join issue on an allegation;* koste — *defray costs;* **bestrede** aansoek *opposed application.*

bestuur (s) *administration, conduct; executive body, committee, management;* geregtelike — *judicial management;* plaaslike — *local authority;* **—sorgaan** *administrative authority;* **—sreg** *administrative law.*

bestuur (w) *administer* (funds, trust), *conduct, control, direct, govern, manage* (affairs); 'n besigheid/saak/sakeonderneming — *manage/run a business;* **—der** *manager;* geregtelike — *judicial manager.*

bestuursbenadering *management approach.*

beswaar (s) *objection, grievance, scruple, difficulty;* — aanteken *object, lodge an objection;* — afwys/verwerp/van die hand wys *disallow/overrule an objection;* — ondervang/weerlê *meet objections;* — handhaaf *sustain/allow an objection;* aan — onderhewig *susceptible to objection;* — inbring/opper *raise/make objection;* — maak teen *object to, expostulate/make a protest/remonstrate against;* **—de** *fiduciary, trustee,* fiduciarius; **—gronde** *grounds of objection;* **—maker** *objector, person aggrieved.*

beswaar (w) *burden, encumber;* **—de** eiendom *burdened property, property under mortgage;* **—lik** *scarcely, hardly, with difficulty;* **—skrif** *objection, petition of protest;* **—de** *fiduciary;* **beswarend** *damaging, incriminating, inculpatory, onerous, prejudicial;* **beswaring** *encumbrance.*

beswadder *defame, calumniate, traduce, vilify; denigrate, give a bad name to. See* **laster**.

beswanger *impregnate, make pregnant.*

betaal *pay, make payment;* 'n skuld — *liquidate/honour/repay/settle a debt;* in mindering — *pay on account;* **—baar** *due, payable;* op aanvraag — *payable on demand;* wissels — *bills payable;* **—middel** *currency, money;* wettige — *legal tender.*

betaling *payment, settlement;* — deur een die ander vry te stel *the one paying the other to be absolved;* — doen *effect payment;* — kwytskeld *waive payment;* simboliese — *token payment;* teen — *on payment of;* **—sbalans** *balance of payments;* — ontduik *bilk, evade payment.*

beteken (1) *mean, imply, signify, represent, stand for, portend;* — en omvat *means and includes;* (2) — aan *serve on;* kennisgewing, prosesstukke — aan *serve notice/process on;* **—ing** *service* (of process); — doen, laat geskied *effect service;* kort — aanvaar *accept short service;* onvoldoende — *defective service;* vervangende — *substituted service;*

wyse van — *mode of service;* **—is** *meaning, connotation, import, purport, significance, consequence, implication, portent;* binne die — van die wet *within the meaning of the statute;* gewone — van woorde *ordinary meaning of words;* van groot — wees *carry great weight;* —heg aan *assign a meaning to;* **—isloos** *meaningless, pointless;* **—isvol** *meaningful, significant.*

beterhand: aan die — wees *be on the way of recovery.*

beterweter *know-all, wiseacre.*

betoog (s) *address, argument, contention, submission;* dit is 'n aangeleentheid vir — *this is a matter for argument;* ek baseer my — op die bewoording van die wet *I take my stand on the wording of the Act;* — lewer *address the court;* rigting van — *line of argument;* volgens my — *in my submission.*

betoog (w) (1) *argue, maintain, contend, submit, urge;* **—trant** *trend of argument;* (2) *demonstrate;* **betoging** *demonstration.*

betrap *detect;* op heterdaad — *catch red-handed.*

betree *enter, set foot upon;* wederregtelik — *trespass upon;* — en visenteer *visit and search;* **betreding** *entry* (on premises); reg van — *right of entry.*

betref *concern, relate to;* van en **—fende** die eiser *of and concerning the plaintiff.*

betrek *implicate, involve in;* — by *draw into;* 'n huis — *move into a house;* **—king** (1) *employment, job, office, position, post;* uitvoerende/leidende — *executive position;* (2) *pertinence, relationship, relevance;* — hê op *have a bearing on, be germane/pertinent to, pertain to;* geen — hê op *bear no relation to;* met — tot *with reference/regard to, relative to, in respect of;* die antwoord het geen — op die vraag nie *the answer bears no relation to/has nothing to do with the question;* **—lik** *comparative, relative;* **betrokke** *concerned with, implicated;* by die kontrak — *concerned in the contract;* in die handel — *engaged in business;* **betrokkene** (1) *person concerned;* (2) *drawee* (of a cheque); **betrokkenheid** by *involvement in.*

betreur *deplore;* **—enswaardig** *deplorable.*

betroubaar *dependable.*

betwis (a statement) *challenge, contest, controvert, dispute, impugn, oppugn;* dit word — *it is in dispute;* 'n eis — *dispute/challenge a claim;* **—baar** *contentious, challengeable, controversial, disputable, dubious, moot;* **—te** dokument *disputed document.*

betwyfel *doubt, query, call into question.*

beul *executioner, hangman.*

beurs *exchange, stock exchange.*

beurtbly *timeshare.*

beuselagtig *frivolous, nugatory, trivial;* — en sinloos *frivolous and meaningless.*

bevalling *confinement.*

beveel *command, order, charge, direct, enjoin, decree;* **bevel** (by court) *order, decree, injunction; direction, edict, fiat, instruction;* beslissing, reëling of — *decision, ruling or order;* op — van *by order of;* op/kragtens regterlike — *by an order of court, by judicial order;* teen my uitdruklike — *against my express orders;* 'n — gee *make an order;* — nisi *rule nisi;* — om te herstel *restitutory order;* finale — *decree absolute, final order;* — tot beslaglegging *warrant of attachment;* — insake koste/kostebevel *order as to costs;* 'n — uitreik/uitvaardig *issue an order;* voorlopige — *provisional order, rule nisi;* **bevel-in-rade** *order-in-council;* **—skrif** *mandamus, warrant, writ;* — van die Staatspresident *warrant of the State President;* **—voerder** *person in command, commanding officer.*

beveilig *protect, safeguard, conserve, secure;* 'n wetsartikel — *entrench a clause;* **—de** bepaling *entrenched clause;* **—ende** bewaring *attachment to conserve.*

bevestig *affirm, adhere to, approve, attest* (on oath), *bear out, confirm, corroborate, sustain, verify; attach to;* 'n bewering — *confirm/corroborate/adhere to a statement;* oorgelees en — *read over and adhered to;* onder eed — *confirm under oath;* 'n ooreenkoms/dokument — *confirm/approve/homologate an agreement/document;* **—end** antwoord *reply in the affirmative;* **—ende** bewyse/getuienis *corroborative evidence;* **—iging** *affirmation, attestation, confirmation, corroboration, verification;* plegtige — *solemn affirmation.*

bevind *find, hold;* na — van sake handel *act according to circumstances;* onskuldig — *find not guilty, find for the accused;* skuldig — aan *find guilty of;* **—ing** *finding, conclusion, ruling, verdict;* 'n — deur die feite gebillik *a finding justified by the facts;* juiste — *true verdict;* onbesliste — *open verdict.*

bevoeg *capable, competent, qualified;* — om eisend en verwerend op te tree *capable of suing and being sued;* **—de** en verpligbare getuie *competent and compellable witness;* **—de** hof *competent court;* hy is — om te *it is competent for him to;* — om te stem *qualified to vote.*

bevoegdheid *authority, capacity, competence, faculty, power, qualification, mandate, licence;* binne sy — *within his competence/power/capacity;* buite die — *ultra vires;* buite jou —

handel *exceed your powers/mandate/authority;* — om as eiser of verweerder op te tree *legal capacity;* regterlike — *judicial power/authority;* stilswyend inbegrepe — *implied powers;* — met 'n verpligting gepaard *power coupled with a duty;* **—gewend** *enabling, qualifying;* **—gewende** aandeel *qualifying share;* — wet *enabling Act.*

bevoog: 'n minderjarige — *appoint a guardian over a minor;* **—de** *ward;* **—ding** *placing under guardianship.*

bevoordeel *benefit, favour;* **—de** (under a trust) *beneficial owner, beneficiary,* cestui que trust; (under a donation) *grantee.* See **trust;** — kragtens die testament *beneficiary under the will.*

bevooroordeel *bias;* **—d** *prejudiced, biased.*

bevoorrading *provisioning, stocking.*

bevoorreg *prefer, grant a privilege to;* **—te** mededeling *privileged communication;* **—te** geleentheid *privileged occasion;* minder **—te** *disadvantaged;* **—ting** by laster *privilege in regard to defamation;* beperkte — *qualified privilege;* onbeperkte/absolute — *absolute privilege;* — oorskry *abuse a privileged occasion.*

bevorder *expedite, facilitate, foster, further, stimulate; promote;* die loop van die gereg — *promote the ends of justice;* **—ing** *promotion, preferment;* **—lik** vir *conducive to.*

bevraagteken *doubt, query, call into question.*

bevrag *charter;* **—ter** (of ships and aircraft) *charterer, charter broker;* **—ting** *chartering, affreightment;* **—tingskontrak** *charter contract, contract of affreightment.*

bevredig *gratify, satisfy;* **—end** *satisfactory;* **—ging** *gratification, satisfaction;* tot — van die hof *to the satisfaction of the court.*

bevrugting *fertilisation.*

bevry *absolve, emancipate, free, set free, liberate, release, relieve;* 'n borg — *discharge a surety;* 'n skuldenaar — *acquit a debtor;* die verweerder van die instansie — *absolve the defendant from the instance;* **—ding** *absolution* (from the instance), *discharge* (of surety), *emancipation, liberation, release.*

bewaak *guard;* onder bewaking *under surveillance.*

bewaar *conserve, guard; file of record;* **—der** *custodian;* — van vyandseiendom *custodian of enemy property;* **—gewer** *depositor; bailor* (English law); **—gewing** (contract of) *deposit; bailment* (English law); **—heid** *bear out, confirm, make good, verify;* **—heid** word *materialise;* **—kluis** *safe deposit;* **—nemer** *depositary; bailee* (English law); **—plek** *depository.*

bewaring *custody, detention, safekeeping;* beskermende — *protective custody;* in — gee *deposit with;* — van kinders *custody of children;* aan my — toevertrou *committed to my care;* plek van — *place of detention, place of safety;* veilige — *safe custody/deposit/keeping;* in vertroude — hou *hold in trust;* voorkomende — *preventive custody.*

beweeg (tot iets) *actuate, induce, motivate, prevail upon;* deur kwaadwilligheid daartoe — *actuated by malice;* **—likheid** *mobility;* **—middel** *inducement;* 'n — voorhou *hold out an inducement;* **—rede** *cause, consideration, ground, inducement, motive;* bedekte — *ulterior motive;* dwaling in die — *mistake as to motive;* **beweging** *motion;* die hof uit eie — *the court of its own motion,* suo motu; in — bring *actuate;* uit eie — *of one's own accord, spontaneously;* **—svryheid** *freedom of movement;* met ingekorte — *under restraint.*

beweer *allege, assert, contend, declare, maintain, aver; suggest;* in pleitstukke — *allege in pleadings;* **—de** kwart/pint *reputed quart/pint;* die **—de** misdaad *the alleged offence.*

bewerk *exploit; manipulate;* **—er** *author, founder, originator.*

bewerkstellig *cause, bring about, accomplish, cause, effect, induce, procure;* vrugafdrywing — *procure abortion;* pleging van 'n misdaad — *procure the commission of an offence.*

bewese *proved;* — skuldeisers *proved creditors;* — bevonde feite *facts found proved.*

bewimpel *disguise;* 'n skenking as koop — *disguise a donation as a sale.*

bewind (1) *a form of trust;* **—hebber** *manager;* **—voerder** *administrator, trustee;* **—voering** *administration;* (2) *regime.*

bewoon *occupy;* **bewoner** *occupant, inhabitant;* **bewoning** *occupancy.*

bewoording *wording, phrasing, terms;* — van die wet *wording of the Act;* in algemene — *in general terms.*

bewus *aware, cognizant, conscious, knowing;* — dat dit gesteel is *knowing it to be stolen;* — wees van *cognizant of;* wel deeglik — wees *know full well;* **—telik** *designedly, intentionally, knowingly, purposely;* **—theid** *awareness.*

bewussyn *consciousness; mind; cognition;* bewussyns- en wilselemente van opset *cognitive and voluntative elements of intent.*

bewys (s) (1) *promissory note;* (2) *proof, evidence, substantiation, verification, establishment* (of claim); afdoende — *conclusive proof;* voldoende — *sufficient proof* (synonymous with prima facie evidence); bevredigende — *satisfactory proof;* dokumentêre — *documentary evidence/proof;* oortuigende — *convincing evidence/proof;* daag hom tot — daarvan *put him to the proof thereof;* — lewer *furnish evidence;* wat — lewer *probative;* oorwig van — *preponderance of evidence;* — van skulde *proof of debts;* ten **—e** waarvan *in proof of which, in witness whereof;* teen die **—e** en die deurslag daarvan *against the evidence and the weight of the evidence;* teen die deurslag van die aangevoerde **—e** *against the weight of the evidence;* vatbaar vir snelle en maklike — *capable of quick and ready proof;* — van vorderinge *proof of claim;* **—baar** *capable of proof, demonstrable, provable;* **—gewend** *evidential;* **—krag** *cogency, evidential/probative value;* die **—krag** ontneem aan *vitiate* (an argument); **—las** *burden/onus of proof,* onus probandi; die — dat *the onus to prove that;* — verskuif *shift the onus;* **—leiding** *advice on evidence;* **—lewering** *evidence;* **—materiaal** *evidential material;* **—middel** *evidence, means of proof;* **—plaas** *authority, reference;* **—reëls** *rules of evidence;* **—reg** *law of evidence;* **—stuk** *exhibit; voucher;* **—voering** *evidence;* advies oor — *advice on evidence;* **—waarde** *evidential value.*

bewys (w) *prove, bear out, demonstrate the truth of, substantiate, establish;* 'n aanspraak/reg — *vindicate/prove a claim;* dit — *this testifies to;* onjuis — *disprove, refute;* iemand se onskuld — *vindicate/prove a person's innocence;* tensy die teendeel — word *unless the contrary be proved;* vorderinge — *prove/establish claims.*

bewyslas *burden/onus of proof, evidential burden;* die — dat *the onus to prove that;* — verskuif *shift the onus.*

bewysplaas *reference to authority.*

bie (w) *bid;* — op *bid for;* **opbie** *bid up;* (n) **bod** *bid;* **botte** *bids;* **—der** *bidder.*

bied *afford, offer;* geleentheid — *offer an opportunity.*

bieg *confess* (at confessional).

bigamie *bigamy;* **bigamiese** huwelik *bigamous marriage.*

bikameraal *bicameral.*

bilateraal *bilateral.*

billik *equitable, fair, just, rational;* reg en — *just and equitable;* **—e** kommentaar *fair comment;* **—e** verdeling *just distribution;* **—e** verhoor *fair trial;* **—e** slytasie *fair wear and tear;* **—heidshalwe** *in common fairness.*

bind *bind;* **—end** *binding, effectual, obligatory;* **—e** gesag *binding authority;* dit is — op die hof *this is binding on the court.*

binne-egtelik *in wedlock.*

binnekennis-transaksie *insider trading.*

binneverbruik *on-consumption;* **—lisensie** *on-licence, on-consumption licence.*

bipatride *person with double nationality.*

bitsig *acrimonious.*

blaam *blame;* **—loos** *blameless;* **—waardig** *blameworthy.*

blad *leaf* (in a will). To be distinguished from *sheet* (Afr. *vel).*

blad: geen — voor die mond neem nie *call a spade a spade.*

bladwagter *catchword* (typing).

blameer *blame.*

blanko *blank;* — akseptasie/endossement *acceptance/endorsement in blank;* — geëndosseer *endorsed in blank;* — tjek *blank cheque.*

blasfemie *blasphemy.*

bloed *blood;* verwant deur die volle of halwe — *related by the whole or half blood.*

bloedbad *carnage, bloodbath.*

bloeddorstig *murderous.*

bloedskande *incest;* **bloedskender** *incestuous person;* **bloedskendig** *incestuous.*

bloedverwant *blood relation;* naaste — *next of kin;* **—skap** *blood relationship, agnation, consanguinity, ties of blood;* verbode grade van — *prohibited degrees of consanguinity.*

bloedvete *vendetta.*

bloei *flourish, bloom;* die — van die lewe *the prime of life.*

blok (aandele/huise/woonstelle) *block of shares/houses/flats.*

blokkeer (krediet, fondse, bates) *block credit/funds/assets.*

blokkruiping *bracket creep, fiscal drag.*

bloot *bare, mere; naked, nude;* **—e** eiendomsreg *bare dominium;* die **—e** feite *the bare facts;* **—e** meerderheid *simple majority;* **—e** ontkenning *bare denial, denial without rebuttal;* deur **—e** toeval *by pure/mere chance;* **—e** verbod *nude prohibition* (without sanction); **—gestel** *in jeopardy;* — aan vervolging *liable to prosecution;* hy is aan straf — *he incurs a penalty;* **—lê** *uncover, disclose, discover* (documents); *expose, reveal;* alles — *make a full disclosure;* versuim om bloot te lê *non-disclosure;* **—legging** *disclosure, discovery, production;* — van dokumente *discovery/production of documents;* **—leggingsbevel** *discovery order;* **—leggingsverklaring** *discovery affidavit;* **—staan** aan *be exposed/liable to;* **—stel** aan *expose to, subject to, jeopardize;* aan haat en minagting — *expose to hatred and contempt;* hy stel homself aan 'n boete bloot *he exposes himself to a penalty;* dubbele **blootstelling** *double jeopardy.*

bloudruk *blueprint.*

blyk *appear, be evident, turn out to be; transpire, come to light;* **—baar** *apparent, obvious, evidently, clearly;* **—e** gee van *manifest;* **—ens** *as appears from.*

bo die reg *above the law, not amenable to the law.*

bo-staatlik *supra-national.*

bobelasting *surcharge.*

bod (at auction) *bid, offer;* gee my 'n — *make me an offer.*

bode *messenger;* — van die hof *messenger of the court;* **—loon** *messenger's fees.*

bodemery *bottomry;* 'n — aangaan *enter into a bottomry bond;* **—brief** *bottomry bond, respondentia bond, bill of adventure.* See **bottomry** in E—A.

boedel *assets, estate;* bestorwe — *deceased estate;* gemeenskaplike — *joint estate;* insolvente — *insolvent estate;* **—afstand** *assignment of an estate;* akte van — *deed of assignment;* vrywillige — *voluntary assignment;* **—bates** *assets of the estate;* **—belasting** *estate duty;* **—beredderaar** *administrator of an estate;* voorreg van **—beskrywing** *benefit of inventory;* **—kamer** *board of executors;* **—oorgawe** *surrender of an estate;* **—rekening** *executor's account;* **—skeiding** *division of a joint estate;* **—skulde** *debts due by an estate;* **—vorderinge** *debts due to an estate.*

boef *ruffian, thug, villain, rogue;* **boewery** *hooliganism.*

boei *handcuff.*

boekjaar *financial year.*

boekstaaf *record, place on record.*

boendoehof *kangaroo court.*

boet (vir) *atone for, expiate.*

boete (1) *atonement, expiation;* — doen vir skuld *expiate guilt;* (2) *fine, penalty;* — op die plek *spot fine;* 'n — oplê *impose a fine;* vergoedende — *compensatory fine;* — weens vertraging *moratory penalty;* **—beding** *penalty clause;* **boeterente** *penalty interest.*

boetvaardig *contrite, penitent, repentant.*

bogenoemde, bogemelde *abovementioned, aforementioned.*

boikot *boycott.*

bolwerk *bulwark, rampart.*

bondgenoot *ally, confederate.*

bondig *brief, concise, succinct.*

bondstaat *federal state, federation.*

bonkig *sturdy.*

bonus *bonus;* **—aandeel** *bonus share.*

boos *wicked;* **—aardig** *malevolent, malignant, spiteful, vicious, wicked;* deur ingebore **—heid** *through innate vice;* **—doener** *malefactor, rascal, rogue, scoundrel, villain.*

bordeel *brothel;* **—houer** *brothelkeeper.*

borg (1) (person guaranteeing another's appearance in court or that he will pay his debts) *surety;* — staan vir iemand *stand surety for someone;* — en mede-hoofskuldenaar *surety and co-principal debtor;* (2) (the security given for appearance in court) *bail;* iemand op — vrylaat *release on bail, admit to bail;* **—akte** *recognizance, bail bond, security/surety bond;* — aangaan *enter into a recognizance;* op eie —/verantwoordelikheid vrystel *release on own recognizance;* — ophef *discharge a recognizance;* — ten uitvoer lê *estreat a recognizance;* onder — verbind *put under recognizance;* — om vir vonnis te verskyn *recognizance to come up for judgment;* — om die vrede te bewaar *recognizance to keep the peace;* **—bare** misdaad *bailable offence;* **—geld** *bail, bail money;* — verbeur *forfeit bail money;* — verbeurd verklaar *estreat bail, declare bail forfeit;* **—kontrak** *contract of suretyship/guarantee;* **—stelling** *bail; suretyship;* kontrak van — *contract of suretyship/guarantee;* **—tog** *bail, bail money;* iemand op — vrylaat *admit to bail, release on bail, grant/allow bail.* (3) (s) en (w) *sponsor.*

bots (teen/met) *collide with, conflict with, fall foul of;* **—ing** *collision, conflict, clash;* — van belange *conflict of interest.*

bou *build;* **—aannemer** *building contractor;* **—ery** *building operations;* **—genootskap/vereniging** *building society;* **—grens/lyn** *building line;* **—heer** *building owner;* **—kontrak** *building contract;* **—koste** *building costs;* **—ondernemer** *building contractor;* **—perseel/terrein** *building plot/site;* **—rekenaar** *quantity surveyor;* **—val** *ruin.*

bowematig *excessive.*

brand *fire;* — stig *commit arson, raise/start a fire;* **—kluis** *safe-deposit;* **—merk** *brand;* **—stigter** *arsonist;* **—stigting** *arson, fire-raising, incendiarism;* **—stigtingshandeling** *incendiary act;* **—stigtend** *incendiary;* **—versekering** *fire insurance.*

breedsprakig *prolix, verbose.*

breedvoerig *fully, in detail;* soos —er sal blyk uit *as will more fully appear from.*

breinspoel *brainwash.*

bres: in die — tree vir *come to the rescue of.*

brevet *brief.* See **brief** in E—A.

brief *letter, note;* briewe van administrasie

letters of administration; begeleidende — *covering letter;* — van bekragtiging *letter of confirmation;* briewe van kuratele *letters of curatorship.*
bringskuld *debt, payment of which must take place at the domicile of the creditor.*
broeder *brother;* **—moord** *fratricide;* **—skap** *sodality.*
bron *origin, provenance, source;* — van bestaan *source of livelihood;* uit betroubare — *from a reliable source;* **kenbronne** van die reg *authorities, sources of law.*
bruidskat *dowry, marriage-portion.*
bruikhuur *lease.*
bruikleen *loan for use,* commodatum; in — hê *have on loan for use.*
brutaal *impudent, impertinent, insolent, audacious, cheeky;* iemand **brutaliseer** *be impudent to a person;* **brutaliteit** *impertinence, audacity.*
bruto *gross.*
bruutheid *brutish.*
buite *outside; dehors;* van — *extraneous;* getuienis — die stuk *parol evidence, evidence dehors the document.*
buite-egtelik *illegitimate, born out of wedlock;* 'n kind buite-egtelik bewys *bastardize a child;* **—heid** *illegitimacy (of child).*
buite-geregtelik *extra-judicial.*
buitelands *foreign;* **—e** reg *foreign law;* **—e** wissel *foreign bill.*
buitemagtig *ultra vires;* — optree *exceed one's powers.*
buitengewoon *extraordinary;* **buitengewone** algemene vergadering *extraordinary general meeting.*
buitensporig *excessive, outrageous, exorbitant, extravagant, immoderate;* — en grof onredelik *excessive and unconscionable;* **—e** prys *excessive price.*
buiteverbruik *off-consumption;* verkoop vir — *off-sales;* —lisensie *off-consumption licence.*
buitewyk (van stad) *outskirts.*
bul *bull* (on stock exchange).
bullebak *bully.*
burereg *neighbour law.*
burger *citizen;* **—skap** *citizenship, nationality;* — deur geboorte *natural born citizen;* **—lik** *civil* (versus *military*)**;** **—like** *civilian;* **—like bestuur** *civil administration;* **—like** gesag *civil authority;* **—like** onluste *civil commotion;* **—like** reg *civil law;* **—like** status *civil status;* **—like** vrugte *civil fruits* (such as interest or rent); **—like** vryhede *civil liberties.*
burgery *citizenry; community.*
buro *office, bureau.*
buurman *neighbour;* **buurskap** *neighbourliness;* **buurstaat** *neighbouring state;* **buurweg** *neighbour's road,* via vicinalis.
buurt *vicinity.*
bybedoeling *ulterior motive.*
bybehore *appurtenances;* gebou en **—nde** grond *building and appurtenant land.*
bybetaling *excess fee.*
bybetekenis *secondary meaning;* ongunstige — *unfavourable implication.*
bybring (1) *afford;* (2) *impress, inculcate, teach, instil ideas.*
byderhand *at hand.*
bydra *contribute;* **—e** *contribution;* — tot koste *contribution towards costs;* **—end** *contributory;* **—ende** oorsaak *contributory cause;* **—epligtig** *liable to contribute.*
byeenkoms *assembly;* onwettige — *unlawful asembly;* oproerige — *riotous assembly.*
byeenroep *convene, call together;* 'n vergadering — *call a meeting.*
bygaande *accompanying;* — stukke *accompanying documents.*
bygevolg *consequently, accordingly, therefore.*
byhou ('n lening) *service a loan;* — by *keep abreast of;* **—er** *noter-up.*
bykomend *additional, attendant, collateral;* — en nie vervangend nie *in addition to and not in substitution for;* **—e** regshulp *ancillary relief;* **—e** risiko of gevaar *added risk or peril.*
bykomstig *accessory, ancillary, contingent, subsidiary, accidental, minor, supernumerary, secondary;* **—e** fooi vir advokaat *counsel's refresher;* **—e** uitgawes *contingent/incidental expenses;* **—e** patent *patent of addition;* iets **—s** *an accessory;* **—heid** *minor detail, non-essential, extra;* **—hede** *accompaniments, accessories.*
bylae *annexure, schedule;* — van 'n wet *schedule of an Act.*
bylê (geskille) *adjust/resolve/settle differences.*
bynaam *agnomen, nickname.*
bysiendheid *myopia.*
bysin *subordinate clause.*
bysit *concubine.*
byslaap *coitus, carnal intercourse.*
byslag *surcharge, bonus, allowance, extra amount, excess charge;* kinder— *childrens' bonus.*
bystaan *assist, aid, accommodate;* sover nodig bygestaan deur *assisted as far as need be, by;* **bystand** *assistance, aid, accommodation, relief;* **bystandsfonds** *benefit fund, benevolent fund.*
byval *approval.*

byverdienste *extra income, emoluments in addition to salary.*
byvoeg *add, enclose, append;* **—sel** *supplement, appendix, addition;* — tot *supplement to.*
byvoeg *append, add to;* **—ing** *addition, rider;* — van partye *joinder of parties.*
byvoordeel *fringe benefit, perquisite, perk, spin-off.*
bywerk *bring up to date.*
bywoner *sharecropper, bywoner.*
bywoning *attendance;* die getuie word verskoon van verdere — *the witness is excused from further attendance.*
bywoon *attend, be present at.*
bywyf *concubine.*

C

cache *cache, secret hiding place.*
casusposisie *special/stated case.*
caveat *caveat, warning, reservation;* 'n — aanteken *enter a caveat.*
cestui que trust *cestui que trust, beneficial owner/user; beneficiary.*
charter *charter.* See **charter** in E-A.
Codex *the Code.*
coitus *coitus, sexual intercourse.*
crimen iniuria *criminal injury, crimen iniuria.*
curandus *person under curatorship.*
cy-près *cy-près, alternative application* (trust or legacy).

D

daad *act, act of commission;* dade en versuime *acts and omissions;* op heter— betrap *catch in the act/red-handed;* — van insolvensie *act of insolvency;* onregmatige — *actionable wrong, delict, tort;* pleger van 'n onregmatige — *author of a delict, tortfeasor* (Eng. law); redelike en waarskynlike gevolge van sy — *reasonable and probable consequences of his act;* reg van onregmatige dade *law of delict;* **—werklik** *actually.*
daad: op die — *immediately;* **—krag** *energy;* sy — kwyt wees *be a spent force.*
daag (1) *challenge;* — hom tot bewys daarvan *put him to the proof thereof;* (2) *summons, cite.*
daaldekking *hedge.*
daalspekulant *bear* (on stock exchange).
daaropvolgend *subsequent;* tweede of **—e** skuldigbevinding *second or subsequent conviction.*
daaruitvolgend *consequent, subsequent, following;* **—e** regshulp *consequent relief.*
dadelik *at once, forthwith, immediately;* — ingaande *with immediate effect.*
dader *actual perpetrator, principal offender, principal in the first degree* (Eng. law).
dading *compromise, settlement;* akte van — *deed of settlement.* Rare and almost obsolete.
daggeld *call money* (money market).
dagsoom *outcrop.*
dagvaar *summons, cite, sue;* — vir skuld *sue for debt;* — by ediktale sitasie *sue by edict;* **—ding** *summons, citation.*
daktiloskopiese (uitkenning) *fingerprint/dactyloscopic identification.*
dalende (linie) *descent, descending line.*
dampkring *atmosphere.*
dateer *date,* vooruit — *post-date;* vroeg — *predate, antedate.*
datief *dative;* eksekuteur/voog — *executor/tutor dative.*
debatteer *debate, deliberate on, discuss;* 'n rekening — *debate an account.*
debiet *debit;* **—kant** *debit side;* **—nota** *debit note;* **—order** *debit order;* **—pos** *debit entry;* **—saldo** *debit balance.*
deel *part, portion, share;* **—hebbend** *participating;* **—hebber/—nemer** aan 'n kontrak *participant in/party to a contract;* **—heb-**

berskap in mede-eiendom *holding a share in joint property.*
deelbaar *divisible;* **—heid** van prestasie *divisibility of performance.*
deelgenoot *associate;* **—skap** *association, partnership; participation.*
deelneem (aan) *participate in, be a party to, take part in;* — aan 'n misdaad *participate in a crime;* — aan 'n onderneming *join in an undertaking.*
deelneming *participation;* grade van — *degrees of participation;* **—sverband** *participation bond.*
deelsaaier *sharecropper.*
deeltitel *sectional title.*
deeltyds *part-time.*
deernis *compassion;* **—vol** *compassionate;* **—verlof** *compassionate leave.*
deesdae *nowadays, in this day and age.*
defaitisme *defeatism.*
deflorasie *seduction, defloration.*
degradeer *demote.*
dek *cover;* deur die artikel ge— *covered by the section;* **—kingsverband** *covering bond.*
deklareer (civil procedure) *declare;* eiser — op onregmatige daad *plaintiff declares in delict;* **deklarasie** *declaration, particulars of claim;* (customs) *declaration*; **—stem** *declaration vote.*
dekreet *decree.*
delegeer (magte) *delegate powers;* skuld — (substitute a debtor) *delegate a debt;* gedelegeerde persoon *delegated person;* delegasie *delegation.*
delfstof *mineral.*
delg *amortise;* **—ingsfonds** *sinking fund, amortization fund;* **—ingspaaiement** *redemption payment.*
delg *amortize, extinguish, redeem;* 'n skuld — *pay/extinguish a debt;* **—ingsfonds** *amortization/redemption/sinking fund;* **—ingspolis** *sinking fund policy.*
delik *delict; tort* (Eng. law).
demoveer *demote.*
demper: 'n — plaas op *put a damper on.*
denkbaar *conceivable, imaginable, thinkable.*
denkbeeld *notion, idea, conception;* **—ig** *constructive, imaginary, fictional, illusory, fictitious, hypothetical.*
denklik *probably, possibly.*
denkvermoë/denkwyse *mind, reasoning capacity, way of thinking.*
denotering *delisting.*
deponeer (1) *deposit, bank; consign;* **deposant** *depositor;* (2) (give evidence or a statement) *depose;* **deponent** *deponent;* **deposisie** *deposition, statement.*
deporteer *deport;* **deportasie** *deportation.*
depositaris *depositary, custodian.*
deposito *deposit;* geld in — *money in deposit;* **—boek** *deposit book;* **—nemende** instelling *deposit receiving institution;* **—strokie** *deposit slip.*
depressie *depression, slump.*
derde *third person/party;* — by 'n wissel *stranger to a bill;* aanspreeklikheid teenoor **—s** *third party risk;* beding ten behoewe van 'n — *contract for the benefit of a third party;* **—partypolis** *third party policy;* **—partyrisiko** *third party risk;* **—partyversekering** *third party insurance.*
derf *lose, be deprived of;* **gederfde** wins *lost profit, prospective damage,* lucrum cessans.
dergelik *like, similar;* vruggebruik of ander **—e** belang *usufruct or other like interest.*
derhalwe *by these presents, therefore, by the same token;* — vorder eiser *wherefore plaintiff claims.*
dermate *to such a degree.*
derogatore (klousule) *derogatory clause.* Clause in a will in which the testator undertakes not to alter his will subsequently.
desbetreffend *relating to the matter in question;* die **—e** stukke *the relevant documents.*
desbevoegde (hof) *court having jurisdiction.*
deserteer *desert* (soldier); **deserteur** *deserter;* **desersie** *desertion.*
desinvesteer *disinvest.*
deskundig *expert, authoritative;* **—e** getuie *expert witness;* **—e** oordeel *expert opinion;* **—heid** *expertise.*
destabiliseer *destabilize.*
desverkiesend *if so advised.*
detineer *detain;* **gedetineerde** *person detained;* **detensie** *detention* (person or thing).
deurbraak *breakthrough.*
deurbring *dissipate, squander;* **—er** *spendthrift, prodigal, wastrel, squanderer.*
deurdat *in that.*
deurdringend *penetrating.*
deurgaan *continue, go on, proceed;* — vir *be considered as, pass for, be accepted;* **deurgang** *passage, thoroughfare, transit.*
deurhaal *strike out, cancel, delete;* mosie tot **deurhaling** *motion to strike out.*
deurloop *continue;* **deurlopend** *continuous;* 'n **—e** misdaad *a continuous offence;* **deurlopendheid** *continuity;* vermoede van — *presumption of continuance/ continuity.*
deurpad: reg van — *right of way,* servitus viae.
deursig *discernment, insight.*

deurskote (eksemplaar) *interleaved copy.*
deurslag *decisive factor;* die — gee *turn the scales, preponderate, tip the balance;* teen die — van die aangevoerde bewyse *against the evidence and the weight of the evidence;* **—gewend** *decisive, pivotal, predominant, preponderant, vital.*
deursoek *search, frisk* (a person); **—ingsreg** *right of search.*
deursyfer *seep through.*
deurtastende (ondersoek) *thorough inquiry.*
deurtrapte (skelm) *unmitigated/thoroughpaced scoundrel.*
deurvaart *passage;* vrye en vreedsame — *undisturbed passage.*
deurvoel *frisk* (a person), *search.*
deurvoer *carry through, continue, prosecute;* 'n appèl tot sy einde — *prosecute an appeal to its conclusion.*
devalueer *devalue;* **devaluasie** *devaluation.*
dief *thief;* **—agtig** *thievish, furtive;* **—tig** *furtive;* **—tige** opset *furtive intent,* animus furandi; **diewery** *thievery, thieving.*
diefstal *theft; pilfering* (petty theft); — pleeg *commit theft, steal, thieve;* — deur toeeiening *theft by appropriation, by treating another's property as one's own;* — deur valse voorwendsels *theft by false pretences.*
dien *serve;* **—ende** erf *servient tenement,* praedium serviens; die saak — vandag *the case comes on to-day;* as vakleerling — *serve apprenticeship;* **—aar** *servant;* gemeenregtelike — *common-law servant;* statutêre — *statutory servant;* werkgewer en — *master and servant.*
dienooreenkomstig *accordingly.*
diens *duty, service, employment, office, function;* bestek van — *scope of employment;* by iemand in — *in someone's employ;* — doen as *function as, do duty as;* op — *on duty;* — hê/doen *be on duty;* in — neem *engage, employ;* — opsê *give notice;* van — af wees *be off duty;* **—aanvaarding** *entry upon one's duties;* **—baar** *subservient;* **—bode** *servant;* **—doende** *acting, officiating;* die — amptenaar indertyd *the official for the time being* (past); die dan — amptenaar *the official for the time being* (present and future); **—kontrak** *contract of employment/service;* **—onderbreking** *break in service;* **—opsegging** *notice;* **—plig** *military duty, compulsory service;* **—pligtig** *liable to military duty;* gelewerde **—te** *services rendered;* **—tig** *expedient;* dit — ag *deem it expedient;* **—tigheid** *expediency;* **—verbreking** *breach of service contract;* **—verlating** *desertion of service;* **—weiering** *insubordination, recalcitrance.*
diensmerk *service mark.*
dienspligtige *national serviceman.*
diensverband *employment;* ontstaande/voortvloeiend uit en in die loop van sy — *arising out of and in the course of his employment.*
diepsinnig *profound.*
digtheid *density.*
dikteer *dictate.*
dinamies *dynamic.*
diplomaat *diplomat;* **diplomasie** *diplomacy;* **diplomatiek** *diplomatic;* **—e** immuniteit *diplomatic immunity;* **—e** korps *diplomatic corps;* **—e** verkeer *diplomatic intercourse;* **diplomaties** *diplomatic, cautious, circumspect.*
direksie *board of directors, directorate;* aaneengeskakelde **—s** *interlocking directorates.*
direkteur *director;* besturende — *managing director;* raad van **—e** *board of directors.*
dishonoreer *dishonour* (a bill); kennisgewing van **dishonorering** *notice of dishonour.*
disjunktief *disjunctive* (in interpretation of statutes).
diskonto *discount;* **—bank** *discount bank, discounting house;* **—koers** *rate of discount.*
diskrediet *disrepute;* in — bring *discredit.*
diskreet *discrete.*
diskresie *discretion;* aan — onderworpe *discretionary;* **diskresionêr** *discretionary.*
diskrimineer *discriminate;* **diskriminasie** *discrimination;* **diskriminerend** *discriminatory.*
diskwalifiseer *disqualify, incapacitate;* **diskwalifikasie** *disqualification, incapacitation.*
dispensasie *dispensation.*
dispuut *dispute.*
dissident *dissident.*
dissipline *discipline;* **dissiplinêre** optrede *disciplinary action.*
distansieer: jou — van *distance yourself from.*
distribueer *distribute;* **distribuant** *distributor;* **distribusierekening** *distribution account/plan.*
diverse *sundries.*
diversifiseer *diversify.*
divesteer *divest* (e.g. under sanctions).
dividend *dividend;* afskepping van — *dividend stripping;* **—bewys** *dividend warrant.*
dobbel *gamble;* **—aar** *gambler;* **—ary** *gaming, gambling;* — en weddery *gaming and wagering;* **—huis** *gambling house;* **—kantoor** *bucket shop;* **—skuld** *gambling debt.*
dodelik *fatal, lethal;* **—e** wapen *lethal weapon;* **—e** wond *fatal wound.*

dodetal *death toll.*

doeane *customs;* **—aangifte** *bill of entry;* **—beampte** *customs officer;* **—pakhuis** *bonded warehouse;* goedere in — *goods in bond;* **—pligtig** *dutiable, liable to customs duty;* **—regte** *customs duty;* **—verbond** *customs union.*

doel *aim, end, goal, object, objective, purpose;* 'n — beoog/najaag *pursue an objective;* gemeenskaplike — *common purpose;* die — heilig die middele *the end justifies the means;* die — verbystrewe *overshoot the mark;* vir die — van *for the purposes of;* **doeldienende** (uitleg) *teleological interpretation* (to achieve the purpose of the statute); **—gerig** *purposeful, purposive;* **—gerigtheid** *singleness of purpose;* **—matig** *adequate, effective, efficacious, suitable;* **—stelling** *aim, design, end, objective;* **—stellinge** van 'n maatskappy *objects of a company;* **—stellingsklousule** *objects clause;* **—wit** *target, goal.*

doemprofesie *foreboding.*

doenlik *feasible, practicable;* **—heidstudie** *feasibility study.*

dogmatisme: juridiese — *legalism.*

dokument *deed, document, instrument;* reël dat 'n — uit homself verklaar moet word *parol evidence rule;* soos uit die — self blyk *ex facie the document;* verhandelbare — *negotiable instrument;* **—êr** *documentary.*

dokumentasie *documentation.*

dominium (1) *dominium;* (2) *ownership, dominium;* blote — *bare dominium.*

domisilie *domicile;* gekose — *domicile of choice;* — van noodsaak *domicile of necessity;* — van oorsprong *domicile of origin;* **domisiliêr** *domiciliary.*

donasie *donation, endowment, gift;* **donataris** *donee;* **donateur** *donor.*

dood *death, demise;* gevoel van onafwendbare — *sense of impending death;* hy is ter — veroordeel *he was sentenced to death;* **—sertifikaat** *death certificate;* **—slag** *homicide;* geregverdigde/straffelose) — *justifiable homicide;* nalatige — *culpable homicide, manslaughter* (Eng. law); **—sondersoek** *post- mortem;* geregtelike — *inquest, judicial post-mortem;* **—soorsaak** *cause of death;* **—straf** *capital punishment, death penalty;* — ondergaan *undergo sentence of death, pay the supreme penalty;* **—vonnis** *death sentence.*

doodbloei *bleed to death.*

doofpot: in die — stop *shelve; hush up, suppress.*

doolhof *maze.*

dorp *town, township, village;* **—eraad** *townships board;* **—saanleg** *township;* **—saanlegvoorwaardes** *township conditions;* **—seienaar** *township owner;* **—sgebied** *township;* **—sgrond, meent** *commonage.*

dossier *docket, file.*

draagwydte *incidence, import, purpose, range.*

drakoniese (wette) *draconian laws.*

drang *urge, impulse;* — om te steel *kleptomania;* onweerstaanbare — *irresistible impulse.*

drank *liquor;* sterk/alkoholiese — *intoxicating liquor, intoxicant, spirituous liquor;* **—handelaar** *liquor dealer, licensed victualler, licensee;* **—lisensie** *liquor licence;* **—misbruik** *abuse of liquor, excessive drinking;* **—saak/winkel** *bottle store;* **—sug** *inebriety;* **—sugtige** *inebriate, alcoholic;* gebonde **—saak** *tied house;* **—verbod** *prohibition;* **—winkel** *bottle store.*

dreef: op — kom *gain momentum.*

dreig *threaten;* **—ement** *threat;* holle — *empty threat;* **—end** *imminent, impending, menacing;* **—ende** gevaar *imminent danger.*

driedeling (van magte) *tripartition of power.* See **trias politica** in Latin section.

driekamer- *tricameral.*

driemanskap *triumvirate.*

driesydig *tripartite;* **—e** ooreenkoms *tripartite agreement.*

drievoudig *tripartite;* **—e** verdrag *tripartite treaty.*

drievoudig *triple.*

dringend *urgent, imperative, pressing;* **—e** aansoek *urgent application;* **—heid** *exigency, urgency;* aard en — *nature and exigency;* besef van — *sense of urgency.*

drogredenasie *sophism, sophistry, specious reasoning, special pleading, casuistry.*

drogverhaal *frame-up.*

dronk *drunk, inebriate, intoxicated;* **—aard** *drunkard, inebriate;* **—aardsasiel** *inebriates' home, inebriate reformatory;* **—enskap** *drunkenness, inebriety, intoxication;* **—makend** *intoxicating.*

dronkslaan *baffle, confound.*

druk (s) *pressure, stress, thrust;* — uitoefen op *bring pressure to bear on, exert pressure on;* — vir betaling uitoefen *press for payment.*

druk (w) *oppress, press, weigh heavily upon;* dit sal swaar — op iemand *it will cause hardship, it will bear heavily on someone;* onder — verkeer *be under pressure;* **—kend** *burdensome, onerous, oppressive;* **—kende** bepalinge *onerous provisisons;* **—kendste** skuld *most onerous debt.*

drukgroep *pressure group, lobbyists.*

drupreg: serwituut van — *servitude of drop-right,* stillicidium.

dryf *drive, urge, impel;* besigheid — *carry on business;* **—veer** *inducement.*

dryfkrag *driving force, momentum.*

dubbelpos-boekhouding *double-entry book-keeping.*

dubbelsinnig *ambiguous;* **—heid** *ambiguity;* klaarblyklike/sigbare — *patent ambiguity;* verborge/latente — *latent ambiguity.*

duidelik *clear, plain, obvious, patent;* **—e** reg *clear right* (when applying for an interdict).

duister *abstruse, obscure, recondite;* **—heid** *obscurity.*

duiwels *diabolical.*

duld *bear, brook, endure, submit to, put up with, suffer, tolerate.*

dupe *dupe, victim.*

dupliek *rejoinder* (in pleadings); — lewer *rejoin;* tweede — *rebutter.*

duplikaat *duplicate;* —oorspronklike *duplicate original;* **duplikasie** van aanklagte *splitting/duplication of charges.*

duur *continuance, duration, currency;* op die lange — *in the long term/run;* van korte — *short-lived.*

duursaam *durable.*

dwaal *err, misdirect oneself;* **—begrip** *error, misconception, mistaken notion;* **—leer** *erroneous doctrine, heresy;* **—spoor** *false track;* op 'n — bring *lead astray, mislead.*

dwaas *fatuous, foolish, misguided;* **—heid** *ineptitude;* onbekookte — *sheer folly.*

dwaling *error, fallacious belief, misconception, misdirection, mistake;* — aan weerskante *bilateral error;* 'n — begaan *err;* — in die beweegrede *error in the motive;* gemeenskaplike — *common error, mutual mistake;* growwe — *gross error;* klaarblyklike — *obvious/patent error;* — ten aansien van die feite *mistake of fact;* — ten aansien van die aard van die ooreenkoms *error in regard to the nature of the agreement;* — ten aansien van die persoon *error in regard to the contracting party;* — ten aansien van die prestasie *error in regard to the subject-matter.*

dwang *coercion, compulsion, constraint, duress, force;* — dwaling of bedrog *duress, mistake or fraud;* morele — *moral coercion;* onder — *under coercion;* — uitoefen op iemand *coerce;* **—arbeid** *compulsory/hard labour;* gevangenisstraf met — *penal servitude;* **—gedagte** *obsession;* **—maatreël** *coercive/repressive measure;* **—middel** *sanction, coercive means;* **—som** *extortion money.*

dwarsboom *cross, defeat, interfere with, obstruct, thwart;* die loop van die gereg — *defeat/obstruct/interfere with the course of justice;* die polisie — *obstruct the police.*

dwarsheid/dwarstrekkerigheid *obstreperousness.*

dweep *be a fanatic, gush, enthuse;* **dweper** *fanatic.*

dwelm, dwelmmiddel *drug, narcotic.*

dwing *coerce, compel, constrain, force;* **—end** *imperative;* **—eland** *oppressor, tyrant;* **—elandy** *tyranny.*

E

edelagbare *your worship* (formal address to magistrate); **u edele** *your lordship* (formal address to judge).

edik *edict;* **ediktale** sitasie *edictal citation;* by — — dagvaar *sue by edict.*

eed *oath;* onder — wees *be under oath;* 'n eed aflê/sweer *take an oath, make oath;* jou — breek *break/violate one's oath;* — van geheimhouding *oath of secrecy;* — van getrouheid/trou *oath of allegiance;* iemand van sy — ontslaan *release someone from his oath;* iemand 'n — oplê/onder — stel/'n eed afneem *put someone on his oath, administer an oath to someone;* 'n — sweer *swear an oath;* ek verklaar onder — *I make oath and say;* hy verklaar onder — *sworn states;* 'n verklaring onder — bevestig *swear to a statement;* **—aflegger** *oath-taker;* **—afneming** *attestation;* **—breker** *oath-breaker, perjurer;* **—breuk** *perjury;* **—weiering** *refusal to take the oath.*

eenduidig *unmistakable, capable of only one meaning.*

eenstemmig *unanimous;* **—heid** *consensus of opinion;* met — *by common consent.*

eensydig *unilateral, one-sided, partisan.*

eer *honour;* **—baar** *honest;* **—bare** akkoord *gentlemen's agreement;* **—bied** *regard, respect;* met — *with respect, with submission;* **—biedig** *defer to, respect; respectfully;* derhalwe versoek u petisionaris — *wherefore your petitioner humbly prays;* **—gevoel** *sense of honour;* **—herstel** (genoegdoening) *satisfaction, sentimental damages, redress;* **—lik**

honest, upright; **—loos** *dishonourable, infamous;* **—skending** *criminal iniuria, crimen iniuria;* **—vol** *honourable;* **—volle** ontslag *honourable discharge.*

eerbewys *distinction, decoration, tribute.*

eersgeboortereg *birthright, right of primogeniture.*

eersgeborene *first-born;* reg van — *right of primogeniture.*

eersgenoemde (party) *party of the first part.*

eerssterwende *first-dying, predeceased.*

eerste *first;* reg van — bod *pre-emptive right, right of first refusal;* — oortreder *first offender.*

eersvolgende *following, next.*

eetstaker *hunger-striker.*

effe *marginally;* **—ns** *slightly.*

effek *result, effect;* woorde te dien **—te** *words to that effect;* **—tief** *effective.*

effekte *securities, stock;* **—beurs** *stock exchange;* **—makelaar** *stockbroker;* **—mark** *stockmarket;* verhandelbare — *marketable securities;* **staats—** *government stock.*

effektiewe datum *effective date.*

eg (1) *marriage;* in die — verbind *join in matrimony, marry;* **—genoot** *husband, spouse;* langslewende — *surviving spouse;* **—genote** *wife;* **—skeiding** *divorce;* **—skeidingsbevel** *order of divorce;* **—teliede** *married couple, husband and wife;* mededeling tussen — *matrimonial communication;* **—telik** *conjugal, matrimonial;* **—telike** staat *matrimony;* **—telike** trou *matrimonial fidelity;* **—verbintenis** *matrimonial alliance, marriage;* (2) *authentic, genuine, legitimate;* **—te** begeerte om huweliksregte te herstel *genuine desire to restore conjugal rights;* **—te** vooruitskatting van skade *genuine pre-estimate of damage;* **—theid** *authenticity, genuineness, legitimacy;* — bewys van *authenticate.*

egbreek *commit adultery;* **egbreuk** *adultery;* kind uit — *adulterine child.*

eie *own, innate, natural, peculiar, private;* — aan *incidental to, inherent in, peculiar to, proper;* uit jou — onregmatige daad voordeel trek *benefit by your own wrong;* hy praktiseer op sy — *he practises on his own;* — rigting volg *take the law into your own hands;* — saak *own cause;* — skuld *own fault;* buite — skuld *through no fault of his own;* op — verantwoordelikheid *on own responsibility, on own recognizances.*

eiegeregtig *high-handed, self-righteous.*

eiemagtig *arbitrary, high-handed.*

eien *identify, recognize.*

eienaar *owner, proprietor;* elders wonende — *absentee landlord;* nuwe — *alienee;* op risiko van die — *at owner's risk;* **—bouer** *owner-builder;* **—skap** *ownership;* handelinge van — *acts of ownership;* — laat geld *exercise ownership;* **—srisiko** *owner's risk.*

eiendom *ownership, freehold, property; possessions, belongings;* geheel die — van *wholly owned by;* gemeenskaplike — *joint property;* in — hê *own;* onroerende/vaste — *immovable property, real estate;* roerende — *movables;* saak vir — vatbaar *ownable thing;* **eiendoms (edms)** *proprietary* (part of the style of a private company); **—sagent** *estate agent;* **—sbelasting** *assessment rates;* **—sgrond** *freehold land;* **—smakelaar** *estate broker;* **—soordrag** *transfer of ownership;* **—soorgang** *passing of ownership;* **—sreg** *right of ownership, freehold right;* — oor grond *ownership of land.*

eienskap *characteristic, quality, trait;* individuele — *idiosyncrasy, individual quality.*

eiesoortig *distinctive.*

eiewaarde: gevoel van — *self-esteem, self-respect.*

eindbeslisser *umpire, final arbiter.*

einduitslag *ultimate result.*

einduitspraak *final and definitive sentence, final determination.*

eis (s) *claim, demand; requirement, requisite;* afdwingbare — *enforceable claim;* 'n geldelike — *a claim sounding in money;* 'n — instel *sue, claim, bring an action/petition;* 'n — om skadevergoeding *a claim for damages;* daar kon nie aan die **—e** van die lasbrief voldoen word nie *the exigency of the writ could not be satisfied;* **—er, —eres** *plaintiff;* enige getal eisers kan tesame ageer *any number of plaintiffs may join in an action;* **—oorsaak** *cause of action.*

eis (w) *demand, claim, call for, require.*

eks(tra)territoriaal *ex(tra)territorial.*

eksekusie *execution;* beslaglegging vir — *attachment in execution, executional attachment;* by — *executorial;* in — verkoop *sell in execution, levy execution upon goods;* parate — *parate executie, execution without court order;* reële — *specific performance;* voortvloeiende uit — *executorial;* **—rekening** *post-writ bill;* **—skuldeiser** *execution creditor;* **—skuldenaar** *execution debtor.*

eksekuteer *levy execution, sell in execution;* 'n skuldenaar — *execute against a debtor.*

eksekuteur *executor;* — in 'n boedel *executor in an estate;* — datief *executor dative;* — testamentêr *executor testamentary;* toegevoegde — *assumed executor;* **—sbrief** *let-*

ters of executorship; **—skamer** *board of executors;* **—skap** *executorship.*

eksekutoriaal *executorial.*

eksekutrise *executrix.*

eksemplaar *copy, specimen.*

ekserpeer *epitomize, make an abstract/excerpt/extract of, excerpt.*

eksipieer *except;* **eksepsie** *exception;* — aanteken *note an exception, except*; vatbaar vir — *excipiable;* **eksipiabel** *excipiable;* **eksipiënt** *excipient.*

ekskuseer *excuse, condone.*

eksplisiet *explicit(ly), expressly mentioned.*

eksploitasierekening *working account.*

ekstensieklousule *extension clause* (in deeds).

ekstensiewe (uitleg) *extensive interpretation, interpretation by analogy.*

ekstinktiewe (verjaring) *extinctive prescription.*

ekstraheer *extract;* gewoontevormende medisyne geëkstraheer, verkry, voortgebring of vervaardig *habit-forming drug extracted, derived, produced or manufactured.*

ekstrinsieke (getuienis) *extrinsic/parol evidence.*

ekwiteitsaandele *equity shares.* All shares which are not preferent.

ekwivalent *equivalent.*

eleksie *election, choice;* — deur die erfgename *election by the heirs;* leerstuk van — *doctrine of election;* **—petisie** *election petition.*

element *element* (of an offence/contract); bestraffende — *penal element.*

emansipasie *emancipation, discharge, manumission.*

emitteer *issue, emit* (of shares, notes); **emissie** *issue, emission;* **emissiebank** *bank of issue/emission;* **emittent** *issuer.*

emosioneel *emotional, emotive;* **emosionele** skok *emotional shock.*

emplojeer *employ.*

endosseer *back* (a bill), *endorse* (a cheque, a driving licence, a document); **endossant** *endorser*; **endossement** *endorsement;* beperkende — *restrictive endorsement;* beperkte — *qualified endorsement;* blanko — *endorsement in blank.*

enigste *only, sole;* — en universele erfgenaam *sole and universal heir.*

enkel *single;* **—e** getuie *single witness;* **—ing** *individual.*

enkelvoudig *simple, singular;* **—e** rente *simple interest;* **—e** saak *singular thing,* res singularis.

entrepot *bonded warehouse.*

epikuris *epicure.*

ere: akseptasie ter — *acceptance for honour;* **—verstandhouding** *gentlemen's agreement;* **—woord** *word of honour.*

erf (s) *lot, plot, stand, tenement, erf;* dienende — *servient tenement;* heersende — *dominant tenement;* **—diensbaarheid** *praedial/real servitude;* **erwemaatskappy** *township company.*

erf (w) *inherit, come into an inheritance, succeed;* **—deel/—porsie** *inheritance, portion, heritage;* **—enis** *inheritance, heritage, bequest;* **—genaam** *heir;* intestate — *intestate heir;* ongebore — *unborn heir;* regmatige — *heir apparent* (who will undoubtedly succeed); — van die restant *residuary legatee;* wettige — *legal heir;* **—goed** *hereditament, patrimony;* **—later** *testator,* de cuius; **—lating** *bequest;* **—lik** *hereditable; hereditary; inheritable;* — belas wees *come of tainted stock;* **—likheid** *heredity;* **—likheidsleer** *genetics, theory of heredity;* **—opvolger** *successor;* **—opvolging** *succession;* — by versterf *intestate succession;* — onder algemene/universele titel *universal succession;* — onder besondere/partikuliere titel *singular succession;* **—reg** *law of succession;* **—stuk** *heirloom.*

erfgeld *inherited money;* — is swerfgeld *easy come easy go.*

erfpag *quitrent;* ewigdurende — *perpetual quitrent.* See **quitrent.** The word *erfpag* is often wrongly used for **freehold tenure**.

ergernis *chagrin, pique.*

erken *admit, acknowledge, concede, grant, confess, recognize;* feite — *admit facts;* skulde/nederlaag — *acknowledge debts/defeat;* 'n punt/argument — *concede a point/argument;* 'n eis — *grant/acknowledge a claim;* skuld — *admit/confess guilt* (not *plead guilty*); gesagsbron — *recognize authority;* 'n reël deur die praktyk — *a rule recognized by practice;* **—ning** *admission, acknowledgement, concession, recognition;* behoudens —s daarin vervat *save for admissions therein contained;* — van skuld betaal *pay admission of guilt;* — van skuld/verskuldigdheid *acknowledgement of debt*; geregtelike — *judicial admission, admission made in court;* — met teenwerping *confession and avoidance;* volgens algemene — *by common consent;* — wat bewys mag word *admission which may be proved;* — wat bewys onnodig maak *admission dispensing with proof;* **—sbesluit** *exequatur* (recognition of a consul).

erkentlikheid *gratitude, recognition;* bewys van — *acknowledgement.*

ernstig *grave, serious, severe;* minder — maak

extenuate, mitigate; **—e** liggaamlike leed/letsel *grievous bodily harm;* **—e** en opsetlike wangedrag *serious and wilful misconduct.*

ervaring *experience;* op — gegrond *empirical, founded on experience.*

eskalasieklousule *escalation clause.*

essensie *essence, quintessence;* — van die saak *gist/essence of the matter;* **essensieel** *essential, material, substantive, vital;* **essentialia** *essentials (of a contract).*

estoppel *estoppel.*

etlike *diverse, several.*

eutanasie *euthanasia, mercy killing.*

euwel *mischief, evil, fault;* — waarteen die wetsbepaling gemik is *mischief at which the section is aimed.*

eventueel *if any;* 'n eventuele oorskot moet terugbetaal word *the excess, if any, is to be refunded.*

ewenaar *emulate.*

eweredig *proportional;* — met *proportionate to;* **—e** verteenwoordiging *proportional representation.*

eweseer *by the same token.*

eweso *likewise, similarly.*

ewewig *balance;* in — bring *balance;* — van waarskynlikheid *balance of probability.*

ewigdurend *perpetual;* **—e** erfpag *perpetual quitrent;* verbod op **—e** regte (of op **—e** gebondenheid van goedere) *rule against perpetuities.*

F

faal *fail, be unsuccessful;* die argument — *the argument fails.*

fabriek *factory, plant.*

faktoor *factor, agent;* **—skommissie** *factorage.*

faktor *factor;* bepalende — *determinant.*

faktuur *invoice.*

fakultatief *optional, elective, facultative;* **fakultatiewe** verbintenis *facultative obligation.*

faljiet *bankrupt, insolvent;* — gaan *become insolvent.*

falsiteit *falsity, fraud.*

familie *family, relations, relatives;* aangetroude — *relations by marriage;* ek is — van hom *we are related;* hy is van goeie — *he is of good stock, is well connected;* **—betrekking** *relation, relative; relationship, kindred, kinship.*

fasade *facade.*

fasiliteit *facility, concession.*

fatsoenlikheid *respectability, decency, propriety.*

federasie *federation;* **federale** staat *federal state, federation.*

feilbaar *fallible.*

feit *fact;* die **—e** *the facts of the case, the factual position;* in **—e** *actually, in fact;* appèl op die **—e** *appeal on fact;* basiese/fundamentele **—e** *basic/ultimate facts;* dit berus op **—e** *it has a basis in fact;* oor die **—e** **beslis** *decide the facts;* bestrede **—e**/die **—e** in geskil *the facts in issue;* bewese bevonde **—e** *facts found proved;* op **—e** gegrond *based on fact;* gelyksoortige maar onverbonde **—e** *similar but unconnected facts;* deur die **—e** gesteun *supported by the facts;* kwessie van **—e** *factual matter, question of fact;* omringende **—e** *surrounding facts/circumstances;* onaangename maar onomstootlike **—e** *unpleasant but incontrovertible facts, hard facts;* uit die oogpunt van die **—e** *factually speaking;* strafbare — *offence;* vraag van reg en **—e** deureen *question of mixed law and fact;* **feitebepalend** *fact-finding;* **feitedwaling** *error/mistake of fact;* **feitekommissie** *fact-finding commission;* **feitekwessie** *question of fact;* **feiteposisie** *factual position;* **feitesending** *fact-finding mission;* **feitestelling** *factual allegation;* **feitevraag** *question of fact.*

feitlik (1) *factual;* van 'n **—e** aard *of a factual nature;* 'n **—e** appèl *an appeal on fact;* **—e** basis/grondslag *factual basis;* **—e** bewering *allegation of fact;* 'n **—e** geskil opwerp *raise an issue of fact;* op **—e** gronde uitmaak *decide on the facts;* die **—e** posisie *the factual position;* — gesproke *factually speaking;* (2) *virtually, to all intents and purposes.*

feodaal *feudal.*

fiat *fiat.*

fideicommissarius *fideicommissary, remainderman* (Eng. law).

fideikommis *fideicommissum;* met — belas *burden with fideicommissum; entail* (Eng. law); **fideikommissêre** substitusie *fideicommissary substitution.*

fiduciarius *fiduciary;* rakende 'n — *fiduciary;* **fidusiêr** *fiduciary.*

fiktief *constructive, fictional, fictitious;* **fiktiewe** nemer *fictitious payee;* — persoon *fictitious person;* — vervulling *fictional performance/fulfilment.*

filiaalmaatskappy, filiaal *subsidiary company;* volle — *wholly owned subsidiary.*

filister, filistyn *low-brow, uncultured person.*

finansier (w) *finance;* **—ingskoste** *finance charges;* **—ingsmaatskappy** *finance company.*

finansies *finance.*

fingeer *feign, pretend, simulate, invent.*

firma *business, firm.*

firmanaam *business name, firm name, trade name.*

fisiese integriteit *physical integrity.*

fiskus *fiscus, treasury, revenue department;* **fiskaal** *fiscal.*

flagrant *flagrant, glaring;* **—e** flater *flagrant/glaring error.*

flikflooi *cajole, coax.*

floteer *float* (loan, company); **flotasie** *flotation.*

fnuik *thwart.*

fobie *phobia.*

foefie *gimmick.*

fooi *professional fee.*

forensies *forensic, legal.*

formeel *formal;* **formele** tekortkoming *formal defect;* — reg *adjectival law;* **formaliteit** *formality;* **—e** *solemnities.*

formuleer *formulate, frame, coach, state;* **formulering** *phrasing, terms, wording;* **formule** *formula.*

forum *forum, court.*

fouteer *err;* — ten opsigte van die remedie *misconceive one's remedy;* **fout** *error, fault, mistake, oversight;* growwe — *gross error;* iemand iets as — toereken *impute something as a fault to someone;* klaarblyklike — *patent error;* behoudens **—e** en weglatings, **—e** en weglatings uitgesonderd *errors and omissions excepted;* **foutief** *defective, erroneous, faulty, mistaken, wrong.*

frauduleus *fraudulent.*

frekwensie *frequency, incidence.*

frontverandering *volte face, turnabout.*

fundamenteel *fundamental, ultimate, basic.*

fundamentele regte *fundamental rights.*

fundeer *found, ground;* 'n aksie — *found an action.*

funksioneer, fungeer *act, officiate, function;* **funksie** *function, office;* **funksionaris** *functionary, office-bearer.*

fyn *tenuous;* **—gevoelig** *sensitive;* **—proewer** *epicure, epicurean.*

G

gaandeweg *by degrees, gradually.*

gade *spouse.*

gang *course, passage;* in die gewone — van sake *in the ordinary course of business;* die saak is aan die — *the case is on;* aan die — sit *precipitate, start, trigger off;* aan die — hou *keep going.*

garandeer *guarantee, underwrite, warrant;* **garansie** *guarantee, warranty;* maatskappy deur — beperk *company limited by guarantee;* **garant** *guarantor, underwriter.*

gebaar *gesture.*

gebek: elke voël sing soos hy — is *every person expresses himself in the way natural to him.*

gebeurlik *contingent, incident to, possible;* bestaande, toekomstige of **—e** reg *existing, future or contingent right;* **—heid** *contingency, eventuality;* reg wat by die intrede van 'n sekere — verval *interest defeasible on a certain contingency;* **—heidsopdrag** *watching brief;* **—heidsfooi** *contingency fee;* **—heidsrekening** *contingency account.*

gebeurtenis *event, happening, occurrence;* gewisse — *fixed event;* ongewisse — *contingent event.*

gebied (s) *area, territory, region, domain, province, zone;* ingeslote — *enclave;* — van jurisdiksie *area of jurisdiction;* **—sjurisdiksie** *territorial jurisdiction;* **—sperke** *territorial limits;* **—swaters** *territorial waters.*

gebied (w) *command, decree, direct, enjoin, order;* **—end** *imperative, mandatory, peremptory;* — of aanwysend *imperative or directory;* **—ende** mandaat *imperative mandate;* **—ende** sanksies/strafmaatreëls *mandatory sanctions.*

gebod (plural **gebooie)** *command;* die Tien Gebooie *the Ten Commandments, the Decalogue.*

gebonde *bound;* die hof is aan die gesag — *the authority is binding on the court;* — om *under obligation to;* die hof is — aan die saak *the court is seized with the case.*

gebooie *banns;* — afkondig *publish banns.*

geboorte *birth;* van voor die — *prenatal, antenatal;* **—sertifikaat** *birth certificate;*

—**syfer** *birth rate;* gebore en getoë *born and bred.*

gebrek (1) *indigence, lack, want, poverty; shortage, dearth, insufficiency;* (2) *defect, failing, fault, flaw, vice, demerit, shortcoming, deficiency, disability, impediment;* — aan *lack of;* — hê aan *lack;* formele — *formal defect;* inherente — *inherent defect;* latente/verborge — *latent/hidden defect;* liggaamlike — *physical disability;* onherstelbare — *fatal defect;* redhibitoriese — *redhibitory defect/vice* (justifying return of the thing sold); sigbare — *patent defect;* — aan sorg *negligence,* culpa; — in titel *defect in title;* weens — aan besonderhede *for want/lack of particularity*; by —**e** van *for lack/want of;* in —**e** bly om *fail to, default in;* in—**e** stel *place in mora;* in —**e** wees *be in mora;* —**kig** *defective, faulty, insufficient, poor, imperfect;* —**kige** pleitstukke *bad/defective pleadings;* onherstelbaar —**kige** aanklag *fatally defective charge.*

gebruik *custom, usage; enjoyment;* algemene — *general custom;* — en genotsreg *use and enjoyment;*— maak van *make use of, avail oneself of;* ongestoorde — *quiet enjoyment, undisturbed use;* ononderbroke — *uninterrupted use;* partikuliere — *particular custom;* —**lik** *customary;* algemeen — *in general use, conventional;* dit is daar — *these customs obtain in those parts;* —**like** verbinding *customary union* (better rendered by 'gewoonteverbintenis'); —**saanmatiging** *unlawful appropriation for use.*

gedagte *idea, notion, opinion, reflection; mind;* in — hê *have in mind;* in — hou *keep/bear in mind;* dit neem my —**s** in beslag *it is on my mind;* van — verander *change one's mind;* —**gang/—rigting** *state of mind, trend/line of thought.*

gedenk *commemorate.*

geding *action, case, cause, issue, lawsuit, suit, legal proceedings.* The word is wide enough to cover action as well as motion proceedings; — aanhangig maak *bring an action, institute proceedings;* alle —**e** wat ontstaan *all causes arising;* — instel *go to law;* in — tree *join issue;* met koste van die — *with costs of suit;* — voer *litigate;* —**sbevordering** *maintenance* (Eng. law). Intervention of a third party to ensure continuation of a lawsuit; —**sug** *litigiousness;* —**sugtig** *litigious;* —**svatbaar** *actionable;* —**voerder** *litigant;* —**voerende** partye *contending parties, litigants;* —**voering** *litigation.*

gedoog *tolerate.*

gedra *act, behave;* jou sleg — *misbehave;* jou — *conduct oneself.*

gedrag *bearing, behaviour, conduct, demeanour, deportment;* estoppel deur — *estoppel by conduct;* —**smisdaad** *conduct crime.* Where liability lies in conduct, as in driving under the influence, as against **consequence crime,** where liability depends upon a certain consequence, such as death in murder.

gedraging *conduct, act.* Inclusive word for acts and omissions.

gedug *formidable, redoubtable.*

gedy *flourish, prosper, thrive, do well.*

geeneis-bonus *no-claim bonus.*

geensins *by no means, in no degree, not at all.*

gees *mind, intelligence, spirit;* heldere — *clear mind;* in die — *mentally, in spirit;* in die — gekrenk word *lose one's mind;* liggaam en — *body and mind;* onafhanklike — *independent mind/spirit;* sterkte van —, —krag *strength of mind;* teenwoordigheid van — *presence of mind;* verligte — *enlightened mind;* voor die — roep *call to mind, recall, recollect;* —**telik** *intellectual, mental, spiritual;* — gebrekkig *mentally deficient, of unsound mind;* —**e** afwyking *mental aberration;* —**e** welsyn *spiritual welfare.*

geestes- *mental, of the mind, spiritual;* —**gawe** *gift of mind, mental faculty;* —**gebrek** *mental defect;* —**gesondheid** *mental health;* —**gesteldheid** *mental state/condition, mentality; temper;* —**houding** *mental attitude;* —**kind** *brain-child;* —**ongesteldheid** *mental illness;* —**oog** *mind's eye;* —**steuring** *mental derangement;* —**toestand** *mental condition;* —**vermoëns** *mental faculties, senses;* in die volle besit van sy — *in full possession of his faculties, in his sound and sober senses;* —**verwarring** *mental confusion;* —**wetenskappe** *humanities, mental and moral sciences;* —**wroeging/—kwelling** *mental anguish.*

geestesvermoëns:in die volle besit van sy — *in his sound and sober senses.*

gegoed *affluent, well-to-do, moneyed.*

geheim (a) *clandestine, confidential, hidden, privy, secret;* —**e** diens *secret service;* —**e** handelinge *secret proceedings;* hoogs/uiters — *top secret;* —**e** huwelik *clandestine marriage;* —**e** Raad *Privy Council;* —**e** reserwe *secret reserve;* —**e** stemming *voting by ballot, secret voting;* —**e** verdrag *secret treaty;* —**e** wins *secret profit;* —**houdend** *secretive;* —**sinnig** *mysterious, recondite, secretive.*

geheim (s) *secret, mystery;* in die — *secretly, privily, privately.*

geheue *memory, remembrance;* by gesonde

verstand en — *being of sound mind and memory;* jou — verfris *refresh your memory.*

geheul *collusion, collaboration.*

gehoor *hearing;* — gee aan *heed;* binne **—afstand** van *within earshot/hearing.*

gekose *elective;* — komitee *select committee.*

gekunsteld *affected, artificial, laboured; sophisticated.*

gelas *command, enjoin, order;* — of bewerkstellig *command or procure;* 'n ondersoek — *order an enquiry;* 'n vergadering — *order a meeting.*

geld (w) *apply to, hold good, operate, be in operation; assert;* die bevel — as tussentydse interdik *the order shall operate as an interim interdict;* dit — nie vir hom nie *it does not apply to him;* jou laat — *assert oneself;* hierdie regstelsel — daar *this system of law operates there;* jou regte laat — *assert one's rights;* ten volle laat — *give due weight to.*

geld (s) *charges, dues, duties, fees, funds, money;* in — omsit, te **—e** maak *liquidate, realize;* — opneem *raise a loan;* publieke — *public funds;* toevertroude — *trust funds;* **—belegging** *investment of money in banks;* **—bewilliging** *appropriation of funds;* **—elik** *financial, monetary, pecuniary;* **—elike** teenprestasie *pecuniary consideration;* **—elike** verlies *pecuniary loss;* **—nood** *financial embarrassment;* **—opnemer** *borrower;* **—sending** *remittance;* **—skieter** *moneylender;* **—verduistering** *embezzlement, misappropriation of money;* **—vordering** *claim sounding in money;* **—waarde** *money value;* **—waardige** teenprestasie *valuable consideration.*

geldig *competent, good, in force, legal, operative, valid;* die lasbrief is oor die hele land — *the writ runs throughout the country;* — maak/verklaar *validate;* **—e** regstitel *good/valid/legal title;* **—e** verweer *good/valid defence;* — wees *to hold good;* **—heid** *competence, operation, validity;* **—heidsduur** *currency, period of validity;* **—verklaring** *validation.*

gelding *validity, force.*

geledere *ranks.*

geleentheid *opportunity, occasion, chance;* — maak die dief *opportunity makes the thief;* reël van die laaste — *last opportunity rule;* by verskeie geleenthede *on several occasions;* **—slisensie** *occasional licence.*

geleerde *scholar.*

geletterdheid *literacy.*

geloof *belief, credence, credit, faith;* — skenk aan *give credence to;* redelike — *reasonable belief;* **—baar** *conceivable, imaginable, thinkable;* **—sbriewe** *credentials, letters of accreditation;* **—waardig** *credible, reliable;* uit **—waardige** bron *on good authority, from a reliable source;* **—waardige** getuie *credible witness.*

geloof *belief;* redelike — of verdenking *reasonable belief or suspicion;* na my beste kennis en — *to the best of my knowledge and belief;* **geloofsbriewe** *letters of accreditation, credentials.*

gelukspel *game of chance.*

gelyk (a) *alike, equal, even, identical, same, similar;* die gevalle is nie — nie *the cases are not similar, are not on all fours;* **—beregtig** *having equal rights;* **—beregtiging** *granting of equal rights;* in **—e** mate *equally;* van **—e** datum *of even date;* **—e** voorkeur geniet *rank equally/pari passu;* wanneer alle ander dinge — is, alle ander dinge — synde *all other things being equal,* ceteris paribus; op **—e** voet met *on level terms with;* — staan met *be equal to, be on a par with;* **—heid** *equality, parity;* **—heid** voor die reg *equality before the law;* **—luidend** *consistent, consonant, of the same tenor, identically worded;* vroeëre **—luidende** verklaring *previous consistent statement;* **—soortig** *homogeneous, similar;* **—soortige** maar onverbonde feite *similar but unconnected facts;* **—sterwendes** *parties dying simultaneously,* commorientes; **—tydig** *simultaneous, contemporaneous, concurrent, at the same time;* **—waardig** *equivalent, of equal value.*

gelyk (s)**:** gee hom —, stel hom in die — *put him in the right, find for him;* — hê *be in the right;* — kry *be put in the right.*

gelykenis *parable.*

gelykmakend *egalitarian.*

gemaklik *facile.*

gemakshalwe *for the sake of convenience.*

gematig *moderate.*

gemeen (1) *common, joint, general, public, ordinary, usual;* veel gemeen hê *have much in common;* **—saam** *familiar, intimate;* (2) *base, vulgar, mean, low.*

gemeengoed *common property.*

gemeenplaas *platitude, truism.*

gemeenskap (1) *community, human society;* binne/buite gemeenskap van goed *in/out of community of property;* — van wins en verlies *community of profit and loss;* landelike — *rural community;* (2) geslagtelike, vleeslike — *sexual relations/intercourse, carnal knowledge/connection, coitus;* **—lik** *common, collective, communal;* — met *in common with;* **—e** bedoeling *joint/concurrent intention;* **—e** boedel *joint estate;* **—e** doel *common pur-*

pose; **—e** eiendom *joint/communal/collective/common property;* **—e** grens *common boundary;* **—e** grondbesit *commonage, communal land;* **—e** muur *common wall;* **—e** sfeer van werkverrigting/werkplek *common employment.*

gemeenskaplik (bw) *in concert;* — optree *act in concert/concurrence;* **—heid** (van belange) *community of interests.*

gemeenskapsdiens *community service.*

gemeenskapshof *community court.*

gemenebes *commonwealth.*

gemenereg *common law;* ingevolge die — *at common law;* **gemeenregtelik** *at common law, pertaining to the common law.*

gemiddeld *average;* **—e** opeisbaarheidsdatum *average due date.*

gemis *lack, want;* 'n — aan *lack of;* by — aan *for want of, in the absence of.*

gemoed *heart, mind;* skuif dit van jou — af *get it off your mind;* **—srus** *peace of mind;* **—stoestand** *emotional condition;* **—stemming** *frame of mind;* **—srus** *equanimity, peace of mind.*

genade *mercy, grace, pardon;* **—betoon** *clemency, lenience/leniency, mercy.* See **pardon** in E-A; **—bewys** *act of grace;* **—dood** *mercy killing, euthanasia;* **—loos** *relentless, ruthless, harsh, merciless;* **—verlening** *pardon;* prerogatief van — *prerogative of mercy;* **—versoek** *petition for clemency.*

genealogie *genealogy;* **genealogies** *genealogical.*

geneeskunde *medical science, medicine;* geregtelike — *medical jurisprudence;* **geneeskundig** *medical.*

geneig (wees tot) *lean towards, tend to;* **—dheid** *disposition, inclination, penchant, proneness, propensity, tendency.*

generasiesprong *generation skipping.*

generiek *generic;* —e benaming *generic term;* **—e** koop *generic sale, sale of a genus;* **—e** verbintenis *generic obligation.*

genitalieë *genitals, private parts.*

genoeë *satisfaction;* ten — van die hof *to the satisfaction of the court.*

genoegdoening (1) *moral/sentimental damages;* (2) *satisfaction;* — eis *claim redress.*

genoegsaam *adequate, satisfactory, sufficient;* **—e** bewys *sufficient proof;* **—heid** *adequacy;* — van bewys *sufficiency of evidence.*

genoemde *(the) said.*

genoot *associate, fellow;* **—skap** *association, society, sodality; company;* **—skapsooreenkoms** *association agreement.*

genot *amenity, beneficial ownership/use, enjoyment, benefit;* — trek *enjoy;* ongestoorde — *quiet enjoyment;* **—sbelemmering** *nuisance, interference with use;* **—trekker** *beneficial owner/user, beneficiary,* cestui que trust.

genuskoop, genusverkoping *generic sale, sale of a genus.*

geoorloof *permissible, competent, lawful, legal, legitimate, proper, warrantable;* dit is hom — *it is competent for him to;* **—de** uitspraak *possible verdict;* **—de vonnis** *competent sentence.*

georden *well ordered.*

gepaard *concomitant;* — met probleme *fraught with problems.*

gepas *apposite, suitable, adequate, appropriate, fit, proper;* geskikte en —te persoon *fit and proper person;* in 'n —te geval *in a proper case.*

gepikeerd *nettled, offended, piqued.*

geredelik *promptly, readily.*

gereeld *fixed, habitual, regular;* —de vervoermiddel *regular conveyance.*

gereg *court of justice; administration of justice; tribunal.* State machinery by means of which the positive law is applied; die — sy loop laat neem, sy gang laat gaan *allow the law to take its course;* voor die — bring *bring to justice;* loop van die — bevorder *promote the ends of justice;* aan die — ontvlug *evade justice;* jou aan die — oorgee *give oneself up to the police;* voor die — verskyn *appear in court;* **—sbode** *messenger of the court;* **—shof** *court, court of law;* **—sinstansie** *tribunal;* huishoudelike — *domestic tribunal.*

geregtelik *legal, judicial, forensic;* die **—e** apparaat *machinery of the law;* **—e** bestuur *judicial management;* **—e** bystand *legal aid;* **—e** dwaling *miscarriage of justice;* **—e** geneeskunde *forensic medicine, medical jurisprudence,* medicina forensis; **—e** kommissie van ondersoek *judicial commission of inquiry;* langs **—e** weg *by legal procedure;* **—e** doodsondersoek *inquest;* **—e** ondersoek *judicial inquiry;* **—e** proses *judicial process;* misbruik van **—e** proses *abuse of process;* **—e** skeiding *judicial separation;* **—e** stappe doen *go to law;* **—e** veiling *sale in execution, judicial sale;* op **—e** wyse *by due process of law.*

geregtelik-geneeskundig *medico-legal.*

geregtig *entitled, justified, qualified;* — tot/op *entitled to, eligible for;* **—de** *claimant, person entitled.*

geregtigheid *justice;* in die belang van — *in the interests of justice;* — as einddoel *substantive justice;* geval waar — nie geskied het nie *failure of justice;* gewone — tussen mens en medemens *simple justice between man and man;* goedmakende — *remedial justice;* grondreëls van natuurlike — *principles of natural justice;* — in prosedure *procedural justice;* — moet nie alleen geskied nie maar moet ook sigbaar en kennelik waargeneem kan word *justice must not only be done but must manifestly and undoubtedly be seen to be done.* See **justice** in E-A; natuurlike — *natural justice;* vertraagde regspraak is weiering van — *justice delayed is justice denied;* werklike en wesenlike — *real and substantial justice.*

geregverdig *justified, justifiable, legitimate.*

gerief *amenity, comfort, convenience;* ewewig van — *balance of convenience;* volgens oorwig van — *on a balance of convenience.*

geriewe *amenities, conveniences.*

gerig (op) *designed to.*

gering *minor, negligible, slight, small, petty, marginal;* **—e** gebrek *minor defect;* **—e** diefstal *petty theft;* **—e** misdryf *minor offence.*

geringskat *hold cheap, depreciate, derogate from, disparage;* **—ting** *depreciation, derogation, disparagement.*

geroetineer *experienced, expert, practised, skilled.*

gerug *rumour; repute;* 'n — is in omloop/doen die ronde *a rumour is afoot;* volgens — *by repute;* **—makende** saak *cause celèbre.*

gerusstelling *consolation, reassurance.*

gesag *authority, power, prestige;* die gesag voer *be in command;* bindende — *binding authority;* die — (common-law writers) *the authorities;* groot — hê *carry great weight;* oorredende — *persuasive authority;* regsprekende — *judicial authority;* sy — geld nie daar nie *his writ does not run there;* — uitoefen *exercise authority;* op — van 'n wet *by authority of law;* **—hebbend** *authoritative;* **—e** *authority, pundit;* **—e** uitspraak/uiting *authoritative pronouncement;* uit **—e** bron *on reliable authority;* dis — vasgelê *it was authoritatively stated;* **—saanmatiging** *assumption/usurpation of authority;* **—smisbruik** *abuse of authority;* **—voerende** persoon *person in authority.*

gesamenderhand *joint;* **—se** eiendom *joint property.*

gesamentlik (a) *collective, joint;* **—e** aanspreeklikheid *joint liability;* **—e** en afsonderlike (of solidêre) aanspreeklikheid *joint and several liability.* See **joint, several, joint and several** in E-A; **—e** en afsonderlike skuldenaars/skuldeisers *correal* (or *joint and several) debtors/creditors;* **—e** besit *joint possession;* **—e** en gelyktydige nalatigheid *joint and simultaneous negligence;* **—e** huishouding (van 'n egpaar) *joint household;* **—e** onderhandeling *collective bargaining;* **—e** optrede en gemeenskaplike doel *concerted action and common purpose;* **—e** rekening *joint account;* **—e** testament *joint will.*

gesamentlik (bw) *collectively, conjointly, jointly;* — en afsonderlik *jointly and severally,* in solidum; — optree *act in concert/conjointly.*

gesant *envoy;* **—skap** *legation, mission.*

geseglikheid *docility, tractability.*

gesette (tyd en plek) *appointed time and place.*

gesigskring, gesigsveld *range of vision;* binne jou — stilhou *stop within the range of your vision.*

gesigspunt *point of view.*

gesin *family, household;* uit 'n gebroke — *from a broken home;* **—shoof** *householder.*

gesindheid *disposition, attitude, sentiment, inclination, mind;* slegte/kwaaie — *ill-will.*

gesinsbeplanning *family planning.*

geskenk *donation, gift;* as — *by way of gift.*

geskik *suitable, adequate, apposite, appropriate, apt, opportune, fit and proper.*

geskil *dispute, controversy, issue, dissidence;* 'n — bylê *settle/resolve a dispute;* feite in — *facts in issue;* feitlike — *issue of fact;* huishoudelike — in 'n maatskappy *intracorporate dispute;* in — plaas *place in issue;* **—punt** *issue, matter/point in dispute;* wat die — nie raak nie *immaterial, irrelevant;* — **-estoppel** *issue estoppel.*

geskoeide voet *booted foot.*

geslag (1) *generation;* (2) *sex, gender;* manlike — *male sex, masculine gender;* vroulike — *female sex, feminine gender;* **—sdaad** *coitus, sexual intercourse;* **—sdele** *genitalia, pudenda;* **—drang/drif** *libido, sexual urge;* persoon met onnatuurlike — *pervert;* **—sgemeenskap/omgang/verkeer** *coitus, intimacy, sexual intercourse;* **—slewe** *sexuality;* **—smisdaad** *sexual offence;* **—sprikkel** *aphrodisiac;* **—srypheid** *puberty;* **—telik** *sexual, genital;* — afwykende *sexual pervert.*

geslepe *cunning, crafty; sly.*

geslote geledere *closed shop* (labour relations).

geslote werkplaas *closed shop.*

gespreksbereik *earshot;* buite — *out of earshot.*

gestalte *outward form, shape.*

gestand: 'n belofte — doen *fulfil a promise.*

gestewelde voet *booted foot.*

gestig *asylum, retreat, establishment, institu-*

tion, home; — vir dranksugtiges *retreat for inebriates.*

getal *total, tally, number.*

geteem *wailing.*

getrouheid *fidelity, loyalty;* **—sfonds** *fidelity fund;* **—swaarborg** *fidelity guarantee.*

getuie *witness;* onpartydige — *impartial witness;* oorywerige — *zealous witness;* partydige — *biased witness;* vyandige — *hostile witness;* weerspannige — *refractory/recalcitrant witness;* **—bank** *witness stand/box;* **—dagvaarding** *subpoena;* — met 'n bevel om bepaalde stukke saam te bring *subpoena duces tecum;* **—geld** *witness fees;* **—koste** *witness expenses.*

PHRASES: die — gaan af *the witness stands down;* 'n handtekening as — bevestig *witness/attest a signature;* 'n — lei *lead a witness;* 'n — oproep *call a witness;* —s probeer beïnvloed/ jou met —s bemoei *tamper with witnesses;* tot — roep *call to witness;* ten — waarvan *in witness whereof;* 'n — voorsê/ afrig, hom sy getuienis laat instudeer *prime/coach a witness.*

getuienis *evidence, testimony, deposition.*

PHRASES: — aliunde *evidence aliunde;* aanwysende — *circumstantial e.;* afdoende — *conclusive e.;* beslissende — *conclusive e.;* — buite die stuk om *parol/extrinsic e.;* beste — *best e.;* bevestigende *corroborative e.;* buitegeregtelike — *extra-judicial e.;* — by wyse van beëdigde verklaring *evidence on affidavit;* deskundige — *opinion e., expert e.;* direkte — *direct e.* (as against *circumstantial e.);* diskrediterende — *discrediting e.;* dokumentêre — *documentary e.;* ekstrinsieke — *extrinsic/parol e.;* — in hoofondervraging *evidence-in-chief;* hoorsê- — *hearsay e.;* indirekte — *indirect/circumstantial e.;* intrinsieke — *intrinsic e.*(from the document alone, without recourse to evidence aliunde); kumulatiewe — *cumulative e.;* mondelinge — *oral e.;* negatiewe — *negative e., proof of non-existence;* omstandigheids— *circumstantial e.;* onregstreekse — *circumstantial e.;* oorspronklike — *original/ immediate e.* (as against hearsay); oorwig van die — *weight of the e.;* opwegende — *countervailing e.;*primêre — *primary/best e.;* regstreekse — *direct e.* (as against *circumstantial);* saaklike — *real e.* (obtained from an objective source like a fingerprint); sekondêre — *secondary e.;* stawende — *corroborative e.;* substantiewe — *substantive e.* (relevant to the point at issue, not merely aimed at discrediting a witness); teensprekende — *countervailing e.;* tesame genome — *cumulative e.;* — uit die tweede hand *hearsay e.;* uitwendige — *extrinsic/parol e.;* weerleggende — *rebutting e.*

getuig *testify, give evidence, depose; attest to, bear witness to.*

getuigskrif *reference, testimonial.*

geutreg (serwituut van) *servitude of sewer/ drain.*

gevaar *danger, menace, peril, risk, threat;* bykomende — *added peril;* dreigende — *imminent danger;* gevare van die see *perils of the sea;* —loop *run a risk;* in — stel *imperil, endanger, put at risk;* **—lik** *hazardous, dangerous;* **—sone** *danger area/zone.*

geval *case, instance, matter;* analoë/dergelike/ pertinente — *a case in point, a case on all fours;* in elk — *in any case, anyway;* in geen — *on no account, not on any account, in no circumstances;* na gelang van die — *as the case may be;* in 'n gepaste — *in a proper case;* in die — van *in the event of;* in — van nood *in an emergency;* in die onderhawige — *in the present case.*

gevange *captive, imprisoned;* jou — gee *surrender, give oneself up;* — hou *detain, keep prisoner;* — neem *apprehend, arrest, capture;* — set *commit to prison, imprison, detain;* **—houding** *detention, imprisonment;* **—ne** *arrested person, prisoner, detainee;* verhoorafwagtende — *awaiting trial prisoner;* **—neming** *apprehension, arrest;* **—nis** *prison, gaol;* **—nisbewaarder** *prison warder;* **—nisstraf** *term of imprisonment, gaol sentence;* — met dwangarbeid *imprisonment with hard labour, penal servitude;* lewenslange — *life imprisonment;* **—setting** *committal to prison, imprisonment, incarceration;* lasbrief tot — *committal warrant;* tot — verwys *commit to prison.*

gevangenskap *captivity, custody.*

geveins *dissembling, hypocritical, fraudulent, sham, phoney, spurious.*

gevoeglik *apposite, appropriate, suitable, decent, fit, proper.*

gevoel *feeling, sense;* morele — *moral sense;* — van skok of ontsteltenis *sense of shock or outrage;* **—loos** *callous;* **—swaarde** *sentimental value.*

gevolg *consequence, effect, result;* 'n persoon word veronderstel/geag die redelike en waarskynlike **—e** van sy handeling te beoog *a person is presumed to intend the reasonable and probable consequences of his act;* oorsaak en — *cause and effect;* ten **—e** van *owing to, consequent on;* — gee aan *carry out, comply with;* met goeie — *successfully;* tot

— hê *bring on, be the cause of, result in;* **—lik** *accordingly, consequently;* **—like** skade *resultant damage;* **—skade** *consequential damage;* **—smisdaad** *consequence crime* (when the act only becomes the alleged crime after a certain consequence has followed, such as death).

gevolgtrekking *conclusion, consequence, corollary, deduction, inference;* geregverdigde — *legitimate conclusion/inference;* 'n — maak *conclude, infer;* tot 'n — kom *conclude, infer.*

gevolmagtig *empowered; plenipotentiary;* **—de** minister *minister plenipotentiary.*

gevorderd *advanced.*

gewaar *notice, perceive.*

gewaarmerk *certified, attested.*

geweld *force, violence;* — aandoen *use violence to, violate; vitiate;* betreding met — *forcible entry;* met — *by force, forcibly;* met — van wapens *by force of arms;* liggaamlike — *physical violence;* — pleeg *commit violence, exert physical force;* private — *private violence, self-defence;* skerp — *assault with a sharp instrument;* stomp — *assault with a blunt instrument;* **—daad** *outrage, act of violence;* **—dadig** *forcible, violent;* **—enaar** *perpetrator of violence; oppressor, tyrant;* **—pleging** *violence.*

gewete *conscience;* stem van die — *dictates of conscience;* **—nloos** *unconscionable, unscrupulous, unprincipled;* **—nsbeswaar** *scruple, conscientious objection, compunction, qualm;* **—nsbeswaarde** *conscientious objector;* **—nsgeld** *conscience money.*

gewettig *justifiable, justified, warrantable, lawful; legalized.*

gewig *significance, substance, weight;* —te en mate *weights and measures;* — heg aan *regard as important;* — in die skaal lê *carry weight;* **—tig** *grave, important, momentous, weighty.*

gewillig *willing, ready; docile, tractable;* **—e** en vermoënde koper *willing and able buyer.*

gewin *gain, profit;* vuil — *filthy lucre.*

gewis *certain, undoubted;* **—se** gebeurtenis *certain event.*

gewoon *conventional, customary, common, general, normal, ordinary, usual;* **gewone** aandele *ordinary shares;* — algemene vergadering *ordinary general meeting;* — betekenis *ordinary meaning;* — gang van sake *ordinary course of business;* — jurisdiksie *ordinary jurisdiction;* — meerderheid *simple majority;* — slytasie uitgesluit *ordinary wear and tear excepted;* — sorgsaamheid *ordinary care;* — verband *conventional hypothec;* **—lik** *as a rule, commonly, habitually, mostly, ordinarily, usually;* — woonagtig te *ordinarily resident at.*

gewoonte *custom, habit, practice, usage;* uit — *habitually;* **—dronkaard** *inebriate;* **—misdadiger** *habitual criminal;* **—reg** *customary law;* **—verbintenis** *customary union.*

gewysde *decided case;* **—reg** *case law.*

gier *caprice, fancy, vagary, whimsy.*

gif (1) (plural *gifte*) *donation, gratuity;* (2) (plural *giwwe*) *poison;* iemand — ingee *poison someone;* **—tig** *toxic.*

gis (1) *guess, speculate, conjecture, surmise;* (2) *ferment.*

glad *smooth;* **—de** redenasie *glib reasoning.*

glashelder *crystal clear, plain as a pikestaff;* dit is — *he who runs may read.*

glo (bw) *allegedly, reportedly, presumably.*

glo (w) *believe, trust;* getuienis — *believe evidence, give credit to evidence;* ek — vas dat *I am persuaded that.*

globaal *general, rough;* **globale** bedrag *lump sum;* — berekening *rough estimate;* — indruk *general impression.*

glossarium *glossary;* **glossator** *glossator, commentator;* **glosse** *gloss, marginal note.*

glyjakkals *bilker.*

godsdiens *religion;* **—oefening** *devotions.*

godslastering *blasphemy;* **godslasterlik** *blasphemous.*

goed (a) *good;* — en kwaad *right and wrong;* te **—er** trou *in good faith, bona fide;* **goeie** gedrag *good behaviour;* — gronde *good cause;* indien — gronde aangevoer word *on good cause shown;* — lopende toestand *good running order;* — trou *good faith;* — en voldoende regsgronde *good and sufficient cause.*

goed (s) (plural *goedere) goods, property, belongings;* aard- en spykervaste — *fixtures;* in **—ere** betaal *pay in kind;* onroerende — *fixed/immovable property, real/landed property, real estate, realty* (Eng. law); roerende — *movables, movable property, personal estate, personalty* (Eng. law).

goeddunke *discretion, pleasure;* aan — onderworpe *subject to discretion, discretionary;* hy kan na — handel *he may act as he thinks fit;* hangende die Staatspresident se — *pending the State President's pleasure/decision;* na — van *at the discretion of;* sy — is ingekort *his discretion is circumscribed;* regterlike — *judicial discretion.*

goedhartig *benign.*

goedkeur *adopt, agree to, approve of, assent to, confirm, consent to, sanction, countenance;* 'n akkoord — *sanction an agreement of compromise;* 'n wet — *assent to an Act of Parliament;*

—**end** *approvingly;* —**ing** *adoption, agreement, approbation, approval, assent, confirmation, consent, ratification, sanction;* iemand se — wegdra *meet with someone's approval;* koninklike — *royal assent;* met die — van die hof *with the sanction of the court;* stilswyende — *tacit approval.*

goedkoop *cheap, low-priced.*

goedmaak *compensate, make amends, make good, make reparation/restitution, offset loss, rectify abuse/damage/grievance, redeem a defect/fault, redress a grievance, right a wrong.*

goedpraat *condone, gloss over, offer specious justification for, explain away.*

goedvind *approve, think fit;* soos die hof mag — *as the court may think proper;* —**e** *consent; discretion;* na — handel *act at one's discretion;* na — van die raad *at the discretion of the board.*

goedvoor *good for.*

goewerment *government;* —**skennisgewing** *government notice.*

gokkantoor *bucket-shop.*

gordel *belt; zone.*

goudief *pickpocket.*

graad *degree;* onderskeie **grade** van skuld *comparative culpability;* verbode — van bloed- of aanverwantskap *prohibited degrees of consanguinity or affinity;* — van deelneming aan 'n misdaad *degrees of participation in crime.*

grafoloog *graphologist, handwriting expert.*

grasie *free pardon, grace, respite;* as 'n daad van — *as an act of grace;* kwytskelding uit — *remission of grace;* — verleen *pardon.*

gratifikasie *gratuity.*

greep *hold.*

grens *boundary;* — aan *abut, adjoin;* —**e** *limits, ambit, precincts;* —**geval** *marginal case.*

gretigheid *alacrity.*

grief *grievance;* **griewend** *hurtful, mortifying;* **gegriefdheid** *resentment.*

grieselig *macabre, weird.*

griffier *registrar;* — van die Hooggeregshof *registrar of the Supreme Court.*

groep *group;* —**laster** *group defamation;* —**sonderhandeling** *collective bargaining.*

grof *coarse, crude, gross, rough, rude;* **growwe** dwaling *gross error;* — nalatigheid *gross negligence;* — onreëlmatigheid *gross irregularity;* — onreg *grave injustice;* — onverskilligheid *gross carelessness.*

grofsmid *blacksmith.*

grond (s) (1) (rede, oorweging) *cause, reason, warrant;* aanneemlike — vir aksie *probable cause for action,* probabilis causa litigandi; by aanvoering van goeie —**e** *on good cause shown;* oortuigende —**e** aanvoer *make out a case;* op — hiervan *by these presents;* op — van *on the ground of;* redelike —**e** om te glo *reasonable cause to believe;* — vir regsvordering *cause of action;* sertifikaat van — vir aksie *certificate of probabilis causa;* (2) *earth, ground, soil, land;* omliggende — *precincts, surrounding land;* onontwikkelde/onverbeterde — *unimproved land;* rou/onbewerkte — *virgin soil;* stuk — *piece of land, holding, lot;* —**beginsel(s)** *element(s), first principle(s), overriding/ultimate principle(s);* —**besit** *land tenure;* —**brief** *title deed;* —**eienaar** *landowner;* —**liggend** *basic, essential, fundamental;* oorkonde van —**liggende** regte *bill of rights;* —**liggende** gedeelte van 'n klousule *operative part of a clause;* —**oorsaak** *root cause;* —**rede** *rationale;* —**reël** *precept, principle;* —**reëls** van natuurlike geregtigheid; *principles of natural justice;* —**register** *land register, deeds register;* —**registrasie,** kantoor vir *deeds office, deeds registry;* —**stowwe** *raw materials;* —**waarde** *site value;* —**wet** *constitution; charter;* strydig met die — *unconstitutional;* —**wetlik** *constitutional.*

grond (w) *found, base;* op geregtigheid ge— *founded/based on justice.*

grondregte *basic rights.*

grondslag *base, basis, grounding, grass roots.*

groot *big, large, huge;* —**boek** *ledger;* —**maat** *bulk;* by die — koop *buy in bulk/wholesale;* —**skaals** *extensive, large scale;* —**te** *size, magnitude, proportions.*

grootdoenery *ostentation.*

groothandel *wholesale trade.*

grootpad *highway.*

groots *grandiose.*

gruwel *abomination, atrocity, crime, horror;* **gruweldaad** *atrocity, enormity;* —**ik** *heinous, nefarious, monstrous.*

gryp *grab;* —**dief** *bagsnatcher;* —**diewery** *bagsnatching;* —**inbraak** *smash and grab raid.*

guns *favour;* —**te** en gawes uitdeel *distribute largesse;* — bewys aan *bestow a favour.*

gyselaar *hostage;* siviele **gyseling** *imprisonment for debt.* Abolished.

H

haak: in die — *in order, right.*
haaks (wees met) *be at loggerheads with.*
haalbaar *feasible.*
haalskuld *debt payable at the domicile of the debtor.*
haarfyn *in detail.*
haarklower *casuist, quibbler.*
haat: —, spot en veragting *hate, ridicule and contempt;* wrewelige — *implacable hatred.*
haatdraend *vindictive, revengeful, resentful.*
hakkejag *hot pursuit.*
halsmisdaad *capital crime;* aanklag van 'n — *capital charge;* weens 'n —teregstaan *be on trial for one's life.*
halsoorkop *precipitately, headlong.*
halssnoer: met 'n — vermoor *necklace;* **—moord** *necklace murder.*
halsstarrig *obstinate, stubborn, headstrong, pig-headed.*
hand *hand;* aan die — gee *suggest, submit;* die — aan iemand slaan *lay violent hands on a person;* deur opsteek van —e stem *vote by a show of hands;* gegee onder my — en seël *given under my hand and seal;* goedere in die dooie — *mortmain.* See **mortmain** in E-A**;** in die — werk *promote;* die laaste — lê aan *give the final touches to;* op —e synde *imminent, impending;* van die — sit *dispose of, sell;* van die — wys *decline, refuse, dismiss;* verkoop uit die — *sale by private treaty;* voor die — liggend *obvious, plain, self-evident;* **—boek** *manual;* **—boeie** *handcuffs, manacles;* **—earbeid** *manual labour.*
handel (s.) *business, commerce, trade, trading; traffic;* — drywe *carry on business, deal;* in die — onder die naam van *trading as;* **—aar** *dealer, merchant, trader;* **—s-** *commercial, mercantile;* **—sartikel** *commodity;* **—sbank** *commercial bank;* **—sgebruik** *commercial/trade usage;* **—geheim** *trade secret;* **—shuis** *trading store;* **—skip** *merchantman;* **—skrediet** *trade credit;* **—smaatskappy** *trading company;* **—smerk** *trade mark;* **—snaam** *business/firm/trade/proprietary name;* **—sonderneming** *business/trading concern;* **—spapier** *negotiable instruments;* **—sperseel** *trading site;* **—spos** *trading post;* **—spraktyk** *commercial practice;* **—sreg** *commercial/mercantile law;* **—srekening** *trading account;* **—stransaksie** *business transaction;* **—susansie** *trade usage;* **—svereniging** *trading association;* **—svennoot** *trading partner;* **—sverkeer** *commerce, trade;* **—s-vloot** *mercantile marine;* **—svoorraad** *trading stock;* **—svryheid** *freedom of trade;* **—sware** *merchandise.*
handel (w.) *act, deal, carry on business, trade;* — in *deal/trade in;* **—end** optree *take action;* **—wyse** *conduct.*
handeling *act, act of commission, action, deed;* — of versuim *act or omission;* **—sbevoeg** *having contractual capacity, capable of contracting;* **—sbevoegdheid** *contractual capacity;* beperkte en onbeperkte — *limited and full contractual capacity.* See **regsbevoegdheid**.
handgeld *earnest money.*
handgemeen *scuffle, hand-to-hand fighting.*
handhaaf *abide by, assert, maintain, observe, sustain, uphold, vindicate;* 'n appèl/beswaar/eksepsie — *allow/sustain/uphold an appeal/objection/exception;* 'n reël — *abide by/observe a rule;* **handhawer** *vindicator;* — van reg en orde *upholder of law and order.*
handligting *emancipation, manumission.*
handsakgryper *bagsnatcher.*
handskrif *hand, handwriting;* **—deskundige** *graphologist, handwriting expert.*
handves *charter.* See **charter in** E-A; — van fundamentele regte *bill of rights.*
handvulling *provisional sentence, namptissement.*
hangende *in abeyance, pending;* — die verhoor *pending the trial;* — die vervulling van die voorwaarde *pending the fulfilment of the condition.*
hanteer *handle, manage, cope with;* bedrieglik — *manipulate;* **—baar** *manageable.*
hard *harsh, cruel, unmerciful;* **—e** en onbillike gevolge *hard and unjust results.*
hardepad *compulsory/forced/hard labour.*
hardnekkig *stubborn, obstinate.*
hardvogtig *callous, harsh, heartless, unfeeling;* 'n **—e** straf *a harsh sentence.*
hart *heart;* op die — dra *have at heart.*
harwar *imbroglio, muddle.*
hasardspel *game of chance.*
haweloos *destitute.*
hebbelikheid *habit, idiosyncrasy, peculiarity.*
hebsugtig *covetous, greedy.*
heel oud *ancient;* — oue dokumente/geskrifte *ancient documents/writings.*
heelhuids: daar — van afkom *come out unscathed.*
heeltemal *entirely, wholly, quite;* — binne die distrik *wholly within the district.*
heenkome *livelihood.*
heer *master;* — en dienaar *master and servant, employer and employee.*
heersend *current; dominant, prevailing, prev-*

alent, ruling; —e eienskap *dominant characteristic;* **—e** erf *dominant tenement* (servitude); **—e** mening *prevailing opinion;* **—e** pryse/rentekoerse *current prices/interest rates;* die tans **—e** toestande *conditions obtaining at present.*

heerser *ruler, sovereign;* **—skring** *ruling group;* lid van 'n klein — *oligarch.*

heerskappy *hegemony.*

heet *be called;* — te wees *purport to be;* 'n transaksie wat ge— het 'n verkoping te wees *a purported sale.*

hef *levy;* belastings — *levy taxes;* **—fing** *levy;* **—fingsgeld** *raising fee.*

heftig *violent, vehement, heated.*

hegtenis: in — neem *arrest, apprehend;* in — *under arrest, in custody;* 'n beskuldigde hangende sy verhoor in — hou *remand an accused in custody pending his trial.*

heil *salvation;* sy eie — uitwerk *work out his own salvation.*

heilig *holy, sacred, sacrosanct;* **—skennis** *profanation, sacrilege.*

heilsaam *beneficial, remedial, salutary.*

heimlik (a) *clandestine, collusive, covert, hidden, secret, private, furtive.*

heimlik (bw) *covertly.*

heining *enclosure, fence, hedge.*

hekel *censure, criticize, satirize, slate;* **—dig** *satire;* **—skrif** *lampoon, satire.*

heksejag *witch-hunt.*

helder *clear, distinct, lucid;* — oomblik *lucid interval;* **—heid** van gees *lucidity of mind.*

hele-lewenspolis *whole-life policy.*

helend *remedial.*

heler *receiver of stolen goods, fence;* **heling** *receiving stolen property.*

herbelê *reinvest.*

herbenoem *reappoint, renominate.*

herbeoordeel *re-hear;* **herbeoordeling** *rehearing* (to be distinguished from **retrial**).

herberg *accommodate, provide housing;* **—houer, —ier** *innkeeper.*

herbeset *reoccupy, repossess.*

herbevestig *reaffirm.*

herbou *rebuild;* **—klousule** *rebuilding clause.*

herdenk *commemorate.*

herdiskonto *rediscount.*

herdruk *reprint.*

hereregte *transfer duty.*

herformuleer *redraft, restate;* **herformulering** van die reg *restatement of the law.*

hergroepeer *re-arrange;* jou magte — *regroup your forces.*

herhaaldelik *time and again, repeatedly.*

herinner *bring to mind, recall, remember, remind;* **—ing** *memory, recollection;* aantekening van vroeëre — *past recollection recorded;* verfrissing van 'n behoue — *present recollection revived.*

herken *recognize.*

herkies *re-elect;* **—baar** *eligible for re-election.*

herkoms *provenance, derivation, descent, extraction, origin, source.*

herleef: laat — *reactivate.*

herneem *reassume, recapture, recover, resume;* burgerskap — *resume citizenship.*

hernuwe, hernieu *renew, revive;* 'n huurkontrak — *renew a lease;* 'n verjaarde vonnis — *revive a superannuated judgment.*

herondervra *re-examine;* **herondervraging** *re-examination.*

heroorweeg *reconsider.*

heropen *reopen.*

herreël *readjust.*

herroep *repeal, rescind, revoke, adeem, cancel, countermand, recall, withdraw;* 'n geskenk — *revoke a donation/gift;* 'n hofbevel — *rescind an order of court;* 'n legaat stilswyend — *adeem a legacy;* 'n lisensie — *cancel/withdraw/recall a licence;* 'n tjek — *countermand a cheque;* 'n volmag — *revoke a power of attorney;* 'n wet — *repeal a law;* **—e** bepaling *repealed provision;* **—ing** *repeal, ademption, cancellation, recall, rescission, revocation;* — van 'n geskenk *revocation of a gift.*

hersaamstel *restructure.*

hersien *review, revise;* **—baar** *reviewable;* **—ing** *review; reconsideration, revision;* — op aansoek van die beskuldigde *review at the instance of the accused;* hof van — *court of review;* 'n saak op — neem *take a matter on review;* aan — onderworpe *reviewable;* outomatiese — *automatic review;* regter van — *reviewing judge;* vir — vatbaar *reviewable;* **—sdagvaarding** *review summons;* **—shof** *court of review, revision court.*

herskedulering *rescheduling.*

herstel *correct, rectify, make good, mend, redress, remedy, repair, restore;* 'n fout — *correct/rectify a mistake;* — van goeie naam *amende honorable;* griewe — *redress grievances;* — van huweliksregte *restitution of conjugal rights;* skade — *restore damage;* verlies — *retrieve loss;* versuim — *remedy an omission;* **—betalinge** *reparations;* **—bevel** *restitution order;* **—werk** *repairs, mending.*

hertrou *remarry;* **—sertifikaat** *remarriage certificate.*

herverhoor *retrial.*

herverseker *reinsure.*

hervorming *reform.*

herwin *regain;* (grond) *reclaim land.*
heterdaad: op — betrap *catch redhanded.*
heteronoom *heteronomous, subject to external control.*
heul (met) *collude with, conspire with.*
hiaat *break, gap, hiatus, lacuna.*
hierby *hereby, herewith;* sy dit — kennelik *know all men by these presents.*
hierna *hereinafter.*
hiet en gebied *hector, lay down the law.*
hinder (w) *embarrass, hamper, impede, irk, inconvenience, obstruct;* 'n beampte in die uitvoering van sy plig — *interfere with a officer in the performance of his duty;* **—lik** *troublesome;* **—like** bedryf *offensive/noxious trade;* **—nis** *embarrassment, hindrance, impediment, obstacle.*
hinderlaag *ambush.*
hipoteek *bond, hypothec, mortgage bond;* geregtelike — *attachment in execution, judicial hypothec;* gewone/konvensionele — *conventional hypothec;* stilswyende — *tacit/legal hypothec* (like a lien or right of retention); **—akte** *deed of hypothecation;* **—gewer** *hypothecator;* **hipotekaris** *hypothecary;* **hipotekêr** *hypothecary;* **—e** skuldeiser *hypothecary;* **—e** skuldenaar *hypothecator.* See **bond**.
hipotese *hypothesis;* **hipoteties** *hypothetical.*
hoë-inkomstetrust *gilt trust;* hoë-inkomste-effektetrust *gilt unit trust.*
hoedanigheid *capacity, quality;* amptelike — *official capacity;* in die aangegewe — *in the capacity stated, q.q.* (qualitate qua).
hoede: op jou — wees vir *be on the alert for.*
hoegenaamd (nie) *not at all;* — niks *nothing whatever.*
hoegrootheid *measure, quantity, size.*
hoër *higher;* — hof *superior court.*
hoer *prostitute, whore.*
hoeveelheid *measure, quantity;* — bepaal *quantify;* **—slys** *bill of quantities.*
hoewe *holding, lot, plot.*
hof *court, forum;* — van die afdeling *divisional court;* — van appèl *court of appeal;* — benede *court a quo, lower court;* bevoegde/kompetente — *court of competent jurisdiction;* buite die — skik *settle out of court;*— toe gaan *go to court, go to law, litigate;* notulerende — *court of record;* rondgaande — *circuit court;* voor die — bring *bring to justice;* **—beampte** *court official;* **—bevel** *order of court;* 'n — gee *make/issue an order of court;* — tot verrigting van 'n handeling *mandamus, mandatary order;* **—dag** *court day;* **—gelde** *court fees;* **—geding** *case, lawsuit;* **—likheid** *courtesy, urbanity;* internasionale — *comity of nations;* **—optrede** *court presence;* **—ordonnans** *court orderly;* **—reëls, —reglement** *rules of court;* **—termyn** *court term;* **—verrigtinge** *court proceedings;* **—verslae** *law reports.*
holklinkend *sounding hollow.*
holografiese (testament) *holograph will* (wholly written by testator).
homologeer *homologate, confirm, ratify, sanction by order of court;* **homologasie** *homologation, confirmation, judicial sanction.*
homoseksueel *homosexual, sodomite.*
hongersnood *famine.*
honorarium *honorarium, fees.*
honoreer (wissel) *honour a bill.*
hoof *count, separate charge on an indictment* (see **charge**); die — bied *combat, stem;* oor die — sien *condone, overlook;* **—de** van betoog *heads of argument;* uit **-de** van *by reason of, by right of; under/by virtue of;* uit **—de** van sy amp *by virtue of his office;* uit **—de** waarvan *on the grounds of which.*
hoof- *main, cardinal, chief, major, primary, principal;* **—artikel** *leader, editorial;* **—bestuur** *executive committee;* **—eis** *claim in convention, main claim;* **—getuienis** *evidence-in-chief;* **—man** *headman;* **—minister** *chief minister;* **—ondervraging** *examination-in-chief;* **—punt** *salient point;* **—regter** *chief justice;* **—skuld** *principal debt;* **—som** *capital sum.*
hoofdelik *per head, per capita;* **—e** stemming *division* (vote); **—e** aanspreeklikheid *several liability.* See **joint, several, joint and several** in E-A; **—e** belasting *capitation; poll tax.*
hoofsaaklik *primarily.*
hoog *high;* dit te — stel *put it too high, exaggerate;* **—geregshof** *supreme court;* **—moënde** verdragsluitende partye *high contracting parties;* **—stens** *not exceeding;* **—verraad** *high treason.*
hoogdrawend *grandiloquent.*
hooggeplaaste *dignitary.*
hooghartigheid *arrogance, haughtiness.*
hoogtepunt *highlight, high.*
hoon *contumely, scorn, derision, obloquy.*
hoor *hear;* hy het die reg om ge— te word *he has a right to be heard.*
hoorsê *hearsay.*
hou *hold, keep, observe;* aandele — *hold shares;* aanspreeklik — *hold liable;* iemand aan sy kontrak — *hold a person to his contract;* iemand verantwoordelik — *hold someone responsible;* jou aan 'n beslissing — *abide by a decision;* jou aan 'n ooreenkoms — *adhere to an agreement;* 'n ondersoek — *conduct an*

inquiry; 'n vergadering — *hold a meeting;* **—er** *holder, detentor;* **—ermaatskappy** *holding company.*

houdbaar *tenable, defensible.*

houding *attitude, demeanour, stance;* 'n — aanneem *take up an attitude.*

houe *strokes.*

houtjie: op eie — *off one's own bat, on one's own.*

houvas *hold.*

hubaar *marriageable, nubile.*

huidige *current.*

huigel *dissemble, pretend, feign;* **—aar** *dissembler, hypocrite.*

huis *house, dwelling, residence;* — en erf *premises;* **—arres** *house arrest;* **—bediende** *domestic servant;* **—braak** *housebreaking;* **—braakgereedskap** *implements of housebreaking;* **—diensbaarheid** *urban servitude;* **—geriewe** *home comforts;* **—gesin** *family, household;* **—houdelik** *domestic;* **—houdelike** benodigdhede *household necessaries;* **—houdelike** geregsinstansie *domestic/internal tribunal;* **—houding** *household;* **—huur** *house rent;* **—raad** *furniture, household effects;* **—soeking** *house search;* **—vader** *head of the family,* paterfamilias; **—ves** *accommodate, house, provide cover;* **—vrou** *housewife, wife.*

hulde *homage;* — bring aan *pay homage to.*

hulp (verleen) *aid and abet;* **—verlener** *aider and abettor* (veral by 'n misdaad). See **participation in crime** in E–A.

hulp *aid, assistance, help, succour;* — verleen *render aid/assistance;* (in crime) *aid and abet;* **—behoewend** *destitute, indigent, needy;* **—fonds** *benefit/benevolent fund;* **—middel** *aid, expedient, appliance, makeshift;* **—toekenning** *grant;* **—vaardig** *co-operative, helpful;* **—vereniging** *friendly society;* onderlinge — *mutual benefit society, friendly society.*

hulp- *ancillary, auxiliary, subsidiary.*

hunkering *yearning.*

huur (s) (huurgeld) *rent, rental;* **—besit** *leasehold tenure;* **—kontrak** *lease, deed of lease;* — gaat voor koop *hire goes before sale;* die — verstryk *the lease expires.*

huur (w) (geboue of grond) *lease, rent, hire;* huis te — *house to let;* (vliegtuig, skip) *charter;* (dienaar) *hire, engage;* (voertuie en ander roerende goed) *hire;* **—der** *tenant, lessee, leaseholder, charterer;* **—geld** *rent, rental;* **—gelde-interdik** *rent interdict;* **—grond** *leasehold property, rented land;* **—koop** *hire-purchase;* **—ling** *hireling, stooge;* **—perseel** *tenement;* **—prys** *rent, rental;* **—termyn** *duration of lease, period of tenancy;* stilswyende **—vernuwing** *tacit relocation;* **—waarde** *rental value.*

huurpag foutiewe woord vir *leasehold.* Sien **lease** in E–A.

huwelik *marriage;* 'n — aangaan *contract a marriage;* buite die — gebore *born out of wedlock;* burgerlike/nie-kerklike — *civil marriage;* geding rakende die — *matrimonial cause;* in die — tree *enter in to marriage;* — met die handskoen/by volmag *marriage by proxy;* noodwendige regsgevolge van die — *invariable consequences of marriage;* 'n — volvoer *consummate a marriage;* **—saak** *matrimonial cause;* **—saanbod** *offer of marriage;* **—saansoek** *offer/proposal of marriage;* **—sband** *marriage/matrimonial/nuptial tie;* **—sbeletsel** *impediment to/restraint of marriage;* **—sbelofte** *promise of marriage;* **—sbevestiger** *marriage officer;* **—sbevestiging** *marriage ceremony;* **—sbevoordeling** *marriage settlement;* **—sertifikaat** *marriage certificate;* **—sgebooie** *banns of marriage;* **—gemeenskap** *community of property;* **—sgeskenk** *marriage gift/donation,* donatio propter nuptias; **—sgoedere** *matrimonial property;* **—sgoederereg** *law of property of spouses;* **—shof** *matrimonial court;* **—skenking** *matrimonial settlement;* **—smakelaar** *matrimonial agent;* **—sregister** *marriage register;* **—regte** *conjugal rights;* bevel tot herstel van — *order for the restoration of conjugal rights;* **—staat** *marital/married/wedded state, matrimony, wedlock;* **—strou** *conjugal fidelity;* **—sverbintenis** *matrimonial alliance;* **—sverhouding** *matrimonial relationship;* **—svoltrekking** *solemnization of marriage;* **—svoorligting** *marriage guidance;* **—svoorregte** *marital privileges;* **—svoorwaardes** *ante-nuptial contract.*

I

idee *idea, suggestion.*
identifiseer *identify;* **identifikasie** *identification;* **identifikasieparade** *identification parade.*
identiteit *identity;* **—sbedrieër** *impersonator;* **—sbedrog** *impersonation;* — pleeg *impersonate.*
idioot *idiot, imbecile;* **—heid** *idiocy.*
idiosinkrasie *idiosyncrasy.*
immaterieelgoederereg *law of immaterial property* (includes copyright, patents, trade name, goodwill).
immoreel *immoral;* **immoraliteit** *immorality.*
immuun (teen) *immune from/to;* **immuniteit** *immunity;* diplomatieke — *diplomatic immunity.*
impliseer *imply;* — by 'n komplot *implicate in a plot;* **implikasie** *implication;* by noodwendige — *by necessary implication.*
implisiet *implicit, impliedly included, naturally or necessarily involved.*
inagneming *allowance, consideration, observance;* oordrewe — van die wet *legalism;* — van die Sondag *Sunday observance;* met — van *with due allowance for, in consideration of.*
inbaar *collectable, recoverable.*
inbegryp *include, comprehend, embrace;* stilswyend — *imply;* **—ende** uitleg *implicative/implicatory interpretation;* **inbegrepe** *included;* alles — *all found;* koste — *inclusive of costs, costs included;* noodwendig/stilswyend — *by necessary implication;* stilswyend — bevoegdhede *implied powers;* inkomste met toelaes — *income inclusive of allowances.*
inbesitnemer *occupier;* **inbesitneming** *occupation, occupancy.*
inbeslagneming (van goed) *attachment of goods;* — ten gunste van die staat *confiscation, seizure.*
inboedel *furniture and other household effects.*
inboek *apprentice, indent.*
inboet *forfeit.*
inboorling *native, aborigine;* **—ras/—stam** *aboriginal race or tribe.*
inbreek (by 'n gebou) *break into premises;* **inbraak** *breaking and entering, burglary, housebreaking, shopbreaking;* **—gereedskap** *housebreaking implements/tools;* **inbreker** *housebreaker, burglar.*
inbreuk *encroachment, infringement, invasion, transgression, violation;* — maak op *encroach upon, transgress upon;* besondere bepalinge maak — op algemene *specific provisions derogate from general ones;* — op patentreg/kopiereg *infringement of patent/copyright.*
inbring (s) *collation; contribution, introduction.*
inbring (w) *collate, contribute;* by die gemeenskaplike boedel — *contribute to the joint estate;* 'n aanklag — *bring/lay a charge.*
incommunicado (buite gespreksbereik) *incommunicado, in solitary confinement.*
indemniseer *indemnify.*
indien *file, hand in, put in* (documents); *introduce* (a proposal, motion); *lodge* (a complaint); *move/propose* (an amendment); *prefer/lay* (a charge); *present* (budget, scheme); *put forward* (proposal); *tender, hand in* (resignation).
indiensneming *employment.*
indieplekstelling *substitution.*
indoktrineer *indoctrinate.*
indring *intrude, encroach upon, trespass;* **—end** *penetrating.*
indruis (teen) *conflict with, contravene, run counter to.*
indruk *impression;* die — wek en voorgee *give out and pretend;* globale — *general impression;* **—wekkend** *impressive.*
ineenstorting *collapse, slump.*
informant *informant;* — wat ongenoem moet bly *informant who shall be nameless.*
infra *below, infra.*
ingaan: op 'n saak — *enter into a matter, investigate.*
ingebrekeblywing *failure, be in mora.*
ingebrekestelling *placing in mora.*
ingedingtreding *joinder of issue.*
ingelig *informed, knowledgeable.*
ingeskrewe (klerk) *articled clerk;* as — — dien *serve articles.*
ingestel op *intent upon.*
ingevolge *in pursuance of, pursuant to;* — waarvan *in terms of which;* — die wet/ooreenkoms *under the Act/agreement.*
ingewikkeld *complex, complicated, intricate, involved;* **—e** geskilpunte *complex issues;* **—hede** *complexities, intricacies, ramifications.*
ingewing *suggestion, inspiration.*
ingryp *interfere, intervene;* teen die bevinding van die laer hof — *disturb the finding of the lower court.*
inhalig *covetous, grasping, greedy, mercenary.*
inheemse reg *indigenous law, customary law.*

inhegtenisneming *arrest, apprehension;* wederregtelike — *wrongful arrest.*
inherent *inherent;* **—e** gebreke *inherent defects.*
inhoud *purport, contents, capacity;* **—sbepaling** *determination of the contents.*
inhuldig *inaugurate;* **—ing** *inauguration, investiture.*
injurie *injury;* strafbare — *criminal injury,* crimen iniuria.
inkasseer *cash, collect;* 'n wissel — *collect a bill;* **inkassobank** *collecting bank;* **inkassowissel** *bill of collection.*
inklaar *clear* (imported goods at customs); **inklaringsbrief/bewys** *bill of entry, clearance certificate.*
inkomste *income, revenue, earnings;* bruto — *gross income;* ontvanger van — *receiver of revenue;* stille — *unearned income;* uitkeerbare — *distributable income;* **—belasting** *income tax;* **—belastingopgawe** *income tax return;* **—kerf** *income bracket;* **—seël** *revenue stamp;* **—trekker** (trust) *income beneficiary.*
inkomste- en uitgawerekening *income and expenditure account.*
inkorporeer *incorporate;* sertifikaat van **inkorporasie** *certificate of incorporation.*
inkort *abate, abridge, curtail, cut short, derogate from, diminish, prune, trim;* regte — *curtail/diminish rights;* met **ingekorte** bewegingsvryheid *under restraint;* **—ing** *abridgment, curtailment, derogation from, diminution, impairment, limitation, restraint;* kontrak tot — van handelsvryheid *contract in restraint of trade;* — van regte *abridgment/diminution of rights;* sonder — van regte *without prejudice;* — van regskrag *derogation from validity.*
inkrement *increment.*
inkrimineer *incriminate, criminate.*
inkwisitore (stelsel) *inquisitorial system.*
inlegstrokie *deposit slip.*
inlei *usher in.*
inlewer *lodge;* **—ing** van stukke *lodgment of documents.*
inlyf *incorporate;* **inlywing** deur verwysing *incorporation by reference.*
innerlike (voorbehoud) *mental reservation.*
innuendo *innuendo.*
inpas *fit in;* woorde wat nie by 'n uitleg — nie *intractable language.*
inperk *restrict;* ingeperkte persoon *restricted person, person under restriction order.*
inrig *arrange, organize, establish;* **—ting** *establishment, institution, organization;* — vir sielsiekes *mental home.*
inruil *trade in;* **—seël** *trading stamp.*
insake *in relation to, regarding, with regard to.*
inset *stake, input;* **—belasting** *input tax;* **—houer** *sequester.* See **stakeholder** in E-A; **—koste** *production costs.*
insien *perceive, realize, inspect* (documents); **insae** *examination, inspection, perusal;* — in dokumente *access to documents;* rekeninge lê ter — *accounts lie for inspection, are open to inspection.*
insig *insight, perception, perspective;* **—gewend** *instructive.*
insinuasie *innuendo, insinuation.*
insittende (van 'n voertuig) *occupant of a vehicle.*
inskerp: iets by iemand — *impress something on someone, inculcate.*
inskiklik *accommodating, compliant, complying, complaisant, obliging, tractable;* **—heid** *complaisance, forbearance, obligingness.*
inskryf *enter;* as leerklerk — *enter into articles with;* op 'n register inskryf *enrol, enrol of record;* 'n pleit van onskuldig — *enter a plea of not guilty;* — vir aandele *subscribe for shares;* **inskrywing** *entry, enrolment, subscription.*
inskrywingsaandele *subscription shares.*
inskuld *debt due to* (against **uitskuld,** *debt due by).*
insluit *include, encompass, comprehend, comprise, imply;* ingeslote ruimte *enclosed space;* die deel word by die geheel ingesluit/gaan op in die geheel *the part accedes to the whole.*
insluitend *inclusive of;* alles— *all-inclusive, blanket arrangement.*
insolvent (a) *insolvent, bankrupt;* boedel — laat verklaar *sequestrate;* **—e** boedel *insolvent estate.*
insolvent (s) *insolvent, bankrupt;* **insolvensie** *insolvency;* bedrieglike — *fraudulent insolvency;* daad van — *act of insolvency;* **—handeling** *act of insolvency.*
inspraak *participation in deliberations.*
instandhouding *conservation.*
instansie *authority; instance;* absolusie van die — *absolution from the instance;* hof van eerste — *court of first instance;* in eerste — *in the first instance, primarily;* in laaste — *in the last resort/instance.*
instel *establish, institute, initiate, set up;* 'n aksie — *institute action;* 'n eis — *bring a claim;* 'n erfgenaam — *appoint/institute an heir;* — op *attune to.*
instem (met) *agree with, concur in; assent to; consent;* **—ming** *agreement, assent, concurrence, consent;* stilswyende — *tacit consent;* **—mende** uitspraak *concurring judgment.*
instroming *influx;* **—sbeheer** *influx control.*

instrueer *brief, instruct;* **instruksies** neem *take instructions.*
instrument *implement, instrument, tool.*
insweer *administer an oath to, swear a witness;* **ingesweer** *sworn.*
insypel *infiltrate.*
integrasiereël *parol evidence rule.*
integreer *integrate, desegregate.*
integrerend *integral;* **—e** deel van *part and parcel of, integral part of.*
integriteit *integrity, probity.*
interdikeer *interdict, prohibit by interdict;* **interdik** *interdict;* by — verbied *interdict;* tussentydse — *interim interdict;* verbiedende — *prohibitory interdict.*
interesse *interest;* positiewe — *interest in the performance of a contract* (right to be placed in the same position as the party would have been if the contract had been duly performed). See **vervullingsbelang**.
interlokutoor *interlocutory.*
internasionaal *international;* **—e** privaatreg *private internatonal law;* **—e** publiekreg *public international law;* **—e** hoflikheid *comity of nations;* **—e** verkeer *international intercourse.*
interneer *intern;* **internering** *internment.*
interpelleer (1) *place in mora;* **interpellasie** *placing in mora, demand to pay;* (2) *question during a debate.*
interpoleer *interpolate, insert words;* **interpolasie** *interpolation, insertion of words.*
interpreteer *interpret;* **interpretasie** *interpretation.* See **uitleg**.
interrumpeer *interrupt;* **interrupsie** *interruption.*
intestaat *intestate;* — sterf *die intestate;* **intestate** boedel *intestate estate;* — erfgename *intestate heirs;* — erfopvolging *intestate succession;* — erfreg *law of intestate succession;* **intestaatheid** *intestacy.*
intiem *intimate;* **intimiteit** *intimacy, sexual intercourse.*
intimideer *intimidate, browbeat (a witness);* **intimidasie** *intimidation.*
intrek *abrogate, cancel, recall, repeal, revoke, rescind, withdraw;* borgtog — *cancel bail;* 'n lisensie — *cancel/revoke/withdraw a licence;* 'n wet — *repeal a law.*
intrige *machinations, intrigue, scheming.*
intrinsiek *intrinsic.*
inventaris *inventory;* — opmaak *inventory, take stock.*
investeer *invest industrially.*
invloed *consequence, influence;* onder die — van drank *under the influence of liquor.*
invloed *influence, leverage.*
invoeg *insert* (words, a date), *interpolate, introduce.*
invoer *import; introduce;* datum van —ing *date of commencement (of an Act);* **—reg** *import duty;* vry van — *duty free, exempt from duty.*
invorder (skulde, belasting) *collect debts/taxes;* **—ingsagentskap** *collecting agency;* **—ingsgeld** *collection fee.*
invryheidstelling *discharge/liberation (of a prisoner).*
invul *complete, fill in, insert;* 'n vorm — *complete/make out a form;* datum/ woorde — *insert a date/words.*
inwerkingtreding (van 'n wet) *commencement of an Act.*
inwillig (tot iets) *agree to, consent to, grant, accede to, yield to.*
inwy *inaugurate.*
irrelevant *irrelevant;* **irrelevansie** *irrelevance.*
isoleerkamer *padded cell.*
item *item.*

J

jaargeld *annuity;* lewenslange — *life annuity;* uitgestelde — *deferred annuity;* **—trekker** *annuitant.*

jammerte *compassion;* — trek die reg skeef *hard cases make bad law.*

jeug *youth, youthful age;* **jeug-** *juvenile;* **—dig** *juvenile;* —e oortreder *juvenile offender;* **—dige** *juvenile, young person;* verbeteringshuis vir —s *juvenile reformatory;* **—digheid** *youthful age;* vanweë sy — *on account of his youth;* **—misdade, —misdadigheid** *juvenile delinquency;* **—misdadiger** *juvenile delinquent.*

joernaal *journal* (bookkeeping).

jong (kind) *child of tender years, infant.*

juis *correct, precise;* **—te** afskrif *true copy;* **—theid** *accuracy, correctness;* die — nagaan *verify, check.*

jurat (lit. "he swears") *jurat* (statement of date and place of affidavit).

juridies *juridical, legal.*

jurie *jury;* 'n — saamstel *empanel a jury;* 'n — partydig saamstel *pack a jury;* **—bank** *jury box;* **—lid** *juryman, jury member;* **—lys** *jury panel;* **—verhoor** *trial by jury.*

juris *jurist.*

jurisdiksie *jurisdiction, cognizance, competence;* — aanvaar *assume jurisdiction, take cognizance of;* gebiedsperke van — *territorial limits of jurisdiction;* deur — gebonde *seized with jurisdiction;* — in eerste instansie *original jurisdiction;* gebieds— *territorial jurisdiction;* gelyklopende/konkurrente — *concurrent jurisdiction;* hof met — beklee oor *court cognizant of, competent court;* meerdere — *overriding jurisdiction;* substantiewe — *substantive jurisdiction* (in respect of offences); perke van — *jurisdictional limits;* privaatregtelike/siviele — *civil jurisdiction;* — in strafsake *criminal jurisdiction;* summiere — *summary jurisdiction;* territoriale — *territorial jurisdiction;* uitbreiding van — *extension of jurisdiction;* verhoogde — *increased jurisdiction;* **—bepalende** feite *jurisdictional facts.*

jurisprudensie *jurisprudence.*

juristery *legal quibbling.*

justisie *justice, administration of justice, judicature;* 'n saak aan die — oorhandig *hand a matter over to the law;* uit die hande van die — bly *keep out of the clutches of the law.*

K

k.a.v. (koste, assuransie, vrag) *cost, insurance, freight, c.i.f.*

kaak: aan die — stel *debunk, pillory.*

kaal: —stroop van *denude of.*

kaap *hijack;* **kaper** *hijacker, pirate, privateer, raider;* **—brief** *letters of marque and reprisal;* **—taxi** *pirate taxi;* **kaping** *hijacking.*

kaart *card, map, ticket;* 'n doorgestoke — *a put-up job, plot.*

kaart: in die —e speel van *play into the hands of.*

kalender *calendar; roll of cases;* **—jaar** *calendar year.*

kamer *chamber;* **—hof** *chamber court;* judges' —s *regterskamers;* **—praktyk** *chamber practice.*

kampvegter *protagonist, champion.*

kan *may, can;* die hof — *the court may;* — redelikerwys waar wees *may reasonably be true.*

kanaliseer *channel.*

kandidaat *candidate, applicant;* — wees *stand for office.*

kandidatuur *candidacy.*

kanonieke reg *canon law, Roman Catholic church law;* **kanonis** *canonist.*

kanselary *chancellery, chancery;* **—taal** *officialese.*

kanselleer *cancel;* **kansellasieklousule** *cancellation clause.*

kansooreenkoms *aleatory contract.* Depending on chance, or the throw of a dice.

kansspel *game of chance.*

kant *side;* aan die een — en aan die ander — *of the one part and of the other part;* jou — bring *perform your part of the bargain;* van — maak *despatch, kill;* **—tekening** *gloss, side note;* **—titel** *marginal note* (in laws).

kapitaal (1) *capital, principal sum;* in die aard van — *of a capital nature;* gemagtigde — *authorised capital;* ingeskrewe — *subscribed capital;* nominale — *nominal capital;* onopbetaalde — *unpaid capital*; onopgevorderde — *uncalled capital;* opbetaalde — *paid-up capital;* opgevorderde — *called-up capital;* uitgegewe/uitgereikte — *issued capital;*

vaste — *fixed capital;* vlottende — *floating/circulating capital;* volopbetaalde — *paid-up capital;* (2) —**aanwas** *capital accrual, accrual of a capital nature;* —**aflossing** *capital redemption;* —**appresiasie** *capital appreciation;* —**bate** *capital asset;* —**bedrag** *capital sum, principal;* —**belegging** *capital investment;* —**besteding** *capital expenditure;* —**goedere** *capital assets/goods;* —**heffing** *capital levy, levy on capital;* —**inkomste** *capital income, income of a capital nature;* —**klousule** *capital clause;* —**rekening** *capital account;* —**trekker** (trust) *remainderman, beneficiary;* —**waarde** *capital value;* —**wins** *capital gain.* Al hierdie samestellings kan ook weergegee word met behulp van die adjektief **kapitale**.

kapitaliseer *capitalize;* **kapitalisasie** *capitalization.*

kapittel *chapter* (organization of certain professional groups); — van argitekte *chapter of architects.*

kaptein (black) *chief.*

karakter *character, nature;* getuienis oor — *evidence as to character.* Covers good name and reputation as well as innate qualities.

karig *meagre, scant.*

kartel *cartel;* **kartelleer** *cartelize.* Organization of producers to regulate production and prices.

karweier *carrier.*

kas *cash;* —**joernaal** *cash journal;* — opmaak *cash up;* geld in — *cash in hand;* —**register** *cash register;* —**rekening** *cash account;* —**sier** *cashier.*

kaserne *barracks;* —**woning** *tenement house.*

kassasie *cassation, setting aside for irregularity;* hof van — *court of cassation.* In Netherlands and France.

kastig *allegedly.*

kastreer *emasculate.*

kasueel *casual, accidental;* **kasuele** voorwaarde *casual condition.* Where fulfilment depends on a contingent event and not upon the parties.

kasuïs *casuist;* —**tiek** *casuistry.*

katalisator *catalyst.*

katàlogus *catalogue.*

kategorie *category.*

kategories *categorical;* —**e** imperatief *categorical imperative.*

katsslae *lashes.*

keer op keer *time and again, repeatedly.*

keerdag, keerdatum *return day;* met — op *returnable on;* verlenging van — *extension of the return day.*

keersy (van dokument) *back/reverse of document.*

keisersnee *caesarian section.*

kelderverdieping *basement.*

kenbronne (van die reg) *authorities, sources of the law.*

kenmerk (n) *feature.*

kenmerk (v) *characterize.*

kenne: te — gee *express, hint, imply, signify;* gee met verskuldigde eerbied te — *humbly sheweth.*

kennelik *obvious, patent, visible, apparent;* sy dit hiermee — *know all men by these presents; know all whom it may concern.*

kenner *authority, connoisseur, expert.*

kennis *acquaintance; knowledge, cognizance, notice;* aan almal wat hiervan — mag neem *to all to whom these presents may come, to all who take notice hereof;* algemene — *public knowledge;* binne sy — *to his knowledge;* — gee aan *give notice to, serve notice on, notify;* genoeg — om hom mee te behelp *working knowledge;* — geskied hiermee *notice is hereby given;* in — stel *advise/inform/notify;* meerdere — *superior knowledge;* na my beste — en wete *to the best of my knowledge and belief;* — neem van *take cognizance of;* hy is onder — *he is under notice;* regterlike — *judicial notice;* sonder — van enige gebrek *without knowledge of any defect;* toegedigte — *constructive notice, imputed knowledge.*

kennisgewing *(letter of) advice; notice, notification, warning;* — van aanslag *notice of assessment;* aansoek met — *application on notice;* — van appèl *notice of appeal;* — van belet *notice of bar;* — van beskikbaarheid *notice of avail;* — om bloot te lê *notice to produce;* tot nadere — *until further notice;* — van ontering *notice of dishonour* (bills); — van protes *notice of protest;* — van terrolleplasing *notice of set-down;* sonder voorafgaande — *without prior notice;* **kennisname** *cognizance, notice;* geregtelike/regterlike — *judicial notice/cognizance.*

kenteken *badge, characteristic.*

kerfstok: baie op sy — hê *have a bad record.*

kerklik *ecclesiastical;* —**e** reg *canon law, ecclesiastical law.*

kerkreg *church law, ecclesiastical law.*

kermis *fair.*

kern *essence, crux, the essential, substance;* die — van my betoog *the burden of my argument;* — van 'n saak *substance of a matter, the heart of the matter;* —**punt** (of an allegation, accusation) *gravamen.*

kernverdrag *nuclear pact;* **kernsperverdrag** *nuclear limitation treaty.*

ketterjag *witch-hunt.*

keur *assay, screen;* **—ing** *screening.*
keur *examine, select, inspect, test, try, sample.*
keurslyf *bodice;* in 'n — dwing *put under constraint.*
keuse *choice, election, option;* bedinge na — *optional stipulations;* jy moet jou — doen *you cannot approbate and reprobate;* plaaslike — *local option;* ter — *optional, facultative;* ter — van *at the choice of;* — van 'n boete *option of a fine.*
kibbel *argue, bicker, dispute, haggle, argufy.*
kiem: in die — smoor *nip in the bud.*
kies *elect, choose;* hy het ge— om skadevergoeding te eis *he elected to claim damages;* **kies-** *electoral;* **—afdeling** *constituency;* **—er** *voter, elector;* **—erslys** *voters' roll;* **—erskorps** *electoral body;* **—reg** *franchise;* **—vereiste** *electoral qualification;* **—wet** *electoral law.*
kind *child;* buite-egtelike — *illegitimate child,* spuriosus; jong — *child of tender years, infant;* omgeruilde/ondergeskuifde — *changeling, suppositious child*; ongebore — *unborn child, child en ventre sa mère,* nasciturus; onwettige — *illegitimate child;* pasgebore — *newly born child;* putatiewe/vermeende — *putative child;* sorgbehoewende — *child in need of care, ward of the court* (Eng. law); **—erbewys** *kinderbewys;* **—erbyslag** *childrens' bonus;* **—erdiefstal** *childstealing.* See **kidnapping** in E–A; **—erhof** *children's court;* **—erloos** *childless, without issue;* **—ermoord(enaar)** *infanticide;* **—erroof** *childstealing;* **—ersorg** *child welfare;* **—ersterfte** *infantile mortality;* **—sdeel/—sgedeelte** *child's portion;* **—ermishandeling** *illtreatment of a child;* **—ermisbruik** *child abuse;* **—ermolestering** *child abuse* (in a sexual sense); **—ermoord** *infanticide.*
kitsoplossing *snap solution.*
kla *complain, make/lodge/lay a complaint;* **klaagster** *complainant* (female); **klaer** *complainant* (male).
klaagsiek *querulous.*
klaarblyklik *obvious, manifest, demonstrable, evident, clear, palpable, patent, plain;* **—e** dubbelsinnigheid *patent ambiguity;* **—e** fout *patent error.*
klaer *complainant.*
klag/klagte (plural **klagtes)** *complaint;* 'n — indien *lay a charge, lodge a complaint.* See **charge** in E–A.
klagstaat *charge sheet.* See **charge** in E–A.
klandestien *clandestine, secret, hidden, furtive, covert, collusive, private.*
klandisiewaarde *goodwill.*
klant *customer.*
klaring (customs) *clearance;* **—srekening** *clearance account.*
kleefmyn *limpet mine.*
kleim (mining ground) *claim;* **—houer** *claimholder.*
kleinhandel *retail;* in die — verkoop *sell retail;* **—aar** *retail trader.*
kleinhoewe *small-holding.*
kleinkas *petty cash.*
kleinlik *petty.*
kleinmoedig *pusillanimous.*
kleinserig *over-sensitive, touchy.*
klem *emphasis.*
kleptomanie *kleptomania;* **kleptomaniak** *kleptomaniac.*
klerk *clerk;* — van die hof *clerk of the court;* **regtersklerk** *judge's clerk/registrar.*
kleurslagboom *colour bar.*
kliënt *client* (of professional person, distinct from **klant** *customer);* **—ele** *clientele, practice;* **—e** lok *tout;* **—elokker** *tout.*
klop *agree, tally with;* die syfers — *the figures agree;* die boeke laat — *balance the books.*
klopjag *raid;* — uitvoer *raid.*
klousule *clause, paragraph; proviso, stipulation.*
klouterdief *cat-burglar.*
klowing *cleaving* (in intestate succession).
klub *club.*
knel *bind, oppress;* **—lend** *onerous, oppressive;* **—lende** ooreenkoms *onerous agreement.*
knelpunt *bottle-neck.*
knewelary *extortion.*
knoei (met) *manipulate, tamper with;* **—ery** *intrigue, machination, oblique dealings, sharp practice, graft, skulduggery;* **—werk** *skimped work.*
kode *code;* siviele — *civil code;* kriminele — *criminal/penal code.*
kodifiseer *codify;* **kodifikasie** *codification.*
kodisil *codicil;* **—lêre klousule** *codicillary clause.*
koeël *bullet;* verdwaalde — *stray bullet.*
koerier *courier.*
koers *rate, price;* rente— *rate of interest;* wissel— *rate of exchange;* — van uitgifte *price of issue;* **—notering** *market quotation, quotation of stocks;* **—skommeling** *fluctuation;* **—verhoging** *revalorization.*
koester *cherish.*
kognitief *cognitive;* kognitiewe en voluntatiewe elemente van opset *cognitive and voluntative elements of intent.*
kohabiteer *cohabit;* **kohabitasie** *cohabitation.*
kokaïene *cocaine.*

kollateraal (blood relation in the collateral line) *collateral;* **—e** bloedverwantskap *collateral consanguinity;* **—e** sekuriteit *collateral security.*

kolleer *collate.*

kollig *spotlight.*

kollusie *collusion;* **kollusief** *collusive;* **—we** egskeiding *collusive divorce.*

komitee *committee;* vaste — *standing committee;* uitvoerende — *executive committee.*

kommanditêre vennootskap *commanditarian/limited/special partnership.*

kommentaar *comment, commentary.*

kommentator *commentator, glossator.*

kommer *concern, anxiety;* **—vol** *anxious;* **—wekkend** *alarming.*

kommissaris *commissioner;* — van ede *commissioner of oaths.*

kommissie *commission;* getuienisnemende — *commission de bene esse, evidence-taking commission;* getuienis op — *evidence on commission;* — van ondersoek *commission of inquiry;* rogatore — *commission rogatoire.*

kommitteer *commit;* na 'n inrigting — *commit to an institution.*

kommunaal *communal;* **—e** besit *communal tenure;* **—e** stemreg *communal vote.*

kommunikasie *communication;* — tussen man en vrou *(privileged) matrimonial communication.*

kommuteer *commute (a sentence).*

kompareer (voor 'n notaris) *appear before a notary;* **komparant** *appearer;* **komparisie** *appearance.*

kompenseer *compensate, offset.*

kompenseer *compensate;* **kompensasie** *compensation;* **kompenserend** *compensatory.*

komper *computer;* **—staat** *computer printout;* **—eriseer** *compute, computerise.*

kompetent *competent, qualified;* **—e** hof *competent court, court having jurisdiction;* **—e** vonnis *competent sentence;* **kompetensie** *competence, competency, power.*

kompleksiteit *complexity, intricacy.*

kompliseer *complicate.*

kompromis *compromise;* 'n — maak *compromise;* **—loos** *uncompromising.*

kondikeer (reclaim amount not owing) *condict;* **kondiksie** *condiction.* See Latin **condictio.**

kondominium *co-ownership, joint ownership; condominium.*

kondoneer *condone, excuse, overlook;* **kondonasie** *condonation;* — van diensonderbreking *condonation of break in service.*

konferensie *conference, discussion.*

konfidensieel *confidential.*

konfiskeer *confiscate* (in favour of the state).

konform *conformable, conform;* — die voorskrifte *in conformity with the instructions.*

konfronteer *confront;* **konfrontasie** *confrontation.*

koninklik *royal;* —e prerogatief *royal prerogative;* **—e** wild *royal game* (under absolute protection).

konjunktief *conjunctive* (interpretation of statutes).

konklusie *conclusion, inference;* — van eis *particulars of claim.*

konkreet *tangible, concrete.*

konkubine *concubine;* **konkubinaat** *concubinage.*

konkurreer *compete;* **konkurrente** skuldeisers/vorderinge *concurrent creditors/claims.*

konkurrent *competitor.*

konnossement *bill of lading.*

konnotasie *connotation.*

konsekwent *consistent;* **konsekwensie** *consequence, logical conclusion.*

konsensus *consensus, agreement;* **konsensueel** *consensual;* **—ele** kontrak *consensual contract.*

konsentreer (op) *focus on, concentrate on.*

konsep *draft, blueprint;* ruwe — *rough draft.*

konsepsie *conception; notion, idea.*

konsessie *concession, grant;* **—regte** *concessionary rights, franchise;* **—teorie** *concession theory;* **konsessionaris** *concessionary, grantee, licensee.*

konsignasie *payment into court* (obsolete).

konsiliasie *conciliation.*

konsolideer *consolidate, unite;* **konsolidasie** *consolidation, union;* — van aksies *consolidation of actions;* **—wet** *consolidation Act.*

konsortium (in matrimony) *consortium;* — van banke (usually to grant a joint loan) *consortium of banks.*

konsosiasie *consociation.*

konstabel *constable, police-officer;* vroulike — *policewoman.*

konstant *constant.*

konstitueer *constitute;* hulself tot 'n komitee — *constitute themselves into a committee;* byeenkoms tot 'n kongregasie — *constitute a gathering into a congregation;* **konstituerende** deel *constituent part;* — vergadering *constituent assembly.*

konstitusie *constitution;* **konstitusionele** hof *constitutional court.*

konstitutief *constitutive;* **konstitutiewe** teorie *constitutive theory* (international law).

konstrueer *construe;* **konstruksie** *construction;* **konstruktief** *constructive, functional.*

konsulteer *consult;* **konsultant** *consultant;*

konsultasie *consultation;* **konsulterende** praktyk *chamber practice.*
kontant *cash;* — by aflewering *cash on delivery;* — in besit *cash in hand;* — met bestelling *cash with order;* — teen transport *cash against transfer;* —**vloei** *cash flow.*
kontemporêr *contemporary; contemporaneous.*
kontensie *contention, argument, standpoint;* **kontensieus** *contentious, controversial.*
kontinueer *continue;* **kontinuïteit** *continuity;* **kontinuasiebeding** *continuation clause.*
kontra-vraagpunte *cross-interrogatory.*
kontrabande *contraband, smuggled goods.*
kontrak *contract, agreement;* 'n — aangaan/sluit *conclude an agreement, contract;* 'n — beëindig/opsê *terminate a contract;* grondliggende gedeelte van 'n — *operative part of a contract;* 'n — deur albei partye gedeeltelik nagekom, 'n — waaronder daar nog gepresteer moet word *executory contract;* onbenoemde/innominate — *innominate contract;* stilswyende —, — by implikasie *implied contract;* voorgeskrewe — *imposed contract;* —**arbeider** *contract labourer;* —**breuk** *breach of contract;* —**prys** *contract price;* —**tant** *contracting party;* —**tereg** *law of contract;* —**teur** *contractor.*
kontrakteer *contract, enter into a contract, agree, conclude an agreement;* —**vryheid** *freedom to contract;* **kontrakterende** partye *contracting parties.*
kontraktueel *contractual;* —**e** verhouding *contractual relationship;* —verpligting *contractual obligation.*
kontribueer *contribute;* **kontribusie** *contribution;* reg van — (between co-sureties or other co-debtors) *right of contribution;* —**rekening** *contribution account, plan of contribution;* — tot koste *contribution towards costs;* **kontribuant** *contributory.*
kontroleer *control; check accuracy;* **kontrolerekening** *control account.*
kontroversieel *controversial.*
konvensie *convention;* internasionale — *international agreement/convention;* eis in — (hoofeis) *claim in convention, main claim;* eiser in — *plaintiff in convention.*
koop *buy, purchase, acquire;* — op termyn/latere lewering *buy forward;* die eiendom is te — *the property is for sale/on offer;* —**akte/brief/kontrak** *deed of sale, contract of purchase and sale;* —**belasting** *sales tax;* —**krag** *purchasing/spending power;* —**man,** —**vrou** *public trader;* —**nota** (aandele) *bought and sold note;* —**prys/som** *purchase price;* —**saak** *thing bought or sold,* res vendita, merx; —**vaarder** *merchantman, trading vessel;* —**vaardy** *merchant shipping;* —**verpligting** *tie;* —**ware** *merchandise;* **koper** *buyer, purchaser, vendee;* **kopie** *bargain.*
koöpteer, ko-opteer *co-opt, assume.*
kopbelasting *poll tax.*
koper *buyer, purchaser, vendee.*
kopieer *copy;* **kopié** *copy, facsimile;* gesertifiseerde — *certified copy;* juiste — *true copy.*
kopiereg *copyright;* — voorbehou *copyright reserved;* — op 'n ontwerp *copyright of a design.*
kopnoot *headnote, abstract.*
koppelaar *pimp, procurer;* —**ster** *procuress;* **koppelary** *procuring.*
koppeling *linkage.*
koppelverkoop *conditional selling.*
koppigheid *obstinacy.*
kordon *cordon, cordon sanitaire* (countries).
korporasie *corporation, company;* **korporatief** *corporate;* **korporatiewe** lid *corporate member.*
korreaal *correal.* Pertaining to joint and several creditors or debtors.
korrektief *corrective;* **korrektiewe** opleiding *corrective training;* — dienste *corrective services.*
korrigeer *correct, rectify;* **korreksie** *correction, rectification.*
korrumpeer *corrupt;* **korrup** *corrupt;* —**te** handelinge *corrupt practices;* op — wyse *corruptively;* **korrupsie** *corruption;* **korruptief** *corruptively.*
kort *short;* — begrip *summary;* — betekening *short service;* — termyn *short term;* iemand te — doen *give someone less than his due.*
korting *discount, trade allowance, rebate, abatement.*
kortsigtig *short-sighted;* —**heid** *lack of foresight.*
kortsigwissel *short bill, short-dated bill.*
kortstondig *ephemeral, short-lived.*
korttermyn-huur *short lease.*
kortwiek *handicap.*
kosbaarhede *valuables.*
koste *costs; expenses, charges;* algemene — *overhead expenses;* allesinsluitende — *costs in and about an action;* die bevel word met — gegee *the order will carry costs;* bykomstige — *incidental charges;* met — *with costs;* 'n party beveel om die — te betaal *award costs against a party;* — tussen party en party, party-en-party-koste *party and party costs;* — tussen prokureur en kliënt *attorney*

and client costs; — uit eie beurs *costs de bonis propriis;* — en uitgawes *charges and expenses;* verkwiste — *wasted costs;* **—bevel** *order as to costs;* **—doeltreffend** *cost effective;* **—loos** *free of charge, gratuitous;* **—rekening** *bill of costs.*

kosteplus-kontrak *cost plus contract.*

kousaal *causal;* **kousale** samehang/verband *causal connection;* **kousaliteit** *causality;* **—sleer** *doctrine of causality/causation;* **kousatief** *causative.*

krag *effect, power, strength, validity;* van — *effectual, in force, in operation;* die voorwaarde is nog van — *the condition stands;* — van wet *force of law;* uit **—te** van *by reason of, in terms of, by virtue of;* **—tens** *by virtue of, pursuant to, under, in terms of;* — die bevoegdheid aan my verleen *under the powers vested in me.*

kragtig *vigorous.*

kranksinnig *insane, mentally deranged, of unsound mind, mad;* **—e** *lunatic, madman, maniac;* lewensgevaarlike — *homicidal maniac;* **—egestig** *mental institution/home, lunatic asylum;* **—heid** *insanity, lunacy, madness, mental alienation/derangement/disorder.*

krat *crate.*

krediet *credit, trust;* goedere op — lewer *supply goods on credit;* **—e** en debiete *credits and debits;* **—balans** *credit balance;* **—brief** *letter of credit;* **—pos** *credit entry;* **—waardig** *creditworthy;* **krediteur** *creditor.*

krenk *aggrieve, hurt, injure, offend;* oogmerk om te — *malice,* animus iniuriandi; **—end** *derogatory, injurious.*

kreupele *cripple.*

kriminalis *criminalist;* **kriminalistiek** *criminalistics .*

krimineel *criminal;* **kriminele** appèl *criminal appeal;* — saak *criminal case.*

kriminologie *criminology.*

kringloop *circle;* bose — *vicious circle.*

kritiek *criticism;* vatbaar vir — *open to criticism.*

krities (teenoor) *critical of.*

krokodiltrane stort *shed crocodile tears, insincere show of remorse.*

kroniekskrywer *chronicler.*

kronkelend *tortuous.*

kroongrondbrief *crown grant.*

kru *crude.*

kruis *cross;* 'n tjek — *cross a cheque;* **—ing** *crossing* (cheque).

kruisvra *cross-examine;* **kruisondervraging** *cross-examination;* — onderdruk *stifle cross-examination;* **kruis-vraagpunte** *cross-interrogatory.*

krygs- *military;* **—diens** *military service;* **—hof** *military court;* **—raad** *court martial;* **—reg** *military law;* **—toestand** *state of war.*

kuipery *graft.*

kumulatief *cumulative;* **—preferente** aandele *cumulative preference shares.*

kundig *knowledgeable;* **—heid** *expertise, know-how;* **—heidspel** *game of skill.*

kunsgreep *gimmick.*

kunsmatig *artificial.*

kuratele *curatorship;* persoon onder — *person under curatorship,* curandus.

kurator *curator, trustee* (insolvency); benoemde — *curator nominate;* — datief *curator dative;* geassumeerde — *assumed curator;* — van 'n insolvente boedel *trustee of an insolvent estate;* — vir 'n op te rigte maatskappy *trustee for a company to be formed;* **—skap** *curatorship;* **kuratrise** *curatrix.*

kuratorium *governing body.*

kustingbrief *kustingbrief.* Mortgage bond for the balance of the purchase price in favour of the seller; **kustingpenning** *kustingpenning.* Amount of the bond.

kwaad *bad;* **kwade** trou *bad faith;* te kwader trou handel *act in bad faith;* **—gesindheid** *ill-will, malevolence,* animus; wrok of — *spite or ill-will;* **—prater** *slanderer;* **—willig** *malicious, malevolent;* handelende met **—willige** opset *acting from malice;* **—willige** arres *malicious arrest;* **—willige** verlating *malicious desertion;* **—willige** vervolging *malicious desertion;* **—willigheid** *(express) malice, malignity, animus;* uit — *actuated by malice.*

kwaadaardig *malignant, vicious, virulent;* **—e** siekte *malignant disease.*

kwalifiseer *modify, qualify;* ge— as kieser *qualified as voter;* sy verklaring moet ge— word *his statement needs qualification;* ge—de akseptasie *qualified acceptance.*

kwalik *hardly, scarcely;* iemand iets — neem *hold something against someone, take amiss.*

kwaliteit *quality;* **kwalitatief** *qualitative.*

kwarantyn *quarantine.*

kwasie- *quasi, pretended;* **—delik** *quasi-delict;* **—geregtelike** liggaam *quasi-judicial body;* **—kontrak** *quasi-contract;* **—trust** *constructive trust.*

kwekeling *apprentice, probationer, pupil.*

kwel *annoy, torment, trouble, vex, worry;* 'n getuie — *browbeat/harass a witness;* **—sug** *vexatiousness;* **—sugtig** *vexatious;* **—sug-**

tige gedingvoering *barratry, vexatious litigation;* **—vraag** *moot point, poser.*
kwesbaar (vir) *vulnerable to.*
kwessie *issue.*
kwetsend *hurtful, offensive.*
kwinkslag *witticism.*
kwisgoed *prodigal, spendthrift, wastrel.*
kwistig *prodigal, lavish;* **—heid** *lavishness, prodigality.*
kwiteer *receipt;* ge—de staat *receipted statement;* **kwitansie** *receipt, acquittance.*
kwyt: hy is sy invloed — *he is a spent force;* jou — van *acquit oneself;* jou van die bewyslas — *discharge the onus of proof;* **—ing** *discharge, settlement* (of debt); in volle — *in full settlement;* **—raak** *get rid of, lose;* **—skeld** *acquit, release from debt;* **—skelding** *acquittance, remission, waiver;* algehele —*free pardon;* — van gelde *remission of fees.*

L

laag *low;* **lae** daad *dastardly deed.*
laak *condemn, censure, criticize, denounce;* **—baar** *blameworthy, reprehensible, censurable, blamable, wrongful.*
laat *allow, leave, let, permit;* die gereg sy gang — gaan *allow the law to take its course;* — dit daarby *leave it at that;* — vaar *abandon, give up, part with, surrender, relinquish, renounce, waive, disclaim;* 'n argument laat vaar *abandon an argument.*
labirint *maze, labyrinth.*
ladingsbrief, laaibrief *bill of lading.*
lafhartig *cowardly, pusillanimous.*
laksman *executioner, hangman.*
lakune *lacuna.*
lamsak *spineless fellow, weakling.*
land *country; field, land;* deur — ingeslote ruimte *landlocked area;* **—gebonde** *landlocked;* **—goed** *estate, domain;* **—loper** *vagrant.*
landdros *magistrate;* addisionele — *additional magistrate;* die **—te** gesamentlik *the magistracy;* in sy dienstyd as — *during his magistracy;* **—amp** *magistracy;* **—hof** *magistrate's court;* **—setel** *seat of magistracy;* **—woning** *residency.*
landelik *rural;* —e erf *rural tenement.*
lands- *public, national;* **—belang** *national interest;* **—bestuur** *public administration;* **—burger** *national;* **—grens** *national frontier/boundary;* **—skuld** *national debt;* **—taal** *vernacular;* **—wette** *statute law;* **—wyd** *country-wide.*
langlewendheid *longevity.*
langsamerhand *by degrees, slowly.*
langslewende *surviving spouse, survivor.*
langtermyn *long term;* **—gevangene** *long-term prisoner;* **—huur** *long lease;* **—wissel** *long bill, long-term bill.*
lanseer *launch;* 'n petisie — *launch a petition.*
las (1) *authority, order;* op las van *by order of;* **—hebber** *agent, mandatary;* (2) *burden;* bewys— *burden of proof;* **—te** *liabilities.*
lasbepaling *modal clause;* — by 'n bemaking *modus to a bequest.*
lasbrief *warrant, writ.* A warrant is an order on some officer authorising him to do something. A writ is an order commanding something to be done; arres sonder — *arrest without warrant;* — tot arres *warrant of arrest*; — tot eksekusie *writ of execution;* — van habeas corpus *writ of habeas corpus;* die — is oor die hele land geldig *the writ runs throughout the country;* 'n — uitvoer/ten uitvoer lê *execute a writ;* — tot beslaglegging *writ of attachment.*
lasgewing *mandate; command, order, direction;* stilswyende — *implied mandate.*
laste: ten — lê *charge with;* die ten — gelegde misdryf *the offence charged;* diefstal word hom ten — gelê *he is charged with theft.*
laster *defamation, obloquy, calumny, aspersion;* mondelinge — *slander;* skriftelike — *libel;* strafbare/kriminele — *criminal defamation;* — uit weerwraak *retortion*; **—lik** *defamatory, slanderous, libellous, calumniatory;* **—like, aksionabele** bewering *actionable statement;* godslasterlike, opruiende, onbetaamlike en lasterlike geskrif *blasphemous, seditious, obscene and defamatory libel;* vatbaar vir 'n lasterlike betekenis *capable of a defamatory meaning.*
lastig *troublesome;* — val *harass, importune, interfere with, molest.*
late *omission;* 'n doen of 'n — *an act or omission.*
latent *latent, hidden;* —e gebrek *latent defect.*

later *subsequent;* —e koper met kennis *subsequent buyer with notice.*

leedvermaak *malicious joy, schadenfreude.*

leeftog *subsistence.*

leeftyd *age;* onder die — *under age;* skynbare — *apparent age;* — van toestemming *age of consent;* verstandelike — *mental age.*

leen (aan iemand, uitleen) *lend to someone;* (van iemand, inleen) *borrow* (from someone); geld geleen en voorgeskiet *money lent and advanced;* jou — tot *lend yourself to*; leningsmagte, leningsbevoegdheid *borrowing powers;* (in English feudal law) *fief, feoffment;* —**goed** *feudal estate; borrowings;* —**heer** *feudal lord;* —**man** *feoffee, vassal, feudal tenant;* —**manskap** *vassalage;* —**reg(stelsel)** *feudal law;* —**regtelik** *feudal.*

leerkontrak *articles of clerkship;* sessie van — *cession of articles.*

leerplan *syllabus.*

leerstelling *doctrine, tenet;* volgens die —**e** van 'n Indiese godsdiens getroud *married according to the tenets of an Indian religion.*

leerstuk *doctrine.*

leertyd dien *serve articles.*

legaat *legacy;* **legataris** *legatee.*

legaliseer *legalize;* **legalisasie** *legalization;* **legalisme** *legalism;* **legalisties** *legalistic;* **legaliteit** *legality;* **legaliteitsbeginsel** *principle of legality.*

legering *alloy.*

leges *fees of office.*

legitiem *legitimate;* **legitimeer** *legitimize;* **legitimiteit** *legitimacy.* See **legitimate** in E—A.

lei *conduct, lead;* 'n getuie — *lead a witness;* —dende vraag *leading question;* —**draad** *clue, directive.*

leiersberaad *summit meeting.*

lemma *catchword* (in dictionary).

lengtegraad *degree of longitude.*

lening *loan;* vir 'n — inskryf *take up a loan;* 'n — opneem *raise a loan;* 'n — uitskryf *float a loan;* —**sbevoegdheid** *borrowing powers;* —**skommissie** *raising fee;* —**smagte** *borrowing powers.*

letsel *harm, injury, wound;* ernstige — *grievous bodily harm, severe injury;* liggaamlike — *bodily injury.*

letter: aan die — gebonde *legalistic, adhering to the letter of the law;* —**diewery** *literary piracy, plagiarism;* —**knegtery** *literalism.*

leuen *falsehood, lie;* aaneenskakeling van —s *a tissue of lies;* —**aar** *liar;* deurtrapte —**aar** *unmitigated liar;* —**agtig** *untruthful, mendacious.*

lewens- *of life;* van —**belang** *vitally important;* —**benodigdhede** *necessaries of life;* —**berowing** *homicide;* nalatige — *culpable homicide, negligent killing;* —**beskouing** *view of life;* verwagte —**duur** *expectation of life, life expectancy;* —**genietinge** *amenities of life;* —**gevaarlike** kranksinnige *homicidal maniac;* —**lang** *for life;* —**lange** gevangenisstraf *imprisonment for life, life sentence;* —**lange** vruggebruik *life usufruct;* —**onderhoud** *maintenance;* —**patroon** *way of life;* —**peil** *way of living;* —**polis** *life policy;* —**reg** *life interest, life usufruct;* —**standaard** *standard of living;* —**uitkyk** *view of life;* —**vatbaar** *viable;* —**versekering** *life insurance;* —**verwagting** *life expectancy;* —**wyse** *way of living.*

lewer *deliver* (goods, judgment); *afford* (proof); bydrae — tot *make a contribution to;* diens — *render service;* aan gelewerde goedere *to goods supplied;* aan gelewerde rekening *to account rendered;* —**ansier** *contractor;* —**ing** *delivery;* fiktiewe — *constructive delivery.* See Latin **traditio longa/brevi manu;** —**ing** aanvaar *accept/take delivery;* —**ing** van bewys *production of proof;* simboliese —**ing** *symbolical delivery.*

liasseer *file;* **lias** *file.*

liederlik *obscene;* —**heid** *obscenity.*

liefdadigheidsinstelling *charitable institution/establishment/corporation.*

liefdadigheidstrust *charitable trust.* See **foundation** in E—A.

liefs *preferably.*

lig: in 'n nuwe — *in a new light/perspective.*

liggaam *body;* beherende — *governing body;* — van 'n dokument *body of a document;* — met regspersoonlikheid *body corporate.*

liggelowig *credulous, gullible.*

liggeraak *petulant, touchy.*

ligging *location, position, site, situation;* —**swaarde** *site value.*

likied, likwied *liquid;* —**e** bates *liquid assets;* —**e** dokument *liquid document;* —**e** reg (in regard to interdicts) *clear right;* —**iteit** *liquidity.*

likwidasie- en distribusierekening *liquidation and distribution account.*

likwideer *liquidate, place under liquidation, realize;* ge—de eis *liquidated claim;* ge—de (vooraf vasgestelde) skadevergoeding *liquidated damages;* **likwidasie** *liquidation, winding-up;* die maatskappy is in — *the company is in liquidation;* —**bevel** *liquidation*

order, winding-up order; **likwidateur** *liquidator.*
limiet *limit.*
linie *line* (descent); in die manlike — *in the patrilineal line;* verwante in neerdalende — *lineal descendants;* verwante in opgaande linie *lineal ascendants.*
lisensie *licence;* spesiale — *special licence;* **—bewys** *licence certificate, clearance certificate;* **—houer** *licence-holder, licensee;* **—owerheid** *licensing authority;* **—raad** *licensing board.*
lisensieer *license;* **gelisensieerde** perseel *licensed premises.*
listig *crafty.*
literatuur *literature;* ontugtige — *pornography.*
litigeer *litigate;* **litigant** *litigant;* **litigasie** *litigation.*
loën *deny, disclaim, forswear, gainsay;* **—straf** *disprove, refute, give the lie to;* **—straffing** *refutation.*
loesing *drubbing, hiding.*
logika *logic;* **logies** *logical.*
lok *attract;* in die val — *entrap;* **—middel** *inducement, decoy;* 'n — voorhou *hold out an inducement;* **—val** *trap, pitfall;* **—vink** *trap.*
lokasie *location, township for non-whites.*
lommerd *pawnshop;* **—houer** *pawnbroker.*
lonend *rewarding.*
lont *fuse.*
loods (1) *hangar;* (2) *pilot.*
loon *reward, pay, wages;* agtergehoue — *deferred pay;* karige — *pittance;* **—beslag** *garnishee;* — neem *garnishee;* **—beslaglegger** *garnisher;* **—beslaglegging** *garnishment;* **—beslagorder** *garnishee order;* **—geskil** *wage dispute;* **—ooreenkoms** *wage agreement;* **—peil** *wage rate;* **—skaal** *scale of wages;* **—trekker** *wage earner;* **—vasstelling** *wage determination.*
loop: op — jaag *stampede.*
lopende rekening *current account.*
loper *master-key.*
losbandig *lawless, dissolute, licentious;* **—heid** *debauchery, licence, profligacy.*
losbol *profligate.*
losbrand *open fire.*
loseerder *lodger, boarder.*
losgeld, losprys *ransom;* — eis vir iemand *hold someone to ransom.*
losgoed *effects, movable property, chattels.*
loslaat *release, unleash.*
lotery *lottery.*
lugtig (vir) *wary of.*
lugvaartreg *aeronautical law.*
luidkeels *vociferously, noisily.*
luidrugtig *vociferous.*
lukraak *at random, haphazardly, by trial and error.*
lydelik *passive;* **—e** verset/ongehoorsaamheid *passive resistance/disobedience.*
lyfrente *life annuity, life interest;* **—nier** *life annuitant;* **—polis** *annuity policy.*
lyfstraf *corporal punishment, strokes, whipping;* matige — *moderate correction.*
lykskouing *autopsy, post-mortem.*
lywig *voluminous.*

M

maagd *virgin,* virgo intacta.
maal: na die — *belated.*
maatskaplike manipulasie *social engineering.*
maatskappy *company, corporation;* beheerde — *controlled company;* beherende — *controlling company;* — met beperkte aanspreeklikheid *limited liability company;* — beperk deur garansie *company limited by guarantee;* buitelandse — *foreign company;* houermaatskappy *holding company;* private — *private company;* publieke — *public company;* onbeperkte — *unlimited company;* **—ereg** *company law.*
maatstaf *criterion, yardstick, measure, scale, standard.*
mag (s) *authority, control, leverage, power, strength;* absolute — *absolute authority, plenipotentiary power;* dit is buite die — van die raad *this is ultra vires the council;* die regsprekende — *the judiciary;* regterlike — *judicial power, judiciary;* die — van die gewoonte *force of habit;* saamvallende **—te** *concurrent powers;* **—hebber** *one in authority;* **—safwenteling** *devolution of power;* **—sbasis** *constituency, powerbase;* **—sdeling** *sharing of power;* **—sewewig** *balance of power;* **—smisbruik** *abuse of power, wrongful exercise of authority;* **—spolitiek** *power politics;* **—sverdeling** *division of power;* **—teloosheid** *impotence.*
mag (w) *may;* niemand — *no person shall.*
maggewing *empowerment.*
magistraat (1) (Romeinse staatsreg:

owerheidspersoon) *magistrate;* (2) (regsprekende amptenaar in laer howe, in Afrikaans deur term *landdros* vervang) *magistrate.*

magtig *authorize, empower, give a mandate, sanction, warrant;* — en verplig *authorize and direct;* behoorlik gemagtig *duly authorized;* gemagtigde kapitaal *authorized capital;* **—ende** bepaling *enabling/empowering provision;* — wet *enabling Act;* **—ing** *authority, authorization, mandate, power, procuration, warrant;* — tot betaling *authority for payment;* buite sy — handel *exceed his mandate;* met — van *by authority of;* onbeperkte — *open mandate, unlimited/unfettered authority;* **—ingsbrief** *letter of authority.*

majesteitskennis *lèse-majesté, seditious libel,* crimen laesae venerationis. These terms are only approximately synonymous.

maker (van promesse) *maker of a promissory note.*

man (en vrou) *husband and wife.*

mandaat *mandate;* die agent het sy — oorskry *the agent exceeded his mandate;* **—gebied** *mandated territory;* **—houer** *mandatary;* **—stelsel** *mandatory system;* **mandant** *mandator;* **mandataris** *mandatary;* **mandatêr** *mandatory.*

mandament van spolie *spoliation order.*

mandamus *mandamus.*

manies *manic;* — depressief *manic depressive.*

manifes *manifesto.*

manipuleer *manipulate.*

manteldraaier *turncoat.*

maritaal *marital;* maritale mag *marital power.*

maritiem *maritime;* **—e** reg *maritime law, admiralty law.*

mark *market;* ope — *open market;* **—kapitalisasie** *market capitalization.* Current share price multiplied by the number of shares in a company, giving the market value of the company; **—prys** *market price;* **—waarde** *market value.*

marskramer *pedlar.*

masjinerie *machinery;* die — van die gereg aan die gang sit *set the machinery of the law in motion.*

masker *mask, disguise.*

massa *bulk, weight;* by die — koop *buy in bulk.*

massamoord *massacre.*

mat: deur die — val *fail.*

materiaal *material, matter;* aanstootlike — *objectionable material* (in affidavits).

materiële reg *substantive law.*

matig (a) *moderate, temperate; abstemious;* **—e** tugtiging *moderate correction.*

matig (w) *mitigate, moderate.*

mede *partly;* **mede-** *associate, joint, co-;* **—borg** *co-surety;* **—dader** *co-principal in crime;* **—daders** *joint/concurrent wrongdoers.* See **participation in crime** in E-A; **—eienaar** *joint/part owner,* condominus; **—eiendom** *joint ownership,* condominium; **—eiser** *co-plaintiff;* **—eksekuteur** *co-executor;* **—erfgename** *co-heirs;* **—geregtigde/—reghebbende** *jointly entitled person;* **—hoofskuldenaar** *co-principal debtor;* **—lid** *co-member;* **—onderteken** *countersign;* **—ondertekenaar** *co-signatory;* **—oorsaak** *contributory cause;* **—oorsaaklikheid** *contributory negligence, joint causality;* **—professor** *associate professor;* **—skuld** *contributory negligence, contributing fault;* **—skuldeiser** *joint creditor;* **—skuldenaar** *co-debtor;* eweredige **medeskuldenaar** *several co-debtor;* hoofdelike — *correal co-debtor, joint and several co-debtor;* **—skuldverhouding** *joint debt relationship.* See **joint, several, joint and several** in E-A; **—verweerder** *co-defendant.*

mededeling *communication, intimation;* — tussen egteliede *matrimonial communication;* hy het 'n — aan my gedoen *he made a report to me.*

mededinging *competition;* onregmatige — *unfair competition;* **—sprinsiep** *competition principle.*

medepligtig *accessory;* hy was daaraan — *he was accessory to it, party to it;* **—e** (in wyere sin) *accessory;* (in engere sin) *accomplice, confederate, partner in crime,* socius criminis. Sometimes *accessary* is used as a noun to distinguish it from *accessory* as adjective, but *accessory* is more customary as noun as well as adjective; **—heid** *complicity.* See **participation in crime** in E—A.

medeseggenskap *co-partnership, joint control.*

medewerking *co-operation, concurrence, association;* **meewerkende** nalatigheid *contributory negligence.*

medewete *knowledge, privity;* sonder sy — *without his knowledge;* met die — van *with the privity of.*

medies *medical;* **—forensies** *medico-forensic.*

meebring: 'n straf — *carry a penalty;* meegebring deur *incidental to, caused by.*

meedeel *communicate, convey, inform.*

meeding *compete.*

meedoënloos *relentless, ruthless.*

meegaande *accommodating, acquiescent, compliant, docile, tractable.*
meegee *yield.*
meeloper *fellow-traveller, collaborator.*
meeluister *eavesdrop, listen in on, monitor.*
meent *commonage, common.*
meerderheid *majority;* gewone — *simple majority;* — van skuldeisers *plurality of creditors;* volstrekte — *overall majority.*
meerderjarig *of age;* — word *come of age;* **—e** *major;* **—heid** *majority.*
meerderwaardigheid (bo) *superiority to.*
meersydig *multilateral.*
meesbegunstiging *most-favoured nation treatment.*
meester van die Hooggeregshof *Master of the Supreme Court.*
meet: van — af aan *from the outset.*
meevaller *godsend, windfall.*
meewerk *co-operate, collaborate, assist;* — tot *contribute towards;* **—ende** nalatigheid *contributory negligence;* — oorsaak *contributory cause.*
meineed *perjury, false oath, false swearing;* aansetting tot — *subornation of perjury;* gemeenregtelike — *common-law perjury;* — pleeg *commit perjury, forswear/perjure oneself;* statutêre — *statutory perjury.*
memorandum *memorandum.*
mening *opinion, view;* die hof is van — dat *it appears to the court that;* na my — *to my mind;* vooropgesette — *preconception, prejudice;* **—sverskil** *disagreement, diversity/difference of opinion.*
mensdom *mankind.*
menseheugenis *living memory.*
menseregte *human rights;* handves — van *bill of rights.*
menseroof *kidnapping.* Unlawful and intentional deprivation of a person of freedom of movement or removal of a person from the control of his or her custodian. Includes **kinderdiefstal** but not **ontvoering, abduksie, skaking.** See **kidnapping** in E—A.
menslike hulpbronne *human resources.*
menslikheid *humanity, humaneness;* uit **—soorweginge** *on humanitarian grounds.*
meriete *merits;* appèl op die — *appeal on the merits;* die — van die saak *the merits of the case.*
merk *mark;* 'n tjek — *certify a cheque;* **—artikel** *proprietary article.*
metode *method;* lukrake — *trial and error method.*
middel *means, resources;* poging met 'n ondeugdelike — *attempt with impossible means;* **—etoets** *means test;* **—lik** *indirect, mediate, vicarious;* **—like** aanspreeklikheid *vicarious liability;* **—like** dader *principal who acts mediately;* **—like** verteenwoordiging *mediate agency.* Where the existence of a principal is not divulged.
middelpuntvliedend *centrifugal.*
mikpunt *aim, intent, intention, object, objective.*
mild *generous.*
militêr *military;* **—e** hof *military court;* **—e** inligting *military intelligence;* **—e** reg *military law.*
minag *despise, scorn, have contempt for;* **—tend** *contumelious;* **—ting** (van die hof) *contempt (of court);* in — van 'n hofbevel *in contempt of an order of court.*
minderbevoorreg *underprivileged.*
minderheid *minority;* **—suitspraak** *minority judgment.*
mindering *diminution;* betaling in — van 'n skuld *payment on account, payment in reduction of a debt.*
minderjarig *minor, under age;* **—e** *minor.*
mineraal *mineral;* **—regte** *mineral rights;* huur van — *lease of a right to minerals;* sertifikaat van — *certificate of mineral rights.*
miniem, minimaal *slight, trifling.*
minne *amicability;* skikking in der — *amicable settlement.*
minsaam *benign, bland.*
minuut *minute* (notarial deed); — tot vermindering van kapitaal *minute of reduction of capital.*
misbruik (s) *abuse, misuse;* **kinder—** *child abuse;* — maak van *abuse, trespass upon;* — van geregtelike proses *abuse of process;* — van vertroue *breach of trust; malversation* (Eng. law).
misbruik (w) *abuse, misuse;* 'n bevoorregte geleentheid — *abuse a privileged occasion.*
misdaad *crime, offence;* eerste aangifte van 'n — *first information of a crime;* ernstige — *major/serious offence;* geen — word vermoed nie *foul play is not suspected;* iemand 'n — ten laste lê *charge someone with an offence;* pleging van 'n — *perpetration of a crime;* pleging van 'n — bewerkstellig *procure the commission of a crime;* — van versuim *crime of omission;* voorkoming van — *prevention of crime;* voorwerp van die — *object of the crime,* corpus delicti; **—sbenaming** *designation of a crime;* **—somskrywing** *definition of a crime;* **—syfer** *crime rate.*
misdadig *criminal, nefarious;* **—e** opset *criminal intention/intent;* **—er** *criminal, delin-*

quent, malefactor, felon (Eng. law); **—heid** *crime, criminality, delinquency.*
misdra: jou — *misbehave.*
misdryf *crime, (criminal) offence, misdemeanour* (Eng. law); aanklagwaardige — *indictable offence;* — van oneerlikheid *crime involving dishonesty;* — teen die persoon *offences against the person;* — teen die samelewing *public wrong;* **—jurisdiksie** *substantive jurisdiction, jurisdiction in respect of the offence.*
misdui *misconstrue, misinterpret.*
misgun *begrudge.*
misken *disregard.*
miskyk *overlook;* die punt — *miss the point.*
mislei *mislead, deceive, delude, hoodwink;* **—ding** *misinformation, misleading;* **—end** *misleading.*
misluk *fail;* die appèl — *the appeal fails.*
mismaak *disfigure.*
mismoedig *downhearted.*
misplaas *inappropriate, misdirected, misplaced.*
misprys *dispraise, condemn, disapprove of;* so prys dat jy — *damn with faint praise.*
misreken *err, miscalculate.*
misstand *abuse, evil, mischief, nuisance;* — waarteen daar gewaak word *the mischief aimed at* (interpretation of statutes).
mistas *err, misdirect oneself;* die hof het 'n **—ting** begaan *the court misdirected itself.*
mistroostig (wees) *be disconsolate.*
misvatting (van feite) *misdirection on fact.*
mits *provided that, with the proviso that, as long as;* — dese *by these presents, hereby.*
model *exemplar, paragon, model.*
moderniseer *update, modernise.*
moeder *mother;* in die **—lyf** *en ventre sa mère;* **—maatskappy** *parent company;* **—moordenaar** *matricide;* **—organisasie** *parent organization;* **—sdeel** *maternal portion;* **—skant** *mother's side;* van **—skant** *from the mother's side, from the distaff side.*
moedswillig *intentional, malicious, mischievous, unprovoked, wanton, wilful.*
molesteer *annoy, molest;* 'n meisie — *interfere with a girl.*
monargie *monarchy;* **monargaal** *monarchical.*
mond *mouth;* iemand na die — praat *flatter someone, butter a person up;* **—eling** *by word of mouth, orally, verbally, viva voce;* **—e** getuienis *oral evidence;* **—e** kontrak/mededeling *verbal contract/communication;* **—e** oorlewering *oral tradition;* **—e** testament *nuncupative will.*
mondig *of age;* — word *come of age;* **—e** *major;* **—heid** *majority.*
monogaam *monogamous;* **monogamie** *monogamy.*
monopoliseer *monopolize;* **monopolie** *monopoly;* wet tot onderdrukking van —ë *anti-trust law;* **monopolis** *monopolist.*
moondheid *power, nation, state.*
moontlik *possible, conceivable, potential, prospective;* **—e** verlies/nadeel *potential loss/prejudice;* **—heid** *possibility, potential;* **—heidsbewussyn** *awareness of possibility* (in regard to dolus eventualis).
moord *murder;* — op 'n vader of moeder *parricide;* **—dadig** *homicidal, murderous;* **—enaar** *murderer.*
moreel (a) *moral;* **morele** gevoel *moral sense;* **moraliteit** *morality.*
moreel (s) *morale.*
morganaties *morganatic;* **—e** huwelik *morganatic marriage.*
mosie *motion;* aansoek by wyse van — *application by way of motion;* kennisgewing van — *notice of motion;* — tot skrapping *motion to strike out;* **—hof** *motion court, chamber court.*
motief *motive;* **motiveer** *account for, give reasons for;* (urge on) *motivate.*
muit *mutiny;* **—er** *mutineer.*
munisipaal *municipal;* **munisipaliteit** *municipality.*
munt: — slaan uit *make capital out of.*
munt *coin, coinage, money, specie;* — slaan *mint money;* — slaan uit *make capital out of;* kruis of — *heads or tails;* klinkende — *real money;* valse — uitgee *pass off false coin;* **—misdryf** *coinage offence;* **—stelsel** *coinage, coinage system;* **—vervalser** *counterfeiter, false coiner.*
muntoutomaat *vending machine.*
mutueel *mutual;* mutuele testament *mutual will.*
muur: gemeenskaplike — *party wall.*
myn *mine;* **—bou** *mining;* **—huur,—pag** *mining lease;* **—reggelde** *mining royalties;* **—werksaamhede** *mining operations.*

N

naam *name;* bloot in — *nominal, titular;* geregistreer in die — van *registered in the name of;* met 'n goeie — *reputable;* jou — verbind aan *put one's name to;* slegte — *disrepute;* vals — *assumed name, alias;* **—genoot** *namesake;* **—loos** *anonymous;* **—lose** vennootskap *anonymous partnership;* **—skending** *defamation* (colloquial); **—tekening** *signature.*

naasbestaan *co-existence;* —de *next of kin, nearest relative.*

naaste *nearest, next, proximate;* — bloedverwant *next of kin, nearest relation;* — oorsaak *proximate cause.*

naastingsreg *right of retraction,* ius retractus. Right of pre-emption stipulated by a seller of property in case the buyer wants to re-sell. See **voorkoopsreg**.

naaswenner *runner-up.*

naboots *fake;* nagebootste inbraak *faked burglary;* **—ing** *imitation.*

naburig *neighbouring.*

nabyheid *proximity, vicinity.*

nadeel *damage, detriment, disadvantage, prejudice;* onder 'n — gebuk gaan *labour under a disadvantage, suffer prejudice;* tot hul — *to their prejudice;* tot — van *to the prejudice/disadvantage/detriment of;* **nadelig** *adverse, damaging, detrimental, disadvantageous, harmful, injurious, prejudicial to.*

nademaal *whereas.*

nadenklik *pensive, thoughtful.*

nadoods *after death;* **—e ondersoek** *autopsy.*

nadraai *aftermath.*

nadruk (1) *emphasis, stress;* — lê op *dwell upon, stress, urge;* (2) *(second) edition, reprint;* ongeoorloofde — *pirated edition;* onwettige — *spurious edition;* — verbode *copyright, all rights reserved.*

naelvas *fixed* (lit. *with nails).*

nagaan *check on, verify, search.*

nagemaak *fictitious, fraudulent, sham, phoney.*

nagenoeg *virtually.*

nagpermit *night permit.*

nahuweliks *post-nuptial;* **—like** kontrak *post-nuptial contract;* —e verlyding en registrasie *post-nuptial execution and registration.*

nakom *abide by, carry out, comply with, discharge, execute, fulfil, honour, keep, meet, observe, perform;* 'n belofte — *keep a promise;* 'n bevel — *obey a command;* 'n kontrak — *fulfil/perform a contract;* 'n plig — *fulfil/perform a duty;* 'n reël — *observe a rule;* regulasies/voorskrifte — *comply with regulations;* verpligtinge — *honour one's obligations, meet one's liabilities;* voorwaardes — *satisfy/meet/comply with conditions.*

nakomeling *descendant;* **—skap** *issue, offspring, progeny, posterity, succession;* sonder — sterf *die without issue.*

nalate (versuim) *failure to, neglect, omission, passivity;* — van 'n by wet voorgeskrewe handeling *failure to perform a statutory duty, non-performance of a statutory duty, nonfeasance* (Eng. law).

nalatig *negligent, careless, remiss, supine;* op **—e** en roekelose wyse *negligently and recklessly;* **—heid** *negligence, carelessness, remissness,* culpa; aan — te wyte/toe te skryf *due to negligence;* bydraende/meewerkende — *contributory negligence;* gesamentlike en gelyktydige — *joint and simultaneous negligence;* growwe — *gross negligence;* strafbare — *criminal negligence.*

nalatingsmisdaad *offence of omission.*

nalewe ('n reël) *observe a rule.*

namaak (bedrieglik) *fake, forge.*

namens *in the name of, on behalf of,* per procurationem; skuldeiser tree — die kurator op *creditor proceeds in the name of the trustee.*

namptissement *provisional sentence, namptissement.*

nasionaal *national;* nasionale reg *national law;* **nasionaliseer** *nationalize;* **nasionaliteit** *nationality.*

naskryf *plagiarize.*

naslaan *consult, look up.*

nasleep *aftermath.*

nasoek *search;* — in 'n register *search a registry.*

nasorg *after-care.*

naspeur *investigate.*

naspoor *investigate, search;* deeglike nasporing *diligent search.*

nastreef *seek, pursue, aim at;* **nastrewing** van kennis *pursuit of knowledge.*

natrek *accede to;* die gebou word nagetrek aan die grond *the building accedes to the land;* **natrekking** *accession.*

natura: in — betaal *pay in kind.*

naturaliseer *naturalize.*

natuur *nature;* **—lik** *natural;* **—like** geregtigheid *natural justice;* **—like** lewe *natural life;* **—like** persoon *natural person;* **—like**/onafdwingbare verbintenis *natural/unenforceable obligation,* obligatio naturalis; **—like** voog *natural guardian;* **—like** vrugte *natu-*

ral fruits, fructus naturales; **—reg** *law of nature, natural law;* **—wet** *a law of nature.*
natuurbewaring *nature conservation.*
navolg *follow;* slaafs — *adhere slavishly to;* slaafse **—er** *lackey.*
navraag *inquiry, query;* — doen *inquire into, make inquiries.*
nederbuig, neerbuig *condescend.*
neerhaal *disparage.*
neerkom: dit kom neer op *it boils down to.*
neerlê: jou — by *abide by, acquiesce in.*
negatief *negative;* pregnante — *negative pregnant, evasive denial;* negatiewe wanprestasie *failure to perform, negative breach, non-performance, non-fulfilment.*
negosieware *merchandise.*
neiging *disposition, inclination, penchant, proneness, propensity, trend.*
nemer *payee;* alleen aan — *account payee only.*
nepotisme *nepotism, favouring of relatives, jobs for pals.*
nering *occupation.*
netelig *tricky, nettlesome;* 'n **—e** geskilpunt *thorny issue.*
neus: hy laat hom aan die — lei *he is gullible.*
neutraliseer *neutralize, override, stultify;* die wet — die hofbeslissing *the Act overrides the court decision.*
newe-effek *side-effect.*
nie-deurvoering (van appèl) *non-prosecution of appeal.*
nie-aanvalsverdrag *non-aggression pact.*
nie-blanke *person of colour.*
nie-blootlegging *non-disclosure* (discovery of documents).
nie-bydraepligtig *non-contributing* (e.g. pension scheme).
nie-doen *omission.*
nie-gebruik *non-user.*
nie-inagneming *non-observance.*
nie-inwonende (aandeelhouer) *non-resident shareholder.*
nie-nakoming *non-compliance, non-fulfilment, non-observance, non-performance.*
nie-patologiese onaanspreeklikheid *non-pathological inaccountability.*
nie-sakedag *non-business day.*
nie-samewerking *non-co-operation.*
nie-terugkeer *non-return.*
nie-verbindend *non-committal.*
nie-verhandelbaar *not negotiable.*
nie-verskyning *default, non-appearance, non-attendance;* by — *in default of appearance;* weens — van die rol geskrap *struck off the roll for non-appearance.*
nie-voeging *non-joinder.*
nie-voortsetting (van appèl) *non-prosecution of appeal;* 'n geding weens — afwys *dismiss an action for want of prosecution.*
nieteenstaande *notwithstanding.*
nietig (1) *invalid, null and void, of no force and effect, nugatory;* — verklaar *declare null and void, annul, nullify;* — weens onduidelikheid *void for uncertainty/vagueness*; (2) *petty, frivolous, insignificant, paltry, trifling;* **—heid** *nullity, invalidity;* vermoede teen — *presumption against invalidity;* **—verklaring** *annulment, nullification, declaration of nullity.*
niksbeduidend *frivolous, trifling, insignificant.*
niksseggend *meaningless, empty, idle.*
nodig: — ag *deem necessary.*
nominaal *nominal;* nominale prys *nominal price;* nominale kapitaal *nominal capital.*
nomineer *nominate;* **nominasie** *nomination.*
nood *distress, need, want, exigency;* — breek wet (— hef onregmatigheid op) *necessity excludes wrongfulness, necessity knows no law;* **—adres** *reference in case of need* (negotiable instruments); **—dwang** *extreme emergency, force majeure;* **—geval** *emergency, exigency;* **—handeling** *act of necessity;* **—lottig** *fatal;* **—saaklik** *essential, necessary;* gebiedend — *imperative;* redelik — *reasonably necessary;* **—saaklike** vereiste *essential requirement;* **—toestand** *emergency;* — afkondig *proclaim a state of emergency;* — ophef *lift the state of emergency;* skielike — *sudden emergency;* verweer van — *defence of necessity;* **—weer** *self-defence, private defence;* perke van — oorskry *exceed the bounds of self-defence;* **—weg** *road of necessity,* via necessitatis; **—wendig** *essential, necessary;* **—wendige** gevolge van die huwelik *essential consequences of marriage;* by **—wendige** implikasie *by necessary implication;* die hof sou **—wendig** tot dieselfde slotsom gekom het *the court would inevitably have come to the same conclusion;* **—wetgewing** *emergency legislation.*
noodleniging *distress relief.*
noodsaak *necessity;* handeling uit — *act of necessity.*
norm *norm, standard;* **—atief** *normative.*
notaris *notary, notary public;* **notarieel** *notarial;* notariële verband *notarial bond (over movables).*
noteer *note;* vonnis — *note judgment;* pryse — *quote prices;* 'n wissel — *note a bill* (in case of non-payment); **—relaas** *noting slip;* **notering** *noting, listing;* genoteerde maatskappy *listed company.*
notule *minutes;* **—er** *record.*

nougeset: met —te billikheid *with scrupulous fairness.*
noukeurig *exact, precise;* — beredeneerde uitspraak *closely reasoned judgment;* iemand — ondervra *question someone closely.*
noulettend *diligent, scrupulous.*
novasie *novation.*
nugter *sober;* **—heid** *soberness, sobriety.*
nuk *caprice, vagary, whim.*
nukkerig (wees) *sulk.*
nulliteit *nullity.*
nut *use, utility;* dit het geen — nie *it serves no purpose;* **—smaatskappy** *utility company;* **—teloos** *futile, useless, vain;* **—tig** *useful.*
nuuskierig *inquisitive;* **—heid** *curiosity.*
nuut *novel* (law of patents); **nuwigheid** *novelty.*
nuutjie *novelty.*
nuwerwets *innovative, new-fangled;* **—heid** *modernity.*
nyd *envy, bitter jealousy;* **—ig** *angry, furious, spiteful.*
nywerheid *industry;* **—sgebied** *industrial area/zone;* **—sgeskil** *industrial dispute;* **—sversoening** *industrial conciliation.*

O

objek *object;* **—sie** *objection;* **—teer** teen *object to, raise objection;* **—tief** *objective;* — bewysbaar *capable of objective proof;* objektiewe feit *objective fact.*
obligasie *debenture;* **—verband** *debenture bond.*
obseen *obscene;* **obseniteit** *obscenity.*
obsessie *obsession.*
obskuur *obscure;* **obskuriteit** *obscurity.*
obstruksie *obstruction;* — teen die polisie voer *obstruct the police.*
oënskynlik *apparent, ostensible.*
oewer- *riparian;* **—bewoner** *riparian occupier;* **—eienaar** *riparian owner;* **—grond** *riparian land;* water waarvan dit **—grond** is *water to which the land is riparian;* **—regte** *riparian rights.*
okkupeer *occupy, be in occupation;* **okkupant** *occupant, occupier;* **okkupasie** *occupation, occupancy.*
oktrooi *charter;* koninklike — *royal charter;* **—eer** *charter;* **geoktrooieerde** maatskappy/rekenmeester/sekretaris *chartered company/acountant/secretary.* Sien **charter** in E-A.
oligarg *oligarch* (member of a government consisting of a small group); **oligargie** *oligarchy.*
ombring *kill.*
ombudsman *ombudsman.*
omgaan (met) *associate with;* **omgang** *association, (social) intercourse;* geslagtelike — *sexual intercourse.*
omgangstaal *colloquial language.*
omgewing *vicinity, environment;* onmiddellike — *precincts;* — van die hof *precincts of the court;* **—sreg** *environmental law.*
omhein *enclose, fence in;* **—de** plek *enclosure, enclosed space;* **—ing** *fence.*
omkeerbaar *reversible.*
omkom *perish, be killed.*
omloop *circulation;* in — bring *put into circulation,* (forged documents) *utter;* die in — bring *uttering.*
ompad *detour.*
omring *surround, encompass, encircle, enclose, environ, beset, beleaguer;* **—ende** feite *accompanying facts.*
omruil *exchange;* omgeruilde kind *changeling.*
omseil *avoid, circumvent.*
omset *turnover;* **—rekening** *trading account.*
omsetbelasting *turnover tax.*
omsigtig *cautious, prudent, circumspect;* **—heid** *circumspection.*
omsit (a sentence, a policy, a pension) *commute, convert;* **omsetbaar** *commutable, convertible;* **omsetting** *commutation, conversion.*
omskep (verlede tyd *omgeskep) convert, transform;* 'n voorlopige ondersoek tot 'n verhoor — *convert a preparatory examination into a trial;* **—baar** *convertible;* **—bare** skuldbriewe *convertible debentures;* **—ping** van 'n private tot 'n publieke maatskappy *conversion of a private to a public company.*
omskryf *circumscribe, define, formulate;* nader — *qualify;* **omskrewe** gebied *defined area;* **omskrywing** *definition.*
omslag *file.*
omslagtig *circuitous, roundabout, devious, cumbersome, diffuse, prolix;* **—heid** *circumlocution, prolixity;* — van proses *circuitry of action.*
omsluit *enclose, fence in.*
omstandig *detailed; circumstantial;* **—heid** *circumstance;* omringende **—hede** *surround-*

ing circumstances; onsekere **—hede** *contingency;* versagtende **—hede** *extenuating circumstances;* **—heidsbewyse** *circumstantial evidence.*

omstedelik *peri-urban.*

omstrede *contentious, controversial, moot;* 'n —/ope vraag *a moot point.*

omtrek *perimeter.*

omtrent *about, concerning; nearly, roughly;* op of — *on or about.*

omtuining *enclosed space/place.*

omvang *ambit, extent, measure, purview, quantum, range;* — van skade *quantum of damage;* sonder om die wye — van die voorgaande in te kort *without prejudice to the generality of the foregoing;* **—ryk** *voluminous.*

omvat *comprise, encompass, include, embrace;* **—tend** *comprehensive, all-embracing, exhaustive;* **—tende** besigheidsbelasting *comprehensive business tax.*

omvergooi *overthrow.*

omverwerp *subvert, upset,* (a judgment of a lower court) *set aside, disturb, overrule, reverse.*

omvorm *reconstitute, transform.*

omweg *detour.*

omwenteling *upheaval.*

omwerk *recast, redraft.*

onaangetas (deur) *unaffected by.*

onaanneemlik *unacceptable.*

onaanpasbaar *incompatible;* **—heid** van geaardhede *incompatibility of temperaments.*

onaanvaarbaar *unacceptable.*

onaanvegbaar *incontrovertible, indisputable, unassailable, unexceptionable, unimpeachable.*

onafdwingbaar *unenforceable;* **—making** *rendering unenforceable.*

onafgebroke *continuous;* — in diens *in continuous employment.*

onafgehandel *unfinished;* **—de** saak *part-heard case.*

onafhanklik *independent, free;* **—e** aannemer *independent contractor.*

onaflosbaar *irredeemable.*

onafskeidelik *inseparable, indissoluble, part and parcel of.*

onafwendbaar *ineluctable, inevitable, unavoidable.*

onagsaamheid *negligence,* culpa.

onbaatsugtig *disinterested, selfless, unselfish.*

onbeboud *vacant, not built upon, lying waste.*

onbedag *ill-advised, ill-conceived, ill-judged, misguided;* **—saam** *careless, inconsiderate, rash, thoughtless, unguarded;* **—theid** *lack of foresight.*

onbedingbaar *not negotiable, inexpendable.*

onbedrewe *inexperienced, unskilled, inexpert.*

onbeduidend *negligible, trivial.*

onbeëdig *unsworn.*

onbegrens *unlimited, unbounded, boundless; open-ended.*

onbegryplik *inconceivable.*

onbeheers *intemperate, unbridled, uncontrolled, unrestrained, obstreperous.*

onbehoorlik *improper, unseemly, indecent, unbecoming.*

onbekend: — onbemind *unknown, unloved.*

onbekend *unknown;* — maak onbemind *unknown, unloved;* — met *ignorant of.*

onbekook *ill-conceived, inept, ill-considered.*

onbekwaam *incapable, incompetent, unfit;* — maak *disable, incapacitate.*

onbelangrik *unimportant, insignificant, trifling.*

onbelas *unencumbered, unburdened, untaxed;* **—te** eiendom *unmortgaged property;* **—baar** *duty free, exempt from tax.*

onbelemmerd *free, unencumbered, untrammelled, unhampered, unimpeded.*

onbepaalbaar *indeterminable, unascertainable.*

onbepaald *indefinite, uncertain, not fixed, vague;* **—e** vonnis *indeterminate sentence;* vir **—e** tyd *indefinitely, in perpetuity;* — verdaag *adjourn* sine die.

onbeperk *unlimited, absolute, unrestricted, plenary;* **—te** diskresie *absolute/unfettered discretion.*

onberade *imprudent, misguided, ill-advised.*

onberedeneerd *unreasoned, unreasoning, unthinking, thoughtless.*

onbereikbaar *inaccessible.*

onberekenbaar *inestimable.*

onberispelik *blameless, irreproachable, faultless, impeccable.*

onbeset *vacant, unoccupied, free.*

onbeskaamd *blatant, impudent, impertinent, insolent.*

onbeskadig *undamaged, intact, sound.*

onbeskof *rude, umannerly.*

onbeslis *undecided* (matter); *irresolute, hesitating, vacillating* (person).

onbesonne *imprudent, unwise, ill-advised, ill-considered, rash, misguided, indiscreet, thoughtless.*

onbestaanbaar (met) *incompatible/inconsistent with.*

onbestendig *unsettled, fluid, unstable, unsteady, fickle.*

onbestrede *unchallenged, unrefuted* (contention); — aansoek *unopposed application.*

onbeswaard *free of mortgage, unencumbered, clean.*

onbetaamlik *improper, indecent.*
onbetwis *undisputed, unquestioned;* **—baar** *incontestable, indisputable, irrefutable, unquestionable;* **—baarheidsklousule** *incontestability clause* (law of insurance).
onbevange *impartial, openminded, unprejudiced, fair.*
onbevoeg *incapable, incompetent, unfit, unqualified;* — maak *incapacitate;* — verklaar *disqualify;* **—dheidsgrond** *disqualification;* **—dwording** *incapacitation.*
onbevooroordeeld *unbiased, impartial, fair.*
onbeweeglik *firm, immovable, resolute.*
onbewus (van) *unaware of, unconscious of.*
onbillik *inequitable, unfair, unjust, unreasonable.*
onboetvaardig *impenitent, unrepentant.*
onbruik *disuse, desuetude, abeyance;* in — raak/verval *fall into disuse/desuetude, become obsolete, be abrogated by disuse;* in — *obsolete;* in — gerakend *obsolescent, on the way out;* neiging om in — te raak *obsolescence.*
onbuigsaam *firm, inflexible, rigid;* **onbuigsame** reëls *hard and fast rules.*
ondeelbaar *indivisible* (contract).
ondenkbaar *inconceivable.*
onderaannemer *subcontractor.*
onderbalju *deputy-sheriff.*
onderbewus *subconscious;* die **—syn** *the subconscious mind.*
onderbou *infrastructure.*
onderbreek *interrupt, break;* **onderbreking** van leertydperk *break in articles;* **onderbroke** serwituut *discontinuous servitude.*
onderbring *accommodate, ' house, provide cover.*
onderdaan *national, subject;* — van 'n vyandige staat *enemy alien.*
onderdak *accommodation, housing, shelter.*
onderdanig *subservient.*
onderdeel *component; subdivision; spare part.*
onderdruk *suppress, inhibit, overcome, subdue;* **—kend** *oppressive;* **—king** *oppression* (company law); wet tot — van monopolieë *anti-trust law.*
onderduims *secret, clandestine, surreptitious, underhand.*
ondergaan *endure, suffer, undergo;* verhoor — *stand trial.*
ondergeskik (aan) *ancillary to, inferior, subordinate, subsidiary;* **—te** wetgewende liggaam *subordinate legislature;* **—te** wetgewing *subordinate legislation.*
ondergetekende *undersigned.*
ondergrawe *undermine, subvert.*
onderhandelinge *negotiations;* — voer *conduct negotiations.*
onderhands (1) *collusive;* **-e** transaksies *collusive dealings;* (2) *non-notarial;* **—e** verkoping *underhand sale, sale by private treaty.*
onderhewig (aan) *subject to, amenable to, liable to;* — aan beslaglegging *liable to attachment;* — aan twyfel *open to doubt;* — aan verandering *subject to change;* — aan vervolging *subject to prosecution.*
onderhorig *dependent, subordinate.*
onderhou *maintain, support, pay alimony;* **onderhoud**, *maintenance, support, alimony;* ingebrekeblywing met — *failure to maintain, non-support, non-maintenance;* **—sbevel** *maintenance order;* **—smiddele** *means of support;* **—splig** *duty to maintain;* **—strust** *alimentary trust.*
onderhoudend *amusing.*
onderhuur *sub-lease, sub-tenancy;* **—der** *sublessee, sub-tenant.*
onderkontrak *sub-contract.*
onderling *mutual;* **—e** hulpvereniging *mutual benefit society;* **—e** maatskappy *mutual company.*
ondermyn *undermine, subvert.*
onderneming *project.*
onderpand *security;* akte van — *security bond;* — gee *furnish security;* saaklike — *real security.*
onderrig *tuition.*
onderskat *discount, underestimate.*
onderskei *distinguish* (an authority); **—delik** *respectively.*
onderskeid *difference, distinction, discrimination;* — maak ten nadele van *discriminate against;* **—makend** *discriminatory;* **—ing** *distinction;* fyn — *nice distinction.*
onderskeidingsteken *distinguishing sign/symbol.*
onderskryf *back, underwrite;* hulle het die ooreenkoms — *they were party to the agreement;* 'n leerstuk — *subscribe to a doctrine;* **onderskrywer** *underwriter.*
onderskuiwe *substitute (fraudulently);* ondergeskuifde kind *changeling.*
òndersoek (s) *inquiry, investigation, examination, probe, scrutiny;* — ter plaatse *inspection in loco;* diepgaande/deurtastende — *searching inquiry;* geregtelike/regterlike — *judicial inquiry;* hof van — *court of inquiry;*kommissie van ondersoek *commission of inquiry;* nadoodse — *post-mortem, autopsy;* voorlopige — *preparatory examination.*
ondersòèk (w) *examine, explore, inquire into, inspect, investigate, look into, probe, search,*

test; — en bepaal *inquire into and determine;* **—end** *exploratory.*

onderstand *relief, aid, help, assistance.*

ondersteun *aid, assist, support, sustain, subscribe to;* **—ingsfonds** *benevolent fund.*

onderstut *shore up.*

onderteken *sign, put one's name to;* as getuie — *sign as witness, attest;* **—aar** *signatory.*

ondertrou *intermarry.*

ondervang *intercept, obviate;* besware — *meet objections.*

onderverdeel *subdivide;* **onderverdeling** van aandelekapitaal *subdivision of share capital.*

onderverhuur *sub-let.*

ondervoeding *malnutrition.*

ondervra *examine, interrogate, question;* 'n getuie — *interrogate a witness;* reg om nie — te word nie *right not to be questioned;* **—ging** *interrogation.*

onderweg *in transit.*

onderwérp (w) *subject, subjugate, submit;* 'n geskil aan die hof — *submit a dispute to the court*; jou aan iemand — *defer to someone;* jou aan 'n reël — *abide by a rule.*

ónderwerp *subject;* — van 'n geskil *subject-matter of a dispute;* akte van **—ing** *deed of submission* (law of arbitration).

onderworpe (aan) *amenable to, subject to;* — aan die reg *amenable to the law;* — aan bevestiging *subject to confirmation.*

ondeugdelik *unsuitable;* poging op 'n —e objek of met 'n —e middel *attempt on an impossible object or by unsuitable means.*

ondeurdag *ill-conceived.*

ondeurdringbaar *impenetrable, impervious to.*

ondiens *disservice;* — bewys aan *do a disservice to.*

ondoenlik *impracticable, not feasible.*

ondubbelsinnig *unambiguous, unequivocal.*

onduidelik *obscure, unclear, indistinct.*

oneens *at variance;* dit — wees *disagree.*

oneer *disgrace, dishonour, disrepute;* **—biedig** *disrespectful;* **—lik** *dishonest;* **—vol** *dishonourable, ignominious;* **—volle** ontslag *dishonourable dismissal.*

oneg *counterfeit, false, fictitious, illegitimate* (child), *spurious.*

oneindig *infinite;* tot in die **—e** *in perpetuity.*

onenig *at variance, divided;* **-heid** *dissension, discord.*

onervare *inexperienced.*

oneties *unethical.*

onfatsoenlik *improper, unmannerly, rude, indecent.*

ongeag *irrespective of, regardless of, notwithstanding.*

ongebonde *unrestricted;* die hof van appèl se diskresie is — *the court of appeal is at large.*

ongedeerd *unscathed.*

ongedek *uninsured, uncovered.*

ongedurig *restless.*

ongedwonge *free and voluntary.*

ongeëwenaard *unparalleled, unequalled, unrivalled.*

ongegrond *baseless, groundless, devoid of substance, unfounded, unsound;* — en kwelsugtig *unfounded and vexatious.*

ongehinderd *undisturbed, unhindered, unimpeded, without let or hindrance.*

ongehoord *unprecedented.*

ongehoorsaam *contumacious, disobedient, insubordinate.*

ongekwalifiseer *unqualified.*

ongeldig *inoperative, invalid, null and void;* — maak *invalidate, avoid, vitiate* (a contract).

ongeleë *inconvenient, inopportune, awkward.*

ongeleentheid *inconvenience.*

ongeletterd *illiterate.*

ongelisensieer *unlicensed.*

ongelooflik *incredible;* **ongeloofwaardig** *unreliable, untrustworthy.*

ongelowig *incredulous, sceptical.*

ongeluk *accident, misadventure, mishap;* per — *accidentally, inadvertently;* **—saak** *accident case, running down case;* **—sversekering** *accident insurance.*

ongelyk *wrong, unequable, unequal;* — hê *be at fault, be in the wrong;* die verweerder in die — stel *find against the defendant;* iemand in die — stel *put someone in the wrong;* baat trek uit jou eie — *take advantage of your own wrong;* **—heid** *disparity, inequality.*

ongemagtig *unauthorized.*

ongemak *discomfort.*

ongeneë *disinclined, loath, reluctant;* die hof sal — wees om *the court will be slow to.*

ongenoegsaam *insufficient, inadequate.*

ongenoem *nameless, unmentioned, unnamed.*

ongeokkupeer *unoccupied, vacant.*

ongeoorloof *forbidden, unlawful, illicit, unauthorized, illegitimate, unwarranted.*

ongepas *improper, unbecoming, unseemly, inappropriate, inapposite, inapt, out of place.*

ongereeld *irregular, unregulated, desultory, erratic.*

ongeregverdig *unjustified, unwarranted.*

ongerehabiliteer *unrehabilitated.*

ongerief *inconvenience.*

ongerymd *anomalous, absurd, incongruous, inconsistent;* in sy mond is die bewering — *he cannot be heard to say.*

ongeskik *inapplicable, inappropriate, incompetent, unfit, unsuitable, unqualified;* **—raking** *disablement; disqualification;* **—theid** *disabil-*

ity; incapacity, incompetence, unfitness; **—theidsversekering** *disability insurance;* **—wording** *incapacitation.*

ongeskonde *intact, inviolate, unimpaired, undamaged.*

ongestaaf *uncorroborated.*

ongestoord *undisturbed, unhindered, unimpeded.*

ongestraf *unpunished, with impunity;* — bly *remain unpunished.*

ongeval *accident, casualty;* **—leversekering** *accident insurance.*

ongeveer *about, nearly, approximately;* op of — *on or about, in the region of.*

ongevraag *gratuitous, unsolicited, uncalled for, undesired.*

ongewens *objectionable, undesirable, undesired;* **—te** materiaal in 'n beëdigde verklaring *objectionable matter in an affidavit.*

onguns *discredit, disfavour;* **—tig** *unfavourable, adverse, damaging;* — gesinde getuie *adverse/hostile witness;* **—tige** afleiding *adverse inference;* **—tige** kostebevel *adverse order as to costs;* **—tige** uitspraak *adverse judgment.*

onhandig *inept.*

onhanteerbaar *unwieldy.*

onheilspellend *ominous.*

onherroeplik *irrevocable, irreversible.*

onherstelbaar *irrecoverable, irrevocable; beyond repair;* **onherstelbare** gebrek *fatal defect;* **onherstelbare** verbrokkeling van 'n huwelik *irretrievable breakdown of a marriage.*

onheuglik *immemorial;* sedert **—e** tye *from time immemorial, since time out of mind.*

onhoudbaar *untenable;* 'n **onhoudbare** standpunt *an untenable standpoint.*

oninbare skuld *bad/irrecoverable debt.*

oningelig *unenlightened.*

onjuis *erroneous, incorrect, faulty.*

onkies *indecent, improper, obscene;* **—e** taal *obscene language.*

onkonstitusioneel *unconstitutional.*

onkoste *expenses, outgoings;* — dek *meet expenses;* **—rekening** *expense account.*

onkreukbaar *unimpeachable;* **—heid** *integrity, uprightness.*

onkuisheid *unchastity.*

onkunde *ignorance;* growwe— *crass ignorance;* — van die reg is geen verskoning nie *ignorance of the law is no excuse.* As a statement of law this is not unqualified.

onlangs *recently;* **—e** besit *recent possession;* wanneer 'n **—e** versinsel beweer word, mag 'n vroeëre gelykluidende verklaring bewys word *when a recent fabrication is alleged, a previous consistent statement may be proved.*

onleesbaar *illegible;* **—making** *deletion, erasure, obliteration.*

onliggaamlik *incorporeal, intangible;* —e bates *intangible assets.*

onloënbaar *indisputable; demonstrable.*

onlogies *illogical, inconsistent.*

onlonend *unremunerative, unprofitable.*

onluste *disturbances;* burgerlike — *civil commotion, riots.*

onmatig *immoderate, to excess, intemperate.*

onmenslik *barbarous, inhuman;* **—heid** *barbarity;* — van mens teenoor mens *man's inhumanity to man.*

onmiddellik *immediate;* **—e** agtervolging *immediate pursuit;* **—e** bevoordeling *immediate benefit;* **—e** omgewing *immediate vicinity;* **—e** partye *immediate parties* (bills of exchange).

onmin *discord, strife, disagreement.*

onmisbaar *essential, indispensable, vital.*

onmiskenbaar *manifest, unmistakable, undeniable.*

onmondig *under age;* **—heid** *minority, nonage, tutelage.*

onmoontlik *impossible;* **—heid** van prestasie *impossibility of performance;* **—making** van prestasie *rendering performance impossible;* **—wording** van prestasie *supervening impossibility of performance.*

onnadenkend *unthinking, inconsiderate, thoughtless.*

onnatuurlik *unnatural;* **—e** misdaad *unnatural offence.*

onnodig *needless, superfluous, unnecessary.*

onomkeerbaar *irreversible, irrevocable.*

onomstootlik *incontrovertible, irrefutable.*

onomwonde *plainly, frankly, straightforwardly.*

ononderbroke *continuous, unbroken, uninterrupted.*

onontbeerlik *essential, indispensable.*

onontvanklik *inadmissible.*

onontwarbaar *inextricable.*

onoordraagbaar *untransferable, unassignable.*

onoorkoomlik *insurmountable.*

onophoudelik *unremitting, ceaselessly, incessant, continual.*

onoplettend *unobservant, inattentive.*

onoppassend *improvident.*

onopreg *disingenuous, insincere.*

onopsetlik *unintentional, inadvertently, by inadvertence.*

onopvraagbaar *not capable of being called up.*

onpadvaardig *not ready for the road* (pertaining to the traveller).
onpadwaardig *unroadworthy* (pertaining to the vehicle).
onpartydig *impartial, disinterested, dispassionate, fair, neutral, unbiased.*
onredelik *unreasonable, immoderate, unconscionable;* grof — *grossly unreasonable.*
onreëlmatig *anomalous, irregular;* grof — *grossly irregular.*
onreg *failure/miscarriage of justice, injustice, wrong;* growwe — *grievous wrong, gross injustice, iniquity, outrage, travesty of justice;* iemand 'n — aandoen *do a person an injustice.*
onregeerbaar *ungovernable, unmanageable, uncontrollable.*
onregmatig *wrongful, tortious* (Eng. law); aanspreeklikheid uit —e daad *delictual liability;* —**e** daad *actionable wrong, delict, tort* (Eng. law); pleger van 'n —**e** daad *wrongdoer;* reg aangaande —**e** dade *law of delict.* See **unlawful**.
onregstreeks *indirectly.*
onregte: ten — *unjustly, wrongly.*
onregverdig *unjust, inequitable, unconscionable, unfair;* 'n grof —**e** transaksie *an unconscionable bargain, grossly unfair transaction;* op —**e** wyse *unjustly, unfairly;* —**baar** *unjustifiable;* —**heid** *injustice.*
onrendabel, onrenderend *unremunerative, unprofitable.*
onroerend *fixed, immovable;* —**e** bates *immovable assets, real estate, fixed property;* 'n roerende saak kan deur aanhegting en bestemming — word *a movable may by annexing and intention become immovable.*
onrus *turmoil, unrest, disturbance.*
onrusbarend *disquieting.*
onrusstoker *rabble-rouser.*
onsamehangend *disjointed, incoherent, rambling.*
onsedelik *immoral, indecent, lascivious, lewd;* —**e** aanranding *indecent assault;* —**e**, wulpse en wellustige opset *indecent, lewd and lascivious intent.*
onsekerheid *uncertainty, shakiness, suspense.*
onselfstandig *accessory, dependent.*
onselfsugtig *selfless.*
onsinnig *fatuous, preposterous, ridiculous;* dit is — *it does not make sense.*
onskadelik *harmless, innocuous.*
onskatbaar *inestimable.*
onskendbaar *immune, inviolable, sacrosanct;* —**heid** van kontrakte *sanctity of contracts;* diplomatieke — *diplomatic immunity.*
onskuldig *innocent, blameless, guiltless;* — bevind *find not guilty, acquit;* —**bevinding** *acquittal, finding of not guilty.*
onstuitbaar *irresistible.*
onsuiwer *unsound, incorrect, faulty.*
ontbering *hardship, privation, want.*
ontbind *cancel, dissolve, rescind, undo, untie;* huwelik/parlement/vennootskap/vergadering — *dissolve marriage/parliament/partnership/meeting;* 'n kontrak — *terminate/cancel a contract;* kennisgewing van —**ing** *notice of dissolution;* —**ingsbeding** *cancellation clause.*
ontbloot (w) *bare, expose;* onbetaamlike ontbloting *indecent exposure;* — van *devoid of.*
ontbossing *deforestation.*
ontbrand: laat — *ignite.*
ontburger *deprive of civil rights, disfranchise, withdraw citizenship from.*
ontdek *discover, detect;* —**kerskleims** *discoverer's claims.*
ontdoen (van) *deprive of;* hy is van sy bates — *he was divested of his assets.*
onteenseglik *indisputable, undeniable, unquestionable.*
onteer *dishonour* (a bill); *disgrace, ravish, deflower* (a girl).
onteien *expropriate, dispossess.*
ontembaar *indomitable.*
onterf *disinherit, pass over* (heir); **onterwing** *disinheritance, exheredation.*
ontferming *compassion.*
ontfutsel: iemand iets — *filch/purloin/pilfer something from someone.*
onthef *absolve, acquit, discharge, dispense with, exempt from;* borg — *discharge a surety;* grond van verband — *discharge land from mortgage;* skuldenaar — *acquit a debtor;* uit 'n amp — *discharge from office;* van alle skuld — *absolve from all blame;* van beperkinge — *derestrict;* van blaam — *exculpate.*
ontheilig *desecrate, profane.*
onthou *remember, recall, recollect, keep/bear in mind;* — van *withhold from, keep from; abstain from* (voting, alcohol); iemand help — *remind someone;* —**ding** *abstention, forbearance; abstinence, continence, abstemiousness; refraining; withholding, keeping from;* —**er** *abstainer.*
onthul *disclose, divulge, reveal.*
ontken *deny, negate, disavow, disclaim, gainsay, oppugn, repudiate, traverse;* aanspreeklikheid / geldigheid / verantwoordelikheid — *repudiate a debt/validity/responsibility;* jou handtekening — *deny one's signature;* verweer van totale —**ning** *plea of general issue.*

ontketen *unleash.*
ontkieser *disfranchise.*
ontkom *escape;* aan die gereg — *escape from justice.*
ontleen (aan) *derive from, excerpt from;* jou regte aan 'n ooreenkoms — *derive your rights from an agreement.*
ontlok *elicit.*
ontlont *defuse.*
ontmaagd *deflower, seduce.*
ontman *emasculate.*
ontmasker *expose, unmask.*
ontmoedig *discourage, act as a deterrent.*
ontmunt *demonetize.*
ontneem *deprive;* iemand iets — *deprive someone of something, divest of, strip of;* sy bates is hom — *he was divested of his assets.*
ontnugter *disillusion, disabuse;* **—ing** *eye-opener.*
ontoeganklik (vir) *impervious to.*
ontoegeeflik *intransigent, rigid, unyielding.*
ontoelaatbaar *inadmissible.*
ontoepaslik *inapplicable, irrelevant, inapposite.*
ontoereikend *inadequate, insufficient, deficient.*
ontoerekenbaar *not criminally responsible; not criminally imputable.* Can be applied to the person as well as the deed.
ontoerekeningsvatbaar *not criminally responsible.* Applied to the person only.
ontrou *disloyal, unfaithful.*
ontruim *clear, leave, vacate;* die hof — *clear the court*; 'n eiendom — *vacate/leave a property.*
ontsag: — hê vir *stand in awe of.*
ontsê *deny, withhold, refuse;* **ontsegging** van regsmiddele *denial of remedies.*
ontsenu *invalidate, enervate, unnerve, weaken;* 'n argument — *invalidate an argument.*
ontsetting *consternation.*
ontsier *disfigure.*
ontskeep *discharge cargo.*
ontslaan *absolve, acquit, discharge, dismiss, release;* 'n werknemer — *dismiss an employee;*'n beskuldigde — *acquit/discharge an accused;* uit die tronk — *release from custody.*
ontsnap *escape;* **—te** *escapee;* **—per** *escaper.*
ontspaar *dissave.* Use of capital loans to finance consumption spending.
ontspoor *derailed.*
ontspring *originate, rise* (a river).
ontstaan *originate, begin, come into being, accrue;* — van 'n regsmiddel *accrual of a remedy.*
ontstam *detribalize;* **—de** swartes *detribalized blacks.*
ontstel *perturb, alarm, upset;* **—d** oor *deeply disturbed at;* **—lend** *disturbing;* **—tenis** *sense of outrage.*
ontstentenis: by — van *in default of, in the absence of, failing.*
onttrek *withdraw; recuse oneself;* **—king** *taking,* contrectatio (in regard to theft).
ontug *immorality, prostitution, unchastity, vice;* onnatuurlike — *unnatural vice;* oorhaal tot — *procure;* uitlok tot — *solicit.*
ontvang *receive;* gesteelde goed — *receive stolen property;* in goeie orde — *reveived in good condition, duly received;* vir waarde — *for value received;* **—enis** *conception;* tydperk van moontlike — *period of possible conception;* **—er** *recipient;* — van 'n saaklike reg *alienee of a real right;* — van gesteelde goed *receiver of stolen property;* — van inkomste *receiver of revenue.*
ontvangste- en betalingsrekening *receipts and payments account.*
ontvanklik *admissible, maintainable, receivable;* — vir bewys *susceptible of proof;* — vir *amenable to, receptive of, susceptible to;* die saak is — *the matter can be entertained; an action lies;* 'n appèl is — *an appeal lies; the matter is appealable.*
ontvlug *escape;* **—te** *escapee;* **—ter** *escaper.*
ontvoer *abduct;* **—der** *abductor;* **—ing** *abduction.* Unlawful removal of a minor from the control of his or her custodian with the intention of enabling someone to marry or have sexual intercourse with him or her. See **menseroof**.
ontwaar *detect, discover.*
ontwikkelingskapitaal *development capital.*
ontwrig *disrupt.*
ontwyk *avoid, evade;* 'n vraag — *evade a question.*
ontydig *premature;* —e geboorte *premature birth.*
onuitgelok *unprovoked, gratuitous.*
onuitgemaak *open, undecided, unsettled;* —te saak *open question.*
onvanpas *out of place, inappropriate;* die vonnis is ontstellend — *the sentence is disturbingly inappropriate.*
onverantwoord *unjustified, unwarranted; unexplained, not accounted for;* **—elik** *irresponsible.*
onverbeter *unimproved;* –e grond *unimproved/undeveloped land.*
onverbiddelik *inexorable.*
onverbonde *non-aligned.*
onverdedig *not represented, undefended;* 'n saak — laat deurgaan *let a case go by default.*
onverdun *undiluted.*

onverenigbaar (met) *incompatible/inconsistent/irreconcilable with, repugnant to.*
onvergeeflik *unpardonable.*
onverhaalbaar *irrecoverable.*
onvermoë *disability, inability.*
onvermoeid *indefatigable, tireless.*
onvermydelik *inevitable, irresistible* (inference), *necessary.*
onveroordeel *unconvicted.*
onverpoos *incessantly.*
onversekerbaar *uninsurable.*
onversetlik *uncompromising.*
onversigtig *careless, incautious, negligent.*
onverskillig *careless, reckless;* met **—e** veronagsaming van *in reckless disregard of;* **—e** motorbesturing *reckless driving;* — of *irrespective as to whether;* — omtrent *regardless of.*
onverskrokke *intrepid, resolute.*
onversoenbaar (met) *incompatible with, irreconcilable with, repugnant to;* die wet is — met die grondwet *the law is repugnant to the constitution.*
onversoenlik *implacable, irreconcilable;* **—heid** *intransigence.*
onverteenwoordig *not represented* (in court), *unrepresented.*
onvertroud (met) *ignorant of.*
onvervreembaar *inalienable* (possessions or rights); *imprescriptable, indefeasible* (rights).
onverwyld *forthwith, immediately.*
onvoldoende *insufficient, inadequate; improper;* skromelik — *grossly insufficient.*
onvolkome *incomplete, defective, deficient.*
onvolledig *deficient, incomplete, inchoate, defective.*
onvoorbedag *unpremeditated.*
onvooringenome *impartial, unbiased.*
onvoorspelbaar *unpredictable.*
onvoorwaardelik *unconditional, unquestioning.*
onvrywillig *compulsorily, involutarily, enforced.*
onwaar *untrue;* — bewys *refute;* **—heid** *untruth, falsehood;* benadelende — *injurious falsehood.*
onwaarskynlik *unlikely, improbable.*
onweerlê *unrefuted.*
onweerlegbaar *irrebuttable, incontrovertible, irrefutable, conclusive;* onweerlegbare vermoede *irrebuttable presumption.*
onweerspreeklik *conclusive, incontrovertible.*
onweerstaanbaar *irresistible.*
onwelvoeglik *indecent.*
onwetend *ignorant;* **—heid** as verontskuldiging aanvoer *plead ignorance;* in — *ignorantly, unknowingly.*
onwettig *against the law, illegal, illegitimate, illicit;* **—e** kind *illegitimate child,* spuriosus.
onwrikbaar *adamant, unyielding, steadfast.*
onwys *imprudent, unwise, ill-advised.*
oog *eye;* dokument wat op die — af eg is *document which on the face thereof is authentic;* **—getuie** *eyewitness;* **—merk** *actual intention, wilfulness,* dolus directus; (generally) *aim, object, objective, purpose, design, end.* See **opset**.
oogklappe (aan hê) *wear blinkers.*
oogluikend *conniving;* — deur die vingers sien *condone, overlook;* — toelaat *connive at;* **—e** toelating *connivance.*
oomblik *moment;* helder — *lucid interval,* lucidum intervallum; op die — *at present;* **—lik** *instantaneously.*
oorbeklemtoon *labour a point, overemphasize.*
oorbelas *overtax, overload, overburden, overcharge.*
oorbeset *overtraded.*
oorbevolking *over-population.*
oorbie *overbid, outbid.*
oorbodig *redundant, supererogatory.*
oorboek *book over* (stock exchange); *post an entry.*
oorbrug: 'n gaping — *bridge a gap.*
oordeel (s) (plural oordele, oordeelvellinge) *adjudication, conclusion, judgment, verdict;* (non-legal) *discretion, mind, opinion, reason, perception;* dit berus by sy vrye — alleen *it lies in his absolute discretion;* deskundige — *expert opinion;* ewewigtige — *balanced mind;* gebalanseerde — *balanced view;* gebrek aan — *lack of discernment/judgment;* gesonde — *sound judgment;* die hof moet na vrye — beslis *the court shall, at its discretion, decide;* magte van vrye — *discretionary powers;* na die — van die hof *in the opinion of the court;* nog geen — gevorm hê nie *have an open mind;* van — wees *be of the opinion, hold;* ek is van — dat *I submit that;* — vel *pass judgment;* aan vrye — onderhewig *subject to discretion, discretionary;* **—kundig** *judicious, discerning;* **—sfout** *error of judgment;* **—svermoë** *discernment, insight, judgment, reason.*
oordeel (w) *adjudicate, consider, deem, judge;* vooruit — *prejudge.*
oordink *consider, ponder over, reflect on, meditate, speculate.*
oordoening (van huur) *assignment of lease.*
oordra (1) *transfer, cede, assign, make over;* op 'n rekening — *transfer to an account;* eien-

dom — *transfer property;* (2) *communicate, convey, impart, transmit;* **oorgedraagde** opset *transferred malice;* **oordraagbaar** *transferable;* **oordraer** *cedent, transferor, assignor;* **oordrag** *alienation, cession, transmission, assignment; conveyance* (property); *delegation* (of power to a subordinate); *transfer* (rights to property); onbeswaarde — *clean transfer;* telegrafiese — *telegraphic transfer* (of money); — van aksie aan erfgename *transmission of action to heirs;* **—gbelasting** *transfer duty;* **—gklousule** *transmission clause* (Companies Act); **—gontvanger** *transferee.*

oordrewe *extravagant, exaggerated.*

ooreenkom *agree with, correspond to, conclude a contract, contract, make terms;* **ooreengekome** bepalinge *terms agreed upon;* — rekening *account stated;* — rente *agreed interest.*

ooreenkoms (1) *agreement, accord, contract, bargain, convention, covenant, pact, compact, treaty, understanding;* (2) *similarity, resemblance, likeness;* 'n — tref/sluit/aangaan *conclude/come to an agreement, contract;* — en voldoening *accord and satisfaction;* **—tig** *according to, in accordance with, in pursuance of, in terms of, pursuant to;* — die reg/wet *according to law.*

ooreenstem *agree, concur, be at one;* — met *tally with, correspond to*; **—mend** met *corresponding to, consistent with;* **—ming** *accordance, agreement, concurrence, concert;* beserings in — met geweld *injuries consistent with violence;* gebrek aan — *lack of agreement, discrepancy;* in — met *in accord/accordance/conformity/keeping with;* nie in — met *at variance with.*

oorerf *inherit;* oorgeërfde goed *hereditary goods;* **—lik** *hereditary;* **oorerwing** *devolution, heredity.*

oorgaan (op/tot) *devolve to/upon, pass;* — tot die prinsipale saak *enter upon the principal case* (provisional sentence); die eiendom/risiko gaan oor *the property/risk passes;* die eiendom het op die erfgenaam/kurator oorgegaan *the property vests in the heir/trustee;* — tot geweld *resort to violence.*

oorgang (1) *crossing*; (2) *devolution/passing* (of property, risk); *vesting* (law of succession); onmiddellike — *immediate vesting;* opgeskorte/uitgestelde/vertraagde — *suspended/postponed/delayed vesting.*

oorgangs- *transitory, transitional;* **—klousule** *transition clause.*

oorgawe *surrender, capitulation.*

oorgee *concede, surrender;* boedel — *surrender one's estate.*

oorhaal (daartoe) *induce, motivate, persuade, suborn;* iemand tot die pleging van 'n misdaad — *procure someone to commit a crime;* tot meineed — *suborn to perjury;* oorhaling tot meineed *subornation of perjury.*

oorheers *dominate, predominate;* **—end** *dominant, paramount, predominant;* van **—ende** belang *of paramount importance.*

oorhoop (lê met) *be at loggerheads with.*

oorkonde *record;* **—s** *public records;* volgens my **—s** *according to my records;* **—s** van die Akteskantoor *records of the Deeds Office;* dit verskyn op die — *it is on record;* ter — waarvan *in witness whereof;* **—hof** *court of record.*

oorlams *sophisticated.*

oorlas *nuisance.*

oorlê (weinig gebruiklike wisselvorm van **voorlê**) *furnish, produce, put in, supply;* bewysstukke — *produce exhibits.*

oorleg *deliberation, consideration, consultation, collaboration;* in — met *after consultation with;* — pleeg met iemand *consult/take counsel with a person;* sonder — *without judgment;* met — te werk gaan *act wisely/with discretion;* **—pleging** *consultation.*

oorlêstuk *overlap* (result of faulty survey).

oorloop (na) *defect to;* **oorloper** *defector;* **oorlopery** *defection.*

oorly *decease, die;* **—e** *death.*

oormaak *cede, transfer, make over, assign, endorse over.* See **oordra**.

oormag *act of God, force majeure.*

oormatig *in excess.*

oornamepaneel *take-over panel.*

oorneem *take over, adopt* (an argument); **oornemer** (van 'n huurkontrak) *assignee of a lease, cessionary;* **oorname** *take-over;* **—aanbod** *take-over offer;* **—skema** *take-over scheme.*

oorpad: reg van — *right of way.*

oorpeinsing *cogitation, rumination.*

oorreed *persuade, induce, talk over;* **oorreding** *persuasion;* **—skrag** *persuasive powers;* **oorredend** *persuasive;* **—e** gesag *persuasive authority.*

oorsaak *cause;* — van sy eie teenspoed *author of his own misfortune;* **—lik** *causal, causative;* **—like** verband *causal connection;* **—likheid** *causality;* **—likheidsleer** *doctrine of causality/causation;* **—likheidsverband** *chain of causation.*

oorsaak *cause, reason;* deurslaggewende — *dominant/efficient/effective cause;* naaste —

proximate cause; onmiddellike — *immediate cause.*
oorsend *transmit.*
oorsien *condone, excuse, overlook.*
oorsig *bird's eye view, outline, summary, survey.*
oorsit *delegate;* **oorsetting** (van skulde) *delegation of debts.*
oorskakel *switch over.*
oorskry *exceed, overstep, pass beyond;* die grens — *encroach upon;* —**ding** *encroachment, excess;* — van bates deur laste *excess of liabilities over assets;* — van die perke van noodweer *exceeding the bounds of self-defence;* — van plig *supererogation.*
oorskryf *transcribe;* **oorskrywer** *transcriber;* opnemer en — *recorder and transcriber.*
oorsprong *origin, provenance;* domisilie van — *domicile of origin;* —**bronne** *sources of the law.*
oorspronklik *original, authentic;* —**e** kapitaal *original capital;* —**e** wetgewende bevoegdhede *original powers of legislation.*
oorstaan *stand over;* koste staan oor totdat die meriete beslis is *costs to abide judgment on the merits.*
oortollig *redundant, superfluous, supererogatory;* vermoede teen —**heid** *presumption against redundancy.*
oortree *contravene, infringe, offend against, transgress, trespass;* — op *encroach upon;* reëls — *violate rules;* die wet — *break/violate/transgress the law, offend against the law;* **oortreder** *offender, delinquent, transgressor, trespasser* (on property); eerste — *first offender;* jeugdige — *juvenile delinquent;* ou — *old offender;* **oortreders** sal vervolg word *trespassers will be prosecuted;* **oortreding** (1) *contravention, offence, delinquency, infraction, infringement, violation, transgression;* (2) *encroachment;* (3) *trespass.*
oortrek *overdraw;* **oortrokke** bankrekening *overdraft.*
oortyd *overtime.*
oorvleuel *overlap.*
oorvolteken *oversubscribe;* 'n lening — *oversubscribe a loan.*
oorvordering *overclaim,* plus petitio.
oorvra *overcharge;* —**ging** *overcharging.*
oorweeg (1) *cogitate on, consider, contemplate, deliberate, think over, weigh; envisage;* (2) *preponderate, predominate, turn the scale;* **oorwegend** *dominant, predominant, preponderant;* **oorwegende** oorsaak *dominant cause;* **oorweging** *consideration;* in — gee *suggest, submit;* in — neem *consider, take into consideration;* 'n faktor in — neem *entertain/consider a factor, take a factor into account.*
oorweldigend *overwhelming.*
oorwig *preponderance;* — van gesag *weight of authority;* — van die getuienis *weight/preponderance of evidence;* — van opinie *balance of opinion;* volgens — van gerief/waarskynlikheid *on a balance of convenience/probability.*
oorwins *excess profit;* — maak *profiteer.*
oorwoë *calculated, considered, deliberate, planned;* — mening *considered opinion;* — optrede *deliberate action;* — risiko *calculated risk;* — uitspraak *considered opinion.*
oorywerig *overkeen;* die hof moet nie — wees om te bevind dat *the court should not be astute to find that.*
opbetaald *paid-up.*
opbou *build up;* —**end** *constructive.*
opbrengs (1) *crop, output, production, return, yield;* (2) *proceeds, profit, return on capital;* —**koers** *rate of return.*
opdamming: serwituut van — *servitude of abutment.*
opdoek *shelve, postpone indefinitely, close down.*
opdring *obtrude;* jou — aan *importune.*
ope *open;* — bedryf *open shop* (where both members and non-members of unions may be employed); — brief *open letter, letters patent;* — endossement *open endorsement;* in die — hof *in open court;* — beleggingsmaatskappy *open-ended investment company;* — rekening *open account.*
opeenvolgend *consecutive;* **opeenvolging** *succession.*
opeisbaar *claimable, due, exigible, payable, repayable;* verskuldig en — *due and claimable/payable;* onmiddellik opeisbare lening (daglening) *loan at call;* —**heidsdatum** *due date;* —**heidsklousule** *claimability clause;* —**wording** *maturity* (of bill).
openbare *public;* — aangeleenthede *public affairs;* — amptenaar van 'n maatskappy *public officer of a company;* — belang *public interest, public policy;* — beleid *public policy;* — doeleindes *public purposes;* — gesag *public authority;* — gesondheid *public health;* — geweld *public violence;* — hinder (oorlas) *public nuisance;* koopman (-vrou) *public trader;* — nutsdienste *public utilities;* — onsedelikheid *public indecency;* — orde *public order;* — pad *public road;* — plig *public duty;* — registers *public registers;* — rus *public peace;* — skakelbeampte *public relations officer;* — stroom *public stream;* — veiling *public auction;* — verdediger *public*

defender; — verkoping *public sale;* — welsyn *public benefit.*

openbaar *disclose, divulge, expose, make known, manifest, reveal, signify;* geopenbaarde prinsipaal *disclosed principal;* 'n misdryf/skuldoorsaak/verweer — *disclose an offence/cause of action/defence;* volledig — *make a full disclosure;* **—making** *disclosure, publication;* leerstuk van **—making** *doctrine of disclosure* (companies).

openhartig *candid.*

opfris *refresh;* **—singskursus** *refresher course.*

opgaan *merge in;* die deel gaan op in die geheel *the part accedes to the whole;* die argument gaan nie op nie *the argument does not hold good;* **—de** linie *ascending line.*

opgee *abandon, give up, drop, forgo, relinquish, part with; enumerate* (items); *state* (reasons); *specify* (details); **opgawe** *account, report, return, statement* (of facts); 'n — gee *render a return;* met — van redes *stating reasons;* belasting — *tax return.*

opgewasse (wees teen) *cope with.*

ophef (1) *abolish, abrogate, annul, revoke, cancel, declare invalid, invalidate;* belet — *remove bar;* 'n bevel nisi — *discharge a rule nisi;* 'n uitspraak — *set a judgment aside;* 'n wet — *repeal a law;* (2) *elevate, exalt, lift up, raise;* (3) *fuss;* 'n — maak van *make a fuss of.*

ophelder *clarify, elucidate.*

ophemel *extol, puff;* blote **—ing** *mere puffing.*

ophoop *accumulate;* opgehoopte wins *accumulated profits.*

oplaag *impression, printing.*

oplê *administer* (an oath); *impose* (a penalty, punishment); *levy* (taxes, fines).

opligter *impostor, swindler.*

oploop *accrue, accumulate, incur* (penalty); rente loop op by die kapitaal *interest accrues to the capital;* aanspreeklikheid — *incur liability;* opgelope waardevermindering *accrued depreciation.*

opmaak (accounts) *cast.*

opmerklik *notable, remarkable, significant.*

oppassend *careful, diligent;* **—e** en oordeelkundige man *careful and prudent man.*

opper *broach, advance* (a subject), *canvass, propound, raise, suggest;* besware — *raise objections;* 'n vraag — *broach a question.*

oppergesag *supremacy;* — van die reg *rule of law.* See **rule of law** in E—A.

opperheerskappy *sovereignty, supreme control.*

opperhoof *paramount chief.*

oppervlakkig *glib.*

oppervoog *upper guardian.*

opreg *guileless.*

oprig *erect, float* (a company), *promote, establish, set up, found, start;* **—tersaandele** *promoter's shares.*

oproep *call;* advokaat — om toe te spreek *call upon counsel to address;* 'n getuie — *call a witness;* die respondent — om gronde aan te voer *call upon the respondent to show cause;* 'n verband — *call up/foreclose a bond.*

oproer *civil commotion, insurgence, insurrection, rebellion, revolt, riot, uprising;* **—beheer** *riot control;* **—ig** *turbulent;* **—ige** byeenkoms/gedrag *riotous assembly/conduct;* **—maker** *agitator, inciter, rioter, insurrectionist.*

oprui *incite, instigate, stir up.*

opruim *clear away, tidy up;* **—ingsuitverkoping** *clearance sale.*

opsê *call up* (mortgage bond); *cancel, discontinue, terminate* (agreement); sy kontrak is opgesê *he is under notice;* 'n verdrag — (volkereg) *denounce a treaty.*

opset *intention, intent, design, premeditation, purpose;* aanranding met die — om ernstig te beseer *assault with intent to do grievous bodily harm;* algemene — *general intention,* dolus indeterminatus; besondere — *specific intention;* bose — *evil intent;* huisbraak met die — om te steel *housebreaking with intent to steal;* met — *intentionally, on purpose, purposely;* misdadige — *criminal intent;* onbekwaam om — te vorm *incapable of forming an intention;* onsedelike, wulpse en wellustige — *indecent, lewd and lascivious intent;* toegedigte — *constructive intention;* — by moontlikheidsbewussyn *legal intention, intention by foresight of possibility,* dolus eventualis; — by sekerheidsbewussyn *legal intention, intention by foresight of certainty;* **—lik** *deliberate, intentional, prepense, wilful;* **—e** doodslag *wilful killing;* —e saakbeskadiging *malicious injury to property;* per ongeluk of met — *by accident or design.*

opsie *option, choice.* See **option** in E-A; — om te koop *option to buy;* 'n — uitoefen *exercise an option;* **koopopsie** *call option;* **verkoopopsie** *put option.*

opsieprys *strike price.*

opskort *suspend, defer, delay, keep in abeyance, stay;* betaling/vonnis/verrigtinge — *suspend payment/sentence/proceedings;* tenuitvoerlegging — *stay execution;* **opgeskort** *in abeyance;* opgeskorte vonnis *suspended sentence;* **opskortende** pleit *dilatory plea;* — voorwaarde *suspensive condition;* **opskortingsrekening** *suspense account.*

opslagplek *warehouse, depot.*
opsluit *lock up, imprison;* **—ing** *confinement, imprisonment;* in eensame — *in solitary confinement, incommunicado;* **—plek** *lockup.*
opsom *sum up, summarize, abstract, epitomize, recapitulate;* **—ming** *abstract, summing up, summary;* (deur regter aan jurie) *charge to the jury.*
opspoor *trace, track down.*
opspraakwekkend *sensational.*
opstal *farmstead.*
opstook *instigate, agitate, stir up strife.*
opstootjie *affray, disturbance, riot.*
opsweep *agitate, incite, instigate, stir up.*
optel (accounts) *cast.*
optree *act;* namens iemand — *act for someone, appear for;* — as *officiate as;* by wyse van mosie — *proceed by way of motion.*
opvallend *striking.*
opvanggebied *catchment area.*
opvat *take a view of, understand, conceive;* **—ting** *view, opinion, conception, idea, approach, outlook.*
opveil *sell by (public) auction;* laat — *put up to auction.*
opverhoorstelling *arraignment.* Complete when accused has pleaded to the charge.
opvoeringsreg, opvoerreg *performing right.*
opvolg *succeed, follow;* (an appeal) *prosecute;* eiendom — *vindicate property;* **—ende** wysiging *consequential amendment;* **—er** *successor;* — sonder teenprestasie *gratuitous successor in title,* titulo lucrativo; — vir 'n teenprestasie *onerous successor in title,* titulo oneroso; **—ers** in regte *successors and assigns;* — in titel/regte *successors in title* (as against *predecessors);* **—ingsbelasting** *succession duty;* **—ingsreg** *right of succession.*
opvorder *call up, demand; claim, lay claim to;* **—baar** *claimable;* dadelik — *repayable at call;* **—ing** op aandele *call on shares;* opgevorderde kapitaal *called-up capital.*
opvra *call, call up;* geld uit die bank — *withdraw money from the bank;* kapitaal — *call up capital;* **—agbaar** *claimable;* dadelik — *repayable at call.*
opwagting (especially before a notary) *appearance;* (at an office) *attendance.*
opweeg (teen) *balance, compensate, counterbalance, make up for, serve as a set-off;* hierdie faktor weeg op teen die ander *this factor balances the other.*
opwerp *raise, throw up;* eksepsie — *note an exception;* 'n teeneis/verweer — *set up a counterclaim/defence.*
orde (1) *order;* die gevestigde — *established order of things;* die — handhaaf *keep/preserve/maintain order;* die maatskaplike — *social order;* die openbare — *public order;* — en tug *order and discipline;* reg en — *law and order;* vrede, — en goeie regering *peace, order and good government.* (2) (at meetings) *order;* binne die — *in order;* buite die — *out of order;* buite die — verklaar *rule out of order;* punt van — *point of order;* reglement van — *standing orders;* tot — roep *call to order;* **—lys** *order-paper;* **—mosie** *motion of order;* (3) (condition) in goeie — *in good order and condition;* in — bring *put in order, put to rights;* die skuldigbevinding is in — *the conviction is in order/justified;* in werkende — *in good running order;* **—liewend** *law-abiding;* **—lik** *orderly.*
orden *arrange;* feite — *marshal facts.*
ordentlik *decent.*
order (1) *order, command;* betaal aan X of — *pay to X or order;* konnossemente aan — *bills of lading to order;* verseëlde **—s** *sealed orders;* wissels aan — betaalbaar *bills payable to order.* (2) (judicial) *order;* —/bevel van die hof *order of court;* finale — *final order;* voorlopige — *provisional order.*
ordonnans *orderly.*
ordonnansie *ordinance, provincial enactment.*
orgaan *organ;* regsprekende — *judicial organ.*
oud *ancient, old;* heel oue dokumente of geskrifte *ancient documents or writings.*
ouderdom *age;* onder die — *under age;* skynbare — *apparent age;* verstandelike — *mental age.*
oudit *audit;* **—eer** *audit;* **—eur** *auditor;* **—kunde** *science of auditing.*
ouelseël *wafer seal.*
outarkie *autarchy; (economic) self-sufficiency.*
outentiek *authentic, genuine, real, original;* **—e** uitleg/interpretasie *authentic interpretation; interpretation by the legislator himself;* **outentiseer** *authenticate, certify the authorship of, give legal validity to;* **outentisiteit** *authenticity.*
outeur *author, writer;* **—sreg** *copyright;* inbreuk op — *breach/infringement of copyright, literary piracy.*
outomaties *automatic;* **—e** huurgelde-interdik *automatic rent interdict;* **—e** hersiening *automatic review.*
outonoom *autonomous, self-governing;* **outonomie** *autonomy.*
outoriseer *authorize.*
outoriteit *authority, expert; legal power/right.*
owerheid, owerheidsliggaam *authority* (of

government); **—spersoon** *person in authority.*
owerheidskompetensie *governmental authority.*
owerspel *adultery;* kind uit — *adulterine child,* adulterinus; **—er** *adulterer;* **—ig** *adulterous.*

P

paai *placate.*
paaiement *instalment, part payment;* **—sgewyse** betaal *pay in instalments.*
pad *road, way;* **—buffel** *roadhog;* **—soom** *verge;* **—vaardig** *ready for the road* (pertaining to the traveller); **—vervoer** *road transport;* **—waardig** *roadworthy* (pertaining to the vehicle).
pag (s) *leasehold, lease of land;* die wysheid in — hê *be a know-all;* in — hou *hold on lease;* **—besit** *leasehold tenure;* **—hoewe** *leasehold land;* **—ooreenkoms** *lease;* **—ter** *leaseholder, lessee.*
pag (w) *lease, rent.*
pakket *packet, block (of shares); package, parcel.*
pal *consistently.*
palmafdruk *palmprint.*
pand *pledge, pawn;* **—gewing** *contract of pledge;* **—gewer** *pledgor;* **—nemer** *pledgee;* **—houer** *pledgee;* — inlos *take out of pawn;* in — gee *give in pledge;* **—neming** *pledgetaking.*
paneel *panel.*
pantser *armour;* ge— *armoured.*
papbroek *weakling.*
paraaf *initials;* **parafeer** *initial.*
paradeer: iets — *flaunt something.*
parate eksekusie *parate executie, execution without court order.*
pari *par;* aandele bo — *shares above par, at a premium.*
paroleer *release on parole;* geparoleerde *parolee;* **parool** *parole;* iemand op — vrylaat *release on parole;* **paroolvergunning** *release on parole.*
party *party;* party-en-party-koste *party and party costs;* belanghebbende — *interested party;* — in 'n geding *party to a suit;* kontrakterende — *contracting party;* onmiddellike **—e** *immediate parties;* — tot 'n ooreenkoms *party to an agreement;* responderende — *respondent.*
pas *pace;* iemand goed te — kom *stand someone in good stead;* die — aangee *set the pace.*
pasiënt *patient;* presidents— *president's patient.*
pasklaar *ready-made.*
paslik/passend *appropriate;* — wees vir *become.*
passasie *excerpt, extract, passage* (in a text).
passeer *pass;* transport — *pass transfer;* 'n verband — *pass a bond.*
passief *passive.*
passiva *liabilities* (as against **activa** *assets).*
patenteer *take out a patent for, patent;* **patent** *patent;* bykomstige — *patent of addition;* — hangende *patent pending;* 'n — uitneem op *take out a patent for;* **—beskrywing** *patent specification;* **—besorger** *patent agent;* **—brief** *letters patent;* **—kantoor** *patent office;* **—houer** *patentee;* **—houersaandeel** *royalties.*
paternalisties *condescending, paternalistic.*
patriargaat *patriarchy.*
patrimonieel *patrimonial, belonging to the paternal heritage.*
patroon *pattern.*
pederas *pederast, homosexual.*
pedofiel *pedophile.* See **pedophile** in E–A.
penaliseer *penalize.*
penarie *predicament.*
pendelaar *commuter.*
pene (obsolete) *penalty.* Appears in some statutes, where it can be replaced by *straf.*
pennestryd *polemic.*
penning *farthing, mite;* veertigste — = $2^1/_2$ % *transfer duty* (rare).
penologie *penology.*
pensioeneer *pension, superannuate;* **pensioen** *pension;* **—geregtig** *eligible for a pension;* **—trekker** *pensioner.*
pensionaris *pensionary* (official).
pere : met die gebakte — sit *be left holding the baby.*
perempsie *peremption.* Forfeiture of a right of appeal.
peremptoor *peremptory;* **peremptore** pleit *peremptory plea.*
periodiek *periodic;* —e hof *periodical court.*

perk *bound, limit;* **—e** *ambit;* binne redelike **—e** *within reason;* paal en — stel.

permissief *permissive;* **permissiewe** bepaling *permissive provision.*

permit *permit.*

perseel *premises; lot, plot, stand, tenement;* gehuurde — *leased premises.*

personeel *personnel.*

personeer *impersonate;* **personasie** *impersonation.*

personele unie *personal union.* In international law a relationship between two independent states having the same person as head of state.

personereg *law of persons.*

persoon *person;* misdade teen die — *crimes against the person;* natuurlike — *natural person;* selfstandige — *free agent, person with full legal capacity;* in — verskyn *appear in person; without legal representation;* **—lik** *personal;* **—like** aanspreeklikheid *personal liability;* **—like** aksie *personal action;* **—like** betekening *personal service;* **—e** reg *personal right;* **—e** serwituut *personal servitude;* **—likheid** *personality;* **—likheidsregte** *personality rights* (to the integrity of one's person, dignity, honour, reputation); **—sverwisseling** *impersonation;* **—sverwarring** *confusion of identity, mistaken identity.*

petisie *petition;* by wyse van — aansoek doen *apply by way of petition;* **petisionaris** *petitioner;* weshalwe u — eerbiedig versoek *wherefore your petitioner humbly prays.*

peuter (met) *tamper with, tinker with.*

pieker (oor) *distress oneself, fret at.*

pit *substance.*

plaas *place, put, set, situate;* in die eerste — *in the first place, primarily;* buite twyfel — *put beyond doubt;* 'n saak ter rolle — *set a case down;* **—vervanger** *substitute;* **plasing** *placing, set-down;* — van aandele *placing of shares;* kennisgewing van — *notice of set-down.*

plaaslik *local;* **—e** afdeling van die Hooggeregshof *local division of the Supreme Court;* **—e** akseptasie *local acceptance;* **—e** bestuur *local authority;* **—e** keuse *local option;* **—e** trou *local allegiance.*

plaasvervanger *deputy, substitute;* as — optree *substitute for.*

plaasvervulling *representation, substitution* (law of succession); by — opvolg *succeed by representation.*

plagiaat *plagiarism, literary piracy;* — pleeg *plagiarize;* **—pleger** *plagiarist.*

plakkaat *edict, placaat.*

plakker *squatter;* **—y** *squatting.*

plant: 'n onwettige voorwerp op iemand — *plant an illegal article on someone.*

plasingsooreenkoms *placing agreement.*

plantekening *plan.*

platloop *overrun.*

plebissiet *plebiscite.*

pleeg ('n misdaad) *commit/perpetrate a crime;* **pleging** *commission, perpetration.*

pleegouer *foster-parent, adoptive parent.*

plegtig *solemn;* **—e** verklaring/bevestiging *solemn confirmation* (in the stead of an oath); **—heid** (1) *solemnity;* (2) *ceremony, rite, function.*

pleidooi *address;* — ter strafversagting *plea in mitigation.*

pleit (s) *plea;* afwysende — *plea in bar, declinatory plea;* — van algemene ontkenning *plea of general issue;* — op meriete *plea on the merits;* — ondanks eksepsie *plea over;* **—besorger** *advocate, counsel, protagonist, champion, spokesman;* — wees vir *hold a brief for.*

pleit (w) *plead, urge;* by die hof — *urge upon the court;* op 'n aanklag — *plead to a charge;* hulle — betaling *they plead a defence of payment;* op 'n deklarasie — *plead to a declaration;* dit — vir hom *that is in his favour;* onbekwaam om te — *unfit to plead, mentally unable to stand trial;* skuldig/onskuldig — *plead guilty/not guilty;* **—er** *pleader, drawer of pleadings; advocate, counsel, spokesman;* **—kuns** *advocacy;* **—onderhandeling** *plea bargaining;* **—stukke** *pleadings;* — afdoen *settle pleadings;* — is gesluit *pleadings are closed;* **—sug** *litigiousness.*

pleitverduideliking *explanation of plea* (procedure under s 115 Criminal Procedure Act 1977).

plek *place, room, space, spot;* onbesette — *vacancy;* sal op die plek/ter plaatse verkoop word *will be sold on the premises;* — waar iemand hom bevind *whereabouts;* in die — stel *substitute;*'n erfgenaam in die — stel *substitute an heir;* **—plek** *sporadically;* **—s** van *in the stead of.*

plesiertoggie: op 'n private — *on a frolic of his own.*

plig *duty, obligation;* deur — gebonde *in duty bound;* in die loop van sy **—te** *in the course of his duties;* oorskryding van **—te**/verrigting van meer as wat die — vereis *supererogation;* die — rus op hom om *it is incumbent upon him to;* — om sorg te beoefen/om die veiligheid van andere in ag te neem *duty to take care;* jou — versuim/tekortskiet in jou **—te** *be remiss in your duty;* **—matig**

as in duty bound, in accordance with duty; — handel *act in the course of duty;* **—pleging** *ceremony;* **—sbesef** *sense of duty;* **—shalwe** *in the course of duty;* **—sversaking** *breach/dereliction or duty.*

plofstof *explosive.*

plousibel *glib, plausible, specious.*

plunder *loot, maraud, pillage, plunder, ransack, ravage, rob;* **—ing** *depredation.*

poging *attempt, bid, effort, endeavour;* gesamentlike — *concerted effort, joint attempt;* — met ondeugdelike middele *attempt with unsuitable means;* — op 'n ondeugdelike objek *attempt on an unsuitable object;* — tot *attempted.*

polemiek *controversy, polemic;* **polemies** *polemical, argumentative;* — en oorbodig *argumentative and superfluous.*

poligaam *polygamous;* poligame huwelik *polygamous marriage.*

polis *policy;* omvattende — *comprehensive policy;* opbetaalde — *paid-up policy;* vlottende/oop — *floating policy;* **—houer** *policyholder;* **—lening** *policy loan.*

polisie *police;* iets by die — aangee *report to the police;* berede — *mounted police;* geheime — *secret police;* **—beampte** *policeman, police officer;* **—geleide** *police escort;* **—hond** *police dog;* **—kantoor** *police station, charge office;* **—klopjag** *police raid;* **—knuppel** *police baton;* **—lokval** *police trap;* **—mag** *police force;* **—pos** *police post;* **—sel** *police cell;* **—staat** *police state;* **—vrou** *policewoman.*

polisieer *police;* die gebied word goed gepolisieer *the area is well policed.*

politiek *political;* **—e** indringer *carpet-bagger;* **—e** misdaad *political offence;* **politikus** *politician;* geslepe/slim — *astute politician.*

poneer *propound, advance, put forward, posit.*

poog *attempt.* See **poging**.

poppe-/skynregering *puppet regime.*

pornografie *pornography.*

porsie *allowance, portion;* legitieme — *legitimate portion* (law of succession).

portefeulje *portfolio;* **aandele-** *share portfolio.*

pos (1) *entry* (account books), *item;* 'n — inskryf *post an entry;* (2) *office, post* (employment); (3) *mail*; per aangetekende — *by registered mail.*

positief *certain, positive, sure;* positiewe bewys *positive proof;* positiewe reg *positive law;* positiewe wanprestasie *positive breach, inadequate performance* (contract).

positiewe *faculties;* volkome by sy — *in full possession of his faculties, in his sound and sober senses.*

possessories *possessory;* **—e** regsmiddel *possessory remedy.*

postuleer *postulate;* **postulaat** *postulate.*

postuum *posthumous;* — uitgegewe werke *posthumous works.*

posvat *take root.*

pot *pot;* die — aan die kook hou *keep the pot boiling.*

potensiaal *potential;* **potensieel** *possible, potential.*

pouslike (reg) *canon law.*

praalwette *sumptuary laws.*

praat *speak, talk;* iemand na die mond — *say what the other would like to hear;* volgens opdrag — *speak to a brief;* reguit/sonder ingetoënheid — *speak one's mind;* oor 'n voorstel — *speak to a motion;* teenstrydig — *vacillate.*

prag (en praal) *pomp and ceremony;* **—tig** *spectacular, splendid, superb.*

prakseer *contrive, devise.*

praktiseer (in die regte) *practise law;* **praktisyn** *practitioner;* **praktyk** *practice, clientele;* konsulterende — *chamber practice;* dubbele — *dual practice* (as advocate and attorney at the same time); 'n reël van die — *a rule of practice;* in die — staan *practise.*

preferent *preferential, preferent;* **—e** aandeel *preference/preferent share;* **—e** sekuriteit *preferent security;* **—e** skuldeiser *preferent creditor;* **—e** vordering teen die boedel *preferential charge against the estate;* — wees *rank in priority.*

prekaris (besitter ter bede) *tenant at will, tenant on sufferance,* precario habens/tenens; **—ties** *pertaining to a tenant at will.*

prelegaat *prelegacy;* **prelegataris** *prelegatee;* **prelegateer** *prelegate.*

preliminêr *preliminary, introductory.*

premie *premium;* aandele teen 'n — *shares at a premium;* 'n — op iets plaas *place a premium on something.*

premisse *premise.*

prerogatief *prerogative;* — van genadeverlening *prerogative of mercy;* koninklike — *royal prerogative;* 'n — uitoefen *exercise a prerogative.*

presedent *precedent;* geregtelike — *legal precedent;* 'n — skep *create a precedent;* dit is sonder — *it is without precedent.*

presenteer *present;* **presentasie** *presentation, presentment* (bills of exchange).

presideer *preside;* **presiderende** regter *presiding judge.*

presiseer *define, specify closely.*

prestasie-mededinging *performance-competition.*
prestasiedatum *date of performance.*
presteer *perform obligations; accomplish, achieve;* die eiser het nie ge— nie *the plaintiff failed to perform;* **prestasie** *performance; achievement;* behoorlike — *due performance;* gedeeltelike — *part performance;* later intredende onmoontlikheid van — *supervening impossibility of performance;* surrogaat vir — *substituted performance;* vervangende — *substituted performance;* **presterende** lid *member of good standing.*
presumeer *presume;* **presumpsie** *presumption.*
pretendent *claimant, pretender.*
prevarikasie *prevarication, collusion with opposite party against client.*
preventief *preventive;* **preventiewe** hegtenis *preventive arrest.*
prewel *mumble, mutter.*
prima-effekte *gilt-edged securities;* termynkontrak vir — *gilt futures;* **—mark** *gilt market.*
primêr *primary;* **—e** (huishoudelike) gebruik van water *primary use of water.*
prinsiep *principle;* **prinsipieel** *of principle;* om prinsipiële redes *for reasons of principle.*
prinsipaal *principal;* onvermelde/ongeopenbaarde/versweë — *undisclosed principal.*
prioriteit *priority, precedence.*
prisonier *prisoner;* **—svriend** *prisoner's friend.*
privaatheidskending *invasion of privacy.*
privaatreg *private/civil law;* internasionale — *private international law;* **—telik** *civil;* **—e** aanspreeklikheid *civil liability/responsibility;* **—e** aksie *civil action;* hof vir **—e** sake *civil court;* **—e** jurisdiksie *civil jurisdiction;* **—e** regsmiddel *civil legal remedy.*
privilegie *privilege;* skending van — *breach of privilege;* — van die regsberoep *legal professional privilege;* geprivilegieerde geleentheid *privileged occasion.*
produk *product;* bruto nasionale — *gross national product;* bruto binnelandse — *gross domestic product.*
proef *experiment, probation;* op — vrylaat *release on probation;* **—beampte** *probation officer;* **—leerling** *probationer;* **—neming** *test, trial, experiment;* **—ondervindelik** *empirical, by trial and error, by experiment;* **—tyd** *probationary period.*
profaneer *profane;* **profaan** *profane;* **profanasie** *profanation.*
professie *profession;* **professioneel** *professional;* **professionele** dienste *professional services.*
prohibisie *prohibition.*
proklameer *proclaim;* 'n gebied — *proclaim an area;* **proklamasie** *proclamation.*
prokureur *attorney, solicitor, lawyer;* — in die saak/volgens die stukke *attorney of record;* opdraggewende — *instructing attorney;* **—generaal** *attorney-general;* **staats-** *state attorney;* **—sberoep** *side-bar;* **—sorde** *law society;* **—spraktyk** *attorney's practice;* **prokurasie** *power of attorney, mandate;* algemene/spesiale — *general/special power of attorney.*
prolongeer *prolong* (a bill).
promesse *promissory note;* **—gewer** *promissor;* **promittent** *promissor.*
promoveer *promote;* **promosie** *promotion;* **promotor** *promoter* (of a company).
promulgeer *promulgate;* **promulgasie** *promulgation.*
pronkerig *ostentatious;* **pronkery** *ostentation, parade.*
prooi: ten — val aan *fall victim to.*
proposisie *proposition.*
prorogeer *prorogue;* **prorogasie** van die parlement *prorogation of parliament.*
prosedure *procedure, process of law;* die juiste — *proper procedure;* kwessies van — *procedural matters;* reëls van — *rules of procedure.*
prosekueer *prosecute;* **prosekusie** *prosecution.*
proses, hofproses *case, cause, action, lawsuit, legal proceedings;* geregtelike — *judicial proceedings; legal machinery;* **—reëls** *rules of procedure;* **—reg** *law of procedure;* siviele/kriminele — *civil/criminal procedure;* **—stukke** *process documents;* — uitneem *sue out process;* **—sueel** *procedural;* prosessuele voorskrifte *law of procedure;* **—vooraf** *pretrial procedure.*
prosessueel *procedural.*
prospekteer *prospect;* na goud — *prospect for gold;* **—der** *prospector;* **—kontrak** *prospecting contract.*
prospektus *prospectus.*
prostitueer *prostitute;* **prostitusie** *prostitution;* **prostituut** *prostitute.*
protektoraat *protectorate.*
protesteer *protest;* **protes** *protest* (of bills); akseptasie supra — *acceptance supra protest;* akte van — *deed of protest;* kennisgewing van — *notice of protest;* onder — betaal *pay under protest;* sonder — *without protest, sans protet;* — weens nie-akseptasie/

wanbetaling *protest for non-acceptance/non-payment.*

protokol *protocol* (notarial); *protocol* (order of preference).

provisioneel *provisional;* **provisionele** vonnis *provisional sentence.*

provokeer *provoke;* **provokasie** *provocation;* onder — handel *act under provocation.*

prut *simmer.*

prys *price, prize;* **—beheer** *price control;* **—binding** (between wholesaler and retailer) *retail price maintenance;* **—hof** *prize court;* **—maak** *make a prize of a ship;* **—notering** *quotation of prices;* **—reg** *prize law;* **—verhoging** *price increase/hike.*

prys/verdienste *price/earnings;* — —veelvoud *price/earnings multiple;* — —verhouding *price/earnings ratio.*

prysgee *abandon, waive, relinquish, surrender, renounce, give up, forfeit, sell out.*

psigopaat *psychopath.*

psigose *psychosis.*

puberteit *puberty;* **—sleeftyd** *age of puberty.*

publiek (a) *public;* **—e** administrasie *public administration;* **—e** belang *public interest/benefit;* **—e** geld *public funds;* **—e** maatskappy *public company;* **—e** reg *public law* (comprising constitutional, criminal, administrative and international law).

publiek (s) *public;* diens aan die — *public service;* versekering teen aanspreeklikheid teenoor die — *public liability insurance.*

publiseer *publish;* **publikasie** *publication, release;* **publisiteit** *publicity.*

puinhoop *heap of ruins.*

punt *point (of discussion), issue, item;* 'n — aanvoer/opper *raise/take a point;* 'n betwisbare/netelige/omstrede — *a moot/nice point;* deurslaggewende — *vital point;* dooie — *deadlock;* 'n punt van gewig/wat gewig dra *point of substance;* die — is goed gegrond *the point is well taken;* tegniese — *technicality;* voorafgaande — *preliminary point;* **—elys** *score-sheet.*

puntenerig *choosy, fastidious.*

pupil *ward* (under guardian); status van 'n — *wardship;* advokaatspupil *pupil advocate;* **—staat** *wardship.*

putatief *putative, fancied, reputed, supposed;* putatiewe/vermeende huwelik *putative marriage;* putatiewe kind *putative child.*

pyn *pain;* — en lyding *pain and suffering.*

pypsteel *panhandle* (shape of building plot).

R

raaisel *conundrum.*

raam *estimate;* **raming** *estimate.*

rabat *discount, rebate, reduction, trade allowance.*

rade: met voorbedagte — *with premeditation, of set purpose.*

rakende *affecting, pertinent to, in relation to.*

rampokker *gangster, mobster, thug.*

rand- *marginal.*

rang *rank;* **—orde** *order;* — van eise *ranking of claims;* — van voorkeur *order of preference;* in gelyke — staan *rank equally;* **—skik** *arrange;* feite — *marshal facts.*

rantsoen *ration, allowance;* skraal — *spare diet.*

rapporteer *report;* **rapport** *report;* **hofrapport** *law report.*

ras *race;* **—bewus** *race-conscious;* **—sebetrekkinge** *race relations;* **—segevoel** *racial feeling, racism;* **—semoord** *genocide;* **—severmenging** *miscegenation;* **—sewrywing** *racial friction.*

ratifiseer *ratify, homologate;* **ratifikasie** *ratification.*

reageer (op iets) *react to something.*

realiseer *realize, turn into money.*

realisasie *realization;* **—koste** *realization charges;* **—rekening** *realization account.*

realiteitsteorie *realist theory* (juristic persons).

redaksie *version* (of a section); onder — van *edited by.*

rede (1) *cause, reason;* by aanvoering van gegronde —s *on good cause shown;* daar is 'n — voor *there is a reason for that;* — hê om *have reason to;* om dié — *for this reason;* sonder — *for no reason, gratuitously;* — tot kommer *cause for concern;* — van bestaan *reason for existence, raison d'être;* **—s** vir uitspraak *reasons for judgment;* wettige — *lawful reason.* (2) *address, speech;* 'n — hou *deliver an address;* in die — val *interrupt;* (3) die menslike — *human reason, rational faculty;* na — luister *listen to reason;* **—loos** *irrational, unreasoned;* om dieselfde — *by the same token.*

redekawel *argufy, be argumentative, dispute, chop logic.*

redelik *reasonable, rational;* **—e** en aanneemlike gronde *reasonable and probable grounds;* te alle **—e** tye *at all reasonable times;* billik en — *fair and reasonable;* bo **—e** twyfel *beyond reasonable doubt;* **-e** gronde aanvoer *show reasonable cause;* **—e** man *reasonable man,* diligens paterfamilias; **—e** oorsaak *reasonable cause,* iusta causa; **—e** sorg uitoefen *take reasonable care;* **—e** toegang *reasonable access;* **—e** verskoning/verwagting *reasonable excuse/expectation;* **—e** vooruitsig op sukses *reasonable prospect of success;* **—e** en waarskynlike gevolge *reasonable and probable consequences;* iemand word veronderstel die **—e** en waarskynlike gevolge van sy handelinge te beoog *a man is presumed to intend the reasonable and probable consequences of his act;* **—erwys** *in reason, reasonably;* kan **—erwys** waar wees *could reasonably be true.*

redenasie *argument, reasoning.*

redeneer *argue, reason;* dienooreenkomstig ge— *by a parity of reasoning, by the same token;* **—wyse** *line of reasoning;* **redenering** *line of reasoning;* **—e** *argumentative matter;* die — gaan nie op nie *the argument fails;* daar is goeie grond vir die — *there is good reason in the argument;* **—siek** *argumentative, disputatious.*

reder *shipowner, airline.*

redetwis (oor) *dispute, chop logic, argufy;* **—ter** *disputant;* **—twistig** *disputatious.*

redhibitories *redhibitory* (regarding a defect justifying return of the thing bought); **redhibitore** aksie *redhibitory action;* — gebrek *redhibitory defect.*

reeks (gebeurtenisse) *chain of events.*

reël (s) *regulation, rule;* geen vaste — nie *no hard and fast rule;* die gulde — *the golden rule;* in die — *as a rule, usually;* onder 'n — of klas bring *subsume under a rule or class;* 'n — van die praktyk *a rule of practice;* **—s** en reglemente *rules and regulations;* **—s** van uitleg *canons of construction;* die uitsondering bevestig die — *the exception proves the rule,* exceptio probat regulum; basiese **—s** *ground rules.*

reël (w) *adjust, arrange, control, govern, organize, regulate, rule, settle;* by wet — *regulate by statute;* hierdie artikel — die posisie *this section governs the position.*

reële eksekusie *specific performance.*

reëling *arrangement, regulation; ruling; settlement;* 'n — aangaan *arrange;* skikking of — *compromise or arrangement* (companies); —, beslissing of bevel *ruling, decision or order;* **—s** *dispositions;* wet vir die — en beheer van *Act for the regulation and control of;* 'n — met jou skuldeisers aangaan *make an arrangement with your creditors;* **—skema** *scheme of arrangement* (companies); **—skomitee** *steering committee.*

reëlmatig *regular;* na die uiterlike volledig en — *complete and regular on the face of it;* **—e** betaling *payment in due course;* **—e** houer *holder in due course;* **—heid** *regularity;* vermoede van — *presumption of regularity,* omnia praesumuntur rite esse acta.

referaat (lewer) *deliver a paper.*

referendum *referendum.*

reg (a) *correct, equitable, fair, just, right;* — en billik *just and equitable;* uit die oogpunt van wat — is *as a matter of right;* **—maak** *rectify, correct, repair, put to rights.*

reg (I) (objektiewe) (the whole of legal norms or rules which regulate society) *the law, objective law, the legal system.*

PHRASES; alomaanvaarde reg *trite law;* eie — gebruik *take the law into one's own hands;* geldende — *existing law;* gelykheid voor die — *equality before the law;* dit is nie goeie — nie *it is bad law;* — deur die howe geskep *judge-made law;* jammerte trek die — skeef *hard cases make bad law;* ongeskrewe — *unwritten law;* oppergesag van die — *the rule of law;* soos deur die — vereis *as required by law;* — en orde *law and order.* See **law;** die — soos hy is *the law as it stands;* uitgemaakte — *trite law;* volgens/ooreenkomstig die — *according to law;* die — verbied dit *it is forbidden by law.*

SUBDIVISIONS OF LAW: adjektiewe/formele — *adjective/adjectival/formal law;* administratiefreg *administrative law;* binnelandse/nasionale — *national law*; burgerlike — *civil law, private law;* gemenereg *common law;* gekodifiseerde — *codified law;* internasionale —/volkereg *international law;* kanonieke — *canon law;* konstitusionele —/staatsreg *constitutional law;* kriminele —/strafreg *criminal law;* materiële — *substantive law* (as against formal law); munisipale —/— van plaaslike besture *municipal law/law of local authorities;* privaatreg *private law, common law* (comprises roughly that part of the law in which the state is not a participant); publieke — *public law* (comprises criminal, constitutional, administrative and international law); siviele — *civil law* (as against criminal law); substantiewe — *substantive law.*

reg (II) (subjektiewe) *right* (in the sense of

a claim derived from and justified by the law).

PHRASES: aanspraak, — en belang *title, right and interest;* — om te begin (om eerste getuienis te lei) *right to begin;* beperkte — *limited right;* 'n bestaande, toekomstige of gebeurlike/voorwaardelike — *existing, future or contingent right;* binne sy —te *within his rights;* buite sy —te *beyond his rights;* laat — geskied *let right be done;* gevestigde/bestaande — *vested right;* jou — laat geld *assert your right;* iemand — laat wedervaar *do right to someone;* met —te (stock exchange) *cum rights;* na —te *by rights;* persoonlike — *personal/relative right;* — tot 'n saak *right to a thing;* saaklike reg *real right,* ius in rem; uit eie — *in his own right;* uit hoofde van vasstaande — *as of right;* wetlike —te *statutory rights;* — hê tot *have a title/claim to;* die — hê om/geregtig wees tot *be entitled to, have a right to;* inbreuk op —te maak *invade rights, encroach upon rights;* 'n — skend *violate a right;* hierdeur verloor hy sy — om *this disentitles him to;* met — *justifiable.*

SPECIFIC RIGHTS: — van afstand *right of abandonment;* — van appèl *right of appeal;* — van besit *right of possession;* — van eiendom *right of ownership;* — om te erf *right of inheritance;* — van gebruik *right of use;* — van inbalking *right of support;* — van terugkoop *right of retraction;* — van toegang *right of admission;* — van vereniging en vergadering *right of association and meeting;* — om te vergader *right of assembly;* — van veto *right of veto, negative voice;* — van voorkeur *preferential right;* — van voorrit *right of way.*

reg (III) (geregtigheid) *justice;* — moet sigbaar geskied *justice must be seen to be done;* — moet snel geskied *justice must be expeditious, justice delayed is justice denied.*

regbank *bench, forum, judicature, judiciary.*

regeer *govern, rule;* **regering** *government;* **—setel** *seat of government;* **—svlak** *level of government.*

reghebbende *person entitled.*

register *register, index, roll;* 'n — behoorlik byhou *keep a register duly posted.*

registreer *register;* **registrasie** *registration;* **registrateur** *registrar;* — van geboortes en sterfgevalle *registrar of births and deaths;* — van maatskappye/aktes/patente *registrar of companies/deeds/patents.*

regkry *succeed in doing.*

reglement *rules;* — van orde *standing orders, rules;* **—sraad** *rules board.*

regmatig *lawful, rightful.*

regres *recourse;* sonder — *without recourse, sans recours;* **—reg** *right of recourse;* die endossant het 'n — teen die trekker *the endorser has a right of recourse against the drawer;* — teen medeborge en ander medeskuldenaars *right of contribution between co-sureties and other co-debtors.*

regsadvies *legal advice/opinion;* — inwin *take legal advice/counsel's opinion.*

regsband *legal relationship/tie.*

regsbedeling *administration of justice;* die — verydel *defeat the ends of justice.*

regsbeginsel *legal principle;* **—s** *principles of law;* volgens die **—s** *according to law.*

regsbegrip *legal concept/notion.*

regsbelang *legal interest.*

regsbepaling *legal provision.*

regsberoep *legal profession.*

regsbeslissing *ruling, legal decision.*

regsbevinding *legal finding/ruling, conclusion of law.*

regsbevoeg (1) *having jurisdiction;* (2) *having legal capacity.*

regsbevoegdheid (1) *jurisdiction;* (2) *legal capacity.* Includes the capacity to acquire rights and to incur obligations. In English *legal capacity* is used for **handelingsbevoegdheid** *(contractual capacity)* as well as **regsbevoegdheid**. The use of **regsbevoegdheid** for *jurisdiction* is not favoured because of the ambiguity.

regsbewussyn *sense of justice.*

regsbron *source of law.*

regsbystand *legal representation;* sonder — *unrepresented.*

regsdwaling (1) *error of law;* 'n — begaan *err in law;* (2) *miscarriage of justice.*

regsdwang *legal compulsion, the compelling force of the law;* vry van — *above the law,* legibus solutus.

regsfakulteit *faculty of law, law school.*

regsfiguur *concept of law.*

regsfiksie *legal fiction.*

regsfilosofie *philosophy of law.*

regsformaliteit *legal formality.*

regsgebied *area of jurisdiction.*

regsgebruik *legal usage/custom.*

regsgeding *case, lawsuit, action at law.*

regsgeldig *good in law, legally valid.*

regsgeleerde *jurist, lawyer, person learned in the law;* — raadsman *legal adviser, counsellor.*

regsgeleerdheid *jurisprudence, legal learning, science of law.*

regsgelykheid *equality before the law.*
regsgesag *legal authority; force of the law.*
regsgevoel *sense of justice.*
regsgevolge *legal effect/consequences;* noodwendige — van die huwelik *invariable consequences of marriage;* sonder — *legally ineffectual.*
regsgoed *legal property* (interests protected by the law, e g proprietary rights, liberty, honour).
regsgrond *legal foundation;* deugdelike — *just cause;* die aansoek berus op verkeerde —**e** *the application was legally misconceived.*
regshandeling *jural act* (Wigmore), *juristic act;* vernietigbare — *impeachable transaction.*
regshulp *legal aid* (financial aid by the state to indigent litigants), *relief;* — aanvra *apply to court for relief;* aanvullende — *ancillary relief;* alternatiewe — *alternative relief;* —**buro** *legal aid bureau.*
regsinstelling *legal institution.*
regsisteem *legal system.*
regskapenheid *honesty, integrity, probity.*
regskenbron *source of (written) law.*
regskending *failure of justice, injustice.*
regskennis *legal knowledge, knowledge of the law.*
Regskommissie *Law Commission.*
regskoste *legal costs.*
regskrag *force of law, validity;* sonder — *legally ineffectual;* die — vernietig van *vitiate.*
regskundig *learned/versed in the law;* —**e** advies *legal advice, counsel's opinion;* —**e** raadsman *legal adviser.*
regskwessie *legal question, matter of law.*
regsleer (algemene) *jurisprudence, legal theory.*
regsliteratuur *legal literature.*
regsmag *jurisdiction.*
regsmasjinerie *legal process.*
regsmening *legal opinion.*
regsmiddel *legal remedy;* geen — onbeproef laat nie *leave no remedy untried;* sy enigste — *the only relief open to him;* —**e** uitput *exhaust legal remedies;* possessoriese — *possessory remedy;* sonder — *remediless.*
regsnorm *legal norm/rule.*
regsoewereiniteit *rule of law.*
regsomkeer *turnabout, reversal.*
regsongeldig *invalid in law, legally invalid.*
regsoogpunt *legal aspect;* uit 'n — *in law.*
regsoortuiging *sense of justice;* — van die gemeenskap *public policy.*
regsoorweginge *legal considerations.*
regsopvatting *legal approach/conception;* dit is 'n onjuiste — *it is bad in law.*
regsopvolger *successor in title.*
regsorde *legal order, system of law.*
regsorgaan *judicial organ.*
regspersoon *juristic/legal/fictitious/artificial/juridical person, body corporate, corporate body, legal entity,* persona; *handelende as — acting in its corporate capacity;* liggaam met —**likheid** *corporate body;* rakende — *corporative;* — verleen aan/met — beklee *incorporate;* verlening van — *incorporation.*
regspleging *administration of justice, judicature, judicial system;* die — probeer verydel *interfere with the course of justice.*
regsplig *legal duty;* — by onregmatige daad *duty to take care.*
regsposisie *legal position;* die huidige — *the law as it stands.*
regspraak *administration of justice, judicature;* aan die — onderworpe *justiciable;* — beoefen *dispense justice;* ruwe — *rough justice.*
regspraktisyn *legal practitioner, lawyer.*
regspraktyk *legal/law practice.*
regspreek *administer/dispense justice;* **regsprekende** gesag *judicial authority;* — mag *judiciary.*
regspreuk *adage, legal maxim.*
regsprosedure *legal/judicial procedure.*
regsproses *legal proceedings, process of law.*
regspunt *point of law.*
regsreël *canon, legal rule, a rule of the law* (to be distinguished from *the rule of law);* die desbetreffende —**s** *the law on the subject;* geval waar —**s** drukkend werk *hard case.*
regstaal *legal language/parlance/terminology.*
regstaat *constitutional state, state governed under the rule of law;* —**beginsel** *rule of law.*
regstandpunt *legal point of view;* van 'n — beskou *legally speaking.*
regstatus *legal status.*
regstel *adjust, correct, rectify;* —**ling** van agterstande; *affirmative action.* Executive or administrative action for the rectification of a backlog which is for historical reasons suffered by an individual or a group, such as ethnic groups for reasons of colour.
regstellingsrekening *adjustment account.*
regstelsel *system of law.*
regsterm *law term, legal term;* —**inologie** *legal terminology.*
regstitel *lawful/legal title;* geldige — *valid title.*
regstreeks *direct;* —e/direkte bewys *direct evidence* (as against *circumstantial).*
regstudent *law student.*
regstudie *legal studies.*
regsuitdrukking *expression in law.*

regsusansie *legal custom/usage.*
regsverbintenis *legal obligation.*
regsverdraaiing *chicanery, perversion of justice.*
regsvereistes *legal requirements;* volgens — opgestel *drawn up according to law.*
regsvergelyking *comparative law.*
regsverhouding *legal relationship.*
regsverkeer *legal traffic.*
regsverteenwoordiger *legal representative;* sonder — *unrepresented;* **regsverteenwoordiging** *legal representation.*
regsverydeling *defeating/obstructing the course of justice.*
regsvoorganger *predecessor in title.*
regsvoorsiening *legal provision.*
regsvoorskrifte *legal rules;* volgens — *by due process of law.*
regsvordering (1) *action at law, legal claim;* (2) *prayer* (at close of pleadings).
regsvorm *(due) form of law;* met inagneming van die —**e** *in due form of law.*
regsvraag *issue/question of law, legal question, point of law;* voorbehoud van 'n — *reservation of a point of law;* gemengde regs- en feitevraag *question of mixed law and fact.*
regswaarborg (van persoonlike vryheid) *rule of law.* See **rule of law**.
regsweë (van) (1) *by law, as of right;* (2) *by operation of law.*
regswêreld *legal world.*
regswerking *operation of law;* die huurkontrak word beëindig deur — *the lease is terminated by operation of law.*
regswese *judicature, administration of justice.*
regswetenskap *jurisprudence;* vergelykende — *comparative law.*
regte-uitgifte (aandele) *issue of rights* (shares).
regte: in — *in law;* in die — studeer *study/read law;* selfstandig in — optree *act independently in law, sue and be sued without assistance;* dié kontrakte is in — onbestaanbaar *these contracts cannot exist in law.*
regteloos *outlawed, without rights;* —**making** *deprivation of rights.*
regtens *according to law, by law, legally, in law;* — bindend *legally binding;* — gesproke *as a matter of law, according to law;* — ongegrond *bad in law;* — verbode *against the law;* — voorgeskryf *laid down by law.*
regter *judge, justice;* voorsittende/presiderende — *presiding judge;* as — aangestel *appointed to the bench.*
regter-advokaat (plural **regters-advokate**) *judge-advocate* (military).
regter-president (plural **regters-president)** *judge-president* (plural *judges-president).*
regterlik *judicial;* —**e** amptenaar *judicial officer;* —**e** bevoegdhede *judicial powers;* —**e** dwaling *judicial error, miscarriage of justice;* —**e** gesag *judicial authority;* —**e** goeddunke *judicial discretion;* —**e** kennis(name) *judicial notice;* die —**e** mag *the judiciary;* —**e** ondersoek *judicial inquiry;* —**e** uitoefening van goeddunke *judicial exercise of discretion.*
regtersappèl (from one judge to three in the same division) *judges' appeal.*
regtersklerk *judge's clerk/* **regtersreëls** *judges' rules.*
reguleer *regulate;* — en beheer *regulate and control;* **regulasie** *regulation;* by — voorskryf *provide by regulation.*
regverdig (a) *just, equitable, fair, right;* noodsaaklik vir die —**e** beregting van die saak *essential for the just decision of the case;* —**heid** *justice, righteousness;* gewone — tussen mens en medemens *simple justice between man and man;* —**heidshalwe** *for the sake of justice, in the interests of justice;* —**heidsoogpunt** (uit) *as a matter of right, by rights, rightful.*
regverdig (bw) *justly, fairly, in accordance with justice.*
regverdig (w) *justify, vindicate, warrant;* 'n bevinding deur die feite ge— *a finding justified/warranted by the facts;* —**ing** *justification;* —**ingsgrond** *ground for justification.*
regverkrygende *assign, assignee;* opvolgers en —**s** *successors and assigns.*
rehabiliteer *rehabilitate;* **rehabilitasie** *rehabilitation.*
reipersekutoor (saakopvolgend) *reipersecutory.*
reisgeld vir getuie *conduct money.*
reken *calculate; consider;* — as/vir *deem;* iets teen iemand — *hold something against someone;* — op *depend/rely/count on;* —**meester** *accountant.*
rekenaar *computer;* —**drukstuk** *computer printout;* —**vaardig** *computerwise.*
rekening *account, bill;* agterstallige — *overdue account;* 'n — betaal *settle/pay an account;* in — bring *bring into account;* buite — laat *leave out of account;* 'n — debiteer *charge to an account;* vir eie — *on his own account;* gelewerde — *account rendered;* gesamentlike — *joint account;* gespesifiseerde — *detailed account;* — hou met *allow for, contemplate, take into account;* koop op — *buy on account;* buite — laat *leave out of account;* lopende — *current account;* ope — *open*

account; per slot van — *ultimately;* plaas op — *charge to the account;* — van toevertroude geld *trust account;* volgens — *as per account;* —**boeke** *account books;* —**kundige** beleid *accounting policy;* —**staat** *statement of account.*

rekeninge ontvangbaar *accounts receivable.*

rekenpligtig *accountable;* —**e** amptenaar *accounting officer.*

rekenskap *account;* — eis van *call/hold to account;* — gee van *account for;* jou — gee van *grasp, realize.*

reklame *advertising, publicity, pushing, boosting;* —**bord** *display sign;* —**teken** *advertising sign.*

reklameer (1) *reclaim;* (2) *protest.*

rekognisiegeld *quitrent.*

rekonsilieer *reconcile;* **rekonsiliasie** *reconciliation;* —**rekening** *reconciliation account;* —**staat** *reconciliation statement.*

rekonstrueer *reconstruct;* **rekonstruksie** (van 'n maatskappy) *reconstruction of a company.*

rekonvensie *reconvention;* eis in — (teeneis) *claim in reconvention, counterclaim, reconventional claim;* eiser in — *plaintiff in reconvention, counterclaimant;* verweerder in — *defendant in reconvention, counterdefendant;* pleit in — *plea in reconvention, counterplea.*

rekrimineer *recriminate;* **rekriminasie** *recrimination.*

rektifiseer *rectify (contract or deed);* **rektifikasie** *rectification.*

rekuseer (jou) *recuse oneself;* **rekusering** *recusal.*

rekwireer *requisition;* **rekwisisie** *requisition.*

relateer *return;* — wat u in verband met die dagvaarding gedoen het *return this summons with whatever you have done thereon;* **relaas** (1) *account, narrative, recital, report;* omstandige — *detailed account;* (2) *return;* — van betekening *return of service;* — van geen goed *return of nulla bona.*

relatief *relative.*

relevant *relevant, material;* **relevansie** *relevance, relevancy.*

relletjie *affray.*

remedie *(legal) remedy;* die verkeerde —/regsmiddel aanwend *misconceive your remedy.*

remise *remittance;* **remittent** *remitter (of money).*

remissie *remission.*

remme en teenwigte *checks and balances.*

rendeer *pay, be remunerative;* **rendabel/renderend** *beneficial, profitable, remunerative, lucrative;* **rendement** *profit, return on capital;* —**skoers** *rate of return.*

renons (in iets hê) *aversion, dislike, revulsion.*

rente *interest;* — dra *bear/yield interest;* enkelvoudige — *simple interest;* samegestelde — *compound interest;* — vanaf die dag van versuim *interest a tempore morae;* —**draend** *interest-bearing;* —**koers** *rate of interest;* geregtelike — *legal rate of interest;* —**las** *burden of interest;* —**loos** *interest-free;* rentelose geld *dead capital;* rentelose skuld *passive debt;* —**voet** *rate of interest.*

reokkupasie *reoccupation.*

reorganisasie (van maatskappy) *reorganization of company.*

reparasie *repairs, reparation;* onder — *under repair, being repaired;* —**s** uitvoer *carry out repairs.*

repatrieer *repatriate;* **repatriasie** *repatriation.*

repliek *reply;* — lewer *reply;* advokaat se reg tot — *counsel's right to reply.*

repliseer *replicate;* **replikasie** *replication* (plaintiff's reply to defendant's plea); **repliserende** verklaring *replying affidavit.*

represaille *reprisal;* —**reg** *law of reprisal.*

representeer (erfreg) *represent;* kragtens die testament — die kinders hul ouers *children represent their parents under the will;* **representasie** (plaasvervulling in erfreg) *representation;* by — opvolg *succeed by representation.*

reproduseer *reproduce;* **reproduksie** *reproduction, facsimile.*

repudieer *repudiate; deny, disavow, disown;* jou handtekening — *deny your signature;* 'n skuld/kontrak — *repudiate a debt/contract.*

reputasie *reputation, repute, standing;* getuienis oor — *evidence on reputation.*

reserwe *(financial) cover/reserve;* geheime — *secret reserve;* verkoping sonder — *sale without reserve;* —**aandelekapitaal** *reserve share capital;* —**aanspreeklikheid** *reserve liability (of a company);* —**fonds** *reserve fund;* —**prys** *reserve price.*

reses *recess.*

resident-magistraat *resident magistrate.*

residivis *recidivist;* **residivisme** *recidivism.*

residueel *residual.*

resipieer *receive;* **resepsie** van die Romeinse reg *reception of the Roman law.*

resiprositeit *reciprocity.*

reskrip *rescript* (of the emperor).

respekteer *respect;* **respek** *respect;* met — *with respect.*

respondeer *respond;* **respondent** *respondent;*

die responderende maatskappy *the respondent company.*
respyt *respite;* **—dae** *days of grace, respite days.*
restant *remainder, remaining extent, residue;* erfgenaam van die — *residuary legatee.*
restitusie *restitution;* — doen *make restitution.*
resumeer *recapitulate;* **résumé** *summary.*
retineer *retain;* **retensie** *retention;* **—geld** *retention money, retaining fee, retainer;* **—reg** *lien, right of retention;* bou-aannemer se — *builder's lien;* 'n — uitoefen op *exercise a lien on;* verhuurder se — *landlord's lien.*
retorsie (laster uit weerwraak) *retortion, retaliation;* **—maatreël** *retaliatory measure.*
revalueer *revaluate.*
revindiseer *revindicate;* **revindikasie** *revindication.*
revolusionêr *revolutionary.*
riemtelegram *canard, hoax.*
riglyn *directive, guideline.*
rigting *direction;* eie — *self-help;* eie — volg (eie reg gebruik) *take the law into one's own hands.*
riskeer *hazard, risk;* **risiko** *hazard, peril, risk,* periculum; berekende — *calculated risk;* — in die loop van diens aanvaar *risk assumed in the course of duty;* alle risiko's-polis *all risks policy;* doen dit op eie — *do so at your peril/at your own risk;* op — van die eienaar *at owner's risk;* die — gaan oor *the risk passes;* koper dra die — *buyer to bear the risk;* — loop *run a risk;* oorwoë — *calculated risk;* vrywillige aanvaarding van — *voluntary assumption of risk;* **riskant** *hazardous, risky.*
rivier *river;* **—bedding** *river-channel;* **—bekken** *river-basin.*
roekeloos *reckless, wanton;* roekelose motorbesturing *reckless driving.*
roep *call;* jou iets voor die gees — *recall, remember.*
roerend *movable;* —e goed *movables, movable property, chattels.*
rojeer (1) *expel as a member;* (2) *deface, cancel.*
rol *calendar, roll;* op die — (ter rolle) plaas *set a case down, put on the roll;* van die — skrap *strike off the roll.*
rondborstig *candidly, frankly, openly, forthright.*
ronde (van polisieman) *beat.*
rondgaande (hof) *circuit court.*
rondgang *circuit;* plaaslike **—afdeling** *circuit local division.*
rondjakker *frolic.*
rondloper *tramp, vagrant, vagabond;* **—y** *vagrancy.*
rondslenter *loiter, idle.*
rondspringery (met standpunt) *tergiversation, chopping and changing, beating about the bush.*
rondtas *grope about.*
rondtrek *roam.*
ronduit (beken) *make a clean breast.*
roof (s) *robbery, depredation;* gewapende — *armed robbery;* openbare — *highway robbery;* **—tog** *foray, robbery;* **rower** *robber, plunderer, marauder.*
roofdruk *pirated edition.*
rottanghoue *cuts.*
roubeklag: mosie van — *vote of condolence.*
rougeld, roukoop *roukoop, smart-money, money paid to get out of a bargain.*
rugbaar *known;* — word *become known, leak out;* — maak *make public, bruit abroad.*
rugkant *back.*
rugteken *sign on the back, endorse.*
ruil *barter, exchange;* **—handel** *barter trade;* **—ing** *exchange;* **—ooreenkoms** *commutative agreement, contract of exchange.*
ruimte *space;* oop — *open space;* — vir *capacity for, room for.*
ruineer *ruin, undo.*
rumoerig *noisy, obstreperous.*
rus *rest;* die plig — op my *it is incumbent on me to;* **—verstoring** *breach of the peace, disturbance;* **—tende** *dormant, retired;* — vennoot *dormant/sleeping partner.*
rusie *quarrel, fight, dissension;* — begin *aggress;* — soek *pick a quarrel.*
ry *drive, ride, convey;* gereeld — *ply;* teen huur — *ply for hire;* **—bewys** *driving/driver's licence;* **—reg** *right of way.*
rym (met) *be consistent with;* die beserings kan met geweld ge— word *the injuries are consistent with violence.*
rypheid *fruition.*
rypwording *maturation.*
ryswater *spare diet.*

S

saakbeskadiging *damage to property;* kwaadwillige — *malicious injury to property.*
saakkundig *expert, authoritative;* **—e** *expert.*
saambestaan *coexistence.*
saambringdagvaarding *subpoena duces tecum.*
saamflans *concoct, fabricate, invent, make up.*
saamhorigheid *solidarity, unity.*
saamleef (as man en vrou) *cohabit;* die — *cohabitation.*
saamlees (met) *read with;* oortreding van artikel 1 saamgelees met artikel 2 *contravention of section 1 read with section 2.*
saamlopende, samelopende (vonnisse) *concurrent sentences, sentences which run concurrently.*
saamsmelt *amalgamate, merge, fuse, mass* (estates); **—ing** *massing* **saamgesmelte** boedels *massed estates.*
saamspan met *collude/conspire with.*
saamstel *compose, put together, compile;* 'n hof — *constitute a court;* opnuut — *reconstitute;* **samegesteld** *composite;* **—e** huurgeld *composite rent;* **—e** rente *compound interest;* **samestellend** *constituent;* **—e deel** *constituent part;* **samestelling** *composition.*
saamstem *agree, concur;* **—mende** uitspraak *concurring judgment.*
saamsweer *conspire;* **sameswering** *conspiracy, plot.*
saamval *correspond, coincide with, concur, run concurrently, synchronize; clash* (of dates).
saamvat *summarize, recapitulate, consolidate, abstract.*
saamvoeg *conjoin, pool;* **—end** *conjunctive.*
sabotasie *sabotage.*
sak *pocket;* iemand se — rol *pick someone's pocket.*
sake *affairs, business, dealings;* ter — *relevant;* ter — kom *come to the point;* ter — dienende feit *material/relevant fact;* nie ter — nie *beside the point, irrelevant;* **—beginsels** *business principles;* **—lewe** *business;* **—man** *businessman;* **—onderneming** *business undertaking, concern;* **—perseel** *business premises, trading site;* **—reg** *law of things;* **—rol** *calendar, roll of court cases;* **—vrou** *business woman.*
sakeboek: siviele — *civil record book.*
sakelys *agenda.*
sakkeroller *pickpocket.*
salaris *salary;* **—verhoging** *increment.*
saldo *balance;* — afgedra *balance carried down;* — afgeskryf *balance written off;* batige — *credit balance;* nadelige — *debit balance, deficit;* — oorgedra *balance brought forward;* — opmaak *strike a balance;*— sertifikaat *balance certificate;* — verskuldig *balance owing;* — voorhande *balance on hand;* —wissel *balance bill.*
samedromming *congestion.*
samehang *connection, coherence, context;* — van feite *connection between facts, context, contiguity of facts;* tensy uit die — anders blyk *unless inconsistent with the context.*
samelewing *society, body politic;* 'n las op die — *a burden on society;* misdryf teen die — *public wrong, offence against society.*
sameloop *confluence;* – van omstandighede *coincidence.*
sameskoling *assembly, assemblage, flocking together;* onwettige — *unlawful assembly;* oproerige — *riotous assembly.*
samesmelting *amalgamation, fusion, massing* (of estates); *merger* (companies).
samespanning *collusion;* egskeiding deur — verkry *collusive divorce;* — met die teenparty tot nadeel van die kliënt *prevarication.*
samespreking *conference, meeting, conversation, discussion.*
samestelling *composition, synthesis.*
samestroming *concourse.*
samesweerder *conspirator, confederate;* **sameswering** *conspiracy, plot.*
samevattende (Wet) *consolidation Act.*
samevatting *abstract, consolidation, headnote* (law reports), *summary, synopsis, digest.*
samevloeiing *confluence, junction, coalescence, confusion.* See Latin **confusio**.
samevoegend *conjunctive;* **samevoeging** *conjoinder.*
samewerking *co-operation, collaboration.*
sanksioneer *sanction;* **sanksie** *sanction;* regsvoorskrif sonder — *enactment without a sanction.*
sedeer *cede, transfer rights;* **sedent** *cedent, transferor of rights;* **sessie** *cession, transfer of rights;* **sessionaris** *cessionary, transferee of rights.*
sedelik *moral;* **—heid** *morality;* **—heidsgevoel** *moral sense.*
sedes *morals;* — en gewoontes *morals and customs;* teen/strydig met die goeie — *contrary to good morals, immoral, unethical;* — bederf van *corrupt the morals of;* **sedeloosheid** *licence.*
sedewet *moral law.*
sedisie *sedition;* **sedisieus** *seditious.*
seduksie *seduction.*

see *the sea;* die volle — *high seas, open sea;* vryheid van die — *freedom of the sea;* **—gevaar** *marine peril, sea risk;* **—handel** *maritime trade;* **—heerskappy** *naval supremacy;* **—mag** *maritime/naval power, sea power;* **—moondheid** *naval power;* **—myl** *nautical mile, knot, sea mile;* **—polis** *marine policy;* **—reg** *admiralty law, maritime law;* **—roof/—rowery** *piracy;* **—term** *nautical term;* **—vaarder** *navigator;* **—vaart** *navigation;* **—versekeraar** *maritime underwriter;* **—versekering** *marine insurance;* **—waardig** *seaworthy.*

seebodem *ocean floor.*

seën *blessing;* gemengde — *mixed blessing.*

seëvier *triumph.*

seggenskap (hê oor) *have authority over, control.*

segsman *informant;* 'n — wat ongenoem moet bly *an informant who shall be nameless.*

seker (a) *certain, sure, positive, convinced, assured, safe;* absoluut — *positive;* dit is so goed as — *it is a moral certainty;* in **—e** omstandighede *under certain circumstances;* in **—e** sin *in a sense;* jy is jou lewe hier nie — nie *your life is not safe here;* jy kan —/gerus wees dat *you can rest assured that;* **—heid** *assurance, certainty; safety, security;* stellige/vasstaande — *moral certainty;* vir alle — *to make quite sure;* — gee vir 'n skuld *secure a debt;* geldswaardige — *valuable security*; — stel *furnish security;* — stel dat jy sal verskyn *enter into recognizances;* — vir teruggawe *security for restitution,* cautio de restituendo; **—heidstelling** *security;* akte van — *security bond.*

sekondeer ('n voorstel) *second a motion;* **sekondant** *seconder.*

sekondêr *secondary, accessory;* **—e** gebruik van water *secondary use of water.*

seks *sex;* **—ueel** *sexual;* seksuele gemeenskap *sexual intercourse;* seksuele misdaad *sexual offence.*

seksie *section.*

sekunda-wissel *second of exchange.*

sekundus *alternate member.*

sekureer *secure;* 'n skuld — *secure a debt;* gesekureerde skuldeiser *secured creditor.*

sekuriteit *security;* **—e** (waardepapiere) *securities;* aanvullende/kollaterale — *collateral security;* — vir koste *security for costs;* persoonlike — *personal security;* saaklike — *real security;* — verskaf *furnish security;* verhandelbare **—e** *marketable securities;* **—sakte** *restituendo bond* (with provisional sentence).

sekuur *accurate, exact, precise.*

sekwester *sequester.* See **stakeholder**.

sekwestreer *sequestrate;* **sekwestrerende** skuldeiser *sequestrating creditor;* **sekwestrasie** *sequestration;* gedwonge/verpligte — *compulsory sequestration;* **—bevel** *sequestration order.*

sel *cell;* beklede — *padded cell.*

seldsaamheid *rarity.*

self *self;* **—bedrog** *delusion;* **—bedwang** *self-restraint;* **—beheersing** *restraint, self-control;* **—beherend** *autonomous;* **—behoud** *self-defence, self-preservation;* **—beskikking** *self-determination;* **—beskuldiging** *self-accusation, self-incrimination;* **—beskuldigende** verklaring *self-serving statement* (law of evidence); **—genoegsaam** *self-sufficient;* **—genoegsaamheid** *self-sufficiency, autarky* (from Greek autarkeia, hence not *autarchy);* **—moord** *suicide;* **—moordenaar** *suicide, felo de se* (Anglo-Latin, plural *felones* or *felos de se);* **—moordooreenkoms** *suicide pact;* **—onderhoudend** *self-sufficient, self-supporting;* **—ondersoek** *soul searching;* **—standig** *independent, self-reliant;* **—verdediging** *self-defence;* **—versorgend** *self-supporting;* **—verwesenliking** *self-realization;* **—verwyt** *self-reproach;* **—voldaanheid** *complacency.*

selfbesturend *autonomous, selfgoverning;* **selfbestuur** *autonomy, selfgovernment, self-rule.*

selfregerend *autonomous, selfgoverning;* **selfregering** *autonomy, selfgovernment.*

selfrespek *self-esteem.*

selfversekerd *self-confident;* **—heid** *self-assurance, self-confidence.*

selfvervullende profesie *self-fulfilling prophecy.*

selfweerspreking *contradiction in terms.*

selstraf *solitary confinement.*

semantiek *semantics;* **semanties** *semantic.*

semble *it seems.*

senior (advokaat) *senior advocate, leader, silk;* — word *take silk.*

sensuur *censure;* mosie van — *vote of censure.*

sentiment *sentiment;* **—eel** *sentimental;* **—ele** skadevergoeding *sentimental damages,* solacium; **—ele** waarde *sentimental value.*

senuwee-oorlog *war of nerves.*

senuwee-pasiënt *mental patient.*

sertifikaat *certificate, licence;* — van bevoegdheid *certificate of competence;* — van dorpstitel *certificate of township title;* — van geregistreerde saaklike regte *certificate of registered real rights;* — van geregistreerde titel *certificate of registered title;* — van gewysigde titel *certificate of amended title;* — van inkorporasie *certificate of incorporation;* — van mineraalregte *certificate of mineral rights;* — van nedersettingstitel *certificate of settlement title;* — van resterende gedeelte *certificate of remainder;* — van verenigde titel *certificate of consolidated title;* **sertifikasie** *certification.*

sertifiseer *certify;* —**baar** *certifiable.*

serwituut *servitude, easement* (Eng. law); deelbare — *divisible servitude;* landelike — (velddiensbaarheid) *rural/rustic servitude;* negatiewe — (— van late) *negative servitude,* ius prohibendi; onderbroke — *discontinuous servitude;* persoonlike — *personal servitude;* positiewe — *affirmative servitude,* ius faciendi; saaklike — (erfdiensbaarheid) *praedial/real servitude;* stedelike — (huisdiensbaarheid) *urban servitude;* tydelike — *temporary servitude;* voortdurende/permanente — *permanent servitude;* — van geut/geutreg *servitude of sewer/drain;* — van opdamming *servitude of abutment;* — van trekpad *servitude of trekpath;* — van uitsig *servitude of prospectus;* — van waterhaling *servitude of drawing water;* — van waterleiding *servitude of aqueduct;* — van weiding *servitude of grazing.* See **servitus** in Latin section.

sesessie *secession.*

sessie *cession, transfer of rights;* **sessionaris** *cessionary, transferee of rights.*

set *move, trick;* slim — *chicanery, deft move.*

setel (in) *vest in.*

setel *seat* (parliamentary).

sfeer (van bevoegdheid) *province of authority, purview.*

sielsieke *mental patient;* —**inrigting** *asylum, mental home/hospital/institution.*

sielsiekte *mental disease, psychosis.*

sienderoë *visibly, perceptibly.*

siening *view, perception, insight.*

sienswyse *opinion, point of view.*

sifting *sifting, screening.*

sig (1) *sight, view;* (2) *visibility;* in — *in sight;* op — *at/on sight;* goedere op — *goods on approval;* goeie/swak — *high/low visibility;* op — betaalbaar *payable on demand/at sight;* 90 dae na — *90 days after sight;* —**baar** *clear, visible, discernible, perceptible;* sigbare bewys *visible proof, ocular demonstration;* dit was duidelik — *it was plainly visible;* —**baarheid** *visibility;* —**waarde** *face-value;* —**wissel** *sight bill, bill at sight, demand draft.*

sillogiseer *syllogize;* **sillogisme** *syllogism.* See **syllogism** in E—A.

simbool *symbol, token;* **simbolies** *symbolical, token;* **simboliese** lewering *symbolical delivery.*

simonie (woeker met kerklike ampte) *simony, barratry.*

simplisties *simplistic.*

simuleer *simulate;* 'n koop — *simulate a sale;* gesimuleerde handeling *simulated act.*

sin (1) *mind, sense, wish;* hy doen dit teen sy — *he does it reluctantly, contrary to his wishes;* jou — kry *carry a point, have your way;* hom sy — gee *humour him;* denke skerp die —**ne** *thinking sharpens the mind;* by sy —**ne** wees *be in his right mind/senses.* (2) *meaning, sense;* in dieselfde — *in the same sense;* in letterlike/figuurlike — *in literal/figurative sense;* dit maak geen — nie *it makes no sense;* —**loos** *pointless, meaningless, foolish;* —**vol** *meaningful, significant.*

sinallagmaties *synallagmatic, imposing mutual obligations.*

sindikaat *syndicate.*

sinekuur *sinecure.*

sinisme *cynicism.*

sinspeel (op) *allude to, be suggestive of, insinuate, hint at.*

sinswending *turn of phrase.*

sintese *synthesis.*

sinverwant *related in meaning.*

sipier *warden.*

sirkelredenering *begging the question,* petitio principii.

sistematiseer *systematize;* **sisteem** *system.*

sitaat *quotation, citation.*

siteer (1) *cite, name;* as verweerder — *cite as defendant*; ediktale **sitasie** *edictal citation, citation by edict;* (2) *quote, cite, adduce as proof;* **sitering** van hofverslae *citation/quoting of law reports.*

sitting *session;* gesamentlike — *joint session;* die hof is in — *the court is in session;* —**stermyn** *law-term, term of court.*

siviel *civil;* —**e** aanspreeklikheid *civil liability;* —**e** aksie *civil action;* —**e** gyseling *civil imprisonment* (obsolete); —**e hof** *civil court;* —**e** jurisdiksie *civil jurisdiction;* —**e** proses *civil process* —**e prosesreg** *civil procedure;* —**e** regsmiddel *civil remedy;* —**e** verhoorsaak *civil trial.*

skaad *damage, injure.*

skaak *abduct;* **skaking** *abduction, womanstealing.* See **kidnapping** in E—A.

skaal *balance, scale, tariff;* — van gelde *tariff;* koste op die hoër of laer — *costs on the higher or lower scale;* die — laat oorslaan *preponderate;* op 'n hoër of laer — plaas *scale up or down;* **afskaal** *scale down.*

skaamdele *genitalia, pudenda.*

skaapkudde-huur *lease of sheep.*

skade *damage, detriment, disadvantage, harm, loss, prejudice;* gelas om — te vergoed *mulct in damages, order to compensate for damage;* — ly *suffer damage;* omvang van — *measure of damage;* tempering van — *mitigation of damage;* — vergoed *compensate, indemnify, make good damage;* vooruitberaming van — *pre-estimate of damage;* voortvloeiende — *consequential damage;* **—lik** *detrimental, hurtful, injurious, noxious, prejudicial;* **—like** onwaarheid *injurious falsehood.*

skadeloos *indemnified;* — stel *compensate, indemnify (for loss), recompense, reimburse (for expenses);* iemand — stel *compensate someone; save/hold him harmless;* jouself — stel *recoup oneself;* **—stellend** *compensatory;* **—stelling** *compensation, compensatory damages, indemnification, indemnity, recompense, reimbursement, reparation;* akte van — *indemnity bond;* ooreenkoms van — *contract of indemnity;* — van werkliede *workmen's compensation.*

skadevergoeding *damages;* aksie om — *claim for damages;* algemene — *general damages;* as — *as and for damages;* bestraffende — *punitive/exemplary/ vindictive damages;* gelikwideerde/vasgestelde — *liquidated damages;* herstellende — *restitutional damages;* mate/omvang van — *measure of damages;* minagtende — *contemptuous damages;* nominale — *nominal damages;* omvangryke/hoë — *substantial damages.*

skakel (met) *liaise with;* **—beampte** *public relations officer;* **—offisier** *liaison officer.*

skakel *liaison.*

skamel *meagre;* **—e** loon *pittance.*

skandalig *outrageous, scandalous, shocking.*

skande *disgrace, discredit, ignominy, infamy, opprobrium, shame;* in die — steek *disgrace;* tot — strekkend *discreditable;* **—daad** *infamy, outrage, scandalous act;* **—lik** *discreditable;* —e gedrag *disgraceful conduct;* **skandvlek** *disgrace.*

skat (s) *treasure;* gevonde — *treasure trove;* verborge — *hidden treasure;* **—kis** *fisc, treasury, public purse;* **—kisorder** *warrant voucher;* **—kiswissel** *treasury bill;* **—pligtig** *liable to taxation, under tribute;* aan **—pligtigheid** onderwerp *lay under tribute;* **—ter** *valuator, valuer;* **—ting** *assessment, estimate, valuation.*

skat (w) *estimate, evaluate.*

skavot *scaffold.*

skedule *schedule.*

skeef *crooked, distorted, oblique;* skewe voorstelling *distortion, misrepresentation.*

skeeps- *marine;* **—bevragter** *charter broker, freighter;* **—huurder** *freighter;* **—ingenieur** *marine engineer;* **—lading** *shipment;* **—makelaar** *ship-broker;* **—verkeer** *maritime trade;* **—vrag** *cargo;* **—vragbrief** *bill of lading.*

skei *get a divorce, separate;* hy — haar *he divorces her* (colloquial); buitegeregtelik geskei *separated extra-judicially;* **—dbaar** *separable, severable;* grammatikale en begripsmatige **—dbaarheid** *grammatical and notional separability;* **—dbaarheid** van vorderinge *severability of claims;* **skeidend** *disjunctive;* **skeiding** *separation, partition;* — van tafel en bed *separation of bed and board, judicial separation;* geregtelike — *judicial separation, separation of bed and board,* separatio a mensa et toro; — van verhore *separation of trials;* **skeidingsbevel** *separation order.*

skeidsgereg *court of arbitration.*

skeidsman *sequester.* See **stakeholder**.

skeidsregter *arbitrator, adjudicator, referee;* **—lik** *arbitral;* — uitmaak/beslis *arbitrate upon;* **—like** beslissing *arbitration, award.*

skeldtaal *(vulgar) abuse, invective;* sinlose — *common meaningless abuse.*

skelm (a) *underhand, crafty, cunning.*

skelm (s) *swindler;* **—agtig** *furtively;* **—streek** *swindle.*

skelwoord *term of abuse.*

skema *scheme;* — met winsoogmerk *scheme of profit-making.*

skend *deface, disfigure, maim, mutilate* (documents), *violate* (rules, the law); **—er** *violator;* **—ing** *breach, infringement, infraction;* — van regte *invasion of rights;* — van dokumente *mutilation of documents;* — van voorkome *disfigurement.*

skenk *donate, grant, endow, give;* **—er** *donor, grantor;* **—ing** *donation, endowment, gift, grant;* 'n — doen/maak *make a donation, settle a donation upon;* — ontneem/terugtrek *disendow, withdraw a donation;* vergoedende — *remuneratory donation;* verkapte — *simulated donation;* **—ingsakte** *deed of donation;* — waaronder daar nog geprestéer moet word *executory deed of donation;* **—ingsfonds** *endowment fund.*

skep *create, generate;* 'n presedent — *establish a precedent;* **—per** *author, creator, originator.*

skeppend *creative.*

skepties *incredulous, sceptical.*

skerp (a) *shrewd, trenchant* (style); — geweld *violence with a sharp instrument;* **—sinnig**

acute, discerning, discriminating, judicious, perspicacious, shrewd.
skerp (bw) *closely;* — ondervra *question closely.*
skerpregter *executioner, hangman.*
skerpskutter *sniper.*
skets *outline, delineate;* die saak in hooftrekke — *outline the case.*
skielik *suddenly;* — met 'n vraag op iemand afkom *spring a question on someone.*
skiet: te kort — *fall short.*
skietstaking *cease-fire.*
skik *settle, make up, arrange, manage;* buite die hof/in der minne — *settle out of court;* **—king** *settlement, arrangement, compromise, accord;* — aangaan/tref *compromise;* akte van — *deed of settlement;* — of reëling *compromise or arrangement* (companies); **—kingsaanbod** *offer of compromise;* **—kingsakte** *deed of settlement/compromise;* **—kingsooreenkoms** *deed/agreement of settlement/compromise.*
skimp (s) *allusion, (veiled) hint, covert reference, gibe, innuendo, taunt.*
skimp (w) *allude, give vague hints, gibe, taunt.*
skinder *gossip, slander.*
skok *shock;* gevoel van — oor swaarte van straf *sense of shock at severity of sentence.*
skoon *clean, pure;* hof toe kom met jou eie kant — *come to court with clean hands;* — dae *clear days* (excluding the first and the last day).
skors *suspend;* 'n student — *rusticate a student;* **—ing** *suspension.*
skotskrif *lampoon.*
skotvry *scot-free.*
skrap *strike out, strike off, delete, cancel; disbar;* — uit die oorkonde *strike off/expunge from the record;* — van die rol van praktisyns *disbar, strike off the roll of practitioners;* onaanvaarbare dele van 'n boek — *expurgate objectionable parts of a book.*
skreiend *flagrant.*
skrif *writing;* op — stel *reduce to writing;* **—telik** *in writing;* — van regte afstand doen *sign away one's rights.*
skrikbewind *reign of terror.*
skrip *scrip, preliminary share certificate,*
skrobbeer *berate, rebuke, reprove, reprimand.*
skroom(valligheid) *diffidence, timorousness, bashfulness.*
skryf *write;* **—fout** *slip of the pen, clerical error,* lapsus calami; **skrywer** *author;* — vasstel *authenticate;* die ou **—s** *the old authorities.*
skuif: op die lange baan — *postpone indefinitely, shelve;* **—meule** *pretence, pretext, subterfuge.*
skuil *shelter, take cover, lurk, hide;* **—gaan** *abscond, hide;* **—hoek**, **—plek** *hide-out, place of concealment;* **—naam** *assumed name, nom de plume, alias, pseudonym.*
skuilnaam *alias, assumed name, nom de plume, pseudonym.*
skuilplek *place of concealment, hiding-place, cover, retreat, shelter, refuge, sanctuary, hide-out.*
skuiwergat *loophole.*
skuld (s) (1) *blameworthiness, culpability, fault, guilt, blame,* mens rea; — in engere sin *negligence,* culpa; die — afskuif op *shift the blame on to;* — beken/erken *admit/confess guilt, plead guilty;* bewys van — *proof of guilt;* buite my — *through no fault of my own;* eie — van die benadeelde *contributory negligence;* die — gee van iets *impute something to, lay the blame on someone, put a person in the wrong;* — hê aan *be at fault, be in the wrong;* die — kry *be blamed, have the blame imputed to one;* onderskeie grade van — *degrees of culpability;* — ontken *plead not guilty;* die — plaas op *blame;* sonder — *accidental, without blame;* — in wyere sin *intention,* dolus; **—aanduidend** *indicative of guilt;* **—aanduidende** medewete *guilty knowledge;* **—begrip** *concept of guilt;* **—bekentenis** *confession;* **—besef, —bewustheid, —bewussyn** *consciousness of guilt, guilty knowledge, sense of guilt;* **—element** *element of blameworthiness;* **—erkenning** *admission of guilt;* **—erkenningsboete** betaal *pay admission of guilt;* **—gevoel** *sense of guilt;* **—grade** *degrees of guilt/culpability;* **—loos** *innocent;* **—lose** tussenpersoon *innocent agent;* **—lose** aanspreeklikheid *absolute liability;* **—uitsluiting** *exclusion of culpability/fault;* **—uitsluitingsgrond** *ground for exclusion of culpability/fault;* **—vraag** *question of culpability.*
skuld (s) (2) *debt, indebtedness, liabilities;* **—e** aangaan *contract debts, incur debt;* agterstallige **—e** *arrears;* — betaal/vereffen/delg *pay/settle debt;* drukkendste — *most onerous debt;* gefundeerde — *funded/bonded debt;* in die — wees by *be indebted to;* onverhaalbare — *bad debts;* rentelose — *passive debt;* reserwe vir onverhaalbare — *bad debts reserve;* uitstaande — *outstanding/unpaid debt;* verhaalbare — *recoverable debt;* — verreken/in vergelyking bring *set off debts;* wederkerigheid van — *mutuality of debts;* **—akte** *instrument of debt;* **—bedrag** *amount*

of debt; **—beslag** *garnishment, attachment of debt;* **—beslagorder** *garnishee order;* **—bevryding** *release from debt;* **—bewys** *promissory note, IOU;* **—brief** *debenture;* **—delging** *extinction/payment of debt;* **—delgingsfonds** *sinking fund;* **—eiser** *creditor, covenantee, obligee;* aan een — bo die ander voorkeur gee *prefer one creditor above the other;* konkurrente **—s** *concurrent creditors;* meerderheid van **—s** *plurality of creditors;* preferente — *preferred creditor, creditor by priority;* voordeel van **—s** *benefit of creditors;* **—eiservervanging** *subrogation/substitution of a new creditor;* **—enaar** *debtor;* **—enaarvervanging** *delegation/substitution of a new debtor;* **—invordering** *collection of debt;* **—kwyting** *discharge of a debt;* **—kwytskelding** *remission of debt;* **—splitsing** *division of a claim;* voorreg van — *benefit of division,* beneficium divisionis; **—vereffening** *liquidation/discharge of debt;* **—vergelyking** *set-off;* beginsel van — *principle of compensation/set-off;* **—vermenging** *merger of debts,* confusio; **—vernuwing** *novation;* **—verrekening** *set-off, collation of debts,* compensatio. See **imputatio** in Latin section; **—voorrang** *priority of a debt;* **—vordering** *action for the recovery of a debt.*

skuld (w) *owe, be indebted;* geld — *owe money.*

skuldbrief *debenture.*

skuldig (1) *guilty, blameworthy, culpable;* aan 'n misdaad — *guilty of a crime;* — bevind aan *find guilty of, convict of;* nòg — nòg onskuldig *not proven.* See **non liquet** in Latin section; — pleit aan *plead guilty to;* bevinding van — *verdict of guilty;* **—e** *culprit;* **—bevinding** *conviction;* vorige — *previous conviction,* autrefois convict; tweede of daaropvolgende — *second or subsequent conviction.* (2) *indebted;* — wees *owe, be in debt.*

skurk *villain, scoundrel, blackguard;* **—agtigheid** *villainy.*

skut (s) *pound.*

skut (w) *impound* (animals).

skyn (s) *appearance, colour, pretence, pretext;* — van amptelike hoedanigheid *colour of office;* die — bewaar/red *save appearances;* onder die — van *under the guise/pretext of;* onder die — van reg *under a colour of right;* — van waarheid verleen/besorg aan *lend verisimilitude/colour to;* die — wek *pretend;* **—baar** *apparent(ly), ostensible/ostensibly;* **—e** ouderdom *apparent age;* — ampshalwe *under colour of office;* — ondersteun/staaf *lend colour to;* **—dood** *apparent death, suspended animation;* **—handeling** *simulated act;* **—heiligheid** *hypocrisy;* **—hof** *moot court;* **—hoof** *titular head, figurehead;* **—koop** *fictitious purchase;* **—skenking** *simulated donation;* **—waarheid** *verisimilitude;* **—wys** *pompously moralizing, sententious.*

skyn (w) *appear, seem;* dit skyn of *it would seem/appear that,* semble.

slaafse navolging *slavish copying.*

slaag *succeed;* nie — nie *fail.*

slagoffer *victim.*

slagspreuk *slogan.*

slap *slack;* **—te** *doldrums, recession.*

sleepnetklousule *dragnet clause.*

slegte skuld *bad/irrecoverable debt.*

sleutelvonnis *leading case.*

slim *clever; astute, smart, crafty, wily, guileful, cunning, sly.*

slinks *clandestine, cunning, surreptitious, underhand;* **—e** handelinge *corrupt practices, oblique dealings.*

sloerstaking *go-slow strike.*

sloop *dismantle, demolish;* **slopingsbevel** *demolition order.*

slot (1) *lock;* 'n — oopsteek *pick a lock;* (2) *conclusion;* die — van die saak *the result of the case.*

slotsom *conclusion, decision, result;* tot 'n — kom *conclude, come to a decision;* die — is *in the result it is held.*

slu *cunning, crafty, wily, insidious.*

sluikhandel *black market.*

sluip *sneak;* **—gang** *cat-walk.*

sluipmoordenaar *assassin.*

sluit *close, lock, conclude;* 'n saak — *close a case;* vrede — *conclude peace;* 'n kontrak — *conclude a contract;* 'n vergadering —/afsluit *close a meeting;* **—ing** *closing down;* **—ing** van pleitstukke *close of pleadings;* **—ingsdatum** *closing date;* **—ingsprys** *closing price;* **—ingsuitverkoping** *closing down sale;* **geslote** werkplaas *closed shop.* Industry where only members of a specific trade union may work.

slytasie *wear and tear;* gewone — uitgesluit, behoudens redelike — *fair wear and tear excepted.*

smaad *contumely, ignominy, insult, indignity, odium, opprobrium, vilification;* **—skrif** *lampoon;* **smadelike** behandeling *ignominious treatment;* **smadend** *contumelious.*

smee: 'n komplot — *conspire.*

smeek *beg, entreat, beseech, implore, supplicate;* **smekeling** *suppliant, supplicant.*

smerig *squalid;* **—heid** *squalor.*

smokkel *smuggle;* **—aar** *smuggler;* **—goedere/ware** *contraband;* **—handel** *contraband, smuggling.*
smoor *stifle;* kruisondervraging — *stifle cross-examination.*
smous (s) *hawker, pedlar.*
smous (w) *hawk, peddle.*
snedig *sharp;* —e antwoord *cutting retort.*
snelstrik *speed-trap.*
snert *drivel.*
snoodheid *baseness, heinousness, iniquity.*
snuffeltog *fishing expedition (fig.).*
snydend *trenchant* (style).
so nie *failing which.*
so te sê *virtually.*
sodomie *sodomy;* **—t** *sodomite.*
soekgeld *search fee.*
soetsappig *insipidly sentimental.*
soewerein (s) en (a) *sovereign;* **—iteit** *sovereignty.*
sofis *sophist, casuist;* **—me** *sophism, sophistry, casuistry;* **—tery** *sophistry, special pleading.*
sogenaamd *allegedly, ostensibly, reputedly.*
soldatetestament *military will, soldier's will.*
solesisme *solecism, absurdity, impropriety.*
solidêr *joint and several;* **—e** skuldverhouding *correality.* See **joint and several** in E—A.
sollisiteer *apply for, solicit.*
solvensie *solvency;* **solvent** *solvent.*
som *amount;* — ineens *lump sum.*
Sondagsheiliging *Sunday observance.*
sonder *without;* — afbreuk aan/— inkorting van regte *without prejudice;* — nakomelingskap *without issue;* — verhaal *without recourse;* — verpligting, vryblywend *without obligation;* — voorbehoud *without reserve.*
sonderlinge naam *fancy name.*
sone *zone;* in—s verdeel *zone;* **—bepalings** *zoning conditions;* —bou, —indeling, —struktuur *zoning.*
sonneklaar *crystal clear;* dit is — *he who runs may read.*
soort *genus, kind, make;* **—koop** *generic sale, sale of a genus;* **—omskrywing** *generic term;* — soek — *like attracts like, birds of a feather flock together.*
sorg (s) *attention, care, custody, charge; anxiety, worry, concern, solicitude, trouble;* behoorlike — *due care;* — bestee aan *bestow care on;* onder die — van die moeder *in the care/custody of the mother;* **—behoewende** kind *child in need of care;* **—loos** *careless, improvident, unheeding;* **—saam** *careful, diligent, provident;* **—saamheidsplig** *duty of care, duty to take care;* **—vuldig** *careful, diligent;* na **—vuldige** oorleg *advisedly.*
sorg (vir) (w) *attend to, care for, look after, mind, provide for.*
sosiaal *social;* **sosiale** verdrag *social contract.*
sout: 'n myn — *salt a mine.*
sover (my kennis strek) *to the best of my knowledge.*
soverre: in — dat *to that extent, in so far that.*
spaar *save;* **—bank** *savings bank;* **—rekening** *savings account.*
spandabel *extravagant, overspending;* **—heid** *profligacy.*
spartel *struggle.*
speelhuis *gambling/gaming house.*
speelkind *natural/illegitimate child.*
speeltafel *gambling/gaming table.*
spekuleer *speculate;* **spekulant** *speculator;* **spekulasie** *speculation;* **spekulatief** *speculative.*
spel: op die — staan *be at stake;* vrye — *carte blanche.*
sperdatum *deadline.*
spesiaal *special;* **spesiale** aantekening *special entry* (criminal procedure); — agent *special agent;* — besluit *special resolution* (Companies Act); — lisensie *special licence* (for marriage without banns); — pleit *special plea;* — prokurasie *special power of attorney;* — strafhof *special criminal court;* — uitspraak *special verdict;* — verband *special mortgage;* — vrederegter *special justice of the peace.*
spesie *specie;* in —/munt betaal *pay in specie.*
spesiesverkoping *sale of a species* (as against *sale of a genus*).
spesifiseer *specify, particularize, itemize;* **spesifieke** nakoming *specific performance.*
speur *discover, detect;* **—der** *detective;* private — *private detective;* **—diens** *criminal investigation department;* **—hond** *police dog;* **—werk** *criminal investigation.*
spioen *spy;* **—eer** *spy upon.*
spiritualieë *alcoholic liquor, spirits, spirituous liquor.*
spits *summit;* op die — dryf *carry to excess.*
spitsvondigheid *casuistry, quibble, special pleading, subtle distinction.*
splitsing *splitting;* voorreg van skuld— *benefit of division of debt;* — van aanklagte *splitting of charges* (better rendered by **vermenigvuldiging van aanklagte** *duplication of charges).*
spoliasie *spoliation;* lasbrief van — *writ of spoliation;* — pleeg *despoil a person;*

—**bevel** *spoliation order;* **spoliator** *spoliator.*

spontaan *of one's own accord, spontaneously;* spontane agtervolging *hot pursuit.*

spoorwegorder *railway warrant.*

spot *ridicule;* aan haat, — of minagting blootstel *expose to hate, ridicule or contempt.*

spraaksaam *loquacious, talkative.*

sprake: ter — bring *canvass/mention a point;* ter — kom in 'n saak *enter into a matter.*

sprakeloos *speechless.*

sprankie *scintilla.*

spreek *speak;* dit — van *this testifies to;* by wyse van spreke *in a manner of speaking;* kwaad — van *malign;* dit — vanself *it stands to reason;* —**buis** *mouthpiece;* —**manier** *demeanour;* in —**woordstyl** *sententious.*

sprei *diffuse, spread, stagger;* gespreide kantoorure *staggered office hours.*

spruit *tributary.*

spykervas *fixed;* —**te** voorwerp *fixture.*

staaf *corroborate, support, confirm;* **stawend** *corroborative;* **stawende** bewyse *corroborative evidence;* **stawing** *corroboration, confirmation, establishment, substantiation, verification;* beëdigde verklaring ter — *verifying affidavit;* ter — van *in verification of.*

staafgoud *bullion.*

staak (in law of succession) *stirpis;* —**sgewyse** *per stirpes.*

staak (labour) *strike, down tools;* vervolging — *stop a prosecution;* —**wag** *picket;* **staking** *strike, cessation, stoppage.*

staan *stand;* koop soos dit — *buy as it stands, voetstoots;* die petisie — as dagvaarding *the petition stands as summons;* op regte — *stand on one's rights;* die saak — oor *the case stands down.*

staat (1) (the prosecution in criminal cases) *the State;* advokaat vir die — *prosecuting/State counsel;* in die belang van die — *in the interests of the state, for reasons of state;* saak vir die — *State case;* —**saanklaer** *prosecutor;* (2) *condition, state, rank, station;* nie in — nie *incapable;* die — van my finansies *my financial state/position;* in 'n — van beleg *in a state of siege;* in — stel *enable;* egtelike — *state of matrimony;* (3) (financial) *statement, return, record, register, schedule;* (4) *the state, the body politic;* —**huishoudkunde** *economics, economic science; political economy;* —**shuishouding** *the economy;* —**shuishoudkundig** *economic;* —**kunde** *politics, statecraft, statesmanship, policy;* —**kundig** *political;* —**sgrens** *national boundary;* —**loos** *stateless;* —**samptenaar** *civil/public servant;* —**sbedryf** *state enterprise/undertaking;* —**sbeleid** *national policy;* —**sbemoeiing** *state interference;* —**sbesit** *public property, state property;* —**sbestel/bestuur** *machinery of government;* —**sburger** *citizen;* —**sburgerskap** *nationality;* —**sdienaar** *civil servant, government employee;* —**sdiens** *civil service;* —**seffekte** *government stock;* —**sgedragslyn** *public policy;* —**sgeheim** *state secret;* —**sgeld** *public funds;* —**sgetuie** *State witness;* gevrywaarde — word *turn State witness;* —**sgreep** *coup d'etat;* —**sgrondbrief** *state grant (of land);* —**shandeling** *act of state.* In constitutional law an act by the executive against another state or its citizens; —**sinkomste** *public revenue;* —**skas** *treasury, fiscus;* —**skoerant** *Government Gazette;* —**skoste** *state expense;* —**skuld** *public/national debt;* —**sleer** *political science, politics;* —**snoodreg** *martial law;* —**sorgaan** *organ of state;* —**sprokureur** *state attorney, government attorney;* —**sreg** *constitutional law;* —**sregtelik** *constitutional(ly);* —**sveiligheid** *state/national security;* —**sweë** (van) *at the public instance.*

staatlik *emanating from the state;* —**e** bemoeiing in nie-staatlike samelewingsfere *state interference in the non-statal sphere.*

staatmaak (op) *count/depend/rely on;* —**maker** *mainstay.*

stabiel *stable.*

stads- *municipal, urban, city;* —**besit** *municipal property;* —**bestuur** *municipal government;* —**gebied** *urban area;* **stadstaat** *city state;* —**wyk** *city ward.*

stakingbreker *scab, strikebreaker.*

stalhouer *stablekeeper,* stabularius.

stam- *tribal;* —**boom** *genealogical tree, lineage;* —**geveg** *tribal fight, faction fight;* —**owerheid** *tribal authority;* —**verband** *tribal connection;* losmaak van die — *detribalize;* —**vete** *tribal feud.*

stampvol *filled to capacity.*

stand *condition, state, degree, rank, social standing, station;* tot — bring *achieve, bring about, effect, negotiate, transact;* 'n presedent/reputasie tot — bring *establish a precedent/reputation;* in — hou *conserve, keep up, maintain, observe* (tradition); tot — kom *be brought about, come about;* die regsmiddel het tot — gekom *the remedy has accrued.*

standaard *standard;* —**kontrak** *standard contract.*

standhoudend *perennial.*

standplaas *stand, lot, erf.*

standpunt *contention, standpoint;* 'n —

regverdig *vindicate a point of view;* — inneem *take a stand, assume a position.*

standvastig *unwavering.*

stap *step;* vindingryke — *inventive step* (patents); geregtelike —**pe** *legal steps;* —**pe** doen teen *proceed against, institute proceedings against;* —**pe** doen om *take steps to.*

stapel: van — stuur *launch.*

statebond *commonwealth, confederacy, confederation.*

stategemeenskap *family of nations.*

statery *comity of nations.*

status *status;* sosiale — *standing, station in life, status;* advokaat van verskeie jare — *advocate of several years' standing;* wetlike — *legal status.*

statutêr *statutory;* — vaslê *lay down by statute.*

statuut *statute;* **statute** *statute law, statutory law;* — van 'n maatskappy *articles of association;* — van 'n vereniging *constitution of a society.*

steek: in die — laat *leave in the lurch.*

steekhoudend *valid* (argument).

steel *steal, commit theft, pilfer, purloin, thieve;* gesteelde goed *stolen goods;* —**sug** *kleptomania;* —**sugtige** *kleptomaniac;* **stelery** *thieving.*

stel *put, place, set, state, impose* (conditions); die aanklag aan hom — *put the charge to him;* dit is nooit ge— nie *that was never put;* ek — dit aan u *I put it to you;* ek — dit so *I put it thus;* aan die kaak — *expose, denounce, gibbet, pillory, show up;* buite omloop — *cancel;* jou saak — *state one's case;* in staat — *enable;* teenoor mekaar — *confront;* ten toon — *exhibit;* ter syde — *set aside;* 'n mosie — *put a motion;* in vryheid — *release, free, liberate.*

stellig *assuredly, definitely, certainly, positively.*

stelling *argument, contention, submission, proposition, suggestion, thesis;* juridiese — *legal proposition;* my — is *my submission is;* — waarvandaan uitgegaan word *postulate.*

stelreël *principle, maxim.*

stelsel *system;* —**matig** *systematically.*

stem (s) *ballot, vote;* met algemene —**me** aanneem *adopt/pass/agree to unanimously;* beraadslagende — *deliberative vote;* beslissende — *casting vote;* 'n — uitbring *cast a vote;* —**beampte** *returning officer;* —**brief** *ballot paper;* —**briefnasiener** *scrutineer;* —**bus** *ballot box;* —**geregtig** *enfranchised, entitled to vote;* —**opnemer** *scrutineer;* —**reg** *franchise, suffrage, vote;* algemene —**reg** *universal suffrage;* —**reg** ontneem *disfranchise;* —**reg** verleen aan *enfranchise;* —**werwer** *canvasser.*

stem (w) *vote, cast/record one's vote;* laat — *put to the vote;* — met opsteek van hande *vote by show of hands.*

stempel *stamp;* —**kantoor** *stamping office;* —**masjien** *stamping machine.*

sterf *die, decease;* —**eis** *death claim,* —**geval** *casualty, death, bereavement;* —**kennis** *death notice;* —**regte** *death duties;* —**tesyfer** *rate of mortality.*

sterwe *die, decease;* eerste te — kom *predecesase;* op — *at the point of death;* —**nd** *dying;* —**nsverklaring** *dying declaration.*

sterk *strong;* — drank *intoxicating liquor.*

steun (s) *relief, 'assistance, help, support, aid;* sydelingse — *lateral support.*

steun (w) *support, back, bear out;* — op *rely on;* ek — op die bewoording van die wet *I take my stand on the wording of the Act;* —**muur** *retaining/supporting wall;* —**pilaar** *mainstay.*

steun *bolster.*

steur *disturb,* jou — aan *heed;* jou nie — aan iets nie *make light of something;* —**nis** *disturbance.*

stig *found, establish, form, institute, erect; charter;* —**ter** *founder;* —**tersaandeel** *founder's share;* —**terslid** *foundation member;* —**ting** *foundation, institution;* — vir liefdadigheidsdoeleindes *foundation ad pias causas, charitable trust;* —**tingsakte** *charter.*

stil *calm, quiet, silent;* —**le** vennoot *silent/sleeping partner;* —**staan** by 'n punt *dwell on a point, expatiate;* —**stand** *abeyance, standstill, stop;* tot — bring *arrest, bring to a stop;* —**swye** *silence;* bevel van permanente — *decree of perpetual silence;* die — bewaar *keep silent;* die — oplê *enjoin silence;* — is toestemming *silence gives consent;* —**swyend** *implied, silent, tacit, unspoken;* —**swyende** aanvaarding *acquiescence, implied acceptance;* — akkoord *unspoken agreement, gentlemen's agreement;* — bepaling *implied term;* — goedkeuring *tacit approval;* — ooreenkoms *tacit/implied agreement;* — voorwaarde/waarborg *implied condition/warranty.*

stileer *stylize.*

stiltestreek *zone of silence.*

stimuleer *stimulate.*

stip *prompt;* —**te** betaling *prompt payment.*

stipuleer *stipulate, demand;* **stipulasie** *stipulation, proviso, condition.*

stok *stick;* voor — kry *rebuke.*

stomp (geweld) *assault with a blunt instrument.*

stompsinnig *obtuse;* **—e** *idiot.*

stoor *disturb;* **—nis** *disturbance;* — veroorsaak *disturb the peace.*

stop *stop;* die verkeer — *stop the traffic;* 'n tjek — *stop/countermand a cheque;* **—setting** *stoppage;* **—sit** *stop.*

storie *story* (of witness, in derogatory sense).

stort *deposit* (money).

straatboef *hooligan.*

straatreg *street law, law for the layman.*

straatroof *mugging;* **straatrower** *mugger.*

straf (s) *penalty, punishment, sentence;* op **—fe** van die dood *on pain of death;* — oplê *sentence;* verbeuring as — *penal forfeiture;* die — by die misdaad aanpas *make the punishment fit the crime;* **—baar** *criminal, punishable, culpable, indictable;* — stel *make it an offence, criminalize;* — wees *carry a penalty* (action), *incur a penalty* (person); **—baarstelling** *criminalization;* **—bare** manslag *culpable homicide;* **—beding** *penalty clause/provision;* **—bedreiging** *sanction;* die bepaling bevat 'n — *the provision carries a penalty;* **—bepaling** *penalty clause, sanction;* **—bevoegdheid** *punitive jurisdiction;* **—blad** *record of previous convictions;* **—element** *penal element;* **—feloos** *with impunity;* **—feloosheid** *exemption from penalty, impunity;* **—geding** *criminal trial/proceedings;* **—heid** *rigour, severity, strictness;* **—hervorming** *penal reform;* **—hof** *criminal court;* **—instellende wet** *penal statute;* **—jurisdiksie** *punitive jurisdiction, criminal jurisdiction;* **—maat** *measure of punishment;* **—maatreël** *punitive measure;* **—middel** *means of punishment;* **—oplegging** *imposition of punishment;* **—proses(reg)** *law of criminal procedure;* **—reg** *criminal law;* kenner van die — *criminal lawyer;* **—register** *criminal record;* **—regspleging** *criminal justice;* **—regspraak** *administration of criminal justice;* **—regstelsel** *system of criminal law;* **—regtelik** *according to the criminal law;* — optree *prosecute criminally, institute criminal proceedings;* **—regtelike** aanspreeklikheid *criminal liability;* **—regtelike** bepalinge *criminal provisions, provisions of the criminal law;* **—regter** *criminal judge;* **—saak** *criminal case/trial;* **—sakeboek** *criminal record book;* **—sitting** *criminal sessions;* ter — verwys *commit for trial;* **—som** *penalty, fine;* **—stelsel** *penal system;* **—termyn** *term of imprisonment;* **—toediening** *infliction of punishment;* **—uitsluitingsgrond** *ground for exemption from criminal liability;* **—vergelding** *penal retribution;* **—verligting** *reduction of punishment;* **—verordening** *penal regulation;* **—versagting** *mitigation of punishment;* gronde vir — *extenuating circumstances;* pleidooi in — *plea in mitigation;* **—verswaring** *increase of sentence;* **—vervolging** *criminal prosecution;* **—vordering** (more Netherlands) *criminal procedure;* **—waardig** *culpable, deserving of punishment;* **—waardige** manslag *culpable homicide;* **—wet** *penal statute;* **—wetboek** *criminal/penal code.*

straf (w) *impose punishment;* — weens *punish for/on account of.*

strateeg *strategist.*

streek *area, region, zone;* noodlydende — *derelict area;* **—hof** *regional court;* **—indeling** *zoning;* rakende 'n — *regional, zonal;* **—landdros** *regional magistrate.*

strek (1) *extend, reach, stretch;* (2) *conduce to, redound to, tend to;* die feit — tot bewys van die saak *this fact tends to prove the case;* dit — tot sy voordeel *it redounds to his credit;* **—king** *effect, import, tenor, tendency, trend;* die — van die bepaling *the tenor of the clause;* — van die getuienis *effect of the evidence;* die — hê om *purport to, tend to;* die vraag het 'n inkriminerende — *the question tends to incriminate;* ware — en betekenis *true import and meaning;* woorde met dié — *words to that effect;* **—kingswydte** *area of application, incidence.*

strem *hamper, inhibit;* **—ming** van die regspleging *obstructing the course of justice.*

streng: *dour;* te — wees *err on the side of strictness.*

streng *rigorous, severe, stern, strict, dour, stringent;* — reëls *stringent rules;* te — wees *err on the side of strictness;* **—e** tug *rigid discipline;* **—e** uitleg *restrictive interpretation;* **—heid** *rigour, severity, strictness;* die uiterste — van die wet *the utmost rigour of the law.*

striem *castigate, lash, cut;* **—ende** aanval *scathing attack.*

strikvraag *poser, catch, puzzling question, conundrum.*

strooipop *puppet, stooge.*

strook (s) *strip of land.*

strook (w) *agree, tally;* dit — met die getuienis *it is consistent with the evidence.*

stroom *current, stream, torrent;* **—af** *downstream, with the current;* **—op** *upstream,*

against the current; nie-standhoudende — *intermittent stream;* standhoudende — *perennial stream.*
strooptog *incursion, raid.*
struikelblok *impediment.*
struikrower *brigand, bandit, highwayman, footpad.*
struweling *quarrel, row.*
strydig (met) *adverse, at variance with, militating against, conflicting, contrary to, in conflict with, in breach/contravention of, incompatible/inconsistent/out of keeping with;* — met die goeie sedes *contrary to good morals;* — met sy plig *in conflict with duty;* — met 'n wet *in contravention of a law;* **—e** aanspraak *adverse claim;* **—e** belang *adverse interest;* **—e** bepalinge ten spyt *contrary provisions notwithstanding;* **—e** besit by verjaring *adverse possession in regard to prescription;* **—e** gebruik *adverse user;* **—e** verklarings *conflicting statements;* **—heid** *conflict, contrariety, incompatibility;* — van regsbeginsels (internasionale privaatreg) *conflict of laws (private international law).*
strydvraag *controversial question, controversy, moot point, conundrum.*
strydwekkend *contentious, controversial, divisive.*
stryerig *argumentative, disputatious.*
studeer *study;* in die regte — *study law, read law.*
stuit *arrest, check, inhibit, interrupt;* verjaring — *interrupt prescription.*
stuk *document, instrument;* 'n — opstel *prepare a document;* verhandelbare **—ke** *negotiable instruments.*
stukrag *driving force.*
stuksgewyse *piecemeal.*
stukwerk *piecework;* **—er** *pieceworker, jobber.*
styfhoofdig *intransigent.*
styg *rise, escalate;* in waarde — *appreciate.*
subagent *subagent.*
subartikel *subsection.*
subfiliaal *sub-subsidiary company.*
subiet *forthwith, immediately.*
subjektief *subjective(ly).*
subkontrakteer *subcontract;* **subkontrak** *subcontract;* **subkontrakteur** *sub-contractor.*
subpoena (s) *subpoena;* **saambring-** *subpoena duces tecum.*
subpoena (w) *subpoena;* die getuie is gesubpoena *the witness has been subpoenaed.*
subreël *sub-rule.*
subrogasie *subrogation.* See **vervanging**.
subsidie *grant-in-aid, subsidy.*
subskripsie-aandele *subscription shares.*
substansie *substance;* **substansieel** *substantial;* substansiële skadevergoeding *substantial damages.*
substantief (a) *substantive;* substantiewe jurisdiksie *substantive jurisdiction* (in respect of the offence, as against territorial jurisdiction); substantiewe en prosessuele menseregte *substantive and procedural human rights.*
substantief (s) *noun.*
substitueer *substitute* (general and law of succession); **substitusie** *substitution;* direkte/regstreekse — *direct/vulgar substitution;* **substituut** *deputy, substitute.*
subsumeer *subsume, place into a class.*
subtiel *subtle, nice;* —e onderskeiding *nice distinction.*
subversie *subversion.*
suinig (a) *frugal, miserly, economical, sparing, thrifty.*
suinig (bw) *frugally, sparingly;* hierdie mag moet — uitgeoefen word *this power is to be exercised sparingly.*
suksessie *succession;* **—belasting** *succession duty;* **—klousule** *succession clause.*
summier *summary;* **—e** arres *summary arrest* (without warrant); **—e** jurisdiksie *summary jurisdiction* (without preparatory examination).
superbelasting *supertax.*
superieur *superior.*
superskripsie *superscription;* akte van — op 'n notariële testament *act of superscription on a notarial will.*
surrogaat *substitute;* — van prestasie *substituted performance;* **surrogasie** *surrogation.*
suserein *suzerain;* **—iteit** *suzerainty.*
suspendeer *suspend;* **suspensie** *suspension.*
suspisie *suspicion, distrust, mistrust;* — hê op *suspect.*
swaardmag *physical power of state authority.*
swaarte (van straf) *severity of sentence;* **—punt** *centre of gravity, main point of an argument, gravamen.*
swak *weak, infirm, feeble;* verstandelik — *mentally infirm;* **—sinnig** *mentally deficient, of unsound mind.*
swanger *pregnant.*
swart lys *black list.*
swarte (swartman, swartvrou) *black.*
sweer *swear, take an oath;* trou — aan *swear allegiance to;* vals — *commit perjury, swear falsely.*
swendel *swindle;* **—aar** *confidence trickster, impostor, swindler, sharper* (at cards);

—**maatskappy** *bogus company, fly-by-night establishment.*
swewend hou *keep in abeyance* (especially rights of inheritance).
swig (voor 'n versoeking) *yield to a temptation.*
swyg *remain silent;* wie — stem toe *silence gives consent;* die wet — daaroor *the Act is silent on the point;* —**geld** *hush money;* **swye** *silence;* die — oplê *silence.*
swygsaam *reticent, taciturn.*
sy, syde *part, side;* ter eenre en ter andre syde *of the one part and of the other part.*
sybalie *side-bar.*
sydelings *collateral;* —**e** feite *collateral facts;* —**e** geskilpunt *collateral issue;* —**e** sekuriteit *collateral security.*
syferwater *seepage.*
sylinie *collateral line;* verwantskap in die — *collateral consanguinity.*
syns *tribute;* —**baar** *tributary;* — hef *levy tribute upon.*
systroom *tributary stream.*
sytak *tributary* (of river); *collateral branch* (of family).

T

taak *duty, task.*
taal *language, expression, idiom, parlance;* in gewone — *in common parlance;* —**vaardig** *linguistically able, well-spoken, charming of speech;* —**vaardigheid** *linguistic ability, word-skill;* —**fout** (growwe) *solecism.*
tabel *table;* —**leer** *tabulate;* —**laries** *tabular.*
takseer *appraise, determine value of, evaluate, rate; tax* (costs); —**baar** *taxable;* —**geld** *taxing fee;* —**meester** *taxing master;* **taksasie** *valuation, appraisement, assessment; taxation* (costs); **taksateur** *valuer, appraiser.*
tantièmes *royalties.*
tapvergunning *licence to sell spirituous liquor; on-consumption licence;* perseel met — *licensed premises.*
tarief *scale of fees, tariff.*
tasbaar *tangible, concrete;* **tasbare** bates *tangible assets.*
teen *against, counter;* —**aanbod** *counter-offer;* —**appèl** *cross-appeal;* —**argument** *countering argument;* —**bevel** *contrary order;* —**bewys** *counter-proof, disproof, evidence in rebuttal, proof to the contrary, rebutting evidence, refutation;* behoudens —**bewys** *prima facie, unless the contrary is proved;* —**blad** *counterfoil, stub;* —**deel** *the contrary;* bewys van die —**deel** *proof to the contrary;* verklaring van die —**deel** *contrary statement;* —**eis** *counterclaim, claim in reconvention, cross-action;* —**eiser** *plaintiff in reconvention;* —**gaan** *counter, oppose;* —**gestelde** *contrary;* die meriete of die — *the merits or otherwise;* —**hanger** *counterpart;* —**hou** *stay, prevent, check, obstruct;* —**oor** *as against;* —**oorgestelde** *reverse;* tensy die —**bedoeling** blyk *unless the contrary intention appears;* —**party** *opponent, opposite party;* —**petisie** *cross-petition;* —**pleit** *plea in reconvention;* —**set** *countermove;* —**sin** *reluctance, aversion, antipathy, dislike;* —**slag** *reverse, misadventure;* —**spoed** *adversity, misadventure;* —**staan** *oppose, resist;* —**stand** *opposition, resistance;* —**stander** *adversary, opponent, rival;* —**stelling** *antithesis, contrast;* in — met *as distinct from, in contrast with, in contradistinction to;* in lynregte — met *diametrically opposed to;* —**stem** *negative vote;* —**verklaring** *counterstatement;* —**waarde** *consideration;* vervreemding sonder — *disposition without value;* —**werk** *oppose, counter, thwart, counteract;* —**wig** *counterweight;* —**woordig** *present.*
teenaanval *counter-attack.*
teenprestasie *consideration, counter-performance;* gebrek aan — *failure of consideration;* geldwaardige — *valuable consideration;* nominale — *peppercorn consideration;* opvolger sonder — *gratuitous successor in title;* — by koop *purchase consideration.*
teenreaksie *backlash.*
teenspioenasie *counter-espionage.*
teenspraak *contradiction, denial, disclaimer;* in — wees met *be at variance with, contradict,* sonder vrees van — *without fear of contradiction;* wat geen — duld nie *peremptory;* sonder — *unquestioning.*
teenspreek *challenge, contradict, controvert* (a statement), *counter, disclaim, discount, gainsay* (in pleadings), *traverse;* asof afsonderlik teengespreek *as if specifically traversed.*
teenstander *opponent, adversary, rival.*
teenstribbel *jib at.*
teenstrydig *clashing, conflicting* (opinions), *contradictory, incompatible, inconsistent, repugnant;* —**e** bevel/verklaring *contrary or-*

der/statement; **—e** eise/verwere *inconsistent claims/defences;* **—heid** in die bewoording *conflict in the wording.*
tegeldemaking *liquidation;* — van bates *liquidation of assets, realization.*
tegemoetkom *meet;* albei partye — *meet both parties;* **—ing** *indulgence;* sal die hof my tegemoetkom *will the court grant me an indulgence.*
teister *harass, afflict;* 'n getuie — *harass a witness.*
tekenmunt *token money.*
tekort (aan) *shortage of.*
tekort *deficiency, deficit, short delivery, shortage, shortfall;* bewering van algemene — *allegation of general deficiency;* **—koming** *defect, deficiency, imperfection;* tegniese — *formal defect.*
teksverklaring *gloss.*
telegrafies *telegraphic, by telegraph;* 'n hofbevel — deurstuur *transmit a court order telegraphically.*
temper *mitigate, modify, qualify, reduce, tone down;* skade — *mitigate damage.*
ten laste lê ('n misdaad) *charge with an offence;* **tenlastelegging** *charge, imputation.*
ten uitvoer lê *enforce (an order of court);* **tenuitvoerlegging** *enforcement, execution;* — opskort *stay execution of a judgment;* opskorting van — *stay of execution.*
tender (s) *tender;* die uitgee van werk op — *the issue of invitations to tender for work;* verkoop by — *sale by tender;* **—s** vra vir werk *put work up for tender.*
tender (w) *tender;* — vir 'n kontrak *tender for a contract.*
tenietdoen *annul.*
tenietgaan (s) *extinction;* die — van 'n vorderingsreg *extinction of a claim.*
tenietgaan (w) *become extinct, disappear.*
tensy *unless;* — anders bepaal *unless otherwise provided.*
ter bede *at will, with permission;* besitter — — *precarious possessor, possessor at will.*
ter rolle plaas *set down, place on the roll;* **terrolleplasing** *enrolment, set-down;* kennisgewing van — *notice of set-down.*
ter syde stel *set aside;* **tersydestelling** *setting aside, cassation, reversal.*
terapeut *therapist;* **terapie** *therapy.*
tereg *justly, properly, rightly, with good reason.*
teregstaan *be on trial, stand trial, be tried;* weens 'n halsmisdaad — *be on trial for one's life.*
teregstel *execute;* tereggestel word *be executed, pay the supreme penalty;* **—ling** *execution.*
teregwys *admonish, rebuke, reprimand, correct.*
termyn *term, period;* **—bestelling** *forward order;* **—beurs** *futures exchange;* **—dekking** *forward cover;* **—deposito** *term deposit;* **—finansiering** *term financing;* **—kontrak** *futures contract, forward contract;* **—mark** *futures market;* **—sake** *futures business;* **—skuldbrief** *term debenture;* **—struktuur** *maturity structure;* **—transaksie** *futures transaction, time bargain;* **—valuta** *forward exchange;* **—verkoop** *forward sale;* **—wissel** *term draft;* **—wisselkoers** *forward rate of exchange.*
terposbesorging *posting;* bewys van — *proof of posting.*
terrein *site, grounds, area; scope, terrain, province, sphere, domain;* op verbode — kom *trespass;* **—waarde** *site value.*
terreur *terror;* **terroris** *terrorist.*
territoriaal *territorial;* **—e** perke van jurisdiksie *territorial limits of jurisdiction;* **—e** waters *territorial waters.*
territorialiteitsbeginsel *territoriality principle* (in private international law).
terroris *terrorist;* **—tedaad** *act of terrorism.*
tersiêr *tertiary;* **—e** gebruik van water *tertiary use of water.*
tertia-wissel *third of exchange.*
terug *back;* **—besorg** *return* (of things); **—betaal** *refund, repay, reimburse;* **—betaalbaar** *repayable;* **—betaling** *refund, repayment, reimbursement;* **—dateer** *antedate;* teruggedateerde tjek *antedated cheque;* **—doen** *reciprocate, return;* **—eis** *reclaim;* **—gaan** *return;* boedel op die insolvent laat — *reinvest an insolvent with his estate;* **—gangsverbod** *estoppel.* See **estoppel** in E—A; **—gawe** *restitution, return, restoration;* gebrek wat die — van die koopsaak regverdig *redhibitory defect;* — van goed *restoration of property;* sekerheid vir — *security for restitution;* **—gee** *restore, return, surrender;* **—keer** *return;* na 'n vorige status — *revert to a previous status;* **—koop** *repurchase;* reg van — *right of repurchase.* See **option** in E—A; **—kry** *recover, receive back;* deur middel van 'n sterker regstitel besit — *evict;* **—lei** *reconduct* (of illegal immigrant back to border); **—neem** *retract, take back, repossess;* 'n bewering — *recant;* 'n geskenk — *recall a gift;* teruggenome goed *repossessed goods;* **—neming** *recall, retraction, repossession, resumption;* **—plaas** *reinstate;* **—roep** *recall;* 'n gesant/getuie — *recall an emissary/witness;* **—sending** *return* (of goods); **—staan** *withdraw;* **—val** (aan) *revert to;* terugvallingsreg *right*

of reversion; **—valler** (in misdaad) *recidivist;* **—verkryging** *revindication;* **—verwys** *remit;* 'n saak na die landros — *remit a case to the magistrate;* 'n **—verwysde** saak verhoor *try a case on remittal;* **—verwysing** *remittal;* **—vind** *recover;* verlore goedere — *recover lost property;* **—voer** *feed back;* **—voering** *feedback;* **—werkend** *retroactive, retrospective;* met **—werkende** krag *with retrospective effect;* wette met **—werkende** krag *retrospective laws.*

terugdeins (vir) *baulk at, recoil from, shrink from.*

terughoubelasting *withholding tax.*

terugkap *retort.*

terugkrabbel *back down from a position.*

terugsedeer *retrocede.*

terugtree *withdraw, retire;* uit 'n kontrak — *withdraw/resile from a contract;* **terugtrede** *withdrawal, retraction;* **—dingsbeding** *cancellation clause.*

terugtrek *cancel, retract, revoke, withdraw;* aanbod/aanklag/belofte/klagte/saak/verklaring/volmag — *withdraw an offer/charge/promise/complaint/case/statement/mandate;* 'n belofte — *retract a promise;* getuienis — *recant evidence;* jou — *withdraw yourself from.*

terugwerkend *retrograde;* **—e** amnesie *retrograde amnesia.*

tesame *together, jointly, conjointly.*

tesourie *treasury.*

testaat *testate;* — sterf *die testate* (with a valid will); **—heid** *testacy.*

testament *testament, will;* 'n — amptelik laat erken *prove a will* (Eng. law); beslote — *closed will, sealed will;* bevoorregte — *privileged will;* by — erf *take under a will;* gesamentlike — *joint will;* holografiese — *holograph will* (written by the testator himself); militêre — *military will;* mondelinge — *nuncupative will;* mutuele — *mutual will;* ope — *open will;* regterlike verifikasie van 'n — *probate* (Eng. law); oorlye sonder 'n geldige — *intestacy;* wedersydse — *mutual will.*

testamentêr *testamentary;* **—e** beskikking *testamentary disposition.*

testateur *testator;* **testatrise** *testatrix.*

testeer *make a will;* **—bevoegdheid** *testamentary capacity;* **—vryheid** *freedom of testation.*

tevrede *content, satisfied;* — stel *satisfy, oblige;* die hof is — dat *the court is satisfied that* (aanvaarde anglisisme).

teweegbring *cause, induce, engender, bring about.*

tiende (belasting) *tithe;* **—s** betaal *pay tithes.*

tiran *tyrant;* **tirannie** *tyranny;* **tiranniek** *tyrannical.*

titel *title;* beswarende — *onerous title;* kort — van 'n wet *short title of an Act;* — uit krag waarvan beslag gelê word *title under which attachment is made;* onaanvegbare — *sound/indisputable title;* opvolger in — *successor in title* (as against *predecessor in title,* auctor); opvolging in besondere of algemene — *successor in single or universal title;* winsgewende — *lucrative title;* **—bewys** *deed of transfer, title deed;* **—gebrek** *infirmity of title;* **—voorwaardes** *conditions of title.*

titulêr *titular.*

tjek *cheque;* — met bankwaarborg, gemerkte — *certified cheque;* gekruiste — *crossed cheque.*

toe-eien *appropriate;* geld — *appropriate/convert money for own use;* **—ing** *appropriation;* diefstal deur — *theft by appropriation.*

toedeel *apportion, assign.*

toedien *administer, give, inflict, mete out;* geneesmiddels/verdowingsmiddels — *administer medicine/drugs;* straf — *inflict punishment.*

toedig: iemand iets — *impute, ascribe to;* **toegedigte** opset/verlating *constructive intention/desertion.*

toedoen *fault, instrumentality;* deur die — van die beskuldigde *by the contrivance of the accused.*

toedrag: die — van sake *particulars of the matter, state of affairs.*

toegang *access, entry, entrance, admission;* — verleen *admit, give access;* — tot 'n eggenote/kinders *access to a spouse/children;* getuienis van geen — *evidence of non-access;* redelike — *reasonable access;* reg van — tot 'n perseel *right of entry/access to premises;* — tot dokumente *access to documents;* — verbode *no entry;* — verleen *admit;* **—sbewys/biljet/kaartjie** *ticket of admission;* **—sgeld** *admission fee;* **toeganklik** *accessible, approachable, get-at-able;* vir almal *open to all;* — vir nuwe gedagtes *open-minded;* **—sweg** *access road.*

toegee *acknowledge, concede, allow, admit;* feite — *admit facts;* daar word toegegee dat *it is common cause that.*

toegee *allow, concede;* **toegewing** *allowance, concession, indulgence.*

toehoorder *listener, hearer;* **—s** *audience.*

toeken *allocate, allot, appropriate, assign, award, confer, give, grant;* aandele — *allot shares;* koste — aan *award costs to;* **—neling** *allottee;* **—ner** *grantor;* **—ning** van graad *conferment of a degree;* **—ning** van grond *grant of land;* **—ningsakte** *deed of grant;* **—ningsbrief** *letter of allotment.*

toekom (aan) *be someone's due, enure to the benefit of.*

toelaag, toelae *allowance;* een-derde — *one-third allowance;* hoofdelike — *capitation grant.*

toelaat *allow, permit, admit, countenance, suffer;* advokaat — *admit as an advocate, call to the bar;* duld, — of vergun *suffer, allow or permit;* getuienis — *admit evidence;* koste nie — nie *disallow costs;* oogluikend — *connive at;* **—baar** *admissible, permissible;* **—baarheid** *admissibility, permissibility.*

toelating *admission;* oogluikende — *connivance.*

toeloop *concourse, throng, crowd;* — van skuldeisers *concourse of creditors* concursus creditorum.

toemeet: (straf) — *mete out punishment;* **toemeting** (straf) *imposition (of sentence).*

toenadering *rapprochement, approach, advance.*

toeneem *increase, escalate;* in waarde — *appreciate;* **toename** *increase, rise, growth, surge;* — in kapitaalwaarde *capital appreciation.*

toepas *apply, implement, put into practice, enforce* (a law); die reg op die feite — *apply the law to the facts;* **—lik** *applicable, pertinent;* hierdie beslissing is — *this case applies;* **—likheid** *applicability, pertinence, relevance;* **—sing** *application, enforcement;* van — *operative;* hierdie stelsel is daar van — *this system applies there.*

toereikend *adequate, sufficient;* **—e** gronde *sufficient cause;* **—heid** van bewys *sufficiency of evidence.*

toereken *impute;* toegerekende/toegedigte kennis *imputed knowledge;* **—baar** *accountable, culpable; imputable* (the offence), *criminally responsible* (the offender); **—baarheid** *accountability* (the offender), *imputability* (the offence); verminderde — *diminished responsibility;* **—ing** *imputation.*

toerekeningsvatbaar *criminally reponsible;* **—heid** *accountability, criminal responsibility;* verminderde — *diminished responsibility.*

toerusting *gear.*

toesê *promise, undertake;* **toesegging** *promise, undertaking;* — sonder eis van teenprestasie *gratuitous promise.*

toesig *care, charge, superintendence, supervision;* — en beheer oor kinders *custody of children;* belas met die — van *in charge of;* — hou oor *supervise;* onder — *under surveillance;* onder die — van die moeder *in the custody of the mother;* **—houdend** *supervisory;* **—houer** *supervisor.*

toeskryf (aan) *ascribe/attribute to;* iets aan iemand — *credit someone with; impute something to someone;* **toegeskryfde** wins *attributed profit;* **toeskryfbare** wins *attributable profit.*

toeslaan *knock down to* (at auction).

toeslag *surcharge, excess amount, excess fare.*

toespeling *allusion, innuendo, insinuation.*

toespits: jou — op *concentrate on.*

toespreek *adress;* die hof — *address the court, argue in court.*

toestaan *allow, consent to, assent to, concede, confer, grant;* 'n versoek — *grant a request, yield/accede to a request.*

toestand *condition, state of repair;* in bewoonbare — *habitable, in tenantable repair;* in slegte — *in a poor condition, in disrepair.*

toestem *give permission, assent/consent/agree to;* stilswyend — tot *acquiesce in, tacitly consent to;* — tot vonnis *consent to judgment;* **—ming** *agreement, assent, consent, leave, permission;* vonnis by — *judgment by consent;* stilswyende — *acquiescence, tacit consent;* **—mingsakte** *consent paper;* **—mingsleeftyd** *age of consent.*

toets *test, sample, try, verify;* om te — *on approval;* aan die waarheid — *test the veracity of;* **—ingsreg** *testing right.*

toetssaak *test case.* Case to establish the legal position.

toeval (s) *chance, accident;* **—lig** *chance, accidental, fortuitous.*

toeval (w) *accrue/revert to, devolve upon;* toegevalle inkomste/regte *accrued income/rights;* **—ling** *accrual;* — van 'n kapitale aard *accrual of a capital nature.*

toevallig: 'n **—e** voorwaarde *a casual condition* (where the fulfilment depends on an uncertain event and not on the parties).

toevertrou *entrust, commit;* — aan die sorg van *commit to the care of;* gesag aan iemand — *entrust authority to someone;* **—de** geld *trust money;* **—ing** *commitment.*

toevloeigebied *catchment area.*

toevlug *recourse, refuge, shelter;* as laaste — *in the last resort;* — neem tot *have recourse to;* **—soord** *sanctuary, place of refuge, asylum.*

toevoeg *assume, co-opt, add unto;* iemand iets — *address a remark to someone;* **toegevoegde** trustee *assumed trustee;* belasting op — waarde *value-added tax;* **—ing** *addition, addendum, assumption;* akte van — (of assumpsie) *deed of assumption;* — tot 'n

uitspraak *rider;* **—sel** *supplement, appendix, addendum, addition, additive.*
toevoegsel *admixture.*
toewyding (aan) *devotion to.*
toewys *allocate, allot, apportion, appropriate, assign, award;* aandele — *allot shares.*
togarbeider *casual labourer.*
toleransie *margin of error, tolerance.*
tolk *interpreter.*
tolverbond *customs union.*
tolvry *duty free.*
toonaangewend *prestigious;* **—e** saak *leading case.*
toorkuns *witchcraft, magic, sorcery.*
toppunt *top, summit, peak.*
tot en met *inclusive;* een — — — tien *one to ten inclusive.*
totaal, totale *total;* gefingeerde **—e** verlies *constructive total loss* (marine insurance); **—e** ongeskiktheid *total disablement;* **—e** oorlog *total war;* **—e** verbod *absolute prohibition;* werklike **—e** verlies *actual total loss.*
totalitêr *totalitarian.*
totstandbrengend *constitutive;* **totstandbrenging** *establishment; achievement.*
totstandkoming *coming into existence, realization;* — van 'n regsmiddel *accrual of a remedy.*
toutologie *tautology, redundance.*
towenary *witchcraft, sorcery, magic.*
traktaat *treaty.*
transaksie *transaction; business deal;* onvoordelige — *bad bargain;* 'n — deursit *negotiate a transaction;* die handelinge was een — *the connected set of dealings formed one transaction.*
transito *transit.*
transkribeer *transcribe;* **transkripsie** *transcription, transcript;* **transkriptor** *transcriber;* opnemer en — *recorder and transcriber.*
transport (1) *transport, transportation;* — te huur aanbied *ply for hire;* (2) *conveyance, transfer;* — gee *pass transfer;* kontant teen — *cash against transfer;* — neem *take transfer;* **—akte** *deed of transfer, title deed;* **—eer** *transfer* (only in regard to fixed property); **—gewer** *transferor;* **—koste** *transfer costs;* **—nemer** *transferee.*
trapsgewyse *by degrees, gradually.*
trauma *trauma.*
trawant *confederate, myrmidon, partisan, supporter.*
tree: in geding — met *join issue with;* in die huwelik — *marry, get married;* in onderhandeling — met *enter into negotiation with;* tussenbeide — *intervene.*
tref *hit;* wyse waarop iets — *incidence;* **—gebied** van 'n wet *scope/incidence of a law;* **—krag** *impact;* **—wydte** *ambit, purview, incidence, range, scope;* binne die — van die artikel *within the ambit/purview of the section;* — van belasting *incidence of taxation.*
trefwoord *keyword, catchword.*
trek *draw;* 'n saldo — *cast a balance;* 'n wissel — op *draw a bill on;* **—arbeid** *migrant labour;* **—ker** (van wissel) *drawer of bill;* **—kings** *drawings;* **—kingsrekening** *drawings account.*
trekpas (gee) *dismiss.*
tribunaal *tribunal;* huishoudelike —/geregsinstansie *domestic tribunal.*
tripliek (eiser se — op verweerder se dupliek) *surrejoinder.* See **pleadings** in E—A; tweede — *surrebutter.*
triumviraat *triumvirate.*
troefkaart *trump card.*
tronk *gaol, prison;* vir 'n tydperk — toe stuur *send to gaol for a period;* **—bewaarder** *warder;* **—braak** *gaolbreaking;* **—lys** *gaol delivery.*
trotseer *brave, defy.*
trou (s) (1) *allegiance, adherence;* eed van — aflê *swear allegiance, take the oath of allegiance;* natuurlike — *natural allegiance;* plaaslike — *local allegiance;* **—verhouding** *allegiance;* verkreë — *acquired allegiance;* — verskuldig wees aan *owe allegiance to;* (2) *faith, fidelity;* goeie — *good faith,* bona fides; te goeder — *in good faith;* hoogste mate van goeie — *utmost good faith,* uberrimae fides; kwade — *bad faith,* mala fides; te kwader — handel *act in bad faith;* **—belofte** *engagement;* breuk van — *breach of promise of marriage;* **—breuk** *breach of faith.*
trou (w) *marry, contract marriage; (tr) unite in matrimony.*
trust *trust;* besondere — *special trust;* gebiedende — *imperative trust;* in — hou *hold in trust;* onpersoonlike — *charitable trust;* onvolledig opgerigte — *executory trust;* tuisvallende — *resulting trust;* volledig opgerigte — *executive trust.* See **trust** in E—A; **—akte** *deed of trust;* **—amp** *trust office;* **—ee** *trustee;* **—eiendom, —goed** *trust property;* **—fondse, —geld** *trust funds;* **—maatskappy** *trust company;* **—oprigter** *settlor of a trust;* **—rekening** *trust account.*
truuk *gimmick.*
tug *discipline;* die — handhaaf *maintain discipline;* **—maatreël** *disciplinary measure;* **—ondermynend** *subversive of discipline;*

—**ordonnansie** *disciplinary ordinance;* —**reg** *disciplinary law;* —**teloos** *disorderly, unruly, dissolute.*

tugtig *correct, chastise, punish;* matige —**ing** *moderate correction.*

tuisblyer *absentee;* —**y** *absenteeism.*

tuisbring *bring into correct context;* 'n punt — *drive a point home, convince the hearer.*

tussen *between, among;* —**beide** kom *intervene, intercede, interfere;* —**ganger** *intermediary, agent, go-between*; —**koms** *intervention, mediation; good offices;* —**liggend** *intermediate;* —**persoon** *agent, intermediary, go-between;* skuldlose — *innocent agent;* —**plaas** *interpose;* tussenplasing van 'n getuie *interposition of a witness;* —**pleit** voer *interplead;* —**pleitgeding** *interpleader proceedings;* —**pose** *interval;* by —**poses** *intermittently;* met vaste —**poses** *at stated intervals;* —**regering** *interregnum;* —**tree** *intervene;* —**tyds** *interim;* —**tydse** interdik *interim interdict;* —**verkiesing** *by-election.*

tweedehands *second-hand;* handelaar in —**e** goed *second-hand dealer.*

tweedrag *discord, dissension, dissidence.*

tweegeveg *duel.*

tweeledig *bipartite.*

tweeslagtig *ambivalent, hybrid;* —**e** wetsontwerp *hybrid bill;* —**heid** *ambivalence, hybrid.*

tweevoud: in — *in duplicate.*

tweewywery *bigamy.*

twis *quarrel, discord, dissension;* —**appel** *apple of discord, bone of contention;* —**geskryf** *polemic;* —**punt** *controversy, dispute.*

twyfel (s) *doubt, dubiety, hesitation;* aan — onderhewig *open to doubt;* bo — *beyond doubt;* bo redelike — *beyond reasonable doubt;* in — *in doubt, in issue;* bewering in — trek *discount/query/doubt/impugn/impeach a statement;* — skep *raise a doubt;* voordeel van die — *benefit of the doubt.*

twyfel (w) *doubt, hesitate;* aan die egtheid van iets — *doubt the authenticity of;* —**agtig** *doubtful, open to doubt, questionable, uncertain.*

tyd *time, term;* — is deurslaggewend/wesenlik *time is of the essence;* ter geleëner — *in due course;* op die gesette — *duly;* op gesette tye *at stated intervals;* in die laaste — *of late, lately;* 'n — vir prestasie is bepaal *a time for performance has been fixed;* sedert onheuglike tye *since time immemorial, time out of mind;* op die vasgestelde — *at the appointed time;* tot — en wyl *until such time;* voor sy — *prematurely;* —**bepalingsklousule** *time clause;* —**beperking** *time limit;* —**deel** *timeshare;* —**elik** *temporary, transitory, ephemeral;* —**genoot** *contemporary;* —**genootlik** *contemporaneous;* —**perk** *period, age, era;* — van moontlike ontvangenis *period of possible conception;* —**polis** *time policy;* —**rowend** *time-consuming;* —**sberekening** *computation of time, timing;* —**sduur** *duration;* —**sgewrig** *juncture;* —**stip** *time, point of time;* —**sverlenging** *extension of time;* —**transaksie** *time bargain.*

U

uitbestee *put out/give out on contract.*

uitbetaal *disburse, pay out.*

uitbrei *enlarge;* —**dende** uitleg *extensive interpretation.*

uitbring *bring out;* 'n stem — *cast/record a vote;* 'n bevinding — *bring in a verdict/finding;* getal uitgebragte stemme *number of votes cast.*

uitbuit *exploit, take advantage of.*

uitdaag *challenge, throw down the gauntlet to, defy, dare.*

uitdeel *distribute, divide up.*

uitdien: 'n straf — *serve a sentence;* vakleerlingskap/leertydperk — *serve apprenticeship/articles.*

uitdink *think up, make up, concoct, fabricate, invent.*

uitdruk: 'n betekenis — *express/convey a meaning, signify;* —**king** *expression, phrase, locution, term, wording;* afgesaagde — *platitude, truism;* — gee aan *give expression to, express;* tot — kom *find expression;* —**swyse** *idiom, parlance;* —**lik** *definite, distinct, emphatic, explicit, express, positive, specific;* —**like** bevel *positive command;* —**like** beding *express condition;* op die —**like** voorwaarde *on the express condition.*

uitdun *decimate, cull, deplete.*

uiteen *asunder;* —**gaan** *disperse;* —**jaag** *disperse;* —**lopend** *different, disparate, dissimi-*

lar, divergent, multifarious; **—lopendheid** van geaardhede *incompatibility of temperament;* **—sit** *expound, explain, set forth, enunciate, state;* **—setting** van eis *particulars of claim, declaration;* 'n volledige — gee *set out in full;* **—val** *disintegrate, fall apart;* die vraag het in twee dele uiteengeval *the question resolved itself into two parts.*

uiter *utter, express.*

uiterlike *appearance;* op die — volledig en reëlmatig *complete and regular on the face of it;* volgens die — *prima facie.*

uitfaseer *phase out.*

uitgangspunt *postulate, point of departure, starting point.*

uitgebreid *comprehensive, extensive, broad, ample.*

uitgee (money) *spend, disburse;* (shares) *issue;* (forged documents) *utter;* jou — vir *hold oneself out as, impersonate;* iets — vir *pass something off as.*

uitgemaak *established, settled;* **—te** reg *trite law;* dit is 'n **—te** saak *that admits of no doubt;* dit is geen **—te** saak nie *it is a moot point, it is a matter of opinion.*

uitgesproke *candid, frank.*

uitgestelde *deferred;* — aandele *deferred shares;* — boete *deferred fine.*

uitgewekene *exile, expatriate, refugee.*

uitgewonnene *execution debtor.*

uitgifte (shares, capital, banknotes) *issue;* (forged documents) *uttering;* bank van — *bank of issue;* regte- — *rights issue;* **—koers** *rate of issue.*

uitgrawing *excavation.*

uitingsteorie *declaration theory.*

uitkeer *distribute;* **uitkeringspolis** *endowment policy.*

uitken *identify;* **—ning** *identification;* **—ningsparade** *identification parade.*

uitklaar *clear* (exported goods at customs; permission to ship to leave harbour); **uitklaringsbrief/bewys** *clearance certificate, bill of lading.*

uitkontrakteer *contract out* (usually in respect of legal provisions which would affect the contract if not expressly excluded).

uitkoop *buy out;* die tyd — *utilize time to the full;* jou — *purchase your discharge.*

uitlander *foreigner, peregrinus.*

uitlê *construe, expound, interpret;* verkeerd — *misconstrue, misinterpret.*

uitleen *lend/advance money.*

uitleg *construction, interpretation, reading;* doeldienende — *teleological interpretation* (directed towards achieving the apparent objective); beperkende — *restrictive interpretation;* ekstensiewe — *extensive interpretation;* onjuiste — *misconstruction, misinterpretation;* strenge — *strict interpretation;* toeskietlike — *benevolent/beneficial/liberal interpretation;* — van wette *interpretation of laws;* woordwysigende — *amending interpretation.*

uitlei *reconduct* (peregrinus to the frontier); **—ding** *reconduction.*

uitlewer *extradite;* **—baar** *extraditable;* **—ing** *extradition;* misdaad wat aan — blootstel *extraditable offence;* noxale — *noxal deditio* (of human or animal for causing mischief); **—ingsverdrag** *extradition treaty.*

uitlok (1) (inligting, antwoord) *elicit;* (2) *provoke, lure, solicit, tempt;* aanlok, — of lastig val *entice, solicit or importune;* **—kend** *provocative, aggressive;* **—king** *provocation;* — tot ontug *soliciting;* — as verskoning aanvoer *plead provocation.*

uitmaak *constitute, decide, settle, establish;* die feite maak 'n misdaad uit *these facts constitute a crime;* 'n geskil — *settle a dispute;* die waarheid — *establish the truth;* — vir 'n verraaier *denounce as a traitor.*

uitnemend *superb;* by **—heid** *par excellence.*

uitoefen *exercise, dispense;* bevoegdhede/regte — *exercise powers/rights;* **—ing** *exercise, performance;* 'n beampte in die — van sy plig belemmer *interfere with an officer in the discharge of his duties;* regterlike — van goeddunke *judicial exercise of discretion.*

uitoorlê *hoodwink, outwit, take advantage of.*

uitput *exhaust;* regsmiddele — *exhaust remedies;* **—tend** *exhaustive;* **—tingsoorlog** *war of attrition.*

uitreik *issue, hand out, distribute;* dagvaarding — *issue summons;* dat 'n bevel nisi uitgereik word *that a rule nisi do issue.*

uitroei *exterminate, eradicate.*

uitroep *call, cry, exclaim, shout, call out; declare, proclaim;* 'n republiek — *proclaim a republic;* 'n saak in die hof — *call a case in court.*

uitsetbelasting *output tax.*

uitsit *eject, evict, expel; deport;* **uitsetting** *ejectment, eviction, expulsion; deportation;* summiere — *summary ejectment;* **uitsettingsbevel** *ejectment order.*

uitskakel *shut out, rule out;* geleidelik — *phase out.*

uitskel *abuse, slate, swear at, vituperate, revile;* **—woord** *term of abuse.*

uitskryf: 'n verkiesing — *call an election;* 'n tjek — *make out a cheque.*

uitskuld *debt due by.*

uitslag *result, outcome;* koste volg die — *costs follow the event.*

uitsluit *ban, debar, disqualify, exclude, negative, preclude, rule out, oust;* koste uitgesluit *excluding costs, exclusive of costs;* jurisdiksie — *oust jurisdiction;* privilegie sluit kwaadwilligheid uit *privilege negatives malice;* **—end** *exclusive;* **—ing** *disqualification, exclusion;* met — van die eerste dag *excluding the first day;* **—ing** deur vermelding *exclusion by enumeration;* **—ingsgrond** *disqualification;* — vir aanspreeklikheid *ground for exclusion of liability;* **—sel** *decision, finality.*

uitsluitingsreël *exclusionary rule.*

uitsonder *single out, except;* **—ing** *exception;* met — van *excluding;* **—ingsbepalinge** *saving provisions;* **—lik** *exceptional.*

uitspanning *outspan.*

uitspraak *judgment, decision, finding, pronouncement, verdict;* algemene — *general verdict;* — benede *judgment a quo;* — doen/gee *adjudicate, decide; deliver/give/pass/pronounce judgment;* — gee vir *find for;* geoorloofde — *possible/competent verdict;* — indien *hand down a judgment;* onbesliste — *open verdict;* saamstemmende — *concurring judgment;* skeidsregterlike — *arbitrator's award;* — van skuldig *verdict of guilty;* — voorbehou *reserve judgment.*

uitspreek *pronounce* (judgment), *utter;* doodvonnis — *pronounce sentence of death.*

uitstappie: op 'n private — *on a frolic of his own.*

uitstel (s) *postponement, extension of time, delay, remand, respite, stay;* 'n dag — verleen *grant a day's grace;* — van tenuitvoerlegging *stay of execution.*

uitstel (w) *postpone, delay, defer, hold over, protract, remand;* sy saak is uitgestel *he is under remand, his case was postponed.*

uitstrekkingsklousule *extension clause* (in deeds).

uittart *provoke;* **—end** *provocative;* **—ing** *provocation;* **—ingskampanje** *defiance campaign.*

uittrek *extract;* antwoorde uit 'n getuie trek *extract answers from a witness.*

uittreksel *extract; abridgment, abstract, excerpt, digest, epitome.*

uitvaardig *issue, promulgate.*

uitvalgrond *remnant of land.*

uitvee (op dokumente) *efface, erase, obliterate.*

uitverkoping *dispersal sale.*

uitvind *invent, find out, discover;* **—er** *inventor, discoverer;* **—ing** *invention.*

uitvlug *evasion, loophole, subterfuge, tergiversation;* draaie en —te *shifts and evasions;* slinkse **—te** soek *prevaricate;* vol **—te** *evasive.*

uitvoer (s) *implementation, execution;* ten — lê/bring *execute, put into operation, implement;* (2) *export, exports;* **—artikel** *article of export;* **—baar** *practicable, feasible;* **—belasting** *export duty;* **—der** *exporter;* **—end** *executive;* **—ende** artikel *enacting section of a statute;* **—ende** gesag van 'n staat *executive power of a state;* **—ende** raad/komitee *executive council/committee;* **—goedere** *exports, export goods;* **—handel** *export trade;* **—mark** *export market;* **—premie** *export premium/bounty;* **—produk** *article of export;* **—reg** *export duty;* **—verbod** *prohibition of exportation;* **—vergunning** *export licence.*

uitvoer (w) (1) *carry out, complete, effect, implement, execute, fulfil;* beleid/bevel — *execute/carry out a policy/command/order;* aktes/bestelling/kontrak — *execute deeds/order/contract;* hofbevel/lasbrief/uitspraak — *execute a court order/warrant/judgment;* 'n wet — *administer a law;* **—ing** *execution, fulfilment, implementation, performance;* vir — gereed *executory;* — gee aan *give effect to, carry into effect, implement;* in die — van sy plig *in the execution/performance of his duty.* (2) *export.*

uitvoerbaar *feasible, practicable, workable;* **—heidstudie** *feasibility study.*

uitvoerig *comprehensive, circumstantial, detailed, full, minute, copious, elaborate, exhaustive.*

uitweg *escape, expedient, loophole;* geen ander — nie *no alternative.*

uitwei (oor) *dwell upon, expatiate on.*

uitwerk *work out;* **—ing** *consequence, effect;* sonder — *to no effect;* met die teenoorgestelde — *counter-productive.*

uitwin *evict, excuss; execute, levy execution, sell in execution;* 'n skuldenaar — *execute against a debtor;* **—baar** *executable;* die eiendom word — verklaar *the property is declared executable;* **—nende** skuldeiser *execution creditor;* **—ning** *execution; eviction, excussion;* lasbrief vir — *writ of execution;* vatbaar vir — *executable;* **—ningsrekening** *postwrit bill;* **—ningsverkoping** *sale in execution, judicial sale.*

uitwis *delete, eradicate, erase, deface, obliterate, wipe out, extinguish;* 'n aanspreeklikheid — *extinguish a liability.*

uitworpeling *pariah, social outcast.*
uitwys *decide;* 'n saak/geskil — *decide a case/dispute.* In die sin van *point out* is **uitwys** 'n anglisisme. Sien **aanwys**.
ultimatum *ultimatum;* 'n — stel *deliver an ultimatum.*
unaniem *unanimous.*
unie *union* (constitutional law); personele — *personal union* (where two or more sovereign states have the same head of state).
unikameraal *unicameral.*
universeel: enigste en universele erfgenaam *sole and universal heir.*
usansie *usage;* wissels is volgens — verhandelbaar *bills are negotiable according to usage.*
usurpeer *usurp, arrogate to oneself;* die funksie van die hof — *usurp the function of the court;* **usurpator** *usurper.*
utiliteitsmaatskappy *utility company.*
uurloon *time rate.*

V

VT (verwys na trekker) *RD* (refer to drawer).
vaag *vague, indistinct;* opsetlik — ten einde jou nie bloot te stel nie *noncommittal;* —, verwarrend en regtens ongegrond *vague, embarrassing and bad in law;* weens —heid onafdwingbaar, nietig weens —heid *void for vagueness.*
vaar: laat — *abandon, relinquish, forgo, drop, give up, renounce, discard, waive.*
vaardig *competent, expert, proficient.*
vaartbelyn *streamlined.*
vader *father;* as — van 'n kind aanwys *affiliate a child to someone;* **—lik** *paternal;* **—like** magte *paternal powers;* **—moordenaar** *parricide* (crime and person); **—skap** *paternity.*
vadsig *indolent, inert, sluggish, supine.*
vak *trade, craft, profession ;* **—beweging** *trade unionism;* **—bond/unie/vereniging** *trade union;* **—bondwese** *trade unionism;* **—gebied** *field of expertise;* **—geheim** *trade secret;* **—kennis** *expertise, professional knowledge, proficiency;* **—kundig** *expert, proficient, skilled;* **—leerling** *apprentice, trainee;* **—leerlingkontrak** *articles of apprenticeship;* **—leerlingskap** *apprenticeship;* — dien *serve apprenticeship;* **—opleiding** *vocational training;* **—taal** *technical terminology;* **—term** *technical term, term of art;* **—verbond** *confederation of labour/trades.*
vakansie *vacation;* **—sitting** *vacation session.*
vakant *vacant, free.*
vakature *vacancy.*
vakman *artificer, artisan, craftsman, skilled tradesman;* **—skap** *expertise.*
vals *counterfeit, false, mendacious, phoney, spurious;* iemand — aankla *accuse someone falsely;* **—e** munt *false coin;* **—e** munter *counterfeiter;* **—e** voorwendsels *false pretences;* **—heid** (in geskrifte) *forgery, falsity in writing.*
valstrik *trap.*
vandiehandsetting *disposal.*
vandisie *auction.*
vanselfsprekend *implicit, obvious, self-evident, unquestioned, undoubted.*
vanweë *by reason of, on account of, owing to, by virtue of.*
vas *firm, fixed, settled;* **—te** aanbod *firm offer;* **—te** bates *fixed/immovable property;* **—te** deposito *fixed deposit;* **—te** eiendom *immovable property, real estate, fixed property;* **—te** indiensneming *permanent employment;* **—te** kapitaal *fixed capital;* **—te** oortuiging *firm conviction;* **—te** en hopelose doodsverwagting *settled and hopeless expectation of death;* **—te** verblyfplek *permanent home.*
vasberade *purposeful, resolute.*
vasgeval *bogged down.*
vasgoed *fixed property, immovable property, landed property, real estate;* makelaar in — *estate agent.*
vaslê *block* (credit, funds, assets); 'n reël — *lay down a rule.*
vasmaak *attach, fix.*
vaspen *peg;* **—wet** *pegging Act.*
vasstaande *fixed, firm, firmly based, sure, certain; recognized, established;* — feit *established fact;* — sekerheid *moral certainty.*
vasstel *appoint, fix, settle, ascertain, assign, define, determine, establish;* grense — *define boundaries;* die vasgestelde tyd en plek *the appointed time and place;* verkoopsvoorwaardes — *settle conditions of sale;* vooraf vasgestelde skadevergoeding *liquidated damages;* die waarheid — *establish the truth.*
vastrek *bring to book.*
vatbaar (vir) *amenable to, capable of, open to, subject to, susceptible of/to;* — vir appèl *appealable;* nie vir beslaglegging — nie *not*

attachable, immune from seizure; — vir eksepsie *excipiable;* — vir 'n lasterlike betekenis *capable of a defamatory meaning;* — vir oortuiging *amenable to reason, open to conviction;* — vir rede *amenable to reason;* — vir redenasie/redenering *arguable;* — vir snelle en maklike bewys *capable of quick and ready proof;* vir so 'n uitleg — wees *admit to such a construction.*

veedief *stock thief;* **—stal** *stock theft.*

veel *much, abundant;* **—betekenend** *meaningful, significant, suggestive;* **—heid** *multiplicity;* **—rassig** *multiracial;* **—seggend** *meaningful, significant;* **—soortig** *multifarious;* **—sydig** *versatile;* **—talig** *multiligual, polyglot;* **—vlakkige** bemarking *multi-level marketing;* **—vuldig** *multiple, manifold;* **—vuldigheid** *prevalence;* **—wywer** *polygamist;* **—wywery** *polygamy;* **—wywig** *polygamous.*

veerkrag *resilience.*

vegparty *affray, melee, fight.*

veilig *safe, secure;* — teen *safe from;* **—e** bewaring *safe custody, safe deposit;* **—heid** *safety, security;* in — stel *make safe;* verpligting om die — van andere in ag te neem *duty of care;* **—heidsgordel** *safety belt;* **—heidsplek** *place of safety.*

veiling *auction;* verkoop by openbare — *sale by public auction.*

veld *grazing,* **—verhuring** *agistment, lease of grazing;* — verhuur *lease grazing, agist;* **—verhuurder** *agistor.*

velddiensbaarheid *rural/rustic servitude.*

vendusie *auction.*

vennoot *partner;* aktiewe — *active partner;* beperkte — *limited partner;* besturende — *managing partner;* kommanditêre — *commanditarian partner;* — in naam *nominal partner;* naamlose — *anonymous partner;* spesiale/partikuliere — *special partner;* stille/rustende — *dormant/sleeping partner;* **—skap** *partnership;* buitengewone — *extraordinary partnership;* gewone — *ordinary partnership;* wedersyds opsegbare —, — vir onbepaalde tyd *partnership at will.*

venter *hawker, pedlar.*

venyn *venom.*

veraangenaam: dinge wat die lewe — *amenities of life.*

verafsku *loathe.*

verag *despise, hold in contempt, scorn;* **—telik** *contemptible, despicable, vile;* **—ting** *contempt, disdain, odium, scorn;* haat, spot en — *hate, ridicule and contempt.*

verandering *change;* ingrypende **—e** *sweeping changes.*

veranderlikes *variables.*

verantwoord *account for, justify;* **—elik** *responsible; answerable;* **—elike** betrekking *responsible post;* **—elikheid** *responsibility, accountability;* strafregtelike — *criminal responsibility;* **—ing** *responsibility, accountability;* — doen van *account for, answer for;* **—ingsplig** *accountability, answerability, duty to account.*

verban *banish, expatriate;* **—ning** *banishment, exile.*

verband (1) *connection, context, continuity, reference, relationship;* afhangende van die — *depending upon the context;* geen — hê/hou met *bear no relation to;* in — bring met *relate to/with;* in — met *about, concerning, in relation to;* in noue — staande met *germane to;* oorsaaklike/kousale — *causal relationship;* — tussen oorsaak en gevolg *causality, relationship between cause and effect;* uit — ruk *quote out of context, distort.*

verband (2) *bond, mortgage bond, hypothec;* algemene — *general bond* (pledging all the property of the mortgagor); met — beswaar *hypothecate, mortgage;* goed onder — *bonded property;* geregtelike — *judicial mortgage* (granting a preferential claim to the yield of a sale of goods held by court order); gewone/konvensionele — *conventional mortgage;* notariële — *notarial bond;* spesiale — *special mortgage;* stilswyende — *tacit/legal mortgage* (existing by operation of law); **—akte** *mortgage bond, deed of hypothecation;* **—gewer** *mortgage debtor, mortgagor;* **—houer/nemer** *bondholder, mortgagee, mortgage creditor;* **—lening** *mortgage loan;* **—skuld** *mortgage/bonded debt;* **—skuldeiser** *mortgage creditor;* **—skuldenaar** *mortgage debtor.*

verberg *conceal, hide;* gevoelens — *dissemble, hide feelings;* **—ing** van geboorte *concealment of birth.*

verbete *relentless.*

verbeur *forfeit, lose, estreat* (bail); **—d** *forfeited, confiscated;* **—d** verklaar *declare confiscated, confiscate;* borggeld **—d** verklaar *estreat bail;* **—dverklaring** van borggeld *estreatment of bail;* — van voorwerp *forfeiture of article* (used in commission of an offence); **—ing** *forfeiture;* — as straf *penal forfeiture;* — van reg van appèl *peremption of right to appeal;* **—ingsbeding** *forfeiture clause.*

verbeusel *fritter away.*

verbied *ban, forbid, prohibit, proscribe;* — of

beperk *prohibit or restrict;* 'n boek — *ban a book;* **—end** *prohibitive.*

verbind *bind, commit, connect, engage, mortgage* (property); jou — met *associate with, commit oneself, undertake to;* kontraktueel — *bind by contract;* jou plegtig — *pledge oneself;* regtens — *obligate by law, pledge oneself to;* iemand onder sekerheidstelling — om die vrede te bewaar *bind a person over to keep the peace;* **—ing** *association, connection, communication, liaison.*

verbintenis *obligation, commitment, engagement;* 'n — aangaan *enter into a obligation, bind oneself;* bevry van 'n — *discharge/release from an obligation;* my — loop af *my obligation terminates;* die handeling skep 'n — *the transaction creates an obligation;* voldoen aan 'n — *meet/perform an obligation;* die — wat uit hierdie ooreenkoms voortspruit *the obligation arising from this agreement;* — uit kontrak *contractual obligation;* — uit onregmatige daad *delictual obligation;* **—delgende** ooreenkoms *agreement extinguishing an obligation;* **—reg** *law of obligations;* **—skeppende** ooreenkoms *obligatory pact;* — krag hê *have the force of creating an obligation.*

verbloem *disguise.*

verbluffend *bewildering.*

verblyf, verblyfplek *abode, residence, sojourn, stay, whereabouts;* verblyf hou *reside.*

verbod *ban, injunction, prohibition;* algehele — *absolute prohibition;* blote — *nude prohibition* (without sanction); 'n — instel *impose a prohibition;* 'n — ophef *unban;* — om te vergader *prohibition of assembly;* — op 'n boek *ban on a book;* — op handel *prohibition of trading;* — op vervreemding *prohibition of alienation;* volslae/volstrekte — *absolute/compulsory/mandatory/peremptory prohibition;* **—sbepaling** *prohibition, prohibitory clause.*

verbode *banned, forbidden, illicit, prohibited;* — immigrant *prohibited immigrant;* — grade van bloedverwantskap *prohibited degrees of consanguinity.*

verbond *alliance, pact, union, league, coalition, confederacy, confederation; covenant, treaty.*

verbonde (aan, met) *attaching to, associated with, incidental to; committed to;* onafskeidelik — aan *inherent to, indissolubly bound up with;* regte aan eiendom — *incidents attaching to ownership;* **—nheid** *commitment to, privity;* — van belange *privity of interests;* kontraktuele — *privity of contract.*

verborge *concealed, hidden, latent, recondite;* — dubbelsinnigheid *latent ambiguity;* — gebrek *latent defect.*

verbreek *sever, break, disrupt.*

verbrokkel *disintegrate;* die huwelik is onherstelbaar — *the marriage has irretrievably broken down.*

verbrou *bungle.*

verbruik *consume, use up;* **—er** *consumer;* **—ersreg** *consumer law;* **—erswese** *consumerism.*

verbysien *ignore.*

verbyster *baffle, confound;* **—d** *distraught;* **—ing** *bewilderment.*

verbystrewe: jou doel — *overreach yourself.*

verdaag *adjourn; prorogue* (Parliament); **verdaging** *adjournment, prorogation;* in hegtenis te bly tot die — van die hof *to be held in custody till the rising of the court.*

verdag *suspect, questionable, suspicious, dubious;* **—te** persoon *suspect.*

verdedig *defend;* 'n standpunt — *defend a standpoint;* **—baar** *defensible, justifiable, tenable, warrantable;* **—er** *counsel for the defence, defending counsel;* **—ing** *defence;* ter — van *in defence of;* advokaat vir die — *counsel for the defence;* saak vir die — *defence case;* vir die — verskyn *appear for the defence;* die — waarneem van *defend.*

verdeel *divide, partition, split; apportion, distribute;* onder mekaar — *share;* **—baar** *divisible;* **—bare** wins *distributable profit.*

verdelend *divisive.*

verdeling *division;* — van die gemeenskaplike boedel *division of the joint estate;* — van skadevergoeding *apportionment of damages;* — van winste *distribution of profits;* **—saksie** *partition suit;* **—stransport** *partition transfer;* **—sverdrag** *treaty of partition.*

verdere *further;* — besonderhede *further particulars;* — stappe doen *take further steps.*

verderf *destruction, ruin;* **—lik** *baneful, iniquitous, mischievous, pernicious.*

verdienste (1) *earnings;* (2) *merits;* die appèl is sonder — *the appeal is without merit;* **—lik** *meritorious.*

verdienvermoë *earning capacity.*

verdiep (in) *engrossed in.*

verdierlik *brutalize.*

verdig *fabricate, invent;* **—sel** *fabrication, invention.*

verdink *suspect;* **verdag** *suspect, questionable, suspicious, dubious;* **verdagte** persoon *suspect;* **verdenking** *suspicion,* onder — *under suspicion;* onder — bring *compromise, discredit;* onder — staan *be suspect/under suspicion;* onder — van 'n misdaad *under suspicion of an offence.*

verdiskonteer *discount* (a bill).
verdoem *condemn, damn, doom, reprobate;* **—end** *damning.*
verdoesel *conceal, gloss over, hide.*
verdonkermaan *embezzle, pilfer, purloin, spirit away.*
verdorwe *perverse, vicious;* **—ne** *pervert;* **—nheid** *perversion.*
verdowingsmiddels *drugs;* — toedien *administer drugs;* gewoontevormende — *habit-forming drugs.*
verdra *tolerate, endure, bear, stand, suffer.*
verdraagsaam *tolerant.*
verdraai *distort, falsify, misrepresent, pervert, warp;* feite — *distort facts.*
verdrag *covenant, pact, treaty;* met — *gradually, step by step.*
verdring *oust, crowd out, displace.*
verdryf *dislodge, dispel.*
verduidelik *explain, elucidate, illustrate;* **—ing** *explanation, clarification;* volledige en juiste**—ing** *full and accurate explanation.*
verduister (geld) *convert money to own use, defalcate, embezzle, misapply, misappropriate, peculate.*
verdun *adulterate, dilute, attenuate.*
verduur *suffer, tolerate, put up with; endure, bear;* onreg — *suffer injustice.*
veredeling *beneficiation.*
vereenselwig (met) *associate with, identify with;* jou met 'n betoog — *adopt an argument;* jou met 'n leerstuk — *subscribe to a doctrine.*
vereffen *settle, pay, square off, balance, adjust;* in volle **—ing** *in full and final settlement.*
vereis *require;* soos deur die reg — *as required by law;* **—te** *essential precondition, requirement, requisite;* basiese **—te** *underlying requisite;* aan die **—tes** voldoen *meet the requirements.*
verenig *amalgamate, consolidate, unite;* **—de** titel *consolidated title;* **—baar** met *compatible/consistent with;* **—ing** *amalgamation, consolidation; society, association, union;* juridiese — *law society;* — sonder winsoogmerk *association not for profit/gain;* vrywillige — *voluntary association.*
vererf *devolve to/upon, pass by inheritance;* 'n persoonlike aksie — nie *a personal action is not transmitted after death;* **—lik** *transmissible;* die aksie is nie — nie *the action does not pass to the heirs;* vry **—like** goed *allodial property, property held in absolute ownership;* **vererwing** *devolution, inheritance.*
vererg *annoy, irk.*
vererger *aggravate, exacerbate, make worse.*
verfoeilik *dastardly.*
verfris *refresh;* jou geheue — *refresh your memory.*
verg *demand, exact, require.*
vergader *assemble, meet, gather;* reg om te — *right of assembly;* **—ing** *assembly, meeting, gathering;* algemene jaar- *annual general meeting;* wetgewende — *legislative assembly.*
vergeef *excuse, condone, forgive, pardon;* **—lik** *excusable, forgivable, pardonable, venial.*
vergeld *retaliate, repay, requite;* **—ing** *retribution* (in punishment), *reprisal, retaliation, requital;* **—ingsreg** *law of reprisal.*
vergelyk (s) *settlement;* tot 'n — kom *reach a settlement, compromise.*
vergelyk (w) *compare;* **—baar** met *comparable to;* **—end** *comparative;* **—ende** reklame *comparative advertisement;* **—ing** *comparison;* skuld in — bring *set off debts.*
vergemaklik *facilitate.*
vergetelheid *oblivion.*
vergewe *forgive, pardon, excuse, condone.*
vergewis: jou — *ascertain, satisfy oneself, make sure.*
vergiffenis *condonement, forgiveness, pardon.*
vergiftig *poison.*
vergis: jou — *err;* dit blyk dat ek my — het *it appears that I was mistaken;* **—sing** *error, oversight;* by — *by mistake;* jou — erken *stand corrected.*
vergoed *compensate, make good damage/loss, recompense; redress* (a wrong); *reimburse (expenses); remunerate; repay; reward;* **—end** *compensatory;* **—ende** boete *compensatory fine;* **—ende** skenking *remuneratory donation;* **—ing** *compensation, recompense, reimbursement, redress, reparation; reward;* — aan 'n betrekking verbonde *remuneration, salary, emolument;* — vir gekrenkte gevoelens *damages for injured feelings;* goedere teen — vervoer *convey for reward;* — van skade *damages;* teen — werksaam *gainfully employed;* — van uitgawes *reimbursement.*
vergoelik *condone, excuse, extenuate, gloss over, palliate.*
vergryp (s) *(minor) offence, act of delinquency.*
vergryp (w): jou — aan *commit an offence against, infringe, transgress, violate.*
verguis *denigrate.*
vergun *permit, allow, grant;* **—ning** *indulgence, permission;* sal die hof my vergun om *will the court grant me an indulgence.*
verhaal (s) (1) *redress, remedy;* geregtelike — *legal redress;* sonder — *remediless, without recourse, sans recours;* **—baar** op *recoverable from;* **—sreg** *right of recourse;* (2) *narrative;* **—trant** *narrative style;* **verhalend** *narra-*

tive; oorkonde in **—e** vorm *record in narrative form;* (3) tot — kom *recover one's wits.*
verhaal (w) (1) *recover;* skadevergoeding — op *recover damages from;* (2) *narrate.*
verhaas *hasten, precipitate, expedite, accelerate.*
verhandel *dispose of* (property), *negotiate;* 'n wissel — *negotiate a bill;* **—baar** *negotiable;* nie — *not negotiable;* verhandelbare stuk *negotiable instrument;* **—ing** (1) *disposal, negotiation*; (2) *treatise, dissertation, paper.*
verheel *hide, conceal; dissemble.*
verhef: jou stem — *raise one's voice.*
verheimlik *conceal;* **—ing** *concealment;* bedrieglike — *fraudulent concealment/non-disclosure;* — van geboorte *concealment of birth.*
verhelp: 'n gebrek — *cure/remedy a defect.*
verhinder *impede, preclude, prevent, restrain;* **—end** *preventive;* **—ing** *hindrance, obstacle, preclusion, prevention;* sonder — *without let or hindrance.*
verhipotekeer *mortgage, hypothecate.*
verhoed *obviate, avert, ward off* (an evil).
verhoog *boost, enhance, increase, raise, upgrade;* **—de** jurisdiskie *increased jurisdiction;* **—de** waarde *enhanced value;* **verhoging** *increase, increment, enhancement.*
verhoor (s) *trial, hearing; examination;* op — stel *arraign, bring/put on trial;* nietige — *mistrial;* jou verhoor ondergaan *stand one's trial;* jou — ontduik *fail to stand one's trial, evade one's trial;* vir — verskyn *appear/come up for trial;* vir — verwys *refer to trial, commit for trial;* **—afwagtend** *awaiting trial;* **—hof** *trial court;* **—regter** *trial judge;* **—saak** *trial case/action.*
verhoor (w) *hear/try a case;* — word *be on trial;* weens moord — word *be tried for murder.*
verhouding (1) *proportion, ratio;* in — tot *in proportion to;* (2) *relation(ship);* buite — *disproportionately, out of proportion;* egtelike — *marriage relationship;* — tussen persone *personal relations.*
verhuur *let, lease, hire out;* **—der** *landlord;* elders wonende — *absentee landlord;* — se retensiereg *landlord's lien;* — se voorkeur vir agterstallige huurgeld *landlord's hypothec for rental in arrear.*
verifieer *verify, check, audit;* **verifikasie** *verification.*
verjaag *dislodge.*
verjaar *become superannuated, be prescribed;* die skuld het — *the debt is prescribed;* 'n —de tjek *a stale cheque;* **verjaring** *prescription, superannuation;* bevrydende/ekstinktiewe/negatiewe — *extinctive/negative prescription;* — loop teen die eiser *time runs against the plaintiff;* nie vir — vatbaar nie *imprescriptible;* — opskort *suspend prescription;* — stuit *interrupt prescription;* — van vorderingsregte *limitation of actions;* vatbaar vir — *prescriptible;* verkrygende/akwisitiewe/positiewe — *acquisitive/positive prescription;* **—stermyn** *period of prescription;* **—swet** *prescription Act, statute of limitations* (Eng. law).
verkeer (1) *intercourse;* internasionale — *international intercourse;* (2) *traffic;* **—sbaan** *traffic lane;* **—slig** *robot, traffic light;* **—sreëls** *rules of the road, traffic regulations;* **—sreg** *traffic law.*
verkeerd *erroneous, faulty, incorrect, wrong; perverse* (person); **—elik** *erroneously, wrongly;* — genoem *wrongly called;* **—heid** *faultiness, incorrectness; obliquity, perversity* (of character).
verken *reconnoitre, spy out, scout;* **—nend** *exploratory;* **—ning** *reconnaissance.*
verkies *elect, choose;* **—baar** *eligible;* — stel *make available for election;* **—ing** *election;* — uitskryf *call an election;* **—ingspetisie** *election petition.*
verkieslik *preferable.*
verkla: iemand — *accuse someone, lay a charge.*
verklaar *state, declare, claim; testify, certify; make clear, explain, elucidate;* 'n dividend — *declare a dividend;* iemand tot gewoontemisdadiger — *declare someone a habitual criminal;* iets nietig/ongeldig — *annul, cancel; declare null and void, set aside;* — met eerbied *humbly shows;* plegtig — *affirm;* verkose — *declare elected;* oorlog — *declare war;* buite die orde — *rule out of order;* hoe — jy dit? *how do you explain that/account for that?;* ek — hierby dat *I hereby declare/certify that;* **—de** *avowed, declared;* **—der** *declarant, deponent;* **verklarend** *declaratory;* **verklarende** bevel/wet *declaratory order/Act;* **verklaring** *statement, pronouncement, declaration, averment, deposition;* 'n — aflê/doen *make a statement, depose;* 'n — (af) neem *take a statement from;* antwoordende — *answering affidavit;* beëdigde — *affidavit, sworn statement;* bevestigende beëdigde — *verifying affidavit;* ondersteunende beedigde — *supporting affidavit;* — teen eie belang *declaration against interest;* — in die nakoming van ampspligte *declaration in the course of duty;* — van versuim om huweliksregte te herstel *affidavit of non-return;* volgens jou eie — *on your own showing;* vroeëre gelykluidende — *previous consistent*

statement; **verklaringsteorie** (kontraktereg) *declaration theory.*

verknies: jou oor iets — *fret at something.*

verknorsing: finansiële — *financial straits;* uit die — *off the hook.*

verkoop (w) *sell;* met die doel om te — *for purposes of sale;* in eksekusie — *sell in execution;* uit die hand — *sell privately/by private treaty;* —, handel in of van die hand sit *sell, deal in or dispose of;* — of te koop aanbied *sell or offer for sale;* onder die prys — *undercut;* —, verruil, gee of andersins verskaf *sell, barter, give or otherwise supply;* — volgens beskrywing *sale by description;* **—baar** *alienable, saleable;* **—sman** *salesman;* **—nota** *sales note, sold note;* **—rekening** *sales account;* **—ster** *saleswoman;* **—sprys** *selling price;* **—svoorwaardes** *conditions of sale;* **verkoper** *salesman, seller, vendor;* — se retensiereg *vendor's lien.*

verkoop/verkoping (s) *sale;* — van 'n massa, by die groot maat, by die hoop *sale by aversion, in mass;* — by inskrywing/tender *sale by tender;* — op monster *sale by sample;* — uit die hand *sale by private treaty, private sale;* — per publieke/openbare veiling *sale by public auction.*

verkort *abridge, curtail, abbreviate, shorten, condense;* **—e** weergawe *abridgment, condensed version;* **—ing** *shortening, abbreviation, abridgment, abridged edition;* — oor die helfte *purchase for more than double the value or sale for less than half the value,* laesio enormis (abolished as a cause of action).

verkrag *rape, ravish, violate;* **—ter** *rapist, violator;* **—ting** *rape;* — van regte *violation of rights.*

verkrygbaar *available.*

verkwalik: iemand iets — *fault someone for something.*

verlaag *abate, reduce, scale down;* 'n prys — *reduce/abate a price;* iemand in rang — *demote someone;* **verlaging** *reduction, abatement; demotion.*

verlaat *desert, abandon, leave, forsake;* 'n kind — *abandon a child;* 'n man/vrou — *desert a husband/wife;* **verlate** grond *derelict land;* **verlatende** party *deserting party, deserter.*

verleentheid *dilemma.*

verleidelik *seductive, tempting, enticing.*

verlewendig *enliven.*

verlig *abate, ameliorate, mitigate, palliate, reduce, relieve;* 'n vonnis — *reduce a sentence;* **—tende** omstandighede *mitigating circumstances;* **—ting** *abatement, relief, mitigation, reduction.*

vermaan *admonish, caution, warn;* 'n getuie — om die waarheid te praat *admonish/warn a witness to speak the truth;* **vermanend** *admonitory;* **vermaning** *admonition.*

vermeng *mix, admix, blend, amalgamate;* **—ing** *mixing, amalgamation;* (of liquids) *commixture, confusion.* See Latin **confusio**.

vermetelheid *audacity.*

verminder *abate, diminish, extenuate, reduce, remit, scale down;* 'n vonnis — *reduce/remit a sentence.* A court of appeal reduces, the prison authorities remit; — in waarde *depreciate;* **—de** toerekeningsvatbaarheid *diminished responsibility;* **—ing** *abatement, diminution, reduction, remission;* — van kapitaal *reduction of capital;* onderlinge — onder legatarisse *abatement among legatees;* — van regte *abatement of rights;* — van vonnis *reduction/remission of sentence.*

vermink *maim, cripple, disable, mutilate* (person, book), *garble* (statement).

vermoë (1) *ability, capacity, faculty, power, potency, potential;* alles in sy — *everything in his power;* na my — *according to my ability/capacity;* na my beste — *to the best of my ability, as far as in me lies;* geestelike **—ns** *mental capacity;* verstandelike **—ns** *intellectual capacity;* (2) *estate, property, means, money, patrimony, riches, substance;* man van — *wealthy man, man of means;* **—nde** man *man of means;* **—nsbelasting** *ability tax;* **—nsreg** *proprietary right;* **—staat** *statement of affairs, insolvency schedule;* **—nsverlies** *patrimonial/pecuniary loss.*

vermoed *presume, suppose, surmise, suspect, think;* — dood te wees *presumed dead;* laat — *be indicative of;* **—e** *presumption, supposition, surmise, suspicion.* There are **regsvermoedens** *(presumptions of law) and* **feitlike vermoedens** *(presumptions of fact).* Presumptions of fact are nothing but inferences from proved facts and need not be called presumptions, such as the **vermoede van deurlopendheid** *presumption of continuance,* **vermoede van opset** *presumption of intention,* **vermoede van juistheid/reëlmatigheid** *presumption of correctness/regularity (of official documents),* omnia praesumuntur rite esse acta. The **regsvermoede** *presumption of law* shifts the onus to the party against whom it operates; onweerlegbare — *irrebuttable/conclusive presumption,* praesumptio iuris ac de iure; weerlegbare — *rebuttable presumption,* praesumptio iuris; **vermoedelik** *presumable, presumptive, probable, supposed, suspected, thought, believed to be;* **—elike** erfgenaam *heir presumptive, the one who will be heir if no nearer relative is born;* — vader *putative father.*

vermoei *fatigue, harass, exhaust, tire, weary;* 'n getuie — *harass a witness.*

vermoënd *wealthy, affluent, rich, well-to-do;* 'n —**de** man *a man of substance.*

vermoënsbelasting *ability tax.*

vermoënsreg *proprietary right;* **vermoëstaat** *statement of affairs;* **vermoënsverlies** *patrimonial/financial loss.*

vermom *disguise.*

vermoor *murder; kill, slay.*

vernaam *important;* —**ste** *chief, main, cardinal, prime, paramount, principal, major;* — geskilpunt *major issue;* —**lik** *chiefly, mainly, principally.*

verneder *humiliate;* —**ing** *humiliation, ignominy, indignity.*

verneem *be informed, hear, learn, understand.*

vernemingsteorie *ascertainment/recognition theory* (with regard to the conclusion of contracts).

verniel *destroy, ravage, ruin, spoil, wreck.*

vernietig (1) *destroy, annihilate, extinguish, wreck, ruin;* (2) *annul, nullify, declare null and void;* —**baar** *defeasible, voidable;* vernietigbare belang *defeasible interest;* vernietigbare voorkeur *voidable preference;* —**ing** *cancellation, nullification, obliteration* (of writing).

vernuf *ingenuity, intelligence, wit;* —**spel** *game of skill.*

vernuwe *novate* (a debt); *recondition, renew, renovate;* **vernuwing** *novation, renewal;* stilswyende — van huur *tacit relocation of lease;* — van skuld *novation of debt.*

veronagsaam *disregard, shrug off, ignore.*

veronderstel *assume, believe, deem, postulate, presume, suppose;* —**de** *constructive, hypothetical, putative, presumed;* — totale verlies *constructive total loss;* —**ling** *assumption, hypothesis, postulate, supposition;* onweerlegbare — *legal fiction, irrebuttable presumption.*

verongelyk *aggrieve, wrong, do an injustice to;* die —**te** *aggrieved person, person wronged;* — voel *labour under a sense of wrong;* —**ing** *injustice.*

veronreg. See **verongelyk**.

verontrus *concerned, disturbed, alarmed, perturbed;* —**ting** *concern, alarm, perturbation.*

verontskuldig *exculpate, excuse, exonerate, justify;* jou — *apologize;* —**ende** verklaring *exculpatory statement.*

veroordeel *find guilty; condemn;* openlik — *denounce;* ter dood — *condemn to death;* tot tronkstraf — *sentence to imprisonment;* —**de** *convicted person;* sel vir ter dood —**des** *condemned cell;* **veroordelend** *condemnatory;* **veroordeling** *conviction;* geen vorige —**e** *no previous convictions, clean record;* lys van vorige —**e** *record of previous convictions.*

veroorloof *allow, license, permit.*

veroorsaak *cause, give rise to; induce;* **veroorsakend** *causative;* **veroorsaker** *cause, originator;* **veroorsaking** *causation.*

verorden *decree, enact, order, ordain;* hierdie bepaling is verorden *this provision was enacted;* —**ing** (1) *municipal bye-law;* (2) *decree, edict, enactment.*

verordening *bye-law, municipal regulation.*

verordineer *decree* (ecclesiastical).

verouder *grow old, superannuate;* —**d** *archaic, obsolete, outdated, outmoded;* —**de** tjek *stale cheque;* —**end** *obsolescent;* —**ing** *ageing, obsolescence, superannuation.*

verpand *pawn, give in pawn, pledge;* —**e** goed *pledged property;* —**ing** *impignoration, pledging, pawning* (of movables); *hypothecation, mortgaging* (of fixed property).

verplaas *displace, move, remove, shift, transfer;* 'n saak van een hof na 'n ander — *transfer a case from one court to another.*

verplig (a) *compelled, obliged;* —**te** vonnis *compulsory/mandatory sentence;* regtens — wees om *be under a legal duty to;* — wees om die veiligheid van andere in ag te neem *owe a duty of care to others*; hy is — om te lewer *he is bound to deliver;* moreel — *morally bound, under a moral obligation;* ek is — om dit te volg *it is binding on me.*

verplig (w) *compel, constrain, oblige, require to;* iemand regtens — *obligate a person by law;* iemand onder sekerheidstelling — om die vrede te bewaar *bind a person over to keep the peace;* —**bare** getuie *compellable witness;* —**tend** *binding, compulsory, mandatory, obligatory;* nie — *facultative;* —**ting** *commitment, duty, engagement, indebtedness, liability, obligation, requirement;* —**tinge** aangaan *incur liabilities/obligations;* —**tinge** hê teenoor iemand *be under an obligation to someone, owe a duty to someone;* —**tinge** ingevolge die kontrak nakom *meet obligations under the contract, perform contractual liabilities;* dit is 'n —**ting** *this requires to be done, this is an obligation;* —**tinge** meebring *entail obligations;* —**tinge** nakom *comply with, discharge/fulfil/honour/meet/observe obligations;* die —**ting** op jou neem om *undertake to, accept the obligation to;* iemand 'n —**ting** oplê *impose an obligation on someone;* onder —**ting** staan jeens iemand *be under an obligation to someone, be indebted to some-*

one; die **—ting** rus op hom *it is incumbent upon him;* onmiddellik opeisbare **—ting** *demand liability;* regte en **—tinge** *rights and obligations;* **—ting** tot skadevergoeding *duty to compensate/pay damages;* sonder **—ting** *without obligation;* wedersydse **—tinge** *mutual obligations;* wetlike **—ting** *statutory duty.*

verrassing *surprise;* **—saanval** *surprise attack.*

verregaande *flagrant, extreme, outrageous, scandalous.*

verreken *adjust, clear, set off;* tjeks — *clear cheques;* skulde *—set off debts;* **—ingskantoor/huis/bank** *clearing house/bank;* **—ingstaat** *clearance account;* **—ingsonderskrywing** *offset underwriting;* **—ingsrekening** *offset account;* **—ngstaat** *clearance account.*

verrig *transact, perform, do, execute;* **—ting** *proceeding, transaction;* die drie misdade vorm saam een — *the three offences together constitute one transaction;* geregtelike **—e** *legal proceedings.*

verruil *exchange, barter.*

verryk *enrich;* **—ing** *enrichment;* onregverdige/onregmatige — *unjust enrichment;* **—ingsaanspreeklikheid** *liability on the ground of unjust enrichment.*

versag *extenuate, mitigate;* straf—/verlig *mitigate punishment;* 'n vonnis —/verlig *reduce a sentence;* **—tende** omstandighede *extenuating/mitigating/alleviating circumstances.* In regard to murder the standard expression is *extenuating;* ter **—ting** van vonnis *in extenuation/mitigation of sentence;* **—tingsmiddel** *palliative.*

verseg (om te) *flatly refuse to.*

verseker (1) *asseverate, assure;* (2) *insure, underwrite;* die **—de** *the insured;* **—aar** *insurer, underwriter;* **—baar** *insurable;* **—bare** belang *insurable interest;* **—baarheid** *insurability;* **—ing** *assurance; insurance;* — teen alle risiko's *all risks policy;* **—ingsmaatskappy** *insurance company;* onderlinge — *mutual insurance company;* **—ingspolis** *insurance policy.*

versend *consign, despatch, expedite, forward;* op **—ing** *on consignment;* — per skip *shipment.*

verset (s) *opposition, resistance;* — aanteken *enter appearance* (civil procedure); in — kom *resist, oppose, revolt against;* koste van — *costs of opposition;* lydelike — *passive resistance;* — van 'n derde (tussenpleitgeding) *interpleader proceedings.*

verset (w) *resist, oppose;* jou teen arres — *resist arrest.*

versien *service, keep in order.*

versigtig *careful, guarded, meticulous, provident;* **—heid** *caution, deliberation;* **—heidsreël** *cautionary rule.*

versin *concoct, fabricate, fake, invent, make up;* **—sel** *fabrication;* onlangse — *recent fabrication.*

verskaf *provide, furnish, supply, afford;* bewys — *afford proof.*

verskans *entrench;* **—te** klousules *entrenched clauses;* **—ing** *entrenchment.*

verskil (s) *difference, discrepancy, disparity, diversity of opinion, variance;* daar is 'n noodlottige — tussen die besonderhede van die aanklag en die getuienis *there is a fatal discrepancy between the particulars of the charge and the evidence;* daaroor bestaan geen menings— nie *that is common ground;* 'n onderskeiding sonder 'n — *a distinction without a difference.*

verskil (w) *differ, dissent;* dit is waar ek — *this is where I join issue;* van mening — *disagree;* vriendskaplik met mekaar — *agree to differ;* **—lende** *several.*

verskoon *condone, excuse, overlook, pardon, forgive;* gedrag — *condone conduct;* 'n persoon — *excuse a person;* **—baar** *excusable, justifiable, pardonable, permissible, venial;* **—baarheid** *permissibility;* **verskoning** *apology, excuse;* — aanbied/vra *apologize;* **—sgrond** *excuse.*

verskraling *attenuation.*

verskrikking *horror, terror.*

verskroei: —de aarde *scorched earth.*

verskrywing *clerical error.*

verskuif *move, shift;* datum — *change a date, extend a date, postpone;* **verskuiwing** *displacement; postponement, deferment.*

verskuldig *due, indebted;* (an amount) *owing;* 'n bedrag — wees *be indebted in an amount;* — wees *owe;* dank aan iemand — wees *be beholden to someone;* — en opeisbaar *due and claimable;* sorg — wees *owe a duty of care;* met **—de** eerbied *with due deference.*

verskyn *appear, represent;* **—ing** *appearance;* — aanteken *enter appearance;* **—ingsbevoegdheid** *qualification to appear.*

verslaaf (aan) *addicted to;* **verslawing** *addiction;* **—de** *addict.*

verslag *report, account, return;* — doen *report, make a return, give an account.*

verslap (1) *become weaker;* (2) *relax;* 'n reël — *relax a rule.*

versmaai *despise, spurn, scorn.*

versnel *accelerate, precipitate.*

versnippering *fragmentation.*

versoek (s) *request, petition, solicitation.*

versoek (w) *ask, invite, request, pray;* dringend — *importune, solicit;* weshalwe u petisionaris eerbiedig — *wherefore your petitioner humbly prays;* **—end** *precatory;* **—ende** woorde *precatory words;* **—ing** *temptation;* voor 'n — swig *yield to a temptation;* **—skrif** *petition.*

versoekbrief *letter of request, commission rogatoire.* Request to a foreign government to compel a person resident there to give evidence before a commission.

versoen *conciliate, reconcile, pacify, placate;* jou met iets — *become reconciled to;* — raak *become reconciled to/with;* **—baar** *reconcilable;* — met *compatible with;* **—ing** *conciliation, reconciliation;* — in die nywerheid *industrial conciliation;* — in die huwelik *reconciliation/condonation in marriage;* **—ingsraad** *conciliation board.*

versper *bar, obstruct, block, barricade;* deurgang — *obstruct a thoroughfare.*

verspil *dissipate, squander, waste, fritter away.*

versprei *disseminate.*

verstand *intellect, intelligence, mind, reason, understanding;* gesonde — *common sense, mother-wit;* by gesonde — en geheue *being of sound mind and memory;* iemand iets aan die — bring *bring something home to someone;* by sy volle — *in his sound and sober senses, in possession of all his faculties;* van sy — af *out of his mind;* nie by sy volle — nie *insane, off his head;* **—safwyking** *mental deviation;* **—elik** *mentally, intellectually;* **—** aangetas *mentally affected;* — swak/vertraag *mentally infirm/retarded;* **—like** leeftyd *mental age;* **—ig** *sensible, wise, reasonable, intelligent.*

verstande: met dien — dat *provided that, on the understanding that.*

verstandhouding *accommodation, agreement, understanding;* eerbare — *gentlemen's agreement;* geheime — *collusion, secret understanding;* in geheime — staan met *connive with.*

verstandsverbystering *mental alienation/derangement, insanity.*

verstedeliking *urbanization.*

verstek *default;* — aansuiwer *purge a default;* in — met sy pleit *in default of plea;* opsetlik in — *in wilful default;* party in — *party in default, defaulting party;* 'n saak by — afhandel *dispose of a case by default;* 'n saak by — laat gaan *let a case go by default;* verweerder is in — *defendant is in default;* vonnis by — *judgment by default;* **—saak** *default case;* **—vonnis** *default judgment.*

versterf: erfreg by — *law of intestate succession.*

versterk *strengthen, enhance, step up; confirm, corroborate.*

versteur *disturb, derange;* die beslissing van die laer hof — *interfere with the decision of the lower court.*

verstok *impenitent, unrepentant.*

verstole *furtive(ly).*

verstoor *disturb, derange;* die beslissing van die laer hof — *interfere with the judgment of the lower court.*

verstoot *disown, repudiate, ostracize, cast off;* **verstoteling** *outcast, pariah.*

verstout *embolden;* ek — my om te sê *I make bold to say.*

verstrek *furnish, provide, supply;* inligting — *give information;* verdere besonderhede — *furnish further particulars.*

verstrooi *disperse, scatter.*

verstryk (tyd) *elapse, expire;* die tyd is verstreke *time has expired;* **—ing** *expiry, lapse;* — van 'n ooreenkoms *expiry of an agreement.*

versuim (s) *default, failure, omission, oversight, remissness,* mora; 'n — aansuiwer/goedmaak *purge a default;* handelinge en **—e** *acts and omissions;* 'n misdaad van — *crime of omission;* opsetlike/moedswillige — *wilful default;* — om 'n reg te laat geld/af te dwing *failure in asserting a right; laches* (Eng. law); — om te sorg *failure to provide;* **—verklaring** *affidavit of non-return* (in regard to restitution of conjugal rights).

versuim (w) *be negligent of, default, fail, neglect, omit, be remiss;* — om 'n plig na te kom *fail in one's duty, fail to perform a duty;* jou plig — *fail in your duty.*

verswaar *aggravate, increase* (a sentence); **verswarend** *aggravating;* **verswarende** omstandighede *aggravating circumstances;* aanranding in — omstandighede *aggravated assault.*

verswaar *aggravate, increase;* skadevergoeding — *aggravate damages;* 'n vonnis — *increase a sentence;* **verswarende** omstandighede *aggravating circumstances.*

verswak *debilitate;* **—king** *deterioration.*

verswak *derogate from.*

verswyg *conceal, keep back/secret, keep silent about, suppress;* **versweë** feite *suppressed facts;* — prinsipaal *undisclosed principal;* **—ing** *concealment, non-disclosure;* bedrieglike — (by kontrakte) *fraudulent concealment/non-disclosure;* nalatige — *negligent non-disclosure;* wesenlike — *material non-disclosure.*

vertak *branch out, ramify;* **—kinge** *ramifications.*

verteenwoordig *represent;* hierin — deur *herein represented by;* **—de** *principal;* **—end** *representative;* **—er** *representative, agent, factor;* — uit stilswyende lasgewing *implied agent;* **—ing** *agency, franchise, representation;* **—ingskontrak** *contract of agency;* **—ingsreg** *law of agency.*

vertolk *construe, convey, expound, interpret;* **—er** *exponent* (of doctrine); *interpreter;* **—ing** *construction, interpretation, reading;* strenge — *strict interpretation;* woorde wat nie by 'n bepaalde — inpas nie *intractable language.*

vertoog *remonstrance, protest; representation;* 'n — rig *make a representation.*

vertoon *exhibit, show;* **—sug** *ostentation;* **—wissel** *bill at sight.*

vertraag *delay;* **—de** regspraak is gelyk aan onreg *justice delayed is justice denied;* **vertragend** *dilatory;* **vertraging** *delay;* oormatige — *undue delay;* **vertragingsboete** *moratory penalty.*

vertraag *retard.*

vertroebel *confuse, obscure;* die geskilpunt — *confuse the issue.*

vertrou *trust, believe; presume;* **—d** met *versed in;* **—e** *confidence, faith, trust;* misbruik van **—e** *breach of trust;* mosie van **—e** *vote of confidence;* volkome **—e** *implicit faith;* **—ensamp** *office of trust;* **—ensman** *trustee;* **—ensposisie** *position of trust, fiduciary position;* misbruik van — *breach of trust;* **—ensteorie** *confidence theory* (law of contract); **—ensverhouding** *fiduciary relationship, relationship of trust.*

vertroulik *confidential, intimate, private;* **—heid** *confidence;* **—heidskending** *breach of confidence.*

verval (s) (1) *abrogation, expiry, lapse;* — deur onbruik *abrogation by disuse;* (2) *disrepair.*

verval (w) *be abrogated, expire, lapse;* die eis — na 'n jaar *the claim expires after a year;* die reël het deur onbruik — *the rule has been abrogated by disuse;* laat — *allow to go by default, forgo;* die wissel — *the bill matures, becomes due;* **—dag** *due date;* 'n wissel op die — betaal *pay a bill when due, at maturity;* **—datum** *due date;* **—le** *derelict, in a bad state of repair.*

verval *expire, lapse;* die eis — na 'n jaar *the claim expires/lapses/is not maintainable after a year;* die reël het deur onbruik — *the rule has been abrogated by disuse;* laat — *allow to go by default, forgo;* (bills of exchange) *mature, become due;* **—datum** *maturity, due date;* **—le** *dilapidated; decrepit.*

vervals *falsify, forge, fake; adulterate; vitiate;* **—ing** en uitgifte *forgery and uttering.*

vervang *replace, subrogate, substitute for, supersede;* A deur B as skuldeiser — *subrogate B as creditor for A;* **—ende** betekening *substituted service;* **—ende** prestasie (of vervulling) *substituted performance;* **—baar** *replaceable, commutable;* **—bare** sake *fungibles, commutable/replaceable goods;* **—ing** *replacement, substitution; supersession;* — van A deur B as skuldeiser *subrogation of A by B as creditor;* **—ingsmiddel** *substitute;* **—ingswaarde** *replacement value.*

vervelend *tedious, tiresome.*

vervloeking *curse, imprecation.*

vervoer (s) *carriage, transportation.*

vervoer (w) *carry, convey, transport, haul;* **—der** (of vervoerondernemer) *carrier;* — by geleentheid *private carrier;* openbare — *public carrier;* **—middel** *conveyance;* gereelde — *regular conveyance.*

vervolg *prosecute;* kwaadwillig — *prosecute maliciously, persecute;* weiering om te — *refusal to prosecute,* nolle prosequi; **—er** *prosecutor;* **—ing** *prosecution;* kwaadwillige — *malicious prosecution;* 'n — instel *institute a prosecution.*

vervrag *charter out.*

vervreem (eiendom) *alienate, dispose of;* (persone) *disaffect, estrange;* **—baar** *alienable, disposable; unentailed* (English law); **—ding** *alienation, disposal of;* verbod op — *restraint/prohibition of alienation.*

vervroeg *bring forward/anticipate* (a date); **—ingsbeding/klousule** *acceleration/advancement clause.*

vervul *comply with, consummate, discharge, execute, fulfil, implement, perform;* 'n belofte —/nakom/gestand doen *fulfil/implement a promise;* 'n huwelik deur byslaap — *consummate a marriage;* 'n kontrak —/uitvoer *execute/perform a contract;* verpligtinge — *fulfil/discharge obligations;* voorwaardes — *comply with conditions;* behoorlike **—ling** *due performance;* in **—ling** laat gaan *consummate;* spesifieke — *specific performance;* wesenlike — *substantial performance;* **—lingsbelang** *interest in the performance of a contract.* Right to be placed in the same position as the party would have been if the contract had been performed. See **interesse**.

verwaarloos (a) *derelict;* die huis is — *the house is in disrepair.*

verwaarloos (w) *neglect, waste;* sake — *let things slide.*
verwag *expect, anticipate, envisage, believe;* **—te** lewensduur *expectation of life;* **—ter** *fideicommissary;* **—ting** *anticipation, expectation;* — van skade *expectation of loss.*
verwant *relative, relation;* **—e** in neerdalende linie *lineal descendants;* **—e** in opgaande linie *lineal ascendants;* **—e** maatskappye *associated companies;* **—skap** *relationship.*
verwar *confuse, mix up, make a muddle of;* **—d** *incoherent;* **—ring** *confusion, embarrassment;* **—rend** *confusing;* vaag, — en regtens ongegrond *vague, embarrassing and bad in law.*
verweer *defence, answer;* 'n — opwerp *put up a defence;* — van totale ontkenning *defence of general issue, of total denial;* valse — *spurious defence;* **—der(es)** *defendant;* **—smiddel** *defence;* **—skrif** *plea* (civil procedure).
verwek *procreate* (offspring).
verwerf *acquire, achieve, obtain;* **verworwe** eienskappe *acquired characteristics.*
verwerk *process.*
verwerp *disallow* (a claim), *disavow, overrule* (objection or earlier decision), *reject, reprobate;* die redenering word — *the argument fails;* 'n verworpe beslissing *an overruled decision;* **—ing** *rejection, disallowance, disavowal;* **—lik** *objectionable, untenable, unacceptable;* **verworpeling** *reprobate, outcast.*
verwesenlik *effect, implement, realize.*
verwikkel *implicate, entangle, involve, make complicated;* **—ing** *complication, entanglement.*
verwissel *change, interchange, exchange, commute;* van eienaar — *change hands;* **—baar** *convertible, commutable, interchangeable.*
verwittig *inform, notify;* — van *notify of.*
verwoes *devastate, lay waste, destroy, ravage, ruin, wreck;* **—tend** *devastating, destructive;* **—ting** *destruction;* — aanrig *wreak havoc.*
verwoord *express/put in words, couch.*
verword *degenerate, change for the worse;* **—ing** *perversion, degeneration.*
verwring *distort;* die woorde — *do violence to the wording.*
verwyder *remove, alienate, dispose of, eliminate, estrange;* 'n hinder — *abate a nuisance;* **—de** oorsaak/skade/partye tot 'n wissel *remote cause/damage/parties to a bill;* **—dheid** *remoteness;* — van skade *remoteness of damage;* **—ing** *removal, disposal, estrangement;* — tussen egteliede *estrangement of spouses.*
verwys *commit, refer;* na 'n inrigting — *commit to an institution;* — na trekker *refer to drawer;* vir verdere ondervraging — *commit for further examination;* ter strafsitting — *commit for trial;* vir vonnis — *commit for sentence.*
verwysingsraamwerk *frame of reference.*
verwyt *blame, reproach;* **—baar** *blameworthy* (persons, actions), *reprehensible*; mindere **—baarheid** *diminished blameworthiness/ responsibility/culpability.*
verydel *defeat, frustrate, nullify, stultify;* die loop van die gereg — *defeat/obstruct the course of justice;* leerstuk van **—ing** *doctrine of frustration.*
vestig *establish, found, settle;* jurisdiksie — *found jurisdiction;* reputasie — *establish a reputation;* **gevestigde** regte *vested rights;* **vestiging** *establishment.*
vesting *bastion.*
vete *feud, vendetta, enmity.*
veto *veto;* reg van — *right/power of veto.*
vierendeel *quarter, draw and quarter.*
vierskaar *tribunal;* voor die — daag *summon before the judgment seat;* die — span *sit in judgment.*
viktimiseer *victimize;* **viktimisasie** *victimization.*
vind (1) *detect, find;* (2) *consider, deem, think;* iets goed — *approve of something;* **—ersloon** *finder's reward;* **—ingryk** *ingenious, inventive, resourceful;* **—ingryke** stap *inventive step.*
vindiseer *vindicate;* **vindikasie** *vindication.*
vingerafdruk *fingerprint.*
visenteer *search, inspect, frisk;* **visenteringsreg** *right of search.*
vitterig *captious, fault-finding.*
vlaag: — van misdaad *crime wave.*
vleeslik *carnal, sexual;* **—e** gemeenskap *carnal intercourse, coitus*; **—e** gemeenskap hê *carnally know, have sexual intercourse with.*
vloek *curse, blaspheme, swear;* **—taal** *profane language.*
vlottende (bate, kapitaal) *floating asset/capital.*
vlug *abscond, flee;* **—teling** voor die gereg *fugitive from justice;* **—tig** *perfunctory.*
vlyt *diligence.*
voedselweieraar *hunger-striker;* **voedselweiering** *hunger-strike.*
voeg *join* (in an action); jou — na *defer to;* **—ing** *joinder.*
voëlvry: — verklaar *outlaw;* — **verklaarde** *outlaw.*
voer *conduct;* briefwisseling — *conduct correspondence;* 'n saak — *conduct a case;* ver-

rigtinge — *conduct proceedings.*

voet: voor die — *indiscriminately;* — by stuk hou *maintain, stick to one's guns;* op vrye — *at large;* op staande — *summarily;* op gelyke — met *on a par with;* **—afdruk** *footprint, foot cast;* **—boeie** *shackles, fetters;* **—noot** *footnote.*

voetpad *footpath, bridle-path.*

voetstoots *voetstoots, without warranty, as it stands.*

vol *full;* in **—le** afbetaling *in full and final settlement;* **—le** broer *full brother;* **—le** hof *full court;* **—le** filiaal *wholly owned subsidiary.*

volbring *accomplish, complete, execute, fulfil, perform.*

voldaan *receipt.*

voldoen (aan) *accede to; acquit/discharge* (an obligation); *comply with* (conditions/requirements; *pay/settle/liquidate a debt; satisfy a judgment/claim;* **—de** *adequate, good, satisfactory, sufficient;* **—dheid** *adequacy, sufficiency;* **—ing** *satisfaction, payment;* ter — aan *in compliance with;* ter — van *in settlement of.*

voldonge (feit) *fait accompli.*

volg *follow;* 'n redenering — *follow a line of reasoning;* 'n uitspraak — *follow a decision.*

volgens *according to, in terms of;* — die artikel *under/in terms of the section.*

volhard (met) *persist in, be adamant, persevere;* — met 'n vraag *press a question;* **—ing** *tenacity, perseverance.*

volhou *maintain, asseverate, press, claim unremittingly.*

volinstandhoudingsbruikhuur *full maintenance leasing.*

volk- *national, public;* **—sgesondheid** *public health;* **—smoord** *genocide;* **—stemming** *plebiscite, referendum.*

volkereg *(public) international law, law of nations.*

volkery *comity of nations.*

volkome (w) *absolute, total, perfect, complete, consummate;* (bw) *absolutely, fully, completely, entirely, quite, wholly, perfectly.*

volksoorleweringe *folklore.*

volledig *complete, exhaustive, full, comprehensive;* **—e** besonderhede *full particulars;* **—e** redes *reasons in full;* **—e** en juiste verduideliking *full and accurate explanation.*

volmag *authority, mandate; full powers; power of attorney, procuration; warrant, warranty;* absolute — *plenary powers, full authority;* algemene/onherroeplike/spesiale — *general/irrevocable/special power of attorney;* handtekening kragtens — *procuration signature, signature by proxy;* binne die perke van sy — *within the scope of his authority;* — gee *authorize*; huwelik deur — (of met die handskoen) *marriage by proxy;* by — stem *vote by proxy.*

volskryf *fully subscribed.*

volslae *utter, complete, absolute, consummate.*

volstrek *absolute; peremptory;* **—te** meerderheid *absolute majority;* **—te** verbod *absolute prohibition.*

volstruispolitiek *ostrich policy.*

voltallig *complete, full, fully attended;* **—e** vergadering *plenary assembly/meeting.*

volteken *fully subscribed.*

voltooi *complete, finish;* **—de** en oënskynlik reëlmatige wissel *bill complete and regular on the face of it.*

voltrek *carry out, consummate, execute;* doodvonnis — *carry out/execute the death sentence;* huwelik — *solemnize a marriage.*

voluntatief *voluntative;* kognitiewe en voluntatiewe elemente van opset *cognitive and voluntative elements of intent.*

volvoer *accomplish, fulfil, perform, consummate;* 'n misdaad — *consummate an offence.*

volwassene *adult.*

vondeling *foundling;* 'n kind te — lê *abandon a child,* lay a child on somebody's doorstep.

vonnis (s) (1) *decided case, judgment;* 'n — op appèl ter syde stel *reverse a judgment on appeal;* — aanteken *enter judgment;* (2) *sentence;* 'n — omsit *commute a sentence;* — oplê *impose sentence;* — ter syde stel *set aside a sentence;* — uitdien *serve a sentence;* — verlig *reduce a sentence;* — verswaar *increase a sentence;* die — is so buitensporig dat dit 'n onreg uitmaak *the sentence is so excessive as to be unjust;* heilsame — *salutary sentence;* provisionele — (namptissement) *provisional sentence;* saamlopende —se *concurrent sentences;* summiere — *summary judgment;* tenuitvoerlegging van 'n — *enforcement of a sentence;* toestemming tot — *consent to judgment;* — by verstek *judgment by default;* **—bundel** *case book;* **—koste** *judgment charges;* **—lys** *record of previous convictions;* **—skuld** *judgment debt;* **—skuldenaar** *judgment debtor;* **—skuldeiser** *judgment creditor.*

vonnis (w) *sentence;* beskuldigde weens 'n misdaad — *sentence an accused for an offence.*

voog *guardian, tutor;* benoemde —, — datief *tutor dative;* bykomende — *ancillary guardian;* natuurlike — *natural guardian;* testamentêre — *tutor testamentary;* **—dy** *guardianship;* uitsluitende — *sole guardianship;* vrystel van — *emancipate;* **—dybrief** *letters* *of tutorship;* **—dykind, bevoogde** *ward.*

Voogdykomitee van die Verenigde Volke *Trusteeship Committee of the United Nations.*

vooraand *eve.*

voorafgaan *precede;* **—de** *antecedent, foregoing, precedent, preliminary;* **—de** punt *preliminary point;* **—de** of omringende omstandighede *antecedent or surrounding circumstances.*

voorbaat: by — *in anticipation.*

voorbedag *deliberate, premeditated, of set purpose;* met **—te** rade *deliberately, designedly, on purpose, with premeditation, with malice aforethought;* moord met **—te** rade gepleeg *premeditated murder;* met **—theid** *with premeditation, with criminal intent.*

voorbeeld *example, illustration, specimen;* goeie — *case in point;* straf tot — vir andere *exemplary punishment;* sprekende — *paragon, perfect example.*

voorbehou *reserve;* 'n regspunt — *reserve a point of law;* uitspraak — *reserve judgment.*

voorbehoud *caveat, proviso, qualification, reservation;* — aanteken *enter a caveat;* innerlike — *mental reservation,* reservatio mentalis; met — van regte *without prejudice;* onder — dat *with the proviso that;* **—e** stel *qualify;* sonder — *categorical, without reserve;* verklaring met — *qualified statement;* **—sbepaling** *escape clause, saving clause, reservatory clause, proviso.*

voorberei *prepare;* **—dend** *preparatory;* **—ding** *preparation;* **—dingsgelde** *qualifying fees;* **—dingshandelinge** *acts of preparation;* **—dsels** *preparations, dispositions.*

voorbrenging *arraignment.*

voorbring *arraign, bring to trial, put on trial.*

voordeel *advantage, benefit, gain, favour;* met — *beneficially;* tot sy — *in his favour;* — trek uit *gain advantage/profit from;* — trek uit eie onregmatige daad *gain advantage from his own wrong;* — van skuldeisers *advantage/benefit to creditors;* — van die twyfel *benefit of the doubt;* **voordelig** *advantageous.*

voordoen (as) *pretend, masquerade, simulate, pass off;* hierdie oplossing doen hom voor *this solution presents itself;* iets — as *pass something off as;* jou — as 'n ander *impersonate;* **—er** *impersonator;* **—ing** *passing off.*

voorgaan *take the lead;* reg om voor te gaan *right of way* (in traffic).

voorganger *precursor, predecessor;* — in titel *predecessor in title.*

voorgeboortelik *prenatal.*

voorgee *allege, claim, give out, pretend, profess, represent, simulate, purport;* 'n dokument wat — sy testament te wees *a document purporting to be his will;* **voorgegewe** *alleged, pretended.*

voorgenome *contemplated, intended, planned, proposed, prospective;* — huwelik *contemplated marriage;* — verbintenis *prospective obligation.*

voorgeskrewe *prescribed;* — kontrak *imposed contract;* op die wetlik — wyse *in the manner provided by law.*

voorgewend *feigned, ostensible, pretended, purported, simulated;* 'n **—e** verkoping *a purported sale.*

voorhande *in stock, in hand;* nie meer — *sold out, not in stock.*

voorhangsertifikaat *screening certificate.*

voorhou *hold out;* 'n lokmiddel — *hold out an inducement.*

voorhuweliks *antenuptial;* **—e** kontrak *antenuptial contract.*

vooringenomenheid *bias, prejudice, predilection.*

voorinlywingskontrak *pre-incorporation contract.*

voorkant *face, front;* — van dokument *face of document.*

voorkennis *foreknowledge, knowledge.*

voorkeur *favour, precedence, preference;* — gee aan *prefer, favour, give preference to;* gelyke — geniet *rank pari passu, rank equally;* — geniet *rank in priority;* onbehoorlike — *undue preference;* rangorde van — *order of preference;* vernietigbare — *voidable preference;* **—aandeel** *preference share, preferred share;* **—dividend** *preferential dividend;* **—eis** *first/preferential charge;* **—tarief** *preferential tariff.*

vóórkom (1) *appear, seem;* (2) *appear in court, be on trial;* die saak kom vandag voor *the case comes up for hearing to-day;* (3) *to be met with, occur;* dit kom voor asof *it would appear/seem that;* dit kom dikwels voor *it is of frequent occurrence, it is quite common;* wat algemeen — *prevalent.*

voorkóm *prevent, avert, obviate, preclude, ward off; anticipate.*

voorkómend (1) *obliging, affable;* (2) *occurring;* by **—e** geleentheid *when a suitable opportunity occurs;* (3) *preventive;* **—e** aanhouding/arres/hegtenis *preventive detention/arrest/custody;* **—e** geneeskunde *preventive medicine;* **—e** geregtelike optrede *preventive justice.*

voorkoming *preclusion, prevention, anticipation;* ter — van *for the prevention of;* **—smaatreëls** *preventive measures.*

voorkoms *appearance; incidence, occurrence, prevalence;* — van siekte *incidence/prevalence of a disease.*

voorkoopsreg *pre-emptive right, right of pre-emption, first refusal.* See **option** in E—A.

voorlê *submit, adduce, present, produce;* 'n akte van beskuldiging — *present an indictment;* getuienis — *adduce evidence;* kennisgewing om voor te lê *notice to produce;* stukke — *submit/produce documents;* **voorlegging** *submission.*

voorlig *instruct, direct, sum up* (judge addressing jury); die jurie verkeerd — *misdirect the jury;* versuim om oor 'n punt voor te lig *non-direction.*

voorlopig *preliminary, preparatory, provisional, tentative, temporary;* **—e** kurator/likwidateur *provisional trustee/liquidator;* **—e** ondersoek *preparatory examination;* **—e** sekwestrasiebevel *provisional order of sequestration;* **—e** vonnis *provisional sentence.*

voormelde *the said.*

voorneme *intention, purpose, resolution, resolve;* kennisgewing van — om te verdedig *notice of intention to defend;* verklaring van — *declaration of intent;* van — wees *intend;* **—nd** *prospective;* **—nde** koper *prospective buyer.*

voornoemd *aforesaid, aforementioned.*

vooronderstel *presuppose;* **—ling** *presupposition, premise.*

vooroordeel *bias, preconception, prejudice;* 'n — hê vir *be biased in favour of, be favourably inclined towards.*

vooroorly *predecease;* **vooroorlede** eggenoot *predeceased spouse.*

vooropstelling *premise.*

voorouer *ancestor, ascendant.*

voorraad *stock, supply;* in — *in stock, on hand;* ophoping van — *stockpiling;* **—opname** *inventory;* **voorradig** wees *be on hand, in stock.*

voorrang *priority, precedence, pre-eminence;* — geniet *have precedence.*

voorrede *preamble.*

voorrit: reg van — *right of way* (in traffic).

voorsê *prompt, coach, prime;* 'n getuie — *prime/coach a witness;* **—vraag** *leading question.*

voorsien (1) *anticipate, contemplate, foresee;* — deur die partye *within the contemplation of the parties*; **—baar** *foreseeable;* **—bare** skade *damage within the contemplation of the parties;* **—baarheid** *foreseeability;* **—ing** *provision;* — maak vir *make provision for;* (2) *furnish, supply, provide, issue with.*

voorsit *preside;* **—tende** beampte *presiding officer.*

voorsitter *chairman.*

voorskiet *advance;* geld — *advance/lend money;* geld geleen en voorgeskiet *money lent and advanced;* **voorskot** *advance, loan, imprest, accommodation;* op — *in advance.*

voorskrif *direction, directive, instruction, precept, regulation, stipulation;* onafdwingbare — *enactment without a sanction;* ooreenkomstig die **—te** van natuurlike geregtigheid *in accordance with the precepts of natural justice;* volgens — *in due form.*

voorskryf *direct, order, command, stipulate, prescribe, lay down, enjoin; regulate, enact;* by wet voorgeskryf *prescribed by statute, mandatory, compulsory;* 'n reël — *lay down a rule;* **voorskrywende** gedeelte van 'n wet *purview of an Act; portion beginning with 'Be it enacted'.*

voorsorg *precaution, provision, providence;* gebrek aan — *improvidence, lack of provision;* — neem *take precautions;* **—fonds** *provident fund;* **—smaatreël** *precautionary measure.*

voorspelbaar *predictable, foreseeable.*

voorspraak *intercession, mediation, advocacy;* (person) *intercessionary, mediator;* — wees vir *intercede for.*

voorsprong *lead;* **—e** en agterstande *leads and lags.*

voorstaan *plead for, advance, advocate.*

voorstander *proponent.*

voorstel (s) *motion, proposal, proposition;* 'n — aanneem (deur 'n vergadering) *carry a proposal;* 'n — doen/aan die hand doen *make a suggestion/proposal;* **—ling** *idea, representation, version;* valse — *false representation, misrepresentation.*

voorstel (w) *move, propose (a motion); propound, represent, suggest;* verkeerd — *misrepresent.*

voortbring *produce, beget, bring forth, generate, yield;* **voortbrengsel** *product, fruit.*

voortduur *continue, last, endure;* die saak duur voort *the case continues/is proceeding;* **voortdurend** *constant, continuous, persistent, perennial, unremitting;* **voortdurende** serwituut *continuous servitude.*

voortkom (uit) *originate from.*

voortreflik *excellent, superb.*

voortsit *continue, proceed, pursue;* 'n appèl — *prosecute an appeal.*

voortspruit (uit) *be derived from, result from;* sy regte spruit voort uit *his rights are derived from;* **—end** uit *derived from.*

voortvarend *impetuous, impulsive, rash.*

voortvloei (uit) *arise from;* daar vloei niks uit voort nie *nothing turns on it;* **—ende** skade *consequential/resulting damage;* **—sel** *result, consequence.*
voortvlugtig *absconding, fugitive;* **—e** *absconder;* **—e** getuie/skuldenaar *absconding witness/debtor;* **—heid** *abscondence.*
vooruit *in advance;* — beoordeel *pre-judge, forejudge;* **—bepaal** *fix beforehand;* **—beraming** *pre-estimate;* egte — van skade *genuine pre-estimate of damage;* **—betaalbaar** *payable in advance;* **—dekking** *forward cover;* **—sien** *foresee, anticipate, look ahead;* **—siende** *prescient;* **—sig** *prospect, outlook;* in die — stel *hold out the prospect of, envisage;* geen — op sukses in die appèl *no prospect of success in the appeal.*
vooruitgang *advance, improvement, progress.*
vooruitloop *anticipate;* 'n verweer — *anticipate a defence;* **vooruitlopende** repudiasie *anticipatory breach/repudiation.*
vooruitskatting *pre-estimate.*
vooruitskuif *extend;* vooruitgeskuifde keerdag *extended return day.*
voorval *incident, occurrence;* **—leboek** *occurrence book.*
voorvereiste *pre-requisite.*
voorverhoor-minuut *pre-trial minute.*
voorwaarde *condition, term, precondition;* gemengde — *mixed condition;* negatiewe — *negative condition* (that an event shall not take place); onaanneemlike — *prohibitive term;* ongeoorloofde — *illegitimate condition;* onmoontlike/onuitvoerbare/onvervulbare — *impossible condition;* ontbindende — *resolutive condition, condition subsequent;* opskortende — *suspensive condition, condition precedent;* positiewe — *affirmative/positive condition* (that an event shall take place); potestatiewe/willekeurige — *potestative condition;* saamlopende — *concurrent condition;* stilswyende/geïmpliseerde — *implied condition;* toevallige — *casual condition;* uitdruklike — *express condition;* uitvoerbare — *possible condition;* op — dat *on condition that, conditional upon, provided that;* **—lik** *conditional, contingent;* **—like** skuldeiser *contingent creditor;* bestaande, toekomstige of **—like** reg of verpligting *existing, future or contingent right or obligation;* **—s** van dorpsaanleg *conditions of establishment.*
voorwend *feign, pretend, simulate;* **—sel** *pretence, pretext, simulation;* onder die — van *under the pretext of;* onder valse —s *by false pretences.*
voorwerp *article, object.*
vorder (1) *advance, progress, make progress;* **—ing** *progress;* — rapporteer *report progress;* (2) *claim, demand, exact;* illikiede **—ing** — *illiquid claim;* konkurrente **—inge** *concurrent claims;* reserwe vir onverhaalbare **—inge** *bad debts reserve;* **—ingsreg** *legal claim; chose-in-action.*
vorentoe (dra) *carry over/forward.*
vorige *previous, prior;* — veroordeling *previous conviction.*
vormgebrek *formal defect, error of form.*
vormvoorskrifte *formal requirements.*
vors *sovereign;* **—tedom** *principality.*
vra *ask, beg, pray, request, solicit; charge (payment);* 'n prys — vir *charge a price for;* tenders — *call for tenders;* te veel — *overcharge;* die vergunning — dat *beg leave to;* verlof — om *crave leave for*; weshalwe u petisionaris eerbiedig — *wherefore your petitioner humbly prays.*
vraag *question, query;* feitlike — *question of fact;* omstrede — *vexed question, moot point;* — na *demand for;* — waarin reg en feite vermeng is *question of mixed law and fact;* — wat die antwoord in die mond lê *leading question;* **—punte** *interrogatory.*
vraelys *questionnaire.*
vrag *cargo;* — te betaal *carriage forward;* **—brief** *consignment note;* **—geld** *freight;* **—huurkontrak** *charter contract;* **—kontrak** *charter;* **—ryer** *carrier;* **—vry** *carriage free.*
vrede *peace;* die — bewaar *keep the peace;* —, orde en goeie regering *peace, order and good government;* ter wille van die — *for the sake of peace;* onder sekerheidstelling verbind om die — te bewaar *bind over to keep the peace;* **—breuk** *breach of the peace;* **—regter** *justice of the peace;* **—sberaad** *peace talks, peace conference;* **—sbeampte** *peace officer;* **—sonthalwe** *for the sake of peace.*
vreedsaam *peaceable, non-violent;* vreedsame en rustige besit *peaceable and quiet possession.*
vreemd *foreign, exotic;* **—e** staat *foreign state.*
vreemdeling *alien, foreigner, stranger,* peregrinus; ongewenste — *undesirable alien;* vyandelike — *alien enemy;* **—ehaat/vrees** *xenophobia;* **—skap** *alienage;* verklaring van — *declaration of alienage.*
vrees (s) *fear;* — aanjaag *intimidate;* 'n getuie — aanjaag *browbeat a witness;* gegronde — *just fear;* sieklike — *phobia;* **—aanjaging** *duress, intimidation;* afdwinging van 'n be-

kentenis deur — *forcing of a confession by duress, third degree* (Amer).

vrees (w) *be afraid of, dread, fear.*

vriend *friend;* geleerde — *learned friend;* **—edienste** *good offices;* **—skaplik** *amicable, friendly;* **—e** ooreenkoms *gentlemen's agreement;* **—e** tussenkoms *good offices.*

vroede huisvader *careful and prudent man.*

vroeër *earlier, former, past, previous;* aantekening van 'n **—e** herinnering *past recollection recorded;* **—e** gedrag *past conduct;* **—e** gelykluidende verklaring *previous consistent statement.*

vroeg *early;* te — *premature;* **—geboorte** *premature birth;* **—tydig** *timeously.*

vrou (1) *female, woman;* (2) *wife;* getroude — *married woman;* ongetroude — *unmarried woman, unattached woman, spinster, widow, divorcee, femme sole;* **—spersoon** *female;* **—estemreg** *woman suffrage;* **—lik** *female, feminine;* aan die **—like** kant *on the distaff side.*

vroueroof *womanstealing.* See **kidnapping**.

vrug *foetus, embryo.*

vrugafdrywing *abortion;* — bewerkstellig *procure abortion;* **—smiddel** *abortifacient;* **vrugafdrywer** *abortionist;* **vrug afdryf** *abort.*

vruggebruik *usufruct;* lewenslange — *life usufruct.*

vrugte *fruits;* burgerlike — *civil fruits* (like interest on money); natuurlike — *natural fruits, crops, produce;* **—loos** *futile, vain;* **—loosheid** *futility.*

vry *free, disengaged, off duty, unrestricted, vacant; gratis;* die hof van appèl se diskresie is — *the court of appeal is at large;* — aan boord (vab) *free on board (fob);* iemand die **—e** hand laat *allow someone a free hand;* — langs skip (vls) *free alongside ship (fas);* — op spoor (vos) *free on rail (for);* — van siekte *free of disease;* die **—e** woord *free speech;* **—e** mededinging *free competition;* **—e** oorskot *free residue;* **—e** stemming *free vote;* **—e** tyd *leisure, spare time;* **vry** vererflike goed *allodial property;* **—e** vertaling *free translation;* op **—e** voet verkeer *be at liberty, at large;* — van belasting *free of tax;* — van beswaringe *free of encumbrances;* — van diens *off duty;* — van regsdwang *free from legal ties;* **—blywend** *without obligation;* **—buiter** *freebooter, pirate, privateer;* **—gelatene** *released prisoner; freedman;* **—geleide** *safe-conduct;* **—gewes** *dominion;* **—gewigheid** *liberality, bounty, prodigality;* **—hede** *liberties;* burgerlike — *civil liberties;* jou — veroorloof *take liberties;* **—heid** *freedom, independence, liberty;* — van assosiasie *freedom of association;* — van beweging *freedom of movement;* — van nood *freedom from want;* — van spraak *freedom of speech;* in — stel *release, free, liberate;* — van vergadering *freedom of assembly;* — van vrees *freedom from fear;* **—koop** *ransom, redeem;* **—laat** *discharge* (prisoner), *free, liberate, release, set free;* **—latingsraad** *release board;* **—maak** *disengage;* **—spraak** *acquittal;* vroeëre — *autrefois acquit, previous acquittal;* **—spreek** *absolve, acquit, exculpate, set free, find for the accused, find not guilty, clear of a charge;* **—staan** *it is allowed;* dit staan jou vry *you are at liberty to.*

vryhandelsgebied *free-trade area.*

vryheidsbeperking *curtailment of freedom, restraint.*

vryheidsberowing *deprivation of liberty, detention, forcible restraint, duress.*

vryheidsontneming (wederregtelike) *false imprisonment.*

vrypag. Algemeen gebruiklike woord vir **freehold**, maar dit is foutief en moet vervang word deur *eiendomsreg.*

vryspreek *acquit, absolve, exculpate;* 'n beskuldigde — *acquit/clear an accused, find an accused not guilty;* **vryspraak** *acquittal;* vroeëre — *previous acquittal, autrefois acquit.*

vrystel *absolve, acquit, de-restrict, discharge, dispense with, exempt, liberate, set free;* vrygestel van *exempt from;* betaling deur een (skuldenaar) die ander vry te stel *the one paying the other to be absolved;* 'n borg — *discharge a surety;* grond van verband — *discharge a bond;* op proef — *release on probation;* op proef vrygestelde persoon *probationer.*

vrywaar *indemnify, protect, safeguard, free from prosecution;* vrywaringswet *indemnity Act.*

vrywillig *voluntary, gratuitously;* — en ongedwonge *free and voluntary;* **—e** vereniging *voluntary association;* **—er** *volunteer.*

vuil *dirty, obscene;* — taal *obscene language;* **—skrywery** *pornography.*

vyand *enemy, antagonist;* **—ig** *antagonistic, hostile, inimical, malevolent;* **—ige** getuie *hostile/adverse witness;* **—igheid** *hostility, malevolence, animosity,* animus; **—elik** *enemy, hostile* (in time of war); **—elike** opset *hostile intent.*

W

waag *hazard, risk;* dit — *take a risk;* jou lewe — *risk one's life;* —**kapitaal** *risk capital.*

waak (oor) *watch* (over); oor iemand se belange — *watch the interests of someone;* 'n wakende oog *a watchful eye;* —**saam** *vigilant;* —**saamheid** *vigilance;* —**saamheidskomitee** *vigilance committee;* —**saamheidsopdrag** *watching brief.*

waan *delusion;* —**delik** *putative offence;* —**denkbeeld** *delusion;* sielsieke — *insane delusion;* —**sin** *insanity, lunacy;* —**sinnige** *maniac.*

waar *true;* ware eienaar *true owner;* —**heid** *truth;* die — aandik *exaggerate;* afgesaagde — *truism;* in der — *in point of fact;* die — geweld aandoen *trifle with the truth;* die onopgesmukte — *the unvarnished truth;* — en openbare belang *truth and public benefit, justification;* iemand ronduit die — vertel *give someone a piece of one's mind;* om die — te sê *as a matter of fact;* —**heidsliefde** *veracity;* —**heidsliewend** *veracious, truth-loving.*

waarborg (n) *guarantee, guaranty, safeguard, security, warrant, warranty;* breuk van — *breach of warranty;* ontvanger van 'n — *guarantee* (person), *warrantee;* sonder — *as it stands, voetstoots;* stilswyende — *implied warranty;* — teen uitwinning *warranty against eviction;* uitdruklike — *express warranty;* — teen verborge gebreke *warranty against latent defects;* — van bevoegdheid *warranty of authority;* —**gewer** *guarantor;* —**som** (as sekuriteit vir goeie gedrag, Engelsregtelik) *caution money;* —**tyd** *period of warranty.*

waardasie *appraisal, appraisement, valuation;* beëdigde — *sworn valuation.*

waarde *value, worth, significance;* die — bepaal *appraise, assess, evaluate;* geskatte — *estimated value;* affektiewe — *sentimental value;* nominale — *nominal value;* ter — van *to the value of;* van nul en gener — *of no force and effect;* vir — ontvang *for value received;* voorwerpe van — *valuables;* werklike — *real value;* —**belegging** *investment in shares or property;* —**bepaler** *valuator, valuer;* —**bepaling** *appraisal, appraisement;* —**oordeel** *evaluation;* —**papier** *negotiable instrument;* —**vermeerdering** *increase in value, appreciation;* toevallige — *unearned increment;* —**vermindering** *depreciation, devaluation;* —**vol** *valuable.*

waardeer (1) *appreciate;* (2) *appraise, price, value, evaluate, assess, rate the value of;* te laag — *undervalue;* —**der** *valuator, appraiser, valuer;* beëdigde — *sworn appraiser;* **waardering** (1) *appreciation;* (2) *appraisement, valuation, price, assessment;* beëdigde — *sworn valuation;* —**shof** *valuation court.*

waardigheid *dignity.*

waarkragtens *in virtue whereof.*

waarlik *verily.*

waarmerk *authenticate, certify;* gewaarmerkte kopié *certified/authenticated copy;* —**ing** *authentication, certification.*

waarneem (1) *observe, perceive;* **waarnemer** *observer;* noulettende — *accurate observer;* —**baar** *cognizable, overt, perceptible, discernible;* —**bare** handeling *overt act;* (2) — vir *act for, deputize for;* **waarnemend** *acting.*

waarneming (1) *performance;* behoorlike — van pligte *due performance of duties;* (2) *observation;* eie — *own knowledge, own observation;* sintuiglike — *perception.*

waarsku *caution, admonish, warn;* — en ontslaan *caution and discharge;* — om in die hof te verskyn *warn to appear in court;* —**wing** *caution, admonition, caveat, warning;* met 'n — ontslaan *caution and discharge;* vrylating op — *release on warning.*

waarskynlik (a) *probable;* redelike en —**e** gevolge *reasonable and probable consequences;* —**heid** *probability, verisimilitude;* dit is 'n — so sterk dat veilig daarvolgens gehandel kan word *a moral certainty.*

waarskynlik (bw) *presumably, probably.*

waglêer *abeyance file.*

wagpos *picket;* —**te** plaas *picket* (e g during strikes).

wakker *vigilant.*

wanaanpassing *maladjustment;* **wanaangepas** *maladjusted.*

wanadministrasie *maladministration.*

wanbalans *imbalance.*

wanbegrip *mistaken belief/notion.*

wanbeheer *mismanagement.*

wanbestee (geld) *misapply, misappropriate, defalcate, embezzle;* **wanbesteding** *misappropriation, defalcation, embezzlement.*

wanbestuur *maladministration, misgovernment, mismanagement.*

wanbetaal *default;* **wanbetaler** *defaulter;* **wanbetaling** *default, failure to pay, non-payment;* by — *in default of payment.*

wandaad *atrocity, misdeed, outrage.*

wangedra *misbehave, misconduct;* **wangedrag** *misbehaviour, misconduct;* ernstige en opsetlike — *serious and wilful misconduct.*

waninligting *disinformation.*

wanopvatting *misconception, misconstruction, misdirection, error, insupportable view.*

wanorde *disorder;* **—lik** *disorderly, riotous, violent;* ledig en — *idle and disorderly;* **—like** gedrag *disorderly conduct;* **—likhede** *commotion, disorder, riots, violence.*

wanpraktyke *corrupt practices, sharp practice.*

wanpresteer *default;* **wanprestasie** *breach of contract, default, failure to perform;* negatiewe — *negative breach, non-fulfilment, non-performance;* positiewe — *inadequate performance, positive breach.*

wantrou *distrust, suspect, be suspicious of;* **—emosie** *vote of no confidence;* **—end, —ig** *distrustful, suspicious.*

wanverhoor *mistrial.*

wanverhouding *disproportion, discrepancy.*

wanvertolking *misinterpretation.*

wanvoeding *malnutrition.*

wanvoeg *misjoin;* **—ing** *misjoinder.*

wanvoorligting *misdirection.*

wanvoorstelling *misrepresentation, distortion;* aksionabele — *actionable misrepresentation;* bedrieglike — *fraudulent misrepresentation;* 'n — maak van *misrepresent;* moedswillige — *wilful misrepresentation;* nalatige — *negligent misrepresentation;* onskuldige — *innocent misrepresentation;* oorsaaklike — *material misrepresentation.*

wapen *weapon, arm;* dodelike — *lethal weapon;* gevaarlike — *dangerous weapon;* **—magasyn** *arsenal;* **—opslagplek** *arms cache;* **—smokkelaar** *gun-runner, arms smuggler;* **—tuig** *weaponry.*

warboel *muddle.*

water *water;* **—hof** *water court;* **—leiding** *aqueduct;* **—loop** *watercourse;* **—reg** *water law;* **—skeiding** *watershed.*

waters *waters;* ekstraterritoriale — *high seas, extraterritorial waters;* territoriale — *territorial waters;* nasionale — *national waters.*

wederdiens *a favour returned;* 'n — bewys *reciprocate.*

wederkerig *mutual, reciprocal, synallagmatic;* **—e** ooreenkoms *reciprocal agreement;* **—e** testament *mutual will;* **—heid** *mutuality* (e.g. of debt), *reciprocity;* — van verpligtinge *reciprocity of obligations.*

wederparty *adversary, opponent, opposite party.*

wederregtelik *against the law, illegal, unlawful, wrongful.* See **unlawful** in E—A; **—heid** *illegality, unlawfulness, wrongfulness;* grond vir uitsluiting van — *justification, ground for exclusion of unlawfulness;* **—heidsbewussyn** *guilty knowledge, knowledge/awareness of unlawfulness.*

wedersyds *mutual, reciprocal.*

wedervergelding *retaliation,* ius talionis.

wedervraag *counter-question.*

wedplek *bucket shop, illegal betting office.*

weduwee *widow,* **—sgedeelte** *widow's portion; dower* (Eng. law); **wedustaat** *widowhood.*

wedywer *compete.*

weeg *weigh;* dit — nie by my nie *that carries no weight with me;* swaarder — as *outweigh.*

weens *on account of, by reason of;* straf — *punish for.*

weerbarstig *recalcitrant, obstreperous, refractory, truculent.*

weergaloos *unparalleled, unprecedented.*

weergawe *account, rendering, story, version;* verkorte — *abridgment;* die kontrak is die uitsluitende — van die transaksie *the contract is the sole memorial of the deal.*

weerhou *restrain, hold back;* jou — van *abstain/forbear/refrain from;* daarvan — word *be prevented from;* **—ding** *abstention, denial, forbearance.*

weerlê *controvert, disprove, negative, oppugn, rebut, refute;* **weerlegbare** vermoede *rebuttable presumption;* **weerleggende** getuienis *evidence in rebuttal, rebutting evidence;* **weerlegging** *disproof, rebuttal, refutation;* getuienis ter — van toestemming *evidence to negative consent;* ter — van *in disproof of, in rebuttal of;* **weerleggingslas** *onus of rebuttal, burden of creating a doubt.*

weersinwekkend *revolting.*

weerspannig *contumacious, insubordinate, obstreperous, recalcitrant;* **—e** getuie *recalcitrant witness.*

weerspreek *contradict, deny, gainsay, oppugn;* **weerspreking** *contradiction, denial.*

weerstaan *oppose, resist;* **weerstand** *resistance;* — bied *resist, offer resistance;* — teen arres *resistance against arrest.*

weerstrewig *recalcitrant;* **—heid** *opposition, recalcitrance.*

weerwil: in — van *in spite of, despite.*

weerwraak *revenge, retaliation;* — neem *retaliate;* **—maatreël** *reprisal.*

wees, weeskind *orphan;* **—heer** *orphan master.* Term applied to Master of the Supreme Court but now in disuse; **—kamer** *orphan chamber.*

weet *know;* met sekerheid — *know for a fact;* iedereen — *it is common knowledge;* — wat jy wil *know one's own mind.*

weg *road, way;* in die — staan *obstruct;* openbare — *public highway;* reg van — *right of way.*

wegbêre *file of record.*

wegbly *stay away, absent oneself;* **—er** *absentee;* **—ery** *absenteeism.*
wegdink: iets — *exclude something notionally.*
wegdoen *do away with.*
wegkeer *divert.*
wegkruipplek *place of concealment, hiding-place, cover, retreat, shelter, refuge, sanctuary, hide-out.*
wegkwyn *languish.*
weglaat *omit, expunge;* **weglating** *lacuna, omission.*
wegloop *elope* (with a woman for the purpose of a clandestine marriage).
wegredeneer *argue/reason away.*
wegspringplek *springboard.*
wegval *fall away, be cancelled out.*
wegvreet *erode.*
wegwerp *abandon;* **weggeworpe** saak *derelict property.*
wegwys *disqualify, exclude, turn away.*
weiding *grazing;* — verhuur *lease grazing, agist;* **—verhuurder** *lessor of grazing, agistor.*
weier *refuse, decline, deny, disclaim, reject, turn down;* koste — *disallow costs;* — om te erken *disown;* toegang — *deny access;* 'n versoek — *refuse a request;* **—ing** *denial, refusal, rejection;* vertraagde regspraak is — van geregtigheid *justice delayed is justice denied.*
weifel *hesitate, vacillate, waver;* **—end** *in two minds, vacillating.*
weireg *right of grazing.*
welbespraak *articulate, fluent, well-spoken.*
weldadig *benevolent, salutary.*
weldadig *benificent.*
weldra *presently.*
welgesteld *well off, affluent;* **—e** man *man of substance.*
wellustig *lascivious;* onsedelike, wulpse of **—e** opset *indecent, lewd or lascivious intent.*
weloorwoë *reasoned, well-considered, deliberate.*
welslae *success.*
welsyn *health, welfare, well-being;* algemene — *public weal;* **—staat** *welfare state.*
welverdiend (straf) *condign punishment.*
welvoeglikheid *propriety, decency, seemliness.*
welwillend *benevolent.*
wending *turn;* 'n — neem *take a turn.*
wensdenkery *wishful thinking.*
wenslik *desirable;* **—heid** *desirability;* die al- of nie- — daarvan *the desirability or otherwise of.*
wentelkrediet *revolving credit.*
werf *canvass* (votes), *solicit* (orders); **—krag** *goodwill, drawing power;* **werwing** *recruitment.*
werk *employment, function, job, labour, work;* gemene — *menial tasks;* vir gelewerde — *for work done;* **—afbakening** *job reservation;* **—er** *worker, employee, labourer, servant;* los — *casual labourer;* **—gewer** *employer;* — en dienaar *master and servant;* reg insake — en dienaar *law of master and servant;* **—kaart** *job card;* **—kring** *employment;* **—loos** *unemployed;* **—loosheidsversekering** *unemployment insurance;* **—nemer** *employee;* **—plaas:** geslote — *closed shop;* **—saamheid** *activity, business, work;* **—skof** *shift;* **—sman** *workman;* ploeg werksmense *shift of workmen;* skadeloosstelling van werksmense *workmen's compensation;* **—stuk** *job;* per — betaal word *be paid for the job;* **—tuig** *implement, tool, instrument;* **—verrigting:** sfeer van — *scope of employment;* **—verskaffingskantoor** *employment agency;* **—volk** *labourers;* **—wyse** *method of work.*
werking *effect, force, operation;* buite — *unserviceable, out of order, inoperative;* in — met ingang van *with effect from;* in — stel *put into operation;* in — tree *commence, become operative, take effect;* in — wees *be in force;* — van 'n vonnis *operation of a sentence.*
werklik *actual, factual, real;* **—e** waarde *actual value;* **—e** en wesenlike geregtigheid *real and substantial justice;* **—heid** *reality;* in — *in point of fact.*
werpgoed *jetsam.*
wese *essence, essential, root, substance;* dit raak die — van die kontrak *it goes to the root of the contract;* — van 'n saak *substance of a matter;* tyd hoort tot die — van die kontrak *time is of the essence of the contract;* in — *in substance, fundamentally.*
wesenlik *actual, essential, fundamental, material, real, substantial, substantive;* — by die geskil *material to the issue;* tyd is — *time is of the essence;* te alle **—e** tye *at all material times;* **—e** benadeling *substantial prejudice;* **—e** bestanddele van 'n kontrak *essentials of a contract;* **—e** geskilpunt *substantial issue;* **—e** onderskeid *material difference;* **—e** onreg *substantial injustice;* **—e** vervulling *substantial performance;* **—e** wanvoorstelling *material misrepresentation;* werklike en **—e** geregtigheid laat geskied *do real and substantial justice.*
weshalwe *wherefore;* — eiser vorder *wherefore plaintiff claims.*
wet *enactment, law, statute;* — van die Parle-

ment *Act of Parliament;* by — bepaal *provided by law, laid down by law;* geldig of nietig voor die — *valid or void in law;* aan die — hou *observe the law;* krag van — kry *obtain force of law;* die letter van die — *the letter of the law;* **—te** maak *legislate, make laws;* — en orde *law and order;* — van oorsaak en gevolg *law of causality;* volgens — *rightfully, according to law;* voor die — *in the eyes of the law, before the law;* — word *pass into law;* **—boek** *code, statute book;* burgerlike — *civil code;* in die — opneem *place on the statute book;* **—gewend** *legislative;* **—gewende** bevoegdheid *legislative power;* **—gewende** liggaam *legislative body;* **—gewende** mag *legislature;* oorspronklike **—gewende** bevoegdheid *original legislative power;* **—gewende** vergadering *legislative assembly;* **—gewer** *legislature; legislator, law-giver, law-maker;* **—gewing** *legislation;* **—lik** *legal, statutory;* **—like** regte *legal rights;* **—like** status *legal status;* **—like** voorskrifte *legal provisions;* **—safdwinging** *law enforcement;* **—sagent** *law agent;* **—sbepaling** *legal provision;* **—sgehoorsaam** *law-abiding;* **—sontduiking** *evasion of the law;* **—sontwerp** *bill;* private **—sontwerp** *private bill;* publieke **—sontwerp** *public bill;* tweeslagtige **—sontwerp** *hybrid bill;* **—soortreder** *lawbreaker;* **—soortreding** *breach of the law, offence;* **—stoepassing** *law enforcement;* **—suitleg** *interpretation of statutes;* **—teloos** *lawless;* **—teloosheid** *anarchy, lawlessness;* **—tereg** *statute law;* **—ties** *legalistic;* **—tiesheid** *legalism.*

wete *knowledge;* buite/sonder my — *unknown to me;* volgens my — *to my knowledge;* na my beste — en oortuiging *to the best of my knowledge and belief;* te — *namely, viz (videlicet);* **—nde** dat dit gesteel is *knowing it to be stolen;* **—ns:** willens en — *designedly, knowingly, purposely.*

wete: te — *to wit.*

wettig (a) *lawful, legal, licit; legitimate* (child), *rightful;* **—e** betaalmiddel *legal tender;* **—e** erfgenaam *legal heir;* — maak *legalize.*

wettig (bw) *according to law, lawfully, legally.* See **unlawful** in E—A.

wettig (w) *legalize, legitimize* (child), *validate;* **—ing** *legalization.*

wewenaar *widower.*

wil *will, desire, volition;* blote — *mere volition,* nuda cogitatio; **—sbesluit** *decision of will, volition;* **—sbeskikking:** uiterste — *last will, testament.*

wild *game;* koninklike — *royal game;* — steel *poach;* **—dief** *poacher.*

willekeurig *arbitrary, capricious;* — opsegbare regte *precarious rights;* **—e** uitoefening van magte *arbitrary exercise of powers;* vrye oordeel op **—e** wyse uitoefen *exercise discretionary powers capriciously.*

willens en wetens *designedly, knowingly, purposely, of set purpose.*

wilsonvermoënd *incapable of forming an intention.*

wilsooreenstemming *consensus, meeting of minds;* verbintenis uit — *consensual obligation.*

wilsteorie *consensus theory.*

wilsuiting *expression of intention.*

wilsvermoë *capability of forming an intention;* **—nd** *capable of forming an intention.*

winkel *shop, trading store;* **—braak** *shopbreaking, storebreaking;* **—diewery** *shoplifting;* **—ier** *merchant, shopkeeper.*

wins *gain, lucre, profit, return on capital;* — afwerp *yield a profit;* gederfde — *lost profit, prospective damage,* lucrum cessans; gemeenskap van — en verlies *community of profit and loss;* met — verkoop *sell at a profit/premium;* onuitgedeelde — *undistributed profit;* verwagte — of verlies *prospective profit or loss;* vir die maak van —, met — oogmerk *for the acquisition of gain;* **—betrekking** *office of profit;* **—deling** *profit-sharing;* **—gewend** *profitable, beneficial, remunerative, gainful, lucrative;* **—grens** *margin of profit;* **—koop** *bargain;* **—oogmerk:** vereniging sonder — *association not for gain;* **—verdelingsrekening** *appropriation account;* **wins- en verliesrekening** *profit and loss account, statement of profit and loss;* **—verdelingsrekening** *appropriation account.*

wisselwerking *interaction, reciprocal action, reciprocity.*

witskrif *white paper.*

witvoetjie (soek by) *curry favour with.*

woeker (s) *usury.*

woeker (w) *practise usury;* **—aar** *profiteer;* **—huur** *rack-rent;* **—prys** *extortionate price;* **—rente** *usurious interest;* **—wins** *usurious/exorbitant profit.*

woestaard *ruffian.*

wond *wound;* dodelike — *fatal/lethal wound.*

wondermiddel *panacea.*

woning *dwelling, habitation, residence, house, abode;* **—bou** *housing.*

woon *reside, stay, live, dwell, be domiciled;*

—**agtig** *living, resident;* gewoonlik — te *ordinarily resident at;* —**gebied** *residential area;* —**plek** *habitation, residence;* —**reg** *right of occupation.*

woord *word, term;* bepalende/grondliggende — *operative word;* die daad by die — voeg *suit the action to the word;* deurslaggewende — *dominant word;* 'n goeie begryper het 'n halwe — nodig *a word to the wise is enough;* met soveel —**e** *explicitly, expressly;* omhaal van —**e** *circumlocution, padding, surplusage, excess verbiage, verbosity;* onder —**e** bring *formulate, frame;* oorbodige —**e** *surplusage, verbiage;* slegs met —**e** *verbis tantum;* versoekende—**e** *precatory words;* —**bepalingsartikel** *interpretation clause;* —**estryd** *dispute;* —**evloed** *spate of words;* —**omskrywing** *definition clause;* —**ryk** *prolix;* —**voerder** *spokesman;* —**wysigende** uitleg *amending interpretation.*

wraak *challenge, disapprove of, object to; impeach;* 'n jurielid — *challenge a juror,* die **gewraakte** woorde *the words complained of;* —**baar** *challengeable;* —**gierig,** —**sugtig** *vindictive, vengeful.*

wreedaardig *brutal;* —**heid** *brutality.*

wreedheid *cruelty;* verregaande en opsetlike — *cruelty of an aggravated and wilful nature.*

wrewel *rancour, resentment.*

wrok *animus, resentment, spite;* — of kwaadwilligheid *spite or ill-will.*

wulps *lewd.*

wurggreep *stranglehold.*

wydlopig *diffuse, prolix, discursive, lengthy.*

wyk *ward* (part of city).

wys *show, indicate, point out;* van die hand — *decline, refuse, disallow* (appeal, costs), *dismiss, overrule* (objection); die eis word van die hand ge— *the claim is dismissed.*

wyse *method, mode, way;* — van betekening *mode of service.*

wysig *amend, adapt, adjust, alter, change, modify, vary;* soos ge— *as amended;* 'n bevel van die hof — *vary an order of court;* —**ing** *amendment, adjustment, alteration, modification, variation;* 'n —**ing** aanbring *amend, effect a change;* wet tot —**ing** *amending Act.*

wysmaak: hy laat hom alles — *he is gullible, swallows everything.*

wysneus *prig, pedant, know-all.*

wyt *impute something to.*

Y

yk *assize, gauge, stamp and verify, hallmark, calibrate;* —**beampte** *assize officer;* —**er** *gauger, assize officer, inspector of weights and measures; calibrator;* —**geld** *assize dues.*

ywer *diligence;* —**ig** *diligent, hardworking, industrious, painstaking, zealous.*